ADMINISTRAÇÃO
DA PRODUÇÃO

O GEN | Grupo Editorial Nacional – maior plataforma editorial brasileira no segmento científico, técnico e profissional – publica conteúdos nas áreas de ciências sociais aplicadas, exatas, humanas, jurídicas e da saúde, além de prover serviços direcionados à educação continuada e à preparação para concursos.

As editoras que integram o GEN, das mais respeitadas no mercado editorial, construíram catálogos inigualáveis, com obras decisivas para a formação acadêmica e o aperfeiçoamento de várias gerações de profissionais e estudantes, tendo se tornado sinônimo de qualidade e seriedade.

A missão do GEN e dos núcleos de conteúdo que o compõem é prover a melhor informação científica e distribuí-la de maneira flexível e conveniente, a preços justos, gerando benefícios e servindo a autores, docentes, livreiros, funcionários, colaboradores e acionistas.

Nosso comportamento ético incondicional e nossa responsabilidade social e ambiental são reforçados pela natureza educacional de nossa atividade e dão sustentabilidade ao crescimento contínuo e à rentabilidade do grupo.

ADMINISTRAÇÃO DA PRODUÇÃO

Nigel Slack
Alistair Brandon-Jones
Nicola Burgess

REVISÃO TÉCNICA
Henrique Luiz Corrêa
PhD, Steinmetz Professor of Operations Management,
Crummer Graduate School of Business at Rollins College, Flórida, EUA.

TRADUÇÃO
Daniel Vieira

10ª edição

- Os autores deste livro e a editora empenharam seus melhores esforços para assegurar que as informações e os procedimentos apresentados no texto estejam em acordo com os padrões aceitos à época da publicação. Entretanto, tendo em conta a evolução das ciências, as atualizações legislativas, as mudanças regulamentares governamentais e o constante fluxo de novas informações sobre os temas que constam do livro, recomendamos enfaticamente que os leitores consultem sempre outras fontes fidedignas, de modo a se certificarem de que as informações contidas no texto estão corretas e de que não houve alterações nas recomendações ou na legislação regulamentadora.
- Data do fechamento do livro: 30/06/2023
- Os autores e a editora se empenharam para citar adequadamente e dar o devido crédito a todos os detentores de direitos autorais de qualquer material utilizado neste livro, dispondo-se a possíveis acertos posteriores caso, inadvertida e involuntariamente, a identificação de algum deles tenha sido omitida.
- **Atendimento ao cliente:** (11) 5080-0751 | faleconosco@grupogen.com.br
- Copyright © 2022 Pearson Education Ltd.
  This translation of Operations Management, 10th Edition, is published by arrangement with Pearson Education Limited.
  All rights reserved. No part of this book may be reproduced or transmitted in any form or by any means, electronic or mechanical, including photocopying, recording or by any information storage retrieval system, without permission from Pearson Education, Inc.
  PORTUGUESE language edition published by Editora Atlas Ltda., Copyright © 2023.
- Direitos exclusivos para a língua portuguesa
  Copyright © 2023 by
  Editora Atlas Ltda.
  Uma editora integrante do GEN | Grupo Editorial Nacional
  Travessa do Ouvidor, 11
  Rio de Janeiro – RJ – CEP 20040-040
  www.grupogen.com.br
- Reservados todos os direitos. É proibida a duplicação ou reprodução deste volume, no todo ou em parte, em quaisquer formas ou por quaisquer meios (eletrônico, mecânico, gravação, fotocópia, distribuição pela Internet ou outros), sem permissão, por escrito, da Editora Atlas Ltda.
- Capa: Manu | OFÁ Design
- Imagem da capa: ©JaySi (iStock)
- Editoração eletrônica: Estúdio Castellani
- Ficha catalográfica

S64a
10. ed.

Slack, Nigel
  Administração da produção / Nigel Slack, Alistair Brandon-Jones, Nicola Burgess; revisão técnica Henrique Luiz Corrêa ; tradução Daniel Vieira. - 10. ed. – Barueri [SP] : Atlas, 2023.
  : il.

  Tradução de: Operations management
  Inclui índice
  ISBN 978-65-5977-517-0

  1. Administração da produção. 2. Planejamento da produção. 3. Controle de produção. I. Brandon-Jones, Alistair. II. Burgess, Nicola. III. Corrêa, Henrique Luiz. IV. Vieira, Daniel. V. Título.

23-84131   CDD: 658.5
                                       CDU: 658.5

Meri Gleice Rodrigues de Souza – Bibliotecária – CRB-7/6439

Guia para operações na prática, exemplos e estudos de caso

Capítulo	Empresa/exemplo	Região	Setor/atividade	Porte da empresa
1 Administração da produção	Legoland® e Lego® confiam em seus gerentes de produção	Global	Manufatura/ Entretenimento	Grande
	Operações da MSF prestam assistência médica às pessoas em perigo	Global	Ajuda humanitária	Grande
	Hotel Marina Bay Sands	Singapura	Hotelaria	Grande
	Servitização e projeto circular na divisão da Philips Lighting	Europa	Iluminação	Grande
	Duas operações de hospedagem muito diferentes	Suíça/Global	Hotelaria	Pequeno/Médio/ Grande
	Os produtos da Fjällräven são considerados os mais sustentáveis na sua área	Suécia	Manufatura	Grande
	Estudo de caso: Kaston-Trenton Service (KTS)	Reino Unido	Serviços	Pequeno
2 Desempenho da produção	Caminho para a B Corporation da Danone	Europa	Indústria alimentícia	Grande
	Nutella fecha fábrica para preservar a qualidade	França	Indústria alimentícia	Grande
	Agilizando a resposta para salvar vidas	Reino Unido	Serviços de emergência	Variado
	O que a confiabilidade significa ao viajar de trem?	Global	Transporte	Grande
	566 quatrilhões de *mixes* individuais de *muesli* — isso é que é flexibilidade	Alemanha	Varejo pela Internet	Pequeno/Médio
	Preços baixos todos os dias no Aldi	Europa	Varejo	Grande
	Estudo de caso: IKEA está olhando para o futuro	Global	Varejo	Grande
3 Estratégia de produção	A produção é a base da estratégia da Ocado	Global	Varejo	Grande
	Estratégia de produção da Dow Silicones	Global	Manufatura	Grande
	Tesco aprende da maneira difícil	Reino Unido	Varejo	Grande
	A ascensão dos intangíveis	Todas as regiões	Tecnologia	Variado
	A sustentabilidade está em alta na agenda de produção da Google	Global	Tecnologia	Grande
	Estudo de caso: McDonald's: meio século de crescimento	Global	*Fast-food*	Grande

Capítulo	Empresa/exemplo	Região	Setor/atividade	Porte da empresa
4 Inovação de produto e serviço	O lento progresso da inovação do fecho zíper	EUA/Suécia/Japão	Indústria de roupas	Variado
	Gorilla Glass	EUA	Tecnologia	Médio/Grande
	Ecossistema de inovação aberta da BT	Reino Unido/Global	Telecomunicações	Grande
	Método de inovação organizacional da Toyota	Japão	Indústria automotiva	Grande
	Inovação de produto para a economia circular	Reino Unido	Manufatura	Pequeno
	Estudo de caso: Widescale Studios e o desenvolvimento do Fierybryde	Reino Unido	Desenvolvimento de videogames	Pequeno
5 Estrutura e escopo da rede de suprimento	Praticamente como Hollywood	EUA	Entretenimento	Grande
	Aalsmeer: um *hub* de leilão de flores	Holanda	Floricultura	Médio
	Adidas encerra suas fábricas no *mercado próximo*	Alemanha/EUA	Manufatura	Grande
	Setor aeroespacial em Singapura	Singapura	Manutenção de aeronaves	
	Compass e Vodafone — dois lados do fenômeno da terceirização	Global	Alimentação/Telecomunicações	Grande
	O desastre de Bangladesh leva a uma reforma — mas isso é suficiente?	Bangladesh	Manufatura	Variado
	Estudo de caso: Aarens Electronic	Holanda	Manufatura	Médio
6 Projeto de processos	Aeroporto de Changi	Singapura	Transporte	Grande
	Drive-throughs de restaurantes *fast-food* (mas não tão *fast*)	Todas as regiões	*Fast-food*	Variado
	Processo de habitação modular da Legal & General	Reino Unido	Construção	Médio
	Projeto de operação ética da Ecover	França e Bélgica	Manufatura	Grande
	Dishang and Sands Film Studios — em extremos opostos do espectro volume-variedade	China/Reino Unido	Manufatura	Pequeno/Grande
	O metrô de Londres enfrenta um gargalo	Reino Unido	Transporte	Grande
	Estudo de caso: A Action Response Applications Processing Unit (ARAPU)	Reino Unido	Caridade	Pequeno
7 Arranjo físico das instalações	Fábrica da Ducati ou escritório da Google, ambos precisam ter uma boa aparência	Itália/EUA	Manufatura/Tecnologia	Grande
	Conciliando silêncio e interação no arranjo físico do laboratório	Reino Unido	Pesquisa	Pequeno
	Arranjo físico de supermercado	Todas as regiões	Varejo	Todos
	Arranjo físico e projeto de escritório	Todas as regiões	Geral	Todos
	A realidade virtual dá vida ao arranjo físico	Suíça	Geral	Todos
	Fábrica da Rolls-Royce é projetada sob princípios ambientais	Reino Unido	Manufatura	Médio
	Estudo de caso: Misenwings SA	Suíça	Alimentação	Pequeno/Médio

GUIA PARA OPERAÇÕES NA PRÁTICA, EXEMPLOS E ESTUDOS DE CASO

Capítulo	Empresa/exemplo	Região	Setor/atividade	Porte da empresa
8 Tecnologia de processo	Vai entender (ou não)	Todas as regiões	Tecnologia	Todos
	Tecnologia ou pessoas? O futuro dos empregos	Todas as regiões	Todos	Todos
	Amada ou odiada, a Marmite gera tecnologia de energia reciclada	Reino Unido	Indústria alimentícia	Grande
	Lentilhas-d'água biônicas	Reino Unido	Transporte	Grande
	Encomendas com formato errado são um problema para a empresa UK Mail	Reino Unido	Entrega	Grande
	Robôs em fúria	EUA	Entretenimento	Grande
	Estudo de caso: Logaltel Logistics	Europa	Logística	Grande
9 Pessoas na produção	Você quer ser dono da empresa em que trabalha?	Reino Unido	*Software*	Pequeno
	Dispositivos de exoesqueleto aguentam a tensão	EUA	Manufatura	Grande
	A Michelin chama isso de *responsabilização*	França	Manufatura	Grande
	O trabalho híbrido divide opiniões	Europa/EUA	Variado	Variado
	O estresse dos trabalhos de alto contato com o cliente	Todas as regiões	Serviços	Variado
	Música durante o trabalho?	Todas as regiões	Todos	Variado
	Tecnologia e vigilância no trabalho	Todas as regiões	Todos	Variado
	Estudo de caso: Grace enfrenta (três) problemas	Reino Unido	Serviços legais	Pequeno
10 Planejamento e controle	Controle das operações na Air France	Global	Transporte aéreo	Grande
	Os passageiros de linhas aéreas podem ser sequenciados?	Todas as regiões	Transporte aéreo	Variado
	Os desafios de triagem	Todas as regiões	Serviço de saúde	Variado
	Sequenciamento e programação no aeroporto de Heathrow em Londres	Reino Unido	Transporte aéreo	Grande
	Ryanair cancela voos após erros de *programação de pessoal*	Europa	Transporte aéreo	Grande
	Estudo de caso: Audall Auto Servicing	Reino Unido	Serviços automotivos	Pequeno
11 Gestão da capacidade produtiva	Capacidade de resposta ante a emergência de COVID-19 da 3M	Global	Manufatura	Grande
	Como a inteligência artificial ajuda na previsão de demanda	Todas as regiões	Tecnologia	Variado
	Tecnologia de sinais de última geração expande a capacidade ferroviária	Global	Transporte	Grande
	Sistemas de transporte de massa têm opções limitadas para lidar com a flutuação da demanda	Reino Unido/ Singapura	Transporte	Grande
	A precificação dinâmica ajuda a gerenciar a demanda por táxis e galerias de arte	Reino Unido	Serviços	Variado
	Estudo de caso: FreshLunch	Reino Unido	Alimentação	Pequeno

Capítulo	Empresa/exemplo	Região	Setor/atividade	Porte da empresa
12 Gestão da cadeia de suprimento	A rede de suprimento habilitada para drones da Zipline	África	Transporte	Grande
	Excelência na rede de suprimentos da JD.com — a ascensão de um titã do comércio eletrônico	China	Varejo	Grande
	Duas voltas ao mundo para as bolas de tênis de Wimbledon	Reino Unido	Entretenimento	Médio
	Os efeitos de longo prazo da COVID-19 na gestão de redes de suprimento	Global	Todos	N/A
	Burros — os heróis desconhecidos das redes de suprimento	Global	Transporte	Pequeno
	TradeLens — *blockchain* revoluciona a expedição	Dinamarca/ Global	Transporte	Grande
	Estudo de caso: Grande ou pequeno? O dilema de fornecimento da EDF	Reino Unido	Energia	Grande
13 Gestão de estoque	Um estoque de energia	Todas as regiões	Energia	Grande
	Estoques seguros para café e a COVID	Suíça/Todas as regiões	Varejo/Serviço de saúde	Grande
	A padaria do Sr. Rubin	EUA	Varejo	Pequeno
	O *estoque antecipado* da Amazon	Global	Varejo	Grande
	França proíbe descarte de estoque não vendido	França	Varejo	Variado
	Estudo de caso: Supplies4medics.com	Europa	Serviço de saúde	Médio
14 Sistemas de planejamento e controle	A Butcher's Pet Care coordena seu ERP	Reino Unido	Manufatura	Grande
	O computador nunca mente — verdade?	Reino Unido	Varejo	Grande
	O ERP para um sanduíche de salada de frango	Reino Unido	Manufatura	Médio
	Não é tão fácil	Alemanha/ Austrália/ Finlândia/EUA		
	Estudo de caso: Psycho Sports Ltd	N/A	Manufatura	Pequeno
15 Melhoramento da produção	*Kaizen* na Amazon	Global	Varejo	Grande
	Globos de discoteca e arroz levaram ao melhoramento inovador	Reino Unido	Serviço de saúde	Médio
	Manifesto do *checklist*	EUA	Serviço de saúde	Variado
	Seis Sigma na Wipro	Global	Consultoria	Grande
	Motocicletas Triumph ressuscitadas por meio do *benchmarking*	Reino Unido	Manufatura	Grande
	Aprendendo com a Fórmula 1	Reino Unido	Varejo	Grande
	Tecnologia InTouch da Schlumberger para gestão do conhecimento	Global	Energia	Grande
	Estudo de caso: Queda de vendas na Splendid Soup Co.	Reino Unido	Manufatura	Grande

Capítulo	Empresa/exemplo	Região	Setor/atividade	Porte da empresa
16 Produção enxuta	Toyota: a pioneira da produção enxuta	Global	Manufatura	Grande
	Um *kanban* muito simples	Reino Unido	Serviço de saúde	Médio
	O surgimento do *kanban* pessoal	Todas as regiões	N/A	Pequeno
	Redução de desperdício na manutenção de aeronaves	Todas as regiões	Transporte	Variado
	Trocas rápidas na Boeing e Airbus	Europa/EUA	Transporte	Grande
	Culinária *enxuta* do Jamie	Reino Unido	Entretenimento	Médio
	Autonomia na Amazon	Todas as regiões	Varejo	Grande
	Gestão visual na KONKEPT	Singapura	Varejo	Médio
	Respeito!	EUA	Serviço de saúde	Médio
	Estudo de caso: St Bridget's Hospital: sete anos de métodos enxutos	Suécia	Serviço de saúde	Médio
17 Gestão da qualidade	Qualidade em duas operações: Victorinox e Four Seasons	Suíça/Reino Unido	Manufatura/ Hotelaria	Grande
	Tecnologia de realidade aumentada ajuda na qualidade de serviço da IKEA	Suécia	Varejo	Grande
	Virgin Atlantic oferece uma garantia de serviço para aviofóbicos	Reino Unido	Transporte	Grande
	Testando carros até a (quase) destruição	Reino Unido	Serviços	Médio
	Cálculos de contagem de moedas	Reino Unido	Serviços financeiros	Variado
	Erros de teclado — autopreenchimento e a "síndrome do dedo gordo"	Reino Unido/ Alemanha	Governo/serviços financeiros	Grande
	Sistemas de qualidade só funcionam se você os cumprir	Japão	Manufatura	Grande
	Estudo de caso: Rapposcience Labs	Bélgica	Mineração	Pequeno
18 Gestão de risco e recuperação	Tempo desde o último acidente fatal: 12 anos	EUA	Transporte	Variado
	Volkswagen e o escândalo do "dieselgate"	Alemanha	Manufatura	Grande
	Darktrace usa a IA para se proteger de ataques cibernéticos	Reino Unido	Tecnologia	Grande
	Apertando o botão de pânico do passageiro	Global	Transporte	Grande
	Estudo de caso: Slagelse Industrial Services (SIS)	Dinamarca	Manufatura	Médio
19 Gestão de projetos	"Em benefício de todos" — os altos e baixos da NASA	EUA	Governo	Grande
	Quando cada minuto conta em um projeto — desbloqueando o Canal de Suez	Egito	Transporte	Grande
	Projeto Spice de IA da McCormick	EUA	Alimentação	Grande
	Aeroporto de Berlim-Brandemburgo finalmente é inaugurado	Alemanha	Transporte	Grande
	O risco de mudar o escopo do projeto — o afundamento do *Vasa*	Suécia	Militar	Médio
	Projetos de robótica da Ocado	Reino Unido	Varejo	Grande
	Estudo de caso: Kloud BV e Sakura Bank K.K.	Holanda/Japão	Serviços financeiros	Grande

Prefácio

A produção não movimenta o mundo, mas faz o mundo se movimentar

Esta é a nossa 10ª edição

Esta é a 10ª edição de *Administração da Produção*, o que significa que ele já existe há muito tempo! Desde a publicação da primeira edição, muita coisa aconteceu na área. As redes de suprimentos, as tecnologias, o modo de trabalho das pessoas e, sobretudo, o modo como a responsabilidade social da produção é vista, tudo isso mudou radicalmente. E este livro também. Ao longo dos anos, mudamos o tratamento e o conteúdo para refletir os principais desenvolvimentos à medida que (e muitas vezes antes) surgem. Nossa filosofia sempre foi a de que devemos acompanhar o que está acontecendo no mundo real da administração da produção *no momento que ela é praticada*.

Uma das coisas que afetou o mundo real da administração da produção foi a pandemia de COVID-19. Esta edição foi preparada quando a pandemia global estava impactando profundamente muitas das práticas de produção estabelecidas. Algumas mudanças relacionadas à pandemia, sem dúvida, perdurarão, outras não. Algumas mudanças foram simplesmente versões aceleradas do que estava acontecendo antes da pandemia – por exemplo, trabalhar em casa. Outras foram relativamente novas – barreiras no local de trabalho, restrições de viagem e trabalho socialmente distanciado. No momento em que escrevemos, não está claro o quão difundidas ou duradouras serão algumas dessas mudanças. Tentamos usar a pandemia de COVID-19 para ilustrar os princípios subjacentes da administração da produção e explicar alguns de seus efeitos, mas sem deixar que os problemas da pandemia dominassem o texto.

Foram a adaptação do conteúdo e a abrangência do assunto que nos permitiram manter nossa posição de liderança de mercado ao longo dessas 10 edições. Em 2021, esta obra foi listada entre os 10 livros didáticos de negócios, marketing, contabilidade e economia mais citados em todo o mundo, de acordo com o Teaching Power Rankings da *Financial Times*. É nossa ambição continuar incluindo no futuro os muitos desenvolvimentos interessantes na área. Para ajudar a alcançar esse objetivo, temos o prazer de receber um terceiro autor na equipe. Nossa amiga e colega, a Dra. Nicola Burgess, é *Reader* da Warwick Business School. Ela tem uma considerável experiência em ensino, pesquisa e administração, e traz um significativo conhecimento para a equipe, particularmente nas áreas de produção "enxuta", melhoria da produção e gestão de saúde.

Por que você precisa estudar administração da produção?

Porque a administração da produção *está em toda parte*. Toda vez que experimenta um serviço e compra um produto, você está se beneficiando das realizações dos gerentes de produção que os criaram. A administração da produção está preocupada em criar os serviços e produtos dos quais todos nós dependemos. E todas as organizações – grandes ou pequenas, indústria ou serviço, com ou sem fins lucrativos, públicas ou privadas – produzem alguma mistura de produtos e serviços. E, se você é um gerente, lembre-se de que a administração da produção não se limita à função da produção em si. Todos os gerentes — de produção, marketing, recursos humanos ou finanças, ou o que for — gerenciam processos e atendem clientes (internos ou externos). Isso torna pelo menos parte de suas atividades "produção".

Porque a administração da produção *é importante*. Felizmente, a maioria das empresas entende a importância da produção. Isso porque percebem que a administração da produção eficaz e de curto prazo oferece o potencial de melhorar, simultaneamente, a eficiência e o atendimento ao cliente. Mais que isso, a administração da produção pode fornecer as condições que garantam a sobrevivência e o sucesso de uma empresa no longo prazo.

Porque a administração da produção é *estimulante*. Ela está no centro de muitas mudanças que afetam o mundo dos negócios – mudanças na preferência do cliente, nas redes de suprimento, no modo como encaramos as responsabilidades sociais e ambientais das empresas, nas tecnologias, no que queremos fazer no trabalho, em como queremos trabalhar, onde queremos trabalhar e assim por diante. Raramente houve um tempo em que a administração da produção esteve mais atual ou mais no centro das mudanças culturais e dos negócios.

Porque a administração da produção é *desafiadora*. Promover a criatividade que permite às organizações responderem a tantas mudanças está se tornando a principal tarefa dos gerentes de produção. São eles que devem encontrar soluções para os desafios tecnológicos e ambientais, para as pressões por responsabilidade social, para a crescente globalização dos mercados e para as áreas da gestão do conhecimento difíceis de serem definidas.

Propósito deste livro

Este livro fornece um tratamento claro, confiável, bem estruturado e interessante da administração da produção, voltado a uma variedade de empresas e organizações. O texto fornece tanto um caminho lógico por meio das atividades envolvidas pela administração da produção quanto um entendimento do seu contexto estratégico.

Mais especificamente, este livro é:

▶ *Estratégico* em sua perspectiva, sendo claro ao tratar a função da produção como central para a competitividade.
▶ *Conceitual* na maneira de explicar as razões pelas quais os gerentes de produção necessitam tomar decisões.
▶ *Abrangente* em sua cobertura de ideias e assuntos significativos que sejam relevantes para a maioria dos tipos de produção.
▶ *Prático* em explorar as questões e desafios de se tomar decisões de administração da produção *na prática*. Os quadros "Operações na prática", que aparecem no decorrer dos capítulos, e os estudos de casos no fim de cada capítulo exploram as técnicas utilizadas pelos gerentes de produção na prática.
▶ *Internacional* nos exemplos usados. Há cerca de 100 descrições de prática de produção de todas as partes do mundo, metade das quais são novas nesta edição.
▶ *Equilibrado* no tratamento. Isso significa que refletimos o equilíbrio da atividade econômica entre operações de serviços e de indústria. Cerca de 75% dos exemplos são de organizações que tratam principalmente de serviços e 25% de organizações principalmente industriais.

Quem deve usar este livro?

Este livro é para todos que estejam interessados em saber como serviços e produtos são criados.

▶ Os *alunos dos cursos de graduação* em Engenharia de Produção e Administração de Empresas encontrarão neste livro um texto suficientemente estruturado para fornecer um roteiro claro sobre o assunto (não se pressupõe que o leitor tenha qualquer conhecimento prévio da área).
▶ Os *alunos de cursos de MBA* (*Master in Business Administration*) encontrarão neste livro discussões sobre aspectos práticos que enriquecerão sua experiência.
▶ Os *alunos de pós-graduação* em outros cursos de mestrado encontrarão uma abordagem bem fundamentada e, às vezes, crítica do assunto.

Características distintivas

Estrutura clara

A estrutura do livro usa um modelo "4Ds" de administração da produção, o qual distingue as decisões estratégicas que controlam a direção da produção (*Directing*), o projeto dos processos e operações que criam produtos e serviços (*Design*), o planejamento e controle da entrega de produtos e serviços (*Delivery*) e o desenvolvimento ou melhoramento da produção (*Development*).

Baseado em ilustrações

Por ser um assunto prático, a administração da produção não pode ser ensinada satisfatoriamente de maneira totalmente teórica. Por esse motivo, usamos breves exemplos de "Operações na prática" que explicam os problemas enfrentados nas operações reais.

Exemplos trabalhados

Administração da produção é um assunto que associa perspectivas qualitativas e quantitativas; esses "exemplos trabalhados" são usados para demonstrar como ambos os tipos de técnicas podem ser empregados.

Comentários críticos

Nem todos concordam sobre qual a melhor abordagem aos vários assuntos e problemas da administração da produção. Por essa razão, incluímos "comentários críticos" que apresentam visões alternativas às expressas no fluxo principal do texto.

Operações responsáveis

Em cada capítulo, sob o título de "Operações responsáveis", resumimos como o assunto discutido no capítulo está relacionado a importantes problemas sociais, éticos e ambientais.

Respostas resumidas às questões-chave

Cada capítulo é resumido com uma lista de pontos básicos, que responde resumidamente às questões levantadas no início de cada capítulo.

Estudos de caso

Há um estudo de caso em cada capítulo destinado à discussão em sala de aula. Geralmente os casos são curtos o suficiente para servir como ilustrações, mas com conteúdo suficiente para serem base de discussões.

Problemas e aplicações

Cada capítulo inclui um conjunto de exercícios apresentados como problemas, que podem ser usados para verificar sua compreensão dos conceitos ilustrados nos exemplos trabalhados. Há também atividades que apoiam os objetivos de aprendizagem do capítulo e podem ser feitas individualmente ou em grupos.

Leitura complementar selecionada

Todos os capítulos encerram com uma pequena lista de leitura complementar que aprofunda os assuntos abordados no capítulo ou que trata de algumas questões importantes relacionadas. Também é explicada a natureza de cada leitura complementar.

Para o instrutor...

Ensinando e aprendendo com os recursos desta 10ª edição

Novidades na 10ª edição

Na 10ª edição, mantivemos o extenso conjunto de mudanças que fizemos na 9ª edição. Além disso, com pequena modificação, mantivemos a estrutura "4Ds" (*direction, design, delivery, development* – direção, projeto, entrega, desenvolvimento), que provou ser excepcionalmente popular. Nem é preciso dizer que, como sempre, tentamos nos manter atualizados com as mudanças cada vez mais rápidas que ocorrem no maravilhoso mundo da produção.

Especificamente, a 10ª edição inclui as seguintes mudanças principais:

▶ A discussão sobre as *produções enxutas*, que estava inclusa na parte "Entrega" nas edições anteriores, foi movida para a parte "Desenvolvimento". Isso reflete a mudança no modo como vemos o *lean* no tema. Sua ênfase mudou mais para uma abordagem holística da produção e melhoria. E, embora seu papel no planejamento e controle permaneça relevante, o *lean* é cada vez mais visto como um método de aprimoramento.

▶ As questões "Problemas e aplicações" foram estendidas. Cada capítulo agora tem até 10 questões que ajudarão a praticar a análise de produção. Elas podem ser respondidas ao ler o capítulo.

▶ Diversos estudos de caso totalmente novos foram incluídos nos capítulos. Dos 19 capítulos, 10 casos são novos nesta edição. Acreditamos que esses casos agregarão significativamente à experiência de aprendizado dos alunos. No entanto, vários dos casos mais populares foram mantidos.

▶ Em cada capítulo, incluímos uma nova seção chamada "Operações responsáveis". Isso resume como o assunto discutido no capítulo aborda importantes questões sociais, éticas e ambientais. Descobrimos que usar esse recurso para desenvolver importantes questões de responsabilidade social, ética e ambiental em cada sessão fornece uma linha de aprendizado útil à qual os alunos respondem.

▶ Ampliamos e atualizamos os populares exemplos de "Operações na prática" ao longo do livro. Dos mais de 100 exemplos, cerca de 50% são novos nesta edição.

▶ Demos ainda mais ênfase na ideia de que a "administração da produção" é relevante para todos os tipos de negócios e todas as áreas funcionais da organização.

▶ Demos maior ênfase aos exemplos trabalhados em cada capítulo, de modo a fornecer mais auxílio aos alunos na análise dos problemas de produção.

▶ Muitas ideias novas na administração da produção foram incorporadas. Entretanto, mantivemos o foco nos fundamentos do tema.

Para o aluno...

Como obter o máximo deste livro

Todos os livros acadêmicos de administração de empresas são, de certa forma, simplificações da realidade confusa que é a vida real das organizações. Qualquer livro tem tópicos separados para serem estudados, que, na realidade, estão diretamente relacionados. Por exemplo, a escolha da tecnologia afeta o projeto do trabalho, que, por sua vez, influencia o controle de qualidade; porém, para simplificar, esses tópicos são tratados individualmente. Assim, a primeira dica para usar este livro de modo eficaz é preocupar-se com todas as relações entre os tópicos individuais. De modo semelhante, na sequência dos tópicos, embora os capítulos sigam uma estrutura lógica, eles não precisam ser estudados na ordem apresentada. Cada capítulo é, mais ou menos, independente. Portanto, estude os capítulos em qualquer sequência que seja apropriada ao seu curso ou aos seus interesses individuais. Entretanto, em razão de cada parte dispor de um capítulo introdutório, os alunos que desejam iniciar com uma breve visão geral do assunto podem estudar, de início, os Capítulos 1, 6, 10 e 15, bem como o fechamento que resume os capítulos escolhidos. O mesmo se aplica à revisão de conhecimentos – estude os capítulos introdutórios e as respostas resumidas às questões-chave.

O livro utiliza muitos exemplos práticos e ilustrações que podem ser encontrados em todas as operações. Muitos deles foram fornecidos por nossos contatos em empresas, mas alguns foram extraídos de periódicos, revistas e jornais. Portanto, se você deseja entender a importância da administração da produção na vida diária das empresas, procure exemplos e ilustrações de decisões e atividades de administração de produção nessas fontes. Há também exemplos que você pode observar no dia a dia. Sempre que você for a uma loja, fizer uma refeição em um restaurante, baixar uma música, acessar recursos *online* ou usar um transporte público, considere os aspectos da administração da produção de todas as operações das quais você for um consumidor.

Os casos e problemas de fim de capítulo existem para que você tenha oportunidade de pensar mais sobre as ideias discutidas nos capítulos. Os problemas podem ser usados para testar seu conhecimento sobre os pontos e questões específicos abordados no capítulo e discuti-los em grupo, se desejar. Se não conseguir respondê-las, você deve retornar às partes relevantes do capítulo. Os exercícios de casos no fim de cada capítulo exigirão maior reflexão. Use as perguntas no fim de cada exercício para ajudá-lo a analisar o assunto tratado no caso. Após fazer isso individualmente, tente discutir sua análise com outros colegas de curso. O mais importante de tudo: toda vez em que você analisar um dos estudos de caso (ou qualquer outro caso ou exemplo relacionado à administração da produção), prossiga sua análise com duas questões fundamentais:

▶ Como essa organização está tentando competir (ou satisfazer seus objetivos estratégicos, se for uma organização sem fins lucrativos)?

▶ O que a produção pode fazer para ajudar a organização a competir de modo mais eficaz?

Dez etapas para obter melhores notas em administração da produção

Podemos afirmar que a melhor regra para obter melhores notas é ser um bom aluno! Quero dizer, realmente bom! Entretanto, há muitos de nós que, embora cheguemos próximos a bons alunos, não obtemos as notas que realmente merecemos. Portanto, se estiver estudando administração da produção e deseja obter boas notas, tente seguir estas etapas simples:

Etapa 1. Pratique, pratique, pratique. Use as questões-chave e os "Problemas e aplicações" para verificar sua compreensão do assunto.

Etapa 2. Lembre-se de alguns **modelos-chave** e aplique-os sempre que puder. Use os diagramas e modelos para descrever alguns dos exemplos apresentados nos capítulos.

Etapa 3. Lembre-se de usar **análises quantitativa e qualitativa.** Você obterá mais crédito por combinar seus métodos de modo apropriado: use um modelo quantitativo para responder a uma questão quantitativa e vice-versa, mas justifique com frases bem escolhidas. Cada capítulo contém material qualitativo e quantitativo.

Etapa 4. Há sempre um **objetivo** *estratégico* por trás de qualquer questão operacional. Pergunte a si mesmo: "Uma operação semelhante com uma estratégia diferente funciona diferentemente?". Examine as seções "Operações na prática" no livro.

Etapa 5. Pesquise amplamente o tópico. Use *sites* em que você confia — não confie automaticamente no que você lê. Você obterá mais crédito ao usar referências que aparecem em fontes acadêmicas genuínas.

Etapa 6. Use **sua própria experiência.** Todo dia você tem oportunidades de aplicar os princípios da administração da produção. Por que a fila no *check-in* do aeroporto é tão longa? O que acontece na cozinha do seu restaurante favorito?

Etapa 7. Responda sempre às questões. Reflita: "O que realmente está sendo perguntado aqui? Que assunto ou assuntos essa questão envolve?". Encontre o capítulo ou os capítulos relevantes e, para começar, procure as questões-chave no início e o resumo no fim de cada capítulo.

Etapa 8. Leve em conta três fases para obter pontuação em suas respostas.

(a) Primeiro, demonstre seu conhecimento e entendimento. Use plenamente o texto e descubra onde precisa melhorar.
(b) Segundo, mostre que sabe como ilustrar e aplicar o assunto. As seções "Estudos de caso" e "Operações na prática" lhe oferecem centenas de exemplos diferentes.
(c) Terceiro, mostre que você pode discutir e analisar criticamente as questões. Use os comentários críticos do texto para entender alguns dos pontos de vista alternativos.

Geralmente, se você conseguir fazer (a), será aprovado; se conseguir fazer (a) e (b), será bem aprovado; e, se conseguir fazer as três, será aprovado com distinção!

Etapa 9. Lembre-se de que não basta saber do **que** se trata o assunto, mas também **entender por quê!** Tente entender por que os conceitos e as técnicas de administração da produção são importantes e como contribuem para o sucesso de uma organização. Os novos conhecimentos adquiridos ficarão fixados em sua memória, permitindo que você desenvolva ideias e obtenha melhores notas.

Etapa 10. Comece agora! Não espere duas semanas até que o prazo para um trabalho esteja vencido. Continue lendo e BOA SORTE!

Nigel Slack, Alistair Brandon-Jones e Nicola Burgess

Sobre os autores

Nigel Slack é professor de administração e estratégia de Produção na Warwick University, e catedrático honorário na Bath University. Anteriormente, foi professor de engenharia de serviços na Cambridge University, professor de estratégia de manufatura na Brunel University, professor de estudos de administração na Oxford University e *Fellow* de administração da produção no Templeton College, em Oxford. Inicialmente, trabalhou como aprendiz em indústria de ferramentas manuais e, depois, como engenheiro e gerente de produção em engenharia de iluminação. É graduado em engenharia, mestre e doutor em administração e também engenheiro certificado. É autor de muitos livros e artigos na área de administração da produção, incluindo *The manufacturing advantage*, publicado pela Mercury Business Books em 1991; *Making management decisions*, publicado pela Prentice Hall em 1991; *Service superiority* (em coautoria com Robert Johnston), publicado pela EUROMA em 1993; *The Blackwell encyclopedic dictionary of operations management* (em coautoria com Michael Lewis), publicado pela Blackwell; *Operations strategy*, em coautoria com Michael Lewis, agora em sua 6ª edição, publicado pela Pearson em 2020; *Perspectives in operations management* (volumes I a IV), também em coautoria com Michael Lewis, publicado pela Routledge em 2003; *Operations and process management*, em coautoria com Alistair Brandon-Jones, agora em sua 6ª edição, publicado pela Pearson em 2021; *Essentials of operations management*, em coautoria com Alistair Brandon-Jones, agora em sua 2ª edição, também publicado pela Pearson em 2018; e *The operations advantage*, publicado pela Kogan Page em 2017. Nigel também é autor de numerosos artigos acadêmicos e capítulos de livros. Além disso, atuou como consultor de muitas empresas internacionais espalhadas pelo mundo em muitos setores, especialmente serviços financeiros, transporte, lazer, energia e indústria. Suas pesquisas envolvem as áreas de administração da produção, flexibilidade de manufatura e estratégia de produção.

Alistair Brandon-Jones é professor titular de produção e gerenciamento de cadeia de suprimentos e chefe da divisão de informações, decisões e produção da escola de administração da Universidade de Bath. Ele é professor visitante da Hult International Business School e da Danish Technical University e diretor não executivo da Brevio (www.brevio.org), com foco em doações mais inteligentes no Terceiro Setor. Entre 2014 e 2017, foi reitor associado para educação pós-experiência, responsável pelos programas de MBA, EMBA, DBA e EngDoc. Anteriormente, foi professor na Manchester Business School, assistente e professor adjunto na Bath University e *Fellow* na Warwick Business School, onde obteve seu PhD. Entre seus outros livros estão: *Operations and process management*, (6ª edição, 2021), *Essentials of operations management* (2ª edição, 2018) e *Quantitative analysis in operations management* (2008). Alistair é pesquisador empírico ativo, com foco na digitalização da produção e na administração de cadeias de suprimento, produção de serviços profissionais e produção de serviços de saúde. Esse trabalho vem sendo publicado extensivamente em vários periódicos de elite mundial, incluindo *Journal of Operations Management*, *International Journal of Operations & Production Management*, *International Journal of Production Economics* e *International Journal of Production Research*. Alistair ministrou cursos de administração da produção, estratégia de produção, gestão de cadeias de suprimento, gestão de projetos e produção de serviços em todos os níveis e tem sido convidado a lecionar em várias instituições internacionais, incluindo Universidade de Cambridge, Hult International Business School, SDA Bocconi, Warwick Business School, NOVA University, Danish Technical University, Edinburgh Napier, Warwick Medical School e University College Dublin. Além disso, ele tem uma vasta experiência em consultoria e desenvolvimento executivo em uma variedade de organizações, incluindo Maersk, Schroders Bank, Royal Bank of Scotland, Baker Tilly, Rowmarsh, QinetiQ Defence, Eni Oil and Gas, Crompton Greaves, Bahrain Olympic Committee, Qatar Leadership Centre, National Health Service e Singapore Logistics Association. Ele ganhou vários prêmios por excelência no ensino e por contribuições para a pedagogia, como os da *Times Higher Education*, Association of MBAs (AMBA), Production Operations Management Society (POMS), University of Bath, University of Manchester, University of Warwick e Hult International Business School.

Nicola Burgess é professora de administração da produção na Warwick Business School. Ela trabalhou extensivamente com organizações públicas para entender a administração e o desenvolvimento da produção no contexto do setor público. A pesquisa de Nicola lhe permitiu trabalhar em estreita colaboração com técnicos formuladores de políticas, atuando também como consultora em conselhos de programas de saúde. Ela também trabalha em colaboração com empresas sociais em uma função de consultoria, pesquisa e ensino. Sua pesquisa foi publicada em revistas líderes mundiais, incluindo *Journal of Operations Management*, *European Journal of Operations Research*, *Human Resource Management* e *British Medical Journal*. Nicola lecionou administração da produção, estratégia de produção e gestão da cadeia de suprimentos em todos os níveis, da graduação à pós-graduação, e contribui para o MBA em EAD líder mundial na Warwick Business School. Ela também é diretora do inovador programa de "fundamentos" para a Warwick Business School. Sua didática foi reconhecida pelos alunos como "apaixonada" e "inovadora", refletindo seu desejo de promover nos alunos o envolvimento, o entusiasmo e a compreensão da administração da produção, dentro e fora da sala de aula.

Agradecimentos

Durante a preparação desta 10ª edição do livro (e das edições anteriores), os autores receberam uma grande ajuda de amigos e colegas na comunidade da administração da produção. Em particular, todos aqueles que frequentaram um de seus *workshops* merecem agradecimento pelos muitos comentários úteis. O generoso compartilhamento de ideias dessas sessões influenciou este e todos os nossos outros livros sobre o assunto. Agredecemos a todos que compareceram a essas sessões e a outros colegas que nos ajudaram. Em geral, é injusto apontar apenas algumas pessoas – mas vamos tentar.

Agradecemos a Pär Åhlström, da Stockholm School of Economics; James Aitken, da University Of Surrey; Eamonn Ambrose, do University College, Dublin; Erica Ballantyne, da Sheffield University; Andrea Benn, da University of Brighton; Yongmei Bentley, da University Of Bedfordshire; Helen Benton, da Anglia Ruskin University; Ran Bhamra, da Loughborough University; Tony Birch, da Birmingham City University; Briony Boydell, da University of Portsmouth; Emma Brandon-Jones e John K. Christiansen, da Copenhagen Business School; Philippa Collins, da Heriot-Watt University; Paul Coughlan, do Trinity College, Dublin; Doug Davies, da University of Technology; Sydney, J.A.C. de Haan, da Tilburg University; Ioannis Dermitzakis, da Anglia Ruskin University; Stephen Disney, da Cardiff University; Carsten Dittrich, da University of Southern Denmark; Tony Dromgoole, do Irish Management Institute; David Evans, da Middlesex University; Ian Evans, da Sunderland University; Margaret Farrell, do Dublin Institute of Technology; Andrea Foley, da Portsmouth University; Paul Forrester, da Keele University; Abhijeet Ghadge, da Heriot Watt University; Andrew Gough, da Northampton University; Ian Graham, da Edinburgh University; John Gray, da Ohio State University; Alan Harle, da Sunderland University; Catherine Hart, da Loughborough Business School; Susan Helper, da Case Western Reserve University; Graeme Heron, da Newcastle Business School; Steve Hickman, da University of Exeter; Chris Hillam, da Sunderland University; Ian Holden, da Bristol Business School; Mickey Howard, da Exeter University; Stavros Karamperidis, da Heriot Watt University; Tom Kegan, do Bell College of Technology; Hamilton e Benn Lawson, da University of Cambridge; Xiaohong Li, da Sheffield Hallam University; John Maguire, da University of Sunderland; Charles Marais, da University of Pretoria; Lynne Marshall, da Nottingham Trent University; Roger Maull, da Exeter University; Bart McCarthy, da Nottingham University; Peter McCullen, da University of Brighton; John Meredith Smith, da EAP, Oxford; Joe Miemczyk, da ESCP Business School,

Europa; Michael Milgate, da Macquarie University; Keith Moreton, da Staffordshire University; Phil Morgan, da Oxford Brooks University; Adrian Morris, da Sunderland University; Nana Nyarko, da Sheffield Hallam University; Beverly Osborn, da Ohio State University; John Pal, da Manchester Metropolitan University; Sofia Salgado Pinto, da Católica Porto Business School; Gary Priddis, da University of Brighton; Carrie Queenan, da University of South Carolina; Gary Ramsden, da University of Lincoln; Steve Robinson, da Southampton Solent University; Frank Rowbotham, da University of Birmingham; James Rowell, da University of Buckingham; Hamid Salimian, da University of Brighton; Sarah Schiffling, da University of Lincoln; Alex Skedd, da Northumbria Business School; Andi Smart, da Exeter University; Nigel Spinks, da University of Reading; Dr. Ebrahim Soltani, da University of Kent; Rui Soucasaux Sousa, da Católica Porto Business School; Martin Spring, da Lancaster University; James Stone, da Aston University; R. Stratton, da Nottingham Trent University; Ali Taghizadegan, da University of Liverpool; Kim Hua Tan, da University of Nottingham; Dr. Nelson Tang, da University of Leicester; Meinwen Taylor, da South Wales University; Christos Tsinopoulos, da Durham University; David Twigg, da Sussex University; Arvind Upadhyay, da University of Brighton; Helen Valentine, da University of the West of England; Andy Vassallo, da University of East Anglia; Vessela Warren, da University of Worcester; Linda Whicker, da Hull University; John Whiteley, da Greenwich University; Bill Wright, da BPP Professional; Ying Xie, da Anglia Ruskin University; Des Yarham, da Warwick University; Maggie Zeng, da Gloucestershire University; e Li Zhou, da University of Greenwich.

Nesta edição, recebemos ajuda específica com os novos estudos de caso. Nossos sinceros agradecimentos a Vaggelis Giannikas, da University of Bath; Jas Kalra, da Newcastle University; Jens Roehrich, da University of Bath; Nigel Spinks, Henley e Brian Squire, da University of Bath.

Nossos colegas professores do Grupo de Administração da Produção da Warwick Business School e da Bath University também ajudaram com ideias que contribuíram e criaram um ambiente de trabalho estimulante e dinâmico.

Da Warwick, nossos agradecimentos a Vikki Abusidualghoul, Daniella Badu, Haley Beer, Anna Michalska, Pietro Micheli, Giovanni Radaelli, Ross Ritchie, Rhian Silvestro e Chris Voss.

Da Bath, somos gratos a Meriem Bouazzaoui, Olivia Brown, Teslim Bukoye, Melih Celik, Soheil Davari, Brit Davidson, David Ellis, Jane Ellis-Brush, Malek El-Qallali,

Güneş Erdogan, Vaggelis Giannikas, Elvan Gokalp, Andrew Graves, Gilbert Laporte, Michael Lewis, Sheik Meeran, Meng Meng, Zehra Onen Dumlu, Fotios Petropoulos, Lukasz Piwek, Jens Roehrich, Ozge Safak Aydiner, Ece Sanci, Mehrnoush Sarafan, Gamila Shoib, Michael Shulver, Brian Squire, Christos Vasilakis e Baris Yalabik.

Tivemos sorte de receber assistência profissional e amizade contínuas de uma grande equipe editorial da Pearson.

Agradecimentos especiais a Rufus Curnow, Anita Atkinson, Felicity Baines e Diane Jones.

Finalmente (e mais importante), às nossas famílias, que nos apoiaram e toleraram nossa obsessão *nerd*, nosso agradecimento é pouco, mas mesmo assim agradecemos a Angela e Kathy, Emma, Noah e George, e a James, Maddy, Freya e Emily-Jane.

Nigel Slack, Alistair Brandon-Jones e Nicola Burgess

Sumário

PARTE 1

DIRECIONAMENTO DA PRODUÇÃO

1 Administração da Produção, 4

Introdução, 4

1.1 O que é administração da produção?, 5

1.2 Por que a administração da produção é importante em todos os tipos de organização?, 7

1.3 O que é o processo de *input* (entrada)-transformação-*output* (saída)?, 11

1.4 O que é hierarquia do processo?, 19

1.5 Como os processos de produção têm características diferentes?, 22

1.6 O que fazem os gerentes de produção?, 26

Respostas resumidas às questões-chave, 31

Estudo de caso: Kaston-Trenton Service (KTS), 32

Problemas e aplicações, 34

Leitura complementar selecionada, 36

Notas do capítulo, 37

2 Desempenho da Produção, 38

Introdução, 38

2.1 Por que o desempenho da produção é vital para qualquer organização?, 39

2.2 Como o desempenho da produção é avaliado no nível societário?, 40

2.3 Como o desempenho da produção é avaliado no nível estratégico?, 43

2.4 Como o desempenho da produção é avaliado no nível operacional?, 45

2.5 Como medir o desempenho da produção?, 59

2.6 Como os objetivos de desempenho da produção fazem *trade-off*?, 61

Respostas resumidas às questões-chave, 64

Estudo de caso: IKEA está olhando para o futuro, 66

Problemas e aplicações, 69

Leitura complementar selecionada, 70

Notas do capítulo, 71

3 Estratégia de Produção, 72

Introdução, 72

3.1 O que é estratégia e o que é estratégia de produção?, 73

3.2 Como a estratégia de produção se alinha com a estratégia de negócio *de cima para baixo* (*top-down*)?, 76

3.3 Como a estratégia de produção se alinha com os requisitos do mercado *de fora para dentro* (*outside-in*)?, 79

3.4 Como a estratégia de produção se alinha com a experiência operacional *de baixo para cima* (*bottom-up*)?, 85

3.5 Como a estratégia de produção se alinha com os recursos de produção *de dentro para fora* (*inside-out*)?, 87

3.6 Como são reconciliadas as quatro perspectivas da estratégia de produção?, 91

3.7 Como pode ser organizado o processo de estratégia de produção?, 97

Respostas resumidas às questões-chave, 101

Estudo de caso: McDonald's: meio século de crescimento, 103

Problemas e aplicações, 106

Leitura complementar selecionada, 108

Notas do capítulo, 108

4 Inovação de Produto e Serviço, 110

Introdução, 110

4.1 O que é inovação de produto e serviço?, 111

4.2 Qual é o papel estratégico da inovação de produto e serviço?, 114

4.3 Quais são os estágios da inovação de produto e serviço?, 118

4.4 Como a inovação de produto e serviço deve obter recursos?, 127

Respostas resumidas às questões-chave, 135

Estudo de caso: Widescale Studios e o desenvolvimento do Fierybryde, 137

Problemas e aplicações, 141

Leitura complementar selecionada, 142

Notas do capítulo, 143

5 Estrutura e Escopo da Rede de Suprimento, 144

Introdução, 144

5.1 O que é estrutura e escopo da rede de suprimento?, 145

5.2 Como a rede de suprimento deve ser configurada?, 149

5.3 Quanta capacidade a produção precisa ter?, 155

5.4 Onde a produção deve estar localizada?, 159

5.5 Como a rede de suprimento de uma operação deve ser integrada verticalmente?, 161

5.6 Quais atividades devem ser feitas internamente e quais devem ser terceirizadas?, 164

Respostas resumidas às questões-chave, 169

Estudo de caso: Aarens Electronic, 171

SUMÁRIO **xix**

Problemas e aplicações, 173
Leitura complementar selecionada, 174
Notas do capítulo, 175

PARTE 2

PROJETO DA OPERAÇÃO

6 Projeto de Processos, 178

Introdução, 178
6.1 O que é projeto de processos?, 179
6.2 Quais devem ser os objetivos do projeto de processos?, 181
6.3 Como o volume e a variedade afetam o projeto de processos?, 185
6.4 Como os processos são projetados em detalhes?, 193
Respostas resumidas às questões-chave, 209
Estudo de caso: A Action Response Applications Processing Unit (ARAPU), 211
Problemas e aplicações, 213
Leitura complementar selecionada, 215
Notas do capítulo, 215

7 Arranjo Físico das Instalações, 217

Introdução, 217
7.1 Como o arranjo físico das instalações influencia o desempenho?, 218
7.2 Quais são os tipos básicos de arranjo físico e como eles afetam o desempenho?, 220
7.3 Como a aparência das instalações de uma operação afeta seu desempenho?, 230
7.4 Que informações e análises são necessárias para o projeto do arranjo físico e a aparência das instalações?, 232
Respostas resumidas às questões-chave, 240
Estudo de caso: Misenwings SA, 242
Problemas e aplicações, 245
Leitura complementar selecionada, 248
Notas do capítulo, 248

8 Tecnologia de Processo, 250

Introdução, 250
8.1 O que é tecnologia de processo e por que ela está se tornando mais importante?, 251
8.2 Como é possível entender o potencial da nova tecnologia de processo?, 256
8.3 Como podem ser avaliadas as novas tecnologias de processo?, 261
8.4 Como as novas tecnologias de processo são desenvolvidas e implementadas?, 268
Respostas resumidas às questões-chave, 273
Estudo de caso: Logaltel Logistics, 275
Problemas e aplicações, 277
Leitura complementar selecionada, 279
Notas do capítulo, 279

9 Pessoas na Produção, 281

Introdução, 281
9.1 Por que as pessoas são tão importantes na administração da produção?, 282
9.2 Como pode ser organizada a função produção?, 285
9.3 Como tratamos do projeto do trabalho?, 288
9.4 Como é feita a alocação dos tempos de trabalho?, 302
Respostas resumidas às questões-chave, 305
Estudo de caso: Grace enfrenta (três) problemas, 306
Problemas e aplicações, 307
Leitura complementar selecionada, 309
Notas do capítulo, 310

Suplemento do Capítulo 9: Estudo do Trabalho, 311

Introdução, 311
Estudo do método no projeto do trabalho, 311
Medição no projeto do trabalho, 313

PARTE 3

ENTREGA

10 Planejamento e Controle, 320

Introdução, 320
10.1 O que é planejamento e controle?, 321
10.2 Como o suprimento e a demanda afetam o planejamento e controle?, 324
10.3 O que é *carregamento*?, 330
10.4 O que é *sequenciamento*?, 331
10.5 O que é *programação*?, 337
10.6 O que é *monitoramento e controle*?, 342
Respostas resumidas às questões-chave, 347
Estudo de caso: Audall Auto Servicing, 349
Problemas e aplicações, 352
Leitura complementar selecionada, 354
Notas do capítulo, 355

11 Gestão da Capacidade Produtiva, 356

Introdução, 356
11.1 O que é gestão da capacidade produtiva?, 357
11.2 Como a demanda é medida?, 359
11.3 Como a capacidade produtiva é medida?, 367
11.4 Como é feita a gestão no lado da demanda?, 373
11.5 Como é feita a gestão no lado do suprimento?, 374
11.6 Como as operações podem entender as consequências de suas decisões de gestão da capacidade?, 379
Respostas resumidas às questões-chave, 386
Estudo de caso: FreshLunch, 388
Problemas e aplicações, 393
Leitura complementar selecionada, 395
Notas do capítulo, 396

Suplemento do Capítulo 11: Modelos Analíticos de Filas, 397

Introdução, 397
Notação, 397
Variabilidade, 398
Incorporando a variabilidade, 398
Incorporação da Lei de Little, 399
Tipos de sistemas de filas, 399

12 Gestão da Cadeia de Suprimento, 404

Introdução, 404
12.1 O que é gestão da cadeia de suprimento?, 405
12.2 Como é feita a concorrência entre as cadeias de suprimento?, 407
12.3 Como podem ser gerenciados os relacionamentos nas cadeias de suprimento?, 412
12.4 Como é feita a gestão do lado do suprimento?, 413
12.5 Como é feita a gestão do lado da demanda?, 424
12.6 O que são as dinâmicas das cadeias de suprimento?, 427
Respostas resumidas às questões-chave, 432
Estudo de caso: Grande ou pequeno? O dilema de fornecimento da EDF, 434
Problemas e aplicações, 437
Leitura complementar selecionada, 438
Notas do capítulo, 439

13 Gestão de Estoque, 440

Introdução, 440
13.1 O que é estoque?, 441
13.2 Por que precisaria haver estoque?, 443
13.3 Quanto deve ser pedido? Decisão de volume, 448
13.4 Quando fazer um pedido? Decisão de timing, 459
13.5 Como o estoque pode ser controlado?, 464
Respostas resumidas às questões-chave, 471
Estudo de caso: Supplies4medics.com, 473
Problemas e aplicações, 475
Leitura complementar selecionada, 476
Notas do capítulo, 477

14 Sistemas de Planejamento e Controle, 478

Introdução, 478
14.1 O que são sistemas de planejamento e controle?, 479
14.2 O que é ERP e como ele se transformou no sistema de planejamento e controle mais comum?, 483
14.3 Como devem ser implementados os sistemas de planejamento e controle?, 489
Respostas resumidas às questões-chave, 493
Estudo de caso: Psycho Sports Ltd, 495
Problemas e aplicações, 497
Leitura complementar selecionada, 499
Notas do capítulo, 499

Suplemento do Capítulo 14: Planejamento de Necessidades de Materiais, 501

Introdução, 501
Programa-mestre de produção, 501
Lista de materiais, 502
Registros de estoque, 504
Processo de cálculo de necessidade líquida do MRP, 504
Verificações de capacidade de MRP, 507
Resumo do suplemento, 507

PARTE 4

DESENVOLVIMENTO

15 Melhoramento da Produção, 510

Introdução, 510
15.1 Por que o melhoramento é tão importante para a administração da produção?, 511
15.2 Quais são os elementos-chave do melhoramento da produção?, 515
15.3 Quais são as abordagens amplas para o melhoramento?, 521
15.4 Quais técnicas podem ser usadas para o melhoramento?, 530
15.5 Como gerenciar o processo de melhoramento?, 535
Respostas resumidas às questões-chave, 542
Estudo de caso: Queda de vendas na Splendid Soup Co., 544
Problemas e aplicações, 546
Leitura complementar selecionada, 548
Notas do capítulo, 549

16 Produção Enxuta, 550

Introdução, 550
16.1 O que é produção enxuta?, 551
16.2 Como a produção enxuta considera o fluxo?, 553
16.3 Como a produção enxuta considera (e reduz) o desperdício?, 558
16.4 Como a produção enxuta considera o melhoramento?, 566
16.5 Como a produção enxuta considera o papel das pessoas?, 571
16.6 Como a produção enxuta se aplica ao longo da rede de suprimento?, 574
Respostas resumidas às questões-chave, 575
Estudo de caso: St Bridget's Hospital: sete anos de métodos enxutos, 577
Problemas e aplicações, 580
Leitura complementar selecionada, 581
Notas do capítulo, 582

17 Gestão da Qualidade, 583

Introdução, 583
17.1 O que é qualidade e por que é tão importante?, 584
17.2 Que etapas levam à conformidade de acordo com as especificações?, 592
17.3 O que é gestão da qualidade total?, 598
Respostas resumidas às questões-chave, 608
Estudo de caso: Rapposcience Labs, 610
Problemas e aplicações, 613
Leitura complementar selecionada, 616
Notas do capítulo, 616

Suplemento do Capítulo 17: Controle Estatístico do Processo, 618

Introdução, 618
Gráficos de controle, 618
Variação na qualidade do processo, 619
Gráficos de controle para atributos, 624
Gráficos de controle para variáveis, 625
Controle do processo, aprendizagem e conhecimento, 629
Resumo do suplemento, 630
Leitura complementar selecionada, 630

18 Gestão de Risco e Recuperação, 631

Introdução, 631
18.1 O que é gestão de risco?, 632
18.2 Como a administração da produção pode avaliar as causas potenciais e as consequências da falha?, 634

18.3 Como as falhas podem ser evitadas?, 645
18.4 Como a administração da produção pode atenuar (mitigar) os efeitos da falha?, 650
18.5 Como a administração da produção pode recuperar-se dos efeitos da falha?, 651
Respostas resumidas às questões-chave, 654
Estudo de caso: Slagelse Industrial Services (SIS), 656
Problemas e aplicações, 657
Leitura complementar selecionada, 660
Notas do capítulo, 660

19 Gestão de Projetos, 661

Introdução, 661
19.1 O que são projetos?, 662
19.2 O que é gestão de projetos?, 666
19.3 Como o ambiente do projeto é entendido?, 669
19.4 Como os projetos são definidos?, 674
19.5 Como os projetos são planejados?, 676
19.6 Como os projetos são controlados e aumentam o aprendizado?, 685
Respostas resumidas às questões-chave, 690
Estudo de caso: Kloud BV e Sakura Bank K.K., 692
Problemas e aplicações, 694
Leitura complementar selecionada, 696
Notas do capítulo, 697

Glossário, 698
Créditos, 712
Índice Alfabético, 721

ADMINISTRAÇÃO DA PRODUÇÃO

PARTE 1

Direcionamento da Produção

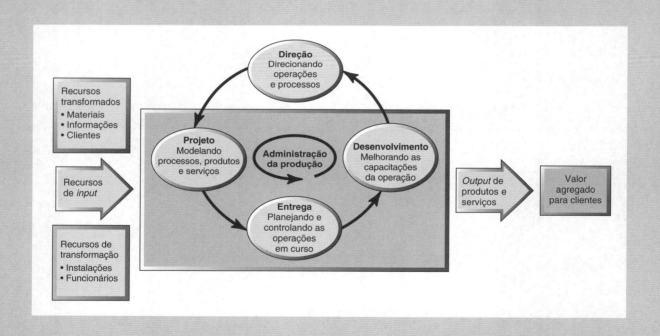

Esta parte do livro introduz a ideia da *produção* e a *função produção*. Além disso, examina as atividades e as decisões fundamentais que modelam a direção e a estratégia geral da função produção.

Os capítulos incluídos nesta parte são:

▶ **Capítulo 1: Administração da Produção**

Apresenta as ideias comuns que descrevem a natureza e o papel da produção e os processos em todos os tipos de organização.

▶ **Capítulo 2: Desempenho da Produção**

Identifica como o desempenho da função produção pode ser avaliado.

▶ **Capítulo 3: Estratégia de Produção**

Examina como as atividades da função produção podem ter um importante impacto estratégico.

▶ **Capítulo 4: Inovação de Produto e Serviço**

Examina como a inovação pode ser embutida no processo de projeto de produtos e serviços.

▶ **Capítulo 5: Estrutura e Escopo da Rede de Suprimento**

Descreve as principais decisões que determinam como e a extensão à qual a produção agrega valor por meio de suas próprias atividades.

1 Administração da Produção

QUESTÕES-CHAVE

1.1 O que é administração da produção?

1.2 Por que a administração da produção é importante em todos os tipos de organização?

1.3 O que é o processo de *input* (entrada)-transformação-*output* (saída)?

1.4 O que é hierarquia do processo?

1.5 Como os processos de produção têm características diferentes?

1.6 O que fazem os gerentes de produção?

INTRODUÇÃO

A administração da produção trata da forma como as organizações criam e entregam serviços e produtos. Tudo o que você veste, come, no que senta, usa, lê ou lança na prática de esportes chega a você graças aos gerentes de produção que organizaram sua criação e entrega. Tudo o que você pesquisa em um mecanismo de busca, cada tratamento recebido no hospital, cada serviço que espera nas lojas e as aulas na universidade — todos eles foram criados por gerentes de produção. Embora as pessoas que supervisionaram sua criação e entrega nem sempre sejam chamadas de *gerentes de produção* (ou gerentes de operações), isso é o que elas realmente são. Aqui estão os objetivos deste livro: as tarefas, os problemas e as decisões tomadas pelos gerentes de produção que proporcionam os serviços e produtos dos quais dependemos. Como este é um capítulo introdutório, examinaremos o que entendemos por *administração da produção*, como os processos produtivos podem ser encontrados em toda parte, como são similares, embora diferentes, e o que fazem os gerentes de produção (Figura 1.1).

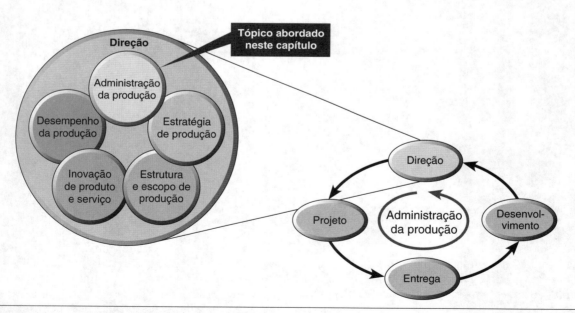

Figura 1.1 Este capítulo examina a administração da produção.

1.1 O que é administração da produção?

Administração da produção é a atividade de gerenciar recursos que criam e entregam serviços e produtos. A função produção é a parte da organização responsável por essa atividade. Toda organização tem uma **função produção**, pois toda organização produz algum tipo de produto e/ou serviço. Entretanto, nem todos os tipos de organização, necessariamente, denominam a função produção por esse nome. (Observe que também utilizamos formas mais simplificadas, como os termos *a operação*, *operações* ou *produção*, no lugar de *função produção*.) **Gerentes de produção** são as pessoas que têm responsabilidade particular em administrar algum ou todos os recursos que fazem parte da função produção. Novamente, em algumas organizações, o cargo de gerente de produção pode ter algum outro nome. Por exemplo, pode ser chamado de *gerente de frota* em uma empresa distribuidora, *gerente administrativo* em um hospital ou *gerente de loja* em um supermercado.

> **Princípio de produção**
> Todas as organizações têm *operações* que produzem algum *mix* de serviços e produtos.

OPERAÇÕES NA PRÁTICA — LEGOLAND® e LEGO® confiam em seus gerentes de produção

Pode parecer que estes são negócios muito diferentes, embora compartilhem parcialmente o mesmo nome. A LEGOLAND é uma cadeia de parques temáticos de lazer familiar mundialmente renomados, e a LEGO é um dos fabricantes de brinquedos educativos mais conhecidos. Mas olhe com mais detalhes e eles compartilham muitas atividades comuns de administração da produção. Olhando para essas atividades, podemos entender melhor algumas das semelhanças e diferenças entre suas operações.

LEGOLAND[1]

Os parques temáticos são um setor multibilionário. Uma das marcas mais conhecidas nesse setor é a LEGOLAND®, cujos hotéis e acomodações com atrações temáticas da LEGO são voltados principalmente para famílias com crianças de 3 a 12 anos. A LEGOLAND tem parques em sete países e em três continentes. O primeiro parque foi aberto há mais de 60 anos, perto da fábrica da LEGO em Billund, na Dinamarca. A localização é muito importante. Por exemplo, a LEGOLAND Deutschland está localizada na Baviera, perto da Suíça e da Áustria, todos estes sendo mercados com um número significativo de seguidores da LEGO. Todos os parques da LEGOLAND são operados pela Merlin Entertainments, com sede no Reino Unido, que também opera outras atrações de marca no Reino Unido, na Itália e na Alemanha, como Madame Tussauds, The London Eye, Warwick Castle e Alton Towers. Todos estes têm uma coisa em comum: proporcionam uma *experiência* aos seus visitantes. Cada etapa de cada atração pela qual os clientes (geralmente chamados de *convidados*) passam deve ser elaborada para criar uma experiência intensa ou imersiva, centrada em temas em torno de personagens de filmes, ou da televisão, ou ainda, no caso da LEGOLAND, da propriedade intelectual da LEGO. As atrações individuais em parques temáticos exigem grandes investimentos, muitas vezes utilizando uma sofisticada tecnologia. Manter a utilização dessas atrações significa tentar administrar o fluxo de visitantes ao redor do parque para que eles fiquem na fila pelo menor tempo possível. No entanto, feriados, estações e o clima afetarão o número de visitantes que deseja visitar cada parque. Entretanto, por mais movimentado que seja um parque, a qualidade da satisfação de seus visitantes com a experiência é uma parte importante da administração das operações na LEGOLAND. O que ela chama de *Obsessão do Hóspede,* com a criação de experiências tranquilas e memoráveis para seus convidados, inclui o monitoramento regular das notas de satisfação do convidado e o uso da medição do *promotor líquido* (ver Capítulo 2 para ver uma discussão sobre as pontuações líquidas do promotor).

LEGO[2]

O grupo LEGO, uma empresa familiar privada, com sede em Billund, Dinamarca, é um dos principais fabricantes de materiais recreativos. Os blocos de LEGO são fabricados nas fábricas do grupo, localizadas perto de seus principais mercados na Europa e nos Estados Unidos. O sucesso da empresa se baseia em uma ideia aparentemente simples. Um bloco de LEGO não tem nada de extraordinário, mas junte alguns deles e as possibilidades começam a surgir. Por exemplo, existem mais de 915 milhões de maneiras possíveis de organizar seis blocos-padrão de quatro por dois.[3] Com todos os elementos, cores e decorações da linha LEGO, o número total de combinações se torna realmente imenso. No entanto, por mais blocos que se monte, e independentemente da cor ou do conjunto a que pertencem, eles sempre se encaixarão perfeitamente porque são feitos com altíssimo nível de precisão e qualidade. O lema da empresa é "Só o melhor é bom o suficiente". Na produção em Billund, 60 toneladas de plástico são processadas a cada 24 horas, com suas máquinas de moldagem abastecidas por um complexo arranjo de tubos. Essa etapa é particularmente importante, pois cada peça de LEGO deve ser feita com tolerâncias tão pequenas quanto 10 micrômetros [um centésimo de milímetro]. Os moldes usados por essas máquinas são caros, e cada elemento requer seu próprio molde. Carrinhos robóticos circulam entre as máquinas, pegando caixas de peças e deixando as vazias, um investimento em automação que reduz bastante o número de pessoas necessárias. No processo de embalagem, os conjuntos de LEGO assumem sua forma final. O sistema sabe exatamente quanto cada caixa embalada deve pesar em qualquer estágio e, em caso de qualquer divergência, dispara um alarme. A equipe de garantia de qualidade realiza inspeções e testes frequentes para garantir que os brinquedos sejam resistentes e seguros. Para cada 1 milhão de elementos LEGO, apenas cerca de 18 (ou seja, 0,00002%) não passam nos testes. Além disso, ao longo de todo o processo, a empresa procura alcançar altos níveis de sustentabilidade ambiental. O plástico é amplamente reciclado na fábrica.

A administração da produção é fundamental para ambos os negócios

Tanto a LEGOLAND, que fornece um serviço de entretenimento, quanto a LEGO, que fabrica os famosos blocos de LEGO, dependem de seus gerentes de produção para sobreviver e prosperar. São eles que projetam as etapas que agregam valor aos convidados ou o plástico que flui pela produção. Eles administram as atividades que criam serviços e produtos, apoiando as pessoas cujas habilidades e esforços contribuem para agregar valor tanto para os clientes quanto para o próprio negócio. Eles tentam combinar a capacidade da produção com a demanda colocada sobre ela. Eles controlam a qualidade em todos os processos produtivos. E eles transformam qualquer estratégia que cada organização tenha em realidade prática. Se não houver uma administração eficaz da produção, nenhum dos negócios será tão bem-sucedido. É claro que existem diferenças entre as duas formas de produção. Uma *transforma* seus convidados, a outra *transforma* o plástico. No entanto, ambas compartilham um conjunto comum de tarefas e atividades de administração da produção, mesmo que os métodos usados para realizar as tarefas sejam diferentes.

Se você quiser ter uma ideia de alguns dos problemas envolvidos na administração de uma operação moderna e bem-sucedida, veja o exemplo de *Operações na prática, LEGOLAND® e LEGO® confiam em seus gerentes de produção*. O exemplo da LEGO ilustra como a função produção é importante para qualquer empresa cuja reputação dependa da produção de produtos ou serviços seguros, de alta qualidade, sustentáveis e lucrativos. Sua produção e seus produtos são inovadores, elas têm um grande foco na satisfação do cliente, investem no desenvolvimento de seus funcionários e desempenham um papel positivo no cumprimento de suas responsabilidades sociais e ambientais. Todas essas questões são (ou deveriam ser) importantes na agenda de qualquer gerente de produção em qualquer setor. Continuando essa ideia, a Tabela 1.1 mostra algumas das atividades da função produção para diversos tipos de organização.

Tabela 1.1 Algumas atividades da função produção em diversas organizações.

Provedor de serviços de internet	Cadeia de *fast-food*	Ajuda humanitária internacional	Fabricante de móveis
▶ Manter e atualizar o *hardware*	▶ Localizar pontos em potencial para restaurantes	▶ Oferecer auxílio e projetos de desenvolvimento para os beneficiários	▶ Adquirir matéria-prima e componentes apropriados
▶ Atualizar *software* e conteúdo	▶ Oferecer processos e equipamentos para produzir sanduíches etc.	▶ Fornecer resposta emergencial rápida quando necessário	▶ Fabricar componentes
▶ Responder às solicitações de clientes	▶ Manter a qualidade do serviço	▶ Adquirir e armazenar estoques de emergência	▶ Montar os móveis acabados
▶ Implementar novos serviços	▶ Desenvolver, instalar e manter equipamentos	▶ Atentar para as normas da cultura local	▶ Entregar produtos aos clientes
▶ Garantir a segurança dos dados dos clientes	▶ Reduzir o impacto sobre a área local		▶ Reduzir o impacto ambiental de produtos e processos
	▶ Reduzir o desperdício de embalagem		

Administração da produção na organização

A função produção é fundamental para a organização porque cria e entrega os bens e serviços que são a razão de sua existência. A função produção é uma das três **funções centrais** de qualquer organização. São elas:

▶ A função marketing (que inclui vendas): responsável por posicionar e comunicar os produtos e serviços da organização a seus mercados para gerar a demanda dos clientes.
▶ A função desenvolvimento de produto/serviço: responsável por desenvolver novos produtos e serviços ou modificá-los para gerar a demanda futura dos clientes.
▶ A função produção: responsável pela criação e entrega de serviços e produtos com base na demanda dos clientes.

Além disso, há as funções de apoio para permitir que as funções centrais operem de modo eficaz. Estas incluem, por exemplo, a função contabilidade e finanças, a função técnica, a função recursos humanos e a função sistemas de informação. Lembre-se de que, embora diferentes organizações possam chamar suas várias funções por nomes diferentes, quase todas elas terão as três funções centrais.

Entretanto, nem sempre há uma divisão clara entre as funções. Isso leva a alguma confusão sobre onde as fronteiras da função produção devem ser delineadas. Neste livro, adotamos uma **definição de produção relativamente ampla**. Tratamos muito das atividades de desenvolvimento de produto/serviço, das atividades técnicas e de sistemas de informação e de algumas atividades de recursos humanos, marketing e contabilidade/finanças à medida que se aproximam da esfera da administração da produção. Vemos a função produção compreendendo todas as atividades diárias necessárias para atendimento das necessidades cotidianas dos clientes dentro das restrições da sustentabilidade ambiental e social. Isso inclui comprar serviços e produtos de fornecedores e entregá-los aos clientes.

Princípio de produção
Os gerentes de produção precisam cooperar com outras funções para garantir o desempenho organizacional eficaz.

A Figura 1.2 ilustra alguns relacionamentos entre a função produção e algumas outras funções em termos do fluxo de informações entre elas. Embora não seja abrangente, dá uma ideia da natureza de cada relacionamento. Entretanto, observe que as funções de apoio têm relacionamento diferente com a produção do que com outras funções centrais. A responsabilidade da administração da produção nas funções de apoio é, principalmente, assegurar que entendam as necessidades da produção e as ajudem a satisfazer essas necessidades. O relacionamento com as outras duas funções centrais é mais uniforme: menos *isso é o que desejamos* e mais *isso é o que podemos fazer atualmente; como conciliamos isso com as necessidades mais amplas do negócio?*

1.2 Por que a administração da produção é importante em todos os tipos de organização?

Em alguns tipos de organização, é relativamente fácil visualizar a função produção e o que ela faz, mesmo se nunca a tivermos visto. Por exemplo, a maioria das pessoas já viu fotos da linha de montagem de automóveis. Mas e de uma agência de propaganda? Sabemos vagamente o que essas agências fazem — criam e produzem os anúncios que vemos nas revistas e na televisão —, mas qual sua função produção? A pista está na palavra *criam*. Qualquer empresa que produz algo deve usar recursos para fazer isso, e portanto deve ter uma atividade de produção. Assim, a agência de propaganda e a fábrica de automóveis têm um elemento importante em comum: ambas têm um objetivo mais alto — obter lucro decorrente da criação e entrega de seus serviços ou produtos. Todavia, as organizações sem fins lucrativos também usam seus recursos para produzir serviços, não para obter lucro, mas para servir à sociedade de alguma maneira. Veja os seguintes exemplos sobre o que a administração da produção faz em cinco organizações bastante diferentes na Figura 1.3 e alguns temas comuns aparecem.

Vamos começar com a declaração da linha de montagem de automóveis, de *fácil visualização*. Seu resumo do que é a administração da produção: "A administração da produção usa máquinas para montar eficientemente produtos que satisfaçam às demandas atuais dos clientes". As declarações de outras organizações são semelhantes, mas utilizam linguagem levemente diferente. A administração da produção usava não apenas máquinas, mas também... "conhecimento, pessoas, recursos nossos e de parceiros" e "o conhecimento e a experiência dos funcionários", para "eficientemente (eficaz ou criativamente) montar (ou produzir, mudar, vender, mover, curar, moldar etc.) produtos (ou serviços ou ideias) que satisfaçam (ou correspondam, excedam ou encantem) as demandas (ou necessidades, ou preocupações, ou mesmo os sonhos) do cliente (ou paciente, ou cidadão, ou sociedade)".

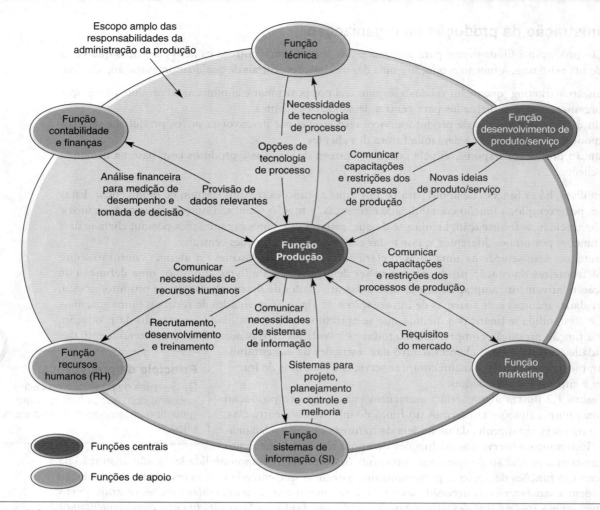

Figura 1.2 Relacionamento entre a função produção e outras funções centrais e de apoio da organização.

Princípio de produção

O setor econômico em que se insere uma operação é menos importante em determinar como deve ser administrada do que suas características intrínsecas.

Assim, qualquer que for a terminologia usada, há um tema e um propósito comum sobre como podemos visualizar a atividade de produção em qualquer tipo de organização: pequena ou grande, manufatura ou serviço, pública ou privada, com ou sem fins lucrativos. A administração da produção utiliza "recursos para criar apropriadamente *outputs* que atendam às exigências de mercado" (Figura 1.4). Entretanto, embora a natureza essencial e o propósito da administração da produção sejam o mesmo em qualquer tipo de organização, existem algumas questões especiais a serem consideradas, particularmente em organizações menores e naquelas cujo propósito é maximizar algo que não seja o lucro.

Administração da produção em organizações menores

A administração da produção é tão importante em pequenas quanto em grandes organizações. Independentemente do tamanho, todas as empresas precisam criar e entregar seus serviços e produtos com eficiência e eficácia. Entretanto, na prática, gerenciar as operações em uma organização de tamanho pequeno ou médio tem seu próprio conjunto de problemas. Grandes empresas podem ter os recursos para alocar indivíduos às tarefas especializadas, mas as empresas menores, frequentemente, não podem fazer isso, de modo que as pessoas precisam executar tarefas diferentes à medida que a necessidade surge. Tal estrutura informal pode permitir que a empresa responda rapidamente à medida que as oportunidades ou os problemas se apresentam. A tomada de decisão, porém, também pode se tornar confusa, à medida que os papéis individuais se sobrepõem. As pequenas empresas podem ter, exatamente, os mesmos problemas de administração da produção que as grandes, mas pode ser mais difícil separar do aglomerado de outros problemas da organização.

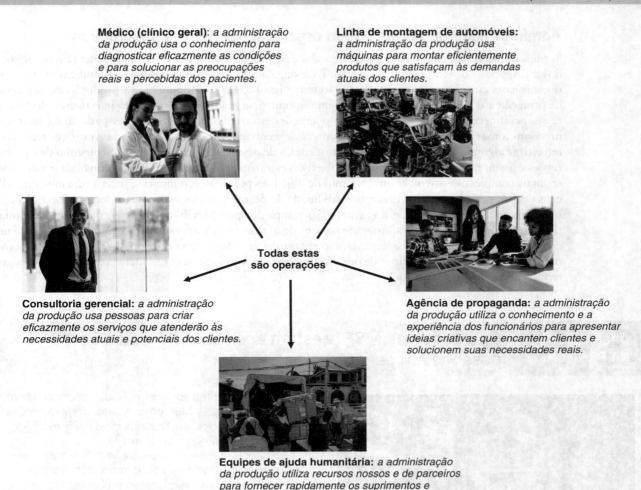

Figura 1.3 Todas essas são operações que produzem algum *mix* de produtos e serviços.

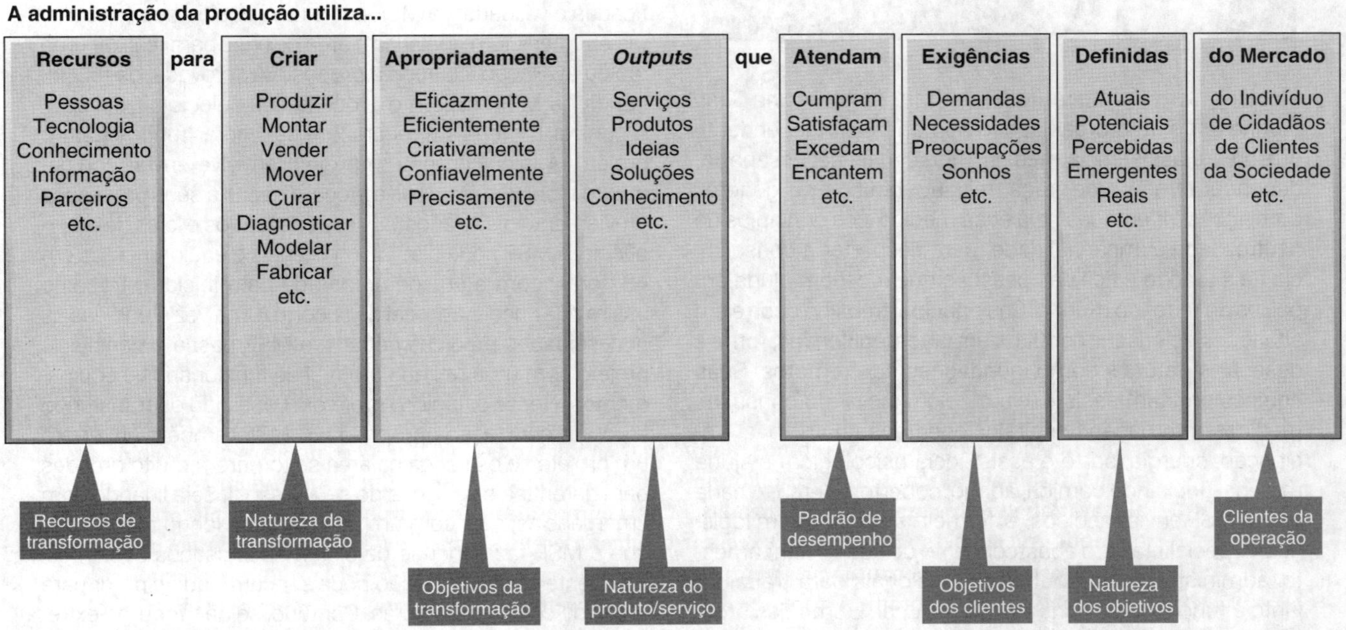

Figura 1.4 A administração da produção utiliza *recursos* para criar *apropriadamente outputs* que *atendam às exigências definidas do mercado*.

Administração da produção em organizações sem fins lucrativos

Termos como *vantagem competitiva*, *mercados* e *negócios*, usados neste livro, geralmente estão associados a empresas do setor que visa ao lucro. Todavia, a administração da produção é também relevante em organizações cujo propósito primordial não tenha fins lucrativos. Administrar a produção em um centro de proteção aos animais, em um hospital, em um centro de pesquisas ou em um departamento de governo é, essencialmente, igual a administrar as operações em organizações comerciais-padrão. As operações precisam tomar as mesmas decisões — como criar e entregar produtos e serviços, investir em tecnologia, terceirizar algumas de suas atividades, criar medidas de desempenho, melhorar o desempenho de suas operações e assim por diante. Entretanto, os objetivos estratégicos de organizações sem fins lucrativos podem ser mais complexos e envolver um conjunto de objetivos políticos, econômicos, sociais ou ambientais. Por causa disso, pode haver uma maior probabilidade de decisões operacionais serem feitas em condições de objetivos conflitantes. Assim, por exemplo, é a equipe de operações do departamento de bem-estar infantil, que precisa enfrentar o conflito entre o custo de oferecer assistentes sociais adicionais e o risco de uma criança não receber proteção adequada. No entanto, a grande maioria dos tópicos abordados neste livro tem relevância para todos os tipos de organização, incluindo aquelas sem fins lucrativos, mesmo que alguns termos precisem ser adaptados.

OPERAÇÕES NA PRÁTICA

Operações da MSF prestam assistência médica às pessoas em perigo[4]

Médicos Sem Fronteira (MSF, do francês *Médecins Sans Frontières*) é uma organização humanitária independente que presta assistência médica onde é mais necessária, independentemente de "raça, religião, política ou gênero", com ações "orientadas pela ética médica e os princípios da neutralidade e imparcialidade" para despertar a consciência da situação difícil das pessoas que recebem ajuda em países ao redor do mundo. Seu principal trabalho ocorre em situações de crise — conflitos armados, epidemias, fome e desastres naturais como inundações e terremotos. Suas equipes prestam assistência médica (incluindo consultas médicas, internação hospitalar, orientação nutricional, vacinação, cirurgia, parto e assistência psicológica) e ajuda material (incluindo comida, abrigo, cobertores etc.). A cada ano, a MSF envia médicos, enfermeiros, técnicos em logística, especialistas em abastecimento de água e saneamento, administradores e outros profissionais para trabalhar junto a funcionários contratados no local. É uma das organizações mais admiradas e de socorro efetivo do mundo. Entretanto, boas intenções não podem se transformar em ação efetiva sem uma administração das operações com qualidade superior. A MSF precisa estar preparada para reagir a qualquer crise com resposta rápida, sistemas logísticos e gestão de projetos eficientes.

Seus procedimentos de resposta vêm sendo continuamente desenvolvidos para assegurar o atendimento dos mais necessitados o mais rapidamente possível. O processo tem cinco fases: proposta, avaliação, iniciação, execução do projeto e fechamento. As informações que originam uma possível missão podem vir de governos, comunidade internacional, organizações humanitárias ou equipes da MSF já presentes na região. Uma vez que as informações são verificadas e validadas, a MSF envia uma equipe de especialistas em medicina e logística à área de crise para realizar uma rápida avaliação. Quando a proposta é aprovada, os funcionários da MSF iniciam o processo de selecionar pessoal, organizar materiais e recursos e assegurar fundos para o projeto. A iniciação de um projeto envolve enviar equipamento técnico e recursos ao local. Graças a seus processos previamente planejados, *kits* especializados e lojas de emergência, a MSF pode distribuir materiais e equipamentos em 48 horas, com a equipe preparada para iniciar o trabalho assim que chegar ao local de socorro. Uma vez atendidas as necessidades médicas críticas, a MSF passa a concluir o projeto com uma retirada gradual de funcionários e equipamentos. Nesse estágio, o projeto é concluído ou transferido a uma organização apropriada. A MSF também encerrará um projeto se os riscos na área se tornarem muito grandes para garantir a segurança do seu pessoal. Seja lidando com emergências, seja com um programa de longo prazo, tudo que a MSF faz depende de sistemas logísticos eficientes. Frequentemente, um avião pode ser carregado e partir para áreas de crise em 24 horas. Contudo, se não for uma extrema emergência, a MSF reduz seus custos ao embarcar a maioria dos materiais e medicamentos por mar.

A nova agenda da administração da produção

As mudanças no ambiente de negócios tiveram um impacto significativo sobre os desafios enfrentados pelos gerentes de produção. Algumas delas são em resposta a mudanças na natureza da demanda. Muitos (embora não todos) setores já experimentaram simultaneamente o aumento da concorrência baseada nos custos, ao mesmo tempo que aumentaram as expectativas de seus clientes por qualidade e variedade. O que é tecnologicamente possível também está mudando de maneira rápida, assim como as atitudes dos clientes em relação a questões ambientais e sociais. Ao mesmo tempo, as estruturas políticas, legais e regulatórias mudaram. Em resposta, os gerentes de produção tiveram que ajustar suas atividades para lidar com isso, especialmente nas seguintes áreas:

- *Novas tecnologias*: tanto nas indústrias de manufatura quanto de serviços, as **tecnologias de processo** estão mudando tão rápido que é difícil prever exatamente qual será seu efeito, apenas alguns anos no futuro. Certamente, é provável que tenham um efeito dramático, alterando radicalmente as práticas operacionais de quase todos os tipos de operação.
- *Diferentes arranjos de suprimento*: alguns mercados tornaram-se mais globais, enquanto outros foram reprimidos por restrições comerciais de inspiração política. Alguns mercados de suprimentos globalizados estão abrindo novas opções de fornecimento, enquanto outras **cadeias de suprimento** se tornaram cada vez mais arriscadas. Muitas vezes, as oportunidades de economia de custo devem ser contrabalançadas com a vulnerabilidade do fornecimento e questões éticas.
- *Maior ênfase em questões sociais e ambientais*: em geral, os clientes, funcionários e até mesmo investidores têm aumentado sua conscientização ética e ambiental, fazendo com que a produção mude a forma como idealiza e cria seus produtos e serviços. De modo semelhante, há uma maior expectativa sobre o tratamento ético de todas as partes interessadas (*stakeholders*) da produção, incluindo clientes, a força de trabalho, fornecedores e a sociedade em geral.

A Figura 1.5 identifica apenas algumas das respostas da produção a essas três áreas. (Se você não reconhecer alguns dos termos empregados, não se preocupe; eles serão explicados no decorrer do livro.) Essas respostas da produção formam a parte principal de uma nova agenda para a produção. As questões na Figura 1.5 não são abrangentes nem são universais. No entanto, muito poucas funções da produção não serão afetadas por, ao menos, algumas dessas preocupações. Você encontrará exemplos de *Operações na prática* no decorrer deste livro, que examinam diversos aspectos dessas três áreas, e seções *Operações responsáveis* em cada capítulo, que examinam questões sociais, ambientais e éticas.

Princípio de produção
A administração da produção está na vanguarda para explorar e lidar com os desenvolvimentos nos negócios e na tecnologia.

1.3 O que é o processo de *input* (entrada)-transformação-*output* (saída)?

Todas as operações criam e entregam serviços e produtos pela transformação de *inputs* (entradas) em *outputs* (saídas), usando o processo *input-transformação-output*. A Figura 1.6 mostra esse **modelo geral do processo de transformação**, que é a base de todas as operações. Simplificando, operações são processos que tomam um conjunto de **recursos de *input*** usados para transformar algo ou que se transformam por si em *outputs* de serviços e produtos. Embora todas as operações se conformem a esse modelo geral de *input*-transformação-*output*, elas diferem na natureza de seus *inputs* e *outputs* específicos. Por exemplo, se você olhar de longe para um hospital ou uma fábrica de automóveis, eles podem parecer muito semelhantes, mas, à medida que você se aproxima, diferenças claras passam a ser visíveis. Uma é uma operação de serviço, entregando *serviços* que mudam a condição fisiológica ou psicológica dos pacientes; outra é uma operação de manufatura para fabricar e entregar *produtos*. O que está no interior de cada operação também será diferente. O hospital contém diagnósticos, tratamentos de saúde e processos terapêuticos, enquanto a fábrica de veículos contém mecanismos para moldagem de metal e linhas de montagem. Talvez a diferença mais importante entre as duas operações seja, entretanto, a natureza de seus *inputs*. O hospital transforma os próprios clientes. Os pacientes formam parte do *input* e do *output* da operação. A fábrica de automóveis transforma aço, plástico, tecido, pneus e outros materiais em veículos.

Princípio de produção
Todos os processos têm *inputs* de recursos de transformação e transformados, que utilizam para criar produtos e serviços.

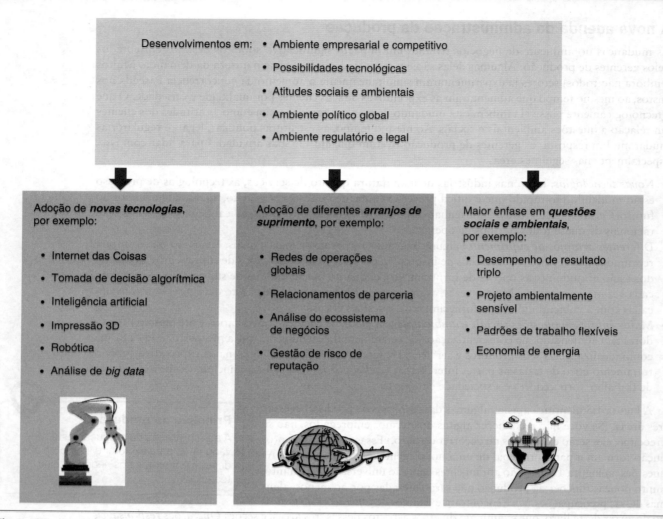

Figura 1.5 As mudanças no ambiente empresarial estão moldando uma nova agenda das operações.

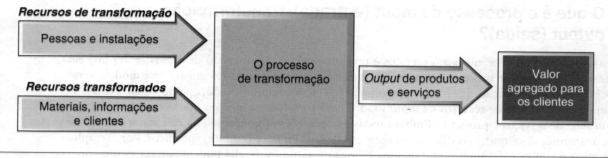

Figura 1.6 Todas as operações são processos de *input*-transformação-*output*.

Inputs para o processo — recursos transformados

Um conjunto de *inputs* de quaisquer processos operacionais forma os **recursos transformados**. Esses são recursos tratados, transformados ou convertidos no processo. Geralmente são formados pelo seguinte:

▶ *Materiais*: as operações que processam materiais podem transformar suas propriedades físicas (por exemplo, forma ou composição). A maioria das operações de manufatura é dessa forma. Outras operações processam materiais para mudar sua localização (por exemplo, empresas de entrega de encomendas). Algumas, como as operações de varejo, mudam a posse dos materiais. Por fim, algumas operações estocam materiais, como em armazéns.

- *Informações*: as operações que processam informações podem transformar suas propriedades informativas (que é o propósito ou a forma da informação); contadores fazem isso. Algumas mudam a posse da informação; por exemplo, empresas de pesquisa de mercado e mídia social vendem informação. Algumas estocam a informação; por exemplo, arquivos e bibliotecas. Finalmente, algumas operações, como empresas de telecomunicação, mudam a localização da informação.
- *Clientes*: as operações que processam clientes podem mudar suas propriedades físicas de maneira semelhante aos processadores de materiais; por exemplo, cortes de cabelo e cirurgias plásticas. Algumas estocam (mais educadamente, acomodam) clientes: por exemplo, hotéis. Linhas aéreas e transporte rápido de massa transformam a localização de seus clientes, enquanto hospitais transformam seu estado fisiológico. Algumas estão preocupadas em mudar seu estado psicológico; por exemplo, a maioria dos serviços de entretenimento, como musicais, teatros, televisão, rádio e parques temáticos. Entretanto, os clientes nem sempre são itens *passivos* a serem processados. Eles podem também exercer um papel mais ativo: por exemplo, eles criam a atmosfera em um restaurante; fornecem o ambiente de estímulo em grupos de aprendizagem na educação, e assim por diante.

Princípio de produção
Inputs de recurso transformado por um processo são materiais, informações ou clientes.

Algumas operações têm *inputs* de materiais *e* informações *e* clientes, mas, geralmente, um desses é dominante. Por exemplo, um banco concentra parte de seus esforços para produzir extratos de conta corrente impressos, processando *inputs* de material, mas ninguém pode afirmar que um banco seja uma gráfica. O banco também trabalha com o processamento de *inputs* de clientes em suas agências e caixas eletrônicos. Entretanto, a maioria das atividades do banco diz respeito ao processamento de *inputs* de informação sobre os assuntos financeiros de seus clientes. Como tal, podemos ficar insatisfeitos com extratos bancários mal impressos e se não formos tratados adequadamente na agência. No entanto, se o banco cometer erros em nossas transações financeiras, sofreremos de um modo muito mais fundamental. A Tabela 1.2 contém exemplos de operações com seus recursos transformados dominantes.

Inputs para o processo — recursos de transformação

O outro conjunto de *inputs* de qualquer processo de produção corresponde aos **recursos de transformação**. São os recursos que agem sobre os recursos transformados. Há dois tipos de recursos de transformação que formam os *componentes essenciais* de todas as operações:

- Instalações: prédios, equipamentos, terrenos e tecnologia do processo de produção.
- Funcionários: pessoas que operam, mantêm, planejam e gerenciam a produção. (Observe que usamos o termo *funcionários* para descrever todas as pessoas envolvidas na operação, em qualquer nível.)

A natureza exata das instalações e dos funcionários diferirá entre as operações. Para um hotel cinco estrelas, suas instalações consistem principalmente em prédios, móveis e acomodações de *baixa tecnologia*. Para um ônibus espacial movido a energia nuclear, suas instalações são geradores nucleares de *alta tecnologia* e equipamentos eletrônicos sofisticados. O corpo de funcionários também varia entre as operações. A maioria dos funcionários de uma fábrica de refrigeradores domésticos não necessita de alto nível de experiência técnica. Em contrapartida, espera-se que a maioria dos funcionários de uma empresa de contabilidade seja altamente experiente em sua atividade *técnica* (contabilidade). Embora as experiências necessárias variem, todos os funcionários podem dar sua contribuição. Um operário de linha de montagem que comete erros

Tabela 1.2 *Inputs* de recursos transformados dominantes em várias operações.

Processamento predominante de *inputs* de materiais	Processamento predominante de *inputs* de informações	Processamento predominante de *inputs* de clientes
▶ Todas as operações de manufatura	▶ Contadores	▶ Cabeleireiros
▶ Empresas de mineração	▶ Bancos	▶ Hotéis
▶ Operações de varejo	▶ Empresa de pesquisa de mercado	▶ Hospitais
▶ Armazéns	▶ Analistas financeiros	▶ Transporte rápido de massa
▶ Serviços postais	▶ Serviço de notícias	▶ Teatros
▶ Transporte de contêineres	▶ Unidade de pesquisa em universidade	▶ Parques temáticos
▶ Transportadoras	▶ Empresas de telecomunicações	▶ Dentistas

constantes na montagem de refrigeradores causará insatisfação nos clientes e aumentará o custo de produção, da mesma forma que um contador que não sabe somar. O equilíbrio entre instalações e funcionários também varia. Uma empresa fabricante de chips de computador, como a Intel, tem um investimento considerável em instalações físicas. Uma única fábrica de chips pode custar bilhões de dólares, de modo que os gerentes de produção gastarão muito de seu tempo administrando as instalações. De forma inversa, uma empresa de consultoria em administração depende em grande parte da qualidade de seus funcionários. Aqui, a administração da produção está muito envolvida no desenvolvimento e na implantação de habilidades e conhecimento de seus consultores.

> **Princípio de produção**
> Todos os processos têm recursos de transformação de instalações (equipamentos, tecnologia etc.) e pessoas.

Transformação de *front-office* e *back-office*

Uma distinção que vale a pena notar neste momento, principalmente porque tem um grande impacto na forma como os recursos de transformação são gerenciados, é aquela entre a transformação de *front-office* e *back-office*. As partes de *front-office* (ou *front-of-house*) de uma operação são aqueles processos que interagem com (transformam) os clientes. As operações de *back-office* (ou *back-of-house*) são os processos que têm pouco ou nenhum contato direto com os clientes, mas realizam as atividades que dão suporte ao *front-office* de alguma maneira. A distinção é ilustrada na Figura 1.7. Contudo, como está implícito na figura, o limite entre *front-office* e *back-office* não é distinto. Diferentes processos dentro de uma operação podem ter diferentes graus de exposição (ao que nos referimos posteriormente como "visibilidade") aos clientes.

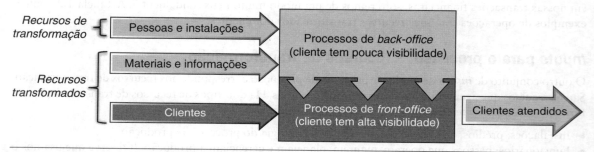

Figura 1.7 Quando o principal recurso transformado são os próprios clientes, é importante distinguir entre processos de *front-office*, que atuam diretamente com os clientes, e processos de *back-office*, que fornecem serviços indiretos.

OPERAÇÕES NA PRÁTICA

Hotel Marina Bay Sands[5]

Poucos exemplos de como *back-office* e *front-office* trabalham juntos são melhores do que no setor de hotelaria. Como clientes, naturalmente julgamos um hotel principalmente por seu *front-office*, o atendimento ao cliente, os funcionários e as instalações; contudo, sem operações eficazes no *back-office*, os clientes logo descobririam que sua experiência com o *front-office* seria muito afetada. Isso certamente acontece com o hotel Marina Bay Sands, em Singapura. Localizado no coração do Central Business District de Singapura, o Marina Bay Sands é um *resort* de luxo integrado e multipremiado, de propriedade da Las Vegas Sands Corporation, incorporando um hotel com mais de 2.500 quartos, um enorme centro de convenções e exposições, restaurantes, um *shopping center*, museu, dois grandes teatros e o maior cassino átrio do mundo. As três torres do hotel têm no topo o espetacular Sands SkyPark, que oferece uma vista de 360 graus do horizonte de Singapura. Ele contém jardins exuberantes, uma piscina de borda infinita e um deck de observação.

Mas o serviço meticuloso prestado pela equipe altamente treinada do *front-of-house* do hotel não poderia acontecer sem os muitos processos de *back-of-house* que os clientes nem sempre percebem. Alguns desses processos são literalmente invisíveis para os clientes, por exemplo, aqueles que mantêm as contas ou os sistemas de ar-condicionado do hotel, ou a preparação do *dim sum* (*dim sum* são bolinhos cozidos no vapor e servidos em pequenas porções — os chefs preparam 5.000 porções individuais todos os dias). Esses processos são todos importantes, e são operações de produção em massa. Alguns departamentos de *back-of-house* são mais dependentes da tecnologia. A lavanderia do hotel deve lavar e passar 4.000 toalhas para piscina todos os dias, além de milhares de peças de roupa de cama. Isso é um problema para uma organização cuja política de sustentabilidade a torna comprometida a minimizar o uso de água. Foi necessário um investimento de mais de 10 milhões de libras em tecnologia de economia de água para que o hotel reduzisse seu uso em 70%. Outras operações de *back-of-house* têm um impacto direto sobre a forma como os clientes veem o hotel. Por exemplo, o departamento de guarda-roupas, que mantém os mais de 9.000 funcionários do hotel com aparência elegante, tem a reputação de ser o mais high-tech do mundo. Seus 18 transportadores automatizados dispõem de gavetas para 620 itens individuais de uniforme, todos com *chips* de identificação individual para que possam ser rastreados. O funcionário digita seu número em um teclado e, nos bastidores, o sistema de transporte entrega seu uniforme automaticamente. Alguns processos atravessam a divisão entre *front-of-house* e *back-of-house*. A operação de estacionamento com manobrista estaciona até 200 carros a cada hora em suas 2.500 vagas e os retorna em até sete minutos. O serviço de limpeza limpa, arruma e abastece todos os quartos. Os 50 mordomos do hotel prestam serviço às suítes mais exclusivas e atendem a uma grande variedade de demandas (um hóspede pediu que eles organizassem um banquete de casamento com quatro horas de antecedência). Essa é uma função que exige dedicação e atenção aos detalhes.

Outputs do processo

A produção cria produtos e serviços, que frequentemente são diferentes. Em geral, produtos são coisas tangíveis, enquanto serviços são atividades ou processos. Um carro, um jornal ou a comida de um restaurante é um produto, enquanto um serviço é uma atividade do cliente que utiliza ou consome esse produto. Ainda assim, embora alguns serviços não envolvam produtos físicos, e alguns fabricantes não ofereçam muitos serviços, a maior parte da produção gera alguma mistura de produtos e serviços, mesmo que um deles predomine. Por exemplo, serviços como consultoria produzem relatórios, cabeleireiros vendem gel para cabelo e fabricantes de alimentos dão conselhos sobre como preparar seus produtos.

Produtos ou serviços — isso importa?

A diferença entre um *produto* e um *serviço* nem sempre é óbvia e tem provocado muito debate acadêmico (nem sempre útil). Em um nível óbvio, porém simples, um produto é uma coisa física e **tangível** (você pode tocar em um carro, televisão ou telefone). Por outro lado, um serviço é uma atividade que normalmente envolve a interação com um cliente (como um médico) ou algo que representa o cliente (como um serviço de entrega de pacotes). Os recursos que realizam esses serviços podem ser tangíveis, mas não o serviço que oferecem. Durante vários anos, a distinção aceita entre produtos e serviços não se limitou à intangibilidade, mas incluiu outras características abreviadas com **IHIP**, que significa:

▶ Intangibilidade, porque não são itens físicos.
▶ Heterogeneidade, na medida em que são difíceis de padronizar porque, cada vez que um serviço é entregue, ele será diferente, já que as necessidades e o comportamento dos clientes, até certo ponto, irão variar.
▶ Inseparabilidade, em que sua produção e seu consumo são simultâneos. O provedor de serviço (que *produz* o serviço) quase sempre está fisicamente presente quando seu consumo ocorre por parte de um cliente.
▶ Perecibilidade, na medida em que não podem ser armazenados porque têm uma *vida útil* muito curta. Eles podem até perecer no mesmo instante de sua criação, como em uma peça de teatro.

No entanto, existem vários problemas com o uso dessas características para definir um *serviço* — daí o debate acadêmico. Certamente, não é difícil encontrar exemplos de serviços que não estejam em conformidade com elas. Além disso, a tecnologia teve um efeito significativo, tanto na medida em que se aplicam as características IHIP como na forma como podem ser ultrapassados os limites que impõem às operações de serviço. Particularmente, o desenvolvimento da tecnologia da informação e comunicação abriu muitos novos tipos de oferta de serviços. No entanto, embora não possam definir totalmente o que é um *serviço* e o que é um *produto*, cada uma das características IHIP tem alguma validade.

A maioria das operações produz *outputs* em algum ponto do espectro das características IHIP

Algumas operações produzem apenas produtos. Por exemplo, operações de extração de minério (mineradores) se preocupam exclusivamente com o produto que vem de suas minas. Ele é tangível, quase totalmente padronizado, produzido longe do seu consumo e armazenável. Outras produzem apenas serviços. Por exemplo, uma clínica de psicoterapia oferece aos seus clientes tratamento terapêutico personalizado e de contato próximo, com poucos elementos tangíveis (ou nenhum). Contudo, a maioria das operações produz *outputs* que estão em algum ponto entre esses dois extremos, ou que são uma mistura dos dois. A Figura 1.8 mostra uma série de operações descritas neste capítulo, posicionadas em um espectro que utiliza as características IHIP, desde produtores de produtos quase *puros* até produtos de serviços quase *puros*. Tanto a LEGO quanto a Fjällräven são fabricantes clássicos à esquerda do espectro, fabricando produtos padronizados. No outro extremo, a LEGOLAND e o hotel Marina Bay Sands produzem (em graus ligeiramente diferentes) serviços intangíveis. MSF e Philips Lighting estão a meio caminho.

> **Princípio de produção**
> A maioria das operações produz uma mistura de produtos tangíveis e serviços intangíveis.

O uso de características IHIP para distinguir diferentes tipos de *output* é mais do que interesse teórico; elas têm consequências operacionais. Por exemplo:

▶ Intangibilidade significa que é difícil definir o *limite* dos elementos menos tangíveis do serviço. Portanto, torna-se particularmente importante gerenciar as expectativas dos clientes quanto ao que o serviço compreende.
▶ Heterogeneidade significa que cada serviço é diferente e difícil de padronizar. Os clientes podem solicitar elementos de serviço difíceis de prever e que podem estar fora das capacidades de produção. As eficiências de custo tornam-se difíceis e a equipe deve ser treinada para lidar com uma grande variedade de solicitações.
▶ Inseparabilidade significa que produção e consumo são simultâneos. Portanto, para atender a toda a demanda, a produção precisa ter **capacidade** suficiente para tal à medida que ela ocorre. No entanto, a orientação ao cliente pode reduzir a necessidade de contato (por exemplo, o uso de FAQs — perguntas frequentes — em um *site*).

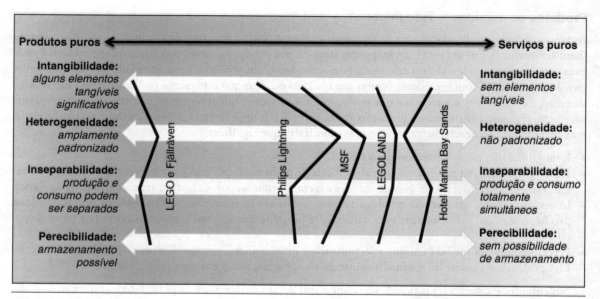

Figura 1.8 Relativamente poucas operações produzem puramente produtos ou puramente serviços. O *output* da maioria dos tipos de operação contém uma mistura das características de produtos *puros* e de serviços *puros*.

▶ Perecibilidade significa que o *output* de uma operação é difícil de armazenar e deixa de ter valor após um tempo relativamente curto, portanto é importante combinar a capacidade com a demanda (ou vice-versa) para evitar recursos subutilizados ou perda de receita.

Serviços e produtos estão sendo mesclados (e mudados)

Cada vez mais, a distinção entre produtos e serviços é difícil de definir e não particularmente útil. Algumas autoridades veem a finalidade essencial de todas as empresas, e, portanto, todas as operações, como sendo *atender aos clientes*. Portanto, argumentam elas, todas as operações são constituídas de fornecedores de serviço que podem (ou não) produzir produtos físicos como um meio de atender aos seus clientes. Essa ideia, de que todas as operações devem ser vistas como oferecendo *proposições de valor* por meio do serviço, é chamada de *lógica de domínio do serviço*.[6] Entre outras coisas, ela afirma que o serviço é a base fundamental da troca, que os bens físicos são simplesmente os mecanismos de distribuição para a provisão de serviço e que o cliente sempre é o cocriador de valor. Nossa abordagem neste livro é próxima disso, pois tratamos a administração da produção e do processo como sendo importante para todas as organizações. Se eles se veem como fabricantes ou prestadores de serviço, é muito mais uma questão secundária.

Clientes fazem parte do processo — cocriação e coprodução

Se todas as operações podem ser vistas como produtoras de serviços, e os serviços atuam sobre os clientes ou seus representantes, então o papel dos clientes na produção de uma operação deve ser considerado. Essa não é uma ideia nova, nem é raro encontrar clientes desempenhando um papel central na forma como obtêm valor dos resultados de uma operação (eles se deslocam em um supermercado, por exemplo). Os pacientes que visitam o médico com uma doença são obrigados a descrever seus sintomas e discutir tratamentos alternativos — quanto melhor eles puderem fazer isso, melhor será o valor que obterão. Essa ideia de envolvimento do cliente é importante porque a distinção entre os papéis de *produtor* e *consumidor* está ficando mais indistinta. O conceito é geralmente conhecido como **cocriação** ou **coprodução** — há algum desacordo sobre o que os dois termos significam. Muitas vezes, a cocriação implica o envolvimento do cliente no projeto de um produto ou serviço, e a coprodução é apenas a produção de uma oferta pré-projetada. O ponto mais importante é que muitas vezes há um grau de envolvimento, engajamento, participação ou colaboração do cliente dentro de determinada operação. A ideia tem implicações importantes para toda a produção. Ela não somente enfatiza a importância dos clientes em moldar como os resultados de uma operação podem criar valor, mas também estabelece a importância de uma interação bidirecional completa entre uma operação e seus clientes.

Servitização

Um termo que costuma ser usado para indicar como a produção, que antes se considerava exclusivamente produtora de produtos, está se tornando mais consciente do serviço é a *servitização*. Esta envolve empresas (geralmente de manufatura) desenvolvendo as capacidades de que precisam para fornecer serviços e soluções que complementam suas ofertas de produtos tradicionais. O exemplo mais conhecido de como funciona a servitização foi quando a Rolls-Royce, fabricante de turbinas de avião, em vez de vender motores individuais, ofereceu a opção de os clientes comprarem *potência por hora*, o que significou que muitos de seus clientes compraram a potência que a turbina oferece, com a Rolls-Royce fornecendo os equipamentos físicos e todo o suporte (incluindo manutenção, treinamento, atualizações e assim por diante) para garantir que eles pudessem continuar a fornecer energia. Isso pode parecer uma pequena mudança, mas os efeitos foram muito importantes. Primeiro, a Rolls-Royce tornou-se um provedor de serviços (a energia para fazer a aeronave voar), ao contrário de um fabricante de produtos tecnicamente complexos. Segundo, significa que o que os clientes realmente o desejam (o fornecimento confiável de energia) e os objetivos da empresa se tornam mais alinhados. Terceiro, isso oferece uma oportunidade para as empresas obterem receita adicional com os novos serviços.

Princípio de produção
A servitização envolve empresas desenvolvendo as capacidades para oferecer serviços e soluções que complementam suas ofertas de produto tradicionais.

OPERAÇÕES NA PRÁTICA

Servitização e projeto circular na divisão da Philips Lighting[7]

Cada vez mais, os gerentes de produção precisam reavaliar o modo como pensam a respeito de seus produtos e serviços e de como os produzem. Tomemos, por exemplo, a Philips Lighting,[8] que respondeu aos desenvolvimentos em seus mercados combinando e adotando duas importantes mudanças na prática de produção — servitização e **economia circular**.

A oferta de servitização da empresa é chamada de *lighting-as-a-service* (LaaS) — iluminação como um serviço —, em que atende às necessidades de iluminação de seus clientes desde o projeto inicial, passando pela instalação da iluminação até chegar à operação e à manutenção. Ao fazer isso, os clientes podem economizar dinheiro porque pagam apenas pela luz que utilizam, evitando ao mesmo tempo o incômodo de ter que substituir e descartar lâmpadas queimadas ou ter que realizar as atualizações do sistema. A empresa originalmente se interessou por LaaS quando o arquiteto Thomas Rau trabalhou com a Philips Lighting para fornecer um novo sistema de iluminação inteligente *pay-per-lux*, que foi customizado para atender aos requisitos do espaço nos escritórios da RAUArchitects em Amsterdã, além de reduzir o preço. Ao considerar suas necessidades de iluminação, Rau queria evitar a compra de um sistema de iluminação caro, com excesso de engenharia, apenas para eventualmente ter que descartá-lo e substituí-lo. Em vez disso, ele preferiu comprar a quantidade certa de luz *como um serviço* que se adaptaria ao prédio. A RAU e a Philips desenvolveram um sistema que criava um plano de luz minimalista, aproveitando ao máximo a luz solar natural do prédio. Ele combinava um sistema de sensor e controlador que ajudava a manter o uso de energia a um mínimo absoluto, escurecendo ou clareando a iluminação artificial em resposta ao movimento dentro de um espaço ou à presença da luz do dia. Do ponto de vista do cliente, ele não apenas economiza dinheiro, pagando somente pela iluminação utilizada, mas também acha mais fácil otimizar o uso de energia, evitando o esforço de gerenciar o sistema. Do ponto de vista do fornecedor, o acordo permitiu à Philips manter o controle sobre como o sistema de iluminação funcionava, quais produtos eram fornecidos, como o sistema era mantido, como era recondicionado e, eventualmente, como seus produtos eram reciclados. A empresa fechou um acordo semelhante para os prédios do terminal no Aeroporto Schiphol de Amsterdã. O aeroporto paga apenas pela luz que usa, enquanto a Philips continua sendo a proprietária de todas as luminárias e instalações, responsável pelo desempenho e pela durabilidade do sistema e, eventualmente, sua reutilização e reciclagem no final de sua vida útil. A colaboração entre o fornecedor e o usuário do serviço resultou em custos de manutenção reduzidos (porque os componentes poderiam ser substituídos individualmente, em vez de todo o equipamento ser reciclado), contribuindo para as ambiciosas metas de sustentabilidade de Schiphol.

Clientes

Qualquer discussão sobre a natureza dos resultados da produção precisa envolver uma consideração sobre os clientes a quem eles se destinam. Lembre-se de que, embora os clientes também possam ser um *input* para muitas operações (ver anteriormente), eles também são a razão de sua existência. Os *clientes* também não devem ser vistos como um grupo homogêneo. Os profissionais de marketing envidam muito esforço tentando entender como os clientes podem ser agrupados de forma útil, para melhor entender suas necessidades variadas. Isso é chamado de *segmentação de mercado*, e está fora do escopo deste livro. No entanto, as implicações disso são muito importantes para os gerentes de produção. Basicamente, significa que diferentes grupos de clientes podem querer coisas diferentes de uma produção. Discutimos essa questão mais adiante, no Capítulo 3.

B2B e B2C

Nesse ponto, vale a pena fazer uma distinção entre os diferentes tipos de cliente, já que usaremos a terminologia em outras ocasiões no texto. Distinguimos entre as operações *business-to-business* (**B2B**) e *business-to-consumer* (**B2C**). As operações B2B são aquelas que fornecem seus produtos ou serviços para outras

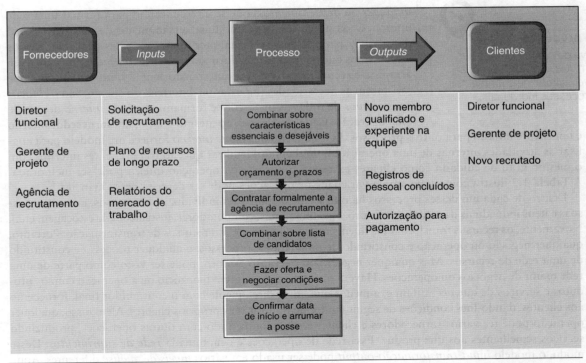

Figura 1.9 Uma análise SIPOC simples para um processo de recrutamento realizado pela função de recursos humanos de uma empresa.

empresas. As operações B2C fornecem seus produtos ou serviços diretamente aos consumidores, que (geralmente) são os usuários finais dos *outputs* da produção. Atender a clientes individuais e a outras empresas são coisas muito diferentes. Isso significa que as operações que atendem a esses dois tipos de cliente terão diferentes tipos de preocupação e provavelmente serão organizadas de maneiras diferentes. No entanto, uma compreensão dos clientes é sempre importante (sejam clientes empresariais, sejam consumidores finais). Sem eles, não haveria produção. É fundamental que os gerentes de produção estejam cientes das necessidades dos clientes, tanto os atuais como os potenciais.

Princípio de produção

Sempre é importante conhecer as necessidades do cliente, sejam eles indivíduos, sejam eles empresas.

Análise SIPOC

Embora a ideia do modelo *input-transformação-output* seja basicamente simples, ela pode ser a base de um primeiro passo útil na compreensão e melhoria dos processos. A isso, às vezes denominamos **análise SIPOC**. A sigla SIPOC significa *Suppliers* (fornecedores), *Inputs* (entradas), *Process* (processo), *Outputs* (saídas) e *Customers* (clientes). Esse é um método de formalização de um processo em um nível relativamente geral, e não em um nível detalhado. A Figura 1.9 mostra um exemplo descrevendo um processo de recrutamento realizado pela função de recursos humanos de uma empresa. A vantagem dessa análise é que ela ajuda todos os envolvidos no processo a entender (e, mais importante, a concordar com) o que ele envolve e onde ele se encaixa dentro do negócio. Mais do que isso, pode suscitar questões importantes que às vezes podem passar despercebidas. Por exemplo, exatamente quais informações os fornecedores do processo devem fornecer? De que forma a informação deve ser dada? Quais são as etapas importantes do processo e quem é responsável por elas? E assim por diante.

1.4 O que é hierarquia do processo?

Até aqui, discutimos a administração da produção e o modelo *input* (entrada)-transformação-*output* (saída) no nível *da operação*. Por exemplo, descrevemos a operação manufatura de brinquedo, parque temático, assistência humanitária e hotel. Agora, examine atentamente cada uma dessas operações. Podemos ver que todas elas consistem em uma coleção de **processos** (embora essas operações possam ser chamadas de

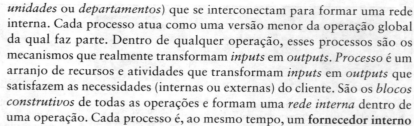

Princípio de produção
Uma perspectiva de processo pode ser usada em três níveis: o nível da própria operação, o nível da rede de suprimentos e o nível dos processos individuais.

unidades ou *departamentos*) que se interconectam para formar uma rede interna. Cada processo atua como uma versão menor da operação global da qual faz parte. Dentro de qualquer operação, esses processos são os mecanismos que realmente transformam *inputs* em *outputs*. *Processo* é um arranjo de recursos e atividades que transformam *inputs* em *outputs* que satisfazem as necessidades (internas ou externas) do cliente. São os *blocos construtivos* de todas as operações e formam uma *rede interna* dentro de uma operação. Cada processo é, ao mesmo tempo, um **fornecedor interno** e um **cliente interno** para outros processos. Esse conceito de *cliente interno* fornece um modelo para analisar as atividades internas de uma operação. É também útil lembrar que, ao tratar clientes internos com o mesmo grau de cuidado como clientes externos, a eficácia da operação inteira pode ser melhorada. A Tabela 1.3 ilustra como uma ampla variedade de operações pode ser descrita dessa maneira.

Dentro de cada um desses processos há outra rede de unidades individuais de recursos, tais como pessoas e itens individuais da tecnologia de processo (máquinas, computadores, instalações de estocagem etc.). Novamente, os recursos transformados fluem entre cada unidade dos recursos de transformação. Portanto, qualquer negócio ou operação é constituído de uma rede de processos, e qualquer processo é constituído de uma rede de recursos. Mas qualquer negócio ou operação também pode ser visto como parte de uma rede maior de negócios ou operações. Haverá operações que suprem o negócio ou a operação com os produtos e serviços de que necessitam e, a menos que lidem diretamente com o consumidor final, fornecerão aos clientes, dando-lhes condições de seguir em frente e suprir seus próprios clientes. Além disso, qualquer operação pode ter vários fornecedores e clientes e estar competindo com outras operações, produzindo serviços semelhantes aos que produz. Essa rede de operações é denominada **rede de suprimentos**. Desse modo, o modelo *input-transformação-output* pode ser usado em vários *níveis de análise* diferentes. Aqui, usamos a ideia para analisar os negócios em três níveis: o processo, a operação e a rede de suprimentos. No entanto, podem-se definir muitos *níveis de análise* diferentes: movendo para cima os pequenos processos, transformando-os em processos maiores, adequando-os à imensa rede de suprimentos que descreve um setor industrial completo.

Essa ideia é denominada *hierarquia de operações* ou *hierarquia de processos*, e está ilustrada para uma empresa que produz programas de televisão e vídeos na Figura 1.10. Haverá *inputs* de produção, funcionários técnicos e administrativos, câmeras, iluminação, som, equipamento de gravação e assim por diante. Ela transforma tudo isso em programas finalizados, vídeo promocional etc. Em nível mais macro, a empresa é parte de uma rede de suprimentos total que adquire serviços de agências de criação, agências de artistas e estúdios, relacionando-se com agências de promoção e servindo seus clientes, empresas de *broadcasting*. Em um nível mais micro, dentro dessa operação global existem muitos processos individuais: preparação de cenário, processos de marketing dos seus serviços, processos de manutenção e reparos de equipamento técnico, produção dos vídeos e assim por diante. Cada um desses processos individuais pode ser representado como uma rede de processos ainda menores ou mesmo unidades individuais de recursos. Por exemplo, o processo de preparação de cenário pode consistir em quatro processos menores: um que desenha os cenários, um que os constrói, um que adquire os componentes e um que faz a montagem e a pintura do cenário.

Tabela 1.3 Algumas operações descritas em termos de seus processos.

Operação	Alguns dos processos da operação
Linha aérea	Ajudar no *check-in* dos passageiros, recolher a bagagem, verificar segurança/assento, embarcar passageiros, transportar passageiros e carga pelo mundo, programar voos, auxiliar passageiro em voo, auxiliar nas conexões, devolver bagagem etc.
Loja de departamentos	Adquirir mercadorias, gerenciar estoque, repor produtos, auxiliar as vendas, vender, realizar pós-venda, tratar de reclamações, fornecer entrega etc.
Polícia	Prevenir crimes, detectar crimes, reunir e relacionar informações, dar suporte à vítima, deter e indiciar suspeitos formalmente, gerenciar papéis de custódia, colaborar com tribunais e sistema judiciário etc.
Fabricante de sorvete	Comprar insumos, verificar qualidade do *input*, preparar ingredientes, montar produtos, empacotar produtos, congelar produtos, verificar qualidade, realizar inventário de produtos prontos etc.

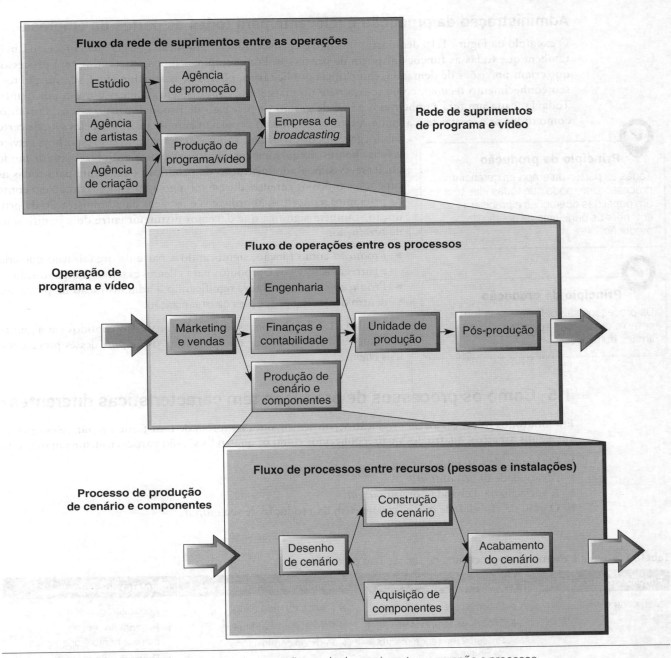

Figura 1.10 Três níveis de análise da gestão de operações: rede de suprimentos, operação e processo.

Comentário crítico

A ideia de rede interna de processos é vista por alguns como sendo demasiadamente simples. Na realidade, o relacionamento entre grupos e indivíduos é significativamente mais complexo do que entre entidades comerciais. Não se pode tratar clientes e fornecedores internos exatamente como fazemos com clientes e fornecedores externos, que costumam operam em um mercado livre. Se uma organização acredita que, em longo prazo, pode fazer melhor negócio comprando bens e serviços de outro fornecedor, assim o fará. No entanto, clientes e fornecedores internos não estão em um *mercado livre*. Em geral, a organização não pode comprar externamente seus recursos de *input* ou vender os bens e serviços produzidos (embora algumas organizações estejam procedendo dessa maneira). Em vez de adotar a perspectiva *econômica* dos relacionamentos comerciais externos, os modelos de comportamento organizacional, argumenta-se, são mais apropriados.

Administração da produção é relevante para todas as partes da empresa

O exemplo da Figura 1.10 demonstra que não é apenas a função produção que gerencia processos, mas também que todas as funções dispõem de processos. Por exemplo, a função marketing terá processos que criam previsões de demanda, campanhas publicitárias, planos de marketing etc. Cada função terá seu conhecimento *técnico*, como a *expertise* no marketing, *expertise* em finanças e assim por diante. Todavia, cada um terá também um papel de *gestão de processo* de produzir seus serviços. Portanto, como todos os gerentes têm alguma responsabilidade no gerenciamento de processos, eles são, de certo modo, gerentes de produção. Todos eles devem querer prestar bom serviço a seus clientes (frequentemente internos), e desejarão fazer isso de modo eficiente. Assim, a administração da produção é relevante para todas as funções, e todos os gerentes devem ter algo a aprender levando em conta os princípios, conceitos, abordagens e técnicas da administração da produção. Também significa que devemos distinguir entre dois significados de *produção*:

Princípio de produção
Todas as partes da empresa gerenciam processos, de modo que todas elas têm um papel nas operações e precisam entender os princípios de gestão da produção.

Princípio de produção
Os processos são definidos pela forma como a organização escolhe traçar os limites do processo.

▶ *Produção* como função, significando a parte da organização que cria e entrega os serviços e produtos para clientes externos à organização.
▶ *Produção* como atividade, significando a administração de processos dentro de quaisquer funções da organização.

A Tabela 1.4 ilustra apenas alguns dos processos contidos em algumas das funções mais comuns de não produção, os *outputs* desses processos e seus *clientes*.

1.5 Como os processos de produção têm características diferentes?

Embora todos os processos de produção sejam semelhantes na forma de transformar *inputs*, eles diferem em alguns aspectos, quatro dos quais, conhecidos como os **quatro "Vs"**, são particularmente importantes:

▶ O volume de seu *output*.
▶ A variedade de seu *output*.
▶ A variação na demanda por seu *output*.
▶ O grau de visibilidade que os clientes têm da produção de seu *output*.

Tabela 1.4 Alguns exemplos de processos de função não produção.

Função organizacional	Alguns dos processos	*Outputs* dos processos	Cliente(s) dos *outputs*
Marketing e vendas	▶ Processo de planejamento ▶ Processo de previsão ▶ Processo de recebimento de pedidos	▶ Planos de marketing ▶ Previsões de vendas ▶ Pedidos confirmados	▶ Administração sênior ▶ Pessoal de vendas, planejamento e operações ▶ Produção, finanças
Finanças e contabilidade	▶ Processos de orçamento ▶ Processos de aprovação de capital ▶ Processos de faturamento	▶ Orçamentos ▶ Avaliações de pedidos de capital ▶ Faturas	▶ Todos ▶ Administração sênior, requerentes ▶ Clientes externos
Gestão de recursos humanos	▶ Processos de folha de pagamento ▶ Processos de recrutamento ▶ Processos de treinamento	▶ Contracheques ▶ Novas contratações ▶ Funcionários treinados	▶ Empregados ▶ Todos os outros processos
Tecnologia da informação	▶ Processo de análise de sistemas ▶ Processo de *help desk* ▶ Processos de projeto de implementação de sistemas	▶ Avaliação de sistemas ▶ Aconselhamento de sistemas ▶ Sistemas implantados funcionando e em manutenção	▶ Todos os outros processos do negócio

Dimensão volume

Tomemos um exemplo conhecido. O melhor exemplo de produção de hambúrguer em grande volume é o McDonald's, que serve milhões deles diariamente em todo o mundo. O **volume** de produção do McDonald's tem implicações importantes na maneira como suas operações são organizadas. A primeira coisa que você percebe é o **grau de repetição** das tarefas que as pessoas estão executando e a **sistematização** do trabalho em que os procedimentos-padrão são estabelecidos, especificando como cada parte do trabalho deve ser conduzida. Também, em razão de as tarefas serem sistematizadas e repetitivas, vale a pena desenvolver chapas e fornos especializados. Tudo isso proporciona custos unitários baixos. Considere agora um pequeno restaurante local servindo alguns *pratos variados*. A variedade de itens no cardápio pode ser semelhante à operação maior, mas o volume será consideravelmente menor, de modo que o grau de repetição será muito menor, assim como o número de funcionários (possivelmente, apenas uma pessoa). Assim, cada funcionário, provavelmente, executará uma variedade maior de tarefas. Isso pode ser mais gratificante para o funcionário, mas é prejudicial à sistematização. Significa também que é menos viável investir em equipamento especializado. Portanto, o custo de cada hambúrguer servido é, provavelmente, maior (mesmo a um preço comparável).

Dimensão variedade

Uma empresa de táxi oferece alta **variedade** de serviço. Está preparada para buscar uma pessoa na maioria dos lugares e transportá-la para quase todos os lugares. Para fazer isso, ela deve ser flexível. Os motoristas devem ter bom conhecimento da área, e a comunicação entre a base e os táxis deve ser eficaz. Entretanto, o custo por quilômetro viajado será mais alto para um táxi do que para uma forma menos customizada de transporte, como um serviço de ônibus urbano. Embora ambos forneçam o mesmo serviço básico (transporte), o serviço de táxi tem alta variedade de rotas e horários para oferecer a seus clientes, enquanto o serviço de ônibus tem poucas rotas bem definidas, com horários definidos. Pouca ou nenhuma flexibilidade será exigida pela operação dos ônibus. Tudo é padronizado e regular, o que resulta em custos relativamente baixos, comparados ao uso do táxi para o mesmo percurso.

Dimensão variação

Consideremos o padrão de demanda de um bem-sucedido hotel *resort* para férias de verão. Não é surpresa o fato de a maioria dos clientes preferir o hotel nas férias de verão do que no meio do inverno. Na *alta estação*, o hotel pode operar em plena capacidade. Entretanto, a demanda fora de estação pode ser apenas uma pequena fração de sua capacidade. Essa **variação** marcante na demanda significa que a operação deve mudar sua capacidade de alguma forma; por exemplo, contratando funcionários extras para o verão. No entanto, um hotel com alta variação na demanda provavelmente terá elevados custos de recrutamento, custos com horas extras e de subutilização dos quartos, todos com o efeito de aumentar os custos do hotel. Por outro lado, um hotel que tenha demanda equilibrada pode planejar suas atividades com bastante antecedência. Os funcionários podem ser escalados, a comida pode ser comprada e os quartos podem ser limpos de maneira rotineira e previsível. Isso resulta em alta utilização de recursos e custos unitários mais baixos.

Dimensão visibilidade

Visibilidade é uma dimensão das operações ligeiramente mais difícil de considerar. Refere-se a quanto das atividades de uma operação é vista pelos clientes ou quanto dela está exposto a eles. Em geral, as operações de processamento de clientes estão mais expostas do que as operações de processamento de materiais ou de informações. Entretanto, mesmo as operações de processamento de clientes oferecem alguma escolha de quão visíveis querem que elas sejam. Por exemplo, um varejista pode operar com a alta visibilidade de uma loja *tradicional, física*, ou com a baixa visibilidade de uma loja virtual na internet. Uma operação com *loja física*, de alta visibilidade, estará mais em conformidade com a maioria das características IHIP descritas anteriormente. Os clientes experimentarão diretamente a maioria de suas *atividades que agregam valor*. É provável que eles exijam um tempo de espera relativamente curto. Suas percepções, e não apenas os critérios objetivos, também serão importantes na forma como eles avaliam o serviço. Os clientes podem também solicitar produtos ou serviços que, claramente, não estão à venda em determinada loja, resultando em *alta variedade recebida*. Mas tudo isso dificulta a redução dos custos pelas operações de alta visibilidade.

Princípio de produção
A forma pela qual os processos precisam ser gerenciados é influenciada por volume, variedade, variação e visibilidade.

De maneira inversa, um varejista que opera com uma loja virtual na internet, embora não seja uma operação com zero contato com os clientes, tem visibilidade muito menor. Por trás de seu *site*, sua operação pode ser mais *semelhante a uma operação de fábrica*. O tempo de espera entre o pedido e a entrega dos itens não precisa ser de minutos, como ocorre na loja física, mas pode ser de horas ou mesmo de dias. Além disso, pode haver um alto nível de utilização dos funcionários. A organização baseada na internet pode também centralizar suas operações em um local (físico), enquanto a loja *física* necessita de muitas lojas próximas aos centros de demanda. Assim, a operação de baixa visibilidade baseada na *web* terá custos inferiores aos da loja física.

OPERAÇÕES NA PRÁTICA — Duas operações de hospedagem muito diferentes

Ski Verbier Exclusive[9]

É o nome da empresa que a revela: Ski Verbier Exclusive Ltd. é um provedor de temporadas de esqui *elegantes* no *resort* suíço de esportes de inverno em Verbier. Com 23 anos de experiência na organização de turismo, a Ski Verbier Exclusive cuida de propriedades de luxo no *resort* que são alugadas de seus proprietários para seus clientes. As propriedades variam em tamanho e configuração de seus quartos, mas é importante a flexibilidade para reconfigurar os quartos para suprir os diversos requisitos de grupos de clientes. "Temos o cuidado de cultivar um bom relacionamento tanto com os proprietários quanto com os clientes que usam nosso serviço de turismo", diz Tom Avery, cofundador e diretor da empresa. "Construímos o negócio desenvolvendo esses relacionamentos pessoais, motivo pelo qual nossos clientes retornam ano após ano (40 a 50% dos clientes). Orgulhamo-nos do atendimento pessoal dispensado a cada um dos clientes, desde o momento em que começam a planejar seu passeio até a viagem de volta. O que conta é a experiência, a habilidade, a obsessão pelos detalhes e a elegância discreta de nossos chalés, combinados com nossa capacidade de customizar a experiência do cliente." E as solicitações do cliente podem ser qualquer coisa, desde organizar um piquenique especial na montanha, completo e com iglus, até fornecer uma escultura no gelo de Caco, o Sapo, para uma festa de crianças. Funcionários especializados da empresa vivem e trabalham em Verbier, e cuidam de todos os detalhes da viagem com bastante antecedência, desde a organização de *transfers* do aeroporto até a reserva de um instrutor de esqui particular, da organização de voos de jato particular ou helicóptero para o aeroporto local de Verbier, até reservas de almoço nos melhores restaurantes das montanhas. "Atendemos a um mercado pequeno, porém exigente", diz Tom. "Outras empresas podem ser maiores, mas conosco é do nosso atendimento pessoal que os clientes se lembrarão". No entanto, a neve não dura o ano inteiro. O período mais movimentado da empresa é de meados de dezembro a meados de abril, quando todas as propriedades por ela gerenciadas estão cheias. O restante do ano é mais tranquilo, mas a empresa oferece férias de verão personalizadas em algumas de suas propriedades. Estas podem ser por conta do cliente ou com o serviço completo de *concierge* que os clientes recebem na estação de esqui. "Nós nos adaptamos às exigências dos clientes", diz Tom. "É por isso que a qualidade dos nossos funcionários é tão importante. Eles precisam ser bons no tratamento dos clientes, ser capazes de considerar o tipo de relacionamento apropriado e estar comprometidos em fornecer aquilo que constitui um passeio formidável. É por isso que nos esforçamos tanto no recrutamento, no treinamento e na retenção de nosso pessoal."

hotelF1[10]

Hotéis são operações de alto contato — utilizam muitos funcionários e têm que conviver com clientes diversos, cada um com necessidades e expectativas diversificadas. Assim, como uma cadeia de hotéis com preços acessíveis, muito bem-sucedida, pode evitar os custos impeditivos do alto contato com os clientes? hotelF1, subsidiária do grupo francês Accor, trabalha para oferecer notável valor ao adotar dois princípios nem sempre associados às redes hoteleiras — padronização e uso inovador de tecnologia. Os hotéis hotelF1 estão geralmente localizados próximo às rodovias, aos entroncamentos rodoviários e às cidades, o que os torna visíveis e acessíveis aos clientes potenciais. Os hotéis são construídos com elementos pré-fabricados com uma volumetria bastante moderna. As unidades pré-fabricadas são organizadas em diversas configurações para se ajustarem às características locais. Todos os quartos têm 9 m² de área e são desenhados para ser atraentes, funcionais, confortáveis e à prova de som. O mais importante é que são projetados para facilitar a limpeza e a manutenção. Todos têm as mesmas instalações, incluindo cama de casal, cama de solteiro, pia, armário, mesa de trabalho com assento, guarda-roupas e um aparelho de televisão. A recepção de um hotel fotelF1 funciona apenas das 6h30min às 10 h da manhã e das 17 às 22 h. Fora desses horários, uma máquina automática aluga os apartamentos aos usuários de cartão de crédito, dá acesso ao hotel, fornece um código de acesso para o quarto e ainda imprime um recibo. A tecnologia também é evidente nos sanitários. O local de banho e os vasos são automaticamente limpos após o uso e utilizam-se dispositivos de vaporização para espalhar uma solução desinfetante pelo banheiro, que é seca antes que ele seja novamente utilizado. Para simplificar ainda mais as coisas, os hotéis hotelF1 não dispõem de um restaurante convencional, porque estão localizados próximo a restaurantes na região. Entretanto, um café continental está disponível, geralmente, entre as 6h30min e as 10 h e, com certeza, em sistema de *self-service*!

Implicações dos quatro "Vs" dos processos de produção

Todas as quatro dimensões "V" têm implicações. De forma simples, alto volume, baixa variedade, baixa variação e baixo contato com o cliente ajudam a manter os custos de processamento baixos. Inversamente, baixo volume, alta variedade, alta variação e alto contato com o cliente geralmente levam a algum tipo de penalidade de custo para a operação. Por isso, a dimensão volume é desenhada com sua extremidade *baixa* à esquerda, ao contrário das outras dimensões, para manter todas as implicações de *baixo custo* à direita. De certo modo, a posição de uma operação nas quatro dimensões é determinada pela demanda do mercado ao qual ela está atendendo, embora a maioria das operações tenha alguma escolha ao se mover pelas dimensões. A Figura 1.11 resume as implicações de tal posicionamento.

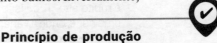

Princípio de produção
Operações e processos podem (outras coisas permanecendo iguais) reduzir seus custos ao aumentar o volume e reduzir a variedade, a variação e a visibilidade.

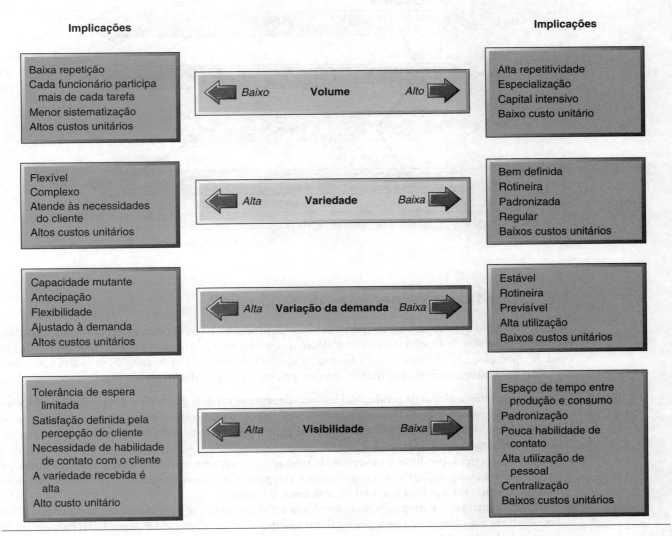

Figura 1.11 Tipologia de operações e processos.

Exemplo resolvido

Duas operações de hospitalidade muito diferentes posicionadas nas escalas dos quatro "Vs"

A Figura 1.12 ilustra as diferentes posições nas dimensões da operação da Ski Verbier Exclusive e da cadeia de hotéis hotelF1 (ver o exemplo de *Operações na prática* sobre *Duas operações de hospedagem muito diferentes*). Embora ambos forneçam o mesmo serviço básico como qualquer outro hotel, de acomodar pessoas, eles são muito diferentes. O Ski Verbier Exclusive oferece férias de luxo e serviço personalizado para um segmento relativamente pequeno do mercado de férias de esqui. Sua variedade de serviços é quase infinita, no sentido de que os clientes podem sempre fazer pedidos individuais em termos de alimentação e entretenimento. A variação é alta, e durante quatro meses a ocupação é quase de 100%, seguidos por um período bem mais tranquilo. O contato com o cliente, e, portanto, a visibilidade, também é muito alto. Tudo isso difere bastante da cadeia hotelF1, cujos clientes normalmente permanecem por uma noite, onde a variedade de serviços é estritamente limitada e os hóspedes de negócios e lazer utilizam o hotel em momentos diferentes, o que limita a variação. Mais notavelmente, o contato com o cliente é mínimo. O Ski Verbier Exclusive dispõe de alto nível de atendimento, o que significa que têm custos relativamente altos. Logo, seus preços também não são baratos — certamente, não tão baratos quanto a rede hotelF1, que preparou sua operação de modo a fornecer um serviço altamente padronizado e a um custo mínimo.

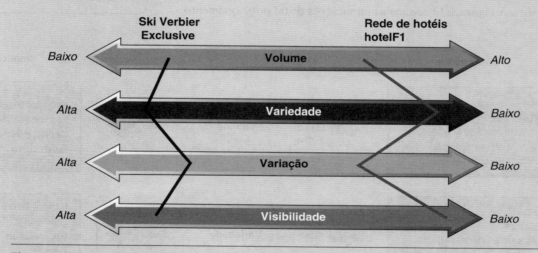

Figura 1.12 Quatro perfis em V de duas redes de hospedagem muito diferentes.

1.6 O que fazem os gerentes de produção?

De certo modo, os detalhes exatos do que os gerentes de produção farão dependem de como uma organização define os limites da função. Todavia, há algumas classes gerais de atividades que se aplicam a todos os tipos de operação, não importa como a função produção é definida. Classificamos as atividades de administração da produção sob quatro títulos: direção, projeto, entrega e desenvolvimento.

▶ Dirigir a estratégia global da produção. Um entendimento geral das operações e dos processos e seu propósito e desempenho estratégico, acompanhados de um comentário sobre como o propósito estratégico é transformado em realidade, são prerrequisitos para o projeto detalhado das operações e dos processos. Isso é tratado nos Capítulos 1 a 5.
▶ Projetar os serviços, produtos e processos da operação. Projeto é a atividade de determinar a forma, a moldagem e a composição física das operações e dos processos, acompanhados dos produtos e serviços que eles criam. Os Capítulos 6 a 9 lidam com esses assuntos.
▶ Planejar e controlar a entrega do processo. Após ser projetada, a entrega dos serviços e produtos dos fornecedores e ao longo da operação total aos clientes deve ser planejada e controlada. Isso é tratado nos Capítulos 10 a 14.

▶ Desempenho do processo de desenvolvimento. Reconhece-se cada vez mais que os gerentes de produção ou quaisquer gerentes de processo não podem simplesmente prestar serviços e produtos de rotina da mesma forma que sempre fizeram. Eles têm a responsabilidade de desenvolver as capacidades de seus processos para melhorar o desempenho do processo. Isso é tratado nos Capítulos 15 a 19.

OPERAÇÕES NA PRÁTICA — Os produtos da Fjällräven são considerados os mais sustentáveis na sua área[11]

Desenvolver uma reputação de **sustentabilidade** não acontece da noite para o dia. Quando as roupas e os equipamentos para atividades ao ar livre da Fjällräven foram eleitos os mais sustentáveis em seu campo pelo maior estudo de marca da Europa a respeito de sustentabilidade, o índice de marca sustentável (*Sustainable Brand Index*) da Suécia, isso foi o resultado de muitos anos de dedicação a decisões sustentáveis em desenho, testes, escolha de materiais, cadeia de suprimento e produção, até a *reparabilidade* e o que acontece no fim da vida útil de um produto. Fundada em 1960 por Åke Nordin em Örnsköldsvik, na Suécia, a empresa sempre se comprometeu com a qualidade, o desenho funcional e durável e, em particular, atuando com responsabilidade em relação às pessoas, aos animais e à natureza. Por isso, a Fjällräven prioriza o uso de materiais reciclados, orgânicos e renováveis, aplicando os critérios do índice Higg, uma abordagem desenvolvida pela Sustainable Apparel Coalition para permitir que as operações nas indústrias de vestuário meçam seu desempenho de sustentabilidade. Por exemplo, a empresa produziu uma edição especial de um de seus produtos mais populares, a mochila Kånken, que é feita de 11 garrafas plásticas recicladas. Também é tingida usando o processo *SpinDye*, que utiliza muito menos água do que os processos tradicionais de tingimento. Para a Fjällräven, é importante evitar o desperdício. O tipo e a quantidade de um material usado são preocupações fundamentais durante o projeto. A política da empresa na seleção de materiais é "Por que usar uma matéria-prima virgem quando uma reciclada está disponível e oferece a mesma qualidade?". Ela verifica se a quantidade de determinado material pode ser reduzida adaptando o corte e o ajuste de uma peça de roupa ou produto para reduzir o desperdício. Além disso, olhando para o futuro, quando a reciclagem de roupas será mais predominante, a empresa tenta usar apenas um ou dois materiais em cada produto, para facilitar a reciclagem futura.

Entretanto, a empresa reconhece que nem sempre é fácil alcançar suas metas de sustentabilidade e que, às vezes, são necessários compromissos. "Às vezes temos que dizer *não* quando queremos dizer *sim*", dizem. Todos os materiais são avaliados por sua eficiência, qualidades funcionais, composição química e quantidade necessária. Sua *Lista de materiais e fibras preferidas* classifica os materiais em termos de impacto ao meio ambiente e é constantemente atualizada para levar em consideração novas pesquisas e novos materiais. Contudo, não importa quão sustentável seja um material, se ele não cumpre sua função de manter os usuários aquecidos e secos. A funcionalidade e a eficiência de qualquer material devem ser equilibradas com seu impacto ao meio ambiente. Subjacente aos esforços de sustentabilidade da empresa está uma visão de longo prazo de inovação e melhoria. "Nós cometemos, e continuaremos a cometer, erros", dizem eles. "Mas tentamos aprender com eles [e] pretendemos inovar e nos adaptar. Nós não costumamos nos acomodar. Nunca nos sentamos e relaxamos pensando que aquilo que estamos fazendo agora é bom o suficiente. Na Fjällräven, o termo *espaço para melhorias* está enraizado em todos nós".

A administração da produção afeta a sustentabilidade socioambiental

Anteriormente, identificamos a importância cada vez maior da sustentabilidade socioambiental na prática da administração da produção. Vale a pena observar novamente que muitas das atividades dos gerentes de produção exercem um forte impacto sobre o ambiente natural, a sociedade em geral e grupos de interesse específicos, como os funcionários da produção, fornecedores, investidores e agências reguladoras (onde for o caso). A **responsabilidade social** é importante para os gerentes de produção, devido ao profundo impacto que a prática da produção desempenha sobre o ambiente e a sociedade em geral, e reciprocamente como a prática da produção é moldada por considerações socioambientais. Sustentabilidade ambiental significa

> **Princípio de produção**
> As atividades de administração da produção terão um efeito significativo sobre o desempenho em sustentabilidade de qualquer tipo de empresa.

satisfazer as necessidades presentes, sem comprometer a capacidade das gerações futuras de suprir suas próprias necessidades. Em termos mais diretos, ela significa a extensão à qual a atividade das empresas afeta negativamente o ambiente natural. Essa certamente é uma questão importante, não apenas devido ao impacto óbvio sobre o ambiente imediato dos rejeitos perigosos, ar, e até mesmo ruído, poluição, mas também devido à questão menos óbvia, porém potencialmente prejudicial, em torno do aquecimento global.

Operações responsáveis

Em cada capítulo, sob o título de Operações responsáveis, resumimos como o tópico específico tratado no capítulo aborda importantes questões sociais, éticas e ambientais.

Existe uma relação de mão dupla entre gestão de operações e **responsabilidade social corporativa** (RSC, um termo que explicaremos no próximo capítulo). A prática de administração da produção pode afetar significativamente essas questões, e a sensibilidade a elas tem moldado cada vez mais o que é considerado uma boa prática de produção. Pode-se pensar nessa relação de mão dupla em diferentes níveis. Pense nos desastres causadores de poluição que aparecem nas manchetes periodicamente. Eles parecem ser o resultado de diversas causas — petroleiros encalhados, lixo nuclear classificado erroneamente, vazamento de produtos químicos em um rio ou nuvens de gás poluente que flutuam sobre cidades industriais. Na verdade, porém, todos eles têm algo em comum. Todos foram resultantes de uma falha baseada nas operações. De alguma forma, os procedimentos operacionais foram inadequados. Menos dramático no curto prazo, mas talvez mais importante no longo prazo, é o impacto ambiental de produtos que não podem ser reciclados e de processos que consomem grande volume de energia.

Tão importante quanto isso é o porquê de as organizações estarem cada vez mais cuidadosas em se comportar com responsabilidade. Uma pesquisa sugere que há três razões para se engajar em atividades de RSC:[12]

- A primeira é surpreendentemente altruísta. Algumas RSCs se concentram puramente na filantropia, na qual as atividades não visam explicitamente à geração de lucros ou especificamente a melhorar o desempenho da produção. Por exemplo, muitas operações doam fundos ou equipamentos para organizações civis, promovem empreendimentos comunitários e incentivam o voluntariado dos funcionários.
- A segunda razão está mais diretamente relacionada com a administração da produção. Isso envolve atividades que não apenas fornecem benefícios de RSC, mas também apoiam os objetivos das operações, economizando custos e/ou aumentando a receita. Aqui a RSC e as preocupações convencionais da administração da produção coincidem. Por exemplo, essas atividades podem incluir a redução de resíduos ou emissões (o que também pode reduzir custos). Na verdade, muitas das questões ambientais da gestão de operações estão relacionadas com os resíduos. As decisões de administração da produção no projeto de produtos e serviços afetam a utilização de materiais, bem como o processo de reciclagem em longo prazo. O desenho do processo influencia a proporção de energia, materiais e mão de obra que é desperdiçada. O planejamento e o controle afetam o desperdício de material (desperdício de embalagens por erros na compra, por exemplo), bem como desperdício de energia e mão de obra. A melhoria nas condições de trabalho dos funcionários, ou o investimento em treinamento e educação, pode aumentar a produtividade e a retenção de funcionários, bem como melhorar a reputação de uma organização.
- A terceira razão é explorar novas formas de negócios especificamente para enfrentar desafios sociais ou ambientais, mas ao mesmo tempo proporcionar benefícios comerciais. Por exemplo, em sua operação nas Filipinas, a Unilever, empresa de marcas de produtos domésticos e alimentícios, apoia mulheres donas de lojas, ao mesmo tempo que aumenta suas vendas. Embora essas lojas desempenhem um papel importante em muitas comunidades, elas raramente tiveram treinamento ou desenvolvimento necessários para o crescimento, tampouco dispõem de acesso a habilidades e informações comerciais. O projeto, que ajuda os empreendedores lojistas a adquirir habilidades e conhecimentos para crescer, os ajuda tanto a impulsionar seus negócios como a impulsionar as vendas das marcas da Unilever.

Modelo de administração da produção

Podemos agora combinar duas ideias para desenvolver o modelo de administração da produção e de processos que será usado no decorrer deste livro. A primeira é a ideia de que as operações e os processos que constituem as operações e outras funções empresariais são sistemas de transformação que recebem os *inputs* e utilizam recursos do processo para transformá-los em *outputs*. A segunda ideia é de que os recursos, tanto nas operações de uma organização como um todo quanto em seus processos individuais, precisam ser gerenciados em termos de como são dirigidos, como são projetados, como a **entrega** é planejada e controlada e como são desenvolvidos. A Figura 1.13 mostra como essas duas ideias funcionam em conjunto. Este livro usará esse modelo para examinar as decisões mais importantes que devem ser de interesse de todos os gerentes de operações e processos.

Princípio de produção

As atividades de administração da produção podem ser agrupadas em quatro grandes categorias: direcionar a estratégia geral da operação, projetar os recursos e processos da operação, planejar e controlar a entrega e desenvolver o desempenho.

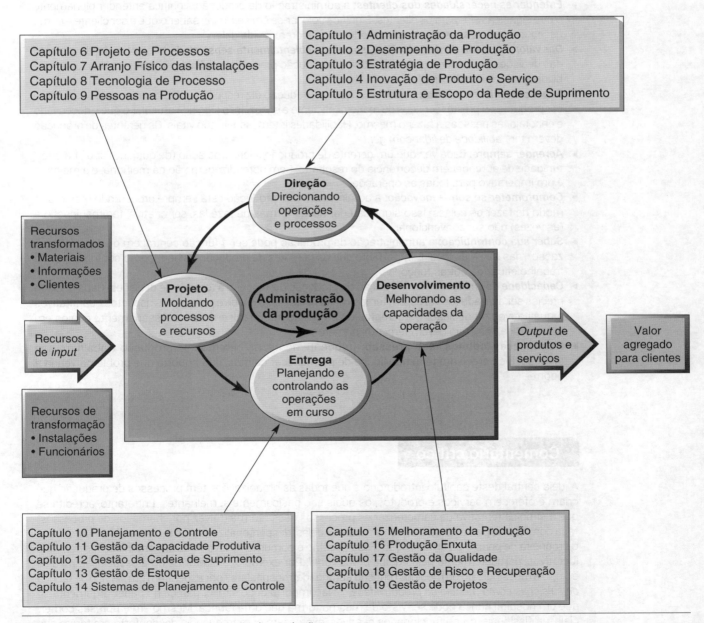

Figura 1.13 Modelo geral de administração da produção.

Para ser o melhor administrador de operações você precisa...

Você está considerando fazer carreira em administração da produção e deseja saber se "leva jeito para isso"? Que habilidades e qualidades pessoais você necessitará para ter sucesso no cargo, além de ter prazer em executá-lo? A primeira coisa a reconhecer é que há muitos diferentes papéis envolvidos na categoria geral de *gerente de produção*. Alguém que trabalha como *designer* em um sistema de controle de risco em um banco de investimentos pode não prosperar como gerente de uma mina de cobre. Um gerente de projeto de *videogame* tem um conjunto diferente de tarefas diárias quando comparado a um gerente de compras de um hospital. Portanto, a primeira habilidade que você precisa é entender a gama de responsabilidades relacionadas com a produção existente em vários setores; e não há melhor modo de fazer isso do que ler este livro! Entretanto, há também algumas habilidades genéricas que um gerente de produção eficaz deve ter. Aqui estão algumas delas:

▶ *Apreciar fazer as coisas*: a administração da produção diz respeito a fazer as coisas e concluir tarefas. Significa cumprir prazos e não decepcionar clientes, sejam eles internos, sejam eles externos.
▶ *Entender as necessidades dos clientes*: a administração da produção significa entender plenamente o que significa *valor* para os clientes. Significa *colocar-se em seu lugar*, saber o que é ser cliente e como assegurar que os seus serviços ou produtos melhorem a vida dele.
▶ *Dar valor à tomada de decisão ética, social e ambientalmente sensível*: dado o potencial de impacto das decisões de produção, toda a prática da produção precisa ser definida no contexto das responsabilidades sociais mais amplas.
▶ *Saber comunicar e motivar*: a administração da produção diz respeito a direcionar recursos para fabricar produtos ou prestar serviços de maneira eficiente e eficaz. Isso significa articular o que é necessário e encorajar as pessoas a fazer o mesmo. Habilidades interpessoais são vitais. Os gerentes de produção devem ter *habilidade de lidar com gente*.
▶ *Aprender sempre*: cada vez que um gerente de produção inicia uma ação (de qualquer tipo), há oportunidade de aprender em decorrência do resultado. Sem aprendizagem não há melhoria, e a melhoria é um imperativo para todas as operações.
▶ *Comprometer-se com a inovação*: a administração da produção está sempre procurando melhorar o modo de fazer as coisas. Isso significa criar novas formas de fazê-las, ser criativo, ter imaginação e (às vezes) não ser convencional.
▶ *Saber sua contribuição*: a administração da produção pode ser a função central em qualquer organização, mas não é a única. É importante que os gerentes de produção saibam como contribuir para o trabalho eficaz de outras funções.
▶ *Capacidade de análise*: a administração da produção diz respeito à tomada de decisões. Cada decisão precisa ser avaliada (às vezes, em tempo muito curto). Isso envolve procurar os aspectos quantitativos e qualitativos da decisão. Os gerentes de produção não precisam ser necessariamente gênios em matemática, mas não devem temer os números.
▶ **Permanecer "calmos" sob pressão**: frequentemente, os gerentes de produção trabalham sob pressão. Eles precisam ter a habilidade de permanecer calmos, não importa que problema venha a ocorrer.

Comentário crítico

A ideia central deste capítulo introdutório é que todas as organizações têm processos de produção que criam e oferecem serviços e produtos, os quais são basicamente semelhantes. Entretanto, acredita-se que a simples tentativa de caracterizar os processos dessa forma (talvez por chamá-los de *processos*) faça com que se perca ou se distorça a natureza deles, despersonalizando-os ou retirando o *humanismo* da maneira de pensar da organização. Essa questão é comumente levantada em organizações sem fins lucrativos, particularmente pela equipe *profissional*. Por exemplo, o diretor de uma *associação médica* europeia (um sindicato de médicos) criticou autoridades hospitalares por esperarem um *serviço de fábrica de salsichas como modelo de produtividade*.[13] Não importa quão similar pareça no papel, argumenta-se que um hospital nunca pode ser visto da mesma forma que uma fábrica. Mesmo em empresas comerciais, profissionais, como funcionários criativos, expressam com frequência desconforto em terem sua especialização descrita como um *processo*.

Respostas resumidas às questões-chave

1.1 O que é administração da produção?

▸ Administração da produção é a atividade de gerenciamento dos recursos que serão destinados à criação e à entrega de produtos e serviços. É uma das funções centrais de qualquer empresa, embora possa não ser chamada *administração da produção* em alguns setores.

▸ Administração da produção preocupa-se em gerenciar processos, todos os quais têm clientes e fornecedores internos. Como todas as funções administrativas também possuem processos, a administração da produção tem relevância para todos os gerentes.

1.2 Por que a administração da produção é importante em todos os tipos de organização?

▸ A administração da produção utiliza os recursos da organização para criar *outputs* que atendam às exigências definidas pelo mercado. Essa é a atividade fundamental de qualquer tipo de empresa.

▸ A administração da produção é cada vez mais importante porque o ambiente empresarial de hoje requer novas ideias dos gerentes de produção, especialmente nas áreas de nova tecnologia, redes de suprimento e sustentabilidade ambiental.

1.3 O que é o processo de *input* (entrada)-transformação-*output* (saída)?

▸ Todas as operações podem ser modeladas como processos de *input*-transformação-*output*. Todas têm *inputs* de recursos de transformação, que são, geralmente, divididos em *instalações e funcionários* e recursos transformados, que são alguma combinação de materiais, informação e clientes.

▸ A maioria das operações cria e fornece uma combinação de serviços ou produtos, em vez de ser uma operação de serviço ou produto *puro*.

▸ Todas as operações podem ser posicionadas por suas características de intangibilidade, heterogeneidade, inseparabilidade e perecibilidade.

1.4 O que é hierarquia do processo?

▸ Todas as operações fazem parte de uma rede de suprimento mais ampla que, por meio das contribuições individuais de cada operação, satisfaz às exigências dos clientes finais.

▸ Todas as operações são constituídas de processos que formam uma rede de relacionamentos interna de fornecedores e clientes, dentro da operação.

1.5 Como os processos de produção têm características diferentes?

▸ Operações e processos diferem em termos do volume de seus *outputs*, da variedade de *outputs*, da variação da demanda por seus *outputs* e do grau de *visibilidade* que têm.

▸ Alto volume, baixa variedade, baixa variação e baixa *visibilidade* do cliente estão, geralmente, associados a baixo custo.

1.6 O que fazem os gerentes de produção?

▸ Suas responsabilidades podem ser classificadas em quatro categorias: dirigir, projetar, entregar e desenvolver.

▸ Cada vez mais, os gerentes de produção têm responsabilidade pelo desempenho ambiental da produção.

32 PARTE 1 DIRECIONAMENTO DA PRODUÇÃO

ESTUDO DE CASO	Kaston-Trenton Service (KTS)

A Kaston-Trenton Service (KTS) é uma empresa de manutenção de caldeiras de aquecimento doméstico, com sede na parte leste do Reino Unido. Fundada na década de 1960 pelo encanador Christopher Trenton, ela havia crescido substancialmente e agora era administrada em conjunto pelos dois filhos de Christopher, Ros, que cuidava de todo o marketing, vendas e finanças, e Mark, que cuidava das operações e do suprimento. A empresa inicialmente oferecia serviços de manutenção e reparo para clientes domésticos (residenciais) com caldeiras a gás ou óleo, mas se expandiu para oferecer serviços semelhantes a clientes corporativos. Nos últimos dois anos, a KTS também foi além da simples manutenção de sistemas, passando a projetar e instalar sistemas de aquecimento, ventilação e ar-condicionado para clientes corporativos.

"A expansão para o negócio de projeto e instalação foi uma aposta", de acordo com Ros. *"Na época, a parte B2B [business-to-business] do nosso trabalho mostrava claramente mais potencial de crescimento do que nossos negócios domésticos tradicionais e o atendimento aos clientes de empresas também era mais lucrativo. Até agora, o empreendimento de instalação tem tido um sucesso misto. Os trabalhos que fizemos foram bem-sucedidos e nossos novos clientes estão muito satisfeitos, mas até agora perdemos dinheiro com eles. Em parte, isso ocorre porque tivemos que investir em espaço extra com oficina em nossa sede e empregar um projetista de sistemas, que é relativamente caro (mas bom) e só está sendo parcialmente utilizado no momento. Espera-se que a lucratividade melhore à medida que o volume de trabalhos de instalação aumenta."*

A Tabela 1.5 mostra o número de contratos e a receita de serviços domésticos, serviços para empresas e negócios de projeto e instalação, tanto no ano anterior quanto a previsão para o ano atual de operação (todos os números referem-se ao fim do 3º trimestre). A rentabilidade das três ofertas foi difícil de determinar exatamente, mas Ros e Mark estavam satisfeitos com a contribuição da manutenção de caldeiras domésticas e, especialmente, das atividades de manutenção de caldeiras para empresas.

Serviços da KTS

A manutenção de caldeiras domésticas era vista por Ros e Mark como uma "galinha dos ovos de ouro", gerando receitas a um ritmo bastante estável. Havia muitas marcas diferentes de caldeiras instaladas, mas a KTS só era contratada para atender às mais comuns, que representavam cerca de 60% da base instalada. Caldeiras menos comuns costumavam ser atendidas pelos fabricantes que as forneciam. O serviço doméstico representava de longe o maior número de contratos individuais para a KTS, com seus clientes espalhados pela maior parte do leste da Inglaterra. Cerca de 95% dos clientes renovavam seus contratos a cada ano, o que era visto como uma prova tanto da qualidade do serviço quanto dos preços atraentes da empresa. *"Esse é um mercado sensível ao preço"*, disse Ros. *"Temos que ser competitivos, mas não é apenas isso que importa. A maioria das visitas do nosso técnico são serviços anuais de rotina, das quais cerca de 20% são 'chamadas' com vários graus de urgência. Se uma caldeira doméstica parar de funcionar em um fim de semana de inverno, o morador obviamente espera que respondamos rapidamente, e fazemos o nosso melhor para levar um técnico dentro de 4 ou 5 horas. Se for simplesmente uma falha não urgente do controlador no verão, provavelmente concordaríamos em um horário mutuamente conveniente para a visita, dentro de alguns dias. Na verdade, a ideia de um 'horário mutuamente conveniente' é importante nesse mercado. Os moradores muitas vezes precisam fazer arranjos especiais para estarem presentes, por isso temos que ser flexíveis na marcação de visitas e absolutamente confiáveis em estar lá no horário. Embora as chamadas para reparo representem apenas 20% das visitas, elas causam a maioria dos problemas porque, tanto o horário quanto a duração do serviço, são imprevisíveis. Além disso, os clientes são sensíveis ao desempenho da caldeira após uma chamada de emergência. O que chamamos de 'robustez do reparo' tem que ser alta. Uma vez consertado, deve permanecer assim, pelo menos por um período razoável."*

A manutenção de caldeiras de empresas era diferente. A maioria dos sistemas dos clientes tinha sido, até certo ponto, customizada, de modo que a variedade de falhas técnicas com as quais os técnicos tinham que lidar era maior. Além disso, uma proporção um pouco maior das visitas eram chamadas (entre 25 e 30%), de modo que a demanda era um pouco menos previsível. A verdadeira diferença entre os clientes domésticos e de empresas, segundo Mark, era a natureza do contato entre os técnicos da KTS e os clientes. *"Os clientes de*

Tabela 1.5 O número de contratos e a receita referente a três atividades.

Atividade	Ano anterior		Ano atual (previsão)	
	Número de contratos	Receita (£000)	Número de contratos	Receita (£000)
Serviço de caldeira doméstica	7.331	1.408	9.700	1.930
Serviço de caldeira comercial	972	699	1.354	1.116
Projeto e instalação	3	231	6	509
Total		2.338		3.555

empresas querem se envolver em conhecer a melhor maneira de usar seus sistemas. Eles querem conselhos e querem saber o que você está fazendo. Assim, por exemplo, se você instalar uma atualização do software de controle do sistema, eles geralmente querem ser informados disso. Eles também mantêm um registro de manutenção ou nos pedem para relatar medidas como eficiência da caldeira, tempo entre os reparos, tempo de inatividade devido a falhas ou manutenção (particularmente importante) e assim por diante. O tempo de resposta à chamada é particularmente importante para eles, mas, como geralmente sempre há alguém em suas instalações, é mais fácil agendar um horário para solicitar uma manutenção regular."

Tanto Ros quanto Mark ficaram desapontados com o fato de o negócio de projeto e instalação ter demorado a decolar. O único projetista de sistemas que eles contrataram provou ser um trunfo, e dois de seus técnicos da área de serviços comerciais da operação haviam sido transferidos para o trabalho de instalação e estavam obtendo sucesso. *"É uma equipe apertada de três no momento"*, disse Mark, *"e isso deve nos dar capacidade suficiente para o restante do ano. Mas, eventualmente, precisaremos contratar mais técnicos, à medida que os negócios (espero) aumentam."* O espaço extra na oficina que a empresa havia alugado (no mesmo local) e alguns novos equipamentos permitiram que a equipe de projeto e instalação adaptasse e personalizasse os sistemas de caldeira e controle para atender às necessidades individuais dos clientes. *"Muitos instaladores pertencem aos fabricantes de caldeiras, e podem ser culpados por empurrar uma solução-padrão para os clientes"*, disse Mark. *"Conosco, cada sistema é customizado para as necessidades de cada cliente."*

Organização da KTS

Um pequeno escritório administrativo de quatro pessoas se reportava diretamente a Ros e Mark e ajudava a administrar as atividades de contabilidade, RH, faturamento, manutenção de contratos e compras. O escritório ficava ao lado de um espaço de oficina compartilhado pelos técnicos de caldeiras domésticas e corporativas. A KTS empregava 42 técnicos no total. Nominalmente, 26 deles trabalhavam na manutenção e reparo de caldeiras domésticas e 16 na de caldeiras para empresas, mas havia alguma flexibilidade entre os dois grupos. *"Temos sorte de que nossos técnicos costumam ser sensatos para ajudar uns aos outros"*, disse Mark. *"Geralmente é mais fácil para os técnicos acostumados a atender aos clientes empresariais atenderem aos domésticos. Eles nem sempre são tão eficientes quanto os que trabalham para clientes domésticos, mas suas habilidades de contato com o cliente geralmente são melhores. Os técnicos de caldeiras domésticas nem sempre apreciam o fato de os clientes empresariais desejarem mais garantias e informações em geral. Além disso, é importante que os clientes empresariais recebam um relatório técnico completo alguns dias após a visita. Os técnicos domésticos não estão acostumados a fazer isso."*

Melhoria da eficiência do serviço

Embora tanto Ros quanto Mark estivessem bastante satisfeitos com a forma como o negócio estava se desenvolvendo, Mark particularmente sentiu que eles poderiam ser mais eficientes na forma como se organizavam. *"Nossos custos têm aumentado mais ou menos de acordo com o crescimento da*

receita, mas devemos realmente começar a obter algumas economias de escala. Precisamos melhorar nossa produtividade, e acho que podemos conseguir isso reduzindo o desperdício. Por exemplo, descobrimos que nossos técnicos podem desperdiçar até 30% de seu tempo em atividades que não agregam valor, como preenchimento de formulários ou busca de informações técnicas."

A solução de Mark foi lidar com o desperdício de diversas maneiras:

- ▶ ***Estabelecer medidas-chave de desempenho (KPIs) e métricas simples:*** as medidas de desempenho devem ser claramente explicadas para que os técnicos entendam os objetivos subjacentes às suas metas em termos de disponibilidade, utilização e eficiência.
- ▶ ***Melhor previsão:*** a demanda era prevista apenas nos termos mais simples. Dados históricos para contabilizar a sazonalidade não eram usados, nem fatores óbvios, como o clima, eram monitorados.
- ▶ ***Processos mais ágeis:*** os processos administrativos e outros eram desenvolvidos *organicamente*, com pouca consideração de eficiência.
- ▶ ***Melhor despacho:*** o despacho (a alocação de trabalhos a técnicos individuais) geralmente era feito com base no simples *primeiro a chegar, primeiro a ser atendido*, sem levar em consideração o uso eficiente do tempo dos técnicos. Acreditava-se que tanto o tempo de viagem quanto o *tempo de atividade* poderiam ser aprimorados por uma melhor alocação de tarefas.
- ▶ ***Melhor capacitação:*** nos dois anos anteriores, três técnicos se aposentaram, um foi demitido e dois saíram para desempenhar outras funções. Mark teve dificuldades para substituí-los por pessoas experientes. Ficou claro que se tornaria mais importante contratar pessoas inexperientes e treiná-las. Segundo as palavras de Mark, *"apanhar pessoas inteligentes, com a atitude certa e habilidades para resolução de problemas, que não se importam em sujar as mãos, e dar-lhes as habilidades técnicas"*.

Além de pensar na melhor forma de melhorar a eficiência, o crescimento futuro do mercado também era uma preocupação. Dois desenvolvimentos ocupavam o pensamento de Ros e Mark, um a curto a médio prazo, o outro em longo prazo.

Crescimento futuro — curto a médio prazo

A demanda vinha crescendo de forma constante, em grande parte porque a KTS conquistava negócios de concorrentes menores. Mas Mark se perguntava se a natureza daquilo que os clientes gostariam estava mudando. Uma das oportunidades havia sido sugerida por um dos clientes empresariais mais antigos da KTS. Eles foram abordados por outra empresa de aquecimento, ventilação e ar-condicionado, que perguntou se eles estariam interessados em um serviço *total*, onde a empresa forneceria e operaria um novo sistema de aquecimento. Na verdade, eles estavam perguntando se o cliente da KTS terceirizaria totalmente o aquecimento para eles. Essa foi uma ideia que deixou Mark intrigado. *"Já ouvi falar desse tipo de negócio antes, mas principalmente para grandes empresas e oferecido por empresas de gestão de instalações. Isso pode envolver empresas como a nossa comprando o sistema de aquecimento, instalando-o e assumindo a responsabilidade por* administrar não apenas o sistema em si, mas também a quantidade de energia utilizada. Exatamente como isso pode funcionar dependerá, eu acho, dos termos do contrato. O cliente pagaria um valor por unidade de energia utilizada (talvez ligado ao preço de atacado da energia)? Ou o cliente simplesmente pagaria um valor fixo pelas características operacionais acordadas, como manter uma determinada faixa de temperatura? Teríamos que pensar cuidadosamente sobre as implicações para nós antes de oferecer tal serviço. O cliente que nos contou sobre a abordagem não quer nos abandonar, mas ninguém sabe o que ele pode fazer no futuro."

O futuro — mais longo prazo

De acordo com o Comitê de Mudanças Climáticas (CMC), um órgão consultivo independente que ajudou o governo do Reino Unido a atingir os níveis de carbono exigidos, atingir a meta do Reino Unido de reduzir as emissões exigiria reduzir as emissões domésticas em pelo menos 3% ao ano — uma meta desafiadora. Isso significaria que, dentro de alguns anos, poderia se tornar ilegal instalar caldeiras a gás em casas recém-construídas. Um futuro possível, que foi discutido no setor, foi um movimento geral em direção a uma rede de hidrogênio (a queima de hidrogênio não produz emissões e cria apenas vapor de água e calor). No entanto, um futuro mais provável talvez envolva a combinação de diferentes tecnologias renováveis para fornecer calor com baixa emissão de carbono. A solução mais barata e de longo prazo poderia ser substituir as caldeiras a gás e a óleo por alternativas de hidrogênio, além do aquecimento elétrico gerado de fontes renováveis, como bombas de calor de origem aérea ou terrestre, que usam pequenas quantidades de eletricidade para extrair o calor natural do ar ou do solo. Mas, para tornar as bombas de calor eficazes, todas as casas existentes e novas precisariam ser energeticamente eficientes, usando níveis muito melhores de isolamento.

Ros pensou que esses desenvolvimentos poderiam ser muito mais desafiadores para a KTS. *"Tanto Mark quanto eu assumimos que estaríamos nesse negócio por pelo menos mais 20 a 30 anos. Nós dois temos famílias, então o futuro em longo prazo do negócio é obviamente importante para nós. Novas tecnologias de aquecimento e combustíveis representam oportunidades e ameaças (sim, eu fiz um MBA!). Reduzir o consumo de combustível fóssil definitivamente significa que teremos que mudar o que fazemos. E alguns aspectos da demanda poderão diminuir. Por exemplo, os sistemas de origem terrestre exigem pouca manutenção. Mas, se houver um crescimento no mercado de instalação, precisamos estar no topo."*

QUESTÕES

1. Onde você posicionaria cada um dos serviços da KTS nas quatro dimensões "V" de volume, variedade, variação e visibilidade?
2. Quais aspectos do desempenho são importantes para a KTS conquistar mais negócios de serviços?
3. Como você avaliaria o potencial de oferecer um serviço *total*, como aquele que o cliente da KTS havia sugerido?
4. O que a KTS deve fazer para se preparar para possíveis mudanças em longo prazo em seu setor?

Problemas e aplicações

Todos os capítulos dispõem de questões do tipo *Problemas e aplicações*, que ajudarão o leitor a praticar a análise das operações. Elas podem ser respondidas com a leitura do capítulo.

1. A Quentin Cakes produz aproximadamente 20.000 bolos por ano em dois tamanhos, ambos baseados na mesma receita. As vendas atingem o pico na época do Natal, quando a demanda é aproximadamente 50% maior do que no período mais tranquilo do ano. Seus clientes (as lojas que estocam seus produtos) fazem pedidos de bolos antecipadamente por meio de um sistema de pedidos simples, baseado na internet. Sabendo que a Quentin Cakes tem um superávit em excesso, um de seus clientes abordou a empresa com dois novos pedidos em potencial.

   A opção *Bolo Customizado* — envolve montar bolos de diferentes tamanhos, em que os clientes poderiam especificar uma mensagem ou saudação para ser *colocada* no topo do bolo. O cliente daria o texto para a loja, que a remeteria para a fábrica por e-mail. O cliente acredita que a demanda seria de aproximadamente 1.000 bolos por ano, principalmente em ocasiões como o Dia dos Namorados e o Natal.

   A opção *Bolo Individual* — envolve a introdução pela Quentin Cakes de uma nova linha de 10 a 15 tipos de bolo muito pequenos, voltados para consumo individual. A demanda por esse bolo de tamanho

CAPÍTULO 1 ADMINISTRAÇÃO DA PRODUÇÃO **35**

individual foi prevista como sendo de aproximadamente 4.000 por ano, com uma demanda distribuída mais uniformemente no decorrer do ano do que seus produtos existentes.

A receita total decorrente das duas opções provavelmente será a mesma, e a empresa tem capacidade para adotar apenas uma das ideias. Mas qual seria ela?

2. Releia os exemplos de *Operações na prática* sobre a LEGOLAND e a LEGO. Que tipos de atividade de administração da produção em cada uma dessas operações poderiam ficar sob os títulos de direção, projeto, entrega e desenvolvimento?

3. Aqui estão dois exemplos de como as operações tentam reduzir os efeitos negativos de ter que enfrentar altos níveis de variedade. Pesquise cada um deles (há muita informação na *web*) e responda às seguintes perguntas:

   (a) Quais são as características comuns desses dois exemplos?
   (b) Que outros exemplos de padronização nas operações de transporte você pode se lembrar?

   Exemplo 1 — A Mumbai Tiffin Box Suppliers Association (pesquise *dabbawalas*) opera um serviço que transporta comida caseira das residências dos trabalhadores para os escritórios no centro de Mumbai. Trabalhadores de distritos residenciais devem usar trens suburbanos para trabalhar. Eles podem ser conservadores, mas também podem ser restringidos por tabus culturais a respeito do manuseio de alimentos. Seus trabalhadores, conhecidos como *dabbawalas*, colocam a comida pela manhã em uma caixa de lata *tiffin* regulamentada, depositam-na no escritório na hora do almoço e a levam de volta para casa à tarde. Os *dabbawalas* aproveitam o transporte público para transportar as latas, geralmente usando a capacidade subutilizada nos trens suburbanos durante meio da manhã e à tarde. Diferentes cores e marcações são usadas para indicar aos *dabbawalas* (às vezes analfabetos) a via do processo para cada lata.

   Exemplo 2 – Os portos lidam com uma variedade infinita de navios e cargas com conteúdos, tamanhos e pesos muito diferentes, além de ter que protegê-los de intempéries e furtos, enquanto estão em trânsito ou em armazenamento. As indústrias de transporte, então, em conjunto com a Organização Internacional para Normalização (ISO, do inglês *International Organization for Standardization*), desenvolveram um projeto de contêiner-padrão. Os problemas de segurança e proteção contra intempéries foram resolvidos quase da noite para o dia. Qualquer pessoa que quisesse enviar mercadorias em grande volume só precisava acondicioná-las em contêineres e eles poderiam ser enviados pela empresa de transporte. Os portos poderiam padronizar os equipamentos de manuseio e dispensar os armazéns (os contêineres poderiam ser empilhados na chuva, se necessário). Ferrovias e empresas de transporte rodoviário podem desenvolver reboques para acomodar os novos contêineres.

4. A Figura 1.12 compara dois tipos de hotel com as dimensões dos quatro "Vs". Onde os outros exemplos de *Operações na prática* usados neste capítulo estariam posicionados nessas dimensões?

5. Nem todas as cirurgias estão de acordo com nossos pressupostos do *supercirurgião* individual, auxiliado por sua equipe de apoio, realizando toda a operação desde a primeira incisão até a sutura final. Muitos procedimentos cirúrgicos são bastante rotineiros. Um exemplo é o processo que foi adotado por um cirurgião oftalmologista russo. O procedimento cirúrgico no qual eles se especializam é um tratamento revolucionário para a miopia, denominado *ceratotomia radial*. Nesse procedimento, oito pacientes se deitam em mesas móveis, dispostas como os aros de uma roda em torno do seu eixo central, apenas com os olhos descobertos. Seis cirurgiões, cada qual em sua própria *estação*, são posicionados em torno da borda da roda para que possam ter acesso os olhos dos pacientes. Depois que os cirurgiões concluíram sua própria parte específica do procedimento inteiro, a roda gira para levar os pacientes ao próximo estágio de seu tratamento. Os cirurgiões verificam se a etapa anterior da operação foi realizada de maneira correta e, em seguida, passam a realizar sua própria tarefa. A atividade de cada cirurgião é monitorada em telas de TV e os cirurgiões conversam entre si por meio de microfones e fones de ouvido em miniatura.

   (a) Compare essa técnica de cirurgia dos olhos com uma técnica mais convencional.
   (b) Em sua opinião, quais são as vantagens e desvantagens dessa técnica para a cirurgia dos olhos?

6. Escreva cinco serviços que você *consumiu* na semana passada. Tente torná-los o mais variados possível. Os exemplos podem incluir transporte público, banco, qualquer loja ou supermercado, um curso que frequentou, cinema, restaurante etc. Tente identificar as diferenças e semelhanças entre esses serviços.

36 PARTE 1 DIRECIONAMENTO DA PRODUÇÃO

7. Os recursos de transformação do modelo de *input*-transformação-*output* da administração da produção são classificados como *instalações* e *funcionários*. As informações necessárias para fazer a transformação também deveriam ser incluídas?

8. Quais poderiam ser os processos de *back-office* em um parque temático como o LEGOLAND?

9. Posicione as aulas previamente gravadas, aulas universitárias não interativas, tutoriais em pequenos grupos e tutoriais individuais de *orientação* nas escalas IHIP.

10. Por que algumas pessoas acreditam que a análise das empresas em termos de seus processos "retira o humanismo da maneira de pensar da organização", conforme descrito no último *Comentário crítico* deste capítulo?

Leitura complementar selecionada

Anupindi, R., Chopra, S., Deshmukh, S.D., Vam Mieghem, J.A. e Zemel, E. (2013) *Managing Business Process Flows*, **3. ed. Pearson, Harlow.**
Oferece uma visão de processo das operações; a leitura compensa, embora o livro seja bastante quantitativo.

Barnes, D. (2018) *Operations Management: An International Perspective*, **Palgrave, Londres.**
Um texto semelhante a este em perspectiva, mas com uma abordagem mais internacional (e útil).

Chase, R.B. e Jacobs, F.R. (2017) *Operations and Supply Chain Management*, **McGraw-Hill, Nova York.**
Há muitos livros-textos de boa qualidade sobre administração da produção. Esse tem uma abordagem voltada para a rede de suprimentos, embora mais dirigido a uma audiência norte-americana.

Hall, J.M. e Johnson, M.E. (2009) When should a process be art, not science?, *Harvard Business Review*, **março.**
Um dos poucos artigos que examinam as fronteiras da teoria do processo convencional.

Hammer, M. e Stanton, S. (1999) How process enterprises really work, *Harvard Business Review*, **nov.-dez.**
Hammer é um dos gurus de projeto do processo. Esse artigo é típico dessa abordagem.

Holweg, M., Davies, J., De Meyer, A., Lawson, B. e Schmenner, R. (2018) *Process Theory: The Principles of Operations Management*, **Oxford University Press.**
Como o nome sugere, esse é um livro sobre teoria. É assumidamente acadêmico, mas contém algumas ideias úteis.

Johnston, R. Shulver, M., Slack, N. e Clark, G. (2021) *Service Operations Management*, **5. ed. Pearson, Harlow.**
Um grande tratamento das operações de serviço, equilibradas como as situações apresentadas neste livro.

Slack, N. (2017) *The Operations Advantage*, **Kogan Page, Londres.**
Um tratamento mais prático de como a gerência de produção pode contribuir para o sucesso estratégico. Destinado a gerentes em exercício.

Slack, N. e Lewis, M.A. (2020) *Operations Strategy*, **6. ed. Pearson, Harlow.**
Uma cobertura mais estratégica da administração da produção.

Notas do capítulo

1. As informações sobre a LEGOLAND são baseadas nos *sites* corporativos da LEGOLAND www.legoland.com e da Merlin Entertainment https://www.merlinentertainments.biz/ (acesso em: ago. 2021).

2. As informações sobre a LEGO são baseadas nos *sites* corporativos da Lego System A/S https://www.lego.com/en-gb e em Diaz, J. (2008) Exclusive look inside the Lego Factory, Gizmodo, 21 jul., http://lego.gizmodo.com/exclusive-look-inside-the-lego-factory-5022769 (acesso em: ago. 2021).

3. Higgins, C. (2017) How many combinations are possible using 6 LEGO bricks?, Mental Floss, 12 fev., https://www.mentalfloss.com/article/92127/how-many-combinations-are-possible-using-6-lego-bricks (acesso em: ago. 2021).

4. As informações em que este exemplo é baseado foram extraídas de: www.msf.org e https://blogs.msf.org/about-us (acesso em: ago. 2021).

5. As informações em que este exemplo é baseado foram extraídas do *site* do hotel: https://www.marinabaysands.com/ (acesso em: ago.2021).

6. Vargo, S.L. e Lusch, R.F. (2008) Service-dominant logic: continuing the evolution, *Journal of the Academy of Marketing Science* 36 (spring), 1-10.

7. As informações em que este exemplo é baseado foram extraídas de: Phipps, L. (2018) How Philips became a pioneer of circularity-as-a-service, GreenBiz, 22 ago.; *site* da Philips, The circular imperative, https://www.philips.com/a-w/about/environmental-social-governance/environmental/circular-economy.html (acesso em: ago. 2021). Outras informações sobre a economia circular podem ser obtidas em The Ellen MacArthur Foundation: Let's build a circular economy, https://ellenmacarthurfoundation.org (acesso em: ago. 2021).

8. Em 2018, a Philips Lighting mudou seu nome para Signify, embora ainda use a marca Philips para muitos de seus produtos.

9. Baseado em uma comunicação pessoal com Tom Avery, CEO da Verbier Sky Exclusive.

10. Baseado na experiência pessoal do autor e no *site* do hotelF1, https://hotelf1.accor.com/home/index.en.shtml (acesso em: ago. 2021).

11. As informações em que este exemplo é baseado foram extraídas de: *site* da empresa, https://www.fjallraven.com/ e Silven, R. (2020) Fjällräven voted most sustainable brand in its industry according to Sweden's Sustainable Brand Index, sgbonline.com, 29 abr., https://sgbonline.com/press-release/fjallraven-voted-most-sustainable-brand-in-its-industry-according-to-swedens-sustainable-brand-index/ (acesso em: ago. 2021).

12. Rangan, V.K., Chase, L. e Karim, S. (2015) The truth about CSR, *Harvard Business Review*, jan.-fev.

13. BBC News (2002) Politicians 'trample over' patient privacy, 1º jul., http://news.bbc.co.uk/1/hi/in_depth/health/2002/bma_conference/2077391.stm (acesso em: ago. 2021).

2 Desempenho da Produção

QUESTÕES-CHAVE

2.1 Por que o desempenho da produção é vital para qualquer organização?

2.2 Como o desempenho da produção é avaliado no nível societário?

2.3 Como o desempenho da produção é avaliado no nível estratégico?

2.4 Como o desempenho da produção é avaliado no nível operacional?

2.5 Como medir o desempenho da produção?

2.6 Como os objetivos de desempenho da produção fazem *trade-off*?

INTRODUÇÃO

A produção é avaliada por seu desempenho. Entretanto, há muitas formas importantes de avaliá-lo e muitos indivíduos e grupos diferentes fazendo essa análise. Além do mais, o desempenho pode ser avaliado em diferentes níveis. Portanto, iniciamos este capítulo descrevendo uma abordagem muito ampla para mensurar o desempenho da produção em nível social, que usa o **resultado triplo** (*triple bottom line*) para avaliar o impacto social, ambiental e econômico da operação. Depois, examinamos como o desempenho da produção pode ser avaliado em termos de como ele afeta a capacidade da organização de alcançar sua estratégia geral. O capítulo examina então os aspectos do desempenho mais diretamente em nível operacional — qualidade, velocidade, confiabilidade, flexibilidade e custo. Por fim, examinamos como os objetivos de desempenho fazem *trade-off* (apresentam conflito). No modelo geral de administração da produção, os tópicos abordados neste capítulo são representados pela área marcada na Figura 2.1.

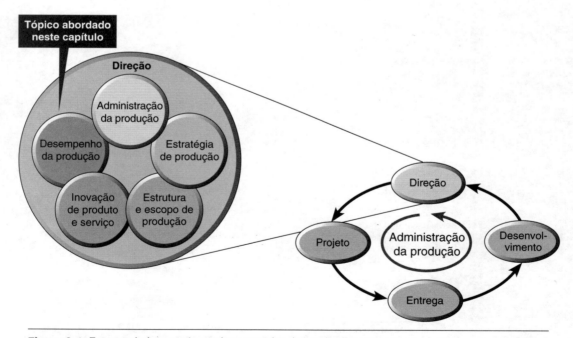

Figura 2.1 Este capítulo examina o desempenho da produção.

2.1 Por que o desempenho da produção é vital para qualquer organização?

Não é exagero ver a administração da produção como capaz de *fazer ou parar* qualquer empresa — não apenas porque a função produção é grande e, na maioria das empresas, representa o maior volume de seus ativos e a maioria de seus funcionários. A administração da produção pode *fazer* a organização. Primeiro, a administração da produção se preocupa em fazer as coisas melhor, podendo potencialmente tornar a produção naquilo que impulsiona a organização inteira. Segundo, ela pode construir as competências *difíceis de serem imitadas*, que podem ter um impacto estratégico significativo. (Veja sobre a estratégia de produção no próximo capítulo.) Terceiro, a administração da produção tem ênfase especial no *processo*, ou seja, como as coisas são feitas. E há uma relação entre processo e resultado. Mas, quando as coisas saem errado na produção, o prejuízo na reputação pode durar anos. O Capítulo 18 trata das falhas na produção, mas o primeiro ponto a observar é que, quando a produção comete falhas, isso normalmente é resultado direto da má gerência de produção. Desde a entrega da mercadoria com um atraso inominável até desastres aéreos fatais, as falhas na produção são tanto óbvias como sérias.

Desempenho em três níveis

O *desempenho* não é um conceito tão simples. Primeiro, ele tem múltiplas facetas, no sentido de que uma única medição jamais pode comunicar totalmente o sucesso ou o fracasso de algo tão complexo quanto uma operação. Segundo, o desempenho pode ser avaliado em diferentes níveis, desde o nível societário amplo, em longo prazo, até suas questões mais em nível operacional, sobre como a empresa melhora a eficiência do dia a dia ou como ela atende a seus clientes individuais. No restante deste capítulo, veremos como a produção pode avaliar seu desempenho em três níveis, conforme ilustrados na Figura 2.2.

> **Princípio de produção**
> O bom desempenho da produção é fundamental para o sucesso sustentável de qualquer organização.

- O nível amplo, societário, usando a ideia do *resultado triplo* (*triple bottom line*).
- O **nível estratégico** de como uma operação pode contribuir para a estratégia geral da organização.
- O nível operacional, usando os cinco *objetivos de desempenho* da produção.

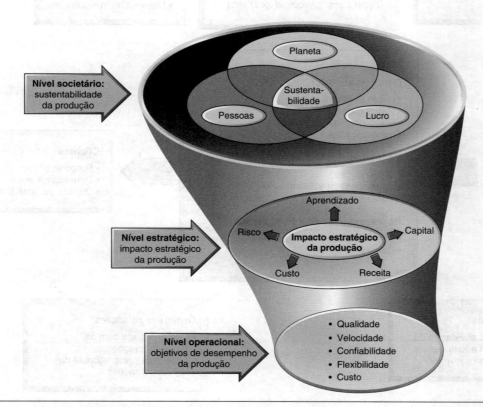

Figura 2.2 Os três níveis de desempenho da produção.

2.2 Como o desempenho da produção é avaliado no nível societário?

As decisões tomadas dentro de qualquer operação e a forma como ela realiza suas atividades diárias afetarão todos os grupos de *stakeholders*, que são as pessoas e os grupos que têm interesse legítimo nas atividades de produção. Alguns *stakeholders* são internos, por exemplo, os funcionários da produção; outros são externos, por exemplo, os clientes, a sociedade ou grupos comunitários e os acionistas da empresa. Alguns *stakeholders* externos têm relacionamento comercial direto com a organização, por exemplo, fornecedores e clientes; outros não, por exemplo, os órgãos reguladores do setor. Às vezes, esses grupos de *stakeholders* podem se sobrepor. Assim, os trabalhadores voluntários em uma instituição de caridade podem ser funcionários, acionistas e clientes ao mesmo tempo. Sempre é responsabilidade dos gerentes de produção entender os objetivos (às vezes, conflitantes) de seus *stakeholders*. A Figura 2.3 ilustra apenas alguns dos grupos de *stakeholders* que teriam interesse no desempenho da função produção de uma organização. Embora esses grupos, em diferentes graus, estejam interessados no desempenho da produção, é provável que tenham visões muito diferentes de qual aspecto do desempenho é importante.

> **Princípio de produção**
> Todas as decisões de produção devem refletir os interesses dos grupos de *stakeholders*.

Responsabilidade social corporativa

Essa ideia de que a produção deve levar em consideração seu impacto sobre o amplo *mix* de *stakeholders* é normalmente chamada de *responsabilidade social corporativa* (conhecida como RSC). Preocupa-se em compreender, atender e responder às necessidades de todos os *stakeholders* da empresa. A RSC trata essencialmente de como a empresa leva em consideração seus impactos econômicos, éticos, sociais e ambientais

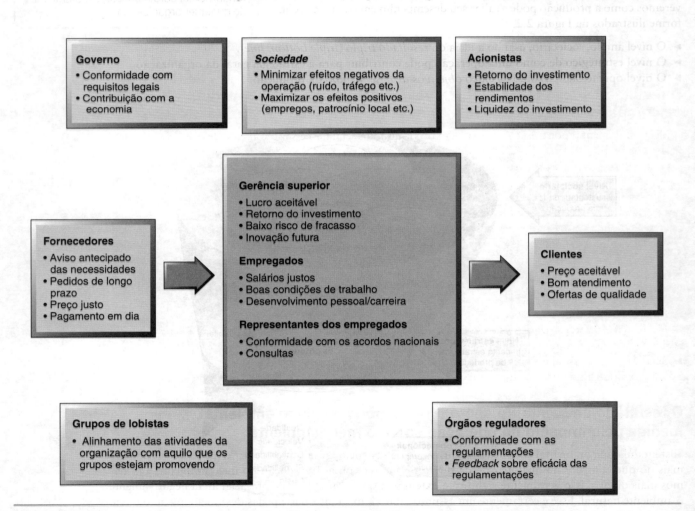

Figura 2.3 Grupos de *stakeholders* com os objetivos típicos nas atividades de produção.

no modo que opera. A questão de como os objetivos da RSC podem ser incluídos nas atividades de administração da produção tem uma importância cada vez maior, do ponto de vista ético e comercial. Isso é tratado novamente em vários pontos no decorrer deste livro e cada capítulo contém uma seção de *Operações responsáveis* que reflete como o tópico abordado no capítulo afeta a RSC de uma operação.

O resultado triplo (*triple bottom line*)

Um termo comum que tenta conter a ideia de uma abordagem mais ampla para avaliar o desempenho de uma organização é o *resultado triplo* (*triple bottom line* — TBL ou 3BL), também conhecido como *pessoas, planeta e lucro*.[1] A ideia é que as organizações devem se mensurar não apenas pelo lucro econômico tradicional que geram para seus proprietários, mas também pelo impacto que suas operações têm sobre a sociedade (de um modo geral, no sentido de comunidades, e individualmente, por exemplo, em termos de funcionários) e o impacto ecológico sobre o meio ambiente. Isso costuma ser resumido como *sustentabilidade*. Um negócio sustentável é aquele que cria um lucro aceitável para seus proprietários, mas minimiza os danos ao meio ambiente e aprimora a existência das pessoas com as quais tem contato. Em outras palavras, equilibra interesses econômicos, ambientais e sociais. A suposição básica do resultado triplo (que não é universalmente aceita) é que um negócio sustentável tem mais chance de permanecer bem-sucedido no longo prazo do que outro que foca apenas metas econômicas.

Princípio de produção
As operações devem se avaliar pelo princípio do resultado triplo de pessoas, planeta e lucro.

Ambiental, social e governança

À medida que a importância da responsabilidade social corporativa/desempenho do resultado triplo se tornou reconhecida, o número de siglas e termos para descrever a ideia se multiplicou. Um deles é *ambiental, social e governança*, ou **ASG**. Derivado das ideias que já descrevemos, ele trata o desempenho da RSC no ponto de vista do investidor. Reflete a ideia de que qualquer potencial investidor em uma empresa deve se concentrar em todos os fatores éticos, sociais e ambientais, em vez de simplesmente olhar para o *retorno* desse investimento.

O resultado social (pessoas) — a responsabilidade social, medida pelo impacto da operação sobre a qualidade de vida das pessoas

A ideia fundamental por trás do desempenho do **resultado social** não é simplesmente de que há uma conexão entre as empresas e a sociedade em que operam — isso é autoevidente. Mais propriamente, as empresas devem aceitar que assumem alguma responsabilidade pelo impacto que têm na sociedade e equilibram as consequências *sociais* externas de suas ações com as consequências internas mais diretas, como o lucro. Em nível dos indivíduos, o desempenho do resultado social significa criar empregos e padrões de trabalho que permitam às pessoas contribuir com seus talentos sem o estresse indevido. Em nível de grupo, significa reconhecer e lidar honestamente com representantes dos funcionários. Ademais, as empresas são também parte da comunidade maior e, argumenta-se, deve ser reconhecida sua responsabilidade com as comunidades locais por ajudarem a promover seu bem-estar econômico e social. Algumas das maneiras como a produção pode afetar o desempenho do resultado social são:

▶ Segurança de produtos e serviços para o cliente.
▶ Impacto do local de uma operação sobre o emprego.
▶ Implicações da terceirização sobre o emprego.
▶ Trabalho repetitivo ou alienante.
▶ Segurança do pessoal e estresse no local de trabalho.
▶ Não exploração de fornecedores do Sul Global por empresas do Norte Global.

O resultado ambiental (planeta) — a responsabilidade ambiental, medida pelo impacto da operação sobre o meio ambiente

Sustentabilidade ambiental significa assegurar que os benefícios resultantes de ações de desenvolvimento mais do que compensam qualquer perda direta ou indireta ou a degradação do meio ambiente. Em termos mais diretos, isso geralmente significa a extensão à qual a atividade empresarial afeta negativamente o ambiente natural. Esse é certamente um assunto muito importante, não apenas devido ao impacto óbvio sobre o ambiente imediato de resíduos perigosos, poluição do ar e até sonora, mas também em razão das questões menos óbvias, embora potencialmente bem mais prejudiciais, em torno do aquecimento global. Os gerentes de produção não podem evitar a responsabilidade pelo desempenho ambiental. Frequentemente estão nas falhas operacionais a origem dos desastres da poluição e as decisões operacionais (como projeto do produto) que impactam os problemas ambientais em mais longo prazo. Algumas das maneiras como a produção pode afetar o desempenho do **resultado ambiental** são:

- Reciclagem de materiais, consumo de energia, geração de resíduos.
- Redução de energia relacionada com o transporte.
- Poluição sonora, fumaça e emissão de gases poluentes.
- Obsolescência e desperdício.
- Impacto ambiental das falhas do processo.
- Plano de recuperação para minimizar o impacto das falhas.

OPERAÇÕES NA PRÁTICA — Caminho para a B Corporation da Danone[2]

A indústria alimentícia nem sempre é a mais popular entre alguns consumidores que duvidam da sustentabilidade ambiental da produção de alimentos e bebidas em escala industrial. Uma visão comum entre os blogueiros de alimentos é a de que os gigantes da indústria alimentícia, com suas grandes fábricas e longas redes de suprimentos, desconectaram os consumidores da fonte *natural* de sua alimentação. No entanto, alguns estão tentando ativamente equilibrar os objetivos financeiros, ambientais e sociais. Veja a Danone, por exemplo, a empresa de alimentos francesa que emprega mais de 100.000 pessoas e comercializa mais de 25 bilhões de euros em seus produtos, como o iogurte Activia e água mineral Evian, em 130 países. É uma das maiores e mais conhecidas empresas de alimentos da Europa, que construiu sua reputação em um portfólio de produtos alimentícios focado na saúde. A Danone acredita que deve olhar além da simples maximização dos lucros. Ela rejeita a ideia de que uma empresa existe principalmente para maximizar o retorno a seus proprietários, os acionistas. Seu compromisso em seguir um conjunto mais amplo de objetivos corporativos é exemplificado por sua ambição de se tornar uma das primeiras multinacionais com a certificação *B Corp*. As empresas com certificação B Corp são aquelas que atendem aos mais altos padrões de desempenho social e ambiental verificado, têm transparência pública e responsabilidade legal para equilibrar lucro e propósito. O movimento B Corp foi lançado em 2006 e vem ganhando força em todo o mundo. As **B Corps** utilizam lucro e crescimento como meios para um fim maior: o impacto positivo para seus funcionários, as comunidades e o meio ambiente. A Danone decidiu fazer parceria com o B Lab para planejar o roteiro mais adequado para esse objetivo. A B Lab é uma organização sem fins lucrativos que credencia a certificação B Corp para empresas com fins lucrativos que demonstrem altos padrões de desempenho social e ambiental. E a Danone tem traduzido ativamente esses objetivos em ação. Ela se desfez de subsidiárias que produziam biscoitos, chocolate e cerveja e está tentando se tornar neutra em carbono com suas marcas de água. Ela investiu em uma forma de tornar o plástico reciclado (que muitas vezes tem uma cor cinzenta pouco apelativa) mais atrativo para os consumidores.

O resultado econômico (lucro) — a responsabilidade econômica, medida pela lucratividade, retorno sobre ativos etc. da operação

A alta administração da organização representa os interesses dos proprietários (ou dos mandatários, eleitorados etc.) e, assim, é diretamente responsável pelo desempenho econômico da organização. De um modo geral, isso significa que os gerentes de produção devem usar os recursos de produção de modo eficaz, e há muitas formas de mensurar o *resultado econômico*. Os especialistas em finanças dispõem de várias medidas (como retorno sobre ativos etc.), mas isso está fora do escopo deste livro.

Algumas das maneiras como a produção pode afetar o desempenho do resultado econômico são:

- Custo da produção de produtos e serviços.
- Receita vinda dos efeitos da qualidade, velocidade, confiabilidade e flexibilidade.
- Eficácia do investimento nos recursos da produção.
- Risco e resiliência dos suprimentos.
- Criação de capacitação futura.

Analisaremos esses aspectos do *resultado econômico* na próxima seção, sobre a avaliação do desempenho operacional em nível estratégico.

Comentário crítico

O dilema em usar essa ampla variedade de resultado triplo, *stakeholders* ou RSC para julgar o desempenho das operações é que as organizações, particularmente as empresas comerciais, têm que enfrentar as pressões conflitantes de, por um lado, maximizar a lucratividade e, por outro, lidar com a expectativa de que atenderão ao interesse da sociedade (total ou parcial) com responsabilidade e transparência. Mesmo se a empresa desejasse refletir os aspectos do desempenho além de seus próprios interesses imediatos, como ela deveria fazer isso? Em termos econômicos amplos ou em nível social, é possível ditar os critérios ou a *função objetiva* a ser maximizada pelas empresas? Ou, colocado o assunto em termos mais simples, como desejamos que as empresas de nossa economia mensurem seus próprios desempenhos? Como desejamos que determinem o que é *bom* ou o que é *ruim* na tomada de decisão? Alguns economistas argumentam que o uso de uma grande variedade de perspectivas dos *stakeholders* atribui peso indevido a interesses especiais restritos, uma vez que desejam usar os recursos da organização em benefício próprio. Com efeito, a perspectiva dos *stakeholders* confere aos interesses especiais uma legitimidade falsa, o que enfraquece as bases do comportamento de busca de valor.[3]

2.3 Como o desempenho da produção é avaliado no nível estratégico?

Muitas (mas não todas) das atividades dos gerentes de produção são, por natureza, operacionais. Ou seja, elas tratam de questões relativamente imediatas, detalhadas e locais. Entretanto, uma ideia central na administração da produção é que o tipo de decisões e atividades que os gerentes de produção executam também tem um impacto estratégico significativo. Portanto, ao avaliar o desempenho da função produção, faz sentido perguntar como isso afeta a posição *econômica* estratégica da organização. Vamos examinar o papel estratégico da produção no próximo capítulo. No entanto, em um nível estratégico, existem cinco aspectos do desempenho da produção que identificamos como contribuindo para o aspecto *econômico* do resultado triplo e que podem ter um impacto significativo (ver Figura 2.4).

A administração da produção afeta os custos

Parece bastante óbvio afirmar isso, mas quase todas as atividades que os gerentes de produção realizam regularmente (e todos os tópicos que são descritos neste livro) terão um efeito sobre o custo da produção de produtos e serviços. Nitidamente, a eficiência com que uma operação adquire seus recursos transformados e de transformação, bem como aquela com que ela converte seus recursos transformados, determinará o custo de seus produtos e serviços. E, para muitos gerentes de produção, esse é o aspecto mais importante de como eles avaliam seu desempenho. Na verdade, não haverá muitas organizações (se houver alguma) indiferentes a seus custos.

A administração da produção afeta a receita

Contudo, o custo nem sempre é necessariamente o objetivo estratégico mais importante para os gerentes de produção. Suas atividades também podem ter um efeito imenso sobre a receita. Produtos e serviços de alta qualidade, sem falhas, entregues rapidamente e no prazo, em que a operação tenha a flexibilidade de se adaptar às necessidades do cliente, provavelmente exigem um custo mais alto e vendem mais do que

Figura 2.4 A produção pode contribuir para o sucesso financeiro por meio de baixos custos, receita crescente, redução de risco, uso eficaz do capital e criação das capacitações de inovação futura.

aqueles com mais baixos níveis de qualidade, entrega e flexibilidade. E os gerentes de produção são diretamente responsáveis por questões como qualidade, velocidade de entrega, confiabilidade e flexibilidade, conforme discutiremos mais adiante neste capítulo.

O principal ponto aqui é que as atividades de produção podem ter um efeito significativo e, portanto, devem ser avaliadas sob a ótica da lucratividade da organização. Além do mais, melhorias até mesmo relativamente pequenas sobre o custo e a receita podem ter um efeito proporcionalmente ainda maior sobre a lucratividade. Por exemplo, suponha que uma empresa tenha uma receita anual de 1 milhão de euros e um custo anual de 900 mil euros; portanto, um *lucro* de 100 mil euros. Agora suponha que, devido à excelência de seus gerentes de produção na melhoria da qualidade e da entrega, a receita aumente em 5% e os custos sejam reduzidos em 5%. A receita agora é de 1 milhão e 50 mil euros e os custos são de 855 mil euros. Portanto, o lucro agora é de 195 mil euros. Em outras palavras, uma mudança de 5% no custo e na receita melhorou a lucratividade em 95%.

Princípio de produção

Lucro é um número pequeno resultante da diferença entre dois números muito grandes.

Pontuação líquida do promotor

Um método popular para medir os níveis subjacentes de satisfação do cliente (um fator importante na determinação da receita) é a **pontuação líquida do promotor** (NPS, do inglês *net promoter score*). Isso é calculado pesquisando os clientes e perguntando qual a probabilidade de eles indicarem uma empresa, serviço ou produto (em uma escala de 1 a 10, em que 1 = nada provável e 10 = extremamente provável). Os clientes que dão uma pontuação de 1 a 6 são chamados de *detratores*, aqueles que dão uma pontuação de 9 ou 10, de *promotores* e aqueles que dão uma pontuação de 7 ou 8, de *passivos*. A NPS é calculada ignorando os passivos e subtraindo o número de detratores do número de promotores. Assim, se forem pesquisados 200 clientes, sendo 60 promotores, 110 passivos e 30 detratores, a NPS é calculada da seguinte forma:

$$NPS = 60 - 30 = 30$$

O que é considerado uma NPS aceitável varia, dependendo do setor e da natureza da concorrência, mas, como meta mínima, uma pontuação positiva (> 0) pode ser considerada (apenas) aceitável. A NPS é uma métrica simples, rápida e fácil de calcular, mas alguns veem isso como sua principal fraqueza. Não tem nenhuma base científica sofisticada, nem fornece uma imagem precisa do comportamento do cliente. Por exemplo, se a pesquisa supramencionada tivesse resultado em 115 promotores, 0 passivos e 85 detratores, ainda daria uma NPS de 30. No entanto, aqui, os clientes são muito mais polarizados. No entanto, apesar de suas falhas, o uso da NPS ao longo do tempo pode ser para detectar possíveis mudanças nas atitudes dos clientes.

A administração da produção afeta o nível de investimento exigido

Como uma operação gerencia os recursos de transformação que são necessários para produzir tipo e quantidade exigidos de seus produtos e serviços também terá um efeito estratégico. Por exemplo, se uma operação aumentar sua eficiência de modo que possa produzir, digamos, 10% mais *output*, então ela não precisará investir (às vezes chamado de capital empregado) para produzir 10% mais *output*. A produção de mais *output* com os mesmos recursos (ou, às vezes, a produção do mesmo *output* com menos recursos) afeta o nível de investimento exigido.

A administração da produção afeta o risco de falha operacional

Operações bem projetadas e conduzidas terão menos riscos de falhar. Elas não apenas provavelmente operarão em uma taxa previsível e aceitável, sem frustrar seus clientes ou incorrer em custos em excesso, mas também terão menos probabilidade de causar danos ambientais ou sociais, intencionalmente ou não. O desempenho ambiental e social (conforme englobado pelo conceito do resultado triplo, visto anteriormente) não está confinado à perspectiva de alto nível do desempenho que descrevemos anteriormente; é uma parte importante do modo como as estratégias de produção são formadas e como seu sucesso é mensurado. Além disso, se ocorrerem falhas sociais, ambientais ou econômicas, a produção bem executada deverá ser capaz de gerar uma recuperação mais rápida e com menos interrupção. Isso se chama resiliência e será tratado com detalhes no Capítulo 18.

A administração da produção afeta a facilidade de criação das capacitações em que a inovação futura é baseada

Gerentes de produção têm uma oportunidade única de aprender com sua experiência de operar seus processos a fim de compreender mais sobre eles. Esse acúmulo de conhecimento do processo poderá formar as habilidades, o conhecimento e a experiência que permitem à empresa se aprimorar com o passar do tempo. No entanto, mais do que isso, pode incorporar as chamadas *competências* que permitem que a empresa inove no futuro. Vamos examinar essa ideia de competências operacionais com mais detalhe no próximo capítulo.

> **Princípio de produção**
> Espera-se que todas as operações contribuam para a sua empresa em um nível estratégico controlando custos, aumentando a receita, tornando o investimento mais eficaz, reduzindo riscos e aumentando as capacitações em longo prazo.

2.4 Como o desempenho da produção é avaliado no nível operacional?

A avaliação do desempenho em um nível social e o julgamento de como uma operação está contribuindo para os seus objetivos estratégicos gerais certamente são muito importantes, particularmente em longo prazo, e formam o cenário para toda a tomada de decisão operacional. Mas dirigir as operações no nível operacional cotidiano requer um conjunto de objetivos mais rigorosamente definidos. Estes são chamados de *objetivos de desempenho* da produção. Há cinco deles, os quais se aplicam a todos os tipos de operação. Imaginemos que você seja um gerente de produção em qualquer tipo de empresa — por exemplo, um administrador hospitalar ou um gerente de produção de uma montadora de automóveis. Que tipo de coisas você, possivelmente, deseja para satisfazer aos clientes e contribuir para a competitividade?

▶ Você desejaria fazer as coisas certo; isto é, não desejaria cometer erros, mas sim satisfazer a seus clientes fornecendo produtos sem falhas e serviços que estejam "conforme seu propósito". Isso é dar uma vantagem em **qualidade**.
▶ Você desejaria fazer as coisas com rapidez, minimizando o tempo entre o pedido de um cliente por produtos ou serviços e o recebimento deles por parte do cliente por completo, aumentando, assim, a disponibilidade de seus produtos e serviços e dando uma vantagem em **velocidade**.
▶ Você desejaria fazer as coisas no prazo acordado, mantendo, assim, as promessas de entrega que havia feito. Se a operação fizer isso, está dando uma vantagem em **confiabilidade**.

▶ Você desejaria ter condições de mudar o que faz; isto é, ser hábil em variar ou adaptar as atividades de produção para enfrentar circunstâncias inesperadas ou dispensar tratamento individual aos clientes. Ser capaz de fazer mudanças grandes e rápidas para atender às exigências dos clientes dá uma vantagem em **flexibilidade**.

▶ Você desejaria fazer as coisas o mais barato possível; isto é, criar e entregar produtos e serviços a um custo que possibilite uma boa formação de preço para o mercado, além de permitir um bom retorno para a organização; ou, em uma organização sem fins lucrativos, dar bom valor aos pagadores de impostos ou quem mais estiver financiando a operação. Quando a organização está disposta a fazer isso, dá uma vantagem em **custo**.

> **Princípio de produção**
> Os objetivos de desempenho da produção podem ser agrupados como qualidade, velocidade, confiabilidade, flexibilidade e custo.

A próxima parte deste capítulo examina esses cinco objetivos de desempenho em detalhes adicionais ao examinar o que significam para quatro diferentes operações: um hospital geral, uma montadora de automóveis, uma empresa de ônibus urbanos e uma rede de supermercados.

Por que qualidade é importante?

Qualidade é o atendimento consistente às expectativas dos clientes; em outras palavras, *fazer as coisas certo*, mas as coisas que a operação precisa fazer corretamente variarão conforme o tipo de operação. Todas as operações consideram a qualidade como um objetivo particularmente importante. De algum modo, qualidade é a parte mais visível de uma operação. Além disso, é algo que um cliente encontra com relativa facilidade para avaliar a operação. O produto ou o serviço é o que realmente deveria ser? Está certo ou errado? Há algo fundamental sobre qualidade. Em razão disso, esta é claramente a principal influência na satisfação ou na insatisfação do cliente. A percepção do cliente sobre produtos e serviços de alta qualidade significa sua satisfação e, assim, a possibilidade de que retornará. A Figura 2.5 ilustra como a qualidade pode ser julgada em quatro operações.

Qualidade pode significar...

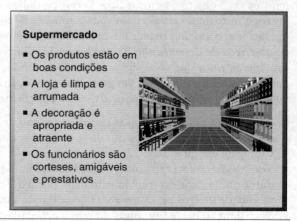

Figura 2.5 Qualidade significa coisas diferentes em diversas operações.

Qualidade na operação

Quando qualidade significa criar e entregar consistentemente produtos e serviços conforme a especificação, isso não apenas leva à satisfação do cliente externo, mas também torna a vida mais fácil dentro da operação.

Qualidade reduz custos Quanto menores os erros cometidos em cada processo da operação, menos tempo será necessário para corrigir os erros e menos confusão e irritação serão propagadas. Por exemplo, se o depósito regional de um supermercado envia os produtos errados a uma loja, significará que o tempo dos funcionários, e portanto o seu custo, será usado para resolver o problema.

Qualidade aumenta a confiabilidade Maiores custos não são a única consequência da má qualidade. No supermercado, má qualidade pode também significar produtos não repostos nas prateleiras, resultando em perda de venda para a operação e irritação para os clientes externos. Resolver o problema pode também distrair a administração do supermercado de dar atenção às outras partes da operação. Por sua vez, isso pode resultar no cometimento de mais erros. Portanto, qualidade (como também os outros objetivos de desempenho, conforme veremos) tem tanto impacto externo, que influencia a satisfação do cliente, quanto interno, que leva a processos estáveis e eficientes.

> **Princípio de produção**
> A qualidade pode representar o potencial para melhores serviços e produtos e reduz custos.

OPERAÇÕES NA PRÁTICA — Nutella fecha fábrica para preservar a qualidade[4]

Para marcas conhecidas, principalmente aquelas associadas a produtos alimentícios, a qualidade precisa ser uma prioridade. Qualquer dúvida de que a qualidade não está no mais alto nível pode prejudicar fundamentalmente a reputação de uma marca. Não é de surpreender, então, que a Ferrero (fabricante da Nutella, a pasta de avelã e chocolate) se esforce ao máximo para preservar a qualidade de seus produtos. Ela até fechou a maior fábrica de sua pasta de Nutella, que produz um quarto da pasta de chocolate e avelã do mundo, durante cinco dias. A empresa disse que, depois de ler os resultados de uma das verificações de qualidade de sua fábrica em Villers-Ecalles, os gerentes de produção detectaram um defeito de qualidade em um dos produtos semiacabados usados na produção de seus produtos Nutella e Kinder Bueno. A empresa disse que a interrupção temporária da produção era uma medida de precaução que permitiria a realização de novas investigações e que seriam tomadas contramedidas após uma investigação de qualidade completa. Também assegurou aos consumidores que nenhum de seus produtos no mercado seria afetado pela situação ou pela interrupção no fornecimento. Quando o problema foi resolvido, no estágio inicial do processo, durante a moagem e torrefação das avelãs, a fábrica retomou a produção de seus cerca de 600 mil potes por dia. Embora qualquer produtor de alimentos respeitável trate com seriedade qualquer suspeita de problemas desse tipo, a Nutella ocupa um lugar especial na consciência francesa (brigas começaram nos supermercados franceses quando o produto foi retirado). No início do mesmo ano, a Nutella havia anunciado vagas para 60 *degustadores* de seus produtos. Os candidatos ao trabalho deveriam passar por treinamento para refinar suas papilas gustativas e ajudá-los a expressar as sensações gustativas. E, é claro, eles devem gostar de avelãs.

Por que velocidade é importante?

Velocidade significa o tempo decorrido entre os clientes solicitarem produtos ou serviços e, depois, recebê-los. A Figura 2.6 ilustra o que velocidade significa para as quatro operações. O principal benefício da entrega veloz de bens e serviços para os clientes (externos) da operação é que, quanto mais rápido puderem receber o produto ou serviço, mais provável é que comprarão, ou pagarão, ou maior o benefício que receberão (ver o exemplo de *Operações na prática* intitulado *Agilizando a resposta para salvar vidas*).

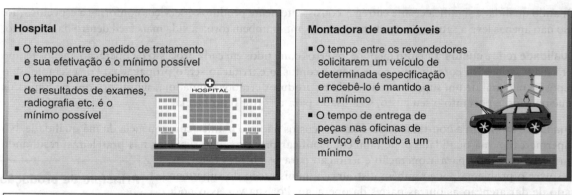

Figura 2.6 Velocidade significa coisas diferentes em diversas operações.

Velocidade na operação

Dentro da operação, a velocidade também é importante. A resposta rápida aos clientes externos é bastante ajudada pela rapidez na tomada de decisão e a movimentação rápida de materiais e informações dentro da operação. Mas também há outros benefícios.

Velocidade reduz estoques Vamos tomar a montadora de automóveis como exemplo. As chapas de aço para as portas são entregues ao setor de estampagem, onde são prensadas no molde, transportadas à seção de pintura, revestidas com cor e proteção e enviadas à linha de montagem, onde serão fixadas nos automóveis. Esse é um processo simples de três estágios, mas, na prática, o material não flui suavemente de um estágio ao seguinte. Primeiramente, o aço é entregue em um lote maior com matéria-prima suficiente para possivelmente produzir várias centenas de produtos. Depois, a peça é encaminhada à área de prensagem, onde é prensada em um molde e, novamente, fica na espera para ser transportada à área de pintura. Nova espera para ser pintada para depois esperar novamente para ser encaminhada à linha de montagem. Nova espera para ser fixada no veículo. O tempo de percurso do material é bem maior do que o tempo necessário para fabricar e fixar o produto. Realmente se gasta a maior parte do tempo esperando como estoque de peças e produtos. Quanto mais tempo os itens levarem para se mover por meio de um processo, mais tempo estarão esperando e mais elevados serão os níveis de **estoque**. Essa é uma ideia importante que será explorada no Capítulo 16, sobre produção enxuta.

Velocidade reduz riscos Prever os eventos de amanhã é bem menos arriscado do que prever eventos para o próximo ano. Quanto mais longo o prazo de previsão das empresas, maior a probabilidade de errarem. Quanto mais rápido o **tempo de atravessamento** em um processo, menor o horizonte de previsão necessário. Consideremos novamente a montadora de automóveis. Se o tempo total de atravessamento dos painéis de porta for de seis semanas, a primeira operação ocorrerá seis semanas antes de chegarem a seu destino final. A quantidade de painéis de porta a ser processados será determinada pelas previsões de demanda com seis semanas de antecedência. Se, em vez de seis semanas, transcorrer apenas uma semana de tempo de atravessamento para os painéis de portas, o primeiro estágio atenderá à demanda de apenas uma semana no futuro. Sob essas circunstâncias, é bem mais provável que o número e os tipos de painéis de porta processados sejam o número e os tipos que realmente serão necessários.

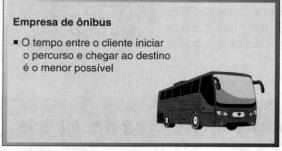

Princípio de produção
Velocidade pode representar o potencial para entrega mais rápida de serviços e produtos e reduz custos.

| OPERAÇÕES NA PRÁTICA | **Agilizando a resposta para salvar vidas[5]** |

Poucos serviços têm tanta necessidade de rapidez do que os de emergência. Na resposta a acidentes rodoviários ou a doenças agudas, até os segundos podem ser críticos. Atender os pacientes com rapidez significa acelerar três elementos do tempo total de tratamento: o tempo que os serviços de emergência levam para descobrir os detalhes do acidente, o tempo que levam para se deslocar até o local do acidente e o tempo necessário para encaminhar a vítima ao tratamento adequado. Por exemplo, para cada 15 minutos sem tratamento de um derrame cerebral, três anos são tirados da vida do paciente, pois um coágulo ou um sangramento interrompe o suprimento de sangue para o cérebro. No entanto, a tecnologia pode ajudar. Em um teste, paramédicos de ambulância usaram ligações por vídeo para se conectar a especialistas em derrames. Seus conselhos ajudaram a tomar decisões de tratamento mais precisas durante a viagem. Usando esse procedimento, o número de pacientes que receberam tratamento adequado dentro do tempo crítico passou de 5 para 41%. Em outro exemplo, o serviço de resgate aeromédico de Londres usou um aplicativo que economizou dois minutos para sua equipe de emergência responder a emergências. Em vez de ter que tomar todos os detalhes de uma emergência antes de correr para o helicóptero, o aplicativo, além de uma comunicação móvel aprimorada, permite que eles partam imediatamente e recebam os detalhes em seu *tablet* enquanto estiverem no ar. Mas decolar dois minutos antes é realmente significativo? Sim, quando se considera que, se faltar oxigênio, um milhão de células cerebrais pode morrer a cada minuto. Isso permite que médicos e paramédicos de trauma do serviço realizem procedimentos para aliviar a dor, endireitar membros quebrados e até mesmo realizar cirurgias a céu aberto para reiniciar o coração, muitas vezes minutos após a lesão. A inclusão de médicos de trauma na equipe, na verdade, leva o hospital até o paciente, onde quer que ele esteja. Quando a maioria dos resgates leva apenas alguns minutos de voo de volta ao hospital, a velocidade realmente pode salvar vidas. Entretanto, nem sempre é possível pousar um helicóptero com segurança à noite (devido aos fios elétricos e a outros riscos em potencial), então ambulâncias convencionais sempre serão necessárias, tanto para levar os paramédicos rapidamente às vítimas de acidentes quanto para transportar os pacientes ao hospital com rapidez.

Por que confiabilidade é importante?

Confiabilidade significa fazer as coisas em tempo para os clientes receberem seus serviços ou produtos exatamente quando são necessários ou pelo menos quando foram prometidos. A Figura 2.7 ilustra o que significa confiabilidade nas quatro operações. Os clientes só podem julgar a confiabilidade de uma operação após o produto ou serviço ter sido entregue ou prestado. Inicialmente, isso pode não afetar a possibilidade de os clientes selecionarem o serviço — eles já o *consumiram*. Entretanto, no decorrer do tempo, a confiabilidade pode sobrepujar todos os outros critérios. Não importa quão barato ou rápido seja o serviço de ônibus, se o serviço estiver sempre atrasado (ou fora do horário) ou os ônibus estiverem sempre lotados, os passageiros potenciais preferirão chamar um táxi.

Confiabilidade na operação

Dentro da operação, os clientes internos julgarão parcialmente o desempenho de seus fornecedores internos em relação a quão confiavelmente estão entregando material ou informação no tempo certo. As operações em que a confiabilidade interna é alta são mais eficazes do que as que não são, por várias razões.

Confiabilidade economiza tempo Tomemos a oficina de manutenção e consertos da empresa de ônibus urbano como exemplo. Se na oficina faltarem algumas peças sobressalentes críticas, seu gerente precisará perder tempo tentando pedir uma entrega especial das peças necessárias, e os recursos alocados à oficina de ônibus não serão usados tão produtivamente quanto teriam sido sem essa interrupção. Mais importante, a frota de ônibus ficará reduzida até que os veículos sejam reparados e o gerente de operações de frota terá que gastar tempo reprogramando o serviço. Portanto, totalmente devido a uma falha de confiabilidade no suprimento, parte significativa do tempo de operação é desperdiçada lidando com a interrupção.

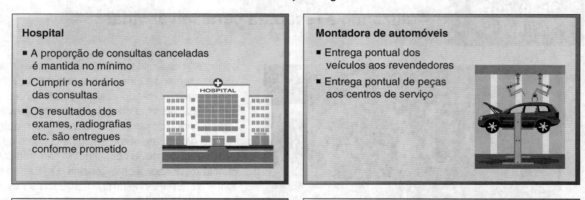

Figura 2.7 Confiabilidade significa coisas diferentes em diversas operações.

Confiabilidade poupa dinheiro O uso ineficaz do tempo resultará em custo extra. As peças sobressalentes podem custar mais para serem entregues em um prazo menor e os funcionários de manutenção esperam ser remunerados mesmo quando não há um ônibus para consertar. Nem os custos fixos da operação, como ar-condicionado e aluguel, serão reduzidos porque os ônibus não estão sendo consertados. Provavelmente, a reprogramação do serviço de ônibus significará que algumas rotas usarão ônibus de tamanho inadequado e alguns serviços podem ter que ser cancelados. Isso resultará em lugares vazios nos ônibus (se ônibus muito maiores tiverem que ser usados) ou em perda de faturamento (se passageiros potenciais não forem transportados).

OPERAÇÕES NA PRÁTICA

O que a confiabilidade significa ao viajar de trem?[6]

Quando a operadora de uma empresa ferroviária privada que atende aos subúrbios de Tóquio pediu desculpas depois que um de seus trens partiu 20 segundos antes do previsto, isso foi manchete no mundo inteiro. Os passageiros do Tsukuba Express das 9h44min40s da estação Minami-Nagareyama, ao norte de Tóquio, estavam alheios à partida antecipada de 20 segundos quando o trem (que chegou na hora) partiu às 9h44min20s. Na maior parte do mundo, um erro tão pequeno não seria motivo para comentários (exceto talvez para parabenizar a empresa por estar tão perto do horário programado), mas a empresa que opera o serviço de Tóquio claramente se sentiu diferente. Em uma declaração formal, eles disseram que "se desculpam profundamente pelo grave inconveniente imposto aos nossos clientes". Eles disseram que o condutor do trem não havia verificado corretamente o horário de partida. No futuro, disseram eles, a tripulação foi instruída a "seguir rigorosamente o procedimento para evitar uma recorrência". Mas e os passageiros que podem ter perdido o trem porque ele saiu 20 segundos mais cedo? Não se preocupe — outro trem chegou quatro minutos depois (e partiu na hora certa).

A história levou os meios de comunicação a se concentrarem em como os serviços ferroviários em vários países se comportavam em termos de confiabilidade (pontualidade, como normalmente seria chamado pelos operadores ferroviários). O Japão é de fato um dos países com o desempenho mais pontual do mundo. O trem-bala japonês de alta velocidade chega com apenas 54 segundos de atraso em média. Se um trem japonês estiver cinco minutos atrasado ou mais, os passageiros recebem um atestado que podem entregar ao chefe ou ao professor como abono pelo atraso. Talvez previsivelmente para um país famoso por seus relógios de parede e de pulso, a operadora suíça SBB é considerada uma das mais pontuais da Europa, com 88,8% de todos os passageiros chegando no horário e a satisfação do cliente superando a meta da empresa de 75%. Outras redes ferroviárias nacionais com bons registros de confiabilidade incluem Suécia, Dinamarca, Alemanha e França. No entanto, as comparações são complicadas devido a diferentes definições do que significa exatamente *no horário*. Um trem suíço está atrasado se chegar mais de três minutos após o horário anunciado. Contudo, no Reino Unido ele pode chegar até cinco minutos atrasado (10 minutos, se for uma viagem mais longa) e ainda ser registrado como *no horário*. De fato, há uma ampla gama de padrões de *atrasos* usada em todo o mundo. Na Irlanda, um trem está *no horário* se estiver menos de 10 minutos atrasado (ou 5 minutos para a rede Dart de Dublin). Os trens nos Estados Unidos têm uma margem de 10 minutos para viagens de até 402 km e até 30 minutos para viagens de mais de 885 km. Na Austrália, cada companhia ferroviária tem suas próprias definições de pontualidade. Em Victoria, os trens têm entre 5 e 11 minutos de flexibilidade. Os trens de Queensland têm 4 ou 6 minutos, dependendo da rota. Além disso, os países medem diferentes tipos de pontualidade. No Reino Unido, a pontualidade é medida quando o trem chega ao seu destino final. Na Suíça, é monitorada a pontualidade dos indivíduos (com que atraso cada passageiro chegou à estação em que desejava descer?).

Confiabilidade gera estabilidade A interrupção causada às operações pela falta de confiabilidade vai além de tempo e custo. Afeta a *qualidade* do tempo de operação. Se tudo em uma operação for sempre perfeitamente confiável, terá que haver um nível de confiabilidade entre diferentes partes da operação. Não haverá *surpresas* e tudo será previsível. Sob tais circunstâncias, cada parte da operação pode se concentrar em melhorar sua própria área de responsabilidade sem ter que desviar sua atenção continuamente pela falta de serviço confiável das outras partes.

> **Princípio de produção**
>
> A confiabilidade pode representar o potencial para a entrega mais confiável de serviços e produtos e reduz custos.

Por que flexibilidade é importante?

Flexibilidade significa ser hábil em mudar a operação de alguma forma. Isso pode significar mudar o que a operação faz, como está fazendo ou quando está fazendo. Especificamente, os clientes necessitarão que a operação mude, de modo que possa proporcionar quatro tipos de requisitos:

- ▶ **Flexibilidade de serviço/produto:** habilidade de a operação introduzir serviços e produtos novos ou modificados.
- ▶ **Flexibilidade de *mix*:** habilidade de a operação produzir ampla variedade ou *mix* de serviços e produtos.
- ▶ **Flexibilidade de volume:** habilidade de a operação mudar seu nível de *output* ou atividade para produzir quantidades ou volumes diferentes de serviços e produtos no decorrer do tempo.
- ▶ **Flexibilidade de entrega:** habilidade de a operação mudar o momento de entrega de seus serviços ou produtos.

A Figura 2.8 contém exemplos do que esses diferentes tipos de flexibilidade significam para as quatro diferentes operações.

Customização em massa

Um dos efeitos externos mais benéficos da flexibilidade é a crescente habilidade de as operações fazerem coisas diferentes para diversos clientes. Assim, alta flexibilidade permite a habilidade de criar alta variedade de serviços ou produtos. Normalmente, alta variedade significa alto custo (ver o Capítulo 1). Além disso, as operações de alta variedade geralmente não produzem altos volumes. Algumas empresas desenvolvem sua flexibilidade de tal maneira que os produtos e serviços são customizados para cada cliente de maneira individual. Todavia, administram para produzi-los em um modo de alto volume, de produção em massa, que mantém

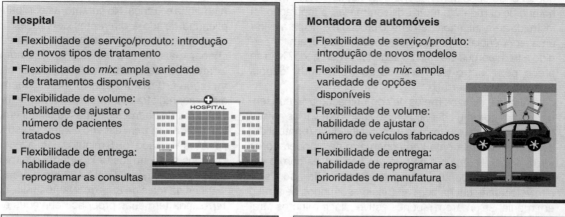

Figura 2.8 Flexibilidade significa coisas diferentes em diversas operações.

os custos baixos. Essa abordagem é denominada **customização em massa**. Às vezes, isso é atingido mediante a flexibilidade de projeto. Por exemplo, a Dell é uma das maiores fabricantes de microcomputadores em volume no mundo, mas permite que cada cliente *projete* sua própria configuração (embora com limitações). Às vezes, a tecnologia flexível é usada para atingir o mesmo efeito. Outro exemplo é a Paris Miki, uma rede varejista de óculos sofisticados com maior número de lojas no mundo, que usa seu próprio *Mikissimes Design System* para capturar uma imagem digital do cliente e analisar suas características faciais. Acompanhado de uma lista de preferências pessoais dos clientes, o sistema recomenda um *design* particular e o exibe sobre a imagem do rosto do cliente. Em consulta com o oculista, o cliente pode ajustar formatos e tamanhos até que o *design* final seja escolhido. No interior da loja, as armações são montadas com base em uma variedade de componentes pré-fabricados e as lentes, fixadas e ajustadas à armação. O processo completo leva em torno de uma hora. Outro exemplo é o *meu muesli* (ver o quadro de *Operações na prática*).

OPERAÇÕES NA PRÁTICA

566 quatrilhões de *mixes* individuais de *muesli* — isso é que é flexibilidade[7]

Três estudantes universitários, Hubertus Bessau, Philipp Kraiss e Max Wittrock, na pequena cidade de Passau, Alemanha, apresentaram o conceito de meu muesli (*my-muesli*) — a primeira plataforma baseada na web onde você pode misturar seu próprio *muesli* orgânico *on-line*, com a opção de 75 ingredientes diferentes. Isso torna possível criar 566 quatrilhões de *mixes de muesli* — e você pode até mesmo dar nome ao seu próprio *muesli*. "Desejávamos dar ao consumidor nada menos do que um muesli *perfeito*", eles dizem. "Sem dúvida, a ideia de misturar o muesli *on-line* pode parecer maluca... mas pense bem — é o café da manhã que você sempre esteve procurando." Todo *muesli* é misturado no local de produção de Passau conforme padrões estritos de qualidade e exigências legais de higiene.

Os ingredientes são estritamente orgânicos, sem adição de açúcar, aditivos, conservantes ou corantes artificiais. Na visita *site* os clientes precisam, primeiramente, escolher a base do *muesli*. Depois disso, eles podem acrescentar ingredientes como frutas, castanhas e sementes e suplementos. A empresa entregará a mistura diretamente na porta da sua casa! O nome escolhido para o *muesli* é impresso na lata para torná-lo ainda mais pessoal. Um dos grandes ativos do *mymuesli* é a quantidade enorme de ingredientes excêntricos e exóticos vindos do mundo inteiro. Philipp Kraiss, um dos fundadores da empresa, está constantemente em busca de ingredientes "novos, malucos e saborosos" para o *muesli*.

Flexibilidade na operação

Desenvolver uma operação flexível pode também ter vantagens para clientes internos na operação.

Flexibilidade agiliza resposta Frequentemente, o serviço rápido depende de a operação ser flexível. Por exemplo, se o hospital precisa enfrentar um fluxo imediato de pacientes de um acidente rodoviário, há clara necessidade de tratar rapidamente dos feridos. Sob tais circunstâncias, um hospital flexível, que pode transferir com rapidez funcionários extras habilitados e equipamentos ao serviço de pronto-socorro, fornecerá o serviço rápido de que os pacientes necessitam.

Flexibilidade economiza tempo Em muitas partes do hospital, os funcionários têm de enfrentar uma ampla variedade de situações de emergência. Fraturas, cortes ou overdoses não vêm em lotes. Cada paciente é um indivíduo com necessidades particulares. Os funcionários do hospital não podem perder tempo para *obedecer a uma rotina* de tratar uma emergência particular; devem ter a flexibilidade de se adaptar rapidamente. Devem também ter instalações e equipamentos suficientemente flexíveis, de modo que não haja desperdício de tempo até que um equipamento esteja disponível para o paciente. O tempo dos recursos hospitalares está sendo economizado porque eles são flexíveis em *passar* de uma tarefa para a seguinte.

Flexibilidade mantém confiabilidade A flexibilidade interna pode também ajudar a manter a operação dentro do programado quando eventos inesperados interrompem os planos da operação. Por exemplo, se o fluxo repentino de pacientes para o hospital requer procedimentos cirúrgicos de emergência, as operações de rotina serão interrompidas. É provável que essa situação venha a causar aflição e considerável inconveniência. Um hospital flexível pode ter condições de minimizar a interrupção ao, possivelmente, ter reservado centros cirúrgicos para tal emergência e ser capaz de convocar rapidamente médicos e enfermeiros que estão *de plantão*.

Princípio de produção
A flexibilidade pode representar o potencial para a criação de novos serviços e produtos, em variedade mais ampla e ajustes de volumes e datas de entrega diferentes, e reduz custos.

Agilidade

Em muitos mercados competitivos e dinâmicos, a produção experimenta altas taxas de mudança no ambiente em que opera. É por essa razão que se tornou popular a avaliação das operações em termos de agilidade. **Agilidade** significa ser capaz de detectar mudanças no ambiente (interno ou externo) de uma operação e responder de forma eficaz, eficiente e em tempo hábil. Além disso, muitas vezes é considerado que a operação ágil pode aprender com sua resposta para melhorar de alguma forma. Esse último ponto é influente na formação de algumas definições de agilidade, que a veem como a habilidade de ser capaz de sobreviver e prosperar em um ambiente competitivo e/ou turbulento, de mudanças imprevisíveis e contínuas, reagindo de modo rápido e eficaz a essas mudanças. De várias maneiras, a agilidade é realmente uma combinação de todos os cinco objetivos de desempenho, mas principalmente custo, flexibilidade e velocidade.

Os defensores do desenvolvimento de maior agilidade referem-se regularmente à propensão de as organizações começarem sua vida com altos níveis de agilidade (pense nas *startups*), apenas para se tornarem cada vez mais burocráticas à medida que desenvolvem processos, políticas e camadas de gestão. O resultado é que, quando crescem além de um certo ponto, podem ter dificuldade para reter os atributos que as fizeram crescer. Para evitar isso, os defensores da agilidade recomendam que as operações se concentrem em equipes pequenas, criativas e muitas vezes multidisciplinares, capazes de responder às mudanças em vez de *seguir o plano* estritamente. Além disso, a cultura e a liderança de uma operação precisam mudar, com estruturas organizacionais, orçamentos e incentivos de pessoal ajustados para refletir a necessidade de prazos muito mais curtos. O termo é particularmente comum no desenvolvimento de *software*, em que os projetos constantemente atrasam e muitas vezes ultrapassam o orçamento. Nesse contexto, agilidade implica a capacidade de produzir *software* funcional com qualidade em incrementos curtos e rápidos, com equipes de desenvolvimento capazes de aceitar e implementar requisitos que mudam rapidamente. No entanto, usada de forma mais geral, a agilidade significa responder às exigências do mercado produzindo produtos e serviços novos e existentes de forma rápida e flexível.

Por que custo é importante?

Para as empresas que competem diretamente em preço, o custo será, claramente, seu principal objetivo nas operações. Quanto menor o custo de prestar e entregar serviços e produtos, menor pode ser o preço pago pelos clientes. Mesmo as empresas que não competem em preço estarão interessadas em manter os custos baixos. Qualquer euro ou dólar removido da base de custo de uma operação será um dólar ou um euro acrescentado ao lucro. Não surpreende que o custo baixo é um objetivo universalmente atraente. O quadro *Preços baixos todos os dias no Aldi* de *Operações na prática* descreve como um varejista mantém seus custos baixos.

> **Princípio de produção**
> O custo é sempre um objetivo importante para a administração de produção, mesmo se a organização não compete diretamente em preço.

As maneiras pelas quais a administração de produção pode influenciar o custo dependerão amplamente de onde incorrem os custos da operação. A operação gastará dinheiro em funcionários (dinheiro gasto para empregar pessoas), instalações, tecnologia e equipamentos (dinheiro gasto para comprar, cuidar, operar e substituir o *hardware* da operação). A Figura 2.9 mostra discriminações típicas de custo para o hospital, a montadora de automóveis, o supermercado e a empresa de ônibus.

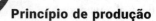

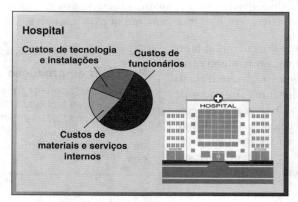
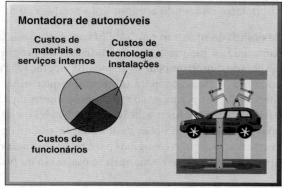
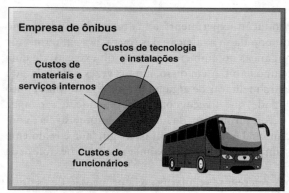
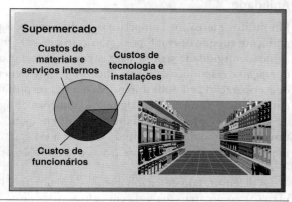

Figura 2.9 Custo significa coisas diferentes em diversas operações.

Manutenção dos custos operacionais baixos

Todas as operações têm interesse em manter seus custos tão baixos quanto for compatível com os níveis de qualidade, velocidade, confiabilidade e flexibilidade requeridos por seus clientes. A medida mais frequentemente usada para indicar isso é a **produtividade**, que é o índice resultante do que é produzido por uma operação (seu *output*), dividido pelo que é exigido para produzi-lo (seu *input*):

$$\text{Produtividade} = \frac{\textit{Output} \text{ da operação}}{\textit{Input} \text{ da operação}}$$

Frequentemente, as medidas parciais de *input* ou *output* são usadas para que comparações possam ser feitas. Por exemplo, a produtividade da fábrica de automóveis é, às vezes, medida em termos do número de carros produzidos por ano e por funcionário. Isso é denominado medida de produtividade de fator único.

$$\text{Produtividade de fator único} = \frac{\textit{Output} \text{ da operação}}{\text{Um } \textit{input} \text{ da operação}}$$

OPERAÇÕES NA PRÁTICA — Preços baixos todos os dias no Aldi[8]

O Aldi é um supermercado internacional de *sortimento limitado*, especializado em *marcas próprias*, principalmente produtos alimentícios. Foca cuidadosamente seu conceito de serviço e sistema de entrega para atrair clientes em um mercado altamente competitivo. A empresa acredita que sua abordagem exclusiva à administração da sua operação torna "praticamente impossível aos concorrentes igualar sua combinação de preço e qualidade". E ela provou ser especialmente bem-sucedida por atender ao cliente, cada vez com comportamento mais atento aos preços. Como ela fez isso? Desafiando as normas do varejo. Suas operações são deliberadamente simples, usando instalações básicas para manter os custos indiretos baixos. A maioria das lojas estoca apenas uma variedade limitada de bens (tipicamente em torno de 700, comparados aos 25.000 a 30.000 estocados pelas redes convencionais de supermercados). A abordagem de marca própria significa que os produtos são produzidos de acordo com as especificações de qualidade do Aldi e vendidos apenas em suas lojas. Sem os altos custos de marketing e propaganda das marcas e com o formidável poder de compra do Aldi, os preços podem ser 30% abaixo das marcas famosas equivalentes. Outras práticas de redução de custos incluem: a utilização de caixas abertas de produtos, o que elimina a necessidade de prateleiras especiais; o não fornecimento de sacolas, para estimular o reúso de sacolas e a economia de custos; múltiplos **códigos de barra** nas embalagens (para agilizar o escaneamento); e o uso de um sistema de *aluguel de carrinhos*, que requer que os clientes os devolvam para obter o retorno da moeda depositada.

Isso permite que operações diferentes possam ser comparadas excluindo-se os efeitos dos custos do *input*. Uma operação pode ter custo total elevado por carro, embora tenha produtividade alta em termos do número de carros por funcionário e por ano. A diferença entre as duas medidas é explicada em termos da distinção entre o custo dos *inputs* da operação e o modo que a operação é gerenciada para converter *inputs* em *outputs*. Os custos dos *inputs* podem ser altos, mas a operação em si é boa o bastante para convertê-los em bens e serviços. A produtividade de fator único pode incluir os efeitos dos custos dos outros *inputs* se o fator de *input* único for expresso em termos de custos, como *custos de mão de obra*. Produtividade de fator total é a medida que inclui todos os fatores de *input*.

$$\text{Produtividade de fator total} = \frac{\textit{Output} \text{ da operação}}{\text{Todos os } \textit{inputs} \text{ da operação}}$$

Melhoria da produtividade Um modo óbvio de melhorar a produtividade de uma operação é reduzir o custo de seus *inputs* enquanto mantém o nível de seus *outputs*. Isso significa reduzir os custos de alguns ou de todos os seus *inputs* de recursos transformados e de transformação. Por exemplo, um banco pode optar por realocar seus *call centers* para locais em que seus custos relacionados às instalações (por exemplo, aluguel) são mais baratos. Uma empresa de desenvolvimento de *software* sediada na Europa pode realocar toda a sua operação para a Índia ou a China, onde a mão de obra habilitada está disponível a taxas significativamente menores. Um fabricante de computadores pode mudar o projeto de seus produtos para permitir o uso de materiais mais baratos. A produtividade também pode ser aprimorada ao fazer melhor uso dos *inputs* da operação. Por exemplo, fabricantes de roupas tentam cortar as várias peças de tecido que compõem a roupa ao posicionar cada parte sobre o molde, de modo que o desperdício de material seja minimizado. Todas as operações estão cada vez mais orientadas a reduzir o desperdício, quais sejam: de materiais, de tempo de trabalho ou de subutilização das instalações.

Exemplo resolvido

A clínica de *check-up* de saúde

Uma clínica de *check-up* de saúde tem cinco funcionários e *processa* 200 pacientes por semana. Cada funcionário trabalha 35 horas semanais. O total da folha de pagamento da clínica é de £ 3.900 e o total das despesas gerais é de £ 2.000 por semana. Qual a produtividade da mão de obra de fator único da clínica e sua produtividade de fator total?

$$\text{Produtividade da mão de obra} = \frac{200}{5} = 40 \text{ pacientes/funcionário/semana}$$

$$\text{Produtividade da mão de obra} = \frac{200}{(5 \times 35)} = 1{,}143 \text{ pacientes/hora de mão de obra}$$

$$\text{Produtividade de fator total} = \frac{200}{(3.900 + 2.000)} = 0{,}0339 \text{ pacientes/£}$$

Redução de custos mediante eficácia interna Nossa discussão anterior distinguiu entre os benefícios de cada objetivo de desempenho, sejam externos, sejam internos. Cada um dos vários objetivos de desempenho tem diversos efeitos internos, mas todos eles afetam os custos. Portanto, uma forma importante de melhorar o desempenho em custos é melhorar o desempenho dos outros objetivos da produção (ver a Figura 2.10):

▶ As operações de alta qualidade não desperdiçam o tempo ou o esforço de ter que refazer as coisas, nem seus clientes internos são prejudicados pelo serviço falho.

▶ As operações rápidas reduzem o nível de estoque em processo, bem como os custos administrativos indiretos.

▶ As operações confiáveis não causam surpresas desagradáveis a seus clientes internos. Há confiança de que executem suas tarefas exatamente como planejadas. Isso elimina o desperdício e permite que outros operem de modo eficiente.

▶ As operações flexíveis adaptam-se rapidamente às circunstâncias mutantes, sem interromper o restante da operação. Processos flexíveis podem também mudar rapidamente entre tarefas, sem desperdiçar tempo e capacidade.

CAPÍTULO 2 DESEMPENHO DA PRODUÇÃO **57**

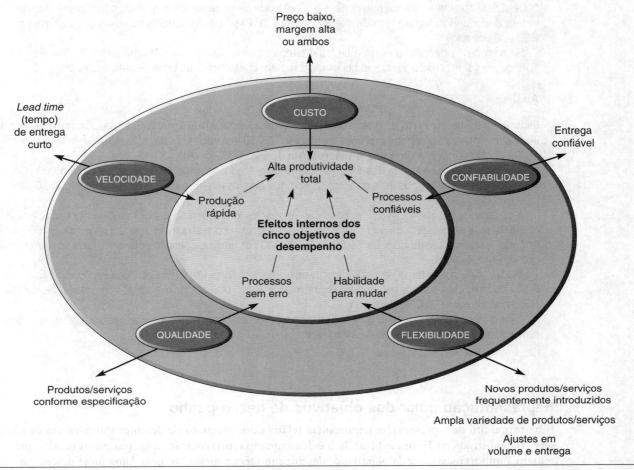

Figura 2.10 Objetivos de desempenho têm efeitos externos e internos. Internamente, o custo é influenciado por outros objetivos de desempenho.

Exemplo resolvido

Slap.com

A slap.com é varejista especializada em cosméticos. Ela encomenda produtos de vários fornecedores, estoca, embala conforme os pedidos dos clientes e, depois, os despacha usando uma empresa de distribuição. Embora amplamente bem-sucedida, a empresa está sempre interessada em reduzir seus custos operacionais. Várias sugestões foram feitas para fazer isso. São elas:

▶ Torne cada empacotador responsável por sua própria qualidade. Isso pode, potencialmente, reduzir a porcentagem de itens empacotados com erro de 0,25% para próximo de zero. Reempacotar um item empacotado com erro custa € 2 por item.
▶ Negocie com fornecedores para assegurar que entreguem os pedidos com maior rapidez. Estima-se que isso reduzirá o valor dos estoques mantidos pela slap.com em € 1.000.000.
▶ Institua um sistema de controle simples para avisar se o número total de pedidos que devem ser despachados no fim do dia o foi realmente no prazo. Atualmente, 1% dos pedidos não é empacotado no fim do dia e, assim, precisa ser enviado por transporte expresso no dia seguinte. Isso custa mais € 2 por item.

Em razão de a demanda variar ao longo do ano, às vezes os funcionários precisam fazer horas extras. Atualmente, a folha de pagamento de horas extras é de € 150.000 por ano. Os funcionários da empresa indicaram que estariam dispostos a adotar um esquema de trabalho flexível em que as horas extras

▶

> poderiam ser trabalhadas quando necessário em troca de horas de folga quando o trabalho fosse menos intenso, recebendo algum tipo de pagamento extra. Esse pagamento extra seria, provavelmente, de € 50.000 por ano.
> Se a empresa despacha cinco milhões de itens por ano e se o custo de manutenção de estoque for 10% desse valor, quanto a empresa economizaria em custo em cada uma dessas sugestões?
>
> ### Análise
>
> Eliminar pacotes com erro resultaria em melhoria da qualidade. Atualmente, 0,25% dos cinco milhões de itens são empacotados com erro. Isso representa 12.500 itens por ano. A um custo de reempacotamento de € 2 por item, haveria uma economia de custo de € 25.000.
> Obter entrega mais rápida dos fornecedores ajuda a reduzir o volume de estoque em € 1.000.000. Se a empresa estiver pagando 10% do valor do estoque para mantê-lo, a economia será de € 1.000.000 × 0,1 = € 100.000.
> A segurança de que todos os pedidos são despachados no fim do dia aumenta a confiabilidade das operações da empresa. Atualmente, 1% dos pedidos chega com atraso; em outras palavras, 50.000 itens por ano. Isso está custando € 2 × 50.000 = € 100.000 por ano, que seriam economizados ao aumentar a confiabilidade.
> Mudar para um sistema de horário de trabalho flexível aumenta a maleabilidade da operação e custa € 50.000 por ano, embora leve a uma economia de € 150.000 por ano. Assim, aumentar a flexibilidade pode economizar € 100.000 por ano.
> Assim, no total, ao melhorar a qualidade, a velocidade, a confiabilidade e a flexibilidade da operação, um total de € 325.000 pode ser economizado.

Representação polar dos objetivos de desempenho

Uma forma útil de representar a importância relativa dos objetivos de desempenho para um produto ou serviço é mostrada na Figura 2.11(a). Isso é denominado **representação polar** porque as escalas que representam a importância de cada objetivo de desempenho têm a mesma origem. Uma linha descreve a importância relativa de cada objetivo de desempenho. Quanto mais próxima a linha estiver do centro, menos importante é o objetivo de desempenho para a operação. Dois serviços são mostrados: um de táxi e outro de ônibus. Essencialmente, cada um fornece o mesmo serviço básico, mas com objetivos diferentes. As diferenças entre os dois serviços são claramente mostradas pelo diagrama. Sem dúvida, o diagrama polar pode ser adaptado para acomodar qualquer número de diferentes objetivos de desempenho. Por exemplo, a Figura 2.11(b) mostra como utilizar um **diagrama polar** em uma instituição de caridade que promove o cultivo e o consumo de alimentos orgânicos.

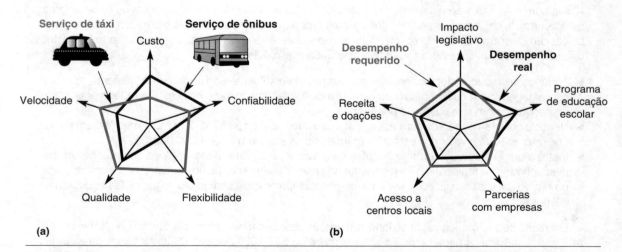

Figura 2.11 Diagramas polares para (a) um serviço de táxi *versus* um serviço de ônibus e (b) uma instituição de caridade que promove alimentos organicamente cultivados.

2.5 Como medir o desempenho da produção?

Qualquer operação precisará mensurar seus esforços para saber como está se saindo. Essa é a **mensuração do desempenho**. É o processo de quantificar a ação, em que mensuração significa o processo de quantificação e assume-se que o desempenho da operação é derivado das ações tomadas por sua administração. Algum tipo de mensuração do desempenho é um prerrequisito para julgar se uma operação é boa, ruim ou indiferente. Sem mensuração do desempenho, seria impossível exercer qualquer controle sobre uma operação de forma contínua ou avaliar se alguma melhoria está sendo feita.

A mensuração do desempenho, como estamos tratando aqui, envolve três questões genéricas:

▶ Quais fatores incluir como medidas de desempenho?
▶ Quais são as medidas de desempenho mais importantes?
▶ Quais medidas detalhadas usar?

Quais fatores incluir como medidas de desempenho?

Anteriormente neste capítulo, explicamos como o desempenho da produção poderia ser descrito e mensurado em três níveis. Devemos fazer duas considerações importantes aqui. Primeiro, essas medições são agregadas em medições *mistas*, que combinam várias delas, como *satisfação do cliente*, *nível global de serviços* ou *agilidade das operações*. Essas medidas de desempenho *mistas* ajudam a desenhar um quadro do desempenho global da empresa, embora, ao fazerem isso, incluam necessariamente muitas influências, fora aquelas que o melhoramento do desempenho das operações normalmente abordaria (a satisfação do cliente pode ser parcialmente uma função do modo como um serviço é anunciado, por exemplo). Segundo, todos os fatores em cada nível podem ser desmembrados em medições mais detalhadas. A Figura 2.12 contém exemplos disso. Essas medidas de desempenho mais detalhadas normalmente são monitoradas mais de perto e com mais frequência. Embora forneçam individualmente uma visão limitada do desempenho de uma operação, juntas elas fornecem um quadro mais descritivo e completo do que deve ser e o que está ocorrendo dentro da operação. Na prática, a maioria das organizações optará por usar medições de desempenho de todos os três níveis.

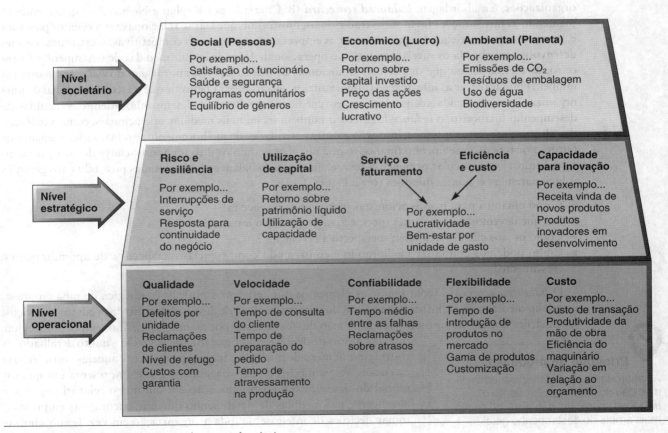

Figura 2.12 Medidas de desempenho nos três níveis.

Escolha das medidas de desempenho mais importantes

Um dos problemas de conceber um sistema de mensuração do desempenho útil é tentar atingir algum equilíbrio entre ter algumas medidas-chave por um lado (diretas e simples, mas que podem não refletir a ampla variedade de objetivos organizacionais) e, por outro lado, ter muitas medidas detalhadas (complexas e difíceis de administrar, mas capazes de apresentar muitas nuances do desempenho). De modo geral, um equilíbrio é alcançado ao assegurar que há um vínculo claro entre a estratégia global da operação, os indicadores de desempenho mais importantes (ou desempenho-chave, ou KPIs, do inglês *key performance indicators*) que refletem os objetivos estratégicos e o conjunto de medidas detalhadas usadas para *dar corpo* a cada indicador de desempenho-chave. Obviamente, a menos que a estratégia seja bem definida, é difícil *visar* uma faixa estreita de indicadores de desempenho-chave.

Medidas detalhadas a usar

Os cinco objetivos de desempenho — qualidade, velocidade, confiabilidade, flexibilidade e custo — são na realidade compostos de muitas medidas menores. Por exemplo, o custo de uma operação é derivado de muitos fatores, que podem incluir a eficiência de compra da operação, a eficiência com que ela converte os materiais, a produtividade de seu pessoal, o índice de funcionários diretos em relação aos indiretos e assim por diante. Todas essas medidas individualmente dão uma visão parcial do desempenho em custo da operação, e muitas delas se sobrepõem em termos das informações que incluem. Entretanto, cada uma delas oferece uma perspectiva sobre o desempenho de custo de uma operação, o que pode ser útil para identificar áreas de melhoramento ou para monitorar a extensão do melhoramento. Se uma organização considera seu desempenho em *custo* insatisfatório, desagregá-lo em *eficiência de compra*, *eficiência da produção*, *produtividade dos funcionários* etc., isso pode explicar a causa raiz do mau desempenho. O nível *operacional* na Figura 2.12 mostra algumas das medidas parciais que podem ser usadas para avaliar o desempenho de uma operação.

A abordagem *balanced scorecard*

Provavelmente, a abordagem de mensuração do desempenho mais conhecida, e aquela usada por muitas organizações, é a abordagem *balanced scorecard* (BSC) criada por Kaplan e Norton,[9] os quais, embora mantendo as mensurações financeiras tradicionais, mostraram que elas se relacionavam a eventos passados e, portanto, eram inadequadas para orientar as empresas em épocas mais competitivas. A estrutura que eles desenvolveram aborda os níveis estratégico e operacional. Além de incluir medidas de desempenho financeiro, da mesma forma que os sistemas tradicionais de mensuração, a abordagem do *balanced scorecard* também tenta fornecer as informações importantes necessárias para permitir que a estratégia global de uma organização seja refletida adequadamente em medidas específicas de desempenho. Além das medidas de desempenho financeiro, o *balanced scorecard* também inclui mais medidas operacionais, como satisfação dos clientes, processos internos, **inovação** e outras atividades de melhoramento. Ao fazer isso, mensura os fatores por trás do desempenho financeiro que são vistos como os direcionadores-chave do sucesso financeiro futuro. Em particular, argumenta-se que um conjunto balanceado de medidas possibilita aos gerentes solucionarem as seguintes questões (ver a Figura 2.13):

► Como olhamos para nossos acionistas (perspectiva financeira)?
► Em que devemos ser excelentes (perspectiva do processo interno)?
► Como nossos clientes nos veem (perspectiva do cliente)?
► Como podemos continuar melhorando e construindo competências (perspectiva de aprendizagem e crescimento)?

O *balanced scorecard* tenta reunir os elementos que refletem a posição estratégica de uma empresa, incluindo medidas de qualidade de produtos ou serviços, tempos de desenvolvimento de produtos e serviços, reclamações dos clientes, produtividade da mão de obra e assim por diante. Ao mesmo tempo, tenta evitar que o relatório de desempenho fique fora de controle e muito detalhado ao restringir o número de medidas e focar especialmente aquelas consideradas essenciais. As vantagens da abordagem são que ela apresenta um quadro global do desempenho da organização em um único relatório e, ao ser abrangente nas medidas de desempenho que usa, encoraja as empresas a tomar decisões de interesse de toda a organização em vez de subotimizar em torno de medidas restritas.

Princípio de produção

As abordagens multidimensionadas de medição do desempenho, como o *balanced scorecard*, dão uma indicação mais ampla do desempenho geral.

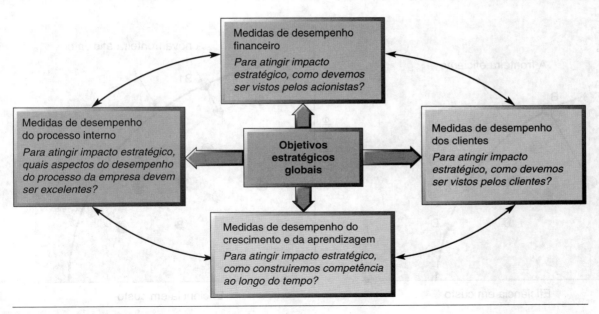

Figura 2.13 Medidas usadas no *balanced scorecard*.

2.6 Como os objetivos de desempenho da produção fazem *trade-off*?

Anteriormente, estabelecemos que melhorar o desempenho de um objetivo dentro da operação pode também melhorar outros objetivos de desempenho. Mais notadamente, melhores qualidade, velocidade, confiabilidade e flexibilidade podem melhorar o desempenho de custo. Mas, externamente, esse nem sempre é o caso. De fato, pode haver um *trade-off* entre os objetivos de desempenho. Em outras palavras, quando melhorar a execução de um objetivo de desempenho pode apenas ser atingido pelo sacrifício do desempenho de outro. Por exemplo, uma operação pode desejar melhorar sua eficiência em custo reduzindo a variedade de produtos ou serviços que oferece a seus clientes. *Não existe almoço grátis* pode ser assumido como um resumo dessa abordagem. Provavelmente, o resumo mais conhecido da ideia de *trade-off* vem do Prof. Wickham Skinner, que disse:

> A maioria dos gerentes admitirá prontamente que há compromissos ou *trade-offs* a ser assumidos no projeto de um avião ou caminhão. No caso de um avião, os *trade-offs* envolveriam aspectos como velocidade-cruzeiro, extensão de pista de decolagem e aterrissagem, custo inicial, manutenção, consumo de combustível, conforto dos passageiros e capacidade de passageiros e carga. Por exemplo, ninguém hoje pode projetar um avião de 500 passageiros que possa aterrissar em um porta-aviões e romper a barreira do som. O mesmo se aplica às [operações].[10]

Mas há duas visões de *trade-offs*. A primeira enfatiza *reposicionar* os objetivos de desempenho pela *troca* de melhorias em alguns objetivos pela redução no desempenho dos outros. A outra enfatiza aumentar a *eficácia* da operação ao superar os *trade-offs*, de modo que as melhorias em um ou mais aspectos do desempenho possam ser atingidas sem qualquer redução no desempenho dos outros. A maioria das empresas, em um momento ou outro, adotará ambas as abordagens. Isso é mais bem ilustrado pelo conceito de *fronteira eficiente* no desempenho da produção.

Princípio de produção

Em curto prazo, as operações não podem atingir desempenho excepcionalmente alto em todos os seus objetivos operacionais.

Trade-offs e a fronteira eficiente

A Figura 2.14 A mostra o desempenho relativo de várias empresas do mesmo setor em termos de eficiência em custo e variedade de produtos ou serviços que oferecem a seus clientes. Supõe-se que todas as operações, idealmente, gostariam de ser capazes de oferecer variedade muito alta e, ao mesmo tempo, ter níveis muito altos de eficiência em custo. Entretanto, o aumento da complexidade que uma alta variedade de ofertas de produto ou serviço traz costuma reduzir a habilidade de a operação operar de maneira eficiente.

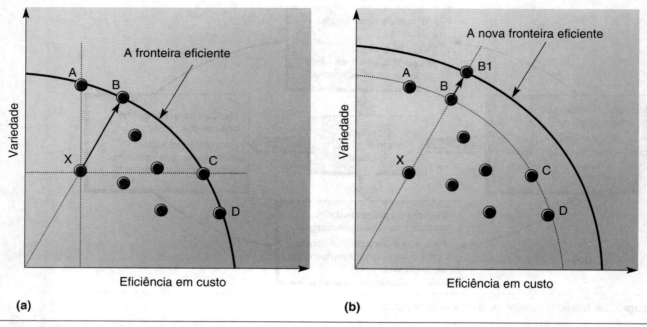

Figura 2.14 A fronteira eficiente identifica as operações com desempenhos que prevalecem sobre outro desempenho de produção.

Por outro lado, uma forma de melhorar a eficiência em custo é limitar seriamente a variedade a oferecer aos clientes. A dispersão dos resultados na Figura 2.14(a) é típica de um exercício como esse. As operações A, B, C e D optaram por um balanceamento diferente entre variedade e eficiência em custo. Mas nenhuma é dominada por qualquer outra, no sentido de que a outra operação, necessariamente, tenha desempenho *superior*. Entretanto, a operação X tem desempenho inferior porque a operação A é capaz de oferecer variedade mais alta no mesmo nível de eficiência em custo e a operação C oferece a mesma variedade, mas com melhor eficiência em custo. A linha convexa na qual as operações A, B, C e D se encontram é conhecida como *fronteira eficiente*. Elas podem escolher se posicionar de maneira diferente (presumivelmente em razão de estratégias de mercado diferentes), mas não podem ser criticadas por serem ineficientes. Sem dúvida, qualquer uma dessas operações que se situa na fronteira eficiente pode vir a acreditar que o balanceamento que escolheram entre variedade e eficiência em custo seja inapropriado. Nessas circunstâncias, podem escolher se reposicionar em algum outro ponto ao longo da fronteira eficiente. Em contraste, a operação X também escolheu balancear variedade e eficiência em custo de maneira particular, mas não está fazendo isso com muita eficácia. A operação B tem a mesma razão entre os dois objetivos de desempenho, mas os atinge de modo mais eficaz.

> **Princípio de produção**
> As operações que se encontram na *fronteira eficiente* têm níveis de desempenho que prevalecem sobre as que não se encontram.

Entretanto, uma estratégia que enfatiza aumentar a eficácia não está confinada às operações que são dominadas, como a operação X. Aquelas posicionadas na fronteira eficiente geralmente também desejarão melhorar a eficácia de suas operações ao superar o *trade-off* que está implícito na curva da fronteira eficiente. Por exemplo, suponhamos que a operação B da Figura 2.14(b) deseja melhorar, simultaneamente, a variedade e a eficiência em custo, movendo-se para a posição B1. Ela pode conseguir fazer isso, mas apenas se adotar melhorias nas operações que expandem a fronteira eficiente. Por exemplo, uma das decisões que qualquer gerente de supermercado tem que tomar é quantas posições de caixa abrir em qualquer tempo. Se muitos caixas forem abertos, haverá momentos em que os funcionários não terão nenhum cliente para atender e ficarão ociosos. Os clientes, porém, terão um excelente serviço em termos de pouco ou nenhum tempo de espera. Ao contrário, se poucos caixas forem abertos, os funcionários estarão trabalhando o tempo todo, mas os clientes terão que enfrentar longas filas. Parece haver um *trade-off* direto entre a utilização de funcionários (e, assim, de custo) e o tempo de espera do cliente (velocidade do serviço). Todavia, o gerente do supermercado pode, por exemplo, alocar um *número-base* de funcionários para operarem os caixas, mas também treinar funcionários de outras funções para assumir as posições de caixa quando houver aumento *repentino* da demanda. Se o gerente em serviço observar o acúmulo de clientes junto aos caixas, os outros funcionários treinados podem rapidamente assumir outras posições de caixa. Ao proporcionar um sistema flexível de alocação de funcionários, o gerente pode melhorar o serviço e manter alta a utilização de funcionários.

Essa distinção entre posicionar-se na fronteira eficiente e aumentar a eficácia das operações pela extensão da fronteira eficiente é importante. Qualquer empresa deve deixar clara a extensão em que espera que a operação se reposicione em termos de objetivos de desempenho e a extensão em que espera que a operação melhore sua eficácia de várias maneiras simultâneas.

Princípio de produção
O caminho da melhoria de estratégia de uma operação pode ser descrito em termos do reposicionamento e/ou superação dos seus *trade-offs* de desempenho.

Operações responsáveis

Em cada capítulo, sob o título de Operações responsáveis, *resumimos como o tópico específico tratado no capítulo aborda importantes questões sociais, éticas e ambientais.*

Examine o *site* corporativo de qualquer grande organização. Muito provavelmente, uma boa parte dele é dedicada à tentativa da organização de lidar com o impacto socioambiental de suas atividades. Alguns dos mais ambiciosos (ou defensivos) até tentam medir seu desempenho de responsabilidade social corporativa (RSC). Há diversos motivos para isso. De um ponto de vista diretamente gerencial, medir seu impacto oferece melhores escolhas sobre quais iniciativas de RSC apoiar, uma vez que algumas terão um impacto positivo maior do que outras. Também pode levar os gerentes a tentar aumentar a eficácia de quaisquer iniciativas de RSC que não estejam alcançando o impacto esperado. Igualmente importante para a maioria das empresas é a necessidade de demonstrar suas credenciais de RSC para uma ampla gama de partes interessadas (os *stakeholders*). Os clientes (ou, pelo menos, alguns deles) estão cada vez mais interessados no desempenho de RSC de quem compram. Os funcionários geralmente preferem trabalhar para empresas éticas, portanto isso ajuda a recrutar e reter talentos. Até os investidores estão examinando o desempenho de RSC das organizações antes de tomar decisões de investimento.

Entretanto, não é algo simples alcançar um método defensável de medir com precisão o impacto da RSC. Na verdade, alguns afirmam que não há um conjunto verdadeiro de critérios universalmente entendidos ou aceitos sobre como as iniciativas de RSC são medidas. Certamente, há uma grande variação na eficácia das organizações em relatar essas questões. Um fator que influencia a qualidade dos relatórios parece ser a importância das questões de RSC no país onde a empresa está sediada. Empresas em países com padrões, políticas, regulamentações e estruturas de direito comum mais elevados de RSC produzem relatórios de RSC com muito mais qualidade.[11] No entanto, o debate sobre a melhor forma de medir o desempenho socioambiental continua sem solução. Uma abordagem prática é que as operações tentem cobrir dois aspectos da RSC:

▶ Avalie se a produção está em conformidade com as atividades, os procedimentos e as políticas projetados para promover um comportamento positivo de RSC. Isso pode incluir coisas como conformidade com códigos de conduta bem desenvolvidos, número de reuniões com as partes interessadas, extensão do cumprimento das metas de diversidade, estatísticas de saúde e segurança, número de programas sociais fornecido à comunidade, mudanças de processo adotadas para reduzir a emissão de resíduos e o consumo de energia e assim por diante.

▶ Avalie as métricas de resultados que medem o impacto dos esforços de RSC. Isso pode incluir coisas como o número de *stakeholders* que percebe a empresa como ética, grau de redução na lacuna entre os funcionários mais bem pagos e os mais mal pagos, aumento percentual nas pontuações de satisfação dos funcionários, redução percentual nos acidentes de trabalho, porcentagem de lucros ou receita doados para projetos comunitários, número de funcionários que participam de atividades voluntárias patrocinadas pela empresa, percentual de redução de resíduos e emissões etc.

Naturalmente, grande parte desse tipo de medição é baseada em percepções, que, assim como a realidade mais objetiva, são importantes na avaliação da RSC. Podem-se até utilizar as mídias sociais para avaliar a opinião dos *stakeholders* de uma operação. Um estudo que utilizou as opiniões dos *stakeholders* das empresas expressas no Twitter[12] mostrou que as práticas de RSC das empresas podem ser aferidas usando esse método (e que muitas vezes havia diferenças entre as opiniões de RSC dos *stakeholders* e o que foi relatado pelas próprias empresas).

Respostas resumidas às questões-chave

2.1 Por que o desempenho da produção é vital para qualquer organização?

▶ A administração da produção pode *desenvolver ou quebrar* qualquer empresa. Na maioria das empresas, representa o maior volume de seus ativos.

▶ Os efeitos positivos de uma operação bem conduzida incluem um foco no melhoramento, a criação de competências *difíceis de imitar* e uma compreensão dos processos que são os blocos de montagem de todas as operações.

▶ Os efeitos negativos de uma operação mal conduzida incluem falhas óbvias aos clientes (e caras para a organização), uma complacência que leva a deixar de explorar as oportunidades de melhoria.

2.2 Como o desempenho da produção é avaliado no nível societário?

▶ As decisões da produção afetam uma série de *stakeholders*, que são as pessoas e grupos que têm interesse legítimo nas atividades da operação.

▶ A ideia de que a produção deve levar em consideração o impacto sobre um amplo *mix* de *stakeholders* é denominada *responsabilidade social corporativa* (RSC).

▶ O desempenho no nível societário geralmente utiliza a ideia do resultado triplo (3BL, TBL ou *triple bottom line*, também conhecido como *pessoas, planeta e lucro*). Inclui o resultado social, o resultado ambiental e o resultado econômico.

▶ O resultado social incorpora a ideia de que as empresas devem aceitar que assumem alguma responsabilidade pelo impacto que têm sobre a sociedade e equilibram as consequências *societárias* externas de suas ações com as consequências internas mais diretas, como o lucro.

▶ O resultado ambiental incorpora a ideia de que a administração da produção deve aceitar que assume alguma responsabilidade pelo impacto que tem sobre o ambiente natural.

▶ O resultado econômico incorpora as medidas financeiras convencionais de desempenho derivadas do uso eficaz dos recursos da operação.

2.3 Como o desempenho da produção é avaliado no nível estratégico?

▶ Os tipos de decisão e atividades que os gerentes de produção executam podem ter um impacto estratégico significativo.

▶ Em particular, a administração da produção pode afetar o desempenho econômico de cinco modos:
  — Pode reduzir os custos.
  — Pode obter a satisfação do cliente mediante o serviço.
  — Pode reduzir o risco de falha operacional.
  — Pode reduzir o montante do investimento necessário.
  — Pode fornecer a base para inovação futura.

2.4 Como o desempenho da produção é avaliado no nível operacional?

▶ Os cinco *objetivos de desempenho* usados para avaliar o desempenho da produção em um nível operacional são: qualidade, velocidade, confiabilidade, flexibilidade e custo.

▶ A qualidade é importante porque: ao *fazer as coisas certo*, a administração da produção procura influenciar a qualidade dos bens e serviços da empresa. Externamente, qualidade é um aspecto importante da satisfação ou da insatisfação do cliente. Internamente, as operações de qualidade reduzem os custos e aumentam a confiabilidade.

- A velocidade é importante porque: ao *fazer as coisas com rapidez*, a administração da produção procura influenciar a velocidade com que os bens e serviços são entregues. Externamente, velocidade é um aspecto importante do serviço ao cliente. Internamente, velocidade reduz estoques ao diminuir o tempo da produção interna e reduz riscos ao retardar o comprometimento de recursos.

- A confiabilidade é importante porque: ao *fazer as coisas no prazo*, a administração da produção procura influenciar a confiabilidade de entrega de bens e serviços. Externamente, confiabilidade é um aspecto importante do serviço ao cliente. Internamente, confiabilidade na administração da produção aumenta a confiabilidade operacional, reduzindo, assim, o tempo e o dinheiro que, de outro modo, seriam empregados na solução de problemas de confiabilidade e em dar estabilidade à operação.

- A flexibilidade é importante porque: ao *mudar o que faz*, a administração da produção procura influenciar a flexibilidade com que a empresa produz bens e serviços. Externamente, flexibilidade pode produzir novos produtos e serviços (flexibilidade de produto/serviço), produzir ampla variedade ou *mix* de produtos e serviços (flexibilidade de *mix*), produzir quantidades ou volumes diferentes de produtos e serviços (flexibilidade de volume), produzir produtos e serviços em momentos diferentes (flexibilidade de entrega). Internamente, flexibilidade pode ajudar a agilizar os tempos de resposta, reduzir o tempo desperdiçado em transições e manter a confiabilidade.

- O custo é importante porque: ao *fazer as coisas mais barato*, a administração da produção procura influenciar o custo dos bens e serviços da empresa. Externamente, custos baixos permitem às organizações reduzir o preço para obter maiores volumes ou, alternativamente, aumentar sua lucratividade sobre os níveis de volume existentes. Internamente, o desempenho em custo é ajudado pelo bom desempenho em outros objetivos de desempenho.

2.5 Como medir o desempenho da produção?

- É pouco provável que, para qualquer operação, uma única medida de desempenho reflita adequadamente todo um objetivo de desempenho. Em geral, a administração da produção terá que reunir um grupo de medidas parciais de desempenho.

- O *balanced scoreboard* (BSC) é uma técnica normalmente utilizada para a medição de desempenho, incorporando medidas relacionadas com: Como olhamos para nossos acionistas (perspectiva financeira)? Em que devemos ser excelentes (perspectiva do processo interno)? Como nossos clientes nos veem (perspectiva do cliente)? Como podemos continuar melhorando e construindo competências (perspectiva de aprendizagem e crescimento)?

2.6 Como os objetivos de desempenho da produção fazem *trade-off*?

- *Trade-offs* são a extensão em que as melhorias em um objetivo de desempenho podem ser obtidas apenas sacrificando o desempenho de outros. O conceito de *fronteira eficiente* é uma abordagem útil para articular *trade-offs* e distinguir entre reposicionar o desempenho na fronteira eficiente e melhorar o desempenho ao superar os *trade-offs*.

ESTUDO DE CASO

IKEA está olhando para o futuro[13]

Durante décadas, a IKEA tem sido uma das operações de varejo mais bem-sucedidas do mundo, com grande parte de seu sucesso baseado no modo como ela organiza suas operações de *design*, suprimentos e serviços de varejo. Com mais de 400 lojas gigantes em 49 países, a IKEA conseguiu desenvolver sua própria forma padronizada de vender móveis. A sua fórmula, denominada *big box*, levou a IKEA à posição global nº 1 na revenda de móveis. O termo *big box* surgiu porque a loja tradicional da IKEA é um vasto labirinto azul e amarelo de um *showroom* (em média, cerca de 25 mil metros quadrados), onde os clientes costumam passar cerca de 2 horas — muito mais do que em varejistas de móveis concorrentes. Isso se deve à forma como organiza as operações de sua loja. A filosofia da IKEA remonta ao negócio original, iniciado na década de 1950 na Suécia pelo falecido Ingvar Kamprad. Ele vendia móveis por meio de uma operação de catálogo, mas, como os clientes queriam ver alguns de seus móveis, ele construiu um *showroom* nos arredores de Estocolmo e colocou os móveis como se fossem em um ambiente doméstico. Além disso, em vez de mover os móveis do armazém para a área do *showroom*, ele pedia aos clientes que pegassem os móveis no armazém, uma abordagem que se tornou fundamental para o caráter da IKEA; isso era chamado de abordagem *nós fazemos a nossa parte; você, a sua*.

Lojas *big box* da IKEA

A IKEA oferece uma ampla gama de *designs* escandinavos a preços acessíveis, geralmente armazenados e vendidos como uma *embalagem plana*, que o cliente abre e monta em casa. "*Era um conceito totalmente novo, e isso impulsionou o sucesso da empresa*", diz Patrick O'Brien, diretor de pesquisa de varejo da consultoria de varejo GlobalData. "*Mas não era apenas o que a IKEA estava vendendo que era diferente, mas o modo como estava vendendo.*" As lojas foram localizadas e projetadas em torno de uma ideia simples — que encontrar a loja, estacionar, movimentar-se pela própria loja, fazer o pedido e retirar mercadorias deve ser simples, tranquilo e sem problemas. Catálogos estão disponíveis na entrada de cada loja com detalhes e ilustrações dos produtos. Para as crianças pequenas, há uma área de recreação infantil supervisionada, um pequeno cinema, um quarto para pais e bebês e banheiros, para que os pais possam deixar seus filhos na área de recreação supervisionada por um tempo. Os pais são chamados pelo sistema de alto-falantes se a criança tiver algum problema. Os clientes também podem utilizar carrinhos de bebê para manter seus filhos com eles.

Partes do *showroom* são mantidas em *configurações da sala*, enquanto outras mostram produtos semelhantes juntos, para que os clientes possam fazer comparações. Dado o volume de clientes, há relativamente poucos funcionários nas lojas. A IKEA diz que gosta de permitir que os clientes decidam por si mesmos. Se precisarem de ajuda, os *pontos de informação* têm funcionários que podem prestar esclarecimentos. Cada móvel traz uma etiqueta indicando sua localização no armazém de onde pode ser retirado. Os clientes passam então para uma área onde são exibidos itens menores que podem ser retirados diretamente, após o que passam pelo armazém de autoatendimento, onde podem retirar os itens que viram no *showroom*. Por fim, os clientes pagam nos caixas, onde uma esteira rolante leva as compras até o caixa. A área de saída tem pontos de atendimento e uma grande área de carregamento, permitindo que os clientes tragam seus carros do estacionamento e carreguem suas compras. Dentro da loja, um restaurante serve, entre outras coisas, as famosas almôndegas suecas da IKEA. Os fãs da IKEA dizem que podem fazer de uma visita à loja um verdadeiro *dia de folga*.

Mas nem todo mundo é fã

Entretanto, nem todos os clientes (mesmo aqueles que voltam várias vezes) estão totalmente satisfeitos com a experiência de varejo tradicional da IKEA. Entre as reclamações, estão:

- Pode ser uma longa viagem até chegar a uma de suas lojas (a menos que você tenha a *sorte* de morar perto de uma).
- O longo trajeto tipo *labirinto* que os clientes são *encorajados* a percorrer pela loja é muito prescritivo.
- Há pouquíssimos funcionários para atendimento ao cliente na loja.
- Há longas filas em alguns pontos da loja, principalmente nos caixas e em horários de pico, como nos fins de semana.
- Os clientes têm que localizar, retirar das prateleiras e transportar produtos, às vezes pesados, até os caixas.
- Os *designs* da IKEA podem ser *sem graça* (ou *clean e esteticamente agradáveis*, dependendo do seu gosto).
- Os móveis precisam ser montados depois que chegam em casa, e as instruções são confusas.

Embora muitos o sejam

Contudo, o impressionante crescimento e sucesso da IKEA ao longo dos anos indica que a empresa está fazendo muitas coisas certas. As razões que os clientes dão para fazer compras lá incluem as seguintes:

- Tudo está disponível sob o mesmo teto (embora um teto muito grande).
- A variedade de móveis é muito maior do que em outras lojas.
- Os produtos são exibidos por categoria (por exemplo, todas as cadeiras juntas) e em um ambiente de sala ou quarto doméstico.
- A disponibilidade é imediata (os concorrentes costumam pedir várias semanas para a entrega).
- Há uma área infantil e um restaurante, de modo que a visita à loja é *um evento para toda a família*.
- O *design* dos móveis é *moderno, clean e inofensivo ao senso comum* — cabem em qualquer lugar.
- Pela qualidade e pelo *design*, os produtos têm uma *relação custo-benefício* muito boa.

Seria necessária uma nova abordagem?

Durante décadas, as operações de varejo exclusivas da IKEA, combinadas com uma excelente rede de suprimentos e uma filosofia de *design* focada no cliente, foram um forte impulsionador para um crescimento saudável. No entanto, havia indícios de que a empresa começava a se perguntar como poderia resolver algumas das críticas às suas operações de varejo. *"Tivemos que nos afastar de conversas que começavam com: Eu amo a IKEA, mas fazer compras em uma loja IKEA não é como eu quero gastar meu tempo"* (Gillian Drakeford, chefe da IKEA no Reino Unido). A empresa precisava responder às reclamações de alguns clientes de que suas lojas estavam com falta de pessoal, que a navegação nas lojas era muito prescritiva e que as filas eram muito longas. *"Temos tido uma grande proposição há 60 anos, mas o cliente teve que se encaixar nela. Mas o mundo mudou e, para continuarmos relevantes, precisamos ter uma proposta que se ajuste ao cliente"* (Gillian Drakeford).

A IKEA também estava percebendo que suas lojas *big box* estavam ameaçadas por um declínio no uso de carros (em 1994, 75% dos jovens de 21 a 29 anos tinham carteira de motorista no Reino Unido; em 2017, esse número havia caído para 66%). Além disso, os clientes queriam cada vez mais que seus móveis de embalagem plana fossem entregues, para não precisarem dirigir até uma loja da IKEA para buscá-los. Idealmente, eles também queriam encomendá-los *on-line*. A IKEA tinha uma presença *on-line*, mas, em comparação com seus concorrentes, era relativamente pouco desenvolvida. Não só isso: nem todos os clientes queriam montar seus próprios móveis.

"Toda a premissa que a IKEA desenvolveu foi de que os consumidores estariam dispostos a dirigir seus carros 50 quilômetros para economizar algum dinheiro em algo que parece incrível", disse Ray Gaul, analista de varejo da Kantar Retail. *"Os jovens gostam da IKEA, mas não podem ou não querem dirigir até a loja."* No entanto, a estratégia tradicional de *big box* ainda era popular entre muitos clientes e as vendas de suas lojas continuaram a crescer. No entanto, na maioria dos mercados havia muitos clientes em potencial que não conseguiam chegar a uma loja IKEA dentro de um percurso razoável (presumido em cerca de 2 horas e meia). E parecia ser necessário realizar alguma mudança no modelo operacional da IKEA. Torbjörn Lööf, CEO da Inter IKEA (que gerencia o conceito da IKEA), resumiu o seu compromisso de repensar. *"Temos*

tido sucesso nessa longa jornada. Mas é claro que uma era está terminando e outra está começando."

Lojas menores para complementar as maiores

A partir de 2015, a IKEA abriu várias lojas menores na Europa, no Canadá, na China e no Japão. Mas nem todas eram iguais. Como uma estratégia deliberada, cada uma era um pouco diferente. Isso permitiu à empresa testar formas alternativas de localizar, projetar e gerenciar seus novos empreendimentos. As lojas deveriam ter lanchonetes? De que tamanho? Elas devem ter uma variedade de produtos ou se concentrar em uma única categoria? Elas devem estar localizadas em shopping centers ou na rua principal? Assim, uma loja *pop-up* da IKEA que surgiu no centro de Madrid oferecia apenas móveis de quarto. Uma loja em Estocolmo era focada em cozinhas. Ela permitia que os clientes cozinhassem na loja e marcassem uma consultoria de 90 minutos para planejar sua cozinha. Uma pequena loja em Londres abastecia uma grande variedade de categorias de produtos, mas não tinha lanchonete (apenas uma máquina de café) e, no lugar de uma área de recreação infantil supervisionada, foram colocados jogos de computador. Outras novas lojas eram, em alguns aspectos, semelhantes às tradicionais, porém menores, com menos vagas de estacionamento e menos estoque, e funcionavam como pontos de pedido e coleta. Em algumas, os clientes podiam obter orientação especializada em compras maiores, como cozinhas ou banheiros. Muitas vezes, nas lojas menores, apenas alguns itens podiam ser comprados e levados para casa de imediato. Como alternativa, os clientes podiam usar telas sensíveis ao toque para encomendar produtos e organizar a entrega ou retirada em um horário conveniente. *"Para mim, esse é um laboratório de testes para penetrar nos centros urbanos"*, disse um executivo sênior da IKEA. *"Cerca de 70% das pessoas que compram lá não iriam a uma loja [tradicional da IKEA]."*

TaskRabbit

Em 2017, a IKEA comprou a TaskRabbit, cujo aplicativo era um dos líderes no que estava se tornando conhecido como **economia gig**. Usando seu aplicativo, mais de 60.000 trabalhadores independentes, ou *taskers* (no momento da aquisição), ofereciam seus serviços aos clientes que desejavam contratar alguém para realizar tarefas como mover ou montar móveis. *"Em um ambiente de varejo em rápida mudança, nos esforçamos continuamente para desenvolver produtos e serviços novos e aprimorados para facilitar um pouco a vida de nossos clientes. Entrar na economia de compartilhamento sob demanda nos permite apoiar isso"*, disse o chefe da IKEA, Jesper Brodin, em um comunicado. *"Poderemos aprender com a experiência digital da TaskRabbit, além de fornecer aos clientes da IKEA outras formas de ter acesso a soluções de serviço flexíveis e acessíveis, de modo a atender às necessidades dos clientes de hoje."*

Varejo baseado na *web*

Indiscutivelmente, o desenvolvimento varejista mais significativo nesse período foi o crescimento das compras *on-line*. No entanto, a IKEA demorou para se tornar *on-line*. Em parte, isso ocorreu porque havia relutância interna em interferir em suas operações bem-sucedidas de varejo do tipo *big box* que incentivavam os clientes a passar muito tempo na loja e fazer

PARTE 1 DIRECIONAMENTO DA PRODUÇÃO

compras por impulso. No entanto, ficou claro que a empresa precisava se comprometer totalmente com as operações de varejo *multicanal*, incluindo as vendas *on-line*. Mas também ficou claro que não haveria uma troca por inteiro para as vendas *on-line*. A ideia era oferecer opções físicas e digitais para clientes que quisessem usar os dois canais e conquistar novos clientes *on-line* que jamais fariam o trajeto até suas superlojas de *big boxes*. Alguns especialistas em varejo alertaram que a nova estratégia trazia os mesmos riscos enfrentados por todas as empresas *on-line*. De acordo com Marc-André Kamel, da consultoria Bain & Company, *"os clientes não estão migrando totalmente para o **comércio eletrônico**, mas desejam uma mistura e combinação de canais"*. E, embora a IKEA tivesse pouca escolha a não ser investir em canais *on-line*, o perigo era que isso pudesse aumentar os custos, especialmente porque a empresa também planejava uma expansão física significativa em novos mercados como Índia, América do Sul e Sudeste Asiático.

Vendas de terceiros

Outra ruptura com a prática tradicional da IKEA veio quando ela anunciou que consideraria vender seus produtos por meio de varejistas *on-line* independentes de *terceiros*. Torbjörn Lööf, CEO da Inter IKEA, disse que a decisão de fornecer varejistas *on-line* foi uma parte importante da revisão mais ampla de suas operações. *"[Esse] é o maior desenvolvimento em como os consumidores conhecem a IKEA desde que o conceito foi fundado"*, disse ele ao Financial Times.

Sustentabilidade

A IKEA estava entre os maiores usuários de madeira do mundo (estimado em cerca de 1% de toda a madeira usada), e alguns grupos ambientalistas condenaram o que viram como a natureza *descartável* de seus móveis. Respondendo a essa crítica, a IKEA nomeou um diretor de sustentabilidade — a primeira vez que a sustentabilidade foi diretamente representada na equipe de gerência sênior e obteve um reconhecimento do papel cada vez mais importante na determinação de como a IKEA era percebida. Também reconheceu a capacidade da sustentabilidade para impulsionar a inovação nos negócios. A IKEA, como um número cada vez maior de empresas, aceitou que vivia em um mundo de recursos finitos e reconheceu que o consumo

precisava refletir isso. Devido a essa constatação, a IKEA procurava novas formas de satisfazer as necessidades e aspirações das pessoas, mantendo-se dentro dos limites do nosso planeta. Ela viu o modelo de negócios emergente da economia circular como uma grande oportunidade para desenvolver ainda mais seus negócios. Isso era preferível a ver a sustentabilidade como um risco para seu negócio. Mais cedo ou mais tarde, outras empresas começariam a criar modelos de negócios que interromperiam a maneira IKEA de vender móveis domésticos. Em uma iniciativa na Bélgica, a IKEA ofereceu aos seus clientes cinco opções para dar uma segunda vida aos móveis: vender móveis antigos da IKEA na loja (ao preço pago ao cliente que os forneceu); renová-los, pintando ou montando novamente; repará-los, oferecendo peças substitutas; devolver móveis antigos por meio de seu serviço de transporte; e doar para organizações sociais. Alguns críticos questionaram a ideia de vender produtos mais duradouros e negociar itens usados sem um aumento como algo ruim para os negócios. No entanto, a IKEA discordou com o argumento de que as pessoas às vezes podem vir à loja com um pouco de consciência pesada, querendo comprar coisas, mas incapazes de esquecer completamente as consequências. Na verdade, ela acredita que eles acolheram ativamente a mudança. Quando ela começou a comprar de volta móveis em Aalborg, na verdade viu um aumento na receita.

QUESTÕES

1. Nas lojas *big box* tradicionais da IKEA, qual é a importância relativa dos objetivos de desempenho operacional (qualidade, velocidade, confiabilidade, flexibilidade, custo), em comparação com uma loja convencional de móveis de rua?

2. Que *trade-offs* os clientes que vão a essas grandes lojas estão fazendo?

3. Como a estratégia de aumentar a presença *on-line* da IKEA afeta esses *trade-offs*?

4. Foi relatado que um executivo da IKEA disse que, em algumas partes do mundo, *"chegamos ao limite"*. Isso foi interpretado por alguns como um aviso de que o apetite do consumidor por móveis domésticos havia atingido um ponto de inflexão. Quais são as implicações disso para a IKEA?

Problemas e aplicações

Todos os capítulos dispõem de questões do tipo *Problemas e aplicações*, que ajudarão o leitor a praticar a análise das operações. Elas podem ser respondidas com a leitura do capítulo.

1. O departamento de serviços ambientais de uma cidade tem dois serviços de reciclagem — coleta de jornais (CJ) e reciclagem geral (RG). O serviço CJ é um serviço de coleta porta a porta que, em determinada horário fixo, todas as semanas, recolhe jornais velhos que os moradores colocaram em sacos plásticos reutilizáveis à sua porta. Uma sacola vazia é deixada para os moradores usarem na próxima coleta. O valor dos jornais recolhidos é relativamente pequeno; o serviço é oferecido principalmente por questões de responsabilidade ambiental. Por outro lado, o serviço RG é mais comercial. Empresas e pessoas físicas podem solicitar a coleta de materiais para descarte, por telefone ou pela Internet. O serviço RG garante a coleta do material no prazo de 24 horas, a menos que o cliente prefira especificar um horário mais conveniente. Qualquer tipo de material pode ser coletado e um valor pode ser cobrado, dependendo do seu volume. Esse serviço gera um pequeno lucro porque a receita tanto das cobranças ao cliente quanto de alguns dos materiais reciclados mais valiosos excede os custos operacionais da operação. Como você descreveria as diferenças entre os objetivos de desempenho dos dois serviços?

2. Xexon7 é uma empresa especializada em desenvolvimento de inteligência artificial (IA), que desenvolve algoritmos para diversos serviços *on-line*. Como parte de seu atendimento ao cliente, ela dispõe de uma pequena central de atendimento (com 10 pessoas) para responder às dúvidas dos clientes. Estes podem contatá-los de qualquer lugar do mundo, a qualquer hora do dia ou da noite, por meio de uma consulta. A demanda em qualquer momento é bastante previsível, especialmente durante o dia (Europa). A demanda durante a noite (Ásia e Américas) é consideravelmente menor do que durante o dia e menos previsível. *"Na maioria das vezes, podemos prever a demanda com bastante precisão e, assim, escalar o número correto de funcionários para as estações de trabalho. Ainda há algum risco, é claro. Escalar muitos funcionários a qualquer momento desperdiçará dinheiro e aumentará nossos custos, enquanto escalar muito poucos reduzirá a qualidade e a resposta do serviço que prestamos"* (Binita Das, Gerente de Help Desk). Em geral, Binita está satisfeita com o funcionamento de sua operação. Entretanto, ela sente que poderia ser adotada uma abordagem mais sistemática para identificar oportunidades de melhoria. *"Preciso desenvolver uma abordagem lógica para identificar como podemos investir na melhoria de coisas como sistemas de diagnóstico sofisticados. Precisamos reduzir nossos custos operacionais e manter e até melhorar nosso atendimento ao cliente"*. Quais são os *trade-offs* que devem ser administrados nesse tipo de *call center*?

3. A clínica de *check-up* de saúde descrita no primeiro exemplo resolvido do capítulo expandiu-se ao contratar mais um funcionário e agora contabiliza seis. Também alugou novo equipamento de monitoramento de saúde, que permite que os pacientes sejam processados com maior rapidez. Isso significa que sua produção total é agora de 280 pacientes por semana. Seu custo médio aumentou para £ 4.680 por semana e os custos indiretos são de £ 3.000 por semana. Quais são agora sua produtividade de mão de obra de fator único e sua produtividade de fator total?

4. Uma editora planeja substituir seus quatro revisores, que procuram por erros nos originais, por uma nova máquina de escaneamento e um revisor, no caso de a máquina quebrar. Atualmente, os revisores leem 15 originais por semana. Cada revisor recebe € 80.000 por ano. Contratar a nova máquina de escaneamento custará € 5.000 por mês. Como esse novo sistema afetará a produtividade do departamento de revisão? (Revisores trabalham 45 semanas ao ano.)

5. Examine novamente as figuras do capítulo que ilustram o significado de cada objetivo de desempenho para as quatro operações. Considere a empresa de ônibus e o supermercado e, em particular, seus clientes externos. Desenhe o desempenho relativo exigido para ambas as operações em um diagrama polar. Considere os efeitos internos de cada objetivo de desempenho. Para ambas as operações, identifique como qualidade, velocidade, confiabilidade e flexibilidade podem ajudar a reduzir o custo da produção de seus serviços.

6. Visite os *sites* de duas ou três grandes empresas petrolíferas, como Exxon, BP, Shell ou Total. Examine como elas descrevem suas políticas em relação a clientes, fornecedores, acionistas, funcionários e a sociedade em geral. Identifique áreas de administração da produção da empresa em que pode haver conflitos entre as necessidades desses diferentes grupos de *stakeholders*. Discuta ou reflita sobre como (se houver) tais empresas tentam e reconciliam esses conflitos.

7. Como grandes empresas de supermercado medem seu desempenho social e ambiental?

8. Patagonia (a empresa de roupas) também é uma *B Corp*, como a Danone, que é descrita no exemplo de *Operações na prática* neste capítulo. Por que poderia ser mais desafiador para a Danone alcançar esse status do que para a Patagonia?

9. Os cinco objetivos do desempenho (qualidade, velocidade, confiabilidade, flexibilidade e custo) medem o *output* das operações. Por que algumas delas também desejam medir seus processos internos?

10. Quais *trade-offs* estão envolvidos quando as companhias aéreas decidem quantos assentos na classe executiva irão instalar em suas aeronaves?

Leitura complementar selecionada

Blokdyk, G. (2019) *Stakeholder Analysis: A Complete Guide*, **5STARCooks.**
Um guia bastante prático.

Bourne, M., Kennerley, M. e Franco-Santos, M. (2005) Managing through measures: a study of the impact on performance, *Journal of Manufacturing Technology Management*, **16 (4), 373-95.**
O conteúdo corresponde ao título.

Gray, D., Micheli, P. e Pavlov, A. (2015) *Measurement Madness: Recognizing and Avoiding the Pitfalls of Performance Measurement*, **Wiley, Nova York, NY.**
Muitos exemplos de como as empresas podem fazer mau uso da medição de desempenho.

Kaplan, R.S. e Norton, D.P. (2015) *Balanced Scorecard Success: The Kaplan-Norton Collection*, **Harvard Business Review Press, Boston, MA.**
Uma coleção dos quatro livros que traçam a obra desses autores. O primeiro é o mais relevante aqui.

Neely, A. (2012) *Business Performance Measurement: Unifying Theory and Integrating Practice*, **Cambridge University Press, Cambridge.**
Um conjunto de trabalhos a respeito dos detalhes da medição dos objetivos de desempenho.

Pine, B.J. (1993) *Mass Customization: The New Frontier in Business Competition*, **Harvard Business Review Press, Boston, MA.**
Primeiro trabalho substancial sobre a ideia de customização em massa. Ainda um clássico.

Redden, G. (2019) Questioning Performance Measurement: Metrics, Organizations and Power, SAGE Publications Ltd, Londres.
Uma visão crítica sobre a aplicação de métricas que capturam o desempenho.

Savitz, A.W. e Weber, K. (2006) *The Triple Bottom Line: How Today's Best-Run Companies Are Achieving Economic, Social and Environmental Success — and How You Can Too*, **Jossey-Bass, São Francisco, CA.**
Bom tratamento do resultado triplo (triple bottom line).

Waddock, S. (2003) Stakeholder performance implications of corporate responsibility, *International Journal of Business Performance Management*, **5 (2/3), 114-24.**
Uma introdução à análise dos stakeholders.

Notas do capítulo

1. A expressão "resultado triplo" foi usada pela primeira vez em 1994 por John Elkington, fundador de uma consultoria britânica chamada SustainAbility. Leia Elkington, J. (1997) *Cannibals with Forks: The Triple Bottom Line of 21st Century Business*, Capstone. Igualmente bom é Savitz, A.W. e Weber, K. (2006) *The Triple Bottom Line: How Today's Best-Run Companies Are Achieving Economic, Social and Environmental Success – and How You Can Too*, Jossey-Bass.

2. As informações em que este exemplo é baseado foram extraídas de: B Corp website, https://bcorporation.net/about-b-corps (acesso em: ago. 2021); Economist (2018) Choosing plan B – Danone rethinks the idea of the firm, Business section, *Economist*, edição impressa, 9 ago.

3. Veja, por exemplo: Jensen, M.C. (2001) Value maximization, stakeholder theory, and the corporate objective function, *Journal of Applied Corporate Finance*, 14 (3), 8-21.

4. As informações em que este exemplo é baseado foram extraídas de: Willan, P. (2018) Spread the word: dream job if you're nuts about chocolate, *The Times*, 28 jul.; Reuters Staff (2018) Ferrero stops production at biggest Nutella plant to assess quality issue, Reuters, 21 fev., https://www.reuters.com/article/ferrero-nutella-stop-idUSL-5N20G5NY (acesso em: ago. 2021); france 24 (2019) World's largest Nutella factory reopens after 'quality defect' france24, 25 fev., https://www.france24.com/en/20190225-worlds-largest-nutella-factory-reopens-after-quality-defect (acesso em: ago. 2021); Sage, A. (2018) Nutella fistfights spread at Intermarché stores across France, *The Times*, 26 jan.

5. As informações em que este exemplo é baseado foram extraídas de: Palmer, M. (2020) Smart ambulances and wearables offer route to speedier treatments, *Financial Times*, 24 nov. Outros detalhes sobre o serviço de Ambulância Aérea de Londres podem ser encontrados em: https://www.londonsairambulance.org.uk (acesso em: ago. 2021).

6. As informações em que este exemplo é baseado foram extraídas de: McCurry, J. (2017) Japanese rail company apologises after train leaves 20 seconds early, *Guardian*, 17 nov; The Local (2017) SBB remains most punctual train company in Europe, news@the-local.ch, 21 mar.

7. As informações em que este exemplo é baseado foram extraídas de: mymuesli website, http://uk.mymuesli.com/muesli/ (acesso em: ago. 2021).

8. As informações em que este exemplo é baseado foram extraídas de: *site* do Aldi, https://www.aldi.co.uk (acesso em: ago. 2021).

9. Kaplan, R.S. and Norton, D.P. (1993) *The Balanced Scorecard*, Harvard Business School Press, Boston, MA.

10. Skinner, W. (1985) *Manufacturing: The Formidable Competitive Weapon*, John Wiley & Sons, New York, NY.

11. Sethi, S.P., Martell, T.F. e Demir, M. (2017) An evaluation of the quality of corporate social responsibility reports by some of the world's largest financial institutions, *Journal of Business Ethics*, 140 (4), 787-805.

12. Barbeito-Caamaño, A. e Chalmeta, R. (2020) Using big data to evaluate corporate social responsibility and sustainable development practices, *Corporate Social Responsibility and Environmental Management*, 27 (6), 2831-48.

13. As informações em que este estudo de caso é baseado foram extraídas de: *site* da IKEA, https://www.inter.ikea.com/ (acesso em: set. 2021); Matlack, C. (2018) The tiny IKEA of the future, without meatballs or showroom mazes, *Bloomberg Businessweek*, 10 jan.; Milne, R. (2018) What will IKEA build next? *Financial Times*, 1º fev.; Economist (2017) Frictionless furnishing: IKEA undertakes some home improvements, *Economist*, edição impressa, 2 nov.; Hipwell, D. (2017) This is no time to sit back and relax — we must deliver, says IKEA's UK boss, *The Times*, 10 fev.; Gerschel-Clarke, A. (2016) 'Peak Stuff': why IKEA is shifting towards new business models, Sustainablebrands.com, 17 fev.; Milne, R. (2017) IKEA turns to ecommerce sites in online sales push, *Financial Times*, 9 out.; Hope, K. (2017) IKEA: why we have a love-hate relationship with the Swedish retailer, *BBC News*, 17 out.; Armstrong, A. (2017) Revealed: how after 30 years, IKEA is undergoing a radical overhaul, *The Telegraph*, 15 out.

3 Estratégia de Produção

QUESTÕES-CHAVE

3.1 O que é estratégia e o que é estratégia de produção?

3.2 Como a estratégia de produção se alinha com a estratégia de negócio de cima para baixo (*top-down*)?

3.3 Como a estratégia de produção se alinha com os requisitos do mercado de fora para dentro (*outside-in*)?

3.4 Como a estratégia de produção se alinha com a experiência operacional de baixo para cima (*bottom-up*)?

3.5 Como a estratégia de produção se alinha com os recursos de produção de dentro para fora (*inside-out*)?

3.6 Como são reconciliadas as quatro perspectivas da estratégia de produção?

3.7 Como pode ser organizado o processo de estratégia de produção?

INTRODUÇÃO

No longo prazo, o principal (e alguns argumentariam, o único) objetivo da administração da produção é fornecer à organização alguma forma de vantagem estratégica. É por isso que a gestão de processos, operações e redes de suprimentos deve estar alinhada com a estratégia global. Embora sempre seja necessário fazer ajustes para acomodar eventos de curto prazo, a simples reação a problemas atuais pode ocasionar mudanças constantes de direção, com a operação se tornando instável. Portanto, todas as operações precisam do *pano de fundo* de alguma direção estratégica bem compreendida, para que saibam (pelo menos, razoavelmente) para onde estão indo e como podem chegar lá. Uma vez a função produção ter entendido seu papel na empresa e articulado seus objetivos de desempenho, é necessário formular um conjunto de princípios gerais que orientarão sua tomada de decisão — a isso se refere como estratégia de produção. Muitas empresas *duradouramente* notáveis, da Apple à Zara, usam seus recursos operacionais para obter sucesso estratégico de longo prazo. É a maneira como gerenciam suas operações que as diferencia de suas concorrentes. Este capítulo considera quatro perspectivas; cada uma faz parte da maneira pela qual ilustramos as forças que moldam a estratégia de produção. Em seguida, ele examina como essas perspectivas podem ser conciliadas e como o processo de estratégia de produção pode ser organizado de forma eficaz. A Figura 3.1 mostra onde este capítulo se encaixa no modelo global de administração da produção.

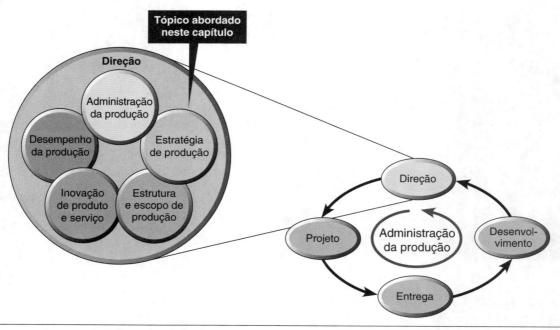

Figura 3.1 Este capítulo examina a estratégia da produção.

3.1 O que é estratégia e o que é estratégia de produção?

Surpreendentemente, *estratégia* não é muito fácil de definir. Linguisticamente, a palavra deriva do grego *strategos*, que significa "liderar um exército". Embora não haja vínculo histórico direto entre a prática militar grega e as ideias modernas de estratégia, a metáfora militar é poderosa. As **estratégias** militar e **empresarial** podem ser descritas de modos similares e incluem alguns dos seguintes itens:

- Estabelecer objetivos amplos que direcionam uma empresa à sua meta global.
- Planejar o caminho (em termos gerais, não específicos) para se chegar a essas metas.
- Enfatizar os objetivos de longo, e não de curto prazo.
- Lidar com o quadro amplo, em vez de enfatizar atividades isoladas.
- Manter-se afastado e acima da confusão e distrações das atividades do dia a dia.

Por esse ponto de vista, **decisões estratégicas** são aquelas que são difundidas em seu efeito na organização à qual a estratégia se refere, definem a posição da organização em relação a seu ambiente e a levam para mais próximo de suas metas de longo prazo. Mas *estratégia* é mais do que uma decisão isolada; é o *padrão total de decisões* e ações que influenciam a direção em longo prazo da empresa. Pensar na estratégia dessa maneira ajuda-nos a discutir a estratégia de uma organização, mesmo quando não está explicitamente declarada. Observar o padrão geral de decisões dá uma indicação do comportamento estratégico *real*.

Os mesmos pontos se aplicam igualmente à *estratégia de produção*, definida como o "padrão de decisões e ações que moldam a visão em longo prazo, os objetivos e as capacitações da operação e sua contribuição para a estratégia global da empresa".[1] O termo *estratégia de produção* soa, à primeira vista, como uma contradição. Como podem as *operações de produção*, assunto geralmente vinculado à criação e à entrega diária de bens e serviços, ser estratégicas? Geralmente, a *estratégia* é vista como oposta às atividades da rotina diária. Mas *operações* não é sinônimo de *operacionais*. *Operações* diz respeito aos recursos que criam produtos e serviços, e fica claro que elas podem ter um impacto estratégico real. *Operacional* é o oposto de estratégico, significando atividades diárias, detalhadas e quase sempre locais. Portanto, podem-se examinar tanto os aspectos operacionais *como* os estratégicos da produção. Também é importante considerar a distinção entre *conteúdo* e *processo* da estratégia de produção. O *conteúdo* da estratégia de produção envolve decisões e ações específicas que estabelecem o papel, os objetivos e as atividades da produção. O *processo* da estratégia de produção é o método usado para tomar decisões específicas de *conteúdo*.

> **Princípio de produção**
> Operações não é o mesmo que operacionais, já que têm um papel estratégico.

OPERAÇÕES NA PRÁTICA — A produção é a base da estratégia da Ocado[2]

As compras estão se tornando cada vez mais uma atividade *on-line*. Até mesmo no varejo de alimentos, em que o prazo de validade limita a capacidade de armazenar muitos itens por períodos mais longos, a entrega do supermercado *on-line* está crescendo em muitas partes do mundo. Fazer uma estratégia de operações bem-sucedida nesse tipo de negócio não é fácil, em particular porque as margens de lucro podem ser terrivelmente pequenas. Mas isso ainda pode ser feito. Qualquer pessoa que compre mantimentos no Reino Unido estará familiarizada com a Ocado. Ela começou oferecendo entregas locais de supermercado no sul da Inglaterra, inicialmente com um acordo de *branding* e fornecimento com o Waitrose, um supermercado de luxo do Reino Unido. Mas se tornou o maior varejista de supermercado *on-line* dedicado do mundo, com mais de meio milhão de clientes ativos. Seu objetivo, como ela diz, é proporcionar aos seus clientes a melhor experiência de compra em termos de serviço, variedade e preço, e construir um negócio forte, que proporcione valor de longo prazo para seus acionistas. Igualmente importante, porém, ela desenvolveu um processo integrado de fornecimento, de alta tecnologia, que oferece eficiência e altos níveis de serviço. A maioria das mercearias *on-line* atende aos pedidos da *web* coletando mercadorias da prateleira de um supermercado local e depois carregando-as em um caminhão para entrega. Por outro lado, a Ocado desenvolveu a Ocado Smart Platform (OSP), sua solução exclusiva para operar negócios de varejo *on-line*.

A Ocado Smart Platform combina sistemas de tecnologia e *software* próprios e integrados de ponta a ponta, com automação de centro de atendimento físico (armazém) e sistemas de roteamento de entrega, que gerenciam todo o ciclo desde a entrada do usuário até a entrega. Mais especificamente, isso permitiu que a Ocado oferecesse sua OSP como um serviço para outros varejistas, bem como que parceiros em outros mercados replicassem sua capacitação com um custo significativamente menor do que as opções alternativas disponíveis para esses varejistas. A empresa é conhecida há muito tempo por seu investimento inovador em sua própria tecnologia Customer Fulfillment Center (CFC).

Em vez de adotar o processo CFC normal de transporte de contêineres progressivamente usando longas esteiras transportadoras, ela usa um sistema de grade tridimensional para reunir os pedidos dos clientes. Robôs se movem por toda a rede, pegando produtos e transportando-os para *estações de coleta*, onde a equipe da Ocado reúne os pedidos. Todos os movimentos são dirigidos por um sistema de controle abrangente que coordena os robôs, transportadores e pedidos. No entanto, é o sistema completo de ponta a ponta que sustenta as próprias operações da empresa e, cada vez mais, as de outros varejistas. Sua tecnologia permitiu a parceria com o Morrison's, um supermercado do Reino Unido, e posteriormente vender seus sistemas para o Kroger (uma das maiores redes de supermercados da América) e para outros supermercados na Europa, Austrália e Canadá. Para a Ocado, os recursos e processos operacionais que ela utiliza para produzir seus serviços são mais do que simplesmente um *meio para atingir um fim*. Tornou-se, pelo menos parcialmente, o próprio *fim*.

Uso da estratégia de produção para articular uma visão para a contribuição das operações

A maioria das empresas espera que a estratégia de produção melhore o desempenho das operações ao longo do tempo, passando de um estágio em que contribuem muito pouco para o sucesso competitivo da empresa até o ponto em que são diretamente responsáveis por seu sucesso competitivo. A *visão* de uma operação é uma declaração clara de como a produção pretende agregar valor para a empresa. Ela não é uma declaração do que a produção deseja *alcançar* (esses são seus objetivos), mas, sim, uma ideia do que ela deverá se tornar e qual contribuição ela deverá fazer. Uma abordagem comum para resumir a contribuição da produção é o modelo original de quatro estágios de Hayes e Wheelwright.[3] O modelo traça a progressão da função produção, desde o papel fortemente negativo das operações do *estágio 1*, até tornar-se o elemento central da estratégia competitiva nas excelentes operações do *estágio 4*. A Figura 3.2 ilustra as quatro etapas envolvidas na passagem do estágio 1 para o estágio 4.

Princípio de produção
A estratégia de produção deverá articular uma *visão* para a contribuição da função produção para a estratégia global.

Estágio 1: neutralidade interna

Esse é o nível mais fraco de contribuição da função produção e o efeito é dificultar a capacidade da organização de competir com eficácia. No estágio 1, a função produção é voltada para dentro e, no máximo, a faz reativa, contribuindo pouco para o sucesso competitivo. Sua visão é ser ***internamente neutra***, de modo a parar de atrapalhar a organização de alguma maneira. Ele tenta conseguir isso *evitando cometer erros*.

Estágio 2: neutralidade externa

A primeira etapa de saída do estágio 1 é a função produção começar a comparar-se com empresas ou organizações similares no mercado externo. Isso pode não conduzi-la imediatamente à *primeira divisão* de empresas do mercado, mas, ao menos, pode levá-la a comparar seu desempenho ao da concorrente, e a tentar implementar *melhores práticas*. No estágio 2, a visão da função produção é tornar-se ***externamente neutra*** às operações no setor.

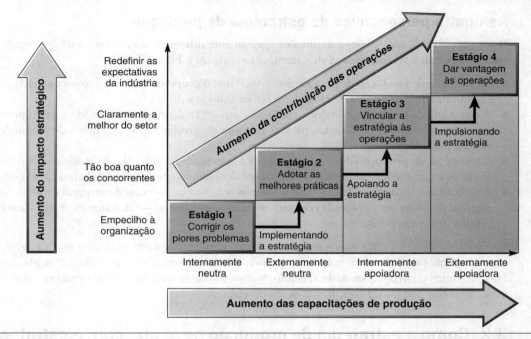

Figura 3.2 O modelo de quatro estágios de Hayes e Wheelwrigt da contribuição das operações vê a produção como se movendo da implementação da estratégia, passando pelo apoio à estratégia e finalmente para o impulsionamento da estratégia.

Estágio 3: apoio interno

As operações do estágio 3 atingiram a *primeira divisão* de seus mercados. Para tais operações, a visão passa a ser clara e inequivocamente tornar-se a melhor no mercado. Atingem isso ao obter clara visão das metas competitivas ou estratégicas da empresa e apoiando-a para desenvolver recursos operacionais apropriados. A operação está tentando ser *internamente apoiadora* ao fornecer uma estratégia de produção convincente.

Estágio 4: apoio externo

O estágio 3 costumava ser visto como o limite da contribuição da função produção. No entanto, o modelo captura a importância crescente da administração da produção sugerindo um estágio adiante. A diferença entre o estágio 3 e o 4 é sutil, mas importante. Uma função produção no estágio 4 é aquela que fornece *a* base para o sucesso competitivo de uma organização. Prevê as prováveis mudanças nos mercados e na oferta de insumos e desenvolve capacitações baseadas na produção que serão exigidas para competir em condições futuras do mercado. As operações no estágio 4 são inovadoras, criativas e proativas e estão impulsionando a estratégia da empresa, que se mantém *um passo à frente* dos concorrentes — o que Hayes e Wheelwright denominam *externamente apoiadora*.

Comentário crítico

A ideia de que a função produção possa ter um papel de liderança ao determinar a diretriz estratégica da organização não é universalmente aceita. Tanto o estágio 4 de Hayes e Wheelwright no modelo de quatro estágios como o conceito da produção *impulsionando* a estratégia não só implicam ser possível a produção ter esse papel de liderança, como também explicitam que isso seja uma *boa coisa*. Uma postura mais tradicional adotada por alguns especialistas é que as necessidades do mercado sempre serão proeminentes em moldar a estratégia de uma empresa. Portanto, a produção deveria dedicar seu tempo ao entendimento das **exigências do mercado** (frequentemente definido pela função marketing dentro da organização) e concentrar-se em sua tarefa central de assegurar que os processos operacionais possam, de fato, atender às demandas do mercado. As empresas só poderão ser bem-sucedidas, argumenta-se, por se posicionarem no mercado (por meio de uma combinação de preço, promoção, projeto de produto e gestão de como seus produtos e serviços são entregues aos clientes), tendo a produção praticamente um papel de *apoio*. De fato, segundo essa visão, o modelo de quatro estágios de Hayes e Wheelwright deveria parar no estágio 3. A questão de uma perspectiva baseada em *recursos produtivos* na estratégia de produção é discutida mais adiante neste capítulo.

As quatro perspectivas da estratégia de produção

Diferentes autores têm visões e definições ligeiramente diferentes da estratégia de produção. No entanto, entre elas, **quatro *perspectivas*** se destacam, como mostra a Figura 3.3:[4]

- A estratégia de produção deve se alinhar com o que o grupo ou empresa inteira deseja fazer — algo que é denominado perspectiva *de cima para baixo* (*top-down*).
- A estratégia de produção envolve a tradução da posição de mercado desejada pela empresa, de modo a fornecer os objetivos necessários para as decisões de produção — algo que é denominado perspectiva *de fora para dentro*.
- A estratégia de produção deve aprender com as atividades cotidianas, de modo a construir cumulativamente as capacitações estratégicas — algo que é denominado perspectiva *de baixo para cima* (*bottom-up*).
- A estratégia de produção deverá desenvolver os recursos e processos da empresa de modo que suas competências possam ser exploradas em seus mercados escolhidos — algo que às vezes é denominado perspectiva *de dentro para fora*.

Nenhuma dessas quatro perspectivas sozinha dá uma visão completa do que seja a estratégia de produção, mas juntas elas oferecem uma ideia das pressões que formarão o conteúdo da estratégia de produção. Nas próximas quatro seções deste capítulo, vamos tratar de cada perspectiva por vez, antes de examinarmos como elas podem ser conciliadas de modo eficaz.

3.2 Como a estratégia de produção se alinha com a estratégia de negócio *de cima para baixo* (*top-down*)?

Uma perspectiva *top-down* frequentemente identifica três níveis de estratégia relacionados — corporativo, negócio e funcional.

- Uma **estratégia corporativa** deverá posicionar a corporação em seu ambiente global, econômico, político e social. Isso consistirá em decisões sobre tipos de negócio em que o grupo deseja estar, em que partes do mundo deseja operar, como alocar seu capital entre os vários negócios, e assim por diante.
- Cada unidade de negócio dentro do grupo corporativo também necessitará montar sua própria **estratégia de negócio** que estabelecerá sua missão e objetivos individuais. Essa estratégia de negócio orienta a empresa em relação a seus clientes, mercados e concorrentes, bem como à estratégia do grupo corporativo da qual faz parte.

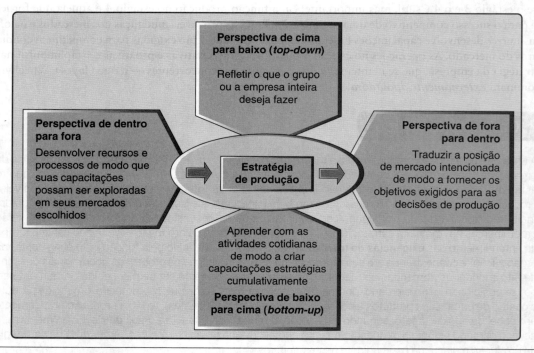

Figura 3.3 As quatro perspectivas da estratégia de produção.

▶ Produção, marketing, desenvolvimento de produto/serviço e outras funções precisarão então considerar qual é a melhor forma de se organizar para apoiar os objetivos da empresa. Essas *estratégias funcionais* precisam considerar qual parte cada função deve desempenhar para contribuir com os objetivos estratégicos da empresa.

Assim, uma perspectiva *top-down* da estratégia de produção é que ela deve tomar seu lugar nessa *hierarquia de estratégias*. Portanto, o papel da produção é principalmente o de implementar ou *operacionalizar* a estratégia de nível mais alto da empresa. Por exemplo, um grupo de serviços de impressão tem uma empresa que imprime embalagens para produtos de consumo. A diretoria do grupo compreende que, em longo prazo, somente empresas com uma parcela significativa do mercado obterão lucratividade substancial. Dessa forma, seus objetivos corporativos enfatizam o domínio do mercado. A empresa de embalagens de produtos de consumo decide priorizar o crescimento em volume, no lugar de lucratividade ou do retorno sobre o investimento em curto prazo. A implicação para a estratégia de produção é que ela necessita se expandir com rapidez, investindo em capacidade extra (fábricas, equipamentos e mão de obra), mesmo que isso signifique uma certa capacidade excedente em algumas áreas. Também necessita estabelecer novas fábricas em todas as partes de seu mercado para oferecer entrega relativamente rápida. O ponto importante aqui é que objetivos de negócios diferentes, provavelmente, resultariam em uma estratégia de produção muito diferente. A Figura 3.4 ilustra essa hierarquia estratégica, com algumas das decisões em cada nível e as principais influências sobre as decisões estratégicas.

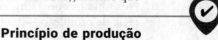

Princípio de produção
As estratégias de produção devem refletir os objetivos corporativos e/ou empresariais *de cima para baixo* (*top-down*).

Embora essa relação bastante nítida entre os níveis de estratégia corporativa, de negócios e de produção possa parecer um pouco *teórica*, ainda é uma ideia poderosa. O que ela está dizendo é que, para entender a estratégia em qualquer nível, é preciso colocá-la no contexto do que ela está tentando fazer (o nível acima) e como está tentando fazê-lo (o nível abaixo). Em qualquer nível, uma boa perspectiva de cima para baixo deve fornecer clareza e conexão. Deve esclarecer o que uma estratégia de produção deve priorizar e fornecer algumas orientações sobre a estratégia a ser alcançada.

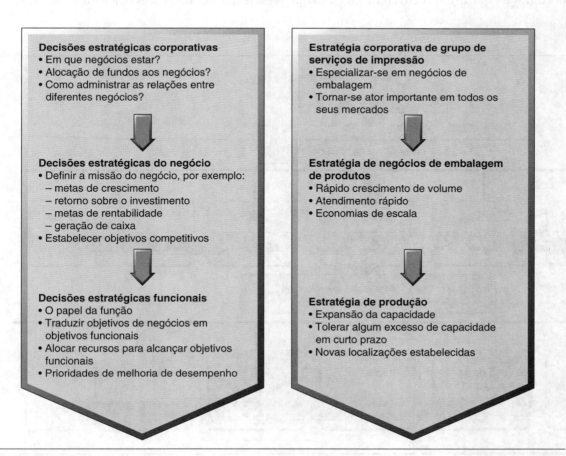

Figura 3.4 Perspectiva *de cima para baixo* (*top-down*) da estratégia de produção e sua aplicação no grupo de serviços de impressão.

Correspondência e coerência

O desenvolvimento de uma estratégia funcional levando em consideração uma estratégia de negócios requer o esclarecimento das ambiguidades e a reconciliação dos conflitos. Deve haver uma conexão clara, explícita e lógica entre cada estratégia funcional e a estratégia de negócios. Além disso, também deve haver uma conexão clara, explícita e lógica entre uma estratégia funcional e as decisões tomadas *dentro* da função. Em outras palavras, deve haver *correspondência* entre os diferentes níveis de estratégia. Mas a correspondência não é tudo o que é necessário. A estratégia de produção também deve ser *coerente*, tanto com outras estratégias funcionais quanto consigo mesma. Coerência significa que todas as decisões devem se complementar e reforçar umas às outras, não puxar a operação em direções diferentes. A Figura 3.5 ilustra as duas ideias de correspondência e coerência.

Os conceitos do *modelo de negócios* e do *modelo operacional*

Nos últimos anos, surgiram dois conceitos úteis para entender a perspectiva de cima para baixo na estratégia de produção — o *modelo de negócios* e o *modelo operacional*. A relação entre esses dois conceitos é mostrada na Figura 3.6.

Um **modelo de negócios** é o plano implementado por uma empresa para gerar receita e obter lucro (ou, se for uma empresa sem fins lucrativos, cumprir seus objetivos sociais). Inclui as várias partes e funções organizacionais do negócio, bem como as receitas que gera e as despesas que incorre. Geralmente inclui elementos como:[5] a *proposição de valor* do que é oferecido ao mercado, os *segmentos de clientes-alvo* abordados pela proposição de valor, os *canais de distribuição* para alcançar os clientes, os *recursos essenciais* necessários para tornar o modelo de negócios possível e os *fluxos de receita* gerados pelo modelo de negócios. A ideia do modelo de negócios é amplamente análoga à ideia de uma *estratégia de negócios*, mas também adiciona ênfase em *como* alcançar uma estratégia pretendida.

Por outro lado, o conceito de **modelo operacional** é de natureza mais operacional, embora não haja uma definição universalmente aceita. Aqui, entendemos que isso significa um projeto de alto nível da organização, que define a estrutura e o estilo que permite que ela atinja seus objetivos de negócios.[6] O

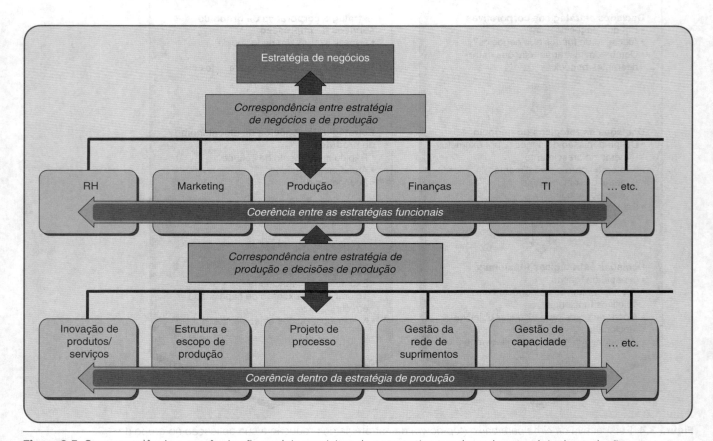

Figura 3.5 Correspondência e coerência são os dois requisitos da perspectiva *top-down* da estratégia de produção.

ideal é que um modelo operacional forneça uma descrição clara e abrangente do que a organização faz e como o faz. Ele define como o trabalho crítico de uma organização é realizado. Deve oferecer uma forma de examinar o negócio em termos das principais relações entre funções, processos e estruturas de negócios que são necessários para que a organização cumpra sua missão. Pode incluir elementos como: indicadores-chave de desempenho (KPIs, do inglês *key performance indicators*), com indicação da importância relativa dos objetivos de desempenho, novos investimentos e fluxos de caixa pretendidos; quem é responsável por produtos, regiões, ativos, processos específicos, sistemas e tecnologias etc.; e a estrutura da organização.

Observe que um modelo operacional reflete a ideia que propusemos no Capítulo 1 — de que todos os gerentes são gerentes operacionais (de produção) e que todas as funções podem ser consideradas operações, porque compreendem processos que entregam algum tipo de serviço. Um modelo operacional é como uma estratégia de produção, mas aplicado em todas as funções e domínios da organização. Além disso, há sobreposições claras entre o *modelo de negócios* e o *modelo operacional*, embora este se concentre mais em como deve ser alcançada uma estratégia geral de negócios.

3.3 Como a estratégia de produção se alinha com os requisitos do mercado *de fora para dentro* (*outside-in*)?

Qualquer estratégia de produção deve refletir a posição de mercado pretendida do negócio. Qualquer operação que apresente falha contínua em atender seus mercados de forma adequada provavelmente não sobreviverá em longo prazo. As organizações competem de maneiras diferentes, portanto a função produção deve responder fornecendo a habilidade de atuar de maneira apropriada para a posição de mercado pretendida. Isso é chamado de perspectiva de mercado (ou de fora para dentro) na estratégia de produção.

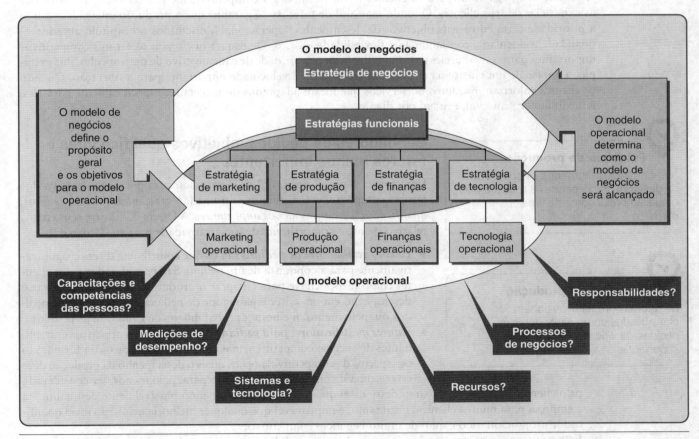

Figura 3.6 Os conceitos de *modelo de negócios* e a sobreposição com o *modelo operacional* — com o modelo operacional indicando como processos, recursos, tecnologia, pessoas, medições e responsabilidades devem ser organizados para dar suporte ao modelo de negócios.

> ### Exemplo resolvido
>
> **Inovação na Micraytech (Parte 1, de cima para baixo)[7]**
>
> A Micraytech é uma empresa de sistemas de metrologia que desenvolve sistemas de medição integrados para grandes clientes internacionais em diversos setores e faz parte do Micray Group, que inclui diversas empresas de alta tecnologia. Cresceu por meio de uma estratégia de fornecer produtos com alto grau de excelência técnica e inovação, aliada à capacidade de customizar seus sistemas e oferecer assessoria técnica aos seus clientes. O grupo estabeleceu metas de crescimento ambiciosas para a empresa nos próximos cinco anos e relaxou suas metas normais de *retorno sobre vendas* para ajudá-la a alcançar isso. Como parte dessa estratégia, a Micraytech tentou ser a primeira no mercado com todas as inovações técnicas apropriadas. Pela perspectiva *top-down*, sua função produção, portanto, precisava ser capaz de lidar com as mudanças que a constante inovação de produtos traria. Desenvolveu processos flexíveis o suficiente para desenvolver e montar novos componentes e sistemas, integrando-os com inovações de *software*.
>
> A função produção da empresa percebeu que precisava organizar e treinar sua equipe para entender a forma como a tecnologia está se desenvolvendo para que pudesse implementar as mudanças necessárias na operação. Também precisava desenvolver relacionamentos com fornecedores existentes e potencialmente novos que pudessem responder rapidamente ao fornecer novos componentes. Então, a lógica *top-down* aqui é que tudo na operação — seus processos, equipe, sistemas e procedimentos — deve, no curto prazo, não inibir e, no longo prazo, desenvolver ativamente a estratégia competitiva de crescimento da empresa por meio da inovação.

Como as exigências do mercado influenciam os objetivos de desempenho da estratégia de produção

A produção agrega valor para os clientes e contribui para a competitividade por ser capaz de satisfazer as exigências de seus clientes. O modo mais útil de fazer isso é garantir que a produção esteja alcançando a prioridade certa entre seus objetivos de desempenho "operacional", discutidos no capítulo anterior — qualidade, velocidade, confiabilidade, flexibilidade e custo. Quaisquer que sejam os fatores competitivos importantes para o cliente, eles deverão influenciar a prioridade de cada objetivo de desempenho. Por exemplo, a ênfase de um cliente na entrega rápida tornará a velocidade importante para a operação. Quando os clientes valorizam produtos ou serviços que foram adaptados ou projetados especificamente para eles, a flexibilidade será vital, e assim por diante.

Princípio de produção
A importância relativa dos cinco objetivos de desempenho depende da maneira pela qual a empresa compete em seu mercado.

Princípio de produção
Os fatores competitivos podem ser classificados como *ganhadores de pedidos*, *qualificadores* ou *menos importantes*.

Ganhadores de pedidos, objetivos qualificadores e fatores menos importantes

Uma forma especialmente útil de determinar a importância relativa dos fatores competitivos é distinguir entre os fatores *ganhadores de pedidos*, *qualificadores* e fatores *menos importantes*. A Figura 3.7 ilustra seus efeitos relativos sobre a competitividade (ou atratividade para os clientes):

▶ *Fatores ganhadores de pedidos* são os que contribuem direta e significativamente para a conquista de um pedido. São considerados pelos clientes como razões-chave para comprar o produto ou serviço. Melhorar o desempenho em um critério ganhador de pedidos resulta em mais pedidos ou, pelo menos, melhora a probabilidade de ganhar mais pedidos.

▶ *Fatores qualificadores para pedido* podem não ser os principais determinantes do sucesso competitivo, mas são importantes de outra forma. São os aspectos da competitividade nos quais o desempenho da produção deve estar acima de um nível determinado para, pelo menos, ser considerado pelo cliente. Desempenho abaixo desse nível *qualificador* de desempenho possivelmente desqualificará a empresa para muitos clientes. Entretanto, é improvável que qualquer melhoria acima do nível qualificador proporcionará o ganho de muito benefício competitivo.

▶ *Fatores menos importantes* não são ganhadores de pedidos nem qualificadores. Eles não influenciam os clientes de alguma forma significativa. Eles só merecem ser incluídos em qualquer análise porque podem ser importantes em outras partes das atividades da operação.

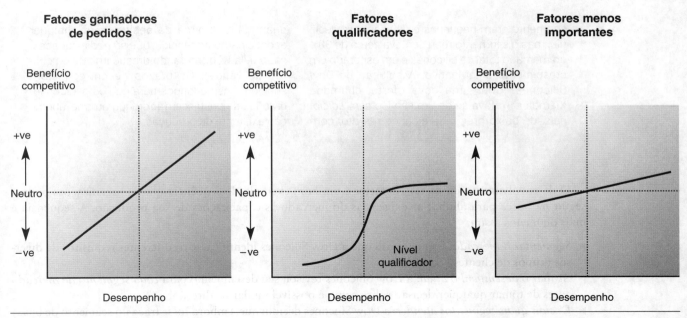

Figura 3.7 Fatores competitivos ganhadores de pedidos, qualificadores e menos importantes.

OPERAÇÕES NA PRÁTICA — Estratégia de produção da Dow Silicones[8]

Durante anos, a Dow Silicones (antiga Dow Corning) foi uma empresa de silicone com uma posição de mercado baseada em excelência técnica e de serviços. Os clientes estavam dispostos a pagar preços altos por tecnologia pioneira, produtos mais caros e serviço personalizado. Entretanto, com o amadurecimento do mercado, ficou claro que alguns clientes estavam se tornando cada vez mais sensíveis aos preços. A estratégia de preços mais caros estava sob ataque tanto de grandes concorrentes, que reduziram seus custos, quanto de concorrentes menores, com despesas gerais mais baixas. A Dow Silicones estava *presa no meio*. Em resposta, decidiu realizar uma análise detalhada de mercado e segmentar seus clientes com base nos principais fatores que os motivam a fazer pedidos. Seu trabalho revelou quatro grupos-chave de clientes:

▸ *Buscadores de soluções inovadoras*: clientes que queriam produtos inovadores à base de silicone.
▸ *Buscadores de soluções comprovadas*: clientes que precisam de conselhos sobre produtos comprovados já existentes.
▸ *Buscadores de soluções econômicas*: clientes que podem até pagar maiores preços por um produto, se isso puder reduzir os custos de seus negócios, melhorando sua produtividade.

▸ *Buscadores de preços*: compradores experientes de materiais de silicone comumente utilizados, que desejam preços baixos e uma maneira fácil de fazer negócios com seu fornecedor.

Cada um desses segmentos continha uma mensagem distinta para as operações da Dow Silicones. Para os que *buscam soluções inovadoras*, havia a necessidade de colaborar mais de perto com o pessoal de pesquisa e desenvolvimento (P&D) dos clientes, para o desenvolvimento de novos produtos. Para alcançar aqueles que *buscam soluções comprovadas*, a função produção adotou uma abordagem mais interna, trabalhando em estreita colaboração com a equipe de vendas da DowSilicones. O objetivo era ajudá-los a entender sua gama de produtos com mais detalhes, a fim de melhorar a conversão no processo de vendas. Para os que *buscam soluções econômicas*, o foco foi mais uma vez trabalhar em estreita colaboração com a equipe de vendas, mas, nesse caso, a transferência de conhecimento era mais bidirecional. A chave era construir uma compreensão mais forte dos processos dos clientes e ajudar a combinar melhor seus requisitos com ofertas apropriadas. Finalmente, para o segmento de *busca de preços*, o foco estava firmemente na redução dos custos de fabricação e entrega. Esse último grupo foi o mais desafiador para a Dow Silicones. Suas vendas para esse ▸

> segmento eram pequenas e estavam em declínio, mas o segmento representava cerca de 30% do mercado total de silicones e era esperado um crescimento significativo. A solução da Dow Silicones? Criar uma nova oferta, chamada Xiameter. Tratava-se de um serviço *sem adicionais*, de baixo preço, de alcance restrito, com quantidade mínima de pedido, sem qualquer aconselhamento técnico, que só podia ser acessado pela *web* (cortando drasticamente os custos de venda). Os prazos de entrega eram suficientemente longos para que os pedidos individuais se ajustassem ao cronograma de fabricação existente da produção.

O desenvolvimento da oferta Xiameter é um bom exemplo da sequência que as organizações podem seguir na busca para alinhar as exigências do mercado às capacitações de sua produção. A sequência é mais ou menos assim:

▶ *Segmentar o mercado:* isso permitiu que a Dow Silicones identificasse os diferentes requisitos de diversos grupos de clientes.

▶ *Avaliar o desempenho atual:* a Dow Silicones revisou seu desempenho para *cada segmento de mercado* antes de tomar qualquer decisão sobre como é possível mudar de direção.

▶ *Decidir quais segmentos atender:* a Dow Silicones decidiu que, embora fosse fraca no segmento de busca de preços, valia a pena buscar maneiras de competir.

▶ *Determinar o que é necessário para o negócio competir:* para quem busca preço, a Dow Silicones precisaria oferecer baixo custo e abandonar seu serviço de assessoria técnica, porque a maioria dos clientes desse segmento não estava disposta a pagar por isso.

▶ *Determinar o que as operações precisam fazer:* para que o Xiameter tivesse sucesso, ela precisaria enfatizar seu serviço *sem adicionais* (daí a nova marca Xiameter) e reduzir o custo adicional com as vendas (daí as vendas baseadas na *web*). O mais importante é que, para que essa operação de alto volume e baixa variedade funcione, os clientes precisam ser impedidos de pedir qualquer coisa que aumente os custos (daí a gama limitada de produtos, quantidades mínimas de pedidos e prazos de entrega que não interfiram nos cronogramas da produção).

O impacto da diferenciação de produto/serviço sobre os requisitos do mercado

Se uma operação diferencia seus serviços com base em diferentes segmentos de clientes, ela precisa determinar o objetivo de desempenho para cada segmento. Por exemplo, a Tabela 3.1 mostra dois segmentos de clientes no setor bancário. Aqui, podemos distinguir clientes que procuram serviços bancários para as suas necessidades particulares, domésticas (contas-correntes, cheque especial, contas de poupança, empréstimos de hipoteca etc.) daqueles clientes corporativos que precisam dos serviços bancários para suas organizações (geralmente grandes). Esses últimos serviços incluem coisas como cartas de crédito, serviços de transferência de dinheiro e empréstimos comerciais.

O impacto do ciclo de vida do produto/serviço sobre os requisitos do mercado

Uma forma de generalizar o comportamento de clientes e concorrentes é associá-lo ao ciclo de vida de produtos ou serviços que a operação está criando. A forma exata do **ciclo de vida do produto/serviço** variará, mas, em geral, o comportamento é mostrado como a variação do volume de vendas ao longo de quatro estágios: introdução, crescimento, maturidade e declínio. A implicação importante disso para a administração da produção é que os produtos e serviços exigirão estratégias de produção diferentes para cada estágio de seu ciclo de vida, como pode ser visto na Figura 3.8.

Tabela 3.1 Serviços bancários diferentes exigem objetivos de desempenho diversificados.

	Serviços bancários de varejo	Serviços bancários corporativos
Produtos	Serviços financeiros pessoais, como empréstimos e cartões de crédito	Serviços especiais para clientes corporativos
Clientes	Individuais	Empresas
Gama de serviços oferecidos	Média, mas padronizada; pouca necessidade de serviços especiais	Muito ampla, muitos precisam ser customizados
Mudanças no projeto de serviço	Ocasionais	Contínuas
Entrega	Decisões rápidas	Serviço confiável
Qualidade	Significa transações sem erros	Significa relacionamentos próximos
Volume por tipo de serviço	A maioria dos serviços é de alto volume	A maioria dos serviços é de baixo volume
Margens de lucro	A maioria é de baixas a médias, algumas altas	De médias a altas
Fatores competitivos		
Ganhadores de pedidos	Preço Acessibilidade Facilidade de transação	Customização Qualidade do serviço Confiabilidade/confiança
Qualificadores	Qualidade Gama de serviços	Facilidade de transação Preço
Menos importantes		Acessibilidade
Objetivos de desempenho internos	Custo Velocidade Qualidade	Flexibilidade Qualidade Confiabilidade

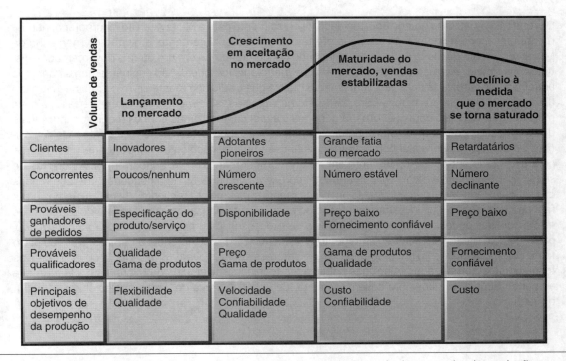

Figura 3.8 Efeitos do ciclo de vida do produto/serviço sobre os objetivos de desempenho da produção.

Estágio de introdução

Quando um serviço ou produto é lançado no mercado, é provável que ofereça algo novo em termos de projeto ou de desempenho, com poucos concorrentes fazendo o mesmo. É improvável que necessidades dos clientes sejam bem compreendidas, de modo que a administração da produção da empresa precisa desenvolver flexibilidade para lidar com eventuais mudanças e ser capaz de oferecer qualidade para manter o desempenho do produto/serviço.

Estágio de crescimento

À medida que o volume cresce, os concorrentes podem começar a entrar no mercado crescente. Atender à demanda pode ser a principal preocupação da produção. Resposta rápida e confiável à demanda ajudará a manter os níveis de demanda intensos, enquanto os níveis de qualidade deverão garantir que a empresa mantenha sua participação no mercado à medida que a concorrência começa a aumentar.

Estágio de maturidade

À medida que a demanda começa a se estabilizar, alguns concorrentes iniciais terão deixado o mercado e o setor provavelmente terá sido dominado por poucas empresas maiores. Espera-se que a produção reduza seus custos, seja para manter os lucros, seja para permitir a redução de preços. Isso significa que as questões de custo e produtividade, bem como com o suprimento confiável, serão provavelmente as principais preocupações da operação.

Princípio de produção
Os objetivos da estratégia de produção mudarão, dependendo do estágio (no seu ciclo de vida) dos serviços e produtos da empresa.

Estágio de declínio

Com o tempo, as vendas diminuirão e os concorrentes, provavelmente, começarão a retirar-se do mercado. Pode haver um mercado residual, mas, a menos que haja escassez de capacidade, o mercado continuará a ser dominado pela competição nos preços. Os objetivos de produção continuarão sendo dominados pelo custo.

Exemplo resolvido

Inovação na Micraytech (Parte 2, de fora para dentro)

O grupo Micray viu uma grande oportunidade de crescimento para a Micraytech ao incorporar continuamente inovações tecnológicas em suas ofertas de produtos. No entanto, a gestão de marketing da Micraytech sabia que isso poderia ser alcançado concentrando-se em um ou nos dois mercados distintos. O primeiro é o mercado de *dispositivos de metrologia individual*. São equipamentos *autônomos* adquiridos por todos os tipos de clientes industriais e que tradicionalmente eram o principal mercado da empresa. O segundo mercado era para *sistemas integrados de metrologia*. Eram ofertas maiores, mais complexas, mais caras (e com margens mais altas) customizadas para os requisitos individuais dos clientes. Os dois tipos de oferta tinham características sobrepostas, porém diferentes. Os *dispositivos de metrologia individual* competiam em seu desempenho técnico e confiabilidade, assim como com prazos de entrega relativamente curtos em comparação com os concorrentes. As ofertas de *sistemas integrados de metrologia* atualmente representavam apenas uma pequena parte das vendas da empresa, mas esse mercado previa um crescimento substancial. Os clientes desses sistemas eram fabricantes maiores, que investiam em tecnologias mais automatizadas e precisavam de sistemas de metrologia que pudessem ser integrados aos seus processos. De uma perspectiva *de fora para dentro*, para tirar proveito desse mercado emergente, a Micraytech teria que aprender a trabalhar mais de perto tanto com seus clientes diretos quanto com as empresas que estavam fornecendo a seus clientes as tecnologias automatizadas. Além das habilidades técnicas tradicionais da Micraytech, ela teria que aumentar suas habilidades em desenvolvimento de *software*, troca de dados e relacionamento com o cliente.

OPERAÇÕES NA PRÁTICA — Tesco aprende da maneira difícil[9]

Quando as condições de mercado mudam, em geral isso significa que a estratégia de produção deve ser alterada. Mas pode levar tempo até que as mudanças se tornem óbvias e ainda mais tempo para haver uma reação. Essa foi uma lição que a Tesco, a maior do Reino Unido e uma de suas redes de supermercado mais bem-sucedidas, aprendeu quando, em 2014, caiu em um prejuízo de 6,4 bilhões de libras. Embora ainda estivesse na posição confortável de líder de mercado em vendas de alimentos, sua vantagem em relação aos rivais havia diminuído. As vendas de igual para igual (vendas em suas lojas e *on-line*, sem considerar o efeito da abertura de novas lojas) caíram quase 4%; algo significativo no mundo do varejo. A Tesco não via números tão ruins havia 20 anos. Por que, perguntaram seus depreciadores, a empresa não percebeu que sua estratégia estava falhando? Um crítico descreveu a Tesco como sendo "como um rolo compressor com um furo e um barulho preocupante no motor". Alguns dos problemas da Tesco nessa época estavam além de seu controle e eram resultado da atividade da concorrência. Waitrose (um supermercado de luxo, com uma boa reputação de qualidade) estava atendendo ao topo do mercado, enquanto as lojas de desconto alemãs Aldi e Lidl estavam atraindo clientes mais preocupados com os custos. No entanto, alguns problemas foram causados pela própria Tesco, por sua estratégia de produção não responder com suficiente rapidez às exigências do mercado. A estratégia de construir grandes superlojas fora da cidade foi mantida, embora um monitoramento mais apurado do comportamento do consumidor teria revelado que unidades com grande capacidade haviam perdido sua atração à medida que as famílias diminuíam as idas semanais ao supermercado e optavam por entregas em domicílio e completar seus mantimentos utilizando os mercados locais. Na verdade, Philip Clarke, então presidente-executivo da Tesco, admitiu que deveria ter agido mais rápido para reduzir as aberturas planejadas de superlojas em resposta a mudanças radicais e claras nos hábitos de compra. *"A retrospectiva é uma coisa maravilhosa. Nunca está realmente lá quando você precisa"*, disse Clarke. *"Eu provavelmente deveria ter parado mais rapidamente aquela expansão* [superloja], *eu provavelmente deveria ter feito a realocação* [para pequenas lojas locais] *mais rapidamente."*

Esse episódio na história da Tesco (bem-sucedido em grande parte) forneceu lições importantes. Fazer mudanças significativas na estratégia de operações pode ser extremamente disruptivo e caro no curto prazo, mas necessário no longo prazo, mesmo quando se desconhecem as consequências de longo prazo de uma grande mudança (embora uma melhor previsão de demanda possa ajudar — ver no Capítulo 11). Portanto é compreensível que, diante de tal incerteza, as organizações, especialmente aquelas com grandes investimentos inflexíveis, muitas vezes atrasem as mudanças. Entretanto, tendo feito grandes mudanças em suas estratégias corporativas, de negócios e funcionais, a Tesco se recuperou em termos de vendas de igual para igual.

3.4 Como a estratégia de produção se alinha com a experiência operacional *de baixo para cima* (*bottom-up*)?

A perspectiva *de cima para baixo* oferece uma visão ortodoxa de como as estratégias funcionais *devem* ser montadas. No entanto, embora esse seja um modo conveniente de pensar a respeito da estratégia, ele não representa o modo como as estratégias *são*, de fato, formuladas na maioria das vezes. Quando qualquer grupo revisar sua estratégia corporativa, também levará em conta as circunstâncias, experiências e competências de várias empresas que compõem o grupo. De modo semelhante, as empresas, ao revisarem suas estratégias, irão consultar suas funções individuais no negócio a respeito de suas restrições e competências, e incorporar as ideias que vêm da experiência cotidiana de cada função. Essa é a perspectiva *de baixo para cima* (*bottom-up*), ilustrada na Figura 3.9.

A perspectiva de baixo para cima considera o fato de que, em muitos casos, as empresas movem-se em uma direção estratégica particular porque a experiência contínua de fornecer produtos e serviços a clientes em nível operacional convence-as de que é a coisa certa a fazer. A tomada de decisão estratégica de *alto nível*, se acontecer, poderá simplesmente confirmar o consenso em torno de uma determinada direção estratégica e fornecer os recursos para que isso aconteça de modo eficaz. Algumas vezes, isso é chamado de

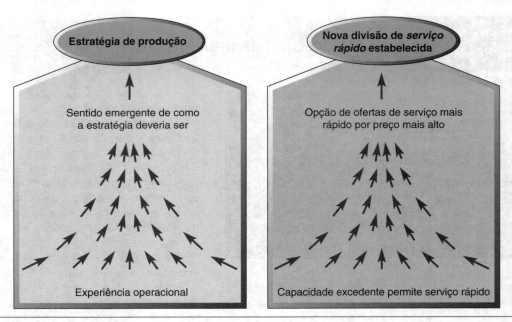

Figura 3.9 Perspectiva *de baixo para cima* (*bottom-up*) da estratégia de produção.

estratégias emergentes.[10] Considera a elaboração de estratégias, pelo menos em parte, como um processo relativamente desestruturado e fragmentado, para refletir o fato de que o futuro é pelo menos parcialmente desconhecido e imprevisível.

Por exemplo, suponha que a empresa de serviços de impressão, descrita anteriormente, tenha sucesso em seus planos de expansão. No entanto, ao fazer isso, ela descobre que ter capacidade em excesso e uma rede distribuída de fábricas lhe permite oferecer um serviço excepcionalmente rápido aos clientes, que estão dispostos a pagar preços muito mais altos por ele. Suas experiências levam a empresa a montar uma divisão separada, dedicada a oferecer serviços de impressão rápidos com alta margem de lucro para esses clientes dispostos a pagar pelo serviço. Os objetivos estratégicos dessa nova divisão não se preocupam com o crescimento em alto volume, mas com a alta lucratividade.

Princípio de produção
A estratégia de produção deve refletir a experiência *de baixo para cima* da realidade operacional.

O efeito de reforço da estratégia de produção nas perspectivas *de cima para baixo* e *de baixo para cima*

As perspectivas *de cima para baixo* e *de baixo para cima* são muitas vezes vistas como formas diametralmente opostas de olhar para a estratégia de produção, mas não é assim. Na verdade, as duas perspectivas podem se reforçar mutuamente.

Exemplo resolvido

Inovação na Micraytech (Parte 3, de baixo para cima)

Com o tempo, à medida que sua estratégia de operações se desenvolvia, a Micraytech descobriu que a inovação contínua de produtos e sistemas estava tendo o efeito de aumentar seus custos drasticamente. Embora não estivesse competindo com preços baixos nem estivesse sob pressão do grupo para alcançar altas taxas de retorno sobre as vendas, seus custos cada vez maiores estavam afetando a lucratividade a um grau inaceitável. Além disso, havia alguma evidência de que a atualização contínua das especificações do produto e do sistema estava deixando alguns clientes confusos. Respondendo em parte às solicitações dos clientes, os projetistas de sistemas da empresa começaram a descobrir uma maneira de *modularizar* seus projetos de sistemas e produtos. Isso permitiu que uma parte do sistema fosse atualizada para aqueles clientes que valorizavam a funcionalidade que a inovação poderia trazer, sem interferir no projeto geral do corpo principal do sistema, do qual o módulo fazia parte. Com o tempo, essa abordagem tornou-se uma prática-padrão de projeto dentro da empresa. Os clientes apreciaram a personalização extra e a modularização reduziu os custos operacionais. Observe que essa estratégia surgiu da experiência da empresa e foi, portanto, um exemplo de uma abordagem puramente *de baixo para cima*. Inicialmente, nenhuma decisão do conselho de nível superior da empresa foi tomada para iniciar essa prática. Entretanto, ela surgiu como a maneira pela qual os engenheiros de projeto da empresa aprenderam com sua experiência e usaram esse aprendizado para aumentar seu conhecimento de como reduzir alguns dos custos da inovação.

A Figura 3.10 mostra como isso pode funcionar. A perspectiva *de cima para baixo* define a direção e os objetivos gerais das decisões e atividades operacionais. Na verdade, para implementar uma estratégia *de cima para baixo*, as atividades do dia a dia da operação devem estar alinhadas com a estratégia. Assim, uma forma de avaliar as atividades operacionais diárias de uma operação é verificar se elas refletem totalmente a estratégia global *de cima para baixo* da organização. Mas, como indicamos anteriormente, a experiência adquirida com as atividades do dia a dia pode ser acumulada e incorporada em capacitações que uma organização possivelmente poderia explorar de forma estratégica. (Vamos explorar melhor essa ideia de *capacitações* na próxima seção.)

3.5 Como a estratégia de produção se alinha com os recursos de produção *de dentro para fora* (*inside-out*)?

A última perspectiva da estratégia de produção é a perspectiva de recursos de produção (ou *de dentro para fora*). Sua ideia fundamental é que a vantagem competitiva de longo prazo pode vir das capacitações dos recursos e processos da operação, e estas devem ser desenvolvidas no longo prazo para fornecer ao negócio um conjunto de capacitações ou competências (usamos as duas palavras para indicar a mesma coisa).[11] Assim, a forma como uma organização herda, adquire ou desenvolve seus recursos operacionais terá, no longo prazo, um impacto significativo em seu sucesso estratégico. Eles podem formar a base da competência

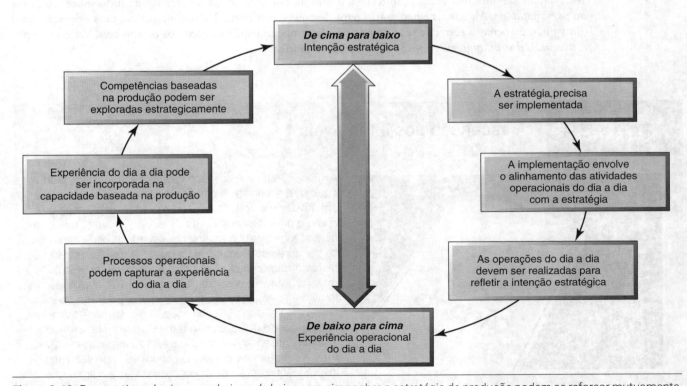

Figura 3.10 Perspectivas *de cima para baixo* e *de baixo para cima* sobre a estratégia de produção podem se reforçar mutuamente.

Princípio de produção
O objetivo de longo prazo da estratégia de produção é criar capacitações baseadas na produção.

da empresa de se envolver em atividades únicas e/ou *difíceis de imitar*. Além disso, o impacto das competências dos *recursos operacionais* de uma organização será pelo menos tão grande, se não maior, que o que ela obtém de sua posição no mercado. Assim, compreender e desenvolver as competências dos recursos de produção, embora muitas vezes negligenciado, é uma perspectiva particularmente importante na estratégia de produção.

Recursos estratégicos e vantagem competitiva sustentável

A ideia de que a criação de competências na produção é um objetivo particularmente importante da estratégia de produção está ligada à *visão baseada em recursos* (RBV, do inglês *resource-based view*) da empresa.[12] Esta sustenta que as empresas com desempenho estratégico *acima da média* provavelmente terão conquistado sua vantagem competitiva sustentável devido às competências (ou capacitações) básicas de seus recursos. Isso significa que a forma com que as empresas herdam, adquirem ou desenvolvem seus recursos de produção terão, em longo prazo, impacto significativo sobre seu sucesso estratégico. A RBV difere em sua abordagem da visão mais tradicional de estratégia, que vê as empresas como buscando proteger sua vantagem competitiva por meio do controle do mercado. Por exemplo, elas podem fazer isso criando *barreiras à entrada* por meio da diferenciação de produtos, ou dificultando para os clientes a troca para outros concorrentes, ou controlando o acesso a canais de distribuição (uma barreira de entrada importante na revenda de gasolina, por exemplo, onde as companhias de petróleo têm seus próprios postos de revenda). Por outro lado, a RBV vê as empresas como sendo capazes de proteger sua vantagem competitiva por meio de *barreiras à imitação*, ou seja, construindo recursos *difíceis de imitar*.

Entendimento das competências e restrições existentes

Uma perspectiva de recursos de produção deve começar com o entendimento das competências e restrições de recursos dentro da operação. Deve responder a perguntas simples como: o que temos e o que podemos fazer? Um ponto de partida óbvio aqui é examinar os recursos de transformação e os recursos transformados, que serão os recursos de *input* para a produção. No entanto, tentar compreender uma operação produtiva somente listando seus recursos é como tentar entender o funcionamento de um automóvel listando suas peças integrantes. Para compreender o automóvel, precisamos descrever como cada peça integrante forma seus mecanismos internos. Dentro da operação, o equivalente a esses mecanismos são seus *processos*. Todavia, até mesmo uma explicação técnica desses mecanismos ainda não transmite tudo sobre seu estilo ou *personalidade*. Algo mais é necessário para descrever essa parte. Da mesma forma, uma operação produtiva não é apenas a soma de seus processos; ela também dispõe de **recursos** *intangíveis*. Ver o exemplo *A ascensão dos intangíveis* na seção *Operações na prática*.

OPERAÇÕES NA PRÁTICA

A ascensão dos intangíveis

A suposição (quase universal) sobre a estratégia de produção é que, quando as empresas dizem que estão investindo em ativos de produção, estes serão itens reais e tangíveis, como máquinas, computadores e prédios. Ainda que isso nunca tenha sido universalmente verdadeiro, está se tornando menos ainda. Considere o seguinte. A maior empresa de táxis do mundo (Uber) não dispõe de nenhum veículo. O maior provedor de hospedagem do mundo (Airbnb) não tem imóveis. A empresa de mídia mais popular do mundo (Facebook) não cria seu conteúdo. Um dos maiores varejistas do mundo (Alibaba) não tem estoques. Na verdade, o investimento em ativos tangíveis está se tornando cada vez menos importante em muitas economias.[13] Em vez disso, o investimento está se movendo para ativos intangíveis

— aquelas coisas não monetárias que não são de natureza física, mas que são claramente capazes de agregar valor. Os ativos intangíveis de uma operação podem incluir coisas como:

▶ Seu relacionamento com fornecedores e a reputação que tem com seus clientes.
▶ Seu conhecimento e experiência no manuseio de suas tecnologias do processo.
▶ A maneira como sua equipe pode trabalhar em conjunto no desenvolvimento de novos produtos e serviços.
▶ O modo como ela integra todos os seus processos em um todo de apoio mútuo.
▶ Sua pesquisa e desenvolvimento.
▶ Seus esforços de projeto de produtos e serviços.
▶ Seu desenvolvimento de *software* do processo.

Esses recursos intangíveis podem não ser tão evidentes dentro de uma operação, mas são importantes e muitas vezes têm valor real. Por exemplo, uma estimativa é de que na Microsoft, empresa multinacional de tecnologia, o investimento em ativos físicos representa apenas 1% de seu valor de mercado. Muito mais importante é o conhecimento, a experiência e a programação de *software* pelos engenheiros da Microsoft.[14] E recursos e processos tangíveis e intangíveis moldam suas competências. A questão central para a administração da produção é garantir que seu padrão de decisões estratégicas realmente desenvolva competências apropriadas.

Escassos, não muito fáceis de transferir, difíceis de imitar ou de ser substituídos

A explicação *baseada em recursos* do porquê de algumas empresas conseguirem obter vantagem competitiva sustentável é que elas acumularam recursos melhores ou mais apropriados. Em termos simples, é mais provável que o desempenho competitivo *acima da média* seja resultado das competências básicas, inerentes aos recursos de uma empresa, do que seu posicionamento competitivo em seu setor. Os recursos podem ter um impacto particularmente influente no sucesso estratégico se exibirem algumas ou todas as seguintes propriedades:[15]

▶ *Eles são escassos:* acesso desigual aos recursos, de modo que nem todas as empresas concorrentes que tenham recursos escassos, como uma localização ideal, engenheiros experientes, *software* proprietário etc., possam fortalecer a vantagem competitiva. Assim, por exemplo, se uma empresa não teve a boa previsão (ou sorte) de adquirir um recurso estratégico (como um contrato de suprimento com um fornecedor especializado) quando não custava caro, terá que tentar adquiri-lo após tornar-se mais caro (porque agora outras empresas também o estão desejando).
▶ *Eles não são fáceis de se transferir:* alguns recursos são difíceis de transferir para fora de uma empresa. Por exemplo, se um novo processo for desenvolvido em uma empresa sediada em Estocolmo, onde estão o conhecimento e os engenheiros especialistas, o processo será difícil (embora não totalmente impossível) de ser vendido a uma empresa sediada em qualquer outro local da Europa (ou mesmo na Suécia, se os funcionários não desejarem mudar de cidade). Como resultado, as vantagens que derivam dos recursos do processo mais provavelmente ficarão retidas ao longo do tempo.
▶ *Eles são difíceis de imitar ou de ser substituídos:* esses dois fatores ajudam a definir quão facilmente uma vantagem baseada em recurso pode ser sustentada ao longo do tempo. Não é suficiente apenas ter recursos que sejam exclusivos e pouco transferíveis. Se um concorrente puder copiá-los ou, menos provável, substituí-los por recursos alternativos, seu valor se deteriorará com rapidez. Entretanto, quanto menos tangíveis forem os recursos e mais conectados com o conhecimento tácito embutido na organização, mais difícil será para os concorrentes os entender e copiá-los.

Decisões estruturais e infraestruturais

Uma distinção frequente entre as decisões estratégicas é entre as que decidem a estrutura de uma operação e aquelas que determinam sua infraestrutura. As **decisões estruturais** de uma operação são as que influenciam principalmente as atividades de projeto, enquanto as **decisões infraestruturais** são as que influenciam a força de trabalho de uma organização, suas atividades de planejamento, controle e melhoria. Essa distinção na estratégia de produção foi comparada àquela entre *hardware* e *software* em um sistema de computador. O *hardware* de um computador estabelece limites do que ele pode fazer. De forma similar, investir em tecnologia avançada ou construir mais ou melhores instalações pode aumentar o potencial de qualquer tipo de operação. Dentro dos limites impostos pelo *hardware* de um computador, o *software* determina o grau de eficácia do computador na prática. O mesmo princípio aplica-se à produção. As melhores e mais caras instalações e tecnologia somente serão eficazes se a produção também tiver uma infraestrutura adequada que governa a forma como a produção funcionará no dia a dia. A Figura 3.11 ilustra algumas decisões típicas, estruturais e infraestruturais.

Princípio de produção
O objetivo em longo prazo da estratégia de produção é construir competências baseadas nas operações.

Exemplo resolvido

Inovação na Micraytech (Parte 4, de dentro para fora)

A abordagem modular para o projeto do produto (descrita na Parte 3 deste exemplo resolvido) provou ser um grande sucesso para a Micraytech. Entretanto, apresentou dois desafios para as operações da empresa. Primeiro, os aspectos técnicos da integração de alguns dos módulos mais sofisticados se mostraram difíceis. Isso afetou apenas uma pequena parte dos clientes, mas eles eram os que estavam dispostos a pagar preços mais altos por seus sistemas. A única solução potencial era tentar desenvolver os módulos de interface que permitissem a integração de módulos anteriormente incompatíveis. Quando essa solução foi proposta pela primeira vez, as competências relevantes não estavam presentes na empresa. Ela precisou recrutar engenheiros especialistas para começar a projetar as interfaces. Durante esse processo de projeto, a empresa percebeu que poderia abrir um novo mercado. Como disse o diretor de operações (COO) da empresa: *"Se projetássemos as interfaces com cuidado, poderíamos não apenas integrar todos os nossos módulos internos, mas também integrar os instrumentos de outras empresas em nossos sistemas"*. Isso levou ao segundo conjunto de desafios: desenvolver relacionamentos com possíveis fornecedores, que poderiam muito bem ser concorrentes em alguns mercados, para que eles estivessem dispostos a fornecer seus equipamentos para serem integrados aos sistemas da Micraytech. Não só isso, mas também a empresa tinha que garantir que os processos internos de seus engenheiros de vendas consultassem os clientes, seu departamento de projeto desenvolvesse o sistema para atender às necessidades dos clientes e seus gerentes de compras negociassem com fornecedores de equipamentos, com tudo funcionando perfeitamente. *"O sucesso que desfrutamos pode ser atribuído a duas competências principais. A primeira foi comprar as habilidades de engenharia para criar interfaces tecnicamente difíceis. Isso nos levou a entender o valor que poderia ser obtido com uma rede de suprimentos interna e externa sem emendas. Esses dois recursos não são totalmente impossíveis de serem copiados por outras empresas, mas seria muito difícil para eles chegarem ao nosso nível de excelência"* (COO, Micraytech). Aqui, vemos um exemplo claro da perspectiva de recursos de produção dominando o direcionamento da estratégia geral de negócios da Micraytech.

Figura 3.11 Algumas decisões estratégicas estruturais e infraestruturais da produção.

3.6 Como são reconciliadas as quatro perspectivas da estratégia de produção?

Como dissemos anteriormente, nenhuma das quatro perspectivas isoladamente pode oferecer uma imagem completa da estratégia de produção de qualquer organização. Juntas, porém, elas oferecem uma boa ideia de como sua produção está contribuindo estrategicamente. A Figura 3.12 mostra como as quatro perspectivas podem ser reunidas, usando o exemplo da estratégia de produção da Micraytech que abordamos neste capítulo. Nesse caso, as quatro perspectivas parecem ser razoavelmente compatíveis, com sua estratégia de produção se ajustando a qualquer perspectiva escolhida. Em outras palavras, cada perspectiva é *reconciliada* com as outras. Essa é uma das condições para a estratégia de produção eficaz — as quatro perspectivas precisam ser reconciliadas. Aqui, examinamos dois modelos que podem ajudar nessa reconciliação — a *linha de ajuste* e a matriz de importância-desempenho.

A *linha de ajuste* entre as necessidades do mercado e as capacitações da produção

A matriz de estratégia de produção é um bom modelo para testar se as perspectivas de requisitos do mercado e a competência de produção estão alinhadas. Isso explicita os aspectos específicos dos requisitos do mercado (qualidade, velocidade, confiabilidade, flexibilidade, custo etc.) e as decisões que apoiam a capacitação da produção (projeto, entrega e desenvolvimento). A desvantagem é que ela informa pouco sobre a dinâmica da reconciliação — como o equilíbrio entre os requisitos do mercado e a competência de produção varia com o passar do tempo. É aí que o modelo da **linha de ajuste** torna-se útil. Ele é baseado na ideia de que, de modo ideal, deve haver um grau razoável de alinhamento, ou *ajuste*, entre os requisitos do mercado e as competências da operação. A Figura 3.13 ilustra essa ideia ao mostrar esquematicamente o conceito de ajuste. A dimensão vertical representa (de fora para dentro) o nível de requisitos do mercado que refletem as necessidades intrínsecas dos clientes ou suas expectativas. Isso inclui fatores como fortalecimento da marca ou reputação, o grau de diferenciação e a extensão das promessas do mercado. Avançar nessa dimensão indica um nível melhorado de desempenho no mercado. A escala horizontal representa o nível das capacitações operacionais da organização. Isso inclui aspectos como sua capacidade de atingir seus

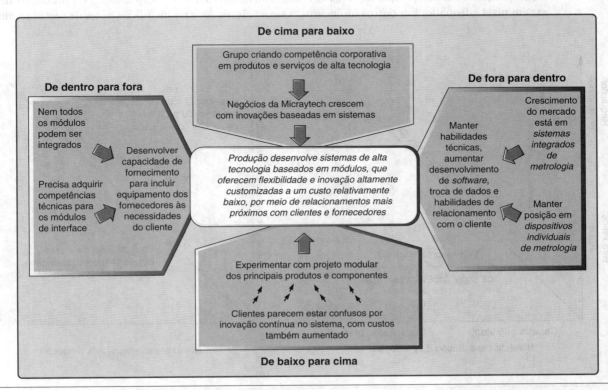

Figura 3.12 Perspectivas de cima para baixo, de fora para dentro, de baixo para cima e de dentro para fora da estratégia de produção da Micraytech.

Princípio de produção
A estratégia da produção deve visar ao alinhamento ou *ajuste* entre o desempenho de uma operação e os requisitos de seus mercados.

objetivos competitivos e a eficácia com que utiliza seus recursos. Avançar nessa dimensão indica um nível melhorado de capacitações de operações e, portanto, do desempenho das operações.

Embora o modelo da linha de ajuste seja conceitual, e não uma ferramenta prática, ele serve para ilustrar algumas ideias em torno do conceito de melhoramento estratégico. Em termos do quadro ilustrado na Figura 3.13(a), o melhoramento significa três coisas:

1. *Alcançar o* **alinhamento**: isso significa alcançar um equilíbrio aproximado entre *desempenho exigido do mercado* e *desempenho real da produção*. A linha diagonal na Figura 3.10(a) representa, portanto, uma *linha de ajuste* com os requisitos do mercado e capacitações de produção em equilíbrio.
2. *Alcançar um* **alinhamento** sustentável: não é suficiente conseguir algum grau de alinhamento em um único ponto no tempo. Igualmente importante é se os processos operacionais poderiam adaptar-se a novas condições de mercado.
3. *Melhorar o desempenho geral*: se os requisitos colocados à organização por seus mercados são relativamente pouco exigentes, então o nível correspondente de capacitação da produção não terá que ser particularmente alto. No entanto, quanto mais exigente for o nível de exigências do mercado, maior será o nível de capacitação da produção. Na Figura 3.13(a), o ponto A representa o alinhamento em um nível baixo, enquanto o ponto B representa o alinhamento em um nível mais alto. O pressuposto nas estratégias de produção da maioria das empresas é que o ponto B é uma posição mais desejável do que o ponto A, pois mais provavelmente representa uma posição financeira bem-sucedida. Altos níveis de desempenho do mercado são obtidos como resultado de altos níveis de desempenho da produção, sendo geralmente mais difíceis de serem igualados pelos concorrentes.

Desvio da linha de ajuste

Durante a trajetória de melhoria (seta tracejada) de A para B na Figura 3.13(a) pode não ser possível manter o equilíbrio entre os requisitos do mercado e o desempenho da produção. Em nível estratégico, há riscos decorrentes de qualquer desvio da *linha de ajuste*. Por exemplo, os atrasos na melhoria de um novo *site* podem significar que os clientes estão sem receber o nível de serviço que lhes foi prometido. Isso pode ser visto na posição X da Figura 3.13(b). Nessas circunstâncias, o risco para a organização é que sua reputação (ou marca) sofra porque as expectativas do mercado excedem a capacitação da produção de operar em nível adequado. Em outros momentos, a operação pode fazer melhorias antes de serem totalmente

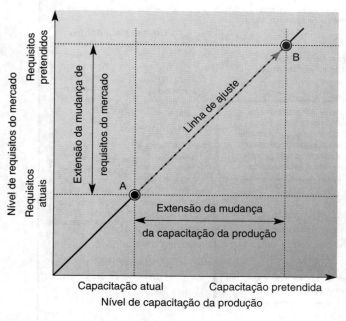

(a)

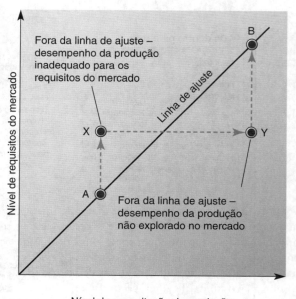

(b)

Figura 3.13 Um melhoramento das operações deve atingir um *ajuste* entre os requisitos do mercado e o desempenho da produção, mas o desvio da *linha de ajuste* pode expor a operação ao risco.

exploradas no mercado. Por exemplo, o mesmo varejista *on-line* pode ter melhorado seu *site* para que possa oferecer serviços extras, como a possibilidade de customizar produtos, antes que estes tenham sido estocados em seu centro de distribuição. Isso significa que, apesar de ter havido uma melhoria nos seus processos de encomenda, problemas em outros locais da empresa impedem que a melhoria agregue valor à organização. Isso é representado pelo ponto Y na Figura 3.13(b).

Uso da matriz de importância-desempenho para determinar prioridades na melhoria da estratégia de produção

Pode-se usar a ideia de comparar perspectivas de mercado e produção, em um nível mais focado e desagregado, para fornecer uma orientação mais direta aos gerentes de operações. Então, em vez de perguntar, em geral, "quais são os requisitos do mercado para nossos produtos e/ou serviços?", pergunta-se "qual é a importância dos **fatores competitivos** que caracterizam um produto ou serviço?". A intenção é compreender a importância relativa dos diversos fatores competitivos para os clientes. Por exemplo, os clientes de um determinado produto ou serviço preferem preços baixos a uma ampla gama? As necessidades e preferências dos clientes moldam a *importância* dos objetivos da produção dentro da operação. Da mesma forma, em vez de perguntar, em geral, "quais são nossas capacitações operacionais?", pergunta-se "quão tem sido boa a nossa operação para fornecer o nível de desempenho exigido em cada um dos fatores competitivos?". Mas quão bom tem sido nosso desempenho contra qual critério? Estrategicamente, o ponto de comparação mais revelador é com os concorrentes, que são os pontos de comparação contra os quais a operação pode avaliar seu desempenho. Do ponto de vista competitivo, à medida que as operações melhoram seu desempenho, a melhoria que mais importa é aquela que leva a operação além dos níveis de desempenho alcançados por seus concorrentes. O papel dos concorrentes, então, é auxiliar na determinação do *desempenho* alcançado. (Em um contexto sem fins lucrativos, *concorrentes* podem ser substituídos por *outras operações semelhantes*.)

Tanto a importância como o desempenho têm de ser considerados antes que seja feito qualquer julgamento sobre as prioridades relativas de melhoria. Só porque algo é particularmente importante para seus clientes não significa que uma operação deve necessariamente dar-lhe prioridade imediata para a melhoria. Pode ser que a operação já seja consideravelmente melhor do que os seus concorrentes no atendimento a clientes nesse aspecto. Da mesma forma, só porque uma operação não é muito boa em algo, quando comparada com o desempenho de seus concorrentes, não significa necessariamente que ela deve ser imediatamente melhorada. Os clientes, particularmente, podem não valorizar esse aspecto do desempenho.

>
> **Princípio de produção**
> As prioridades de melhoria são determinadas pela importância para os clientes e pelo desempenho contra operações concorrentes ou similares.

▶ *Avaliar a importância para os clientes:* anteriormente, introduzimos a ideia de fatores competitivos ganhadores de pedidos, qualificadores e menos importantes, e poderíamos considerar essas três categorias como uma indicação da importância relativa de cada fator de desempenho. Mas geralmente é preciso usar uma escala um pouco mais discriminante. Uma maneira de fazer isso é tomar nossas três categorias gerais de fatores competitivos — ganhadores de pedidos, qualificadores e menos importantes — e dividir cada categoria em três pontos adicionais, que representam posições fortes, médias e fracas. A Figura 3.14(a) ilustra tal escala.

▶ *Avaliar o desempenho contra os concorrentes:* da forma mais simples, um **padrão de desempenho** competitivo consistiria simplesmente em avaliar se o desempenho alcançado por uma operação é melhor, igual ou pior do que o de seus concorrentes. Entretanto, da mesma maneira como a escala de importância de nove pontos foi derivada, podemos derivar uma escala de desempenho de nove pontos mais discriminante, como mostra a Figura 3.14(b).

A prioridade de melhoria que cada fator competitivo deve receber pode ser avaliada levando-se em conta uma comparação de sua importância e de seu desempenho. Isso pode ser demonstrado em uma **matriz de importância-desempenho**, que, como o próprio nome indica, posiciona cada fator competitivo de acordo com suas pontuações ou classificações sobre esses critérios. A Figura 3.15 mostra uma matriz de importância-desempenho dividida em zonas de prioridade de melhoria (ver mais adiante).

O primeiro limite de zona é o *limite inferior de aceitabilidade*, mostrado como a linha AB na Figura 3.15. Essa é a fronteira entre o desempenho aceitável e inaceitável. Quando um fator competitivo é classificado como relativamente sem importância (8 ou 9 na escala de importância), esse limite, na prática, será baixo. A maioria das operações está preparada para tolerar níveis de desempenho que estão *na mesma faixa* que seus concorrentes (mesmo na extremidade inferior da classificação) para fatores competitivos sem importância. Só ficam preocupados quando os níveis de desempenho são claramente inferiores aos

(a) Escala de importância para fatores competitivos

Posição	Descrição
1	Oferece uma vantagem decisiva aos clientes
2	Oferece uma vantagem importante aos clientes
3	Oferece uma vantagem útil aos clientes
4	Precisa acompanhar o bom padrão do setor
5	Precisa acompanhar o padrão médio do setor
6	Precisa estar a pouca distância do restante do setor
7	Normalmente, não importante; mas pode se tornar
8	Raramente considerado pelos clientes
9	Jamais considerado pelos clientes

(Alto → Baixo)

(b) Escala de desempenho para fatores competitivos

Posição	Descrição
1	Consideravelmente melhor do que organizações similares
2	Claramente melhor do que organizações similares
3	Pouco melhor do que organizações similares
4	Às vezes um pouco melhor do que organizações similares
5	Praticamente igual a organizações similares
6	Ligeiramente pior do que a média de organizações similares
7	Normalmente um pouco pior do que organizações similares
8	Geralmente pior do que a maioria das organizações similares
9	Consistentemente pior do que a maioria das organizações similares

(Bom → Ruim)

Figura 3.14 Escalas de nove pontos para avaliar a importância e o desempenho.

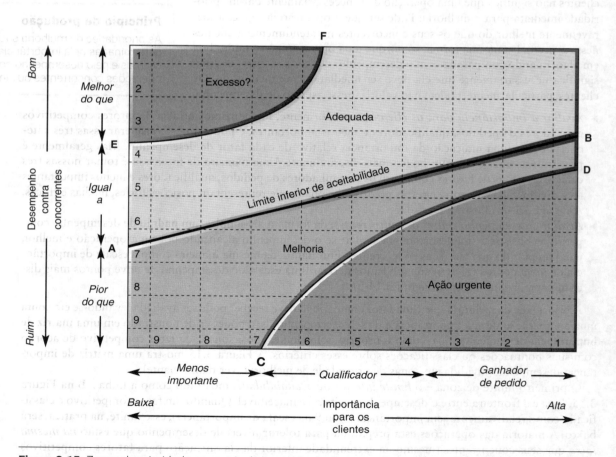

Figura 3.15 Zonas de prioridade na matriz de importância-desempenho.

dos seus concorrentes. Por outro lado, ao avaliar fatores competitivos que são altamente pontuados (1 ou 2 na escala de importância), eles serão nitidamente menos tolerantes a níveis de desempenho insatisfatórios ou medíocres. Os níveis mínimos de aceitabilidade desses fatores competitivos estarão normalmente na parte inferior da classe *melhor que os concorrentes*. Abaixo desse limite mínimo de aceitabilidade, há claramente uma necessidade de melhoria; acima dessa linha não há urgência imediata para qualquer melhoria. No entanto, nem todos os fatores da concorrência que se situem abaixo da linha mínima serão considerados como tendo o mesmo grau de prioridade de melhoria. Um limite representado aproximadamente pela linha CD representa uma distinção entre uma zona de prioridade urgente e uma zona de melhoria menos urgente. Do mesmo modo, acima da linha AB, nem todos os fatores competitivos são considerados com a mesma prioridade. A linha EF pode ser vista como a fronteira aproximada entre os níveis de desempenho que são considerados *bons* ou *apropriados* por um lado e aqueles considerados *muito bons* ou *excessivos* por outro. A segregação da matriz desta forma resulta em quatro zonas que implicam prioridades muito diferentes:

▶ *Zona* adequada: os fatores competitivos nesta área estão acima do limite inferior de aceitabilidade e, portanto, devem ser considerados satisfatórios.
▶ *Zona de* melhoria: situada abaixo do limite inferior de aceitabilidade, quaisquer fatores nesta zona devem ser candidatos a melhorias.
▶ *Zona de* ação urgente: esses fatores são importantes para os clientes, mas o desempenho é inferior ao dos concorrentes. Os fatores devem ser considerados como candidatos para melhoria imediata.
▶ *Zona de* excesso: os fatores nessa área são *de alto desempenho*, mas não são importantes para os clientes. Por conseguinte, deve-se perguntar se os recursos destinados a alcançar tal desempenho poderiam ser mais bem utilizados em outro lugar.

Exemplo resolvido

YIR Laboratories

A YIR Laboratories é uma subsidiária de uma empresa de produtos eletrônicos. Realiza pesquisa e desenvolvimento, bem como trabalho técnico de resolução de problemas para uma ampla gama de empresas, incluindo empresas de seu próprio grupo. Está particularmente interessada em melhorar o nível de serviço que dá aos seus clientes. No entanto, ela precisa decidir qual aspecto de seu desempenho deve ser melhorado em primeiro lugar. Ela elaborou uma lista dos aspectos mais importantes de seu serviço:

▶ *A qualidade das suas soluções técnicas*: a adequação percebida pelos clientes.
▶ *A qualidade da sua comunicação com os clientes*: a frequência e a utilidade da informação.
▶ *A qualidade da documentação pós-projeto*: a utilidade da documentação que acompanha o relatório final.
▶ *Velocidade de entrega*: o tempo entre a solicitação do cliente e a entrega do relatório final.
▶ *Confiabilidade de entrega:* a capacidade de entregar na data prometida.
▶ *Flexibilidade de entrega:* a capacidade de entregar o relatório em uma data revista.
▶ *Flexibilidade da especificação*: a capacidade de mudar a natureza da pesquisa.
▶ *Preço*: a cobrança total para o cliente.

A YIR atribui uma pontuação a cada um desses fatores usando a escala 1-9 descrita na Figura 3.14. Depois disso, a YIR voltou sua atenção para comparar o desempenho do laboratório com as organizações concorrentes. Embora a YIR tenha informações comparadas para alguns aspectos do desempenho, ela tem que fazer estimativas para os outros. Ambas as pontuações são mostradas na Figura 3.16.

A YIR Laboratories plotou os índices de importância e de desempenho atribuídos a cada um de seus fatores competitivos em uma matriz de importância-desempenho. Esta aparece na Figura 3.17. Mostra que o aspecto mais importante da competitividade — a capacidade de fornecer soluções técnicas sólidas aos seus clientes — cai confortavelmente dentro da zona adequada. Flexibilidade de especificação e flexibilidade da entrega também estão na zona adequada. Tanto a velocidade da entrega quanto a confiabilidade da entrega parecem ter necessidade de melhoria, já que cada uma delas está abaixo do nível mínimo de aceitabilidade para suas respectivas posições de importância.

▶

Entretanto, dois fatores competitivos, comunicações e custo/preço, precisam claramente de melhoria imediata. Esses dois fatores devem, por conseguinte, ser atribuídos à prioridade mais urgente de melhoria. A matriz também indica que a documentação da empresa poderia quase ser considerada como *excessiva*.

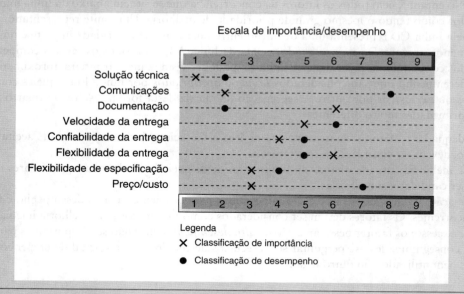

Figura 3.16 Avaliação da *importância para os clientes* e *desempenho contra os concorrentes* nas escalas de nove pontos para a YIR Laboratories.

A matriz pode não revelar surpresas totais. Os fatores competitivos na zona de *ação urgente* podem já ser conhecidos por terem necessidade imediata de melhoria. No entanto, o exercício é útil por dois motivos:

▶ Ajuda a discriminar entre muitos fatores que podem necessitar de melhorias.
▶ O exercício dá finalidade e estrutura ao debate sobre as prioridades de melhoria.

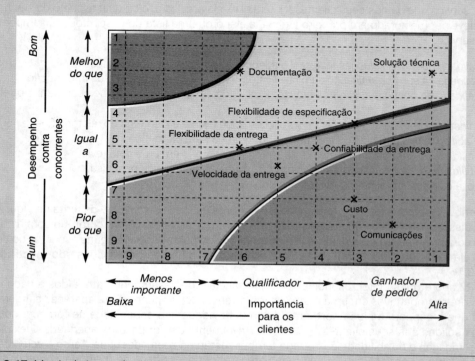

Figura 3.17 Matriz de importância-desempenho para a YIR Laboratories.

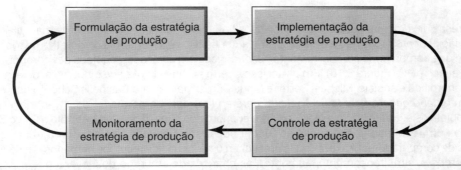

Figura 3.18 Os estágios do processo da estratégia de produção.

3.7 Como pode ser organizado o processo de estratégia de produção?

Uma estratégia de produção é o ponto de partida para a melhoria da produção. Ela define a direção em que a operação mudará com o passar do tempo. Está implícito que a empresa desejará a mudança da produção para melhor. No entanto, a menos que uma estratégia de produção dê alguma ideia de *como* a melhoria acontecerá, ela não está cumprindo sua finalidade principal. É aí que entra a consideração do *processo* da estratégia de produção. Ele significa o método utilizado para determinar qual deverá ser a estratégia de produção e como ela deverá ser implementada. Essa é uma tarefa complexa e difícil de ser alcançada na prática. E, embora qualquer modelo simples com o passo a passo de como *fazer* a estratégia de produção inevitavelmente seja uma simplificação de uma realidade confusa, usaremos um modelo de quatro estágios para ilustrar alguns dos elementos do *processo*. Esse modelo de estágios é mostrado na Figura 3.18. Ele divide o processo da estratégia de produção em *formulação*, *implementação*, *monitoramento* e *controle*. A figura mostra esses quatro estágios como um ciclo, pois as estratégias podem ser revisadas, dependendo da experiência obtida na tentativa de fazê-las acontecer.

> **Princípio de produção**
> O processo da estratégia de produção envolve formulação, implementação, monitoramento e controle.

Formulação da estratégia de produção

Formular a estratégia de produção é o processo de identificar os vários objetivos e decisões que compõem a estratégia e os vínculos existentes entre eles. Diferentemente do dia a dia da administração da produção, a formulação de uma estratégia de produção é, provavelmente, uma atividade ocasional. Algumas empresas terão um ciclo de planejamento regular (por exemplo, anual), e considerar a estratégia de produção pode fazer parte disso, mas é provável que a extensão de quaisquer mudanças feitas em cada ciclo anual seja limitada. Em outras palavras, o processo *completo* da formulação de uma estratégia de produção totalmente nova será um evento relativamente pouco frequente. Há muitos *processos de formulação* que são ou podem ser usados para formular as estratégias de produção. A maioria das empresas de consultoria desenvolve seus próprios modelos, o que também é feito por vários acadêmicos.

Operações responsáveis

Em cada capítulo, sob o título de Operações responsáveis, *resumimos como o tópico específico tratado no capítulo aborda importantes questões sociais, éticas e ambientais.*

Se as decisões de produção vão refletir preocupações sociais e ambientais, elas devem ser refletidas em como as estratégias de produção são formuladas. De fato, a responsabilidade social corporativa (RSC) é cada vez mais vista não como uma atividade periférica, mas como uma prioridade central e altamente visível para a maioria das empresas. (Veja o exemplo *A sustentabilidade está em alta na agenda de produção da Google* em *Operações na prática*.) Com frequência, a mídia veicula reportagens sobre o bom comportamento corporativo e os *sites* corporativos da maioria das empresas explicam, muitas vezes em detalhes, seu compromisso com prática de produção responsável. Mas até que ponto as empresas devem ir na busca desses objetivos? Alguns diriam que os elementos mais filantrópicos da RSC são *atraentes*, mas não *essenciais*. Uma autoridade[16] vê a filantropia corporativa no topo de uma pirâmide que compreende comportamentos econômicos em sua base, seguidos por comportamentos legais e éticos (ver a Figura 3.19). Em parte, isso ocorre porque ela oferece o potencial de alinhar objetivos econômicos e sociais. Michael Porter e Mark Kramer, da Harvard Business School, sugerem o que chamam de *abordagem focada no contexto* para a filantropia corporativa.[17] Isso tenta abertamente alinhar objetivos estratégicos que são sociais e econômicos. Eles dão como exemplo a Cisco Systems, que gerou um resultado *ganha-ganha* ao fundar sua Cisco Network Academy, para treinar gerentes de redes de computadores. Ao fazê-lo, ela preencheu uma lacuna de recursos humanos em seus mercados externos e, simultaneamente, aumentou as chances de emprego dos jovens que passam pela Academia.

Figura 3.19 A pirâmide de Carroll.

Fonte: Adaptada de Carroll, A.B. (1991) The pyramid of social responsibility: towards the moral management of organizational stakeholders, *Business Horizons*, July/August.

Comentário crítico

Não faltam indivíduos e instituições que não aceitam os princípios fundamentais da responsabilidade social corporativa (RSC) e que acreditam que as empresas ganham mais com a RSC do que a sociedade. Alguns até veem a RSC como uma contradição de termos, porque as empresas são legalmente obrigadas a ganhar dinheiro para seus acionistas, de modo que só podem ser *socialmente responsáveis* se estiverem sendo deliberadamente insinceras. Eles argumentam que quaisquer benefícios sociais da RSC (dos quais eles duvidam) são mais do que ofuscados pelas perdas para a sociedade decorrentes da atividade corporativa *normal*. A RSC, argumentam eles, é simplesmente um meio para as corporações aumentarem sua imagem pública e evitarem regulamentações legais mais rigorosas. É basicamente uma distração que deliberadamente visa desviar a responsabilidade pelos problemas causados pelas operações corporativas para longe do negócio, enquanto obstrui esforços mais legítimos para combater a injustiça social e ambiental. No entanto, comentaristas ainda menos fundamentalistas da RSC questionam alguns aspectos de como ela é praticada. Uma crítica é a falta de padrões em torno da RSC: ela pode ser definida como o que uma empresa deseja ser. Há uma falta de padrões que definam o que conta como responsabilidade corporativa e nenhum conjunto de princípios acordados sobre o que significa ser uma empresa responsável. É muito fácil para os gestores de RSC selecionarem, eles mesmos, as áreas de benefício social de que a empresa irá tratar – muitas vezes o que é mais vantajoso ou conveniente para o negócio. Outra crítica é que, por causa da RSC, a legislação não é suficientemente desenvolvida para regular a atividade empresarial e, portanto, a pressão sobre as empresas para serem socialmente responsáveis é deixada para a *supervisão do cidadão (ou da mídia)*, e não da lei.

O que o processo de formulação deve tentar atingir?

Antes de formular uma estratégia de produção, é necessário responder à pergunta: "O que se deve tentar atingir?". Claramente, ela deve fornecer um conjunto de ações que, em retrospectiva, proporcione o *melhor* resultado para a organização. Entretanto, o que queremos dizer por *o melhor* e quão boa é uma avaliação que só pode ser aplicada com a experiência adquirida? Todavia, mesmo se não pudermos avaliar antecipadamente quão *boa* é uma estratégia dada como certa, podemos conferi-la em alguns atributos que poderiam impedir seu sucesso, como podemos ver a seguir:

- *A estratégia de produção é abrangente?*: em outras palavras, ela inclui todas as questões importantes? A história empresarial está repleta de empresas que simplesmente deixaram de perceber o impacto potencial de, por exemplo, uma nova tecnologia de processo ou mudanças emergentes em sua rede de suprimento.
- *A estratégia de produção é coerente?*: conforme discutido anteriormente, há coerência quando as escolhas feitas em cada área de decisão levam a operação à mesma direção estratégica, com todas as decisões estratégicas complementando e reforçando umas às outras na promoção dos objetivos de desempenho.
- *A estratégia de produção tem correspondência?*: novamente, conforme já discutimos, há correspondência quando as estratégias buscadas correspondem à verdadeira prioridade de cada objeto de desempenho.
- *A estratégia de produção identifica os assuntos críticos?*: quanto mais crítica a decisão, mais atenção ela merece. Embora nenhuma decisão estratégica seja sem importância, em termos práticos, algumas decisões são mais críticas do que outras. O julgamento sobre exatamente que decisões são particularmente críticas deve ser pragmático e estar baseado em circunstâncias particulares da estratégia de produção da empresa individual. O mais importante, porém, é que elas devem ser identificadas.

Princípio de produção

As estratégias de produção devem ser abrangentes, coerentes, corresponderem aos objetivos declarados e identificarem os assuntos críticos.

Comentário crítico

O argumento que tem sido colocado é que a estratégia não se presta a uma simples análise com um *modelo de estágios* que orienta os gerentes passo a passo para a eventual *resposta* do que é uma estratégia final. Assim, os modelos colocados por consultores e acadêmicos são de valor muito limitado. Na realidade, as estratégias (mesmo as feitas deliberadamente, opostas às que simplesmente "acontecem") são resultado de forças organizacionais muito complexas. Mesmo os modelos descritivos, como o modelo de quatro estágios descrito na Figura 3.19, vão pouco além de sensibilizar os gerentes para alguns dos assuntos-chave que devem levar em consideração ao delinear estratégias. De fato, argumentam, é a articulação do *conteúdo* da estratégia de produção que é mais útil do que aderir a alguma descrição demasiadamente simplista de um processo estratégico.

Implementação da estratégia de produção

A implementação da estratégia de produção é a forma como as estratégias são operacionalizadas ou executadas. Significa tentar assegurar que as estratégias pretendidas sejam realmente atingidas. Isso é importante porque, não importa quão sofisticadas sejam as bases intelectuais e analíticas de uma estratégia, ela continua sendo apenas um documento até que seja implementada. Contudo, a forma que se implementa qualquer estratégia variará muito, dependendo da natureza específica das mudanças implicadas por essa estratégia e as condições organizacionais e ambientais durante sua implementação. Entretanto, três assuntos são frequentemente mencionados pelos implantadores de estratégia como sendo importantes para atingir uma implementação bem-sucedida:

- *Clareza das decisões estratégicas:* há forte relacionamento entre o estágio de formulação e o estágio de implementação da estratégia de produção. O atributo crucial do estágio de formulação é a clareza. Se uma estratégia for ambígua, é difícil traduzir a intenção estratégica em ações específicas. Entretanto, com clareza, deve ser mais fácil definir a intenção por trás da estratégia, alguns assuntos importantes que precisam ser desenvolvidos para propiciar a intenção, o modo como os projetos serão realizados e custeados, quem será responsável por cada tarefa, e assim por diante.
- *Liderança motivacional:* a liderança que motiva, encoraja e dá apoio é uma grande vantagem para lidar com a complexidade da implementação. A liderança é necessária para dar sentido e significado às aspirações estratégicas, manter um senso de propósito durante o período de implementação e, quando necessário, modificar o plano de implementação à luz da experiência.
- *Gestão de projeto:* implementação significa segmentar um plano complexo em um conjunto de atividades relativamente distintas. Felizmente, há um conjunto de ideias bem desenvolvidas de como fazer isso. Isso é denominado *gestão de projetos*, e um capítulo inteiro é dedicado a esse assunto (Capítulo 19).

OPERAÇÕES NA PRÁTICA

A sustentabilidade está em alta na agenda de produção da Google[18]

Grandes empresas de tecnologia não são imunes à controvérsia. Sua influência internacional, arranjos tributários muitas vezes complexos, uso de dados de clientes, suscetibilidade de serem usadas para promover conteúdo questionável (ou mesmo ilegal) e seu tamanho e escopo as colocam no centro dos debates políticos e éticos. Portanto, não surpreende que as grandes empresas de tecnologia sejam muito cuidadosas em colocar a responsabilidade social corporativa (RSC) no centro de suas estratégias de produção. Veja a Google, por exemplo, uma empresa que tem integrado a RSC com sucesso em suas estratégias. Em uma época em que a reputação das empresas de tecnologia era, na melhor das hipóteses, estável, ou em declínio, a Google foi posicionada como tendo a melhor reputação do mundo em responsabilidade corporativa, de acordo com o Reputation Institute.[19] Seu estudo classificou a responsabilidade corporativa das empresas de acordo com seu compromisso de ser um empregador justo no local de trabalho, seu papel de cidadã na sociedade e sua capacidade de cumprir as obrigações financeiras com seus acionistas.

O compromisso da Google com a economia de energia já é antigo, que é a maior compradora corporativa de energia limpa do mundo e pretende operar com energia livre de carbono em todos os lugares e em todos os momentos até 2030. Seu projeto de *prédios vivos* também contribui para seus esforços de sustentabilidade. Prédios vivos (um termo popularizado pelo International Living Future Institute, ILFI) são prédios regenerativos — por exemplo, gerando mais energia do que utilizam, coletando e tratando água no local, desviando resíduos de aterros e reutilizando materiais. No entanto, as atividades relacionadas com a RSC na Google (e sua proprietária, a Alphabet) variam muito mais do que o consumo de energia. Criar locais de trabalho sustentáveis, diz ela, é bom tanto para as pessoas que trabalham neles quanto para o meio ambiente. A empresa é conhecida por seu *design* inovador de espaço de escritório (ver no Capítulo 7). A Google também enfatiza que suas responsabilidades são vistas além dos limites da empresa, e incluem sua rede de suprimentos. Segundo a empresa, ela aspira à criação de um modelo de rede de suprimentos para seus mais de 1.000 fornecedores em todo o mundo que crie uma base de fornecimento mais segura, justa e equitativa. Mas manter altos padrões éticos em uma empresa tão grande, com uma gama tão extensa de serviços, não é uma tarefa fácil. Uma das maneiras pelas quais a Google coloca seus valores em prática é por meio do *Código de Conduta da Google*.[20] Esse é um documento que define os altos padrões de conduta ética nos negócios que os funcionários da Google e os membros do Conselho devem seguir (se isso não for feito, pode significar ação disciplinar).

Monitoramento da estratégia de produção

Especialmente nos tempos em que as coisas estão mudando rapidamente, como durante a mudança estratégica, as organizações costumam desejar acompanhar o progresso do desempenho para assegurar que as mudanças estão ocorrendo como planejado. O monitoramento deve ser capaz de fornecer as indicações iniciais (ou um *sinal de alerta*, como alguns falam) ao diagnosticar dados e acionar as mudanças apropriadas em como a estratégia de produção está sendo implementada. Após criar um plano para a implementação, cada parte precisa ser monitorada para assegurar que as atividades planejadas estejam, de fato, ocorrendo. Qualquer desvio do que deve estar ocorrendo (isto é, suas atividades planejadas) pode ser, então, retificado mediante algum tipo de intervenção na operação.

Controle estratégico da produção

O controle estratégico envolve a avaliação dos resultados do monitoramento da implementação. Atividades, planos e desempenho são avaliados com a intenção de corrigir ação futura se isso for requerido. De algumas formas, essa visão estratégica do controle é similar a como ele funciona operacionalmente (que é discutido no Capítulo 10), mas há diferenças. Em um nível estratégico, o controle pode ser difícil porque os objetivos estratégicos nem sempre são claros e inequívocos. Pergunte a quaisquer gerentes experientes, e eles reconhecerão que nem sempre é possível articular cada aspecto de uma decisão estratégica em detalhe. Diversas estratégias são simplesmente muito complexas para isso. Portanto, em vez de aderir dogmaticamente a um plano predeterminado, pode ser melhor adaptar-se à medida que as circunstâncias mudam. Quanto mais incerto o ambiente, mais uma operação precisa enfatizar essa forma de flexibilidade estratégica e desenvolver sua habilidade para aprender com os eventos.

Respostas resumidas às questões-chave

3.1 O que é estratégia e o que é estratégia de produção?

▶ Estratégia é o padrão total de decisões e ações que posiciona a organização em seu ambiente e que são planejadas para atingir suas metas em longo prazo.

▶ A estratégia de produção envolve o padrão das decisões estratégicas e as ações que estabelece o papel, os objetivos e as atividades da operação. Ela pode ser usada para articular uma visão para a contribuição (potencial) da produção para o sucesso organizacional (isto é, passar do estágio 1 ao estágio 4 do modelo de contribuição da produção de Hayes e Wheelwright).

▶ A estratégia de produção tem conteúdo e processo. O conteúdo envolve as decisões específicas que são tomadas para atingir objetivos específicos. O processo é o procedimento usado em uma empresa para formular sua estratégia.

▶ Existem quatro perspectivas principais na estratégia de produção: de cima para baixo (*top-down*), requisitos de mercado, ou de fora para dentro (*outside-in*), de baixo para cima (*bottom-up*) e recursos de produção, ou de dentro para fora (*inside-out*).

▶ É importante engajar-se com uma grande gama de partes interessadas (*stakeholders*), dentro e fora da organização, ao desenvolver a estratégia de produção.

3.2 Como a estratégia de produção se alinha com a estratégia de negócio de cima para baixo (*top-down*)?

▶ A perspectiva *top-down* vê as decisões estratégicas em vários níveis. A estratégia corporativa estabelece os objetivos de negócios diferentes que constituem um grupo de empresas. A estratégia de negócio estabelece os objetivos para cada negócio individual e como posicionar-se em seu mercado. As estratégias funcionais estabelecem os objetivos da contribuição de cada função para sua estratégia de negócio.

▶ É importante considerar a *correspondência* entre esses diferentes níveis de estratégia e a *coerência* tanto com outras estratégias funcionais quanto internamente.

▶ Os conceitos de *modelo de negócios* e *modelo operacional* são úteis para compreender a perspectiva *top-down* na estratégia de produção.

3.3 Como a estratégia de produção se alinha com os requisitos do mercado *de fora para dentro (outside-in)*?

▶ Uma perspectiva das *exigências do mercado* (de fora para dentro) da estratégia de produção entende que o principal papel da produção é satisfazer aos mercados. Por essa perspectiva, objetivos de desempenho da produção e as decisões de produção devem ser influenciados principalmente por uma combinação das necessidades dos clientes e das ações dos concorrentes.

▶ Os requisitos do mercado são influenciados pela diferenciação do produto/serviço e pelo estágio em que um produto ou serviço está dentro do seu ciclo de vida.

3.4 Como a estratégia de produção se alinha com a experiência operacional *de baixo para cima (bottom-up)*?

▶ A visão *bottom-up* da estratégia de produção enfatiza a visão emergente do desenvolvimento da estratégia com base na experiência operacional do dia a dia. Embora a perspectiva *top-down* possa descrever como a estratégia de produção (e outras estratégias funcionais) *deve* ser desenvolvida, ela geralmente não descreve como ela *é* desenvolvida.

▶ As perspectivas *top-down* e *bottom-up*, na verdade, são complementares. Em uma direção, as perspectivas *top-down* podem ser usadas para avaliar a extensão à qual as atividades operacionais do dia a dia refletem as estratégias de nível mais alto. Na outra direção, a experiência obtida com as atividades do dia a dia podem ser acumuladas e criar competências que poderão então ser exploradas estrategicamente.

3.5 Como a estratégia de produção se alinha com os recursos de produção *de dentro para fora (inside-out)*?

▶ A perspectiva dos *recursos de produção* (de dentro para fora) da estratégia de produção está fundamentada na visão baseada nos recursos (RBV) da empresa e entende que as competências principais da produção (ou as capacitações) são a principal influência sobre a estratégia de produção.

▶ Uma perspectiva de recurso de produção deverá começar compreendendo as competências e restrições existentes dentro da operação.

▶ A identificação das áreas de decisão estratégica pode ajudar a apoiar a criação de competências para a produção e suas redes de fornecimento estendidas.

▶ Recursos estratégicos (também chamados de capacitações ou competências) são essenciais na geração da vantagem competitiva sustentável. Esses recursos são valiosos, raros, caros para se imitar e organizados de modo a permitir que a organização capture seu valor.

3.6 Como são reconciliadas as quatro perspectivas da estratégia de produção?

▶ Combinadas, as quatro perspectivas dão uma boa ideia de como o conteúdo da estratégia de produção é desenvolvido e como a excelência na produção pode atuar como uma importante fonte de vantagem competitiva. Entre os modelos para dar suporte a essa atividade, estão a matriz de estratégia de produção, a *linha de ajuste* e a matriz de importância-desempenho.

3.7 Como pode ser organizado o processo de estratégia de produção?

▶ Constituir uma estratégia de produção é denominado "o processo" da estratégia de produção, e é composto de quatro estágios — formulação, implementação, monitoramento e controle.

▶ Formulação é o processo de esclarecer os vários objetivos e decisões que compõem a estratégia e os vínculos entre eles. Implementação é o modo como a estratégia é operacionalizada. Monitoramento envolve acompanhar o progresso do desempenho e diagnosticar os dados para se assegurar que as mudanças estão ocorrendo como planejadas e fornecer indicações antecipadas de qualquer desvio do plano. Controle envolve a avaliação dos resultados do monitoramento da implementação, de modo que as atividades, os planos e o desempenho possam ser avaliados com a intenção de corrigir a ação futura que for requerida.

| ESTUDO DE CASO | McDonald's: meio século de crescimento[21] |

Ele é amado e é odiado. Para algumas pessoas, é um exemplo brilhante de como alimentos de bom valor (pelo preço) podem ser levados a um mercado de massa. Para outras, é um símbolo de tudo o que está errado com o comercialismo *industrializado*, capitalista, sem graça, de alto teor calórico e hostil ao meio ambiente. Para alguns, é a marca de *fast-food* mais conhecida e mais amada do mundo, com mais de 39.000 restaurantes, alimentando 69 milhões de clientes por dia (sim, por dia!), ou quase 1% da população mundial. Mas outros a consideram parte da homogeneização das culturas nacionais individuais, enchendo o mundo de operações americanizadas, idênticas, moldadas e sem alma, que desumanizam seus funcionários, forçando-os a seguir procedimentos rígidos e extremamente definidos. No entanto, seja ele um amigo, seja ele um inimigo ou um pouco de ambos, o McDonald's revolucionou a indústria de alimentos, afetando a vida tanto das pessoas que produzem alimentos quanto as que os comem. Ele também teve seus altos (principalmente) e baixos (ocasionalmente) à medida que mercados, clientes e circunstâncias econômicas mudaram. No entanto, mesmo nos momentos mais difíceis, sempre demonstrou uma incrível resiliência. O que se segue é um pequeno resumo (para uma corporação tão grande) de sua história.

Começando pequeno

Uma figura central para o desenvolvimento do McDonald's é Ray Kroc, que em 1954 e com 52 anos tinha sido um pianista, um vendedor de copos de papel e um vendedor de multiprocessador. Ele foi surpreendido por uma grande encomenda para oito multiprocessadores de um restaurante em San Bernardino, Califórnia. Quando visitou o cliente, encontrou um restaurante pequeno, mas bem-sucedido, dirigido por dois irmãos, Dick e Mac McDonald. Eles abriram seu restaurante *Bar-B-Que* 14 anos antes, e quando Ray Kroc visitou a operação dos irmãos, ele tinha um formato de *drive-in self-service* com um menu limitado de nove itens. Ele ficou encantado com a eficácia de sua operação. Concentrar-se em um menu limitado, incluindo hambúrgueres, batatas fritas e bebidas, lhes permitiu analisar cada etapa do processo de produção e entrega de seus alimentos. Ray Kroc ficou tão impressionado que persuadiu os irmãos a adotar sua visão de criar restaurantes McDonald's em todos os EUA, o primeiro dos quais abriu em Des Plaines, Illinois, em junho de 1955. No entanto, mais tarde, Kroc e os irmãos McDonald brigaram, e Kroc comprou o negócio. Agora, com direitos exclusivos para o nome do McDonald's, os restaurantes se espalharam e, em cinco anos, havia 200 deles pelos EUA. No entanto, por meio desse começo e, mais tarde, das expansões, Ray Kroc insistiu em manter os mesmos princípios que ele tinha visto na operação original: *"Se eu tivesse um tijolo para cada vez que eu repeti as palavras Qualidade, Atendimento, Limpeza e Valor, acho que eu provavelmente seria capaz de construir uma ponte sobre o Oceano Atlântico com eles"* (Ray Kroc).

Prioridade para o processo

Ray Kroc tinha sido atraído pela limpeza, simplicidade, eficiência e rentabilidade da operação dos irmãos McDonald. Eles tinham simplificado a entrega de *fast-food* até sua essência e eliminado o esforço desnecessário para criar uma linha de montagem rápida para uma refeição a preços razoáveis. Kroc queria construir um processo que se tornaria famoso pela comida de qualidade consistentemente alta, usando métodos uniformes de preparação. Seus hambúrgueres, pães, batatas fritas e bebidas deveriam ter o mesmo sabor desde o Alasca até o Alabama. A resposta foi o *Speedee Service System*, um processo padronizado que prescrevia métodos de preparação exatos, equipamentos especialmente projetados e especificações rigorosas do produto. A ênfase na padronização de processos significava que os clientes podiam ter a garantia de níveis idênticos de qualidade dos alimentos e serviços sempre que visitassem qualquer loja, em qualquer lugar. Os procedimentos operacionais foram especificados minuciosamente. O primeiro manual de operações prescrevia instruções de cozimento rigorosas, como temperaturas, tempos de cozimento e porções. Da mesma forma, procedimentos operacionais foram definidos para garantir a satisfação necessária do cliente; por exemplo, nenhum alimento poderia ser mantido por mais de 10 minutos na bandeja de transferência entre a preparação e a entrega. A tecnologia também foi automatizada. Equipamentos especialmente projetados ajudaram a garantir a consistência, usando dispositivos *de fácil manuseio*. Por exemplo, o *ketchup* era aplicado com uma bomba de dosagem manual. *Grills* especialmente concebidos grelhavam ambos os lados de cada carne de hambúrguer simultaneamente, por um tempo predefinido. E, quando ficou claro que os pegadores metálicos usados pela equipe para encher recipientes de batatas fritas eram difíceis de usar de modo eficaz, os engenheiros do McDonald's criaram uma simples colher de alumínio que facilitava e acelerava o trabalho.

Para Kroc, o processo operacional era sua paixão e a filosofia central da empresa. Era também a base da aprendizagem e do melhoramento. O foco quase compulsivo da empresa nos detalhes do processo não era um fim em si mesmo. Ao contrário, isso tinha por objetivo descobrir, na prática, o que contribuía

104 PARTE 1 DIRECIONAMENTO DA PRODUÇÃO

para um serviço consistente, de alta qualidade, e o que o impedia. O McDonald's sempre deu importância ao aprendizado. Fundou a *Universidade do Hambúrguer*, inicialmente no porão de um restaurante em Elk Grove Village, Illinois. Dispunha de um laboratório de pesquisa e desenvolvimento para desenvolver novos métodos de cozinhar, congelar, estocar e servir. Além disso, franqueados e operadores eram treinados nas técnicas analíticas necessárias para conduzir um negócio McDonald's bem-sucedido. Formava pessoas em *Hamburguerologia*. Mas o aprendizado não era apenas para a sede. A empresa também formou uma unidade de *serviço de campo* para avaliar e ajudar seus restaurantes, enviando consultores de serviço de campo para avaliar seu desempenho em uma série de *dimensões*, incluindo limpeza, filas, qualidade dos alimentos e atendimento ao cliente. Como Ray Kroc disse: *"Levamos o negócio de hambúrguer mais a sério do que qualquer outra pessoa. O que distingue o McDonald's é a paixão que nós e nossos fornecedores partilhamos em produzir e entregar as carnes da mais alta qualidade. Todos os dias, rigorosos padrões e práticas de segurança e qualidade de alimentos são utilizados e executados nos mais altos níveis."*

Nenhuma história ilustra a filosofia da empresa de aprendizagem e melhoramento melhor do que sua adoção de batatas fritas congeladas. As batatas fritas sempre foram importantes para o McDonald's. Inicialmente, a empresa tentou observar os níveis de temperatura e os métodos de cozimento que produziam as melhores batatas fritas. O problema era que a temperatura durante o processo de cozimento era muito influenciada pela temperatura das batatas quando eram colocadas no recipiente. Portanto, a menos que a temperatura das batatas, antes de serem fritas, também fosse controlada (não muito prático), era difícil especificar tempo e temperatura exatos que produziriam batatas fritas perfeitas. Mas os pesquisadores do McDonald's descobriram que, independentemente da temperatura das batatas cruas, as batatas fritas eram sempre melhores quando a temperatura do óleo no recipiente aumentava 3 graus acima do ponto de baixa temperatura depois de serem colocadas no óleo. Assim, monitorando a temperatura do óleo, era possível produzir batatas fritas perfeitas o tempo todo. Mas esse não foi o fim da história. A batata ideal para fritura era a Russet (batata de Idaho), que era sazonal e não era encontrada nos meses do verão. Em outros meses, utilizava-se uma batata alternativa (inferior). Um produtor que, na época, fornecia um quinto das batatas do McDonald's, sugeriu que ele poderia colocar as Russets (batatas de Idaho) em armazenamento frio para fornecer durante o período de verão. Infelizmente, todas as batatas armazenadas apodreceram. Sem se dar por vencido, ele ofereceu outra sugestão. Por que o McDonald's não passa a usar batatas congeladas? Mas, desde o início, a empresa tinha muito cuidado ao mexer com um item de menu tão importante. No entanto, havia outras vantagens no uso de batatas congeladas. Fornecer batatas frescas em perfeitas condições para a cadeia de McDonald's em rápida expansão era cada vez mais difícil. Batatas congeladas poderiam realmente aumentar a qualidade das batatas fritas da empresa se houvesse um método de cozinhá-las de maneira satisfatória. Mais uma vez os desenvolvedores do McDonald's vieram em socorro. Eles desenvolveram um método de secar as batatas cruas com ar, fritar rapidamente e depois congelá-las. O fornecedor, que era relativamente pequeno e local quando sugeriu pela primeira vez armazenar as Russets (batatas de Idaho), aumentou

seu negócio de modo a fornecer para cerca de metade dos restaurantes McDonald's nos EUA.

Ao longo de sua rápida expansão, o McDonald's concentrou-se em quatro áreas: melhorar o produto; estabelecer fortes relações com fornecedores; criar equipamentos (quase todos customizados); e desenvolver franquias. Mas também foi seu rigoroso controle do menu que proporcionou uma plataforma de estabilidade. Embora seus concorrentes oferecessem uma variedade relativamente grande de itens de menu, o McDonald's o limitava a dez itens. Conforme enfatizou um dos gerentes da alta administração do McDonald's na época: *"Não foi porque éramos mais espertos. O fato de estarmos vendendo apenas dez itens e que tínhamos uma instalação pequena e usávamos um número limitado de fornecedores criou um ambiente ideal".* O crescimento da capacidade (mediante lojas adicionais) também foi gerenciado com cuidado. Lojas bastante frequentadas era algo importante para os donos de franquias, de modo que as oportunidades de franquias eram localizadas apenas onde não prejudicassem seriamente as lojas existentes.

Assegurando o fornecimento

O McDonald's diz que tem sido a força do alinhamento entre a empresa, seus franqueados e seus fornecedores (coletivamente chamados de o Sistema) a explicação para o seu sucesso. Mas, durante os primeiros anos da empresa, os fornecedores mostraram-se problemáticos. McDonald's abordou os principais fornecedores de alimentos, como Kraft e Heinz, mas sem muito sucesso. Grandes fornecedores estabelecidos estavam relutantes em se ajustar às exigências do McDonald's, preferindo se concentrar nas vendas no varejo. Foram as empresas relativamente pequenas que estavam dispostas a arriscar no fornecimento daquilo que parecia ser uma aventura arriscada. E, à medida que o McDonald's crescia, seus fornecedores também, que também valorizavam o relacionamento menos controverso da empresa. Um fornecedor disse certa vez: *"Outras cadeias se afastariam de você por meio centavo. McDonald's estava mais preocupado em obter qualidade. O McDonald's sempre me tratou com respeito, mesmo quando eles se tornaram muito maiores e não precisavam".* Além disso, os fornecedores sempre foram vistos como uma fonte de inovação. Por exemplo, um dos fornecedores de carne do McDonald's, a Keystone Foods, desenvolveu um novo processo de congelamento rápido que capturava o sabor e a textura dos pedaços frescos de carne. Isso significou que cada pedaço poderia reter sua qualidade consistente até que chegasse ao *grill*. A Keystone compartilhou sua tecnologia com outros fornecedores de carne do McDonald's, e hoje o processo é um padrão da indústria. No entanto, as relações com fornecedores também eram rigorosamente controladas. O McDonald's analisava rotineiramente os produtos deles.

Fomentando franquias

As receitas do McDonald's consistiam nas vendas em restaurantes operados pela empresa e taxas cobradas de restaurantes operados por franqueados. O McDonald's vê-se principalmente como um franqueador e acredita que a franquia é *"importante para oferecer boas experiências aos clientes, relevantes ao local e gerando lucratividade".* No entanto, também acredita que controlar restaurantes diretamente é essencial para fornecer à empresa a experiência das operações reais.

Aproximadamente 80% dos restaurantes eram operados por franqueados. Mas, enquanto algumas cadeias de restaurantes se concentraram no recrutamento de franqueados, o McDonald's esperava que os seus contribuíssem com suas experiências para o benefício de todos. O conceito original de Ray Kroc era que os franqueados ganhariam dinheiro antes da própria empresa, então ele se assegurou de que as receitas que iam para o McDonald's viessem do sucesso dos restaurantes, em vez das taxas iniciais de franquia.

Iniciando a inovação

Ideias para novos itens de menu, muitas vezes, vinham dos franqueados. Por exemplo, Lou Groen, detentor de uma franquia em Cincinnati, notou que na Quaresma (um período de 40 dias em que alguns cristãos deixam de comer carne vermelha às sextas-feiras e, no lugar, consomem apenas peixe ou nada de carne) alguns clientes evitavam o hambúrguer tradicional. Ele foi até Ray Kroc com sua ideia de um *Filet-o-Fish*, pão acompanhado de molho tártaro, um filé de peixe e queijo. Mas Kroc queria empurrar seu próprio sanduíche sem carne, chamado *hula burger*. um pão frio com um pedaço de abacaxi e queijo. Groen e Kroc competiram em uma sexta-feira de Quaresma para ver qual sanduíche venderia mais. O *hula burger* de Kroc fracassou, vendendo apenas seis sanduíches durante todo o dia, enquanto Groen vendeu 350 Filet-o-Fish. Da mesma forma, o Egg McMuffin foi introduzido pelo franqueado Herb Peterson, que queria atrair clientes em suas lojas McDonald's durante todo o dia, não apenas no almoço e jantar. Ele veio com a ideia para o item de café da manhã do McDonald's porque ele supostamente *"gostava de ovos beneditinos e queria criar algo semelhante"*.

Outras inovações vieram da própria empresa. Quando o frango se tornou muito popular, Fred Turner, então presidente do McDonald's, teve uma ideia para uma nova refeição: petiscos de frango sem ossos, do tamanho de um polegar. Após seis meses de pesquisa, os técnicos de alimentos e os cientistas conseguiram reconstituir fragmentos de carne branca de frango em pequenas porções que poderiam ser panificadas, fritas, congeladas e depois reaquecidas. O marketing de teste do novo produto foi positivo, e em 1983 eles foram lançados sob o nome de Chicken McNuggets. Estes foram tão bem-sucedidos que, dentro de um mês, o McDonald's tornou-se o segundo maior comprador de frango nos EUA. Algumas inovações vieram como uma reação às condições de mercado. Criticado por nutricionistas preocupados com hambúrgueres com altas calorias e acionistas que se alarmaram com o achatamento das vendas, em 2003, o McDonald's lançou sua maior revolução de menu em 30 anos, quando entrou no mercado de saladas prontas. O McDonald's oferecia uma escolha de molhos para a sua salada de frango grelhado com molho Caesar (e *croutons*) ou a opção mais leve de um molho balsâmico salpicado. Da mesma forma, os movimentos para as vendas de café foram motivados pela tendência cada vez maior estabelecida por grandes cafeterias, como a Starbucks.

Períodos problemáticos

Alimentos, como quase tudo, estão sujeitos a oscilações na moda. Não é de se surpreender, então, que tenha havido períodos em que o McDonald's teve de se adaptar. O período entre o início dos anos 1990 e meados dos anos 2000 foi difícil para partes do Império McDonald's. O crescimento em algumas partes do mundo parou. Isso aconteceu, em parte, devido a mudanças no padrão de alimentação, preocupações nutricionais e mudanças demográficas. Em parte, foi porque os concorrentes estavam aprendendo a simular o sistema de produção do McDonald's, ou a se concentrar em um aspecto da oferta tradicional de *serviço rápido*, como velocidade de atendimento, variedade de itens de menu, qualidade (percebida) dos alimentos ou preço. Burger King promoveu-se em sua qualidade de *grelhados ao fogo*. Wendy's ofereceu um nível de atendimento mais completo. Taco Bell reduziu os preços do McDonald's com suas promoções de *preço baixo*. Os especialistas de *drive-through* aceleraram os tempos de atendimento. Além disso, o *fast-food* estava gerando uma má reputação em alguns locais e, sendo sua marca icônica, McDonald's estava sofrendo com isso. Da mesma forma, a empresa tornou-se um para-raios para outros aspectos questionáveis da vida moderna que ela mantinha, desde o imperialismo cultural, empregos de baixa qualificação (chamados *McJobs* por alguns críticos), abuso de animais e o uso de carnes melhoradas com hormônios, até um ataque aos valores franceses tradicionais (na França). Um fazendeiro francês chamado Jose Bové (que foi brevemente aprisionado) conseguiu que outros fazendeiros conduzissem seus tratores e destruíssem um McDonald's parcialmente construído.

Da mesma forma, em 2015 o McDonald's fechou mais lojas em seu mercado doméstico dos EUA do que abriu — pela primeira vez em seus 60 anos de história. Em parte, isso foi resultado do aumento do chamado jantar *rápido casual*, uma tendência que combinava a conveniência do serviço tradicional do McDonald's com a comida que era considerada mais saudável, mesmo que fosse mais cara. Os rivais menores, como Chipotle e Shake Shack, começaram a tomar uma fatia do mercado doméstico.

Estratégias de sobrevivência

Nos últimos anos, a estratégia da empresa tem sido tornar-se *melhor, não apenas maior*, com foco na *condução de restaurantes*, com o objetivo de *melhorar a experiência geral para nossos clientes*. Em especial, de acordo com alguns analistas, ele *voltou ao básico*, uma estratégia usada pelo então CEO da McDonald's, Steve Easterbrook, quando foi chefe da operação britânica da empresa, onde redesenhou os pontos de venda para torná-los mais modernos, introduziu café e cappuccinos, trabalhou com os agricultores para elevar os padrões e maior transparência em torno de sua cadeia de suprimentos. Ao mesmo tempo, ele participou plenamente e com força com os críticos da empresa no debate sobre as preocupações de saúde do fast-food. Mas alguns analistas acreditam que o mercado de *hambúrgueres e batatas fritas* está em declínio terminal, e a marca McDonald's está tão associada a esse mercado que o crescimento futuro será difícil.

QUESTÕES

1. Como a concorrência do McDonald's mudou durante a sua existência?
2. Quais são os principais objetivos de desempenho da produção para o McDonald's?
3. Quais são as decisões estruturais e infraestruturais mais importantes na estratégia de produção do McDonald's, e como elas influenciam seus principais objetivos de desempenho?

Problemas e aplicações

Todos os capítulos dispõem de questões do tipo *Problemas e aplicações*, que ajudarão o leitor a praticar a análise das operações. Elas podem ser respondidas com a leitura do capítulo.

1. A ZNR Financial, uma grande empresa de contabilidade, procura avaliar suas funções produção em três de seus locais ao redor do mundo. As operações da ZNR Malásia são marginalmente melhores do que as operações de muitos de seus concorrentes na região, mas ainda estão atrás dos melhores *players*. A operação também é vista positivamente por outras funções na organização e sua *voz é ouvida* quando se trata de conversas de estratégia. Indiscutivelmente, as operações da ZNR Japão continuam a fornecer a base sobre a qual a ZNR Japão compete — ela desenvolveu recentemente um *software* avançado de IA para permitir que a empresa tenha acesso a novos clientes corporativos maiores que, além dos serviços básicos de contabilidade, valorizem a inteligência do cliente que o trabalho com a ZNR Japão pode lhes oferecer. As operações da ZNR Hong Kong agora são nitidamente melhores do que a maioria de seus concorrentes e têm voz ativa na direção estratégica da empresa. Recentemente, a equipe de produção trabalhou em estreita colaboração com o marketing para responder à solicitação de um cliente importante para desenvolver para ele um processo de trabalho mais automatizado, de alto volume e baixa variedade. A iniciativa provou ser bem-sucedida, de modo que o marketing está cada vez mais interessado em construir essa relação interna do tipo *ganha-ganha*. Onde você posicionaria as três funções produção da ZNR no modelo de contribuição de operações de Hayes e Wheelwright?

2. Giordano, um dos varejistas de roupas mais conhecidos, está sediada em Hong Kong e emprega mais de 8.000 funcionários em mais de 2.000 lojas. No entanto, quando foi fundada, lojas de luxo vendiam produtos de alta qualidade e prestavam um bom serviço. Roupas mais baratas eram empilhadas e vendidas por vendedores mais preocupados em receber o dinheiro do que em sorrir para os clientes. A empresa questionou por que eles não podiam oferecer valor e serviço com preços baixos. Para fazer isso, eles aumentaram os salários de seus vendedores em mais de 30% e deram a todos os funcionários 60 horas de treinamento. Os novos funcionários receberam um *irmão mais velho* ou *irmã mais velha*, funcionários experientes para ajudá-los a desenvolver suas habilidades de qualidade de serviço. Ainda mais surpreendente para os padrões de seus concorrentes, eles trouxeram uma política de troca *sem perguntas*, independentemente de quanto tempo havia se passado desde a compra. Os funcionários foram treinados para conversar com os clientes e buscar a opinião deles sobre os produtos e o tipo de serviço que desejavam. Isso era repassado aos *designers* da empresa para incorporação em seus novos produtos. Seus princípios operacionais foram resumidos em sua lista *QCISS*: Qualidade (fazer as coisas certo); Conhecimento (manter a experiência atualizada e compartilhar conhecimento); Inovação (pensar *fora da caixa*); Simplicidade (menos é mais); Serviço (superar as expectativas dos clientes).

   (a) De que forma a avaliação dos concorrentes afetou a posição de mercado da operação da Giordano?

   (b) Quais são as vantagens de a equipe de vendas conversar com os clientes?

3. Faça uma análise de importância-desempenho para um parque de diversões. Ao fazer isso, pense nos fatores competitivos (ou seja, os principais ingredientes) para essa oferta, seu nível de importância e seu desempenho, usando a escala mostrada na Figura 3.14. Em seguida, mapeie-os em uma matriz de importância-desempenho, conforme mostrado na Figura 3.15.

4. A sócia-gerente da The Branding Partnership (TBP) estava descrevendo sua empresa. *"Faz cerca de quatro anos que nos especializamos no mercado de pequenas e médias empresas. Antes disso, também fornecíamos serviços de consultoria de marca para quem nos visitasse. No entanto, dentro do escritório, acho que poderíamos focar ainda mais nossas atividades. Parece haver dois tipos de atribuição que nos são dadas. Cerca de 40% é trabalho relativamente rotineiro. Normalmente, essas tarefas são pesquisas de mercado convencionais e exercícios de grupo de foco. As atividades envolvem um conjunto relativamente padronizado de etapas que podem ser realizadas por funcionários relativamente novos. Claro, um consultor experiente é necessário para tomar algumas decisões. Os clientes esperam que tenhamos preços relativamente baixos e que sejamos rápidos na prestação do serviço. Eles nem esperam que cometamos erros simples; se fizéssemos isso com muita frequência, perderíamos negócios. Felizmente, nossos clientes*

CAPÍTULO 3 ESTRATÉGIA DE PRODUÇÃO **107**

sabem que estão comprando um pacote-padrão. No entanto, nos últimos anos apareceram agências especializadas que estão nos prejudicando no preço. No entanto, ainda sinto que podemos operar de maneira lucrativa nesse mercado. Os outros 60% do nosso trabalho são para clientes que precisam de serviços mais especializados, como tarefas que envolvem a reformulação de grandes marcas. Essas atribuições são complexas, grandes, demoram mais e exigem habilidade e avaliação significativa de branding. É fundamental que os clientes respeitem e confiem nos conselhos que lhes damos em todas as áreas associadas à marca, como desenvolvimento de produtos, promoção, preços, e assim por diante. Logicamente, eles assumem que não seremos lentos ou não confiáveis, mas, principalmente, têm confiança em nossa avaliação, apoiada por estatísticas concretas do que é importante para o cliente. Esse é um trabalho popular com nossa equipe. É interessante e muito lucrativo".

(a) Quais as diferenças entre os dois tipos de negócios descritos?

(b) Foi proposto que a empresa seja dividida em dois negócios distintos: um para lidar com serviços de rotina e outro para lidar com serviços mais complexos. Quais seriam as vantagens e desvantagens de fazer isso?

5. A DSD projeta, fabrica e fornece equipamentos médicos para hospitais e clínicas. Seu sucesso foi baseado em sua cultura de pesquisa e desenvolvimento. Cerca de 50% da fabricação foi feita internamente. Seus produtos tinham preços relativamente altos, mas os clientes estavam dispostos a pagar por sua excelência técnica e disposição para personalizar equipamentos. Cerca de 70% de todos os pedidos envolviam alguma forma de customização de *modelos básicos*, padronizados. A fabricação poderia levar três meses desde o recebimento da especificação até a conclusão da montagem, mas os clientes estavam mais interessados na entrega do equipamento no prazo do que na disponibilidade imediata. De acordo com seu CEO, *"a fabricação é realmente um grande laboratório. A cultura de laboratório nos ajuda a manter nossa superioridade em tecnologia de ponta e customização de produtos. Isso também significa que podemos chamar nossos técnicos e evitar todas as paradas, para manter as promessas de entrega. No entanto, não tenho certeza de como a fabricação, ou mesmo o restante da empresa, lidará com os novos mercados e produtos em que estamos iniciando".* Os novos produtos eram *pequenas caixas pretas* que a empresa havia desenvolvido. Eram dispositivos que podiam ser afixados aos pacientes ou implantados. Eles aproveitam ao máximo de uma eletrônica sofisticada e podiam ser promovidos diretamente para os consumidores, bem como a hospitais e clínicas. O CEO conhecia seu significado. *"Mesmo sendo caros, temos que persuadir as empresas de saúde e seguros a incentivar esses novos dispositivos. Mais problemática é a nossa capacidade de lidar com esses novos produtos e novos mercados. Estamos caminhando para ser uma empresa de consumo, fabricando e entregando um volume maior de produtos mais padronizados, em que a tecnologia subjacente está mudando rapidamente. Precisamos nos tornar mais rápidos no desenvolvimento de nossos produtos. Além disso, pela primeira vez, precisamos de algum tipo de capacidade logística. Não tenho certeza se devemos entregar os produtos ou subcontratar o serviço. A manufatura enfrenta um dilema semelhante. Por um lado, é importante manter o controle sobre a produção para garantir alta qualidade e confiabilidade; por outro, investir em tecnologia de processo para fabricar os produtos será muito caro. Existem subcontratadas que podem fabricar os produtos, têm experiência nesse tipo de fabricação, mas não na manutenção dos níveis de qualidade que vamos exigir. Também teremos que desenvolver uma capacidade de atendimento por demanda para entregar produtos em curto prazo. É improvável que todos os clientes estejam dispostos a esperar os três meses que nossos clientes atuais toleram. Também não temos certeza de como a demanda pode crescer. Estou confiante de que o crescimento será rápido, mas precisaremos de capacidade suficiente para não decepcionar nossos novos clientes. Devemos desenvolver uma compreensão clara das novas capacidades que teremos que desenvolver se quisermos aproveitar essa maravilhosa oportunidade de mercado."* Que conselho você daria à DSD? Considere as implicações operacionais de entrar nesse novo mercado.

6. Durante as manobras nos Alpes, um destacamento de soldados se perdeu. O tempo estava rigoroso e a neve era profunda. Nessas condições geladas, após dois dias de peregrinação, os soldados perderam a esperança e se conformaram com uma morte por congelamento nas montanhas. Então, para sua alegria, um dos soldados descobriu um mapa em seu bolso. Muito animados com essa descoberta, os soldados conseguiram escapar das montanhas. Quando estavam a salvo em seu quartel-general, descobriram que o mapa não era dos Alpes, mas dos Pireneus. Qual é a relevância dessa história para a estratégia de produção?

7. *Greenwashing* é um termo pejorativo usado para indicar que uma empresa está exagerando suas atividades ambientais, ou mesmo transmitindo deliberadamente uma falsa impressão sobre como suas atividades são ambientalmente corretas. Por que as grandes empresas de tecnologia podem ser particularmente vulneráveis a esse tipo de acusação?

8. Por que a estratégia de produção jamais pode se preocupar exclusivamente com decisões de *nível estratégico*?

9. Por que a classificação *ganhador de pedido*, *qualificador de pedido*, *fatores menos importantes* subenfatiza a importância da inovação?

10. Releia o exemplo de *Operações na prática* da Ocado. Em sua opinião, por que a empresa passou a vender sua tecnologia para outros varejistas?

Leitura complementar selecionada

Braithwaite, A. e Christopher, M. (2015) *Business Operations Models: Becoming a Disruptive Competitor*, **Kogan Page, Londres.**
Destinado para profissionais, mas confiável e interessante.

Hayes, R.H., Pisano, G.P., Upton, D.M. e Wheelwright, S.C. (2005) *Pursuing the Competitive Edge*, **Wiley, Hoboken, NJ.**
A bíblia da estratégia de produção conforme a Harvard School. Articulado, interessante e informativo.

Slack, N. (2017) *The Operations Advantage*, **Kogan Page, Londres.**
Desculpem-me pela autorreferência novamente! Este livro foi escrito especificamente para profissionais que desejam melhorar suas próprias operações — resumido e direto ao ponto.

Slack, N. e Lewis, M. (2020) *Operations Strategy*, **6. ed., Pearson Education, Harlow.**
Um livro que mergulha profundamente em todos os aspectos da estratégia de produção, com muitos casos e orientação prática.

Notas do capítulo

1. Para obter uma explicação mais completa, ver Slack, N. e Lewis, M. (2020) *Operations Strategy*, 6. ed., Pearson, Harlow.
2. As informações nas quais este exemplo é baseado foram retiradas de: Braithwaite, T. (2020) How a UK supermarket nourished Silicon Valley's critics, *Financial Times*, 6 de novembro; Chambers, S. (2019) Ocado the disruptor is being disrupted, *The Sunday Times*, 1º dez.
3. Hayes, R.H. e Wheelwright, S.C. (1984) *Restoring our Competitive Edge: Competing Through Manufacturing*, John Wiley & Sons, Inc., Nova York, NY.
4. Para obter uma explicação mais completa, ver Slack, N. e Lewis, M. (2020) *Operations Strategy*, 6. ed., Pearson, Harlow.
5. Alex Osterwalder (s.d.) What is a business model? https:// www.strategyzer.com/expertise/business-models (Acesso em: set. 2021).
6. Baseado nas definições desenvolvidas por Capgemini.
7. Os exemplos da Micraytech tiveram nomes e alguns detalhes alterados para preservar a confidencialidade comercial.
8. Baseado em um exemplo de Slack, N. (2017) *The Operations Advantage*, Kogan Page, Londres. Usado com permissão.
9. As informações nas quais este exemplo é baseado foram retiradas de: Vandevelde, M. (2016) Tesco ditches global ambitions with retreat to UK, *Financial Times*, 21 jun.; Clark, A. e Ralph, A. (2014) Tesco boss defiant amid 4% plunge in sales, *The Times*, 5 de junho.
10. Mintzberg, H. e Waters, J.A. (1985) Of strategies: deliberate and emergent, *Strategic Management Journal*, 6, jul./set., 257-272.
11. Para obter uma explicação completa desse conceito, ver Slack, N. e Lewis, M. (2020) *Operations Strategy*, 6. ed., Pearson, Harlow.
12. Uma ideia proposta por Jay Barney. Ver em Barney, J.B. (2001), Is the resource-based "view" a useful perspective for strategic management research? Yes, *Academy of Management Review*, 26 (1) 41-56.
13. Existem muitas publicações sobre economia tratando desse assunto. Entre as mais acessíveis, está Haskel, J. e Westlake, S. (2018) *Capitalism without Capital: The Rise of the Intangible Economy*, Princeton University Press, Princeton, NJ.

14. Novamente, de Haskel, J. e Westlake, S. *Op. cit.*
15. Barney, J. (1991) The resource-based model of the firm: origins, implications and prospect, *Journal of Management*, 17 (1) 97-98.
16. Carroll, A.B. (1991) The pyramid of social responsibility: toward the moral management of organizational stakeholders, *Business Horizons*, 34 (4) jul./ago., 39-48.
17. Porter, M.E. e Kramer, M. (2002) The competitive advantage of corporate philanthropy, *Harvard Business Review*, 80 (12) 5-16.
18. O *site* corporativo da Google contém muitos exemplos de seu comprometimento com a sustentabilidade. Ver https://sustainability.google/reports/ (Acesso em: set. 2021).
19. Czarnecki, S. (2018) Study: google has the best reputation for corporate responsibility in the world, *PRWeek*, 11 out., https://www.prweek.com/article/1495753/study-google-best-reputation-corporate-responsibility-world (Acesso em: ago. 2021).
20. Ver em https://abc.xyz/investor/other/google-code-ofconduct/ (Acesso em: set. 2021).
21. As informações nas quais este exemplo é baseado foram retiradas de: Whipp, L. (2015) McDonald's to slim down in home market, *Financial Times*, 18 jun.: Smith, T. (2015) Where's the beef, *Financial Times*, 22 maio; Whipp, L. (2015) McDonald's may struggle to replicate British success, *Financial Times*, 5 maio; McDonald's Annual Report, 2017; Kroc, R.A. (1977) *Grinding it Out: The Making of McDonald's*, St. Martin's Press, Nova York; Cooper, L. (2015) At McDonald's the burgers have been left on the griddle too long, *The Times*, 24 ago.

4 Inovação de Produto e Serviço

QUESTÕES-CHAVE

4.1 O que é inovação de produto e serviço?

4.2 Qual é o papel estratégico da inovação de produto e serviço?

4.3 Quais são os estágios da inovação de produto e serviço?

4.4 Como a inovação de produto e serviço deve obter recursos?

INTRODUÇÃO

Clientes valorizam a inovação. Empresas como Google, Amazon, Netflix, Nike, Airbnb, Apple e Dropbox tiveram sucesso porque desafiaram a ideia do que seus mercados queriam. Seus produtos e serviços têm sido continuamente atualizados, modificados e melhorados. Algumas mudanças são pequenas adaptações incrementais às formas existentes de fazer as coisas. Outras são radicais, grandes desvios de qualquer coisa que tenha acontecido antes. A atividade de inovação trata de entregar mudanças com sucesso em suas muitas e diferentes formas. Ser bom em inovação sempre foi importante e também está sendo cada vez mais complexo, com *inputs* das mais diversas fontes externas. Organizacionalmente, os gerentes de produção podem nem sempre ter total responsabilidade pela inovação de produtos e serviços, mas estão sempre envolvidos de alguma maneira e cada vez mais espera-se que tenham uma participação maior e mais ativa. A menos que um produto, por mais bem projetado, possa ser produzido com um alto padrão, e a menos que um serviço, por mais bem concebido que seja, possa ser implementado, eles nunca gerarão um benefício total. Neste capítulo, examinamos o que se entende por inovação de produtos e serviços; o papel estratégico da inovação; as etapas-chave do processo de inovação; e aspectos de recursos que devem ser considerados para apoiar a inovação. A Figura 4.1 mostra onde os assuntos aqui tratados se encaixam no modelo global de produção.

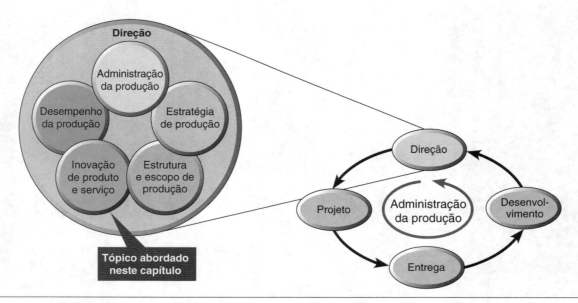

Figura 4.1 Este capítulo examina a inovação de produto e serviço.

4.1 O que é inovação de produto e serviço?

Neste capítulo, usaremos vários termos com significados semelhantes, que ou são definidos de formas distintas por diferentes autoridades, ou se sobrepõem de alguma maneira, embora estejam inter-relacionados. Especificamente, vamos explorar três termos relacionados: criatividade, inovação e projeto.

Criatividade, inovação e projeto

O estudo da inovação de produto e serviço, o que a influencia e como gerenciá-la é um assunto muito vasto. Contudo, um tema recorrente na maior parte da pesquisa em inovação é *criatividade*, que é a capacidade de ir além de ideias, regras ou suposições convencionais, a fim de gerar novas ideias significativas. É um ingrediente vital na inovação. É vista como essencial não apenas na inovação de produtos e serviços, mas também no projeto e gestão dos processos operacionais de modo mais genérico. Em parte, devido à natureza em rápida mudança de muitas indústrias, a falta de criatividade (e, consequentemente, de inovação) é vista como um grande risco.

A *inovação* é notoriamente ambígua e não apresenta uma única definição ou medida. Ela é descrita de várias maneiras, como algo que é novo, uma mudança que cria um novo tipo de desempenho, o processo de introdução de alguma novidade. A ênfase está sempre na novidade e na mudança, embora a inovação implique mais do que *criatividade* ou *invenção*, pois também sugere o processo de transformar ideias em algo que tem o potencial de ser prático e fornecer um retorno comercial.

Projeto é o processo que transforma ideias inovadoras em algo mais concreto. A inovação cria a ideia nova; o projeto a faz funcionar na prática. O projeto também é uma atividade que pode ser abordada em diferentes níveis de detalhe. A Figura 4.2 ilustra a relação entre criatividade, inovação e projeto conforme utilizamos os termos aqui. Esses conceitos estão intimamente relacionados, razão pela qual os tratamos no mesmo capítulo. Primeiro vamos examinar algumas das ideias básicas que ajudam a compreender a inovação.

> **Princípio de produção**
> O processo de inovação de produto e serviço deve considerar três aspectos relacionados: criatividade, inovação e projeto.

A curva S da inovação

Quando novas ideias são introduzidas em serviços, produtos ou processos, raramente têm impacto que aumenta uniformemente com o passar do tempo. Geralmente, o desempenho segue uma curva na forma de S, conforme ilustra a Figura 4.3. Assim, nos estágios iniciais da introdução de novas ideias, embora frequentemente grandes volumes de recursos, tempo e esforço sejam necessários para introduzir a ideia, são experimentadas relativas pequenas melhorias de desempenho. Entretanto, com o tempo, à medida que a experiência e o conhecimento sobre a nova ideia crescem, o desempenho aumenta. À medida que a ideia se torna estabelecida, aumentar ainda mais seu desempenho torna-se cada vez mais difícil (ver a Figura 4.3(a)). Contudo, quando uma ideia chega a sua maturidade, o período de *nivelamento*, ela é vulnerável à introdução de uma nova ideia, que, por sua vez, move-se na forma de uma curva S. É assim que funciona a inovação: os limites de uma ideia sendo atingidos, o que dá condições a uma ideia melhor e mais nova, com cada nova curva S exigindo algum grau de reprojeto (ver a Figura 4.3(b)).

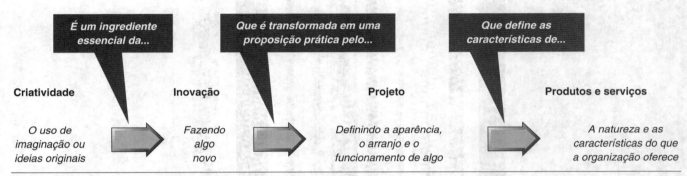

Figura 4.2 A relação entre criatividade, inovação e projeto.

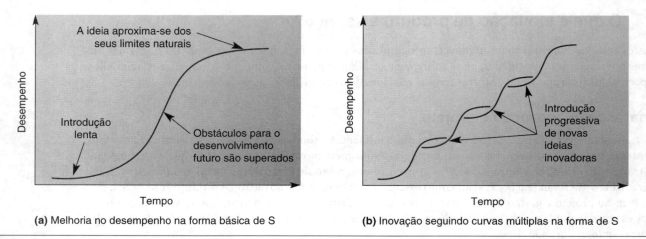

Figura 4.3 Curva de inovação na forma de S.

OPERAÇÕES NA PRÁTICA
O lento progresso da inovação do fecho de zíper[1]

Algumas inovações levam muito tempo para se tornarem bem-sucedidas. O zíper é uma dessas inovações. Em 2017, o mercado de fechos de zíper foi de cerca de US$ 11 bilhões e deve crescer para cerca de US$ 20 bilhões até 2024. Isso se baseia na crescente demanda global por roupas, malas e outros produtos que usam zíperes, além da aceleração da moda rápida. Historicamente, essa é uma inovação relativamente recente. Durante séculos, as roupas eram fechadas por meio de presilhas, fivelas, broches, rendas ou simplesmente amarradas. Foi na Grã-Bretanha do século XIV que o colchete e os ilhós, o que poderia ser considerado o ancestral mais antigo do zíper, começaram a ser usados. Mas ambos eram difíceis de usar e frágeis.

O primeiro fecho tipo zíper real foi patenteado nos EUA pela Universal Fastener Company de Whitcomb Judson, de Chicago, em 1893. Seu projeto especificava uma guia deslizante para unir uma linha de ganchos e uma linha de ilhoses em uma bota. Infelizmente, isso provou ser pouco confiável e a empresa foi adquirida por Gideon Sundback, um engenheiro da Suécia. Sua inovação abandonou ganchos e ilhoses e os substituiu por fileiras de protuberâncias de metal com um dente de um lado e um soquete do outro, semelhante em princípio ao estilo atual. Na mesma época, uma inventora suíça chamada Katharina Kuhn-Moos patenteou um projeto semelhante, mas que jamais foi fabricado. O dispositivo ainda era caro comparado aos botões mais convencionais.

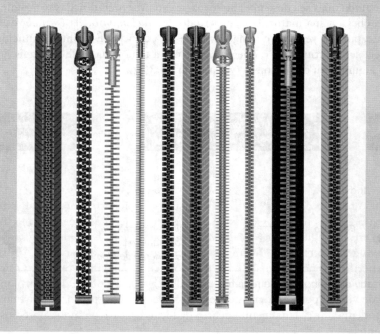

Foi a empresa japonesa YKK que transformou as perspectivas do zíper. Embora tenha havido desenvolvimentos básicos no projeto, por exemplo, dentes de plástico para substituir os de metal e espirais contínuas de náilon usadas como dentes, o verdadeiro avanço veio com a melhoria da qualidade na fabricação dos zíperes. A precisão da fabricação é importante no funcionamento do zíper. Desalinhamentos muito pequenos podem causar emperramentos e quebras e, em vez de perder apenas um botão, um zíper quebrado pode significar o descarte de uma peça de roupa inteira. Tadao Yoshida, conhecido como *o rei do zíper*, fundou a YKK em 1934, e ganhou tal reputação pela qualidade e confiabilidade (garantindo que cada um de seus zíperes durará 10.000 usos) que em 1960, quando as patentes de Sundback expiraram, a YKK conseguiu entrar no mercado maior dos EUA. Ela ganhou cerca de 40% do mercado, em valor, e faz mais zíperes todos os anos do que o número de pessoas no planeta.

Inovação incremental ou radical

Uma diferença óbvia relacionada a como o padrão de novas ideias aparece em diferentes operações ou setores é a taxa e a escala da inovação. Alguns setores, como o de telecomunicações, desfrutam de inovações frequentes e bastante significativas. Outros, como o de construção de moradias, têm inovações, mas que costumam ser menos significativas. Assim, alguma inovação é radical, resultante de *mudança* descontínua, revolucionária, enquanto outras inovações são mais incrementais, levando a mudanças menores e contínuas. Frequentemente, a inovação radical inclui grandes avanços tecnológicos que podem exigir recursos e/ou conhecimento totalmente novos. A inovação radical é relativamente rara — talvez de 5 a 10% de todas as inovações possam ser classificadas como tal —, mas cria desafios importantes para os participantes existentes dentro de um mercado. Isso porque as empresas normalmente não desejam interromper o modo de trabalho atual em face de um mercado que mal foi iniciado; porém, quando a ameaça se tornar mais intensa, talvez seja muito tarde para responder a ela. Clayton Christensen refere-se a esse problema como o Dilema do Inovador, que apoia as ideias do renomado economista Joseph Schumpeter, de que a inovação deveria ser um processo de *destruição criativa*.[2] Por outro lado, é mais provável que a inovação incremental envolva mudanças tecnológicas relativamente modestas, em cima do conhecimento e/ou os recursos existentes, de modo que os produtos e serviços atuais não sejam fundamentalmente mudados. É por isso que as empresas estabelecidas podem favorecer a inovação incremental, porque têm a experiência vinda do acúmulo de um *pool* de conhecimento significativo (no qual a inovação incremental está baseada). Além disso, é mais provável que as empresas estabelecidas tenham uma mentalidade que enfatiza a continuidade, talvez até mesmo sem reconhecer oportunidades potenciais de inovação. Entretanto, novos entrantes no mercado não têm posição estabelecida a perder nem têm um vasto *pool* de experiência. É mais provável que venham a experimentar uma inovação mais radical.

A inovação é influenciada por estágios posteriores na cadeia de valor

Em sua forma mais simples, uma empresa inova na forma de um projeto para um produto ou serviço (ou alguma mistura dos dois), produz ou cria por meio de sua produção principal e o distribui para seus clientes, que o utilizam ou experimentam. Cada um desses estágios é um processo de transformação. Inovação/projeto transforma ideias em projetos viáveis. A produção/criação transforma o projeto em uma forma que os clientes acharão útil. A distribuição o dissemina (física ou virtualmente). Por fim, os clientes ganham valor ao usá-lo. Mas cada um desses estágios não é independente um do outro. Certamente, o processo de inovação/projeto é influenciado por todas as etapas subsequentes. Quase todos nós estamos acostumados a pensar em como os projetos de produtos ou serviços são avaliados principalmente pela forma como agregam valor para os clientes, mas os estágios de produção e distribuição também podem afetar o estágio de projeto; veja a Figura 4.4.

Projeto para produção/criação

As decisões tomadas durante o projeto de um produto ou serviço podem ter um efeito profundo em como eles podem ser criados. Para produtos físicos, isso é bem entendido há décadas e geralmente é chamado de *projeto para produção* (DFP, do inglês *design for production*) ou *projeto para manufatura* (DFM, do inglês *design for manufacture*). Mas o mesmo princípio se aplica igualmente aos serviços. A forma como um serviço é projetado e especificado pode tornar sua execução fácil ou difícil na prática. O projeto das áreas reservadas a filas em uma atração de parque temático pode ser fácil ou difícil de controlar. A tecnologia pode ajudar. A realidade virtual pode ajudar os engenheiros de serviço a *percorrer* (virtualmente) as instalações. Os projetistas podem estar (virtualmente) dentro de locais esportivos, aviões, prédios, parques de diversões e assim por diante.

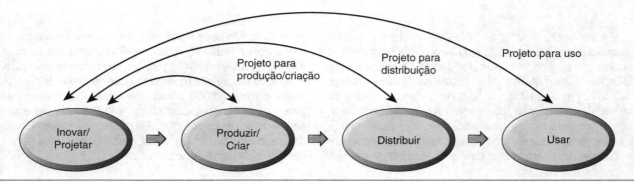

Figura 4.4 As influências sobre o projeto de um produto ou serviço não estão limitadas ao modo como ele será usado, mas incluem o modo como ele será criado e distribuído.

Projeto para distribuição

O exemplo mais óbvio de como o projeto de um produto pode ser influenciado pela forma como ele é distribuído são os móveis *embalagem plana*. As lojas IKEA exemplificam até que ponto o projeto inteligente de *embalagem plana* pode influenciar as etapas subsequentes da cadeia de valor. Projetar seus móveis para serem vendidos de forma plana permite mais eficiência no transporte e no armazenamento, o que, por sua vez, permite que os clientes os coletem em suas lojas. Da mesma forma, alguns produtos são projetados para que, quando embalados, caibam convenientemente em paletes ou contêineres de transporte. Novamente, a mesma ideia se aplica aos serviços. O projeto de serviços *on-line* pode ser influenciado pela forma como o serviço pode ser apresentado por meio de sua página da *web*. Mesmo as ofertas puramente *artísticas*, como a música, são influenciadas pela forma como são distribuídas. Por exemplo, a maior parte da receita da indústria fonográfica vem do *produto* distribuído por meio de serviços de *streaming*, no qual os artistas são pagos por reprodução. No entanto, o ouvinte deverá ouvir por pelo menos 30 segundos. Cerca de um terço de todos os *streams* é reproduzido porque uma faixa foi incluída na lista de reprodução de uma empresa de *streaming*, geralmente selecionada por algoritmos, cuja metodologia exata nem sempre é conhecida. Muitas vezes, assume-se que os algoritmos favorecem faixas que chegam à parte *cativante* da música de maneira relativamente rápida. Alguns assinalam que isso levou à produção de faixas musicais mais curtas, com introduções truncadas e refrões que começam mais cedo.[3]

4.2 Qual é o papel estratégico da inovação de produto e serviço?

Apesar dos obstáculos ao sucesso da inovação, quase todas as empresas se esforçam para ser inovadoras. O motivo é que existe evidência esmagadora de que a inovação pode gerar um retorno significativo para as organizações que gerenciam a incorporação de ideias inovadoras no projeto de seus produtos e serviços. O que importa é a capacidade de identificar as inovações e gerenciar sua transformação em projetos eficazes. Lembre-se de que os produtos e serviços de uma organização são conforme os mercados os avaliam — eles são sua *cara pública*. Processos de inovação eficazes para produtos e serviços agregam valor a qualquer organização:

▶ Impulsionando e operacionalizando a inovação, aumentando a fatia de mercado e abrindo novos mercados.
▶ Diferenciando produtos e serviços, tornando-os mais atrativos para os clientes, enquanto aumentam a consistência na gama de produtos da empresa e ajudam a garantir lançamentos bem-sucedidos dos produtos.
▶ Fortalecendo a marca, para que os produtos e serviços incorporem os valores da empresa.
▶ Reduzindo os custos gerais associados à inovação, por meio do uso mais eficiente dos recursos, redução da taxa de falhas do projeto e menor tempo de lançamento no mercado.

O processo do projeto

A atividade da inovação é um processo que envolve muitas das mesmas questões de projeto comuns a outros processos de produção. Está em conformidade com o modelo de *input*-transformação-*output* descrito no Capítulo 1. Embora as organizações tenham suas próprias formas de gerenciar inovação e projeto, o processo de projeto em si é basicamente muito semelhante entre os diversos setores. Além do mais, quanto melhor o processo de projeto for gerenciado, melhor será o serviço ou produto projetado. A Figura 4.5

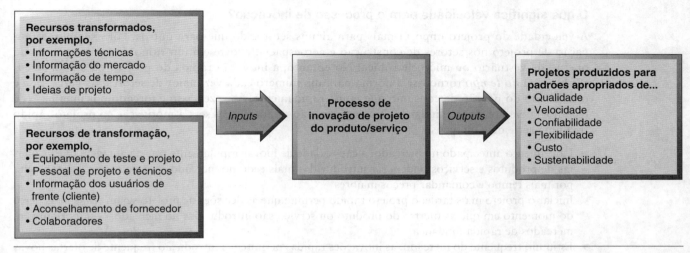

Figura 4.5 A atividade de inovação de projeto do produto ou serviço como um processo.

ilustra a atividade de projeto como um diagrama de *input*-transformação-*output*. Os recursos de *input* a serem transformados consistirão basicamente em informações, como previsões e preferências de mercado, dados técnicos e ideias de projeto em potencial. São essas ideias e informações que serão transformadas no processo de projeto para o projeto final. Os recursos de transformação incluem projetos e aqueles que o gerenciam, especialistas técnicos com o conhecimento necessário para resolver problemas de projeto, fornecedores e grupos de interesse do cliente, se tiverem informações úteis, tecnologia de projeto, como *software* de simulação, e assim por diante.

> **Princípio de produção**
> A atividade de projeto é um processo que pode ser gerenciado por meio dos mesmos princípios usados em outros processos.

Objetivos de desempenho para o processo de inovação do produto ou serviço

O desempenho do processo de projeto pode ser avaliado da mesma forma que consideraríamos outro processo, a saber, em termos de qualidade, velocidade, confiabilidade, flexibilidade e custo. Como o projeto de produto e serviço tem tal influência na sustentabilidade, o incluímos com nossos objetivos normais de nível operacional.

O que significa qualidade para o processo de inovação?

A qualidade do projeto nem sempre é fácil de definir com precisão, especialmente se os clientes estiverem relativamente satisfeitos com as ofertas de produtos e serviços existentes. Muitas empresas de *software* falam sobre a síndrome do *eu não sei o que quero, mas vou saber quando o vir*, o que significa que somente quando os clientes usarem o *software* estarão em posição de articular o que eles precisam ou não. No entanto, é possível distinguir projetos de alta e baixa qualidade (embora isso seja mais fácil de fazer em retrospectiva), avaliando-os em termos de sua capacidade de atender as exigências do mercado. Ao fazer isso, a distinção entre a qualidade da especificação e a qualidade de conformidade dos projetos é importante. Nenhuma empresa desejaria um processo de projeto que fosse indiferente aos *erros* em seus projetos, mas algumas são mais tolerantes do que outras. Por exemplo, no desenvolvimento farmacêutico, o potencial de dano é particularmente elevado porque os medicamentos afetam diretamente a nossa saúde. É por isso que as autoridades insistem em um processo de *projeto* tão prolongado e completo (mais comumente chamado de *desenvolvimento* nesse setor). Embora a retirada de um medicamento do mercado seja incomum, ela ocorre ocasionalmente. Muito mais frequentes são os *recalls de produtos*, que são relativamente comuns, por exemplo, na indústria automobilística. Muitos destes são relacionados com o projeto e resultantes das falhas de *conformidade* no processo de projeto. A qualidade da *especificação* do projeto é diferente. Significa o grau de funcionalidade, ou experiência, ou estética, ou naquilo que o produto ou serviço esteja competindo inicialmente.

> **Princípio de produção**
> Os processos de inovação podem ser avaliados em termos de seus níveis de qualidade, velocidade, confiabilidade, flexibilidade, custo e sustentabilidade.

O que significa velocidade para o processo de inovação?

A velocidade do projeto importa mais para alguns setores do que para outros. Por exemplo, a inovação de projeto nos setores de construção e aeroespacial ocorre em um ritmo muito mais lento do que no de vestuário ou microeletrônica. No entanto, a inovação rápida do projeto ou a *concorrência baseada no tempo* tornou-se a norma para um número cada vez maior de setores. Às vezes, esse é o resultado do padrão de consumo que muda rapidamente. Às vezes, isso é forçado por uma base de tecnologia em constante mudança. No entanto, não importa qual seja a motivação, o projeto rápido traz uma série de vantagens:

▶ Lançamento antecipado no mercado: a capacidade de inovar rapidamente traz a vantagem que as ofertas de produtos e serviços podem ser introduzidas mais cedo no mercado e, dessa forma, gerar receita por mais tempo e comandar preços maiores.

▶ Iniciar o projeto mais tarde: o projeto rápido permite que as decisões de projeto sejam feitas mais perto do momento em que as ofertas do produto ou serviço são introduzidas no mercado — importante em mercados de rápida mudança.

▶ Estímulo frequente do mercado: as inovações rápidas permitem a introdução frequente de ofertas novas ou atualizadas no mercado.

O que significa confiabilidade para o processo de inovação?

O adiamento do cronograma de projeto pode estender os tempos de projeto, mas, pior, a falta de confiabilidade aumenta a incerteza em torno do processo de inovação. Uma gestão de projeto profissional (ver Capítulo 19) do processo de inovação pode ajudar a reduzir a incerteza e evitar (ou avisar antecipadamente) os prazos perdidos, os **gargalos** dos processos e a escassez de recursos. As alterações ao processo de inovação podem ser minimizadas por meio de uma ligação estreita com os fornecedores, bem como da monitoração do mercado ou ambiental. No entanto, interrupções inesperadas sempre ocorrerão, especialmente para os projetos mais inovadores de produto e serviço. É por isso que a flexibilidade no processo de inovação é uma das formas mais importantes de garantir a entrega confiável de novos produtos e serviços.

O que significa flexibilidade para o processo de inovação?

A flexibilidade no processo de inovação é a capacidade de lidar com mudanças externas ou internas. O motivo mais comum para a mudança externa é que os mercados, ou clientes específicos, mudam seus requisitos. Embora a flexibilidade possa não ser necessária em mercados relativamente previsíveis, ela certamente é valiosa em mercados mais rápidos e voláteis, nos quais os próprios clientes e mercados mudam ou os projetos das ofertas dos competidores determinam um movimento de correspondência ou salto qualitativo (*leapfrogging*). As mudanças internas incluem o surgimento de melhores soluções técnicas. Além disso, a crescente complexidade e interconectividade dos componentes de produtos e serviços em uma oferta pode exigir flexibilidade. Um banco, por exemplo, pode agrupar uma série de serviços separados para determinado segmento de seu mercado. Os titulares de contas privilegiadas podem obter taxas especiais de depósito, cartões de crédito especiais, ofertas de seguros, facilidades de viagem e assim por diante, tudo no mesmo pacote. Alterar um aspecto desse pacote pode exigir que sejam feitas alterações em outros elementos. Assim, estender os benefícios do cartão de crédito para incluir seguro de viagem extra também pode significar o reprojeto do elemento de seguro separado do pacote.

O que significa custo para o processo de inovação?

O custo da inovação normalmente é analisado de forma semelhante ao custo contínuo da entrega de ofertas aos clientes. Esses fatores de custo são divididos em três categorias: o custo de compra dos *inputs* para o processo, o custo de fornecer a mão de obra no processo e os outros custos gerais de execução do processo. Na maioria dos processos internos de inovação, os dois últimos custos superam o primeiro. Como já indicamos, os atrasos na entrega de uma inovação podem resultar tanto em mais gastos com o projeto como em receitas adiadas (e provavelmente reduzidas). A combinação desses efeitos geralmente significa que o ponto de equilíbrio financeiro para uma nova oferta é adiado muito mais do que o atraso original em seu lançamento (ver o exemplo resolvido *Cyberdanss Software*).

Exemplo resolvido

Cyberdanss Software

"Tenho quatro dos meus melhores funcionários trabalhando no projeto CD08, o cliente está ficando nervoso e os custos estão aumentando. Não consigo entender por que está tão atrasado. Em breve teremos que pagar multas pela entrega atrasada". Lidiya Koval é a fundadora e proprietária da Cyberdanss, uma empresa de desenvolvimento de *software* com sede em Kiev, especializada no desenvolvimento de *software* de segurança para empresas maiores que licenciavam produtos para clientes de serviços financeiros. O projeto, que já havia demorado quatro meses, deveria ser concluído em dois meses, e estava previsto um atraso de pelo menos dois meses. O contrato para esse projeto especificava que seu cliente pagaria uma proporção da receita da licença, estimada em US$ 50.000 por mês para a Cyberdanss; também incluía uma *multa por atraso* de US$ 20.000 para cada mês de atraso do projeto. E, embora o projeto de desenvolvimento tenha sido inicialmente visto por Lidiya como lucrativo, mesmo com sua equipe e outros custos de desenvolvimento totalizando US$ 15.000 por mês, ela sabia que um atraso de dois meses atrasaria o ponto de equilíbrio do desenvolvimento. Mas em quanto um atraso afetaria o tempo de equilíbrio?

Análise

Se o projeto de desenvolvimento tivesse saído conforme o planejado, a receita (pagamentos do cliente) teria começado no mês 7 e os custos de desenvolvimento terminado no mês 6. O fluxo de caixa resultante é mostrado na Tabela 4.1. O projeto teria chegado ao ponto de equilíbrio antes mesmo do mês 8.

O efeito de um atraso de dois meses é triplo. Primeiro, a receita atrasa. Segundo, os custos de desenvolvimento duram mais dois meses. Terceiro, a Cyberdanss está sujeita a dois pagamentos de uma multa por atraso. Os resultados disso são mostrados na Tabela 4.2. O ponto de equilíbrio agora ocorre entre os meses 11 e 12. Em outras palavras, um atraso de dois meses resultou em um atraso de quase quatro meses no equilíbrio das contas. Talvez de forma igualmente significativa, o dinheiro necessário para financiar o projeto aumentou de um máximo de US$ 90.000 para um máximo de US$ 160.000.

Tabela 4.1 Declaração de receita (em $ mil) para o projeto de desenvolvimento CD08 (conforme planejado).

	Mês											
	1	2	3	4	5	6	7	8	9	10	11	12
Receita							50	50	50	50	50	50
Custos de desenvolvimento	15	15	15	15	15	15						
Fluxo de caixa	(15)	(30)	(45)	(60)	(75)	(90)	(40)	10	60	110	160	210

Tabela 4.2 Declaração de receita (em $ mil) para o projeto de desenvolvimento CD08 (com dois meses de atraso).

	Mês											
	1	2	3	4	5	6	7	8	9	10	11	12
Receita									50	50	50	50
Custos de desenvolvimento	15	15	15	15	15	15	15	15				
Penalidade (multa) pelo atraso							20	20				
Fluxo de caixa	(15)	(30)	(45)	(60)	(75)	(90)	(125)	(160)	(110)	(60)	(10)	40

Sustentabilidade e o processo de inovação

A sustentabilidade de uma inovação de projeto é a extensão em que ela beneficia o *resultado triplo* (*triple bottom line*) — pessoas, planeta e lucro. O processo de inovação de projeto é particularmente importante para, em última instância, impactar o bem-estar social e econômico das partes interessadas (*stakeholders*). As organizações cada vez mais consideram a sustentabilidade no processo de projeto. Por exemplo, algumas atividades de inovação estão particularmente focadas na dimensão ética da sustentabilidade. Os bancos passaram a oferecer aos clientes investimentos éticos que buscam maximizar o benefício social, além dos retornos financeiros. Esses investimentos tendem a evitar empresas envolvidas em armamentos, jogos de azar, álcool e tabaco, por exemplo, e favorecem aqueles que promovem a educação dos trabalhadores, a conscientização ambiental e a defesa do consumidor. Outros exemplos de inovações eticamente focadas incluem o desenvolvimento de produtos *justos*. Da mesma forma, os fabricantes de vestuário podem estabelecer iniciativas de comércio ético com seus fornecedores; os supermercados podem assegurar o bem-estar dos animais para carnes e produtos lácteos; e empresas *on-line* podem instituir estatutos de reclamações de clientes. (Essa questão será mais bem detalhada na seção *Operações responsáveis*, mais adiante neste capítulo.)

4.3 Quais são os estágios da inovação de produto e serviço?

O processo de inovação do projeto geralmente terá vários estágios. Mesmo produtos e serviços que normalmente são considerados puramente *artísticos*, com um grande elemento de criatividade, como filmes ou produções teatrais, na realidade são realizados por meio de estágios claramente definidos. Por exemplo, o processo de desenvolvimento de videogames segue três grandes fases — pré-produção, produção e pós-produção —, cada uma das quais também segue uma sequência de etapas, conforme mostrado na Figura 4.6. Como em qualquer processo de inovação e projeto, o processo de projeto de videogame envolverá alguns limites entre os estágios e, muitas vezes, reciclagem e retrabalho significativos (veja o estudo de caso no fim deste capítulo). Além disso, todos esses processos tendem a passar de uma ideia vagamente definida, que é refinada e progressivamente mais detalhada, até que contenha informações suficientes para se transformar em um serviço, produto ou processo real. O projeto final não será evidente até o fim do processo. No entanto, muitas das decisões que afetam o eventual custo de entrega são tomadas relativamente cedo.

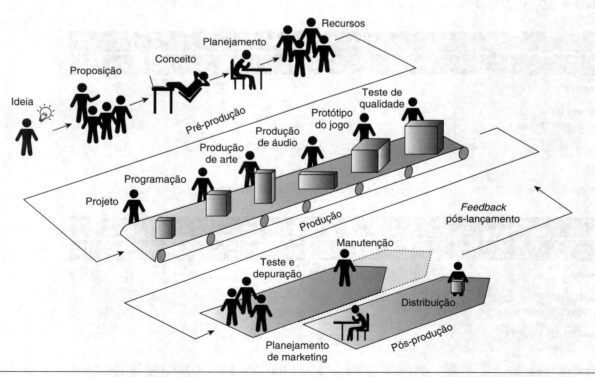

Figura 4.6 Todos os produtos e serviços, até mesmo processos altamente criativos, como o desenvolvimento de um *videogame*, são criados por processos de produção.

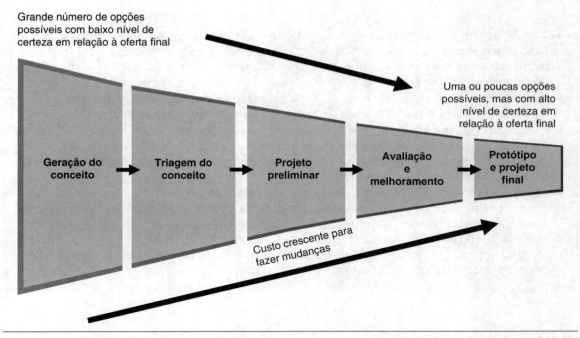

Figura 4.7 Os estágios da inovação de produto e serviço.

O funil do projeto

As decisões tomadas durante o processo de inovação reduzem progressivamente o número de opções que serão consideradas. Por exemplo, decidir que a caixa externa de uma câmera profissional será feita de alumínio em vez de plástico restringirá decisões posteriores, como o tamanho geral e a forma da caixa. Em cada etapa do processo, o nível de certeza quanto ao projeto final aumenta à medida que as opções de projeto são descartadas e o número de opções diminui. A Figura 4.7 mostra essa ideia, que às vezes é chamada de *funil do projeto*. Mas reduzir a incerteza do projeto também tem impacto sobre o custo de mudar de opinião sobre algum detalhe do projeto. Na maior parte dos estágios do projeto, mudar uma decisão incorre em algum tipo de reconsideração e recálculo dos custos envolvidos. Nas etapas iniciais da atividade de projeto, antes que muitas decisões fundamentais tenham sido tomadas, os custos de mudança são relativamente baixos. Entretanto, à medida que o projeto se desenvolve, as decisões inter-relacionadas e acumuladas que já foram tomadas tornam-se cada vez mais onerosas de serem mudadas. Na prática, embora a sequência de estágios seja um pouco diferente, a maior parte do desenvolvimento de produtos ou serviços usará um modelo de estágios semelhante ao da Figura 4.7. O processo de inovação começa com uma ideia geral, ou *conceito*, e progride até uma especificação totalmente definida. Entre esses dois estados, a oferta pode passar por etapas como triagem de conceito, projeto preliminar, avaliação e aprimoramento, prototipagem e projeto final.

Princípio de produção

Os processos do projeto envolvem várias etapas que levam a inovação de um conceito a um estado totalmente especificado.

Comentário crítico

Neste capítulo, tratamos juntos a inovação de produtos e serviços, sugerindo que há pouca diferença entre inovação em produtos físicos e inovação em serviços amplamente intangíveis. Essa não é uma suposição totalmente enganosa. No entanto, mais uma vez, é a tendência de muitos serviços exibirem as características IHIP (intangibilidade, heterogeneidade, inseparabilidade e perecibilidade; ver Capítulo 1) que são apresentadas como acrescentando características de distinção à inovação em serviços. Algumas que foram sugeridas incluem o seguinte:

▶ Na inovação de serviços é mais difícil separar inovações de produto, processo e inovação organizacional.

> ▶ A inovação de serviços é mais interativa na medida em que, *por necessidade,* envolve o engajamento tanto de atores internos (marketing e equipe técnica, *back-office* e *front-office* etc.) quanto de atores externos (fornecedores, reguladores e principalmente clientes). Assim, o processo de introdução de novos serviços será mais complexo e interdisciplinar.
>
> ▶ Desenvolvendo ainda mais essa ideia, algumas organizações empregam um grau significativo de cocriação (ver Capítulo 1) por parte dos clientes, tanto no projeto quanto na entrega do serviço.
>
> ▶ A inovação de serviço é frequentemente mais incremental e menos radical do que a inovação de produto tradicional. As inovações são muitas vezes uma mistura de pequenas (embora não insignificantes) inovações e mudanças introduzidas para resolver problemas de clientes individuais, o que também é chamado de inovação ocasional, ou *ad hoc.*
>
> ▶ As inovações de serviço são mais fáceis de copiar e mais difíceis de proteger. Serviços de alta visibilidade, nos quais os clientes *veem* uma parte significativa do serviço, estão claramente mais expostos a serem analisados por quem quiser visualizá-los. É prática comum as empresas de serviços *amostrarem* o serviço oferecido por seus concorrentes. Além disso, embora tecnologias específicas incorporadas em um novo produto manufaturado possam ser protegidas por meio da lei de patentes, nem sempre é tão fácil fazer o mesmo com recursos de serviço.

Geração do conceito

Geração de conceito é onde as ideias inovadoras tornam-se a inspiração para novos conceitos de produto ou serviço. E a inovação pode vir de muitas fontes diferentes, tanto de dentro da organização como de fora dela:

▶ *Ideias da equipe de pesquisa e desenvolvimento:* muitas organizações têm uma função formal de **pesquisa e desenvolvimento (P&D)**. Como o nome indica, sua função é dupla. Pesquisa significa tentar desenvolver novos conhecimentos e ideias para resolver um problema em particular ou aproveitar uma oportunidade. Desenvolvimento é o esforço para tentar utilizar e operacionalizar as ideias decorrentes da pesquisa. E, embora *desenvolvimento* não soe tão empolgante quanto *pesquisa,* frequentemente requer muita criatividade e ainda mais persistência. Quando a Rocket Chemical Company resolveu criar um produto desengordurante e solvente para prevenção de ferrugem para ser utilizado no setor aeroespacial, foram necessárias 40 tentativas até se chegar a uma fórmula de fazer *remoção de água* que funcionasse. Decidiram, então, denominar o produto de WD-40, que significa, literalmente, *Water Displacement* (remoção de água), após 40 tentativas.

▶ *Ideias de funcionários:* os funcionários de contato com o cliente em uma organização de serviço ou o vendedor em uma organização orientada para produto podem atender a clientes todos os dias. Esse pessoal pode ter boas ideias sobre o que os clientes gostam ou não gostam. Pode ter acumulado sugestões dos clientes ou ter ideias próprias. Um exemplo bem conhecido — que pode ser uma lenda urbana — é que um funcionário da Swan, fabricante de fósforos, sugeriu colocar a fita de atrito em apenas um lado da caixa. Isso economizou uma fortuna.

▶ *Ideias de fornecedores:* os fornecedores geralmente são os especialistas em seu campo em comparação com seus clientes; um fabricante de assentos de carro sabe mais sobre assentos de carro (ou deveria saber) do que o fabricante de carros. Eles também provavelmente estarão mais próximos de muitos avanços tecnológicos em seu componente; os avanços na tecnologia de respiradores provavelmente serão captados pelas empresas de respiradores antes dos hospitais em que são usados. Por fim, os fornecedores podem fornecer para vários clientes semelhantes. Eles estão em uma boa posição para saber o que está acontecendo em sua indústria.

▶ *Ideias das atividades dos concorrentes:* a maioria das organizações acompanha as atividades de seus concorrentes. Uma nova ideia de um concorrente pode valer a pena imitar ou, melhor ainda, aprimorar. Ficar conhecedor do produto ou serviço de um concorrente para explorar novas ideias em potencial é denominado **engenharia reversa**. Alguns aspectos dos serviços podem ser difíceis para a engenharia reversa (especialmente os serviços de *back-office*), uma vez que são menos visíveis para os concorrentes.

▶ *Ideias de clientes:* o marketing pode utilizar muitas ferramentas de pesquisa de mercado para obter dados de clientes de maneira estruturada para o teste de ideias externas ou a verificação de produtos ou serviços em relação a critérios predeterminados. As ideias podem vir diariamente de clientes, de reclamações ou de transações cotidianas. As organizações estão cada vez mais desenvolvendo mecanismos para facilitar a coleta desse tipo de informação. Em nível de grupo, o *crowdsourcing* é o processo de obter trabalho, fundos ou ideias (normalmente *on-line*) de um grande número de pessoas.

Software livre — usando uma comunidade de desenvolvimento

Nem todos os produtos ou serviços são criados por profissionais, *designers* empregados com propósitos comerciais. Muitas das aplicações de *softwares* que todos nós usamos, por exemplo, são desenvolvidas por uma comunidade aberta, incluindo as pessoas que usam os produtos. Se você usa o Google, Wikipedia ou a Amazon, está usando um *software* livre (ou *open-source*). O conceito básico de *software* livre é extremamente simples. Grandes comunidades de pessoas ao redor do mundo que têm habilidade no desenvolvimento de código dos programas de computador, após se reunirem, produzem o *software*. O produto acabado não fica apenas disponível para ser usado livremente por qualquer pessoa ou organização, mas é regularmente atualizado para assegurar que está atualizado com as melhorias necessárias. A produção do *software* livre é muito bem organizada e, como sua versão comercial equivalente, dispõe de suporte e manutenção contínuos. Entretanto, diferentemente da versão comercial, é totalmente gratuito para ser usado. Durante a última década, o crescimento do *software* livre tem sido fenomenal, com muitas organizações passando a usá-lo por sua estabilidade, robustez e segurança.

Crowdsourcing

Diretamente relacionado com a ideia de software livre está o ***crowdsourcing***, que é o ato de usar trabalho, recursos ou ideias (geralmente, *on-line*) de uma multidão (*crowd*) de pessoas. Embora, na essência, não seja uma ideia totalmente nova, tornou-se uma fonte valiosa de ideias mediante o uso da Internet e de redes sociais. Por exemplo, a Procter & Gamble, empresa de produtos de consumo, pediu a cientistas amadores para explorarem ideias sobre corante de detergente cuja cor mudasse quando despejado em uma máquina lava-louças. Outros usos da ideia envolvem órgãos governamentais pedindo aos cidadãos para priorizar projetos que visem reduzir gastos (ou cortar despesas).

Usuários líderes e precursores do fracasso

As ideias podem vir informalmente dos clientes, por exemplo, ouvindo-os durante as transações diárias ou por reclamações. Uma fonte particularmente útil de inovação inspirada no cliente, especialmente para produtos e serviços sujeitos a mudanças rápidas, são os chamados *usuários líderes*. Estes são usuários que estão à frente da maioria do mercado em uma grande tendência de mercado e que também têm um alto incentivo para inovar. Eles também provavelmente terão a experiência do mundo real necessária para resolver problemas e fornecer dados precisos para pesquisadores de mercado. Por outro lado, outra categoria de clientes pode ser valiosa devido à sua capacidade de tomar decisões de compra consistentemente ruins. Alguns acreditam que esse grupo de consumidores tem uma tendência a comprar todos os tipos de produtos fracassados, repetidas vezes, fracasso após fracasso. Esses são os *precursores do fracasso*. Esses consumidores continuam comprando produtos que são posteriormente retirados das prateleiras.

Gestão de ideias

Diversas organizações, inclusive a 3M Corporation, geraram inovações com sucesso oferecendo incentivos formais para encorajar o engajamento dos funcionários. Quando as ideias vindas dos funcionários eram processadas tradicionalmente com o uso de *esquemas de sugestão* em papel, em que os funcionários colocavam suas ideias em uma *caixa de sugestões*, isso era apenas parcialmente eficaz. Os esquemas tinham que ser bem administrados, e poderia ser difícil garantir que todas as ideias fossem avaliadas de forma consistente, de modo que o esquema poderia perder credibilidade. No entanto, o advento das ferramentas de *software* para *gerenciamento de ideias* superou algumas dessas dificuldades. Esses sistemas podem ajudar a produção a coletar ideias dos funcionários, avaliá-las e, se apropriado, implementá-las de forma rápida e eficiente. Tais sistemas podem rastrear ideias desde o início até a implementação, facilitando a compreensão de importantes medidas de desempenho, como onde as ideias estão sendo geradas, quantas ideias apresentadas são realmente implementadas, as economias de custo estimadas das ideias enviadas e quaisquer novas receitas geradas por ideias implementadas.

Tabela 4.3 Algumas perguntas de avaliação típicas para marketing, operações e finanças.

Critérios de avaliação	Marketing	Operações	Finanças
Viabilidade	O mercado provavelmente será grande o bastante?	Temos as competências para oferecer isso?	Temos acesso a verbas para desenvolver e lançar isso?
Aceitabilidade	Quanta fatia do mercado isso pode ganhar?	O quanto teremos que reorganizar nossas atividades para oferecer isso?	Quanto retorno financeiro haverá para o nosso investimento?
Vulnerabilidade	Qual é o risco se isso fracassar no mercado?	Qual é o risco de não conseguirmos oferecer isso de modo aceitável?	Quanto dinheiro poderíamos perder se as coisas não saírem conforme o planejado?

Triagem do conceito

A **triagem do conceito** é o estágio em que as inovações em potencial são consideradas para posterior desenvolvimento contra os principais critérios. Nem todos os conceitos gerados resultarão necessariamente em pacotes viáveis de produtos ou serviços, de modo que a organização precisa ser seletiva. Por exemplo, a DuPont estima que a razão entre conceitos e ofertas comercializáveis está em torno de 250 para 1. No setor farmacêutico, a razão é próxima de 10.000 para 1. O propósito da etapa de triagem do conceito é considerar os conceitos iniciais e avaliar sua **viabilidade** (podemos fazer isso?), aceitabilidade (queremos realizá-lo?) e vulnerabilidade (quais são os riscos de fazer isso?). Os conceitos podem ter que passar por muitos filtros diferentes, e diversas funções podem estar envolvidas. A Tabela 4.3 mostra as perguntas típicas de viabilidade, **aceitabilidade** e vulnerabilidade para as funções marketing, produção e finanças.

> **Princípio de produção**
> A triagem de projetos deve incluir critérios de viabilidade, aceitabilidade e vulnerabilidade.

OPERAÇÕES NA PRÁTICA — Gorilla Glass[4]

Mesmo que uma nova ideia de produto ou serviço não chegue ao fim de um processo de desenvolvimento, o aprendizado que surge com o processo de desenvolvimento ainda pode ser útil. Essa é uma lição bem compreendida pela Corning, uma das maiores fabricantes de vidros do mundo. Por quase 170 anos, ela combinou suas ideias inovadoras em ciência do vidro (além da ciência da cerâmica e da física óptica) com capacidades de fabricação e engenharia bem estabelecidas para desenvolver seus produtos e serviços pioneiros. Todos os anos, os cientistas do centro de pesquisa da Corning criam milhares de novas formulações de vidro e inovações de produção. Nem todas têm potencial de mercado imediato. Aquelas que podem ter potencial são enviadas para as pequenas vidrarias do centro de pesquisa para produção experimental, mas mesmo estas podem não chegar ao mercado. Mas a Corning sabe que os resultados de suas pesquisas, mesmo que não resultem em um novo produto, ainda têm valor. Tudo o que se aprende com todos os seus projetos de desenvolvimento é adicionado ao seu *banco de conhecimento*. Quem sabe pode ser útil no futuro?

Foi exatamente isso que aconteceu durante o desenvolvimento do revolucionário iPhone da Apple. Steve Jobs, o então chefe (e fundador) da Apple, tinha um pedido. A Corning poderia desenvolver um vidro perfeitamente claro, forte e resistente a arranhões, que pudesse ser usado para cobrir a tela do iPhone recém-projetado e, por favor, poderia fazê-lo dentro de seis meses? Os funcionários do centro de pesquisas da Corning vasculharam seus arquivos e encontraram os resultados de um projeto da década de 1960. Eles relatavam um projeto para desenvolver um vidro leve temperado para uso industrial. Pequenos volumes do vidro resistente foram fabricados, mas o produto foi abandonado quando poucos clientes se interessaram por ele. A Corning modificou a fórmula para criar um vidro que pudesse ser produzido fino e forte o suficiente para ser adequado para telas sensíveis ao toque. (Se a tela de um celular for muito grossa, o movimento do dedo na tela é mais difícil de detectar.) A empresa chamou o novo vidro de Gorilla Glass. Ele passou a ser progressivamente aprimorado para manter sua resistência, mesmo quando as telas se tornaram mais finas à medida que os telefones celulares se tornaram mais finos, e também encontrou mercados em outras aplicações com telas sensíveis ao toque.

Projeto preliminar

A primeira tarefa do **projeto preliminar** é definir exatamente o que será incluído no produto ou serviço. Para ofertas em que predominam os serviços, isso poderá envolver a documentação na forma de instruções de tarefa ou *diagramas de serviço*. Para as ofertas nas quais predominam os produtos, o projeto preliminar envolve a definição das especificações de produto (o McDonald's tem mais de 50 especificações para as batatas utilizadas em suas lojas) e a estrutura de componentes das ofertas. Esse diagrama detalha todos os componentes necessários para um único produto. Por exemplo, os componentes de um *mouse de apresentação* remota sem fio podem incluir o *mouse* propriamente dito, uma unidade receptora e a embalagem. Todos esses três itens são constituídos de outros componentes, e assim por diante, conforme mostra a Figura 4.8.

Pode haver oportunidades significativas para reduzir o custo mediante a simplificação do projeto nesse estágio. As inovações de produto e serviço mais elegantes geralmente são as mais simples. Entretanto, quando uma operação produz uma variedade de produtos ou serviços (como a grande maioria), a gama de produtos e serviços pode se tornar complexa, o que, por sua vez, aumenta o custo. Os projetistas adotam inúmeras abordagens para reduzir a complexidade inerente ao projeto, entre elas a padronização, a comunalidade e a modularização.

> **Princípio de produção**
> Um objetivo-chave do projeto preliminar deve ser a simplificação do projeto mediante padronização, comunalidade e modularização.

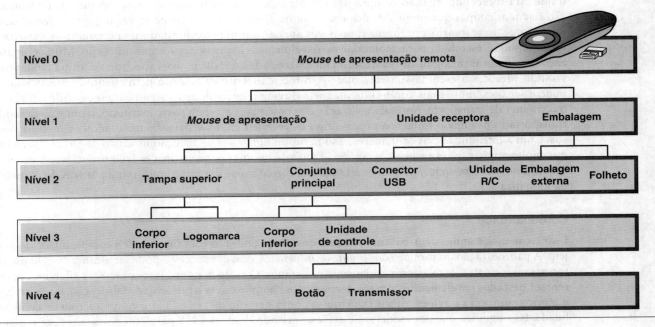

Figura 4.8 Estrutura de componentes de um *mouse* sem fio.

Comentário crítico

A abordagem inteira da inovação baseada em processos pode ser interpretada como implicando que todas as novas ofertas são criadas em resposta a uma necessidade clara e articulada do cliente. Embora isso geralmente aconteça, especialmente para serviços e produtos que são semelhantes aos seus antecessores, inovações mais radicais geralmente são provocadas pela própria inovação na criação de demanda. Nem todos concordam com o modelo racional dominante, no qual as opções de projeto possíveis são progressivamente reduzidas a cada estágio por meio da otimização de restrições e objetivos conhecidos. Para alguns, esse modelo elegante do processo de inovação não reflete a criatividade, os argumentos e o caos que às vezes caracterizam os projetos reais de inovação. Primeiro, os gerentes não começam com um número infinito de opções. Ninguém poderia processar tal volume de informações — e, de qualquer forma, os projetistas geralmente têm algum tipo de conjuntos de soluções em mente, esperando uma oportunidade para serem usadas. Segundo, o número de opções em consideração costuma aumentar com o tempo. Isso pode, na verdade, ser muito bom, especialmente se a atividade não tiver sido inicialmente especificada de maneira imaginativa. Terceiro, o processo real de projeto frequentemente envolve ciclos e retrocessos, às vezes vários deles, à medida que soluções de projeto potenciais levantem novas questões ou alcancem becos sem saída, e à medida que requisitos e restrições evoluem. Em contraste, a perspectiva da inovação centrada na ação ou coevolução propõe que as ofertas sejam projetadas por meio de uma combinação de emoção e criatividade; que o processo pelo qual isso é feito seja geralmente improvisado; e que a sequência das etapas de inovação não seja de forma alguma universal.

Padronização

Às vezes, a administração da produção tenta superar as penalidades de custo devidas à alta variedade por meio da padronização de seus produtos, serviços ou processos. **Padronização** é a aplicação da comunalidade pelo uso de um conjunto combinado de padrões. Isso permite que os componentes individuais de um produto ou serviço sejam criados separadamente, mas funcionando juntos. A padronização é o processo de tornar componentes, métodos ou processos uniformes por meio de uma operação e entre as operações. É a base para a intercambialidade de componentes e métodos. Existem muitos benefícios na padronização. Ela confere previsibilidade ao processo de projeto, permite a comunicação clara dentro das empresas e entre elas e pode ter um grande efeito sobre os custos. Com frequência, são os *outputs* da produção que são padronizados. Exemplos disso são os restaurantes *fast-food* (você sabe exatamente o que está recebendo quando compra um Big Mac), mas talvez o exemplo mais comum de padronização sejam as roupas que muitos de nós compramos. Embora nossos corpos tenham perfis diferentes, os fabricantes de vestuário produzem roupas em apenas um número limitado de tamanhos. A variedade de tamanhos é escolhida para acomodar razoavelmente a maioria das formas do corpo. Muitas organizações aprimoraram significativamente sua lucratividade ao reduzir sua variedade de forma cuidadosa, visando oferecer a escolha somente onde isso for realmente valorizado pelo cliente final. As roupas podem ser o exemplo mais conhecido, mas sem dúvida o exemplo mais significativo de padronização é o contêiner de transporte. Antes da utilização de contêineres no transporte marítimo, o que estava sendo transportado por navio tinha seu próprio tipo de recipiente: sacos, caixas, engradados ou mesmo avulsos. Com a introdução dos contêineres, isso permitiu uma enorme redução no custo de envio e permitiu que muitos países, para os quais o comércio global era anteriormente inacessível, negociassem no mercado mundial. Com efeito, os contêineres padrão tornaram-se um fator importante por trás do aumento da globalização.

Comunalidade

Usar elementos comuns dentro de um produto ou serviço pode também simplificar a complexidade do projeto. A padronização do formato dos *inputs* de informação em um processo pode ser alcançada pelo uso de formas ou formatos de tela apropriadamente projetados. Quanto mais produtos e serviços diferentes puderem ser baseados em elementos comuns, tanto menos complexo será o processo de fabricação. Por exemplo, a fábrica europeia de aviões Airbus projetou sua nova geração de aviões a jato com alto grau de **comunalidade**. Isso significa que dez modelos de aviões, variando desde o A318 para 100 passageiros até o maior avião do mundo, o A380, têm cabines de voo praticamente idênticas, sistemas comuns e características de manuseio semelhantes. Em alguns casos, como em toda a família A320, o avião até compartilha a mesma *classificação de categoria de piloto*, possibilitando que os pilotos voem em qualquer um deles com a mesma licença. As vantagens da comunalidade para os operadores de linhas aéreas incluem um tempo de treinamento muito menor para pilotos e engenheiros, quando estes alternam de um avião para outro. Além disso, quando até 90% de todas as peças são comuns dentro de uma mesma família de aviões, há menor necessidade de manter uma ampla variedade de peças sobressalentes.

Modularização

O uso de princípios de **projeto modular**, vistos nos computadores, por exemplo, envolve projetar *subcomponentes* padronizados de um produto ou serviço, que podem ser agrupados de diferentes maneiras. Esses módulos padronizados, ou subconjuntos, podem ser produzidos em maior volume, reduzindo assim o custo. As agências de turismo podem montar pacotes de férias para atender às exigências de um cliente específico, desde a viagem aérea planejada e paga com antecedência até as acomodações, o seguro e assim por diante. Da mesma forma, na educação também há crescente uso de cursos modulares que permitem a escolha dos *clientes*, mas também permitem que cada módulo obtenha volumes econômicos de estudantes.

Avaliação e melhoria do projeto

O propósito dessa etapa da atividade de inovação do projeto é considerar o projeto preliminar e verificar se pode ser melhorado. Há diversas técnicas que podem ser empregadas nessa etapa para avaliar e melhorar o produto preliminar. Talvez a mais conhecida seja o **desdobramento da função qualidade** (QFD, do inglês *quality function deployment*).

Desdobramento da função qualidade

O propósito principal do QFD é tentar assegurar que a eventual inovação realmente atenda às necessidades de seus clientes. Essa é uma técnica que foi desenvolvida no Japão, no estaleiro da Mitsubishi em Kobe, e bastante utilizada pela Toyota e seus fornecedores. O QFD é também conhecido como *casa da qualidade* (devido a sua aparência) e *voz do cliente* (devido a seu propósito). A técnica tenta captar o que o cliente necessita e como isso pode ser atingido. A Figura 4.9 mostra um exemplo da matriz QFD simples usada no projeto de um *pendrive* USB promocional. A matriz QFD é uma articulação formal de como a empresa vê o relacionamento entre os requisitos do cliente (os quês) e as características de projeto do novo produto (os comos):

▶ Os quês ou *requisitos do cliente* é a lista de fatores competitivos que os clientes consideram significativos. Sua importância relativa recebe uma nota, nesse caso em uma escala de 10 pontos, com o preço tendo a avaliação mais alta.

▶ As notas competitivas indicam o desempenho relativo do produto, nesse caso em uma escala de 1 a 5. Também são indicados os desempenhos de dois produtos concorrentes.

▶ Os comos ou *características do projeto* do produto são as várias *dimensões* do projeto que irão operacionalizar os requisitos dos clientes dentro do serviço ou produto.

▶ A matriz central (muitas vezes chamada de matriz de relacionamento) representa uma visão dos inter-relacionamentos entre os quês e os comos. Geralmente, isso está baseado em avaliações de valor feitos pela equipe de projeto. Os símbolos indicam a força do relacionamento. Todos os relacionamentos são estudados, mas em muitos casos, onde a célula da matriz está em branco, não existe relacionamento.

▶ A última linha da matriz representa uma avaliação técnica do produto. Contém a importância absoluta de cada característica do projeto.

▶ O *teto* triangular da *casa* captura qualquer informação que a equipe tenha sobre as correlações (positivas e negativas) entre as diversas características do projeto.

Prototipagem e projeto final

Nessa etapa da atividade de projeto, é necessário transformar o projeto melhorado em um protótipo que possa ser testado. Pode ser muito arriscado iniciar um produto ou serviço antes de testá-lo. Portanto, normalmente é mais apropriado criar um **protótipo** (no caso de um produto) ou *teste* (no caso de um serviço). Os protótipos de produtos incluem tudo, desde modelos em argila a **simulações** em computador. Os testes de serviços podem também incluir simulações em computador, mas também a implementação real do serviço

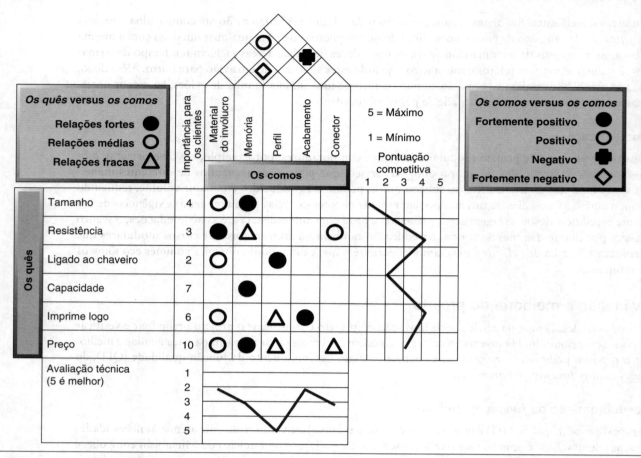

Figura 4.9 Matriz QFD para um *pendrive* USB promocional.

em uma base-piloto. Por exemplo, muitas organizações varejistas realizam testes-piloto de novos produtos e serviços em um pequeno número de lojas para testar a reação dos clientes a eles. Simulações baseadas em realidade virtual permitem às empresas testar novos produtos e serviços, além de visualizar e planejar os processos que os produzirão. As partes dos componentes individuais podem ser posicionadas virtualmente e testadas para verificar sua adaptação ou interferência. Mesmo trabalhadores virtuais podem ser introduzidos no sistema de prototipagem para verificar a facilidade da montagem ou de operação.

Teste alfa e beta

Uma distinção que se originou na indústria de desenvolvimento de *software*, mas se espalhou em outras áreas, é aquela entre os testes alfa e beta de um produto ou serviço. A maioria dos produtos de *software* inclui fases de teste alfa e beta, ambos destinados a descobrir *bugs* (falhas) no produto. Não é surpresa que o **teste alfa** venha antes do teste beta. O teste alfa é basicamente um processo interno em que os desenvolvedores ou fabricantes (ou às vezes uma agência externa que eles comissionaram) examinam o produto em busca de falhas. Geralmente, esse também é um processo privado, não aberto ao mercado ou a potenciais clientes. Embora se destine a procurar erros que, de outra forma, surgiriam quando o produto estivesse em uso, ele é efetivamente executado em um ambiente virtual ou simulado, em vez de *no mundo real*. Após o teste alfa, o produto é liberado os para testes beta. O **teste beta** é quando o produto é lançado para testes por clientes selecionados. É um *teste-piloto* externo que ocorre no *mundo real* (ou perto do mundo real, pois ainda é uma amostra relativamente pequena) antes da produção comercial. No momento em que um produto chega ao estágio beta, a maioria dos piores defeitos já deve ter sido removida, mas o produto ainda pode ter alguns problemas menores que só podem se tornar evidentes com a participação do usuário. É por isso que o teste beta é quase sempre realizado nas instalações do usuário, sem qualquer equipe de desenvolvimento presente. O teste beta também é chamado às vezes de *teste de campo*, teste de pré-lançamento, validação do cliente, homologação, teste de aceitação do cliente ou teste de aceitação do usuário.

4.4 Como a inovação de produto e serviço deve obter recursos?

Como acontece em qualquer tipo de processo, para que um processo de inovação de produto ou serviço funcione de modo eficaz, ele precisa ser devidamente projetado e receber recursos. Nesta seção, vamos examinar cinco questões importantes que devem ser consideradas na obtenção de recursos para o processo de inovação:

▶ Quais são os requisitos de capacidade para a inovação?
▶ A inovação deve ser executada internamente ou deve ser terceirizada?
▶ Que tecnologia pode ser usada para dar suporte ao processo de inovação?
▶ Que estrutura organizacional é mais adequada para o processo de inovação?
▶ Como o processo de inovação pode ser encurtado?

Princípio de produção
Para que os processos de inovação sejam eficazes, eles precisam receber recursos adequados.

Requisitos de capacidade para atividades de inovação

A gestão de capacidade envolve decidir sobre o nível apropriado de capacidade e como ele pode ser ajustado à medida que a demanda muda. Para os processos de inovação, a demanda é o número de novos projetos necessários. A dificuldade é que, mesmo nas grandes empresas, a taxa de inovação não é constante. Isso significa que os processos de inovação estão sujeitos a uma *demanda* desigual para os projetos. Às vezes, várias novas ofertas podem ser introduzidas juntas, enquanto outras vezes pouca inovação é necessária. Isso representa um problema de recursos porque a capacidade para uma atividade de inovação é muitas vezes difícil de flexibilizar. O conhecimento necessário para a inovação está embutido em projetistas, tecnólogos, analistas de mercado e assim por diante. Alguns especialistas podem ser contratados conforme e quando necessário, mas muitos recursos do projeto, na verdade, são fixos. Isso significa que algumas organizações relutam em investir em processos de inovação porque os veem como um recurso subutilizado. Um círculo vicioso pode se desenvolver em que as empresas não investem em recursos de inovação porque muitos profissionais de *design* qualificados não podem simplesmente ser contratados no curto prazo, resultando em projetos de inovação ultrapassados ou inexistentes na entrega de soluções apropriadas. Isso, por sua vez, pode levar a empresa a perder negócios ou a sofrer de outra forma no mercado, o que a torna ainda menos disposta a investir em recursos de inovação.

OPERAÇÕES NA PRÁTICA — **Ecossistema de inovação aberta da BT[5]**

A BT é um dos principais fornecedores mundiais de serviços e soluções de comunicações, com clientes em 180 países. Suas principais atividades incluem o fornecimento de serviços globais de TI em rede; serviços de telecomunicações locais, nacionais e internacionais; produtos e serviços de TV e Internet; e produtos e serviços convergentes fixo-móvel. Esse é um negócio que prospera em inovação e, de fato, a BT possui uma organização de pesquisa e desenvolvimento de renome mundial. Mas é a maneira como o grupo desenvolveu um vasto ecossistema de inovação, abrangendo parceiros internos e externos, que permitiu à BT explorar a inovação. Ideias inovadoras podem vir de muitas fontes diferentes. O modelo de *inovação aberta* da BT é aberto no sentido mais amplo. Significa trabalhar e colaborar com fornecedores atuais e potenciais, clientes e sua própria equipe. Na verdade, muitas das novas ideias e tecnologias das quais a BT depende foram criadas tanto dentro de suas próprias instalações formais de pesquisa e desenvolvimento quanto por sua equipe de modo mais amplo. O *esquema de novas ideias* do grupo tem um papel importante na iniciativa de inovação aberta da empresa. Ele reconhece e explora a criatividade dos mais de 90 mil funcionários do grupo em todo o mundo. Eles podem usar esse esquema para propor ideias que possam ajudar na inovação dos processos da BT ou melhorar seus produtos e serviços. A equipe pode enviar ideias informais daquele *momento eureca* ou conceitos desenvolvidos com mais cuidado. As ideias são então revisadas por especialistas no negócio, e aquelas com maior potencial são levadas adiante no processo de desenvolvimento. Das cerca de 2.000 ideias apresentadas todos os anos, cerca de 50 chegam à implementação.

Mas é a forma como a BT está *aberta* à inovação externa que atraiu muita atenção. No mundo das telecomunicações, a inovação é distribuída em vários *pontos quentes* de inovação, incluindo o Vale do Silício, Israel, Japão, Coreia, Singapura, Hong Kong, Índia, China e toda a Europa. O impulso central do modelo global de inovação aberta da BT vem de sua unidade de aferição de tecnologia. Isso tem avançado nos esforços de inovação do grupo desde 2000, quando seu então vice-presidente sênior de tecnologia e inovação foi enviado a Palo Alto para obter ideias sobre tecnologias emergentes e modelos de negócios. De modo significativo, o chefe de inovação externa da BT não está localizado no Reino Unido, mas no Vale do Silício. No centro de sua rede, o BT Infinity Lab em Londres permite acompanhar e, muitas vezes, coinovar com startups, enquanto equipes de busca de inovação examinam o mundo das *startups* de tecnologia, empreendedores de risco e pesquisadores em busca de ideias. Está constantemente procurando e avaliando ideias — tudo, desde novas tecnologias, desenvolvimentos em como os mercados estão progredindo, processos operacionais inventivos, até modelos de negócios pioneiros. A BT acredita que sua capacidade de observação amplia suas habilidades de geração de inovação em várias ordens de grandeza. O modelo de inovação aberta da BT também inclui parcerias de pesquisa de longo prazo com as principais universidades e escolas de administração em todo o mundo.

Como saber se as atividades de inovação devem ser terceirizadas

Assim como existem redes de suprimentos que entregam serviços e produtos, também existem redes que conectam fornecedores e clientes no processo de inovação. Essas redes às vezes são chamadas de *redes de projeto* (ou desenvolvimento). Os processos de inovação podem adotar qualquer posição em um espectro de graus variados de engajamento do projeto com os fornecedores, desde a retenção de todos os recursos de inovação internamente até a **terceirização** de todo o trabalho de inovação. Entre esses extremos, existem diversos graus de competência interna e externa. A Figura 4.10 mostra alguns dos fatores mais importantes que irão variar dependendo de onde um processo de inovação está nesse espectro. Os recursos serão facilmente controlados se forem mantidos internamente, porque estão alinhados com as estruturas organizacionais normais da empresa, mas o controle deve ser relativamente livre devido à confiança extra presente no trabalho com colegas mais próximos. Em geral, o trabalho de inovação terceirizado envolve maior controle, com contratos usados frequentemente cláusulas de penalidade por atrasos.

Do ponto de vista de uma inovação aberta (discutida anteriormente neste capítulo), as empresas devem estar dispostas a comprar inovações, em vez de depender apenas daquelas geradas internamente. Da mesma forma, pode haver benefícios em dar acesso a inovações proprietárias subutilizadas por meio de *joint ventures*, licenciamento ou *spin-offs*. No entanto, um grande inibidor da inovação aberta é o medo do vazamento de conhecimento. As empresas ficam preocupadas que a experiência adquirida por meio da colaboração com um fornecedor especializado em projeto possa ser transferida para seus concorrentes. Aqui, existe um paradoxo. As empresas, em geral, terceirizam o projeto principalmente por causa das competências do fornecedor, que são elas mesmas um acúmulo de conhecimento especializado ao trabalhar com diversos clientes. Sem esse *vazamento* de conhecimento, os benefícios advindos das competências de inovação acumuladas pelo fornecedor nem sequer existiriam.

Como saber quais tecnologias devem ser usadas no processo de inovação

Nas atividades de inovação, a tecnologia está se tornando cada vez mais importante. O *software* de simulação, por exemplo, agora é comum no projeto de tudo, desde serviços de transporte até fábricas de produtos químicos. Isso permite que os desenvolvedores tomem decisões de projeto antes do produto ou serviço real que está sendo criado, explorando possibilidades, obtendo ideias e explorando as consequências de suas decisões. Tais tecnologias são particularmente úteis quando a tarefa de projeto é altamente complexa, pois permitem que os desenvolvedores reduzam sua própria incerteza sobre como os serviços ou produtos irão funcionar na prática. As tecnologias também consolidam informações sobre o que está acontecendo no processo de inovação, apresentando assim uma visão mais abrangente dentro da organização.

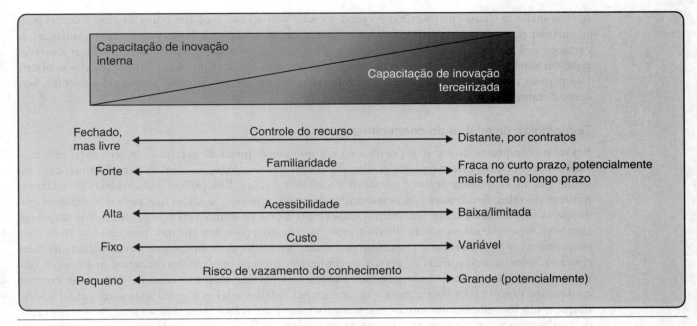

Figura 4.10 Implicações do espectro de inovação interna/terceirizada.

Projeto generativo

Uma tecnologia particularmente útil é o uso do *projeto generativo* como uma abordagem para explorar projetos alternativos. Ele envolve projetistas especificando importantes objetivos de projeto, parâmetros e requisitos de desempenho, após o que o *software* de projeto generativo explora todas as variações possíveis de uma solução, a partir das quais gera alternativas de projeto. Versões mais avançadas usam **inteligência artificial** para aprender com cada iteração. Seus proponentes descrevem o projeto generativo como a exploração do aprendizado de máquina para imitar a abordagem evolutiva da natureza ao projeto. Uma de suas vantagens óbvias é a rapidez com que pode analisar e avaliar projetos em potencial. Mas ele também pode gerar opções de projeto que não teriam sido pensadas.

Projeto assistido por computador

A tecnologia de inovação mais conhecida é o **projeto assistido por computador (CAD, do inglês *computer-aided design*)**. Os sistemas de CAD armazenam e categorizam as informações dos componentes e permitem que os projetos sejam construídos na tela, muitas vezes realizando cálculos básicos de engenharia para testar a adequação das soluções de projeto propostas. Eles fornecem a capacidade assistida por computador para criar um desenho de produto modificado e permitem que formas usadas de maneira convencional sejam adicionadas rapidamente à representação de um produto baseada em computador. Os projetos criados na tela podem ser salvos e recuperados mais tarde, permitindo a criação de uma biblioteca de peças e componentes padronizados. Isso não apenas pode aumentar drasticamente a produtividade do processo de inovação, mas também ajuda na padronização de peças na atividade de projeto. Projetos de CAD podem ser convertidos em modelos físicos usando **impressão 3D**, permitindo uma rápida prototipagem. Uma alternativa à modelagem 3D é o uso de tecnologias de **realidade virtual**. Essa forma de tecnologia é mais interativa do que o CAD tradicional, pois os projetistas (ou os clientes) podem *caminhar* por um projeto e ter uma noção melhor de sua aparência e uso.

Gêmeos digitais

Michael Grieves, do Centro de Gerenciamento de Ciclo de Vida e Inovação do Instituto de Tecnologia da Flórida, popularizou o termo *gêmeo digital*.[6] É a combinação de dados e inteligência que representa a estrutura, o contexto e o comportamento de um sistema físico de qualquer tipo, oferecendo uma interface que permite compreender as operações passadas e presentes e fazer previsões sobre o futuro. Em outras palavras, gêmeos digitais são poderosas *réplicas* digitais que podem ser usadas no lugar da realidade física de um produto. Usar o gêmeo digital em vez do produto real pode melhorar significativamente seu desempenho operacional sem o custo de trabalhar no produto real. Não apenas isso, mas o uso do gêmeo digital pode se estender por toda a vida útil do produto, fornecendo informações valiosas ao usuário e evidências de como ele está realmente funcionando. Assim, por exemplo, gêmeos digitais poderiam monitorar e simular possíveis cenários futuros e prever a necessidade de reparos e outros problemas antes que eles ocorram. Isso permite que melhorias de projeto sejam feitas antes que um produto seja usado pelos clientes, bem como durante sua vida útil.

Tecnologias de gestão do conhecimento

Em muitas empresas de serviços profissionais, como consultorias de gestão, o projeto envolve a avaliação de conceitos e estruturas que podem ser usados nas organizações clientes para diagnosticar problemas, analisar o desempenho e construir possíveis soluções. Eles podem incluir ideias de melhores práticas do setor, *benchmarks* de desempenho dentro de um setor e ideias que podem ser transportadas pelas fronteiras do setor. Entretanto, essas empresas estão muitas vezes geograficamente dispersas, com seus funcionários passando algum tempo nas organizações dos clientes. Isso cria um risco para essas empresas de *reinventar a roda* continuamente. A maioria das empresas de consultoria tenta lidar com esse risco usando rotinas de **gestão do conhecimento** com base em seus recursos de intranet. Isso permite que os consultores coloquem sua experiência em um conjunto comum, entrem em contato com outros funcionários da empresa que tenham habilidades relevantes para uma tarefa atual e identifiquem tarefas semelhantes anteriores. Com isso, a informação é integrada ao processo de inovação do conhecimento em andamento dentro da empresa e pode ser aproveitada pelos responsáveis pelo desenvolvimento de novas inovações.

Como saber qual estrutura organizacional deve ser usada no processo de inovação

O processo de desenvolvimento de conceitos até o mercado quase certamente envolverá funcionários de diferentes áreas da organização. Diferentes funções organizacionais terão algum papel a desempenhar. No entanto, qualquer projeto de inovação de produto ou serviço também terá uma existência própria com um nome de projeto, uma equipe que está defendendo o projeto, um orçamento e, esperamos, um objetivo estratégico claro. A questão organizacional é: qual dessas duas perspectivas — funções organizacionais ou o próprio projeto de inovação — deve dominar a forma como a inovação é gerenciada? A Figura 4.11 ilustra as várias estruturas organizacionais alternativas para processos de inovação:

▶ Organização funcional: o projeto de inovação é dividido em segmentos e atribuído a áreas funcionais relevantes e/ou grupos dentro de áreas funcionais. O projeto é coordenado pela gerência funcional e sênior.
▶ Matriz funcional (ou gerente de projeto peso leve): uma pessoa é designada formalmente para supervisionar o projeto em diferentes áreas funcionais. Essa pessoa pode ter autoridade limitada sobre a equipe funcional envolvida e serve principalmente para planejar e coordenar o projeto. Os gerentes funcionais retêm a principal responsabilidade por seus segmentos específicos do projeto.
▶ Matriz balanceada: uma pessoa é designada para supervisionar o projeto e interage de igual para igual com os gerentes funcionais. Essa pessoa e os gerentes funcionais trabalham juntos para direcionar as atividades de inovação e aprovar as decisões técnicas e operacionais.
▶ Matriz de projeto (ou gerente de projeto peso pesado): um gerente é designado para supervisionar o projeto e é responsável por sua conclusão. O envolvimento dos gerentes funcionais limita-se à designação de pessoal conforme necessário e à prestação de consultoria especializada.
▶ Equipe de projeto (ou equipe tigre): um gerente é responsável por uma equipe de projeto composta de um grupo central de funcionários de várias áreas funcionais, designados em tempo integral. Os gerentes funcionais não têm envolvimento formal.

Embora não haja um *vencedor* claro entre as estruturas organizacionais alternativas, há cada vez mais apoio para estruturas voltadas para o projeto, em vez de funcionais, no final do espectro. Algumas autoridades argumentam que estruturas de gerentes de projeto peso pesado e equipes de projeto dedicadas (tigre) são as formas de organização mais eficientes para impulsionar a competitividade, encurtar prazos e eficiência técnica.

Talvez mais interessante seja a adequação das estruturas alternativas para diferentes tipos de inovação. As estruturas matriciais são geralmente consideradas adequadas para projetos tanto simples quanto altamente complexos. Equipes de projeto dedicadas, por outro lado, são vistas como apropriadas para projetos com alto grau de incerteza, em que sua flexibilidade se torna valiosa. Estruturas de base funcional, com

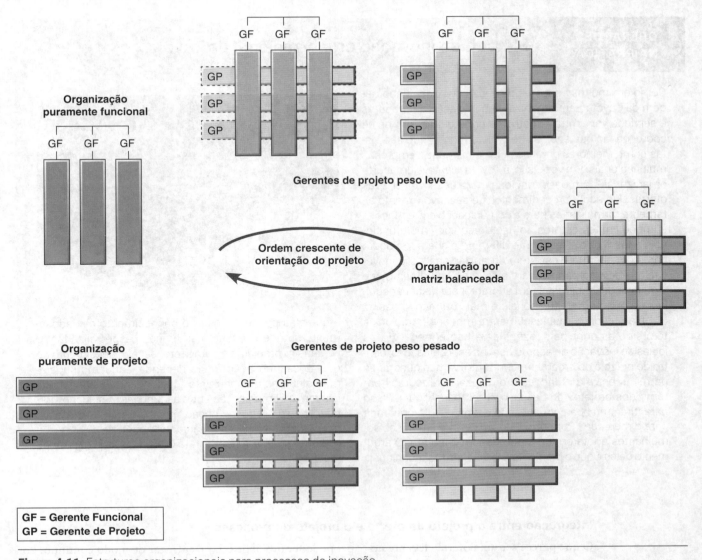

Figura 4.11 Estruturas organizacionais para processos de inovação.

recursos agrupados em torno de uma especialidade funcional, auxiliam no desenvolvimento do conhecimento técnico. Certas organizações conseguem capturar as profundas vantagens tecnológicas e de desenvolvimento de habilidades das estruturas funcionais, ao mesmo tempo que coordenam as funções para garantir a entrega satisfatória de novas ideias de produtos e serviços.

Como reduzir o tempo do processo de inovação

Toda inovação de produto e serviço precisa, eventualmente, ser criada, de modo que há um forte argumento para combinar o projeto de serviços e produtos e o projeto dos processos que irão entregá-los. Em geral, a fusão desses dois processos é chamada de projeto simultâneo (ou interativo). Seu principal benefício é reduzir o tempo necessário para toda a atividade de inovação. Conforme observado anteriormente, a redução do **tempo até o lançamento** (TTM, do inglês *time to market*) pode proporcionar uma importante vantagem competitiva. Aqui, examinamos três métodos-chave que podem reduzir significativamente o tempo de lançamento da inovação no mercado:

Princípio de produção
A inovação simultânea eficaz reduz o tempo até o lançamento no mercado.

- Integração entre o projeto do produto e o projeto do processo.
- **Desenvolvimento simultâneo** de várias etapas no processo global.
- Resolução rápida de conflitos e incertezas do projeto.

OPERAÇÕES NA PRÁTICA
Método de inovação organizacional da Toyota[7]

Como em muitos aspectos de seus negócios, a abordagem da Toyota para organizar sua inovação de produtos e serviços vai contra a matriz de projeto e as formas de coordenação das equipes de projeto (tigres) que são vistas como melhores práticas por muitas outras empresas multinacionais. Em vez disso, a Toyota manteve uma forte organização com base funcional para desenvolver suas ofertas. Ela adota procedimentos de desenvolvimento altamente formalizados para a comunicação entre funções e impõe limites estritos ao uso de equipes multifuncionais. Mas o que é realmente diferente é sua abordagem para conceber uma estrutura organizacional para inovação que seja apropriada para a Toyota. O argumento que a maioria das empresas tem adotado para justificar equipes de projeto multifuncionais é mais ou menos assim: "Problemas de comunicação entre funções tradicionais têm sido as principais razões para não entregar novas ideias de inovação de acordo com as especificações, dentro do prazo e do orçamento. Portanto, vamos quebrar as barreiras entre as funções e organizar os recursos em torno dos projetos de desenvolvimento individuais. Isso garantirá uma boa comunicação e uma cultura orientada para o mercado". Por outro lado, a Toyota e empresas semelhantes adotaram uma abordagem diferente. O argumento delas é que o problema das equipes multifuncionais é que elas podem dissipar o conhecimento cuidadosamente nutrido existente nas funções especializadas. O verdadeiro problema é como reter esse conhecimento do qual nossa inovação futura depende, enquanto superamos algumas das barreiras funcionais tradicionais que inibiram a comunicação entre as funções. A solução, portanto, não é destruir a função, mas conceber os mecanismos organizacionais para garantir o controle de perto e a liderança integradora que trará o sucesso da organização funcional.

Integração entre o projeto da oferta e o projeto do processo

O que parece ser uma oferta elegante no papel pode ser difícil de criar e entregar de modo contínuo. Por outro lado, um processo projetado para um conjunto de serviços ou produtos pode ser incapaz de criar outros diferentes. Certamente, faz sentido projetar ofertas e processos operacionais juntos. Para serviços, as organizações têm pouca escolha a não ser fazer isso porque o processo de entrega geralmente faz parte da oferta. No entanto, é útil integrar o projeto da oferta (produtos e serviços) e o processo, independentemente do tipo de organização. Mas existem barreiras reais para fazer isso. Primeiro, os prazos envolvidos podem ser muito diferentes. As ofertas podem ser modificadas, e com relativa frequência. Os processos que serão usados para criar e entregar uma oferta podem ser muito caros para serem modificados toda vez que a oferta for alterada. Segundo, as pessoas envolvidas com a inovação, por um lado, e o projeto de processo, por outro, provavelmente são organizacionalmente distintos. Por fim, às vezes não é possível projetar um processo para a criação e entrega de serviços e produtos até que estejam totalmente definidos.

No entanto, nenhuma dessas barreiras é intransponível. Embora os processos em andamento não possam ser alterados sempre que houver uma alteração na oferta, eles podem ser projetados para lidar com uma variedade de serviços e produtos em potencial. O fato de que a equipe de projeto e a equipe de produção muitas vezes são organizacionalmente distintas também pode ser superado. Mesmo que não seja sensato fundir as duas funções, existem mecanismos de comunicação e organização para estimular o trabalho conjunto das duas funções. Mesmo a alegação de que os processos em andamento não podem ser projetados até que a natureza da oferta seja conhecida não é inteiramente verdadeira. Podem estar surgindo indícios suficientes das atividades de inovação para que a equipe de projeto de processos considere como eles podem modificar os processos em andamento. Esse é um princípio fundamental do projeto simultâneo, considerado a seguir.

CAPÍTULO 4 INOVAÇÃO DE PRODUTO E SERVIÇO

Operações responsáveis

Em cada capítulo, sob o título de Operações responsáveis, *resumimos como o tópico específico tratado no capítulo aborda importantes questões sociais, éticas e ambientais.*

Cada vez mais, a inovação de produtos ou serviços incluirá a consideração das dimensões ambientais da sustentabilidade. O exame crítico dos componentes dos produtos visando uma mudança de materiais no projeto pode reduzir significativamente seu impacto ambiental. Alguns exemplos incluem o uso de algodão orgânico ou bambu em roupas; madeira ou papel de florestas plantadas usados em móveis de jardim, papelaria e pisos; materiais reciclados para sacolas de transporte; e corantes naturais em roupas, cortinas e estofados. Outras inovações podem ser mais focadas no estágio de uso de uma oferta. O MacBook Air, por exemplo, introduziu um sistema avançado de gerenciamento de energia que reduziu seu consumo de energia. Na indústria de detergentes, a Unilever e a Procter & Gamble desenvolveram produtos que permitem que as roupas sejam lavadas em temperaturas muito mais baixas. As empresas de arquitetura estão projetando casas que podem operar com o mínimo de energia ou usar fontes sustentáveis de energia, como painéis solares. Algumas inovações se concentram em tornar os componentes do produto dentro de uma oferta mais fácil de reciclar ou remanufaturar, uma vez que tenham chegado ao fim de sua vida útil. Por exemplo, algumas embalagens de alimentos foram projetadas para que se decomponham com facilidade quando descartadas, permitindo sua conversão em composto de alta qualidade. Os telefones celulares geralmente são projetados para serem desmontados no final de sua vida útil, para que matérias-primas valiosas possam ser reutilizadas. Por exemplo, a Apple introduziu um robô (chamado Daisy) capaz de desmontar 200 iPhones por hora para recuperar os diversos materiais preciosos contidos neles. Na indústria automotiva, mais de 75% dos materiais são reciclados.

A inovação no projeto não se limita apenas à concepção inicial de um produto, mas também se aplica ao fim de sua vida útil. Essa ideia é frequentemente chamada de *projeto para a economia circular*. Veja o exemplo *Inovação de produtos para a economia circular* na seção *Operações na prática*. A economia circular (também denominada economia *closed-loop* ou *take-back*) é proposta como alternativa à economia linear tradicional (ou fabricar-usar-descartar, como é chamada). A ideia é manter os produtos em uso pelo maior tempo possível, extrair deles o máximo valor durante a utilização e, em seguida, recuperar e regenerar produtos e materiais ao fim de sua vida útil. Contudo, a economia circular é muito mais do que uma preocupação com a reciclagem em oposição ao descarte. Ela examina o que pode ser feito ao longo da cadeia de suprimento e uso para que seja utilizado o menor número possível de recursos e, em seguida, os produtos sejam recuperados e regenerados ao fim de sua vida convencional. Isso significa projetar produtos para longevidade, reparabilidade, facilidade de desmontagem e reciclagem.

OPERAÇÕES NA PRÁTICA
Inovação de produtos para a economia circular[8]

Típica das empresas que adotaram essa ideia, ou foram criadas especialmente para promovê-la, é a Newlife Paints. Ela "*remanufatura* resíduos de tinta à base de água, transformando-os em uma emulsão de grau superior. Todos os produtos da gama de tintas da empresa garantem um mínimo de 50% de conteúdo reciclado, composto de resíduos de tinta que deixaram de ser enviados para o aterro ou para incineração. A ideia da empresa começou a enraizar-se na mente de um químico industrial, Keith Harrison. Sua garagem estava se tornando um pouco desordenada, depois de muitos anos de projetos próprios. Encorajado por sua esposa para limpar a bagunça, percebeu que as latas empilhadas de tinta representavam um imenso desperdício. Foi então que começou sua busca por uma solução sensata e ambientalmente responsável para os resíduos de tinta. *"Eu continuei pensando que eu poderia fazer algo com ela, pois a tinta tinha um valor intrínseco. Teria sido um enorme desperdício apenas jogá-la fora".* Keith pensou que alguém deveria estar reciclando, mas ninguém estava, e ele começou a encontrar uma maneira de reprocessar a tinta usada de volta a uma emulsão de qualidade superior. Depois de dois anos de pesquisa, ele desenvolveu sua tecnologia com sucesso, envolvendo a remoção de restos de tinta das latas e misturando-os e filtrando-os para produzir novas tintas com cores correspondentes. A empresa também lançou uma marca *premium*, dirigida a clientes ricos com consciência ambiental, chamada Reborn Paints, cujo desenvolvimento foi parcialmente financiado pela Akzo Nobel, fabricante das tintas Dulux. Embora Keith tivesse começado em sua garagem, ele agora licencia sua tecnologia para empresas como a gigantesca empresa de resíduos francesa Veolia. *"Com o licenciamento, podemos ter mais impacto e propagação internacional"*, diz ele.

Desenvolvimento simultâneo

Descrevemos o processo de projeto como, basicamente, um conjunto de etapas individuais predeterminadas, cada uma com um começo claro e um ponto de término. Na verdade, essa abordagem passo a passo ou sequencial era a forma tradicional de desenvolvimento de produtos/serviços. Ela tem algumas vantagens. É fácil gerenciar e controlar o processo organizado dessa forma, pois cada etapa é claramente definida, e, como cada uma é concluída antes que a próxima comece, cada etapa pode focalizar suas competências e experiências em um conjunto limitado de tarefas. No entanto, o principal problema da abordagem sequencial é que consome muito tempo e é dispendiosa. Quando cada etapa é separada, quaisquer dificuldades encontradas durante o projeto em uma etapa podem exigir que o projeto fique parado, enquanto a responsabilidade volta para a etapa anterior. Essa abordagem sequencial é mostrada na Figura 4.12(a).

Todavia, com frequência, há pouca necessidade de esperar até a finalização absoluta de uma etapa antes de iniciar a seguinte. Por exemplo, talvez enquanto estiver gerando o conceito, a atividade de triagem e seleção pode ser iniciada. É provável que alguns conceitos possam ser julgados como *inviáveis* relativamente cedo no processo de geração de ideias. De modo semelhante, durante a etapa de triagem, é provável que alguns aspectos do projeto se tornem óbvios antes que a fase esteja totalmente completa. Assim, o trabalho preliminar nessas partes do projeto poderia ser iniciado nesse ponto. Esse princípio pode ser considerado em todas as etapas do projeto, uma etapa começando antes que a anterior esteja concluída, de forma que haja trabalho simultâneo ou concorrente nas etapas (ver a Figura 4.12(b)).

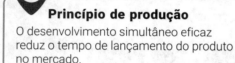

Princípio de produção
O desenvolvimento simultâneo eficaz reduz o tempo de lançamento do produto no mercado.

Resolução de conflitos e incertezas cedo no processo

Caracterizar a atividade de projeto como uma série coerente de decisões é uma perspectiva útil. Mais importante, uma decisão de projeto, uma vez tomada, não precisa comprometer totalmente a oferta final. Em alguns casos, a mudança de projetos faz sentido, por exemplo, quando surgem novas informações que sugerem uma alternativa melhor. Além disso, a tomada de decisões mais cedo normalmente é mais difícil de se fazer devido ao alto nível de incerteza em torno do que pode ou não funcionar como projeto final. É por isso que o nível de debate, e até mesmo de desacordo, sobre as características de uma oferta pode ser o mais aquecido nas etapas iniciais do processo. Uma abordagem é atrasar a tomada de decisão na esperança de que apareça uma *resposta* óbvia. O problema com isso é que, se as decisões de mudança forem tomadas mais tarde no processo de inovação, essas mudanças serão mais disruptivas do que se fossem feitas mais cedo. Por outro lado, se a equipe de projeto conseguir resolver o conflito no início da atividade de projeto, isso reduzirá o grau de incerteza dentro dele e reduzirá o custo extra e, mais significativamente, o tempo associado ao gerenciamento dessa incerteza ou à mudança de decisões já tomadas. Isso tem duas implicações principais. Primeiro, vale a pena tentar chegar a um consenso nos estágios iniciais do processo de inovação, mesmo que isso pareça atrasar o processo total no curto prazo. Segundo, a intervenção estratégica

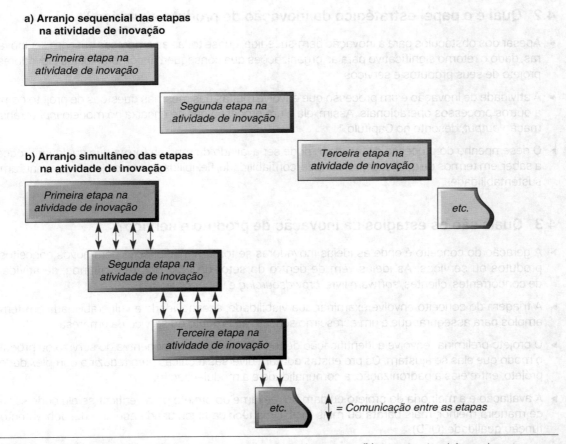

Figura 4.12 (a) Arranjo sequencial das etapas na atividade de projeto. (b) Arranjo simultâneo das etapas na atividade de projeto.

no processo de inovação pela alta administração é particularmente necessária durante esses estágios iniciais. Infelizmente, há uma tendência dos gerentes seniores, após definir os objetivos iniciais do processo de inovação, de *deixar os detalhes* para os especialistas técnicos. Eles só se envolvem com o processo novamente nos estágios posteriores, à medida que começam a surgir problemas que precisam de reconciliação ou recursos extras.

Princípio de produção

O processo do projeto requer atenção estratégica desde o início, quando há maior potencial para afetar as decisões de projeto.

Respostas resumidas às questões-chave

4.1 O que é inovação de produto e serviço?

▶ Exploramos os três termos relacionados de *criatividade*, *inovação* e *projeto*. *Criatividade* é a capacidade de ir além de ideias, regras ou suposições convencionais, a fim de gerar novas ideias significativas. *Inovação* é o ato de introduzir algo novo com potencial para ser prático e oferecer retorno comercial. *Projeto* é o processo que transforma ideias inovadoras em algo mais concreto. Um projeto entrega uma solução que funcionará na prática.

▶ A curva S da inovação descreve o impacto de uma inovação no decorrer do tempo, lento no início, crescente no impacto e diminuindo até chegar ao nivelamento.

▶ As inovações incrementais e radicais diferem em como usam o conhecimento. Frequentemente, a inovação radical requer recursos e/ou conhecimento totalmente novos, tornando obsoletos os produtos e serviços existentes. A inovação incremental é construída sobre o conhecimento e/ou os recursos existentes.

4.2 Qual é o papel estratégico da inovação de produto e serviço?

▶ Apesar dos obstáculos para a inovação bem-sucedida, quase todas as empresas buscam ser inovadoras, dado o retorno significativo para as organizações que conseguem incorporar ideias inovadoras no projeto de seus produtos e serviços.

▶ A atividade de inovação é um processo que envolve muitas das mesmas questões de projeto comuns a outros processos operacionais. Assim, ela é um processo que se encaixa no modelo *input*-transformação-*output*, descrito no Capítulo 1.

▶ O desempenho do processo de inovação pode ser avaliado da mesma forma que qualquer processo, a saber, em termos de qualidade, velocidade, confiabilidade, flexibilidade, custo e, de forma mais ampla, sustentabilidade.

4.3 Quais são os estágios da inovação de produto e serviço?

▶ A geração do conceito é onde as ideias inovadoras se tornam a inspiração para novos conceitos de produtos ou serviços. As ideias vêm de dentro do setor de P&D, dos funcionários, de atividades de concorrentes, clientes, *software* livre, *crowdsourcing* e usuários líderes.

▶ A triagem do conceito envolve examinar sua viabilidade, aceitabilidade e vulnerabilidade em termos amplos para assegurar que é um acréscimo sensato ao produto ou serviço da empresa.

▶ O projeto preliminar envolve a identificação de todas as partes componentes do serviço ou produto e o modo que elas se ajustam. Os projetistas adotam diversas técnicas para reduzir a complexidade do projeto, entre elas a padronização, a comunalidade e a modularização.

▶ A avaliação e a melhoria do projeto cuidam do reexame do projeto para verificar se ele pode ser feito de maneira melhor, mais barata ou mais fácil. Uma técnica típica usada aqui é o desdobramento da função qualidade (QFD).

▶ A prototipagem e o projeto final envolvem definir os últimos detalhes que permitem que o produto ou serviço seja entregue ou criado.

4.4 Como a inovação de produto e serviço deve obter recursos?

▶ Para ser eficaz, o processo de inovação precisa adquirir recursos apropriados. As questões a serem consideradas envolvem compreender os requisitos de competência, decidir quanto do processo de inovação será terceirizado e determinar as necessidades de tecnologia, estrutura organizacional e métodos para encurtar o processo de inovação.

▶ As organizações precisam compreender a demanda por inovação (isto é, o número de novos projetos em determinado período) e corresponder isso à sua capacidade de inovação.

▶ As organizações precisam determinar se toda a atividade de inovação deverá ocorrer internamente ou se existem benefícios em terceirizar alguma ou toda essa atividade a terceiros.

▶ Existem muitas tecnologias disponíveis para apoiar o processo de inovação, incluindo o projeto assistido por computador (CAD), gêmeos digitais e tecnologias de gestão do conhecimento.

▶ A seleção de uma estrutura organizacional apropriada pode dar suporte ao processo de inovação. Normalmente, as estruturas voltadas para o lado do projeto do espectro (matriz de projeto ou equipe de projeto), em vez do lado funcional , são vistas como benéficas.

▶ O processo de inovação normalmente pode ser encurtado pela integração do projeto da oferta e o projeto do processo; a adoção do desenvolvimento simultâneo das várias etapas no processo global; e a resolução antecipada dos conflitos e incertezas do projeto.

ESTUDO DE CASO
Widescale Studios e o desenvolvimento do Fierybryde

"Qualquer um que já tenha se envolvido com o projeto e a produção de videogames dirá que o desenvolvimento de jogos nunca sai conforme planejado. Às vezes considero que é um milagre que qualquer jogo seja desenvolvido. Falhas técnicas, gargalos na produção, egos criativos conflitantes, pressão das editoras/comercializadoras, tudo isso o tirará do curso durante o ciclo de desenvolvimento. É um processo que ocupa a área que se encontra na fronteira entre a arte e a tecnologia. Contudo, embora o desenvolvimento de videogames seja um processo incerto e complexo, é exatamente o modo como processo de desenvolvimento é gerenciado a principal característica para o sucesso de um jogo" (Izzy McNally, sócia proprietária da Widescale Studios).

A Widescale Studios era um estúdio de desenvolvimento de videogames, localizado na região central do Reino Unido. Foi fundada há sete anos por Izzy McNally e Oli Chambers, quando deixaram um estúdio maior para ganhar *alguma independência criativa*. Os estúdios de desenvolvimento de *software* de videogame são as empresas que realmente criam os jogos. Existem muitos milhares desses estúdios em todo o mundo, alguns grandes, mas a maioria emprega menos de 30 pessoas.[9] Alguns estúdios são de propriedade de editoras de videogames, mas alguns deles também produzem *hardware* de jogos, e outros, como a Widescale, são independentes. As editoras comercializam e vendem os jogos, gerenciam relacionamentos com distribuidores, fornecedores de plataformas e varejistas, realizam pesquisas de mercado e anunciam os jogos.

Originalmente da Califórnia, Izzy era, por formação, uma artista e escritora; Oli começou como programador, mas passou a ser um produtor executivo. (Na indústria, um produtor executivo é a pessoa responsável pela coordenação geral do desenvolvimento.) Tanto Izzy quanto Oli admitiram que seu desejo por mais independência criativa havia sido totalmente materializado. "Desde quando começamos, sobrevivemos como um estúdio independente, aceitando contratos de estúdios maiores, e construímos uma boa reputação. Mas, se não tivermos outro contrato preparado quando o último terminar, ficaremos em apuros. Pode ser desanimador procurar trabalho constantemente para nos manter ativos. Foi por isso que o Fierybryde foi tão emocionante" (Oli Chambers).

O projeto do Fierybryde

Fierybryde foi uma ideia para um jogo de interpretação de papéis (RPG) que surgiu de uma série de sessões de **brainstorming** entre Izzy, Oli e Hussein Malik no meio de um verão excepcionalmente quente e agradável. Hussein era desenvolvedor e *jogador fanático* confesso, que se juntou à Widescale logo após sua fundação. RPG é um tipo de videogame no qual os jogadores assumem os papéis de personagens que são protagonistas em um cenário fictício. A equipe sênior da Widescale estava empolgada com o conceito do Fierybryde e viu isso como uma oportunidade de desenvolver um jogo próprio que (potencialmente) lhes daria independência criativa e financeira. O conceito do Fierybryde era intrigante, embora não totalmente novo. O cenário do jogo era uma combinação de exploração do espaço e aventura no *oeste selvagem* (Fierybryde era o nome da nave espacial na história), com vários personagens que tinham diferentes habilidades e traços psicológicos. O objetivo do jogo era construir um império comercial intergaláctico, evitando a interferência de rivais políticos e comerciais.

Tradicionalmente, os estúdios independentes que queriam desenvolver um jogo como o Fierybryde tinham quatro métodos para arrecadar fundos. Primeiro, eles poderiam apresentar a ideia a uma editora. A maior parte do desenvolvimento de videogames é financiada por grandes editoras. No entanto, os editores quase sempre insistiam em termos que lhes eram mais favoráveis do que aos desenvolvedores. Segundo, o estúdio poderia buscar investidores privados que colocariam seu próprio dinheiro na empresa e compartilhariam quaisquer lucros subsequentes. No entanto, a desvantagem disso para Izzy e Oli seria uma certa perda de independência. Terceiro, o estúdio poderia tentar arrecadar dinheiro por meio de *crowdfunding*, pedindo doações (relativamente pequenas) de milhares de potenciais futuros usuários do jogo em troca de acesso preferencial quando o jogo estivesse pronto. Esse era um método cada vez mais popular de angariar fundos, mas limitado a quantias relativamente pequenas no total, geralmente menos de £ 1 milhão (o orçamento típico para um RPG seria de dezenas de milhões ou mais). Finalmente, o estúdio poderia iniciar o desenvolvimento com seu próprio capital e, em seguida, financiar os custos contínuos com os lucros de seus outros trabalhos. Essa foi a abordagem escolhida pela Widescale, que tinha uma reserva retida de cerca de £ 700.000. Se tivesse sucesso, o Fierybryde poderia fornecer um fluxo estável de renda, sem direitos e *royalties* substanciais repassados para alguma grande editora. Por sua vez, isso permitiria ao estúdio buscar projetos mais interessantes no futuro. A Tabela 4.4 mostra a previsão de fluxo de caixa projetado da Widescale no início do projeto.

138 PARTE 1 DIRECIONAMENTO DA PRODUÇÃO

Tabela 4.4 Fluxo de caixa planejado da Widescale (em £ mil).

Ano		1		2				3				4	
Trimestre		3	4	1	2	3	4	1	2	3	4	1	2
Receita geral		2.500	2.500	2.300	2.500	2.000	2.400	2.000	2.000	2.000	2.000	2.000	2.000
Custos gerais		1.600	1.600	1.600	1.600	1.600	1.600	1.600	1.600	1.600	1.600	1.600	1.600
Receita com Fierybryde									1.500	4.500	3.500	1.500	1.500
Custos com Fierybryde		300	500	550	600	800	800	800	600	300	200	100	100
Caixa		1.300	1.700	1.850	2.150	1.750	1.750	1.350	2.650	7.250	10.950	12.750	14.550

O processo de desenvolvimento

O desenvolvimento de videogames é um processo incerto e complexo, mas uma característica fundamental para o sucesso de um jogo é a maneira como o processo de desenvolvimento é gerenciado, desde seu conceito até o lançamento. Embora diferentes estúdios usem termos ligeiramente diferentes, o desenvolvimento do jogo é dividido em três etapas: pré-produção, produção e pós-produção. Pré-produção é a fase em que os desenvolvedores precisam responder a algumas perguntas básicas sobre o jogo, incluindo o mercado ao qual se destina, a plataforma em que rodará, o tipo de jogo que será, o orçamento, o enredo básico e a escala de tempo (pelo menos nominalmente). A fase de produção é geralmente a mais intensiva em recursos e, muitas vezes, a mais incerta e difícil de planejar. Envolve programadores, artistas de personagens, *designers* gráficos, *designers* de áudio, dubladores, testadores de qualidade e produtores, que, nas palavras de Oli, *"fornecem a cola que faz tudo acontecer"*. O objetivo de todos eles é fazer um jogo que seja original, divertido e envolvente. Eles fazem isso usando novas habilidades de jogo, histórias subjacentes emocionantes, gráficos aprimorados e personagens convincentes. Se um jogo não atender aos conceitos de *jogo de qualidade* dos usuários, eles podem facilmente mudar para outros jogos. A pós-produção gerencia a transição do jogo para o mercado. Muitas vezes, um editor se envolverá nesse estágio caso não tenha se envolvido antes. Mesmo nesse estágio, a garantia de qualidade continua, porque as falhas no *software* sempre continuam a aparecer. Um trecho de vídeo promocional do jogo, com uma mistura de gráficos e amostra da jogabilidade, provavelmente será lançado para fins de marketing, e pode ser arranjado um lugar em uma das principais convenções de jogos.

Iniciando o desenvolvimento do Fierybryde

O trabalho começou no esboço do conceito Fierybryde durante o verão, com Izzy elaborando um roteiro de esboço e Oli trabalhando em algumas questões técnicas, como o número de *níveis* que o jogo deveria ter e quantos mapas ele deveria conter. O projeto foi formalizado com orçamento próprio em setembro, quando Hussein foi solicitado a elaborar planos de como o desenvolvimento prosseguiria. Sua primeira decisão foi contratar Ross Avery, que havia sido seu chefe no estúdio anterior. Ross tinha muita experiência na indústria de desenvolvimento de jogos, principalmente em funções de desenvolvedor executivo sênior e produtor.

Ross e Hussein formaram o núcleo da equipe do Fierybryde e se juntaram a planejadores e desenvolvedores, tanto recém-recrutados quanto aqueles transferidos de outros trabalhos da Widescale. No entanto, Oli reconheceu que o Fierybryde não deveria colocar em risco nenhum dos projetos regulares do estúdio. *"Eles são o nosso 'feijão com arroz', e cada um tem um prazo e um orçamento que devemos cumprir. O Fierybryde tem mais flexibilidade porque está diretamente sob nosso controle. Logicamente, tínhamos um orçamento para isso, mas ainda havia uma flexibilidade considerável. Então, analisamos o orçamento e fizemos a pergunta: queremos uma equipe de 10 pessoas trabalhando por 10 meses ou uma equipe de 20 pessoas trabalhando por cinco meses? Teoricamente, até poderia haver uma equipe de duas pessoas trabalhando por 50 meses, mas isso seria ridículo. Além disso, em diferentes momentos do processo de desenvolvimento, será preciso contar com um número diferente de desenvolvedores, com habilidades específicas. O equilíbrio sempre foi entre alocar os recursos apropriados ao Fierybryde sem interferir em nosso outro trabalho."*

Em novembro, ficou claro que Izzy teria que decidir se assumiria a responsabilidade pelo desenvolvimento do roteiro dos jogos ou contrataria um roteirista. No fim, ela contratou um roteirista de meio período que tinha experiência de trabalho em televisão. Izzy admitiu que foi um erro. *"Escrever um roteiro para um videogame é totalmente diferente de escrever para a televisão ou escrever um romance. Eu subestimei isso. Em um roteiro para televisão, a narrativa se move em uma direção linear. Com um videogame, a narrativa é mais como uma árvore. Cada jogador pode se mover ao longo de diferentes galhos da árvore, dependendo das decisões que tomar. Um roteirista precisa criar diálogos para muitos cenários diferentes, sabendo que cada jogador individual verá apenas um deles. Não foi culpa do escritor que contratamos, mas minha em subestimar as diferenças. No fim, tive que assumir muito mais a escrita do roteiro do que pretendia."*

O roteiro e a sequência de imagens do jogo continuaram no Ano Novo, mas em janeiro começaram a surgir tensões entre Oli, que estava preocupado com a velocidade com que o projeto estava queimando o orçamento, e Ross, que queria o roteiro, as caracterizações e a arquitetura do jogo estabelecidos antes do início da fase de produção. Oli queria iniciar a etapa de produção do desenvolvimento o mais rápido possível. "*A força da Widescale estava na etapa real de produção do desenvolvimento. Isso é o que passamos a maior parte do nosso tempo fazendo. Se não fôssemos bons em cumprir o cronograma, não poderíamos ter sobrevivido como desenvolvedor contratado. Além disso, pensei que tínhamos um roteiro de esboço e a estrutura geral do jogo, do meu trabalho e de Izzy, mais ou menos prontos durante o verão. Eu entendo que, quando uma nova pessoa como Ross se junta à equipe pela primeira vez, a tentação é tentar se situar no início do processo de desenvolvimento e resolver todo o roteiro do início ao fim. Mas isso tem que se desenvolver naturalmente; desenvolver o roteiro de um jogo é basicamente um processo repetitivo.*"

A fase de produção

Embora ainda houvesse incertezas e algumas divergências em torno do enredo do jogo, no fim de janeiro Oli decidiu passar formalmente para a fase de produção, alocando desenvolvedores e artistas para o projeto. Ele também começou a informar aos *designers* gráficos *freelance*, *designers* de som e artistas de voz que precisaria deles mais adiante no processo. No início de fevereiro, Ross demitiu-se. Ele foi filosófico a respeito disso. "*Isso não é incomum nesse negócio. Haverá sempre alguma tensão entre quem é responsável pela operacionalização de um conceito e o dono do estúdio. O importante é quem detém o orçamento. Nesse caso, os donos [Oli e Izzy] não queriam abrir mão do controle. É a empresa e o dinheiro deles, então acho que eles têm a última palavra em qualquer decisão, grande ou pequena. Pessoalmente, no entanto, gosto de ter mais controle do que eles queriam me dar.*"

A partir desse ponto, Oli atuou como produtor executivo do projeto, com Hussein supervisionando questões técnicas e Izzy as *criativas*. No entanto, durante a primavera, o desenvolvimento foi ficando cada vez mais atrasado. Hussein admitiu que muitos dos problemas resultaram de suas próprias decisões. "*Começamos a usar um novo pacote gráfico 3D dois meses após o desenvolvimento inicial. Isso permitiu uma nova abordagem de renderização que parecia particularmente empolgante. Tornou os gráficos melhores do que pensávamos ser possível. Isso nos deu alguns efeitos espetaculares, mas também ocasionou dois problemas. Primeiro, subestimamos totalmente a curva de aprendizado necessária para dominar o pacote. Nossos desenvolvedores levaram um mês ou dois para se acostumar com ele, então isso atrasou as coisas mais do que imaginávamos. Segundo, ficou claro relativamente rápido que o efeito da mudança era derrubar a taxa de quadros do jogo a ponto de parecer ruim. Sabíamos que a escolha afetaria a taxa de quadros, mas simplesmente não prevíamos o impacto que isso teria na sensação do jogo. Ambas as coisas minaram nossa capacidade de estimar quanto tempo algumas etapas-chave do desenvolvimento podem levar. Sem a capacidade de estimar as tarefas de desenvolvimento individuais, tornou-se particularmente difícil programar o desenvolvimento como um todo.*"

Em junho, a equipe de desenvolvimento estava superando os problemas com o novo pacote gráfico quando surgiu um novo problema. Hussein e Oli decidiram usar um mecanismo de jogo não testado anteriormente (da Widescale). (Um mecanismo de jogo fornece um *framework* de *software* que permite aos desenvolvedores criar videogames.) Muitos mecanismos de jogo comerciais estão disponíveis para ajudar os desenvolvedores de jogos. Usar um significa que os desenvolvedores podem se concentrar apenas na lógica do jogo, em vez de se prenderem aos detalhes. Um mecanismo de jogo permite a reutilização de código, o que geralmente significa menor tempo de desenvolvimento e custo reduzido. Mas não quando uma equipe de desenvolvimento precisa aprender pela primeira vez! Mais uma vez, o progresso diminuiu. Izzy acreditava que os problemas eram resultado da tentativa de equilibrar a eventual qualidade do jogo com os custos de desenvolvê-lo. "*Há sempre uma escolha entre a eficiência do processo de desenvolvimento e a qualidade do jogo que resulta do processo. Apenas para tornar as coisas mais complicadas, você tem que esperar até que o jogo esteja quase totalmente desenvolvido antes de poder julgar a qualidade, em termos de quão divertido é jogar. Então, você precisa gerenciar o processo de desenvolvimento da melhor maneira que você acredita que promoverá tanto a criatividade quanto a eficiência.*"

Tanto Izzy quanto Ollie gostaram da ideia de dar o máximo de liberdade possível aos desenvolvedores individuais dentro da equipe. Em comparação com muitos estúdios, a atmosfera era descontraída. No geral, pensava-se que isso levaria a uma boa criatividade, que acabaria por aparecer no jogo final. Oli também achava que uma atitude mais relaxada ajudava a desenvolver e reter os melhores talentos de desenvolvimento. "*Os desenvolvedores valorizam a flexibilidade para inovar e mais posse do conteúdo em que estão trabalhando, com algum grau de independência do microgerenciamento. Com muita facilidade eles podem encontrar outro estúdio onde sintam que suas habilidades são mais valorizadas.*"

No entanto, houve momentos em que isso provou não ser totalmente eficiente. Por exemplo, ao mesmo tempo, dois desenvolvedores projetaram suas próprias versões diferentes da mesma cena, porque o trabalho deles não havia sido coordenado, custando vários dias de esforço desperdiçado. Também houve problemas no gerenciamento do contrato regular de trabalho do estúdio ao longo do projeto Fierybryde. Às vezes, outros trabalhos do estúdio tiravam recursos de desenvolvimento do projeto. Como disse um desenvolvedor frustrado: "*Pode ser frustrante de repente ter um colega retirado do projeto por uma semana para trabalhar em outro trabalho, mas era a receita desse outro trabalho que estava financiando o projeto, então, naturalmente, ele teve prioridade. No entanto, houve momentos em que as outras tarefas estavam sugando os recursos, e todo o processo de desenvolvimento era como estar em uma panela de pressão.*"

Crises do projeto e financeira

Em novembro, estava ficando óbvio que o projeto Fierybryde estava com problemas. Ele estava bem atrasado e as projeções de caixa do estúdio pareciam ruins. O relatório e a projeção de caixa do estúdio nesse momento podem ser vistos na Tabela 4.5. Ele indicava que a empresa precisaria, além de aproveitar ainda mais suas linhas de cheque especial no trimestre atual, de financiamento mais substancial no ano seguinte. Ficou claro que, mesmo que tudo corresse bem e não houvesse mais problemas, o menor prazo possível para colocar o jogo em um formato que pudesse ser levado a uma

140 **PARTE 1** DIRECIONAMENTO DA PRODUÇÃO

Tabela 4.5 Fluxo de caixa real e projetado da Widescale (em £ mil).

Real							Previsão					
Ano		1		2				3				4	
Trimestre	3	4	1	2	3	4	1	2	3	4	1	2
Receita geral	2.273	2.332	2.105	2.117	2.306	2.308	2.205	1.886	2.000	2.000	2.000	2.000
Custos gerais	1.891	1.764	1.792	1.898	1.894	1.869	1.800	1.800	1.800	1.800	1.800	1.800
Receita com Fierybryde								0	800	4.500	3.500	2.500
Custos com Fierybryde	302	550	499	614	855	842	850	700	400	250	200	100
Caixa no fim do trimestre	780	848	712	442	44	**(386)**	**(831)**	**(1.445)**	**(845)**	3.605	7.105	9.705

editora seria na metade do ano seguinte. Até mesmo conseguir isso provavelmente envolveria o que os desenvolvedores de jogos chamam de *crise*: trabalhar horas extras prolongadas (pagas e não pagas) por períodos para cumprir um determinado prazo.

Oli estava desanimado: "*A verdadeira frustração é que o jogo parece bom. Todos que trabalharam nele adoram o enredo e ficam impressionados com os gráficos. Só precisamos de um esforço final. É tentador ver a 'crise' como uma falha de planejamento. Mas, honestamente, nunca trabalhei em um desenvolvimento que não envolvesse algum grau de crise*". Foi Izzy quem finalmente tomou a decisão em novembro. "*Estamos trabalhando nesse projeto há 18 meses, não é muito tempo para um jogo dessa complexidade. E ele é muito bom, todos concordam. Mas o potencial de um jogo e a viabilidade financeira de seu processo de desenvolvimento são coisas diferentes. Basicamente, ficamos sem crédito e temos que aceitar que precisamos de ajuda. A fonte de ajuda mais provável será um* editor. *Eles poderiam financiar o restante desse desenvolvimento levando em consideração sua pequena mudança. Tudo bem, eles vão exigir uma parte da empresa, e perderíamos muito da nossa independência. Mas é isso ou abandonar o empreendimento, demitir provavelmente um terço do nosso pessoal e tentar conseguir um empréstimo emergencial com nosso banco.*"

QUESTÕES

1. **Foi um erro da Widescale embarcar no desenvolvimento do Fierybryde?**
2. **Liste as razões que podem ter contribuído para o atraso no desenvolvimento do Fierybryde.**
3. **O que você teria feito de outra forma?**
4. **O que você aconselharia Izzy e Oli a fazer agora, e por quê?**

Problemas e aplicações

Todos os capítulos dispõem de questões do tipo *Problemas e aplicações*, que ajudarão o leitor a praticar a análise das operações. Elas podem ser respondidas com a leitura do capítulo.

1. Um produto em que ampla variedade de tipos de produtos é valorizada pelos clientes é a tinta para uso doméstico. A maioria das pessoas gosta de expressar sua criatividade na escolha de tintas e de outros produtos para decoração da casa. Está claro que a oferta de grande variedade de tintas deve ter sérias implicações de custo para as empresas que fabricam, distribuem e vendem o produto. Visite uma loja que venda tintas e descubra a grande variedade de produtos disponíveis no mercado. Como você acha que os fabricantes e os vendedores de tinta conseguem projetar seus produtos e serviços de forma a oferecer alta variedade, porém minimizando seus custos?

2. *"Temos que pegar esse novo produto, e rápido!"*, disse a diretora de produção. *"Nossos concorrentes estão bem perto de nós, e acredito que seus produtos serão quase tão bons quanto os nossos quando forem lançados."* Ela estava falando sobre um novo produto que a empresa esperava que a colocasse como líder no mercado. A empresa montou uma equipe de desenvolvimento especial com seu próprio laboratório de desenvolvimento. Ela gastou £ 10.000 para equipar o laboratório e o custo dos engenheiros de desenvolvimento seria de £ 20.000 por trimestre. Esperava-se que o novo produto estivesse totalmente desenvolvido e pronto para lançamento em seis trimestres. Ele seria vendido por meio de uma agência especializada que cobrava £ 10.000 por trimestre e precisaria estar pronto dois trimestres antes do lançamento. Se a empresa cumprisse sua data de lançamento, esperava-se que pudesse cobrar um preço mais alto, que resultaria em lucros de aproximadamente £ 50.000 por trimestre. Qualquer atraso no lançamento resultaria em lucros reduzidos, para £ 40.000 por trimestre. Se esse projeto de desenvolvimento fosse atrasado em dois trimestres, até quando o ponto de equilíbrio do projeto seria adiado?

3. A inovação torna-se particularmente importante na interface entre as ofertas e as pessoas que as utilizam. Considere dois tipos de *sites*:

   (a) Aqueles que estão tentando vender algo, como amazon.com.
   (b) Aqueles que estão preocupados principalmente em prestar informações, por exemplo, reuters.com ou nytimes.com.

   O que constitui uma boa inovação para esses dois tipos de *sites*? Procure exemplos de projeto *web* particularmente bom e ruim, explicando as questões que você considerou ao fazer a distinção entre eles.

4. De acordo com a Ellen MacArthur Foundation, uma economia circular é "uma abordagem sistêmica para o desenvolvimento econômico, projetada para beneficiar as empresas, a sociedade e o meio ambiente".[10] Veja também o exemplo anterior neste capítulo. Em sua opinião, quais são as principais barreiras para uma adoção mais ampla da ideia?

5. Um zelador chamado Murray Spangler inventou o aspirador de pó em 1907. Um ano depois, ele vendeu sua ideia patenteada para William Hoover, cuja empresa passou a dominar o mercado. Agora, o aspirador da Dyson saltou do nada para uma posição onde domina o mercado. O produto da Dyson remonta a 1978, quando James Dyson projetou um aspirador baseado em ciclone. Foram necessários cinco anos e 5.000 protótipos antes que ele tivesse um projeto funcional. No entanto, os fabricantes de aspiradores de pó existentes não ficaram tão impressionados — dois rejeitaram o projeto completamente. Então Dyson começou a criar seu novo projeto. Em poucos anos, os limpadores da Dyson estavam vendendo mais do que os rivais que antes os rejeitavam. A estética e a funcionalidade do projeto ajudam a manter as vendas em crescimento, apesar de um preço de varejo mais alto.

   (a) Qual foi o erro de Spangler?
   (b) O que você considera ser um *bom projeto* em mercados como o de aparelhos eletrodomésticos?
   (c) Em sua opinião, por que os dois principais fabricantes de aspiradores de pó rejeitaram as ideias de Dyson?
   (d) De que forma o projeto fez da Dyson um sucesso?

6. Parece uma piada, mas é uma inovação de produto genuína. É verde, é quadrada e vem originalmente do Japão. É uma melancia quadrada. Por que quadrada? Porque as mercearias japonesas não são grandes e o espaço não pode ser desperdiçado. Da mesma forma, uma melancia redonda não cabe muito convenientemente em uma geladeira. Há também o problema de tentar cortar a fruta enquanto ela continua

rolando. Assim, um agricultor japonês inovador resolveu o problema com a ideia de fazer uma melancia em forma de cubo, que pudesse ser facilmente embalada e estocada. Não há modificação genética ou ciência inteligente envolvida no cultivo de melancias. Envolve simplesmente colocar a fruta jovem em caixas de madeira com lados transparentes. Durante o seu crescimento, a fruta incha naturalmente para preencher a forma ao seu redor.

(a) Por que uma melancia quadrada é uma vantagem?

(b) O que esse exemplo nos diz a respeito do projeto de um produto?

7. Existe algum conflito fundamental entre encorajar a criatividade no processo de inovação de produto e serviço e o próprio conceito de um *processo*?

8. Na sua opinião, quais são as diferenças entre inovação no projeto de um produto e inovação no projeto de um serviço?

9. A padronização é um conceito importante no projeto. Além dos exemplos mencionados no capítulo, de que outros de padronização você pode lembrar?

10. De que forma as livrarias *físicas* convencionais poderiam inovar seus serviços a fim de concorrer com os varejistas de livros *on-line*?

Leitura complementar selecionada

Christensen, C.M. (1997) *The Innovator's Dilemma: When New Technologies Cause Great Firms to Fail*, **Harvard Business School Press, Boston, MA.**
Importante influência sobre teoria da inovação durante os últimos vinte anos.
Livro pioneiro sobre inovação disruptiva, que tem sido uma importante influência sobre teoria da inovação durante os últimos vinte anos.

Goffin, K. e Mitchell, R. (2016) *Innovation Management: Effective Strategy and Implementation*, **3. ed., Palgrave Macmillan, Londres.**
Orientação geral de dois especialistas no tema da gestão da inovação.

Gutsche, J. (2020) *Create the Future + The Innovation Handbook: Tactics for Disruptive Thinking*, **Fast Company Press, Nova York, NY.**
Um tratamento popular e prático, destinado aos profissionais, mas que pode ser aproveitado por todos os leitores.

Kahney, L. (2014) *Jony Ive: The Genius Behind Apple's Greatest Products*, **Penguin, Londres.**
Pensamento de um dos maiores projetistas do mundo.

Reason, B., Løvlie, L. e Brand Flu, M. (2016) *Service Design for Business: A Practical Guide to Optimizing the Customer Experience*, **John Wiley & Sons, Chichester.**
Um livro bastante legível, que examina a experiência de serviço inteira.

Ridley, M. (2020) *How Innovation Works: And Why It Flourishes in Freedom*, **Fourth Estate, Nova York, NY.**
Visão de uma pessoa, mas com muitos exemplos fascinantes.

Rose, D. (2015) *Enchanted Objects: Innovation, Design, and the Future of Technology*, **Scribner Book Company, Nova York, NY.**
Uma visão interessante de como a tecnologia tem e continuará tendo impacto sobre o projeto.

Tidd, J. e Bessant, J.R. (2018) *Managing Innovation: Integrating Technological, Market and Organizational Change*, **7. ed., John Wiley & Sons, Chichester.**
O livro-texto definitivo na área de inovação, que merece sua longevidade.

Trott, P. (2016) *Innovation Management and New Product Development*, **6. ed., Pearson, Harlow.**
Um texto-padrão na área de inovação.

Notas do capítulo

1. As informações nas quais este exemplo é baseado foram retiradas de: Economist (2018) The invention, slow adoption and near perfection of the zip, *Economist*, edição impressa, 18 dez.
2. Christensen, C.M. (1997) *The Innovator's Dilemma: When New Technologies Cause Great Firms to Fail*, Harvard Business School press, Boston, MA.
3. Economist (2019) Don't stop me now: the economics of streaming is changing pop songs, *Economist*, edição impressa, 5 out.
4. As informações nas quais este exemplo é baseado foram retiradas de: Economist (2017) One of the world's oldest products faces the digital future, *Economist*, edição impressa, 12 out.
5. As informações nas quais este exemplo é baseado foram retiradas de: *site* da BT, How BT innovates, https://www.bt.com/about/innovation/how-bt-innovates (Acesso em: ago. 2021); BT News (2018) BT launches Better World Innovation Challenge for start-ups & SMEs, comunicado à impressa de: BT, 8 maio; BT Group plc Annual Report, Strategic Report, 2019; Fransman, M. (2014) *Models of Innovation in Global ICT Firms: The Emerging Global Innovation Ecosystems* (ed. M. Bogdanowicz), JRC Scientific and Policy Reports – EUR 26774 EN. Seville: JRC-IPTS.
6. Ver Grieves, M. e Vickers, J. (2017) Digital twin: mitigating unpredictable, undesirable emergent behavior in complex systems, *in* F.-J. Kahlen, S. Flumerfelt e A. Alves (eds), *Transdisciplinary Perspectives on Complex Systems: New Findings and Approaches*, Springer International Publishing.
7. As informações nas quais este exemplo é baseado foram retiradas de: Morgan, J. e Liker, J.K. (2006) *The Toyota Product Development System: Integrating People, Process, and Technology*, Productivity Press, Nova York, NY; Sobek II, D.K., Liker, J. e Ward, A.C. (1998) Another look at how Toyota integrates product development, *Harvard Business Review* (jul.-ago.)
8. Para obter mais informações, ver: Goodwin, L. (2015) How to bust the biggest myths about the circular economy, *Guardian*, 12 mar.; Clegg, A. (2015) Sustainable innovation: shaped for the circular economy, *Financial Times*, 26 ago.; *site* da empresa, Newlife Paints, https://www.newlife-paints.com/about (Acesso em: set. 2021).
9. De acordo com o *site* techjury, o mercado global de jogos para videogames provavelmente será de $ 200 bilhões em 2023; ver em https://techjury.net/blog/video-games-industry-statistics/ (Acesso em: set. 2021).
10. Ver em https://archive.ellenmacarthurfoundation.org (Acesso em: set. 2021).

5 Estrutura e Escopo da Rede de Suprimento

QUESTÕES-CHAVE

5.1 O que é estrutura e escopo da rede de suprimento?

5.2 Como a rede de suprimento deve ser configurada?

5.3 Quanta capacidade a produção precisa ter?

5.4 Onde a produção deve estar localizada?

5.5 Como a rede de suprimento de uma operação deve ser integrada verticalmente?

5.6 Quais atividades devem ser feitas internamente e quais devem ser terceirizadas?

INTRODUÇÃO

Nenhuma operação existe isoladamente — todas as operações fazem parte de uma rede de outras operações, maior e interconectada, denominada rede de suprimento. A rede de suprimento de uma operação incluirá os fornecedores e os clientes da operação, bem como os fornecedores dos fornecedores e os clientes dos clientes, e assim por diante. Em um nível estratégico, os gerentes de produção estão envolvidos na decisão sobre a estrutura e o escopo dessas redes de suprimento. As decisões de estrutura envolvem decidir a configuração geral da rede, quanta capacidade é necessária dentro dela e o local onde as unidades de operações devem estar localizadas. As decisões de escopo envolvem decidir a extensão à qual a própria operação realizará suas atividades, em vez de solicitar um fornecedor (ou, às vezes, um cliente) que as faça em seu favor. Este capítulo examina as questões fundamentais e relativamente estratégicas das redes de suprimento. Mais adiante, no Capítulo 12, veremos mais atividades operacionais envolvidas na gestão das redes de suprimento individuais que operam em redes. A Figura 5.1 coloca a estrutura e o escopo da produção no modelo geral da administração da produção.

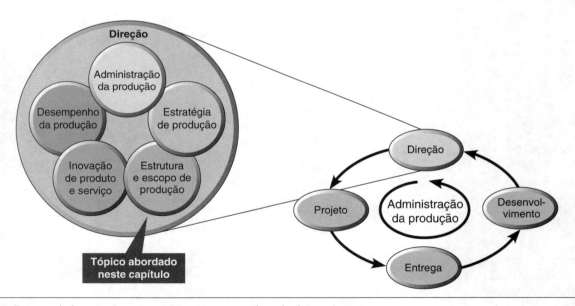

Figura 5.1 Este capítulo examina a estrutura e o escopo da rede de suprimento.

5.1 O que é estrutura e escopo da rede de suprimento?

Uma rede de suprimento é um conjunto de operações interconectadas. A estrutura de uma rede de suprimento está relacionada ao seu perfil e à sua forma. O escopo da rede de suprimento de uma operação está relacionado à extensão à qual uma operação decide realizar ela mesma as atividades da rede, em vez de solicitar que um fornecedor as realize. Portanto, antes de examinarmos esses dois elementos, primeiro precisamos estabelecer o que queremos dizer com *uma rede de suprimento* e por que é importante que uma operação compreenda sua posição dentro dela.

Redes de suprimento

A rede de suprimentos inclui as cadeias de fornecedores que fornecem *inputs* para a operação, as cadeias de clientes que recebem os produtos da operação e, às vezes, outras operações que também podem competir e outras vezes cooperar. Materiais, peças, informações, ideias e, às vezes, pessoas, todos fluem pela rede de relacionamentos cliente-fornecedor formada por todas essas operações. Do **lado da oferta**, uma operação tem seus fornecedores de **primeira camada**, que têm seus próprios fornecedores (fornecedores de segunda camada), que, por sua vez, também podem ter fornecedores, e assim por diante. No entanto, alguns fornecedores de **segunda camada** também podem fornecer a uma operação diretamente, pulando assim um elo dessa corrente. Do **lado da demanda** da rede, os clientes de *primeira camada* são o principal grupo de clientes para a operação. Esses clientes podem não ser os consumidores finais dos produtos ou serviços da operação; eles podem ter seu próprio conjunto de clientes (clientes de *segunda camada*). Novamente, a operação pode, às vezes, fornecer a clientes de segunda camada diretamente. Os fornecedores e clientes que têm contato direto com uma operação são chamados de sua **rede de suprimento imediata**, enquanto todas as operações que formam a rede de fornecedores dos fornecedores e clientes dos clientes etc. são chamadas de **rede de suprimento total**. Com o fluxo direto de recursos transformados (materiais, informações e clientes) na rede, cada ligação cliente-fornecedor realimentará pedidos e informações. Por exemplo, quando os estoques estão baixos, os varejistas fazem pedidos aos distribuidores, que também fazem pedidos ao fabricante, que, por sua vez, faz pedidos aos seus fornecedores, que reabastecem seus próprios estoques a partir de seus próprios fornecedores. Assim, o fluxo é um processo de mão dupla, com produtos ou serviços fluindo em um sentido e informações fluindo em outro.

A Figura 5.2 ilustra a rede de suprimento total para duas operações diferentes. A primeira, um fabricante de artigos domésticos de plástico (tigelas de cozinha, potes para alimentos etc.). Observe que, no lado da demanda, o fabricante de artigos domésticos fornece alguns de seus produtos básicos a atacadistas que atendem a pontos de venda varejistas. Entretanto, também atende diretamente a alguns varejistas, eliminando uma etapa da rede. À medida que os produtos fluem dos fornecedores aos clientes, pedidos e informações fluem no sentido contrário, dos clientes para os fornecedores. No entanto, não são apenas os fabricantes que fazem parte de uma rede de suprimento. O fluxo de materiais físicos pode ser mais fácil de visualizar, mas as operações de serviço também estão dentro de redes de suprimento. Uma forma de visualizar as redes de suprimento de algumas operações de serviço é considerar o fluxo de informações a jusante (*downstream*) que passa entre as operações. A maioria das redes de suprimento de serviços financeiros pode ser pensada dessa forma. No entanto, nem todas as redes de suprimento de serviços lidam principalmente com informações. Por exemplo, a segunda ilustração da Figura 5.2 mostra a rede de suprimentos centrada em um *shopping center*. Ela tem fornecedores que prestam serviços de segurança, limpeza, manutenção etc. Esses fornecedores de primeira camada receberão serviços de agências de recrutamento, consultores etc. Os clientes de primeira camada do *shopping* são os varejistas que alugam espaço de varejo dentro do estabelecimento, que atendem a clientes de varejo. Essa é uma rede de suprimento como qualquer outra. O que está sendo trocado entre as operações é qualidade, velocidade, confiabilidade, flexibilidade e custo dos serviços que cada operação fornece aos seus clientes. Em outras palavras, há um fluxo de *desempenho de produção* pela rede. E, embora visualizar o fluxo de *desempenho* pelas redes de suprimento seja uma abordagem abstrata para visualizar as redes de suprimento, esse é um conceito unificador. De um modo geral, todos os tipos de rede de suprimento existem para facilitar o fluxo de *desempenho da produção*.

A importância da perspectiva da rede de suprimento

É fundamental que se compreenda a natureza da rede de suprimento e o papel da produção dentro dela para entender a competitividade, identificar elos significativos na rede e mudar para uma perspectiva de mais longo prazo.

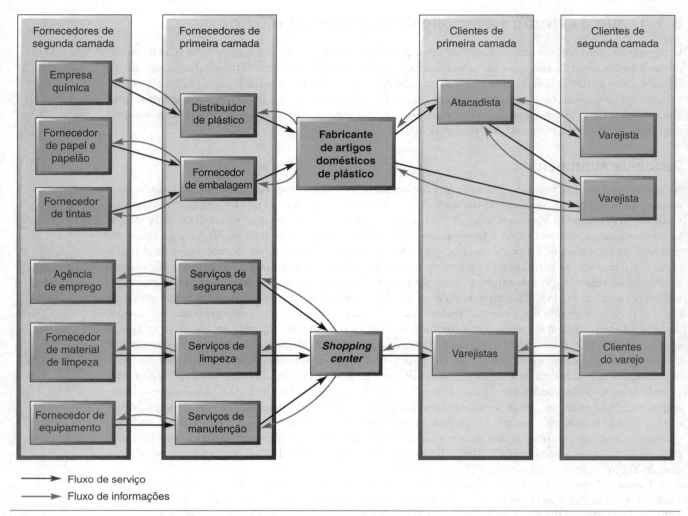

Figura 5.2 Rede de suprimento para um fabricante de artigos domésticos de plástico e para um *shopping center*.

Como entender a competitividade

Faz sentido que clientes e fornecedores imediatos sejam a principal preocupação das empresas. Entretanto, às vezes, precisam olhar além dessas relações imediatas para compreender por que clientes e fornecedores agem da forma como agem. Qualquer operação tem apenas duas opções se deseja entender as necessidades dos usuários (clientes finais) no fim da rede. Ela pode contar com todos os clientes intermediários e clientes dos clientes etc. que formam os vínculos na rede entre a empresa e seus clientes finais. Como alternativa, ela pode olhar além de seus clientes e fornecedores imediatos. Contar com a rede imediata de alguém é visto como colocar muita fé no julgamento de alguém em relação às coisas que são centrais para a própria saúde competitiva da organização.

Como identificar elos significativos na rede

Nem todos na rede têm o mesmo grau de influência sobre o desempenho da rede como um todo; alguns contribuem mais do que outros. Uma análise das redes precisa entender as operações de jusante e montante que contribuem mais para o serviço ao cliente final. Por exemplo, os clientes finais importantes para encanamentos e eletrodomésticos são os instaladores e as empresas de serviço que lidam diretamente com os consumidores. Eles são supridos por *estoquistas* do varejo, que precisam ter todas as peças em estoque e fornecê-las rapidamente. Os fornecedores das peças aos estoquistas contribuem da melhor forma para a competitividade dos instaladores, parcialmente oferecendo um prazo de entrega curto, mas principalmente pela confiabilidade de entrega. Os elementos-chave neste exemplo são os estoquistas. A melhor forma de conquistar pedidos do cliente final, nesse caso, é fornecer imediatamente aos estoquistas, o que ajuda a manter os custos baixos e, ao mesmo tempo, a alta disponibilidade de peças.

Como focar na perspectiva de mais longo prazo

Há ocasiões em que circunstâncias tornam algumas partes da rede de suprimento mais fracas do que seus elos adjacentes. Por exemplo, as lojas físicas de música vêm sendo em grande parte substituídas por serviços de *streaming* de música. Uma visão de longo prazo da rede de suprimento envolveria o constante exame das mudanças tecnológicas e do mercado para observar como cada operação das redes de suprimento poderia ser afetada.

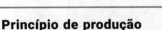

Princípio de produção
Uma perspectiva de rede de suprimento ajuda a compreender as questões de competitividade, relacionamento e de operações em mais longo prazo.

Estrutura e escopo

Então, o que queremos dizer com a estrutura e o escopo da rede de suprimentos de uma operação? O primeiro ponto a considerar é que a estrutura e o escopo estão fortemente relacionados (e é por isso que os tratamos juntos). Por exemplo, veja novamente a rede de suprimento para o *shopping center* na Figura 5.2. Suponha que a empresa que administra o *shopping* esteja insatisfeita com o serviço que está recebendo da empresa que fornece a segurança. Ela poderia considerar três alternativas. A opção 1 é trocar de fornecedor e contratar um concorrente do fornecedor de serviços de segurança atual. A opção 2 é aceitar uma oferta da empresa que ofereça serviços de limpeza para fornecer serviços de segurança *e* limpeza. A opção 3 é o próprio *shopping* assumir a responsabilidade pela segurança, contratando seu próprio pessoal de segurança. Essas opções estão ilustradas na Figura 5.3. A primeira dessas opções não altera nem a estrutura nem o escopo dessa parte da rede de suprimento. O *shopping* ainda tem três fornecedores e está fazendo exatamente o que fazia antes. Tudo o que mudou é que agora os serviços estão sendo fornecidos por outro fornecedor (melhor, espera-se). No entanto, a opção 2 altera a estrutura da rede de suprimento (o *shopping* agora tem apenas dois fornecedores: o fornecedor conjunto de limpeza e segurança e o fornecedor de manutenção), mas não o escopo do que o *shopping* faz (faz exatamente o que fazia antes). A opção 3 altera tanto a estrutura da rede (mais uma vez, o *shopping* tem apenas dois fornecedores: serviços de limpeza e manutenção) e o escopo do que o *shopping* faz (agora também assume a responsabilidade pela própria segurança).

Assim, as decisões relativas à estrutura e ao escopo são muitas vezes inter-relacionadas. Mas, para simplificar, iremos tratá-las separadamente neste capítulo. O segundo ponto a considerar é que as decisões relativas à estrutura e ao escopo são, na realidade, constituídas por várias outras decisões *constituintes*. Estas são mostradas na Figura 5.4. A estrutura da rede de suprimento de uma operação é determinada por três conjuntos de decisões:

▶ Como a rede deverá ser configurada?
▶ Que capacidade física deverá ter cada parte da rede (a decisão de capacidade de longo prazo)?
▶ Onde deverá ficar localizada cada parte da rede (a decisão de localização)?

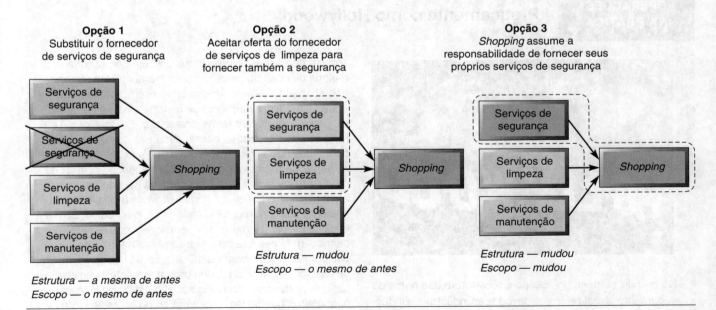

Figura 5.3 Três opções para a rede de suprimento do *shopping*.

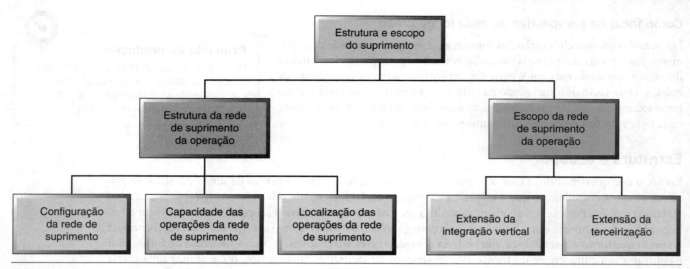

Figura 5.4 O que determina a estrutura e o escopo de uma operação?

O escopo das atividades de uma operação dentro da rede é determinado por duas decisões:

▶ A extensão e a natureza da integração vertical da operação.
▶ A natureza e o grau de terceirização em que ela se envolve.

A última consideração aqui é que as decisões de estrutura e escopo são inegavelmente estratégicas. Diferentes técnicas de estrutura e escopo de suas operações definem totalmente como cada empresa faz negócios até mesmo quando estão em mercados essencialmente semelhantes. Existem poucas decisões que são mais estratégicas do que com quais outras empresas você irá negociar (estrutura) e por quanto do total de atividades na rede de suprimento você assumirá responsabilidade (escopo). Todavia, tanto a estrutura quanto o escopo também têm um aspecto mais operacional. Conforme ilustrado na Figura 5.3, uma operação como o *shopping* pode mudar suas formas de suprimento em relativamente pouco tempo. Trataremos os aspectos mais operacionais do dia a dia da estrutura e escopo no Capítulo 12, que trata da gestão da rede de suprimento.

OPERAÇÕES NA PRÁTICA

Praticamente como Hollywood

No que diz respeito ao escopo e à estrutura das redes de suprimento, a mais efêmera de todas as indústrias, a indústria do cinema de Hollywood, pode informar até as mais sóbrias operações. É uma indústria cuja complexidade a maioria de nós não percebe completamente. No romance não acabado *O Último Magnata*, do escritor americano F. Scott Fitzgerald, a narradora da história, Cecelia Brady, disse: *"Você pode aceitar Hollywood sem questionar, como eu fiz, ou pode descartá-la com o desprezo que reservamos para o que não entendemos... nem meia dúzia de homens foi capaz de manter na cabeça toda a equação contida na produção dos filmes"*. A *equação* envolve o equilíbrio entre a criatividade artística e a consciência de moda, necessárias para criar um mercado para os seus produtos, com a eficiência e estritas práticas operacionais que produzem e distribuem filmes a tempo. Mas, embora a forma da equação permaneça a mesma, a maneira como seus elementos se relacionam entre si mudou profundamente. O típico estúdio de Hollywood fazia tudo sozinho. Empregava tanto os carpinteiros que faziam o cenário como as estrelas do cinema. O astro do cinema Cary Grant (um dos maiores de sua época) era tão empregado como o motorista que o levava ao estúdio, embora seu contrato fosse provavelmente mais restritivo. O produto acabado eram rolos de filme que tinham de ser produzidos em massa e distribuídos fisicamente para os cinemas do mundo. Não mais. Os estúdios agora lidam quase exclusivamente com ideias. Eles compram e vendem conceitos, organizam as finanças, fecham acordos de marketing e, acima de tudo, gerenciam a rede virtual de talento criativo e não tão criativo que está envolvida na produção de um filme. Uma principal habilidade é a capacidade de reunir equipes de estrelas de cinema independentes e a pequena produção técnica especializada, que fornece suporte técnico. É um mundo difícil de ser controlado pelos estúdios. Os participantes dessa rede virtual, desde estrelas de cinema aos eletricistas, tiveram a oportunidade de aumentar seus ganhos até o ponto em que, apesar do aumento na audiência ao cinema, os retornos são menores do que em muitos momentos do passado. Isso abre oportunidades para estúdios menores e independentes. Uma maneira de reduzir os custos é usando o talento novo e barato. A tecnologia também pode ajudar nesse processo. Processos digitais permitem uma customização mais fácil do *produto* e também significam que os filmes podem ser transmitidos (*streamed*) diretamente para os cinemas e diretamente para as casas dos consumidores individuais.

5.2 Como a rede de suprimento deve ser configurada?

Configurar uma rede de suprimento significa determinar seu padrão geral, a forma ou a disposição das várias operações que compõem a rede de suprimento. Mesmo quando uma operação não tem diretamente outras operações em sua rede, pode ainda querer mudar o formato da rede. Diversas tendências estão remodelando as redes em muitos setores. O exemplo mais comum de reconfiguração de rede é a tendência de reduzir o número de fornecedores diretos com quem essas organizações trabalham. A complexidade de lidar com muitas centenas de fornecedores pode ser dispendiosa para uma operação e impedir que a operação desenvolva uma relação estreita com seus fornecedores. Outras decisões de configuração incluem a **desintermediação** de algumas partes da rede, e uma maior tolerância de outras operações que são tanto concorrentes e cooperantes (complementadores) em diferentes momentos (**coopetição**), a escolha entre usar pontos centrais (*hubs*) ou conexões diretas entre as operações, o desenvolvimento de **ecossistemas empresariais** e o uso cada vez maior de uma perspectiva triádica, em vez de diádica, nas redes de suprimento.

Desintermediação

Uma tendência em algumas redes de suprimento é as empresas passarem por cima de clientes ou fornecedores diretos para contatarem diretamente clientes de clientes ou fornecedores de fornecedores. *Eliminar os intermediários* desse modo é denominado desintermediação. Um exemplo evidente disso é a forma que a Internet tem permitido que alguns fornecedores *desintermedeiem* varejistas tradicionais no suprimento de bens e serviços aos consumidores. Por exemplo, muitos serviços do setor de viagem que habitualmente eram vendidos por lojas de varejo (agências de viagem) estão agora disponíveis diretamente dos fornecedores. A opção de comprar componentes individuais de férias por meio de *sites* de linhas aéreas, hotéis, locadoras de carro etc. é agora mais fácil para os consumidores. Sem dúvida, os consumidores podem ainda desejar a compra de um pacote fechado de agentes de viagem, que pode oferecer a vantagem da conveniência. Todavia, o processo da desintermediação desenvolveu novos elos na rede de suprimento.

Coopetição

Uma abordagem para refletir sobre as redes de suprimento vê qualquer empresa cercada por quatro tipos de protagonistas: fornecedores, clientes, concorrentes e complementadores. Estes possibilitam que os produtos ou serviços de alguma empresa sejam valorizados mais pelos clientes porque podem também ter produtos ou serviços complementadores, em oposição àqueles que são comercializados sem essa associação. Os concorrentes são o oposto: fazem com que os clientes valorizem menos seus produtos ou serviços em favor de seus próprios produtos ou serviços. Os concorrentes podem também ser complementadores e vice-versa. Por exemplo, restaurantes adjacentes podem ser vistos como concorrentes em relação à escolha do cliente. Todavia, de outra forma, eles são complementadores. Esse cliente viria a essa parte da cidade se não houvesse mais de um restaurante para escolher? Em geral, restaurantes, teatros, galerias de arte e atrações turísticas agrupam-se na forma de cooperação para aumentar o tamanho total de seu mercado conjunto. É importante distinguir entre a forma como empresas cooperam para aumentar o tamanho total de um mercado e a forma com que competem por uma parcela desse mercado. Argumenta-se que consumidores e fornecedores deveriam ter papéis *simétricos*. Explorar o valor de fornecedores é tão importante quanto ouvir as necessidades do consumidor. Todos os protagonistas da rede — consumidores, fornecedores, concorrentes ou complementadores — podem ser parceiros ou oponentes, dependendo do momento. O termo usado para capturar essa ideia é *coopetição*.

Hubs de rede *versus* conexão direta

Quanto mais operações estão envolvidas em uma rede de suprimentos, mais complexa ela pode se tornar. Um método para tentar reduzir essa complexidade é conectar as operações dentro de uma rede por meio de uma **operação de *hub***. Em vez de estabelecer uma conexão entre cada operação na rede, elas são roteadas por meio dessa operação comum. Em uma rede logística, o *hub* é geralmente um armazém central que atende a vários outros destinos, como armazéns menores, varejistas ou clientes. No transporte de passageiros, um *hub* é um local, por exemplo, um aeroporto, onde os passageiros podem fazer conexão para seu destino final. No transporte aéreo, essa ideia geralmente é chamada de modelo *hub and spoke*. A Figura 5.5 ilustra uma estrutura de rede em *hub*, oposta a um modelo *direto*.

A estrutura em *hub* tem diversas vantagens. A mais óbvia é que há menos rotas para planejar e manter. Se uma rede tem n instalações, uma das quais é um *hub*, ela precisará de $(n-1)$ rotas. Se forem usadas conexões diretas, serão necessárias $n(n-1)/2$ rotas. Também pode ser mais fácil de operar, especialmente se uma empresa detiver toda a rede. Por exemplo, as companhias aéreas geralmente têm um aeroporto central para que os passageiros possam viajar para uma ampla variedade de destinos sem trocar de companhia aérea. Além disso, as chegadas e partidas do *hub* podem ser coordenadas para minimizar o tempo de espera ou para tornar a utilização do *hub* mais uniforme. Além disso, uma estrutura de *hub* pode ser expandida com relativa facilidade. Uma operação extra na rede significa simplesmente mais uma conexão com o *hub*. No entanto, as conexões diretas também têm vantagens. Uma das maiores é a redução do tempo de viagem, tanto eliminando o tempo de transferência no *hub* quanto evitando rotas complicadas. Em uma companhia aérea, por exemplo, os passageiros podem economizar tempo sem ter longas escalas entre voos de conexão. Nem teriam de lidar com quaisquer problemas causados por um voo atrasado. As estruturas de conexão direta também podem ser mais robustas porque não dependem de um único recurso de *hub* que pode falhar. Por exemplo, se um aeroporto central for fechado por mau tempo, toda a rede será afetada.

A melhor estrutura dependerá de vários fatores. O custo da movimentação é um fator. À medida que as aeronaves se tornaram mais eficientes, as companhias aéreas (especialmente as domésticas) começaram a favorecer as estruturas diretas. No entanto, o modelo de conexão direta exige um nível mínimo de tráfego, caso contrário rotas pouco utilizadas podem se tornar inviáveis. Quando o tráfego das companhias aéreas entrou em colapso durante a pandemia da COVID-19, várias companhias aéreas reverteram para a estrutura de *hub*, mais eficiente. O exemplo de *Aalsmeer: um* hub *de leilão de flores* em *Operações na prática* ilustra como uma estrutura de *hub* é usada no setor de distribuição de flores.

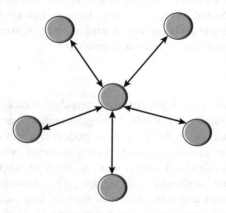

Estrutura de rede em *hub*; 6 operações, uma das quais operando como um *hub*, exigem 5 rotas

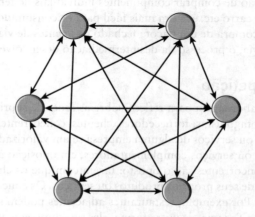

Estrutura de rede direta; 6 operações conectadas diretamente umas às outras exigem 15 rotas

Figura 5.5 Estruturas de rede em *hub* e direta.

OPERAÇÕES NA PRÁTICA
Aalsmeer: um *hub* de leilão de flores[1]

Uma característica importante na configuração de qualquer rede de suprimento é se as cadeias de suprimento separadas que compõem a rede se unem para formar um *hub*, que é um ponto onde várias rotas convergem para compartilhar recursos. Eles costumam ser uma característica fundamental de uma rede porque podem dar uma oportunidade para aumentar a utilização da capacidade, tecnologia e conhecimento, bem como facilitar o fluxo de mercadorias por meio da rede. Isso potencialmente leva a um aumento nos níveis de serviço e a uma redução nos tempos de processamento e nos custos. Todos esses benefícios podem ser vistos no Aalsmeer Flower Auction, o maior leilão de flores do mundo, operado pela Royal Flora Holland e localizado perto de Amsterdã. Todos os dias, das 4 às 11 horas, mais de 40 milhões de flores e plantas de todo o mundo são comercializadas no segundo maior prédio do mundo, representando mais de 50% do comércio mundial de flores. À primeira vista, as operações parecem extraordinariamente complexas, com cerca de 20.000 espécies de plantas e flores. Dentro do prédio, pequenos *trens* de engradados com esses produtos são dirigidos (ou, cada vez mais, pedalados, para melhorar a saúde dos trabalhadores) entre verificação de qualidade, triagem, salas de leilão e despacho. Dentro das salas de leilão, há uma atividade frenética semelhante, onde 120.000 transações ocorrem em questão de horas por dia, a partir do início da negociação às 7 horas. Os produtos são então enviados por caminhão para os mercados locais e frete aéreo para os mercados em todo o mundo dentro de 24 horas, pelo Aeroporto Schiphol, nas proximidades. Todos os processos, tanto no Aalsmeer Flower Auction quanto em toda a sua rede de operações, são cuidadosamente projetados e coordenados. Por exemplo, a padronização de recipientes que contêm uma grande variedade de flores e plantas reduziu drasticamente a variedade operacional, ao mesmo tempo que permite que uma enorme variedade de produtos flua pelo gigantesco *hub* floral. Além do leilão em si, a Royal Flora Holland desempenha um papel ativo na coordenação de sua rede de operações. Acordos de parceria com fornecedores, compartilhamento de informações (incluindo previsões de demanda mais precisas), rastreamento ao vivo de produtos e sua condição durante o transporte, treinamento de agricultores sobre novos métodos para melhorar a qualidade do produto, P&D compartilhado e visitas a fornecedores e compradores são todos usados para melhorar continuamente a competitividade de toda a rede.

Ecossistemas empresariais

Uma ideia estritamente relacionada com a coopetição nas redes de suprimento é a do *ecossistema empresarial*. Assim como as redes de suprimento, os ecossistemas empresariais incluem não só fornecedores e clientes, mas também outras partes interessadas (*stakeholders*), que podem ter pouco ou nenhum relacionamento direto com a rede de suprimento principal, embora interajam com ela, complementando ou contribuindo com componentes significativos da proposta de valor para os clientes. Muitos exemplos vêm dos setores de tecnologia, nos quais produtos e serviços inovadores não podem evoluir no vácuo. Eles precisam atrair toda uma gama de recursos, buscar conhecimentos, capital, fornecedores e clientes para criar redes cooperativas. Por exemplo, os desenvolvedores de aplicativos para plataformas de sistemas operacionais particulares podem não ser *fornecedores* como tal, mas a relação entre eles e a rede de suprimento que fornece o dispositivo móvel é mutuamente benéfica. Construir um ecossistema de desenvolvedores em torno de um produto principal pode aumentar seu valor para o cliente final e, ao fazê-lo, complementa o uso do produto principal. Esse ecossistema de produtos e serviços complementares também pode criar barreiras significativas à entrada de novos concorrentes. Qualquer possível concorrente não só teria de competir com o produto principal, mas também contra todo o ecossistema de produtos e serviços complementares.

A perspectiva triádica nas redes de suprimento

As redes de suprimento têm muitas operações, todas interagindo de maneiras diferentes. Para simplificar, acadêmicos de rede de suprimentos e profissionais muitas vezes optam por se concentrar na interação

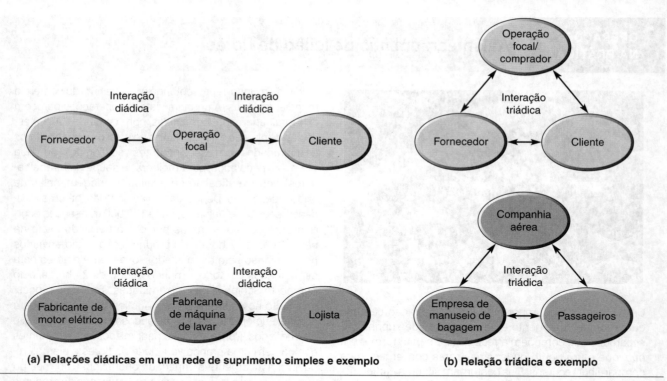

Figura 5.6 Relações diádicas e triádicas em duas redes de suprimento simples e alguns exemplos.

individual entre duas operações específicas na rede. Isso é chamado de interação *diádica* (que significa simplesmente *dois*), ou relacionamento diádico, e as duas operações são referidas como uma *díade*. Portanto, se fosse preciso examinar as interações que uma operação focal tem com um de seus fornecedores e um de seus clientes, examinar-se-iam as duas díades de *operação focal com fornecedor* e *operação focal com cliente* (ver a Figura 5.6(a)). A maioria das discussões (e pesquisas) sobre redes de suprimento tem sido baseada em relações diádicas, pois todos os relacionamentos em uma rede baseiam-se na díade simples. No entanto, mais recentemente, e certamente ao examinar redes de suprimento de serviços, muitas autoridades consideram que as díades não refletem a verdadeira essência de uma rede de suprimento. Pelo contrário, dizem eles, são tríades, não díades, os elementos básicos de uma rede de suprimento (ver a Figura 5.6(b)). Não importa a complexidade de uma rede, ela pode ser dividida em uma coleção de interações triádicas. A ideia de **tríades** é especialmente relevante nas redes de suprimento de serviços. A produção está cada vez mais terceirizando a prestação de alguns aspectos de seu serviço a provedores especializados, que lidam diretamente com os clientes em favor da operação focal (mais comumente chamada de *operação de compra* ou apenas *comprador*, nesse contexto). Por exemplo, a Figura 5.6(b) ilustra o exemplo comum de uma companhia aérea contratando uma empresa especialista em bagagens para prestar serviços aos seus clientes em seu nome. Da mesma forma, os serviços internos são cada vez mais terceirizados para formar relações triádicas internas. Por exemplo, se uma empresa terceiriza suas operações de TI, está formando uma tríade entre quem está comprando o serviço em nome da empresa, o provedor de serviços de TI e os funcionários que usam os serviços de TI.

Comentário crítico

A ideia de ampliar a discussão sobre redes de suprimento para incluir o conceito de *ecossistema empresarial*, descrito anteriormente, também não está isenta de críticas. Alguns a veem simplesmente como mais um *jargão* da administração, indistinguível da ideia há muito estabelecida da rede de suprimento. Outros críticos acreditam que a metáfora do ecossistema é apenas uma maneira de os negócios parecerem *ecológicos*. Eles alegam que a metáfora é usada para sugerir que as relações comerciais, nas quais quase todas as redes de fornecimento se baseiam, se desenvolveram e são executadas usando valores *naturais* e, portanto, devem ser deixadas para operar livres de interferência social ou governamental.

Pensar em redes de suprimentos como uma coleção de tríades em vez de díades é estrategicamente importante. Primeiro, enfatiza a dependência que as organizações estão colocando no desempenho de seus fornecedores quando terceirizam a prestação de serviços. O desempenho do serviço de um fornecedor constitui uma parte importante de como é visto o desempenho do comprador. Segundo, o controle que o comprador do serviço tem sobre a prestação de serviços ao seu cliente é reduzido em uma relação triádica. Em uma cadeia de suprimento convencional, com uma série de relações diádicas, há a oportunidade de intervir antes que o cliente receba o produto ou serviço. No entanto, produtos ou serviços em relações triádicas ignoram a organização de compra para ir diretamente do provedor para o cliente. Terceiro, e parcialmente em consequência do ponto anterior, nas relações triádicas a ligação direta entre o provedor de serviços e o cliente pode resultar, com o passar do tempo, na transferência gradual de poder da organização compradora para o fornecedor que presta o serviço. Quarto, torna-se cada vez mais difícil para a organização compradora entender o que está acontecendo entre o fornecedor e o cliente no dia a dia. Pode nem mesmo ser do interesse do fornecedor ser totalmente honesto em prestar *feedback* de desempenho para o comprador. Isso é conhecido como problema do *principal-agente*, em que o principal aqui é o comprador e o agente, o fornecedor. Finalmente, essa proximidade entre fornecedor e cliente, se excluir o comprador, poderia impedir que o comprador acumule um conhecimento importante. Por exemplo, suponha que um fabricante de equipamentos especializados tenha terceirizado a manutenção de seu equipamento para um provedor especializado de serviços de manutenção. A capacidade do fabricante de equipamento entender como seus clientes estão usando o equipamento, como este está funcionando sob diversas condições e como os clientes gostariam que o equipamento fosse melhorado é perdida. O fabricante do equipamento pode ter terceirizado não apenas o custo e o trabalho de fornecer serviços de manutenção, como também os benefícios e o aprendizado que vêm da interação direta com seus consumidores.

OPERAÇÕES NA PRÁTICA — Adidas encerra suas fábricas no *mercado próximo*[2]

Parecia ser uma boa ideia. Como quase todos os seus rivais, parecia que a Adidas iria se concentrar no projeto, marketing e distribuição de seus tênis, subcontratando a parte de *fabricação* do processo total para uma rede de suprimentos complexa, localizada em grande parte na Ásia. Ela não administrava ou tinha suas próprias operações de fabricação desde a década de 1990. A rede de fornecedores que empregava se espalhava por mais de 1.000 instalações em 63 países. Entretanto, como outras empresas semelhantes, a Adidas enfrentou alguns problemas com seu modelo de terceirização na Ásia. A crescente afluência na área aumentou os custos, as redes de fornecimento mais longas e complexas eram difíceis de controlar e uma rede de suprimento tão globalizada e complexa significava um longo tempo de espera (cerca de 18 meses) entre a concepção de um novo tênis e sua chegada às lojas. E é esse último ponto que foi o mais problemático, principalmente para os tênis da moda com um curto tempo de *vida fashion*. Até mesmo os pedidos para reabastecer os estoques podem levar de dois a três meses. Mas os ciclos de moda para tênis estão ficando mais curtos, com alguns *designs* durando apenas um a três anos. Diante disso, a Adidas desenvolveu sua operação *Speedfactory*, sendo a primeira localizada na Alemanha e a segunda nos Estados Unidos. A Speedfactory foi totalmente automatizada e projetada para acomodar novas tecnologias, como a **impressão 3D** habilitada pela tecnologia de captura de movimento. E, como quase todas as etapas de fabricação eram feitas no mesmo local, a intenção era tornar a Adidas mais rápida e flexível, principalmente na produção de pequenos lotes de produtos da moda. Esperava-se que as Speedfactories pudessem produzir sapatos em dias e reabastecer os produtos mais vendidos durante a mesma temporada.

No entanto, quatro anos após a abertura das Speedfactories, a Adidas anunciou que interromperia a produção nas instalações. A empresa disse que fazia mais sentido para ela concentrar sua produção de Speedfactory na Ásia, onde o *know-how* e a grande maioria de seus fornecedores estavam localizados e onde a Adidas já fabrica mais de 90% de seus produtos. A Adidas disse que usaria sua tecnologia

Speedfactory em duas fábricas de fornecedores asiáticos e se concentraria na modernização de seus outros fornecedores. Uma razão para o relativo fracasso das Speedfactories foi a gama restrita de modelos que elas podiam fazer. A Adidas criou as Speedfactories para fazer tênis com cabedal de malha e a entressola *Boost* exclusiva da Adidas, mas não podia fazer calçados de couro com sola de borracha porque isso usava um tipo diferente de processo de união. Assim, como foi apontado pelos comentaristas, o esforço foi um fracasso não porque seu objetivo fosse falho, mas porque não deu atenção suficiente ao próprio processo de fabricação. Além disso, como a Adidas apontou, o aprendizado obtido com as Speedfactories seria usado em sua base de suprimentos asiática.

Complexidade estrutural nas redes de suprimento do varejo

Algumas redes de suprimentos são relativamente simples, tanto para descrever quanto para gerenciar. Outras são mais complexas. Em um nível simples, o relacionamento diádico de suprimento em três estágios, mostrado na Figura 5.6(a), é menos complexo do que o relacionamento triádico da rede de suprimento, mostrado na Figura 5.6(b). Coloque muitos relacionamentos triádicos em uma rede inter-relacionada e as coisas se tornarão mais complexas. Isso é especialmente verdadeiro quando os clientes têm algum grau de escolha sobre como e quando interagem com uma rede. Um exemplo dessa complexidade estrutural é o movimento em direção às chamadas redes de varejo **omnicanal**. A relação original entre um varejista e seus clientes era direta — o varejista esperava que os clientes apanhassem mercadorias em suas lojas. À medida que o varejo on-line aumentou, mesmo quando os varejistas convencionais desenvolveram uma presença *on-line*, muitas vezes mantiveram suas operações pela Internet separadas de suas lojas de rua. Esse é o modelo de *canal único*, conforme mostrado na Figura 5.7.

No entanto, com a disponibilidade de mais métodos de contato com varejistas (*smartphones*, aplicativos, redes sociais etc.), muitos varejistas se esforçaram para integrar os muitos *canais* alternativos de comunicação. Na verdade, muitas vezes eles os tratavam especificamente como entidades independentes para que pudessem alinhar cada canal com segmentos específicos de clientes-alvo. Esse é o modelo *multicanal* na Figura 5.7.

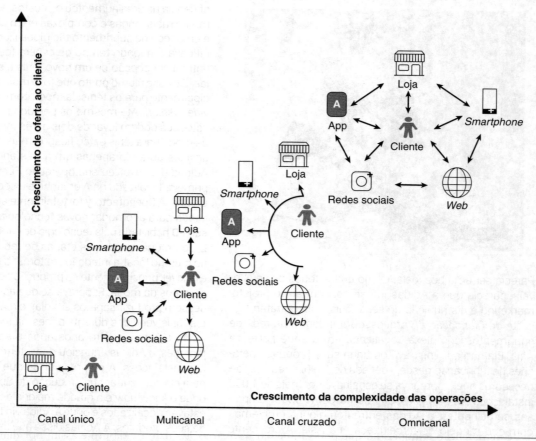

Figura 5.7 Modelos de varejo de canal único, multicanal, canal cruzado e omnicanal.

Mais tarde surgiram as primeiras tentativas de integração das lojas de rua com (inicialmente) a *web* e outros canais, de forma a promover uma melhor experiência de compra para os clientes. Por fim, o modelo *omnicanal* é visto por muitos analistas de varejo como um dos desenvolvimentos de varejo mais importantes desde o advento dos serviços *on-line*. Ele busca fornecer uma experiência perfeita e abrangente ao cliente, integrando totalmente todos os canais possíveis para que os clientes possam usar o que for mais conveniente para eles em qualquer estágio da transação. Assim, um cliente pode navegar por produtos alternativos nas mídias sociais, fazer o pedido de sua escolha por meio de um aplicativo, gerenciar sua conta por meio de um *site*, pagar usando o telefone e devolver o produto em uma loja física, se assim desejar. Isso requer um grau de sofisticação técnica e coordenação entre funções internas, como marketing, operações de varejo, distribuição e TI.

5.3 Quanta capacidade a produção precisa ter?

O próximo conjunto de decisões de *estrutura* diz respeito ao tamanho ou à capacidade de cada parte da rede de suprimento. Aqui, trataremos da capacidade em sentido amplo e em longo prazo. As questões específicas envolvidas na medição e ajuste da capacidade em médio e curto prazos são examinadas no Capítulo 11.

A quantidade de capacidade que uma organização terá depende de sua visão da demanda atual e futura. Quando uma organização tem que lidar com a mudança da demanda, várias decisões de capacidade precisam ser tomadas. Isso inclui escolher a capacidade ideal para cada *site* e prever as mudanças na capacidade de cada parte da rede. Influências importantes nessas decisões incluem os conceitos de economia e deseconomia de escala.

Nível ótimo de capacidade

A maioria das organizações precisa decidir sobre o tamanho (em termos de capacidade) de cada uma de suas instalações. Uma cadeia de centros de manutenção de caminhões, por exemplo, pode operar centros que têm várias capacidades. O custo efetivo de operar cada centro dependerá da ocupação média das baias de manutenção. A baixa ocupação devida a poucos clientes resultará em um alto custo por cliente atendido, porque os custos fixos da operação estão sendo compartilhados entre poucos clientes. Como o aumento da demanda e, portanto, da ocupação das baias de manutenção, o custo por cliente será reduzido.

As curvas tracejadas na Figura 5.8 mostram esse efeito para os centros de manutenção com capacidades de 5, 10 e 15 baias. À medida que a capacidade nominal dos centros aumenta, o ponto de custo mais baixo diminui inicialmente. Isso ocorre porque os custos fixos de qualquer operação não aumentam proporcionalmente à medida que sua capacidade se eleva. Um centro de 10 baias tem menos do que o dobro dos custos fixos de um de 5 baias. Também os custos de capital de construção das operações não aumentam proporcionalmente à sua capacidade. Um centro de 10 baias custa menos para construir do que o dobro do custo de um de 5 baias. Esses dois fatores, considerados em conjunto, são muitas vezes conhecidos como **economias de escala** — um conceito universal que se aplica (até certo ponto) a todos os tipos de operação. No entanto, as economias de escala não continuam indefinidamente. Acima de um certo tamanho, o ponto de menor custo nas curvas, como aquele mostrado na Figura 5.8, pode aumentar. Isso ocorre em virtude das chamadas **deseconomias de escala**, duas das quais são particularmente importantes. Primeiro, os custos de complexidade aumentam com o tamanho. Os esforços de comunicação e coordenação necessários para gerenciar uma operação produtiva tendem a aumentar mais rapidamente do que a capacidade. Embora não considerados um custo direto, podem ser muito significativos. Segundo, é mais provável que um centro maior seja parcialmente subutilizado, porque a demanda dentro de um local fixo será limitada. O equivalente em operações que processam itens físicos são os custos de transporte. Por exemplo, se um fabricante abastecer todo o mercado europeu a partir de uma grande fábrica na Dinamarca, todos os insumos podem precisar ser trazidos de vários países para uma única fábrica, e todos os produtos enviados de lá para diversos países da Europa.

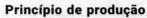

Princípio de produção
A maioria das operações mostra os efeitos da economia de escala em que os custos operacionais reduzem à medida que a escala de capacidade aumenta.

Princípio de produção
As deseconomias de escala aumentam os custos operacionais após certo nível de capacidade de produção, resultando em um nível de capacidade de custo mínimo.

Operar em níveis muito altos de utilização da capacidade (níveis de ocupação próximo à capacidade) pode significar maiores tempos médios de espera dos clientes e menos atendimento a eles. Também pode haver penalidades de custo menos óbvias para os centros operacionais em níveis próximos da capacidade máxima. Por exemplo, longos períodos de horas extras podem reduzir os níveis de produtividade, além de custar mais em pagamentos extras ao pessoal; o uso de baias com uma utilização muito elevada reduz o tempo de manutenção e limpeza, o que pode aumentar as avarias, reduzir a vida útil e assim por diante. Isso geralmente significa que os custos médios começam a aumentar após um ponto que muitas vezes será

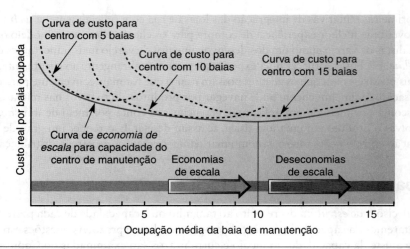

Figura 5.8 Curvas de custo unitário para centros de manutenção de caminhões individuais com diferentes capacidades.

menor do que a capacidade teórica da operação. Além disso, enquanto a produção em grande escala normalmente tem uma vantagem de custo em relação a unidades menores, existem vantagens significativas potenciais que podem ser exploradas por operações em pequena escala. Entre elas, estão:

▸ Mais responsividade à mudança e uma capacidade de agir mais como empreendedores no lançamento de novos produtos e serviços.
▸ Maior flexibilidade na tomada de decisões, com maiores níveis de autonomia concedidos aos indivíduos do que na maioria das operações de grande escala.
▸ Maior percepção do mercado, dada a proximidade de mercados em mudança com mais unidades de capacidade, porém menores.

O *timing* da mudança de capacidade

> **Princípio de produção**
> As estratégias de **antecipar a capacidade** aumentam as oportunidades de atender à demanda. As estratégias de acompanhar a demanda aumentam a utilização da capacidade.

Mudar a capacidade de uma operação qualquer em uma rede de suprimento não é apenas uma questão de decidir sobre sua capacidade ótima. A operação também precisa decidir quando colocar a nova capacidade *para funcionar*. Por exemplo, a Figura 5.9 mostra a previsão de demanda para o novo produto de um fabricante. Para decidir quando a nova capacidade deveria ser introduzida, a empresa deve escolher uma posição entre três estratégias:

▸ Capacidade é introduzida geralmente para antecipar-se à demanda: determinar o momento da introdução da capacidade de modo que sempre haja capacidade suficiente para atender à demanda prevista.
▸ Capacidade é introduzida geralmente para acompanhar (seguir) a demanda: determinar o tempo da introdução da capacidade de modo que a demanda sempre seja igual ou maior que a capacidade.
▸ Capacidade é introduzida às vezes para se antecipar e às vezes para seguir a demanda, mas o estoque acumulado durante o período de *antecipação* é usado para ajudar a suprir a demanda durante o período de *seguimento*. Isso é chamado de *ajuste com estoque*.

Cada estratégia apresenta suas próprias vantagens e desvantagens, que são mostradas na Tabela 5.1. A abordagem real adotada por qualquer empresa dependerá de como vê essas vantagens e desvantagens. Por exemplo, se o acesso da empresa a fundos de investimento for limitado, é provável que ela considere a estratégia de **seguimento da demanda** relativamente atraente. Naturalmente, a terceira estratégia, ajuste com estoque, é apropriada somente para operações que produzem produtos que podem ser armazenados. Operações de processamento de clientes, como hotéis, não podem satisfazer a demanda em uma estação usando quartos que ficaram vagos na estação anterior.

Análise do ponto de equilíbrio da expansão de capacidade

Uma visão alternativa sobre a expansão da capacidade pode ser obtida examinando-se as consequências nos custos da adição de incrementos de capacidade com base no ponto de equilíbrio. A Figura 5.10 mostra como a forma de aumentar a capacidade pode levar uma operação do lucro ao prejuízo. Cada unidade

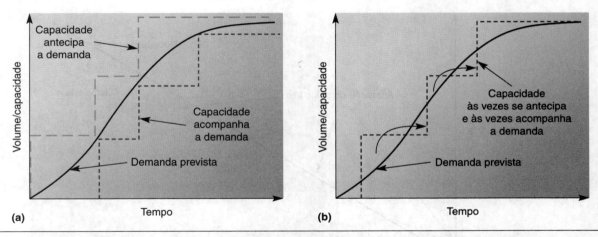

Figura 5.9 (a) Estratégias em que a capacidade se antecipa e estratégias em que acompanha a demanda. (b) Ajuste com estoque significa usar o excesso de capacidade em um período para produzir estoque que supre o período de baixa capacidade relativa.

Tabela 5.1 Argumentos a favor e contra as estratégias puras de capacidade para se antecipar, de seguimento da demanda e de ajuste com estoques.

Vantagens	Desvantagens
Estratégias de antecipação da capacidade	
Sempre há capacidade suficiente para atender à demanda, logo a receita é maximizada, e os clientes, satisfeitos	A utilização das operações é relativamente baixa, logo os custos serão altos
Na maior parte do tempo há um *pulmão de capacidade* que pode absorver demanda extra se as previsões forem pessimistas	Riscos de sobrecapacidade maiores (ou mesmo permanentes) se a demanda não atingir os níveis previstos
Quaisquer problemas críticos de implementação (*start-up*) com novas operações têm menor probabilidade de afetar o suprimento aos clientes	Antecipação de gastos de capital
Estratégias de seguimento da demanda	
Demanda sempre suficiente para manter as operações funcionando a plena capacidade; assim, os custos unitários são minimizados	Capacidade insuficiente para atender plenamente à demanda, logo, receita reduzida, e os clientes, insatisfeitos
Problemas de sobrecapacidade são minimizados se as previsões forem otimistas	Nenhuma habilidade para explorar aumentos da demanda em curto prazo
O gasto de capital com as operações é adiado	Risco de falta ainda pior se houver problemas de implementação (*start-up*) nas novas fábricas
Estratégias de ajuste com estoques	
Toda a demanda é satisfeita, logo os clientes estão satisfeitos e as receitas são maximizadas	O custo dos estoques em termos de necessidade de capital de giro pode ser alto. Isso é especialmente sério em momentos em que a empresa precisa de fundos para investimentos de capital
A utilização da capacidade é alta, logo os custos são baixos	Riscos de deterioração e obsolescência do produto
Muitos picos de demanda em curto prazo podem ser atendidos com base nos estoques	

adicional de capacidade resulta em uma **alteração dos custos fixos**, isto é, um gasto adicional passa a ser incorrido na operação, antes que qualquer outra atividade possa ser realizada na operação. A operação tem pouca probabilidade de ser rentável com volumes de produção muito baixos. Num certo momento, assumindo que os preços sejam maiores do que os custos marginais, a receita excederá o custo total. Entretanto, o nível de rentabilidade no ponto em que o nível de produção é igual à capacidade da operação pode não ser suficiente para absorver todos os custos fixos extras de um incremento adicional na capacidade. Isso poderia tornar a operação não rentável em algumas etapas de sua expansão.

Princípio de produção
Usar estoques para conciliar o desequilíbrio entre demanda-capacidade tende a aumentar as necessidades de capital de giro.

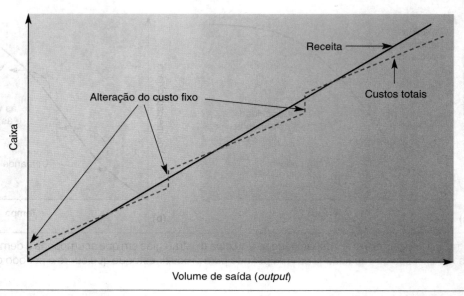

Figura 5.10 Incorrer repetidamente em custos fixos pode aumentar o custo total acima da receita.

Exemplo resolvido

De Vere Graphics

A De Vere Graphics está investindo em uma nova máquina que possibilita fazer impressão de alta qualidade para seus clientes. A demanda prevista para esse tipo de impressão é de cerca de 100 mil unidades para o primeiro ano e 220 mil unidades para o segundo ano. A capacidade máxima de cada máquina que a empresa vai comprar para processar essas impressões é de 100.000 unidades por ano. Elas têm um custo fixo de € 200.000 por ano e um custo variável de processamento de € 1 por unidade. A empresa acredita que será capaz de cobrar € 4 por unidade para produzir tais impressões. Qual será o provável lucro que a empresa obterá no primeiro e no segundo anos?

Demanda do primeiro ano	= 100.000 unidades; assim, a empresa precisará de uma máquina
Custo de produção	= custo fixo para uma máquina + custo variável unitário × 100.000
	= € 200.000 + (€ 1 × 100.000)
	= € 300.000
Receita	= demanda × preço
	= 100.000 × € 4
	= € 400.000
Assim, lucro	= € 400.000 − € 300.000
	= € 100.000
Demanda do segundo ano	= 220.000; assim, a empresa precisará de três máquinas
Custo de produção	= custo fixo para três máquinas + custo variável × 220.000
	= (3 × € 200.000) + (€ 1 × 220.000)
	= € 820.000
Receita	= demanda × preço
	= 220.000 × € 4
	= € 880.000
Portanto, lucro	= € 880.000 − € 820.000
	= € 60.000

Observação: o lucro do segundo ano será mais baixo em razão do custo fixo adicional com o investimento das duas máquinas extras.

5.4 Onde a produção deve estar localizada?

O **local** de cada operação em uma rede de suprimento é um elemento-chave na definição de sua estrutura, além de ter um impacto sobre o modo como a rede opera na prática. Se alguma operação em uma rede de suprimento estiver mal localizada, isso pode ter um impacto significativo, não apenas sobre os lucros, mas também sobre os lucros dos outros na rede. Por exemplo, localizar um *data center* onde não há funcionários qualificados afetará seu desempenho e o atendimento que ele presta a seus clientes. Geralmente, as decisões de localização têm efeito nos custos de produção, bem como em sua habilidade de atender aos clientes (e, assim, em seu faturamento). Além disso, as decisões de localização, uma vez tomadas, são difíceis de reverter. Os custos de mudança de uma operação de um local para outro podem ser extremamente altos, assim como o risco de criar grandes inconvenientes aos clientes. Nenhuma operação deseja mudar de local com muita frequência.

Razões para as escolhas de localização

Nem todas as operações podem justificar suas localizações de forma lógica. Algumas situam-se onde estão por razões históricas. Ainda assim, mesmo as operações que estão *lá porque estão lá* decidem, implicitamente, não mudar. Quando a produção muda sua localização, isso normalmente se deve a mudanças na demanda e/ou no suprimento, e na suposição de que os benefícios potenciais de uma nova localização ultrapassarão qualquer custo e interrupção inerentes à mudança.

Mudanças na demanda

Mudança de localização pode ser causada por alterações na demanda dos clientes. Por exemplo, um fabricante de roupas mudou-se para a Ásia e foi seguido por seus fornecedores de zíper, linha etc. Mudanças no volume da demanda também podem causar realocações. Para atender à demanda maior, uma operação pode expandir seu local atual ou escolher um local maior em outra região, ou ainda manter a fábrica existente e encontrar uma segunda localização para uma fábrica adicional; as duas últimas alternativas envolvem uma decisão de localização. Operações de alta visibilidade podem não ter a opção de expandir-se no mesmo local para atender a uma demanda em crescimento. Uma lavanderia pode atrair marginalmente poucos negócios adicionais ao expandir suas operações no mesmo local porque oferece um serviço local e, assim, conveniente. Provavelmente, encontrar uma nova localização para uma operação adicional é sua única opção para expansão.

Mudanças na oferta

O outro estímulo para a realocação são alterações no custo ou disponibilidade da oferta de *inputs* para a operação. Por exemplo, uma empresa de mineração ou de perfuração de petróleo precisa deslocar-se quando os minérios que está extraindo tornam-se escassos. A razão por que tantas empresas de *software* estejam localizadas na Índia é a disponibilidade de funcionários talentosos, bem formados e com salários relativamente baixos.

OPERAÇÕES NA PRÁTICA

Setor aeroespacial em Singapura[3]

Não é imediatamente óbvio por que Singapura teve tanto sucesso em atrair uma proporção significativa dos negócios aeroespaciais da Ásia. Ao contrário da maioria dos países da região, praticamente não tem transporte aéreo interno. Mas tem uma das companhias aéreas mais respeitadas do mundo, a Singapore International Airlines (SIA). Ainda assim, atraiu empresas aeroespaciais de todo o mundo, como Airbus, Rolls Royce, Pratt & Whitney, Thales, Bombardier e muitas outras. Há diversas razões para isso. Primeiro, o local tem acesso às habilidades e infraestrutura para dar suporte à fabricação tecnicamente complexa. Foi classificada como número 1 no mundo no relatório de Competitividade Global do Fórum Econômico Mundial de 2019. Segundo, o país tinha a confiança de fornecer uma estrutura ética para os negócios. Mais uma vez, ficou em primeiro lugar na Ásia em proteção de direitos de propriedade intelectual no relatório de Competitividade Global do Fórum Econômico Mundial de 2019.[4] Terceiro, a Ásia é onde está a demanda. As companhias aéreas que mais crescem no mundo estão na China, Singapura, Indonésia, Índia e no Golfo. Quarto, o governo de Singapura ofereceu ajuda significativa para empresas que desejam investir no setor, incluindo generosos incentivos fiscais. No entanto, embora importantes, esses incentivos não foram tão benéficos quanto os fatores *menos tangíveis* que tornam Singapura tão atraente. Em particular, existem universidades e faculdades da Cidade-Estado que produzem cientistas, engenheiros e funcionários qualificados, que são vitais para a produção de produtos que não podem falhar. O *pipeline* de talentos de que o setor precisava foi visto como excelente e sustentável. Os cursos de engenharia aeroespacial são populares nos institutos de ensino superior de Singapura, e as empresas aeroespaciais fazem parceria com escolas para desenvolver cursos e oferecer estágios e treinamento no trabalho. O incentivo do governo também não se limita a grandes empresas aeroespaciais internacionais. Muitas pequenas e médias empresas do setor criaram capacidades técnicas, particularmente em áreas como fabricação de peças de aeronaves e motores, fornecendo serviços de manutenção, reparo e revisão de componentes aeroespaciais (MRO).

Avaliação de mudanças de localização em potencial

Avaliar possíveis localizações quase sempre é uma tarefa complexa, já que o número de opções de localização, os critérios pelos quais elas podem ser avaliadas e a raridade comparativa de uma única localização que claramente domina todas as outras tornam a decisão estrategicamente sensível. Além disso, a decisão muitas vezes envolve altos níveis de incerteza. Nem a atividade de realocação em si nem as características operacionais do novo local podem ser assumidas quando a decisão é originalmente tomada. Por causa disso, é importante ser sistemático em termos de (a) identificar opções alternativas e (b) avaliar cada opção em relação a um conjunto de critérios racionais.

> ### Princípio de produção
> Uma operação deve apenas mudar sua localização se os benefícios da mudança superarem os custos da operação na nova localização, além do custo da própria mudança.

Como identificar opções alternativas de localização

A primeira opção de realocação a considerar é não realocar. Às vezes, a realocação é inevitável, mas muitas vezes ficar parado é uma opção viável. Mesmo que buscar um novo local pareça o caminho óbvio, vale a pena avaliar a opção de *não fazer nada*, mesmo que seja apenas para fornecer um *caso de base* para comparar com outras opções. Além da opção de *não fazer nada*, deve haver várias opções alternativas de localização. É um erro considerar apenas um local, mas procurar possíveis locais pode ser uma atividade demorada. Cada vez mais, para empresas maiores, o mundo inteiro oferece muitas localizações possíveis. A implicação da **globalização** da decisão de localização tem sido aumentar tanto o número de opções quanto o grau de incerteza nos méritos relativos de cada uma delas. A grande quantidade de possibilidades torna a decisão de localização impossível de ser *otimizada*. Em vez disso, o processo de identificação de opções de localização geralmente envolve a escolha de uma quantidade limitada de locais que representam diferentes atributos. Por exemplo, um centro de distribuição, embora tenha de estar sempre próximo de ligações de transportes, pode estar localizado em qualquer uma das várias regiões e pode estar perto de centros populacionais ou em uma área mais rural. As opções podem ser escolhidas para refletir uma gama de combinações desses dois fatores. No entanto, isso pressupõe que a *oferta* de opções de localização seja relativamente grande, o que nem sempre é o caso. Em muitas decisões de localização de varejo, há um número limitado de locais para comércio de rua que estão disponíveis a qualquer momento. Muitas vezes, um varejista espera até que um local viável esteja disponível e, em seguida, decide se aceita essa opção ou espera e corre o risco de um local melhor ficar disponível em breve. Com efeito, a decisão de localização aqui é uma sequência de decisões do tipo *pegar ou esperar*.

Definição de critérios para avaliação de local

Embora os critérios contra os quais os locais alternativos podem ser avaliados dependerão das circunstâncias, as cinco categorias a seguir são bastante típicas:

▶ **Requisitos de capital:** o custo de capital ou aluguel de um local é geralmente um fator significativo. Isso provavelmente será em função da localização do ponto e de suas características. Além disso, o custo da mudança em si pode depender do local escolhido.

CAPÍTULO 5 ESTRUTURA E ESCOPO DA REDE DE SUPRIMENTO

▶ *Fatores de mercado:* a localização pode afetar o modo como o mercado percebe uma operação. Localizar um hospital geral no meio do campo pode trazer muitas vantagens para sua equipe, mas seria muito inconveniente para os pacientes. Da mesma forma, restaurantes, lojas, bancos, postos de gasolina e muitas outras operações de alta visibilidade devem avaliar como os locais alternativos determinarão sua imagem e o nível de serviço que podem oferecer. Os mesmos argumentos se aplicam aos mercados de trabalho. A localização pode afetar a atratividade da operação em termos de recrutamento e retenção de pessoal. Por exemplo, os *parques científicos* geralmente estão localizados perto das universidades porque esperam atrair empresas interessadas em usar as habilidades disponíveis na universidade. Mas nem todos os locais necessariamente terão as habilidades apropriadas à disposição. Os funcionários de um *call center* remoto nas ilhas ocidentais da Escócia, acostumados a uma vida calma e tranquila, ficaram surpresos com a natureza agressiva de muitos dos que ligavam para lá, e precisaram ter treinamento em assertividade.

▶ *Fatores de custo:* a localização afeta duas categorias principais de custo. A primeira delas são os custos de produção de produtos ou serviços. Por exemplo, os custos de mão de obra variam entre diferentes áreas, especialmente no âmbito internacional. Eles podem exercer uma grande influência sobre a localização, particularmente em indústrias como a de vestuário, em que os custos de mão de obra, como proporção dos custos totais, são relativamente altos. Outros fatores de custo, conhecidos como **fatores comunitários**, derivam do ambiente social, político e econômico do local, por exemplo, taxas de impostos locais, assistência financeira do governo, estabilidade política, atitudes locais em relação ao *investimento interno*, idioma, atrativos locais (escolas, teatros, lojas etc.), a disponibilidade de serviços de apoio, o histórico de relações trabalhistas, restrições e procedimentos de planejamento ambiental. A segunda categoria de custos refere-se tanto ao custo de transporte de *inputs* de sua origem até o local da operação quanto ao custo de transporte de produtos e serviços do local para os clientes. Enquanto quase todas as operações preocupam-se, em certa medida, com a primeira categoria, nem todas preocupam-se com a segunda, seja porque os clientes as procuram (por exemplo, hotéis), seja porque seus serviços podem ser *transportados* praticamente sem custo (por exemplo, exemplo, alguns *help desks* de tecnologia). Para redes de suprimentos que processam itens físicos, no entanto, os custos de transporte podem ter importância significativa.

▶ *Flexibilidade futura:* como as operações raramente mudam de local, qualquer novo local deve ser aceitável, não apenas nas circunstâncias atuais, mas também em possíveis circunstâncias futuras, razão pela qual, em ambientes incertos, qualquer avaliação de locais alternativos deve incluir algum tipo de planejamento de cenário que considera uma gama de futuros possíveis.

▶ *Fatores de risco:* relacionada de perto com o conceito de flexibilidade futura está a ideia de avaliar os fatores de risco associados às possíveis localizações. Os critérios de risco podem ser divididos em *risco de transição* e *risco de longo prazo*. O risco de transição é simplesmente o risco de que algo dê errado durante o processo de realocação. Por exemplo, mudar para um local já congestionado pode representar riscos maiores para poder se mover conforme planejado do que mudar para um local mais acessível. Os riscos de longo prazo podem incluir novamente mudanças prejudiciais em fatores de entrada, como taxas de câmbio ou custos trabalhistas, mas também riscos de segurança mais fundamentais para funcionários ou propriedades.

5.5 Como a rede de suprimento de uma operação deve ser integrada verticalmente?

O escopo de controle de uma operação sobre sua rede de suprimento é a extensão em que uma operação realiza coisas por si mesma e a extensão em que contará com outras operações para fazer as coisas por ela. Isso normalmente é conhecido como *integração vertical*, quando é pela propriedade da produção inteira que se está decidindo, ou *terceirização*, quando atividades individuais estão sendo consideradas. Veremos a decisão de *terceirização* na próxima seção. A decisão de integração vertical envolve uma organização avaliando a sabedoria da aquisição de fornecedores ou clientes, bem como a direção da integração, sua extensão e o equilíbrio entre os estágios verticalmente integrados. A decisão quanto a integrar verticalmente ou não é, em grande parte, uma questão de uma empresa equilibrar as suas vantagens e desvantagens conforme se aplicam a essa empresa.

Na realidade, diferentes empresas, inclusive no mesmo setor, podem tomar decisões muito diferentes sobre o quanto e onde na rede elas desejam atuar. A Figura 5.11 ilustra a rede de suprimento (simplificada) para o setor de geração de energia com turbinas eólicas. Os fabricantes de equipamento original (OEM) montam a nacele (o compartimento que abriga o gerador e a caixa de transmissão) da turbina eólica. Com frequência, as torres e as pás são construídas internamente ou por fornecedores externos, conforme as

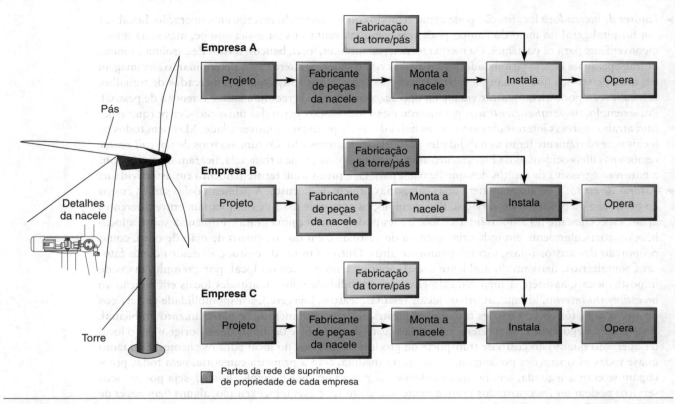

Figura 5.11 Três empresas operando na indústria de geração de energia eólica com diferentes posições de integração vertical.

especificações do OEM. A instalação das turbinas eólicas envolve montar a nacele, a torre e as pás, erguer a torre e conectar à rede elétrica. A extensão da integração vertical varia por empresa e componente. As três empresas ilustradas na Figura 5.11 escolheram estratégias de integração vertical diferentes. A Empresa A é projetista e fabricante da nacele e das partes. A Empresa B é a instaladora que também fabrica a torre e as pás (mas compra a nacele). A Empresa C é a operadora que gera eletricidade e também projeta e monta a nacele, além de instalar a torre completa (mas terceiriza a fabricação das peças da nacele, da torre e das pás).

A estratégia de integração vertical de uma organização deverá considerar três elementos principais — a direção da integração, a extensão da integração e o equilíbrio entre os estágios verticalmente integrados:

▶ *A direção da integração:* se uma empresa decide que deverá controlar uma parte maior de sua rede, ela deve expandir comprando um de seus fornecedores ou um de seus clientes? A estratégia de expandir no lado do fornecedor da rede às vezes é chamada de integração vertical para trás, *upstream*, ou a montante, e a expansão no lado da demanda às vezes é chamada de integração vertical para a frente, *downstream*, ou a jusante. A integração vertical para trás, permitindo que uma organização tenha o controle de seus fornecedores, quase sempre é usada para obter vantagens de custo ou para impedir que os concorrentes obtenham o controle de suprimentos importantes. A integração vertical para a frente, por outro lado, leva uma organização para mais perto de seus mercados, permitindo uma maior liberdade para que a organização faça contato diretamente com seus clientes, possivelmente vendendo produtos e serviços complementares.

▶ *A extensão do leque de processos da integração:* algumas organizações deliberadamente escolhem não integrar muito longe, ou nem integrar, a partir de sua parte original da rede. Como alternativa, algumas organizações decidem se tornar integradas de forma totalmente vertical. Considere muitas das grandes empresas internacionais de petróleo, como a Exxon, que está envolvida na exploração e extração de petróleo, bem como no refino de petróleo cru em um produto comum de consumo — a gasolina. Ela também tem operações que distribuem e revendem a gasolina (e muitos outros produtos) para o consumidor final. Esse percurso (entre vários outros, para seus diferentes produtos) movimenta o produto pela rede completa de processos, todos eles pertencentes (em todo ou em parte) à empresa.

▶ *O equilíbrio entre os estágios verticalmente integrados:* isso não se trata estritamente da posse da rede, mas da capacidade e, até certo ponto, do comportamento operacional de cada estágio na rede pertencente à organização. Refere-se à quantidade de capacidade em cada estágio na rede, dedicada a suprir o próximo estágio. Assim, um relacionamento de rede totalmente equilibrado é aquele onde um estágio produz apenas para o próximo estágio na rede e satisfaz totalmente aos seus requisitos. Um equilíbrio abaixo do total nos estágios permite que cada estágio venda seu *output* a outras empresas ou compre alguns de seus insumos de outras empresas.

As vantagens percebidas da integração vertical

Embora a integração vertical extensa não seja mais tão popular como era antes, ainda existem empresas que acham vantajoso ter diversas operações sequenciais de sua rede de suprimento. Quais são, então, os motivos pelos quais as empresas ainda decidem integrar verticalmente? A maioria das justificativas para integração vertical se encontra em uma das quatro categorias a seguir:

▶ *Garante acesso confiável ao suprimento ou aos mercados:* as razões mais fundamentais para se engajar em alguma integração vertical é que ela pode gerar uma oferta mais segura ou aproximar um negócio de seus clientes. Em alguns casos, pode não haver capacidade suficiente de oferta no mercado para satisfazer a empresa. Portanto, ela tem poucas alternativas a não ser se abastecer. A integração vertical a jusante pode dar um maior controle da empresa sobre seu posicionamento no mercado. Por exemplo, a Apple sempre adotou um modelo de rede de suprimento que integra *hardware* e *software*, ambos projetados pela própria empresa.

▶ *Pode reduzir os custos:* o argumento mais comum aqui é que *podemos fazer isso mais barato do que o preço do nosso fornecedor*. Essas declarações são muitas vezes feitas ao comparar o custo marginal direto incorrido por uma empresa ao fazer algo em si contra o preço que está pagando para comprar o produto ou serviço de um fornecedor. Mas a economia de custos também deve levar em consideração os custos de implantação e aprendizagem. Uma justificativa mais direta pode ocorrer quando há vantagens técnicas de integração. Por exemplo, a produção de papel-alumínio para cozinha envolve laminá-lo na espessura necessária e, em seguida, *refilá-lo* nas larguras necessárias. A realização de ambas as atividades internamente economiza a atividade de carga e descarga e o transporte para outra operação. A integração vertical também reduz os *custos de transação* de lidar com fornecedores e clientes, os quais são despesas, além do preço, que são incorridas no processo de compra e venda, como a busca e seleção de fornecedores, a criação de acordos de monitoramento, a negociação de contratos etc. No entanto, se os custos de transação puderem ser reduzidos até o ponto onde o preço de compra mais os custos de transação são inferiores ao custo interno, há pouca justificativa para a integração vertical da atividade.

▶ *Pode ajudar a melhorar a qualidade do produto ou do serviço:* às vezes, a integração vertical pode ser usada para assegurar vantagem especializada ou tecnológica, evitando que o conhecimento do produto e do serviço acabe nas mãos dos concorrentes. A vantagem exata do especialista pode ser qualquer coisa desde o *ingrediente secreto* em um refrigerante a um processo tecnológico complexo. Por exemplo, a Dyson controla a maior parte do seu fluxo de valor no desenvolvimento, na manufatura e na distribuição de seus aspiradores de pó, ventiladores e, mais recentemente, secadores de cabelo altamente inovadores. O principal motivo citado por seu proprietário, Sir James Dyson, é para proteger o máximo de propriedade intelectual possível.

▶ *Ajuda na compreensão de outras atividades na rede de suprimento:* algumas empresas, mesmo aquelas que são famosas por sua rejeição da integração vertical tradicional, optam por deter algumas partes da rede de suprimento além do que consideram como núcleo. Assim, por exemplo, o McDonald's, a cadeia de restaurantes, embora em grande parte franquiando suas operações de varejo, apresenta alguns pontos de venda próprios. De outra forma, argumenta, como poderia entender tão bem suas operações de varejo?

As desvantagens percebidas da integração vertical

Os argumentos contra a integração vertical normalmente são os seguintes:

▶ *Criação de um monopólio interno:* as operações, argumenta-se, só mudarão quando elas virem uma necessidade premente de fazê-lo. A oferta interna está menos sujeita às forças competitivas normais que mantêm as operações motivadas a melhorar. Se um fornecedor externo atende bem a seus clientes, ele fará lucros mais elevados; se não, sofrerá. Tais incentivos e sanções não se aplicam na mesma medida se a operação de fornecimento for parte da mesma empresa.

▶ *Impossibilidade de exploração das economias de escala:* qualquer atividade verticalmente integrada dentro de uma organização provavelmente também é realizada em outras partes da indústria. No entanto, o esforço que ela coloca no processo será uma parte relativamente pequena da soma total dessa atividade dentro do setor. Fornecedores especializados, que podem atender a mais de um cliente, provavelmente terão volumes maiores do que qualquer um dos seus clientes poderia conseguir fazendo as coisas por si só. Isso permite que os fornecedores especializados colham alguns dos benefícios de custo das economias de escala, que podem ser repassadas em termos de preços mais baixos para seus clientes.

▶ *Perda de flexibilidade:* as empresas fortemente voltadas para a integração vertical, por definição, fazem a maioria das coisas por si sós. Isso significa que uma alta proporção de seus custos será custos fixos. Afinal, elas investiram bastante na capacidade que lhes permite fazer a maioria das coisas internamente. Um alto nível de custos fixos em relação aos custos variáveis significa que qualquer redução no volume total de atividade pode facilmente mover a economia da operação para perto ou abaixo de seu ponto de equilíbrio.

▶ *Afastamento da inovação:* integração vertical significa investir nos processos e tecnologias necessários para produzir produtos e serviços internos. Mas, assim que esse investimento é feito, a empresa tem um interesse inerente em mantê-lo. Abandonar tais investimentos pode ser tanto econômica como emocionalmente difícil. A tentação é sempre esperar até que qualquer nova tecnologia seja claramente estabelecida antes de admitir que a própria é obsoleta. Isso pode conduzir a uma tendência para adiar a adoção de novas tecnologias e ideias.

▶ *Desvio das atividades centrais (perda de foco):* o argumento final, e possivelmente o mais poderoso, contra a integração vertical diz respeito à capacidade de qualquer organização ser tecnicamente competente em uma ampla gama de atividades. Todas as empresas têm coisas em que precisam ser boas. E é muito mais fácil ser excepcionalmente bom em algo se a empresa se concentra exclusivamente nisso, em vez de se distrair com muitas outras coisas. A integração vertical, por definição, significa fazer mais coisas, o que pode causar o afastamento das (poucas) coisas particularmente importantes.

5.6 Quais atividades devem ser feitas internamente e quais devem ser terceirizadas?

Terceirização é o processo de escolher atividades antes executadas internamente e passá-las para fornecedores externos. Teoricamente, *integração vertical* e *terceirização* são duas faces da mesma moeda, sendo a escala a diferença entre elas. Integração vertical é um termo normalmente aplicado a operações inteiras. *Terceirização* (também conhecida como decisão **fazer ou comprar** ou *fabricar ou comprar*) normalmente se aplica a conjuntos menores de atividades, que anteriormente eram realizadas internamente. Por exemplo, pedir a um laboratório especializado para realizar testes de qualidade que anteriormente eram realizados no departamento de qualidade da própria empresa é uma decisão de terceirização. Embora a maioria das empresas tenha sempre terceirizado algumas de suas atividades, uma proporção maior de atividades diretas é hoje comprada de fornecedores. Além disso, muitos processos indiretos estão sendo atualmente terceirizados. Isso é geralmente mencionado como **terceirização de processo de negócio (BPO, do inglês *business process outsourcing*)**. De forma similar, os processos não essenciais, como fornecer serviços de refeição, poderiam ser terceirizados a uma empresa especializada. Esses processos ainda podem se localizar fisicamente onde estavam antes, mas o fornecedor dos serviços terceirizados gerencia os funcionários e a tecnologia. A razão para isso costuma ser a redução de custos, mas algumas vezes pode haver ganhos significativos na qualidade e flexibilidade do serviço oferecido.

Terceirização e *offshoring*?

Duas estratégias de rede de suprimento frequentemente confundidas são as de terceirização e de *offshoring*. Terceirização significa decidir comprar produtos ou serviços, em vez de realizar as atividades internamente. *Offshoring* significa obter produtos e serviços de operações baseadas fora do país. Sem dúvida, pode-se terceirizar e comprar fora do país. A operação de *offshoring* está mais diretamente relacionada com a terceirização, e os motivos de cada uma delas podem ser semelhantes. O *offshoring* para uma região do planeta com custo menor é feito para reduzir os custos globais de uma operação, como é a terceirização para um fornecedor que tem mais experiência, escala, ou ambas.

Tomada da decisão de terceirização

A terceirização raramente é uma decisão simples. A produção em diferentes circunstâncias, com diversos objetivos, provavelmente exigirá decisões diferentes. Ainda assim, a questão em si é relativamente simples, mesmo que a decisão não o seja: "Dado um conjunto particular de circunstâncias, qual decisão — serviço interno ou terceirizado — trará os objetivos de desempenho apropriados, necessários para competir de forma mais eficaz em seu mercado?". Por exemplo, se os principais objetivos de desempenho de uma operação são entrega confiável e atendimento a mudanças de curto prazo nas necessidades de fornecimento do consumidor, a questão-chave deve ser: "Como o fornecimento interno ou terceirizado poderá oferecer melhor desempenho em termos de confiabilidade e flexibilidade de entrega?". Responder a essa questão significa avaliar dois conjuntos de fatores opostos — os que favorecem o potencial para melhorar o desempenho e os que são contrários à realização desse potencial. A Tabela 5.2 resume alguns argumentos a favor do suprimento interno e da terceirização em termos de cada objetivo de desempenho.

> **Princípio de produção**
> Avaliar a conveniência da terceirização deve incluir como ela impacta os objetivos de desempenho relevantes.

Incorporação dos fatores estratégicos na decisão de terceirização

Embora o efeito da terceirização nos objetivos de desempenho da operação seja importante, há outros fatores que as empresas levam em consideração ao decidir se terceirizar uma atividade é uma opção sensata. Por exemplo, se uma atividade tem importância estratégica em longo prazo para uma empresa, é imprudente terceirizá-la. É o caso de um varejista optar em manter internamente o projeto e desenvolvimento de seu *site*, muito embora especialistas possam desempenhar a atividade a custo inferior, porque planejam vender pela *web* no futuro. Uma empresa também não terceirizaria uma atividade em que tem habilidades ou conhecimento especializados. Por exemplo, uma empresa fabricante de impressoras a laser pode ter desenvolvido conhecimento especializado na produção de sofisticadas unidades de laser. Essa capacidade pode permitir que ela, futuramente, introduza inovações no produto ou no processo. Seria tolice *abrir mão* de tal capacidade. Após esses dois fatores mais estratégicos serem considerados, o desempenho de produção da empresa pode ser levado em consideração. Obviamente, se o desempenho da operação já for superior a qualquer fornecedor potencial, seria improvável a terceirização dessa atividade. Mesmo que, em determinado momento, seu desempenho esteja abaixo de fornecedores potenciais, ela pode não terceirizar a atividade se achar que pode melhorar significativamente seu desempenho. A Figura 5.12 ilustra essa lógica de decisão.

> **Princípio de produção**
> Avaliar a conveniência da terceirização deve incluir consideração sobre a importância estratégica da atividade e o desempenho relativo da operação.

Tabela 5.2 Como o suprimento interno ou terceirizado pode afetar os objetivos de desempenho de uma operação.

Objetivo de desempenho	Suprimento interno *faça você mesmo*	Suprimento terceirizado *compre*
Qualidade	As origens de quaisquer problemas de qualidade são normalmente mais fáceis de rastrear por meio de operações internas à empresa, e a melhoria pode ser mais imediata, mas corre-se o risco de complacência	O fornecedor pode dispor de conhecimento especializado e mais experiência. Pode também estar motivado por pressões de mercado, mas a comunicação pode ser mais difícil
Velocidade	Pode significar programações mais sincronizadas, o que acelera a passagem de materiais e informações ao longo da rede, mas, se a operação tiver clientes externos, os clientes internos podem ter baixa prioridade	Velocidade de resposta pode estar incluída no contrato de suprimento, em que pressões comerciais irão encorajar o bom desempenho, mas pode haver atrasos significativos de transporte e entrega
Confiabilidade	A comunicação mais fácil pode aumentar a confiabilidade, mas, se a operação tiver clientes externos, os clientes internos podem obter baixa prioridade	Multas por atraso de entrega no contrato de suprimento podem encorajar um bom desempenho de entrega, mas barreiras organizacionais podem inibir a comunicação
Flexibilidade	Proximidade às reais necessidades de uma empresa pode alertar a operação interna sobre a necessidade de mudanças, mas a habilidade de resposta pode estar limitada à escala e ao escopo da produção interna	Os fornecedores terceirizados podem ser maiores, com capacitações mais amplas do que os fornecedores internos e mais habilidade de resposta a mudanças, mas pode haver a necessidade de conciliar necessidades conflitantes de diferentes clientes
Custo	Operações internas não necessitam obter as margens de lucro que os fornecedores externos exigem, assim o negócio pode capturar os lucros que seriam, de outra forma, dados ao fornecedor, mas os volumes relativamente baixos podem significar que é difícil ter ganhos de economias de escala ou os benefícios de inovação de processo	Provavelmente, a principal razão pela qual a terceirização é tão popular. Empresas terceirizadas podem obter economias de escala e estão motivadas a reduzir seus próprios custos porque eles impactam diretamente em seus lucros, mas os custos de transação com o fornecedor precisam ser levados em consideração

Figura 5.12 Lógica da decisão de terceirização.

| OPERAÇÕES NA PRÁTICA | Compass e Vodafone — dois lados do fenômeno da terceirização[5] |

Algumas empresas obtiveram seu sucesso oferecendo serviços de terceirização, e um candidato óbvio para tal é o serviço interno de alimentação, daí se explica por que existem muitas empresas de serviços de alimentação dispostas a assumir essa responsabilidade. A maior do mundo é o Grupo Compass, que presta serviços para uma grande gama de clientes, desde fábricas e cantinas de escritórios, até escolas e universidades, plataformas de petróleo, militares, prisões e eventos esportivos. Os clientes empresariais que terceirizaram seu serviço de bufê para a Compass incluem Google, Microsoft, Nike, HSBC e Intel. Servindo cinco *bilhões* e meio de refeições todos os anos em 55.000 locais de clientes, seus 600.000 funcionários atendem às necessidades de alimentação de muitos tipos diferentes de clientes. O grupo conquistou sua posição de liderança na terceirização de serviços de alimentação em parte devido à sua abordagem setorial que distingue entre as diferentes necessidades de mercado de *negócios e indústria*, *saúde e idosos*, *educação*, *esportes e lazer*, e *defesa*, offshore e *remoto*. No entanto, embora a Compass tenha sido particularmente bem-sucedida em se estabelecer como uma empresa líder no setor, há boas razões para qualquer organização considerar a terceirização de suas operações de alimentação. Para a maioria das empresas, a alimentação certamente não é sua atividade fim. Por melhor que seja uma operação interna, ela não será capaz de fornecer a variedade, ou ter a experiência ou a escala de uma empresa como a Compass. Nem é provável que seja capaz de ficar à frente das tendências alimentares. Além disso, uma empresa como a Compass pode ajudar no fornecimento de serviços de alimentação não rotineiros, como eventos, serviços de recepção, limpeza de escritórios e administração de algumas instalações.

A terceirização errada do serviço de alimentação pode incomodar a equipe, mas a terceirização errada do atendimento ao cliente pode incomodar os clientes, o que afeta as receitas e o futuro de qualquer operação. Mas os argumentos para terceirizar o atendimento ao cliente são semelhantes aos da terceirização da alimentação. Tem o potencial de oferecer a mesma qualidade de suporte ao cliente que as operações internas, mas a um custo menor, principalmente se for terceirizado para um país com custo de vida mais baixo. Poderia fornecer uma gama mais ampla de serviços e atender a uma demanda inesperadamente alta. E operações terceirizadas especializadas podem investir nas tecnologias mais recentes. Mesmo assim, o atendimento ao cliente pode ser visto como tão importante que a terceirização sempre envolverá algum risco. A frustração do cliente, especialmente se direcionada para locais no exterior, pode levar as empresas a considerar trazer as operações do *call center* de volta para seus países de origem. Uma empresa que fez isso foi a Vodafone, empresa de telecomunicações sediada no Reino Unido, que anunciou que transferiria mais de 2.000 empregos de seus *call centers* no exterior (principalmente na África do Sul, onde estava usando uma agência externa) para o Reino Unido. As novas funções, disse, seriam espalhadas pelos *call centers* existentes da Vodafone em várias partes do Reino Unido. Eles disseram que a relocalização dos empregos de *call center* alinharia os serviços de atendimento ao consumidor móvel da empresa aos seus *call centers* sediados no Reino Unido para clientes empresariais e de banda larga britânicos, e que as novas funções fariam uma diferença real para seus clientes, bem como uma diferença real para as comunidades que seriam o foco de seu investimento em atendimento ao cliente. No entanto, embora o movimento da Vodafone tenha sido direcionado para melhorar a qualidade de suas operações de atendimento ao cliente no Reino Unido, em algumas partes do mundo a legislação pode ser um fator importante. Por exemplo, o governo italiano introduziu uma lei que dava aos consumidores que ligavam para uma empresa a opção de falar com um funcionário de *call center* naquele país em vez de com alguém no exterior.

Globalização, geopolítica, *reshoring* e tecnologia

Especialmente nas últimas décadas, tornou-se rotina a utilização de fornecedores geograficamente dispersos para terceirizar pelo menos algumas atividades. Isso foi impulsionado em parte por diferenciais de custo de mão de obra, em parte por negócios de conexão de TI baratos e eficientes, em parte por acordos comerciais e em parte por custos de transporte reduzidos. Isso é *globalização*, em que produtos, matérias-primas, dinheiro, tecnologia e ideias se movem de forma (relativamente) tranquila através das fronteiras nacionais. A globalização está longe de ser um fenômeno recente; remonta pelo menos ao século I d.C., com ligações comerciais entre a China e a Europa. E existe um motivo para sua ascensão — a terceirização globalizada é eficiente. A Apple e outras empresas podem projetar seus produtos na Califórnia e montá-los na China. Uma empresa aeroespacial francesa pode direcionar as atividades de seus fornecedores brasileiros de forma quase tão eficaz quanto se estivessem na cidade vizinha. Isso leva os países a se especializarem e realizarem trocas, tornando-os mais ricos e o mundo mais próximo.

Mas também introduz vulnerabilidades. Diferenças e conflitos comerciais, boicotes relacionados com os direitos humanos, nacionalismo político e instabilidade geopolítica geral têm atrasado o progresso da globalização. Além disso, a constatação de que alguns suprimentos estavam concentrados em regiões específicas levou à consideração de vulnerabilidades de abastecimento. Por exemplo, antes de 2020 somente a China fornecia cerca de 42% das exportações mundiais de equipamentos de proteção individual. Da mesma forma, com outros suprimentos médicos, mais de 70% dos anticoagulantes importados da Itália vinham da China, assim como 60% dos ingredientes para antibióticos importados pelo Japão. Não surpreende, então, que vários países tenham adotado políticas que tentaram reduzir sua dependência de um único país fornecedor.[6]

Cada vez mais alguns economistas e comentaristas de negócios questionam se o *boom* das operações globalizadas acabou. Alguns citam pressões protecionistas em alguns países do Norte Global. Outros veem o aumento dos salários nos países (anteriormente) do Sul Global como uma redução dos diferenciais de custo. Além disso, as vantagens relacionadas com as operações de suprimento por meio de fornecedores mais próximos de casa podem ser significativas. Reduzir a dependência de complicadas cadeias de suprimento internacionais pode economizar custos de transporte e estoque, além de ser menos poluente e potencialmente menos propenso a riscos de reputação de qualquer má prática de fornecedores remotos. Também pode aumentar a flexibilidade da oferta. Por exemplo, a Zara, marca espanhola de moda casual, fabrica alguns de seus itens de *venda constante* em fábricas de baixo custo na Ásia, mas a grande maioria de suas roupas (de demanda menos previsível) mais próximo de seus mercados, para que possa responder rapidamente às mudanças na moda. Os desenvolvimentos na tecnologia podem reforçar esse processo, denominado *reshoring* (também conhecido como *back-shoring*, *home-shoring* e *on-shoring*). A automação pode encorajar uma tendência de *insourcing radical*, onde os países do Norte Global não precisam mais terceirizar a produção para países onde os salários são baixos.

Operações responsáveis

Em cada capítulo, sob o título de Operações responsáveis, *resumimos como o tópico específico tratado no capítulo aborda importantes questões sociais, éticas e ambientais.*

Quase todas as decisões descritas neste capítulo têm implicações sociais, éticas ou ambientais. Alterar a estrutura ou o escopo das redes de suprimento inevitavelmente significa algum tipo de mudança profunda para as pessoas e sociedades afetadas. E, embora as decisões sobre capacidade sem dúvida

▶

tenham implicações sociais e éticas, são as mudanças na localização e propriedade de partes de uma rede de suprimento que têm o potencial de serem controversas, especialmente quando consideradas no contexto da *globalização*.

Qualquer decisão de terceirizar algum grau das atividades existentes de uma operação envolve um caminho a ser percorrido através do emaranhado de prioridades incompatíveis. As demandas (implícitas) dos clientes por produtos e serviços mais baratos devem superar a perda de empregos sofrida pelos funcionários atuais? Se as atividades são terceirizadas para o Sul Global, quanta responsabilidade uma empresa deve assumir pelas condições de emprego em seus fornecedores? Condições de trabalho aceitáveis, comuns e até bem-vindas no Sul Global podem ser avaliadas de maneira muito diferente em países mais prósperos. Como uma operação deve traçar a linha entre o que é inaceitável em qualquer local e sob quaisquer circunstâncias (por exemplo, trabalho escravo ou forçado) e o que é aceitável (por exemplo, salários mais baixos do que seriam aceitáveis em seu próprio país)?

Mesmo quando a terceirização não envolve nenhuma mudança de local (por exemplo, terceirização de serviços de alimentação — veja o exemplo *Compass e Vodafone — dois lados do fenômeno da terceirização em Operações na prática*), existem questões éticas. Os sindicatos costumam assinalar que a única razão pela qual as empresas de terceirização podem fazer o trabalho a um custo menor é que elas reduzem os salários, as condições de trabalho ou ambos. Além disso, dizem eles, a flexibilidade é alcançada apenas pela redução da segurança no emprego. Funcionários que já fizeram parte de uma corporação grande e segura podem se ver como funcionários muito menos seguros de um empregador menos benevolente, com uma filosofia de corte permanente de custos. Até mesmo alguns defensores da terceirização são rápidos em apontar os problemas. Pode haver obstáculos significativos, incluindo resistência compreensível da equipe que se encontra *terceirizada*. Algumas empresas também foram culpadas de *terceirizar um problema*. Em outras palavras, não tendo conseguido gerenciar bem um processo, elas o despacham em vez de enfrentar o motivo pelo qual o processo se tornou um problema em primeiro lugar. Há também evidências de que, embora os custos de longo prazo possam ser reduzidos quando um processo é terceirizado, pode haver um período inicial em que os custos aumentam à medida que ambos os lados aprendem a gerenciar o novo arranjo.

OPERAÇÕES NA PRÁTICA — O desastre de Bangladesh leva a uma reforma — mas isso é suficiente?[7]

A terceirização traz riscos e responsabilidades, muitas vezes ligados à perda de controle sobre os fornecedores. O desastre da Rana Plaza fornece um exemplo terrível do efeito disso. Em 24 de abril de 2013, a fábrica de roupas Rana Plaza, perto de Daca, em Bangladesh, desabou, matando um total de 1.134 pessoas e ferindo mais de 2.500, a maioria mulheres e crianças. Muitas marcas de roupas conhecidas estavam comprando produtos, direta ou indiretamente, da fábrica. Alegou-se que a polícia local e uma associação da indústria haviam emitido um aviso de que o prédio não era seguro, mas os proprietários responderam ameaçando demitir pessoas que se recusassem a continuar trabalhando como de costume. Compreensivelmente, houve um apelo imediato para uma regulamentação e supervisão mais rígidas por parte das autoridades de Bangladesh. Durante anos, eles fizeram apenas tentativas relativamente fracas de fazer cumprir os regulamentos nacionais de construção, especialmente se os proprietários envolvidos fossem politicamente bem relacionados. Após o desastre, eles prometeram aplicar as leis com mais rigor, mas essas promessas já haviam sido feitas antes.

Houve também pressão para que os varejistas, predominantemente norte-americanos e europeus, que compravam na Rana Plaza e em fábricas inseguras semelhantes, aceitassem parte da responsabilidade pelo desastre e mudassem suas políticas de compra. Então, quais são as opções para esses varejistas? Uma opção é continuar como antes e simplesmente adquirir roupas de onde for mais barato, embora isso seja eticamente questionável. Como alternativa, os varejistas podem parar de comprar de Bangladesh até que seus padrões melhorem. Mas isso pode ser difícil de aplicar, a menos que eles assumam a responsabilidade de policiar toda a cadeia de suprimento, desde os produtores de algodão. Isso também prejudicaria todas as empresas de Bangladesh, mesmo aquelas que tentam cumprir as regras de segurança. A terceira opção é ficar e tentar mudar a forma como as coisas são feitas no país. Mesmo antes do desastre da Rana Plaza, alguns varejistas tentaram melhorar a segurança nas 5.000 fábricas de Bangladesh. Desde o desastre da Rana Plaza, algum progresso foi feito na indústria de vestuário do país. Organizações de campanha como *Revolução da moda*, *Trabalho por trás do rótulo*, *Guerra ao desejo* e *Made in Europe* insistiram para que os varejistas fossem mais transparentes sobre suas cadeias de suprimento. Algumas marcas fizeram movimentos para serem mais transparentes sobre onde suas roupas foram fabricadas e por quem. Outras organizações focaram diretamente as condições de trabalho. A Fair Wear Foundation foi pioneira no estabelecimento de comitês antiassédio e programas estabelecidos que forneceram treinamento para gerentes, supervisores e trabalhadores em fábricas de roupas (85% das trabalhadoras de vestuário temiam ser assediadas sexualmente em seu local de trabalho, com até 60% experimentando alguma forma de assédio sexual). A *Revolução da moda*, o maior movimento de ativismo da moda do mundo, fundado um ano após o desastre, publicou um manifesto descrevendo 10 demandas claras por uma indústria da moda melhor e responsável. No entanto, as organizações de campanha admitiram que o progresso havia sido limitado. Um relatório do Stern Center for Business and Human Rights, da Universidade de Nova York, disse que as condições perigosas continuam prevalecendo em milhares de fábricas de roupas em Bangladesh.

Respostas resumidas às questões-chave

5.1 O que é estrutura e escopo da rede de suprimento?

▶ Uma rede de suprimento inclui as cadeias de fornecedores que oferecem *inputs* à operação e as cadeias de clientes que recebem *outputs* da operação.

▶ É fundamental que se compreenda a natureza da rede de suprimento e o papel da produção dentro dela para entender a concorrência, identificar elos significativos na rede e adotar uma perspectiva de mais longo prazo.

▶ A *estrutura* da rede de suprimento de uma operação relaciona-se com a configuração e o formato da rede. Envolve decisões em torno da configuração da rede, níveis de capacidade para cada parte da rede e a localização de cada parte da rede.

▶ O *escopo* da rede de suprimento de uma operação relaciona-se com a decisão entre realizar as atividades da rede por si só ou solicitar que um fornecedor as realize. Isso envolve decidir a extensão da integração vertical e o grau de terceirização.

5.2 Como a rede de suprimento deve ser configurada?

▶ Configurar uma rede de suprimento significa determinar o padrão geral, o formato e o arranjo das diversas operações que compõem a rede de suprimento.

▶ Mudar o formato da rede de suprimento pode envolver reduzir o número de fornecedores da operação, de modo a desenvolver relacionamentos mais próximos e evitar ou desintermediar as operações dentro da rede.

▶ Todos os participantes da rede — clientes, fornecedores, competidores ou complementadores — podem ser parceiros ou oponentes em diferentes situações. O termo usado para capturar essa ideia é *coopetição*.

▶ Uma ideia bastante relacionada com a coopetição nas redes de suprimento é a de *ecossistema empresarial*. Assim como as redes de suprimento, os ecossistemas empresariais incluem fornecedores e clientes, mas também *stakeholders*, que têm pouca relação direta com a rede principal, embora interajam complementando ou contribuindo com componentes de valor significativo para os clientes finais.

▶ A produção está cada vez mais terceirizando a delegação de alguns aspectos de seu serviço para provedores especializados, que lidam diretamente com os clientes em favor da empresa focal. Isso marca uma mudança de uma perspectiva *diádica* para uma perspectiva *triádica*.

5.3 Quanta capacidade a produção precisa ter?

▶ O volume de capacidade que uma organização terá depende de sua visão da demanda atual e futura. As principais decisões de capacidade em longo prazo incluem a escolha da capacidade ideal para cada local e o momento certo das mudanças no aumento (ou redução) da capacidade de cada parte da rede.

▶ Ao decidir sobre o nível de capacidade ideal, os conceitos de economia e deseconomia de escala são fundamentais.

▶ Ao decidir sobre o momento certo da mudança de capacidade, as organizações podem considerar uma mistura de três estratégias: capacidade introduzida para antecipar-se à demanda, capacidade introduzida para seguir a demanda e ajuste da capacidade, em que o estoque é construído nos períodos de antecipação para atender à demanda nos períodos de seguimento.

5.4 Onde a produção deve estar localizada?

▶ A localização de cada operação em uma rede de suprimento é um elemento-chave na definição de sua estrutura, e também terá um impacto sobre como a rede irá operar na prática.

▶ Os principais motivos para as decisões de localização incluem mudanças na demanda e/ou na oferta.

▶ A avaliação das mudanças em potencial na localização envolve duas etapas principais:
  — Identificar opções de locais alternativos.
  — Definir critérios de avaliação do local, incluindo requisitos de capital, fatores de mercado e de mão de obra, flexibilidade futura e fatores de risco.

5.5 Como a rede de suprimento de uma operação deve ser integrada verticalmente?

▶ O escopo no qual uma operação controla sua rede de suprimento é a extensão à qual ela realiza as coisas por si só ou conta com outras operações para fazer isso. Isso geralmente é conhecido como *integração vertical*, quando é a propriedade da produção inteira que está sendo decidida, ou *terceirização*, quando estão sendo consideradas atividades individuais.

▶ A estratégia de integração vertical de uma organização pode ser definida em termos da direção da integração, a extensão do leque de processos da integração e o equilíbrio entre as etapas verticalmente integradas.

▶ As vantagens da integração vertical podem incluir acesso seguro à oferta ou aos mercados; redução de custos; e melhoria da qualidade do produto ou serviço, bem como da compreensão das atividades da rede de suprimento.

▶ As desvantagens da integração vertical podem incluir a criação de um monopólio interno; a falta de economias de escala; potencial perda de flexibilidade; e afastamento da inovação.

5.6 Quais atividades devem ser feitas internamente e quais devem ser terceirizadas?

▶ Terceirização é o processo de escolher atividades que poderiam ser ou que eram executadas internamente e passá-las para fornecedores terceirizados. Ela também é conhecida como decisão *fazer ou comprar*, ou *fabricar ou comprar*.

▶ Tomar a decisão de terceirizar envolve comparar o impacto relativo sobre os principais objetivos de desempenho de fazer uma atividade internamente ou usar um fornecedor terceirizado. Isso também requer a incorporação de outros fatores estratégicos, como vantagem competitiva de longo prazo e risco.

▶ Existe uma diferença importante entre terceirização e *offshoring*. Terceirização significa decidir comprar produtos ou serviços em vez de realizar as atividades internamente. *Offshoring* significa obter produtos e serviços de operações que estão fora do próprio país.

▶ Embora a globalização seja uma tendência importante, que tem acarretado redes de produção geograficamente dispersas, a última década viu uma certa reversão dessa tendência, algo que normalmente é chamado de *reshoring*.

ESTUDO DE CASO: Aarens Electronic

Nos arredores de Roterdã, nos Países Baixos, Francine Jansen, diretora de operações da Aarens Electronic (AE), estava justificadamente orgulhosa do que descreveu como *"a mais avançada máquina do seu tipo no mundo, que nos permitirá alcançar novos padrões de excelência para nossos produtos que exigem limpeza e precisão absolutas"* e *"um salto quântico no aproveitamento das economias de escala e da nova tecnologia para fornecer a operação mais avançada pelos próximos anos"*. A operação em Roterdã se uniu às duas operações existentes da AE nos Países Baixos. Eles oferecem serviços de laminação com revestimento personalizado a uma ampla gama de clientes, sendo o mais importante a Phanchem, para quem forneciam filmes de imagem fotossensível secos, um passo crítico na fabricação de microchips. A Phanchem, então, processava o filme e o vendia diretamente para fabricantes de microchips.

A operação em Roterdã

A decisão de construir a operação em Roterdã foi tomada porque a AE acreditava que uma nova operação de baixo custo, usando tecnologia de ambiente controlado *ultralimpo*, poderia garantir uma grande parte dos negócios futuros da Phanchem — talvez até um acordo exclusivo para fornecer 100% de suas necessidades. Ao planejar a nova operação, foram apresentadas três opções ao Comitê Executivo da AE:

A   Expandir uma instalação existente construindo uma nova máquina dentro dos limites existentes dessa instalação. Isso proporcionaria cerca de 12 a 13 milhões de metros quadrados (MMQ) por ano de capacidade adicional e exigiria um capital de aproximadamente € 19 milhões.

B   Construir uma nova instalação ao lado da fábrica existente. Essa nova instalação poderia acomodar capacidade adicional de cerca de 15 MMQ por ano, mas, ao contrário da opção A, também permitiria a expansão futura. Inicialmente, isso exigiria um capital de aproximadamente € 22 milhões.

C   Criar uma instalação totalmente nova com um aumento muito maior da capacidade (provavelmente, cerca de 25 MMQ por ano). Essa opção seria a mais cara, em torno de € 30 milhões.

Francine Jansen e sua equipe inicialmente estavam a favor da opção B, mas, em discussão com o Comitê Executivo da AE, a opinião mudou para a opção mais radical C. *"Esta pode ter sido a opção de maior risco, mas tinha um potencial considerável e se ajustava à filosofia do Grupo AE de entrar nas áreas especializadas em alta tecnologia dos negócios. Então fomos atrás disso"* (Francine Jansen). A opção de uma instalação muito grande, ultralimpa, de última geração, também tinha uma vantagem adicional — que poderia mudar a economia da indústria de imagem fotossensível. De fato, a demanda e a capacidade globais não justificavam imediatamente o investimento em um tão grande aumento de capacidade. Provavelmente, já havia alguma capacidade a mais na indústria. Mas uma operação de grande capacidade e com ambiente ultralimpo poderia fornecer um nível de qualidade a custos tão baixos que, se houvesse excesso de capacidade na indústria, não seria a capacidade da AE que ficaria ociosa.

Projetando a nova operação

Durante as discussões sobre o projeto da nova operação, ficou claro que havia uma questão que pairava sobre todas as discussões da equipe — quão flexível o processo deveria ser? A equipe deveria assumir que estava projetando uma operação que se dedicaria exclusivamente ao fabrico de filmes fotossensíveis, eliminando implacavelmente quaisquer opções tecnológicas que lhe permitissem fabricar outros produtos, ou a equipe deveria projetar uma operação mais genérica, que fosse adequada para o filme de imagem fotossensível, mas que também poderia fabricar outros produtos? Essa provou ser uma decisão difícil. As vantagens da opção mais flexível eram óbvias. *"Pelo menos isso significaria que não havia nenhuma probabilidade de eu estar presa a uma operação e nenhum mercado para ela atender durante alguns anos"* (Francine Jansen). Mas as vantagens de uma operação totalmente dedicada eram menos óbvias, embora houvesse um acordo geral de que tanto os custos quanto a qualidade poderiam ser superiores em uma operação dedicada a um único produto.

Por fim, a equipe decidiu concentrar-se em uma máquina grande, relativamente inflexível, focada e dedicada. *"Você não pode imaginar a agonia que passamos quando decidimos que esta não seria uma máquina flexível. Muitos de nós não tínhamos certeza ao afirmar que 'esta será uma máquina exclusivamente fotossensível, e, se o mercado for embora, estaremos em apuros'. Tivemos inúmeros debates sobre isso. Por fim, chegamos mais ou menos a um consenso para o foco, mas essa certamente foi uma das decisões mais difíceis que já tomamos"* (Francine Jansen). A economia de custos de capital de uma instalação focada e a economia de custos operacionais de até 25% eram argumentos poderosos, como foi a filosofia da dedicação total ao processo. *"A palavra-chave para nós era foco. Queríamos ter bastante clareza sobre o que era necessário para satisfazer nossos clientes ao fabricar esse único tipo de produto. Além de fornecer significativas economias de custos para nós, ficou muito mais fácil identificar as causas de todos os problemas, porque não teríamos que nos preocupar como isso poderia afetar outros produtos. Está tudo muito claro. Quando a linha de produção estivesse parada, não estaríamos gerando receita! Isso também nos forçaria a entender nosso próprio desempenho. Em nossas outras operações, se uma linha parar, as pessoas podem ser transferidas para outras responsabilidades. Nós não temos outras responsabilidades aqui — nós estamos fabricando isso ou não estamos"* (Francine Jansen).

Quando a operação em Roterdã começou a produzir, a equipe tinha modificado o projeto para trazer a capacidade inicial para 32 MMQ por ano. E, apesar de alguns problemas iniciais, a operação foi, desde o início, um sucesso técnico e comercial. Dentro de seis meses, foi assinado um contrato com a Phanchem para fornecer 100% das necessidades da empresa pelos próximos dez anos. A decisão da Phanchem baseou-se na combinação de foco de manufatura e comercial que a equipe de Roterdã alcançou, um ponto enfatizado por Francine Jansen: *"Colocalizar todos os departamentos necessários na instalação de Roterdã foi visto como particularmente importante. Todas as funções técnicas e as funções de marketing e de negócios estão agora no mesmo local"*.

Desenvolvendo a relação de suprimento

No momento do lançamento, o produto produzido em Roterdã era enviado para as instalações da Phanchem perto de Frankfurt, na Alemanha, a cerca de 500 km de distância. Essa distância causava uma série de problemas, incluindo alguns danos no transporte e atrasos na entrega. No entanto, a relação entre AE e Phanchem manteve-se sólida, ajudada pela cooperação das duas empresas durante o lançamento em Roterdã. *"Tínhamos trabalhado em estreita colaboração com eles durante a concepção e a construção da nova instalação em Roterdã. Mais direto ao ponto, eles viram que certamente conseguiriam economizar custos com a fábrica, com a promessa de mais economias a vir à medida que a fábrica percorria sua curva de aprendizagem"* (Francine Jansen). A proximidade da relação entre as duas empresas foi resultado do trabalho em conjunto de seu pessoal. Os engenheiros da AE ficaram impressionados com a disposição dos seus clientes de ajudarem enquanto trabalhavam para superar os problemas do início. Da mesma forma, a AE ajudou a Phanchem quando esta precisou de suprimentos extras em curto prazo. Como Francine Jansen disse, *"nosso relacionamento tornou-se cada vez mais forte, em parte porque trabalhamos juntos em vários problemas"*.

Em particular, foi explorada a ideia de uma relação fisicamente mais próxima entre AE e Phanchem. *"Durante as negociações com a Phanchem para o nosso contrato de 100%, houve algumas conversas sobre colocalização, mas não creio que alguém tenha levado isso a sério. No entanto, houve um consenso de que seria uma boa coisa a fazer. Afinal de contas, o nosso sucesso como único fornecedor de filme fotossensível revestido da Phanchem estava ligado a seu sucesso como um protagonista no mercado global: o que era bom para a Phanchem era bom para a AE"* (Francine Jansen). Diversas opções foram discutidas dentro e entre as duas empresas. A Phanchem, na verdade, tinha que escolher entre quatro opções:

▶ Ficar onde estava, perto de Frankfurt.
▶ Mudar para os Países Baixos (o que facilitaria o acesso às instalações portuárias), mas não muito perto da AE (um local apropriado estava disponível a 30 km de Roterdã).
▶ Alugar um local adjacente, atualmente vazio, bem próximo da fábrica da AE em Roterdã.
▶ Colocalizar dentro de uma extensão que poderia ser construída especialmente na fábrica da AE em Roterdã.

Avaliando as opções de colocalização

Relativamente cedo nas discussões entre as duas empresas, a opção de *não fazer nada* e ficar em Frankfurt foi desconsiderada. A Phanchem queria vender seu valioso local perto de Frankfurt. As vantagens de algum tipo de mudança eram significativas. A opção de mudar a Phanchem para um local a 30 km de Roterdã foi considerada, mas rejeitada porque não tinha vantagens em relação à locação de um ponto ainda mais perto da fábrica de Roterdã. A Phanchem também considerou fortemente construir e operar uma instalação bem próxima da fábrica em Roterdã. Entretanto, por fim, a opção de locar um edifício próximo à operação da AE em Roterdã se tornou a opção preferida. A colocalização teria um impacto significativo na competitividade da Phanchem, reduzindo seus custos operacionais, permitindo-lhe ganhar fatia de mercado ao oferecer filmes de qualidade a preços atraentes, aumentando assim o volume da AE. Os gerentes da fábrica em Roterdã também esperavam uma relação operacional ainda mais estreita com o cliente. *"Inicialmente, houve alguma resistência na equipe por ter um cliente no mesmo local que nós. Ninguém na AE tinha feito isso antes. O passo entre visualizar nosso cliente do outro lado da estrada e no mesmo local precisou de um tempo para pensar a respeito. Era uma questão de se acostumar com a ideia, dando um passo de cada vez"* (Francine Jansen).

O cliente torna-se um convidado pagante

No entanto, quando Francine e os gerentes de Roterdã apresentaram sua proposta para estender a planta ao conselho da AE, a proposta não foi bem recebida. *"Alugar espaço de fábrica para o nosso cliente parecia muito longe do nosso negócio básico. Como disse um membro do Comitê Executivo, somos fabricantes; não estamos no negócio imobiliário. Mas achamos que isso seria benéfico para ambas as empresas"* (Francine Jansen). E, mesmo quando a proposta foi finalmente aceita, ainda havia preocupação sobre a partilha de uma instalação. Na verdade, o Comitê Executivo insistiu que a porta entre as áreas das duas empresas deveria ser capaz de ser trancada de ambos os lados. No entanto, a construção e o comissionamento da nova instalação para a Phanchem também foram um modelo de cooperação. Agora, todos os visitantes da fábrica veem a porta que tinha de ser *capaz de ser trancada de ambos os lados* e alguém pergunta a eles quantas vezes acham que a porta foi trancada. A resposta, é claro, é *nunca*.

QUESTÕES

1. **Quais foram as principais decisões de estrutura e escopo tomadas pela Aarens Electronic?**

2. **Quais foram os riscos envolvidos na adoção de um projeto de processo que era totalmente dedicado às necessidades de um cliente?**

3. **Quais foram as vantagens e desvantagens de cada opção de local aberta para a Phanchem, e por que você acha que por fim ela decidiu em favor da colocalização com a AE?**

Problemas e aplicações

Todos os capítulos dispõem de questões do tipo *Problemas e aplicações*, que ajudarão o leitor a praticar a análise das operações. Elas podem ser respondidas com a leitura do capítulo.

1. Considere o setor musical como uma rede de suprimento. Como os *downloads* e o *streaming* de música afetam as vendas de cada artista? Que implicações a transmissão de música *on-line* teve para os varejistas tradicionais de música?

2. Um *data center* é "uma instalação composta de computadores e armazenamento em rede, que as empresas e outras organizações utilizam para organizar, processar, armazenar e disseminar grandes quantidades de dados. Uma empresa normalmente conta bastante com as aplicações, serviços e dados contidos em um *data center*, tornando-o um ponto focal e um ativo crítico para as operações do dia a dia". Essas instalações podem conter equipamento de rede, servidores, dispositivos de armazenamento e *backup* de dados, aplicações de *software* para grandes empresas e muito mais. Muito poucas empresas (ou pessoas) não utilizam seus serviços. E a determinação de seu local é uma decisão essencial para as operações que os dirigem. Na verdade, essas empresas normalmente têm um método estabelecido para escolher o local do *data center*.

    Visite os *sites* dos tipos de empresas que dispõem de *data centers* (como Intel, Cisco ou SAP) e defina um conjunto de critérios que poderiam ser usados para avaliar locais em potencial.

3. Uma empresa que produz lajes de concreto para pavimentação está lançando uma nova linha de produtos antiderrapantes *texturizados*. Para isso, ela precisa investir em uma nova máquina. A demanda está prevista em cerca de 10.000 unidades por mês para o primeiro ano e aproximadamente 24.000 unidades por mês depois disso. As máquinas que produzem esses produtos têm capacidade para produzir 10.000 unidades por mês. Elas têm um custo fixo de £ 20.000 por mês e um custo variável de processamento de £ 1 por unidade. A empresa previu que poderá cobrar £ 4 por unidade. Sugeriu-se que teria maiores lucros se as vendas fossem restritas a 20.000 unidades por mês no segundo ano. Isso é verdade?

4. O grupo de transporte Fast and Efficient (FAC) está revisando suas operações de manutenção de frota. "O contrato de locação em nosso atual local de manutenção e reparos expirará em um ano, e precisamos decidir como operar no futuro. Atualmente temos uma instalação com 5 baias de reparo. Esta pode lidar com nossa frota de 40 caminhões. Mas a demanda está crescendo e dentro de dois ou três anos esperamos operar cerca de 55 a 60 caminhões. Então teremos que escolher uma instalação (ou algumas) que permita esse aumento. E isso me leva à próxima questão — devemos manter a operação de um local central ou devemos planejar ter dois locais, um para o norte e outro para o sul de nossa região?".

    Até onde os gerentes de operações da FAC pudessem prever, os custos de ter uma ou duas instalações seriam os seguintes:

    Uma instalação: custo fixo de estabelecer a instalação = € 300.000

    Custo variável de manutenção de caminhões = € 14.000 por caminhão por ano

    Duas instalações: custo fixo de estabelecer as instalações (para cada um) = € 500.000

    Custo variável de manutenção de caminhões = € 10.000 por caminhão por ano

    (eles ficarão fora de uso por menos tempo porque as instalações estariam próximas)

    Em que nível de demanda (em termos do número de caminhões operados pela empresa) a proposta de duas instalações será mais barata?

5. Como as universidades poderiam adotar a prática de terceirizar mais?

6. Algumas pessoas dizem que a globalização é uma *bênção mista*. Tirou milhões da pobreza, mas também pode levar à distorção de culturas tradicionais em alguns países com baixo custo e muitos empregos em países com alto custo. Elabore listas do que vê como vantagens e desvantagens da globalização.

7. Releia o exemplo Aalsmeer: um *hub* de leilão de flores em *Operações na prática*. Como ela poderia rebater as acusações de que a remessa de flores pelo mundo não é um negócio ambientalmente sustentável?

PARTE 1 · DIRECIONAMENTO DA PRODUÇÃO

8. Foi em 2006 que a Apple começou a incorporar *chips* da Intel em seus aparelhos de telefone. Quatorze anos depois, a Apple fez o anúncio chocante (para muitos) de que estaria lançando seus primeiros *laptops* e *desktops* montados com processadores projetados totalmente pela empresa. Por que ela teria decidido fazer isso?

9. A demanda por cobalto aumentou nos últimos anos porque esse é um elemento essencial nas baterias de lítio recarregáveis, e a demanda aumentará à medida que os carros elétricos se tornarem populares. No entanto, uma ação foi movida contra empresas como Apple, Tesla e Microsoft pelos Defensores dos Direitos Internacionais, alegando que essas empresas lucraram conscientemente com crianças trabalhando em minas de cobalto sob condições brutais na República Democrática do Congo. Nessas circunstâncias, quais são as responsabilidades dessas empresas?

10. Os elevadores são um dos muitos produtos e serviços que integram a nossa vida cotidiana, cujo bom funcionamento aceitamos sem questionar. No entanto, sua operação eficiente realmente depende dos serviços de manutenção. Quais são os argumentos a favor e contra um fabricante de elevadores passar a atuar na prestação de serviços de manutenção de elevadores?

Leitura complementar selecionada

Chopra, S. e Meindl, P. (2014) *Supply Chain Management: Strategy, Planning and Operations*, **6. ed., Prentice Hall, NJ.**
Um bom livro-texto que entra em mais detalhes sobre a estrutura estratégica e as questões de escopo abordadas neste capítulo e as questões mais operacionais abordadas no capítulo de gerenciamento da cadeia de suprimento.

Cullen, S.K., Lacity, M. e Willcocks L.P. (2014) *Outsourcing — All You Need To Know*, **White Plume Publishing, Boston, MA.**
Um guia prático sobre terceirização, com muitos exemplos de diversos setores e países, de uma equipe de autores experientes.

Kim, Y., Chen, Y.-S. e Linderman, K. (2015) Supply network disruption and resilience: a network structural perspective, *Journal of Operations Management*, **33-34 (1), jan., 43-59.**
Um artigo mais profundo examinando o efeito de diferentes redes estruturais sobre a probabilidade de rupturas.

Lund, S., Manyika, J., Woetzel, J., Bughin, J., Krishnan, M., Seong, J. e Muir, M. (2019) Globalization in transition: the future of trade and value chains, McKinsey Global Institute, 16 jan.
Um relatório pela firma de consultoria. Extenso, porém interessante.

Moore, J.F. (2013) *Shared Purpose: A Thousand Business Ecosystems, A Connected Community, and the Future*, **Create Space Publishing Platform, California.**
Um relatório de progresso curto, mas agradável, sobre um estudo da ARM Holdings e sua comunidade de mais de mil parceiros do fundador da ideia de ecossistemas de negócios.

Oshri, I., Kotlarsky, J. e Willcocks, L.P. (2015) *The Handbook of Global Outsourcing and Offshoring*, **3. ed., Palgrave Macmillan, Basingstoke.**
Um guia claro e aplicado para as etapas-chave na decisão sobre terceirização e offshoring.

Steger, M.B. (2020) *Globalization: A Very Short Introduction*, **5. ed., OUP, Oxford.**
Uma visão geral muito boa sobre globalização e seus efeitos. Aborda não somente questões de negócios, mas também perspectivas políticas, culturais, ideológicas e ambientais.

Notas do capítulo

1. As informações nas quais este exemplo é baseado foram retiradas de: Schuetze, C.F. (2014) Dutch flower auction, long industry's heart, is facing competition, *New York Times*, 16 dez.; *site* da empresa, https://www.royalfloraholland.com/en/about-floraholland (Acesso em: ago. 2021).

2. As informações nas quais este exemplo é baseado foram retiradas de: Hernández, A. (2020) Learning from Adidas' Speedfactory blunder, Suppychaindive, 4 fev., https://www.supplychaindive.com/news/adidas-speedfactory-blunder-distributed-operations/571678/; Bain, M. (2019) Change of plan, Quartz, 11 nov., https://qz.com/1746152/adidas-is-shutting-down-its-speedfactories-in-germany-and-the-us/ (Acesso em: ago. 2021).

3. Existem muitos artigos e trabalhos que descrevem a estratégia aeroespacial de Singapura. Por exemplo, ver Singapore EdB (2020) Singapore: Asia's aerospace hub, EDB Aerospace Industry brochure; Choo Yun Ting (2020) Support for SMEs to help aerospace industry soar, *The Straits Times*, 17 fev.; Raghuvanshi, G. (2013) Rolls-Royce pushes focus on Singapore, *Wall Street Journal*, 15 set.

4. Schwab, K. (2019) The Global Competitiveness Report 2019, Insight Report, World Economic Forum, http://www3.weforum.org/docs/WEF_TheGlobalCompetitivenessreport2019.pdf (Acesso em: ago. 2021).

5. As informações nas quais este exemplo é baseado foram retiradas de: *site* da Compass, www.compass-group.com/en (Acesso em: ago. 2021); Fildes, N. (2017) Vodafone to bring 2,100 call-centre jobs back to UK, *Financial Times*, 13 mar.; Flinders, K. (2017) Vodafone brings offshore contact centre work to UK, *Computer Weekly*, 13 mar.

6. Economist (2020) No safety net: Covid-19's blow to world trade is a heavy one, *Economist*, edição impressa, 14 maio.

7. Hendriksz, V. (2018) 5 years on: what effect has Rana Plaza had on garment workers lives?, *Fashion United*, 16 abr., https://fashionunited.uk/news/fashion/5-years-on-what-effect-has-rana-plaza-had-on-garment-workers-lives/2018041629133; International Labour Organization (n.d.) The Rana Plaza accident and its aftermath, https://www.ilo.org/global/topics/geip/WCMS_614394/lang--en/index.htm (Acesso em: ago. 2021).

PARTE 2

Projeto da Operação

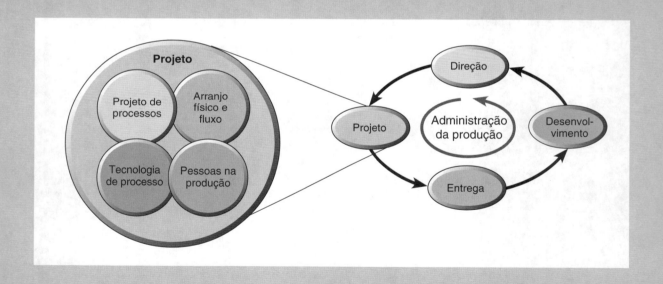

Esta parte do livro examina como são projetados os recursos e os processos da operação de produção. *Projeto* significa como o formato geral e o arranjo físico dos recursos de transformação afetam o fluxo de recursos transformados à medida que prosseguem pela operação, bem como a natureza desses recursos de transformação. E essa é a ordem como tratamos os quatro aspectos-chave que tratam do projeto da operação. Os capítulos nesta parte são:

▶ **Capítulo 6: Projeto de Processos**

Examina diversos tipos de processos e como são projetados esses *blocos de montagem* da produção.

▶ **Capítulo 7: Arranjo Físico das Instalações**

Examina como diferentes maneiras de arranjar as instalações físicas afetam a aparência e a natureza do fluxo por meio da operação.

▶ **Capítulo 8: Tecnologia de Processo**

Descreve como a eficácia da produção é influenciada pelos desenvolvimentos em rápida mudança na tecnologia do processo.

▶ **Capítulo 9: Pessoas na Produção**

Examina os elementos da gestão de recursos humanos, tradicionalmente vistos como estando diretamente dentro da esfera da gestão da produção.

6 Projeto de Processos

QUESTÕES-CHAVE

6.1 O que é projeto de processos?

6.2 Quais devem ser os objetivos do projeto de processos?

6.3 Como o volume e a variedade afetam o projeto de processos?

6.4 Como os processos são projetados em detalhes?

INTRODUÇÃO

No Capítulo 1, descrevemos como toda operação de produção consiste em uma coleção de processos que se interconectam para formar uma rede interna. Cada processo atua como uma versão menor da operação completa, da qual fazem parte, e os recursos transformados fluem entre eles. Também definimos um processo como "um arranjo de recursos e atividades que transformam *inputs* em *outputs* que satisfazem as necessidades do cliente (interno ou externo)". Esses são os *blocos de montagem* de todas as operações e, como tal, desempenham um papel vital no modo como a produção opera. É por isso que o projeto de processos é tão importante. A menos que seus processos individuais sejam bem projetados, uma operação como um todo não funcionará tão bem quanto poderia. E os gerentes de produção estão na linha de frente que define como os processos são projetados. De fato, todos os gerentes de produção são projetistas. Quando compram ou rearranjam o posicionamento de um equipamento ou quando mudam o modo de trabalho em um processo, é uma decisão de projeto porque afeta o formato e a natureza física de seus processos, bem como seu desempenho. Este capítulo examina o projeto de processos. A Figura 6.1 mostra onde esse tópico se situa dentro do modelo global de administração da produção.

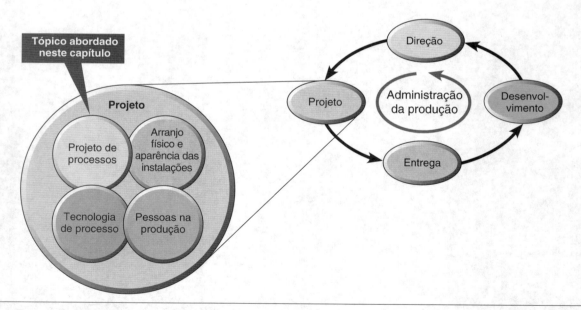

Figura 6.1 Este capítulo examina o projeto de processos.

6.1 O que é projeto de processos?

Projetar é conceber a aparência, o arranjo e a estrutura de algo *antes de ser criado*. Nesse sentido, é um exercício conceitual. Todavia, é um exercício que precisa conceber uma solução que funcione na prática. Projeto também é uma atividade que pode ser abordada em diferentes níveis de detalhe. Pode-se visualizar a forma geral e a intenção de algo antes de começar a definir detalhes. Isso é certamente verdadeiro para o **projeto de processos**. No início da atividade de projeto de processos, é importante entender os objetivos do projeto, especialmente quando a forma e a natureza gerais do processo estão sendo decididas. A maneira mais comum de fazer isso é posicionar o projeto de acordo com suas características de volume e variedade. Por fim, os detalhes do processo devem ser analisados para assegurar que ele atenda a seus objetivos com eficácia.

Projeto de processos e projeto de serviços/produtos estão inter-relacionados

Frequentemente, tratamos o projeto de serviços e produtos, de um lado, e o projeto dos processos que os produzem, do outro, como se fossem atividades separadas. Todavia, estão claramente inter-relacionados. Seria tolice examinar o projeto detalhado de qualquer produto ou serviço sem considerar como ele é produzido. Pequenas mudanças no projeto de produtos e serviços podem ter implicações profundas no modo como a operação, por fim, terá que produzi-los. De modo semelhante, o projeto de um processo pode restringir a liberdade de os projetistas do produto ou serviço operarem como desejariam (ver a Figura 6.2). Isso permanece sempre válido para todas as operações. Entretanto, a sobreposição entre as duas atividades de projeto é, em geral, maior nas operações que produzem serviços. Em virtude de muitos serviços envolverem o cliente como parte do processo de transformação, o serviço, como o cliente o vê, não pode ser separado do processo ao qual o cliente está sujeito. Certamente, quando os projetistas de produtos também têm que criar ou usar as coisas que projetam, podem concentrar suas mentes naquilo que é importante. Por exemplo, nos primeiros dias de voo, os engenheiros que projetaram o avião eram também os pilotos de teste que assumiram o primeiro voo.

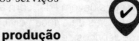

Princípio de produção

O projeto de processos não pode ser feito independentemente dos serviços e/ou produtos que estão sendo criados.

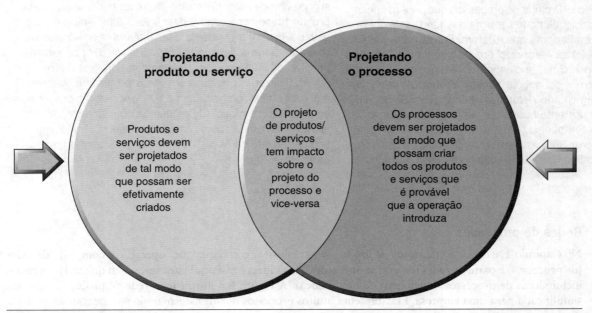

Figura 6.2 O projeto de produtos/serviços e processos são inter-relacionados e devem ser tratados em conjunto.

OPERAÇÕES NA PRÁTICA

Aeroporto de Changi[1]

Aeroportos são operações realmente complexas. Seus processos lidam com passageiros, aeronaves, tripulação, bagagem, carga comercial, alimentação, segurança, restaurantes e inúmeros serviços ao cliente. Os gerentes das operações devem lidar com as regras e regulamentações das agências de aviação civil, um grande número de contratos de serviços de aeroporto, geralmente milhares de funcionários com uma grande variedade de especialidades, as companhias aéreas, que às vezes competem nos pedidos de prioridade de atendimento, e clientes, alguns bastante experientes, outros nem tanto. Também seus processos são vulneráveis a interrupções de chegadas atrasadas, mau funcionamento de aviões, clima, ação industrial (como greves) de trabalhadores a dois continentes de distância, conflitos e terrorismo. Projetar os processos que podem operar sob essas condições pode ser uma das tarefas de operações mais desafiadoras que existem. Então, para ganhar prêmios de "Melhor Aeroporto" em atendimento ao cliente e eficiência operacional ano após ano, tem que ser algo fantástico. É isso que conseguiu o sexto aeroporto internacional mais movimentado, Aeroporto de Changi, em Singapura. Como um importante *hub* aéreo na Ásia, Changi atende mais de cem companhias aéreas internacionais que voam para em torno de 300 cidades em cerca de 70 países e territórios em todo o mundo. Ele lida com quase 60 milhões de passageiros (que é aproximadamente 10 vezes o tamanho da população de Singapura). Um voo decola ou pousa em Changi aproximadamente uma vez a cada 90 segundos.

Quando Changi abriu seu Terminal 4, ele aumentou a capacidade anual de atendimento de passageiros para 82 milhões. Cada etapa da viagem dos clientes através do terminal foi projetada para ser a mais tranquila possível. O objetivo de todos os processos que compõem o terminal é fornecer fluxo rápido, tranquilo e sem interrupções para os passageiros. Cada etapa da jornada do cliente deve ter capacidade suficiente para lidar com a demanda antecipada. Quando os passageiros chegam ao prédio do terminal de dois andares, eles passam por quiosques e opções automatizadas para *check-in*, etiquetagem e remessa de bagagem automáticos. Suas bagagens são então transportadas para a aeronave por um avançado e automatizado sistema de manuseio de bagagem. Da mesma forma, opções automatizadas, incluindo a tecnologia de reconhecimento facial, são usadas nos balcões de imigração e portões de embarque. A tecnologia biométrica e os serviços FAST (*viagem rápida e sem interrupção*) ajudam a acelerar o fluxo de passageiros, reduzir a equipe e aumentar a eficiência. Após as verificações de segurança, os passageiros encontram-se em 15.000 m² de espaço para compras, restaurantes e outros tipos de comércio. Os sentimentos dos passageiros que usam o terminal foram uma parte importante do projeto do T4. Sua arquitetura visava ser funcional e ainda ter sua própria característica estética, garantindo ainda que o projeto fosse centrado no passageiro e facilitado para o usuário. E, com tantas empresas diferentes envolvidas na operação diária do aeroporto, era vital incluir o maior número possível de interessados (*stakeholders*) durante o projeto. Foram realizadas oficinas com várias partes interessadas, entre as quais companhias aéreas, operadores em terra, agências de imigração e de segurança, operadores de varejo, alimentos e bebidas, bem como outros usuários, para garantir que o projeto do T4 satisfizesse as necessidades de cada parte envolvida.

Redes de processos

No Capítulo 1, usamos a *hierarquia de produção* para ilustrar como qualquer operação é composta de redes (de processos) e parte de redes (de outras operações). Essa ideia é essencial para fazer com que todas as redes, incluindo as de processos, funcionem de modo eficaz. A Figura 6.3 ilustra uma rede de processos internos simplificada para uma empresa. Ela apresenta muitos processos que transformam itens e os transferem para outros processos internos. Por meio dessa rede, existem muitas *cadeias de processos*, ou seja, encadeamentos de processos dentro da rede. E pensar em processos como parte de uma rede tem várias vantagens. Primeiro, entender como e onde um processo se encaixa na rede interna ajuda a estabelecer objetivos apropriados para o processo. Segundo, pode-se verificar se todos em um processo têm uma *linha de visão* clara até os clientes finais, para que as pessoas que trabalham em cada processo tenham mais chances de ver como contribuem para satisfazer os clientes da operação. Ainda mais importante, pode-se fazer a pergunta: "Como cada

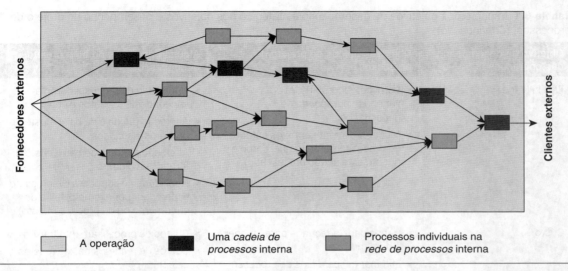

Figura 6.3 Uma rede de processos dentro de uma operação, mostrando uma *cadeia de processos* interna.

processo pode ajudar os processos intermediários, que se encontram entre eles e o cliente, a operar de forma eficaz?" Terceiro, uma *linha de visão* clara para os fornecedores da operação facilita a compreensão do papel e da importância dos fornecedores.

6.2 Quais devem ser os objetivos do projeto de processos?

O objetivo principal de projeto de processos é assegurar que o desempenho do processo seja apropriado ao que se esteja tentando alcançar. Por exemplo, se uma operação competisse principalmente em sua habilidade de responder rapidamente às solicitações dos clientes, seus processos precisariam ser projetados para oferecer tempos curtos de produção. De modo semelhante, se uma operação competisse com base em preço baixo, os objetivos relacionados com custo provavelmente dominariam seu projeto de processos. Em outras palavras, algum tipo de lógica deve vincular o que a operação como um todo está tentando alcançar e os objetivos de desempenho de seus processos individuais. Assim como quando examinamos a inovação de projeto de produto e serviço no Capítulo 4, incluímos a *sustentabilidade* como um objetivo operacional do projeto de processos, embora o tema seja uma questão social muito mais ampla, que faz parte do *resultado triplo* (*triple bottom line*) da organização (ver Capítulo 2). Isso está ilustrado na Tabela 6.1.

Princípio de produção
O projeto de qualquer processo deve ser avaliado em termos de seu desempenho em qualidade, velocidade, confiabilidade, flexibilidade, custo e sustentabilidade.

Tabela 6.1 Impacto dos objetivos de desempenho estratégico nos objetivos e desempenho do projeto de processos.

Objetivo de desempenho das operações	Objetivos típicos do projeto de processos	Alguns benefícios do bom projeto de processos
Qualidade	▶ Oferecer recursos apropriados, capazes de atender às especificações do produto ou serviço ▶ Processo isento de erro	▶ Produtos e serviços produzidos *conforme as especificações* ▶ Menos retrabalho e esforço desperdiçado dentro do processo
Velocidade	▶ Tempo total mínimo de produção ▶ Taxa de *output* adequada à demanda	▶ Tempo curto de espera do cliente ▶ Estoque em processo baixo
Confiabilidade	▶ Fornecer recursos de processo confiáveis ▶ Volume e programação de *output* do processo confiáveis	▶ Entregas de produtos e serviços no prazo ▶ Menos interrupção, confusão e reprogramação dentro do processo

continua

Tabela 6.1 Impacto dos objetivos de desempenho estratégico nos objetivos e desempenho do projeto de processos. (*Continuação*)

Objetivo de desempenho das operações	Objetivos típicos do projeto de processos	Alguns benefícios do bom projeto de processos
Flexibilidade	▶ Fornecer recursos com uma variedade apropriada de capacitações ▶ Mudar facilmente entre os estados do processamento (o quê, como e quanto está sendo processado)	▶ Habilidade de processar ampla variedade de produtos e serviços ▶ Alteração rápida e de baixo custo de produtos e serviços ▶ Alteração rápida e de baixo custo de tempos e volumes ▶ Habilidade de lidar com eventos não esperados (por exemplo, falha de suprimento ou de processamento)

Custo	▶ Capacidade adequada para atender à demanda
	▶ Eliminar desperdícios de processo em termos de:
	  ▶ capacidade excessiva
	  ▶ capacitação de processo excessiva
	  ▶ atrasos no processo
	  ▶ erros no processo
	  ▶ *inputs* inadequados no processo
		▶ Custos de processamento baixos
		▶ Custos de recursos baixos (custos de capital)
		▶ Custos de atraso e de estoque baixos (custos de capital de giro)

Sustentabilidade	▶ Minimizar o uso de energia ▶ Reduzir o impacto local na comunidade ▶ Produzir visando facilitar a desmontagem	▶ Menor impacto negativo ambiental e social

Micro-objetivos do processo

Como os processos são gerenciados em nível bastante operacional, o projeto de processos também precisa considerar um conjunto de objetivos mais *micro* e detalhado. Tais objetivos estão amplamente relacionados com o fluxo pelo processo. Quando o que estiver sendo *processado* entrar em um processo, haverá progresso por meio de uma série de atividades que o *transformarão* de alguma forma. Entre essas atividades, o objeto de transformação pode ficar em espera no estoque, aguardando para ser transformado por sua próxima atividade. Isso significa que o tempo que uma unidade gasta no processo (tempo de atravessamento) será mais longo do que a soma de todas as atividades de transformação por que tenha passado. Adicionalmente, os recursos necessários às atividades de processo podem não ter sido usados todo o tempo porque nem todas as unidades irão, necessariamente, requerer as mesmas atividades, e a capacidade de cada recurso pode não atender à demanda necessária. Portanto, nem as unidades se movendo através do processo nem os recursos desempenhando as atividades podem vir a ser totalmente utilizados. Por isso, a forma como aquelas unidades saíram do processo provavelmente não será exatamente a mesma como entraram no nele. É comum que objetivos de desempenho de fluxo mais *micro* sejam usados para descrever o desempenho de fluxo do processo. Por exemplo:

▶ **Taxa de atravessamento** (ou taxa de fluxo) é a taxa com que as unidades emergem do processo, isto é, o número de unidades passando pelo processo por unidade de tempo.
▶ **Tempo do ciclo** é o recíproco da taxa de atravessamento: é o tempo entre os itens emergindo do processo. O termo *takt time* (tempo de batida) tem o mesmo sentido, mas normalmente é aplicado a processos ritmados, como o mover das esteiras das linhas de montagem. É a *batida* ou o tempo de trabalho necessário para atender à demanda.[2]
▶ **Tempo de atravessamento** é o tempo médio que os *inputs* demoram em se mover no decorrer do processo e de se transformarem em *outputs*.
▶ *Trabalho em progresso*, ou estoque em processo, é o número de itens no processo, como uma média em um período de tempo.
▶ **Utilização** dos recursos do processo é a proporção de tempo disponível em que os recursos dentro do processo estão realizando um trabalho útil.

Princípio de produção

Os objetivos do fluxo do processo devem incluir taxa de atravessamento, tempo de atravessamento, trabalho em progresso e utilização de recursos, todos os quais estão inter-relacionados.

CAPÍTULO 6 PROJETO DE PROCESSOS

OPERAÇÕES NA PRÁTICA

Drive-throughs de restaurantes *fast-food* (mas não tão *fast*)[3]

Alguns afirmam que o primeiro *drive-through* (ou *drive-thru*, como preferir) foi o In-N-Out, na Califórnia. Outros alegam que foi o restaurante Pig Stand, de Los Angeles, que permitia que os consumidores simplesmente se dirigissem até a porta dos fundos do restaurante, onde o chef lhes entregava os famosos sanduíches *Barbequed Pig*. O que se notou, porém, é que, quando a ideia começou a pegar (e incluir outros serviços, como nos bancos), seu projeto poderia ter um impacto imenso sobre sua eficiência e lucratividade. Hoje, os processos *drive-through* são mais sofisticados e muito, muito mais rápidos, embora a maioria utilize uma fórmula comprovada, com os pedidos geralmente feitos pelo cliente por meio de um microfone e retirados em uma janela. Esse é um sistema que permite aos *drive-throughs* realizar um serviço rápido e confiável. Na verdade, existe uma competição intensa para o projeto do processo de *drive-through* mais rápido e confiável. Por exemplo, alguns *drive-throughs* da rede Starbucks colocaram câmeras estrategicamente posicionadas nos painéis de pedidos de modo que os atendentes possam reconhecer clientes assíduos e começar a preparar seus pedidos antes mesmo de serem feitos. Outras redes que utilizam *drive-through* experimentaram painéis de cardápio simplificados e embalagens de entrega com visores para garantir maior exatidão dos pedidos. Não faz sentido a entrega ser rápida se não atender à solicitação do consumidor. Esses detalhes importam. Estima-se que as vendas cresçam 1% a cada seis segundos economizados em um *drive-through*. Talvez o experimento mais marcante na melhoria dos tempos de processo de *drive-through* seja aquele realizado pelo McDonald's nos Estados Unidos. Na costa central da Califórnia, a 240 km de Los Angeles, um centro de chamadas atende pedidos remotamente de 40 pontos de venda do McDonald's em todo o país. Os pedidos são então enviados de volta aos restaurantes pela Internet e o lanche é montado a apenas alguns metros de onde o pedido foi feito. Embora isso possa economizar apenas alguns segundos em cada pedido, pode aumentar as vendas nos horários mais cheios do dia. Outra inovação são as linhas expressas para clientes que fazem pedidos digitais com antecedência. Um bom processo de *drive-through* também deve ajudar os clientes a contribuírem para agilizar as coisas. Portanto, por exemplo, os itens de menu devem ser fáceis de ler e compreender.

É por isso que as chamadas *refeições combinadas*, ou *combos* (hambúrguer, batatas fritas e refrigerante), economizam tempo na etapa do pedido. No entanto, itens individuais complexos, que exigem customização de alimentos, podem atrasar o processo, o que está se tornando um problema para os operadores de *drive-through*, à medida que a onda agora são as saladas e sanduíches customizados. Todavia, há sinais de que, acima de uma certa velocidade de serviço, outros aspectos do desempenho do processo tornam-se mais importantes. Como disse um gerente de produção de *drive-through*: *"Você não pode ser realmente muito rápido e arruinar a experiência geral do cliente, pois não estará sendo amigável"*.

Padronização de processos

Um dos objetivos de projeto de processos mais importantes, especialmente em grandes organizações, diz respeito à extensão pela qual os projetos de processo devem ser padronizados. Por padronização nesse contexto queremos dizer *fazer as coisas do mesmo modo* ou, mais formalmente, *adotar uma sequência comum de atividades, métodos e uso de equipamentos*. É um assunto importante em grandes organizações porque, muito frequentemente, modos diferentes de executar tarefas similares ou idênticas surgem ao longo do tempo em várias partes da organização. Mas por que não permitir diferentes modos de fazer a mesma coisa? Isso daria um grau de autonomia e liberdade para que indivíduos e equipes exercitassem sua discrição. O problema é que permitir numerosos modos de fazer as coisas causa confusão, desentendimentos e, por fim, ineficiência. Nos processos de assistência médica, pode mesmo causar mortes. Por exemplo, o Royal College of Physicians do Reino Unido revelou que havia mais de cem tipos de gráficos usados para monitorar os sinais vitais dos pacientes nos hospitais da Grã-Bretanha.[4] Isso leva a confusão, já que os médicos precisam aprender a ler novos gráficos sempre que mudam de hospital. Potencialmente, milhares de mortes hospitalares poderiam ser evitadas se médicos e enfermeiros utilizassem prontuários e processos padronizados. O dilema prático para a maioria das organizações é como definir a linha entre os processos que precisam ser padronizados e aqueles que podem ser diferentes.

Princípio de produção

Padronizar processos pode fornecer algumas vantagens significativas, mas nem todo processo pode ser padronizado.

OPERAÇÕES NA PRÁTICA
Processo de habitação modular da Legal & General[5]

Legal & General (L&G) não é o tipo de empresa que se esperaria construir casas. Um dos principais grupos de serviços financeiros do Reino Unido, que investiu mais de £ 19 bilhões em projetos, incluindo construção de casas, recuperação urbana e energia limpa, envolveu-se na construção de casas modulares. A construção modular de habitações é mais parecida com o processo de montagem de veículos. Os módulos são fabricados *fora do local*, em uma fábrica, e depois transportados para o canteiro de obras. Como alguns proponentes da construção modular indicaram, houve uma época em que todos os carros eram feitos à mão, mas agora os são montados em uma fábrica. Rosie Toogood, diretora executiva da Modular Homes e defensora da abordagem moderna de fabricação e construção, veio da empresa aeroespacial Rolls-Royce, e Stuart Lord, diretor de operações de fabricação, fez carreira anteriormente no setor automotivo.

Iniciar um negócio de casas modulares do zero exigiu o investimento considerável que um grande grupo financeiro como a L&G poderia oferecer. Ao manter a qualidade da construção, mas usando processos modernos, a L&G chamou sua abordagem de *tudo novo, mas nada de novo*. O que isso significava era uma linha de montagem que tinha quatro máquinas gigantes de corte e fresagem operadas por computador e quatro menores, todas capazes de cortar painéis de madeira com níveis mais altos de precisão do que normalmente seria alcançado em um canteiro de obras convencional. Os módulos acabados, equipados com fiação e encanamento, decorados, acarpetados e equipados com cozinhas e banheiros, podem ser carregados em um caminhão e entregues nos locais. Uma casa pode consistir em um único módulo ou vários combinados. Essa abordagem significava modelar digitalmente cada milímetro de cada casa antes do início da produção, padronizando e simplificando processos para que haja uma produção eficiente e de alta qualidade. Tão importante quanto isso, envolvia adotar a melhoria contínua — uma abordagem que reduziu para quase metade o tempo de entrega de uma casa concluída. Ao padronizar e simplificar os processos, foi possível aumentar a qualidade e a produtividade — reduzindo assim os custos. Além disso, a adoção do processamento em massa foi influenciada por metas de energia cada vez mais difíceis. O processo usou menos água do que os métodos convencionais de construção e reduziu os resíduos gerados no local. Isso, por sua vez, resultou em menos desperdício e proporcionou um local mais organizado e seguro. Um relatório da Ellen MacArthur Foundation destacou vários benefícios ambientais em potencial com a construção fora do local, incluindo casas com maior eficiência energética.

Projeto de processos ambientalmente sensível

Com as questões de proteção ambiental tornando-se mais importantes, os projetistas de processos precisam levar em consideração as questões *ecológicas* (sustentabilidade). Em muitos países desenvolvidos, a legislação já forneceu alguns padrões básicos. Seu interesse tem focado algumas questões fundamentais:

- As *fontes de inputs* para um produto ou serviço (Danificarão as florestas tropicais? Usarão minerais escassos? Explorarão os pobres ou o trabalho infantil?)
- *Quantidades e fontes* de energia consumidas no processo (As garrafas de plástico para bebidas consomem mais energia do que as de vidro? O calor desperdiçado deve ser recuperado e usado na criação de peixes?)
- *Quantidade e tipo de material rejeitado* que é gerado no processo de manufatura (Esses resíduos podem ser reciclados de maneira eficiente ou devem ser queimados ou enterrados em aterros sanitários?)
- *O ciclo de vida do produto* (Se um produto tiver uma vida útil longa, consumirá menos recursos do que um produto de ciclo de vida curto?)
- *O final do ciclo de vida do produto*. (O produto será difícil de ser destinado de forma ambientalmente segura?)

Os projetistas confrontam-se com dilemas complexos entre esses fatores, embora não seja sempre fácil obter toda a informação necessária para se fazer as *melhores* escolhas. Para ajudar a tomar decisões mais racionais na atividade de projeto, alguns setores industriais estão fazendo a *análise do ciclo de vida*. Essa técnica analisa todos os *inputs* de produção, o ciclo de vida do produto e sua destinação final, em termos da energia total usada e de todos os resíduos emitidos. Os *inputs* e os resíduos são avaliados em *cada* etapa da criação de um serviço ou produto, começando com a extração ou a produção de matérias-primas básicas. O exemplo *Projeto de operação ética da Ecover* em *Produção na prática* demonstra que é possível incluir considerações ecológicas em todos os aspectos do projeto de produtos e processos.

Princípio de produção
O projeto de qualquer processo deve incluir a consideração de questões éticas e ambientais.

OPERAÇÕES NA PRÁTICA — Projeto de operação ética da Ecover[6]

Os produtos de limpeza Ecover, como o sabão líquido para máquina de lavar, são famosos por serem ecológicos. De fato, é a razão de ser da empresa. "Limpamos com carinho", afirma a Ecover. "Esteja você lavando seus lençóis, o chão, as mãos ou os pratos, nossos produtos não contêm aqueles produtos químicos que podem irritar sua pele". Contudo, não são apenas seus produtos que são fundamentados em base ecologicamente sustentável. As fábricas ecológicas da Ecover na França e na Bélgica também assumem seu comprometimento com a sustentabilidade. Quer seja na cobertura de suas fábricas, quer seja no uso da energia ou no modo que trata a água usada nos processos de produção, a Ecover indica que faz o melhor para limitar o impacto ambiental. Por exemplo, sua fábrica opera totalmente com eletricidade verde — o tipo produzido por geradores eólicos, geradores por marés e outras fontes naturais. O mais importante é que extraem o máximo da energia utilizada ao escolher a iluminação mais eficiente em termos de consumo de energia, usada apenas quando necessária. Embora o maquinário usado nas fábricas seja o padrão da indústria, a empresa mantém baixo seu consumo de energia e água por optar pelo uso de dispositivos de baixo consumo que podem executar múltiplas tarefas e não requerem água para limpá-los. Por exemplo, os motores de suas máquinas podem misturar 25 toneladas de líquido Ecover, "consumindo não mais do que a energia de alguns ferros de passar roupa". As fábricas "têm um aparelho de pressão tão eficiente para retirar o produto das tubulações que não se perde nenhuma gota e não há necessidade de enxágue". A Ecover afirma que "odeia o desperdício e, por isso, é forte em reciclagem. Mantemos o volume da embalagem usada em nível mínimo e asseguramos que qualquer papelão ou plástico empregado possa ser reciclado, reutilizado ou reaproveitado. É um processo de melhoria contínua; de fato, a empresa desenvolveu recentemente um novo tipo de plástico verde denominado *plant-astic*, 100% renovável, reutilizável e reciclável — fabricado da cana-de-açúcar".

Até o prédio é ecológico. É inteligentemente projetado para acompanhar a movimentação do sol, de leste para oeste, permitindo que a produção ocorra com o máximo de iluminação natural (bom para economizar energia e para as condições de trabalho). O madeiramento da estrutura da fábrica é de pinho, e não de madeiras raras, e as paredes são construídas com tijolos fabricados de argila, polpa de madeira e rejeitos minerais. Requerem menos energia para endurecer, além de serem leves, porosas e bons isolantes. O teto das fábricas é coberto por uma erva esponjosa leve do gênero Sedum (uma planta florida, frequentemente usada para cobertura natural) que proporciona isolamento térmico durante todo o ano. De fato, é tão eficaz que as fábricas não necessitam de aquecimento ou ar-condicionado — a temperatura nunca fica muito baixa ou muito alta.

6.3 Como o volume e a variedade afetam o projeto de processos?

No Capítulo 1, vimos como os processos variam, desde a produção de um volume alto (por exemplo, o processamento das transações de cartão de crédito) até a de volume baixo (por exemplo, financiar o controle acionário de um negócio muito complexo). Também vimos que os processos podem variar da produção de uma variedade muito baixa de produtos e serviços (por exemplo, uma usina de geração de eletricidade) a uma variedade muito alta (por exemplo, um escritório de arquitetura). Normalmente, as duas dimensões de volume e variedade caminham juntas, mas de modo reverso. Assim, as operações de baixo volume, em

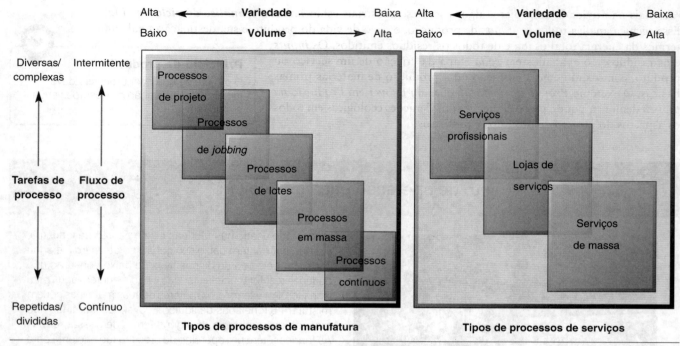

Figura 6.4 Tipos diferentes de processos implicam características diversas de volume-variedade para o processo.

geral, têm alta variedade de produtos e serviços, e as operações de alto volume têm, normalmente, baixa variedade de produtos e serviços. Assim, há um espectro de baixo volume/alta variedade até alto volume/baixa variedade, no qual podemos posicionar os processos. Em uma única operação, pode haver processos com posições muito diferentes nesse espectro volume-variedade. Por exemplo, comparemos a abordagem adotada em procedimentos médicos durante tratamentos em massa, como programas de imunização em larga escala, com os adotados em cirurgia de transplante, em que o tratamento é projetado, especificamente, para atender às necessidades de uma pessoa. Em outras palavras, nenhum tipo de projeto de processos é melhor para todos os tipos de exigência em todas as circunstâncias — produtos ou serviços diferentes com diferentes posições de volume-variedade exigem processos também diferentes.

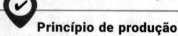

Princípio de produção
O projeto de qualquer processo deve ser governado pelo volume e pela variedade necessários para produzir.

Tipos de processos

A posição de um processo em um espectro volume-variedade molda seu projeto global e a abordagem geral para gerenciar suas atividades. Essas *abordagens gerais* para projetar e gerenciar processos são denominadas tipos de processos. Diferentes termos são usados para identificar os tipos de processos, dependendo de se são predominantemente processos de manufatura ou de serviço, e há alguma variação nos termos utilizados. Por exemplo, não é incomum encontrar termos de *manufatura* usados em setores de serviço. A Figura 6.4 ilustra como esses *tipos de processos* são usados para descrever posições diferentes no espectro volume-variedade.

Processos de projeto

Os **processos de projeto** lidam com produtos muito específicos, normalmente bastante customizados; com frequência, com uma escala de tempo relativamente longa entre a conclusão de cada item, em que cada tarefa tem início e fim bem definidos. Os processos de projeto têm baixo volume e alta variedade. As atividades envolvidas no processo podem ser mal definidas e incertas. Os recursos de transformação podem ter que ser organizados especialmente para cada item (porque cada um deles é diferente). O processo pode ser complexo, em parte porque as atividades de tais processos costumam envolver discernimento significativo para agir conforme a avaliação profissional. Exemplos de processos de projeto incluem projeto de *software*, produção de filme, a maioria das empresas de construção e operações de fabricação de grandes obras, como as de fabricação de turbogeradores.

O local de construção principal mostrado na figura é um processo de projeto. Cada item (prédio) é diferente e impõe diferentes desafios para aqueles que executam o processo (engenheiros civis).

Processos de *jobbing*

Os **processos de *jobbing*** também lidam com alta variedade e baixos volumes. Entretanto, enquanto em processos de projeto cada produto tem recursos dedicados mais ou menos exclusivamente a ele, em processos de *jobbing* cada produto deve compartilhar os recursos de operação com muitos outros. Os recursos processarão uma série de itens, mas, embora cada item exija atenção similar, podem diferir em suas necessidades específicas. Provavelmente, muitos *jobs* serão *peças únicas* jamais repetidas. Mais uma vez, os processos de *jobbing* podem ser de complexidade relativa; entretanto produzem, em geral, produtos fisicamente menores, embora, às vezes, requerendo habilidade considerável, como os processos que costumam envolver menos circunstâncias previsíveis. Exemplos de processos de *jobbing* incluem alfaiatarias que trabalham com roupas sob medida, operações de engenharia de precisão, como ferramentarias especializadas, restauração de móveis e gráficas que imprimem ingressos para um evento social local.

Este marceneiro está usando uma tecnologia de corte de madeira de uso geral para fabricar um produto para um cliente individual. O próximo produto fabricado será diferente (embora talvez semelhante) para um cliente distinto.

Processos em lotes

Os **processos em lotes** podem parecer com os processos de *jobbing*, mas não têm o mesmo grau de variedade. Como o nome indica, um processo em lotes produz mais de um item por vez, de modo que cada parte do processo tem períodos em que há repetição, pelo menos enquanto o *lote* está sendo processado. Se o tamanho do lote for de apenas dois ou três itens, é pouco diferente do *jobbing*. Por outro lado, se os lotes forem grandes e, especialmente, se os produtos forem familiares à operação, os processos de lote podem ser bastante repetitivos. Por isso, o tipo de processo em lotes pode ser encontrado em amplos níveis de volume-variedade. Exemplos de processos em lotes incluem a fabricação de máquinas-ferramentas, a produção de alguns alimentos congelados especiais e a fabricação da maioria das peças integrantes que entram em uma linha de montagem de produção em massa, como automóveis.

Nesta cozinha, o alimento está sendo preparado em lotes, todos os quais passam pela mesma sequência (preparação, cozimento e armazenagem), mas cada lote é de um prato diferente.

Processos de produção em massa

Os **processos de produção em massa** são os que produzem bens em alto volume e em variedade relativamente baixa (em termos de seus aspectos fundamentais — um processo de linha de montagem de automóveis pode produzir milhares de variedades de carros, embora essas variedades não afetem o processo de produção básico). Em geral, as atividades dos processos de produção em massa são repetitivas e bastante previsíveis. Exemplos desses processos incluem a produção de alimentos congelados, as linhas de embalagem automáticas, as montadoras de automóveis e as fábricas de televisão.

A montadora de automóveis é a ideia que todos têm de um processo em massa. Cada produto é quase o mesmo (mas não igual), e é fabricado em grandes quantidades.

Processos contínuos

Os **processos contínuos** têm volumes maiores e, em geral, menor variedade do que os processos de produção em massa. Com frequência, operam por períodos de tempo mais longos. Às vezes, são literalmente contínuos, uma vez que seus produtos são inseparáveis e produzidos em fluxo contínuo. Costumam ter tecnologias intensivas de capital inflexíveis, com fluxo altamente previsível e, embora os produtos possam ser estocados durante o processo, sua característica predominante é de fluxo contínuo de uma parte do processo a outra. Exemplos de processos contínuos incluem centrais de tratamento de água, refinarias petroquímicas, usinas de eletricidade, siderúrgicas e alguns tipos de fábrica de papel.

Esta estação contínua de tratamento de água quase nunca para (somente para manutenção), e realiza apenas uma tarefa (filtrar as impurezas). Geralmente, o processo só é notado se ele apresentar problemas.

Serviços profissionais

Os **serviços profissionais** são processos de alto contato, em que os clientes despendem tempo considerável no processo do serviço. Esses serviços proporcionam altos níveis de customização (o processo é altamente adaptável para atender às necessidades individuais dos clientes). Os serviços profissionais tendem a ser baseados em pessoas, em vez de em equipamentos, e, em geral, os funcionários são criteriosos ao servir aos clientes. Esses serviços profissionais compreendem consultores de administração, advogados, arquitetos, cirurgiões, auditores, inspetores de saúde e segurança e algumas operações de manutenção na área de computação.

Aqui, consultores estão se preparando para iniciar um trabalho de consultoria. Eles estão discutindo como poderiam abordar os diversos estágios do trabalho, do conhecimento da natureza real do problema até a implementação de suas soluções recomendadas. Este é um mapa do processo, embora de nível bem alto. Ele orienta a natureza e a sequência das atividades dos consultores.

Lojas de serviços

As **lojas de serviços** têm níveis de volume e variedade (e contato com o cliente, customização e discrição dos funcionários) entre os extremos de serviços profissionais e de serviços em massa (ver o parágrafo seguinte). O serviço é fornecido por compostos de atividades de linha de frente (*front-office*) e de retaguarda (*back-office*). As lojas de serviço incluem bancos, lojas em ruas de comércio, operadoras de turismo, locadoras de veículos, escolas, a maioria dos restaurantes, hotéis e agências de viagem.

A academia mostrada na figura tem pessoal de linha de frente que oferece orientação sobre os programas de exercícios e outros tratamentos. Embora cada cliente tenha um programa de condicionamento físico exclusivo, certas atividades (por exemplo, questões de segurança) devem seguir processos definidos.

Serviços em massa

Os **serviços em massa** compreendem muitas transações com clientes, envolvendo tempo de contato limitado e pouca customização. Provavelmente, o pessoal tem uma **divisão de trabalho** relativamente definida e segue procedimentos estabelecidos. Serviços em massa incluem supermercados, redes nacionais de estradas de ferro, aeroportos, serviços de telecomunicações, bibliotecas, emissoras de televisão, serviço de polícia e balcão de informações em uma empresa de utilidade pública. Por exemplo, um dos tipos mais comuns de serviços em massa são os *call centers*, adotados por quase todas as empresas que lidam diretamente com clientes. Atender a um volume elevado de questionamentos demanda certa estruturação do processo de comunicação com os clientes, o quê, em geral, é atendido por meio de um processo de questionamento cuidadosamente planejado (às vezes, conhecido como roteiro ou *script*).

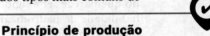

> **Princípio de produção**
> Os tipos de processos indicam a posição dos processos no espectro volume-variedade.

Este é o back-office de parte de um banco de varejo (do tipo que todos nós usamos). Ele é um call center *que cuida de milhares de solicitações de clientes a cada dia. Os funcionários são obrigados a seguir processos definidos (roteiros) para garantir que os clientes recebam um serviço-padrão.*

Matriz produto-processo

O método mais comum de ilustrar o relacionamento entre uma posição de volume-variedade do processo e suas características de projeto é mostrado na Figura 6.5. Frequentemente denominado **matriz produto-processo**, pode, de fato, ser usado para qualquer tipo de processo, seja produzindo produtos, seja produzindo serviços.[7] A ideia subjacente da matriz produto-processo é que muitos dos elementos mais importantes do projeto do processo estão fortemente relacionados com a posição de volume-variedade do processo. Assim, para qualquer processo, as tarefas que se encarrega, o fluxo de itens pelo processo, o arranjo físico de seus recursos, a tecnologia que usa e o projeto das tarefas são fortemente influenciados por sua posição de volume-variedade. Isso significa que a maioria dos processos deve ficar próxima à diagonal da matriz que representa o *ajuste* entre o processo e sua posição de volume-variedade. Isso é denominado diagonal *natural* ou *linha de ajuste*.

Comentário crítico

Embora a ideia de tipos de processos possa ser útil, pode ser também simplista. Na realidade, não há fronteira clara entre tipos de processos. Por exemplo, muitos alimentos processados são fabricados com processos de produção em massa, embora em lotes. Assim, um *lote* de um tipo de biscoito (digamos) pode estar acompanhado de um *lote* de um biscoito um pouco diferente (talvez com embalagem diferente), seguido por outro etc. Basicamente, isso é ainda um processo de produção em massa, mas não uma versão tão pura de processamento em massa, como um processo de fabricação que produz apenas um tipo de biscoito. De modo semelhante, as categorias de processos de serviço são, de algum modo, pouco distintas. Por exemplo, um varejista especializado em câmeras fotográficas seria, normalmente, categorizado como uma loja de serviços, embora preste aos clientes orientação técnica, às vezes altamente especializada. Naturalmente, não é um serviço profissional como uma consultoria, mas tem elementos de um processo de serviço profissional em seu projeto. Isso é porque as características de volume-variedade de um processo são, às vezes, vistas como uma forma mais realista de descrever processos. A matriz produto-processo adota essa abordagem.

Posicionando-se fora da diagonal natural

Um processo situado na diagonal natural da matriz mostrada na Figura 6.5 normalmente terá custos operacionais menores do que outro com a mesma posição de volume-variedade situado fora da diagonal. Isso ocorre porque a diagonal representa o projeto de processos mais apropriado para qualquer posição de volume-variedade. Os processos que estão à direita da diagonal *natural* estariam, normalmente, associados a volumes menores e a maior variedade. Isso significa que, provavelmente, sejam mais flexíveis do que parece ser exigido por sua posição real de volume-variedade. Isto é, não estão aproveitando sua habilidade de padronizar suas atividades. Em razão disso, seus custos provavelmente serão maiores do que seriam com um processo que estivesse mais próximo à diagonal. Por outro lado, os processos que estão à esquerda da diagonal adotam uma posição que, normalmente, seria usada para processos de maior

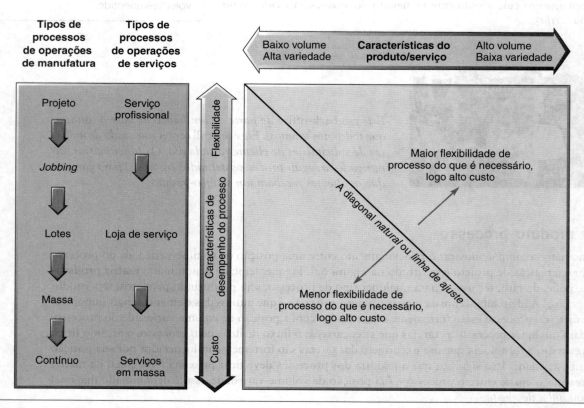

Figura 6.5 Desvios da diagonal *natural* na matriz produto-processo têm consequências para o custo e a flexibilidade.

Fonte: Baseado em Hayes e Wheelwright (1984).

volume e de menor variedade. Assim, os processos serão *superpadronizados* e, provavelmente, também inflexíveis por sua posição de volume-variedade. Essa falta de flexibilidade também pode ocasionar maiores custos, porque o processo não será capaz de mudar de uma atividade para outra tão prontamente quanto um processo mais flexível.[8] Portanto, uma primeira etapa para examinar o projeto de um processo existente é verificar se ele está na diagonal natural da matriz produto-processo.

> **Princípio de produção**
> Posicionar-se fora da *diagonal natural* da matriz produto-processo incorrerá em excesso de custo.

OPERAÇÕES NA PRÁTICA — Dishang e Sands Films Studio – em extremos opostos do espectro volume-variedade[9]

A fabricação de roupas deve ter sido uma das primeiras tarefas de *produção* realizadas pelos primeiros seres humanos, e continua sendo um importante setor industrial. Com o mercado mundial de vestuário valendo cerca de € 1,3 trilhão, estima-se que empregue até 75 milhões de pessoas.[10] De todos os países produtores de vestuário, a China há muito é vista como o mestre na fabricação de roupas, sendo seu maior produtor e exportador de vestuário e têxteis o Dishang Group. Fundada em 1993, a Dishang tem um faturamento anual de US$ 1,5 bilhão, produzindo roupas para marcas conhecidas como Zara, Matalan e Adidas. Contudo, embora a China ainda seja líder em termos de conhecimento técnico e eficiência de produção, quando seus custos trabalhistas aumentaram, a Dishang, como outros produtores, expandiu-se para estabelecer operações no Camboja, Mianmar e Bangladesh. É uma empresa enorme e sofisticada, que fabrica mais de 73 milhões de peças de vestuário por ano advindas de 80 fábricas próprias em 12 outros locais no planeta. Suas modernas operações incluem tecnologia automatizada, sistemas completos de controle de qualidade *on-line* e de fim de linha e utilização de níveis de inspeção de limite de qualidade aceitável (AQL) de acordo com as necessidades de cada cliente. Na sede da Dishang, os clientes podem consultar 50.000 tecidos na grande biblioteca digital da empresa. Uma vez que os clientes tenham escolhido um padrão de que gostem, eles podem fazer *upload* de uma foto em um sistema interno e ver estilos semelhantes. O presidente da Dishang, Lihua Zhu, acredita que o sucesso do Grupo se deve a três fatores. *"Em primeiro lugar, a força de nosso volume é muito importante. Devido ao tamanho do grupo, podemos garantir preços mais competitivos para nossos clientes (na compra de matérias-primas e componentes). Em segundo lugar, oferecemos experiência interna em design e temos fábricas e equipes internas especializadas em diferentes produtos, o que significa que marcas e varejistas podem nos procurar para tudo. E, em terceiro lugar, abordamos os mercados internacionais de formas diferentes, com nossos próprios escritórios, o que economiza custos por eliminar intermediários."*[11]

Certamente não se veria um volume tão alto na oficina de criação de figurinos da Sands Film. Todo filme ou programa de televisão montado em qualquer período, diferentemente dos dias atuais, precisa de figurinos para seus atores. E a maioria dos filmes tem muitos personagens, o que significa muito vestuário. A Sands Films, em Londres, tem uma oficina de confecção bem estabelecida e permanente. É o que descrevemos anteriormente no capítulo como um típico processo de *jobbing*. A Sands Films oferece uma ampla gama de serviços de guarda-roupa e figurino. Seus clientes são as produtoras de cinema, teatro e TV, cada uma das quais com requisitos e restrições de tempo diferentes. E, como cada projeto é diferente e tem exigências diversas, os trabalhos da oficina vão desde fazer um simples traje até fornecer uma grande variedade de trajes e apetrechos projetados especialmente para um período de produção prolongado. A produção inclui a maioria dos processos normais de costura, como corte, tingimento e impressão, até serviços especializados variados, como criação de espartilho e crinolina, assim como chapéus. Durante o processo de projeto e criação, os atores visitam constantemente a confecção, que tem sido chamada de *caverna das maravilhas* dos figurinos teatrais. É realmente aí que os atores deparam com seu personagem pela primeira vez. A criação de um figurino só pode começar depois que um projeto foi aprovado e um figurinista nomeado, embora as discussões com a confecção possam ter começado antes disso. Assim que o orçamento e o calendário tiverem sido acordados, o *designer* pode começar a apresentar ideias e o projeto acabado para a confecção. E, embora os processos na confecção estejam bem estabelecidos, cada traje requer habilidades diferentes e, portanto, segue etapas distintas.

Exemplo resolvido

A unidade de *instalação de medidores*

A unidade de *instalação de medidores* de uma companhia de fornecimento de água instalava e consertava hidrômetros. Cada trabalho de instalação podia variar significativamente porque as exigências de cada cliente variavam e os medidores precisavam ser ajustados para diferentes sistemas de tubulação. Quando um cliente solicitava uma instalação, um supervisor examinava seu sistema hidráulico. Era feita uma programação para um funcionário visitar a casa do cliente e instalar um medidor. Depois, a empresa decidiu instalar um novo hidrômetro de leitura remota *padronizado* para substituir a ampla variedade de hidrômetros existentes. Esse novo medidor foi projetado para facilitar a instalação, por incluir juntas de encaixe rápido, que reduziam o tempo da instalação. Como piloto, foi também decidido priorizar os clientes que dispunham de hidrômetros mais antigos e fazer demonstrações de como o novo medidor funcionaria na prática. Todos os outros aspectos do processo de instalação foram deixados como estavam. Entretanto, após os novos medidores serem introduzidos, os custos de instalação foram muito maiores do que o previsto, e a empresa decidiu eliminar a etapa de levantamento da situação existente porque, ao usar o novo medidor, 98% das instalações poderiam ser ajustadas em uma visita. Igualmente significativo, instaladores altamente qualificados não eram mais necessários e, assim, as instalações poderiam ser feitas por mão de obra mais barata.

Esse exemplo está ilustrado na Figura 6.6. A posição inicial do processo de instalação situa-se no ponto A. A unidade de instalação deveria instalar uma grande variedade de hidrômetros em diversos sistemas hidráulicos. Isso necessitava de uma etapa de levantamento para avaliar a natureza do trabalho e o uso de mão de obra especializada para lidar com tarefas complexas. A instalação do novo tipo de medidor mudou a posição de volume-variedade para o processo, ao reduzir a variedade de tarefas enfrentadas pelo processo e aumentar o volume que deveria tratar. Entretanto, o processo não foi mudado e, assim, o projeto do processo era apropriado para sua antiga posição de volume-variedade, mas não para a nova. Com isso, havia se movido para o ponto B da Figura 6.6. Ele estava fora da diagonal, com flexibilidade desnecessária e custos operacionais elevados. A instalação passou a ser feita com muito mais eficiência após o redesenho do processo para tirar proveito da variedade e complexidade reduzidas da tarefa (posição C da Figura 6.6).

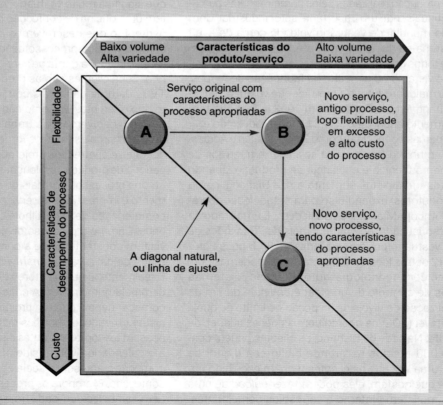

Figura 6.6 Matriz produto-processo com posições do processo retiradas do exemplo do hidrômetro.

6.4 Como os processos são projetados em detalhes?

Após o projeto geral de um processo ter sido determinado, suas atividades individuais precisam ser configuradas. Em sua versão mais simples, o projeto detalhado de um processo envolve identificar todas as atividades individuais que são necessárias para atender aos objetivos do processo, decidir a sequência na qual serão executadas e quem vai executá-las. Sem dúvida, haverá algumas restrições. Algumas atividades precisam ser executadas antes de outras, e algumas atividades podem apenas ser realizadas por certas pessoas ou máquinas. Todavia, para um processo de tamanho razoável, o número de projetos alternativos de processo é, em geral, alto. Por isso, o projeto de processos costuma ser executado por meio de alguma abordagem visual simples, como o mapeamento de processo.

Mapeamento de processo

O **mapeamento de processo** envolve simplesmente descrever os processos em termos de como as atividades relacionam-se entre si. Há muitas técnicas que podem ser usadas para *mapeamento de processo* (ou ***blueprinting*** de processo, ou análise de processo, como é às vezes denominado). Todas as técnicas identificam os diferentes *tipos de atividades* e mostram o fluxo de materiais, pessoas ou informações que o percorrem. Os **símbolos do mapeamento de processo** são usados para classificar os diferentes tipos de atividade. Embora não haja um conjunto universal de símbolos, existem alguns que são comumente usados. A maior parte deles deriva dos primórdios da administração *científica* há mais de um século (ver Capítulo 9) ou, mais recentemente, do fluxograma da tecnologia da informação (TI). Esses símbolos podem ser arrumados na ordem, e em série ou em paralelo, para descrever quaisquer processos. Por exemplo, a Figura 6.7 mostra um dos processos utilizados em uma operação de iluminação de teatro que aluga equipamentos de iluminação e efeitos de palco para companhias teatrais e organizadores de eventos. Ele lida com a forma como as chamadas dos clientes são processadas pelos técnicos.

> **Princípio de produção**
> O mapeamento de processo é necessário para expor a realidade do comportamento do processo.

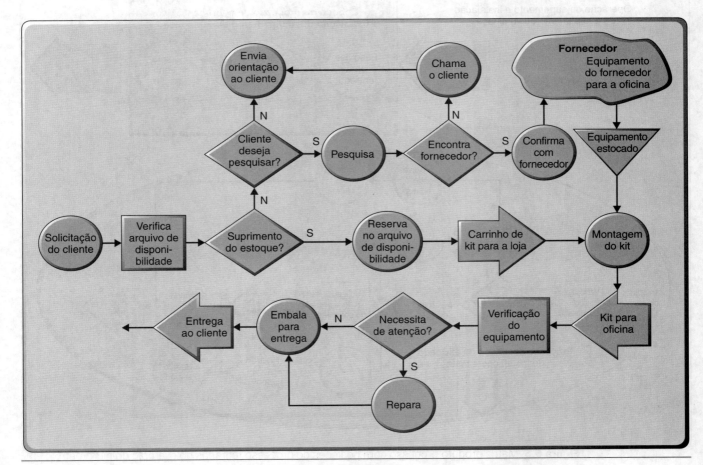

Figura 6.7 Mapa para o processo *da pesquisa até a entrega* na operação de iluminação de palco.

Diferentes níveis de mapeamento de processo

Para um grande processo, desenhar os mapas do processo nesse nível de detalhe pode ser complexo. Esse é o motivo pelo qual os processos geralmente são mapeados em nível mais agregado, denominado **mapeamento de processo de alto nível**, antes que os mapas mais detalhados sejam desenhados. A Figura 6.8 ilustra isso para o processo total de *suprimento e instalação da iluminação* na operação de iluminação de palco. No nível mais elevado, o processo pode ser desenhado simplesmente como um processo de *input*-transformação-*output* com materiais e clientes como seus recursos de *input* e serviços de iluminação como *outputs*. Nenhum detalhe sobre como os *inputs* são transformados em *outputs* está incluído. No nível ligeiramente inferior ou mais detalhado, o que é, às vezes, denominado **mapa** (ou gráfico) **de esboço do processo**, identifica-se a sequência de atividades, embora apenas de maneira geral. Assim, o processo de *pesquisa para entrega* que é mostrado em detalhe na Figura 6.7 está aqui reduzido a uma única atividade. Em nível mais detalhado, todas as atividades são mostradas em um *mapa de processo detalhado* (são mostradas as atividades do processo de *instalação e teste*).

Embora não mostrado na Figura 6.8, um conjunto de atividades do processo ainda mais microdetalhadas pode ser mapeado em cada uma de suas atividades. Tal mapa do processo microdetalhado pode especificar cada movimento isolado envolvido em cada atividade. Por exemplo, alguns restaurantes de serviço rápido fazem exatamente isso. No exemplo da empresa de contratação de iluminação, a maioria das atividades não seria mapeada em nível mais detalhado do que o mostrado na Figura 6.8. Algumas atividades, como o *retorno à base*, são, provavelmente, bastante diretas para valer a pena qualquer mapeamento adicional. Outras atividades, como *retificação do equipamento defeituoso*, podem depender das habilidades e da discrição dos técnicos, desde que a atividade tenha muitas variações e seja bastante complexa para ser mapeada em detalhe. Entretanto, algumas atividades podem necessitar de mapeamento

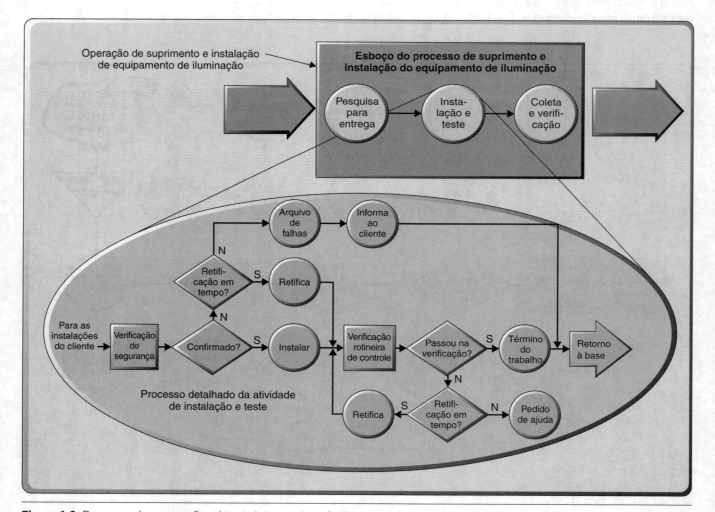

Figura 6.8 Processo das operações de *suprimento e instalação* mapeado em três níveis.

detalhado para assegurar a qualidade ou para proteger os interesses da empresa. Por exemplo, a atividade de verificação de segurança nas instalações do cliente para garantir que está de acordo com as regulamentações de segurança precisará detalhar as especificações para garantir que a empresa pode provar que cumpriu suas responsabilidades legais.

Mapeamento da visibilidade no projeto de processo

Processar pessoas é algo diferente. Processos com alto nível de *visibilidade* do cliente não podem ser projetados da mesma forma que processos que lidam com materiais ou informações inanimadas. Como discutimos no Capítulo 1, operações e processos basicamente *transformam*; pessoas *experimentam* o processo. Quando os clientes *veem* parte do processo, é útil mapeá-los de uma forma que torne óbvio o grau de visibilidade de cada parte do processo. A Figura 6.9 mostra ainda outra parte da operação da empresa de equipamento de iluminação: o processo de *coleta e verificação*. O processo está mapeado para mostrar a visibilidade de cada atividade ao cliente. Aqui, são usados quatro níveis de visibilidade. Não há uma norma obrigatória sobre isso; muitos processos, simplesmente, distinguem entre as atividades que o cliente *pode* ver e as que não pode. O limite entre essas duas categorias costuma ser denominado **linha de visibilidade**. Na Figura 6.9 são mostradas três categorias de visibilidade. No nível mais alto de visibilidade, acima da *linha de interação*, estão as atividades que envolvem interação direta entre os funcionários da empresa de iluminação e o cliente. Outras atividades ocorrem nas instalações do cliente ou em sua presença, mas envolvem menos ou nenhuma interação direta. Todavia, outras atividades (nesse caso, as duas atividades de transporte) têm algum grau de visibilidade, pois ocorrem distantes da base da empresa e são visíveis aos clientes potenciais, mas não ao cliente imediato.

Visibilidade, experiência do cliente e mapeamento emocional

Quando os clientes experimentam um processo, isso resulta em sentir emoções, mas nem todas necessariamente racionais. Todos nós ficamos felizes, irritados, frustrados, surpresos, tranquilizados ou furiosos, assim como os clientes em um processo. A ideia de considerar como os processos afetam as emoções dos

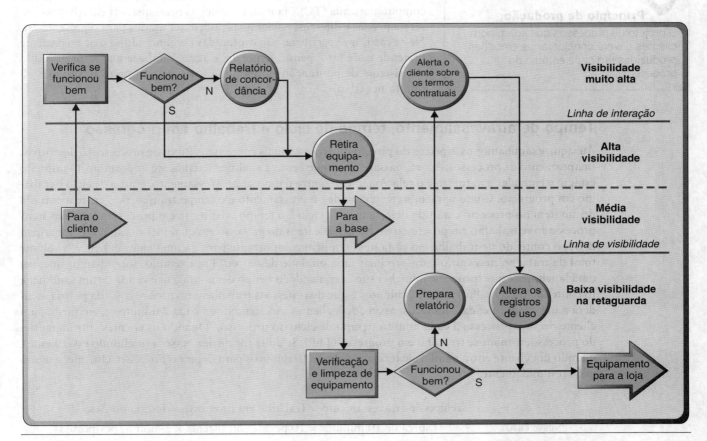

Figura 6.9 Processo de *coleta e verificação* mapeado para mostrar níveis diferentes de visibilidade do processo.

clientes também não está confinada aos processos que se destinam a engajar as emoções: por exemplo, organizações do tipo entretenimento, como parques temáticos. Qualquer produto de alto contato com o cliente (ou, mais provavelmente, serviço) sempre cria uma experiência para o cliente. Além disso, a experiência do cliente afetará a satisfação do cliente e, portanto, tem o potencial de fidelizar, influenciar as expectativas e criar laços emocionais com os clientes. É por isso que muitas organizações de serviços estão vendo como os clientes experimentam seus processos (a chamada *jornada do cliente*) no centro do design de seus processos.

Projeto da experiência do cliente

Projetar processos com um conteúdo de experiência significativo requer a consideração sistemática de como os clientes podem reagir às experiências às quais o processo os expõe. Isso incluirá paisagens, sons, cheiros, atmosfera e *sensação* geral do serviço. O conceito de **servicescape**, que será discutido no próximo capítulo, está fortemente relacionado com a consideração de envolver os clientes para que eles se conectem com o processo de maneira pessoal. Um dos métodos mais comuns de projetar tais processos é considerar o que é comumente chamado de **pontos de contato**. Eles foram descritos como "Tudo o que o consumidor usa para verificar a eficácia de seu serviço".[12] Eles são os pontos de contato entre um processo e os clientes, e pode haver muitos pontos de contato diferentes durante a jornada do cliente. É o acúmulo de todas as experiências de cada interação de ponto de contato que molda a avaliação dos clientes sobre o processo. As características de um processo nos pontos de contato às vezes são chamadas de *pistas* (ou *dicas*): são as mensagens que os clientes recebem ou experimentam à medida que avançam no processo. As emoções que resultam dessas pistas contêm as mensagens que o cliente receberá e, portanto, influenciam o modo como ele avaliará o processo.

Ao projetar processos, os gerentes precisam garantir que todas as mensagens provenientes das pistas em cada estágio do processo sejam consistentes com as emoções que desejam que os clientes experimentem e não forneçam mensagens erradas ou enganosas sobre o processo. Da mesma forma que o mapeamento de processos indica a sequência e a relação entre as atividades, o **mapeamento emocional** pode indicar o tipo de emoções produzidas na mente do cliente ao vivenciar o processo. A Figura 6.10 mostra como isso pode funcionar para uma visita a uma clínica para uma tomografia computadorizada (TC). Há muitas maneiras pelas quais as emoções podem ser mapeadas e diferentes diagramas podem ser usados para representá-las. Nesse caso, as experiências são capturadas perguntando-se o que o paciente pretende e, de fato, pensa, sente, diz e age. Com base nisso, foi utilizado um sistema de pontuação simples que varia de +3 (muito positivo) a −3 (muito negativo).

> **Princípio de produção**
>
> O projeto de processos que lidam com clientes deverá considerar as emoções produzidas em cada estágio do processo.

Tempo de atravessamento, tempo de ciclo e trabalho em progresso

Até aqui, examinamos os aspectos do projeto do processo mais conceituais (tipos de processos) e descritivos (mapeamento de processo). Agora, passaremos à perspectiva analítica igualmente importante. O primeiro estágio é entender a natureza e o relacionamento entre tempo de atravessamento, tempo de ciclo e trabalho em progresso. Como um lembrete: tempo de atravessamento é o tempo transcorrido entre a entrada de um item no processo e a saída dele, tempo de ciclo é o tempo médio entre o processamento dos itens processados e trabalho em progresso é o número de itens no processo em qualquer ponto do tempo. Além disso, o conteúdo de trabalho em cada item também é importante para alguma análise. Esse é o volume total de trabalho necessário para produzir uma unidade de *output*. Por exemplo, suponhamos que, em uma lanchonete que fornece sanduíches sob encomenda, o tempo de montagem e venda de um sanduíche (o conteúdo do trabalho) seja de 2 minutos e que duas pessoas trabalhem no processo. Cada pessoa atenderá a um cliente a cada 2 minutos: assim, dois clientes são atendidos a cada 2 minutos e, em média, um cliente deixa o processo a cada minuto (tempo de ciclo do processo). Quando os clientes entram na fila do processo, tornam-se trabalho em progresso (TEP). Se a fila for de dez pessoas (incluindo esse cliente), quando um cliente entra na fila, ele terá que esperar 10 minutos para deixar o processo. Ou, apresentado mais resumidamente:

$$\text{Tempo de atravessamento} = \text{Trabalho em progresso} \times \text{Tempo do ciclo}$$

Nesse caso: $\quad\quad\quad$ Espera de 10 minutos = 10 pessoas no sistema × 1 minuto por pessoa

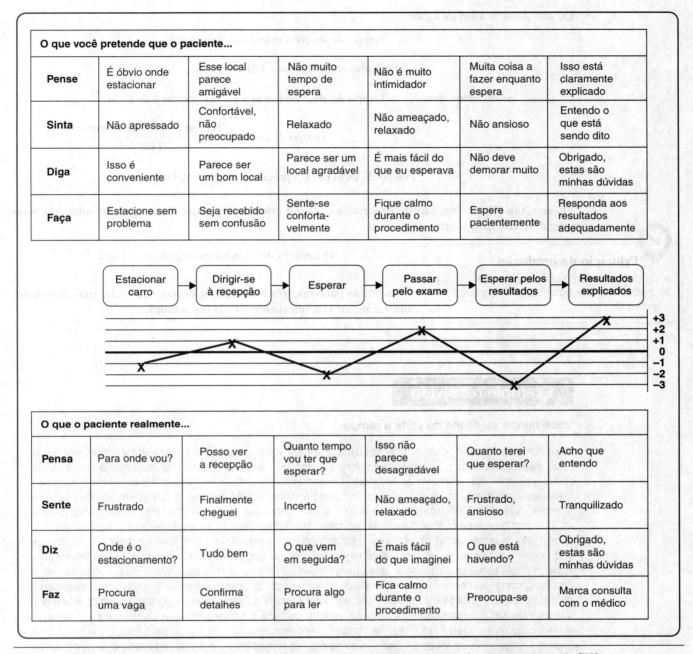

Figura 6.10 Mapa de experiência do cliente de uma visita para um exame de tomografia computadorizada (TC).

Lei de Little

Essa relação matemática (tempo de atravessamento = trabalho em progresso × tempo de ciclo) é denominada Lei de Little. É simples, porém muito útil, e funciona para qualquer processo estável. A **Lei de Little** declara que o número médio de objetos no sistema é produto da taxa média pela qual os objetos deixam o sistema e o tempo médio que cada objeto passa no sistema. Em outras palavras, o número médio de objetos em uma fila é o produto da taxa de entrada pelo tempo médio de permanência. Por exemplo, suponhamos que se decidiu que, no processo de montagem e venda de um novo sanduíche, o número médio de clientes no processo deve estar limitado em torno de dez, e o tempo máximo do cliente ao longo do processo será, em média, de 4 minutos. Se o tempo de montagem e venda de um sanduíche (desde o momento que o cliente faz o pedido até quando deixa o processo) no novo processo foi reduzido a 1,2 minuto, quantos funcionários deveriam estar atendendo?

Princípio de produção

A análise do processo deriva de um entendimento do tempo de ciclo do processo requerido.

De acordo com a Lei de Little:

$$\text{Tempo de atravessamento} = 4 \text{ minutos}$$

$$\text{Trabalho em progresso, TEP} = 10$$

Assim, desde que: $\text{Tempo de atravessamento} = \text{TEP} \times \text{tempo de ciclo}$

$$\text{Tempo de ciclo} = \frac{\text{Tempo de atravessamento}}{\text{TEP}}$$

$$\text{Tempo de ciclo para o processo} = \frac{4}{10} = 0{,}4 \text{ minuto}$$

Ou seja, um cliente deve sair do processo a cada 0,4 minuto, em média. Dado que um indivíduo pode ser atendido em 1,2 minuto:

$$\text{O número de atendentes exigido} = \frac{1{,}2}{0{,}4} = 3$$

Em outras palavras, três funcionários deveriam atender três clientes em cada 1,2 minuto ou um cliente a cada 0,4 minuto.

Princípio de produção
A Lei de Little afirma que o tempo de atravessamento = trabalho em progresso × tempo de ciclo.

Exemplo resolvido

Você nunca vai tê-los de volta a tempo

Mike estava totalmente confiante em seu julgamento. *"Você nunca vai tê-los de volta a tempo"*, ele disse. *"Eles não estão apenas desperdiçando tempo, como também o processo não conseguirá servir café a todos e permitir que retornem às 11 horas."* Olhando para fora da janela do auditório, Mike e sua colega Dina estavam observando os 20 executivos que participavam do seminário formarem uma fila para se servirem de café e biscoitos. Eram 10h45min e Dina sabia que, se todos não retornassem ao auditório às 11h, não haveria a menor chance de terminar sua apresentação antes do almoço. *"Não sei por que você está tão pessimista"*, disse Dina. *"Eles parecem interessados no que tenho a dizer e acredito que vão querer voltar para ouvir como a administração da produção mudará suas vidas."* Mike balançou a cabeça: *"Não estou questionando suas motivações"*, afirmou. *"Estou questionando a habilidade de o processo conseguir servi-los a tempo. Estou cronometrando quanto tempo o processo leva para servir café e biscoitos. Cada café é feito na hora, e o período entre o funcionário perguntar a cada cliente o que deseja e ser servido com café e biscoitos é de 48 segundos. Lembre-se de que, conforme a Lei de Little, o tempo de atravessamento é igual ao trabalho em progresso multiplicado pelo tempo de ciclo. Se o trabalho em progresso for os 20 executivos na fila, e o tempo de ciclo de 48 segundos, o tempo total de atravessamento será 20 multiplicado por 0,8 minuto, cujo resultado é 16 minutos. Adicione a isso o tempo suficiente para a última pessoa tomar seu café e você pode esperar um tempo de atravessamento total de pouco mais de 20 minutos. Você simplesmente não deu tempo suficiente para o processo."* Dina ficou impressionada. *"Ah... como foi mesmo que você disse que essa lei é chamada?"*. *"Lei de Little"*, afirmou Mike.

Exemplo resolvido

Renovação da estação de trabalho

Todo ano era a mesma rotina. Todas as estações de trabalho no prédio precisavam ser atualizadas (testadas, novos programas instalados etc.) e só havia 1 semana possível para se fazer isso. A semana caiu no meio do período das férias de agosto, quando o processo de atualização causaria a menor interrupção possível ao trabalho rotineiro. No ano anterior, as 500 estações de trabalho haviam sido renovadas no período de 1 semana de trabalho (40 horas). Cada atualização levou em média 2 horas e 25 técnicos finalizaram o processo dentro da semana. Este ano, serão atualizadas 530 estações de trabalho, mas o suporte de TI da empresa elaborou um teste e uma rotina de renovação mais rápidos, que levarão apenas uma hora e meia, em média, em vez de 2 horas. Quantos técnicos serão necessários este ano para completar o processo em 1 semana?

Ano anterior:

$$\text{Trabalho em progresso (TEP)} = 500 \text{ estações de trabalho}$$

$$\text{Tempo disponível } (T_d) = 40 \text{ horas}$$

$$\text{Tempo médio de trabalho} = 2 \text{ horas}$$

$$\text{Assim, taxa de atravessamento } (T_a) = 1,5 \text{ hora por técnico}$$

$$= 0,5N$$

$$\text{em que } N = \text{número de técnicos}$$

$$\text{Pela Lei de Little, TEP} = T_d \times T_a$$

$$500 = 40 \times 0,5N$$

$$N = \frac{500}{40 \times 0,5}$$

$$= 25 \text{ técnicos}$$

Este ano:

$$\text{Trabalho em progresso (TEP)} = 530 \text{ estações de trabalho}$$

$$\text{Tempo disponível } (T_d) = 40 \text{ horas}$$

$$\text{Tempo médio de trabalho} = 1,5 \text{ hora}$$

$$\text{Taxa de atravessamento } (T_a) = 1/1,5 \text{ por técnico}$$

$$= 0,67N$$

$$\text{em que } N = \text{número de técnicos}$$

$$\text{Pela Lei de Little, TEP} = T_d \times T_a$$

$$530 = 40 \times 0,67N$$

$$N = \frac{530}{40 \times 0,67}$$

$$= 19,88 \text{ (digamos, 20 técnicos)}$$

Eficiência de atravessamento

A ideia de que o tempo de atravessamento de um processo é diferente do conteúdo de trabalho daquilo que está sendo processado tem implicações importantes. Isso significa que, por períodos de tempo significativos, nenhum trabalho útil é realizado com os materiais, informações ou clientes que estão passando pelo processo. No caso do exemplo simples do processo de sanduíches anteriormente descrito, o tempo de atravessamento do cliente é restrito a 4 minutos, mas o conteúdo de trabalho da tarefa (servir o cliente) é de apenas 1,2 minuto. Assim, o processamento do item (o cliente) está sendo *trabalhado* por apenas 1,2/4 = 30% de seu tempo. Isso é chamado **eficiência de atravessamento** do processo:

$$\text{Porcentagem de eficiência de atravessamento} = \frac{\text{Conteúdo de trabalho}}{\text{Tempo de atravessamento}} \times 100$$

Nesse caso, a eficiência de atravessamento é muito alta em relação à maioria dos processos, talvez porque os *itens* processados são os clientes que reagem mal à espera. Na maior parte dos processos de transformação de materiais e informações, a eficiência de atravessamento é bem menor, geralmente representada em porcentagem na casa das unidades.

Exemplo resolvido

O centro de licenciamento de veículos

Um centro de licenciamento de veículos recebe documentos de solicitação de licenciamento, digita os detalhes, confere a informação fornecida, classifica a solicitação de acordo com o tipo de licença, confirma o pagamento e, depois, emite a licença e a envia pelo correio. Atualmente, processa em média 5.000 licenças em 8 horas diárias. Uma recente verificação no local descobriu que havia 15.000 solicitações *em processo* ou esperando para serem processadas. A soma de todas as atividades necessárias para se processar uma solicitação é de 25 minutos. Qual é a eficiência de atravessamento do processo?

$$\text{Trabalho em progresso} = 15.000 \text{ solicitações}$$

$$\text{Tempo de ciclo} = \text{tempo de produção}$$

$$\frac{\text{Tempo de produção}}{\text{Número de solicitações processadas}} = \frac{8 \text{ horas}}{5.000} = \frac{480 \text{ minutos}}{5.000} = 0,096 \text{ minuto}$$

$$\text{Da Lei de Little, tempo de atravessamento} = \text{TEP} \times \text{tempo de ciclo}$$

$$\text{Tempo de atravessamento} = 15.000 \times 0,096$$

$$= 1.440 \text{ minutos} = 24 \text{ horas} = 3 \text{ dias de trabalho}$$

$$\text{Eficiência de atravessamento} = \frac{\text{Conteúdo de trabalho}}{\text{Tempo de atravessamento}} = \frac{25}{1.440} = 1,74\%$$

Embora o processo alcance um tempo de atravessamento de 3 dias (o que parece razoável para esse tipo de processo), as solicitações estão sendo trabalhadas apenas 1,7% do tempo em que estão em processo.

Workflow

Quando o recurso transformado em um processo é a informação (ou documentos com informação), e quando a TI é usada para mover, armazenar e gerenciar a informação, o projeto do processo é, às vezes, denominado *workflow* ou *gestão de workflow*. É definido como "a automação de procedimentos em que documentos, informações ou tarefas são passados entre participantes conforme um conjunto definido de regras para atingir ou contribuir para o objetivo global de um negócio". Embora o *workflow* possa ser gerenciado manualmente, quase sempre o é com o uso de um sistema de TI. Frequentemente, o termo é também associado ao *business process reengineering* (ver Capítulo 15). Mais especificamente, o *workflow* envolve o seguinte:

- Análise, modelagem, definição e a subsequente implementação operacional dos **processos de negócio**.
- A tecnologia que dá suporte aos processos.
- As regras de procedimento (decisão) que movem a informação ou os documentos pelos processos.
- A definição do processo em termos da sequência de atividades de trabalho, das habilidades humanas necessárias para desempenhar cada atividade e dos recursos de TI apropriados.

Gargalos no processo

Um gargalo em um processo é a atividade ou estágio em que o congestionamento ocorre porque a carga de trabalho colocada é maior do que a capacidade de lidar com ela. Em outras palavras, é a parte mais sobrecarregada de um processo. E, como tal, ditará a taxa em que todo o processo poderá operar. Por exemplo, examine o processo simples ilustrado na Figura 6.11. Ele tem quatro estágios e a quantidade total de trabalho para completar o trabalho necessário para cada item passando pelo processo é de 10 minutos. Nesse caso simples, cada um dos quatro estágios tem a mesma capacidade. No primeiro caso (a) os 10 minutos de trabalho são igualmente distribuídos entre os quatro estágios, cada um com 2,5 minutos de trabalho. Isso significa que os itens prosseguirão suavemente pelo processo, sem qualquer estágio retendo o fluxo, e o tempo de ciclo do processo é de 2,5 minutos. No segundo caso (b) o trabalho não foi distribuído de maneira uniforme. Na verdade, isso é o que geralmente acontece, pois é difícil (na verdade, quase impossível) alocar o trabalho de modo absolutamente igual. Nesse caso, o estágio 4 do processo tem a maior carga (3 minutos). Ele é o gargalo, o que restringirá o tempo de ciclo do processo a 3 minutos. Os gargalos reduzem a eficiência de um processo porque, embora o estágio de gargalo esteja totalmente ocupado, os outros estarão abaixo da carga. A atividade de tentar alocar o trabalho igualmente entre os estágios é chamada de *balanceamento*.

> **Princípio de produção**
> A alocação de trabalho por igual a cada estágio de um processo (equilíbrio) nivela o fluxo e evita gargalos ao processo.

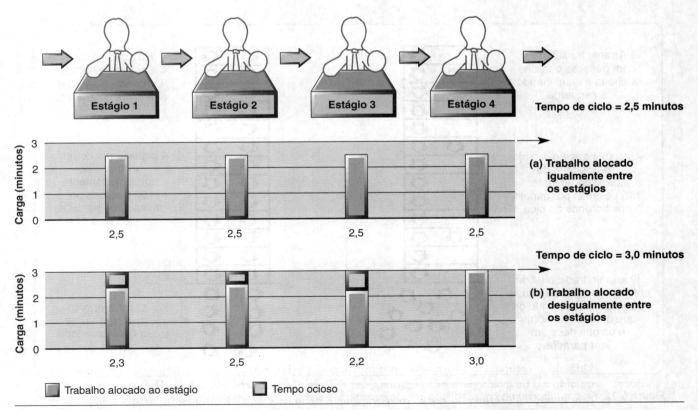

Figura 6.11 O gargalo é aquela parte do processo que é a mais sobrecarregada em relação à sua capacidade.

OPERAÇÕES NA PRÁTICA

O metrô de Londres enfrenta um gargalo[13]

Qualquer pessoa que tenha viajado em um sistema de transporte de massa movimentado, como o metrô de Londres, sabe como ele pode ficar congestionado, muitas vezes com filas de passageiros se acumulando em vários pontos à medida que se deslocam para seus trens ou deles. Um ponto que pode se tornar um gargalo para os passageiros do metrô de Londres são as escadas rolantes. Tradicionalmente, em Londres, os passageiros parados ficam do lado direito da escada rolante, deixando o lado esquerdo livre para quem quiser subir ou descer. Mas, em uma tentativa de reduzir o gargalo nas escadas rolantes, a Transport for London, que administra o sistema, testou um novo arranjo que eles acreditavam que aumentaria a capacidade de sua escada rolante na estação de Holborn. A construção de novas estações é muito cara, então qualquer forma de aumentar a capacidade das existentes será atraente, e Holborn é uma estação particularmente movimentada. O novo (e radical, para os londrinos) arranjo era instruir os passageiros nos horários de pico a não andar, mas ficar em ambos os lados da escada rolante. A decisão também se baseou no fato de as escadas rolantes de Holborn terem mais de 24 metros de altura. Aparentemente, a altura faz uma grande diferença na disposição dos passageiros de subir escadas rolantes. Quando estão a apenas alguns metros de altura, a maioria das pessoas caminha sobre as escadas. A 30 metros, só os mais enérgicos farão isso. Conforme mostrado na Figura 6.12, o teste foi tecnicamente bem-sucedido, o que aumentou a capacidade de maneira significativo. No entanto, o experimento não se tornou permanente. Por quê? Aparentemente, ele ofendeu dois aspectos do comportamento humano. Primeiro, desacelerou a minoria (vocal) de pessoas que querem caminhar pela escada rolante como exercício diário. Segundo, eliminou a sensação de que os viajantes tinham pelo menos algum grau de escolha (mesmo que a maioria optasse por não exercê-la).

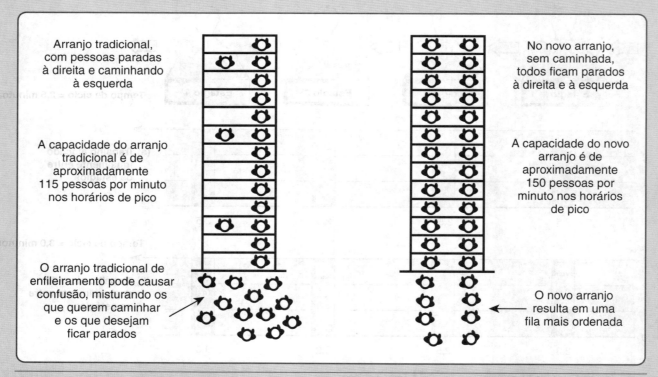

Figura 6.12 A acomodação dos passageiros nos dois lados da escada rolante reduz o gargalo.

Balanceamento da alocação do tempo de trabalho

Alocar o trabalho para as etapas do processo deve respeitar a *precedência* das tarefas individuais que compõem o conteúdo de trabalho total da tarefa que o processo está realizando. A maneira mais comum de mostrar a precedência da tarefa é usando um *diagrama de precedência*, que é uma representação da ordenação dos elementos, em que as tarefas individuais são representadas por círculos conectados por setas, que significam a ordenação das tarefas. A Figura 6.13 do exemplo da *Karlstad Kakes* a seguir ilustra como podem ser usados os diagramas de precedência.

Princípio de produção
O projeto do processo precisa respeitar a precedência das tarefas.

Exemplo resolvido

Karlstad Kakes

Karlstad Kakes (KK) é um fabricante de bolos especializados, que obteve recentemente um contrato para fornecer um bolo especial na forma de um foguete espacial a uma grande cadeia de supermercados. Foi decidido que os volumes exigidos pelo supermercado justificam um processo de produção especial para realizar o acabamento, a decoração e a embalagem do bolo. Essa linha de produção teria que realizar os elementos mostrados na Tabela 6.2.

Tabela 6.2 As tarefas individuais que compõem o *job* completo de acabamento, decoração e embalagem do bolo.

Tarefa a: desenformar e aparar	Tarefa d: revestir cobertura superior	Tarefa g: aplicar glacê azul
Tarefa b: remodelar	Tarefa e: aplicar glacê vermelho	Tarefa h: fixar apoios
Tarefa c: aplicar cobertura de base	Tarefa f: aplicar glacê verde	Tarefa i: firmar e embalar

A Figura 6.13 mostra o diagrama de precedência para o trabalho total. O pedido inicial do supermercado é de 5.000 bolos por semana e o número de horas trabalhadas pela fábrica é de 40 por semana. A partir daí:

$$\text{O tempo de ciclo exigido} = \frac{40 \text{ horas} \times 60 \text{ minutos}}{5.000}$$

$$= 0,48 \text{ minuto}$$

$$\text{O número de etapas exigidas} = \frac{1,68 \text{ minuto (o conteúdo de trabalho total)}}{0,48 \text{ minuto (o tempo do ciclo exigido)}}$$

$$= 3,5 \text{ estágios}$$

Isso significa quatro estágios.

Trabalhando a começar da esquerda no diagrama de precedência, as tarefas a e b podem ser alocadas para o estágio 1. Atribuir a tarefa c ao estágio 1 excederia o tempo do ciclo. De fato, somente a tarefa c pode ser alocada para a etapa 2, porque a inclusão da tarefa d ultrapassaria novamente o tempo do ciclo. A tarefa d pode ser alocada para o estágio 3. A tarefa e ou a tarefa f também pode ser alocada ao estágio 3, mas não ambas, ou o tempo do ciclo seria excedido. Nesse caso, a tarefa e foi escolhida. As tarefas restantes são então atribuídas ao estágio 4. As linhas tracejadas na Figura 6.13 mostram a alocação final de tarefas para cada um dos quatro estágios.

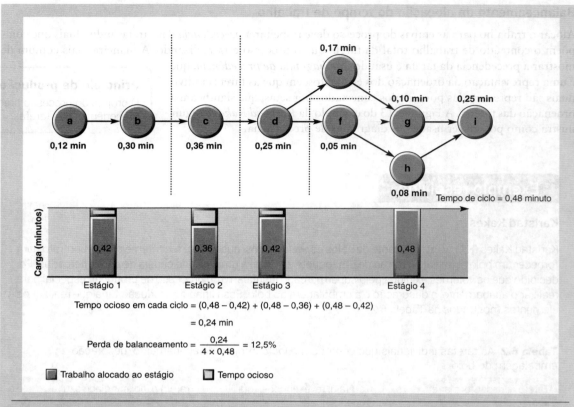

Figura 6.13 Diagrama de precedência para a Karlstad Kakes com alocação de tarefas a cada estágio.

Organização dos estágios

Nem todos os estágios necessários para cumprir os requisitos do processo podem ser organizados em uma *linha única*, sequencial. Por exemplo, suponha que um processo de pedido de hipoteca requeira quatro estágios trabalhando na tarefa para manter um tempo de ciclo de um pedido processado a cada 15 minutos. Um arranjo possível dos quatro estágios seria organizá-los sequencialmente, cada um deles correspondendo a 15 minutos de trabalho. No entanto (teoricamente), a mesma taxa de produção também poderia ser alcançada organizando os quatro estágios como duas linhas mais curtas, cada uma de dois estágios com 30 minutos de trabalho cada. Como alternativa, seguindo essa lógica para sua conclusão final, os estágios poderiam ser organizados como quatro estágios paralelos, cada um responsável por todo o conteúdo do trabalho. A Figura 6.14 mostra essas opções.

Esse é um exemplo simplificado, mas representa um problema genuíno. O processo deve ser organizado como um único arranjo **longo e fino**, sequencial, ou como diversos arranjos paralelos **curtos e grossos**, ou em algum ponto intermediário? (Observe que *longo* significa o número de estágios e *grosso* significa a quantidade de trabalho atribuída a cada fase.) Em qualquer situação particular, geralmente existem restrições técnicas que limitam como o processo pode ser *longo e fino* ou como *curto e grosso*, mas, em geral, há uma gama de opções possíveis dentro das quais deve ser feita uma escolha. As vantagens de cada extremo do espectro entre *longo e fino* e *curto e grosso* são muito diferentes e ajudam a explicar por que são adotados diferentes arranjos.

Algumas vantagens do arranjo longo e fino são:

▶ *Fluxo controlado dos itens:* isso é fácil de administrar.
▶ *Manuseio simplificado:* isso é especialmente verdade se os itens sendo processados forem pesados, grandes ou difíceis de se movimentar.
▶ *Menores requisitos de capital:* se um equipamento especializado for necessário para uma tarefa no *job*, somente um equipamento precisaria ser comprado; nos arranjos curtos e grossos, cada estágio precisaria de um.
▶ *Operação mais eficiente:* se cada estágio estiver realizando apenas uma pequena parte do *job* inteiro, a pessoa que estiver no estágio terá uma proporção maior de trabalho produtivo direto, ao contrário das partes não produtivas do *job*, como selecionar ferramentas e materiais.

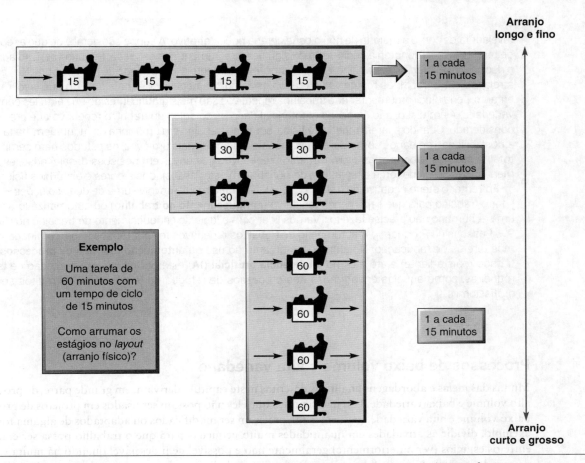

Figura 6.14 O arranjo dos estágios em um processo pode ser descrito em um espectro de *longo e fino a curto e grosso*.

(Esse último ponto é particularmente importante e explicado por completo no Capítulo 9, quando analisaremos o projeto do trabalho.)

As vantagens do arranjo curto e grosso são:

- *Maior flexibilidade do* mix: caso o processo precise trabalhar em diversos tipos de itens, cada estágio ou processo inteiro poderia se especializar em diferentes tipos.
- *Maior flexibilidade de volume:* à medida que o volume varia, os estágios podem simplesmente ser encerrados ou iniciados, como for preciso; os arranjos longos e finos precisariam ser rebalanceados toda vez que o tempo de ciclo mudasse.
- *Maior robustez:* se um estágio falhar ou a operação for interrompida de alguma maneira, os outros estágios paralelos não são afetados; um arranjo longo e fino interromperia completamente a operação.
- *Trabalho menos monótono:* no exemplo de hipoteca, o pessoal no arranjo curto e grosso está repetindo suas tarefas somente a cada hora; no arranjo longo e fino, isso acontece a cada 15 minutos.

Operações responsáveis

Em cada capítulo, sob o título de Operações responsáveis, *resumimos como o tópico específico tratado no capítulo aborda importantes questões sociais, éticas e ambientais.*

Quando apresentamos as vantagens e desvantagens de projetar processos para que o tempo de ciclo fosse curto (como no arranjo *longo e fino* dos estágios do processo), não fizemos comentários ou avaliações sobre a ética desse trabalho altamente repetitivo. No entanto, há claramente questões de como a repetição das mesmas tarefas por longos períodos, com pouca ou nenhuma variedade, afeta a saúde mental e física daqueles que precisam realizar esse trabalho. O fato de relativamente poucas pessoas preferirem ativamente um trabalho altamente repetitivo e com pouca variedade é, por si só, uma indicação reveladora de como a maioria de nós o consideraria pouco atrativo. A suposição geral é de que a repetição de tarefas leva a monotonia, tédio, falta de significado e aumento do estresse. Por sua vez, isso aumenta o risco de insatisfação no trabalho, absenteísmo, esgotamento e rotatividade de mão de obra. Na verdade, a relação entre trabalhos repetitivos e efeitos psicológicos negativos é mais sutil do que isso, mas, no entanto, seria difícil argumentar que trabalhos repetitivos são mais gratificantes do que aqueles com mais variedade. Além disso, não é apenas o potencial dano psicológico do trabalho repetitivo que precisa ser considerado. Quando a tarefa repetida é física, como no trabalho em uma linha de montagem, há também a possibilidade de danos como dores nas mãos e tendinite. Mais uma vez, os estudos nem sempre são totalmente inequívocos, mas os movimentos repetitivos que envolvem posições desajeitadas, especialmente altos níveis de força e repetição, demonstraram estar associados a dores e distúrbios físicos.[14]

Enfrentar o efeito negativo de trabalhos repetitivos geralmente envolve uma de duas *soluções* — reprojetar o trabalho para que seja menos repetitivo (**enriquecimento do trabalho**) ou automatizá-lo para que um ser humano não precise fazê-lo. (Vamos lidar com a ideia de enriquecimento do trabalho no Capítulo 9 — Pessoas na Produção.) A automação de trabalhos repetitivos foi, por muitos anos, confinada a algumas tarefas de fabricação. No entanto, o aumento do uso da **automação robótica de processos** (ARP, tratado mais adiante) e até mesmo **inteligência artificial (IA)** está permitindo a automação de tarefas rotineiras, como aquelas encontradas nos processos de retaguarda (*back-office*) de muitos serviços profissionais.

Processos de baixo volume e alta variedade

Muitas das ideias e abordagens analíticas descritas neste capítulo derivam, em grande parte, de processos de alto volume e baixa variedade. Isso não significa que eles não possam ser usados em projetos de processo de baixo volume e alta variedade, mas, em geral, precisam ser modificados ou adaptados de alguma forma. Por exemplo, dividir as atividades em quantidades muito pequenas para que o trabalho possa ser equilibrado entre os estágios (ver anteriormente) geralmente não é possível nem desejável quando há muita variedade de atividades. Isso não significa que tentar alocar o trabalho igualmente entre os grupos de trabalho não seja importante, mas que apenas precisará ser feito de forma mais aproximada. Mesmo o mapeamento de processos pode ser problemático. Alguns processos de baixo volume e alta variedade são intrinsecamente difíceis de descrever como simples atividades sequenciais passo a passo. Pode haver muitas rotas alternativas por um processo, que podem ser tomadas por qualquer coisa que esteja sendo processada. As decisões sobre como tratar o que está sendo processado podem ser uma questão de avaliação. As circunstâncias exatas associadas ao processamento de algo podem não ter ocorrido antes. Se for uma informação que está sendo processada, ela pode ser parcial, incerta ou ambígua.

Automação de processos

A maior parte dos processos usados neste capítulo para ilustrar vários aspectos do projeto de processos são essencialmente de natureza manual. Ou seja, envolvem uma pessoa ou pessoas realizando algum tipo de tarefa. Volte bastante no tempo e verá que quase todos os processos (embora não fossem chamados assim) eram manuais. A história da administração da produção pode ser contada como uma substituição progressiva do esforço baseado em pessoas pela tecnologia. Primeiro, os processos de fabricação é que foram automatizados de alguma forma; e, embora ainda existam muitos processos de fabricação manual, também existem fábricas que operam praticamente *no escuro*, com o envolvimento de muito poucos humanos. A automação equivalente em muitas operações de serviço, em especial aquelas que processam principalmente informações, é de sistemas de TI projetados especificamente. Qualquer pessoa com uma conta bancária recebe os serviços prestados por eles. São processos de massa automatizados, geralmente projetados levando em consideração os princípios básicos, que às vezes podem ser rígidos e impessoais, mas são notavelmente eficientes em comparação com a execução manual dessas tarefas.

Automação robótica de processos

No entanto, embora o que anteriormente chamamos de processos de operações *principais*, especialmente os de alto volume, tenham se tornado cada vez mais automatizados, existem muitos processos fora da função produção que podem ser automatizados. Esses processos geralmente têm um volume menor do que os processos de operações centrais de rotina, mas ainda seguem um conjunto lógico de regras. Eles foram

CAPÍTULO 6 PROJETO DE PROCESSOS

chamados de processos de *cadeira giratória* — o que significa que as pessoas recebem informações de um conjunto de sistemas (e-mails, por exemplo), processam as informações usando regras e, em seguida, registram as saídas processadas em outro sistema. Os exemplos podem incluir o processo de *integração* de novos funcionários, registro e entrada de faturas em sistemas internos de autorização de pagamento, entrada de detalhes de informações de clientes em sistemas de gerenciamento de relacionamento com clientes e assim por diante. Normalmente, esses processos são rotineiros, previsíveis, baseados em regras e executados por funcionários profissionais cujo tempo poderia ser empregado de forma mais lucrativa.

Essa é a área de aplicação para o que ficou conhecido como (empregando uma tautologia) *automação robótica de processos*, ou ARP. Esse é um termo geral para as ferramentas que funcionam na interface humana de outros sistemas de computador. É claro que não usa robôs físicos reais, mas implanta rotinas de *software* (muitas vezes chamadas apenas de *bots*) para executar as tarefas mais comuns e repetitivas, feitas anteriormente por pessoas. Seu objetivo é aumentar a eficiência, automatizando os processos diários que, de outra forma, exigiriam esforço humano. É certo que o mesmo objetivo pode ser atribuído a quase qualquer automação baseada em TI. A diferença entre ARP e sistemas tradicionais de TI é:

▶ A ARP é melhor usada longe dos extremos do espectro de volume-variedade. Processos de alto volume e baixa variedade podem ser automatizados usando sistemas convencionais de TI, especificamente projetados. No outro extremo, tarefas de grande variedade e baixo volume provavelmente precisarão dos processos de pensamento flexíveis e da tomada de decisões dos humanos. A ARP pode ser usada entre esses extremos.

▶ A ARP é relativamente fácil de desenvolver em comparação com sistemas de TI especificamente projetados. Os últimos requerem análise de sistemas e habilidades de codificação significativas. A ARP geralmente usa instruções simples, do tipo *arrastar e soltar*, que podem ser usadas por pessoas que entendem o propósito dos processos que estão sendo automatizados.

▶ A ARP funciona em torno dos processos existentes, em vez de tentar realizar sua reengenharia. Às vezes, é chamada de TI *leve*, uma vez que tenta não atrapalhar os sistemas de computação subjacentes.

Efeitos da variabilidade do processo

Até aqui, tratamos do projeto de processos considerando que não há variações significativas, tanto da demanda a que se espera que o processo responda quanto do tempo necessário para o processo realizar suas diversas atividades. Claramente, na realidade, isso não acontece. Assim, é importante considerar a variabilidade que pode afetar os processos e levar isso em consideração.

Há muitas razões pelas quais ocorre variabilidade nos processos. Podem ser incluídas aqui a entrega tardia (ou antecipada) de materiais, informações ou clientes, o mau funcionamento temporário ou a quebra de tecnologia de processamento dentro de uma etapa do processo, o retrabalho de materiais, informações ou clientes *mal processados*, voltando a uma etapa anterior do processo, variação nas exigências de itens sendo processados etc. Todas essas fontes de variações interagem entre si, mas resultam em dois tipos fundamentais de variabilidade:

▶ Variabilidade na demanda a ser processada em uma etapa individual dentro do processo, geralmente expressa em termos de variação nos tempos de chegada dos itens a serem processados.

▶ Variação no tempo para desempenhar as atividades (por exemplo, processar uma unidade) em cada estágio.

Comentário crítico

Alguns comentaristas são críticos da própria ideia de pensar em termos de *processos*. Eles afirmam que a definição de tarefas como processos incita os gerentes a ver todas as atividades como um conjunto de atividades rotineiras semelhantes a máquinas, beirando o irracional. Na melhor das hipóteses, incentiva passar pelas etapas de um processo sem pensar no que realmente está envolvido (o que é conhecido como *ticar burocraticamente um item*). Na pior das hipóteses, definir todas as atividades na definição do *processo* aniquila a humanidade essencial da vida profissional. O contra-argumento é que isso é um mal-entendido do que é (ou deveria ser) entendido por um *processo*, que é simplesmente uma estrutura em torno da qual você pode pensar sobre quem deve fazer o quê e quando. Significa simplesmente que alguém pensou e descreveu como fazer algo. Os processos não precisam necessariamente ser formais, altamente restritos ou detalhados — embora possam ser. Quando um processo é visto como muito rígido, geralmente é porque foi projetado inadequadamente para sua posição volume-variedade.

Para compreender o efeito da variabilidade de chegada de itens transformados no desempenho do processo, é útil examinar, primeiro, o que ocorre com o desempenho do processo em um processo muito simples, em que o tempo de chegada muda sob condições de nenhuma variabilidade. Por exemplo, o processo simples ilustrado na Figura 6.15 é composto de um estágio que processa em exatamente 10 minutos de trabalho. Os itens chegam ao processo a uma taxa constante e previsível. Se a taxa de chegada for de uma unidade a cada 30 minutos, o processo estará sendo utilizado por apenas 33,33% do tempo, e os itens nunca terão que esperar para serem processados. Isso é demonstrado como o ponto A da Figura 6.15. Se a taxa de chegada aumentar para uma unidade a cada 20 minutos, a utilização aumentará para 50% e, novamente, os itens não terão que esperar para ser processados. Esse é o ponto B da Figura 6.15. Se a taxa de chegada aumentar para uma unidade a cada 10 minutos, o processo estará agora totalmente utilizado, mas, como uma unidade chega exatamente quando a anterior terminou de ser processada, nenhuma unidade precisará esperar. Esse é o ponto C da Figura 6.15. Entretanto, se a taxa de chegada exceder uma unidade a cada 10 minutos, a fila de espera em frente à atividade de processo aumentará indefinidamente, situação demonstrada pelo ponto D da Figura 6.15. Assim, em um mundo perfeitamente constante e previsível, a relação entre o tempo de espera do processo e a utilização é uma função retangular, como ilustrado pela linha pontilhada na Figura 6.15.

> **Princípio de produção**
> A variabilidade de um processo age para reduzir sua eficiência.

Entretanto, quando o tempo de chegada e o tempo de processamento forem variáveis, algumas vezes o processo terá itens à espera para serem processados, enquanto em outros momentos o processo estará ocioso, esperando pela chegada de itens. Assim, o processo tanto terá uma fila média *diferente de zero* como estará sendo subutilizado no mesmo período. Portanto, um ponto mais realista é ilustrado como o ponto X na Figura 6.15. Se o tempo médio de chegada for alterado com a mesma variabilidade, a linha curva na Figura 6.15 indicaria a relação entre o tempo médio de espera e a utilização do processo. À medida que o processo se aproximar de 100% de utilização, maior será o tempo médio de espera. Colocando de outra forma, a única maneira de garantir tempos de espera bem baixos é submeter o processo a uma baixa utilização.

Quanto maior a variabilidade do processo, maior o tempo de espera — a relação de utilização desvia-se da função retangular simples nas condições de *nenhuma variabilidade* ilustrada na Figura 6.15. Um conjunto de curvas para um processo típico é demonstrado na Figura 6.16(a). Esse fenômeno tem implicações

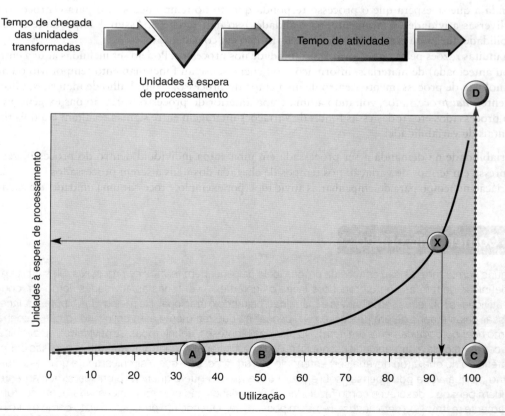

Figura 6.15 Relação entre a utilização de processo e o número de itens à espera de processamento para tempos de processo e de chegada constantes e variáveis.

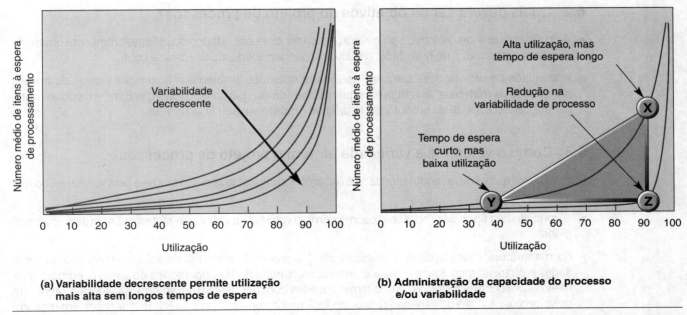

Figura 6.16 Relação entre a utilização de processo e o número de itens à espera de processamento por tempos de chegada e tempos de atividade variáveis.

importantes para o projeto de processos. De fato, ele apresenta três opções aos projetistas de processos que desejam aprimorar o tempo de espera ou o desempenho de utilização de seus processos, como ilustrado na Figura 6.16(b):

- Aceitar tempos médios de espera longos e alcançar alta utilização (ponto X).
- Aceitar utilização baixa e alcançar tempos médios de espera baixos (ponto Y).
- Reduzir a variabilidade nos tempos de chegada, tempos de atividade, ou ambos, e alcançar alta utilização e baixos tempos de espera (ponto Z).

Para analisar processos com variabilidade nos tempos de chegada e tempos de atividade, pode-se usar análise de filas ou de *filas de espera*. Isso é tratado no suplemento do Capítulo 11. Entretanto, não menospreze a relação ilustrada nas Figuras 6.15 e 6.16 como um fenômeno técnico menos importante. É bem mais do que isso. Ele identifica uma escolha importante no projeto do processo, que pode ter implicações estratégicas. O que é mais importante para uma empresa: tempo de atravessamento rápido ou alta utilização de seus recursos? A única forma de ter os dois simultaneamente é reduzir a variabilidade de seus processos, o que pode, por si só, exigir decisões estratégicas, como limitar o grau de customização de produtos ou serviços ou impor limites mais rígidos ao modo como os produtos e serviços podem ser entregues aos clientes, e assim por diante. Isso também demonstra um ponto importante a respeito da gestão do processo no dia a dia — o único modo de garantir 100% de utilização dos recursos é aceitar um volume de trabalho em progresso e/ou um tempo de espera infinito.

> **Princípio de produção**
> A variabilidade do processo resulta em espera e subutilização simultâneas de recursos.

Respostas resumidas às questões-chave

6.1 O que é projeto de processos?

- Projeto é a atividade que molda a forma física e o propósito de produtos e serviços e os processos que os produzem.
- É mais provável que essa atividade de projeto seja bem-sucedida se houver coordenação entre as atividades complementares de projeto de produto ou serviço e projeto do processo.

210 **PARTE 2** PROJETO DA OPERAÇÃO

6.2   Quais devem ser os objetivos do projeto de processos?

▶ A finalidade geral do projeto de processos é atender às necessidades dos clientes mediante obtenção de níveis apropriados de qualidade, velocidade, confiabilidade, flexibilidade e custo.

▶ A atividade de projeto deve também considerar questões ambientais. Isso inclui exame da fonte e adequação de materiais, as fontes e as quantidades de energia consumidas, o volume e o tipo de material descartado, a vida do produto e o estado do produto em seu final de vida.

6.3   Como o volume e a variedade afetam o projeto de processos?

▶ A natureza global de qualquer processo é fortemente influenciada pelo volume e pela variedade do que será processado.

▶ O conceito dos tipos de processos resume como o volume e a variedade afetam o projeto do processo global

▶ Na manufatura, esses tipos de processos são (na ordem do aumento de volume e redução da variedade) projeto, *jobbing*, lotes, massa e processos contínuos. Nas operações de serviço, embora haja menos consenso na terminologia, os termos usados com frequência (novamente na ordem do aumento de volume e redução da variedade) são serviços profissionais, lojas de serviço e serviços em massa.

6.4   Como os processos são projetados em detalhes?

▶ Inicialmente, os processos são projetados ao dividi-los em suas atividades individuais. Com frequência, símbolos comuns são usados para representar os tipos de atividade. A sequência de atividades em um processo é então indicada pela sequência de símbolos representando as atividades. Isso é denominado *mapeamento do processo*. Projetos alternativos de processo podem ser comparados usando mapas de processo e melhoria de processos considerados em termos de seus objetivos de desempenho das operações.

▶ O desempenho do processo em termos de tempo de atravessamento, trabalho em progresso e tempo do ciclo é relacionado por uma fórmula conhecida como Lei de Little: tempo de atravessamento é igual ao trabalho em progresso multiplicado pelo tempo de ciclo.

▶ A variabilidade tem efeito significativo sobre o desempenho dos processos, particularmente a relação entre tempo de espera e utilização.

ESTUDO DE CASO
A Action Response Applications Processing Unit (ARAPU)

Introdução

A Action Response é uma instituição de caridade de Londres dedicada a fornecer respostas rápidas a situações críticas em todo o mundo. Foi fundada por Susan N'tini, sua executiva-chefe, para fornecer ajuda relativamente a curto prazo para pequenos projetos até poderem obter recursos de grandes doadores. A instituição recebe solicitações de ajuda em dinheiro, geralmente de alguma instituição de caridade intermediária, e procura processar rapidamente os pedidos, fornecendo recursos financeiros onde e quando são necessários. *"Dê a um homem um peixe e você o alimentará hoje. Ensine-o a pescar e você o alimentará por toda a vida. É um antigo ditado que faz sentido, mas — é aí onde a Action Response entra — ele pode estar com fome enquanto está aprendendo a pescar"* (Susan N'tini).

Todavia, Susan tem algumas apreensões. Enfrenta dois problemas em particular. Primeiro, está recebendo reclamações de que os recursos financeiros não estão chegando com a rapidez necessária. Segundo, os custos da operação estão entrando em uma espiral de alta. Ela explica: *"Estamos nos tornando vítimas do próprio sucesso. Esforçamo-nos para fornecer maior acessibilidade a nossos recursos; as pessoas podem ter acesso a formulários de solicitação pela Internet, pelo correio ou por telefone. No entanto, estamos em perigo de perder o que conquistamos. Está demorando muito para arrumarmos o dinheiro e destinar aos necessitados e nossos custos estão crescendo. Corremos o perigo de não cumprir um de nossos objetivos-chave: minimizar a proporção de nossos gastos destinados à administração. Ao mesmo tempo, sempre precisamos estar cientes do risco da má publicidade em razão de tomarmos decisões incorretas. Se não conferirmos atentamente as solicitações, o dinheiro pode chegar a mãos erradas e, se os jornais ficarem sabendo, corremos o risco real de perder a confiança e, assim, os recursos financeiros de nossos muitos colaboradores."*

Susan faz reuniões regulares com as principais partes interessadas. Uma instituição de caridade que lida com grande número de solicitações de pessoas da Nigéria disse-lhe das frequentes reclamações de atrasos no processamento dos pedidos de ajuda. Outra instituição de caridade representativa reclamou que, quando telefonou para saber sobre a posição de um pedido, os funcionários da ARAPU pareciam não saber onde estava o formulário ou quanto tempo demoraria o atendimento. Além disso, achava que essa falta de informação estava desgastando seu relacionamento com os próprios clientes, alguns dos quais estavam, consequentemente, perdendo a confiança nele. *"Confiança é muito importante no relacionamento"*, explicou.

Alguns dos colegas de Susan, embora concordassem bastante com suas ansiedades sobre a responsividade e eficiência da organização, assumiram uma perspectiva um pouco diferente. *"Uma das coisas realmente boas sobre a Action Response é que somos mais flexíveis do que a maioria das instituições de caridade. Se houver uma necessidade e se precisarem de apoio até que uma das instituições de caridade maiores possa intervir, sempre consideraremos um pedido de ajuda. Não gostaria de ver qualquer movimentação para a alta eficiência do processo prejudicando nossa habilidade de estar abertos e considerar os pedidos que possam parecer pouco comuns, no início"* (Jacqueline Horton, assessora de atendimento).

Outros viam a instituição desempenhando importante papel de aconselhamento. *"Lembre-se de que conquistamos muita experiência nesse tipo de ajuda em curto prazo. Frequentemente, somos as primeiras pessoas que estão em posição de aconselhar sobre como se candidatar a um auxílio financeiro maior e a prazo mais longo. Se desenvolvêssemos esse aspecto de nosso trabalho, estaríamos, novamente, preenchendo uma necessidade que não é adequadamente suprida no momento"* (Stephen Nyquist, assessor de atendimento).

Unidade de Processamento de Inscrições da Action Response (ARAPU)

Receptores potenciais de ajuda, ou instituições de caridade intermediárias que os representam, candidatam-se aos recursos financeiros preenchendo um formulário-padrão. Esses formulários podem ser baixados da Internet ou solicitados por uma linha telefônica especial de ajuda. Às vezes, o pedido virá diretamente de um líder comunitário, mas é mais comum chegar por uma instituição de caridade intermediária que ajudará o candidato a preencher o formulário. O pedido é enviado à ARAPU, geralmente por fax ou correio (alguns eram submetidos on-line, mas poucas comunidades têm essa facilidade).

A ARAPU emprega sete assessores de atendimento que trabalham com funcionários de apoio responsáveis pela entrada de dados, codificação, arquivamento e *conclusão* (funcionários que preparam o pagamento ou explicam por que a ajuda não pode ser dada). Além disso, um conselho de curadores não remunerados reúne-se todas as quintas-feiras para aprovar as decisões dos assessores. O sistema de TI da unidade mantém registros de todas as transações, fornecendo informações atualizadas sobre o número de solicitações recebidas, aprovadas, recusadas e os pagamentos alocados. Esses

212   PARTE 2 PROJETO DA OPERAÇÃO

relatórios identificavam que a unidade recebia cerca de 300 novas solicitações por semana e respondia o mesmo número (a unidade opera por 35 horas semanais). No entanto, enquanto os alvos financeiros da unidade estavam sendo atendidos, a tendência indicava que o custo por solicitação estava aumentando. A meta para o percurso de uma solicitação, da recepção à resposta, era de 20 dias e, embora isso não fosse medido formalmente, assumia-se, geralmente, que o tempo era maior do que esse. A precisão nunca havia sido um problema, à medida que todos os arquivos eram profundamente avaliados para assegurar que todos os dados relevantes fossem coletados antes que as solicitações fossem processadas. A produtividade parecia alta e havia sempre muito trabalho à espera para ser processado em cada seção, com exceção de que, às vezes, os *concluintes* estavam esperando o trabalho chegar do comitê em uma quinta-feira. Susan havia conduzido uma inspeção nas bandejas de entrada de documentação de todas as seções e espantou-se muito ao ver 2 mil arquivos à espera no processo, sem contar aqueles que aguardavam por mais informações.

Processamento das solicitações

O processamento das solicitações é um procedimento extenso, que requer exame cuidadoso pelos assessores que são treinados para fazer avaliações bem fundamentadas e alinhadas às orientações e aos valores da instituição de caridade. As solicitações que chegam são abertas por um dos quatro funcionários de *recepção*, que conferem se todos os formulários necessários foram incluídos no pedido; esses funcionários demoram cerca de 10 minutos examinando cada solicitação. As solicitações são encaminhadas em lotes aos funcionários de codificação, duas vezes ao dia. Os cinco funcionários de codificação alocam um identificador para cada solicitação e introduzem as informações sobre a solicitação no sistema. O estágio de codificação demora cerca de 20 minutos por solicitação. Depois, os arquivos são enviados à mesa da secretária do assessor-chefe de atendimento. À medida que os assessores ficam disponíveis, a secretária fornece o próximo pedido que está na fila.

Semanalmente, cerca de 100 casos examinados pelos assessores são postos de lado após apenas 10 minutos de *verificação*, porque as informações são ambíguas, necessitando, assim, de alguns esclarecimentos. O assessor devolve esses arquivos às secretarias, que escrevem aos solicitantes (geralmente por intermédio de uma instituição de caridade intermediária) pedindo mais informações. O arquivo é devolvido aos *funcionários*, que o *guardam* até que as informações solicitadas cheguem (geralmente, entre 1 e 8 semanas). Chegadas as informações, o arquivo entra no processo e segue novamente as mesmas etapas. Dos pedidos que não requerem informações adicionais, cerca de metade (150) é aceita e a outra metade (150) é negada. Em média, os pedidos que não foram *reciclados* demoram cerca de 60 minutos para avaliação.

Todos os pedidos, sejam aprovados, sejam negados, são armazenados antes da ratificação. Todas as quintas-feiras, o Comitê de Curadores reúne-se formalmente para aprovar as decisões dos assessores. O papel do comitê é fazer uma amostragem das decisões para assegurar-se de que as orientações da instituição foram obedecidas. Além disso, ele revisará casos particulares destacados pelos assessores. Uma vez aprovados pelo comitê, os arquivos são encaminhados aos funcionários responsáveis pelo atendimento dos pedidos. Há três funcionários que cuidam dos pedidos não aprovados, cuja principal responsabilidade é compilar uma resposta adequada ao candidato, indicando o porquê de o pedido não ter sido aceito, oferecendo, se possível, alguma orientação útil. Um funcionário experiente demora cerca de 30 minutos para finalizar o arquivo e redigir uma carta adequada. Os arquivos de pedidos aprovados são transferidos a quatro funcionários responsáveis pelo *pagamento*; novamente o arquivo é concluído, cartas (principalmente cartas padronizadas) são criadas e as instruções de pagamento são encaminhadas ao banco. Isso, geralmente, demora em torno de 50 minutos, incluindo quaisquer solicitações do banco sobre detalhes do pagamento. Por fim, a papelada é encaminhada, com o restante do arquivo, a dois funcionários de *despacho*, que completam os documentos e os enviam pelo correio ao candidato. A atividade de despacho demora, em média, 10 minutos por solicitação.

O sentimento entre os funcionários era geralmente bom. Quando Susan os consultava, afirmavam que o trabalho era claro e rotineiro, mas não se sentiam bem quando alguma instituição ligava e pedia informações sobre a posição da solicitação que havia submetido. Podia demorar horas, às vezes dias, para encontrar qualquer arquivo individual. De fato, dois dos funcionários de *recepção* estavam trabalhando quase em tempo integral nessa atividade. A equipe também informou que as instituições de caridade costumavam reclamar que a tomada de decisão parecia lenta.

QUESTÕES

1. Quais objetivos o processo da ARAPU deve estar tentando atingir?

2. Qual é o principal problema com o atual processo da ARAPU?

3. Como o processo da ARAPU poderia ser aprimorado?

CAPÍTULO 6 PROJETO DE PROCESSOS **213**

Problemas e aplicações

Todos os capítulos dispõem de questões do tipo *Problemas e aplicações*, que ajudarão o leitor a praticar a análise das operações. Elas podem ser respondidas com a leitura do capítulo.

1. Visite uma agência bancária e considere as seguintes questões:

   (a) Que categorias de serviço o banco parece oferecer?

   (b) Até que ponto o projeto do banco separa os processos para cada um dos seus tipos de serviço?

   (c) Quais são os diferentes objetivos do projeto de processos para cada categoria de serviço?

2. Quase todos nós estamos familiarizados com as operações de restaurantes *fast-food do tipo drive-through* descritas neste capítulo. Pense em (melhor ainda, visite) um serviço *drive-through* e tente mapear o que você pode ver (ou lembrar) do processo (além do que você pode deduzir do que pode estar acontecendo *nos bastidores*).

3. A International Frozen Pizza Company (IFPC) opera mundialmente em três mercados. O mercado 1 é o seu maior mercado, onde vende 25.000 toneladas de pizza por ano. Nesse mercado, ela é comercializada sob o nome de *Aunt Bridget's Pizza* e se posiciona como fazendo pizza *exatamente como sua tia Bridget costumava fazer* (pelo jeito, ela era boa nisso). Também é conhecida pela inovação, introduzindo regularmente coberturas de pizza novas e sazonais. Normalmente, vende cerca de 20 variedades de pizza a qualquer momento. O mercado 2 é menor, vendendo cerca de 20.000 toneladas por ano sob sua marca *Poppet's Pizza*. Embora menos inovador que o mercado 1, ainda vende cerca de 12 variedades de pizza. O mercado 3 é o menor dos três, vendendo 10.000 toneladas por ano de pizzas de qualidade relativamente alta, sob sua marca *Deluxe Pizza*. Assim como a Aunt Bridget's Pizza, a Deluxe Pizza também vende uma gama de produtos relativamente grande para o tamanho de seu mercado. Atualmente, os mercados 1 e 3 usam relativamente pouca automação e contam com um grande número de pessoas, empregadas em um sistema de turnos, para montar seus produtos. O mercado 2 sempre quis adotar processos de produção mais automatizados e usa uma mistura de montagem automatizada e montagem manual. Agora, a gerência do mercado 2 desenvolveu um sistema de montagem de pizza quase totalmente automatizado (APAS). Afirmam que o sistema APAS poderia reduzir significativamente os custos e deveria ser adotado pelos demais mercados. Os mercados 1 e 3 são céticos. "*Pode ser mais barato, mas não dá conta de uma grande variedade de produtos*", é a resposta. Use a matriz produto-processo para explicar a proposta da gerência do mercado 2.

4. Uma empresa de marketing direto vende equipamentos para cozinha por meio de uma rede de representantes locais que trabalham de casa. Normalmente, os pedidos individuais geralmente contêm de 20 a 50 itens individuais. Grande parte do processo de embalagem é padronizado e automático. O Vice-Presidente de Distribuição tem orgulho de seu centro de distribuição. "*Temos uma operação de **atendimento de pedidos** eficiente, com custos mais baixos por pedido, poucos erros de embalagem e tempos de processamento rápidos. Nosso principal problema é que a operação foi projetada para grandes volumes, mas o negócio de marketing direto com representantes está, em geral, em lento declínio lento, porém constante.*" Cada vez mais, os clientes estão se movendo para usar o *site* recém-lançado da empresa ou apenas compram em supermercados e lojas de descontos. Cedendo ao inevitável, a empresa começou a vender seus produtos em lojas de descontos. O problema é como distribuir seus produtos por esses novos canais. Eles devem modificar sua operação de atendimento existente ou subcontratar o negócio para transportadoras especializadas? "*Embora nosso sistema seja ótimo no que faz, seria difícil lidar com tipos muito diferentes de pedidos. Os pedidos do site denotam que teremos de lidar com um número muito maior de clientes individuais, dos quais cada um fará pedidos relativamente pequenos para um ou dois itens. Não estamos preparados para lidar com esse tipo de pedido. Teríamos o problema oposto ao entregar em lojas de desconto. Lá, em comparação, poucos clientes fariam grandes pedidos para uma gama relativamente pequena de produtos. Esse é o tipo de trabalho para uma empresa de distribuição convencional. Outra opção seria aceitar uma oferta de uma empresa não concorrente, que vende seus produtos de forma muito semelhante.*" Quais são as implicações dos diferentes canais de vendas para o centro de distribuição existente?

5. Volte ao exemplo do caso que examina o negócio de imóveis modulares da Legal &General. O uso de uma fábrica para *montar* casas invalida a ideia de que volume e variedade controlam a natureza dos processos de produção?

6. Uma lanchonete de produtos especiais tem uma demanda diária de 250 sanduíches e opera por 10 horas.

   (a) Qual é o tempo de ciclo necessário, em minutos?

214 **PARTE 2** PROJETO DA OPERAÇÃO

(b) Supondo que cada sanduíche exija 7,2 minutos de trabalho, quantos atendentes são necessários?

(c) A lanchonete tem um processo em três estágios para a preparação dos sanduíches. O estágio 1 leva 2,0 minutos; o estágio 2, 3,0 minutos; e o estágio 3, 2,2 minutos. Qual é a perda de balanceamento para o processo?

7. No teatro, o intervalo durante uma performance de *Rei Lear* dura 20 minutos e, nesse período, 86 pessoas precisam usar as cabines individuais dos sanitários. Na média, uma pessoa gasta 3 minutos em uma cabine, e existem 10 delas à disposição.

(a) O teatro tem cabines suficientes para lidar com a demanda?

(b) Se não há uma quantidade suficiente, qual deveria ser o período de intervalo para atender à demanda?

8. *"Esse é um problema real para nós"*, disse Angnyeta Larson, *"Agora temos apenas 10 dias úteis entre todas as reivindicações de despesas provenientes dos coordenadores de departamento e a autorização de pagamentos na folha de pagamento do próximo mês. Isso realmente não é tempo suficiente e já estamos com problemas durante os horários de pico"*. Angnyeta era a chefe do departamento de controle financeiro interno de uma agência metropolitana no sul da Suécia. Parte das responsabilidades de seu departamento incluía verificar e processar declarações de despesas de funcionários em toda a agência metropolitana e autorizar o pagamento à seção de folha de pagamento de salários. Ela contava com 12 funcionários treinados para verificar os pedidos de reembolso de despesas e todos se dedicavam em tempo integral ao processamento dos pedidos nas 2 semanas (10 dias úteis) anteriores ao prazo para informar a seção de salários. O número de pedidos apresentados ao longo do ano era, em média, de cerca de 3.200, mas este pode variar entre 1.000 durante os meses tranquilos de verão e 4.300 nos meses de pico. O processamento de pedidos envolvia a verificação de recibos, de que os pedidos cumpriam os rigorosos requisitos financeiros para diferentes tipos de despesas e de todos os cálculos, a obtenção de mais dados do solicitante, se fosse preciso, e (finalmente) o envio de uma notificação de aprovação para pagamento. O tempo total de processamento levava em média 20 minutos por solicitação.

(a) De quantos funcionários o processo precisa, em média, para a demanda mais baixa e para a demanda mais alta?

(b) Se um processo mais automatizado, envolvendo o envio eletrônico de solicitações, pudesse reduzir o tempo médio de processamento para 15 minutos, que efeito isso teria na quantidade necessária de pessoal?

(c) Se os coordenadores de departamentos pudessem ser persuadidos a apresentar seus pedidos em lote e mais cedo (nem sempre possível para todos os departamentos), de modo que o tempo médio entre o envio dos pedidos ao departamento financeiro e o prazo para informar a seção de salários fosse aumentado para 15 dias úteis dias, que efeito isso teria?

9. A sede de uma grande agência de publicidade oferecia um serviço a todas as suas subsidiárias globais, que incluía a elaboração de um orçamento que era apresentado a potenciais clientes no momento de fazer uma *oferta* para um novo trabalho. Esse serviço era oferecido anteriormente apenas a algumas das subsidiárias do grupo. Agora que seria oferecido em todo o mundo, considerou-se apropriado organizar o processo de compilação de estimativas de orçamento de forma mais sistemática. Estimou-se que a demanda mundial por esse serviço seria em torno de 20 orçamentos por semana e que, em média, o pessoal que faria essas estimativas estaria trabalhando 35 horas semanais. Os elementos dentro da tarefa total de compilar uma estimativa orçamentária são mostrados na Tabela 6.3.

Tabela 6.3 Os elementos dentro da tarefa total de compilar uma estimativa de orçamento.

Elemento	Tempo (minutos)	Que elemento(s) deve(m) ser feito(s) antes deste?
A – obter estimativa de tempo dos criadores	20	Nenhum
B – obter prazos dos responsáveis pela conta	15	Nenhum
C – obter estimativa da produção da arte	80	Nenhum
D – cálculos preliminares do orçamento	65	A, B e C
E – verificar o orçamento do cliente	20	D
F – verificar a disponibilidade de recursos e ajustar a estimativa	80	D
G – completar a estimativa final do orçamento	80	E e F

CAPÍTULO 6 PROJETO DE PROCESSOS

(a) Qual é o tempo de ciclo necessário para esse processo?

(b) Quantas pessoas o processo exigirá para cumprir a demanda antecipada de 20 estimativas por semana?

(c) Supondo que o processo deva ser projetado com um arranjo *longo e fino*, que elementos deveriam ser completados em cada estágio? E qual seria a perda de balanceamento para esse processo?

(d) Supondo que, no lugar do projeto *longo e fino*, dois processos paralelos fossem projetados, cada um com metade do número de estações do projeto longo e fino, qual seria agora a perda de balanceamento?

10. Releia o exemplo *O metrô de Londres enfrenta um gargalo* em *Operações na prática*. Com base nesse exemplo, quais lições gerais você consegue obter sobre os processos de projeto para multidões de pessoas?

Leitura complementar selecionada

Damelio, R. (2011) *The Basics of Process Mapping*, 2. ed., Productivity Press, Nova York, NY.
Um livro abrangente e atualizado para o profissional.

Hammer, M. (1990) Reengineering work: don't automate, *obliterate, Harvard Business Review*, jul.-ago.
Esse é o artigo que lançou toda a ideia de processos de negócios e de gestão de processos em geral para um público gerencial mais amplo. Levemente desatualizado, mas vale a pena a leitura.

Harrington, H.J. (2011) *Streamlined Process Improvement*, McGraw Hill Professional, Nova York, NY.
Harvard Business Review (2011) *Improving Business Processes* (Harvard Pocket Mentor), Harvard Business School Press, Boston, MA.
Uma coleção de artigos do Harvard Business Review (HBR).

Hopp, W.J. e Spearman, M.L. (2011) *Factory Physics*, 3. ed., Waveland Press Inc., Long Grove, IL.
Muito técnico, portanto não se preocupe se não estiver preparado para a matemática. Entretanto, tem algumas análises fascinantes, principalmente em relação à Lei de Little.

Ramaswamy, R. (1996) *Design and Management of Service Processes*, Addison-Wesley Longman, Reading, MA.
Uma abordagem relativamente técnica para o projeto de processos em um ambiente de serviço.

Slack, N. (2017) *The Operations Advantage: A Practical Guide to Making Operations Work*, Kogan Page, Londres.
O capítulo sobre processos internos estende algumas das questões discutidas aqui.

Sparks, W. (2016) *Process Mapping Road Trip: Improve Organizational Workflow in Five Steps*, Promptitude Publishing, Washington, DC.
Um guia para o profissional — direto e sensato.

Notas do capítulo

1. As informações nas quais este exemplo é baseado foram retiradas de: Zhang, S. (2016) "How to fit the world's biggest indoor waterfall in an airport", *Wired*, 9 jul.; Airport Technology (2014) Terminal 4, Changi International Airport, https://www.airport-technology.com/projects/terminal-4-changi-international-airport-singapore/ (Acesso em: set. 2021); Driver, C. (2014) And the winners are... Singapore crowned the best airport in the world (and Heathrow scoops top terminal), Mailonline, 28 mar., https://www.dailymail.co.uk/travel/article-2591405/Singapore-crowned-best-airportworld-Heathrow-scoops-terminal.html (Acesso em: set. 2021).

2. Tempo de batida (*takt time*) é um termo originado pela Toyota, a montadora de automóveis. É a sua adaptação da palavra alemã *taktzeit*, que significa originalmente *ciclo do relógio*.

3. As informações nas quais este exemplo é baseado foram retiradas de: Oches, S. (2013) The drive-thru performance study, *QSR magazine*, set.; Horovitz, A. (2002) Fast food world says drive-

through is the way to go, *USA Today*, 3 abr.; Richtel, M. (2006) The long-distance journey of a fast-food order, *The New York Times*, 11 abr., https:// www.nytimes.com/2006/04/11/technology/the-longdistance-journey-of-a-fastfood-order.html (Acesso em: set. 2021).

4. Press Association (2012) Standardised bed chart 'could prevent hundreds of hospital deaths', *Guardian*, 27 jul.

5. As informações nas quais este exemplo é baseado foram retiradas de: Wilmore, J. (2019) We take a look around L&G's housing factory, *Inside Housing*, 14 fev.; site da Legal and General Modular Homes, https://www.legalandgeneral.com/modular/a-modern-method/; "The built environment: Achieving a resilient recovery with the circular economy", relatório da Ellen MacArthur Foundation, https://www.ellenmacarthurfoundation.org/our-work/activities/covid-19/policy-and-investment-opportunities/the-built-environment (Acesso em: ago. 2021).

6. As informações nas quais este exemplo é baseado foram retiradas de: Qureshi, W. (2020) Ecover relaunches biodegradable detergents in PCR plastic, *Packaging News*, 21 jan.; Cornwall, S. (2013) Ecover announces world-first in plastic packaging, *Packaging Gazette*, 7 mar.; site da Ecover, http://www.ecover.com (Acesso em: ago. 2021).

7. A ideia da matriz produto-processo foi apresentada originalmente em um formato diferente em Hayes, R.H. e Wheelwright, S.C. (1984) *Restoring our Competitive Edge: Competing Through Manufacturing*, John Wiley & Sons, Inc., Nova York, NY.

8. Um aviso a respeito dessa ideia: embora logicamente coerente, esse é um modelo conceitual e não algo que possa ser *escalonado*. Embora seja intuitivamente óbvio que o desvio da diagonal aumente os custos, é muito difícil determinar o valor exato pelo qual os custos aumentarão.

9. As informações nas quais este exemplo é baseado foram retiradas de: Sutherland, E. (2017) Weihai and mighty, *Drapersonline*, 16 jun.; e www.sandsfilms.co.uk (Acesso em: ago. 2021).

10. "Global fashion industry statistics — international apparel", *Fashion United*, http://www.fashionunited.com/global-fashion-industry-statistics-international-apparel (Acesso em: ago. 2021).

11. Citado no *site* do Dishang Group, www.dishang-group.com (Acesso em: ago. 2021).

12. Shostack, G.L. (1984) Designing services that deliver, *Harvard Business Review*, 62 (1) 133-9.

13. As informações nas quais este exemplo é baseado foram retiradas de: Matthews, T. e Trim, L. (2019) London Underground: why it would be better if we stood on both sides of the escalators, *MyLondon Local News*, 13 ago.; Sleigh, S. (2017) TfL scraps standing only escalators — despite trial being deemed a "success", *London Evening Standard*, 8 mar.

14. Há muitos estudos que investigam essa questão; ver, por exemplo, Thomsen, J.F., Mikkelsen, S., Andersen, J.H., Fallentin, N., Loft, I.P., Frost, P., Kaergaard, A., Bonde, J.P. e Overgaard, E. (2007) Risk factors for hand-wrist disorders in repetitive work, *Occupational and Environmental Medicine*, 64 (8) 527-33.

7 Arranjo Físico das Instalações

QUESTÕES-CHAVE

7.1 Como o arranjo físico das instalações influencia o desempenho?

7.2 Quais são os tipos básicos de arranjo físico e como eles afetam o desempenho?

7.3 Como a aparência das instalações de uma operação afeta seu desempenho?

7.4 Que informações e análises são necessárias para o projeto do arranjo físico e a aparência das instalações?

INTRODUÇÃO

O arranjo físico das instalações de uma operação determina seu posicionamento físico em relação a outras e sua aparência estética. Isso significa decidir onde colocar todas as instalações, mesas, máquinas e equipamentos da operação. Como pessoas e instalações atuam juntas na maioria das operações, isso também afeta como e onde os funcionários operam dentro da operação. Também trata da aparência física de uma operação em um sentido mais amplo — uma questão que é vista como cada vez mais importante, dado o efeito que tem sobre as pessoas que trabalham na operação e quaisquer clientes que *experimentam* a operação. Tanto o arranjo físico quanto a aparência das instalações controlam o modo como uma operação é segura, atraente, flexível e eficaz. Elas também determinam o modo pelo qual os recursos transformados — materiais, informações e clientes — fluem pela operação. Por todos esses motivos, essa é uma atividade importante. É a primeira coisa que a maioria de nós observa quando entra em uma operação. Além disso, mudanças relativamente pequenas no arranjo físico — mudança de local dos produtos em um supermercado, a decoração de um restaurante, a mudança de salas em um centro esportivo ou mudanças na localização de uma máquina em uma fábrica — podem afetar o fluxo pela operação e, por sua vez, seus custos e a eficácia geral da operação. A Figura 7.1 mostra a atividade do arranjo físico no modelo geral de projeto da produção. Neste capítulo, examinamos rapidamente o que os gerentes de produção estão tentando alcançar quando mudam o arranjo físico de suas instalações, descrevemos uma série de *tipos de arranjo físico* reconhecidos, analisamos como a aparência física das operações influencia a sua eficácia e observamos as informações necessárias para decidir sobre o arranjo físico das instalações.

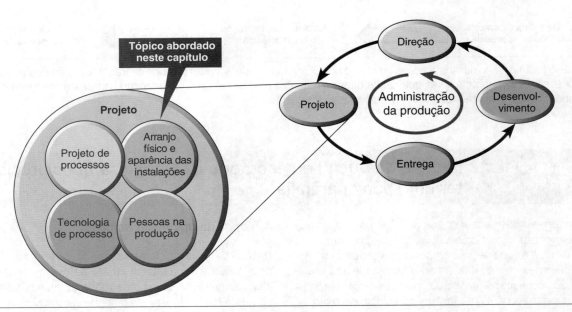

Figura 7.1 Este capítulo examina o arranjo físico das instalações.

7.1 Como o arranjo físico das instalações influencia o desempenho?

O *arranjo físico* (ou *layout*) de uma operação ou processo significa como seus recursos de transformação são posicionados entre si e como sua aparência geral é projetada. Essas decisões irão ditar o padrão e a natureza de como os recursos transformados progridem pela operação ou processo. Elas também afetam o modo como as pessoas que participam da operação e, em operação com alta visibilidade (em que os clientes formam parte do recurso transformado), como os clientes avaliam sua experiência de estarem na operação. A Figura 7.2 mostra como o arranjo físico e a aparência das instalações afetam alguns dos fatores sobre os quais as instalações da operação são avaliadas. Ambas são decisões importantes. Se estiverem erradas, poderão levar a padrões de fluxo muito longos ou confusos, longos tempos de processo, operações inflexíveis, fluxos imprevisíveis, altos custos, frustração para as pessoas que trabalham na operação e, em operações com alta visibilidade, uma experiência ruim por parte do cliente.

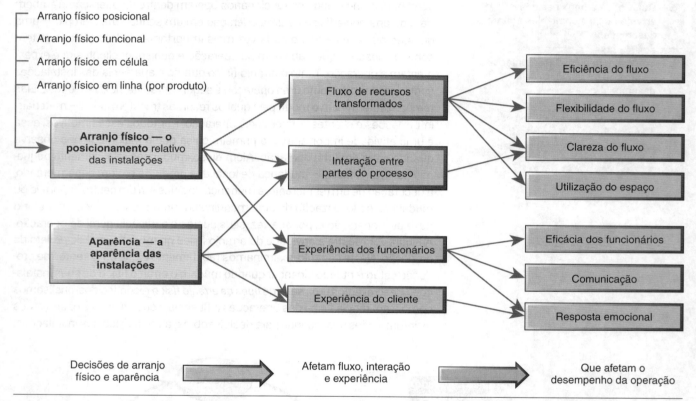

Figura 7.2 O arranjo físico das instalações envolve o posicionamento relativo dos recursos de transformação dentro da operação e dos processos e a aparência geral, que juntos ditam a natureza e o padrão do fluxo de recursos transformados, a experiência dos funcionários e, em operações com alta visibilidade, dos clientes.

OPERAÇÕES NA PRÁTICA

Fábrica da Ducati ou escritório da Google, ambos precisam ter uma boa aparência[1]

Não fique tentado a pensar que os princípios de projeto que controlam o arranjo físico e a aparência de uma fábrica de engenharia e a sede de uma empresa global de alta tecnologia devem ser muito diferentes. O local onde as instalações são posicionadas dentro da operação e sua aparência são importantes para ambos. Aqui estão dois exemplos.

A fábrica da Ducati em Bolonha

Desde 1946, motocicletas são montadas continuamente pela Ducati em sua fábrica atual em Bolonha. Mas agora, além de produzir 350 motos todos os dias na alta temporada, a fábrica recebe visitantes ansiosos para ver como

as famosas motocicletas são feitas. O processo de montagem começa na área de *supermercado* da fábrica. Cada um dos modelos montados pela Ducati tem sua própria zona de *supermercado*. Aqui, bandejas de fabricação são montadas exatamente com as peças certas que serão necessárias para cada uma das etapas subsequentes do processo de montagem. Como esses *kits* de peças correspondem exatamente aos requisitos de cada produto, quaisquer peças deixadas na bandeja ao fim da montagem são uma indicação de que algo deu errado. Livio Lodi, que trabalha na fábrica da Ducati há mais de 26 anos, é o historiador e curador oficial do Museu Ducati no local. Ele explica: *"Com esse novo estilo de produção* **just-in-time***, conseguimos reduzir mais de 85% dos defeitos no produto final. Os engenheiros da Porsche vieram até nós aqui e explicaram como configurar a produção em uma filosofia* just-in-time *que eles receberam originalmente da Toyota"*.

A fábrica também se tornou uma atração turística graças às visitas regulares e populares ao local. Em parte, é uma ferramenta de marketing e relacionamento com o cliente, bem como uma planta de produção. Assim, as instalações devem ser projetadas para acomodar os visitantes, bem como as peças para motocicleta. Aqueles que descrevem o passeio relatam o *"fantástico passeio na fábrica com maravilhosos guias amigáveis"* e como foi *"muito informativo e esclarecedor"* e *"interessante ver todos os aspectos da montagem da maravilhosa motocicleta Ducati"*; eles mencionam algo como *"o museu é ótimo e histórico, com algumas belas motos antigas e algumas ganhadoras de prêmios"*. Muitos visitantes são proprietários de Ducatis, mas a empresa mostra a fábrica e o museu para todos. A Ducati diz que não se importa com o tipo de moto que você tem. Mas, se você andar de Ducati por lá, pode estacionar sua moto dentro dos portões. Se você não, pode deixá-la do lado de fora da entrada.

Escritórios revolucionários da Google

Operações e, portanto, arranjos físicos de operações não se limitam a fábricas, armazéns, lojas e outros espaços de trabalho. Na realidade, muitos de nós que trabalham em operações trabalham em escritórios. Nos serviços financeiros, governamentais, *call centers* e setores criativos, todos trabalham na maior parte do tempo sentados à mesa. Assim, o arranjo físico dos escritórios pode afetar o desempenho das operações para esses setores, tanto quanto o aspecto de uma fábrica. A Google, como muitas empresas de alta tecnologia, está prestando muito mais atenção ao ambiente de trabalho de seus funcionários para melhor promover a criatividade e a produtividade. A Google é famosa pelo uso inovador de seus espaços de trabalho. Isso é porque a Google prospera na criatividade e acredita que os projetos de seus escritórios fornecerão a cada empregado um espaço que incentive a criatividade. Os arranjos físicos dos escritórios da Google são projetados para promover a criatividade e a colaboração. O modo como as pessoas se movem em seu espaço e com quem se encontram e conversam são informações vitais que devem contribuir para qualquer projeto. Além de examinar as necessidades formais do serviço das pessoas, é importante averiguar o comportamento dos funcionários. Por exemplo, onde as pessoas realmente gastam a maior parte de seu tempo? Onde e quando acontecem as reuniões mais produtivas? Onde e quando as pessoas fazem ligações telefônicas? Quando o escritório está mais vazio? Elliot Felix, que liderou a equipe que escreveu as diretrizes de projeto global da Google para seus escritórios, diz que *"os componentes dos escritórios devem se encaixar de forma coesa para que o funcionário tenha uma experiência consistente. Nós jamais estamos apenas falando do espaço, mas de cultura, etiqueta e rituais. O que muitas pessoas esquecem é que impregnamos o espaço com nossos valores"*.

O que torna um arranjo físico bom?

Assim como na maioria das decisões de projeto, o que constitui um *bom* projeto dependerá em parte dos objetivos estratégicos da operação. No entanto, aquilo que é *bom* para qualquer operação específica normalmente será avaliado contra um conjunto comum de critérios, conforme indicado na Figura 7.2. São eles:

PARTE 2 PROJETO DA OPERAÇÃO

▶ *O fluxo de recursos transformados:* a rota tomada pelos recursos transformados à medida que progridem por uma operação ou processo é controlada pela forma como seus recursos transformadores estão posicionados em relação uns aos outros. Muitas vezes, o objetivo é alcançar uma alta eficiência de fluxo que minimize a distância percorrida. Mas nem sempre. Para algumas operações voltadas para o cliente, por exemplo, nos supermercados, os objetivos do arranjo físico podem incluir incentivar os clientes a *fluir* de maneiras específicas, a fim de aumentar as vendas. No entanto, às vezes, a alta eficiência do fluxo pode ser alcançada apenas sacrificando a flexibilidade do fluxo — a capacidade dos recursos transformados de seguir muitas rotas diferentes. Objetivos adicionais podem incluir a clareza do fluxo de materiais e/ou de clientes e um uso eficaz do espaço disponível na operação.

▶ *A interação entre partes do processo:* as instalações ou partes individuais de um processo podem sofrer ou se beneficiar de serem posicionadas próximas umas das outras. Processos sujos não devem ser posicionados próximo a outras partes do processo, já que sua poluição poderia reduzir a eficácia. Processos ruidosos não devem estar localizados perto de processos que exijam concentração (ver o exemplo *Conciliando silêncio e interação no arranjo físico do laboratório* em *Operações na prática*). Por outro lado, pode haver um efeito positivo de localizar partes de uma operação próximas umas das outras, por exemplo, para incentivar a comunicação entre a equipe (ver o exemplo sobre o arranjo físico de escritórios na Google em *Operações na prática*).

▶ *Experiência dos funcionários:* um prerrequisito óbvio para qualquer arranjo físico em qualquer tipo de operação é que não constitua nenhum perigo físico ou emocional para os funcionários. Assim, "saídas de incêndio devem ser claramente marcadas com acesso desobstruído", "os trajetos devem ser claramente definidos e não podem ser confusos" etc. A movimentação desnecessária, causada por um arranjo físico inadequado, consumirá tempo produtivo que poderia ser mais bem utilizado em tarefas agregadoras de valor. No entanto, tão importante quanto isso, é a "aparência, toque, sabor, cheiro e sensação" de uma operação que influenciará a *experiência do funcionário* e, por conseguinte, a produtividade e o moral da equipe.

▶ *Experiência do cliente:* em operações de alta visibilidade, como em lojas ou agências bancárias, o arranjo físico e, particularmente, a aparência de uma operação podem ajudar a moldar sua imagem e a experiência geral dos clientes. O arranjo físico e a aparência podem ser usados como uma tentativa deliberada para estabelecer a marca de uma empresa.

> **Princípio de produção**
>
> O arranjo físico e a aparência da produção e dos processos são importantes porque afetam suas características de fluxo, a interação entre as partes do processo e a experiência de funcionários e clientes.

Conciliação de objetivos

Alguns objetivos, tais como segurança e bem-estar do pessoal, são absolutamente necessários. Outros podem ter de ser comprometidos ou negociados com outros objetivos. Por exemplo, dois processos podem precisar do mesmo equipamento e poderiam compartilhá-lo de forma bastante viável. Isso significaria uma boa utilização do capital usado para adquirir esse equipamento. Mas ambos os processos que o utilizam podem significar rotas de processo mais longas e/ou mais confusas. Comprar dois equipamentos seria subutilizá-los, mas reduziria as distâncias percorridas. O exemplo *Conciliando silêncio e interação no arranjo físico do laboratório* em *Operações na prática* mostra como os objetivos precisam ser conciliados.

7.2 Quais são os tipos básicos de arranjo físico e como eles afetam o desempenho?

Os arranjos físicos mais práticos são derivados apenas de quatro tipos básicos. São eles:

▶ **Arranjo físico posicional.**
▶ **Arranjo físico funcional.**
▶ **Arranjo físico celular.**
▶ **Arranjo físico em linha** (ou por **produto**).

Esses tipos de arranjo físico estão mais ou menos relacionados com os tipos de processos anteriormente descritos no Capítulo 6. Como indicado na Tabela 7.1, um tipo de processo não implica necessariamente um tipo básico de arranjo físico particular.

Tabela 7.1 Tipos de arranjo físico alternativos para cada tipo de processo.

Tipos de processos de fabricação	Tipos de arranjo físico em potencial		Tipos de processo de serviço
Projeto	Arranjo físico posicional Arranjo físico funcional	Arranjo físico posicional Arranjo físico funcional Arranjo físico celular	Serviços profissionais
Jobbing	Arranjo físico funcional Arranjo físico celular	Arranjo físico funcional Arranjo físico celular	Loja de serviço
Lote	Arranjo físico funcional Arranjo físico celular		
Massa	Arranjo físico celular Arranjo físico por produto	Arranjo físico celular Arranjo físico por produto	Serviços em massa
Contínuos	Arranjo físico por produto		

Arranjo físico posicional

O arranjo físico posicional é, de certa forma, uma contradição em termos, já que os recursos transformados não se movem entre os recursos de transformação. Em vez de recursos transformados fluírem por uma operação, quem sofre o processamento fica estacionário, enquanto instalações e pessoas movem-se na medida do necessário. Isso pode ocorrer porque os recursos transformados são muito grandes, muito delicados ou não podem ser movidos de forma conveniente; por exemplo:

▶ *Construção de uma rodovia:* o produto é muito grande para ser movido.
▶ *Cirurgia de coração a céu aberto:* os pacientes estão em estado muito delicado para ser movidos.
▶ *Restaurante de alto nível:* os clientes opõem-se a ir até onde a comida é preparada.
▶ *Construção naval:* o produto é muito grande para ser movido.
▶ *Manutenção de computador de grande porte:* o produto é muito grande e, provavelmente, também muito delicado para ser movido, e o cliente pode negar-se a levá-lo para manutenção.

OPERAÇÕES NA PRÁTICA

Conciliando silêncio e interação no arranjo físico do laboratório[2]

O arranjo físico dos laboratórios científicos raramente é simples. Não só as diferentes áreas de um laboratório podem exigir necessidades de serviço muito diferentes (temperatura, extração, falta de vibração etc.), mas também dois tipos de trabalho em que todos os cientistas se envolvem podem ter necessidades diferentes e opostas. Por um lado, o desenvolvimento de novas ideias é incentivado por encontros livres, e às vezes aleatórios, entre os pesquisadores. Por outro, há momentos em que a reflexão silenciosa é vital para que as implicações dessas mesmas ideias sejam analisadas. Além disso, diferentes indivíduos têm distintos padrões de trabalho preferidos. As conversas, discussões e debates (às vezes barulhentos) entre alguns pesquisadores podem tanto irritar quanto distrair outros funcionários que preferem o silêncio para pensar e escrever seus trabalhos. Mesmo em operações de pesquisa de prestígio e de alto perfil, a conciliação desse conflito pode ser uma tarefa difícil. Por exemplo, alguns dos pesquisadores que trabalham no laboratório do Francis Crick Institute, no centro de Londres, reclamaram que seu arranjo físico de ambiente aberto, projetado para incentivar a colaboração, dificultava a concentração em seu trabalho. Algumas pessoas gostam do ruído de fundo, que pode ser semelhante ao trabalho em uma cafeteria, enquanto outras preferem o silêncio total, embora muitos concordem que o *layout* tem sido extremamente bem-sucedido em termos de promoção de reuniões ocasionais, criando novas colaborações. O professor Alan Penn, que vem investigando como os arranjos físicos de ambiente aberto (por exemplo, aqueles em agências de publicidade ou laboratórios de ciências) afetam o comportamento, assinala como o projeto de laboratórios com espaços de circulação movimentados permite que cientistas de diferentes grupos de pesquisa compartilhem ideias de forma eficaz. As pessoas que circulam podem parar e participar de uma conversa na porta de um laboratório. As conversas dentro do laboratório, quando estão

▶

próximas de onde ocorre o movimento de fluxo relativamente alto pelo corredor, levam a discussões entre os grupos de pesquisa.

A Figura 7.3 ilustra como o projeto do laboratório pode, até certo ponto, reduzir o conflito entre os benefícios da interação e a necessidade de silêncio. O arranjo físico convencional à esquerda permite que conversas potencialmente perturbadoras interfiram em áreas silenciosas. O *layout* um pouco modificado à direita incentiva as conversas a acontecerem mais perto da entrada, sem interferir os colegas.

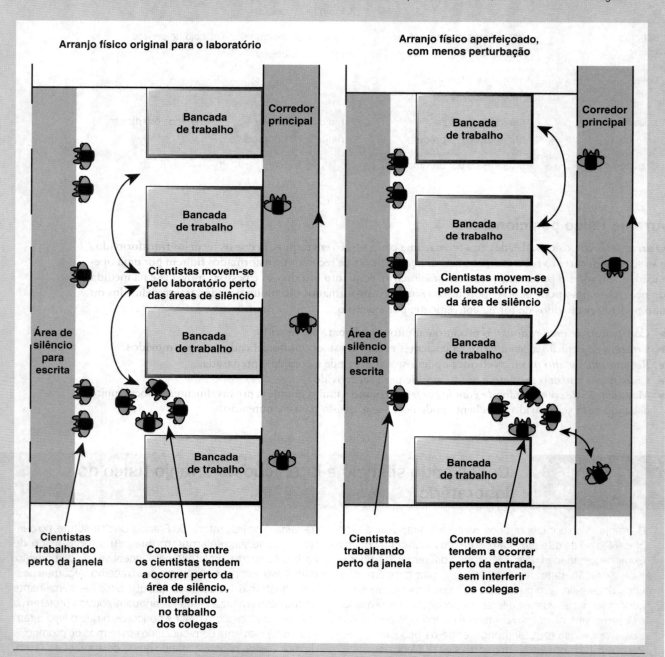

Figura 7.3 Exemplo de um arranjo físico de laboratório aperfeiçoado, que reduz o grau de interferência entre diferentes tipos de trabalho (conversas e escrita).

Arranjo físico funcional

No arranjo físico funcional, os recursos ou processos semelhantes estão localizados juntos. Isso pode ocorrer porque é conveniente agrupá-los ou porque a utilização dos recursos de transformação é aprimorada. Isso significa que, quando recursos transformados fluem pela operação, eles percorrem uma rota de atividade de acordo com suas necessidades. Diferentes produtos ou clientes terão necessidades distintas e, portanto, percorrerão diferentes rotas. Em geral, isso faz com que o padrão de fluxo na operação seja bastante complexo. Estes são alguns exemplos de arranjo físico funcional:

- *Hospital:* alguns processos (por exemplo, aparelhos de raios X e laboratórios) são necessários a um grande número de pacientes; alguns processos (por exemplo, enfermarias) podem atingir altos níveis de utilização de leitos e profissionais.
- *Supermercado:* alguns produtos, como os enlatados, oferecem maior facilidade de reposição se forem mantidos agrupados. Alguns setores, como o de comida congelada, necessitam de tecnologia comum de armazenagem em câmaras refrigeradas. Outros produtos, como vegetais frescos, podem ser mantidos juntos, pois, dessa forma, podem ficar mais atraentes aos olhos do consumidor.
- *Usinagem de peças utilizadas em motores de aviões:* alguns processos (por exemplo, tratamento térmico) necessitam de suporte especializado (eliminação de calor e fumaça); outros (por exemplo, centros de maquinário) requerem suporte técnico de operadores especializados ou precisam de altos níveis de utilização.

Como a maioria dos arranjos físicos funcionais, uma biblioteca tem diferentes tipos de usuários, com padrões de tráfego distintos. A biblioteca universitária da Figura 7.4 classifica seus usuários em três categorias, como as que se seguem (de fato, as categorias são muito similares às usadas para clientes de lojas):[3]

- *Navegadores:* buscam materiais interessantes ou úteis, surfando na Internet, percorrendo estantes, examinando itens e movendo-se lentamente enquanto avaliam o valor dos itens.
- *Tráfego com um destino certo:* têm propósito específico ou foram enviados com uma missão e não são distraídos disso pelo que estiver ao redor ou por outros materiais da biblioteca.
- *Tráfego ocasional:* concentram-se em metas não vinculadas ao uso pessoal da biblioteca; por exemplo, mensageiros, funcionários de entrega ou funcionários de manutenção.

Com base em estudos envolvendo esses diferentes tipos de leitores, a biblioteca criou as seguintes normas de orientação para seu arranjo físico:

- Posicione as estantes e os serviços que precisam atrair a atenção dos usuários bem na entrada da biblioteca.
- Na entrada, à direita, deve ficar a seção de novas aquisições; itens que podem ser selecionados por impulso e não têm substitutos satisfatórios; e itens que requerem exposição repetida antes dos usuários os selecionarem.

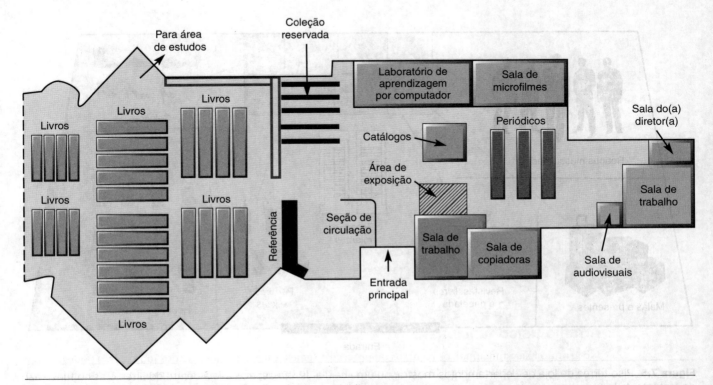

Figura 7.4 Exemplo de um arranjo físico funcional em uma biblioteca.

- Na entrada, à esquerda, devem ficar os itens que, provavelmente, não serão usados, a menos que sirvam à máxima conveniência dos usuários, como dicionários, atlas e enciclopédias.
- A seção de circulação deve ficar à esquerda da entrada, o último local em que o usuário passa ao deixar a biblioteca.
- A parte dos fundos da biblioteca deve conter os itens para os quais a motivação do usuário é forte, como materiais indicados na sala de aula e salas de reunião, ou aos quais o usuário esteja disposto a dedicar tempo e esforço para obter, como as impressões de microfilmes.

Arranjo físico celular

Um arranjo físico celular é onde os recursos transformados que entram na operação são pré-selecionados para passarem a uma parte da operação (ou célula) em que todos os recursos de transformação estão localizados para atender às necessidades de processamento imediato. A própria célula pode ser organizada em um arranjo físico funcional ou por produto (ver a próxima seção). Após serem processados na célula, os recursos transformados podem seguir para outra célula. De fato, o arranjo físico celular é uma tentativa de trazer alguma ordem à complexidade do fluxo que caracteriza o arranjo físico funcional. Estes são alguns exemplos de arranjos físicos celulares:

- *Área para produtos de lanches rápidos em um supermercado:* alguns clientes usam o supermercado apenas para comprar sanduíches, salgadinhos, refrigerantes, iogurte etc. para consumo imediato. Esses produtos estão frequentemente localizados juntos, de forma que o consumidor não tenha que percorrer o supermercado para encontrá-los.
- *Maternidade em um hospital:* as clientes que necessitam de atendimento em maternidade formam um grupo bem definido que pode ser tratado junto e que provavelmente não precisarão de cuidados de outras instalações do hospital, ao mesmo tempo que requerem cuidados específicos de maternidade.
- *Fabricação de alguns componentes do computador:* o processamento e a montagem de alguns tipos de peças de computador podem necessitar de uma área especial dedicada à fabricação de peças para um cliente específico que tem exigências especiais, como níveis de qualidade bem elevados.

Embora a ideia de arranjo físico celular esteja frequentemente associada à manufatura, o mesmo princípio pode ser, e é, usado em serviços. A Figura 7.5 mostra o piso térreo de uma loja de departamentos, onde o arranjo físico predominante da loja é funcional, com áreas separadas e dedicadas a vender cada tipo de mercadoria. A exceção é a área de *loja-dentro-da-loja*, que é dedicada a muitos produtos com um tema

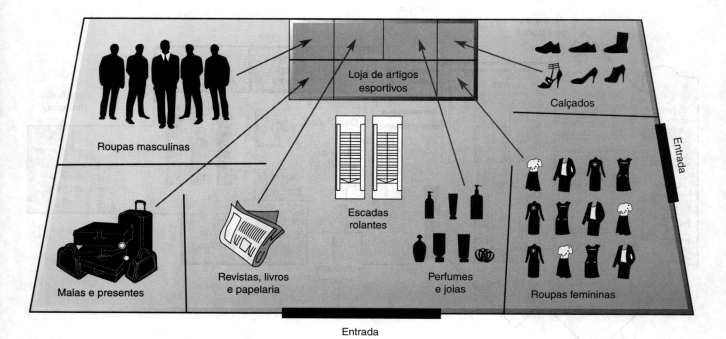

Figura 7.5 Piso térreo de loja de departamentos mostrando uma célula de *loja-dentro-da-loja* dentro do arranjo físico funcional do restante da loja.

esportivo comum (roupas, calçados, bolsas, revistas, livros, equipamentos etc. relacionados com esporte). Eles estão localizados na *célula* não porque sejam bens similares (calçados, livros e bebidas normalmente não estariam localizados juntos), mas porque são necessários para satisfazer às necessidades de um tipo particular de cliente. Para que compense dedicar uma área específica a *artigos esportivos*, calcula-se que um número suficiente de clientes vem à loja para comprá-los especialmente.

Arranjo físico em linha (por produto)

O arranjo físico em linha envolve localizar os recursos de transformação inteiramente segundo uma melhor conveniência dos recursos transformados. Cada produto, elemento de informação ou cliente segue um roteiro predefinido no qual a sequência de atividades requerida coincide com a aquela na qual os processos foram arranjados fisicamente. Os recursos transformados seguem um *fluxo* ao longo da *linha* de processos, de acordo com as necessidades de seu *produto*. É por isso que esse tipo de arranjo físico às vezes é chamado de arranjo físico em fluxo ou por produto. O fluxo é claro, previsível, e, assim, relativamente fácil de controlar. Normalmente, são os requisitos padronizados do produto ou serviço que fazem com que a produção escolha arranjos físicos em linha, cujos alguns exemplos são:

▶ *Programa de imunização em massa:* todos os clientes requerem a mesma sequência de atividades administrativas, médicas e de aconselhamento.
▶ *Restaurante* self-service: geralmente, a sequência de serviços requeridos pelo cliente (entrada, prato principal, bebidas, sobremesa) é comum para todos os clientes, mas o arranjo físico auxilia também a manter controle sobre o fluxo de clientes.
▶ *Linha de montagem de automóveis:* quase todas as variantes do mesmo modelo requerem a mesma sequência de processos.

Mas não pense que os arranjos físicos em linha não estão mudando. A Toyota, como outras empresas japonesas, construiu fábricas em outras partes do mundo, mas ainda deseja fabricar no Japão, de modo que reduções de custo precisaram ser feitas. A Figura 7.6 mostra apenas duas das ideias que a Toyota está

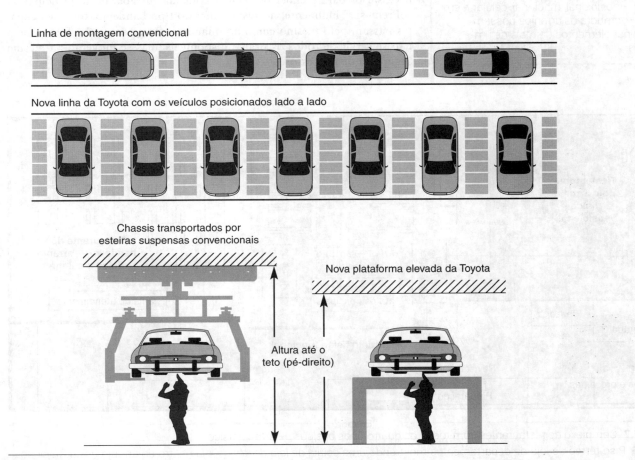

Figura 7.6 Comparação de tipos de arranjo físico em linha para as montadoras de automóveis.

empregando em sua fábrica de Miyagi, no Japão, para disponibilizar linhas de montagem ainda mais eficientes. A parte superior da figura mostra como a Toyota posiciona os veículos lado a lado, em vez de utilizar o posicionamento convencional de fila única. Isso encurta a linha em 35% (o que melhora a utilização do espaço) e reduz as distâncias entre os carros que devem ser percorridas pelos funcionários de montagem (aumentando a eficiência do fluxo). A parte inferior da figura mostra como, em vez de o chassis do veículo chegar por esteiras transportadoras suspensas, ele é posicionado em uma plataforma elevada. A construção dessa plataforma custa apenas a metade de uma linha de montagem convencional, além de permitir que a altura do teto seja reduzida, aumentando a eficiência em termos de espaço, além de reduzir os custos de aquecimento e ar-condicionado em 40%.

Arranjos físicos mistos

Muitas operações ou projetam arranjos físicos híbridos, que combinam elementos de alguns ou todos os tipos básicos de arranjo físico, ou usam tipos básicos de arranjo físico de forma *pura* em diferentes partes da operação. Por exemplo, um hospital normalmente seria arranjado conforme os princípios de arranjo físico funcional — cada departamento representando um tipo particular de função (departamento de radiologia, centros cirúrgicos, laboratório de análises clínicas e assim por diante). Todavia, dentro de cada departamento, são utilizados arranjos físicos bastante diferentes. Provavelmente, o departamento de radiologia tem um arranjo físico funcional, os centros cirúrgicos, um arranjo físico posicional e o laboratório de análises clínicas, um arranjo físico em linha.

Outro exemplo é mostrado na Figura 7.7. Aqui, um complexo de restaurantes apresenta três tipos diferentes de restaurante e a cozinha que atende os três. A cozinha é desenhada conforme um arranjo físico funcional, com os diversos processos (armazenagem e preparação de alimento, processos de cozimento etc.) agrupados. O restaurante de serviço tradicional é organizado em um arranjo físico posicional. Os clientes permanecem em suas mesas enquanto o alimento é trazido às (e às vezes preparado nas) mesas. O restaurante tipo *buffet* tem um arranjo físico celular, em que cada área tem todos os processos (pratos) necessários para atender os clientes com sua entrada, prato principal ou sobremesa. Finalmente, no restaurante do tipo bandejão, todos os clientes passam pelo mesmo caminho quando estão se servindo. Eles podem não se servir de todos os pratos disponíveis, mas se moverão na mesma sequência de processos.

> **Princípio de produção**
> Existem quatro tipos básicos de arranjo físico — posicional, funcional, celular e em linha —, embora os arranjos possam combinar elementos de mais de um destes.

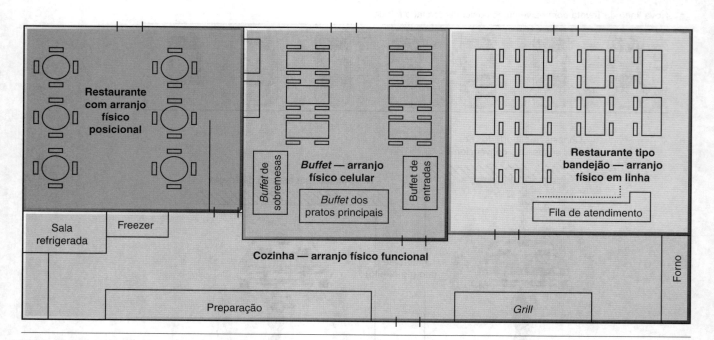

Figura 7.7 Complexo de restaurantes com todos os quatro tipos básicos de arranjo físico.

Que tipo de arranjo físico uma operação deve escolher?

A importância do fluxo para uma operação dependerá de suas características de volume e variedade (Figura 7.8). Quando o volume é muito baixo e a variedade é relativamente alta, o *fluxo* não é grande problema. Por exemplo, na fabricação de satélites de comunicações, é provável que um arranjo físico posicional seja apropriado, porque cada produto é diferente e os produtos *fluem* muito infrequentemente pela operação, de modo que não vale a pena organizar as instalações para minimizar o fluxo das peças na operação. Com maior volume e menor variedade, o fluxo torna-se um problema. Entretanto, se a variedade for ainda alta, uma organização totalmente dominada pelo fluxo é difícil porque haverá diferentes padrões de fluxo. Por exemplo, a biblioteca da Figura 7.4 organizará parcialmente suas diferentes categorias de livros e os outros serviços para minimizar a distância média que seus leitores têm que *fluir* pela operação. Contudo, em razão de as necessidades dos leitores variarem, a biblioteca organizará seu arranjo físico para satisfazer a maioria de seus clientes (embora, talvez, haja inconveniência a uma minoria). Quando a variedade de produtos ou serviços reduz a ponto de uma *categoria* distinta com exigências similares se tornar evidente, embora a variedade ainda não seja pequena, o arranjo físico celular pode se tornar apropriado, como na célula de artigos esportivos da Figura 7.5. Quando a variedade é relativamente pequena e o volume alto, o fluxo pode se tornar regularizado, e é provável que um arranjo físico em linha seja apropriado, como na linha de montagem de carros (ver a Figura 7.6).

Embora as características de volume-variedade da operação reduzam a escolha a uma ou duas opções de arranjo físico, há outras vantagens e desvantagens associadas, algumas delas mostradas na Figura 7.9. Entretanto, o tipo de operação também influenciará a importância relativa dessas vantagens e desvantagens. Por exemplo, um fabricante de televisão com alto volume de produção pode considerar atraentes as características de baixo custo de um arranjo físico em linha, embora um parque temático possa adotar o mesmo tipo de arranjo físico, principalmente em razão de *controlar* o fluxo de clientes.

> **Princípio de produção**
> Os recursos nos processos de baixo volume/alta variedade devem ser organizados para enfrentar o fluxo irregular.

> **Princípio de produção**
> Os recursos em processos de alto volume/baixa variedade devem ser organizados para enfrentar o fluxo regular e suave.

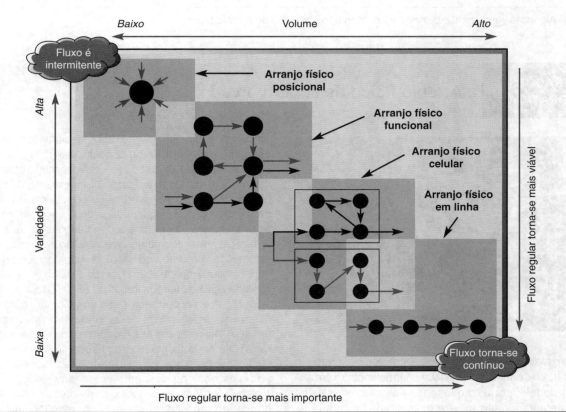

Figura 7.8 Diferentes arranjos físicos de processo são apropriados para distintas combinações de volume-variedade.

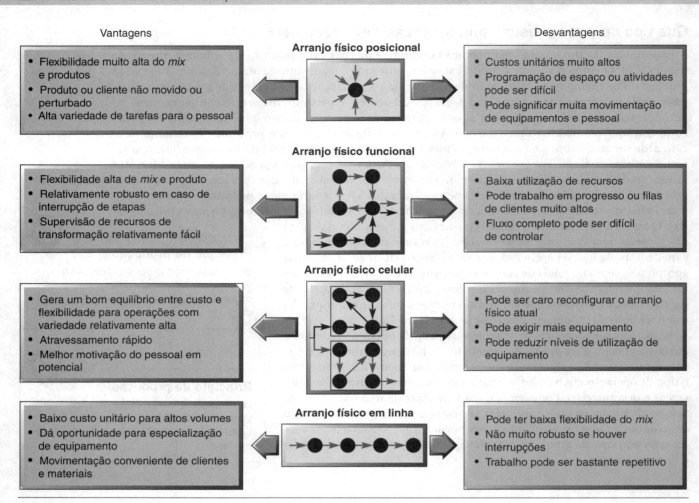

Figura 7.9 Algumas vantagens e desvantagens dos tipos básicos de arranjo físico.

OPERAÇÕES NA PRÁTICA

Arranjo físico de supermercado

Supermercados bem-sucedidos sabem que o projeto e o arranjo físico de suas lojas têm um enorme impacto em sua lucratividade. É por isso que todas as grandes redes de supermercados realizam extensas pesquisas sobre as formas mais eficazes de organizar cada parte de seus supermercados e a melhor forma de posicionar itens específicos. Eles precisam maximizar sua receita por metro quadrado e minimizar os custos de operação da loja, mantendo os clientes satisfeitos. Em um nível básico, os supermercados precisam acertar com a quantidade de espaço alocada para as diferentes áreas e fornecer instalações adequadas de exibição e armazenamento. Mas não são apenas as necessidades dos produtos que estão sendo vendidos que são importantes, mas também o arranjo físico deve levar em consideração o efeito psicológico que o *layout* tem sobre seus clientes. Os corredores são amplos para garantir um fluxo relativamente lento de carrinhos, para que os clientes prestem mais atenção aos produtos expostos (e comprem mais). No entanto, corredores largos só são possíveis à custa de espaço reduzido nas prateleiras, o que não permitiria o estoque de uma gama mais ampla de produtos. A própria localização de todos os produtos é uma decisão crítica, afetando diretamente a conveniência para os

▶

clientes, seu nível de compra por impulso e o custo de reposição das prateleiras. Embora a maior parte das vendas dos supermercados seja de produtos enlatados ou congelados, os expositores de frutas e legumes situam-se habitualmente junto à entrada principal, como sinal de frescor e salubridade, proporcionando um ponto de entrada atrativo e acolhedor. Produtos básicos que aparecem nas listas de compras da maioria das pessoas, como farinha, carne, açúcar e pão, podem ser espalhados nos fundos da loja e separados uns dos outros para que os clientes tenham que andar por mais corredores, passando por itens de maior margem enquanto eles pesquisam. Os itens de alta margem de lucro geralmente são colocados no nível dos olhos nas prateleiras (onde têm mais chances de serem vistos) e os produtos de baixa margem de lucro, mais abaixo ou mais acima. Alguns clientes também andam alguns passos pelo corredor antes de começarem a procurar o que precisam. Alguns supermercados chamam as prateleiras que ocupam o primeiro metro de um corredor de *espaço morto*, não um lugar para colocar mercadorias compradas por impulso. Mas o local principal em um supermercado é o *fim da gôndola*, as prateleiras no fim do corredor. Mover produtos para esse local pode aumentar as vendas em 200 ou 300%. Não é de surpreender que os fornecedores estejam dispostos a pagar para que seus produtos estejam localizados nesse ponto. A circulação de clientes pela loja também deve ser correta, mas isso pode variar dependendo do país em que você mora. Nos Estados Unidos, os compradores gostam de percorrer um supermercado no sentido anti-horário. Por outro lado, os compradores no Reino Unido gostam de fazer compras no sentido horário. A razão para isso é um pouco misteriosa.

Análise de custo

De todas as características dos vários tipos de arranjo físico, talvez as mais significativas sejam as implicações do custo unitário da escolha do arranjo físico. Isso é mais bem entendido pela distinção entre os elementos de custo fixo e variável da adoção de cada tipo de arranjo físico. Para qualquer produto ou serviço específico, os custos fixos da construção de um arranjo físico posicional são relativamente pequenos, em comparação a qualquer outra forma de produzir o mesmo produto ou serviço. Entretanto, os custos variáveis de produzir cada produto ou serviço são relativamente altos em comparação aos tipos de arranjos físicos alternativos. Então, os custos fixos tendem a aumentar à medida que passam do arranjo físico posicional, atravessam o processo funcional e o celular, até chegar ao arranjo físico em linha. Entretanto, os custos variáveis por produto ou serviço tendem a diminuir. O custo total para cada tipo de arranjo físico dependerá do volume de produtos ou serviços produzidos, como mostrado na Figura 7.10(a). Isso parece

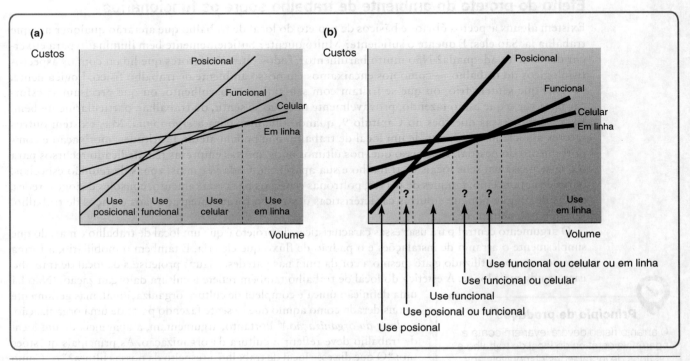

Figura 7.10 (a) Os tipos básicos de arranjo físico têm características diferentes de custos fixos e variáveis que parecem determinar qual usar. (b) Na prática, a incerteza sobre os custos fixos e variáveis exatos de cada tipo de arranjo físico significa que raramente a decisão pode basear-se exclusivamente na consideração de custo.

mostrar que para qualquer volume há um arranjo físico básico de menor custo. Entretanto, na prática, a análise de custo da seleção de arranjo físico raramente é tão clara quanto isso. O custo exato de operar o arranjo físico é difícil de prever e, provavelmente, dependerá muito frequentemente de fatores difíceis de prever. Em vez de usar linhas finas para representar o custo do arranjo físico à medida que o volume aumenta, linhas largas, dentro das quais é provável que o custo real se situe, são provavelmente mais apropriadas (ver a Figura 7.10(b)). A discriminação entre os diferentes tipos de arranjos físicos tornou-se agora bem menos clara. Há faixas de volume em que qualquer um dos dois ou três tipos de arranjos físicos pode fornecer o menor custo operacional. Quanto menor certeza houver sobre os custos, mais amplas serão as *faixas* de custo e menos clara será a escolha. Os prováveis custos de adoção de um arranjo físico particular precisam ser estabelecidos no contexto mais amplo de vantagens e desvantagens mostrados na Figura 7.9.

Princípio de produção

Tipos de arranjos físicos diferentes têm custos fixos e variáveis distintos que determinam a conveniência do arranjo físico para várias características de volume-variedade.

7.3 Como a aparência das instalações de uma operação afeta seu desempenho?

Tradicionalmente, os gerentes de produção têm focalizado os problemas de *padrão de fluxo* mais evidentes associados ao arranjo físico das instalações. No entanto, a estética de um arranjo físico (em outras palavras, como ele se parece e se comporta) também é importante e está cada vez mais dentro do escopo do que a gerência de produção deve se preocupar. Organizações com operações de alta visibilidade, como varejistas, hospitais ou hotéis, sempre compreenderam que o aspecto de suas operações afetará a experiência dos clientes. Agora, as operações na maioria dos setores passaram a entender a importância da estética. Em parte, isso se deve ao acúmulo de evidências de pesquisa de que a estética de uma operação pode evocar uma resposta emocional positiva ou negativa nas pessoas (sejam elas clientes, sejam elas funcionários) e, portanto, afetar seu comportamento e bem-estar. Em parte também, a abordagem das empresas de tecnologia que foram pioneiras em ambientes de trabalho mais descontraídos e fluidos, com a intenção de encorajar encontros casuais, começou a influenciar outras indústrias menos glamurosas (ver o exemplo da Ducati e da Google, no início do capítulo, em *Operações na prática*).

Efeito do projeto do ambiente de trabalho sobre os funcionários

Existem alguns aspectos óbvios e básicos de projeto do local de trabalho que afetarão qualquer um que trabalha lá. São eles: É quente o suficiente? Muito quente? Suficientemente bem iluminado para enxergar de maneira adequada? Não muito barulhento? Todos estes são fatores que lidam com os aspectos fisiológicos do trabalho — como nos encaixamos em nosso ambiente de trabalho físico. Logicamente, pessoas que sentem frio, ou que se irritam com seu ambiente barulhento, ou que precisam se esforçar para ver o que estão fazendo, provavelmente não vão se sentir, ou trabalhar, particularmente bem. Examinamos essas questões no Capítulo 9, quando olhamos para a *ergonomia*. Mas existem outros fatores associados ao *design* de um local de trabalho que podem afetar as atitudes, motivação e comportamento do pessoal. É por isso que, nos últimos anos, muitas empresas têm dedicado recursos para o que se passa em seus locais de trabalho e sua aparência. Cada vez mais, zonas de reunião especiais, bares de cappuccino, tanques de peixes, poltronas especiais para relaxamento, consoles de jogos, redes, mesas de pingue-pongue e outras características desse tipo foram integradas aos espaços de trabalho. Por que isso acontece?

O argumento central para usar essas características de projeto é que um local de trabalho é mais do que simplesmente o arranjo de instalações e o padrão de fluxo que ele cria. É também o mobiliário, a forma como o espaço é utilizado e até mesmo a cor da tinta nas paredes. Alguns projetistas de local de trabalho iriam ainda mais longe. A estética do local de trabalho também reflete a cultura da organização. (Não há uma definição única e completa de cultura organizacional, mas geralmente é considerada como aquilo que se sente fazendo parte de uma organização, o *clima da organização*.)[4] Portanto, argumentam, a aparência de um local de trabalho deve refletir a cultura da organização. As principais questões são: "O que diz esse local de trabalho a respeito da nossa cultura?" e "Como podemos criar um ambiente que promova ainda mais nossa cultura?." O que funciona para uma empresa pode ser contracultura em outra.

Princípio de produção

O arranjo físico deverá levar em conta a aparência estética do local de trabalho e os tipos de instalações disponíveis aos funcionários.

Comentário crítico

A questão de quanta diferença a estética e os componentes do ambiente de trabalho fazem é controversa. Embora muitas autoridades concordem que a aparência de um local de trabalho possa ter influência positiva no desempenho da equipe, nem todos os estudos chegaram a essa conclusão. Por exemplo, um estudo que avaliou a importância de diferentes impulsionadores de produtividade entre trabalhadores do conhecimento, ao mesmo tempo que enfatizava a importância de seus sentimentos de bem-estar no trabalho, não conseguiu confirmar o papel do *servicescape* na produtividade.[5] Há também alguma evidência de que locais de trabalho abertos, salas de reuniões informais e mais *espaços semelhantes a salas de estar* não são universalmente populares entre os funcionários. A Gensler, uma empresa de *design*, pesquisou mais de 90.000 pessoas em dez setores sobre suas opiniões a respeito do trabalho *fluido*, de *escritório aberto*. Ela encontrou uma quantidade surpreendente de oposição, com muitos funcionários alegando que os escritórios abertos, em particular, dificultam a concentração por causa do barulho excessivo. O que eles realmente valorizavam era o mínimo de distrações possível para que pudessem se concentrar em seus trabalhos.[6]

A curva de Allen

Organizar as instalações em qualquer local de trabalho influenciará diretamente a proximidade física entre os indivíduos. E isso, por sua vez, influencia a possibilidade de comunicação entre os indivíduos. Então, qual é o efeito de colocá-los próximos ou distantes uns dos outros sobre o modo como eles interagem? O trabalho de Thomas J. Allen no Massachusetts Institute of Technology estabeleceu pela primeira vez como a comunicação diminuía com a distância. Em 1984, seu livro, *Managing the Flow of Technology* (*Gerenciando o Fluxo de Tecnologia*), apresentou o que ficou conhecido como a **curva de Allen**, mostrando uma poderosa correlação negativa entre a distância física entre os colegas e sua frequência de comunicação. A *curva de Allen* estimou que somos quatro vezes mais propensos a nos comunicar regularmente com um colega sentado a 2 metros de nós do que com alguém a 20 metros de distância (por exemplo, andares diferentes marcam um ponto de corte para o intercâmbio regular de certos tipos de informações técnicas). Mas, como alguns especialistas apontaram, o escritório não é mais apenas um lugar físico; ferramentas de *e-mail*, conferência remota e colaboração significam que os colegas podem se comunicar sem jamais se terem visto fisicamente. No entanto, um estudo[7] mostrou que a chamada tecnologia de encolhimento de distância na realidade torna a proximidade mais importante, com as comunicações cara a cara e digitais seguindo a curva de Allen.

Princípio de produção
A probabilidade de comunicação entre pessoas em seu ambiente de trabalho cai significativamente com a distância entre elas. Isso é chamado de curva de Allen.

OPERAÇÕES NA PRÁTICA — Arranjo físico e projeto de escritório[8]

Apesar da intensa redução de pessoas que se deslocam diariamente para um escritório para realizar seu trabalho, forçadas pela pandemia de COVID-19, é improvável que os escritórios desapareçam nos próximos anos. O chamado *trabalho híbrido*, no qual as pessoas passam parte do tempo trabalhando em casa e algum tempo em um escritório (um tópico que analisamos no Capítulo 9), mudou a necessidade de escritórios, sua localização e seu *design* interno. Mas eles ainda são um local de trabalho importante. Antes da pandemia, cerca de 400 milhões de pessoas trabalhavam principalmente em escritórios em 40 economias do Norte Global. Por exemplo, no Reino Unido, os trabalhadores de escritório recebiam 55% de toda a renda. As mudanças na forma como os escritórios foram projetados vieram, mas já estavam mudando há anos antes da pandemia.

Uma das mais significativas foi a mudança, no final do século XX, de filas padronizadas de carteiras, um pouco como uma sala de exames universitárias, para cubículos individuais (igualmente padronizados, diriam alguns). O homem que inventou o conceito, Robert Propst, um *designer* que trabalha para a empresa de móveis de escritório Herman Miller, esperava que isso trouxesse flexibilidade e independência ao ambiente de escritório. Ele propôs o que foi o primeiro sistema modular de escritórios, chamado de *Action Office II*. Usando seu sistema, o espaço pode ser dividido por painéis verticais semelhantes a paredes que podem ser encaixados de várias maneiras. Propst acreditava que a melhor maneira de organizar as *paredes* seria unir os painéis em ângulos de 120°. No entanto, para sua decepção, os *designers* de escritórios perceberam que poderiam espremer mais pessoas no espaço disponível se organizassem as *paredes* em 90° para formar o cubículo clássico. Os cubículos não eram universalmente populares, possivelmente porque mascaravam os sinais sociais, como expressões faciais e linguagem corporal, que influenciam as interações sociais. Mas os cubículos ainda são utilizados. Uma explicação para isso é que a privacidade é tão valorizada que os planejadores de escritório tentam criar a ilusão disso. Isso parece ser confirmado pelo modo como as pessoas personalizam seus cubículos com fotos, flores e tapetes.

Projetos de escritório aberto, mas menos formais, tornaram-se mais populares nos anos 2000, muitas vezes com mobiliário móvel, paredes modulares e uma decoração menos formal (ver o exemplo sobre o projeto de escritórios da Google, anteriormente neste capítulo, em *Operações na prática*). Mas a natureza de escritório aberto de alguns desses projetos nem sempre é popular. A reclamação mais comum é aparentemente o nível de ruído percebido em escritórios abertos, embora isso possa ser reduzido até certo ponto com a utilização de painéis acústicos ou móveis macios para absorver o ruído. (Ainda que alguns funcionários de escritório se queixem de seus escritórios serem muito silenciosos.) Alguns escritórios em ambiente aberto também usam uma abordagem de *hot-desking* não atribuída para alocar o espaço pessoal. Embora o *hot-desking* ofereça capacidade flexível e economize dinheiro, ele tira um certo grau de *personalização*. Alguns também afirmam que o tempo dos funcionários é desperdiçado quando eles precisam procurar uma mesa quando o escritório está ocupado. Também leva tempo para realizar tarefas auxiliares, como configurar um computador, ajustar uma cadeira e descobrir onde as pessoas com quem se precisa conversar podem estar naquele dia.

Efeito do projeto do ambiente de trabalho sobre os clientes – *servicescapes*

Se a aparência de uma operação afeta o modo como os funcionários se sentem ao trabalhar lá, ela certamente afetará os clientes, caso entrem no local de trabalho, assim como em operações de *alta visibilidade*. O termo frequentemente usado para descrever a perspectiva e o sentimento do ambiente dentro de uma operação é seu *servicescape* (embora isso também seja às vezes aplicado ao modo como os funcionários veem seu ambiente). Há muitos estudos acadêmicos que mostram que o *servicescape* de uma operação exerce papel importante, tanto positivo quanto negativo, em moldar as visões dos clientes.[9] A ideia geral é de que as condições ambientais, os fatores espaciais e os sinais e símbolos de uma operação de serviço criarão uma *experiência ambiental* para funcionários e clientes, a qual deve apoiar o conceito do serviço.

Princípio de produção

O arranjo físico deve incluir consideração sobre a aparência e o sentimento de clientes e/ou funcionários sobre a operação.

Os fatores individuais que influenciam essa experiência levarão a certas respostas (novamente, de funcionários e clientes), as quais podem ser classificadas em três categorias principais:

▶ Cognitivas (o que as pessoas pensam).
▶ Emocionais (o que elas sentem).
▶ Psicológicas (o que seus corpos experimentam).

Entretanto, lembre-se de que um *servicescape* conterá não apenas estímulos objetivos, mensuráveis e controláveis, mas também estímulos subjetivos, imensuráveis e quase sempre incontroláveis, que influenciam o comportamento do cliente. O exemplo óbvio é outros clientes frequentando uma operação. Assim como os estímulos controláveis — como cor, iluminação, *design*, espaço e música —, outros assuntos como número, dados demográficos e a chegada de clientes amigos de alguém também moldarão a impressão da operação.

7.4 Que informações e análises são necessárias para o projeto do arranjo físico e a aparência das instalações?

Projetar o arranjo físico e a aparência das instalações de qualquer operação cedo ou tarde passará a considerar os detalhes do projeto. Isso significa operacionalizar os amplos princípios que regem a escolha de qualquer tipo de arranjo físico básico escolhido e qualquer efeito estético desejado. Mas qualquer projeto detalhado deve se basear na coleta e manipulação de informações sobre a natureza e o volume do fluxo que o arranjo físico deve acomodar e o comportamento e as preferências da equipe e (se apropriado) dos clientes.

Informação e análise de fluxo dos arranjos físicos

Em um nível detalhado, o arranjo físico pode ser complexo. Normalmente, existem muitas formas alternativas de posicionar as instalações em relação a outras. Por exemplo, no caso muito simples de apenas dois centros de trabalho, há apenas dois modos de organizar um em relação ao outro. Contudo, há seis modos de organizar três centros e 120 modos de organizar cinco centros. Essa relação é fatorial. Para N centros há N fatorial ($N!$) modos diferentes de organizar os centros, em que:

$$N! = N \times (N-1) - (N-2) \times \ldots \tag{1}$$

Assim, para um arranjo físico funcional relativamente simples com, digamos, 20 centros de trabalho, há $20! = 2,433 \times 10^{18}$ modos de organizar a operação. Isso é chamado de *complexidade combinatória* de arranjos físicos, que dificulta alcançar soluções ótimas na prática. A maioria dos arranjos físicos funcionais é projetada por uma combinação de intuição, bom senso e tentativa e erro sistemáticos, um processo que pode ser apoiado pelo uso de *software* de projeto assistido por computador (CAD). Alguns deles tratam a questão da complexidade combinatória usando **procedimentos heurísticos**, que usam o que foi descrito como *atalhos no processo de raciocínio* e *regras práticas* na busca de uma solução razoável. Eles não procuram uma solução ótima (embora, por acaso, possam encontrar uma), mas tentam derivar uma boa solução. Entretanto, as informações necessárias e como são usadas dependem do tipo de arranjo físico básico escolhido.

Princípio de produção
Os arranjos físicos costumam ser combinatoriamente complexos; existem muitos arranjos físicos alternativos.

Informação e análise para o projeto de arranjos posicionais

Nos arranjos posicionais, a localização dos recursos não será definida com base no fluxo de recursos transformados, mas na conveniência dos recursos de transformação em si. O objetivo do projeto detalhado dos arranjos físicos posicionais é atingir um arranjo físico para a operação que permite a todos os recursos de transformação maximizar sua contribuição ao processo de transformação ao lhes permitir fornecer um *serviço* efetivo aos recursos transformados. O arranjo físico detalhado de alguns arranjos posicionais, como canteiros de obra, pode se tornar muito complicado, especialmente se a programação planejada das atividades for frequentemente alterada. Imagine o caos em um canteiro de obras se caminhões pesados passassem continuamente (e ruidosamente) em frente ao escritório, caminhões de empresas terceirizadas precisassem atravessar as áreas de outros terceirizados para chegar ao local onde armazenam seus materiais e funcionários que passam a maior parte do tempo no canteiro de obras morassem muito afastados dele. Embora haja técnicas que ajudem a alocar recursos em arranjos físicos posicionais, elas não são utilizadas em larga escala.

OPERAÇÕES NA PRÁTICA

A realidade virtual dá vida ao arranjo físico[10]

Você deve ter notado que todos os arranjos físicos ilustrados neste capítulo são desenhos 2D. A mesma limitação era compartilhada por projetistas de arranjo físico. Modelos 3D poderiam ser construídos, o que daria uma impressão mais realista de como um arranjo físico ficaria uma vez implementado, mas estes eram caros. Então, com o advento do projeto assistido por computador mais poderoso, as simulações 3D ajudaram a visualizar tanto a aparência quanto o arranjo físico das instalações. Agora, usando óculos de realidade virtual (RV) e obtendo uma visão de 360 graus, os projetistas podem realmente sentir como seria estar dentro de um *layout* proposto. Mais do que isso, grupos de projetistas que também usam esses óculos (mesmo que estejam do outro lado do mundo), podem compartilhar a mesma experiência realista, discutir opções de *design* e recomendar alterações no projeto, tudo em tempo real. Mas não são apenas os projetistas que podem colaborar usando a RV; outras partes interessadas, como

Um dos sistemas que oferecem recursos de RV para projetar arranjos físicos é o Revizto, criado pela Vizerra SA, com sede em Lausanne, Suíça. Revizto (derivado do latim para *verificação visual*) é um software de *colaboração visual* baseado em nuvem, que se destina principalmente a arquitetos, engenheiros e empreiteiros para visualizar seus projetos e comunicar informações dentro da equipe responsável pelo projeto. Os ambientes 3D interativos do *software* permitem que os projetistas naveguem em seu arranjo físico planejado como se estivessem em um videogame, destacando problemas estruturais e operacionais à medida que investigam. Uma das vantagens mais óbvias do uso de um *software* de RV como o Revizto é que os projetistas podem colaborar compartilhando uma impressão realista de seus *layouts* com base nas suposições subjacentes à geometria real. Mas tão importante quanto isso é a capacidade desse *software* de integrar os detalhes de um arranjo físico com outras informações que serão utilizadas em sua implementação, como a quantidade de materiais necessários e os cronogramas de construção.

clientes (se os arquitetos estiverem projetando um prédio), ou clientes e funcionários que usarão uma instalação, podem visualizar um espaço que ainda não foi desenvolvido.

Informação e análise para o projeto de arranjos físicos funcionais

Antes de iniciar o processo do projeto detalhado dos arranjos físicos funcionais, há alguns itens essenciais de informação de que o projetista necessita:

▶ A área requerida por centro de trabalho individual.
▶ As restrições na forma da área alocada a cada centro de trabalho.
▶ O grau e a direção do fluxo entre cada centro de trabalho (por exemplo, número de jornadas, número de cargas ou custo do fluxo por distância percorrida).
▶ O desejo de os centros de trabalho estarem próximos entre si ou a algum ponto fixado no arranjo físico.

O grau e a direção do fluxo são geralmente mostrados em um diagrama de fluxo, como mostrado na Figura 7.11, no exemplo resolvido. Essa informação pode ser coletada de informações de rota, ou, onde o fluxo for mais aleatório, como em uma biblioteca, por exemplo, observando-se as rotas percorridas pelos leitores (ou clientes) durante um período típico.

Minimização da distância percorrida

Na maioria dos exemplos de arranjo físico funcional, o principal objetivo é minimizar os custos da operação que estão associados ao fluxo que percorre a operação. Geralmente, isso significa minimizar a distância total percorrida na operação, por exemplo, como na Figura 7.12 do exemplo resolvido. A eficácia do arranjo físico, nesse nível simples, pode ser calculada da seguinte maneira:

$$\text{Eficácia do arranjo físico} = \sum F_{ij} D_{ij} \text{ para todo } i \neq j$$

em que:

F_{ij} = o fluxo dos carregamentos ou jornadas por período, do centro de trabalho i para o centro j

D_{ij} = a distância entre o centro de trabalho i e o centro j.

Quanto mais baixo o índice de eficácia, melhor o arranjo físico.

As etapas para determinar a localização dos centros de trabalho em um arranjo físico funcional estão ilustradas no exemplo resolvido: *Grupo Educacional Roterdã*.

Exemplo resolvido

Grupo Educacional Roterdã

O Grupo Educacional Roterdã (GER), empresa que licencia, projeta e fabrica material didático para cursos de educação e treinamento a distância, acaba de fazer um *leasing* de um novo prédio com área de 1.800 metros quadrados, no qual pretende encaixar seus 11 *departamentos*. Antes de mudar para o novo prédio, o grupo fez um exercício para encontrar o número médio de viagens feitas por sua equipe entre os 11 departamentos. Embora algumas viagens sejam mais significativas do que outras (devido ao carregamento transportado pelo pessoal), decidiu-se que todas as viagens seriam tratadas com o mesmo peso.

Etapa 1: colete informações

As áreas requeridas por departamento, acompanhadas do número médio de viagens interdepartamentais, são mostradas no gráfico de fluxo da Figura 7.11. Nesse exemplo, a direção do fluxo não é relevante e taxas de fluxo muito pequenas (menores que cinco viagens por dia) não foram incluídas na análise.

Etapa 2: desenhe um esquema do arranjo físico

A Figura 7.12 mostra o primeiro esquema de arranjo físico dos departamentos. As linhas mais grossas representam fluxos de alta intensidade, entre 70 e 120 viagens diárias; as linhas médias são usadas para representar fluxos entre 20 e 69 viagens diárias; e as mais finas, para fluxos de baixa intensidade, entre 5 e 19 viagens diárias. O objetivo aqui é organizar os centros de trabalho de forma que os departamentos entre os quais haja linhas mais grossas fiquem o mais juntos possível. Quanto mais intenso o fluxo, mais curta deve ser a linha.

Etapa 3: ajuste o esquema do arranjo físico

Se os departamentos forem organizados exatamente como mostrado na Figura 7.12(a), o prédio que os obrigará deveria ter forma irregular e, portanto, de alto custo. O arranjo físico necessita de ajustes para que se leve em consideração a forma do prédio. A Figura 7.12(b) mostra os departamentos organizados de modo mais ordenado, correspondendo às dimensões do prédio.

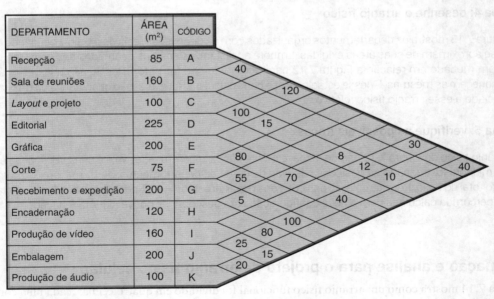

Figura 7.11 Fluxo de informações para o Grupo Educacional Roterdã.

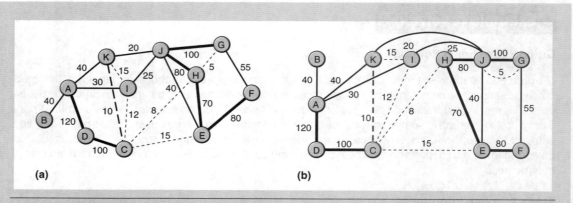

Figura 7.12 (a) Arranjo físico esquemático, colocando centros com altos níveis de tráfego próximo uns dos outros. (b) Arranjo físico esquemático ajustado para se adequar à geometria do prédio.

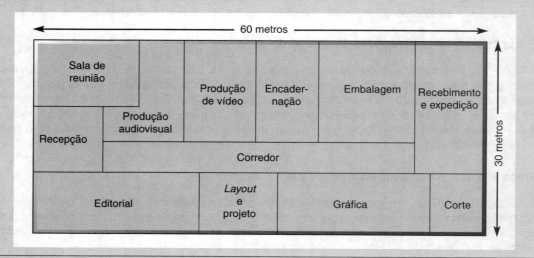

Figura 7.13 Arranjo físico final do prédio.

Etapa 4: desenhe o arranjo físico

A Figura 7.13 mostra os departamentos organizados com as dimensões reais do prédio e ocupando áreas que se aproximam de suas áreas exigidas. Embora as distâncias entre os centroides dos departamentos tenham mudado em relação à Figura 7.12 para acomodar seu formato físico, suas posições relativas permanecem as mesmas. É nesse estágio que se pode calcular uma expressão quantitativa do movimento associado a esse arranjo físico relativo.

Etapa 5: verifique as possíveis trocas

O arranjo físico da Figura 7.13 parece razoavelmente eficaz, mas, em geral, vale a pena verificar se é possível melhorá-lo, trocando as posições relativas de pares de departamentos, de forma a reduzir o movimento total do fluxo. Por exemplo, as posições dos departamentos H e J podem ser trocadas e a distância total percorrida calculada com a nova configuração para descobrir se houve alguma redução.

Informação e análise para o projeto de arranjo físico celular

A Figura 7.14 mostra como um arranjo físico funcional foi dividido em quatro células, cada uma com recursos suficientes para processar uma *família* de peças. Ao fazer isso, a administração da produção tomou, implicitamente, duas decisões inter-relacionadas, a saber:

▶ Extensão e natureza das células que escolheu adotar.
▶ Que recursos alocar a quais células.

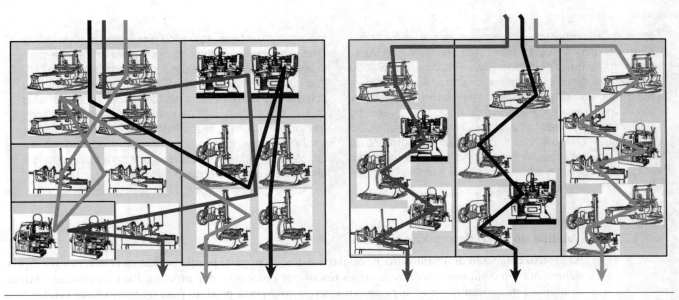

Figura 7.14 O arranjo físico celular agrupa os processos necessários para uma família de produtos/serviços.

| OPERAÇÕES NA PRÁTICA | Fábrica da Rolls-Royce é projetada sob princípios ambientais[11] |

A Rolls-Royce Motor Cars sempre foi associada à engenharia de alto nível e à mais alta qualidade. Portanto, não é de surpreender que sua sede e fábrica de montagem em Goodwood, no sul do Reino Unido, também sejam construídas com os mesmos padrões de exigência. E, embora a marca Rolls-Royce date de 1906, o seu prédio inovador e ambientalmente correto, perto do famoso circuito de corridas de Goodwood, é muito mais recente. Foi inaugurado em 2003, depois que a empresa se tornou uma subsidiária integral do BMW Group, embora o planejamento tenha começado quatro anos e meio antes. Determinada a seguir o conselho de seu fundador, Sir Henry Royce, em todas as fases de planejamento e construção, a empresa diz que foi inspirada a "buscar a perfeição em tudo o que faz". Isso explica em parte o custo de £ 65 milhões do prédio original e os outros £ 10 milhões investidos na extensão que foi adicionada em 2013.

Os objetivos ambientais sempre foram fundamentais para o prédio e, há quase 20 anos, é credenciado na norma internacional ISO 14001 por seus sistemas de gestão ambiental e prevenção da poluição. O local em Goodwood está no que o governo do Reino Unido especifica como uma "Área de Beleza Natural Excepcional", então o próprio prédio teve que se adequar à paisagem usando um *design* inovador e uma escolha cuidadosa de materiais. Tão importante quanto isso, o prédio foi projetado para ter o menor impacto ambiental possível. A sustentabilidade esteve por trás de todos os aspectos do prédio. O exterior é revestido com uma mistura de calcário e madeira de cedro, ambos de fontes sustentáveis. Materiais reciclados são usados sempre que possível, incluindo cascalho extraído do local antes da construção. As persianas de madeira acionadas por uma estação meteorológica na cobertura controlam a entrada de luz no edifício, reduzindo a necessidade de iluminação artificial e ajudando a regular a temperatura interna. As paredes são 25% mais eficientes termicamente do que o exigido pelos regulamentos locais de construção. A empresa estabeleceu mais de 400.000 plantas e árvores de mais de 120 espécies em todo o local, muitas das quais de ocorrência natural na área local. Claro, a empresa transforma em adubo todos os resíduos verdes produzidos de seus 42 acres de terreno.

Também foi incluído no local um grande lago central, que não apenas atraiu muitos pássaros selvagens, mas também atuou como um dissipador de calor para os sistemas de controle climático da planta, economizando custos e energia em comparação com o ar-condicionado convencional. O lago também foi projetado para fazer parte do sistema sustentável de gerenciamento de água e prevenção de inundações que armazenava o escoamento filtrado do telhado e dos estacionamentos, antes de permitir que ele fosse drenado naturalmente para o solo. Uma característica particular do projeto do prédio principal foi o telhado vivo de 32.000 metros quadrados, que foi plantado com milhares de plantas do gênero Sedum resistentes e de baixa manutenção, tornando-o o maior telhado vivo do Reino Unido. Além de fornecer encobrimento natural extremamente eficaz, o telhado melhorou o isolamento, reduziu o escoamento da água da chuva e tornou-se um refúgio para a vida selvagem. Mas não é apenas o edifício em si que é ambientalmente inovador. No interior, todos os processos produtivos da empresa foram pensados de modo a minimizar o desperdício, o uso de energia e o consumo de água. Mais de 60% dos resíduos, incluindo papelão, papel, plástico, pneus e poliestireno, são reciclados. Restos de couro dos estofados de luxo dos veículos são reciclados para serem utilizados nas indústrias de moda e calçados. Peças sobressalentes e sobras de madeira e compensado são doadas a uma instituição de caridade local, que as usa para fazer móveis e outros produtos para angariar fundos.

Análise do fluxo de produção

O projeto detalhado de arranjos físicos celulares é difícil, em parte porque a ideia de célula, por si própria, representa um compromisso entre arranjos físicos por processo e por produto. Para simplificar a tarefa, é interessante concentrar-se no aspecto processo ou no aspecto produto para o arranjo físico celular. Se o projetista da célula decide concentrar-se no aspecto processo, ele pode usar a **análise de *clusters*** para descobrir quais grupos de processos reúnem-se naturalmente. Isso envolve o exame de cada tipo de processo e o questionamento de quais outros tipos de processo um produto ou uma peça que utilize aquele processo tem maior probabilidade de requerer.

Uma abordagem para alocar tarefas e máquinas às células é a **análise do fluxo de produção (AFP)**, que analisa simultaneamente os requisitos do produto e o agrupamento de processos. Na Figura 7.15(a), uma operação de manufatura agrupou os componentes que produz em oito famílias — por exemplo, os componentes da família 1 requerem as máquinas 2 e 5. Nesta situação a matriz não parece exibir qualquer agrupamento natural. Se a ordem das linhas e colunas for alterada, de forma a mover as indicações com X para o mais próximo possível da diagonal da matriz, que vai do canto superior esquerdo ao ponto inferior direito, então surge um padrão mais claro. Isso é ilustrado na Figura 7.15(b) e mostra que as máquinas podem ser convenientemente agrupadas em três células, indicadas no diagrama como células A, B e C.

Embora esse procedimento seja um modo particularmente útil para se alocar máquinas a células, a análise raramente é totalmente limpa. Esse é o caso aqui, em que a família de componentes 8 precisa ser processada pelas máquinas 3 e 8 e que foram alocadas à célula B. Há algumas soluções parciais para isso; mais máquinas podem ser compradas e alocadas à célula A. Isso resolveria claramente o problema, mas exigiria investimento de capital em uma nova máquina que pode ficar subutilizada. Ou os componentes da família 8 poderiam ser mandados para a célula B depois de terem sido processados na célula

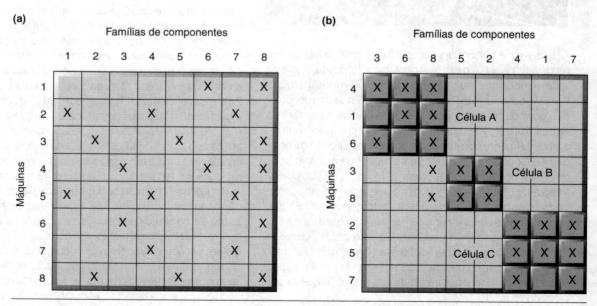

Figura 7.15 (**a**) e (**b**) Uso da análise do fluxo de produção para alocar máquinas a células.

CAPÍTULO 7 ARRANJO FÍSICO DAS INSTALAÇÕES **239**

A (ou mesmo no meio de sua rota de processamento, se necessário). Essa solução evita a necessidade de compra de outra máquina, mas parcialmente entra em conflito com uma das ideias básicas do arranjo físico celular — obter simplificação de um fluxo previamente complexo. Ou, ainda, se houver vários componentes como esse, pode ser necessário conceber uma célula especial para eles (normalmente, denominada célula de remanescentes), que seria quase como um miniarranjo físico funcional. No entanto, a célula dos remanescentes remove os componentes *inconvenientes* do restante da operação, deixando-a com um fluxo mais ordenado e previsível.

Informação e análise para o projeto de arranjo físico em linha

A natureza da decisão de projeto de arranjo físico em linha é um pouco diferente da dos outros tipos de arranjo físico. Enquanto nos outros tipos de arranjo físico a decisão é do tipo *onde localizar o quê*, no arranjo físico por produto a decisão é mais sobre *o que localizar onde*. Frequentemente, as decisões sobre localização são tomadas e, então, as tarefas são alocadas a cada localização. Assim, a atividade de *arranjo físico* é muito semelhante aos aspectos do projeto de processo, que discutimos no Capítulo 6. As principais decisões no arranjo físico em linha são as seguintes:

▶ Que tempo de ciclo é necessário?
▶ Quantos estágios são necessários?
▶ Como lidar com variações no tempo para cada tarefa?
▶ Como equilibrar o arranjo físico?
▶ Como organizar os estágios (arranjo *longo e fino* a *curto e grosso*)?

Informação e análise para o projeto da aparência das instalações

Tradicionalmente, são usados questionários de pesquisa e entrevistas para avaliar a reação da equipe e dos clientes aos projetos atuais e futuros do local de trabalho. Em geral, são desenvolvidos indicadores para os questionários ou entrevistas sobre o nível de satisfação e o nível de insatisfação. Isso é necessário porque altos níveis de satisfação não significam automaticamente um baixo nível de insatisfação. Diferentes funcionários e/ou clientes podem ter visões muito diferentes sobre o posicionamento e a aparência dos arranjos físicos. Mais recentemente, algumas organizações passaram a usar o registro remoto para entender a reação dos clientes e (às vezes) de sua equipe ao arranjo físico e à aparência de suas operações.

Operações responsáveis

Em cada capítulo, sob o título de Operações responsáveis, resumimos como o tópico específico tratado no capítulo aborda importantes questões sociais, éticas e ambientais.

Uma primeira reflexão sobre como o arranjo físico das instalações afeta os objetivos de sustentabilidade pode concluir que essa é uma daquelas questões em que os objetivos financeiros normais se alinham perfeitamente com os ambientais. Afinal, o objetivo comum do arranjo físico de minimizar a distância percorrida pelos itens físicos não apenas economiza custos e tempo, mas também reduz a energia consumida para transportar os itens. Mas várias questões se tornam evidentes com o aumento do escopo da questão para incluir uma consideração mais holística da aparência total e arranjo físico dos espaços de trabalho. Pense em qualquer local de trabalho no qual uma operação esteja localizada, desde a escolha de um local, passando pelo fornecimento de materiais de construção, construção da própria estrutura e projeto de seu interior, até sua operação contínua. Dentro de todo esse ciclo, existem muitas oportunidades para criar uma operação responsável, bem como muitos problemas potenciais que podem prejudicar os objetivos de sustentabilidade. Comece escolhendo um terreno. Ele complementa o seu entorno? A construção pode evitar danos ao meio ambiente natural? A construção de um prédio pode ser concluída sem interrupções excessivas? E assim por diante. Nos últimos anos, a disciplina da arquitetura sustentável (ou *verde* ou *ambiental*) surgiu para promover projetos que criam ambientes de trabalho (e de vida) sustentáveis, minimizando os impactos ambientais negativos e o consumo de energia. (De acordo com o Relatório de Status Global do Programa das Nações Unidas para o Meio Ambiente de 2017, prédios e construções respondem por mais de 35% do uso final global de energia e por quase 40% das emissões de CO_2 relacionadas com a energia.)[12] Esse é um assunto complexo e fora do escopo deste livro, mas a maioria das pesquisas na área se preocupa em economizar energia e água e tornar os prédios

▶

mais ecológicos, por exemplo, reduzindo as emissões de carbono. No entanto, a maioria dos gerentes de produção estará mais preocupada com a sustentabilidade de suas operações em andamento (enquanto aceita que elas serão parcialmente determinadas por sua arquitetura). A Figura 7.16 ilustra alguns dos fatores relacionados com a energia que provavelmente serão relevantes. Estes se dividem em quatro grupos:

- *A eficácia ambiental do espaço de trabalho ou do próprio prédio*: perda de calor pelo seu perímetro, quantidade de luz natural utilizada, filtragem para preservar a pureza do ar etc.
- *A eficácia dos sistemas de serviços do prédio*: consumo de energia de sua tecnologia de aquecimento, ventilação e ar-condicionado, uso eficiente de outros serviços, como água, gases etc.
- *As necessidades das instalações individuais (por exemplo, máquinas) na operação*: requisitos de energia e outros serviços.
- *Energia consumida devido ao arranjo físico*: energia necessária para manter o fluxo de itens durante a operação.

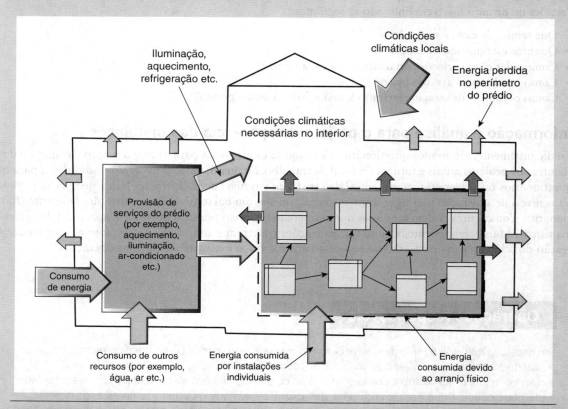

Figura 7.16 Alguns dos fatores relacionados com energia e relevantes no projeto dos prédios do local de trabalho.

Respostas resumidas às questões-chave

7.1 Como o arranjo físico das instalações influencia o desempenho?

- O *arranjo físico* e a *aparência* de uma operação ou processo é como seus recursos de transformação estão posicionados entre si e como sua aparência geral é projetada.
- Essas decisões ditarão o padrão e a natureza do fluxo dos recursos transformados à medida que atravessam a operação ou processo. Elas também afetam o modo como as pessoas que trabalham na operação e, em operações de alta visibilidade (onde os clientes formam parte do recurso transformado), como os clientes avaliam sua experiência de participar da operação.

> ▶ Os objetivos do arranjo físico incluem: minimizar (ou, às vezes, maximizar) o fluxo de recursos transformados, minimizar ou maximizar aspectos da interação entre as partes do processo e melhorar a experiência de funcionários e, quando apropriado, os clientes.

7.2 Quais são os tipos básicos de arranjo físico e como eles afetam o desempenho?

> ▶ Há quatro tipos básicos de arranjo físico. São eles: arranjo físico posicional, arranjo físico funcional, arranjo físico celular e arranjo físico em linha.

> ▶ Em parte, o tipo de arranjo físico que uma operação escolhe é influenciado pela natureza do tipo de processo, que, por sua vez, depende das características de volume e variedade da operação. Em parte, também, a decisão dependerá dos objetivos da operação. Custo e flexibilidade são particularmente afetados pela decisão sobre o arranjo físico.

> ▶ Os custos fixos e variáveis implícitos em cada arranjo físico diferem, tanto que, em teoria, um arranjo físico particular terá custo mínimo para determinado nível de volume. Entretanto, na prática, incerteza sobre os custos reais envolvidos nos arranjos físicos dificultará a identificação de qual arranjo físico terá custo mínimo.

7.3 Como a aparência das instalações de uma operação afeta seu desempenho?

> ▶ A aparência geral e a estética de um arranjo físico afetam o modo como os funcionários veem a operação em que trabalham e o modo como os clientes se comportam.

> ▶ A comunicação entre as pessoas reduz na medida em que a distância entre elas aumenta. Isso é chamado de *curva de Allen*.

> ▶ Além dos objetivos das operações convencionais que serão influenciados pelo projeto do arranjo físico, ele também influenciará o sentimento e a impressão geral da operação. Isso é frequentemente denominado *servicescape* da operação.

7.4 Que informações e análises são necessárias para o projeto do arranjo físico e a aparência das instalações?

> ▶ No arranjo físico posicional, técnicas formais de arranjo físico raramente são usadas, mas algumas, como a análise de localização de recursos, trazem uma abordagem sistemática para minimizar os custos e a inconveniência do fluxo para uma localização fixa.

> ▶ No arranjo físico funcional, a tarefa do projeto detalhado visa, geralmente (embora nem sempre), minimizar as distâncias percorridas pelos recursos transformados ao longo da operação. Tanto métodos manuais como baseados em computador podem ser usados na elaboração do projeto detalhado.

> ▶ No arranjo físico celular, a tarefa detalhada do projeto é agrupar os tipos de produtos ou clientes de tal forma que possam ser projetadas células convenientes a suas necessidades. Técnicas como a análise de fluxo de produção podem ser usadas para alocar os produtos às células.

> ▶ No arranjo físico em linha, o projeto detalhado do arranjo físico por produto inclui diversas decisões, como o tempo de ciclo a que o projeto precisa se conformar, o número de estágios da operação, a forma como as tarefas são alocadas aos estágios na linha e o arranjo dos estágios na linha.

> ▶ A coleta de informações como base para a análise da aparência das instalações normalmente usa questionários e entrevistas para avaliar a reação dos funcionários e dos clientes aos projetos atuais e futuros em potencial para o local de trabalho. Mais recentemente, algumas operações têm usado o registro remoto para compreender a reação dos clientes e (às vezes) de seus funcionários ao arranjo físico e à aparência de suas operações.

ESTUDO DE CASO

Misenwings SA

"Nosso setor [de refeições a bordo] é dominado por duas operações gigantes: LSG Sky Chefs e Gate Gourmet. Entre elas, fornecem mais de 800 milhões de refeições por ano para mais de 500 companhias aéreas em centenas de aeroportos. Estamos no outro extremo da escala em comparação com essas empresas. No ano passado, fornecemos menos de 200.000 refeições para uma mescla de pequenas companhias aéreas regionais e empresas de aluguel de jatos particulares. Mas temos operado na ponta de qualidade do mercado e nossas margens têm sido muito boas. Atualmente, estamos no meio de uma queda no setor aéreo, mas, quando as coisas voltarem ao normal, nos vemos crescendo e nos movendo mais para o curso principal" (Annette Müller, CEO e fundadora da Misenwings).

A Misenwings foi fundada quando Annette se formou na faculdade de hospedagem na Suíça, que frequentou depois de desistir de seu emprego anterior no setor de publicidade. Originalmente, a empresa fornecia refeições para empresas particulares de aluguel e fretamento. A Suíça tem um mercado de aviação executiva surpreendentemente grande. Genebra é um dos aeroportos de aviação executiva mais movimentados da Europa (o aeroporto europeu de aviação executiva mais movimentado é o Le Bourget, em Paris). Esse era um negócio lucrativo. A maioria dos clientes queria comida *gourmet* de alta qualidade, que cobrasse um preço alto, e isso representava uma margem relativamente alta. No entanto, após cinco anos de operação bem-sucedida, Annette percebeu que a demanda nesse mercado estava diminuindo. "*Cada vez mais, o negócio de aluguel privado estava sendo promovido como um método rápido e conveniente de se locomover pela Europa, em vez de uma experiência de luxo. Alguns clientes das companhias de charter nem queriam comer a bordo. Foi quando expandimos o fornecimento de refeições para as companhias aéreas comerciais convencionais*" (Annette Müller). No entanto, em vez de tentar entrar no mercado de fornecimento de grandes companhias aéreas com uma gama completa de refeições, desde lanches econômicos até refeições de primeira classe, a Misenwings ofereceu o que chamou de serviço de *Refeição Exclusiva* para companhias aéreas que serviam apenas uma refeição quente aos seus passageiros de classe executiva e de primeira classe enquanto ofereciam (ou vendiam) sanduíches preparados aos passageiros da classe econômica (que seriam fornecidos por outra empresa). Essa mostrou ser uma jogada inteligente e, em três anos, a empresa passou a fornecer de menos de 20.000 refeições por ano para cerca de 200.000. Ao mesmo tempo, sua receita cresceu 600%.

As refeições das companhias aéreas geralmente são preparadas em terra, em cozinhas próximas ao aeroporto. Elas são então transportadas para a aeronave, colocadas em geladeiras e aquecidas por comissários de bordo antes de serem servidas a bordo. As refeições das companhias aéreas e os fornos de bordo das aeronaves usados para aquecê-las são projetados para que a comida não seja afetada de maneira adversa pela mudança de altitude e pressão. Um fornecedor de refeições geralmente oferece instruções para a tripulação de cabine sobre como aquecer e servir a comida. O *design* de um menu é muitas vezes uma responsabilidade compartilhada entre a companhia aérea, que empregará pessoal especializado, e o fornecedor da refeição. As refeições a bordo devem ser cronometradas perfeitamente para condizer com o voo para o qual a refeição se destina, e a Misenwings desenvolveu uma boa reputação por isso. Antes de uma aeronave decolar, milhares de itens individuais devem ser entregues em quantidades exatas e no prazo. Garantir que os itens certos estejam no voo certo na hora certa é um desafio complexo, que requer coordenação exata para entrega, carga e descarga de caminhões no aeroporto. Interrupções de cronograma significam que a flexibilidade na cozinha é importante para atender aos prazos de entrega. No entanto, Annette fez questão de enfatizar que a qualidade de suas refeições foi a base de sua reputação. "*É claro que a confiabilidade e a flexibilidade da operação da nossa cozinha são importantes. Mas isso não significaria nada sem a nossa experiência na produção de refeições da mais alta qualidade.*"

A queda no setor aéreo do início de 2020 afetou a Misenwings, como qualquer outro fornecedor de companhias aéreas, embora não tanto quanto aqueles que atendem às companhias aéreas maiores. No entanto, Annette viu a redução nos negócios como uma oportunidade para reformular suas operações. Em particular, a cozinha de preparação em Genebra não havia sido alterada desde que a empresa atendia apenas ao negócio de fretamento privado. "*O que funcionava quando preparávamos relativamente poucas refeições, que eram diferentes todos os dias, não é apropriado agora que estamos preparando muito mais refeições para menus acordados com o cliente com semanas de antecedência. Precisamos ser mais industriais em nossa abordagem. Nossa cozinha de preparação precisa ser totalmente repensada.*"

Projetos de cozinha possíveis

Annette sabia que, em última análise, cada cozinha tinha seus próprios requisitos específicos; o que funciona para um negócio pode não necessariamente funcionar para outro, mas ela estava convencida de que a configuração atual da cozinha poderia ser melhorada. O projeto teria que considerar o tamanho e o estilo do prédio, as questões de planejamento local, o orçamento disponível e, acima de tudo, a variedade de cardápios e volume de refeições a serem preparadas. Mas qualquer que fosse o projeto da nova cozinha, ela teria que conter cinco elementos básicos:

▸ Áreas de preparo de alimentos que segregam diferentes tipos de alimentos durante o preparo.
▸ Áreas que cozinham refeições quentes. Esse é o coração da cozinha, onde o projeto da área é vital para um bom funcionamento.
▸ Áreas de armazenamento para vários tipos de ingredientes, que devem ser mantidos à temperatura necessária e livres de contaminação.
▸ Área de embalagem, onde são preparadas as refeições para transporte da cozinha até a aeronave.
▸ Área de limpeza e lavagem que recebe e lava louças, copos, talheres etc. para reutilização.

Annette estabeleceu seus princípios para um novo projeto de cozinha. "*As instalações e os equipamentos precisarão ser posicionados para que os funcionários deem o mínimo de passos possível; eles ficam de pé o dia todo atualmente. Também deve haver um mínimo de flexão, mãos esticadas, movimentação ou giros. Também é bom que as áreas quentes e frias não fiquem muito próximas. Por exemplo, o forno principal não deve estar ao lado do refrigerador, freezer e congelador rápido, que devem estar próximos um do outro. Além disso, qualquer novo projeto deve ser energeticamente eficiente. Isso poderia nos economizar muito dinheiro em longo prazo, além de ser eticamente a coisa certa a fazer.*"

Existem três projetos básicos usados em cozinhas comerciais:

▸ Estilo ilha: geralmente apresenta um bloco principal de *ilha* no meio da cozinha. Muitas vezes, a ilha contém o equipamento de cozinha, com áreas de preparação, armazenamento e serviço de alimentos ou *embalagem para transporte* nas paredes externas.
▸ Estilo de zona: envolve dividir a cozinha em diferentes seções, como cozinhar, preparar alimentos, armazenar, lavar e assim por diante. Alimentos e funcionários se movem entre as zonas conforme a necessidade.
▸ Linha de montagem: geralmente usada onde uma cozinha produz quantidades relativamente grandes de tipos semelhantes de alimentos para refeições. A cozinha é disposta em linha, na ordem de uso de seus equipamentos, o que cria um processo do tipo esteira transportadora.

A atual cozinha de Genebra foi disposta no que seria classificado como um arranjo *estilo ilha*, mas de maneira inversa, com áreas de preparação na ilha central e equipamentos de cozinha no perímetro da área. Annette admitiu que não era o ideal. "*Nós simplesmente não pensamos no arranjo físico quando construímos nossa cozinha atual em Genebra. Francamente, nunca foi o ideal, mesmo para os baixos volumes e grande variedade de refeições que começamos a produzir. E, à medida que os volumes cresceram, as ineficiências do projeto tornaram-se ainda mais óbvias. A comida tem que atravessar a área da cozinha tanto quando vem das áreas de estoque como quando se move para as áreas de cozimento nas paredes externas. Isso está causando congestionamento, além de aumentar o risco de contaminação. Dado que provavelmente aumentaremos os volumes, precisamos repensar no projeto.*"

A decisão sobre o arranjo físico

Felizmente, a empresa conseguiu adquirir um terreno adjacente ao local atual. Isso significava que eles poderiam construir uma instalação maior e continuar trabalhando durante sua construção. O principal dilema era o arranjo físico da nova instalação. Houve um consenso de que um arranjo no estilo ilha não era apropriado. Onde houve menos concordância foi se eles deveriam mudar para um arranjo somente no estilo em zona ou combinar um arranjo em zona com um arranjo em linha de montagem na área de montagem/embalagem. O arranjo no estilo em zona proposto para toda a cozinha pode ser visto na Figura 7.17. A inclusão de um espaço separado para conferências/reuniões foi pensada posteriormente. Muitas novas cozinhas de *catering* de companhias aéreas incorporaram um espaço para conferências, oferecendo uma área confortável para reuniões colaborativas com clientes ou órgãos regulamentadores para apresentações e outros assuntos que exijam uma área de exposição agradável. A Misenwings considerou que tal espaço seria útil.

Annette e sua equipe consideraram como a área de montagem/embalagem poderia ser projetada. Alguns dos arranjos físicos alternativos sugeridos para essa área são mostrados na Figura 7.18. Cada um é mostrado com seis funcionários trabalhando na área e pensado para ser o número máximo que seria necessário à medida que os negócios aumentassem nos próximos dois ou três anos. Muitas vezes, seriam necessários menos de seis funcionários. A alternativa A é a mais próxima de como as refeições são montadas atualmente, com a equipe compartilhando dois espaços de *ilha* para montar as refeições (atualmente existe uma ilha um pouco maior usada para isso). A alternativa B é muito diferente. Ela usa um único arranjo de linha de montagem tipo esteira móvel, *ritmada*. Esse tipo de arranjo é usado em alguns dos maiores fornecedores de refeições aéreas. A alternativa C adota *transportador de roletes*, linhas não ritmadas que permitem ao pessoal de montagem um pouco mais de flexibilidade e alguma capacidade para o pessoal compartilhar o trabalho. A opção de compartilhamento de trabalho também é evidente na linha de montagem (não ritmada) da alternativa D. Por outro lado, a alternativa E permite que cada um dos funcionários da montagem trabalhe individualmente, montando toda a refeição.

244 PARTE 2 PROJETO DA OPERAÇÃO

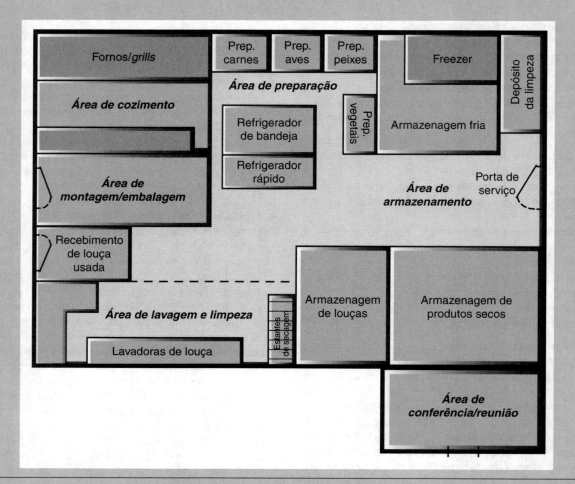

Figura 7.17 Arranjo físico em zona proposto para a nova cozinha da Misenwings.

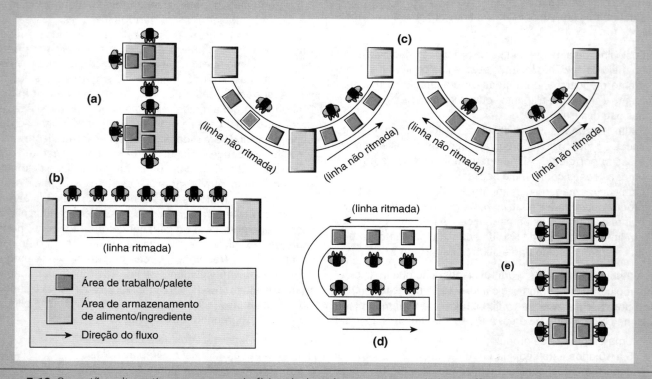

Figura 7.18 Sugestões alternativas para o arranjo físico da área de montagem/embalagem (fora da escala). Todas consideram um máximo de seis funcionários.

CAPÍTULO 7 ARRANJO FÍSICO DAS INSTALAÇÕES **245**

QUESTÕES

1. Como os três arranjos físicos de cozinha de ilha, zona e linha de montagem, correspondem aos tipos de arranjo mais convencionais usados no capítulo?
2. Ao sugerir o arranjo na Figura 7.17, quais objetivos de arranjo você acredita que foram usados?
3. Em sua opinião, quais são as vantagens e desvantagens dos arranjos físicos alternativos para a área de montagem/embalagem ilustrados na Figura 7.18? Que outros arranjos devem ser considerados para essa área?
4. O que é importante no projeto da área de conferência/reunião?

Problemas e aplicações

Todos os capítulos dispõem de questões do tipo *Problemas e aplicações*, que ajudarão o leitor a praticar a análise das operações. Elas podem ser respondidas com a leitura do capítulo.

1. Releia o exemplo *Arranjo físico de supermercado* em *Operações na prática*. Depois visite um supermercado e observe o comportamento das pessoas. Você pode tentar observar em que áreas elas movimentam-se lentamente e em quais elas parecem movimentar-se com rapidez sem prestar atenção aos produtos. (Você terá que exercitar alguma discrição ao fazer isso; as pessoas não gostam de ser perseguidas no supermercado de forma muito ostensiva.). Tente verificar, ao máximo que puder, alguns dos princípios que foram esboçados no exemplo. Que tipo de arranjo físico um supermercado convencional tem e como ele é diferente de uma operação de manufatura que utiliza o mesmo tipo de arranjo?

2. Pessoas (conhecidas como *rastreadores*) ainda são usadas por alguns varejistas para seguir os clientes (discretamente) pelas lojas para ver o fluxo entre as várias partes de uma loja, mas a tecnologia os está substituindo. Isso inclui vigilância por câmera de vídeo, sensor térmico, *lasers*, reconhecimento facial e as chamadas soluções baseadas em dispositivos. Algumas dessas tecnologias são sofisticadas, mas ainda estão em desenvolvimento, como o reconhecimento facial associado à análise avançada de inteligência artificial (IA). Outras são mais comuns e com histórico comprovado, como a imagem térmica, que detecta emissões de objetos em movimento e, por não ser sensível à luz, pode funcionar em qualquer espaço, não importando a iluminação recebida. Mas a tecnologia que tem, sem dúvida, o maior potencial para capturar dados de movimentação de clientes é o uso de sensores que captam os sinais identificadores exclusivos emitidos por telefones celulares à medida que buscam automaticamente redes *Wi-Fi* para se conectar. Em sua opinião, quais são as vantagens e desvantagens de usar essa tecnologia?

3. Em uma operação de montagem de equipamentos de laboratório customizados, o fluxo de materiais por oito departamentos é mostrado na Tabela 7.2. Supondo que a direção do fluxo de materiais não seja importante, construa um gráfico de relacionamento, um arranjo físico esquemático e um arranjo sugerido, dado que cada departamento tem o mesmo tamanho e os oito departamentos devem ser dispostos quatro de cada lado de um corredor.

4. A montadora de equipamentos de laboratório personalizados negocia um acordo de longo prazo para fornecer um produto-padrão simplificado que será vendido para laboratórios de investigação em todo o mundo. Esse produto requer uma sequência de montagem que o leva, em ordem, dos Departamentos 2 ao 4 ao 8 ao 5. As estimativas de demanda indicam que o novo produto seria responsável por 30 carregamentos-padrão de contêineres por dia. Se esse novo produto passasse a ser visto como um acréscimo permanente ao trabalho da operação, como o arranjo físico precisaria ser alterado?

5. Uma empresa que produz uma ampla variedade de kits educacionais especializados para crianças de 5 a 10 anos está sediada em uma unidade industrial organizada em um arranjo físico simples de seis departamentos, cada um realizando uma tarefa separada. O arranjo é mostrado na Figura 7.19, assim como os resultados de uma investigação do fluxo de peças e produtos entre cada departamento. No entanto, a empresa planeja renovar sua gama de produtos.

Tabela 7.2 Fluxo de materiais entre departamentos em cargas de contêiner padrão por dia.

	De...							
	Dep. 1	Dep. 2	Dep. 3	Dep. 4	Dep. 5	Dep. 6	Dep. 7	Dep. 8
Dep. 1		30						
Dep. 2	10		15	10				
Dep. 3		5		12	2		15	
Dep. 4		6			10	10		
Dep. 5				8		8	10	12
Dep. 6					2		30	
Dep. 7						13		2
Dep. 8				10	6		15	

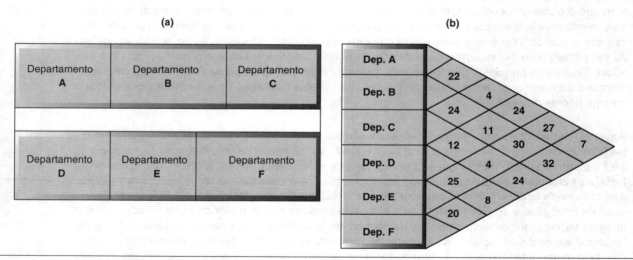

Figura 7.19 (a) O arranjo físico atual do produtor de kits educacionais e (b) o fluxo atual das peças e produtos (em cargas de palete) entre os departamentos.

"Essa nova linha substituirá totalmente nossos produtos existentes e, embora eu acredite que nosso arranjo existente seja adequado para a linha de produtos atual, acho que precisaremos reconfigurá-lo quando fizermos a transição para a nova linha de produtos" (COO da empresa). A estimativa do fluxo entre os departamentos quando da introdução da nova linha de produtos é mostrada na Figura 7.20.

(a) O COO está certo em pensar que o arranjo físico atual é adequado para a linha de produtos atual?

(b) Supondo que a estimativa do fluxo futuro entre os departamentos esteja correta, como você reorganizaria a fábrica?

6. Uma empresa de desenvolvimento de jogos por computador está se mudando para um novo local. O novo escritório tem um espaço de aproximadamente 300 metros quadrados na forma de 20 metros por 15 metros. A empresa tem seis departamentos, conforme identificado na Figura 7.21. A figura também mostra a área aproximada exigida por departamento e o grau de proximidade necessário entre cada um deles.

7. O gerente de produção de uma empresa especializada na montagem de monitores do fundo do mar, que registram os níveis de poluição, tinha um dilema. "No momento, estamos produzindo cerca de 40 estações de monitoramento do fundo do mar por ano, usando o que é basicamente um arranjo físico posicional. No

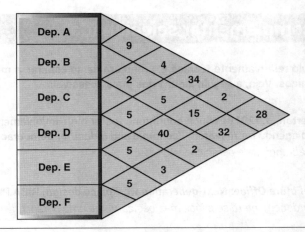

Figura 7.20 Fluxo estimado entre departamentos quando a nova gama de produtos for introduzida.

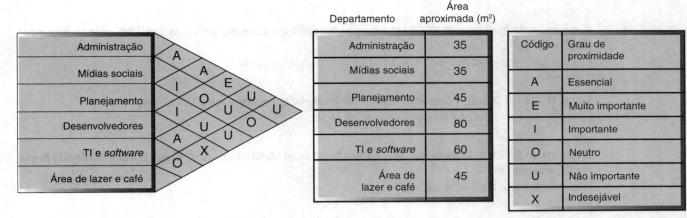

Figura 7.21 As áreas exigidas e o grau de proximidade para os seis departamentos da empresa de desenvolvimento de jogos por computador.

entanto, com o aumento do volume nos próximos anos, poderíamos passar a usar um arranjo em célula com duas células, uma para uso na montagem de monitores para águas tropicais e outra para águas mais frias. Sabemos que os custos fixos associados ao nosso arranjo atual são de € 20.000 por ano e o custo variável é de € 380 por unidade. Usando um arranjo celular, achamos que o custo fixo será de € 35.000 anuais, mas pode chegar até € 40.000, ou não passar de € 30.000 por ano. Temos mais certeza sobre o custo variável, que será de € 60 por unidade." Quanto o volume da empresa precisaria aumentar para ter certeza de que o arranjo celular seria menos dispendioso?

8. Normalmente, os pacientes submetidos a cirurgia permanecem imóveis, com os cirurgiões e outros funcionários do centro cirúrgico realizando suas tarefas ao redor dele. Um cirurgião frustrado por passar o tempo bebendo café enquanto os pacientes eram preparados para a cirurgia redesenhou o processo para que ele se movesse continuamente entre dois centros cirúrgicos. Enquanto ele opera um paciente em uma sala, seus colegas anestesistas preparam um paciente para cirurgia em outra sala. Depois de terminar com o primeiro paciente, o cirurgião se desinfeta, se move para a segunda sala de cirurgia e inicia a cirurgia no segundo paciente. Enquanto ele está fazendo isso, o primeiro paciente é retirado da primeira sala de cirurgia e o terceiro paciente é preparado. Quais são as vantagens e desvantagens desse arranjo?

9. Releia o exemplo *Fábrica da Rolls-Royce é projetada sob princípios ambientais* em *Operações na prática*. Por que o projeto dessa fábrica é particularmente importante para uma empresa como a Rolls-Royce?

10. Por que empresas de tecnologia como a Google projetam escritórios particularmente interessantes?

Leitura complementar selecionada

Este é um capítulo relativamente técnico e, como era de se esperar, a maioria dos livros e artigos sobre o assunto são técnicos. Veja, a seguir, alguns dos mais acessíveis.

Boxall, P. e Winterton, J. (2018) Which conditions foster high-involvement work processes? A synthesis of the literature and agenda for research, *Economic and Industrial Democracy,* **39 (1) 27-47.**
Acadêmico, mas abrangente e perspicaz.

Gillen, N. (2019) *Future Office: Next-generation workplace design,* **RIBA Publishing, Londres.**
Assume uma abordagem interdisciplinar, mas basicamente uma perspectiva arquitetônica.

Plunkett, D. e Reid, O. (2014) *Detail in Contemporary Office Design* **(Detailing for Interior Design), Laurence King, Londres.**
A opinião de um designer de interiores sobre a aparência dos escritórios.

Rosenbaum, M.S. e Massiah, C. (2011) An expanded servicescape perspective, *Journal of Service Management,* **22 (4) 471-490.**
Artigo acadêmico, mas uma boa revisão bibliográfica sobre pesquisa.

Saval, N. (2015) *Cubed: A Secret History of the Workplace,* **Anchor Books, Nova York, NY.**
Uma história interessante e inesperadamente divertida.

Stephens, M.P. (2019) *Manufacturing Facilities Design and Material Handling,* **6. ed., Purdue University Press, West Lafayette, IN.**
Exatamente o que diz o título: abrangente.

Van Meel, J., Martens, Y. e van Ree, H.J. (2010) *Planning Office Spaces:* **A Practical Guide for Managers and Designers, Laurence King, Londres.**
Exatamente o que diz o título. Um guia prático que inclui os aspectos de fluxo e estéticos do projeto de escritório.

Notas do capítulo

1. As informações nas quais este exemplo é baseado foram retiradas de: Urry, J. (2017) Inside Ducati: MCN walk around the Bologna factory, *Motorcycle News*, 21 set.; Hickey, S. (2014) Death of the desk: the architects shaping offices of the future, *Guardian*, 14 set.; Segran, E. (2015) Designing a happier office on the super cheap, *Fast Company*, 30 mar.
2. As informações nas quais este exemplo é baseado foram retiradas de: Booth, R. (2017) Francis Crick Institute's £700m building too noisy to concentrate, *Guardian*, 21 nov.
3. Koontz, C. (2005) Retail interior layout for libraries, *Information Today, Inc.*, jan./fev., http://www.infotoday.com/mls/jan05/koontz.shtml (Acesso em: set. 2021).
4. Schein, E. M. (1999) *The Corporate Culture Survival Guide: Sense and Nonsense About Culture Change*, Jossey-Bass, São Francisco, CA.
5. Palvalin, M. (2019) What matters for knowledge work productivity? *Employee Relations*, 41 (1) 209-27, https://doi.org/10.1108/ER-04-2017-0091 (Acesso em: set. 2021).
6. Economist (2013) Montessori management: the backlash against running firms like progressive schools has begun, *Economist*, edição impressa, 7 set.
7. Waber, B., Magnolfi, J. e Lindsay, G. (2014) Workspaces that move people, *Harvard Business Review*, out.
8. As informações nas quais este exemplo é baseado foram retiradas de: Economist (2019) Future of the workplace: redesigning the corporate office, *Economist*, edição impressa, 28 set.; Economist (2019) Why open-plan offices get a bad rap, *Economist*, edição impressa, 24 out.; Waber, B., Magnolfi, J. e Lindsay, G. (2014) Workspaces that move people, *Harvard Business Review*, out.

9. A ideia de *servicescapes* foi explorada originalmente por Bitner, M.J. (1992) Servicescapes: the impact of physical surroundings on customers and employees, *Journal of Marketing*, 56 (2) 57-71.

10. As informações nas quais este exemplo é baseado foram retiradas de: Urbanist Architecture (2020) Virtual reality in architecture: visit your home before it's been built with VR, 12 abr., https://urbanistarchitecture.co.uk/urbanist-4d-reality-virtualreality-technology-in-architectural-design/ e Revizto.com (Acesso em: set. 2021).

11. As informações nas quais este exemplo é baseado foram retiradas de: Rolls-Royce (2020) Birds, bees, roses and trees all thriving at the home of Rolls-Royce, Rolls-Royce Media Information, *Goodwood*, 2 jul.; Burstein, L. (2015) An inside look at the Rolls-Royce assembly plant in Goodwood, *Robb Report*, 23 out., https://robbreport.com/motors/cars/inside-look-rolls-royce-assembly-plant-goodwood-229474/ (Acesso em: set. 2021); Rolls-Royce (2017) Home of Rolls-Royce motor cars, comunicado à imprensa, Rolls-Royce Media Information, Goodwood, 7 abr.

12. UN Environment Programme and International Energy Agency (2017): Towards a zero-emission, efficient, and resilient buildings and construction sector, *Global Status Report 2017*.

8 Tecnologia de Processo

QUESTÕES-CHAVE

8.1 O que é tecnologia de processo e por que ela está se tornando mais importante?

8.2 Como é possível entender o potencial da nova tecnologia de processo?

8.3 Como podem ser avaliadas as novas tecnologias de processo?

8.4 Como as novas tecnologias de processo são desenvolvidas e implementadas?

INTRODUÇÃO

Há muita novidade em torno da tecnologia de processo. Poucas operações, se houver alguma, não são afetadas pelos avanços na tecnologia do processo. Tudo indica que o ritmo do desenvolvimento tecnológico não está desacelerando e, na verdade, de várias maneiras está acelerando. Isso tem implicações importantes para os gerentes de produção porque todas as operações utilizam algum tipo de tecnologia de processo, seja um simples serviço de computação em nuvem, sejam as mais complexas e sofisticadas fábricas automatizadas controladas por inteligência artificial (IA). Este capítulo, porém, não trata particularmente de tecnologias específicas; existem muitas, e elas estão mudando muito rapidamente. Em vez disso, ele trata das perguntas que os gerentes de produção terão que fazer, qualquer que seja a tecnologia empregada. Todos os gerentes de produção precisam entender o que as tecnologias emergentes podem fazer, em termos gerais, como fazem, que vantagens a tecnologia pode oferecer e que restrições pode impor sobre a operação. A Figura 8.1 mostra onde os assuntos aqui cobertos se relacionam com o modelo global das atividades de administração da produção.

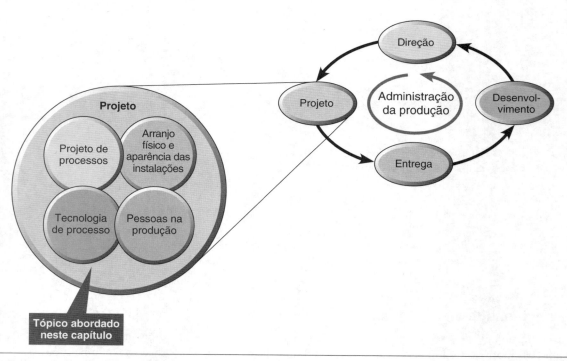

Figura 8.1 Este capítulo examina a tecnologia de processo.

8.1 O que é tecnologia de processo e por que ela está se tornando mais importante?

Não é nova a ideia de aproveitar a tecnologia para tornar as operações mais eficazes. Por exemplo, o uso regular de alguma forma de automação para substituir as atividades de trabalho humano vem acontecendo há pelo menos 300 anos. O que *é* novo é o escopo, a sofisticação e a combinação de tecnologias que estão sendo implantadas ou desenvolvidas para fazer parte das atividades de produção em quase todas as partes da economia. Isso tem implicações importantes, não apenas em como a tecnologia será aplicada, mas também em como as operações são organizadas para aproveitar ao máximo os recursos emergentes das novas tecnologias. Ainda mais importantes serão a velocidade e a extensão da mudança tecnológica com a qual os gerentes de operações terão que lidar. A forma como os gerentes de produção lidam com a tecnologia de processos é agora uma das decisões mais importantes que moldarão as capacidades de suas operações.

Tecnologia de processo *versus* tecnologia de produto

Vamos considerar que a palavra *tecnologia* signifique o uso do conhecimento científico para fins do mundo real, para nos concentrarmos na tecnologia de *processo* como distinta da tecnologia de *produto* ou *serviço*. Nas operações de manufatura, é relativamente simples separar os dois. Por exemplo, a **tecnologia de produto** de um computador está incorporada em seu *hardware* e *software*. Mas a tecnologia do processo que fabricou o computador é a tecnologia que fabricou e montou todos os diferentes componentes. Em operações de serviço, isso pode ser mais difícil. Por exemplo, parques temáticos como o Walt Disney World usam tecnologias de simulador de voo em alguns de suas atrações. São grandes salas montadas em uma plataforma hidráulica móvel, que, quando combinada com a projeção em uma grande tela, proporciona uma experiência realista de, digamos, voo espacial. Mas essa é uma tecnologia de produto/serviço ou de processo? Ela claramente processa os clientes da Disney, mas a tecnologia também faz parte do produto — a experiência dos clientes. As tecnologias de produto/serviço e de processo são, de fato, a mesma coisa. A definição formal de tecnologia de processo que utilizaremos aqui são as máquinas, equipamentos e dispositivos que *criam* e/ou *entregam* produtos e serviços. As tecnologias de processo variam de máquinas de ordenha a *softwares* de marcação de exames, de escâneres corporais a fornos de pão, de telefones celulares a fresadoras. Na verdade, a tecnologia de processo está presente em todos os tipos de operações e tem um efeito muito significativo na qualidade, velocidade, confiabilidade, flexibilidade e custo. É por isso que dedicamos um capítulo inteiro a ela.

Princípio de produção

A tecnologia de processo são as máquinas, equipamentos e dispositivos que criam e/ou entregam produtos e serviços.

Mesmo quando a tecnologia parece periférica à criação real de bens e serviços, ela pode desempenhar um papel fundamental na *facilitação* da transformação direta de *inputs* em uma operação. Por exemplo, a TI que executa atividades de planejamento e controle e sistemas de controle de estoque pode ser usada para ajudar gerentes e operadores a controlar e melhorar seus processos. Esse tipo de tecnologia é chamada de **tecnologia de processo indireto**. Ela está se tornando cada vez mais importante. Algumas empresas gastam mais com os sistemas de computação que controlam seus processos do que com a tecnologia de processo direta que atua sobre seus materiais, informações ou clientes.

Contudo, vale a pena notar que a distinção entre tecnologia de *produto/serviço* e tecnologia de *processo* pode depender do contexto. O que é a tecnologia de produto/serviço de uma empresa é a tecnologia de processo de outra. Por exemplo, a tecnologia de produto/serviço que as empresas de desenvolvimento de *software* incorporam em seus sistemas de planejamento e controle é a tecnologia de processo (indireta) de seus clientes. Fanuc, o fabricante japonês de robôs, tem uma fábrica em Oshino, no Japão, onde seus próprios robôs industriais produzem robôs industriais, supervisionados por uma equipe de apenas quatro trabalhadores por turno. Os robôs podem ser classificados como tecnologia de produto *e* de processo.

O que é *novo* nas novas tecnologias?

Por que a nova tecnologia de processo está se tornando tão importante? Pode-se argumentar que é principalmente por dois motivos. O primeiro é que a maioria das novas tecnologias de processo tem uma capacitação maior do que o que elas estão substituindo; em outras palavras, novas tecnologias de processo são

252 PARTE 2 PROJETO DA OPERAÇÃO

capazes de realizar coisas que as tecnologias mais antigas não podiam fazer ou não faziam tão bem. O segundo é que essas capacitações aumentadas têm um maior escopo de aplicação; elas podem ser aplicadas em setores da economia e nos tipos de operação em que a tecnologia de processo costumava ser muito menos importante.

Novas tecnologias com frequência têm capacitações aumentadas

Mesmo tecnologias, como robôs, que se tornaram comuns em muitas operações, estão se tornando mais baratas, mais eficientes e mais adaptáveis. Algoritmos usados, por exemplo, por bancos para realizar transações rotineiras, ou por empresas de entrega de encomendas para planejar rotas, podem superar a tomada de decisão humana. Quando combinados com a IA, eles podem realizar e/ou apoiar atividades, como diagnósticos médicos, que antes exigiam julgamento humano especializado. Algumas tecnologias também estão se tornando mais baratas. Ao longo de um período de 20 anos, o custo dos robôs industriais caiu pela metade, enquanto o custo da mão de obra nas economias desenvolvidas aumentou mais de 100%. Não surpreende, então, que a substituição de mão de obra seja responsável por parte da adoção de novas tecnologias. Mas não assuma que é sempre o principal motivo. Outros benefícios de desempenho podem ser ainda mais importantes, como discutiremos mais adiante.

OPERAÇÕES NA PRÁTICA ## Vai entender (ou não)[1]

O que a IA pode fazer e o que ela não pode? Bem, o limite está mudando o tempo todo, mas algumas coisas são mais fáceis do que outras. Um evento significativo foi uma disputa de cinco jogos entre o melhor jogador profissional de Go (chamado Lee Sedol) e o AlphaGo, um programa de computador desenvolvido pelo Google DeepMind. O computador venceu a disputa por quatro jogos a um. Isso foi significativo porque, embora aparentemente simples, o Go é um jogo muito mais complexo que o xadrez, e os desenvolvedores de IA ficaram obcecados por dominar o jogo. O tamanho de um tabuleiro de Go significa que o número de jogos que podem ser jogados nele é colossal: provavelmente em torno de 10^{170}, que é quase 100 ordens de grandeza maior que o número de átomos no universo observável (estimado em cerca de 10^{80}). Antes que o AlphaGo fosse desenvolvido, os melhores programas de Go eram pouco melhores do que um amador habilidoso. O avanço do AlphaGo se deveu à combinação de algumas das mesmas ideias dos programas mais antigos com novas abordagens que focavam em como o computador poderia desenvolver seu próprio *instinto* sobre os melhores movimentos do jogo. Ele usa uma técnica que seus criadores chamaram de *aprendizado profundo*, que permite ao computador desenvolver uma compreensão das regras instintivas do jogo que jogadores experientes podem entender, mas não podem explicar completamente. A empolgação com as habilidades do AlphaGo foi baseada em parte na ideia de que tal IA é uma tecnologia de *uso geral* (como a eletricidade, que é capaz de afetar economias inteiras) e é a base de qualquer aplicativo que exija reconhecimento de padrões.

No entanto, embora as técnicas de IA sejam poderosas, elas ainda são limitadas e muitas vezes difíceis de adotar (ver a seção sobre o paradoxo de Moravec). Elas lidam com os tipos de habilidades cognitivas subjacentes ao raciocínio humano. Elas foram comparadas a um *sábio idiota* artificial, que pode brilhar em tarefas bem delimitadas, mas pode errar quando confrontado com o inesperado. Em outras palavras, elas não têm aquela qualidade difícil de definir, mas ainda assim importante, o *bom senso*.[2] A IA pode *aprender* em seu sentido básico, mas requer conjuntos de dados muito grandes para tal. O grande número e as sutilezas das possíveis interações humanas, por exemplo, podem dificultar a aplicação da IA. A maioria dos humanos pode trabalhar em uma linha de suporte ao cliente, mas poucos podem jogar no nível de grande mestre de Go. No entanto, um jogo de Go tem apenas dois resultados possíveis (ou se ganha ou se perde), os quais podem ser facilmente classificados, e as regras subjacentes do jogo são relativamente simples e claras. A IA é adequada para esses problemas bem definidos. Construir um *chatbot* de atendimento ao cliente pode ser muito mais difícil. Cada interação com o cliente pode terminar com muitos resultados diferentes. Os seres humanos podem lidar mais prontamente com essas sutilezas porque são mais capazes de raciocinar *de cima para baixo* sobre o modo como o mundo funciona. Isso ajuda a orientá-los em condições em que os sinais *de baixo para cima* de seus sentidos são incertos ou inadequados. A IA acha isso difícil. Embora seja capaz dentro de limites definidos, até mesmo pequenas mudanças podem ser consideradas problemáticas.

Paradoxo de Moravec

O enigma da IA lidando com tarefas que a maioria dos humanos considera fáceis é conhecido como **paradoxo de Moravec**. Isso foi articulado por Hans Moravec, da Carnegie Mellon University. Ele observou que é relativamente fácil fazer computadores apresentarem um desempenho no nível de um adulto, com problemas lógicos complicados, mas difícil ou impossível lhes proporcionar as habilidades de uma criança de um ano em tarefas que exijam capacidades de percepção e mobilidade. Em outras palavras, com a IA, o complexo é fácil, e o fácil é complexo. No entanto, as habilidades que normalmente são definidas como *fáceis*, como aquelas que os seres humanos aprendem de maneira instintiva, são na realidade o resultado de bilhões de anos de evolução. Somos *ajustados* para considerá-las fáceis. Nós as achamos fáceis não porque as dividimos conscientemente em etapas lógicas ou articulamos todos os cálculos necessários, mas é isso que seria necessário para ensinar um sistema de IA a fazê-las. Como indicamos no exemplo *Vai entender (ou não)* em *Operações na prática*, a questão é se a IA pode dominar essas tarefas *fáceis*.

Novas tecnologias podem ser cada vez mais aplicadas em todos os tipos de operação

Costumava haver uma divisão simples entre as operações (normalmente, manufatura) que usavam muita tecnologia de processo e aquelas (normalmente, serviços) que usavam pouca ou nenhuma. Isso não é mais verdade. Agora, existem muito poucos, se houver, tipos de empresa que não estão usando ativamente algum tipo de tecnologia para dar suporte aos seus processos de produção. Por exemplo, em um aeroporto, fazemos *check-in* e escaneamos nossos passaportes usando máquinas automáticas, passamos pela segurança com nossas malas (e às vezes nós mesmos) tendo sido submetidas a uma varredura (semi)automática e obtemos acesso ao portão escaneando nosso cartão de embarque ou imagem no telefone. Mesmo durante o voo, os pilotos podem operar ativamente a aeronave apenas por alguns minutos antes que o piloto automático assuma o controle pelo restante da viagem. Mas mesmo serviços profissionais de volume relativamente baixo e de alta variedade, como serviços jurídicos e médicos, podem se beneficiar de tecnologias novas e com valor agregado.

Como vemos as novas tecnologias?

Às vezes, fica difícil separar a realidade de uma nova tecnologia da publicidade e especulação que a cerca, especialmente quando seu potencial ainda não é totalmente compreendido. Uma tentativa de ilustrar como as percepções da utilidade de uma tecnologia se desenvolvem com o passar do tempo é o **Gartner Hype Cycle**, criado pela Gartner, a empresa de pesquisa e consultoria em tecnologia da informação. Ele tem cinco estágios sequenciais (mas às vezes sobrepostos) — ver a Figura 8.2:

▶ *Estágio 1 — gatilho da tecnologia:* os estágios iniciais de uma tecnologia; é provável que exista em um estágio teórico ou de protótipo (que despertou o interesse da mídia), mas não existem demonstrações práticas funcionais.
▶ *Estágio 2 — pico das expectativas infladas:* a tecnologia desenvolveu-se a ponto de ela ser implementada por algumas operações mais aventureiras, os *primeiros participantes*. Há cobertura da imprensa descrevendo experiências bem-sucedidas e malsucedidas.
▶ *Estágio 3 — abismo da desilusão:* as dificuldades de utilização da tecnologia em situações práticas começam a demonstrar suas deficiências. Isso resulta em uma espécie de reação, levando à decepção e à desilusão com a tecnologia.
▶ *Estágio 4 — rampa da iluminação:* os problemas com a tecnologia são resolvidos lentamente e seu potencial se torna mais realista. Ela é adotada por um número cada vez maior de operações que aprendem a implementá-la em seu contexto.
▶ *Estágio 5 — platô da produtividade:* a tecnologia, em seu formato desenvolvido, passa a ser bastante adotada, provavelmente com padrões técnicos compartilhados por usuários e fornecedores.

Princípio de produção
Novas tecnologias de processo podem ter maiores capabilidades e maior escopo de aplicação.

Tecnologia de processo e recursos transformados

Um método comum para distinguir entre diferentes tipos de tecnologia de processo é pelo que a tecnologia realmente processa — materiais, informações ou clientes. Usamos essa distinção no Capítulo 1, quando discutimos sobre *inputs* para operações e processos.

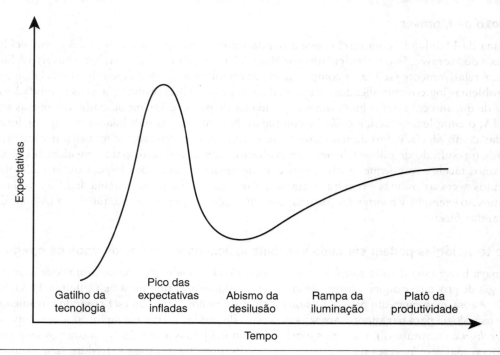

Figura 8.2 O Gartner Hype Cycle.
Fonte: Usada com permissão de Gartner.

Tecnologias de processamento de materiais

Isso inclui qualquer tecnologia que modele, transporte, armazene ou altere objetos físicos de alguma maneira. Abrange as máquinas e os equipamentos encontrados nas **operações de fabricação** (robôs, impressão 3D, sistemas de **fabricação integrados por computador** e assim por diante), mas também inclui caminhões, transportadores, máquinas de embalagem, sistemas de armazenamento e até unidades de exposição do varejo. Nas operações de fabricação, os avanços tecnológicos fizeram com que as formas de processamento dos materiais fossem automatizadas em comparação com a montagem das peças. Embora haja muito mais automatização do que antes, a montagem apresenta mais desafios técnicos.

OPERAÇÕES NA PRÁTICA

Tecnologia ou pessoas? O futuro dos empregos[3]

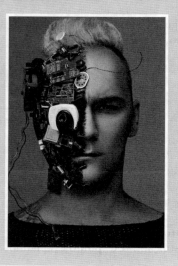

Os avanços tecnológicos sempre tiveram impacto nos tipos de empregos demandados pelas empresas e, por extensão, nos tipos de empregos que são extintos. Grande parte do trabalho rotineiro foi apropriado pelo *robô* e pela *planilha*. É o tipo de trabalho mais difícil de decompor em um conjunto de elementos padronizados que é menos propenso a ser substituído pela tecnologia. Exemplos óbvios incluem o tipo das tarefas que envolvem a tomada de decisões com base em julgamento e percepção, ensino de crianças pequenas, diagnóstico de condições médicas complexas e assim por diante. Entretanto, o futuro pode reservar um cenário menos certo para esses empregos. À medida que a conveniência da coleta e análise de dados se torna mais sofisticada e o conhecimento do processo aumenta, fica mais fácil dividir mais tipos de trabalho em componentes rotineiros, o que permite que eles sejam automatizados. A extensão em que tal automação irá se firmar é contestada. Carl Benedikt Frey e Michael Osborne, da Universidade de Oxford, sustentam que a gama de empregos que provavelmente serão automatizados é muito maior do que muitos supõem, especialmente empregos tradicionais administrativos, como contabilidade, trabalho jurídico, redação técnica e (até mesmo) ensino. Não é simplesmente que a tecnologia está ficando mais inteligente; além disso, ela consegue explorar a capacidade de ter acesso a muito mais dados. Frey e Osborne chegam ao ponto de estimar a probabilidade de que a tecnologia signifique perda de empregos para certas funções nas próximas duas décadas (corajosamente, porque essa previsão é notoriamente difícil). Entre os empregos de maior risco, estão os operadores de telemarketing (0,99, em que 1,0 = certeza), contadores e auditores (0,94), vendedores do varejo (0,92), redatores técnicos (0,89) e agentes imobiliários do varejo (0,86). Os empregos menos propensos a serem substituídos incluem atores (0,37), bombeiros (0,17), editores (0,06), engenheiros químicos (0,02), treinadores esportivos (0,007) e dentistas (0,004). Ainda outro estudo da Organização para a Cooperação e Desenvolvimento Econômico (OCDE) — um grupo de países relativamente ricos — afirma que essas previsões são muito sombrias, e é provável que menos empregos de pessoas sejam substituídos por IA e robôs do que foi sugerido. No entanto, muitas pessoas enfrentarão um futuro em que seus empregos poderão mudar significativamente, à medida que a tecnologia afetar a forma como os processos são projetados.

Tecnologia de processamento de informações

A tecnologia de processamento de informações, ou apenas **tecnologia da informação (TI)**, é o tipo mais comum de tecnologia nas operações, e inclui qualquer dispositivo que colete, manipule, armazene ou distribua informações. Inicialmente, foi o uso da tecnologia baseada na Internet que teve o impacto mais evidente nas operações — especialmente aquelas que se lidam com atividades de compra e venda. A vantagem era que isso aumentava tanto o alcance (o número de clientes/fornecedores que podiam ser alcançados e o número de itens que podiam ser apresentados) quanto a riqueza (a quantidade de detalhes que podiam ser fornecidos sobre os itens à venda e o comportamento de clientes/fornecedores). Posteriormente, outros tipos de tecnologias de processamento de informação passaram a oferecer oportunidades de inovação de processos, principalmente aqueles envolvendo alguma forma de capacidade analítica, como **tomada de decisão algorítmica**, IA e mineração de dados, comunicação ou conectividade, como *blockchain*, e aqueles capazes de processar informações visuais, como **realidade aumentada** (RA).

Tecnologia de processamento de clientes

Cada vez mais, o elemento humano do serviço está sendo reduzido, com a tecnologia de processamento do cliente sendo usada para fornecer um nível aceitável de serviço, reduzindo os custos de forma significativa. Existem três tipos de tecnologias de processamento de clientes. A primeira categoria inclui tecnologia de interação ativa, como veículos, compras *on-line*, equipamentos de ginástica e estações de autoatendimento. Em todos estes, os próprios clientes estão usando a tecnologia para criar o serviço. Por outro lado, aeronaves, sistemas de transporte de massa, esteiras rolantes, elevadores, cinemas, monitores *fitness* e a maioria dos passeios em parques temáticos são tecnologias interativas passivas; elas *processam* (e às vezes controlam) clientes (ou aspectos de um cliente) de alguma forma, mas não esperam que o cliente participe diretamente da interação. Algumas tecnologias de processamento de clientes estão *cientes* dos clientes, mas não o contrário: por exemplo, tecnologias de monitoramento de segurança ou de reconhecimento facial em *shoppings* ou em áreas de imigração de fronteiras nacionais. O objetivo dessas *tecnologias ocultas* é rastrear os movimentos ou transações dos clientes de maneira discreta.

Integração das tecnologias

É claro que algumas tecnologias processam mais de um tipo de recurso e/ou são combinações de outras tecnologias. Essas tecnologias são chamadas de *tecnologias de integração*. Por exemplo, a tecnologia de ponto de venda eletrônico (PDVE) integra tecnologias de digitalização e informação e processa compradores, produtos e informações. Talvez a mais discutida das tecnologias integradoras mais recentes seja a *Indústria 4.0*. Esse é o termo para a automação e integração de tecnologias de fabricação, e mais adiante será explicado com mais detalhes.

Como os gerentes de produção devem administrar a tecnologia de processo?

A administração da tecnologia de processo sempre foi importante para os gerentes de produção porque eles estão envolvidos em sua seleção, instalação e administração. Mas como os gerentes de produção decidem sobre a melhor forma de habilitar seu uso, especialmente em circunstâncias em que essas tecnologias não haviam sido apropriadas anteriormente? Eles deverão ser capazes de fazer três coisas:

▶ Primeiro, eles precisam compreender a tecnologia a ponto de poderem articular o que ela deverá ser capaz de fazer; eles não precisam ser especialistas naquilo que constitui a ciência básica da tecnologia, mas apenas o suficiente para entender suas implicações.

Princípio de produção
Os gerentes de produção precisam ser capazes de compreender, avaliar e administrar novas tecnologias de processo.

▶ Segundo, eles deverão ser capazes de avaliar tecnologias alternativas, principalmente a forma como elas afetam as operações que eles administram, e compartilhar as decisões sobre qual tecnologia deve ser escolhida.

▶ Terceiro, eles precisam ser capazes de desenvolver, planejar e implementar a tecnologia, de modo que ela possa alcançar seu potencial pleno na contribuição para o desempenho da operação.

8.2 Como é possível entender o potencial da nova tecnologia de processo?

A primeira responsabilidade dos gerentes de produção é compreender o que uma tecnologia de processo pode fazer. No entanto, *entender a tecnologia de processo* não significa (necessariamente) conhecer os detalhes da ciência e da engenharia incorporadas na tecnologia, mas sim o suficiente sobre os princípios por trás da tecnologia para se sentir à vontade na avaliação de algumas informações técnicas, capaz de lidar com especialistas na tecnologia e confiante o suficiente para fazer perguntas relevantes.

Princípio de produção
Os gerentes de produção devem entender o suficiente sobre tecnologia de processo para avaliar alternativas.

As quatro questões-chave

Em particular, as quatro questões-chave seguintes podem ajudar os gerentes de produção a compreender os elementos essenciais da tecnologia:

1. O que a tecnologia faz que é diferente das outras tecnologias similares?
2. Como faz isso? Isto é, que características particulares da tecnologia são utilizadas para desempenhar sua função?
3. Que benefícios o uso da tecnologia oferece à operação?
4. Quais as restrições ou riscos o uso da tecnologia pode trazer para a operação?

Tecnologias emergentes — avaliação de suas implicações

As quatro questões que acabamos de listar são universais, no sentido de que podem ajudar a entender as implicações para a administração da produção de qualquer tecnologia nova ou emergente. Mas os gerentes de produção não estão imunes às percepções públicas mais gerais da importância das novas tecnologias, e por isso vale a pena considerar como elas são vistas.

Exemplo resolvido

QB House[4]

Certo dia, no Japão, Kuniyoshi Konishi ficou tão frustrado por ter que esperar para cortar o cabelo e pagar mais de 3.000 ienes pelo privilégio que decidiu que deveria haver melhores formas de oferecer esse tipo de serviço. "Por que não", disse ele, "criar salões sem luxo onde o cliente pudesse ter o cabelo cortado em dez minutos a um custo de 1.000 ienes (€ 7)?". Ele percebeu que uma combinação de tecnologia e projeto de processo poderia acelerar a tarefa básica de cortar o cabelo. Sua cadeia de barbearias chama-se QB House. Em primeiro lugar, os cabeleireiros jamais lidam com dinheiro. Cada salão tem uma máquina de venda que aceita notas de 1.000 ienes (e não dá troco). Os tíquetes adquiridos na máquina são entregues ao cabeleireiro em troca do corte de cabelo. Em segundo lugar, a QB House não aceita reservas, então não é necessário recepcionista ou alguém para agendar horários. Em terceiro lugar, a QB House desenvolveu um sistema de iluminação que indica quanto tempo os clientes deverão esperar. Sensores eletrônicos sob cada assento na área de espera informam quantos clientes estão esperando no salão. Luz verde fora do salão indica que não há espera, luz amarela, que a espera pode ser de 5 minutos e luz vermelha, que a espera deverá ser em torno de 15 minutos. Esse sistema pode também rastrear quanto tempo cada cliente leva para ser atendido. Em quarto lugar, a QB House abandonou o hábito tradicional japonês de lavar o cabelo após o corte para remover os fios soltos. Em vez disso, os cabeleireiros usam um sistema próprio da QB House de *lavagem a ar*, em que uma mangueira presa no teto do salão é acionada e aspira o cabelo cortado do cliente. O sistema da QB House provou ser tão popular que seus salões estão espalhados por muitos outros países do sudeste asiático. A cada ano, quase quatro milhões de clientes experimentam os cortes de cabelo de dez minutos na QB House.

Análise

- *O que a tecnologia faz?*: sinaliza a disponibilidade de cabeleireiros, gerenciando assim as expectativas dos clientes. Evita que os funcionários lidem com dinheiro. Agiliza o serviço ao substituir o uso de xampu tradicional por *lavagem a ar*.
- *Como faz isso?*: usa sensores simples nos assentos, máquinas de emissão de tíquetes e aspiradores para lavagem a ar.
- *Que benefícios proporciona?*: serviços mais rápidos com tempo de espera previsível (serviço confiável) e custos menores e, assim, preços mais baixos.
- *Que restrições ou riscos impõe?*: riscos da percepção do cliente associados à qualidade do serviço. Não é um serviço *indulgente*. É um serviço básico, mas de valor, serviço que os clientes precisam saber como usar e o que esperar.

Classificação das tecnologias por suas principais capabilidades

Qualquer compreensão mais profunda de uma tecnologia exige um conhecimento do que, em termos gerais, ela realmente faz. Em outras palavras, qual é sua *capabilidade principal*? Em que é melhor do que a tecnologia que ela substitui? A Figura 8.3 mostra algumas tecnologias que, no momento em que este livro foi escrito, eram novas (novidades). É claro que esta não é uma lista totalmente abrangente. Algumas tecnologias são especializadas, no sentido de que sua aplicação está limitada a um tipo de operação. Outras tecnologias estão (novamente, no momento em que escrevemos) ainda muito em seu estágio de desenvolvimento. A intenção não é fornecer um levantamento abrangente das tecnologias — que poderia ser expandido para um livro inteiro — nem o aprofundamento dos detalhes técnicos. Em vez disso, é demonstrar como os gerentes de operações precisam olhar *por trás* da tecnologia para começar a entender o que ela se destina a fazer. A figura posiciona as tecnologias em relação a cinco *capabilidades principais*:

Princípio de produção

A capabilidade principal das tecnologias de processo pode ser uma ou mais destas: pensar/raciocinar, ver/sentir, comunicar/conectar, mover objetos físicos e processar materiais.

- Tecnologias que podem pensar ou raciocinar.
- Tecnologias que podem ver ou sentir.
- Tecnologias que podem se comunicar ou conectar.
- Tecnologias que podem mover objetos físicos.
- Tecnologias que podem processar materiais.

Tecnologias que podem pensar ou raciocinar

A classe da tecnologia mais conhecida por tentar replicar (e até superar) o pensamento humano é a IA. Esta geralmente é entendida como uma capabilidade baseada em computador que acentua a criação de uma inteligência que reage e funciona como seres humanos. É a tecnologia subjacente que dá suporte a várias outras atividades de aprendizado, como reconhecimento de voz, planejamento e resolução de problemas. Desde que os computadores foram desenvolvidos, as pessoas trabalharam com eles e foram aprimoradas

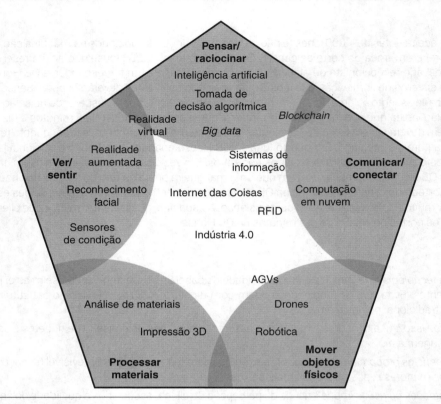

Figura 8.3 Tecnologias novas ou emergentes, posicionadas em relação às cinco *capabilidades principais*: pensar/raciocinar, ver/sentir, comunicar/conectar, mover objetos físicos e processar materiais.

por eles. A IA desafia esse relacionamento à medida que os computadores melhoram seus recursos para assumir mais controle. Um pouco menos sofisticada, porém mais utilizada (atualmente) na administração da produção, é a tomada de decisão algorítmica. Um algoritmo é uma sequência predefinida de instruções ou regras. Muitos dos modelos usados neste livro são algoritmos que podem ser incorporados às rotinas de tomada de decisão. A tomada de decisão algorítmica pode ser combinada com grandes conjuntos de dados (muitas vezes chamados de **big data**). *Big data* é um grande volume de dados estruturados e não estruturados, cuja análise pode revelar padrões ocultos, correlações e outras conclusões.

Tecnologias que podem ver ou sentir

Algumas tecnologias exploram sua capacidade de manipular informações visuais geradas pelo computador ou aumentadas por ele. Por exemplo, as tecnologias de *realidade aumentada* mostram uma versão aprimorada da realidade, em que as visualizações ao vivo de ambientes físicos do mundo real são aumentadas com imagens geradas por computador e sobrepostas, complementando assim a percepção da realidade. A *realidade virtual* vai além disso, usando simulações totalmente geradas por computador, com as quais os seres humanos podem interagir de maneira aparentemente real, usando, por exemplo, capacetes/óculos especiais e luvas equipadas com sensores. Embora as tecnologias de realidade aumentada e virtual sejam usadas em operações de entretenimento, elas também são valiosas no treinamento de cirurgias, planejamento de manutenção e projeto de processos. Ambas envolvem pessoas que usam a tecnologia para visualizar objetos. O *reconhecimento facial* é o inverso disso. Ele usa imagens estáticas ou de vídeo de uma cena para identificar ou verificar um ou mais indivíduos, usando um banco de dados armazenado de rostos para que essas pessoas possam ser identificadas para (digamos) cobrança automática de um serviço ou para fins de segurança ou publicidade. As tecnologias de *sensores de condição* são mais íntimas. Eles detectam características das pessoas (por exemplo, monitores *fitness*) ou materiais (por exemplo, sensores do controle de qualidade).

Tecnologias que podem comunicar ou conectar

Indiscutivelmente, a capacidade mais significativa que está cada vez mais incorporada em muitas tecnologias de processo é a capacidade de rede, conexão ou comunicação com outros elementos em um processo de produção. Por exemplo, as aplicações da *computação em nuvem* permitem que grupos dispersos de pessoas colaborem de modo virtual, usando informações compartilhadas (em tempo real) e armazenamento compartilhado de informações. A tecnologia *blockchain* também depende de redes conectadas, mas, em vez de *compartilhar*, ela usa bancos de dados distribuídos de forma que eles mantenham uma lista compartilhada de registros (denominados blocos), em que cada bloco de código criptografado contém o histórico de cada bloco que veio antes dele, com registro da hora (*timestamp*) de cada transação. Há transparência na rede, mas nenhum ponto isolado em que os registros possam ser invadidos ou corrompidos. Em um nível mais técnico, a comunicação entre objetos físicos tornou-se significativamente mais eficaz com o uso de **tecnologias de RFID**. Esses dispositivos usam ondas de rádio para identificar objetos automaticamente, coletar dados sobre eles e comunicá-los em *sistemas de informação* (conjuntos integrados de componentes para coletar, armazenar e processar dados, bem como fornecer informações e conhecimento).

Tecnologias que podem mover objetos físicos

Os *robôs* normalmente recebem o crédito por suas habilidades quase humanas, mas na verdade são usados principalmente para manusear materiais, como carregar e descarregar peças de trabalho em uma máquina, para processamento, onde uma ferramenta é segurada pelo robô, e para montagem, onde o robô reúne peças. Alguns robôs têm algum *feedback* sensorial limitado, por meio de controle de visão e controle de toque. Uma relação próxima da de um robô é um *veículo autoguiado* (**AGV**). Esse é um sistema de manuseio de materiais que usa veículos automatizados que são programados para se mover entre diferentes estações (geralmente em um ambiente de fabricação ou depósito) sem operador. Em um nível mais aéreo, os *drones*, sejam eles guiados, sejam eles autônomos, são cada vez mais usados em aplicações industriais. Os usos não militares incluem inspeção de segurança e qualidade, filmagem e jornalismo, busca e salvamento, agricultura de precisão e entregas em curta distância.

Tecnologias que podem processar materiais

Os diversos desenvolvimentos na tecnologia de processamento de materiais tendem a ser muito especializados e técnicos para atrair a atenção popular. No entanto, muitos processos novos (ou um tanto novos) às vezes têm um efeito significativo na economia e na prática das operações de processamento de materiais. Tudo, desde a miniaturização, o uso de *lasers*, até a criação de produtos com formas complexas e materiais multifuncionais, abriu novas oportunidades de processamento. Uma tecnologia que tem recebido muita publicidade é a *impressão 3D*, também conhecida como manufatura aditiva. Uma impressora 3D produz um objeto tridimensional colocando camada sobre camada de material até que a forma final seja obtida. Mas a impressão 3D não é uma tecnologia nova em si. Desde a década de 1990, tem sido usada para fabricar protótipos de produtos de forma rápida e barata antes da produção plena. Atualmente, ela é cada vez mais usada para produtos acabados, para clientes reais. É importante ressaltar que, como a tecnologia é *aditiva*, ela reduz significativamente o desperdício. Na usinagem convencional de algumas peças aeroespaciais, por exemplo, às vezes, até 90% do material é desperdiçado.

Tecnologias com mais de uma capabilidade primária

Algumas das tecnologias descritas anteriormente têm mais de uma capabilidade primária, mesmo que uma delas seja dominante. A realidade virtual, por exemplo, é uma tecnologia visual, mas não poderia funcionar sem uma capacidade de pensamento/raciocínio relativamente poderosa. Os veículos guiados automaticamente estão preocupados principalmente com a movimentação de objetos físicos, mas podem se comunicar com frequência, *ver* para onde estão indo e raciocinar para descobrir rotas alternativas. Outras tecnologias importantes combinam ainda mais recursos primários. A **Internet das Coisas (IoT, do inglês *Internet of Things*)** explora o potencial da tecnologia RFID com seus sensores e atuadores, conecta-os usando redes sem fio e permite a integração de sistemas de informação com redes físicas. A SAP, desenvolvedora de sistemas de recursos corporativos, descreve a Internet das Coisas como: "Um mundo em que os objetos físicos são perfeitamente integrados à rede de informações e em que os objetos físicos podem se tornar participantes ativos nos processos de negócios. Existem serviços disponíveis para interagir com esses 'objetos inteligentes' pela Internet, consultar e alterar seu estado e qualquer informação associada a eles, levando em consideração questões de segurança e privacidade".[5]

Indústria 4.0

Talvez a mais desenvolvida das tecnologias que combinam vários recursos primários tenha se tornado conhecida como *Indústria 4.0*. O nome vem da afirmação de que houve quatro revoluções industriais:

primeiro, a mecanização por meio da água e da energia a vapor; segundo, produção em massa e linhas de montagem movidas a eletricidade; terceiro, informatização e automação; e, finalmente, quarto, fábricas inteligentes que combinam sistemas digitais, virtuais e físicos. O nome Indústria 4.0 foi usado pela primeira vez publicamente em 2011 como *Industrie 4.0* por um grupo de empresários, representantes políticos e acadêmicos, reunidos como uma iniciativa para melhorar a competitividade da manufatura alemã. O governo alemão formou um grupo de trabalho que publicou uma visão para a Indústria 4.0, que eles viam como os sistemas ciberfísicos que compreendem máquinas inteligentes, sistemas de armazenamento e instalações de produção capazes de trocar informações de forma autônoma, desencadear ações e controlar uns aos outros de forma independente.

OPERAÇÕES NA PRÁTICA   Amada ou odiada, a Marmite gera tecnologia de energia reciclada[6]

Para os leitores que vivem em regiões do mundo onde a marca Marmite não é muito comercializada, trata-se de uma pasta saborosa e nutritiva que contém vitamina B e é muito usada no sanduíche, na torrada, no pão ou mesmo como um ingrediente de cozinha. Seu sabor não é para todos, e por isso é anunciado com os dizeres "ame-o ou odeia-o". Por trás do anúncio inteligente, porém, a Marmite, que faz parte da Unilever, a gigantesca empresa de alimentação, é pioneira em reciclar as sobras de seu processo de produção para gerar energia em sua fábrica. Esta está situada no Reino Unido, e todos os anos em torno de 18 mil toneladas de Marmite solidificado ficam depositadas nas superfícies das máquinas e equipamentos usados em sua fabricação. Por anos, esses resíduos eram limpos e depois despejados no sistema de esgoto ou enviados a aterros sanitários. Então, a Unilever instalou um digestor anaeróbico, que é uma espécie de composteira que permite que o subproduto descartado seja digerido por microrganismos que dele se alimentam. Ao fazer isso, há emissão de metano, que é incinerado em uma caldeira conectada a um gerador para a produção de energia. O sistema também captura o calor do descarte que passa por um exaustor para ajudar a aquecer o sistema hidráulico da fábrica (ver a Figura 8.4).

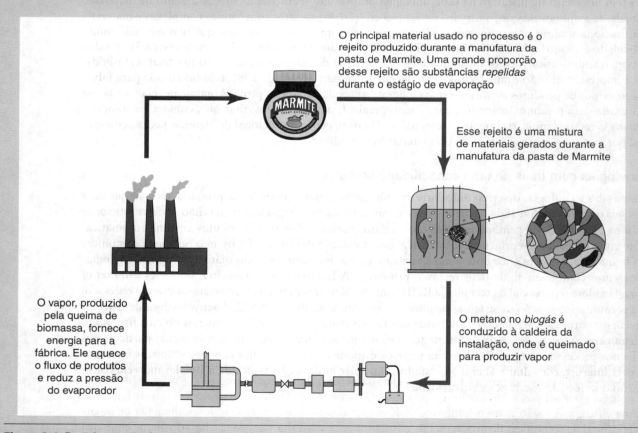

Figura 8.4 Reciclagem do desperdício de produto na Marmite.

O exemplo da Marmite, porém, é apenas parte do *Plano de Convivência Sustentável* da Unilever, que a empresa publica a cada ano, detalhando o progresso que está fazendo em nível global e nacional para cumprir suas metas de sustentabilidade. A Unilever publica seu desempenho em três categorias. A primeira: "as áreas onde estamos progredindo genuinamente". Isso inclui o suprimento, a nutrição e a ecoeficiência sustentável (incluindo o projeto Marmite). A segunda: "áreas onde precisamos considerar cuidadosamente como atingir nossas metas, mas que estão agora prontas para maior escala", como um programa para aumentar a taxa de reciclagem de aerossóis, encorajando mais as prefeituras locais a coletá-los do meio-fio das ruas. "Entretanto", o relatório admitiu, "temos muito a fazer, trabalhando em parceria com a indústria, governo e ONGs para ajudar a aumentar as taxas de reciclagem e de recuperação". A terceira categoria: "áreas onde encontramos dificuldades de obter progresso e que precisamos trabalhar com outros para encontrar soluções". Isso inclui metas que exigem mudança no comportamento do consumidor, como encorajar as pessoas a comer alimentos com níveis mais baixos de sal ou a reduzir o uso de água quente no chuveiro e na lavagem de roupas.

8.3 Como podem ser avaliadas as novas tecnologias de processo?

A decisão mais comum relacionada com a tecnologia para os gerentes de produção provavelmente será adotar uma tecnologia alternativa à que está sendo usada no momento. Essa é uma decisão importante, porque a tecnologia de processo pode ter um efeito significativo na capabilidade da operação, e ninguém deseja trocar tecnologias caras com muita frequência. No entanto, com o surgimento de tantas novas tecnologias de processo com capabilidades às vezes ambíguas, o processo de avaliação se torna mais difícil e mais importante. Somam-se a isso novos tipos de risco tecnológico — segurança, obsolescência, problemas de implementação e a tendência de algumas organizações se deixarem levar pela nova tecnologia por si só. Aqui, usamos três conjuntos de critérios para avaliação:

Princípio de produção
As tecnologias de processo podem ser avaliadas em termos de seu ajuste com as tarefas do processo, seu efeito sobre o desempenho e seu impacto financeiro.

▶ A tecnologia se ajusta às características de volume-variedade da tarefa para a qual se destina?
▶ Quais aspectos do desempenho da operação a tecnologia pretende melhorar?
▶ A tecnologia oferece um retorno financeiro aceitável?

A tecnologia se ajusta às características de volume-variedade da tarefa?

Diferentes tecnologias de processo serão apropriadas para tipos distintos de operações, não apenas porque processam diferentes recursos transformados, mas também porque o fazem em diferentes níveis de volume e variedade. Processos de alta variedade e baixo volume geralmente requerem tecnologia de processo de *propósito geral*, porque pode executar uma ampla gama de atividades exigida pelo processamento que a alta variedade requer. Os processos de alto volume e baixa variedade podem usar tecnologia mais *dedicada* à sua gama mais restrita de requisitos de processamento. Dentro do espectro de uso geral para tecnologias de processo dedicadas, três dimensões em particular tendem a variar com o volume e a variedade:

▶ Seu grau de *automação*.
▶ A capacidade da tecnologia de processar o trabalho: ou seja, sua *escala* ou *escalabilidade*.
▶ O grau de integração com outras tecnologias: ou seja, seu grau de *acoplamento* ou *conectividade*.

O grau de automação da tecnologia

Até certo ponto, toda tecnologia precisa de intervenção humana. Pode ser mínimo, por exemplo, as intervenções periódicas de manutenção em uma refinaria petroquímica. Por outro lado, a pessoa que opera a tecnologia pode ser o *cérebro* inteiro do processo, por exemplo, o cirurgião usando técnicas de laparoscopia na cirurgia. A razão entre o esforço tecnológico e humano empregado é às vezes chamada de intensidade capital da tecnologia de processo. Em geral, processos com alta variedade e baixo volume empregam tecnologia de processo com menor grau de automação do que aqueles com maior volume e menor variedade. Por exemplo, os bancos de investimentos negociam *derivativos* financeiros altamente complexos e sofisticados, muitas vezes personalizados para as necessidades de clientes individuais, e cada um pode valer milhões de dólares. A retaguarda (*back-office*) do banco precisa processar esses negócios para garantir que os pagamentos sejam feitos no prazo, os documentos sejam trocados e assim por diante. Grande parte desse processamento será feita usando tecnologia de uso geral, como planilhas. A equipe de retaguarda qualificada está tomando as decisões, em vez da tecnologia. Compare isso com produtos de maior volume e baixa variedade, como negociações diretas de renda variável (ações). A maioria desses produtos é simples e direta e é processada pela tecnologia *automatizada* em volumes muito altos, com milhares por dia.

A escala/escalabilidade da tecnologia

Normalmente, existe uma discrição quanto à escala de unidades individuais de tecnologia. Por exemplo, o setor de reprografia de um grande complexo de escritórios pode decidir investir em uma única copiadora muito grande e rápida ou, como alternativa, em várias copiadoras menores e mais lentas distribuídas pelos vários processos da operação. Uma companhia aérea pode comprar uma ou duas aeronaves gigantes ou um número maior de aeronaves menores. A vantagem das tecnologias de grande escala é que elas geralmente podem processar itens de forma mais barata do que as tecnologias de pequena escala, mas geralmente precisam de alto volume e podem lidar apenas com baixa variedade. Por outro lado, as virtudes da tecnologia de menor escala são a agilidade e a flexibilidade adequadas ao processamento de alta variedade e baixo volume. Por exemplo, quatro pequenas máquinas podem produzir quatro produtos diferentes simultaneamente (embora lentamente), enquanto uma única máquina grande com quatro vezes a capacidade de produção pode produzir apenas um produto por vez (embora mais rápido). As tecnologias de pequena escala também são mais robustas. Suponha uma escolha entre três máquinas pequenas e uma maior. No primeiro caso, se uma máquina quebrar, um terço da capacidade é perdido, mas, no segundo, a capacidade é reduzida a zero. As vantagens das tecnologias de grande escala são semelhantes às dos incrementos de grande capacidade discutidos no Capítulo 5.

O equivalente à escala para alguns tipos de tecnologia de processamento de informações é a *escalabilidade*. Por escalabilidade, queremos dizer a capacidade de mudar, de forma rápida e econômica, para um nível diferente de capacidade útil. A escalabilidade é semelhante à escala absoluta na medida em que é influenciada pelas mesmas características de volume-variedade. A escalabilidade de TI depende da arquitetura consistente da plataforma de TI e da alta padronização de processos que geralmente está associada a operações de alto volume e baixa variedade.

O acoplamento/conectividade da tecnologia

Acoplamento significa a ligação de atividades separadas dentro de uma única parte da tecnologia de processo para formar um sistema de processamento interconectado. O acoplamento rígido geralmente proporciona uma rápida vazão do processo. Por exemplo, em um sistema de manufatura automatizado, os produtos fluem rapidamente sem atrasos entre os estágios e o estoque será menor — ele não pode acumular quando não há *lacunas* entre as atividades. O acoplamento rígido também significa que o fluxo é simples e previsível, tornando mais fácil acompanhar as peças quando elas passam por menos estágios ou as informações quando são distribuídas automaticamente para todas as partes de uma rede de informações.

No entanto, a tecnologia rigidamente acoplada pode ser cara (cada conexão pode exigir custos de capital) e vulnerável (uma falha em uma parte de um sistema interconectado pode afetar todo o sistema). O sistema de fabricação totalmente integrado restringe o fluxo das peças de maneira predeterminada, dificultando a acomodação de produtos com requisitos de processamento muito diferentes. Assim, o acoplamento é geralmente mais adequado para uma variedade relativamente baixa e um alto volume. O processamento de maior variedade geralmente requer um nível de acoplamento menor e irrestrito porque diferentes produtos e serviços exigirão uma gama mais ampla de atividades de processamento.

Princípio de produção

A tecnologia de processo nos processos de alto volume e baixa variedade é relativamente automatizada, em grande escala e rigidamente acoplada em comparação com aquela nos processos de baixo volume e alta variedade.

A nova tecnologia está mudando a diagonal

A Figura 8.5 ilustra essas três dimensões da tecnologia de processo e a *diagonal* implícita entre baixo volume-alta variedade e alto volume-baixa variedade. Também mostra como alguns desenvolvimentos na tecnologia superaram, até certo ponto, o dilema implícito entre flexibilidade e custo. Especificamente, a digitalização e o poder de computação amplamente aumentado e incorporado em muitas novas tecnologias tornaram mais fácil reduzir os custos sem sacrificar a capacidade de fornecer variedade. Por exemplo,

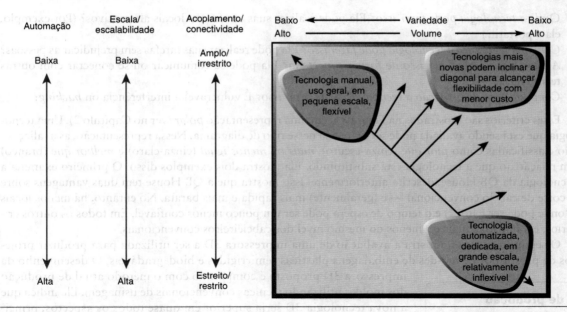

Figura 8.5 Tecnologias de processo diferentes são importantes para combinações distintas de volume-variedade, mas algumas tecnologias mais novas podem alcançar tanto flexibilidade quanto baixo custo.

os sistemas de TI, bancos de dados e algoritmos por trás dos serviços de *internet banking* permitem que os clientes acessem uma grande variedade de serviços personalizados, mantendo ou aprimorando a eficiência dos processos na retaguarda. Da mesma forma, as chamadas máquinas de malharia 3D podem produzir uma peça inteira, incluindo os braços, golas e outras peças que normalmente seriam produzidas separadamente e costuradas usando uma única máquina e um único fio. Isso não apenas permite que uma grande variedade de peças de vestuário seja produzida a um custo relativamente baixo, mas também reduz o desperdício de material. O efeito disso é *inclinar* o que até agora foi aceito como a diagonal *natural*.

Como a tecnologia melhora o desempenho da operação?

No Capítulo 2, identificamos os cinco objetivos de desempenho de operações pelos quais se pode avaliar uma operação ou um processo. Portanto, um ponto de partida sensato para avaliar o impacto de qualquer tecnologia de processo em uma operação é avaliar como ela afeta sua qualidade, velocidade, confiabilidade, flexibilidade e desempenho em termos de custo. Contudo, dois refinamentos são necessários para a lista normal de objetivos de desempenho. Primeiro, visto que algumas tecnologias de processo podem realizar tarefas totalmente novas (por exemplo, a impressão 3D pode criar formas e usar materiais de uma forma inovadora), vale a pena dividir o critério de *qualidade* em *qualidade de especificação* (o que a tecnologia pode fazer?) e *qualidade de conformidade* (pode fazê-lo sem erros?). Da mesma forma, ao considerar a flexibilidade da tecnologia, vale a pena distinguir entre flexibilidade de resposta (qual é a facilidade para alternar entre as tarefas?) e flexibilidade de faixa (quantas tarefas diferentes ela pode executar?). Além disso, novamente devido ao aumento das capacidades de algumas novas tecnologias de processo, vale a pena incluir outros critérios em qualquer avaliação.

Essas questões de avaliação podem ser consideradas um ponto de partida. Os critérios devem ser ajustados de acordo com a operação para a qual a tecnologia se destina. Eles são:

▶ *O que a tecnologia pode fazer?* Ela é capaz de fazer algo (ou algumas coisas) que a tecnologia anterior não podia?
▶ *Quão bem a tecnologia pode fazer as coisas?* Ela é capaz de fazer as coisas sem erros?
▶ *Com que rapidez a tecnologia pode fazer as coisas?* Ela é capaz de fazer as coisas mais rapidamente?
▶ *Com que confiabilidade a tecnologia pode fazer as coisas?* Ela é capaz de fazer as coisas com maior confiabilidade?
▶ *Com que flexibilidade (resposta) a tecnologia pode fazer as coisas?* Ela é capaz de alternar facilmente entre as tarefas?
▶ *Que faixa de coisas a tecnologia pode fazer?* Quantas tarefas diferentes ela pode executar?
▶ *Qual é a sustentabilidade da tecnologia?* Ela tem um impacto ambiental positivo? (Por exemplo, ver o exemplo de *Operações na prática* sobre a tecnologia de energia reciclada da Marmite.)

- *Onde a tecnologia pode fazer isso?* Ela pode realizar suas tarefas em locais alternativos? (Por exemplo, ela é portátil?)
- *Com que segurança a tecnologia pode fazer isso?* Ela pode realizar suas tarefas sem prejudicar as pessoas?
- *A tecnologia pode fazer isso de forma conectada?* Ela pode se comunicar ou se conectar com outras tecnologias?
- *Com que grau de proteção a tecnologia pode fazer isso?* É vulnerável a interferência ou *hacking*?

Esses critérios são mostrados na Figura 8.6 em uma representação *polar* (ver no Capítulo 2). Uma tecnologia que está sendo avaliada pode ser mapeada nesse tipo de diagrama. Nessa representação, as avaliações são classificadas como *pior que* (cinza-escuro), *mais ou menos igual* (cinza-claro) e *melhor que* (branco) em relação ao que a tecnologia está substituindo. Ela mostra dois exemplos disso. O primeiro examina a tecnologia da QB House, descrita anteriormente. Isso mostra que a QB House tem duas vantagens sobre o corte de cabelo convencional — é (geralmente) mais rápida e mais barata. No entanto, há menos locais ("onde pode ser feito?") e o tempo de espera pode ser um pouco menos confiável. Em todos os outros critérios, ela funciona mais ou menos no mesmo nível dos cabeleireiros convencionais.

O segundo exemplo mostra a avaliação de uma impressora 3D a ser utilizada para produzir projetos de protótipos de moldes de embalagens plásticas semirrígidas e biodegradáveis. O desempenho da impressora 3D proposta é comparado com o método atual de produção dos moldes utilizando técnicas convencionais de usinagem. Ele indica que a nova tecnologia 3D seria superior em quase todos os aspectos, principalmente em termos de velocidade, flexibilidade, alcance, sustentabilidade (porque desperdiça muito menos material) e sua capacidade de conexão com outras tecnologias (particularmente, nesse caso, o sistema de projeto). No entanto, essa conectividade facilitaria o roubo e a replicação de projetos.

> **Princípio de produção**
> A tecnologia de processo precisa ser avaliada sobre uma gama de critérios que incluem seu impacto sobre o desempenho da operação em que a tecnologia será utilizada.

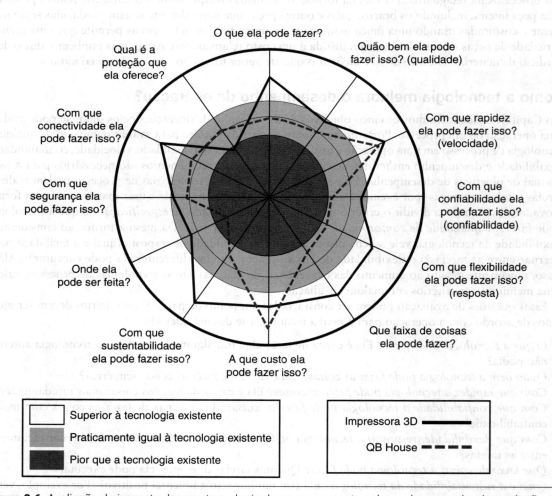

Figura 8.6 Avaliação do impacto de uma tecnologia de processamento sobre o desempenho da produção.

A tecnologia proporciona um retorno financeiro aceitável?

Avaliar o valor econômico-financeiro do investimento em tecnologia de processo é um assunto especializado. Embora o propósito deste livro não seja investigar os detalhes da análise econômico-financeira, é importante destacar uma questão importante que é central na avaliação financeira: enquanto os benefícios de investir em nova tecnologia podem durar por vários anos, os custos associados ocorrem, geralmente, em prazo muito curto. Assim, temos que considerar o valor do dinheiro no tempo. Em termos simples, isso significa que receber € 1.000 agora é melhor do que receber a mesma quantia um ano depois. Esse recebimento possibilita-nos investir o dinheiro, que valerá mais do que os € 1.000 que recebemos agora, depois de um ano. Como alternativa, revertendo a lógica, podemos nos perguntar quanto precisaria ser investido agora para se obter € 1.000 um ano depois. Esse montante (inferior a € 1.000) é denominado valor presente líquido de um valor a ser recebido um ano após.

Por exemplo, suponhamos que a taxa de juros atual seja de 10% ao ano; então, a quantia que teríamos de investir para receber € 1.000 no fim de um ano é a seguinte:

$$€\ 1.000 \times \frac{1}{(1,10)} = €\ 909,10$$

Assim, o valor presente de € 1.000 no período de um ano, *descontado pelo fato de não o termos imediatamente*, é de € 909,10. Após dois anos, a quantia que teríamos de investir para receber € 1.000 seria a seguinte:

$$€\ 1.000 \times \frac{1}{(1,10)} \times \frac{1}{(1,10)} = €\ 1.000 \times \frac{1}{(1,10)^2} = €\ 826,50$$

A taxa de juros assumida (10% em nosso caso) é conhecida como taxa de desconto. De modo geral, o valor presente de €x em n anos, na taxa de desconto de r%, é a seguinte:

$$\frac{x}{(1 + r/100)}\ n$$

Exemplo resolvido

O armazém de Blankston

O armazém de Blankston armazena e distribui peças sobressalentes. Ele está considerando investir em um novo sistema de *separação e embalagem*, que converte os pedidos de vendas em *listas de separação* e utiliza equipamento de manuseio de materiais para apanhar os produtos automaticamente de suas prateleiras e levá-los para a área de embalagem. O custo de capital da compra e instalação da nova tecnologia pode ser distribuído em três anos e, a partir do primeiro ano de sua operação efetiva, ocorrerá a economia de custo da operação global. Combinando o dinheiro que a empresa terá de gastar e a economia que será feita, o fluxo de caixa ano a ano é mostrado na Tabela 8.1.

Entretanto, esses fluxos de caixa precisam ser descontados para avaliar seu *valor presente*. Aqui a empresa está usando uma taxa de desconto de 10%. Isso é também mostrado na Tabela 8.1. Assume-se que a vida efetiva dessa tecnologia dure seis anos:

Fluxo de caixa total (soma de todos os fluxos de caixa) = € 1,38 milhão

Entretanto, o valor presente líquido (VPL) = € 816.500

Isso é considerado aceitável pela empresa.

Calcular as taxas de desconto, embora perfeitamente possível, pode ser complicado. Como alternativa, as tabelas são geralmente usadas, como aquela na Tabela 8.2.

Portanto, o valor presente líquido é:

VPL = FD × VF

em que:

FD = fator de desconto da Tabela 8.2
VF = valor futuro

▶

Tabela 8.1 Fluxos de caixa para a tecnologia de processo de armazenagem.

Ano	0	1	2	3	4	5	6	7
Fluxo de caixa (€ 000)	−300	30	50	400	400	400	400	0
Valor presente (descontado a 10%)	−300	27,27	41,3	300,53	273,21	248,37	225,79	0

Tabela 8.2 Valor presente de € 1 a ser pago no futuro.

Anos	3%	4%	5%	6%	7%	8%	9%	10%
1	€ 0,970	€0,962	€0,952	€0,943	€0,935	€0,926	€0,918	€0,909
2	€ 0,942	€0,925	€0,907	€0,890	€0,873	€0,857	€0,842	€0,827
3	€ 0,915	€0,889	€0,864	€0,840	€0,816	€0,794	€0,772	€0,751
4	€ 0,888	€0,855	€0,823	€0,792	€0,763	€0,735	€0,708	€0,683
5	€ 0,862	€0,822	€0,784	€0,747	€0,713	€0,681	€0,650	€0,621
6	€ 0,837	€0,790	€0,746	€0,705	€0,666	€0,630	€0,596	€0,565
7	€ 0,813	€0,760	€0,711	€0,665	€0,623	€0,584	€0,547	€0,513
8	€ 0,789	€0,731	€0,677	€0,627	€0,582	€0,540	€0,502	€0,467
9	€ 0,766	€0,703	€0,645	€0,592	€0,544	€0,500	€0,460	€0,424
10	€ 0,744	€0,676	€0,614	€0,558	€0,508	€0,463	€0,422	€0,386
11	€ 0,722	€0,650	€0,585	€0,527	€0,475	€0,429	€0,388	€0,351
12	€ 0,701	€0,626	€0,557	€0,497	€0,444	€0,397	€0,356	€0,319
13	€ 0,681	€0,601	€0,530	€0,469	€0,415	€0,368	€0,326	€0,290
14	€ 0,661	€0,578	€0,505	€0,442	€0,388	€0,341	€0,299	€0,263
15	€ 0,642	€0,555	€0,481	€0,417	€0,362	€0,315	€0,275	€0,239
16	€ 0,623	€0,534	€0,458	€0,394	€0,339	€0,292	€0,252	€0,218
17	€ 0,605	€0,513	€0,436	€0,371	€0,317	€0,270	€0,231	€0,198
18	€ 0,587	€0,494	€0,416	€0,350	€0,296	€0,250	€0,212	€0,180
19	€ 0,570	€0,475	€0,396	€0,331	€0,277	€0,232	€0,195	€0,164
20	€ 0,554	€0,456	€0,377	€0,312	€0,258	€0,215	€0,179	€0,149

Para usar a tabela, ache a coluna vertical com a taxa de desconto apropriada (em porcentagem). Depois, ache a linha horizontal correspondente ao número de anos que o pagamento será feito. No ponto em que a coluna e a linha se encontram está o valor presente de € 1. Você pode multiplicar esse valor pelo valor futuro esperado para encontrar seu valor presente.

Exemplo resolvido

Clínica de saúde

Uma clínica de saúde está considerando a compra de um novo sistema de análise. Os fluxos de caixa líquidos do novo sistema de análise são os seguintes:

Ano 1: –€ 10.000 (dispêndio de caixa)

Ano 2: € 3.000

Ano 3: € 3.500

Ano 4: € 3.500

Ano 5: € 3.000

Supondo que a taxa de desconto real para a clínica é de 9%, usando a tabela de valor presente líquido (Tabela 8.2), demonstre se o novo sistema cobriria pelo menos seus custos. A Tabela 8.3 mostra os cálculos. Ela mostra que, devido ao valor presente líquido do fluxo de caixa ser positivo, a compra do novo sistema cobriria seus custos e seria (apenas) rentável para a clínica.

Tabela 8.3 Cálculo do valor presente para a clínica.

Ano	Fluxo de caixa		Fator da tabela		Valor presente
1	(€ 10.000)	×	1,000	=	(€ 10.000,00)
2	€ 3.000	×	0,917	=	€ 2.752,29
3	€ 3.500	×	0,842	=	€ 2.945,88
4	€ 3.500	×	0,772	=	€ 2.702,64
5	€ 3.000	×	0,708	=	€ 2.125,28
			Valor presente líquido	=	€ 526,09

OPERAÇÕES NA PRÁTICA

Lentilhas-d'água biônicas[7]

Tentar prever o futuro da tecnologia nunca foi algo simples. Tanto o desenvolvimento quanto a adoção de uma tecnologia podem às vezes ser mais rápidos e às vezes mais lentos do que o previsto. Ignorar cegamente a possibilidade de mudanças na tecnologia jamais é uma estratégia sensata. Mas também não é sensato evitar tomar decisões sobre tecnologia porque se está continuamente esperando pelo próximo avanço tecnológico. Pode soar estranho, mas a expressão *lentilha-d'água biônica* passou a significar evitar se comprometer com uma tecnologia atualmente disponível porque uma melhor pode surgir no futuro. O termo foi usado pela primeira vez por um jornalista e especialista em ferrovias chamado Roger Ford ao prestar depoimento a um comitê parlamentar do Reino Unido. Ele estava criticando a decisão de adiar o investimento na eletrificação da rede ferroviária do Reino Unido por causa da sugestão de que *"podemos ter trens movidos a células de combustível usando hidrogênio, desenvolvidas a partir de lentilhas-d'água biônicas, dentro de 15 anos"*. Isso, disse ele, estava sendo usado como justificativa para o atraso, alegando que seria um desperdício de recursos ter a rede eletrificada agora. Em outras palavras, não invista hoje — haverá lentilhas-d'água biônicas amanhã. Como disse um comentarista: *"Meu próprio computador ... travou várias vezes nos primeiros dois anos de uso. Estou tentado a comprar algo novo e começar novamente. E, no entanto, continuo consertando e me arrastando. Por quê? Lentilha-d'água. Quanto mais tempo eu conseguir continuar, melhor e mais barata será a substituição"*.

8.4 Como as novas tecnologias de processo são desenvolvidas e implementadas?

Desenvolver e implementar a tecnologia de processo significa organizar todas as atividades envolvidas para fazer a tecnologia funcionar como pretendido. Não importa quão potencialmente benéfica e sofisticada seja a tecnologia, ela permanece apenas um benefício prospectivo até que tenha sido implementada com sucesso. Todavia, a implementação depende muito do contexto. O modo que se implementa qualquer tecnologia dependerá muito de sua natureza específica, das mudanças implicadas pela tecnologia e das condições organizacionais que se aplicam durante a implementação. No restante deste capítulo, examinamos quatro assuntos particularmente importantes que afetam a implementação da tecnologia: o modo como a tecnologia é planejada em longo prazo, a ideia de *distância* do recurso ou processo, a necessidade de considerar a aceitabilidade do cliente e a ideia de que, se algo pode dar errado, dará.

Planejamento da tecnologia em longo prazo — roteiro tecnológico

Os gerentes de produção estão envolvidos com o desenvolvimento de tecnologias de processo em consulta com outras partes da empresa e no contexto de algum tipo de processo de planejamento formal. Um roteiro tecnológico (TRM) é uma abordagem que fornece uma estrutura que coordena essa consulta. A Motorola desenvolveu originalmente, na década de 1970, a técnica para que pudesse apoiar o desenvolvimento de seus produtos e suas tecnologias de suporte. Um TRM é essencialmente um processo que oferece suporte ao desenvolvimento de tecnologia, facilitando a colaboração entre as várias atividades que contribuem para a estratégia tecnológica. Permite que os gerentes de tecnologia definam a evolução tecnológica de sua empresa antecipadamente, planejando o tempo e as relações entre os diversos elementos envolvidos no planejamento tecnológico. Por exemplo, esses *elementos* poderiam incluir os objetivos de negócios da empresa, evolução do mercado ou eventos específicos, os produtos e serviços componentes que constituem ofertas relacionadas, tecnologias de produto/serviço e de processo, as capabilidades subjacentes que essas tecnologias representam, e assim por diante. A Figura 8.7 mostra um exemplo de um roteiro tecnológico para o desenvolvimento de produtos/serviços, tecnologias e processos para um serviço de gerenciamento de instalações.

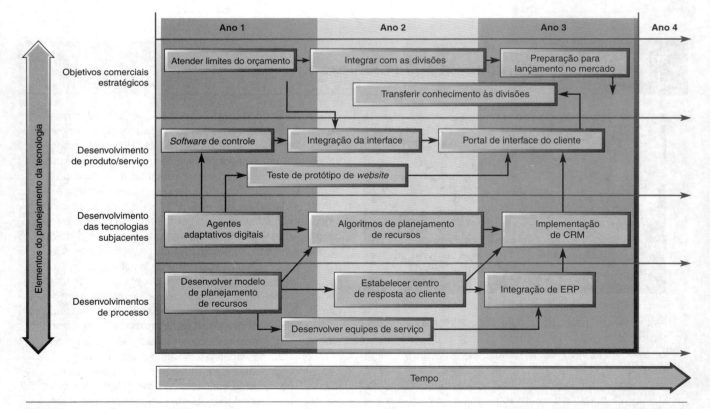

Figura 8.7 Exemplo simplificado de um roteiro tecnológico (TRM) para o desenvolvimento de produtos/serviços, tecnologias e processos para um serviço de gerenciamento de instalações.

| OPERAÇÕES NA PRÁTICA | Encomendas com formato errado são um problema para a empresa UK Mail[8] |

O objetivo era ser um investimento em uma *tecnologia transformadora*. Quando a UK Mail revelou seu investimento de £ 20 milhões em sua nova instalação de triagem totalmente automatizada em Coventry, nas Midlands do Reino Unido, esperava que isso lhe desse uma vantagem sobre seus concorrentes. Guy Buswell, então presidente-executivo da UK Mail, disse que o novo centro de distribuição desempenharia um papel crucial na rede da empresa. Auxiliada por sua nova tecnologia, a empresa, que compete com a Royal Mail no negócio de entrega de encomendas, deveria ter lucros saudáveis, antes de descontar os impostos. Mas isso foi antes de a nova tecnologia entrar em operação. Na prática, o novo equipamento de triagem de última geração se esforçava para lidar com o volume de *encomendas de formato irregular* que se esperava processar. Isso resultou na operação tendo que desviar uma proporção maior do que o esperado de sua triagem para um processo manual, o que incorreu em custos operacionais extras. O revés foi *claramente muito decepcionante*, admitiu Guy Buswell, quando a empresa anunciou seu segundo alerta de lucro em quatro meses. Os problemas também atingiram o preço das ações da empresa. No ano seguinte, a UK Mail anunciou que seria adquirida pelo Grupo Deutsche Post DHL.

Os benefícios dos TRMs são associados principalmente à forma como eles reúnem as principais partes interessadas envolvidas na estratégia tecnológica e suas várias (e muitas vezes diferentes) perspectivas. Aborda algumas questões fundamentais, como: Por que precisamos desenvolver a nossa tecnologia? Onde queremos ir com nossas capacitações tecnológicas? A que distância estamos desse objetivo? Em que ordem devemos fazer as coisas? Quando os objetivos de desenvolvimento devem ser alcançados? No entanto, os TRMs não oferecem nenhuma solução para as opções estratégicas tecnológicas de uma empresa; na verdade, eles não precisam oferecer opções ou trajetórias tecnológicas alternativas. Eles são basicamente uma descrição narrativa de como um conjunto de desenvolvimentos inter-relacionados deve progredir (e não como progredirão). Por isso, elas foram criticadas como encorajadoras de projeções excessivamente otimistas sobre o futuro. No entanto, elas fornecem, pelo menos, um plano contra o qual a estratégia tecnológica pode ser avaliada.

Distância de recurso e processo

O grau de dificuldade na implementação da tecnologia de processo dependerá do grau de novidade dos novos recursos tecnológicos e das mudanças exigidas nos processos da operação. Quanto menos os novos recursos tecnológicos forem entendidos (influenciados, talvez, pelo grau de inovação), maior sua *distância* da atual base do recurso tecnológico da operação. De modo semelhante, quanto mais uma implementação requeira que uma operação modifique seus processos existentes, maior a *distância do processo*. Quanto maior a distância do recurso e do processo, mais difícil, provavelmente, será qualquer implementação. Isso ocorre porque tal distância dificulta a adoção de uma abordagem sistemática para analisar a mudança e a aprendizagem com base nos erros. Essas implementações que envolvem relativamente pouca *distância* do processo ou **do recurso** fornecem uma oportunidade ideal para aprendizagem organizacional. Como em qualquer experimento científico clássico, quanto mais variáveis mantidas constantes, maior confiança você tem na determinação de causa e efeito. Inversamente, em uma implementação em que a *distância* do recurso e processo significa que quase tudo é *aberto*, torna-se difícil saber o que funcionou e o que não funcionou. Mais importante, torna-se difícil saber por que funcionou ou por que não.[9] Essa ideia está ilustrada na Figura 8.8.

Princípio de produção
A dificuldade da implementação da tecnologia de processo depende de seu grau de novidade e das mudanças necessárias nos processos da operação.

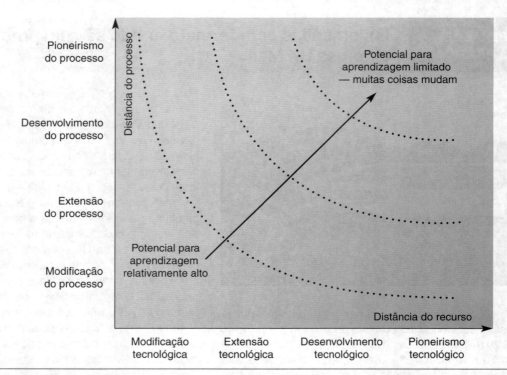

Figura 8.8 O potencial de aprendizagem depende do recurso tecnológico e da *distância* do processo.

Aceitabilidade do cliente

Quando os clientes de uma operação interagem com sua tecnologia de processo, é essencial considerar suas interações ao avaliar essa operação. Se os clientes tiverem contato direto com a tecnologia, devem ter alguma ideia de como operá-la. Quando os clientes têm uma interação ativa com a tecnologia, as limitações de seu entendimento da tecnologia podem ser as principais restrições a seu uso. Por exemplo, mesmo alguma tecnologia doméstica, como a *smart TV*, não pode ser usada em seu pleno potencial por alguns proprietários. Outras tecnologias voltadas para o cliente podem enfrentar o mesmo problema, com o acréscimo importante de que, se os clientes não puderam usar as tecnologias, como o *internet banking*, há sérias consequências comerciais para o serviço aos clientes do banco. Os funcionários das operações de fabricação podem requerer vários anos de treinamento antes de assumirem o controle da tecnologia que operam. As operações de serviço podem não oferecer a mesma oportunidade para treinamento de clientes.

Walley e Amin[10] sugerem que a habilidade de a operação treinar seus clientes no uso de sua tecnologia depende de três fatores: complexidade, repetição e a variedade das tarefas desempenhadas pelo cliente. Se os serviços forem complexos, níveis mais elevados de *treinamento* podem ser necessários: por exemplo, as tecnologias dos parques temáticos e dos restaurantes *fast-food* contam com clientes copiando o comportamento dos outros. A frequência de uso é importante porque o retorno do *investimento* em treinamento será maior se o cliente usar a tecnologia com frequência. Além disso, os clientes podem, ao longo do tempo, esquecer como usá-la, mas a repetição regular reforçará o treinamento. Finalmente, o treinamento será mais fácil se for apresentada ao cliente uma baixa variedade de tarefas. Por exemplo, as máquinas de venda automática costumam se concentrar em uma categoria de produto, de modo que a sequência das tarefas exigidas para operar a tecnologia permaneça consistente. Em outros casos, o cliente pode não confiar na tecnologia simplesmente por ser uma tecnologia, e não uma pessoa. Às vezes, preferimos ser tratados por uma pessoa, mesmo que seu desempenho seja inferior ao de uma tecnologia. Por exemplo, o uso de tecnologias robóticas em cirurgia oferece vantagens distintas sobre a cirurgia convencional, embora, não obstante a cirurgia estar sob controle de um cirurgião, a tecnologia é vista com desconfiança por alguns pacientes e médicos. Quando cirurgiões robôs operam sem qualquer controle humano direto, em vez de simplesmente imitar o movimento de cirurgiões humanos, é provável que a resistência seja ainda maior. Se, durante a adoção inicial de uma tecnologia, houver algum acidente envolvendo pessoas, a publicidade resultante pode aumentar a resistência do *cliente*. Por exemplo, ver o exemplo *Robôs em fúria* em *Operações na prática*.

OPERAÇÕES NA PRÁTICA

Robôs em fúria[11]

Não é um grande problema (pelo menos não no momento), mas pode se tornar um quando as tecnologias de robôs começarem a se misturar diretamente com os clientes. Os robôs podem ser perigosos, e não apenas no ambiente altamente automatizado de uma fábrica. (Robôs de fábrica podem ser perigosos. Em 2015, um operário de uma fábrica da Volkswagen foi pego e morto por um robô. Ele o estava instalando quando foi levantado pelo braço robótico e esmagado contra uma placa de metal, sofrendo ferimentos fatais no peito.) É a introdução de tecnologias robóticas no ambiente do cliente que poderá dar origem a novas áreas de risco de reputação para as empresas. Por exemplo, em 2016, um robô destinado a se precaver contra ladrões de lojas acidentalmente atropelou um menino de 16 meses em um *shopping center* em Palo Alto, Califórnia — ironicamente, uma cidade famosa por indústrias de alta tecnologia. O robô de 130 kg, que se parece com o R2-D2 de *Star Wars*, aparentemente não percebeu que a criança havia caído em seu caminho e não conseguiu parar antes de colidir. Segundo a mãe do menino, *"o robô bateu na cabeça do meu filho e ele caiu de cara no chão, e o robô não parou e continuou avançando"*.

Esse é um problema que já estava causando preocupação (ou discussão) décadas atrás, antes que os robôs existissem. O autor e visionário Isaac Asimov concebeu suas *Três Leis da Robótica* para proteger os seres humanos:

1. Não machuque um ser humano ou, por inação, permita que um ser humano seja ferido.
2. Um robô deve obedecer às ordens que um ser humano lhe der, a menos que estas resultem em um ser humano ferido.
3. Um robô deve proteger sua própria existência desde que não entre em conflito com as duas primeiras leis.

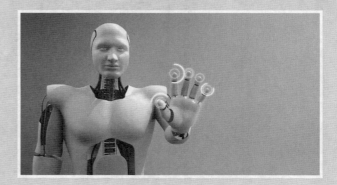

Os fabricantes do robô, Knightscope, disseram que o incidente foi "absolutamente horrível" e que a empresa pediria desculpas diretamente à família. Também assinalou que sua frota de robôs semelhantes cobriu 402 km em serviço de patrulha e nunca houve um incidente como esse antes. No entanto, o *shopping* disse que tiraria o robô de serviço temporariamente.

Outros problemas que foram levantados por empresas que temem responsabilidade legal e risco de reputação incluem dispositivos domésticos como aspiradores de pó robóticos que machucam animais de estimação ou seres humanos. Uma mulher sul-coreana estava dormindo no chão quando seu robô aspirador de pó *engoliu* seu cabelo. Além disso, alguns serviços *automatizados* podem levar os clientes a confundir o que é real e o que não é, resultando em clientes revelando mais do que pretendiam. Por exemplo, *Namorado Invisível* é um serviço que, por uma taxa mensal, envia *supostas* mensagens de texto e mensagens de voz românticas para o seu telefone — mas nem todos os clientes percebem que isso não é totalmente automatizado e que existem operadores humanos envolvidos.

Antecipação de problemas de implementação

A implementação de qualquer tecnologia de processo necessitará considerar problemas de *ajustamento* que quase sempre ocorrem quando se faz qualquer mudança organizacional. Por problemas de ajustamento entendemos as perdas que podem ser incorridas antes que a melhoria esteja funcionando como pretendido. Entretanto, estimar a natureza e a extensão de quaisquer problemas de implementação é notoriamente difícil. Isso é particularmente verdadeiro porque, mais frequentemente do que se imagina, a Lei de Murphy parece prevalecer. Essa lei é geralmente descrita como: "Se algo puder dar errado, dará". Esse efeito tem sido identificado empiricamente em várias operações, especialmente quando novos tipos de tecnologia de processo estão envolvidos. Ao discutir especificamente a mudança relacionada com a tecnologia (embora as ideias se apliquem a quase todas as implementações), Bruce Chew, do Massachusetts Institute of Technology,[12] argumenta que os *custos* de ajustamento originam-se de divergências imprevistas entre as capacitações e necessidades da nova tecnologia e a operação existente. Raramente, a nova tecnologia comporta-se como o planejado, e, à medida que as mudanças são feitas, seu impacto é refletido por toda a organização.

A Figura 8.9 é um exemplo do que Chew denomina Curva de Murphy. Ela mostra um padrão típico de redução de desempenho (nesse caso, qualidade) à medida que uma nova tecnologia de processo é introduzida. Reconhece-se que a implementação pode demorar algum tempo; assim, **concessões** são feitas para

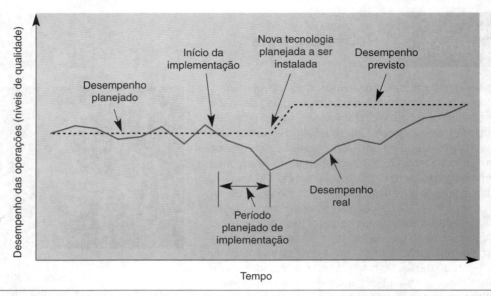

Figura 8.9 A redução do desempenho durante e após a implementação de um novo processo reflete *custos de ajustamento*.

a extensão e o custo de um período *de arranque*. Entretanto, à medida que a operação se prepara para a implementação, qualquer desvio leva à deterioração do desempenho. Mesmo após o início da implementação, essa tendência negativa permanece por semanas ou até meses, até que o antigo nível de desempenho seja atingido. A área de depressão indica a magnitude dos custos de ajustamento e, assim, o nível de vulnerabilidade enfrentado pela operação.

Operações responsáveis

Em cada capítulo, sob o título de Operações responsáveis, *resumimos como o tópico específico tratado no capítulo aborda importantes questões sociais, éticas e ambientais.*

Uma nova tecnologia de processo jamais é uma questão neutra. Desde os tecelões que reagiram violentamente contra a introdução de novos teares mecânicos na indústria da lã até os recentes defensores da privacidade que pressionam por maior controle dos dados *on-line*, sempre houve períodos de mudança tecnológica *disruptiva*, e durante esses períodos sempre houve correspondente ansiedade. A resposta típica às novas tecnologias é destacar isso: o corpo humano não pode sobreviver por muito tempo à velocidade dos trens, a televisão nos impedirá de sair para nos divertir e assim por diante. Sim, algumas preocupações são reais. Já examinamos uma das questões mais significativas no exemplo *Tecnologia ou pessoas? O futuro dos empregos* em *Operações na prática*, mas esse certamente não é o único problema que os gerentes de produção enfrentam. De fato, uma das implicações do aumento da prevalência e do poder das novas tecnologias é a extensão generalizada de seu impacto. O diagrama da Figura 8.10 não é de forma alguma abrangente, mas indica a gama de preocupações éticas relacionada com o modo como as tecnologias são usadas.

A tecnologia de processo afeta os fornecedores. À medida que as tecnologias da informação se tornam mais integradas aos sistemas dos fornecedores, quaisquer mudanças feitas por uma operação precisarão ser coordenadas com seus fornecedores. Então, além de considerar as implicações internas de, digamos, como a *Internet das Coisas* (IoT) pode ser propensa a ataques cibernéticos, na própria operação, torna-se moralmente necessário considerar outras na rede de suprimento, incluindo os fornecedores.

A tecnologia de processo afeta a equipe. Muito obviamente, se seus empregos forem substituídos pela tecnologia, mas também de muitas outras maneiras. Uma das questões mais controversas diz respeito ao potencial das tecnologias mais recentes para monitorar o desempenho da equipe (explorado no próximo capítulo). Uma preocupação crescente é como as pessoas são afetadas quando precisam tomar decisões em conjunto com a tecnologia. Por exemplo, os médicos que dependem de diagnósticos baseados em IA se tornarão complacentes? Os advogados que dependem de sistemas de *big data* para elaborar contratos perderão suas habilidades ou questões importantes?

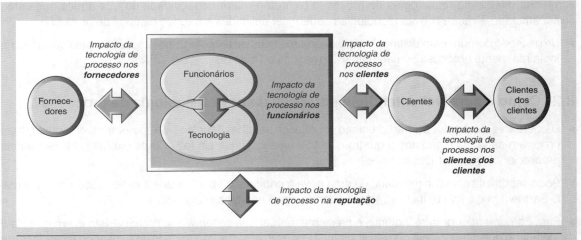

Figura 8.10 O impacto ético das tecnologias de processo pode ser amplo.

A tecnologia de processo afeta os clientes. Cada vez mais, o método preferido (e muitas vezes único) de comunicação entre uma empresa e seus clientes é por meio da tecnologia. A Internet tornou-se o meio padrão de troca de informações. É esse papel fundamental da informação e dos dados na vida dos clientes (no sentido mais amplo da palavra) que levanta questões óbvias e bem debatidas sobre a privacidade dos dados. Alguns críticos de empresas que capturam esses dados argumentam que eles são reembalados como *produtos de previsão*, que são vendidos em *mercados futuros comportamentais*. Com efeito, isso faz de todos nós a matéria-prima desses produtos, que são vendidos para outras empresas em mercados fechados de *business-to-business*.[13] Outra questão muito debatida é até que ponto as empresas de mídia social têm a responsabilidade de interromper a disseminação de notícias falsas em suas plataformas.

A tecnologia de processo afeta os clientes dos clientes. Quando os produtos ou serviços de uma empresa são tecnologias de processo, há questões éticas sobre quanta responsabilidade se deve ter pela forma como os clientes usam a tecnologia. Por exemplo, uma empresa de sistemas de pagamento pode integrar um algoritmo em seus sistemas que prevê a probabilidade de uma pessoa deixar de pagar suas dívidas. Isso pode ser usado em conjunto com outras informações, mas como a empresa de desenvolvimento pode garantir que seus clientes estejam usando o algoritmo conforme pretendido? Um exemplo mais óbvio é o dos sistemas de reconhecimento facial. Existem algumas aplicações relativamente não controversas dessa tecnologia (por exemplo, segurança no laptop), mas também existem outras menos diretas. Um desenvolvedor de sistema de reconhecimento facial deve fornecer a um cliente que ele suspeita que possa usá-lo de forma antiética? Eles deveriam fornecer para governos autoritários? Eles deveriam fornecer às agências policiais antes que sua tecnologia tenha se mostrado imparcial? Ou não deveriam sequer fornecer esse sistema?

A tecnologia de processo afeta as reputações. Os exemplos de questões éticas relacionadas com a tecnologia, citados anteriormente, não são de forma alguma abrangentes. Há muitos que não mencionamos e muitos que ainda não surgiram. Todos eles têm o potencial de afetar a reputação de uma organização. Indiscutivelmente, existem apenas duas opções para os gerentes de produção. Evite usar qualquer tipo de tecnologia que possa ser arriscada para a reputação ou tente gerenciar o risco. Nesse último caso, é preciso que as questões éticas sejam reconhecidas e debatidas, e um alto grau de transparência seja incentivado.

Respostas resumidas às questões-chave

8.1 O que é tecnologia de processo e por que ela está se tornando mais importante?

▶ Tecnologias de processo são máquinas, equipamentos ou dispositivos que ajudam as operações a criar ou entregar produtos e serviços. Indiretamente, a tecnologia de processo ajuda a facilitar a criação direta de produtos e serviços.

274 PARTE 2 PROJETO DA OPERAÇÃO

▶ A maioria das novas tecnologias de processo tem uma maior capabilidade do que aquilo que estão substituindo, e muitas novas tecnologias podem ser aplicadas em todos os tipos de produção.

▶ Um método comum para distinguir entre diferentes tipos de tecnologia de processo é pelo que a tecnologia realmente processa — materiais, informações ou clientes.

8.2 Como é possível entender o potencial da nova tecnologia de processo?

▶ Os gerentes de produção não precisam conhecer detalhes técnicos de todas as tecnologias, mas precisam saber as respostas a quatro questões-chave: O que ela faz? Como ela faz? Que vantagens proporciona? Que restrições impõe?

▶ Pode ser difícil separar a realidade de uma nova tecnologia da publicidade e especulação que a cerca. O *Gartner Hype Cycle* tenta ilustrar isso usando cinco estágios sequenciais.

▶ Para compreender uma tecnologia, é preciso entender sua *capabilidade primária*. Isto é, em que ela é melhor do que a tecnologia que ela substitui? Por exemplo, sua capacidade de pensar ou raciocinar, ver ou sentir, comunicar ou conectar, mover objetos físicos ou processar materiais.

8.3 Como podem ser avaliadas as novas tecnologias de processo?

▶ Todas as tecnologias devem ser apropriadas para as características de volume-variedade da tarefa para a qual são destinadas.

▶ Todas as tecnologias devem ser avaliadas analisando-se o impacto que a tecnologia de processo terá sobre os objetivos de desempenho da operação (qualidade, velocidade, confiabilidade, flexibilidade e custo) e outros fatores operacionais.

▶ Todas as tecnologias devem ser financeiramente avaliadas. Isso geralmente envolve o uso de algumas das abordagens de avaliação mais comuns, como o valor presente líquido (VPL).

8.4 Como as novas tecnologias de processo são desenvolvidas e implementadas?

▶ Implementar tecnologia de processo significa organizar todas as atividades envolvidas em fazer a tecnologia funcionar como pretendido.

▶ Um roteiro tecnológico (TRM) é uma abordagem que fornece uma estrutura que tenta assegurar o alinhamento de desenvolvimentos (e investimentos) em tecnologia, possíveis necessidades futuras do mercado e novo desenvolvimento das capacitações com operações associadas.

▶ A *distância* do recurso e processo implicada pela implementação da tecnologia indicará o grau de dificuldade.

▶ A aceitabilidade do cliente pode ser uma barreira à implementação das tecnologias de processamento de clientes.

▶ É necessário considerar os custos de ajustamento da implementação.

| ESTUDO DE CASO | Logaltel Logistics |

Este caso foi escrito em coautoria com Vaggelis Giannikas, da University of Bath School of Management.

Havia dois meses desde que Thalia entrou para a Logaltel, um provedor de logística terceirizado (3PL) que tem e opera cinco grandes bases de armazéns em todo o Reino Unido (cada uma hospedando de três a quatro armazéns). Como nova diretora de tecnologia, ela foi solicitada a fazer uma recomendação ao conselho executivo sobre a melhor maneira de investir em nova tecnologia de armazém, um investimento que potencialmente poderia mudar fundamentalmente as operações e a imagem da empresa. *"Ficou claro para mim que, embora a equipe sênior apoiasse muito o investimento em novas tecnologias, não queria correr riscos desnecessários para a continuidade do serviço prestado aos nossos clientes"* (Thalia).

A Logaltel prestava serviços de gestão de estoque para seus clientes, que atuavam em dois tipos de mercado. Cerca de 80% da receita da empresa vinha de clientes que atendiam os mercados *business-to-business* (B2B). Esses clientes precisavam da Logaltel para receber, armazenar e expedir os seus produtos armazenados em paletes. Os outros 20% (que estavam crescendo muito rápido) vinham dos mesmos clientes empresariais que também atendiam aos mercados *business-to-consumer* (B2C). Em vez de lidar com cargas de paletes, esse serviço exigia que a Logaltel escolhesse (montasse) pedidos relativamente pequenos (às vezes com apenas alguns itens ou caixas), que precisavam ser enviados diretamente aos clientes finais. Esse negócio B2C em rápida expansão resultou na maioria dos gerentes de depósito local atribuindo áreas separadas de cada depósito para processar pedidos B2C, embora a maior parte do espaço de armazenamento ainda estivesse destinada a atender às operações B2B. O aumento da complexidade das operações B2C também levou ao desenvolvimento de uma atualização do sistema de gerenciamento de armazém (WMS) da empresa. Esse é o sistema de *software* responsável pelo planejamento das operações de recebimento, armazenagem, coleta e expedição, cuja primeira fase foi introduzida muito recentemente. Ele aumentou o desempenho das operações B2B e B2C, mas foi um processo de desenvolvimento e implementação longo e caro.

Nova tecnologia de armazém

Em consideração estavam várias tecnologias inovadoras, que tinham o potencial de automatizar a operação (atualmente com predominância manual) da Logaltel para separação de mercadorias que usava uma combinação de empilhadeiras, carrinhos de separação e funcionários para separar os itens de um pedido. Após uma revisão das tecnologias disponíveis, Thalia selecionou suas duas tecnologias preferidas, ambas envolvendo tipos de AGVs. Uma tecnologia era apropriada para operações B2B e usava empilhadeiras autônomas, que podiam armazenar, coletar e mover paletes em um armazém. Elas podem operar facilmente no ambiente de armazenamento existente, exigindo apenas pequenas modificações no armazém, pois se relacionam muito bem com os sistemas comuns de manuseio de materiais (prateleiras de armazenamento, paletes etc.) frequentemente encontrados no setor.

A segunda tecnologia era mais adequada para automatizar operações B2C. Esse sistema de atendimento robótico móvel permitia que os trabalhadores evitassem a atividade demorada e cara de andar pelo armazém coletando itens individuais para os pedidos dos clientes. Em vez disso, os trabalhadores podiam ficar em uma área predefinida enquanto os AGVs carregavam prateleiras cheias de itens para eles. Apesar de oferecer eficiências significativas, essa tecnologia exigiria uma reestruturação completa das áreas de armazenamento B2C, pois mudaria fundamentalmente a forma como os itens eram armazenados e transportados. Além disso, havia limitações no tamanho dos itens que poderiam ser armazenados nas prateleiras especializadas que os AGVs movimentavam, o que significava que as operações tradicionais ainda precisavam ser usadas em paralelo com as automatizadas para que a tecnologia fosse aplicável na prática.

Ambas as tecnologias tinham o potencial de reduzir significativamente os custos de mão de obra e melhorar a produtividade. De acordo com o diretor financeiro da Logaltel, ambos dariam um retorno financeiro bem dentro dos requisitos mínimos da empresa, com base nas projeções de crescimento esperadas. A questão para Thalia era recomendar a adoção de ambas as tecnologias imediatamente ou começar com a implementação de apenas uma delas e, em caso afirmativo, qual? Além disso, a implementação deve começar com um projeto-piloto em um local ou ser adotada em toda a rede de armazéns? Na tentativa de resumir os diferentes fatores financeiros em jogo, a equipe de Thalia a ajudou a montar uma tabela (Tabela 8.4) com algumas informações importantes.

Além disso, Thalia passou muito tempo conversando com diferentes *stakeholders* da empresa, tentando obter a opinião deles sobre o tema.

276 **PARTE 2** PROJETO DA OPERAÇÃO

Tabela 8.4 Informação selecionada sobre as duas tecnologias pré-selecionadas.

Critério		Clientes B2B		Clientes B2C	
		Atual – operações manuais	Tecnologia proposta – empilhadeiras autônomas	Atual – operações manuais	Tecnologia proposta – sistemas de atendimento robótico móvel
Crescimento previsto nos pedidos em 3 anos	Pior caso	8%		15%	
	Média	10%		35%	
	Melhor caso	12%		45%	
Período de retorno de investimento em nova tecnologia por cenário de crescimento	Pior caso	22 meses		30 meses	
	Média	18 meses		12 meses	
	Melhor caso	14 meses		10 meses	
Escalabilidade		Exigiria a compra de empilhadeiras tradicionais extras e a contratação de mais pessoas	Exige a compra de empilhadeiras autônomas e integração com novo WMS	Exigiria a contratação de mais pessoas	Exige a compra de robôs extras e a integração com novo WMS
Precisão da separação/despacho		Aceitável	Pelo menos tão boa quanto	Inaceitável	Difícil de estimar; provavelmente muito melhor
Modificação necessária no armazém		Nenhuma	Secundária	Secundária	Provavelmente são necessárias modificações significativas
Interrupção durante período de transição		Nenhuma	Pouca	Secundária	Difícil de estimar; precisaria de implementação cuidadosa
Compatibilidade com novo WMS		Compatível	Compatível	Algumas questões de compatibilidade	Difícil de saber; provavelmente poderia se tornar compatível

O gerente de produção do armazém

Jamal, um gerente de operações sênior com mais de duas décadas de experiência, tinha suas próprias reservas em investir na parte B2C do armazém. *"Estou na empresa há tempo suficiente para saber o que sempre foi que realmente nos fez seguir em frente. Há anos, são clientes corporativos que enviam paletes para dentro e para fora do armazém. Definitivamente, posso ver um certo aumento no comércio eletrônico, mas qual é a certeza de que isso vai durar?".* Além disso, Jamal estava relutante em confiar muito em qualquer solução de automação com base em sua experiência anterior com novas tecnologias: *"Todas essas coisas novas e brilhantes são simplesmente as novidades do momento. Com pequenas exceções, a maioria dessas tecnologias falhou várias vezes. Sem falar nos problemas de saúde e segurança que elas ocasionam. Não é tão simples ter pessoas operando*

lado a lado com robôs. Eu digo, vamos esperar que outros usem isso primeiro. Eles podem provar o valor da tecnologia, então podemos simplesmente copiar o que eles fazem. Não é que eu seja contra a adoção de novas tecnologias, mas tenho certeza de que sistemas ainda melhores estarão disponíveis em um futuro próximo."

A desenvolvedora da empresa

Martha, a gerente de desenvolvimento de negócios da empresa, pintou uma imagem muito diferente. Ela enfatizou o aspecto *novo* da nova tecnologia, pois tinha certeza de que ajudaria os negócios e ofereceria um retorno positivo sobre o investimento. *"Esse tipo de automação é bom não apenas para atrair novos clientes, mas também para reter os já existentes. Mostrar aos clientes em potencial uma instalação com equipamentos de última geração geralmente expõe nossa capacidade de* oferecer serviços de qualidade superior. Para os clientes existentes, demonstrar nosso apetite por inovação mostra a eles que estamos sempre procurando maneiras de melhorar nossas operações e reduzir custos que terão impacto na oferta que podemos oferecer. Quero dizer, as finanças indicam claramente que há um forte argumento para a adoção de ambas as tecnologias." Martha também enfatizou a importância de observar o que a concorrência da Logaltel faz: "Não podemos evitar a adoção dessas tecnologias, considerando a tendência geral do mercado. Particularmente para os serviços B2C de alto crescimento, já estamos atrasados nisso. Então, a questão é realmente se queremos ser pioneiros e nos beneficiar significativamente com isso, ou adotantes tardios, que se comportam como imitadores."

O representante do sindicato

"Acredite, temos em mente os melhores interesses desta empresa quando dizemos que somos contra o desenvolvimento dessas tecnologias de automação", disse Vimal, representando seus colegas no armazém. "Não apenas essas tecnologias ainda precisam ser comprovadas, mas também questionam fundamentalmente o papel de nossos funcionários do armazém e o valor que eles agregam a esta empresa. Estamos orgulhosos de ter criado um ambiente que faz com que as pessoas queiram ficar na Logaltel e dar o melhor de si para a empresa. Substitua isso por robôs e a cultura da empresa vai para o lixo. Não há como substituir a criatividade e a flexibilidade das pessoas pela automação, e todos sabemos que a Logaltel opera em um ambiente de negócios onde ambos são altamente valorizados. Não consigo ver por que um investimento tão grande

precisa avançar sem nenhum teste ou evidência de que funciona. Tenho que admitir, não sei muito sobre a pegada de carbono dessas tecnologias, mas parece que carregar esses robôs o tempo todo exigiria muita energia. Isso me faz pensar como isso se encaixa em nossa agenda de sustentabilidade."

Thalia sabia que ter o sindicato do seu lado nesse assunto seria muito desafiador e estava muito preocupada que, sem o apoio da equipe do armazém, qualquer nova tecnologia seria difícil de funcionar de forma eficaz.

Com tudo isso em mente e tentando garantir que as opiniões dos diferentes *stakeholders* fossem levadas em consideração, Thalia estava se esforçando para se decidir. Além disso, ela estava seriamente preocupada com o futuro de uma empresa na qual ela queria construir uma carreira. Por um lado, a adoção dessas novas tecnologias pode ser o primeiro passo para a criação de um dos primeiros e verdadeiros *armazéns escuros* no Reino Unido, uma perspectiva que parecia realmente promissora em sua cabeça. Por outro lado, o tipo de negócio que pode ser daqui a 10 anos, considerando sua natureza 3PL, pode ser significativamente diferente do que é agora. E se a tecnologia não for capaz de lidar com novos requisitos de negócios? Iria tudo pelo ralo, levando sua reputação com isso?

QUESTÕES

1. Quais são as opções de Thalia?
2. Como você avaliaria essas diferentes opções?
3. Em sua opinião, quais deveriam ser suas recomendações ao conselho executivo?

Problemas e aplicações

Todos os capítulos dispõem de questões do tipo *Problemas e aplicações*, que ajudarão o leitor a praticar a análise das operações. Elas podem ser respondidas com a leitura do capítulo.

1. Esse é um trabalho novo, ainda sem um título formal, mas um comentarista o chamou de *supervisor de robôs*. Eles até propuseram um possível anúncio de emprego: "Procuram-se supervisores para crescentes frotas de robôs. Suas responsabilidades incluirão a avaliação do desempenho do robô, fornecendo análise em tempo real e suporte para problemas. É preciso ser analítico, detalhista, amigável — e pronto para caminhar. Nenhum grau de formação avançado é exigido". Elisabeth Reynolds, do Instituto de Tecnologia de Massachusetts, também vê um futuro para as pessoas que supervisionam os robôs. "*Usamos muito o termo* autônomo *quando pensamos em robôs, mas, na verdade, muito poucos robôs são totalmente autônomos*", diz ela.[14] Os anúncios de emprego reais para esse tipo de trabalho usam termos como técnicos, monitores, manipuladores e especialistas em operações. Jornalistas descreveram o papel como qualquer coisa, desde motoristas de robôs a babás de robôs. Por que tal trabalho seria necessário? O papel das novas tecnologias não é substituir os humanos?

2. As aeronaves modernas voam com o piloto automático ligado na maior parte do tempo. A maioria das pessoas não sabe que, quando uma aeronave pousa na neblina ou cerração, é um computador que está por trás disso. Quando os pilotos automáticos podem fazer algo melhor do que um piloto humano, faz sentido usar pilotos automáticos. Eles podem assumir o controle do avião durante a parte longa e monótona (para o piloto) do voo entre a decolagem e o pouso. Eles também podem fazer pousos, especialmente quando a visibilidade é ruim devido a neblina ou condições de iluminação. De fato, pousos automáticos quando a visibilidade é ruim são mais seguros do que quando o piloto está no controle.

278   PARTE 2   PROJETO DA OPERAÇÃO

Em alguns voos, o piloto automático é ligado segundos após as rodas da aeronave deixarem o solo e permanece no comando durante todo o voo e o pouso. Até agora, os voos comerciais não decolam automaticamente, principalmente porque isso exigiria que os aeroportos e as companhias aéreas investissem em equipamentos extras de orientação, cujo desenvolvimento e instalação seriam caros. Além disso, a decolagem é tecnicamente mais complexa do que o pouso. No entanto, alguns no setor aéreo acreditam que a tecnologia pode ser desenvolvida a ponto de os voos comerciais poderem ficar totalmente sem um piloto na aeronave. Se fosse desenvolvido, quais seriam os problemas e benefícios associados à introdução desse tipo de tecnologia?

3. A *ordenhadeira robô* pode ordenhar entre 60 e 100 vacas por dia. Portões controlados por computador e ativados por transmissores ao redor do pescoço das vacas permitem que entrem. A máquina então verifica sua saúde, conecta-as à máquina de ordenha e as alimenta enquanto estão sendo ordenhadas. Se uma doença for detectada em alguma vaca, ou se a máquina por algum motivo falhar em conectar os copos de ordenha à vaca após cinco tentativas, portões automáticos desviam a vaca para um curral especial onde o fazendeiro pode inspecioná-la mais tarde. Finalmente, a máquina conduz as vacas para fora do sistema. Ela também se autolimpa periodicamente e pode detectar e rejeitar qualquer leite impuro. Em vez de conduzir todas as vacas em um *lote* para a máquina de ordenha duas vezes ao dia, o sistema depende de as vacas serem capazes de encontrar seu próprio caminho até a máquina. Uma vez que lhes foi mostrado o caminho para a máquina algumas vezes, elas vão lá por vontade própria. As vacas podem fazer o trajeto até a máquina três ou mais vezes por dia.

   (a) Que vantagens você acha que essa tecnologia oferece?

   (b) Você acha que as vacas se importam?

   (c) Há alguma evidência não sistemática ou científica de que os fazendeiros ainda vão observar o processo. Por que isso acontece?

4. O Boeing 737 MAX foi deixado em terra em 2019 após dois acidentes. Um Lion Air 737 MAX caiu matando 189 pessoas; alguns meses depois, um segundo, operado pela Ethiopian Airlines, caiu, sem deixar sobreviventes. A culpa recaiu sobre um novo recurso de controle de voo, o sistema de aumento de características de manobra (MCAS). Ele foi projetado para evitar que o nariz do avião ficasse perigosamente alto, baixando-o automaticamente, mas, sob certas condições, o MCAS baixava tanto o nariz que os pilotos achavam difícil manter o controle. O que isso nos diz sobre os problemas com a automação de tecnologias de *processamento de pessoas*?

5. A tecnologia de processo pode afetar todos os objetivos de desempenho das operações (qualidade, velocidade, confiabilidade, flexibilidade e custo). Pense e identifique como a tecnologia de processo pode afetar esses objetivos de desempenho no setor aéreo.

6. Houve uma série de mudanças na tecnologia de processos médicos que tiveram um enorme impacto na forma como são gerenciadas as operações de saúde. Em particular, a **telemedicina** desafiou uma das suposições mais fundamentais do tratamento médico — que a equipe médica precisa estar fisicamente presente para examinar e diagnosticar um paciente. Não precisa mais; os dispositivos conectados à *web* agora podem monitorar os dados relacionados com a saúde de um indivíduo e comunicar as informações aos profissionais de saúde localizados em qualquer lugar do mundo. A equipe médica é alertada sobre mudanças nas condições à medida que ocorrem e recebe um relatório de *status* da saúde de uma pessoa para que os cuidados apropriados possam ser administrados. A telemedicina geralmente se refere ao uso de tecnologias de comunicação e informação para a prestação de cuidados clínicos. Formalmente, a telemedicina é a capacidade de fornecer assistência médica interativa utilizando a tecnologia e modernos sistemas de telecomunicação. Isso permite que os pacientes *visitem* médicos virtualmente, às vezes ao vivo usando *links* de vídeo, às vezes automaticamente em caso de emergência, às vezes onde os dados do paciente são armazenados e posteriormente enviados aos médicos para diagnóstico e acompanhamento do tratamento. Em sua opinião, quais são as implicações da telemedicina para o modo como as operações de saúde podem ser gerenciadas?

7. Os chamados *robôs de tratamento* estão sendo usados em casas de repouso japonesas para interagir com pessoas para fins sociais e terapêuticos, incluindo pacientes com demência. Que valor você acha que essa tecnologia está agregando? E por que no Japão?

8. A inteligência artificial (IA) está começando a ser usada para aplicações militares, como a tomada de decisões em aviões de combate. Quais seriam, em sua opinião, as implicações práticas e éticas disso?

9. De todos os setores da economia, os robôs foram particularmente lentos para serem adotados na lavoura e na agricultura em geral. Por que isso teria acontecido?

10. Releia o exemplo *Lentilhas-d'água biônicas* em *Operações na prática*. Sob quais circunstâncias a crítica de *sempre esperar pelo próximo avanço, impedindo-o de agir agora* seria equivocada?

Leitura complementar selecionada

Arthur, W.B. (2010) *The Nature of Technology: What It Is and How It Evolves*, Penguin, Harmondsworth.
De certa forma, ciência popular, mas muito interessante sobre como a tecnologia evolui.

Boden, M.A. (2018) *Artificial Intelligence: A Very Short Introduction*, Oxford University Press, Oxford.
Um exame bastante acessível dos desafios filosóficos e tecnológicos levantados pela Inteligência Artificial.

Brynjolfsson, E. e Mcafee, A. (2014) *The Second Machine Age: Work, Progress, and Prosperity in a Time of Brilliant Technologies*, W.W. Norton, Nova York, NY.
Este é um dos livros recentes mais influentes sobre como a tecnologia mudará nossas vidas.

Chew, W.B., Leonard-Barton, D. e Bohn, R.E. (1991) Beating Murphy's Law, *MIT Sloan Management Review*, 32 (3) (primavera) 5-16.
Um dos poucos artigos que trata a questão de por que tudo parece dar errado quando qualquer nova tecnologia é introduzida. Visionário.

Christensen, C.M. (2016) *The Innovator's Dilemma: When New Technologies Cause Great Firms to Fail*, Harvard Business Review Press, Harvard, MA.
A mais recente versão publicada de um clássico.

Tapscott, D. e Tapscott, A. (2016) *Blockchain Revolution: How the Technology Behind Bitcoin and Other Cryptocurrencies is Changing the World*, Portfolio Penguin, Londres.
Um livro legível, esboçando as utilidades e as implicações do Blockchain, porém bastante genérico, em vez de detalhado.

Tegmark, M. (2018) *Life 3.0: Being Human in the Age of Artificial Intelligence*, Penguin, Londres.
Um tratamento inteligente, mas acessível.

Notas do capítulo

1. As informações nas quais este exemplo é baseado foram retiradas de: Economist (2020) Businesses are finding AI hard to adopt, *Economist Technology Quarterly*, 11 jun.; Economist (2016) Artificial intelligence and Go: Showdown, *Economist*, 12 mar.; Koch, C. (2016) How the computer beat the Go master, *Scientific American*, 19 mar.
2. Economist (2020) Artificial intelligence and its limits, *Economist Technology Quarterly*, 13 jun.
3. Para obter mais informações sobre o assunto, ver: OECD (2018) Automation, skills use and training, OECD Social, employment and Migration Working Papers, OECD, ISSN: 1815199X; Economist (2014) The future of jobs: the onrushing wave, *Economist*, 18 jan.; Economist (2013) Schumpeter: the age of smart machines, Economist, 25 maio; Finkelstein, D. (2013) Machines are becoming cheaper than labour, *The Times*, 6 nov.; Groom, B. (2014) Automation and the threat to jobs, *Financial Times*, 26 jan.; Frey, C.B. e Osborne, M.A. (2013) The future of employment: how susceptible are jobs to computerisation? *Oxford Martin School Working Paper*, 1º set.; Brynjolfsson, E. e Mcafee, A. (2014) *The Second Machine Age: Work, Progress, and Prosperity in a Time of Brilliant Technologies*, W.W. Norton, Nova York.
4. As informações nas quais este exemplo é baseado foram retiradas de: QB House website, http://www.qbhouse.com (Acesso em: set. 2021).

5. SAP IOT Definition: SAP Research, https://insights.sap.com/what-is-iot-internet-of-things/ (Acesso em: set. 2021).

6. As informações nas quais este exemplo é baseado foram retiradas de: West, K. (2011) Turn up the heat with Marmite, *The Sunday Times*, 2 out., https://www.thetimes.co.uk/article/turn-up-the-heat-with-marmite-vz8d87qx253 (Acesso em: set. 2021).

7. As informações nas quais este exemplo é baseado foram retiradas de: Harford, T. (2020) Why tech isn't always the answer — the perils of bionic duckweed, *Financial Times*, 30 out.

8. As informações nas quais este exemplo é baseado foram retiradas de: Walsh, D. (2015) Irregular parcels put UK Mail out of shape, *The Times*, 8 ago.; UK Mail website https://www.ukmail.com.

9. Dosi, G., Teece, D. e Winter, S.G. (1992) Towards a theory of corporate coherence, *in* Dosi, G., Giametti, R. e Toninelli, P.A. (eds.) *Technology and Enterprise in a Historical Perspective*, Oxford University Press, Oxford.

10. Walley, P. e Amin, V. (1994) Automation in a customer contact environment, *International Journal of Operations and Production Management*, 14 (5) 86-100.

11. As informações nas quais este exemplo é baseado foram retiradas de: Deng, B. (2016) Security robot runs over toddler at shopping center, *The Times*, 15 jul.; Times Leader (2016) They, robots, *The Times*, 1º jan.; Hall, A. (2015) Factory robot grabs worker and kills him, *The Times*, 3 jul.

12. Chew, W.B., Leonard-Barton, D. e Bohn, R.E. (1991) Beating Murphy's Law, *MIT Sloan Management Review*, 32 (3) (primavera) 5-16.

13. Zuboff, S. (2019) *The Age of Surveillance Capitalism: The Fight For a Human Future at the New Frontier of Power*, Profile Books, Londres.

14. Sherman, N. (2018) Wanted: robot wrangler, no experience required, *BBC News*, 21 mar., https://www.bbc.co.uk/news/business-43259903 (Acesso em: set. 2021).

9 Pessoas na Produção

QUESTÕES-CHAVE

9.1 Por que as pessoas são tão importantes na administração da produção?

9.2 Como pode ser organizada a função produção?

9.3 Como tratamos do projeto do trabalho?

9.4 Como é feita a alocação dos tempos de trabalho?

INTRODUÇÃO

Frequentemente, a administração da produção é apresentada como assunto cujo foco principal está em tecnologia, sistemas, procedimentos e instalações — em outras palavras, nas partes não humanas da organização. Sem dúvida, isso não é verdadeiro. Ao contrário, a forma como os recursos humanos são gerenciados tem impacto profundo sobre a eficácia de sua função operacional. Neste capítulo, examinaremos especialmente os elementos da gestão de recursos humanos que são tradicionalmente vistos como estando diretamente inseridos na esfera da administração da produção. Essas são questões estratégicas e culturais, projeto da organização, projeto de trabalho e a alocação dos *tempos de trabalho* às atividades de produção. Os aspectos mais detalhados (e tradicionais) desses dois últimos elementos são discutidos posteriormente no suplemento sobre o estudo do trabalho, ao fim deste capítulo. A Figura 9.1 mostra como os assuntos abordados no capítulo ajustam-se ao modelo global das atividades de produção.

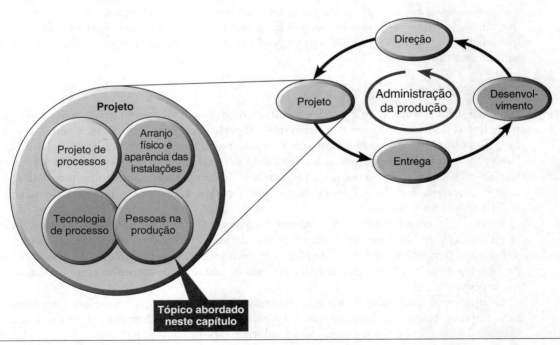

Figura 9.1 Este capítulo examina as pessoas na produção.

9.1 Por que as pessoas são tão importantes na administração da produção?

Dizer que os recursos humanos de uma organização são seu maior ativo soa como um clichê. Todavia, vale a pena se lembrar da importância das capacitações, atitudes e cultura das pessoas que fazem parte da função produção. Afinal, é onde a maioria dos *recursos humanos* é encontrada. Portanto, são os gerentes de produção que estão mais envolvidos na liderança, desenvolvimento e organização das pessoas. Mas a influência da administração da produção sobre os funcionários da organização não está limitada aos tópicos abordados neste capítulo. Quase tudo discutido neste livro tem uma dimensão de *pessoa*. Todavia, em alguns capítulos, a perspectiva humana é particularmente importante. Além deste capítulo, os Capítulos 15, 16 e 17, por exemplo, estão bastante preocupados em como a contribuição dos funcionários de produção pode ser aproveitada. Basicamente, os assuntos abordados neste capítulo definem como as pessoas encaram suas vidas profissionais. O capítulo posiciona as expectativas sobre o que se espera delas e influencia suas percepções sobre como contribuir para a organização. Define suas atividades em relação aos colegas de trabalho e canaliza os fluxos de comunicação entre diferentes partes da operação. Contudo, o mais importante, ajuda a desenvolver a cultura da organização — seus valores, crenças e suposições compartilhados.

Princípio de produção
Os aspectos dos recursos humanos são especialmente importantes na função produção, em que se encontra a maioria dos *recursos humanos*.

Cultura da produção

O que queremos dizer com a cultura no contexto da função produção? Há uma riqueza de literatura acadêmica e popular que trata o conceito de cultura organizacional, mas não surgiu nenhuma definição oficial única. No entanto, a maioria de nós conhece mais ou menos o que se entende por *cultura* em uma organização. É o que se sente fazendo parte dela — o que é assumido sobre como as coisas são feitas, em vez de algo formalmente articulado. É, nas palavras de um escritor bem conhecido sobre o assunto, "o modo como fazemos as coisas por aqui".[1] Mas a ideia de cultura *organizacional* também pode se aplicar a uma única função, como a função produção. Na verdade, há um interesse considerável entre os pesquisadores e os profissionais em superar as diferenças culturais entre diferentes funções, que às vezes podem levar ao que foi chamado de *fragmentação cultural*. Embora possa haver elementos da cultura de uma organização que sejam compartilhados por todas as partes da empresa, diferentes funções muito provavelmente terão suas próprias subculturas.

A metáfora do *iceberg*

Uma metáfora comum para entender a cultura organizacional é compará-la a um *iceberg*.[2] A maior parte da massa de um *iceberg* está debaixo da superfície do oceano. E assim é com a cultura. No *iceberg da cultura*, os artefatos físicos são a manifestação física externa ou superficial da cultura. São coisas como instalações, os elementos físicos de um ambiente de serviço (pense nos *servicescapes* do Capítulo 7), cadeiras de escritório, equipamentos de computação, uniformes de trabalho e assim por diante. Esses artefatos físicos expressam alguns aspectos da cultura, tanto para clientes quanto para trabalhadores de serviços.

A camada intermediária do *iceberg* representa as crenças e valores intangíveis da operação. Esses intangíveis muitas vezes derivam das crenças e valores do fundador ou dos líderes da organização e são transmitidos aos funcionários por meio de instrumentos formais, como declarações de missão ou documentos de estratégia, mas também, por exemplo, sistemas de **gestão de desempenho** e, em particular, sistemas de recompensa.

Os níveis mais profundos do *iceberg*, nas profundezas do oceano, são os valores, suposições, crenças e expectativas subjacentes da organização (estes geralmente correspondem aos valores do fundador ou líder). Esse nível profundo é onde se encontram os valores e suposições mais fervorosos. É particularmente difícil mudar essas suposições, crenças e expectativas de valores subjacentes. Além do mais, mesmo que possam ser mudados, corre-se o risco de haver ansiedade e comportamentos defensivos por parte daqueles que são obrigados a mudar. Argumenta-se que os artefatos físicos do serviço, bem como as atividades e rotinas intangíveis, não podem ser explicados adequadamente, a menos que se aprofunde nos pressupostos básicos na base desse *iceberg*. A metáfora do *iceberg* é ilustrada na Figura 9.2.

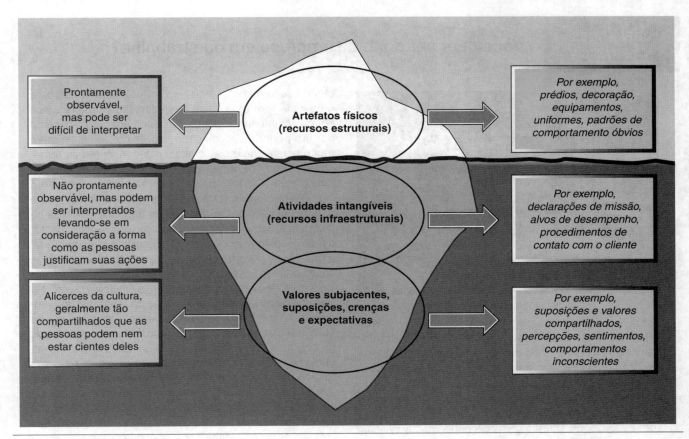

Figura 9.2 Metáfora do *iceberg* de cultura.

Acreditar, saber e comportar-se

A cultura é difícil de explicar. Como foi dito de uma organização com uma cultura particularmente forte (uma universidade, na realidade), "Olhando de fora para dentro, você não consegue entender. De dentro para fora, você não consegue explicar." No que diz respeito à função produção, é mais bem resumida pelo que o time de produção *acredita*, o que *sabe* e como ele se *comporta*. São esses três elementos de cultura da produção — crença, conhecimento e comportamento — que fornecem as bases para como ela contribui para o negócio e como é capaz de melhorar ao longo do tempo:

▶ *No que a produção acredita:* por *crença da produção*, queremos dizer o que as pessoas dentro da produção aceitam como autoevidentes. Por exemplo, a produção acredita que tem a responsabilidade de compreender totalmente as estratégias de todas as outras funções e suas implicações para a produção? Ela desenvolve capacitações dentro dos recursos e processos de produção que oferecem uma vantagem estratégica única e duradoura?

▶ *O que a produção deve saber:* o que a equipe de produção deve saber? Obviamente, deve entender os princípios subjacentes que regem o funcionamento da produção e dos processos. Somente com uma compreensão completa dos objetivos, conceitos, ferramentas e técnicas de gerenciamento da produção é que as operações funcionarão sempre contribuindo plenamente para o sucesso de qualquer negócio.

▶ *Como a produção deve comportar-se:* a maneira como os gerentes de produção devem se comportar não é fundamentalmente diferente de qualquer gerente efetivo. A literatura popular e acadêmica tem sido há décadas ocupada por *comportamentos-chave* para uma liderança efetiva, e eles não parecem ter mudado muito há anos: "Não microgerencie sua equipe, capacite-os ao mesmo tempo que fique disponível para aconselhá-los." "Seja um treinador para a sua equipe." "Seja claro e orientado para resultados, mas ajude a equipe a ver como eles podem alcançá-los." "Tenha visão e estratégia claras." "Sempre se comunique nos dois sentidos — e ouça a sua equipe." "Apoie a discussão aberta e ouça as preocupações da equipe." Tudo isso pode ser óbvio, mas faz muito sentido gerencial.

OPERAÇÕES NA PRÁTICA
Você quer ser dono da empresa em que trabalha?[3]

Torchbox é uma empresa de *web design* e desenvolvimento com sede no Reino Unido em Oxfordshire, Bristol e Cambridge. Empregando cerca de 70 pessoas, fornece soluções éticas, econômicas e de alta qualidade para clientes que vêm principalmente, mas não exclusivamente, de instituições de caridade, organizações não governamentais e setores públicos. A empresa foi fundada depois que Tom Dyson, agora Diretor Técnico, conheceu Olly Willans, agora Diretor Criativo, enquanto trabalhava na OneWorld.org, uma empresa de *web design* incomum e progressiva, que fez alguns dos primeiros *sites* para organizações como Oxfam e Christian Aid. Tom e Olly rapidamente perceberam que sua paixão compartilhada, de querer promover mudanças positivas, justificava começar uma agência digital. Graças à sua criatividade e ao sucesso técnico, a empresa cresceu para atrair uma carteira de respeitados clientes sem fins lucrativos. No fim dos anos 2000, eles trabalhavam para os tipos de clientes com os quais sonhavam quando começaram: Greenpeace, Cruz Vermelha Internacional, WWF. Eles também conseguiram recrutar um grupo de funcionários talentosos e entusiasmados e associados de longa data não apenas em seus escritórios, mas também em outros lugares, incluindo Estados Unidos, Hungria, Filipinas, Grécia e Índia. Um sucesso em particular, disse Tom Dyson, foi quando o Royal College of Art pediu que eles construíssem um novo sistema de gestão de conteúdo. Eles o chamaram de Wagtail, em homenagem aos doces passarinhos que se reuniam no gramado, do lado de fora de seu escritório em Oxfordshire. Dentro de um ano ou dois, o Wagtail era muito mais famoso do que a Torchbox.

Nos últimos anos da década de 2010, Olly e Tom (agora ambos na casa dos 40 anos) começaram a pensar sobre o que poderia vir em seguida para o Torchbox e para eles mesmos. A *saída* padrão para os empresários é o que se chama de venda comercial — vender sua empresa para uma maior, por uma quantia em dinheiro e uma cláusula em que os atuais proprietários trabalhem para o negócio por um período especificado. No Reino Unido, existem muito poucas agências digitais independentes do tamanho da Torchbox, então elas teriam sido uma aquisição atraente para uma empresa maior. No entanto, nem Tom nem Olly conseguiam imaginar uma grande empresa, como uma agência de publicidade ou uma grande empresa de tecnologia, assumindo um compromisso crível de manter o foco ético da Torchbox, que foi a principal razão pela qual a maioria de seus funcionários ingressou na empresa. A solução deles foi, em suas palavras, não vender com um valor mais elevado, mas mais baixo. No *Employee Ownership Day* (dia da propriedade [das ações da empresa] dos funcionários) em 2019, eles entregaram a propriedade da Torchbox a seus funcionários. O acordo era que os novos proprietários (os funcionários) pagariam aos acionistas originais, não com seu próprio dinheiro, mas com os lucros futuros da empresa, nos próximos quatro ou cinco anos. Disse Tom: *"Olly e eu fundamos a Torchbox, mas todos o seu sucesso se deve às pessoas maravilhosas, criativas e atenciosas que trabalham aqui. Estamos muito felizes que eles são os novos proprietários. Continuaremos a impulsionar a Torchbox, fazendo os trabalhos que amamos até então, e talvez por muito mais tempo, se eles permitirem. Eles elegeram um conselho de curadores de funcionários que supervisionará nosso trabalho e que terá o controle final sobre os negócios. Quando eles pagarem aos vendedores originais, poderão decidir distribuir todos os lucros entre si, ou doar para caridade, ou investir em algo novo, ou trabalhar quatro dias por semana, ou o que eles decidirem."*

A gerente de marketing, Lisa Ballam, reconheceu que a nova propriedade implicava algumas mudanças significativas para ela e para todos os funcionários. *"Ainda não existe um manual para se tornar propriedade dos funcionários, ou um guia para a melhor abordagem para seguir em frente; por isso ainda estamos nos adaptando, testando e aprendendo para descobrir o que funciona melhor para nós. É uma grande mudança cultural deixar de ter duas pessoas (mais uma equipe de gerenciamento sênior) no comando para ter um negócio de propriedade coletiva. Tomar decisões de forma eficaz e decisiva é vital em um ambiente de negócios em rápida evolução, de modo que nossa empresa ainda é administrada diariamente por nossa equipe de gerenciamento sênior, mas nosso conselho de administradores eleitos agora é consultado em todas as decisões estratégicas importantes. Os funcionários também podem compartilhar opiniões e se comprometer com iniciativas que são importantes para eles e trabalhar para objetivos comuns compartilhados por meio de grupos de voz eleitos."*

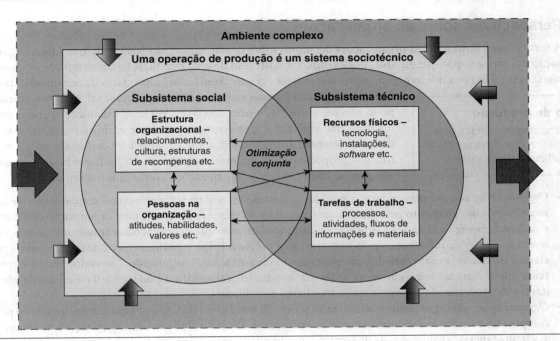

Figura 9.3 A abordagem sociotécnica exige que os aspectos sociais e técnicos da operação sejam levados em consideração, assim como a relação entre eles.

A produção é composta de sistemas sociotécnicos

A ideia de que a administração da produção se preocupa principalmente com questões *técnicas* é tão difundida quanto falsa. Qualquer gerente de produção pode confirmar tanto a importância das questões relacionadas com as pessoas quanto a alta proporção de seu tempo dedicado a elas. A administração da produção eficaz exige compreensão *técnica* e humana. Um modelo bem estabelecido para descrever essa ideia é o dos **sistemas sociotécnicos (STS)**. A abordagem de sistemas sociotécnicos é uma maneira de pensar sobre organizações complexas, como a maioria das operações, que reconhece a interação entre as pessoas e a tecnologia dentro de uma organização, e entre ambos e o ambiente complexo em que operam. A forma geral dos sistemas sociotécnicos é ilustrada na Figura 9.3. O que é frequentemente chamado de subsistema *social* inclui as estruturas organizacionais formais e informais dentro de uma operação, como ilustrado por relações de subordinação, linhas de responsabilidade e estruturas de recompensa, bem como as características das pessoas dentro da operação, como suas atitudes, habilidades e valores. O subsistema *técnico* é definido em um sentido mais amplo do que o normal na administração da produção. Inclui a tecnologia que é usada para transformar *inputs* em *outputs*, mas também abrange *software*, conhecimento, arranjo físico das instalações, processos e o fluxo de recursos transformados pela operação.

Fundamentalmente, uma abordagem sociotécnica requer uma consideração de todos os aspectos dos subsistemas sociais e técnicos para alcançar uma *otimização conjunta*. O termo foi usado pela primeira vez por pesquisadores do Instituto Tavistock, em Londres. Notou-se que as potenciais mudanças técnicas inovadoras muitas vezes falhariam porque as implicações para as pessoas envolvidas (o subsistema social) não foram suficientemente consideradas. A prioridade, segundo eles, deve ser dada ao projeto de sistemas de tecnologia que considera as relações complexas entre tecnologia, a organização, pessoas, processos de negócios e sistemas que dão suporte a esses processos. O princípio central da abordagem sociotécnica é que as melhorias nas operações e em seus sistemas só podem ser totalmente alcançadas se os elementos sociais e técnicos forem tratados como interdependentes, visto que as mudanças em um subsistema exigirão mudanças no outro.

9.2 Como pode ser organizada a função produção?

As questões de "como a função produção deve ser organizada em relação ao restante da empresa" são certamente mais amplas do que a própria função produção. É uma decisão para toda a empresa, mas é importante para a produção porque define a posição interna e os relacionamentos da função. Primeiro, porém, vale a pena examinar como as *organizações* podem ser descritas.

Perspectivas sobre as organizações

A forma como ilustramos as organizações diz muito sobre nossas suposições básicas do que é uma *organização* e como se supõe que ela atue. Por exemplo, a ilustração de uma organização como um *organograma* convencional implica que as organizações são simples e controláveis, com linhas claras de responsabilidade.

> **✓ Princípio de produção**
>
> Existem muitas abordagens válidas para descrever as organizações. A perspectiva de processo é particularmente valiosa.

Entretanto, raramente isso acontece. De fato, assumir tal visão mecanicista pode não ser apropriado nem desejável. Ver uma organização como uma máquina não ambígua é apenas uma das muitas metáforas comumente usadas para entender as organizações. Uma análise bem conhecida por Gareth Morgan propõe o uso de algumas *imagens* ou *metáforas* que podem ser usadas para se compreender as organizações, como vemos a seguir.[4]

▶ *Organizações são máquinas:* os recursos das organizações podem ser vistos como *componentes* de um mecanismo cujo propósito está claramente entendido. As relações dentro de uma organização são claras e ordenadamente definidas, os processos e os procedimentos que devem acontecer normalmente acontecem e o fluxo de informação pela organização é previsível. Tais metáforas mecânicas parecem impor clareza no que seja realmente um comportamento organizacional bagunçado. Contudo, onde é importante impor clareza (como em muita análise de produção), tal metáfora pode ser útil e é a base da *abordagem de processo* usada neste e em outros livros semelhantes.

▶ *Organizações são organismos vivos:* organizações são entidades vivas. Seu comportamento é ditado pelo comportamento dos indivíduos que nela se encontram. Os indivíduos e suas organizações adaptam-se às circunstâncias, assim como as diferentes espécies adaptam-se ao meio ambiente. Isso é um modo particularmente útil de examinar as organizações, se partes do meio ambiente (como as necessidades do mercado) mudarem radicalmente. A sobrevivência da organização depende de sua habilidade de mostrar flexibilidade suficiente para responder a seu meio ambiente.

▶ *Organizações são cérebros:* assim como o cérebro, as organizações processam informações e tomam decisões. Equilibram critérios conflitantes, ponderam riscos e decidem quando um resultado é aceitável. Também são capazes de aprender e de mudar seu modelo de mundo à luz da experiência. Essa ênfase na tomada de decisão, acúmulo de experiência e aprendizagem levando-se em consideração essa experiência é importante para entender as organizações. Elas consistem em grupos conflitantes em que o poder e o controle são questões-chave.

▶ *Organizações são culturas:* geralmente, a cultura de uma organização significa seus valores compartilhados, ideologia, padrão de pensamento e ritual do dia a dia. Organizações diferentes terão culturas distintas originando-se de suas circunstâncias e de sua história. Uma grande força de ver as organizações como culturas é que elas tiram a atenção de sua *promulgação da realidade*. Examinar os símbolos e as realidades compartilhadas de uma organização permite-nos ver além do que ela diz de si mesma.

▶ *Organizações são sistemas políticos:* organizações, assim como as comunidades, são governadas. O sistema de governo raramente é democrático, mas não chega a ser uma ditadura. Dentro dos mecanismos de governo em uma organização existem, geralmente, meios de entender filosofias alternativas, meios de encontrar um consenso (ou pelo menos reconciliação) e, às vezes, meios de legitimar a oposição. Indivíduos e grupos procuram perseguir seus propósitos mediante as políticas detalhadas da organização. Eles formam alianças, acomodam relações de poder e gerenciam conflitos. Tal visão é útil para ajudar as organizações a legitimar a política como aspecto inevitável da vida organizacional.

Formas de estrutura organizacional

Existem muitas maneiras diferentes de definir a *estrutura organizacional*; aqui, ela é vista como a forma como tarefas e responsabilidades são divididas em agrupamentos distintos e como são definidas as relações de responsabilidade e coordenação entre os agrupamentos. A maioria dos projetos organizacionais tenta dividir uma organização em partes discretas que recebem algum grau de autoridade para tomar decisões em sua parte da organização. Todas as organizações, exceto as menores, precisam delegar a tomada de decisões dessa forma; isso permite a especialização, de modo que as decisões possam ser tomadas pelas pessoas mais apropriadas. O principal problema é que a dimensão da especialização deve ser usada ao agrupar as partes da organização. Há três abordagens básicas para isso:

▶ Agrupar os recursos conforme seu *propósito funcional*: por exemplo, vendas, marketing, operações, pesquisa e desenvolvimento, finanças etc.

▶ Agrupar recursos pelas *características dos próprios recursos*: isso pode ser feito, por exemplo, ao agrupar tecnologias similares (tecnologias de extrusão, de ondulação, de fundição etc.). Como alternativa, isso pode ser feito ao agrupar as habilidades similares (auditoria, fusões e aquisições, impostos etc.). Pode também ser feito conforme os recursos requeridos para produtos ou serviços específicos (comida fresca, comida congelada, comida enlatada etc.).

▶ Agrupar recursos pelos *mercados* que eles pretendem servir: por exemplo, por localização (América do Norte, América do Sul, Europa e Oriente Médio, Sudeste Asiático etc.) ou por tipo de cliente (pequenas empresas, grandes empresas nacionais, grandes empresas multinacionais etc.).

Há um número quase infinito de estruturas organizacionais possíveis. Entretanto, têm aparecido alguns tipos puros de organização úteis para ilustrar as diferentes abordagens do projeto organizacional:

▶ *Organização U:* na forma unitária, ou forma U, a organização **agrupa** seus recursos principalmente por seu propósito funcional. A Figura 9.4(a) mostra uma organização U típica com uma estrutura administrativa piramidal, cada nível reportando ao nível gerencial acima. Tais estruturas podem enfatizar a eficiência do processo sobre o serviço ao cliente e a habilidade de adaptação aos mercados mutantes. A organização U, porém, reúne a expertise e pode promover a criação e o compartilhamento de conhecimento técnico. O problema com a organização em forma de U não é tanto o desenvolvimento das capacitações, mas a flexibilidade de sua implementação.

▶ *Organização M:* essa forma de estrutura organizacional surgiu porque a estrutura baseada na funcionalidade da forma U tornava-se complicada quando as empresas cresciam, frequentemente com mercados complexos. Ela agrupa os recursos necessários para cada grupo de produtos ou serviços ou, alternativamente, aqueles necessários para servir a determinado mercado geográfico, em divisões separadas. Funções separadas podem ser distribuídas ao longo de diferentes divisões [(ver a Figura 9.4(b)] que podem reduzir a economia de escala e a eficiência operacional. Entretanto, permite que cada divisão individual foque as necessidades específicas de seus mercados.

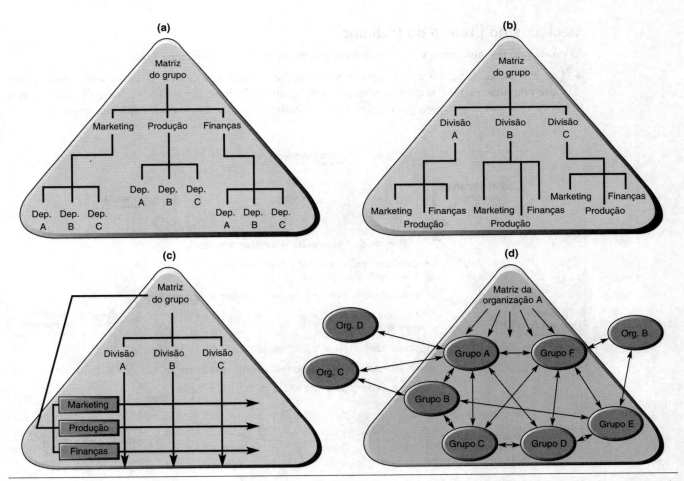

Figura 9.4 (**a**) As organizações U dão proeminência a agrupamentos funcionais de recursos. (**b**) As M separam os recursos da organização em divisões distintas. (**c**) As em forma matricial estruturam os recursos da organização de modo que tenham dois (ou mais) níveis de responsabilidade. (**d**) As N formam redes soltas, internamente entre os grupos de recursos e externamente, com outras organizações.

▶ *Formas matriciais:* as estruturas matriciais são híbridas, geralmente combinando a forma M com a forma U. Efetivamente, a organização tem duas estruturas diferentes e simultâneas [ver a Figura 9.4(c)]. Em uma estrutura matricial, cada aglomerado de recursos tem pelo menos duas linhas de autoridade, por exemplo, para a divisão e para os grupos funcionais. Embora uma organização matricial assegure a representação de todos os interesses dentro da empresa, ela pode ser complexa e, às vezes, confusa.

▶ *Organização N:* a letra N significa *network* (rede). Nas organizações em forma N, os recursos das organizações são aglomerados em grupos, como em outras formas organizacionais, mas com maior delegação de responsabilidade para a administração estratégica desses recursos. As formas N têm relativamente pouca submissão hierárquica e de controle. Cada agrupamento de recursos está vinculado a outros para formar uma rede, com a força relativa dos relacionamentos entre agrupamentos mudando ao longo do tempo, dependendo das circunstâncias [ver a Figura 9.4(d)]. A alta administração estabelece metas amplas e tenta desenvolver uma cultura unificada, mas não *comanda e controla* na mesma extensão que em outras formas de organização.

9.3 Como tratamos do projeto do trabalho?

O projeto do trabalho diz respeito a como estruturamos o trabalho de cada indivíduo, a equipe à qual pertence (se houver), seu local de trabalho e sua interface com a tecnologia que usa. Nesta seção, lidamos com o que geralmente é considerado a responsabilidade central do gerente de produção relacionada com pessoas — projeto do trabalho. Esse é um assunto grande, e só podemos tratar parte de suas influências e abordagens. As influências sobre o projeto do trabalho que veremos aqui estão ilustradas na Figura 9.5.

Decisões do projeto do trabalho

O projeto do trabalho envolve vários elementos separados, embora relacionados:

▶ *Que tarefas são alocadas a cada pessoa da operação?* A produção de bens e serviços envolve um conjunto completo de tarefas diferentes que precisa ser dividido entre as pessoas que participam da operação. Diferentes abordagens para a divisão do trabalho levarão a distintas alocações de tarefas.

Figura 9.5 Algumas das influências do projeto do trabalho.

▶ *Qual o melhor método para desempenhar cada tarefa?* Cada tarefa deve ter um método aprovado (ou o melhor) de conclusão. Embora haja ideias diferentes do que seja *melhor*, geralmente é o método mais eficiente que se ajusta à tarefa e não interfere indevidamente em outras.

▶ *Quanto tempo levará e quantas pessoas serão necessárias?* A medição do trabalho ajuda-nos a calcular o tempo necessário para fazer um trabalho e, assim, quantas pessoas serão necessárias.

▶ *Como manter o comprometimento?* Entender como podemos encorajar as pessoas e manter o comprometimento no trabalho é, provavelmente, a mais importante das questões do projeto do trabalho. Isso porque as abordagens comportamentais, incluindo delegação de poder (ou *empowerment*), trabalho em equipe e trabalho flexível, estão no âmago do projeto do trabalho.

▶ *Qual tecnologia está disponível e como será usada?* Muitas tarefas operacionais exigem o uso de tecnologia. Não apenas a tecnologia necessita ser apropriadamente projetada, mas também a interface entre as pessoas e o *hardware*.

▶ *Quais as condições ambientais do local de trabalho?* As condições sob as quais as tarefas são desempenhadas terão impacto significativo sobre a eficácia das pessoas. Embora frequentemente consideradas parte do projeto de trabalho, as condições ambientais são tratadas separadamente neste capítulo.

Alocação de tarefas – divisão do trabalho

Qualquer operação deve decidir sobre o balanço entre usar especialistas e generalistas. Essa ideia está relacionada com a divisão do trabalho — dividindo o trabalho total em partes menores, cada uma é realizada por uma pessoa ou equipe. Foi primeiramente formalizada como conceito pelo economista Adam Smith em seu livro *A riqueza das nações*, em 1776. Talvez, o epítome da divisão do trabalho seja a linha de montagem, onde os produtos se movem ao longo de um caminho único e são construídos por operadores que repetem continuamente uma única tarefa. Esse é o modelo predominante do projeto do trabalho na maioria dos produtos fabricados e em alguns serviços produzidos em massa (por exemplo, comida *fast-food*). Há algumas *vantagens reais* nos princípios da divisão do trabalho:

▶ *Ela promove maior rapidez na aprendizagem.* Obviamente, é mais fácil aprender como fazer uma tarefa simples e relativamente curta do que uma tarefa longa e complexa. Isso significa que novos funcionários podem ser rapidamente treinados e designados a suas tarefas.

▶ *A automação torna-se mais fácil.* Dividir uma tarefa total em pequenas partes levanta a possibilidade de automatizar algumas dessas pequenas tarefas. Substituir pessoas por tecnologia é consideravelmente mais fácil para tarefas curtas e simples do que para as longas e complexas.

▶ *Redução do trabalho não produtivo.* Esse é provavelmente o benefício mais importante da divisão do trabalho. Em tarefas grandes e complexas, a proporção de tempo gasto em escolher ferramentas e materiais, repondo-os a seus lugares e, geralmente, encontrando-os, posicionando-os e procurando-os, pode ser, de fato, muito alta. Por exemplo, uma pessoa que monta o motor de um carro levaria duas a três horas e envolveria muita procura de peças, posicionamento e assim por diante. Por volta de metade do tempo da pessoa seria gasto nessas tarefas de busca, posicionamento e localização (denominados elementos não produtivos do trabalho). Agora, consideremos como o motor de um carro é realmente montado na prática. Provavelmente, o trabalho total é dividido em 20 ou 30 estágios separados, cada um cuidado por uma pessoa que faz apenas parte do total. Equipamento especializado e dispositivos para manuseio de materiais podem ser criados para ajudá-las a executar seu trabalho de maneira mais eficiente. Além disso, há relativamente pouca procura, posicionamento e movimentação envolvida nessa tarefa simplificada. O trabalho não produtivo pode ser consideravelmente reduzido, talvez abaixo de 10%, o que seria muito significativo para os custos da operação.

No entanto, há também sérias desvantagens nos trabalhos altamente divididos:

▶ *Monotonia.* Quanto mais curta a tarefa, mais frequentemente os operadores precisarão repeti-la. Repetir a mesma tarefa, por exemplo, a cada 30 segundos, oito horas por dia e cinco dias por semana, dificilmente pode ser chamado de trabalho gratificante. Assim como quaisquer objeções éticas, há outras práticas mais óbvias às tarefas que induzem tal monotonia. Incluem a maior probabilidade de absenteísmo e rotatividade de funcionários, a maior probabilidade de erro e até mesmo a sabotagem deliberada do trabalho.

▶ *Lesão física.* A repetição continuada de uma faixa muito restrita de movimentos pode, em casos extremos, levar a lesão física. O uso exagerado de algumas partes do corpo (especialmente braços, mãos e pulsos) pode resultar em dor e redução da capacidade laborativa. Isso costuma ser chamado de lesão por esforço repetitivo (LER).

PARTE 2 PROJETO DA OPERAÇÃO

▶ *Baixa flexibilidade.* Frequentemente, dividir uma tarefa em muitas pequenas partes dá ao projeto do trabalho uma rigidez que é difícil alterar quando as circunstâncias mudam. Por exemplo, se uma linha de montagem foi projetada para fabricar um produto específico, mas, posteriormente, precisa mudar para fabricar um produto muito diferente, toda a linha precisará ser redesenhada. Provavelmente, isso envolverá mudar cada conjunto de tarefas do operador, que pode ser um procedimento demorado e difícil.

▶ *Baixa robustez.* As tarefas altamente divididas implicam materiais (ou informações) que passam entre vários estágios. Se um desses estágios não estiver funcionando corretamente, por exemplo, em razão de algum equipamento defeituoso, toda a operação é afetada. Por outro lado, se cada pessoa estiver desempenhando a tarefa total, quaisquer problemas afetarão apenas a produção dessa pessoa.

> **Princípio de produção**
> A divisão do trabalho tem efeitos positivos e negativos, mas é ainda um fator significativo no projeto do trabalho.

Projetando métodos de trabalho — administração científica

O termo *administração científica* tornou-se estabelecido em 1911 com a publicação do livro com o mesmo título por Frederick Taylor (essa abordagem total ao projeto de trabalho é, às vezes, chamada, pejorativamente, de *taylorismo*). Neste livro, ele identificou o que viu como princípios básicos da administração científica:[5]

▶ Todos os aspectos do trabalho devem ser investigados em base científica para estabelecer as leis, normas e fórmulas que governam os melhores métodos de trabalho.

▶ Tal abordagem investigativa ao estudo do trabalho é necessária para estabelecer o que constitui um *trabalho diário justo*.

▶ Os trabalhadores devem ser selecionados, treinados e desenvolvidos metodicamente para desempenhar suas tarefas.

▶ Os gerentes devem agir como planejadores do trabalho (analisar as tarefas e estabelecer o melhor método de fazer o trabalho), enquanto os trabalhadores devem ser responsáveis por fazer as tarefas conforme os padrões estabelecidos.

▶ A cooperação deve ser atingida entre a administração e os trabalhadores, baseada na *prosperidade máxima* de ambos.

A coisa mais importante a lembrar sobre a administração científica é que ela não é particularmente *científica* como tal, embora, certamente, adote uma abordagem *investigativa* e, dentro de limites, uma abordagem racionalista para melhorar a produção. Talvez um melhor termo fosse *administração sistemática*. Ela deu origem a dois campos de estudo separados, embora relacionados: o estudo do método, que determina os métodos e as atividades a ser incluídas nas tarefas; e a medição do trabalho, que diz respeito à medição do tempo que deve ser dedicado ao desempenho das tarefas. Juntos, esses dois campos são frequentemente referidos como estudo do trabalho e explicados em detalhe no suplemento deste capítulo. Ambos terão uma influência sobre o modo como muitos gerentes de produção realizam o projeto do trabalho. Contudo, a abordagem é controversa — ver a seção de *Operações responsáveis*, mais adiante no capítulo.

Projetando a interface humana — projeto ergonômico do local de trabalho

A **ergonomia** diz respeito principalmente aos aspectos fisiológicos do projeto do trabalho. A fisiologia cuida das funções do corpo e envolve dois aspectos: primeiro, como uma pessoa interage com sua área de trabalho imediata; e segundo, como as pessoas reagem às condições ambientais. Examinaremos o segundo aspecto da ergonomia mais adiante neste capítulo. A ergonomia é algo que diz respeito à **engenharia dos fatores humanos** ou simplesmente aos *fatores humanos*. Ambos os aspectos estão ligados por duas ideias comuns:

▶ Deve haver um ajustamento entre as pessoas e as tarefas que realizam. Para atingir esse ajustamento, há apenas duas alternativas. Ou a tarefa pode ser ajustada às pessoas que a estão executando ou, alternativamente, as pessoas podem se ajustar (ou, talvez, menos radicalmente, podem ser recrutadas) à tarefa. A ergonomia cuida da primeira alternativa.

▶ É importante seguir a abordagem *científica* para o projeto de trabalho, por exemplo, coletando dados para indicar como as pessoas reagem sob diferentes condições do projeto do trabalho e tentando encontrar o melhor conjunto de condições para obter conforto e desempenho.

Aspectos antropométricos

Muitas melhorias ergonômicas estão principalmente preocupadas com o que se denomina aspectos antropométricos do trabalho — isto é, os aspectos relacionados com o tamanho, formato e outras características físicas das pessoas. Por exemplo, o projeto de uma tarefa de montagem deve ser controlado, parcialmente, pelo tamanho e resistência dos operadores que executam o trabalho. Os dados que os profissionais de ergonomia usam quando estão fazendo isso são denominados **dados antropométricos**. Visto que todos variamos em termos de tamanho e capacitação, os profissionais de ergonomia estão particularmente interessados em nossa faixa de capacitações. É por isso que os dados antropométricos são geralmente expressos em termos de percentil. A Figura 9.6 ilustra essa ideia. Ela mostra a ideia de variação de tamanho (nesse caso, de altura). Apenas 5% da população é menor do que a pessoa situada na parte extrema-esquerda da figura (5º percentil), enquanto 95% são menores do que a pessoa da parte extrema-direita (95º percentil). Quando esse princípio é aplicado a outras dimensões do corpo, por exemplo, comprimento do braço, ele pode ser usado para projetar áreas de trabalho. A Figura 9.6 também mostra as áreas de trabalho normal e máxima, derivadas dos dados antropométricos. Por exemplo, seria inadmissível colocar componentes usados ou ferramentas fora da área máxima de trabalho, derivada da dimensão do 5º percentil de alcance do braço humano.

> **Princípio de produção**
> As considerações da ergonomia no projeto de trabalho podem evitar desgaste físico excessivo e aumentar a eficiência.

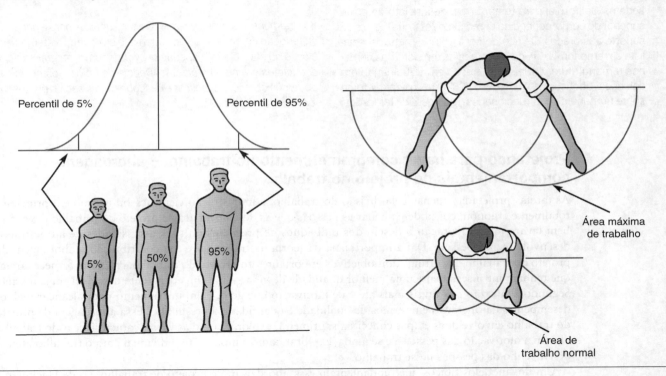

Figura 9.6 Uso de dados antropométricos no projeto do trabalho.

OPERAÇÕES NA PRÁTICA

Dispositivos de exoesqueleto aguentam a tensão[6]

Os exoesqueletos não são uma ideia nova; desde a década de 1960, eles têm sido sugeridos para aprimorar a capacitação física natural das pessoas, geralmente para fins médicos ou militares. No mundo natural, eles são definidos como "uma camada externa dura que cobre, sustenta e protege o corpo de um animal invertebrado, como um inseto ou crustáceo". Mas, no contexto do trabalho físico, o termo geralmente é usado para se referir a um exoesqueleto motorizado — um dispositivo móvel de vestir, que auxilia o movimento ou o posicionamento humano, para permitir maior força e/ou resistência. Por muito tempo objeto de ficção científica, eles estão começando a ser testados em condições industriais. Por exemplo, típico de qualquer linha de montagem automotiva, a Ford exige que seus funcionários de montagem

adotem posições que envolvam alcançar locais sobre suas cabeças por longos períodos. Isso pode resultar em dores nas costas, pescoço e ombros, bem como fadiga geral. É por isso que a empresa fez parceria com a Ekso Bionics, com sede na Califórnia, para testar um exoesqueleto da parte superior do corpo, conhecido como EksoVest, que eleva e dá suporte aos braços. De acordo com Marty Smets, especialista em ergonomia da Ford que trabalha em sistemas humanos e manufatura virtual, a empresa vem trabalhando em soluções robóticas de vestir desde 2011, não para dar força sobre-humana a seus funcionários, mas para evitar lesões.

"No momento, estamos usando apenas suportes para a parte superior do corpo, mas temos interesse em outros sistemas. Nosso objetivo agora é apenas descobrir como integrar exoesqueletos em nossas plantas. Depois de colocá-los nelas, podemos começar a replicar e descobrir quais são os pontos ideais para a aplicação."

Projetando para haver comprometimento no trabalho — abordagens comportamentais do projeto do trabalho

As tarefas projetadas apenas pela divisão do trabalho, administração científica ou mesmo em princípios totalmente ergonômicos podem alienar as pessoas que as desempenham. O projeto do trabalho deve também levar em consideração o desejo dos indivíduos de preencherem suas necessidades de autoestima e desenvolvimento pessoal. Daí a importância da teoria motivacional e sua contribuição à abordagem do projeto do trabalho. Isso atinge dois objetivos importantes do projeto do trabalho. Primeiro, fornece tarefas que tenham intrinsecamente uma melhor qualidade de vida — um fim eticamente desejável em si mesmo. Segundo, em razão dos níveis mais altos de motivação que gera, é um instrumento para alcançar melhor desempenho da operação em termos de qualidade e quantidade do resultado. Essa abordagem de projeto do trabalho envolve duas etapas conceituais: primeira, explorar como as várias características do trabalho afetam a motivação das pessoas; e segunda, explorar como a motivação individual para o trabalho afeta o desempenho das pessoas nesse trabalho.

Um dos modelos típicos que fundamentam essa abordagem de projeto de trabalho é o de Hackman e Oldham,[7] mostrado na Figura 9.7. Aqui, várias *técnicas* de projeto do trabalho são recomendadas por afetar as principais *características* do trabalho. Essas características principais são assumidas para influenciar vários *estados mentais* positivos para o trabalho. Por sua vez, considera-se que elas oferecem certos resultados de desempenho. Na Figura 9.7, algumas das *técnicas* (que Hackman e Oldham originalmente chamaram de *conceitos de implementação*) necessitam de mais explicação:

▶ Combinar tarefas significa aumentar o número de atividades alocadas aos indivíduos.
▶ Formar unidades naturais de trabalho significa reunir atividades que compõem um todo coerente.
▶ Estabelecer relacionamentos com os clientes significa que os funcionários fazem contato diretamente com seus clientes internos.
▶ Carregamento vertical significa incluir atividades *indiretas* (como manutenção).
▶ Abrir canais de *feedback* significa que os clientes internos respondem diretamente com suas opiniões e percepções.

Hackman e Oldham também indicam como essas técnicas de projeto do trabalho moldam as principais características do trabalho resultante e, além disso, como essas características influenciam os *estados*

Figura 9.7 Modelo típico de projeto de trabalho *comportamental*.

mentais das pessoas, que são as atitudes dos indivíduos em relação a suas tarefas, especificamente o quão significativo consideram o trabalho, quanta responsabilidade e controle sentem que têm sobre o modo como o trabalho é realizado e quanto entendem sobre os resultados de seus esforços. Todos esses estados mentais influenciam o desempenho das pessoas no trabalho em termos de motivação, qualidade, satisfação, rotatividade e absenteísmo.

Rotação de tarefas

Se o aumento do número de tarefas relacionadas com o trabalho for limitado de alguma maneira, por exemplo, pela tecnologia do processo, uma técnica pode ser encorajar a **rotação de tarefas**. Isso significa mover os indivíduos periodicamente entre grupos de tarefas diferentes para fornecer alguma variedade em suas atividades. Quando bem-sucedida, a rotação de tarefas pode aumentar a flexibilidade das habilidades e dar uma pequena contribuição para reduzir a monotonia. Entretanto, isso não é visto como totalmente benéfico pela administração (porque pode interromper o fluxo de trabalho contínuo) ou pelas pessoas que desempenham as tarefas (porque pode interferir em seu ritmo de trabalho).

Alargamento do trabalho

O método mais óbvio de atingir pelo menos alguns dos objetivos do **projeto comportamental do trabalho** é a alocação de maior número de tarefas aos indivíduos. Se essas tarefas extras forem do mesmo tipo das tarefas originais, a mudança é denominada **alargamento do trabalho**. Isso pode não envolver tarefas mais exigentes ou compensadoras, mas pode proporcionar um trabalho mais completo e, assim, levemente mais significativo. Se, pelo menos, as pessoas que desempenham um trabalho alargado não se repetirem com frequência, o trabalho pode-se tornar menos monótono. Assim, por exemplo, suponhamos que a fabricação de um produto seja tradicionalmente dividida como linha de montagem em dez atividades similares e sequenciais. Se esse trabalho for redesenhado de modo a formar duas linhas de montagem paralelas de cinco pessoas, o nível de saída de todo o sistema é mantido, mas cada operador terá o dobro do número de tarefas a desempenhar. Isso é alargamento do trabalho. Os operadores repetem-se com menos frequência e, presumivelmente, a variedade de tarefas é maior, apesar de não haver responsabilidade adicional ou mais autonomia dada a cada operador.

Enriquecimento do trabalho

Enriquecimento do trabalho não apenas significa aumentar o número de tarefas, mas também alocar tarefas extras que envolvam mais tomadas de decisão, maior autonomia e maior controle sobre o trabalho. Por exemplo, as tarefas extras poderiam incluir manutenção, planejamento e controle ou monitoramento dos níveis de qualidade. O efeito é tanto reduzir a repetição do trabalho como aumentar a autonomia e as oportunidades de desenvolvimento pessoal no trabalho. Assim, no exemplo da linha de montagem, cada operador, além de ser alocado a um trabalho que é duas vezes mais longo do que o anterior, pode também ficar responsável por executar a manutenção rotineira e tarefas como registro e gerenciamento do suprimento de materiais. A Figura 9.8 ilustra a diferença entre o que é denominado

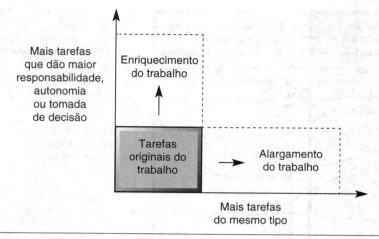

Figura 9.8 Alargamento e enriquecimento do trabalho.

mudanças horizontais e verticais. De modo geral, mudanças horizontais são as que estendem a variedade de tarefas *similares* atribuídas a um trabalho específico. Mudanças verticais são as que adicionam responsabilidade, tomada de decisão ou autonomia para o trabalho. O alargamento do trabalho implica movimento apenas na escala horizontal, enquanto o enriquecimento certamente, movimentos na escala vertical e, talvez, em ambas as escalas.

OPERAÇÕES NA PRÁTICA

A Michelin chama isso de *responsabilização*[8]

Foi assim que Édouard Michelin (então diretor da Michelin) colocou, em 1928: *"O espírito de empoderamento sempre foi um dos nossos valores e faz parte do código genético do Grupo Michelin. Um dos nossos princípios é dar responsabilidade à pessoa que realiza uma determinada tarefa porque [ela] sabe muito sobre ela"*. Essa é uma abordagem de empoderamento que sobrevive até hoje. Em francês, a Michelin chama isso de *responsabilização*, que se traduz aproximadamente para o português como uma mistura de empoderamento e responsabilidade. É uma iniciativa que faz parte dos esforços do grupo para agilizar as suas estruturas organizacionais, aumentar a capacidade de resposta e eficiência e incentivar a agilidade na tomada de decisões. O empoceramento da equipe é visto como uma parte essencial desse objetivo. *"Não só fomenta a iniciativa e o diálogo"*, diz Michelin, *"mas também permite que as decisões sejam tomadas perto das operações e dos clientes. Nossas Organizações Empoderadas estão sendo desenvolvidas em todo o Grupo, construindo relacionamentos baseados em confiança, que incentivam todos os funcionários a participar de nossa transformação. Estamos capacitando as equipes de linha de frente a se organizarem e encontrarem as soluções certas para atender determinado objetivo em uma estrutura definida pela administração. Dessa forma, os gestores estão retomando seu papel de conselheiros, que desenvolvem as capacidades das pessoas e treinam suas equipes"*. Basicamente, *responsabilização* significa transferir mais responsabilidade operacional para as pessoas que trabalham no chão de fábrica. Isso envolve aprender novas habilidades: como trabalhar em equipe de modo eficaz, como estruturar projetos, como gerenciar conflitos e como se comunicar de modo que não haja confronto. Em vez de dar instruções diretas, os líderes de equipe atuam como treinadores ou, se surgir algum conflito, como árbitros. Os trabalhadores nas equipes alocam responsabilidades entre si para tarefas como programação de produção, procedimentos de segurança, controle de qualidade e assim por diante. Depois que a empresa introduziu a ideia de maior autonomia do trabalhador em uma de suas fábricas, os funcionários disseram que, como resultado disso, se sentiram mais felizes e produtivos. A empresa sentiu que foi um sucesso tão grande que estendeu a prática para seis fábricas na Europa e na América do Norte.

Empoderamento

Empoderamento (*empowerment*, ou delegação de poder) é uma extensão da característica da *autonomia* do trabalho, proeminente na abordagem comportamental para o projeto de trabalho. Entretanto, é usualmente considerado como mais do que autonomia. Enquanto autonomia significa dar aos funcionários a *capacidade* de mudar a forma de executar suas tarefas, empoderamento significa dar aos funcionários a *autoridade* de mudar o trabalho em si, assim como na forma que é desempenhado. Isso pode ser projetado nas tarefas em diferentes graus. No mínimo, os funcionários podem ser solicitados a dar sugestões sobre como a operação pode ser melhorada. Indo além, os funcionários podem ser autorizados a redesenhar suas tarefas. Indo mais além, os funcionários podem ser incluídos na direção e no desempenho estratégico de toda a organização. Os *benefícios* do empoderamento são geralmente vistos como dar respostas rápidas às necessidades dos clientes (incluindo clientes insatisfeitos), funcionários que se sentem melhor em suas tarefas e que interagirão com os clientes com mais entusiasmo, promovendo propaganda *boca a boca* e os retendo. Entretanto, há *custos* associados ao empoderamento, incluindo custos maiores de seleção e treinamento, desigualdade percebida do serviço e a possibilidade de más decisões serem tomadas pelos funcionários.

OPERAÇÕES NA PRÁTICA — O trabalho híbrido divide opiniões[9]

A prática de passar pelo menos parte da semana de trabalho fazendo isso em casa era comum em alguns empregos, principalmente quando se tornou possível conectar-se perfeitamente aos sistemas de TI da empresa (denominado *home office*, *trabalho remoto*, *teletrabalho*, *trabalho flexível*, *trabalhar em casa* etc.). No entanto, quando a pandemia mundial da COVID-19 forçou muitas pessoas a abandonar seus escritórios tradicionais, a prática se espalhou. Isso foi controverso porque alguns consideravam trabalhar em casa uma desculpa para trabalhar menos e outros apontavam (com alguma justificativa) que a comunicação produtiva e criativa com os colegas de trabalho seria reduzida. De fato, anos antes, Marissa Mayer, então chefe da Yahoo, determinou que os funcionários da empresa não pudessem mais trabalhar em casa, mas deveriam ir ao escritório. Foi um movimento que gerou um debate sobre quanta liberdade os funcionários deveriam ter para decidir como, quando e onde deveriam realizar seu trabalho. Talvez o mais surpreendente tenha sido que a decisão de Mayer parecia ir contra a tendência, especialmente em empresas de alta tecnologia, de permitir e até incentivar um certo grau de trabalho em casa. Pesquisas mostraram que o trabalho domiciliar em alguns setores, especialmente sistemas de informação, engenharia e ciência, estava crescendo e se popularizando. Além disso, dado que muitas dessas empresas de tecnologia produziam o *hardware* e o *software* que possibilitam o trabalho em casa, parecia sensato permitir que seus funcionários os utilizassem.

A visão da Yahoo foi reproduzida pelo Goldman Sachs, o banco de investimentos. Seu executivo-chefe, David Solomon, disse que, embora trabalhar em casa tenha se tornado a norma para bilhões de pessoas durante a pandemia, isso deveria ser visto como algo temporário. Um negócio inovador e colaborativo como esse não poderia permitir que se tornasse o novo normal. Em vez disso, era uma aberração que seria corrigida o mais rápido possível. Os argumentos contra o trabalho híbrido geralmente se concentram na falta de oportunidade para os encontros fortuitos que podem promover a energia e as *conversas* que dão origem a novas ideias. Além disso, algumas pessoas acham que trabalhar em casa pode ter um efeito isolador, com contato social muito reduzido.

No entanto, outras empresas, incluindo bancos, como HSBC e Lloyds, aproveitaram a oportunidade para reduzir seu espaço de escritório (no caso do HSBC, em 40%) em todo o mundo, antecipando um trabalho mais híbrido. Da mesma forma, a PwC, a parceria multinacional de serviços profissionais, acreditava que a pandemia mudou fundamentalmente as atitudes de trabalho para sempre, acabando com o *presenteísmo* (a suposição de que estar presente no escritório era o mesmo que fazer um trabalho produtivo). No entanto, Kevin Ellis, seu presidente, admitiu que sentia falta da atmosfera e da cultura do escritório, prevendo um futuro de três ou quatro dias por semana no escritório. Mas as mudanças na prática de trabalho não se limitaram ao trabalho de *escritório*. Por exemplo, a pandemia interrompeu um projeto planejado para redesenhar o novo processo de envasamento mais ecológico da Danone México para sua água mineral. Em virtude das proibições de viagem, os especialistas técnicos não puderam se deslocar para o México para instalar a nova tecnologia. Em vez disso, eles treinaram técnicos locais por meio de videochamadas por Zoom. Isso demorou mais do que o planejado originalmente (duas semanas para preparar e implementar, em vez de quatro dias), mas custou menos do que o envio de técnicos europeus. Mais importante, o método será repetido. O então presidente-executivo da Danone, Emmanuel Faber, disse que a mudança em sua tática indicava uma mudança de abordagem em toda a empresa, passando para uma força de trabalho mais flexível.

Trabalho em equipe

Um desenvolvimento no projeto de trabalho que está bastante ligado ao conceito de empoderamento é a organização do trabalho baseado em equipe (algumas vezes chamado equipes de trabalho autogeridas). Isso ocorre quando os funcionários, normalmente com habilidades justapostas, desempenham coletivamente uma tarefa especificada e têm alto grau de decisão sobre como de fato desempenhar a tarefa. Tipicamente, a equipe controlaria as ações sobre alocação de tarefas entre seus membros, a programação do trabalho, a medição e melhoria da qualidade e, às vezes, a contratação de funcionários. Até certo ponto, a maioria dos trabalhos sempre tem sido uma atividade baseada em grupo. Entretanto, o conceito de trabalho em equipe é mais prescritivo e considera um conjunto compartilhado de objetivos e responsabilidades. Os grupos são descritos como equipes quando as virtudes do trabalho em conjunto estão sendo enfatizadas, como a capacidade de usar várias aptidões dentro da equipe. As equipes podem também ser usadas para compensar outras mudanças organizacionais, como a mudança para estruturas organizacionais mais achatadas. Quando as organizações têm menor número de níveis gerenciais, cada gerente terá um leque maior de atividades a controlar. As equipes que são capazes de tomada de decisão autônoma têm clara vantagem nessas circunstâncias. Os benefícios do trabalho em equipe podem ser resumidos como:

▶ Aumentar a produtividade por meio de maior motivação e flexibilidade.
▶ Aumentar a qualidade, encorajando a inovação.
▶ Aumentar a satisfação ao permitir que os indivíduos contribuam mais efetivamente.
▶ Facilitar a implementação das mudanças tecnológicas no ambiente de trabalho, já que as equipes estão dispostas a compartilhar os desafios que isso proporciona.

Trabalho flexível

A natureza da maior parte das tarefas mudou significativamente nos últimos 25 anos. Novas tecnologias, mercados de trabalho mais dinâmicos, clientes mais exigentes e uma mudança no entendimento de como os indivíduos podem contribuir para o sucesso competitivo foram todos impactados. Mudou também nosso entendimento de como deve ser equilibrada a vida familiar, profissional e social. Formas alternativas de organização e atitudes alternativas de trabalho estão sendo procuradas, formas essas que permitem e encorajam um nível de flexibilidade na prática do trabalho que seja adequado ao nível de flexibilidade necessário no mercado de trabalho. Com base nas perspectivas da administração de produção, três aspectos do trabalho flexível são significativos: flexibilidade de habilidades, flexibilidade de tempo e flexibilidade de localização.

▶ *Flexibilidade de habilidades:* uma força de trabalho flexível que pode se movimentar entre várias tarefas diferentes pode ser implantada (ou implantar-se) em qualquer atividade com demanda em determinado momento. Em curto prazo, os funcionários de um supermercado podem se mover das atividades de armazém para a reposição de prateleiras ou para os caixas, dependendo da necessidade no momento. No sentido mais em longo prazo, multi-habilidade significa ter condições de migrar de um conjunto de habilidades a outro uma vez que as tendências da demanda a prazo mais longo tornam-se óbvias. Por exemplo, um engenheiro que em um momento trabalhava na manutenção de equipamentos complexos, visitando os locais onde estavam instalados, pode agora desempenhar a maior parte de suas atividades usando diagnóstico remoto por computador e assistência por *linha telefônica*. A implicação da flexibilidade do trabalho é que uma maior ênfase deve ser colocada em treinamento, aprendizagem e gestão do conhecimento. Definir que conhecimento e experiência são necessários para desempenhar tarefas particulares e transformar isso em atividades de treinamento são prerrequisitos claros para o estabelecimento eficaz de múltiplas habilidades.

Comentário crítico

O trabalho em equipe não é apenas difícil de implementar com sucesso, mas pode também causar estresse indevido aos indivíduos que formam as equipes. Algumas equipes são formadas porque soluções mais radicais, como reorganização total, estão sendo evitadas. As equipes não podem compensar processos organizacionais mal projetados, tampouco podem substituir a responsabilidade dos gerentes em definir como as decisões devem ser tomadas. Frequentemente, as equipes são solicitadas a tomar decisões, mas não é dada responsabilidade suficiente para a realização da tarefa. Em outros casos, as equipes podem conseguir resultados, mas pagam um preço por isso. A fábrica sueca de carros Volvo introduziu equipes autogeridas nas décadas de 1970 e 1980, o que melhorou a motivação e o moral, mas elas se tornaram proibitivamente caras.[10] Mais grave do que isso, o trabalho em equipe foi criticado por substituir um tipo de pressão por outra. Embora as equipes possam ser autônomas, isso não significa que estejam isentas de estresse. O controle gerencial de cima para baixo é frequentemente substituído por uma pressão excessiva entre os componentes da equipe, que é de certa maneira mais insidiosa.

▶ *Flexibilidade de tempo:* nem todos os indivíduos desejam trabalhar em tempo integral. Muitas pessoas, geralmente em virtude de responsabilidades familiares, desejam apenas trabalhar em tempo parcial, às vezes apenas durante partes do dia ou da semana (para cuidar dos filhos etc.). Da mesma forma, empregadores podem não requerer o mesmo número de funcionários o tempo inteiro. Por exemplo, podem necessitar de funcionários extras em períodos de maior demanda. Unir a oferta de funcionários e a demanda por seu trabalho é o objetivo do *tempo flexível* ou dos sistemas de **trabalho de tempo flexível**. Estes podem definir o horário de trabalho de *núcleo* para cada trabalhador e permitir que outros horários sejam acumulados de forma flexível. Outros esquemas incluem esquemas **horários anuais**, uma solução para a gestão de capacidade produtiva, assunto descrito no Capítulo 11.

▶ *Flexibilidade de localização:* o setor de serviços na maioria das economias no Norte Global representa agora entre 70 e 80% de todo o emprego. Mesmo no setor industrial, a proporção de pessoas com empregos indiretos (os não diretamente engajados na fabricação de produtos) também aumentou de maneira significativa. Um resultado de tudo isso é que o número de empregos sem *localização específica* aumentou. Localização específica significa que um emprego deve ocorrer em uma localização física. Assim, o trabalhador de uma loja deve trabalhar em uma loja e o trabalhador de uma linha de montagem, na linha de montagem. Contudo, muitas tarefas podem ser desempenhadas em qualquer local onde haja canais de comunicação com o restante da organização. A realização disso deu origem ao que é denominado *trabalho híbrido*, *trabalho flexível*, *trabalho em casa*, *trabalho móvel*, **teletrabalho** ou *home office*. Em outras palavras, trabalhar de casa, pelo menos em parte do tempo. Ver o exemplo *O trabalho híbrido divide opiniões* em *Operações na prática*.

Comentário crítico

Há sempre grande diferença entre o que é tecnicamente possível e o que é organizacionalmente viável. O teletrabalho apresenta seus problemas. Em particular, aqueles que negam ao indivíduo a oportunidade de se encontrar com seus colegas costumam enfrentar dificuldades. Os problemas podem incluir os seguintes:

▶ *Falta de socialização*: escritórios são locais sociais onde as pessoas podem adotar a cultura de uma organização, bem como aprenderem entre si. É ingenuidade pensar que todo conhecimento pode ser codificado e aprendido formalmente a distância.

▶ *Eficácia de comunicação*: grande parte da comunicação essencial que temos com nossos colegas não é planejada e é realizada cara a cara. Ocorre em *encontros casuais*, embora seja importante para disseminar as informações contextuais, além de estabelecer informações específicas, necessárias para o trabalho.

> ▶ *Solução de problema*: frequentemente, ainda é mais eficiente e eficaz pedir ajuda informal a colegas para resolver problemas do que estruturar uma solicitação formal usando tecnologia de comunicações.
>
> ▶ *É um trabalho solitário*: o isolamento entre os trabalhadores móveis ou que atuam em casa é um problema real. Para muitos de nós, o local de trabalho fornece o principal foco de interação social. Uma tela de computador não consegue substituir isso.

Estresse relacionado com o trabalho

A ideia de que há um vínculo entre o projeto de trabalho e a incidência de estresse no trabalho não é nova. Mesmo alguns dos pioneiros da administração científica aceitavam que os acordos de trabalho não deveriam resultar em condições que promovessem o estresse. Agora, geralmente é aceito que o estresse pode prejudicar seriamente a qualidade das vidas das pessoas e, por sua vez, sua eficácia no ambiente de trabalho. Aqui, estresse é definido como "reação adversa que as pessoas têm às pressões excessivas ou a outros tipos de demandas colocadas sobre elas".[11] Além de razões éticas óbvias para evitar o estresse relacionado com o trabalho, há também benefícios relacionados com a empresa, como os seguintes:

▶ Os funcionários trabalham mais alegres, sua qualidade de vida no trabalho melhora e seu desempenho é melhor.

▶ Introduzir melhorias é mais fácil quando o *estresse* é gerenciado de modo eficaz.

▶ Relações de emprego: os problemas podem ser resolvidos mais facilmente.

▶ Os níveis de comparecimento aumentam e a incidência de doenças é reduzida.

A Tabela 9.1 ilustra algumas das causas do estresse no trabalho e o que os gerentes de produção podem fazer sobre isso.

Tabela 9.1 Causas do estresse no trabalho e o que pode ser feito sobre isso.

Causas do estresse	O que pode ser feito sobre isso
Os funcionários podem ficar sobrecarregados se não podem enfrentar o volume ou o tipo de trabalho que são solicitados a fazer	Modificar o modo como o trabalho é projetado e investigar as necessidades de treinamento e se é possível para os funcionários trabalharem em horários mais flexíveis
Os funcionários podem se sentir insatisfeitos se não tiverem controle ou possibilidade de influir sobre como e quando executar o trabalho	Envolver ativamente o funcionário na tomada de decisão, na contribuição das equipes e como revisar o desempenho pode ajudar a identificar pontos fortes e fracos
Os funcionários não se sentem apoiados: os níveis de absenteísmo por doença aumentam com frequência se eles sentirem que não podem conversar com os gerentes sobre os problemas que estão enfrentando	Dar aos funcionários a oportunidade de conversar sobre os problemas que estejam causando o estresse; ser solidário e mantê-los informados
Uma falha na construção dos relacionamentos baseados no bom comportamento e na confiança pode levar a problemas relacionados com disciplina, queixas e *bullying*	Conferir as políticas da organização para lidar com queixas, desempenho insatisfatório, muitas faltas e má conduta e para solucionar os problemas de *bullying* e assédio
Os funcionários ficarão ansiosos sobre seu trabalho e a organização se não souberem seu papel e o que se espera deles	Revisar o processo de indução, preparar uma descrição do trabalho precisa e manter um vínculo direto entre as metas individuais e corporativas
A mudança pode levar a grande incerteza e insegurança	Planejar com antecedência para que a mudança não seja inesperada. Consultar os funcionários para que saibam de sua real contribuição e trabalhar com eles para solucionar problemas

Equilíbrio trabalho/vida pessoal

Vários fatores tornaram cada vez mais difícil separar a vida profissional da vida pessoal. O primeiro é a diminuição geral no número de pessoas trabalhando em operações em que os horários de trabalho são muito claramente delineados (geralmente aqueles que empregam processos rotineiros e de alto volume) para operações em que as atividades (e processos) são menos formais e/ou definidas —, assim como os horários de trabalho. O segundo é que há menos distinção entre o que são tecnologias claramente *de trabalho* (laptops, dispositivos móveis etc.) e dispositivos pessoais, o que significa que é difícil permanecer *desconectado* de *e-mails* de trabalho, telefonemas etc. O terceiro é que, à medida que as pessoas trabalham em casa, a disciplina para definir horários de trabalho limitados nem sempre se torna fácil. Finalmente, algumas culturas organizacionais confundem *trabalhar mais* com *trabalhar melhor*. Garantir que haja uma divisão apropriada entre trabalho e vida pessoal geralmente significa que o trabalho não deve interferir excessivamente nas obrigações familiares e interesses pessoais (embora o que exatamente constitui *excessivo* possa não ser muito claro). Do ponto de vista de uma organização, o argumento para abordar o equilíbrio entre vida profissional e pessoal geralmente é enfatizado pelos seguintes benefícios:

- A retenção de funcionários é melhorada: funcionários que se sentem sobrecarregados são mais propensos a procurar empregos alternativos.
- Reputação: a promoção de um equilíbrio saudável entre vida profissional e pessoal desenvolverá uma reputação que ajudará as empresas a atrair pessoal mais capacitado.
- Sem equilíbrio, o *esgotamento* da equipe acabará por levar a uma maior incidência de problemas de saúde física ou mental — um problema ético e econômico (aumento do absenteísmo).
- Níveis mais altos de desempenho da equipe: geralmente se supõe que a equipe estressada ou sobrecarregada é menos eficaz em realizar o trabalho, mas isso é contestado. Embora alguns estudos mostrem que os funcionários com um equilíbrio saudável entre vida profissional e pessoal trabalhem de forma mais eficaz, outros dizem que há "evidências insuficientes para apoiar a noção de que as práticas da vida profissional melhoram o desempenho por meio da redução do conflito entre vida profissional e pessoal".[12]

Muitos dos mecanismos para promover um melhor equilíbrio entre vida profissional e pessoal são as medidas descritas nesta parte do capítulo, como várias formas de trabalho flexível, trabalho em casa, compartilhamento de trabalho, creches no local de trabalho e assim por diante.

OPERAÇÕES NA PRÁTICA

O estresse dos trabalhos de alto contato com o cliente[13]

Aqueles empregos que estão na linha de frente por lidar diretamente com os clientes (especialmente muitos deles, o tempo todo, de todos os tipos) podem ser particularmente estressantes. Nem todos os clientes serão sensatos, pacientes, corteses ou mesmo sãos. As pessoas que têm essas funções de alto contato com o cliente precisam de apoio, treinamento e talvez uma aptidão especial. E há muitos conselhos para os funcionários que precisam lidar com clientes irritados porque consideram que o nível de serviço que receberam é inadequado. Esses conselhos geralmente incluem coisas como: reconhecer o problema (percebido), tentar se colocar na posição do reclamante, esclarecer todos os fatos e tentar corrigir o problema. Isso não é fácil, mas, se as reclamações puderem ser resolvidas a contento do cliente, pode haver benefícios significativos. Algumas pesquisas indicam que 90% dos clientes cujas reclamações são resolvidas ficam felizes em usar o serviço novamente e podem até se tornar divulgadores do serviço. No entanto, manter a tolerância e a polidez diante de alguns clientes particularmente difíceis pode ser mais do que os funcionários experientes podem suportar. Esse certamente foi o caso de Steven Slater, ex-comissário de bordo da companhia aérea americana JetBlue. Ele estava trabalhando em um voo para Nova York quando teve que interferir depois que um passageiro começou a discutir com outro, durante o embarque, sobre o espaço no compartimento de bagagem superior. O primeiro passageiro xingou o Sr. Slater e puxou a porta do compartimento sobre sua cabeça. Mais tarde, quando o avião pousou, eles aparentemente se recusaram a seguir o pedido de Slater para permanecer em seus assentos e se levantaram para pegar a mala no compartimento superior, enquanto o avião ainda estava taxiando. Mais uma vez, o passageiro supostamente xingou o Sr. Slater. Foi então que sua paciência se esgotou de maneira particularmente dramática. Ele foi até o interfone e transmitiu para todo o avião: *"Para o passageiro que acabou de me chamar de filho da ****: F***-se. Estou nesse negócio há 28 anos e estou farto."* Ele então pegou sua bagagem de mão (e duas cervejas do carrinho), abriu a porta da cabine, ativou o escorregador inflável, anunciou: *"para vocês que demonstraram dignidade e respeito por 20 anos, boa viagem"* e deslizou do avião (felizmente, parado) para a pista. Como forma de se demitir do seu emprego, isso não é recomendado. Mais tarde, ele foi preso e acusado de conduta criminosa e perigo por imprudência.

Como o ambiente de trabalho deve ser projetado?

Um aspecto da ergonomia que já examinamos anteriormente diz respeito a como uma pessoa faz interface com os aspectos físicos de sua área de trabalho imediata, como suas dimensões. Mas o assunto também examina como as pessoas fazem interface com seu ambiente de trabalho, ou seja, com a temperatura, iluminação, ruído e assim por diante. Certamente, isso influenciará a forma como suas funções são desempenhadas. Condições de trabalho que são muito quentes ou muito frias, pouco iluminadas ou excessivamente claras, ruidosas ou com silêncio irritante influenciarão o modo como as tarefas são conduzidas. Muitas dessas questões são frequentemente cobertas pela legislação de saúde ocupacional e de segurança, que controla as condições dos ambientes de trabalho no mundo inteiro. Um entendimento profundo desse aspecto da ergonomia é necessário para se trabalhar sob as orientações dessa legislação.

Princípio de produção
Projetar ambientes de trabalho é parte importante do projeto do trabalho.

Temperatura do ambiente de trabalho

Prever as reações dos indivíduos à temperatura do ambiente de trabalho não é simples. Os indivíduos variam no modo como seu desempenho e conforto se modificam com a temperatura. Além disso, a maioria de nós considera que a *temperatura* será também influenciada por outros fatores, como a umidade e a circulação do ar. Todavia, alguns pontos gerais em relação às temperaturas do ambiente de trabalho fornecem orientação aos projetistas do trabalho:

- A faixa de temperatura confortável dependerá do tipo de trabalho que está sendo feito; o trabalho mais leve requer temperaturas mais altas do que o trabalho mais pesado.
- A eficácia das pessoas no desempenho de tarefas de vigilância é reduzida em temperaturas superiores a 29° C; a temperatura equivalente para pessoas que praticam tarefas manuais é um pouco mais baixa.
- As chances de ocorrer acidentes aumentam em temperaturas superiores ou abaixo da faixa confortável para o trabalho envolvido.

OPERAÇÕES NA PRÁTICA — Música durante o trabalho?[14]

A música de fundo no trabalho não é algo novo. Tem sido usada no local de trabalho há séculos. Já na época da Revolução Industrial, orquestras e cantores seriam contratados ocasionalmente para se apresentar a trabalhadores nas fábricas mais silenciosas. Mais tarde, na década de 1940, a BBC lançou um programa de rádio chamado *Music While You Work* (música enquanto trabalha). Transmitido duas vezes por dia, foi feito especialmente para os trabalhadores das fábricas. Os artistas agendados para o *show* eram solicitados a "tocar em um ritmo animado, que mantivesse a atenção dos trabalhadores", acreditando que isso aumentaria a produtividade. Mas tocar música no trabalho nem sempre é liberado. No Reino Unido, por exemplo, a lei exige que as empresas que reproduzam músicas gravadas em público obtenham licenças da Performing Right Society (PRS), que cobra taxas e paga *royalties* aos compositores e suas gravadoras. Utilizar fones de ouvido como dispositivo de audição, no entanto, é liberado. Mas a música ajuda ou atrapalha?

Alguns órgãos definitivamente pensam que isso ajuda. Musicworks (que é uma organização apoiada pela PRS, e por isso não é exatamente independente) cita estudos que mostram que a música no local de trabalho promove o humor positivo, pode incentivar o espírito de equipe, melhorar o alerta e reduzir o número de acidentes de trabalho.

Também pode, dizem eles, reduzir o número de dias com doença e aumentar a produtividade no local de trabalho. Um estudo de Teresa Lesiuk, na Universidade de Miami, descobriu que os especialistas em TI que ouviam música completavam tarefas mais rapidamente e apresentavam melhores ideias do que aqueles que não o faziam. Mas nem todo mundo está convencido disso. *"Se as pessoas precisam de um alto nível de concentração, isso pode ser uma distração"*, diz a Dra. Carolyn Axtell do Instituto de Psicologia do Trabalho. *"Quando as pessoas escolhem ouvir, pode haver efeitos positivos — pode ser relaxante e ajudar a evitar outras distrações, como o ruído ambiente. Mas, quando a música é imposta, elas podem achar isso incômodo e estressante."* No entanto, os indivíduos podem diferir em sua reação à música e os problemas ocorrem quando os interesses dos colegas se chocam. *"Você pode desviar o olhar se não quer ver algo, mas não pode fechar os ouvidos"*, diz ela.

Em outro estudo, pesquisadores da Universidade de Londres estudaram a prática aparentemente comum de cirurgiões tocando música no centro cirúrgico (as *playlists* variavam de música clássica suave até músicas de *heavy metal* e dança eletrônica). Os pacientes não se queixavam, estando anestesiados, mas outros membros da equipe cirúrgica nem sempre ficavam felizes. A música pode prejudicar a comunicação em uma equipe cirúrgica, impedindo que os membros da equipe ouçam as instruções. Pior ainda, quando os níveis de som são desiguais e uma nova faixa entra inesperadamente, ou quando um cirurgião aumenta o volume quando sua música favorita aparece, outros membros da equipe podem ser incomodados. Mas, apesar das descobertas às vezes conflitantes dos pesquisadores, surgem alguns temas:

▶ Quão *imersiva* uma tarefa é faz diferença quando se avalia a eficácia da música no aumento do resultado produtivo. *Imersiva* refere-se à variabilidade e à demanda criativa da tarefa. Criar um trabalho inteiramente original a partir do zero, algo que exige muita criatividade, é tarefa *imersiva*. Executar mais tarefas de rotina, como responder *e-mails*, não. Quando a tarefa é rotineira, claramente definida e repetitiva, a música provavelmente é útil para a maioria das pessoas.
▶ A música afeta seu humor. Aparentemente, o motivo do aumento da produtividade não vem do ruído de fundo da música em si, mas sim do humor melhorado que sua música favorita motiva. Em um estudo, especialistas em TI que ouviam música completavam suas tarefas mais rapidamente e apresentavam melhores ideias do que aqueles que não o faziam, porque a música melhorava o humor deles.
▶ Em escritórios abertos, onde a conversa de fundo pode ser demasiada para algumas pessoas, os fones de ouvido podem ajudá-las.
▶ A música não ajuda a aprender. Ela tem um efeito negativo na absorção e retenção de novas informações, pois isso requer muita atenção.
▶ Ouvir música com letras, especialmente interessantes e/ou novas, prejudica a execução de tarefas imersivas. Ouvir as letras das músicas ativa o centro de linguagem do seu cérebro, de modo que tentar executar outras tarefas relacionadas com a linguagem é particularmente difícil.

(Informação geral: a maior parte deste livro foi escrita enquanto ouvia-se música.)

Níveis de iluminação

A intensidade da iluminação necessária para o desempenho satisfatório de qualquer tarefa dependerá da natureza da tarefa. Algumas tarefas que envolvem movimento extremamente delicado e preciso, por exemplo, uma cirurgia, exigem níveis muito altos de iluminação. Outras tarefas menos delicadas não exigem esses níveis elevados.

Níveis de ruído

Os efeitos prejudiciais dos níveis excessivos de ruído são, talvez, mais fáceis de entender do que alguns outros fatores ambientais. A perda de audição causada pelo ruído é uma consequência bem documentada dos ambientes de trabalho onde o ruído não é mantido abaixo de limites seguros. Ao considerar os níveis de ruído, tenha em mente que o ruído máximo recomendado (e frequentemente legal) ao qual as pessoas podem estar sujeitas no trabalho diário é de 90 decibéis (dB) no Reino Unido (embora, em algumas partes do mundo, o nível legal seja inferior a esse). Também tenha em mente que a unidade de decibéis de ruído está baseada em uma escala logarítmica, o que significa que a intensidade de ruído duplica a cada 3 dB. Além dos efeitos prejudiciais dos altos níveis de ruído, o ruído intermitente e de alta frequência pode também afetar o desempenho no trabalho mesmo em níveis bem menores, especialmente em tarefas que exigem atenção e julgamento.

Operações responsáveis

Em cada capítulo, sob o título de Operações responsáveis, *resumimos como o tópico específico tratado no capítulo aborda importantes questões sociais, éticas e ambientais.*

Embora tenhamos incluído a administração *científica* (um termo não tão preciso) anteriormente como apenas uma entre outras influências no projeto do trabalho, alguns argumentariam que a gestão de produção ainda é excessivamente influenciada por suas ideias. Obviamente, Taylor (1856-1915), o criador da administração *científica*, era um produto de sua época, mas, mesmo em sua vida, críticas à abordagem da administração científica estavam sendo expressas. Em uma proposta à Comissão de Relações Industriais dos Estados Unidos, a administração científica foi descrita como:[15]

▶ Ser em "espírito e essência um sistema de aceleração e transpiração astuciosamente concebido".
▶ Intensificar a "tendência moderna para a especialização do trabalho e da tarefa".
▶ Condenar "o trabalhador a uma rotina monótona".
▶ Colocar "nas mãos dos empregadores informações que possam ser usadas em detrimento dos trabalhadores".
▶ Tender a "transferir para a gestão todo o conhecimento tradicional, o julgamento e as habilidades dos trabalhadores".
▶ Intensificar demasiadamente as "ordens e disciplinas gerenciais desnecessárias".
▶ Tender a "enfatizar a quantidade de produtos em detrimento da qualidade".

Algumas dessas críticas podem ser vistas como reflexo da natureza da administração da produção, com foco na produtividade, especialização, padronização e uso de sistemas de planejamento e controle baseados em TI. Tudo isso poderia tirar a responsabilidade e o arbítrio da equipe que trabalha na operação, e algumas operações muito modernas foram criticadas por práticas de trabalho não muito distantes das ideias de Taylor. Olhe para a equipe nos centros de atendimento, fundamental para o sucesso do varejo *on-line*, cujo desempenho é estritamente medido e controlado. Ou então olhe para os funcionários dos parques temáticos, cujo comportamento e aparência pessoal são definidos e restritos; pode-se ver a tensão entre os objetivos da produção convencional e os requisitos de uma abordagem mais inclusiva e civilizada do papel dos humanos trabalhando em muitas operações. Em particular, dois temas evidentes nas críticas ao projeto de cargos influenciados pela administração científica merecem atenção mais atenta. O primeiro é que isso resulta inevitavelmente em empregos, na melhor das hipóteses, padronizados ou, na pior, altamente divididos, reforçando assim os efeitos negativos da divisão excessiva do trabalho, mencionada anteriormente. O segundo é que a administração científica formaliza a separação entre tarefas de julgamento, planejamento e habilidades, que são feitas pela *gerência*, e tarefas rotineiras, padronizadas e de baixa qualificação, que são deixadas para os *trabalhadores*. Essa separação, no mínimo, priva a maioria dos trabalhadores de uma oportunidade de contribuir de forma significativa para seus empregos (e, a propósito, priva a organização de sua contribuição). Ambos os temas levam ao mesmo ponto: que os trabalhos concebidos sob princípios de administração *científica* levam a baixa motivação entre os funcionários, frustração pela falta de controle sobre seu trabalho e alienação do trabalho.

9.4 Como é feita a alocação dos tempos de trabalho?

Sem alguma estimativa do tempo necessário para completar uma atividade, não seria possível saber quanto trabalho alocar às equipes ou aos indivíduos, quando uma tarefa será concluída, quanto custa, se o trabalho está progredindo conforme a programação e muitas outras informações vitais necessárias para gerenciar qualquer operação. Sem alguma estimativa dos tempos de trabalho, os gerentes de produção ficam *às cegas*. Ao mesmo tempo, não é necessário muito raciocínio antes de ficar claro que mensurar os tempos do trabalho deve ser difícil de ser feito com qualquer grau de precisão ou confiança. O tempo que você leva para fazer qualquer tarefa dependerá de preparo, experiência, motivação e se tem as ferramentas apropriadas, quais as condições ambientais, qual seu grau de cansaço e assim por diante. Assim, no mínimo, qualquer *medição* do tempo exigido por uma tarefa será uma estimativa. Será nosso *melhor palpite* de quanto tempo permitir para a tarefa. É por isso que denominamos esse processo de estimativa dos tempos de trabalho *alocação dos tempos de trabalho*. Estamos alocando um tempo para concluir uma tarefa porque precisamos fazer isso para muitas decisões importantes de administração da produção. Por exemplo, os tempos de trabalho são necessários para:

- Planejar quanto trabalho um processo pode desempenhar (sua capacidade).
- Decidir quantos funcionários são necessários para concluir as tarefas.
- Programar as tarefas individuais para pessoas específicas.
- Balancear a alocação de trabalho nos processos (ver o Capítulo 6).
- Custear o conteúdo de mão de obra de um produto ou serviço.
- Estimar a eficiência ou a produtividade dos funcionários e/ou dos processos.
- Calcular o pagamento de bônus (menos importante do que já foi há algum tempo).

Não obstante a base teórica fraca da medição do trabalho, entender o relacionamento entre trabalho e tempo é parte muito importante do projeto do trabalho. A vantagem da medição estruturada e sistemática do trabalho é que proporciona uma moeda comum para avaliação e comparação de todos os tipos de trabalho. Assim, se a alocação do tempo de trabalho for importante, como deve ser feita? De fato, há um corpo de conhecimento e de experiência de longa data nessa área. Isso é geralmente referido como *medição do trabalho*, embora, temos dito, *medição* possa ser considerada um indicador com falso grau de precisão. Formalmente, a medição do trabalho é definida como "o processo de estabelecer o tempo para um trabalhador qualificado, em um nível definido de desempenho, para realizar um trabalho especificado". Embora não seja uma definição precisa, geralmente concorda-se que um *trabalho especificado* é aquele que as especificações foram estabelecidas para definir a maioria dos aspectos do trabalho. **Trabalhador qualificado** é "aquele aceito como tendo os atributos físicos, inteligência, experiência, formação técnica e conhecimento necessários para desempenhar a tarefa em padrões satisfatórios de segurança, qualidade e quantidade". **Desempenho padronizado** é a "taxa de produção que trabalhadores qualificados atingirão sem esforço físico excessivo como uma média do dia de trabalho, desde que estejam motivados para se aplicarem ao seu trabalho".

Técnicas de medição do trabalho

Em um momento, a medição do trabalho estava firmemente associada à imagem de um homem *especialista em eficiência*, do *tempo e movimento* ou *definidor de índices*, que vagava nas fábricas com um cronômetro, procurando economizar alguns centavos. Embora essa ideia de medição do trabalho tenha (quase) desaparecido, o uso de um cronômetro para estabelecer um **tempo básico** para um trabalho é ainda relevante e usado em uma técnica denominada *estudo de tempos*. O estudo de tempos e o tópico geral de medição do trabalho são tratados no suplemento deste capítulo.

OPERAÇÕES NA PRÁTICA — Tecnologia e vigilância no trabalho[16]

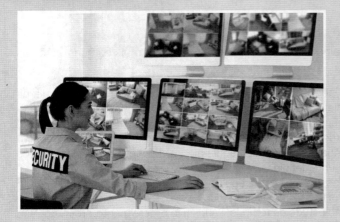

Monitorar e analisar o modo como as pessoas trabalham não é novidade. O estudo do trabalho sempre foi usado para aumentar a produtividade, examinando e avaliando os métodos de trabalho. Contudo, enquanto tradicionalmente a observação de como as pessoas realizam seus trabalhos é feita *pela frente* e é óbvia para quem está sendo examinado, cada vez mais a tecnologia de vigilância eletrônica está sendo usada para rastrear como fazemos nosso trabalho. Diz-se que isso é muito mais eficaz, porém muito mais controverso. As tecnologias de vigilância variam desde simplesmente exigir que os trabalhadores registrem quando entram e saem do local de trabalho (um método que tem sido usado há mais de um século) até crachás de identificação de funcionários com potencial integrado para medição biométrica. Eles podem rastrear a localização do funcionário, seus movimentos, interações, duração de qualquer conversa e até mesmo o tom de voz usado nela. Outras tecnologias monitoram se você está em sua mesa, com que frequência é interrompido, quais e-mails e telefonemas estão sendo feitos e até mesmo quais padrões de fala estão sendo usados. Tudo isso em apoio ao aumento da produtividade e à criação de novos métodos de trabalho, dizem seus apoiadores. Nem

304 PARTE 2 PROJETO DA OPERAÇÃO

tanto, dizem seus detratores. Existem perigos inerentes a essa vigilância, especialmente porque a tecnologia cria mais oportunidades para as empresas monitorarem seus funcionários de maneiras sem precedentes. Certamente, nem todo mundo gosta de ser monitorado. Um estudo[17] descobriu (como já esperado) que, quanto mais as pessoas sentiam que sua privacidade foi violada no trabalho, mais insatisfeitas ficavam. Além disso, quando acreditam que a vigilância é desnecessária ou muito intensa, é mais provável que encontrem maneiras de subverter, sabotar ou enganar os sistemas de vigilância. As objeções podem ser mais formalizadas. Por exemplo, quando jornalistas do *The Telegraph* (um jornal do Reino Unido) descobriram que um dispositivo de rastreamento havia sido adicionado às suas mesas pela alta administração, o sindicato deles se opôs e os sensores (que monito-

ravam o calor corporal, indicando quando os funcionários estavam em suas mesas e com que frequência eles se moviam) foram removidos. *"O direito de ser consultado sobre novos procedimentos que regem esses dados está consagrado em lei"*, disse o secretário-geral adjunto do sindicato. "[Nós] *resistiremos à vigilância no estilo Big Brother na redação"*. No entanto, a vigilância pode ser considerada necessária. Em 2018, a Agência de Padrões Alimentares do Reino Unido anunciou que o circuito fechado de TV será instalado em todas as 900 unidades de corte de carne monitoradas, sob planos para melhorar a higiene e reduzir o risco de intoxicação alimentar. Ela descobriu que várias fábricas haviam violado as regras de segurança alimentar alterando os prazos de validade da carne ou colocando a carne que caía no chão de volta à linha de produção.

Assim como o estudo de tempos, há outras técnicas de medição do trabalho em uso. Incluem as seguintes:

▶ *Síntese de dados elementares* é uma técnica de medição de trabalho para acumular o tempo gasto em um trabalho em um nível de desempenho definido, totalizando os tempos dos elementos obtidos anteriormente de estudos de outros trabalhos que contêm os elementos em questão ou de dados sintéticos.

▶ *Sistemas de tempos e movimentos predeterminados* (**PMTS**) é uma técnica de medição do trabalho em que os tempos estabelecidos para movimentos humanos básicos (classificados conforme a natureza do movimento e as condições sob as quais a medição é feita) são usados para estabelecer o tempo de um trabalho a um nível de desempenho definido.

▶ *Estimativa analítica* é uma técnica de medição do trabalho que é um desenvolvimento da estimativa pelo qual o tempo exigido para executar os elementos de um trabalho a um nível definido de desempenho é estimado com base no conhecimento e na experiência dos elementos envolvidos.

▶ *Amostragem da atividade* é uma técnica em que grande número de observações instantâneas é feito em determinado período de tempo sobre um grupo de máquinas, processos ou trabalhadores. Cada observação registra o que está ocorrendo em determinado instante e a porcentagem de observações gravadas de uma atividade específica ou atraso é uma medida da porcentagem de tempo durante o qual ocorre essa atividade ou atraso.

Comentário crítico

As críticas destinadas à medição do trabalho são muitas e diversas. Entre as mais comuns, estão as seguintes:

▶ Todas as ideias nas quais o conceito de tempo padronizado está baseado são impossíveis de definir precisamente. Como alguém pode dar clareza à definição de trabalhadores qualificados, tarefas especificadas ou especialmente um nível definido de desempenho?

▶ Mesmo se alguém tenta seguir essas definições, tudo isso resulta em uma definição de trabalho excessivamente rígida. A maioria dos trabalhos modernos requer algum elemento de flexibilidade que é difícil de alcançar com tarefas rigidamente definidas.

▶ Usar cronômetros para medir tempos das pessoas é degradante e, geralmente, contraproducente. No mínimo, é intrusivo e, na pior situação, as torna *objetos de estudo*.

▶ O procedimento de avaliação implícito no estudo de tempos é subjetivo e, geralmente, arbitrário. Não há outra base além da opinião da pessoa conduzindo o estudo.

▶ O estudo de tempos, especialmente, é muito fácil de manipular. É possível que os funcionários se baseiem em *tempos anteriores* para atingir determinado custo. Além disso, funcionários experientes podem *encenar um espetáculo* para enganar a pessoa que registra os tempos.

CAPÍTULO 9 PESSOAS NA PRODUÇÃO **305**

Respostas resumidas às questões-chave

9.1 Por que as pessoas são tão importantes na administração da produção?

▶ As pessoas são o maior ativo de qualquer organização. Geralmente, a maioria das pessoas se encontra na função produção.

▶ A importância das pessoas e das questões sociais é refletida na abordagem sociotécnica.

9.2 Como pode ser organizada a função produção?

▶ Pode-se assumir várias perspectivas nas organizações. Como ilustramos, as organizações dizem muito sobre as suposições básicas do que uma *organização* é. Por exemplo, as organizações podem ser descritas como máquinas, organismos, cérebros, culturas ou sistemas políticos.

▶ Há um número quase infinito de estruturas organizacionais possíveis. A maioria dessas estruturas é composta de dois ou mais *tipos puros* como: a forma U, a forma M, formas matriciais, a forma N.

9.3 Como tratamos do projeto do trabalho?

▶ Há muitas influências sobre como o trabalho é projetado. Entre elas, estão: divisão do trabalho; administração científica; estudo do método; medição do trabalho; ergonomia; e abordagens comportamentais, incluindo rotação, alargamento e enriquecimento de tarefas, empoderamento, trabalho em equipe e trabalho flexível (incluindo trabalho híbrido, também conhecido como *teletrabalho*).

9.4 Como é feita a alocação dos tempos de trabalho?

▶ O método mais conhecido é o estudo de tempos, mas há outras técnicas de medição do trabalho, incluindo: síntese de dados elementares, sistemas de tempos e movimentos predeterminados (PMTS), estimativa analítica e amostragem de atividade.

ESTUDO DE CASO

Grace enfrenta (três) problemas

Grace Whelan, sócia-gerente da McPherson Charles, estava intrigada. Três de suas equipes mais bem-sucedidas pareciam enfrentar problemas semelhantes com seus funcionários, mesmo que cada uma tivesse tarefas, processos e tipos de pessoal muito diferentes. Todos os anos, a empresa consultava toda a equipe para avaliar seus pontos de vista, níveis de satisfação com seus empregos e necessidades de desenvolvimento. Foram os resultados da última pesquisa que surpreenderam Grace. *"Os resultados da pesquisa são realmente imprevistos. No ano passado tudo parecia bem. Agora, o moral da equipe evidentemente caiu nas três. No entanto, os sócios que lideram todas essas equipes são de primeira. Os advogados são fantásticos e bons líderes."*

McPherson Charles, com sede em Bristol, no oeste da Inglaterra, cresceu rapidamente para ser um dos maiores escritórios de advocacia da região, com 21 sócios e cerca de 400 funcionários. Três anos antes, a empresa se reorganizou em 15 equipes, cada uma liderada por um *sócio principal* e especializada em praticar um tipo de lei. Esta provou ser uma boa estrutura organizacional, o que incentivou as equipes a se organizar adequadamente para o tipo de clientes que tratavam. Em particular, três equipes se destacaram sob essa estrutura: *direito de família*, *cobrança* e *propriedade*. Agora, eram essas mesmas equipes que mostravam sinais de insatisfação.

Antes que os resultados da pesquisa fossem publicados para todos os funcionários, Grace sabia que precisaria elaborar algum tipo de resposta às questões levantadas. Ela decidiu se encontrar com cada um dos principais sócios nas três equipes. A primeira pessoa com quem decidiu conversar foi Simon Reece, que liderava a equipe de direito de família. Antes de fazer isso, ela explicou o que sua equipe fazia.

Direito de família

"Eles são chamados de equipe de direito de família, mas, basicamente, o que eles fazem é ajudar as pessoas a passar pelo trauma do divórcio, separação e rompimento. Seus maiores clientes de alto valor vêm a eles por recomendação boca a boca. No ano passado, eles tinham quase uma centena desses clientes de alto valor e todos valorizavam o toque pessoal que eles podiam dar, conhecendo-os bem e passando tempo com eles para entender os aspectos, muitas vezes ocultos, de seus casos. Claro, nem todos os seus clientes são super-ricos. Cerca de um terço da renda anual com direito de família vem de aproximadamente 750 casos de divórcio e aconselhamento relativamente rotineiros."

Simon foi franco com a diminuição dos níveis de satisfação do pessoal em sua equipe. *"O problema é que trabalhar com os clientes de alto valor é simplesmente mais divertido e mais gratificante que o trabalho de rotina, feijão com arroz. Então, meu pessoal que faz esse tipo de trabalho, geralmente os mais experientes, não quer assumir as coisas de rotina. Com casos de alto valor, você tem que conseguir separar os problemas pessoais dos profissionais. Entrevistar esses clientes não pode ser algo corrido. Eles costumam ser pessoas ricas e com patrimônios complexos. Muitas vezes, temos que largar tudo e sair para bem longe a fim de conhecer e discutir sua situação. Não há procedimentos-padrão, cada cliente é diferente e todos devem ser tratados individualmente. Então, temos uma equipe de indivíduos que aceita o desafio cada vez e oferece um ótimo serviço. Em contrapartida, o trabalho de rotina é muito menos interessante, mas às vezes muito angustiante. Os novatos, que costumam assumir os casos de rotina, às vezes podem se sentir como cidadãos de segunda. Muitos deles gostariam de obter mais experiência com o complexo trabalho de alto valor, mas não posso correr o risco de lhes dar esse grau de responsabilidade, pois o trabalho é muito valioso. Além disso, francamente, os mais antigos, que lidam com o trabalho de alto valor, não querem abrir mão de seu trabalho mais glamoroso. Tenho tentado me certificar de que todos na minha equipe, caso desejem, tenham uma mistura de trabalho interessante e rotineiro ao longo do ano. É a única forma de desenvolvê-los em longo prazo. Devemos encorajá-los a exercitar e desenvolver seu julgamento profissional. Eles estão autorizados a lidar com os problemas pessoalmente ou chamar um dos membros mais antigos da equipe para obter ajuda, caso seja apropriado. É importante dar-lhes esse tipo de responsabilidade para que se vejam como parte de uma equipe. Mas ainda há tensões entre funcionários mais experientes e os novatos. Estamos pensando em adotar um arranjo de escritório aberto, centrado em nossa biblioteca especializada de jurisprudência familiar, para tentar incentivar uma maior cooperação."*

Cobrança

Grace estava menos preocupada com a equipe de cobrança, liderada por Hazel Lewis. *"A equipe de cobrança tem sido a nossa melhor história de sucesso. Eles cresceram muito mais rápido do que qualquer outra parte da empresa, e muito disso é devido a Hazel. Ela fornece um serviço fundamental para a nossa base de clientes comerciais. Seu principal trabalho consiste em lidar com cobranças coletivas de dívidas. O grupo tem 17 clientes, dos quais 5 representam 85% do volume total. Eles trabalham em estreita colaboração com os departamentos de contas das empresas clientes e desenvolveram uma abordagem semiautomática para cobrança de dívidas. É um ótimo serviço que a Hazel automatizou em grande parte."*

Hazel lidera a equipe de cobrança desde que foi criada há quatro anos. Além de ser a sócia encarregada da cobrança, excepcionalmente ela e seu assistente eram os únicos advogados qualificados na equipe. *"Nossos problemas na equipe de cobrança não são realmente em virtude de tensões ou disputas internas. Em geral, nosso pessoal está feliz com o que eles fazem e com a forma como são supervisionados. A questão é apenas que somos muito diferentes do restante da empresa. Além de mim e Raymond [seu assistente], todos os outros membros da equipe são técnicos que cuidam e desenvolvem os sistemas que*

CAPÍTULO 9 PESSOAS NA PRODUÇÃO **307**

usamos, ou as pessoas que trabalharam no processamento ou nos call centers antes de chegarem até nós. E, entre nós, desenvolvemos uma operação inteligente aqui. Nosso pessoal entra com os dados recebidos de seus clientes no sistema e, a partir desse ponto, tudo prossegue por um processo predefinido: cartas são produzidas, consultas respondidas e, eventualmente, dívidas coletadas, em última instância por meio de processos judiciais, se for preciso. O trabalho costuma vir em lotes de clientes e varia de acordo com a época do ano e as atividades de vendas do cliente. No momento, as coisas estão bastante estáveis; tivemos quase 900 novos casos para tratar na semana passada. Os detalhes de cada caso são enviados pelo cliente; nosso pessoal insere os dados em nossas telas e configuram um sistema diário-padrão para enviar cartas. Algumas pessoas respondem rapidamente à primeira carta e, muitas vezes, o caso é encerrado dentro de uma semana ou mais; outras pessoas ignoram as cartas e, dessa forma, iniciamos os processos judiciais. Sabemos exatamente o que é necessário para as negociações judiciais e temos um processo muito bom para garantir que toda a documentação correta esteja disponível no dia. Nosso problema é que o restante da empresa não nos vê como advogados normais, e eles estão certos, não somos. Mas fica difícil, para eles, ser desprezados o tempo todo. Nossa estrutura salarial é diferente, nosso esquema de bônus é diferente e a forma como medimos o desempenho é diferente. Mas há uma solução. Visto que nos expandimos tanto, precisamos de mais espaço do que aquele disponível neste prédio. Penso que devemos pensar em mudar a equipe de cobrança. Há um ótimo local perto do aeroporto que poderia ser expandido no futuro, se necessário. Realmente, não há motivo algum para ficarmos próximos das outras equipes."

Propriedade

A equipe de propriedade era uma das maiores partes da empresa e estava bem estabelecida no mercado local, com uma excelente reputação por ser rápida, amigável e oferecer uma boa relação qualidade-preço. A maior parte do seu trabalho era doméstico, atuando para pessoas que compram ou vendem sua casa, ou sua segunda casa. Cada cliente era alocado a um advogado, que se tornava seu principal ponto de contato. Mas, dado que podem ter até uma centena de clientes domésticos por semana, a maior parte do trabalho era efetivamente realizada pelo restante da equipe de funcionários paralegais (funcionários com menos qualificações que um advogado totalmente qualificado) nos bastidores.

Kate Hutchinson, que liderava a equipe da propriedade, estava orgulhosa do processo que ela e sua equipe haviam montado.

"Existe um processo relativamente padrão para vendas e compras de propriedades domésticas, e pensamos que somos bastante eficientes na gestão desses cargos-padrão. Nosso processo tem quatro estágios: um relacionado a pesquisas de registro de terras, um ligado a bancos que fornecem o financiamento da hipoteca, um para garantir que as pesquisas sejam concluídas e uma seção que finaliza o processo inteiro até a conclusão. Acreditamos que esse grau de especialização pode nos ajudar a alcançar as eficiências que estão se tornando importantes, à medida que o mercado se torna mais competitivo. Nosso problema particular é que, cada vez mais, também estamos começando a assumir casos especiais mais complexos. São coisas como arranjos de renegociação de hipotecas e funções exclusivas e bastante complexas, em que um credor hipotecário transfere um conjunto complexo de ativos de empréstimo para outro credor. Esses trabalhos especiais são sempre mais complexos do que o trabalho doméstico e não são populares com nossos funcionários. Eles nem sempre se encaixam facilmente em nosso processo-padrão e interrompem a rotina de trabalho. Por exemplo, às vezes há ocasiões em que a conclusão rápida é particularmente importante e isso pode nos abalar um pouco."

Grace estava mais preocupada com a equipe de propriedade do que Kate parecia estar. A empresa havia recentemente formado parcerias com dois grandes construtores especulativos, que tratavam de vendas de lotes especiais e que também seriam classificadas por Kate como especiais, fora do padrão. Grace sabia que todas essas especialidades envolviam muito trabalho e podiam ocupar vários membros da equipe por um tempo. Mas elas eram uma importante fonte de receita. Atualmente, a equipe estava lidando com até 25 clientes especiais a cada semana, e isso certamente aumentaria. Grace suspeitava que Kate se enganou ao tentar seguir o mesmo processo usado nos trabalhos domésticos normais. Será que tentar fazer coisas diferentes com o mesmo processo teria sido a causa da insatisfação na equipe?

QUESTÕES

1. Quais são os problemas entre o pessoal de cada uma das três equipes?
2. Quais são os serviços oferecidos por cada uma das três equipes?
3. Como você descreveria o processo de cada equipe em termos do trabalho de seu pessoal?
4. Na sua opinião, o que cada líder de equipe deveria fazer para tentar contornar os problemas de suas equipes?

Problemas e aplicações

Todos os capítulos dispõem de questões do tipo Problemas e aplicações, que ajudarão o leitor a praticar a análise das operações. Elas podem ser respondidas com a leitura do capítulo.

1. O uso da tecnologia para vigilância da equipe é certamente uma questão controversa. Releia o exemplo de Operações na prática que discute o uso da tecnologia para vigilância.

    (a) Elabore uma lista de possíveis pontos positivos e negativos que podem resultar da vigilância do pessoal.
    (b) Quais indústrias você acha que podem estar mais ansiosas para testar a vigilância da equipe?

2. Os gerentes de produção podem ter uma profunda influência sobre o modo como as organizações implementam sua **estratégia de recursos humanos** (a abordagem geral de longo prazo para garantir que os recursos humanos de uma organização forneçam uma vantagem estratégica). Uma autoridade em estratégia de recursos humanos (RH) (Dave Ulrich, da Universidade de Michigan) propõe quatro elementos para a atividade de RH:[18]

308 PARTE 2 PROJETO DA OPERAÇÃO

▶ Ser *parceiro estratégico* do negócio — alinhar RH e estratégia de negócio: *diagnóstico organizacional*, planejamento de mão de obra, monitoramento ambiental etc.

▶ Administrar procedimentos e processos de RH — executar os processos de RH da organização e *serviços compartilhados*: folha de pagamento, avaliação, seleção e recrutamento, comunicação etc.

▶ Ser um *campeão dos funcionários* — ouvir e responder aos funcionários: *fornecer recursos aos funcionários*, conciliação, aconselhamento de carreira, procedimentos de reclamações etc.

▶ Ser um *agente de mudança* — gerir a transformação e a mudança: *garantir a capacidade de mudança*, desenvolvimento de gestão, avaliação de desempenho, desenvolvimento organizacional etc.

Qual você acha que é a relevância dessas funções de RH para os gerentes de produção?

3. (*É recomendada a leitura do suplemento deste capítulo antes de responder a esta pergunta.*) Um hotel tem duas alas: uma ala leste e uma ala oeste. Cada ala tem quatro *faxineiras de serviço de quarto* trabalhando em turnos de 7 horas para arrumar os quartos todos os dias. A ala leste tem 40 quartos *standard*, 12 quartos *deluxe* e 5 suítes. A ala oeste tem 50 quartos *standard* e 10 quartos *deluxe*. Os tempos-padrão para arrumar os quartos são os seguintes: quartos *standard* 20 minutos-padrão (MPs), quartos *deluxe* 25 MPs e suítes 40 MPs. Além disso, uma tolerância de 5 MPs por quarto é dada para quaisquer trabalhos diversos, como coletar itens extras para o quarto ou lidar com solicitações de clientes. As faxineiras da ala leste acreditam que têm o trabalho mais exigente. Elas estão certas?

4. No exemplo anterior, uma das faxineiras da ala oeste quer dividir o trabalho com sua parceira, cada uma trabalhando 3 horas por dia. Suas colegas concordaram em apoiá-las e garantirão o serviço de todos os quartos da ala oeste com o mesmo padrão todos os dias. Esse arranjo pode ter sucesso sem um excesso de trabalho para as outras três faxineiras?

5. (*Esta pergunta é baseada em um estudo de caso original do Dr. Ran Bhamra, da Universidade de Loughborough.*) A Service Adhesives Ltd. produz adesivos especializados. Ela sempre foi lucrativa, mas houve uma desaceleração nos lucros da empresa. Várias iniciativas de melhoria tentaram reverter a posição de declínio da empresa, mas nenhuma foi totalmente adotada. Alguns gerentes seniores atribuem isso ao pessoal com habilidades e motivação *abaixo da média* e relutância em mudar. A rotatividade de pessoal era alta, e a empresa começou a empregar mão de obra temporária para lidar com pedidos flutuantes. Houve alguma tensão entre funcionários temporários e permanentes. A empresa organizou uma visita a um de seus clientes, chamada (de forma bizarra) de *Happy Products* (produtos felizes). "*Foi como entrar em outro mundo. Sua fábrica era mais limpa, o fluxo de materiais parecia mais suave, sua equipe parecia determinada, parecia eficiente e todos trabalhavam em equipe. Tenho certeza de que a abordagem baseada em equipe pode ser implementada com o mesmo sucesso em nossa fábrica*" (CEO, Service Adhesives).

A operação da Happy Products fabricava fraldas e produtos de saúde e estava organizada em três áreas de produtos, cada uma com cinco operadores. Um operador era um líder de equipe responsável pela *gestão de primeira linha*. Um segundo operador era um representante de saúde e segurança especialmente treinado. Um terceiro era um representante de qualidade treinado, que também fazia a ligação com o departamento de qualidade. Um quarto operador era um engenheiro de manutenção treinado, enquanto um quinto era um operador *flutuante*, não especializado. Isso significava que a maioria dos problemas do dia a dia podiam ser resolvidos imediatamente, de modo que a produção, a qualidade do produto e a eficiência da linha eram controladas excepcionalmente bem. Os membros da equipe tinham grande satisfação ao desempenhar um papel fundamental no sucesso da organização. As equipes também estiveram envolvidas na determinação de metas anuais de desempenho para suas áreas específicas. A Service Adhesives decidiu adotar uma organização de trabalho em equipe. No entanto, percebeu que faltava a *coesão* organizacional que a Happy Products tinha. Tradicionalmente, ela se orgulhava de sua estrutura organizacional hierárquica, com cinco níveis de gerenciamento, do diretor da fábrica aos operários do chão de fábrica. A cadeia de comando foi rigorosamente aplicada por procedimentos operacionais consagrados no sistema abrangente de garantia de qualidade.

(a) A Service Adhesives Ltd. atualmente emprega algumas pessoas em contratos de curto prazo. Como isso poderia afetar sua estrutura de trabalho proposta, baseada em equipe?

(b) Ao passar de uma estrutura de trabalho tradicional para uma estrutura de trabalho em equipe, que tipo de barreiras formais (por exemplo, funções e procedimentos) e informais (por exemplo, grupos sociais e comunicação) é provável que a Service Adhesives encontre?

(c) A alta diretoria da Service Adhesives considerou que a principal razão para iniciativas de melhoria ineficazes no passado foi a aparente falta de coesão entre os recursos humanos da organização. Uma organização de trabalho em equipe poderia ser a resposta para suas dificuldades organizacionais?

(d) O empoderamento dos funcionários é um elemento-chave do trabalho em equipe. Que dificuldades a Service Adhesives pode enfrentar na implementação do empoderamento?

6. Na W. L. Gore (que fabrica os tecidos de alto desempenho, como o Gore-Tex), poucos na empresa têm cargos ou descrições de cargos formais. Não há gerentes, apenas líderes e associados, as pessoas são pagas *de acordo com sua contribuição* e os funcionários ajudam a determinar a remuneração uns dos

CAPÍTULO 9 PESSOAS NA PRODUÇÃO **309**

outros. Sua equipe qualificada (composta de *associados*) desenvolve, fabrica e vende uma gama de produtos inovadores. Os associados são contratados para áreas de trabalho gerais, e não para trabalhos específicos, e com a orientação de seus *patrocinadores* (não chefes) e à medida que adquirem experiência comprometem-se com projetos que correspondam às suas habilidades. As equipes se organizam em torno das oportunidades à medida que surgem, com os associados se comprometendo com os projetos nos quais escolheram trabalhar, em vez de ter tarefas delegadas a eles. As equipes de projeto são pequenas, focadas, multidisciplinares e promovem fortes relacionamentos entre os membros da equipe. A iniciativa pessoal é incentivada, assim como a inovação *prática*. Não há organogramas tradicionais, cadeias de comando e canais de comunicação predeterminados. Em vez disso, os membros da equipe se comunicam diretamente entre si e são responsáveis perante os outros membros de sua equipe. Os grupos são liderados por quem é a pessoa mais adequada em cada etapa de um projeto. Os líderes não são indicados pela alta administração; eles *surgem* naturalmente ao demonstrar conhecimento, habilidade ou experiência especial que promove um objetivo de negócios. O desempenho de todos é avaliado usando um sistema de classificação em que os colegas dão notas uns aos outros. O objetivo explícito da cultura da empresa é "combinar liberdade com cooperação e autonomia com sinergia".

(a) Como a W. L. Gore difere da maioria das corporações internacionais?
(b) Por que a maneira de trabalhar da Gore é particularmente apropriada para a forma como ela compete em seus mercados?

7. Entre as primeiras grandes organizações a levar a sério o trabalho flexível na Europa, estava o Lloyds TSB Banking Group (agora chamado TSB Bank). O banco adotou o trabalho flexível porque era sensível às mudanças sociais e econômicas que estavam afetando clientes e funcionários. Houve benefícios na adoção de padrões de trabalho que refletissem as necessidades de sua equipe e ainda oferecessem qualidade de serviço aos clientes. Recrutar e reter pessoas talentosas significava entender e implementar o equilíbrio certo entre as necessidades individuais da equipe, a exigência da empresa de controlar seus custos e a expectativa dos clientes quanto a um serviço excelente. Uma pesquisa de opinião dos funcionários mostrou que uma de suas principais preocupações era tentar equilibrar o trabalho com compromissos externos, como família e lazer. Assim, o Grupo introduziu sua política de trabalho flexível, chamada *Opções de Trabalho*. Permitiu que os funcionários solicitassem um padrão de trabalho diferente do dia de trabalho convencional. Às vezes, isso simplesmente envolvia começar e terminar mais cedo ou mais tarde a cada dia, mantendo as mesmas horas semanais. Isso pode beneficiar o negócio. Variar os padrões de trabalho da equipe pode significar que a equipe está mais alinhada com a demanda real do cliente. O compartilhamento de trabalho também é usado. Ele serve para dois funcionários, que podem não querer emprego em tempo integral, e a empresa pode obter experiência, habilidades e criatividade combinadas de duas pessoas. A equipe de compartilhamento de trabalho também pode ser mais produtiva do que os colegas em tempo integral. Outra forma de trabalho flexível é o *trabalho comprimido*, em que os funcionários trabalham uma ou duas semanas-padrão em um prazo mais curto, por exemplo, trabalhando alguns dias mais longos por semana e tirando folga extra para compensar.

(a) Quais parecem ser as principais vantagens e desvantagens potenciais do trabalho flexível para os funcionários, a empresa e os clientes?
(b) Como uma empresa como o Lloyds pode tentar superar qualquer conflito entre as necessidades do pessoal, do negócio e dos clientes?

8. Releia o exemplo de *Operações na prática* sobre a Torchbox sendo vendida aos seus próprios funcionários. Que vantagens essa mudança tem (a) para os funcionários e (b) para os proprietários originais?

9. Muitos funcionários das operações de varejo passam a maior parte do tempo interagindo com os clientes, mas nem todos são sempre educados. Na verdade, alguns podem ser abusivos. Como essas operações devem equilibrar sua responsabilidade com seus clientes e sua responsabilidade com sua equipe?

10. Alguns trabalhos de alto contato com o cliente (como forças policiais) começaram a exigir que os funcionários usem *câmeras no uniforme*, que registram interações com o público. O que você vê como vantagens e desvantagens de fazer isso?

Leitura complementar selecionada

Argyris, C. (1998) Empowerment: the emperor's new clothes, *Harvard Business Review*, maio-jun.
Uma visão crítica, embora fascinante, sobre empoderamento.

Bock, L. (2015) *Work Rules!: Insights from Inside Google that Will Transform How You Live and Lead*, John Murray, Londres.
Abrangendo muito mais do que este capítulo, não obstante é um livro atraente, que oferece ideias para uma firma se tornar atraente.

PARTE 2 PROJETO DA OPERAÇÃO

Buchanan, D. e Huczynski, A. (2019) *Organizational Behaviour*, **10. ed., Pearson, Harlow.**
Um dos livros mais populares e mais bem estabelecidos em seu campo — por um bom motivo.

Dul, J. e Weerdmeester, B. (2008) *Ergonomics for Beginners: A Quick Reference Guide*, **3. ed., CRC Press, Boca Raton, FL.**
Boas orientações práticas sobre a remoção, do local de trabalho, de estresses físicos e mentais causados por um trabalho ou projeto ambiental fraco.

Hackman, R.J. e Oldham, G. (1980) *Work Redesign*, **Addison-Wesley, Reading, MA.**
Um pouco desatualizado, embora, em seu tempo, inovador e, com certeza, bastante influente.

Herzberg, F. (1987) One more time: how do you motivate employees? (com comentário retrospectivo), *Harvard Business Review*, **65 (5) 109-120.**
Uma visão interessante por um dos autores mais influentes da abordagem comportamental para a escola de projeto de trabalho.

Mullins, L. (2016) *Management and Organisational Behaviour*, **11. ed., Pearson, Harlow.**
Outro clássico, com ampla cobertura.

Schwartz, J., Riss, S. e Fishburne, T. (2021) *Work Disrupted: Opportunity, Resilience, and Growth in the Accelerated Future of Work*, **Wiley, Hoboken, NJ.**
Prospectivo e especulativo. Como os consultores veem o futuro do trabalho para todos nós.

Shorrock, S. (ed.) (2016) *Human Factors and Ergonomics in Practice*, **CRC Press, Boca Raton, FL.**
Um livro editado, mas com muitos exemplos da prática real dos fatores humanos e da ergonomia.

Notas do capítulo

1. Schein, E.H. (1999) *The Corporate Culture Survival Guide: Sense and Nonsense About Culture Change*, Jossey-Bass, São Francisco, CA.
2. Schein, E.H. (1992) *Organizational Culture and Leadership*, 2. ed., Jossey-Bass, San Francisco, CA.
3. As informações nas quais este exemplo é baseado foram retiradas de: uma entrevista com Tom Dyson e do *site* da Torchbox, em http://www.torchbox.com (Acesso em: set. 2021).
4. Morgan descreve estas e outras metáforas em Morgan, G. (1986) *Images of Organization*, Sage, Thousand Oaks, CA.
5. Hoxie, R.F. (1915) *Scientific Management and Labor*, D. Appleton and company, Nova York, NY. Ou o trabalho original de Taylor, publicado inicialmente em 1911: Taylor F.W. (2005) *The Principles of Scientific Management*, 1st World Library – Literary Society.
6. As informações nas quais este exemplo é baseado foram retiradas de: Byers, D. (2017) Bionic suits to make tools feel weightless, *The Times*, 24 jul.; Coxworth, B. (2017) Exoskeleton helps Ford workers reach up, *New Atlas*, 13 nov., https://newatlas.com/ford-eksovest/52166/ (Acesso em: set. 2021); Goode, L. (2017) Are exoskeletons the future of physical labor? *The Verge*, 5 dez., https://www.theverge.com/2017/12/5/16726004/verge-next-levelseason-two-industrial-exoskeletons-ford-ekso-suitx (Acesso em: set. 2021).
7. Hackman, J.R., Oldham, G., Janson, R. e Purdy, K. (1975) A new strategy for job enrichment, *California Management Review*, 17 (4) 57-71.
8. As informações nas quais este exemplo é baseado foram retiradas de: Hill, A. (2017) Power to the workers: Michelin's great experiment, *Financial Times*, 11 maio; Hill, A. (2017) Michelin chief Jean-Dominique Senard devolves power to workers, *Financial Times*, 14 maio; Michelin (2017) 2016 Annual Report.
9. As informações nas quais este exemplo é baseado foram retiradas de: Nixey, C. (2020) Death of the office, *Economist 1843 Magazine*, 29 abr.; Economist (2020) Countering the tyranny of the clock, *Economist*, edição impressa, 17 out.; Treanor, J. (2021) Has Goldman's DJ just pulled the plug on WFH? *The Sunday Times*, 28 fev.; Hill, A. (2020) Future of work: how managers are harnessing employees' hidden skills, *Financial Times*, 1º set.

10. Berggren, C. (1992) *The Volvo Experience: Alternatives to Lean Production in the Swedish Auto Industry*, ILR Press.
11. The Health and Safety Executive (HSE) of the UK Government.
12. Beauregard, T.A. e Henry, L.C. (2009) Making the link between work-life balance practices and organizational performance, *Human Resource Management Review*, 19 (1) 9-22.
13. As informações nas quais este exemplo é baseado foram retiradas de: Bone, J., Robertson, D. e Pavia, W. (2010) Plane rumpus puts focus on crews' growing revolution in the air, *The Times*, 11 ago.
14. As informações nas quais este exemplo é baseado foram retiradas de: Jones, A. (2015) The riff: dangers of music at work, *Financial Times*, 5 ago.; Ciotti, G. (2014) How music affects your productivity, *Fast Company*, 11 jul.; BBC (2013) Does music in the workplace help or hinder?, *Magazine Monitor*, 9 set.
15. Hoxie R.F. (1916) *Scientific Management and Labor*, publicado originalmente por The United States Commission on Industrial Relations, Scientific Management; e no *Monthly Review of the U.S. Bureau of Labor Statistics*, 2 (1) (janeiro de 1916) 28-38.
16. As informações nas quais este exemplo é baseado foram retiradas de: Derousseau, R. (2017) The tech that tracks your movements at work, *BBC Worklife*, 14 jun., https://www.bbc.com/worklife/article/20170613-the-tech-that-tracksyour-movements-at-work (Acesso em: set. 2021); Solon, O. (2017) Big Brother isn't just watching: workplace surveillance can track your every move, *Guardian*, 6 nov.; Staats, B.R., Dai, H., Hofmann, D. e Milkman, K.L. (2016) Motivating process compliance through individual electronic monitoring: an empirical examination of hand hygiene in healthcare, *Management Science*, 63 (5) 1563-85; Webster, B. (2018) CCTV to monitor hygiene in meat factories, *The Times*, 3 mar.
17. Samaranayake, V. e Gamage, C. (2012) Employee perception towards electronic monitoring at work place and its impact on job satisfaction of software professionals in Sri Lanka, *Telematics and Informatics*, 29 (2) 233-44.
18. Explicado com mais detalhes em Ulrich, D. (1996) *Human Resource Champions: The Next Agenda for Adding Value and Delivering Results*, Harvard Business Review Press.

Suplemento do Capítulo 9
Estudo do Trabalho

INTRODUÇÃO

Conta-se que Frank Gilbreth (fundador do estudo do método) participou de uma conferência científica com um artigo intitulado "A melhor maneira de vestir-se de manhã". Em sua apresentação, ele deixou a audiência científica perplexa ao analisar a *melhor* maneira de abotoar o colete de manhã. Entre suas conclusões, o colete devia ser abotoado de baixo para cima (para tornar mais fácil arrumar a gravata no mesmo movimento; abotoar de cima para baixo requer que as mãos sejam novamente levantadas). Pense nesse exemplo se deseja entender a administração científica e o **estudo do método** em particular. Primeiro, ele está bastante correto. O estudo do método e outras técnicas da administração científica podem, frequentemente, não precisar de nenhuma validação intelectual ou científica, embora, em geral, funcionem de acordo com suas próprias condições. Segundo, Gilbreth chegou a sua conclusão por uma análise sistemática e crítica de que movimentos eram necessários para realizar o trabalho. Novamente, essas são características da administração científica — análise detalhada e exame sistemático cuidadoso. Terceiro (e, possivelmente, mais importante), os resultados são relativamente triviais. Foi necessário muito esforço para se chegar a uma conclusão que, improvavelmente, tivesse quaisquer consequências que façam a Terra tremer. De fato, uma das críticas da administração científica, desenvolvida no início do século XX, é que ela se concentrava em objetivos relativamente limitados e, às vezes, triviais.

Entretanto, a responsabilidade por sua aplicação passou dos funcionários especializados em *tempos e movimentos* para funcionários que podiam usar tais princípios para melhorar o que faziam e como faziam. Além disso, alguns dos métodos e técnicas da administração científica, ao contrário de sua filosofia (especialmente aqueles que aparecem nos títulos como *estudo do método*), podem mostrar na prática que são úteis para reexaminar criticamente os projetos do trabalho. É a praticidade dessas técnicas que, possivelmente, explica por que elas ainda são influentes no projeto do trabalho quase um século após sua origem.

Estudo do método no projeto do trabalho

Estudo do método é uma abordagem sistemática para encontrar o melhor método. São seis etapas:

1. Selecione o trabalho a ser estudado.
2. Registre todos os fatos relevantes do método atual.
3. Examine os fatos criticamente e em sequência.
4. Desenvolva o método mais prático, econômico e eficaz.
5. Instale o novo método.
6. Mantenha o método verificando-o periodicamente em uso.

Etapa 1 — Selecione o trabalho a ser estudado

A maioria das operações tem muitas centenas e, possivelmente, milhares de trabalhos discretos e atividades que podem estar sujeitos ao estudo. A primeira etapa do estudo do método é selecionar as tarefas a serem estudadas que darão maior retorno sobre o investimento do tempo dedicado a estudá-las. Isso significa que é improvável que valerá a pena estudar as atividades que, por exemplo, possam ser descontinuadas em breve ou que são desempenhadas apenas ocasionalmente. Por outro lado, os tipos de trabalho que devem ser estudados como uma questão de prioridade são aqueles que, por exemplo, parecem oferecer o maior escopo para melhoria ou que estão causando gargalos, atrasos ou problemas na operação.

Etapa 2 — Registre o método atual

Há muitas técnicas de registro diferentes no estudo do método. A maioria delas:

▶ Registra a sequência das atividades do trabalho.
▶ Registra o inter-relacionamento de tempo das atividades do trabalho.
▶ Registra o percurso do movimento de alguma parte do trabalho.

Talvez a técnica de registro mais comumente usada no estudo do método seja o mapeamento de processo, que foi discutido no Capítulo 6. Observe que estamos aqui registrando o método atual de fazer o trabalho. Parece estranho dedicar tanto tempo e esforço para registrar o que está atualmente acontecendo quando, afinal, o objetivo do estudo do método é idealizar um método melhor. A razão para isso é que, primeiramente, registrar o método atual pode dar um *insight* bem maior do próprio trabalho, podendo ocasionar novas formas de fazê-lo. Segundo, registrar o método atual é um bom ponto de partida para avaliá-lo criticamente e, assim, melhorá-lo. Nesse último ponto, a suposição é que é mais fácil melhorar o método, levando-se em consideração o método atual e, depois, criticá-lo em detalhe, do que começar com uma *folha de papel em branco*.

Etapa 3 — Examine os fatos

Provavelmente, esse é o estágio mais importante do estudo do método, e a ideia aqui é examinar o método atual profunda e criticamente. Isso é frequentemente feito usando a denominada *técnica de questionamento*. Essa técnica tenta detectar os pontos fracos no raciocínio usado para os métodos existentes, de modo que métodos alternativos possam ser desenvolvidos (ver a Tabela 9.2). A abordagem pode parecer ligeiramente detalhada e tediosa, embora seja fundamental para a filosofia de estudo do método — tudo deve ser criteriosamente examinado. Ao entender a tendência natural de ser menos rigorosa nessa fase, algumas empresas usam formulários prontos, fazendo essas perguntas e deixando espaço para respostas formais e/ou justificativas que o projetista do trabalho deve completar.

Tabela 9.2 Técnica de questionamento do estudo do método.

Questão ampla	Questão detalhada
O propósito de cada atividade (questiona a necessidade fundamental para o elemento)	O que é feito?
	Por que é feito?
	O que mais pode ser feito?
	O que deveria ser feito?
O local em que cada elemento é feito (pode sugerir uma combinação de certas atividades ou operações)	Onde é feito?
	Por que é feito lá?
	Onde mais pode ser feito?
	Onde deveria ser feito?
A sequência em que os elementos são feitos (pode sugerir uma mudança na sequência da atividade)	Quando é feito?
	Por que é feito?
	Quando deveria ser feito?
A pessoa que faz a atividade (pode sugerir uma combinação e/ou mudança na responsabilidade ou na sequência)	Quem faz?
	Por que essa pessoa faz?
	Quem mais poderia fazer?
	Quem deveria fazer?
Os meios pelos quais cada atividade é feita (pode sugerir novos métodos)	Como é feito?
	Por que é feito desse modo?
	Como mais poderia ser feito?
	Como deveria ser feito?

Etapa 4 – Desenvolva um novo método

O exame crítico anterior dos métodos atuais, neste estágio, indicou provavelmente algumas mudanças e melhorias. Essa etapa envolve levar essas ideias adiante na tentativa de:

▶ Eliminar totalmente partes da atividade.
▶ Combinar os elementos.
▶ Mudar a sequência de eventos de modo a melhorar a eficiência do trabalho.
▶ Simplificar a atividade para reduzir o conteúdo do trabalho. Uma ajuda útil durante esse processo é preparar um *checklist* com os **princípios** revisados **da economia do movimento**. A Tabela 9.3 ilustra isso.

Etapas 5 e 6 – Instale o novo método e o mantenha regularmente

A abordagem do estudo do método para a instalação de novas práticas de trabalho concentra-se largamente no *gerenciamento do projeto* do processo de instalação. Também enfatiza a necessidade de monitorar regularmente a eficácia dos projetos de trabalho após terem sido instalados.

Medição no projeto do trabalho

Tempos básicos

A terminologia é importante na medição do trabalho. Quando um *trabalhador qualificado* estiver operando em um *trabalho específico* de *desempenho padronizado,* o tempo que ele leva para executar a tarefa é denominado tempo básico do trabalho. Os tempos básicos são úteis porque são os *blocos construtivos* da estimativa do tempo. Com os tempos básicos para várias tarefas diferentes, um gerente de produção pode construir uma estimativa de tempo para qualquer atividade mais longa, que seja constituída dessas tarefas. A técnica mais conhecida para estabelecer tempos básicos é, provavelmente, o estudo de tempo.

Tabela 9.3 Princípios da economia do movimento.

Princípio amplo	Como fazer
Use o corpo humano de modo que funcione melhor	▶ O trabalho deve ser organizado de modo que um ritmo natural possa se tornar automático ▶ O movimento do corpo deve ser simultâneo e simétrico, se possível ▶ A plena capacidade do corpo humano deve ser empregada ▶ Braços e mãos, como pesos, estão sujeitos às leis da física e a energia deve ser conservada ▶ As tarefas devem ser simplificadas
Organize o local de trabalho para ajudar o desempenho	▶ Deve haver um local definido para todos os equipamentos e materiais ▶ Os equipamentos, os materiais e os controles devem estar localizados próximos ao ponto de uso ▶ Os equipamentos, os materiais e os controles devem estar localizados para permitir a melhor sequência e percurso dos movimentos ▶ O local de trabalho deve estar ajustado às tarefas e às capacidades humanas
Use a tecnologia para reduzir o esforço humano	▶ O trabalho deve ser apresentado precisamente onde necessário ▶ As orientações devem ajudar no posicionamento do trabalho sem que o operador precise de atenção contínua ▶ Os controles e os dispositivos operados com o pé podem aliviar as mãos do trabalho ▶ Os dispositivos mecânicos podem multiplicar as habilidades humanas ▶ Os sistemas mecânicos devem estar ajustados ao uso humano

Estudo de tempo

O **estudo de tempo** é "uma técnica de medição do trabalho para registrar os tempos e a taxa de trabalho para os elementos de um trabalho específico, realizado sob condições específicas, e para analisar os dados para obter o tempo necessário para realizar o trabalho a determinado nível de desempenho". A técnica exige três etapas para derivar os tempos básicos para os elementos do trabalho:

▶ Observar e medir o tempo necessário para desempenhar cada elemento do trabalho.
▶ Ajustar ou *normalizar* cada tempo observado.
▶ Tirar a média dos tempos ajustados para derivar o tempo básico para o elemento.

Etapa 1 — Observar, medir e avaliar

Um trabalho é observado por meio de vários ciclos. Cada vez que um elemento é desempenhado, seu tempo é medido por meio de um cronômetro. Simultaneamente com a observação do tempo, é gravada uma avaliação do desempenho percebido da pessoa que faz o trabalho. **Avaliar** é "o processo de estimar a taxa de trabalho em relação ao conceito do observador, correspondente ao desempenho padronizado. O observador pode levar em consideração, separado ou em conjunto, um ou mais fatores necessários para realizar o trabalho, como velocidade do movimento, esforço, destreza, consistência etc.". Há várias formas de registrar a avaliação do observador. A mais comum é em uma escala, que usa uma taxa de 100 para representar o desempenho padronizado. Se um observador avalia uma observação específica do tempo para desempenhar um elemento em 100, o tempo observado é o tempo real que alguém trabalhando em desempenho padronizado levaria.

Etapa 2 — Ajustar os tempos observados

O ajuste para normalizar o tempo observado é o seguinte:

$$\frac{\text{índice observado}}{\text{índice padronizado}}$$

em que o índice padronizado é 100 na escala de avaliação comum que estamos usando. Por exemplo, se o tempo observado for de 0,71 minuto e o índice observado, de 90, então:

$$\text{Tempo básico} = \frac{0,71 \times 90}{100} = 0,64 \text{ min.}$$

Etapa 3 — Tempos básicos médios

Não obstante os ajustes feitos nos tempos observados mediante mecanismos de avaliação, cada tempo básico calculado separadamente não será o mesmo. Isso não é necessariamente em função da imprecisão do índice ou mesmo da inexatidão do próprio procedimento de avaliação; é um fenômeno natural do tempo ocorrido no desempenho das tarefas. Qualquer que seja a atividade humana, ela não pode ser repetida *exatamente* no mesmo tempo ou em todas as ocasiões.

Tempos padronizados

O **tempo padronizado (ou tempos-padrão)** para um trabalho é uma extensão do tempo básico com um uso diferente. Enquanto o tempo básico para um trabalho é uma parte da informação que pode ser usada como a primeira etapa para estimar o tempo de desempenho de um trabalho sob ampla variedade de condições, o tempo padronizado refere-se ao tempo *permitido* para o trabalho sob circunstâncias específicas. Isso ocorre porque o tempo padronizado inclui tolerâncias que refletem o descanso e o relaxamento permitidos em razão das condições sob as quais o trabalho é desempenhado. Assim, o tempo padronizado para cada elemento consiste principalmente em duas partes: o tempo básico (o tempo necessário para um trabalhador qualificado executar um trabalho específico em desempenho padronizado) e uma tolerância (que é acrescentada ao tempo básico para permitir momentos de descanso, relaxamento e necessidades pessoais).

Tolerâncias

Tolerâncias são acréscimos ao tempo básico a fim de dar ao trabalhador a oportunidade de se recuperar dos efeitos físicos e psicológicos da realização de determinado trabalho sob condições específicas e de permitir as necessidades pessoais. A quantidade de tolerâncias dependerá da natureza do trabalho. O modo pelo qual a tolerância de relaxamento é calculada e as tolerâncias exatas dadas a cada um dos fatores que determinam a extensão da tolerância variam entre diferentes organizações. A Tabela 9.4 ilustra as tolerâncias usadas por uma empresa que fabrica eletrodomésticos. Cada trabalho tem uma tolerância de 10%; a tabela mostra as tolerâncias em porcentagem a serem aplicadas a cada elemento do trabalho. Além disso, outras tolerâncias podem ser aplicadas a coisas como contingências inesperadas, sincronização com outros trabalhos, condições de trabalho incomuns e assim por diante.

A Figura 9.9 mostra como o tempo básico médio de cada elemento do trabalho é combinado com as tolerâncias (baixas, neste exemplo) de cada elemento para formar o tempo padronizado de todo o trabalho.

Tabela 9.4 Tabela de tolerâncias usada por uma fábrica de eletrodomésticos.

Fatores de tolerância	Exemplo	Tolerância (em %)
Energia necessária		
Insignificante	Nenhuma	0
Muito pouca	0-3 kg	3
Pouca	3-10 kg	5
Média	10-20 kg	10
Forte	20-30 kg	15
Muito forte	Acima de 30 kg	15-30
Postura requerida		
Normal	Sentada	0
Ereta	De pé	2
Continuamente ereta	De pé por longos períodos	3
Deitada	De lado, de frente ou de costas	4
Difícil	Agachada etc.	4-10
Fadiga visual		
Atenção quase contínua		2
Atenção contínua com focos variados		3
Atenção contínua com foco fixo		5
Temperatura		
Muito baixa	Abaixo de 0° C	Acima de 10
Baixa	0-12° C	0-10
Normal	12-23° C	0
Alta	23-30° C	0-10
Muito alta	Acima de 30° C	Acima de 10
Condições atmosféricas		
Boas	Boa ventilação	0
Médias	Abafada/mau cheiro	2
Ruins	Empoeirada/necessita filtro	2-7
Piores	Necessita de respirador	7-12

316 **PARTE 2** PROJETO DA OPERAÇÃO

Tarefa: Pacote 20 × peça 73/2A   Localização: Departamento de embalagem   Observador: FWT

Elemento		Observação					Observação					Tempo básico médio	Tolerâncias	Elemento de tempo padronizado
		1	2	3	4	5	6	7	8	9	10			
Fazer a caixa	Tempo observado	0,71	0,71	0,71	0,69	0,75	0,68	0,70	0,70	0,70	0,68			
	Índice	90	90	90	90	80	90	90	90	90	90			
	Tempo básico	0,64	0,64	0,63	0,62	0,60	0,61	0,63	0,65	0,63	0,61	0,626	10%	0,689
Separar em	Tempo observado	1,30	1,32	1,25	1,33	1,33	1,28	1,32	1,32	1,30	1,30			
feixes de 20	Índice	90	90	100	90	90	90	90	90	90	90			
	Tempo básico	1,17	1,19	1,25	1,20	1,20	1,15	1,19	1,19	1,17	1,17	1,168	12%	1,308
Lacrar e	Tempo observado	0,53	0,55	0,55	0,56	0,53	0,53	0,53	0,55	0,49	0,51			
proteger	Índice	90	90	90	90	90	90	90	90	100	100			
	Tempo básico	0,48	0,50	0,50	0,50	0,48	0,48	0,48	0,50	0,49	0,51	0,495	10%	0,545
Montar, amarrar	Tempo observado	1,12	1,21	1,20	1,25	1,41	1,27	1,27	1,15	1,20	1,23			
e rotular	Índice	100	90	90	90	90	90	90	100	90	90			
	Tempo básico	1,12	1,09	1,08	1,13	1,27	1,14	1,14	1,15	1,08	1,21	1,138	12%	1,275

Tempo padronizado bruto **3,817**

Tolerâncias para o trabalho total **5%** **0,191**

Tempo padronizado para o trabalho **4,01 SM**

Figura 9.9 Estudo de tempos de uma tarefa de embalagem — tempo padronizado calculado para toda a tarefa.

Exemplo resolvido

A Embaixada da Monróvia

Duas equipes de trabalho da Embaixada da Monróvia foram alocadas na tarefa de processar pedidos de visto de entrada no país. A Equipe A processa pedidos da Europa, África e Oriente Médio. A Equipe B processa pedidos da América do Norte, América do Sul, Ásia e Australásia. A Equipe A escolheu organizar-se de tal modo que cada um de seus membros da equipe de três pessoas processa um pedido do início ao fim. Os quatro membros da Equipe B optaram em dividir-se em duas subequipes. Dois abrem as cartas e fazem a verificação sobre os antecedentes criminais (ninguém que tenha sido preso por qualquer crime que não seja infração de trânsito pode entrar no país), enquanto os outros dois membros da equipe verificam a condição financeira do candidato ao visto (apenas pessoas com mais de $ 1.000 dólares liberianos podem entrar no país). O responsável por assuntos consulares pretende descobrir se um desses métodos de organizar as equipes é mais eficiente do que o outro. O problema é que os pedidos de visto diferem de uma região para outra. Tipicamente, a Equipe A processa em torno de dois pedidos de visto de trabalho para cada pedido de visto de turismo. A Equipe B processa em torno de um pedido de visto de trabalho para cada dois pedidos de visto de turismo.

Um estudo revelou os seguintes dados:

Tempo-padrão médio para processar um visto de trabalho = 63 minutos

Tempo-padrão médio para processar um visto de turismo = 55 minutos

Produção semanal média da Equipe A:

85,2 vistos de trabalho
39,5 vistos de turismo

Produção semanal média da Equipe B:

53,5 vistos de trabalho
100,7 vistos de turismo

Todos os membros das equipes trabalham 40 horas semanais.

A eficiência de cada equipe pode ser calculada comparando-se a produção real em minutos e o tempo médio trabalhado em minutos.

Assim, a Equipe A processa:

$$(85,2 \times 63) + (39,5 \times 55) = 7.540,1 \text{ minutos de trabalho}$$

$$\text{em } 3 \times 40 \times 60 \text{ minutos} = 7.200 \text{ minutos}$$

$$\text{Assim, sua eficiência} = \frac{7.540,1}{7.200} \times 100 = 104,72\%$$

A Equipe B processa:

$$(53,5 \times 63) + (100,7 \times 55) = 8.909 \text{ minutos de trabalho}$$

$$\text{em } 4 \times 40 \times 60 \text{ minutos} = 9.600 \text{ minutos}$$

$$\text{Assim, sua eficiência} = \frac{8.909}{9.600} \times 100 = 92,8\%$$

A evidência inicial parece sugerir que a forma como a Equipe A organizou-se é mais eficiente.

PARTE 3

Entrega

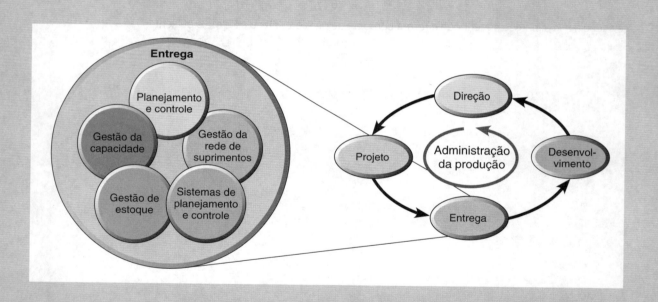

Todas as atividades envolvidas no projeto de uma operação devem ter fornecido a natureza e a forma dos recursos de transformação que são capazes de satisfazer às demandas dos clientes. Então, produtos e serviços precisam ser criados e entregues a eles. Isso é feito diariamente pelo planejamento e controle das atividades dos recursos de transformação, assegurando o suprimento apropriado de produtos e serviços de modo a atender aos requisitos do mercado. Esta parte do livro examinará seis diferentes aspectos do planejamento e controle da entrega de produtos e serviços, à medida que percorrem os processos, as operações e as redes de suprimento. Os capítulos desta parte são:

▶ **Capítulo 10: Planejamento e Controle**

Examina como a produção organiza a entrega de seus produtos e serviços continuamente, de modo que as demandas dos clientes sejam satisfeitas.

▶ **Capítulo 11: Gestão da Capacidade Produtiva**

Explica como a produção precisa decidir como variar sua capacidade (se possível), acompanhando a flutuação da demanda por produtos e serviços.

▶ **Capítulo 12: Gestão da Cadeia de Suprimento**

Descreve como as operações estão relacionadas no contexto de uma rede mais ampla de fornecedores e clientes, e como essas relações podem ser geridas.

▶ **Capítulo 13: Gestão de Estoque**

Examina como os recursos transformados se acumulam como estoques à medida que percorrem os processos, operações e redes de suprimento.

▶ **Capítulo 14: Sistemas de Planejamento e Controle**

Descreve como são necessários sistemas para gerenciar a grande quantidade de informações necessárias para planejar e controlar a produção, e como o *enterprise resouce planning* (ERP) é usado para fazer isso.

10 Planejamento e Controle

QUESTÕES-CHAVE

- 10.1 O que é planejamento e controle?
- 10.2 Como o suprimento e a demanda afetam o planejamento e controle?
- 10.3 O que é *carregamento*?
- 10.4 O que é *sequenciamento*?
- 10.5 O que é *programação*?
- 10.6 O que é *monitoramento e controle*?

INTRODUÇÃO

O projeto de uma operação determina os recursos com os quais ela cria seus serviços e produtos, mas depois a operação precisa entregar serviços e produtos de maneira contínua. Para uma operação fazer essa entrega, é fundamental a forma como planeja e controla suas atividades, de modo que as demandas dos clientes sejam satisfeitas. Este capítulo introduz e fornece uma visão geral de alguns dos princípios e métodos de planejamento e controle. Os capítulos restantes desta parte do livro desenvolvem alguns assuntos específicos que são vitais para uma operação entregar seus serviços e produtos. Esses assuntos começam com a gestão da capacidade, passando pela gestão de estoque, fornecendo uma visão geral da gestão da rede de suprimentos e examinando como os sistemas de planejamento e controle, particularmente o *enterprise resources planning* (ERP), gerenciam as informações que asseguram a entrega eficaz. A Figura 10.1 mostra onde esse tópico se situa nas atividades da administração da produção.

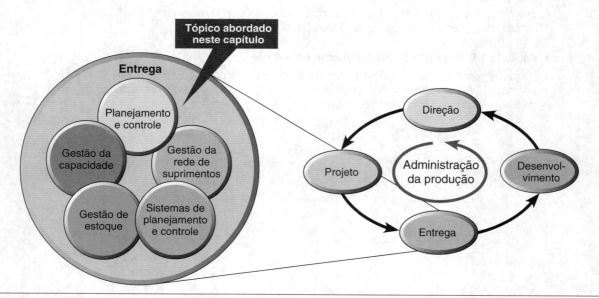

Figura 10.1 Este capítulo examina o planejamento e controle da produção.

10.1 O que é planejamento e controle?

Planejamento e controle dizem respeito às atividades que tentam conciliar as demandas do mercado com a habilidade dos recursos da operação para entregá-las. Fornece os sistemas, procedimentos e decisões que reúnem diferentes aspectos do suprimento e da demanda. Consideremos, por exemplo, o modo como uma cirurgia de rotina é organizada em um hospital. Quando um paciente chega e é admitido no hospital, parte do planejamento para a cirurgia já aconteceu. A sala de cirurgia já foi reservada, e os médicos e enfermeiros que irão participar da operação já receberam todas as informações com relação às condições do paciente. Cuidados pré e pós-operatórios já foram definidos. Tudo isso envolve pessoal e instalações em diferentes partes do hospital; todos precisam receber as mesmas informações e as atividades precisam ser coordenadas. Logo depois que o paciente chegar, ele será examinado pela equipe para se certificar de que sua condição é a esperada (mais ou menos da mesma forma que um material é inspecionado quando chega à fábrica). Sangue, se necessário, será reservado após a verificação da compatibilidade e qualquer medicação necessária será colocada à disposição (da mesma forma que diferentes materiais são reunidos em uma fábrica). Qualquer mudança de última hora pode requerer algum grau de replanejamento. Por exemplo, se o paciente demonstrar sintomas inesperados, pode ser preciso colocá-lo em observação antes que ocorra a cirurgia. Isso não apenas afetará o próprio tratamento do paciente, mas também o de outros pacientes talvez precise ser reprogramado (da mesma forma que máquinas podem precisar de reprogramação se uma operação produtiva sofrer atraso em uma fábrica). Pelo menos algumas dessas atividades serão evidentes para os clientes do hospital e são necessárias ao planejamento e ao controle de seus recursos.

Princípio de produção

As percepções dos clientes de uma operação serão parcialmente moldadas por seu sistema de planejamento e controle.

OPERAÇÕES NA PRÁTICA

Controle das operações na Air France[1]

"De muitas formas, uma linha aérea pode ser vista como um grande problema de planejamento, normalmente abordado com muitos problemas de planejamento independentes, menores (mas ainda assim difíceis). A lista de coisas que exigem planejamento parece ser infindável: tripulação, agentes de reservas, bagagens, voos, voos de conexão, manutenção, portões de embarque, estoque, compra de equipamentos. Cada problema de planejamento tem suas próprias considerações e complexidades, seu próprio limite temporal, seus próprios objetivos, mas todos estão inter-relacionados."
(Rikard Monet, Air France)

A Air France tem 80 planejadores de voo que trabalham em turnos de 24 horas no escritório de planejamento de voo em Roissy, Charles de Gaulle. O trabalho deles é estabelecer as rotas ideais de voo, antecipar quaisquer problemas, como mudanças climáticas, e minimizar o consumo de combustível. Os objetivos gerais da atividade de planejamento de voo são, antes de tudo e mais importante, a segurança, seguida por economia e conforto para os passageiros. Programas de computador cada vez mais poderosos processam uma montanha de informações necessárias para planejar os voos, mas, no fim, as decisões ainda se baseiam em avaliações humanas. Até os mais sofisticados **sistemas especialistas** servem apenas de apoio para os planejadores de voo. Planejar a programação da Air France é um trabalho imenso. Seguem apenas algumas considerações que devem ser levadas em conta:

- *Frequência:* para cada aeroporto, quantos serviços separados a linha aérea deve oferecer?
- *Atribuição de frota:* que tipo de avião deverá ser usado para cada trecho de um voo?
- *Grupos:* em qualquer *hub* de linha aérea onde os passageiros de diversos voos trocam de avião para continuar a viagem, as linhas aéreas gostam de organizar os vários aviões que chegam juntos em *grupos*, fazem uma parada para deixar os passageiros efetuar a troca de aviões e decolam juntos.
- *Tempos de bloqueio:* é o tempo despendido entre um avião deixar um portão em um aeroporto de saída e chegar a outro portão em um aeroporto de chegada. Quanto mais longo for o tempo de bloqueio permitido, mais

> provável será que ele mantenha a programação, mesmo que sofra pequenos atrasos, porém menos voos podem ser programados.
> ▶ *Manutenção planejada:* qualquer programação tem de permitir que os aviões permaneçam algum tempo na base de manutenção.
> ▶ *Planejamento de tripulação:* pilotos e tripulação de voo precisam ser alocados em aviões para os quais tenham licença específica, além de necessitarem manter um máximo de horas de voo.
> ▶ *Planejamento de portões:* se muitas aeronaves estiverem no solo ao mesmo tempo, pode haver problemas para carregá-las e descarregá-las simultaneamente.
> ▶ *Recuperação:* muitas variáveis podem causar desvios de plano no setor de transporte aéreo. Tolerâncias precisam ser previstas para permitir recuperação.
>
> Para voos dentro e entre as 12 zonas geográficas da Air France, os planejadores elaboram um plano de voo que formará a base para os voos reais horas mais tarde. Todos os documentos de planejamento precisam estar prontos para a tripulação de voo, que chega ao aeroporto duas horas antes do horário previsto para a decolagem. Por ser responsável pela segurança e conforto dos passageiros, o comandante de bordo sempre tem a palavra final e, quando satisfeito, assina o plano de voo com o planejador de voo.

A diferença entre planejamento e controle

Perceba que escolhemos tratar *planejamento e controle* juntos. Isso se dá porque a divisão entre *planejamento* e *controle* não é clara, tanto na teoria quanto na prática. Entretanto, há algumas características gerais que ajudam a fazer distinção entre os dois. Planejamento é uma formalização do que deve acontecer em algum tempo no futuro. Mas um plano não garante que um evento realmente ocorrerá. Ao contrário, é uma declaração de intenção. Embora os planos sejam baseados em expectativas, durante sua implementação as coisas nem sempre ocorrem como o esperado. Os clientes mudam de ideia sobre o que desejam e quando o desejam. Os fornecedores nem sempre podem entregar pontualmente, máquinas podem quebrar ou funcionários podem faltar por doença. Controle é o processo de lidar com esses tipos de mudança. Pode significar que os planos precisem ser refeitos em curto prazo. Também pode significar que será preciso fazer uma *intervenção* na operação para trazê-la de volta aos *trilhos* — por exemplo, encontrar um novo fornecedor que possa entregar rapidamente, consertar a máquina que quebrou ou mover o pessoal de uma parte da operação para outra para cobrir ausências. Atividades de controle fazem os ajustes que permitem que a operação atinja os objetivos que o plano estabeleceu, mesmo quando as suposições em que o plano foi baseado não se confirmem.

Princípio de produção
Planejamento e controle são distintos, mas são atividades diretamente relacionadas.

Planejamento e controle em longo, médio e curto prazos

A natureza das atividades de planejamento e controle muda ao longo do tempo. Em longo prazo, os gerentes de produção fazem planos relativos ao que pretendem fazer, que recursos precisam e que objetivos esperam atingir. A ênfase está mais no planejamento do que no controle, porque ainda há pouco a ser controlado. Eles usarão previsões da demanda provável, descritas em termos agregados. Por exemplo, um hospital fará planos para atender a *2.000 pacientes* sem necessariamente entrar nos detalhes das necessidades de cada um deles. De maneira semelhante, o hospital pode planejar ter 1.000 enfermeiros e 200 médicos, mas, novamente, sem decidir a respeito de seus atributos específicos. Os gerentes de produção estarão preocupados, principalmente, em atingir metas financeiras e de volume.

O planejamento e controle em médio prazo são mais detalhados. Examinam à frente para avaliar a demanda global que a operação deve atender de maneira parcialmente desagregada. Nesse momento, por exemplo, o hospital deve distinguir entre os diferentes tipos de demanda. O número de casos de pacientes que chegam por acidentes e emergência precisará ser separado do número de casos que exigem tratamento de rotina. Da mesma forma, diferentes categorias de pessoal deverão ser identificadas e o número de pessoal de cada categoria precisará ser definido. Não menos importante, planos contingenciais terão que ser pensados de forma que permitam pequenos desvios dos planos. Essas contingências agirão como recurso de *reserva* e tornarão o planejamento e controle mais fácil em curto prazo.

No planejamento e controle em curto prazo, muitos dos recursos terão sido definidos e será difícil fazer grandes mudanças. Entretanto, intervenções em curto prazo são possíveis se as coisas não correrem conforme o planejado. Nesse estágio, a demanda será avaliada de forma totalmente desagregada, com todos os tipos de procedimentos cirúrgicos tratados como atividades individuais. O mais importante é que os pacientes terão que ser identificados pelo nome e pelos horários específicos que serão agendados para seu tratamento. Ao fazer intervenções e mudanças no plano em curto prazo, os gerentes de produção tentarão equilibrar a qualidade, a rapidez, a confiabilidade, a flexibilidade e os custos de suas operações de forma específica. É improvável que tenham tempo para fazer cálculos detalhados dos efeitos de suas decisões de planejamento e controle em curto prazo sobre todos esses objetivos, mas um entendimento geral das prioridades constituirá o contexto para sua tomada de decisões. A Figura 10.2 mostra como os aspectos de planejamento e controle variam em importância, conforme a proximidade da data do evento.

Efeito volume-variedade no planejamento e controle

Como constatamos anteriormente, as características de volume-variedade de uma operação terão efeito sobre suas atividades de planejamento e controle. As operações que produzem alta variedade de serviços ou produtos em volume relativamente baixo terão clientes com diferentes exigências e usarão processos diferentes das operações que criam serviços ou produtos padronizados em alto volume (ver a Tabela 10.1).

Consideremos duas operações diferentes — um escritório de arquitetura e uma companhia de fornecimento de eletricidade. A alta variedade dos serviços prestados pelos arquitetos significa que eles não poderão produzir projetos antes que os clientes os solicitem. Por isso, o tempo que levam para responder aos requisitos dos clientes será relativamente longo. Os clientes entenderão isso, mas esperam ser intensamente consultados sobre suas necessidades. Os detalhes e requisitos de cada trabalho surgirão apenas à medida que cada prédio individual for projetado, conforme as solicitações dos clientes, de modo que o planejamento ocorre em um prazo relativamente curto. As decisões individuais que são tomadas no processo de planejamento geralmente serão relativas aos tempos das atividades e **eventos** — por exemplo, quando um

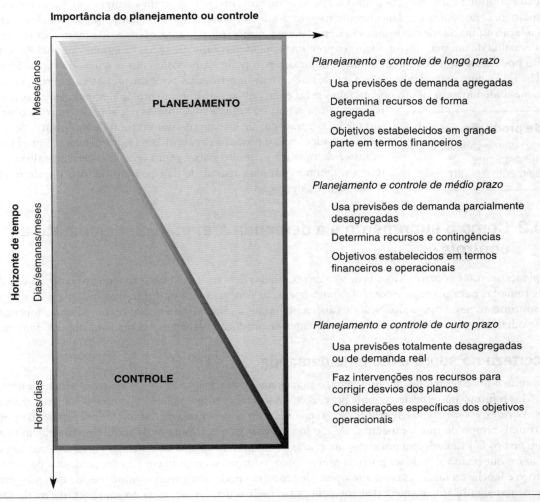

Figura 10.2 O equilíbrio entre as atividades de planejamento e controle muda em curto, médio e longo prazos.

Tabela 10.1 Efeitos do volume-variedade no planejamento e controle.

Volume	Variedade	Responsividade ao cliente	Horizonte de planejamento	Principais decisões de planejamento	Decisões de controle	Robustez
Baixo	Alta	Lenta	Curto	Tempo	Detalhadas	Alta
↓	↓	↓	↓	↓	↓	↓
Alto	Baixa	Rápida	Longo	Volume	Agregadas	Baixa

projeto precisa ser entregue, quando a construção deverá começar, quando cada arquiteto precisará trabalhar no projeto e assim por diante. As decisões de controle também estarão em nível de detalhamento relativamente alto. Um pequeno atraso para consertar uma parte do projeto pode ter implicações significativas em muitas outras partes do trabalho. Para um arquiteto, planejamento e controle da operação não podem ser totalmente rotineiros; os projetos precisarão de gerenciamento individual. Entretanto, a robustez da operação (isto é, sua vulnerabilidade a interrupções sérias se uma parte da operação falhar) será relativamente alta. Provavelmente, há muitas outras coisas a se fazer mesmo se um arquiteto estiver impedido de continuar uma parte do trabalho.

Por outro lado, a companhia de fornecimento de eletricidade é muito diferente. O volume é alto, a produção é contínua e não há variedade. Os clientes esperam *entrega* instantânea sempre que ligam um eletrodoméstico. O horizonte de planejamento na geração de eletricidade pode ser muito longo. Grandes decisões em relação à capacidade das usinas são tomadas com muitos anos de antecedência. Até mesmo as flutuações de demanda de um dia típico podem ser previstas com alguma antecedência. Programas populares de televisão podem afetar a demanda minuto a minuto, e isso pode ser previsto com semanas ou meses de antecedência. O clima, que também afeta a demanda, é mais incerto, mas pode ser previsto até certo ponto. As decisões individuais de planejamento feitas pelas companhias de fornecimento de eletricidade vão se centrar não nos tempos, mas no volume de saída. As decisões de controle observarão medidas agregadas de saída, tais como o total de quilowatts de eletricidade gerados, pois o produto é mais ou menos homogêneo. Entretanto, a robustez da operação é muito baixa, tanto que, se o gerador falhar, acontecerá o mesmo com a a capacidade da operação de fornecer eletricidade dessa parte da operação.

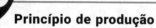

Princípio de produção

As características de volume-variedade de uma operação afetarão suas atividades de planejamento e controle.

10.2 Como o suprimento e a demanda afetam o planejamento e controle?

Se planejamento e controle são o processo de conciliar a demanda com o suprimento, a natureza das decisões tomadas para planejar e controlar uma operação dependerá da natureza da demanda e da natureza do suprimento nessa operação. Nesta seção, examinamos algumas diferenças na demanda e no suprimento que podem afetar a maneira pela qual os gerentes de produção planejam e controlam suas atividades.

Incerteza no suprimento e na demanda

Se o futuro fosse perfeitamente previsível, o planejamento seria simples — e o controle não seria necessário. Mas o futuro não é perfeitamente previsível, e a incerteza torna o planejamento e o controle mais difíceis. Às vezes, o suprimento de *inputs* para uma operação pode ser incerto. As atividades planejadas podem levar mais tempo do que o esperado. De modo semelhante, a demanda pode ser imprevisível. Um restaurante *fast-food* instalado em um *shopping center* não têm ideia de quantas pessoas chegarão, quando chegarão e o que pedirão. Pode ser possível prever certos padrões, como aumento da demanda nos períodos de almoço e lanche da tarde, mas uma tempestade repentina pode atrair os consumidores ao *shopping center* e aumentar significativamente a demanda em prazo muito curto. A incerteza no suprimento e na demanda tornam o planejamento e o controle mais difíceis, mas uma combinação de suprimento e demanda incertos é particularmente difícil.

Demanda dependente e independente

Algumas operações podem prever a demanda com relativa certeza porque a demanda por seus serviços ou produtos depende de algum outro fator que já se conheça. Isso é conhecido como demanda dependente. Por exemplo, a demanda por pneus em uma montadora de automóveis não é uma variável totalmente aleatória. O processo de previsão da demanda é relativamente simples. Consistirá em examinar as programações de produção na fábrica e derivar a demanda por pneus com base nelas. Se 600 carros forem fabricados em determinado dia, é simples calcular que 3.000 pneus serão demandados pela fábrica (cada carro tem cinco pneus) — a demanda é dependente de um fator conhecido, isto é, o número de carros que será fabricado. Em função disso, os pneus podem ser encomendados da fábrica para uma programação de entrega que esteja diretamente relacionada com a demanda de pneus da montadora (como na Figura 10.3). De fato, a demanda para qualquer parte da montadora será derivada da programação da linha de montagem para os carros.

Outras operações atuarão com demanda dependente em razão da natureza do serviço ou produto que fornecem. Por exemplo, um ateliê de costura não comprará tecido e fará vestidos de vários tamanhos diferentes para o caso de alguém de repente chegar e querer comprar um. Nem um restaurante fino começará a cozinhar determinado prato para um consumidor que eventualmente chegue e o solicite. Em ambos os casos, uma combinação de risco e perecibilidade do produto ou serviço evita que a operação comece a criar bens ou serviços até que tenha um pedido constante. O planejamento e controle em situações de demanda dependente estão largamente interessados em como a operação deve responder quando ocorre a demanda.

> **Princípio de produção**
> Os sistemas de planejamento e controle devem ser capazes de enfrentar a incerteza da demanda.

Em contraste, algumas operações estão sujeitas à demanda independente. Precisam suprir a demanda futura sem saber exatamente qual ela será; ou, na terminologia de planejamento e controle, não têm uma firme *visibilidade antecipada* sobre os pedidos dos clientes. Por exemplo, a loja de pneus, que opera um serviço de substituição de pneus, precisará gerenciar um estoque de pneus.

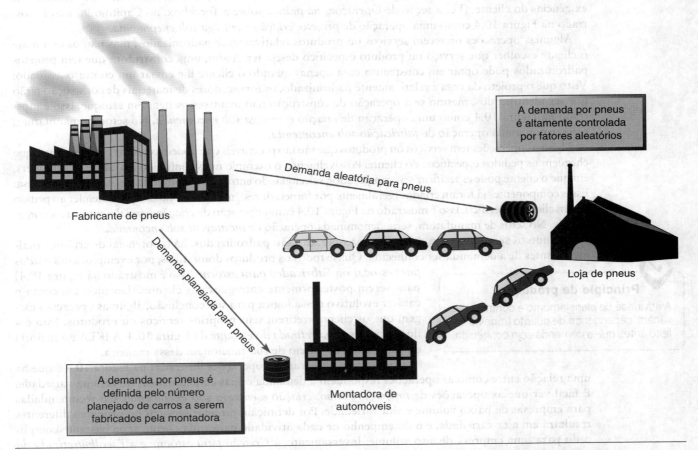

Figura 10.3 A demanda dependente é derivada da demanda de algo mais; a demanda independente é mais aleatória.

326 PARTE 3 ENTREGA

Nesse sentido, é exatamente a mesma tarefa enfrentada pelo gerente de estoque de pneus da montadora de automóveis. Entretanto, a demanda é muito diferente para a loja de pneus; ela não pode calcular o volume ou as necessidades específicas dos clientes. Deve tomar decisões sobre a quantidade e os tipos de pneus a estocar, com base nas previsões da demanda à luz dos riscos que está disposta a correr de ficar sem estoque. Essa é a natureza do planejamento e controle da demanda independente, que faz a *melhor estimativa* da demanda futura e tenta manter os recursos que possam satisfazer a essa demanda e responder rapidamente se a demanda real não corresponder à prevista. O planejamento e controle do estoque (tratados no Capítulo 13) são típicos do planejamento e controle da demanda independente.

> **Princípio de produção**
> Os sistemas de planejamento e controle devem distinguir entre demanda dependente e independente.

Como responder à demanda

Está claro que a natureza do planejamento e controle em qualquer operação dependerá de como responder à demanda, que, por sua vez, está relacionada com os tipos de produtos ou serviços que produz. Por exemplo, uma agência de propaganda iniciará o processo de planejamento e controle de uma campanha apenas quando o consumidor (ou cliente, como a agência irá se referir a ele) assinar o contrato com a agência. O *projeto* criativo da propaganda será baseado em um *brief* encaminhado pelo cliente. Somente após o projeto ser aprovado é que os recursos apropriados (diretor, redatores, atores, empresa de produção etc.) são contratados. O início real da propaganda e a pós-produção (edição, tratamento de efeitos especiais etc.) prosseguem e, depois disso, os anúncios concluídos são *veiculados* em determinados horários de televisão. Isso é mostrado na Figura 10.4 como operação de "projeto, recurso, criação e entrega sob encomenda".

Outras operações podem confiar suficientemente na natureza da demanda, embora não em seus detalhes exatos, mas para manter *em estoque* a maioria dos recursos exigidos para satisfazer seus clientes. Certamente, manterá seus recursos de transformação ou mesmo seus recursos transformados. Entretanto, produziria o serviço ou produto apenas quando recebesse o pedido de um cliente da empresa. Por exemplo, uma empresa de web design tem a maioria de seus recursos (projetistas gráficos, desenvolvedores de *software*, *softwares* especializados em desenvolvimento etc.) disponíveis, mas só projeta, cria e entrega o *site* após entender as exigências do cliente. (Ver a seção de *Operações na prática* sobre a Torchbox, no Capítulo 9.) Isso é mostrado na Figura 10.4 como uma operação de *projeto, criação e entrega sob encomenda*.

Algumas operações oferecem serviços ou produtos relativamente padronizados, mas não os criam até o cliente escolher que serviço ou produto específico deseja ter. Assim, uma construtora que tem projetos padronizados pode optar em construir a casa apenas quando o cliente lhe enviar um contrato assinado. Visto que o projeto da casa é relativamente padronizado, os fornecedores de materiais de construção terão que ser identificados, mesmo se a operação de construção não mantiver os itens em estoque. Isso é mostrado na Figura 10.4 como uma operação de *criação e entrega sob encomenda*. No setor de manufatura, seria denominada operação de *fabricação sob encomenda*.

Algumas operações têm serviços ou produtos que são tão previsíveis que podem começar a *criá-los* antes que cheguem os pedidos específicos do cliente. Possivelmente, o exemplo mais conhecido é o da Dell Computers, em que o cliente pode *especificar* seu computador, selecionando entre vários componentes no *site* da empresa. Esses componentes já foram criados (geralmente por fornecedores), mas são montados para atender ao pedido de um cliente específico. Isso é mostrado na Figura 10.4 como operação de *criação parcial e entrega sob encomenda*. No setor de manufatura, seria denominada operação de *montagem sob encomenda*.

Quando os serviços ou produtos de uma operação são padronizados, há o potencial de criá-los totalmente antes de a demanda ser conhecida. Quase todos os produtos domésticos, por exemplo, são *Criados para estocar* ou *Fabricados para estocar* (isso é mostrado na Figura 10.4) para serem posteriormente entregues aos clientes. Levando em conta o caráter evolutivo dessa lógica para sua conclusão, algumas operações exigem que os clientes retirem seus próprios serviços ou produtos. Essa é a ilustração *Escolha/retirada do estoque* da Figura 10.4. A IKEA e a maioria das operações de varejo de rua funcionam dessa maneira.

> **Princípio de produção**
> A atividade de planejamento e controle variará, dependendo de quanto trabalho é feito antes que a demanda seja conhecida.

Um ponto a observar nas operações ilustradas na Figura 10.4 é que há uma relação entre como as operações respondem à demanda e suas características de volume-variedade. É fácil ver que as operações de *projeto, recurso, criação e entrega sob encomenda* são recomendadas para empresas de baixo volume e alta variedade. Por definição, projetar serviços ou produtos diferentes resultará em alta variedade, e o desempenho de cada atividade para cada cliente seria bastante complicado para uma empresa de alto volume. Inversamente, a *Criação para estoque* e a *Escolha/retirada do estoque* baseiam-se claramente em serviços ou produtos padronizados.

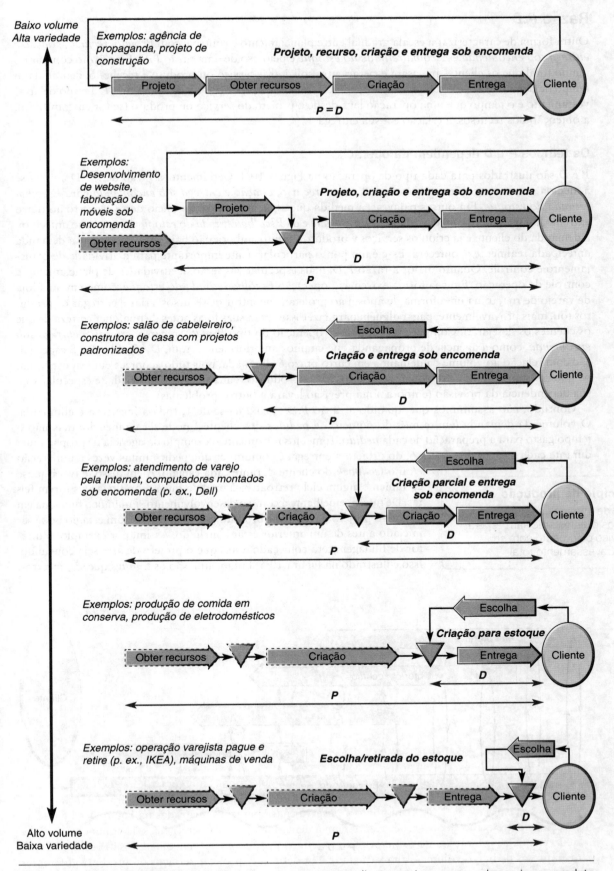

Figura 10.4 A razão *P:D* de uma operação indica quanto tempo o cliente precisa esperar pelo serviço ou produto em comparação ao tempo total de realizar todas as atividades para tornar o serviço ou produto disponível ao cliente.

Razão P:D

Outra forma de caracterizar a escala gradual entre planejamento e controle com *Projeto, recurso, criação e entrega sob encomenda* e *Escolha/retirada do estoque* é pelo uso de uma razão P:D. Essa razão compara o tempo total que os clientes precisam esperar entre solicitar o serviço ou produto e recebê-lo, denominado tempo de demanda, D, e o tempo total de atravessamento da produção do início ao fim, P. Tempo de atravessamento é o tempo que uma operação leva desde o projeto do serviço ou produto (se for customizado), a obtenção dos recursos, a criação e a sua entrega.

Os tempos P e D dependem da operação

P e D são ilustrados para cada tipo de operação na Figura 10.4. Geralmente, a razão de P e D amplia-se à medida que as operações se movem de *Projeto, recurso, criação e entrega sob encomenda* para *Escolha/retirada do estoque*. Em outras palavras, à medida que alguém se move do início desse espectro ao outro extremo, ou seja, o extremo da *Criação para estoque* e da *Escolha/retirada do estoque*, a operação antecipou a demanda do cliente e já criou os serviços e produtos, muito embora não haja garantia de que a demanda antecipada realmente acontecerá. Esse é um ponto particularmente importante para a atividade de planejamento e controle. Quanto maior a razão P:D, mais especulativas serão as atividades de planejamento e controle da operação. Em sua forma extrema, a operação *Escolha/retirada do estoque*, como em uma loja de varejo de rua, toma uma forma de aposta ao projetar, encontrar os recursos, criar e entregar os produtos (ou, mais provavelmente, pagar alguém para fazer isso) para suas lojas antes de qualquer certeza de que os clientes os desejarão. Compare isso com uma operação do tipo *Projeto, recurso, criação e entrega sob encomenda*, como a agência de propaganda que citamos anteriormente. Aqui, D é igual a P e a especulação com relação ao volume da demanda em curto prazo é eliminada, pois tudo acontece em resposta a um pedido constante. Assim, ao reduzir sua razão P:D, a produção reduz seu grau de atividade especulativa e sua dependência da previsão (embora a má previsão levará a outros problemas).

Contudo, não assumimos que, quando a razão P:D aproxima-se de 1, toda a incerteza é eliminada. O volume da demanda (em termos do número de *pedidos* dos clientes) pode ser conhecido, mas não o tempo gasto para a preparação de cada *pedido*. Tomemos novamente o exemplo da agência de propaganda: durante cada estágio do processo, do projeto à entrega, é comum ter que pedir muitas vezes a aprovação e/ou o *feedback* do cliente durante cada estágio. Além disso, haverá quase certamente algum ciclo retroativo à medida que as modificações forem feitas. De modo semelhante a como o desenvolvimento simultâneo funciona em um novo projeto de serviço e produto (ver Capítulo 4), um estágio pode ser iniciado antes de um anterior estar concluído. Assim, por exemplo, o diretor de filmagem terá começado antes que o projeto de arte seja concluído. Isso é ilustrado na Figura 10.5. Então, aqui são os *timings* que são incertos.

> **Princípio de produção**
> A razão *P:D* de uma operação compara o tempo que os clientes precisam esperar por um serviço ou produto com seu tempo de atravessamento total.

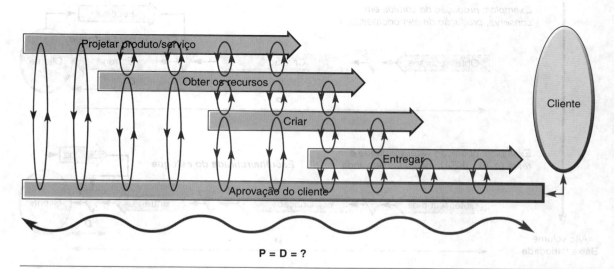

Figura 10.5 A relação entre os estágios de algumas operações de *projeto, recurso, criação e entrega sob encomenda*, como em uma agência de propaganda, pode ser complexo, com consulta frequente e ciclos imprevisíveis.

Planejamento de vendas e operações

Um dos problemas com o planejamento e controle tradicionais da produção é que, embora várias funções estivessem envolvidas rotineiramente no processo, cada uma delas poderia ter um conjunto de objetivos muito diferente. Por exemplo, o marketing pode estar interessado em maximizar as receitas e garantir a continuidade da entrega aos clientes. A produção provavelmente estará sob pressão para minimizar o custo (talvez alcançado por meio de níveis operacionais relativamente longos e estáveis). A função de finanças estará interessada em reduzir o capital de giro e o estoque, além dos custos fixos. E assim por diante. Contudo, estas e outras funções, como engenharia ou gestão de recursos humanos, são todas afetadas pelas decisões de planejamento da produção e provavelmente estão envolvidas em seus próprios processos de planejamento, que dependem parcialmente do *output* do processo de planejamento da produção. O **planejamento de vendas e operações (S&OP, do inglês *Sales & Operations Planning*)** foi considerado pela primeira vez como um elemento importante do planejamento, à medida que o planejamento de recursos de manufatura (ver o suplemento do Capítulo 14) tornou-se um processo comumente utilizado. As primeiras implementações de planejamento de recursos de manufatura muitas vezes se tornavam menos eficazes pela condução do sistema por planos inatingíveis. Esse é o dilema que o S&OP pretende resolver. É um processo de planejamento que tenta garantir que todos os planos táticos estejam alinhados com as diversas funções do negócio e com os planos estratégicos de longo prazo da empresa.

Esse é um processo formal de negócios, que contempla um período de 18 a 24 meses à frente. Em outras palavras, não é um processo puramente de curto prazo. Na verdade, o S&OP foi desenvolvido como uma tentativa de integrar o planejamento de curto e longo prazo, bem como integrar as atividades de planejamento das principais funções. É um processo agregado que não lida com atividades detalhadas, mas concentra-se no volume geral (geralmente agregado) de *output*. Em geral, é um processo que acontece mensalmente e costuma ocorrer em um nível superior, com o envolvimento de uma gerência de nível mais alto do que o planejamento tradicional da produção. S&OP também tem muitos nomes. Pode ser chamado de planejamento empresarial integrado, gestão empresarial integrada, gestão integrada de desempenho, planejamento empresarial contínuo e gestão empresarial regional, para citar alguns. Também foi observado[2] que algumas organizações continuam a usar a sigla *S&OP*, embora possam estar se referindo a algo bem diferente.

Atividades de planejamento e controle

O planejamento e controle requer a conciliação do suprimento e da demanda em termos de volumes, *timing* e qualidade. Neste capítulo, focaremos uma visão geral das atividades que planejam e controlam o volume e o *timing* (a maior parte deste livro refere-se a esses assuntos). Há quatro atividades sobrepostas: carregamento, sequenciamento, programação e monitoramento e controle (ver a Figura 10.6). Alguma cautela é necessária quando usamos esses termos. Organizações diferentes podem usá-los de diferentes formas, e até mesmo os livros referentes a essa área adotam definições diferentes. Por exemplo, algumas autoridades denominam o que chamamos de planejamento e controle como *programação da produção*. Entretanto, a terminologia de planejamento e controle é menos importante do que entender as ideias básicas descritas no restante deste capítulo.

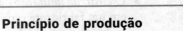

Princípio de produção
As atividades de planejamento e controle incluem carregamento, sequenciamento, programação e monitoramento e controle.

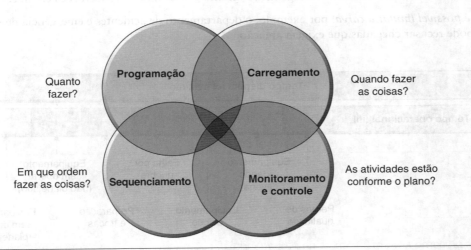

Figura 10.6 Atividades de planejamento e controle.

10.3 O que é *carregamento*?

Carregamento é a quantidade de trabalho alocada a um centro de trabalho. Por exemplo, uma máquina instalada no chão de fábrica de uma empresa está disponível, teoricamente, 168 horas por semana. Entretanto, isso não necessariamente significa que as 168 horas de trabalho podem ser carregadas nessa máquina. A Figura 10.7 mostra o que consome esse tempo disponível. Por alguns períodos, a máquina não pode funcionar; por exemplo, pode não estar disponível nos feriados e fins de semana. Assim, a carga atribuída à máquina deve levar isso em consideração. Do tempo que a máquina está disponível para o trabalho, outras perdas reduzem mais o tempo disponível. Por exemplo, pode-se perder algum tempo enquanto é feita a troca de fabricação de um componente para outro. Se a máquina quebrar, ela não estará disponível. Se houver dados de confiabilidade da máquina, isso deve também ser levado em consideração. Às vezes, a máquina pode ficar esperando a chegada de peças ou ficar *ociosa* por algum outro motivo. Outras perdas podem incluir uma tolerância para a máquina trabalhar abaixo de sua velocidade ideal (por exemplo, porque sua manutenção não foi apropriada) e uma tolerância para *perdas de qualidade* ou defeitos que a máquina pode produzir. Sem dúvida, muitas dessas perdas deveriam ser pequenas ou inexistentes em uma operação bem administrada. Entretanto, o **tempo operacional útil** disponível para uma operação produtiva, mesmo nas melhores operações, pode estar significativamente abaixo do tempo máximo disponível. Essa ideia é mais bem examinada no Capítulo 11, quando discutiremos a medição da capacidade.

Princípio de produção

Para qualquer dado nível de demanda, um sistema de planejamento e controle deve ser capaz de indicar as implicações para o carregamento em qualquer parte da operação.

Carregamento finito e infinito

O **carregamento finito** é uma abordagem que apenas aloca trabalho a um centro de trabalho (uma pessoa, uma máquina ou talvez um grupo de pessoas ou máquinas) até um limite estabelecido. Esse limite é a estimativa de capacidade do centro de trabalho (baseada nos tempos disponíveis para carregamento). O trabalho acima dessa capacidade não é aceito. A Figura 10.8 mostra como a carga nos centros de trabalho não pode exceder o limite de capacidade. O carregamento finito é particularmente relevante para operações em que:

▶ *É possível limitar a carga:* por exemplo, é possível fazer um sistema de marcação de hora para um consultório médico ou um cabeleireiro.
▶ *É necessário limitar a carga:* por exemplo, por razões de segurança, apenas um número finito de pessoas e quantidade de carga é permitido em aviões.
▶ *O custo da limitação da carga não é proibitivo:* por exemplo, o custo de manter uma fila finita de pedidos em um fabricante especializado de carros esportivos não afeta de modo adverso a demanda, podendo, inclusive, melhorá-la.

O **carregamento infinito** é uma abordagem de carregamento que não limita a aceitação do trabalho, mas, ao contrário, tenta lidar com ele. O segundo diagrama da Figura 10.8 ilustra esse padrão de carregamento em que as restrições de capacidade não foram consideradas para limitar o carregamento, de modo que o trabalho é concluído mais cedo. O carregamento infinito é relevante para operações em que:

▶ *Não é possível limitar a carga:* por exemplo, o departamento de acidentes e emergência de um hospital não pode recusar chegadas que exigem atenção.

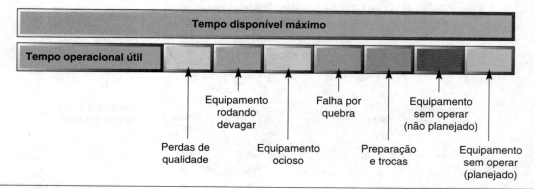

Figura 10.7 Redução do tempo disponível para tempo operacional útil.

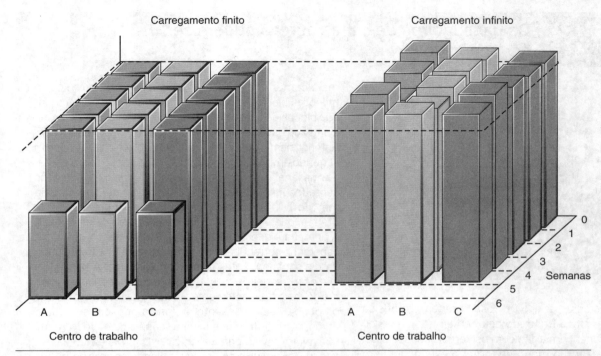

Figura 10.8 Carregamento finito e infinito de trabalhos em três centros de trabalho A, B e C. O carregamento finito limita o carregamento em cada centro de acordo com sua capacidade, mesmo que signifique atraso de alguns trabalhos. O carregamento infinito permite que o carregamento de cada centro exceda sua capacidade para assegurar que os trabalhos não atrasem.

▶ *Não é necessário limitar a carga:* por exemplo, restaurantes *fast-food* são projetados para flexibilizar a capacidade para cima e para baixo, atendendo assim às taxas variáveis de chegada de clientes. Durante períodos de muita demanda, os clientes devem aceitar algum tempo de espera para serem atendidos. A menos que a espera seja muito longa, eles podem decidir esperar e não ir a outro restaurante.
▶ *O custo de limitação da carga é proibitivo:* por exemplo, se uma agência bancária recusar clientes na porta porque há certo número limite de pessoas lá dentro, os clientes ficarão insatisfeitos com o serviço.

Em atividades de planejamento e controle complexas, em que há múltiplas etapas, cada uma com diferentes capacidades e com um *mix* variável de trabalhos chegando às instalações, como em um setor de usinagem de uma empresa de engenharia, as restrições impostas pelo carregamento finito tornam os cálculos de carregamento complexos e o esforço computacional considerável que seria necessário não compensa.

10.4 O que é *sequenciamento*?

Seja a abordagem de carregamento finita, seja infinita, quando o trabalho chega, decisões devem ser tomadas sobre a ordem em que as tarefas serão executadas. Essa atividade é denominada sequenciamento. As prioridades dadas ao trabalho em uma operação são frequentemente estabelecidas por um conjunto predefinido de regras, algumas das quais relativamente complexas. Algumas delas estão resumidas a seguir.

Restrições físicas

A natureza física dos *inputs* processados pode determinar a prioridade do trabalho. Por exemplo, em uma operação que utiliza tintas ou tingimentos, os tons mais claros serão colocados na sequência antes dos mais escuros. Cada vez que um lote é concluído, a cor é ligeiramente escurecida para o próximo. Isso se deve ao fato de que a cor só pode ser escurecida e jamais clareada. Às vezes, o *mix* de trabalho que chega a uma parte de uma operação pode determinar a prioridade dada às tarefas. Por exemplo, quando um tecido é cortado em determinado tamanho e formato na indústria de confecção de roupas, o tecido excedente será desperdiçado se não for utilizado para outro produto. Portanto, trabalhos que se encaixam fisicamente podem ser programados para reduzir desperdícios. A questão do sequenciamento descrita no exemplo *Os passageiros de linhas aéreas podem ser sequenciados?* em *Operações na prática* é desse tipo.

OPERAÇÕES NA PRÁTICA

Os passageiros de linhas aéreas podem ser sequenciados?[3]

Como muitos antes dele, o Dr. Jason Steffen, astrofísico profissional, estava frustrado pelo tempo que demorou para embarcar em um avião com os demais passageiros. Decidiu idealizar um modo de tornar a experiência um pouco menos tediosa. Assim, por um tempo, deixou seu trabalho normal de examinar planetas fora do sistema solar, matéria escura e cosmologia e, experimentalmente, testou um método mais rápido de se embarcar em um avião. Constatou que, ao mudar a sequência em que os passageiros entram em um avião, as linhas aéreas podem, potencialmente, economizar tempo e dinheiro. Usando uma simulação por computador e as técnicas aritméticas rotineiramente utilizadas em seu trabalho diário, foi capaz de encontrar o que parecia ser um método de sequenciamento superior. Suas simulações mostraram que o modo mais comum de embarcar passageiros mostrou ser o menos eficiente. Isso é denominado *método de blocos*, em que blocos de assentos são chamados para embarcar, iniciando pelos assentos situados na parte traseira do avião. Anteriormente, outros especialistas do setor aéreo haviam sugerido embarcar, primeiramente, os passageiros sentados na janela, depois os do assento do meio e, por fim, os sentados junto ao corredor. Essa prática é denominada método Wilma. Contudo, conforme as simulações do Dr. Steffen, duas coisas retardam o processo de embarque. A primeira é que os passageiros podem ser solicitados a esperar no corredor enquanto os que estão na frente guardam a bagagem antes de ocupar o assento. A segunda é que os passageiros já sentados no corredor ou nos assentos do meio frequentemente precisam se levantar para que os ocupantes do assento da janela possam se sentar. Então, o Dr. Steffen sugeriu uma variante do método Wilma que minimizava o primeiro tipo de distúrbio e eliminava o segundo. Sugeriu o embarque iniciando com os passageiros sentados nas janelas e alternando as fileiras da parte traseira do avião para a frente. Ao usar essa abordagem (agora denominada método Steffen), primeiro, os passageiros dos assentos de um lado do avião, próximo às janelas, são embarcados de modo alternado. A seguir, os passageiros com assentos nas janelas do outro lado do avião são embarcados, também de modo alternado. Depois, são preenchidos os assentos ainda não ocupados, de forma alternada, na janela, de um lado e, depois, do outro. O procedimento é repetido para os assentos do meio e no corredor (ver Figura 10.9).

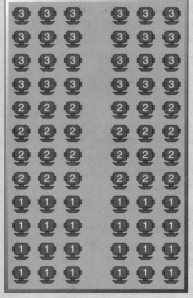

Método de blocos (convencional)

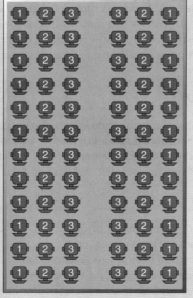

Método Wilma

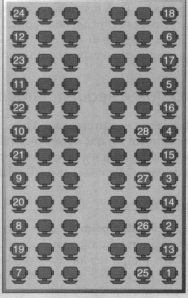

Método Steffen

Figura 10.9 A melhor maneira de sequenciar os passageiros em um avião.

Posteriormente, a eficácia das várias abordagens foi testada usando-se um protótipo de um Boeing 757 e 72 voluntários carregando bagagem. Cinco cenários diferentes foram testados: embarque em *blocos* nos assentos situados nas fileiras do fundo para a frente do avião, com o *método Wilma*, com o método Steffen e embarque totalmente aleatório. Em todos os casos, pais com crianças foram permitidos a embarcar primeiro, uma vez que as famílias gostam de embarcar juntas. Como o Dr. Steffen havia previsto, a abordagem convencional em blocos mostrou ser a mais lenta, com a abordagem estrita do fundo para a frente não muito melhor. O embarque totalmente aleatório (assentos não marcados), usado por várias linhas aéreas de baixo custo, mostrou-se muito melhor porque, provavelmente, evita conflitos de espaço. Os tempos para o embarque total dos 72 passageiros usando cada método foram os seguintes: embarque em *blocos* — 6:54 minutos; de trás para a frente — 6:11 minutos; aleatório — 4:44 minutos; método Wilma — 4:13 minutos; método Steffen — 3:36 minutos.

A grande questão é a seguinte: "Os passageiros estariam realmente preparados para ser sequenciados dessa forma enquanto fazem fila para embarcar na aeronave?". Alguns funcionários de linhas aéreas argumentam que direcionar os passageiros para um avião é um pouco como pastorear felinos.

Prioridade do cliente

Às vezes, as operações usam o sequenciamento prioritário de clientes, que permite que um cliente importante ou contrariado, ou um item, seja *processado* antes dos outros, independentemente da ordem de chegada desse cliente ou do item. Essa abordagem é tipicamente usada por operações cuja base de clientes é pulverizada, formada por uma massa de pequenos clientes e alguns deles muito grandes e importantes. Por exemplo, alguns bancos dão prioridade a clientes importantes. De modo semelhante, em hotéis, os clientes que reclamam serão tratados como prioridade porque a reclamação deles pode ter um efeito adverso sobre a percepção de outros clientes. Mais seriamente, os serviços de emergência geralmente precisam usar algum tipo de avaliação para priorizar a urgência do serviço solicitado. Por exemplo, a Figura 10.10 mostra o sistema de **triagem** típico usado em hospitais para priorizar os pacientes (ver o exemplo *Os desafios de triagem* em *Operações na prática*). Entretanto, o sequenciamento prioritário de clientes, embora forneça alto nível de serviço a alguns, pode prejudicar o serviço prestado a muitos outros. Isso pode baixar o desempenho geral da operação se os fluxos de trabalho forem interrompidos para acomodar clientes importantes.

Data prevista

Priorizar pela data prevista (DD, do inglês *due date*) significa que o trabalho é sequenciado de acordo com quando *deve* ser entregue, independentemente do tamanho de cada trabalho ou da importância de cada cliente. Por exemplo, um serviço de suporte, como uma unidade de impressão, frequentemente será indagado sobre quando as cópias serão entregues e, então, a sequência de trabalho é feita conforme essa data prevista. Em geral, o sequenciamento por data prevista melhora a confiabilidade e a velocidade média da entrega. Isso pode não fornecer a produtividade ideal, uma vez que um sequenciamento mais eficiente do trabalho pode reduzir o custo total. Entretanto, pode ser flexível quando chega um novo trabalho urgente no centro de trabalho.

1	Ressuscitação imediata	Paciente precisa de tratamento imediato para preservar sua vida
2	Muito urgente	Pacientes com doenças sérias ou feridos, cujas vidas não estão em perigo imediato
3	Urgente	Pacientes com problemas sérios, mas em condições aparentemente estáveis
4	Padrão	Casos-padrão sem perigo ou sofrimento imediato
5	Não urgente	Pacientes cujas condições não são verdadeiros acidentes ou emergências

Figura 10.10 Escala de priorização de triagem.

OPERAÇÕES NA PRÁTICA — Os desafios de triagem[4]

Dominique-Jean Larrey era um cirurgião militar do exército francês durante as campanhas de Napoleão. Ao tratar de baixas no campo de batalha, Larrey teve que decidir (independentemente de sua patente militar) quais soldados precisavam de atenção médica com mais urgência. Para ajudar no que era uma decisão difícil, tanto médica quanto eticamente, ele desenvolveu o conceito de distinguir entre pacientes urgentes e não urgentes. Isso ficou conhecido como *triagem*, do francês *trier* (separar). Ainda hoje é usado para sequenciar pacientes que aguardam recursos médicos limitados, como equipe, leitos, terapia intensiva e respiradores. A principal diferença é que, nos tempos napoleônicos, muitos ferimentos significavam morte certa. Agora, o progresso tecnológico significa que a maioria pode ser tratada — se os recursos estiverem disponíveis. Por exemplo, os departamentos de acidentes e emergência de um hospital têm pessoal, leitos e equipamentos limitados, e os pacientes chegam aleatoriamente. Cabe então à recepção e à equipe médica do hospital definir com rapidez a prioridade dos pacientes que atendem à maioria dos critérios necessários. Pacientes com lesões muito graves, ou que apresentam sintomas de uma doença grave, geralmente precisam ser atendidos com urgência. Pacientes com algum desconforto, mas cujas lesões ou doenças não ameaçam a vida, terão que esperar até que os casos urgentes sejam atendidos. Casos não urgentes, de rotina, terão a prioridade mais baixa. Em muitas circunstâncias, esses pacientes terão que esperar muitas horas se o hospital estiver muito cheio. Eles podem até ser recusados, se o hospital estiver repleto de casos mais importantes.

A triagem sempre apresentou dilemas morais e *trade-offs*. Isso foi especialmente exposto durante a pandemia de COVID-19. Os médicos foram confrontados com as decisões mais terríveis sobre como alocar recursos escassos. Sob extrema escassez de recursos, os mais doentes podem não receber acesso prioritário aos recursos. Na verdade, além de um certo ponto, um paciente gravemente doente pode, em algumas circunstâncias, ter menos probabilidade de receber tratamento. Pode-se argumentar que, especialmente se o tratamento for desconfortável para o paciente que inevitavelmente irá a óbito, é simplesmente cruel aumentar sua aflição, por exemplo, colocando-o em um respirador. Além disso, o equipamento poderia ser mais bem utilizado para um paciente que está menos doente, mas com maior probabilidade de sobreviver. Fazer essas escolhas tem seu preço na equipe médica. Durante a pandemia, houve relatos de médicos chorando nos corredores dos hospitais em razão das escolhas que tiveram que fazer. Embora a maioria dos profissionais concordasse que os recursos eram destinados aos pacientes que tinham maiores chances de sucesso no tratamento e que tinham maior expectativa de vida, isso ainda significava ter que tomar algumas decisões cruéis, que significavam literalmente decidir quem viverá e quem morrerá. Os médicos relataram que seria útil que os critérios e a estrutura de decisão para distinguir entre os pacientes fossem definidos com antecedência, e os pacientes e suas famílias fossem informados com cuidado e sensibilidade. Também pode ser melhor que as decisões difíceis sejam tomadas por médicos que não estejam na linha de frente. Alguns estados dos Estados Unidos dispõem de técnicos de triagem ou comitês que tomam essas decisões, com os médicos da linha de frente livres para discordar de uma decisão se acharem que ela está errada.

Último a chegar, primeiro a sair

Último a chegar, primeiro a sair (LIFO, do inglês *last in, first out*) é um método de sequenciamento geralmente selecionado por razões práticas. Por exemplo, descarregar um elevador é mais eficiente com o método LIFO, uma vez que há apenas uma porta para entrada e saída. Entretanto, não é uma abordagem equitativa. Pacientes em clínicas hospitalares podem ficar furiosos se pacientes recém-chegados forem atendidos em primeiro lugar.

Primeiro a chegar, primeiro a sair

Algumas operações atendem aos clientes na sequência exata de chegada. Isso é chamado primeiro a chegar, primeiro a sair (FIFO, do inglês *first in, first out*) ou às vezes *primeiro a chegar, primeiro a ser atendido* (FCFS, do inglês *first come, first served*). Por exemplo, os órgãos de emissão de passaporte do Reino Unido recebem os formulários que são empilhados conforme a data de chegada. Eles trabalham pelo correio, abrindo os pedidos de passaporte em sequência e processando-os por ordem de chegada. Em parques temáticos, uma fila única pode ser criada, de modo que contorne a área do saguão até as bilheterias. Quando os clientes chegam na frente da fila, o atendimento é feito no próximo guichê livre.

CAPÍTULO 10 PLANEJAMENTO E CONTROLE **335**

Tempo de operação mais longo

As operações podem ser obrigadas a sequenciar seus trabalhos mais longos em primeiro lugar, o denominado sequenciamento por tempo de operação mais longo. Isso tem a vantagem de ocupar os centros de trabalho por longos períodos. Em contraste, trabalhos relativamente pequenos em andamento ao longo da operação ocuparão algum tempo em cada centro de trabalho pela necessidade de mudança entre um trabalho e outro. Entretanto, embora o sequenciamento por tempo de operação mais longo mantenha alta utilização, essa norma não leva em consideração a velocidade, a confiabilidade ou a flexibilidade da entrega. De fato, pode funcionar diretamente contra esses objetivos de desempenho.

Tempo de operação mais curto primeiro

A maioria das operações em algum momento fica limitada pela disponibilidade de caixa. Nessas situações, as regras de sequenciamento podem ser ajustadas para privilegiar os trabalhos mais curtos; isso é denominado sequenciamento pelo tempo de operação mais curto. Esses trabalhos podem ser faturados, e o pagamento recebido para facilitar os problemas de fluxo de caixa. Trabalhos maiores, que demandam mais tempo, não permitem faturamento rápido. Isso tem o efeito de melhorar o desempenho de entrega se a unidade de medição da entrega for o número de trabalhos. Entretanto, pode afetar negativamente a produtividade total e prejudicar o atendimento aos clientes maiores.

Como avaliar as regras de sequenciamento

Todos os cinco objetivos de desempenho, ou alguma variante deles, poderiam ser usados para julgar a eficácia das regras de sequenciamento. Entretanto, os objetivos de confiabilidade, velocidade e custo são particularmente importantes. Assim, por exemplo, os seguintes objetivos de desempenho geralmente são utilizados:

▶ Atender ao cliente na *data prevista* que foi prometida (confiabilidade).
▶ Minimizar o tempo que o trabalho despende no processo, também conhecido como *tempo de fluxo* (velocidade).
▶ Minimizar o estoque de trabalho em processo (um elemento de custo).
▶ Minimizar o tempo ocioso dos centros de trabalho (outro elemento de custo).

Exemplo resolvido

Steve Smith, *web designer*

Steve Smith é *web designer* em uma escola de administração. Ao retornar de suas férias anuais (após concluir todos os trabalhos pendentes antes de sair), recebeu a incumbência de cinco novos trabalhos de *design*. Ele atribui aos trabalhos os códigos de A a E. Steve precisa decidir em qual sequência realizar os trabalhos. Deseja ao mesmo tempo minimizar o tempo médio que os trabalhos permanecem em seu escritório e, se possível, cumprir os prazos (tempos de entrega) alocados a cada trabalho.

Sua primeira ideia é fazer os trabalhos na ordem que os recebeu, isto é, o primeiro a chegar, primeiro a sair (FIFO):

Regra de sequenciamento: primeiro a chegar, primeiro a sair (FIFO)

Sequência de trabalhos	Tempo de processo (dias)	Tempo de início	Tempo de término	Data prevista	Nível de atraso (dias)
A	5	0	5	6	0
B	3	5	8	5	3
C	6	8	14	8	6
D	2	14	16	7	9
E	1	16	17	3	14
Tempo total no processo		60	Atraso total		32
Tempo médio no processo (total/5)		12	Atraso médio (total/5)		6,4

▶

Alarmado pelo nível de atraso médio, ele tenta a regra da data prevista (DD):

Regra de sequenciamento: data prevista (DD)

Sequência de trabalhos	Tempo de processo (dias)	Tempo de início	Tempo de término	Data prevista	Nível de atraso (dias)
E	1	0	1	3	0
B	3	1	4	5	0
A	5	4	9	6	3
D	2	9	11	7	4
C	6	11	17	8	9
Tempo total no processo		42	Atraso total		16
Tempo médio no processo (total/5)		8,4	Atraso médio (total/5)		3,2

Melhor! Mas Steve experimenta a regra do tempo de operação mais curto:

Regra de sequenciamento: tempo de operação mais curto

Sequência de trabalhos	Tempo de processo (dias)	Tempo de início	Tempo de término	Data prevista	Nível de atraso (dias)
E	1	0	1	3	0
D	2	1	3	7	0
B	3	3	6	5	1
A	5	6	11	6	5
C	6	11	17	8	9
Tempo total no processo		38	Atraso total		16
Tempo médio no processo (total/5)		7,6	Atraso médio (total/5)		3,2

Isso resulta no mesmo atraso médio, mas com tempo médio no processo menor. Steve decide usar essa última regra.

Ao comparar os resultados das três regras de sequenciamento descritas no exemplo resolvido com as outras regras de sequenciamento descritas anteriormente e aplicadas ao problema, obtemos os resultados resumidos na Tabela 10.2. Nesse caso, a regra da operação mais curta resultou tanto em melhor tempo médio de processo quanto em melhor (ou menos pior) média de atraso. Embora diferentes regras tenham desempenhos distintos, dependendo das circunstâncias do problema de sequenciamento, na prática, a regra da operação mais curta geralmente apresenta melhor desempenho.

Tabela 10.2 Comparação das cinco regras de decisão de sequenciamento.

Regra	Tempo médio do processo (dias)	Nível de atraso médio (dias)
FIFO	12	6,4
DD	8,4	3,2
Tempo de operação mais curto	7,6	3,2
LIFO	8,4	3,8
Tempo de operação mais longo	12,8	7,4

10.5 O que é *programação*?

Tendo determinado a sequência em que o trabalho será realizado, algumas operações requerem um cronograma detalhado que mostre em que momento os trabalhos devem começar e quando devem terminar — isso é programação. Programações são declarações comuns de volume e tempo em muitos ambientes de consumo. Por exemplo, uma programação de horários de ônibus mostra que mais ônibus são colocados nas rotas em intervalos mais frequentes durante os horários de pico. O horário do ônibus mostra também o horário em que cada ônibus deve chegar em cada etapa da rota. As programações de trabalho são usadas em operações quando algum planejamento é exigido para certificar que a demanda do cliente seja atendida. Outras operações, como os serviços de resposta rápida, em que os clientes chegam de forma não planejada, não podem ser programadas em curto prazo. Apenas podem responder no momento em que a demanda lhes seja apresentada.

OPERAÇÕES NA PRÁTICA — Sequenciamento e programação no aeroporto de Heathrow em Londres[5]

Além de ser o aeroporto mais movimentado do Reino Unido, Heathrow é o mais movimentado do mundo, com duas pistas, recebendo cerca de 1.300 decolagens e aterrissagens combinadas todos os dias. Pousando cerca de 650 aeronaves em um dia, os controladores de tráfego aéreo têm um dos trabalhos de sequenciamento mais complexos para realizar ao decidir qual aeronave chamar em seguida com base em suas áreas de espera (conhecidas como *pilhas*) para pousar em uma das duas pistas. Muitos aeroportos usam uma política de sequenciamento baseada em *primeiro a chegar, primeiro a ser atendido* (FCFS). No entanto, isso nem sempre oferece o melhor desempenho do aeroporto, o qual é avaliado por medidas como utilização da pista, volume total da aeronave, fluxo de passageiros e tempo de espera dos passageiros. Para aeroportos muito movimentados como o Heathrow, é necessária uma abordagem de sequenciamento mais sofisticada. Na maior parte do tempo em Heathrow, uma pista é usada exclusivamente para decolagens e a outra apenas para pousos (conhecido como modo de operação *segregado*). No entanto, em horários particularmente movimentados, ambas as pistas podem ser usadas para pousos. As considerações de segurança são, obviamente, primordiais para decidir sobre uma sequência apropriada. Deve haver um tempo e distância mínimos entre as aeronaves quando elas decolam ou pousam. Isso ocorre em virtude do que é conhecido como *esteira de turbulência* – que é causada pelo componente de *sustentação* do voo (sem o qual a aeronave não poderia voar). A sustentação é causada pela diferença de pressão entre as superfícies superior e inferior da asa. As esteiras de turbulência podem resultar em condições turbulentas se uma aeronave seguir muito perto da anterior, o que os passageiros achariam desconfortável e possivelmente angustiante. Poderia até causar possíveis danos à aeronave em seguida. A magnitude de uma esteira de turbulência depende do tamanho da aeronave, com as grandes causando mais turbulência no ar. Portanto, aproximar uma aeronave grande significa deixar um tempo (relativamente) longo antes que outra possa pousar. Inversamente, uma aeronave leve gera pouca turbulência no ar e, portanto, apenas um atraso de tempo (relativamente) pequeno é necessário antes que outra aeronave possa pousar. Em outras palavras, a sequência em que as aeronaves são chamadas para pousar determinará o tempo total necessário para completar o pouso. Mas, além de decidir a sequência em que as aeronaves irão pousar, os controladores também devem elaborar um cronograma que determine um horário de pouso para cada aeronave. Ele deve:

▶ Dar tempo suficiente para que uma aeronave voe com segurança de sua posição atual na pilha até a pista, de modo que ela pouse na posição apropriada na sequência.
▶ Certificar-se de que nenhuma aeronave fique com pouco combustível enquanto aguarda para pousar.
▶ Garantir que as aeronaves não pousem muito próximas umas das outras.

Para tornar a situação ainda mais difícil, o clima também pode complicar as coisas. As aeronaves têm que decolar e pousar contra o vento, então a direção de pouso depende do vento predominante (que pode mudar). É por isso que os especialistas em meteorologia monitoram constantemente as condições meteorológicas que prevalecem a 30.000 pés. Além disso, o aeroporto deve tentar minimizar os incômodos sonoros causados às comunidades locais, o que significa que não são permitidos pousos antes das 4h30, com um máximo de 16 voos antes das 6 h, preferencialmente os aviões mais silenciosos.

Complexidade da programação

A atividade de programação é uma das tarefas mais complexas na administração da produção. Primeiro, os programadores devem lidar simultaneamente com vários tipos diferentes de recursos. As máquinas terão capacidades e capacitações diferentes; o pessoal terá habilidades diferentes. O mais importante é que o número de programações possíveis aumenta rapidamente à medida que o número de atividades e processos aumenta. Por exemplo, suponhamos que uma máquina tenha cinco trabalhos diferentes para processar. Qualquer um deles pode ser processado em primeiro lugar e ser seguido por qualquer dos quatro trabalhos remanescentes e assim por diante. Isso significa que há:

$$5 \times 4 \times 3 \times 2 = 120 \text{ diferentes programações possíveis}$$

Em outras palavras, para n trabalhos, há $n!$ (n fatorial) maneiras diferentes de programar os trabalhos passando por um único processo. No entanto, quando há (digamos) duas máquinas, não há razão pela qual a sequência da máquina 1 seja a mesma da sequência da máquina 2. Se considerarmos as duas tarefas de sequenciamento como independentes uma da outra, para as duas máquinas haveria:

$$120 \times 120 = 14.400 \text{ programações possíveis das duas máquinas e dos cinco trabalhos}$$

Assim, uma fórmula geral pode ser elaborada para calcular o número de programações possíveis em qualquer determinada situação, como a seguinte:

$$\text{Número de programações possíveis} = (n!)^m$$

em que n é o número de trabalhos e m é o número de máquinas.

Em termos práticos, isso significa que geralmente há muitos milhões de programações viáveis, mesmo para tarefas de programação relativamente pequenas. Isso ocorre porque a programação raramente tenta fornecer uma solução *ótima*, mas, ao contrário, se satisfaz com uma solução viável, *aceitável*.

Programação para a frente e para trás

A **programação para a frente** envolve iniciar o trabalho tão logo ele chegue. A **programação para trás** envolve iniciar o trabalho no último momento possível sem que ele sofra atraso. Por exemplo, imaginemos que uma lavanderia leva seis horas para lavar, secar e passar uma leva de uniformes. Se o trabalho for entregue às 8 h e retirado às 16 h, há mais de seis horas disponíveis para fazer o trabalho. A Tabela 10.3 mostra os diferentes tempos de início de cada trabalho, dependendo de a programação ser para a frente ou para trás.

A escolha entre a programação para a frente e para trás depende bastante das circunstâncias. A Tabela 10.4 lista algumas vantagens e desvantagens das duas abordagens.

> ✔ **Princípio de produção**
> O sistema de planejamento e controle de uma operação deve permitir a avaliação dos efeitos das programações alternativas.

Gráficos de Gantt

Um método de programação primitivo, porém simples, é o uso do **gráfico de Gantt**. Trata-se de uma ferramenta simples que representa o tempo como uma barra (ou canal) em um gráfico. Os tempos de início e fim de atividades podem ser indicados no gráfico e, às vezes, também o progresso real do trabalho. A vantagem dos gráficos de Gantt é que eles proporcionam uma representação visual simples do que deveria estar acontecendo e do que está realmente ocorrendo na operação. Além disso, podem ser usados para *testar* programações alternativas. É uma tarefa relativamente simples representar programações alternativas (mesmo que não seja tarefa tão simples encontrar uma programação que se encaixe satisfatoriamente em todos os recursos). A Figura 10.11 ilustra um gráfico de Gantt para uma empresa de desenvolvimento

Tabela 10.3 Efeitos da programação para a frente e para trás.

Tarefa	Duração	Tempo de início (para trás)	Tempo de início (para a frente)
Passar	1 hora	15 h	13 h
Secar	2 horas	13 h	11 h
Lavar	3 horas	10 h	8 h

Tabela 10.4 Vantagens da programação para a frente e para trás.

Vantagens da programação para a frente	Vantagens da programação para trás
Alta utilização de mão de obra — os trabalhadores sempre começam a trabalhar para se manter ocupados	Custos de materiais mais baixos — os materiais não são usados até que necessários, retardando, assim, a agregação de valor até o último momento
Flexível — as folgas de tempo no sistema permitem que algum trabalho inesperado seja programado	Menos exposto ao risco no caso de mudança de programação pelo cliente
	Tende a focar a operação nas datas prometidas ao cliente

de *software* especializado. Ele mostra como se espera que evoluam vários trabalhos pelos cinco estágios do processo. Os gráficos de Gantt não são uma ferramenta de otimização; eles simplesmente facilitam o desenvolvimento de programações alternativas por meio de uma comunicação eficaz.

Programando padrões de trabalho

Onde o recurso dominante de uma operação é o pessoal, a programação dos tempos de trabalho determina efetivamente a capacidade da própria operação. Assim, a principal tarefa da programação é garantir que um número suficiente de pessoas esteja trabalhando a qualquer momento para proporcionar uma capacidade adequada ao nível atual da demanda. Geralmente, isso é denominado **escala** de pessoal. Operações como *call centers,* correio, polícia, serviços de entrega expressa, lojas de varejo e hospitais precisam programar as horas de trabalho de seu pessoal com a demanda em mente. Essa é uma consequência direta da *visibilidade* relativamente alta dessas operações (introduzimos essa ideia no Capítulo 1). Essas operações não podem estocar seus *outputs* e, assim, devem responder imediatamente à demanda dos clientes. Por exemplo, a Figura 10.12 mostra a programação de turnos para um serviço de informações ao cliente de uma pequena empresa de *software*. Esse serviço ajuda os clientes na solução de seus problemas técnicos e funciona das 4 h às 20 h às segundas-feiras, das 4 h às 22 h de terças às sextas-feiras, das 6 h às 22 h aos sábados e das 10 h às 20 h aos domingos. A demanda é mais intensa de terça a quinta, diminui na sexta, é baixa durante o fim de semana e começa a aumentar novamente na segunda-feira.

A tarefa de programação para esse tipo de problema pode ser considerada por diferentes cronogramas, dois dos quais são ilustrados na Figura 10.12. Durante o dia, as horas de trabalho precisam ser combinadas com os membros individuais da equipe. Durante a semana, os dias de folga também o são. Durante o ano, as férias, períodos de treinamento e outros horários em que os funcionários estão indisponíveis também precisam ser negociados. Tudo isso precisa ser programado de modo que:

▶ A capacidade corresponda à demanda.
▶ A duração de cada turno jamais seja excessivamente longa nem curta para ser atraente à equipe.
▶ O trabalho em horas inconvenientes seja minimizado.

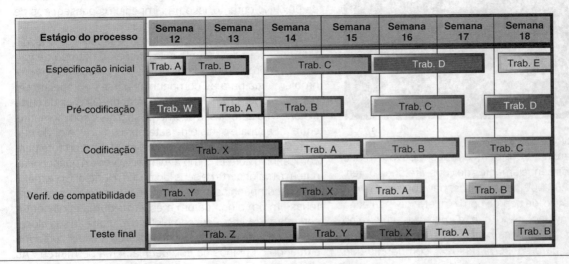

Figura 10.11 Gráfico de Gantt mostrando a programação para trabalhos em cada estágio do progresso.

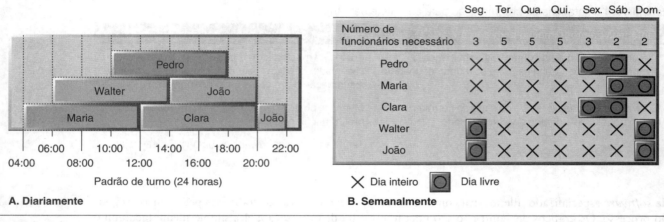

A. Diariamente
B. Semanalmente

Figura 10.12 Programação dos turnos em uma pequena empresa de *software*.

- Os dias de folga acompanhem os acordos feitos com os funcionários (neste exemplo, os funcionários preferem ter dois dias consecutivos de folga na semana).
- As férias e outros períodos de folga sejam acomodados.
- Haja flexibilidade suficiente na programação para cobrir mudanças inesperadas no suprimento (doença de funcionários) e na demanda (ocorrência repentina de chamadas de clientes).

A programação da escala de funcionários é um dos problemas mais complexos na programação. No exemplo relativamente simples mostrado na Figura 10.12, consideramos que todos os funcionários apresentam o mesmo nível e tipo de habilidade. Em operações muito grandes, com muitos tipos de habilidades para programar e com demanda incerta (por exemplo, um grande hospital), o problema de programação torna-se extremamente complexo. Algumas técnicas matemáticas estão disponíveis, mas a maior parte da programação desse tipo é, na prática, solucionada usando-se métodos heurísticos (regras de ouro), alguns incorporados em pacotes de *software* disponíveis comercialmente.

OPERAÇÕES NA PRÁTICA — Ryanair cancela voos após erros de *programação de pessoal*[6]

Ryanair, a maior companhia aérea europeia, está acostumada a ser manchete por bons e maus motivos, mas o anúncio de vários cancelamentos de voos, afetando potencialmente até 285.000 passageiros, não foi seu melhor momento. O motivo, de acordo com o diretor de marketing da Ryanair, Kenny Jacobs, foi que "*cometemos um erro no planejamento das férias dos pilotos e estamos nos esforçando bastante para consertar isso*". A companhia não conseguiu fixar uma programação de pilotos que acomodasse as férias da equipe, mas deixou pilotos suficientes para os voos programados. A Ryanair disse que, na verdade, menos de 2% de seus voos seriam cancelados e que isso não a impediria de atingir sua meta anual de pontualidade de 90%. No entanto, isso não impediu os passageiros de reclamarem da incerteza resultante.

A causa raiz da prejudicial falta de pessoal se deve a dois fatores — feriados anuais e limitações de tempo de voo (FTLs). A programação das férias dos pilotos sempre foi problemática para as companhias aéreas europeias, em parte devido à sazonalidade da demanda. Os voos de curta distância na Europa são altamente sazonais, com demanda entre a Páscoa e o início de setembro muito maior do que no restante do ano. Esse é um momento importante para companhias aéreas como a Ryanair, porque é quando elas obtêm a maior parte de seus lucros. Em razão disso, a maioria das companhias aéreas prefere que seus pilotos tirem férias em um bloco de um mês, em alguma época entre setembro e março. Para completar o restante de sua alocação de férias, eles podem agendar dias *ocasionais*, conforme e quando os planos da companhia aérea permitirem. As

FTLs complicam ainda mais a tarefa de programação dos funcionários. Estas estipulam o máximo de horas que os pilotos podem trabalhar, como 100 horas em quaisquer 28 dias, 900 horas em um ano civil ou 1.000 horas em qualquer período de 12 meses consecutivos. Os programadores da equipe precisam garantir que suas agendas estejam de acordo com esses limites. Essas regras são inquebráveis. O problema da Ryanair surgiu quando a autoridade de aviação irlandesa disse à companhia aérea que tinha de alterar o seu calendário para o cálculo das horas dos pilotos e partir do seu calendário anterior de abril a março, para um que utilizasse o ano civil, mantendo-o em conformidade com as regras adotadas pelos órgãos reguladores europeus. A Ryanair disse que a mudança significou que teve que alocar férias anuais aos pilotos (com aviso relativamente curto) em setembro e outubro. Kenny Jacobs disse: "*A maioria dos cancelamentos foi devido a um acúmulo de licenças de funcionários, que fez com que um grande número de funcionários da companhia aérea reservasse férias para o fim do ano*". A companhia aérea tentou pedir aos pilotos que "*vendessem de volta*" suas férias anuais. No entanto, isso nem sempre era possível dentro das regras da FTL, e alguns pilotos estavam relutantes em mudar seus planos de férias em curto prazo.

Teoria das restrições

Um conceito importante, bastante relacionado com a programação e que reconhece a importância do planejamento para restrições de capacidade conhecidas, é a **teoria das restrições** (TOC, do inglês *theory of constraints*). Ela tenta focar a atenção nas restrições de capacidade ou partes da operação que formam gargalos. Ao identificar a localização das restrições, trabalhar para removê-las e depois procurar a nova restrição, uma operação está sempre focando a parte que determina criticamente o andamento da produção. A abordagem que usa essa ideia é denominada **tecnologia de produção otimizada** (OPT, do inglês *optimized production technology*). Seu desenvolvimento e o marketing como produto de um *software* proprietário foram originados por Eliyahu Goldratt.[7] OPT ajuda a programar os sistemas de produção no andamento ditado pelo recurso mais fortemente carregado, isto é, os gargalos. Se a taxa de atividade de qualquer parte do sistema exceder o gargalo, itens serão produzidos e não poderão ser usados. Se a taxa de trabalho se situar abaixo do ritmo do gargalo, todo o sistema estará subutilizado. Os *princípios* subjacentes da OPT demonstram esse foco nos gargalos.

Princípios da OPT

1. Balanceie fluxo, e não capacidade. É mais importante reduzir o tempo de atravessamento em vez de atingir um balanceamento da capacidade entre estágios e processos.

2. O nível de utilização de um não gargalo é determinado por alguma outra restrição no sistema, não por sua própria capacidade. Isso se aplica aos estágios de um processo, aos processos de uma operação e às operações de uma rede de suprimento.

3. A utilização e a ativação de um recurso não são a mesma coisa. Conforme a TOC, um recurso está sendo *utilizado* apenas se contribui para o processo inteiro ou para a operação criar mais *output*. Um processo ou estágio pode ser *ativado* no sentido que está trabalhando, mas pode apenas estar criando estoque ou desempenhando outra atividade que não agrega valor.

4. Uma hora perdida (ou não usada) em um gargalo é uma hora perdida para sempre em todo o sistema. O gargalo limita o *output* de todo o processo ou operação, de modo que a subutilização de um gargalo afeta todo o processo ou operação.

5. Uma hora economizada em um não gargalo é uma miragem. Os não gargalos têm capacidade disponível. Por que se preocupar tornando-os ainda menos utilizados?

6. Os gargalos governam o fluxo e o estoque no sistema. Se os gargalos governam o fluxo, governam também o tempo de atravessamento, que, por sua vez, governa o estoque.

7. Você não precisa transferir lotes das mesmas quantidades à medida que os produz. Provavelmente, o fluxo será melhorado ao dividir grandes lotes de produção em lotes menores para se moverem ao longo do processo.

8. O tamanho do lote do processo deve ser variável, não fixo. As circunstâncias que controlam o tamanho do lote podem variar entre diferentes produtos. (Ver a distinção do modelo LEC no Capítulo 13.)

9. As flutuações nos processos conectados e dependentes de sequência acrescentam umas às outras em vez de compensar-se. Assim, se dois processos ou estágios paralelos são capazes de uma taxa média de *output*, em sequência, jamais serão capazes de atingir a mesma média de *output*.

10. As programações devem ser estabelecidas ao examinar, simultaneamente, todas as restrições. Em razão dos gargalos e das restrições dentro de sistemas complexos, é difícil desenvolver programações conforme um sistema simples de regras. Ao contrário, todas as restrições precisam ser consideradas juntas.

10.6 O que é *monitoramento e controle*?

Após criar um plano para a operação por meio de carregamento, sequenciamento e programação, cada parte da operação precisa ser monitorada para garantir que as atividades planejadas estejam de fato ocorrendo. Qualquer desvio dos planos pode então ser retificado por algum tipo de intervenção na operação, que, por si só, provavelmente envolverá algum replanejamento. A Figura 10.13 ilustra uma visão simples de controle. O *output* de um centro de trabalho é monitorado e comparado com o plano que indica o que esse centro deve fazer. Desvios desse plano são considerados por meio da atividade de replanejamento e das intervenções necessárias feitas ao centro de trabalho que (supostamente) garantirão que o novo plano seja executado. Por fim, no entanto, qualquer desvio eventual da atividade planejada será detectado e o ciclo, repetido.

Princípio de produção
Um sistema de planejamento e controle deve ser capaz de detectar desvios dos planos em um cronograma que permita uma resposta apropriada.

Controle empurrado e controle puxado

Assim, um elemento de controle é a intervenção periódica nas atividades da operação. Uma decisão importante é como essa intervenção é realizada. A distinção-chave está entre os sinais da intervenção que empurram o trabalho no decorrer dos processos da operação e os que puxam o trabalho apenas quando é necessário. Em um **sistema de controle empurrado**, as atividades são programadas por meio de um sistema central e completadas em linha com as instruções centrais, como em um sistema MRP (ver Capítulo 14). Cada centro de trabalho empurra o trabalho sem levar em consideração se o seguinte pode utilizá-lo. Os centros de trabalho são coordenados pelo sistema central de planejamento e controle da produção. Entretanto, na prática, há muitas razões pelas quais as condições reais diferem das planejadas. Como consequência, tempo ocioso, estoque e filas caracterizam frequentemente sistemas empurrados. Em contraste, em um **sistema de controle puxado**, o andamento e as especificações do que é feito são estabelecidos pela estação de trabalho *cliente*, que *puxa* o trabalho da estação anterior (fornecedor). O cliente atua como o único *gatilho* para a movimentação. Se uma requisição não é passada para trás, do cliente para o fornecedor, este não é autorizado a produzir nada ou a mover nenhum material. A requisição de um cliente não apenas dispara a produção no estágio de suprimento, mas também prepara o estágio supridor para solicitar outra entrega de seus próprios fornecedores. Dessa forma, a demanda é transmitida para trás por meio dos estágios, desde o ponto original da demanda pelo cliente final.

Consequências das programações empurrada e puxada sobre o estoque

É importante compreender os diferentes princípios das programações empurrada e puxada, pois elas têm efeitos diferentes em termos de suas propensões a acumular estoque na operação. Os sistemas puxados são muito menos propensos a acumular estoque e, portanto, são favorecidos pelas operações enxutas (ver Capítulo 16). Para entender por que isso acontece, vamos considerar a analogia da *gravidade*, que está ilustrada na Figura 10.14.

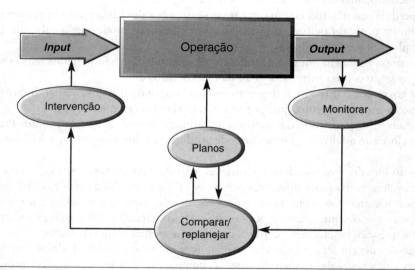

Figura 10.13 Modelo simples de controle.

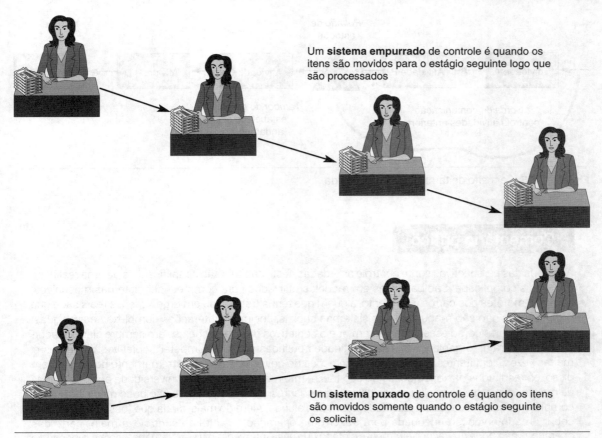

Um **sistema empurrado** de controle é quando os itens são movidos para o estágio seguinte logo que são processados

Um **sistema puxado** de controle é quando os itens são movidos somente quando o estágio seguinte os solicita

Figura 10.14 Sistema empurrado *versus* sistema puxado: a analogia da gravidade.

Aqui, um sistema empurrado é representado por uma operação em que cada estágio está em um nível mais baixo do que o anterior. Quando os itens são processados por estágio, a gravidade os empurra para baixo pela inclinação até o estágio seguinte. Qualquer atraso ou problema nesse estágio resultará em acúmulo de itens no estoque. No sistema puxado, as peças não podem fluir naturalmente para cima, de modo que só podem progredir se o estágio seguinte deliberadamente as puxar para a frente. Sob essas circunstâncias, não se acumula estoque tão facilmente.

Princípio de produção
O controle puxado reduz o acúmulo de estoque entre processos ou estágios.

Tambor, pulmão e corda

O conceito de **tambor**, **pulmão** e **corda** vem da TOC, descrita anteriormente. É uma ideia que ajuda a decidir exatamente onde em um processo o controle deve ocorrer. A maior parte da produção não tem o mesmo volume de trabalho carregado em cada centro de trabalho separado (isto é, eles não são perfeitamente balanceados). Isso significa que provavelmente haverá parte do processo atuando como um gargalo no fluxo de trabalho ao longo do processo. A TOC argumenta que o gargalo no processo deve ser o ponto de controle do processo inteiro. É chamado de *tambor* porque estipula o *andamento* (a *batida*) para o restante do processo que se segue. Dado que o processo não tem capacidade suficiente, um gargalo está (ou deveria estar) atuando todo o tempo. Portanto, é sensato manter um pulmão de estoque à sua frente, de modo a assegurar que sempre haverá algo em que trabalhar. Devido ao fato de que restringe o *output* de todo o processo, qualquer tempo perdido no gargalo afetará esse *output*. Assim, não vale a pena para as outras partes do processo anterior ao gargalo trabalharem em plena capacidade. Tudo o que fariam seria acumular trabalho mais adiante ao longo do processo até o ponto em que o gargalo estivesse restringindo o fluxo. Desse modo, alguma forma de comunicação entre o gargalo e o *input* do processo é necessária para assegurar que as atividades anteriores ao gargalo deixem de produzir demasiadamente. Isso é chamado de *corda* (ver a Figura 10.15).

Princípio de produção
As restrições dos processos e atividades gargalo devem ser um *input* importante para a atividade de planejamento e controle.

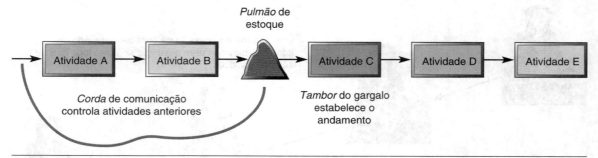

Figura 10.15 Conceito de tambor, pulmão e corda.

Comentário crítico

A maioria das perspectivas sobre controle abordadas neste capítulo são simplificações de uma realidade bem mais complicada. São baseadas em modelos utilizados para compreender sistemas mecânicos, como os motores dos carros. Entretanto, alguém que tenha trabalhado em organizações reais sabe que organizações não são máquinas. São sistemas sociais, cheios de interações complexas e ambíguas. Modelos simples como esses consideram que os objetivos das operações sejam sempre claros e acordados, embora as organizações sejam entidades políticas em que competem objetivos diferentes e, muitas vezes, conflitantes. Por exemplo, operações do governo local são extremamente políticas. Além disso, os resultados das operações não são facilmente mensurados. Uma universidade pode ser capaz de medir o número e as qualificações de seus estudantes, por exemplo, mas não pode medir o impacto completo de sua educação na felicidade futura dos alunos. Além do mais, ainda que fosse possível descobrir uma intervenção adequada para trazer uma operação de volta ao *controle*, a maior parte das operações não pode prever perfeitamente o efeito que essa intervenção trará. Nem mesmo a maior cadeia de hamburguerias poderá saber exatamente como um novo sistema de alocação de turnos afetará seu desempenho. Além disso, de qualquer forma, algumas operações jamais fazem a mesma coisa mais de uma vez. A maior parte do trabalho executado por operações de construção civil, por exemplo, é única. Se cada resultado é diferente, como os *controladores* poderão saber o que supostamente deve acontecer? Seus próprios planos são meras especulações.

Controlar a produção nem sempre é rotina

O modelo simples de controle da Figura 10.13 nos ajuda a compreender as funções básicas da atividade de monitoramento e controle. Contudo, como informado no comentário crítico anterior, trata-se de uma simplificação. Alguns processos simples de rotina podem se aproximar desse modelo, mas muitas outras operações, não. De fato, algumas das críticas específicas citadas no comentário crítico fornecem um conjunto útil de questões, que podem ser usadas para avaliar o grau de dificuldade associado ao controle de qualquer operação. Em particular:

▶ Há consenso sobre quais devem ser os objetivos da operação?
▶ Os efeitos das intervenções na operação são previsíveis?
▶ As atividades da operação são, em grande parte, repetitivas?

Começando com a primeira questão, os objetivos estratégicos são claros e não ambíguos? Muitas operações são simplesmente muito complexas para articular cada aspecto de seus objetivos em detalhes. Nem sempre haverá consenso sobre quais devem ser os objetivos. Nas organizações de assistência social, por exemplo, alguns gerentes são encarregados de proteger os membros vulneráveis da sociedade, outros, de assegurar que o dinheiro público não seja desperdiçado e ainda há aqueles que podem ser solicitados a proteger a independência de seus profissionais. Outra suposição no modelo de controle simplificado é que há algum conhecimento razoável sobre como cumprir o resultado desejado. Isto é, quando uma decisão é tomada, podem-se prever seus efeitos com um grau razoável de confiança. Assume-se que quaisquer intervenções que pretendem trazer um processo de volta ao controle, de fato, terão o efeito pretendido. Todavia, isso implica que a relação entre a intervenção e a consequência resultante no processo é previsível, o que, por sua vez, assume que o grau de conhecimento do processo seja alto. Por exemplo, se uma organização decide se mudar de local para ser mais conveniente a seus clientes, isso pode ou não provar que ela está correta. Os clientes podem reagir de maneira imprevista. De fato, muitas decisões de produção são tomadas sobre atividades em que a relação de causa e efeito é apenas parcialmente compreendida. A suposição final sobre o controle é que as intervenções são feitas de modo repetitivo e ocorrem frequentemente (por exemplo, verificar um processo a cada hora ou diariamente). Isso significa que a operação tem a oportunidade de aprender como suas intervenções afetam o processo, o que facilita de maneira considerável o controle. Entretanto, algumas situações de controle não são repetitivas, oferecendo menos oportunidade de aprendizagem.

A Figura 10.16 ilustra como essas questões podem formar um modelo do tipo *árvore de decisão*, que indica como a natureza do controle das operações pode ser influenciada.[8] O controle operacional é relativamente simples: os objetivos não são ambíguos, os efeitos das intervenções são conhecidos e as atividades são repetitivas. Esse tipo de controle pode ser feito usando convenções e normas predeterminadas. Entretanto, há ainda alguns desafios para o controle bem-sucedido das rotinas. É preciso disciplina operacional para assegurar que os procedimentos de controle sejam sistematicamente implementados. O principal ponto imaginado é que qualquer divergência das condições necessárias para o controle rotineiro implica um tipo de controle diferente.

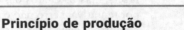

Princípio de produção
O planejamento e o controle nem sempre são rotineiros, especialmente quando os objetivos são ambíguos; os efeitos das intervenções na operação não são previsíveis e as atividades não são repetitivas.

Controle especialista

Se os objetivos não forem ambíguos, embora os efeitos das intervenções sejam relativamente bem compreendidos, mas a atividade não é repetitiva (por exemplo, instalar ou atualizar o *software* ou os sistemas de TI), o controle pode ser delegado a um *especialista*, alguém para quem tais atividades são repetitivas porque seu conhecimento foi construído com base na experiência anterior, ocorrida em algum lugar. Ter sucesso em um controle especialista requer que tais especialistas existam e que possam ser *adquiridos* pela empresa. Também requer que o especialista tire proveito do conhecimento de controle já presente na empresa e integre seu conhecimento de *especialista* com o suporte interno que potencialmente já existe. Ambos reforçam a necessidade de *interligar*, em termos de adquirir expertise e, depois, integrá-la na organização.

Controle por tentativa e erro

Se os objetivos estratégicos forem relativamente não ambíguos, mas os efeitos das intervenções desconhecidos, embora a atividade seja repetitiva, a operação pode obter conhecimento de como controlar com sucesso mediante suas próprias falhas. Em outras palavras, embora as simples prescrições possam não estar

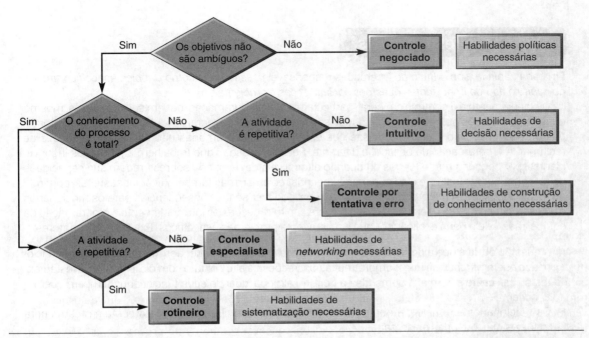

Figura 10.16 Nem sempre o controle é rotineiro; circunstâncias diferentes exigem tipos distintos de controle.

disponíveis nos estágios iniciais do controle das intervenções, a organização pode aprender como fazer isso mediante experiência própria. Por exemplo, se uma cadeia de *fast-food* estiver abrindo novas lojas em novos mercados, ela pode não estar inicialmente segura sobre como organizar melhor essa abertura de lojas. Contudo, se a abertura for a primeira de várias, o objetivo deve ser não apenas ter sucesso em cada inauguração, mas também, igualmente (ou mais) importante, aprender com cada experiência. É essa habilidade na construção do conhecimento que determinará, no fim, a eficácia do controle por tentativa e erro.

Controle intuitivo

Se os objetivos forem relativamente não ambíguos (de modo que fique claro o que a operação esteja tentando fazer), mas os efeitos das intervenções de controle não forem conhecidos nem repetitivos, a aprendizagem por tentativa e erro não é possível. Aqui, o controle torna-se mais arte do que ciência. Nessas circunstâncias, o controle deve estar baseado na equipe gerencial usando sua intuição para tomar as decisões de controle. Muitos processos estratégicos de produção se enquadram nessa categoria — por exemplo, estabelecer uma parceria de estratégia de fornecimento (ver Capítulo 12). Os objetivos são claros (sobrevivem conjuntamente no longo prazo, proporcionam um retorno aceitável e assim por diante), mas não apenas as intervenções de controle são não repetitivas e seus efeitos não plenamente compreendidos, mas às vezes também os interesses do fornecedor podem estar em conflito com os seus. Todavia, declarar simplesmente que a *intuição* é necessária nessas circunstâncias não é particularmente útil. Sem dúvida, o instinto e os sentimentos são atributos valiosos em qualquer equipe gerencial, mas são resultado, pelo menos parcialmente, de saber como melhor organizar o conhecimento, a experiência e as habilidades de tomada de decisão compartilhadas pelos membros da equipe. Requer análise decisória profunda, não para tomar *mecanicamente* a decisão, mas estruturá-la de modo que conexões possam ser feitas, consequências compreendidas e *insights* obtidos.

Controle negociado

A circunstância mais difícil para o controle estratégico é quando os objetivos são ambíguos. Esse tipo de controle envolve reduzir a ambiguidade de algum modo para tornar os objetivos menos incertos. Às vezes, isso é feito simplesmente pelos gerentes seniores *que pronunciam* ou decidem de maneira arbitrária quais devem ser os objetivos, independentemente de visões opostas. Por exemplo, controlar as atividades de um serviço de assistência infantil pode envolver visões muito diferentes entre os assistentes sociais que tomam as decisões do dia a dia. Geralmente, pode-se buscar um acordo negociado, que poderá se tornar um objetivo não ambíguo. Como alternativa, especialistas externos podem ser usados para ajudar as negociações ou para remover as decisões de controle daqueles com visões conflitantes. Contudo, mesmo em um modelo de negociação, há quase sempre um elemento político quando há ambiguidades nos objetivos. Os processos de negociação dependerão, até certo ponto, das estruturas de poder.

Operações responsáveis

Em cada capítulo, sob o título de Operações responsáveis, *resumimos como o tópico específico tratado no capítulo aborda importantes questões sociais, éticas e ambientais.*

O planejamento e o controle em geral, particularmente a programação, podem ser complexos, mesmo quando os recursos ou trabalhos agendados são inanimados. As programações podem ser bem montadas ou não, mas pelo menos as coisas que estão sendo programadas não estão em condições de reclamar. A programação de pessoal é diferente. Peça às pessoas que trabalhem em horários inconvenientes, por períodos muito longos ou quando altos níveis de demanda sobrecarregam sua capacidade de fazer um bom trabalho, e elas podem não apenas reclamar, mas também ficar insatisfeitas, podendo até pedir demissão. A má programação de pessoal pode ter sérias consequências para os funcionários e o desempenho de sua operação. No início deste capítulo, descrevemos rapidamente a programação da equipe, mas vale a pena explicar por que ela apresenta problemas específicos. Existem vários fatores:

▶ A questão óbvia é que a demanda na operação pode não corresponder aos horários em que os funcionários querem trabalhar. Por exemplo, muitas operações de alto contato com o cliente, como restaurantes ou *call centers*, têm alta demanda na hora do almoço, quando seus funcionários também querem almoçar.

▶ Os funcionários em meio período podem não estar sempre disponíveis exatamente à mesma hora todos os dias ou todas as semanas.

▶ Os funcionários em tempo integral devem razoavelmente esperar horários que considerem solicitações de folgas em curto prazo e arranjos de férias em longo prazo.

▶ Os funcionários podem ficar inesperadamente indisponíveis devido a doença.

▶ A crescente popularidade de acordos de trabalho flexíveis significa que a programação do pessoal está se tornando mais complexa.

Uma revisão do agendamento de pessoal indicou que as pessoas em algumas ocupações são cada vez mais obrigadas a trabalhar em horários difíceis, às vezes com horários irregulares, pouco aviso de mudanças de horário e consultas parciais inadequadas.[9] No entanto, a programação de pessoal, por mais complexa que seja tecnicamente, precisa acomodar não apenas as necessidades dos funcionários, mas também as consequências humanas das programações resultantes. Horários voláteis ou mal planejados podem resultar em uma sensação de pressão e ansiedade dos funcionários, afetando sua eficácia e bem-estar. O que as pessoas querem de uma programação de funcionários?

▶ *Flexibilidade:* horários que permitam flexibilidade individual são comumente associados à redução de absenteísmo e rotatividade, assim como horários de trabalho compactados, em que a equipe trabalha mais a cada dia, mas menos dias por semana. Presumivelmente, isso ocorre porque proporciona maior tempo livre.

▶ *Estabilidade:* a maioria das pessoas deseja que suas horas sejam aproximadamente as mesmas todas as semanas, ajudando-as a organizar seu tempo de forma eficaz. Os horários baseados em um padrão fixo ou razoavelmente estável geralmente são populares porque são menos perturbadores para a vida pessoal dos funcionários.

▶ *Notificação:* a maioria das pessoas aprecia a oportunidade de planejar suas vidas pessoais com mais de alguns dias de antecedência. Embora elas possam entender que as circunstâncias mudam, fornecer o máximo de aviso possível sobre as mudanças geralmente é bem-vindo.

Observe como, ao descrever o que a equipe *geralmente* deseja das programações de pessoal, qualificamos nossos pontos em termos de *a maioria das pessoas* ou *comumente*. Em outras palavras, há alguns funcionários que não compartilham dessas preferências. Isso levanta a possibilidade, sugerida por algumas autoridades, de que os horários de trabalho sejam alinhados às necessidades, aos desejos e às personalidades de cada funcionário. Em outras palavras, uma abordagem de *tamanho único* para a programação de horário do pessoal não é equitativa nem eficaz. Os horários talvez devam ser personalizados para atender às necessidades e aos desejos de cada funcionário. A criação de horários mais *individualistas* pode até ajudar a encontrar um equilíbrio entre a necessidade de fornecer pessoal suficiente para atender à demanda e atender às preferências dos funcionários.

Respostas resumidas às questões-chave

10.1 O que é planejamento e controle?

▶ Planejamento e controle são a conciliação do potencial da operação para o suprimento de produtos e serviços e as demandas de seus clientes na operação. É o conjunto de atividades diárias que conduz a operação em base contínua.

▶ Um plano é a formalização do que deve acontecer em algum momento do futuro. Controle é o processo de lidar com as mudanças no plano e na operação a ele relacionada. Embora planejamento e controle sejam teoricamente distintos, geralmente são tratados em conjunto.

▶ O equilíbrio entre planejamento e controle muda ao longo do tempo. O planejamento domina em longo prazo e normalmente é feito de forma agregada. No outro extremo, em curto prazo, o controle normalmente opera dentro das limitações de recursos da operação, mas faz intervenções na operação para corresponder às mudanças em circunstâncias de curto prazo.

10.2 Como o suprimento e a demanda afetam o planejamento e controle?

▶ O grau de incerteza da demanda afeta o equilíbrio entre planejamento e controle. Quanto maior a incerteza, mais difícil será planejar e maior ênfase será dada ao controle.

- Essa ideia de incerteza está vinculada aos conceitos de demanda dependente e demanda independente. A demanda dependente é relativamente previsível porque depende de algum fator conhecido. A demanda independente é menos previsível porque depende de oportunidades de mercado ou do comportamento do cliente.

- As diferentes formas de responder à demanda podem ser caracterizadas pelas diferenças nas razões *P:D* da operação. A razão *P:D* reflete a relação entre o tempo de atravessamento total de serviços e produtos e o tempo de demanda.

- As características de volume e variedade de uma operação terão efeito sobre suas atividades de planejamento e controle.

10.3 O que é *carregamento*?

- Carregamento é a quantidade de trabalho que é alocada a um centro de trabalho. Ele dita a quantidade de trabalho que é alocada a cada parte da operação.

- O carregamento finito é uma abordagem que só aloca trabalho a um centro de trabalho até um limite estabelecido. O carregamento infinito, por outro lado, é uma abordagem de carregamento que não limita a aceitação do trabalho, mas, ao contrário, tenta lidar com ele.

10.4 O que é *sequenciamento*?

- O sequenciamento decide a ordem que o trabalho é realizado dentro da operação. Ele determina as prioridades dadas ao trabalho em uma operação, normalmente determinadas por algum conjunto de regras predefinido, conhecidas como regras de sequenciamento.

- As regras de sequenciamento incluem fatores como restrições físicas dos itens, prioridade do cliente e datas previstas.

10.5 O que é *programação*?

- A programação determina os tempos detalhados das atividades e quando elas são iniciadas e concluídas. Ela pode ser uma atividade complexa, visto que o número de programações possíveis aumenta rapidamente à medida que cresce o número de atividades e processos.

- As duas principais abordagens são a programação para a frente e para trás. A programação para a frente envolve o início do trabalho assim que ele chega. A programação para trás envolve o início dos trabalhos no último momento possível sem que ele sofra atraso.

10.6 O que é *monitoramento e controle*?

- Monitoramento e controle envolve detectar o que está ocorrendo na operação, replanejar, se necessário, e intervir para definir novos planos.

- Dois importantes tipos de controle são os *empurrados* e os *puxados*. Controle puxado é um sistema em que a demanda é acionada por requisições do cliente de um centro de trabalho (cliente interno). Controle empurrado é um sistema centralizado em que as decisões de controle (e, às vezes, de planejamento) são emitidas para centros de trabalho que devem, então, desempenhar suas tarefas e suprir a estação de trabalho seguinte. Na manufatura, as programações *puxadas* geralmente têm níveis de estoque bem mais baixos do que as programações *empurradas*.

- A facilidade com que o controle pode ser mantido varia entre as operações.

ESTUDO DE CASO

Audall Auto Servicing

Havia dez anos desde que Dan Audall fundou a Audall Auto Servicing, uma empresa independente de manutenção e reparo de veículos. Anteriormente, ele havia sido gerente do departamento de manutenção de uma concessionária de carros *premium*, cuja experiência o convenceu de que havia demanda na área para atender a uma das marcas *rivais* de carros. *"Estávamos continuamente recebendo pedidos de proprietários para fazer manutenção ou reparo em seus veículos, em parte porque tínhamos uma boa reputação, mas principalmente porque não havia concessionárias locais que pudessem fazer esse tipo de trabalho. Os proprietários tinham que usar pequenos mecânicos independentes ou percorrer longas distâncias para chegar à concessionária mais próxima. Eu convenci a montadora de que eu poderia fornecer o serviço adequado para seus veículos sem tirar negócios significativos de seus outros centros de serviço franqueados. Foi uma aposta, mas eles me apoiaram."*

Isso foi há dez anos, e a aposta de Dan valeu a pena. A Audall Auto Servicing cresceu a ponto de investir em um moderno centro de serviços próximo ao seu primeiro local. Os planos gerais para o novo centro são mostrados na Figura 10.17. Ele tinha cinco baias de serviço, loja de peças, lava a jato e área de espera para clientes. *"Apesar de o novo prédio ter a mesma capacidade nominal do antigo, ele proporciona mais espaço para os técnicos circularem, e a área de espera dos clientes é um aspecto distinto no serviço que podemos oferecer aos clientes. Também há espaço ao lado desse prédio, que poderia ser usado para uma expansão, embora eu prefira esperar alguns anos antes de me comprometer com esse investimento. Antes disso, acho que poderíamos fazer mais negócios com nossa capacidade existente"* (Dan Audall).

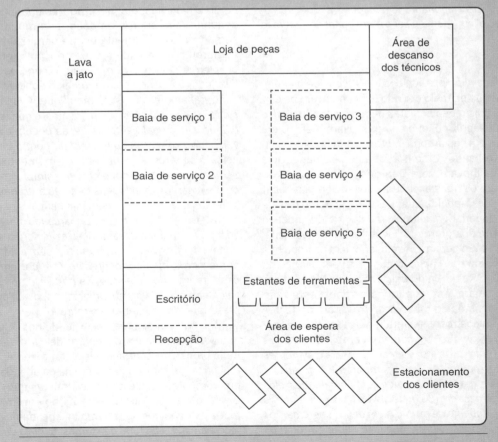

Figura 10.17 Esboço do plano do centro de atendimento da Audall Auto Servicing.

A convicção de Dan de que a operação poderia fazer mais negócios com sua capacidade atual foi baseada em números de desempenho que cobrem os primeiros dois meses no novo prédio, mostrando que as baias de serviço foram, em média, apenas 83% utilizadas. Esse era um número que Dan acreditava que poderia ser melhorado, assim como Diya Chopra, sua gerente de escritório. No entanto, Diya acreditava que o espaço para melhorias seria limitado. *"Nenhuma semana é perfeitamente previsível. Existem muitas incertezas. Mesmo um serviço menor (geralmente a cada 6.000 milhas, ou 10.000 km) pode apresentar problemas que podem levar duas ou três vezes o tempo que orçamos. Os principais serviços (geralmente a cada 12.000 milhas, ou 18.000 km) são ainda menos previsíveis. Com esses serviços-padrão, os clientes geralmente querem que mantenhamos o veículo até que seja reparado, em vez de fazer outro agendamento. Mas os mais imprevisíveis são o que chamamos de reparos de curto prazo, em que um cliente deseja que seu veículo esteja funcionando o mais rápido possível. Chamamos esses trabalhos de curto prazo não porque levam pouco tempo, mas porque geralmente são contratados em curto prazo. Temos que prestar um bom serviço aos nossos clientes (menores e maiores), mas existe uma certa flexibilidade no planejamento desses trabalhos. No outro extremo, o trabalho de reparo de emergência de curto prazo para os clientes deve ser incluído em nossa programação o mais rápido possível. Se alguém está desesperado para consertar seu carro em um prazo muito curto, às vezes pedimos que deixe o carro o mais cedo possível e o pegue o mais tarde possível. Isso nos dá o máximo de tempo para encaixá-lo no cronograma. Há uma série de opções de serviço abertas aos clientes. Podemos reservar trabalhos curtos por um tempo fixo e fazê-lo enquanto eles esperam. Mais comumente, pedimos ao cliente para deixar o carro conosco e retirá-lo mais tarde."*

Os técnicos

A empresa empregava cinco técnicos, dois técnicos estagiários, três manobristas de meio período (que limpavam os carros dos clientes), dois recepcionistas de meio período, Diya e dois auxiliares de escritório, que se reportavam a ela. Cada técnico trabalhava em seu próprio posto de atendimento, com os estagiários auxiliando-os conforme a necessidade. Dois dos técnicos trabalhavam para Dan desde a fundação da empresa. Eles eram os mais experientes e tendiam a receber um misto de grandes trabalhos de manutenção e reparos de curto prazo, que poderiam exigir um trabalho de diagnóstico mais avançado. Um dos outros técnicos foi qualificado apenas recentemente, e era geralmente alocado para os trabalhos mais rotineiros, como manutenção menor e verificações do MOT (o governo do Reino Unido exige que os veículos com uma certa idade sejam testados todos os anos; estes são conhecidos como testes do *Ministry of Transport*, ou testes MOT). Os dois técnicos restantes eram alocados para trabalhos mistos. *"Teremos que reconsiderar como alocamos os trabalhos em um futuro próximo. Os técnicos mais experientes sempre farão mais reparos e serviços importantes do que os técnicos mais novos, mas não podemos continuar dando a eles todo o trabalho interessante. Os mais novos ficarão frustrados se fizerem apenas trabalho de rotina. Além disso, costumamos manter os técnicos mais experientes levemente carregados para que possam ficar livres para os reparos imprevisíveis de* curto prazo. *Isso significa que, se a demanda for menor do que o normal, eles ficam menos sobrecarregados do que os outros, no entanto eles são muito bons em ajudar os outros, se isso acontecer"* (Diya Chopra).

Agendando os postos de atendimento

Na maior parte dos dias, o centro de serviço tem que lidar com 15 a 30 trabalhos, levando de meia hora até um dia inteiro ou, ocasionalmente, até mais. A maioria dos trabalhos tem uma tolerância no tempo. Um serviço menor geralmente tem uma hora e meia reservada, um serviço principal, cerca de duas vezes mais e os testes do MOT levarão meia hora. Reparos de curto prazo podem levar entre meia hora e o dia todo. Diya fazia uma estimativa de quanto tempo o trabalho levaria, muitas vezes em consulta com um dos técnicos sêniores, mas alguns trabalhos eram difíceis de estimar. *"Alguns trabalhos são mais fáceis de estimar do que outros. Um dos mecânicos diria algo como: 'Parece uma correia frouxa, deve levar algumas horas'. Outras vezes eles diriam: 'Só Deus sabe (ou palavras nesse sentido), desculpe, não sei quanto tempo vai demorar'. Por isso tenho que deixar horários livres na agenda da semana."*

A Figura 10.18 mostra uma programação típica para o centro de serviços no início da semana, antes que muitos serviços de *curto prazo* tenham sido alocados. Nessa fase, a programação é puramente nominal. Por exemplo, nessa semana em particular, apenas um serviço de *curto prazo* havia sido marcado na programação até o início da manhã de segunda-feira, mas em algumas horas o espaço não utilizado na programação seria preenchido. Por diversas vezes, dentro de uma hora desde o início do trabalho em uma manhã de segunda-feira, a programação teria mudado. No início da semana, isso geralmente ocorre porque um serviço-padrão demorou mais do que o esperado, pois foi encontrado um problema. Como Diya explicou: *"Todos os dias temos que lidar com o inesperado. Um técnico pode achar que é necessário trabalho extra, os clientes podem querer trabalho extra e os técnicos às vezes ficam doentes, o que reduz nossa capacidade. Ocasionalmente, as peças podem não estar disponíveis, por isso temos que combinar com o cliente para que o veículo seja remarcado para um momento posterior. Toda semana, até dez ou doze clientes simplesmente não aparecem. Enviamos mensagens de texto automaticamente no dia anterior, mas, mesmo assim, eles ainda se esquecem de trazer o carro, então temos que remarcá-los mais tarde. Podemos lidar com a maioria dessas incertezas porque nossos técnicos podem ser flexíveis e a maioria também está disposta a fazer horas extras, quando for preciso. O importante é gerenciar as expectativas dos clientes. Se houver uma chance de que o veículo não esteja pronto no prazo, isso não deve ser uma surpresa quando eles tentarem retirá-lo"*.

Mesmo com alguma flexibilidade dos técnicos, à medida que a semana avança, os reparos de curto prazo são cada vez mais propensos a atrapalhar o cronograma. A programação real era registrada em um sistema de agendamento baseado em computador, que o centro vinha usando há vários anos. Diya achava que o sistema era útil, porém limitado. *"Inserimos todos os trabalhos no sistema de agendamento. Na tela, aparece a capacidade total que temos no dia a dia, todos os trabalhos agendados, a quantidade de capacidade livre ainda*

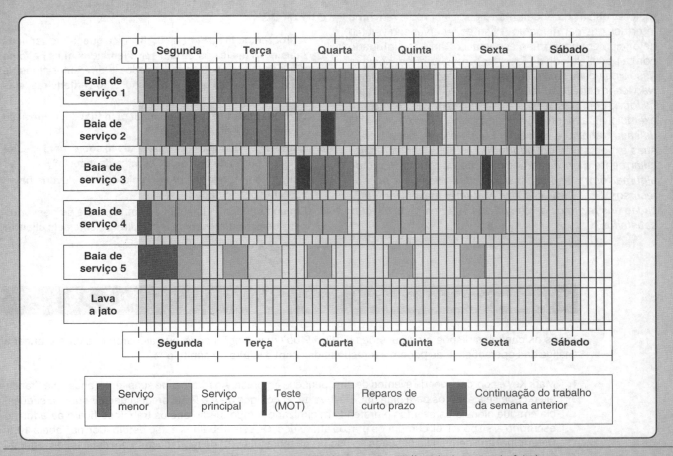

Figura 10.18 Programação da Audall Auto Servicing para a próxima semana (às 8 h da segunda-feira).

disponível e assim por diante. Usamos isso para saber quando teremos capacidade para reservar um cliente e, em seguida, inserir todos os detalhes dele. A montadora emitia o tempo-padrão para cada um dos principais trabalhos. No entanto, você precisa modificar um pouco esses tempos-padrão para levar em conta as circunstâncias. É aí que entra a experiência dos técnicos sêniores. É claro que o sistema não toma nenhuma decisão sobre quais tarefas têm prioridade, nem pode reprogramar automaticamente quando as coisas mudam. Nós tomamos todas as decisões. É realmente um sistema conveniente para acompanhar o que está acontecendo. Também realiza pagamentos de horas extras, emite faturas e calcula os números referentes à utilização da oficina."

Lava a jato

Um gargalo inesperado na oficina foi a instalação do lava a jato. Diya explicou: "Normalmente, processamos cerca de vinte a vinte e cinco veículos por dia. Cada um deles leva entre 10 minutos e 20 minutos para ser lavado. Deveria haver muita capacidade, mas muitas vezes os veículos esperam até uma hora antes de serem lavados. Isso significa que os clientes podem ter que aguardar mais do que esperavam e mais do que prometemos. Dan acredita firmemente que jamais devemos devolver um carro que não esteja totalmente limpo, mas eu sei que, sob pressão, a equipe de manobristas às vezes apressa a limpeza. Eu não acredito que os clientes se importam muito".

Peças de reposição

Os estoques de peças podem ser um fator importante para manter o cronograma. Diya acreditava que o controle de estoque de peças de reposição era muito bom, mas poderia ser melhor. "Mantemos todas as peças mais usadas em estoque, mas, se um reparo precisar de uma peça que não está em estoque, geralmente podemos obtê-la de nossos distribuidores de peças em um dia. Todas as noites, nosso sistema de planejamento imprime os trabalhos que devemos fazer no dia seguinte e as peças que provavelmente serão necessárias para cada trabalho. Isso permite que a equipe de peças escolha as peças para cada trabalho, de modo que os técnicos possam recebê-las logo na manhã seguinte, sem atrasos. O problema é que, como normalmente recebemos uma peça em um dia, podemos nos tornar complacentes. Se uma peça não estiver disponível por qualquer motivo, isso pode atrasar um reparo, o que atrapalha nosso cronograma e pode incomodar o cliente. Talvez devêssemos manter alguns estoques de emergência de peças que tivemos problemas para obter rapidamente, mesmo que não sejam necessárias com frequência. Isso amarraria o caixa, mas ajudaria a proteger o cronograma."

Reservas diretas de clientes

▶ Dan e Diya estavam investigando os custos e benefícios de investir em um novo sistema de agendamento baseado em computador. Havia muitos sistemas no mercado, projetados especificamente para agendamento de oficinas de automóveis. Muitos deles destinavam-se a oficinas

352 PARTE 3 ENTREGA

maiores que as da Audall, mas alguns incorporavam uma interface que permitiria aos clientes reservar seu veículo na oficina em um horário específico. Dan ficou intrigado com a possibilidade de fazer isso, mas também hesitou. *"Isso significaria uma maneira muito diferente de trabalhar. Não tenho certeza se valeria a pena fazê-lo, especialmente na forma como isso afetaria o atendimento ao cliente. Por exemplo, atualmente Diya pode avaliar o grau de urgência de cada trabalho e conversar com o cliente, gerenciando suas expectativas quando for o caso. Ela trabalha particularmente bem ao tomar decisões que conciliam, de alguma forma, as necessidades dos clientes e nossos recursos. Para Diya, isso envolve tentar maximizar a utilização dos recursos de sua oficina, mantendo os clientes satisfeitos."*

QUESTÕES

1. A programação na Figura 10.18 indica que (a) os serviços mais previsíveis costumam ser agendados mais cedo no dia e (b) os técnicos são alocados a diferentes tipos de serviço. Se essas duas suposições são verdadeiras, elas parecem ser razoáveis?

2. Dan está correto em se preocupar pelo fato de a utilização da oficina ser de apenas 83%?

3. Como Diya poderia tomar uma decisão sobre manter estoques de peças de reposição com saída incerta?

4. Por que o lava a jato é um gargalo quando deveria haver bastante capacidade?

5. Em sua opinião, quais são as vantagens e as desvantagens de permitir reservas feitas diretamente pelo cliente?

Problemas e aplicações

Todos os capítulos dispõem de questões do tipo *Problemas e aplicações*, que ajudarão o leitor a praticar a análise das operações. Elas podem ser respondidas com a leitura do capítulo.

1. Mark Key é coordenador de eventos de uma pequena empresa. Ao retornar de suas férias anuais na França, ele recebe seis eventos para planejar. Ele lhes dá os códigos de A a F. Ele precisa decidir sobre a sequência em que planeja os eventos e pretende minimizar o tempo médio que os trabalhos ficam parados no escritório e, se possível, cumprir os prazos atribuídos. Os seis trabalhos estão detalhados na Tabela 10.5. Determine uma sequência baseada no uso (a) da regra FIFO, (b) da regra da data prevista, (c) da regra do tempo de operação mais curto. (d) Qual dessas sequências fornece a solução mais eficiente e qual apresenta o menor atraso?

Tabela 10.5 Os seis trabalhos que Mark precisa sequenciar.

Sequência de trabalhos	Tempo de processo (dias)	Data prevista
A	4	12
B	3	5
C	1	7
D	2	9
E	2	15
F	5	8

2. É a 35ª semana de um ano agitado na Ashby Architects, e Jo Ashby está enfrentando um grande problema. Seus dois sócios júniores foram diagnosticados com uma doença grave, contraída em uma viagem para prospectar um trabalho em potencial em Lichtenstein. Então Jo precisou intervir e completar os trabalhos pendentes que estavam sendo realizados pelos dois sócios júniores, os quais são mostrados na Tabela 10.6.

Tabela 10.6 Trabalhos pendentes que Jo precisará concluir.

Trabalho	Data prevista (semana)	Semanas de trabalho restantes
Bloco de lavatório da Ashthorpe	40	2,0
Pontos de ônibus da Bugwitch	48	5,0
Sede da Crudstone	51	3,0
Serviços de esgoto da Dredge	52	8,0

Jo descobriu que uma regra de sequenciamento chamada razão crítica (RC) traria resultados eficientes. A prioridade dos trabalhos usando a regra RC é definida por um índice calculado da seguinte maneira:

$$RC = \frac{\text{Tempo restante}}{\text{Dias de trabalho restantes}} = \frac{\text{Data prevista} - \text{Data de hoje}}{\text{Dias de trabalho restantes}}$$

Usando essa regra, que prioridade Jo deverá dar aos trabalhos?

3. São necessárias 6 horas para uma lavanderia contratada lavar, secar e passar (nessa ordem) uma leva de macacões. Três horas são gastas para lavar o lote, 2 horas para secá-lo e 1 hora para passá-lo. Normalmente, a leva de cada dia é coletada e está pronta para processamento às 8 h e precisa ser retirada às 16 h. As duas pessoas que trabalham na lavanderia têm abordagens diferentes sobre como programar o trabalho. Um trabalha *para a frente*; essa programação envolve iniciar o trabalho assim que ele chega. Outra trabalha *para trás*; essa programação envolve iniciar os trabalhos no último momento possível, de modo que ainda não haja atraso.

   (a) Elabore um cronograma indicando o horário de início e término de cada atividade (lavar, secar e passar) para ambas as abordagens, para a frente e para trás.

   (b) Na sua opinião, quais são as vantagens e desvantagens dessas duas abordagens?

4. Leia as seguintes descrições de dois cinemas:

   Situado em Bruxelas, Kinepolis é um dos maiores complexos de cinema do mundo, com 28 salas, um total de 8.000 lugares e quatro exibições de cada filme todos os dias. Está equipado com a mais recente tecnologia de projeção. Todas as exibições de filmes estão programadas para começar nos mesmos horários todos os dias: 16 h, 18 h, 20 h e 22h30. A maioria dos clientes chega 30 minutos antes do início do filme. Cada uma das 18 bilheteiras tem um terminal em rede e uma impressora de bilhetes. Para cada cliente, é inserido um código para identificar e confirmar a disponibilidade de assentos para o filme solicitado. Em seguida, é inserido o número de assentos necessários e os bilhetes são impressos, embora não atribuam posições específicas de assento. O operador então recebe o pagamento em dinheiro ou cartão de crédito e emite os bilhetes. Isso leva em média 19,5 segundos, e mais 5 segundos são necessários para que o próximo cliente avance. Uma transação média envolve a venda de aproximadamente 1,7 ingressos.

   O cinema UCI, em Birmingham, tem oito salas. O cinema incorpora muitos recursos de última geração, incluindo o sistema de som THX de alta qualidade, bilheteria totalmente informatizada e um fliperama de videogame no salão principal. No total, as oito salas podem acomodar 1.840 pessoas; a capacidade (assentos) de cada sala varia, de modo que a direção do cinema pode alocar os filmes mais populares para as salas maiores e usar as salas menores para os filmes menos populares. Os horários de início dos oito filmes na UCI geralmente são escalonados em 10 minutos, com o filme mais popular em cada categoria (infantil, drama, comédia etc.) sendo programado para ser exibido primeiro. Como os filmes têm durações diferentes, e como o gestor deve tentar maximizar a utilização dos assentos, a tarefa de programação é complexa. A equipe da bilheteria está continuamente ciente da capacidade restante de cada sala por meio de seus terminais. Há até quatro bilheterias abertas ao mesmo tempo. O tempo-alvo por transação geral é de 20 segundos. O número médio de vendas de ingressos por transação é de 1,8. Todos os bilhetes indicam posições de assento específicas, e estes são atribuídos por ordem de chegada.

   (a) Quais são as principais diferenças entre os dois cinemas do ponto de vista de seus gerentes de produção?

   (b) Quais são as vantagens e desvantagens dos dois métodos diferentes de programar os filmes nas salas?

   (c) Descubra os tempos de exibição e a classificação de oito filmes populares. Tente agendá-los nas salas da UCI, em Birmingham, levando em consideração a popularidade que você pode esperar em momentos diferentes. Reserve 20 minutos para esvaziar, limpar e admitir o próximo público e 15 minutos para publicidade antes do início do filme.

5. Reflita sobre os três breves exemplos a seguir. Que tipo de controle (conforme a Figura 10.16) você acredita que eles justificam?

   A Games Delivery Authority (GDA) era um órgão público responsável pelo desenvolvimento e construção de novos locais e infraestrutura para os *Jogos Internacionais* e seu uso após o evento. A GDA nomeou um consórcio responsável pela qualidade, entrega e custo geral do programa, além das metas de saúde e segurança, sustentabilidade, igualdade e diversidade. O Parque de Jogos foi um grande programa de construção que se espalhava por cinco áreas separadas do governo local, incluindo desenvolvimentos de transporte, áreas de varejo e projetos de regeneração local. A sustentabilidade foi fundamental para o desenvolvimento. *"A sustentabilidade estava enraizada em nosso pensamento — desde a maneira como planejamos, construímos e trabalhamos, até a maneira como brincamos, socializamos e viajamos"*. Para garantir a realização dos compromissos, a GDA criou um órgão independente para acompanhar o projeto. Todos os empreiteiros em potencial que licitaram partes do projeto estavam cientes de que um dos principais objetivos subjacentes da iniciativa dos Jogos era a regeneração. O local dos Jogos seria construído em terreno altamente industrializado e contaminado.

O novo chefe de logística do supermercado foi direto em sua avaliação da implementação radical da cadeia de suprimentos. *"Nossos concorrentes assistiram com total descrença"*, disse ele. *"Os concorrentes ficaram surpresos quando despejamos milhões na implementação de novos sistemas de TI e substituímos 21 depósitos por um punhado de gigantes* fábricas de atendimento automatizadas."

"Em retrospectiva, a forte dependência da automação foi um grande erro, especialmente para mercadorias de giro rápido", disse o CIO da empresa. *"Quando uma instalação convencional falha, você tem muitas opções. Você tem flexibilidade para lidar com problemas. Quando uma fábrica de atendimento automatizada falha, francamente você está encrencado."* O mais contundente foi a maneira como o supermercado pressionou com a implementação das instalações automatizadas antes de provar que o conceito funcionava no primeiro grande local. *"Eu teria pelo menos provado que um deles funcionou antes de construir os outros três"*, disse ele. *"Basicamente, toda a empresa estava comprometida em fazer muito, muito rápido, tentando implementar uma estratégia de sete anos em um prazo de três anos."*

"É impossível enfatizar demais como esse lançamento é importante para o nosso futuro", disse a CEO. *"Estamos perdendo participação de mercado há sete trimestres seguidos. No entanto, temos grandes esperanças para a nova unidade XC10."* E a maior parte da alta administração da empresa concordou com ela. Certamente, o mercado vinha amadurecendo há algum tempo e, sem dúvida, estava ficando mais difícil. Lançamentos de novos produtos dos concorrentes vinham corroendo a participação de mercado. No entanto, os produtos dos concorrentes, na melhor das hipóteses, simplesmente correspondiam às ofertas da empresa em todos os testes comparativos. *"A menos que alguém apresente uma tecnologia totalmente nova, o que é muito improvável, será uma questão de fazer pequenas melhorias no desempenho do produto e combinar isso com um marketing bem direcionado e coordenado. Felizmente, somos bons em ambos. Conhecemos essa tecnologia e esses mercados. Também estamos esclarecidos a respeito do papel que a nova XC10 deve desempenhar. Ela precisa consolidar nossa posição de mercado como líder nesse setor, reduzir a queda na participação de mercado pela metade e restabelecer a confiança de nossos clientes em nós. As margens, pelo menos no curto prazo, são menos importantes."*

6. Releia o exemplo *Controle das operações na Air France* em *Operações na prática*. Como as tarefas de planejamento e controle se comparam com as de uma oficina de reparo de motor?

7. Releia o exemplo *Os passageiros de linhas aéreas podem ser sequenciados?* em *Operações na prática*. Que problemas as companhias aéreas poderiam enfrentar se tentassem implementar o método Steffen?

8. Como seria um gráfico de Gantt para a produção em massa de sanduíches de salada de frango?

9. Se você tivesse que argumentar contra o uso da triagem no sequenciamento para o tratamento de pacientes em um departamento de acidentes e emergência de um hospital, que argumentos você usaria?

10. Como a programação de padrões de turno de pessoal difere da programação de manutenção de caminhões?

Leitura complementar selecionada

Chapman, S.N. (2005) *Fundamentals of Production Planning and Control*, **Pearson, Harlow.**
Um livro-texto detalhado, voltado para aqueles que desejam estudar o assunto em profundidade.

Goldratt, E.Y. e Cox, J. (1984) *The Goal*, **North River Press, Croton-on-Hudson, NY.**
Não leia este livro se você gosta de um bom romance, mas leia se quiser uma forma agradável de entender algumas das complexidades sobre programação da produção. Aplica-se, particularmente, aos conceitos de tambor, pulmão e corda descritos neste capítulo.

Jacobs, F.R., Berry, W.L., Whybark, D.C. e Vollmann, T.W. (2010) *Manufacturing Planning & Control Systems for Supply Chain Management*, 6. ed., McGraw Hill Higher Education, Nova York, NY.
A última versão da bíblia de planejamento e controle de produção.

Kehoe, D.F. e Boughton, N.J. (2001) New paradigms in planning and control across manufacturing supply chains – the utilization of Internet technologies, *International Journal of Operations & Production Management*, **21 (5/6) 582-93.**
Um estudo acadêmico, porém interessante.

Pinedo, M.L. (2016) *Scheduling: Theory, Algorithms, and Systems*, **5. ed., Springer, Nova York, NY.**
Um texto bastante técnico, porém firmemente estabelecido.

Notas do capítulo

1. As informações nas quais este exemplo é baseado foram retiradas de: Caswell, M. (2020) Air France to operate 50 per cent of schedules during November and December, *Business Traveller*, 28 set.; Farman, J. (1999) 'Les Coulisses du Vol', Air France, conversa apresentada por Richard E. Stone, NorthWest Airlines, no IMA Industrial Problems Seminar, 1998.
2. Coldrick, A., Ling, D. e Turner, C. (2003) Evolution of sales and operations planning: from production planning to integrated decision making, StrataBridge Working Paper.
3. As informações nas quais este exemplo é baseado foram retiradas de: Barro, J. (2019) Here's why airplane boarding got so ridiculous, *New York Magazine Intelligencer*, 9 maio, https://nymag.com/intelligencer/2019/05/heres-why-airplaneboarding-got-so-ridiculous.html (Acesso em: set. 2021); The Economist (2011) Please be seated: a faster way of boarding planes could save time and money, *Economist*, edição impressa, 3 set.
4. As informações nas quais este exemplo é baseado foram retiradas de: Economist (2020) Triage under trial: the tough ethical decisions doctors face with covid-19, *Economist*, edição impressa, 2 abr.; Jones, C. (2020) What

a career in intensive care nursing has taught me about triage, *Financial Times*, 6 fev.
5. As informações nas quais este exemplo é baseado foram retiradas de: *site* de Heathrow, https://www.heathrow.com (Acesso em: set. 2021). Para uma explicação técnica do algoritmo de pouso de aeronaves, ver Cecen, R.K., Cetek, C. e Kaya, O. (2020) Aircraft sequencing and scheduling in TMAs under wind direction uncertainties, *The Aeronautical Journal*, 124 (1282) 1896-912; e Beasley, J.E., Sonander, J. e Havelock, P. (2001) Scheduling aircraft landings at London Heathrow using a population heuristic, *Journal of the Operational Research Society*, 52, 483-93.
6. As informações nas quais este exemplo é baseado foram retiradas de: Calder, S. (2017) Ryanair cancellations: the truth behind why 2,000 flights are due to be scrapped, *Independent*, 19 set.
7. Goldratt, E.Y. e Cox, J. (1984) *The Goal*, North River Press.
8. Baseado em um modelo original descrito em Hofstede, G. (1981) Management control of public and not-for-profit activities, *Accounting, Organizations and Society*, 6 (3) 193-211.
9. Bolino, M.C., Kelemen, T.K. e Matthews, S.H. (2020) Rethinking work schedules? Consider these 4 questions, *Harvard Business Review*, 6 jul.

11 Gestão da Capacidade Produtiva

QUESTÕES-CHAVE

11.1 O que é gestão da capacidade produtiva?

11.2 Como a demanda é medida?

11.3 Como a capacidade produtiva é medida?

11.4 Como é feita a gestão no lado da demanda?

11.5 Como é feita a gestão no lado do suprimento?

11.6 Como as operações podem entender as consequências de suas decisões de gestão da capacidade?

INTRODUÇÃO

A gestão da capacidade produtiva é a atividade de entender a natureza do suprimento e demanda de uma operação e de lidar com as diferenças entre elas. Isso envolve uma tentativa de prever a demanda e medir a capacidade de fornecer produtos e serviços, seguida pela seleção de respostas adequadas do lado da demanda e do suprimento, com base em objetivos de desempenho e visão de longo prazo. Ao fazer isso, os gerentes de operação devem conseguir entender e reconciliar duas exigências competitivas. Por um lado, há a importância de manter a satisfação do cliente, entregando-lhe produtos e serviços de forma razoavelmente rápida. Por outro lado, há a necessidade de a produção (e suas cadeias de suprimento estendidas) manter a eficiência, minimizando os custos do excesso de capacidade. É por isso que a gestão da capacidade produtiva é tão importante — ela tem um impacto sobre a receita e os custos e, portanto, a lucratividade (ou a eficácia geral da entrega de serviço, em operações sem fins lucrativos). Neste capítulo, observamos essas tensões concorrentes em um nível **agregado**. Nesse nível, os gerentes não discriminam entre os diferentes produtos e serviços que podem ser produzidos pela operação para obter uma visão geral da demanda e da capacidade. Por exemplo, um hotel poderia pensar em demanda e capacidade em termos de "quartos livres para dormir por mês"; isso não considera o número de hóspedes em cada quarto e seus requisitos individuais, mas é uma boa aproximação inicial. A Figura 11.1 mostra onde este capítulo se encaixa na estrutura do livro. No fim do capítulo, há um suplemento sobre gestão de filas para aqueles que desejam saber mais detalhes sobre esse subtópico importante da gestão da capacidade produtiva.

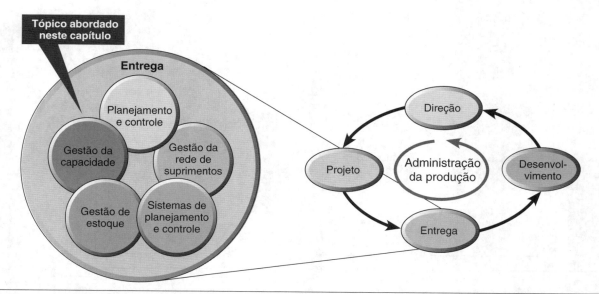

Figura 11.1 Este capítulo examina a gestão da capacidade produtiva.

11.1 O que é gestão da capacidade produtiva?

A gestão da capacidade produtiva trata de entender a natureza da demanda e do suprimento (capacidade) e tentar reduzir as incompatibilidades entre eles de uma forma que reconcilie as demandas concorrentes de satisfação do cliente e eficiência de recursos. Essas decisões também são tomadas dentro das limitações da operação, da capacidade de suprimento de seus fornecedores, da disponibilidade de pessoal e assim por diante. Como tal, cada nível de decisão de capacidade é feito com as restrições de um nível superior. Na outra direção, as decisões de curto prazo fornecem *feedback* importante para o planejamento em horizontes de tempo de longo prazo. Esse efeito de interação entre diferentes horizontes de tempo é ilustrado na Figura 11.2.

No Capítulo 5, examinamos as decisões de capacidade de longo prazo relacionadas com a estrutura e o escopo das operações e, no Capítulo 10, as decisões de capacidade de mais curto prazo em torno da alocação, sequência e recursos de tarefas. Neste capítulo, vamos nos concentrar mais nos aspectos de médio prazo do gerenciamento de capacidade, nos quais as decisões estão sendo tomadas em grande parte dentro das restrições da capacidade definidas pela estratégia de capacidade de longo prazo da operação. A gestão da capacidade de médio prazo geralmente envolve a avaliação de previsões de demanda com um horizonte de tempo entre 2 e 18 meses, durante o qual a produção planejada pode ser variada, por exemplo, alterando o número de horas em que os recursos são usados. Na prática, no entanto, poucas previsões são precisas e a maioria das operações também precisa responder às mudanças na demanda que ocorrem em uma escala de tempo ainda mais curta — denominada gestão da capacidade de curto prazo. Por exemplo, hotéis e restaurantes sofrem mudanças inesperadas e aparentemente aleatórias na demanda de uma noite para outra, mas também sabem, por experiência, que certos dias são, em média, mais movimentados do que outros.

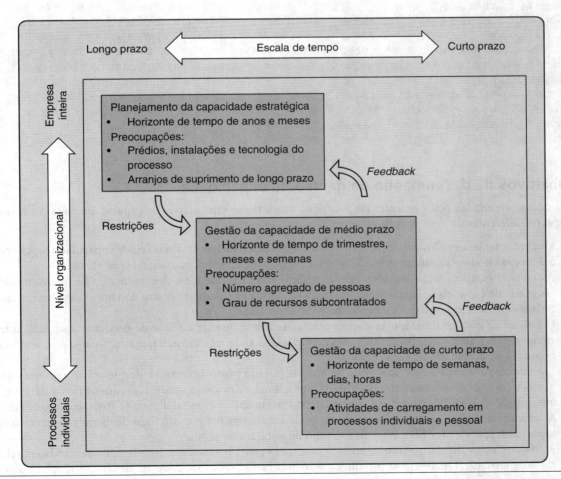

Figura 11.2 A gestão da capacidade produtiva deve ser integrada entre os níveis, pois cada um deles restringe o que pode ser feito no nível inferior e pode oferecer *feedback* para o nível superior.

OPERAÇÕES NA PRÁTICA

Capacidade de resposta ante a emergência de COVID-19 da 3M[1]

Durante a pandemia de COVID-19, a demanda por equipamentos de proteção aumentou, principalmente para as máscaras respiratórias N95, usadas para manter a segurança dos profissionais de saúde da linha de frente. Essas máscaras (também conhecidas como máscaras FFP2 na União Europeia) usavam uma malha fina de fibras de polímero sintético para filtrar pelo menos 95% das partículas transportadas pelo ar, limitando assim a transmissão da infecção.

Durante os primeiros meses da pandemia, fabricantes de máscaras como Honeywell, Kimberley-Clark, Ambu, Medicom, Teleflex, Shanghai Dasheng e Moldex-Metric procuraram aumentar a produção. Mas uma empresa estava indiscutivelmente um passo à frente de seus concorrentes. A 3M é uma multinacional que atua em negócios industriais, equipamentos de segurança, saúde, eletrônicos e energia e bens de consumo. A empresa havia usado as falhas do passado para se preparar para grandes aumentos na demanda por suas máscaras N95. Durante o surto de SARS em 2002-2003, a 3M percebeu que não tinha flexibilidade operacional suficiente para responder a saltos repentinos na demanda. Portanto, a empresa decidiu investir em **capacidade de pico** — linhas de montagem que permaneceriam inativas até serem necessárias — em toda a sua rede de fábricas no mundo inteiro. Isso permitiria um rápido aumento da capacidade ao enfrentar crises futuras e seus picos de demanda relacionados. Emergências posteriores, como a pandemia de gripe H1N1 em 2009, o surto de ebola na África Ocidental entre 2013 e 2016 e uma das piores temporadas de incêndios florestais na história da Austrália em 2019, permitiram à 3M refinar ainda mais suas abordagens de flexibilidade da capacidade.

À medida que a escala absoluta da pandemia de COVID-19 se tornou evidente, a 3M reorientou muitos de seus funcionários para horas extras e, em seguida, ativou sua capacidade de pico. Em apenas dois meses, a empresa dobrou sua produção global de máscaras N95 para 100 milhões por mês. Para conseguir isso, a empresa não apenas precisava de sua capacidade ociosa de infraestrutura física, mas também contava com uma grande parte de seus funcionários para continuar trabalhando durante as crises, apesar das novas restrições (por exemplo, distanciamento social) que lhes foram impostas. Além disso, os fornecedores da 3M estavam envolvidos no planejamento da empresa para esses tipos de eventos de *fator X*, permitindo que toda a rede de suprimento aumentasse sua capacidade durante a pandemia.

Objetivos de desempenho da gestão da capacidade

As decisões tomadas pelos gerentes de produção ao elaborar seus planos de capacidade afetarão vários aspectos diferentes do desempenho:

▶ Os *custos* serão afetados pelo equilíbrio entre capacidade e demanda. Os níveis de capacidade superiores à demanda podem significar subutilização da capacidade e, assim, custos unitários elevados.

▶ As *receitas* também serão afetadas pelo equilíbrio entre capacidade e demanda, mas de modo oposto. Os níveis de capacidade iguais ou superiores à demanda em qualquer ponto do tempo assegurarão que toda a demanda seja satisfeita e nenhuma receita perdida.

▶ O *capital de giro* será afetado se uma operação decidir acumular estoque de produtos acabados antecipadamente à demanda. Isso pode permitir que a demanda seja satisfeita, mas a organização terá que financiar o estoque até ele ser vendido.

▶ A *qualidade* dos bens ou serviços pode ser afetada por um plano de capacidade que envolva grandes flutuações em seus níveis ao contratar, por exemplo, funcionários temporários. Os novos funcionários e a interrupção da rotina de trabalho da operação podem aumentar a probabilidade de erros serem cometidos.

▶ A *rapidez* da resposta à demanda do cliente pode ser aumentada por provisão deliberada de excesso de capacidade, para evitar filas, ou pelo acúmulo de estoques de produtos.

▶ A *confiabilidade* do suprimento também será afetada pela proximidade dos níveis de demanda em relação à capacidade. Quanto mais próxima a demanda estiver da capacidade máxima de produção, menos condições terá a operação de enfrentar quaisquer interrupções inesperadas e menos confiáveis serão suas entregas de bens e serviços.

▶ A *flexibilidade*, especialmente a de volume, será aumentada pelo excesso de capacidade. Se a demanda e a capacidade estiverem equilibradas, a operação não será capaz de responder a nenhum aumento inesperado da demanda.

Um quadro de referência para gestão da capacidade

Existem diversas atividades envolvidas na gestão da capacidade produtiva, que podem ser vistas na Figura 11.3. A primeira etapa mais comum no lado da demanda da *equação* é medir (prever) a demanda por serviços e produtos em diferentes períodos de tempo. Isso envolve a seleção entre uma gama de ferramentas qualitativas (abordagem de painel, método Delphi e planejamento de cenário) e quantitativas (modelos de série temporal e causais) para dar suporte à previsão mais precisa da demanda. A segunda etapa normalmente está no lado da demanda do quadro, e envolve medir a capacidade de oferecer serviços e produtos. Aqui, devem ser considerados os impactos do *mix* de produtos, do período de tempo e da especificação do *output*. A terceira etapa é considerar se e como gerenciar a demanda usando técnicas de **gestão da demanda** e gestão de receitas. A quarta etapa é gerenciar o lado do suprimento determinando o nível apropriado de capacidade média e depois decidir entre manter isso constante (plano de capacidade nivelada) ou ajustar a capacidade em linha com a mudança dos padrões de demanda (plano de capacidade acompanhando a demanda). Por fim, os gerentes de produção precisam compreender as consequências de diferentes decisões de gestão de capacidade tanto no lado da demanda quanto no lado do suprimento do quadro de referência.

11.2 Como a demanda é medida?

A primeira tarefa da gestão da capacidade é compreender os padrões de demanda por produtos e serviços em diferentes períodos de tempo (horário, diário, mensal, anual etc.). Saber que a demanda pode estar subindo ou caindo, embora sendo um início importante, não é suficiente por si só. Conhecer a *taxa de mudança* normalmente é vital para o planejamento dos negócios. Por exemplo, uma empresa de advocacia pode ter que decidir o ponto em que, no seu negócio em crescimento, ela terá que adquirir outro sócio. A contratação de um novo sócio pode levar meses, de modo que ela precisa ter condições de prever quando espera chegar a esse ponto e, em seguida, quando precisa começar seu processo de recrutamento.

Princípio de produção
Conhecer os padrões de demanda por produtos e serviços é essencial para o sucesso da gestão da capacidade.

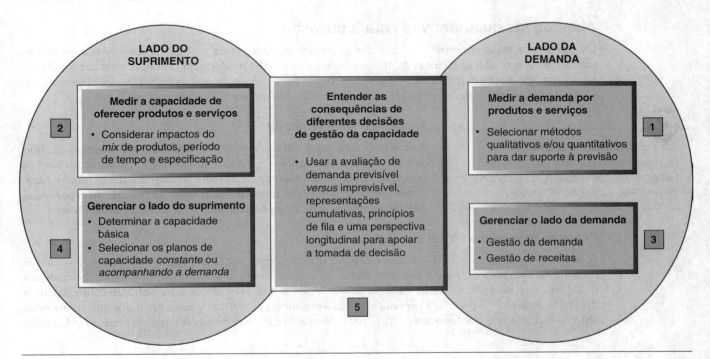

Figura 11.3 Quadro de referência da gestão da capacidade.

Abordagens qualitativas para a previsão

Às vezes, os gerentes utilizam métodos qualitativos baseados na avaliação e na experiência do passado para prever a demanda. Três dos métodos mais populares são a abordagem de painel, o método Delphi e o planejamento de cenário.

Abordagem de painel

Assim como painéis de especialistas em esportes se reúnem para especular sobre os resultados prováveis, o mesmo acontece com políticos, líderes empresariais, analistas do mercado de ações, bancos e companhias aéreas. O painel funciona como um **grupo de foco**, permitindo que todos falem abertamente. Embora haja a grande vantagem de vários cérebros serem melhores do que um, pode ser difícil chegar a um consenso, ou às vezes podem sobressair as visões do *status* mais alto ou que mais se destaca (o efeito *bandwagon*). Embora mais confiável do que as opiniões de uma pessoa, a **abordagem de painel** ainda tem o problema de que todos, mesmo os especialistas, podem errar.

Método Delphi

Talvez a abordagem mais conhecida para gerar previsões usando especialistas seja o **método Delphi**. Trata-se de um método mais formal, que busca reduzir as influências dos procedimentos dos encontros presenciais. Ele emprega uma pesquisa de especialistas, na qual as respostas são analisadas e resumos anônimos são enviados de volta a todos os especialistas. Estes são então convidados a reconsiderar as suas previsões iniciais à luz das respostas e argumentos apresentados pelos outros especialistas. Esse processo é repetido várias vezes para que se chegue a um consenso ou, pelo menos, a uma gama mais restrita de decisões. Um refinamento dessa abordagem é atribuir pesos aos indivíduos e suas sugestões, com base, por exemplo, em sua experiência, seu sucesso anterior em previsões e na visão de outras pessoas sobre suas habilidades. Os problemas óbvios associados a esse método incluem a construção de um questionário apropriado e a seleção de um painel de especialistas que seja apropriado.

Planejamento de cenário

Um método para lidar com situações de incerteza ainda maior é o **planejamento de cenário**. Isso geralmente é aplicado à previsão de longo prazo, novamente usando um painel. Normalmente se solicita aos membros do painel que elaborem uma série de cenários futuros. Cada cenário pode então ser discutido, considerando-se os riscos inerentes. Ao contrário do método Delphi, o planejamento de cenário não se preocupa necessariamente em chegar a um consenso, mas em olhar para uma gama de opções e colocar planos em prática para tentar evitar aquelas que são menos desejadas, tomando medidas para seguir as mais desejadas.

Abordagens quantitativas para a previsão

Os gerentes às vezes preferem usar métodos quantitativos para prever a demanda. Duas das mais importantes abordagens são as técnicas de análise de série temporal e **modelagem causal**. A série temporal examina o padrão de comportamentos do passado para prever o comportamento futuro. A modelagem causal é uma abordagem que descreve e avalia as relações causa-efeito entre as principais variáveis.

Princípio de produção
Os métodos de previsão por série temporal utilizam padrões de demanda do passado para fazer previsões.

Análise de série temporal

A **análise de série temporal** é um método de previsão que examina o padrão dos dados da série temporal e, removendo variações subjacentes com as causas que podem ser atribuídas, extrapola o comportamento futuro. Aqui, examinamos os modelos de média móvel simples, suavizamento exponencial simples, suavizamento exponencial ajustado à tendência e modelos sazonais.

Previsão pela média móvel simples

A *média móvel simples* é utilizada para estimar a demanda para um período de tempo futuro, ao calcular a média da demanda para os *n* períodos de tempo mais recentes. O valor de *n* pode ser estabelecido em qualquer nível, mas normalmente na faixa de 3 a 7. Assim, por exemplo, se *n* for definido como quatro, a demanda do próximo período é prevista tomando-se a média móvel da demanda real dos quatro períodos anteriores. Portanto, se a demanda prevista para a semana *t* é F_t e a demanda real para a semana *t* é A_t, então:

$$F_t = \frac{A_{t-1} + A_{t-2} + A_{t-3} + A_{t-4}}{4}$$

Suavizamento exponencial simples

A principal desvantagem das médias móveis é que elas não usam dados além de n períodos na previsão. A *abordagem de suavizamento exponencial* prevê a demanda no próximo período levando em consideração a demanda real no período de tempo atual e a previsão que foi feita anteriormente. Ela faz isso de acordo com a seguinte fórmula:

$$F_t = \alpha\,(A_{t-1}) + (1 - \alpha)\,F_{t-1}$$

em que

F_t = nova previsão
A_{t-1} = *demanda real* do período anterior
F_{t-1} = demanda prevista para o período anterior
α = constante de suavizamento

A constante de suavizamento α, na realidade, é o peso que é dado à última (e, portanto, considerada a mais importante) parte de informação disponível a quem está fazendo a previsão. Contudo, a outra expressão na fórmula inclui a previsão para o período atual, que incluiu a demanda real do período anterior, e assim por diante. Desse modo, todos os dados anteriores têm um efeito (embora decrescente) sobre a próxima previsão.

Exemplo resolvido

Previsão da demanda na Eurospeed usando o método de suavizamento exponencial

A Tabela 11.1 mostra os dados para previsões de encomendas da Eurospeed usando um método de suavizamento exponencial, em que $\alpha = 0{,}2$. Por exemplo, a previsão para a semana 35 é:

$$F_{35} = (0{,}2 \times 67{,}0) + (0{,}8 \times 68{,}3) = 68{,}04$$

Tabela 11.1 Previsão suavizada exponencialmente com constante de suavizamento $\alpha = 0{,}2$.

Semana (t)	Demanda real (milhares) (A)	Previsão ($F_t = \alpha A_{t-1} + (1 - \alpha) F_{t-1}$) ($\alpha = 0{,}2$)
20	63,3	60,00
21	62,5	60,66
22	67,8	60,03
23	66,0	61,58
24	67,2	62,83
25	69,9	63,70
26	65,6	64,94
27	71,1	65,07
28	68,8	66,28
29	68,4	66,78
30	70,3	67,12
31	72,5	67,75
32	66,7	68,70
33	68,3	68,30
34	67,0	68,30
35		**68,04**

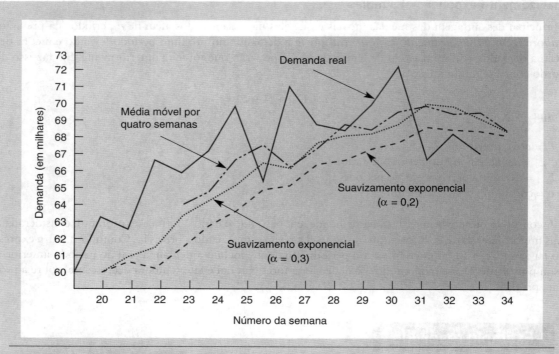

Figura 11.4 Uma comparação da previsão pela média móvel e por suavizamento exponencial com constante de suavizamento α = 0,2 e 0,3.

O valor de α controla o equilíbrio entre a *responsividade* das previsões para as variações na demanda e a *estabilidade* das previsões. Quanto mais próximo α estiver de 0, mais as previsões serão influenciadas pelas previsões anteriores (não muito sensível, mas estável). A Figura 11.4 mostra os dados de volume da Eurospeed representados por uma média móvel de quatro semanas, suavizamento exponencial com α = 0,2 e suavizamento exponencial com α = 0,3.

Suavizamento exponencial ajustado à tendência

A principal desvantagem do suavizamento exponencial simples é que ele assume uma média subjacente estável. Quando há uma tendência na média, as previsões exponencialmente suavizadas ficam atrasadas em relação às mudanças na demanda subjacente. Embora constantes de suavizamento mais altas (> 0,5) ajudem a reduzir os erros de previsão, ainda pode haver um atraso se a média estiver mudando sistematicamente. Portanto, para melhorar a precisão, é possível incluir uma tendência nas previsões exponencialmente suavizadas. A nova fórmula é:

$$\text{FIT}_t = F_t + T_t$$

em que

FIT_t = previsão incluindo a tendência
F_t = previsão suavizada exponencialmente
T_t = tendência suavizada exponencialmente

Para uma *previsão ajustada à tendência*, devemos suavizar tanto a média (F_t) quanto a tendência (T_t). A constante de suavizamento aparece com o símbolo α para a média e o símbolo β para a tendência. Para chegar à previsão incluindo a tendência (FIT_t), devemos calcular as duas partes da equação:

$$F_t = \alpha (A_{t-1}) + (1 - \alpha)(F_{t-1} + T_{t-1})$$

$$T_t = \beta (F_t - F_{t-1}) + (1 - \beta)T_{t-1}$$

em que

F_t = previsão suavizada exponencialmente para o período t
T_t = tendência suavizada exponencialmente para o período t
A_t = demanda real para o período t
α = constante de suavizamento para a média
β = constante de suavizamento para a tendência

Sazonalidade na previsão

A maioria das organizações tem algum padrão sazonal em sua demanda. Às vezes, as causas da sazonalidade são climáticas (feriados), às vezes, festivas (compras de presentes), às vezes, financeiras (elaboração de declaração de imposto de renda), sociais ou políticas. Para a maioria de nós, geralmente pensamos na sazonalidade em termos anuais [pois se refere a *estações* (*seasons*, em inglês) do ano]. Todavia, na previsão o termo é usado para descrever quaisquer variações semelhantes na demanda que se repetem regularmente (trimestralmente, mensalmente, semanalmente, diariamente ou de hora em hora). Por exemplo, as empresas de serviços públicos podem experimentar maior sazonalidade anual, mas também enfrentarão padrões sazonais ao longo da semana e do dia. Uma técnica popular para incorporar a sazonalidade na previsão é o *modelo sazonal multiplicativo*, que envolve as cinco etapas a seguir (para simplificar, assumimos aqui que não há outra tendência nos dados além da sazonalidade):

Princípio de produção
Na previsão da demanda, *sazonalidade* refere-se a qualquer padrão repetitivo na demanda – anual, trimestral, mensal, semanal, diário ou mesmo horário.

1. Determine a demanda média para cada *estação* somando a demanda para essa estação e dividindo pelo seu número de períodos. Por exemplo, se em março tivemos vendas de 80, 75 e 100 durante os três últimos anos, a demanda média em março é igual a (80 + 75 + 100) / 3 = 85.
2. Calcule a demanda média para todos as *estações* dividindo a demanda média total pelo número de períodos. Por exemplo, se o total da demanda anual média é 1.320 e existem 12 períodos (meses) no ano, a demanda mensal média é igual a 1.320 / 12 = 110.
3. Calcule o índice sazonal dividindo a demanda média para o período (etapa 1) pela demanda média (etapa 2). Por exemplo, o índice sazonal de março é igual a 85 / 110 = 0,77.
4. Estime a demanda total no próximo período de tempo (neste caso, anual) usando um ou mais dos métodos qualitativos ou quantitativos descritos nesta seção.
5. Divida a estimativa pelo número de períodos (neste caso, 12 meses) e multiplique pelo índice sazonal para obter uma previsão sazonal.

Exemplo resolvido

Previsão sazonal para a Matsuyama Consulting

A Matsuyama Consulting, sediada no Japão, espera ter uma demanda anual de 7.500 horas de consultoria em estratégia da cadeia de suprimento em 2023. Usando o modelo sazonal multiplicativo, podemos prever a demanda para junho, julho e agosto desse ano (Tabela 11.2):

Previsão para junho/2023 = (7.500 / 12) × 1,10 = 687,50

Previsão para julho/2023 = (7.500 / 12) × 1,32 = 825,00

Previsão para agosto/2023 = (7.500 / 12) × 0,79 = 493,75

Tabela 11.2 Previsão sazonal para a Matsuyama Consulting.

Mês	2020	2021	2022	Demanda média 2020-2022	Demanda média mensal	Índice sazonal
Jan	450	475	475	466,67	570,14	0,82
Fev	500	500	550	516,67	570,14	0,91
Mar	625	600	575	600,00	570,14	1,05
Abr	600	600	650	616,67	570,14	1,08
Mai	550	600	600	583,33	570,14	1,02
Jun	600	625	650	625,00	570,14	1,10
Jul	700	750	800	750,00	570,14	1,32
Ago	450	400	500	450,00	570,14	0,79
Set	500	450	450	466,67	570,14	0,82
Out	550	500	525	525,00	570,14	0,92
Nov	650	600	650	633,33	570,14	1,11
Dez	600	600	625	608,33	570,14	1,07
Total da demanda média anual				6.841,67		

Modelos causais

Os modelos causais geralmente empregam técnicas complexas para entender a força das relações entre a rede de variáveis e o impacto que elas têm umas sobre as outras. Modelos de *regressão simples* tentam determinar a expressão de *melhor ajuste* entre duas variáveis. Por exemplo, suponha que uma empresa de sorvetes esteja tentando prever suas vendas futuras. Após examinar a demanda anterior, percebe-se que a principal influência na demanda da fábrica é a temperatura média da semana anterior. Para entender essa relação, a empresa traça a demanda em relação às temperaturas da semana anterior. Isso é mostrado na Figura 11.5. Ao usar esse gráfico, a empresa pode fazer uma previsão razoável da demanda, uma vez que a temperatura média é conhecida, desde que as demais condições prevalecentes no mercado sejam razoavelmente estáveis.

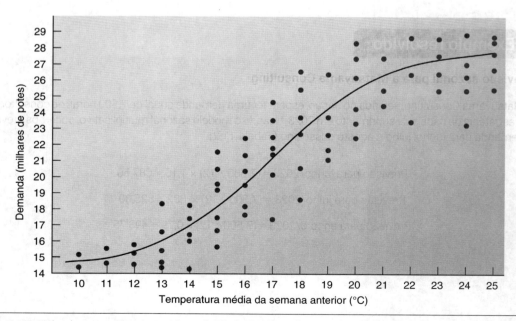

Figura 11.5 Linha de regressão mostrando a relação entre a temperatura média das semanas anteriores e a demanda.

Caso contrário, esses outros fatores que influenciam a demanda precisarão ser incluídos em um modelo de *regressão múltipla*. Essas redes mais complexas compreendem muitas variáveis e relações, cada um com seu próprio conjunto de suposições e limitações. Embora o desenvolvimento de tais modelos e a avaliação da importância de cada um dos fatores estejam além do escopo deste texto, muitas técnicas estão disponíveis para ajudar os gerentes a realizar essa modelagem mais complexa e também fornecer dados ao modelo para refiná-lo e desenvolvê-lo, em particular a modelagem de equações estruturais.

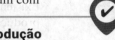

Princípio de produção
Os modelos causais fazem previsões examinando o impacto que uma ou mais variáveis têm sobre a demanda.

OPERAÇÕES NA PRÁTICA — **Como a inteligência artificial ajuda na previsão de demanda[2]**

Das muitas aplicações em potencial da inteligência artificial (IA), sem dúvida uma das mais úteis é seu uso na previsão da demanda. Em particular, os avanços no aprendizado de máquina melhoraram a disponibilidade e a confiabilidade das previsões, bem como a velocidade com que elas podem ser produzidas. Assim como os métodos tradicionais de previsão, os sistemas baseados em IA começam com um conjunto de suposições e regras que, quando aplicadas aos dados disponíveis, produzem uma previsão. O *aprendizado profundo* dos métodos de IA pode aprender e adaptar essas regras usando quantidades imensas de dados históricos. Contudo, os modelos de aprendizado de máquina sofrem de uma grande limitação — eles funcionam de maneira muito mais eficaz quando os dados de entrada são semelhantes aos sobre os quais foram *treinados*. Diante de aumentos ou quedas repentinas e inesperadas na demanda, os algoritmos preditivos se esforçam para refletir a realidade fundamental, porque o sistema não foi treinado para mudanças particularmente grandes. Em outras palavras, eles se tornam não confiáveis quando o passado é incapaz de fornecer insights úteis sobre o futuro.

Por exemplo, a pandemia de COVID-19 teve impactos em quase todas as facetas da vida empresarial, e uma das áreas mais significativas foi o efeito nos padrões de demanda. Em todo o mundo, as empresas que fabricam máscaras faciais, desinfetantes para as mãos, produtos de limpeza, papel higiênico, equipamentos para casa e jardim, suprimentos médicos, produtos enlatados e congelados, jogos e aparelhos domésticos de ginástica viram aumentos exponenciais na demanda em curtos períodos de tempo. Da mesma forma, a demanda por serviços como entrega de alimentos, logística, videochamadas *on-line* e plataformas de mídia social disparou. Outras empresas experimentaram quedas maciças em sua demanda — aquelas ligadas às indústrias de viagens, petróleo e gás, hotelaria, lazer e automóveis foram particularmente afetadas. A consequência na previsão da demanda foi significativa. Muitas empresas experimentaram uma mudança quase da noite para o dia de uma variação de demanda relativamente estável e previsível — o padrão mais fácil para um gerente de produção lidar — para uma variação de demanda muito mais volátil e menos previsível — o padrão mais desafiador para se lidar. Isso significou que muitos dos dados históricos que normalmente seriam essenciais no desenvolvimento de previsões de demanda de alta qualidade foram extremamente imprecisos. Para as empresas que investiram em modelos de aprendizado de máquina para apoiar a previsão de demanda, os algoritmos de IA foram simplesmente incapazes de lidar com as mudanças radicais no comportamento humano *normal* durante a crise.

Essa limitação fundamental significou que muitas empresas exigiram intervenção manual significativa para substituir os planos de capacidade gerados automaticamente, o que fez que alguns comentaristas questionassem a adequação dos modelos de aprendizado de máquina (e, de fato, outros métodos baseados em dados históricos), especialmente em contextos de negócios mais dinâmicos. No entanto, o contra-argumento foi que a natureza da IA é uma *tecnologia de aprendizado*. Com o tipo certo de intervenção humana, os modelos de aprendizado de máquina podem ser *retreinados* para levar em conta conjuntos de dados mais dinâmicos. Alguns especialistas sugeriram que uma abordagem seria o treinamento de IA incorporar prazos muito mais longos e, ao fazê-lo, incluir outros eventos imprevistos ao longo do século passado. Ao fazer isso, eles argumentaram, os modelos de aprendizado de máquina poderiam ser melhorados de forma significativa.

Como tornar as previsões úteis para os gerentes de produção

Existem três maneiras de avaliar a utilidade de uma previsão de demanda do ponto de vista do gerente de produção — seu nível de precisão, sua capacidade de indicar a incerteza relativa e sua expressão em termos que são úteis para a gestão da capacidade.

Ela é a mais precisa possível

O processo de gestão da capacidade produtiva é bastante amparado se as previsões forem as mais precisas possíveis, porque, embora a demanda possa variar instantaneamente, normalmente existe um atraso entre a decisão de mudar a capacidade e a mudança efetiva. É possível avaliar a precisão relativa das previsões de demanda calculando o *erro de previsão*, sendo três métodos populares para isso:

$$\text{desvio absoluto médio, DAM} = \frac{\sum |E_t|}{n}$$

$$\text{erro quadrático médio, EQM} = \frac{\sum E_t^2}{n}$$

$$\text{erro percentual absoluto médio, EPAM} = \frac{\sum [(E_t / A_t)100]}{n}$$

em que

n = número de períodos previstos

Exemplo resolvido

Calculando o erro de previsão no Restaurante Sinh

A Tabela 11.3 mostra a previsão e os clientes reais atendidos a cada semana no Sinh (Leão), um pequeno restaurante localizado em Calcutá, Índia.

Tabela 11.3 Calculando erros de previsão.

(t)	Vendas reais (A_t)	Previsão (F_t)	Erro absoluto (E_t)	Erro² (E_t^2)	Erro percentual absoluto
1	2.500	2.250	250	62.500	10,00
2	2.600	2.200	400	160.000	15,38
3	2.580	2.900	320	102.400	12,40
4	2.700	3.000	300	90.000	11,11
5	2.250	3.100	850	722.500	37,78
6	2.600	2.450	150	22.500	5,77

Podemos calcular o DAM, o EQM e o EPAM da seguinte maneira:

$$\text{DAM} = \frac{\sum |E_t|}{n} = \frac{2.270}{6} = 378,33$$

$$\text{EQM} = \frac{\sum E_t^2}{n} = \frac{1.159.900}{6} = 193.316,67$$

$$\text{EPAM} = \frac{\sum [(E_t / A_t)100]}{n} = \frac{92,45}{6} = 15,41$$

Ela dá uma indicação da incerteza relativa

Talvez o mais importante, boas previsões dão uma indicação de incerteza relativa. As decisões de operar em horas extras e recrutar pessoal extra geralmente são baseadas em níveis de demanda previstos, que podem, na prática, diferir consideravelmente da demanda real, levando a custos desnecessários ou atendimento insatisfatório ao cliente. Por exemplo, uma previsão dos níveis de demanda em um supermercado pode mostrar negócios inicialmente lentos que se acumulam na hora do almoço. Depois disso, a demanda diminui, apenas para se acumular novamente no início da noite, e finalmente cai novamente no fim do período. O gerente do supermercado pode usar essa previsão para ajustar a capacidade dos caixas ao longo do dia, por exemplo. No entanto, embora isso possa ser uma previsão de demanda média precisa, nenhum dia se ajustará exatamente aos padrões previstos. De igual importância é uma estimativa de quanto a demanda real pode diferir da média. Isso pode ser encontrado examinando-se as estatísticas de demanda para construir uma distribuição de demanda em cada ponto do dia. A importância disso é que o gerente agora tem uma compreensão de quando será importante ter uma equipe de reserva, talvez repondo as prateleiras, mas prontos para assumir os caixas se a demanda o justificar.

Ela é expressa em termos que são úteis para a gestão da capacidade

Se as previsões forem expressas apenas em termos monetários e não indicarem as demandas que serão colocadas na capacidade de uma operação, elas precisarão ser traduzidas em expectativas realistas de demanda, expressas nas mesmas unidades que a capacidade (por exemplo, pessoal, máquinas, espaço etc.). As previsões também não devem ser expressas em termos monetários, como vendas, quando essas estas forem consequência do planejamento de capacidade. Por exemplo, algumas operações de varejo usam previsões de vendas para alocar as horas da equipe ao longo do dia. No entanto, as vendas também serão uma função da alocação de pessoal. É melhor usar previsões de *tráfego*, o número de clientes que potencialmente poderiam querer ser atendidos caso haja pessoal suficiente para tal.

11.3 Como a capacidade produtiva é medida?

A segunda tarefa da gestão da capacidade produtiva é compreender a natureza da capacidade (isto é, a capacidade de suprir). A capacidade de uma operação é o *nível máximo de atividade de valor agregado em um período de tempo* que o processo pode atingir sob condições operacionais normais. Criticamente, essa definição reflete a escala da capacidade; porém, mais importante, sua *capacitação de processamento*. Suponha que uma empresa farmacêutica invista em novos reatores com capacidade de 1.000 litros, ou que uma empresa compre um estacionamento com capacidade para 500 veículos. Essa informação lhe oferece uma noção da *escala* de capacidade, mas está longe de ser uma medida útil da capacidade para um gerente de produção. Ao contrário, a empresa farmacêutica estará envolvida com o nível de produção (ou seja, a capacidade de processamento) que pode ser atingido usando um vaso reator de 1.000 litros. Se um lote de produtos padronizados puder ser fabricado a cada hora, a capacidade de processamento planejado pode ser tão alta quanto 24.000 litros por dia. Se a reação demorar quatro horas, e duas horas forem usadas para limpeza entre os lotes de produção, o reator pode produzir apenas 4.000 litros por dia. De modo semelhante, o estacionamento pode estar totalmente ocupado pelos funcionários de escritório durante o dia e *processar* apenas 500 carros por dia. Como alternativa, pode ser usado por clientes de lojas que ficam apenas uma hora em média e os frequentadores do cinema, que ficam três horas à noite. A capacidade de processamento seria, então, de 5.000 carros por dia.

> **Princípio de produção**
> Capacidade é o nível máximo de atividade de valor agregado em um período de tempo que o processo ou a operação pode atingir sob condições operacionais normais.

OPERAÇÕES NA PRÁTICA — **Tecnologia de sinais de última geração expande a capacidade ferroviária[3]**

Em muitas partes do mundo, as redes ferroviárias estão no ponto de ruptura, se esforçando para lidar com as demandas que lhes são impostas diariamente. Nos horários de pico do dia, algumas linhas de passageiros estão perto do engarrafamento, e muitos comentaristas culpam a escassez de capacidade. Mas lembre-se de nossa definição anterior — a capacidade de uma operação é *o nível máximo de atividade de valor agregado em um período de tempo* que pode ser alcançado em condições operacionais normais. Portanto, para as redes ferroviárias, assim como aeroportos, portos marítimos, estradas e outras infraestruturas de transporte, não se trata apenas de quais recursos você tem

(a escala de capacidade), mas também do que você pode fazer com isso (as capacitações de processamento da capacidade). Aqui está o problema — aumentar a escala de capacidade muitas vezes é bastante difícil. Pode ser caro, muito lento e muitas vezes politicamente complicado. Portanto, enquanto esperam por aumentos de capacidade de longo prazo, as ferrovias (assim como em outras operações) geralmente precisam aproveitar ao máximo aquilo que têm.

Uma forma de conseguir isso é por meio da digitalização dos sistemas de sinalização ferroviária. A sinalização tradicional foi desenvolvida há quase dois séculos usando uma abordagem chamada *trabalho em bloco*, em que apenas um trem pode estar em um *bloco* a qualquer momento. No entanto, a posição fixa dos sinais significa que é impossível aumentar a capacidade sem arriscar a segurança. Além disso, muitas ferrovias ao redor do mundo agora combinam uma ampla gama de sistemas diferentes para gerenciar seus trens — em uma área pode haver *software* avançado que roteia automaticamente os trajetos dos trens, em outra os trabalhadores de sinalização continuam a operar sistemas manuais com fios para controlar braços de semáforo ao lado da ferrovia. Isso cria redes de operações muito complexas, ineficientes e muitas vezes disfuncionais!

Então as coisas começaram a mudar. Substituindo o método de *bloco de trabalho* da gestão de movimentação de trens e sua infraestrutura física associada de sinais e caixas de sinalização, surgiu o sistema europeu de controle de trens (ETCS, do inglês *European Train Control System*).

Esse sistema criou um *bloco móvel* digital, transmitindo a localização real dos trens por meio de sensores colocados próximo ao longo da pista, da mesma forma que os *transponders* de aeronaves informam a posição de um avião ao controle de tráfego aéreo. Os grandes centros operacionais ferroviários usaram então um *software* avançado para calcular a distância ideal entre os trens, levando em consideração suas velocidades, distâncias de frenagem e estações na rota. O efeito foi criar uma zona de segurança em torno de cada trem, minimizando a distância desnecessária entre eles. Quando implementado, esperava-se que o ETCS tivesse um efeito positivo na segurança e confiabilidade geral por meio de uma melhor coordenação e que também criasse aumentos na capacidade efetiva. As redes ferroviárias convencionais têm uma mistura de trens de passageiros de alta velocidade e trens de carga de baixa velocidade, o que cria problemas significativos para o sistema de *bloco de trabalho* com posição fixa. Os *blocos móveis* usados pelo ETCS podem aumentar a capacidade efetiva de processamento em cerca de 40%.

O sistema foi implementado em várias linhas específicas de alta velocidade, como a rota Wuhan-Guangzhou na China e a rota TGV na França. No entanto, esperava-se que os testes maiores ocorressem à medida que a tecnologia de bloco móvel fosse implementada em redes mais complexas, com muito mais sistemas legados para substituir. Estes incluíram projetos para instalar o ETCS em rotas transeuropeias de *corredor*, que ligam diferentes países da UE, rotas ou regiões específicas na Austrália, Hungria, Itália e Nova Zelândia, e em todas as redes ferroviárias da Bélgica, Dinamarca, Alemanha, Israel e Reino Unido. Mas mesmo esses projetos pareciam pequenos quando comparados com o lançamento pretendido do ETCS em toda a enorme malha ferroviária da Índia, que transporta mais de 20 milhões de passageiros e 3 milhões de toneladas de carga diariamente. O plano inicial era implantar a tecnologia em toda a rede de 65.000 km com um contrato de 780 bilhões de rúpias (US$ 12 bilhões) ao longo de seis anos. No entanto, as preocupações com os custos levaram à redução, com o Indian Railway Board decidindo, em vez disso, realizar um piloto em grande escala em uma seção de 780 km da rota de Delhi a Calcutá antes de finalizar sua futura estratégia de implantação.

A medição da capacidade pode parecer simples, mas na verdade pode ser relativamente difícil de definir de forma não ambígua, a menos que a operação seja padronizada e repetitiva. Por exemplo, um rápido passeio em um parque temático pode ser projetado para processar grupos de 60 pessoas a cada três minutos — uma capacidade para conduzir 1.200 pessoas por hora. Nesse caso, uma *medida de capacidade de saída* é a medida mais apropriada porque o produto da operação não varia em sua natureza. Entretanto, para muitas operações, a definição da capacidade não é tão óbvia. Por exemplo, quando uma faixa muito mais ampla de produtos reflete demandas variadas para o processo, as medidas de capacidade de saída são menos úteis. Aqui, as *medidas de capacidade de entrada* são frequentemente usadas para definir a capacidade. Quase todos os tipos de operações podem usar um misto de medidas de entrada e saída, mas, na prática, a maioria opta em usar uma ou outra (ver a Tabela 11.4).

Princípio de produção
Qualquer medida de capacidade deverá refletir a habilidade de uma operação ou processo de suprir a demanda.

Tabela 11.4 Medidas de capacidade de entrada e de saída para diferentes operações.

Operação	Medida de capacidade de entrada	Medida de capacidade de saída
Hospital	**Leitos disponíveis**	Número de pacientes tratados por semana
Fábrica de aparelhos de ar-condicionado	Horas-máquina disponíveis	**Número de unidades por semana**
Teatro	**Número de assentos**	Número de clientes entretidos por semana
Universidade	**Número de estudantes**	Estudantes graduados por ano
Companhia de eletricidade	Tamanho do gerador	**Megawatts de eletricidade gerados**
Loja de varejo	**Área de vendas**	Número de itens vendidos por dia
Linha aérea	**Número de assentos disponíveis**	Número de passageiros por semana
Cervejaria	Volume dos tanques de fermentação	**Litros por semana**

(*Observação:* a medida mais comumente usada é mostrada em negrito.)

O efeito do *mix* de atividades sobre a medição da capacidade

A possibilidade de uma operação suprir depende em parte daquilo *que* ela está sendo solicitada a fazer. Por exemplo, um hospital pode ter problema para medir sua capacidade porque a natureza dos produtos e serviços pode variar de forma significativa. O volume de produção depende do *mix* de atividades nas quais o hospital está engajado e, como a maior parte deles desempenha muitos tipos diferentes de atividades, é difícil prever o volume de produção (embora não impossível!). Alguns dos problemas causados pela variação do *mix* podem ser contornados em parte pelo uso de medidas de capacidade agregada (lembre-se de que a *agregada* significa que diferentes produtos e serviços são agrupados a fim de obter uma visão ampla da demanda e da capacidade.)

> **Princípio de produção**
> Capacidade é uma função do *mix* de produtos/serviços, da duração e da especificação do serviço/produto.

Exemplo resolvido

O impacto do *mix* de atividades sobre a capacidade de produção de drones

Uma pequena empresa de engenharia sediada em Estocolmo, Suécia, fabrica três modelos de drones comerciais — *Vortex*, *Elysia* e *Moln* (nuvem). O modelo *Vortex* pode ser montado em 2,5 horas, o *Elysia*, em 1,5 hora e o *Moln*, em 0,75 hora. A empresa tem 600 homens-horas disponíveis para montagem por semana. Supondo que o *mix* da demanda pelos drones *Vortex*, *Elysia* e *Moln* esteja em uma proporção 2:2:4, o tempo necessário para montar 2 + 2 + 4 = 8 unidades é:

$$(2 \times 2,5) + (2 \times 1,5) + (4 \times 0,75) = 11 \text{ horas}$$

O número de unidades montadas por semana é, portanto:

$$\frac{600}{11} \times 8 = 436,4 \text{ unidades}$$

Se a proporção da demanda no *mix* de atividades mudar para 3:2:3, o tempo necessário para montar 3 + 2 + 3 = 8 unidades será:

$$(3 \times 2,5) + (2 \times 1,5) + (3 \times 0,75) = 12,75 \text{ horas}$$

Agora, o número de unidades produzidas por semana (isto é, a nova capacidade da operação) será:

$$\frac{600}{12,75} \times 8 = 376,5 \text{ unidades}$$

O efeito do tempo sobre a medição da capacidade

O nível de atividade e produção que pode ser alcançado por curtos períodos de tempo não é o mesmo que a capacidade que é sustentada de forma regular. Por exemplo, um órgão de processamento de imposto de renda, durante seus períodos de pico no fim (ou início) do ano fiscal, pode ser capaz de processar 120.000 formulários por semana. Ele faz isso estendendo as horas de trabalho de seus funcionários, desencorajando seu pessoal de tirar férias durante esse período, evitando qualquer interrupção em potencial de seus sistemas de TI e talvez simplesmente trabalhando mais e de forma mais intensa. Apesar disso, os funcionários precisam de férias, e também não podem trabalhar por longas horas de maneira contínua, e por fim o sistema de informação terá que ser atualizado. Assim, ao medir a capacidade, os gerentes de produção devem considerar três medidas diferentes da capacidade, como mostra a Figura 11.6. **Capacidade projetada** é a capacidade teórica de uma operação que seus projetistas técnicos tinham em mente quando o contrataram. **Capacidade efetiva** é a capacidade de uma operação depois que as perdas planejadas forem contabilizadas. Por fim, *produção real* é a capacidade de uma operação depois que as perdas planejadas e não planejadas forem contabilizadas. Por exemplo, problemas de qualidade, avarias da máquina, absenteísmo e outros problemas evitáveis cobram seu preço. Isso oferece duas medidas de desempenho de capacidade:

> **Princípio de produção**
> A capacidade utilizável é raramente igual à capacidade teórica ou *projetada*.

$$\text{Utilização} = \frac{\text{Produção real}}{\text{Capacidade projetada}}$$

$$\text{Eficiência} = \frac{\text{Produção real}}{\text{Capacidade efetiva}}$$

Vazamento de capacidade

Essa redução de capacidade, causada por perdas previsíveis e imprevisíveis, é às vezes denominada *vazamento de capacidade*. Um método popular de avaliar esse vazamento é a medida da **eficácia global de equipamento** (**EGE** ou, *OEE*, do inglês *overall equipment effectiveness*), que é calculada da seguinte forma:

$$\text{EGE} = a \times p \times q$$

em que *a* é a disponibilidade de um processo, *p* é o desempenho (ou velocidade) de um processo e *q* a qualidade do produto ou serviços que o processo cria. A EGE funciona com a suposição de que haverá algum vazamento de capacidade, causando redução de disponibilidade. Por exemplo, a disponibilidade pode ser perdida por meio de perdas de tempo, como as perdas por paradas para troca de produto (quando o equipamento ou as pessoas, no contexto de serviço, estão sendo preparados para sua próxima atividade) e por quebras (quando a máquina está sendo consertada ou, em um contexto de serviço, quando os funcionários estão sendo treinados ou estão ausentes). Alguma capacidade é perdida por perdas de velocidade, como quando o equipamento fica ocioso (por exemplo, está esperando temporariamente pelo trabalho fornecido por outro processo) e quando está operando abaixo de sua taxa de produção ideal. No contexto de serviço, o mesmo princípio pode ser visto quando os indivíduos não estão trabalhando na taxa ideal, por exemplo, os funcionários de call center de pedidos no período calmo após um feriado. Finalmente, nem tudo que é processado por um equipamento estará isento de erro. Assim, alguma capacidade é perdida como resultado de atividades de inspeção, retrabalho ou tratamento de reclamações.

Para os processos operarem de forma eficaz, eles precisam alcançar altos níveis de desempenho em todas as três dimensões — disponibilidade, desempenho (velocidade) e qualidade. Vistas de forma isolada, essas métricas individuais são indicadores importantes de desempenho da operação, mas não fornecem uma visão completa da eficácia *global* do processo. Por outro lado, a combinação de todas as três dimensões, como na EGE, oferece um reflexo mais preciso do tempo operacional útil como a porcentagem da capacidade que algo foi projetado para ter. A Figura 11.7 oferece uma ilustração da EGE aplicada para avaliar a capacidade da equipe do serviço de suporte ao cliente em uma pequena empresa de *software*.

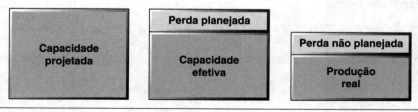

Figura 11.6 Capacidade projetada, capacidade efetiva e produção real.

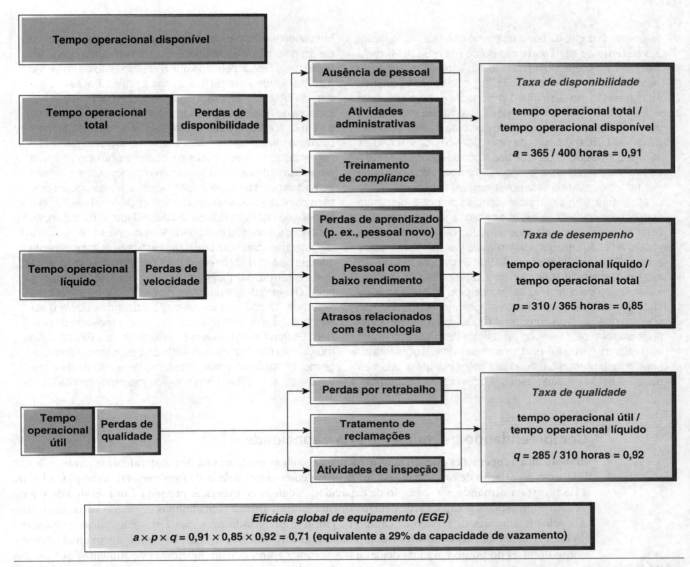

Figura 11.7 Eficácia global do equipamento (EGE) para uma equipe do serviço de suporte ao cliente em uma pequena empresa de *software*.

OPERAÇÕES NA PRÁTICA

Sistemas de transporte de massa têm opções limitadas para lidar com a flutuação da demanda[4]

Qualquer pessoa que se desloque regularmente por uma grande área urbana já conhece a frustração do congestionamento nos horários de pico. Frustrante para os passageiros, certamente, mas também para os gerentes de produção que precisam lidar com uma demanda, quase sempre bastante variável. Os sistemas de transporte de massa, dos quais a maioria dos habitantes de grandes cidades dependem, enfrentam um dos mais difíceis problemas de gerenciamento de capacidade. Suas instalações de transporte são propensas ao congestionamento devido a três características das viagens — a demanda varia muito significativamente ao longo do tempo, a oferta é relativamente fixa por longos períodos de tempo e seu serviço não é estocável. O metrô de Londres é uma boa ilustração disso. É o sistema de transporte rápido de massa (TRM) mais antigo e movimentado do mundo. No entanto, do ponto de vista da Transport for London (TfL), que opera o sistema, outra questão também muito importante é como lidar com a flutuação da demanda durante cada dia. Na maior parte do metrô de Londres, o horário de pico da manhã dura das 07h30 às 09h30 e o pico da noite por volta das 16h40 às 18h30. Grande parte da rede fica fechada à noite durante a semana, com algumas exceções para serviços noturnos nas noites de sexta e sábado e ocasiões especiais.

No entanto, há algumas evidências de que a demanda está *se difundindo* à medida que os passageiros tentam deliberadamente evitar viajar nos períodos de pico. Esse é um padrão refletido em outros sistemas de transporte de massa. A Land Transport Authority (LTA) de Singapura lançou um incentivo chamado Travel Smart Journeys (TSJ), destinado a distribuir a demanda no horário de pico de maneira mais uniforme, recompensando os passageiros ao longo de áreas congestionadas para considerar modos ou rotas de transporte alternativos. Alguns comentaristas veem esses padrões de mudança, particularmente o aumento das viagens fora do horário de pico, como reflexo das maneiras pelas quais as pessoas estão mudando seus modos de vida e trabalho.

Em Londres, a mudança para mais pessoas trabalhando em casa e o número de trabalhadores autônomos aumentaram muito mais rapidamente do que o crescimento do emprego geral na cidade. Para estimular essa tendência, alguns sistemas de TRM adotam preços diferenciados (tarifas mais baixas fora do horário de pico etc.). A outra grande dificuldade para a maioria dos sistemas de TRM é a capacidade mais ou menos fixa de suas redes. Mais e melhores trens ajudariam, mas são caros. No metrô de Londres, há um programa em andamento de comissionamento de novos trens, alguns dos quais permitem que os passageiros se desloquem pelo trem para se espalharem com mais eficiência. Mas há poucas opções para flexibilizar a capacidade. A manutenção essencial é realizada durante os fechamentos noturnos, e a manutenção mais substancial da via é feita ocasionalmente durante os fins de semana, quando a demanda é menor. Da mesma forma, o trabalho de limpeza pode ser realizado à noite. O metrô de Londres tem quase 10.000 trabalhadores noturnos. Também ajuda se os passageiros puderem ser encorajados a embarcar e sair dos trens o mais rápido possível. Os trens mais novos podem ajudar nisso. Eles não são muito mais rápidos entre as estações, mas tiram os passageiros da plataforma mais rapidamente, e isso ajuda o sistema a continuar fluido nos horários mais movimentados.

Compreendendo as mudanças na capacidade

Embora muitas operações estejam mais preocupadas com as mudanças na demanda, algumas também devem lidar com a variação de *capacidade* (se for definida como *a habilidade de fornecer*). Por exemplo, a Figura 11.8 mostra a demanda e a variação de capacidade de duas empresas. A primeira é um serviço de reparo de eletrodomésticos. A capacidade é relativamente estável, apenas com algumas pequenas variações causadas pelos operadores de serviço de campo da empresa preferindo tirar suas férias em épocas particulares do ano. A demanda, ao contrário, flutua mais significativamente, com o pico sendo aproximadamente o dobro do nível do ponto baixo da demanda. A segunda empresa é um fabricante de alimentos que produz espinafre congelado. A demanda por esse produto é relativamente constante ao longo do ano, mas a capacidade da empresa varia significativamente. Durante a época de cultivo e colheita, a capacidade de suprimento é alta, mas cai quase a zero em parte do ano. No entanto, embora esses exemplos sejam diferentes, a essência da atividade de gestão da capacidade é praticamente semelhante — ambos estão lidando com *lacunas* entre oferta e demanda.

Princípio de produção

As decisões de gestão da capacidade devem refletir variações previsíveis e imprevisíveis na capacidade e na demanda.

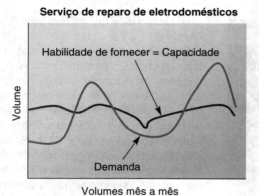
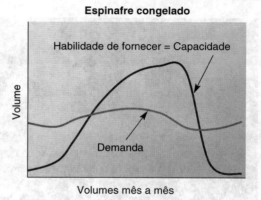

Figura 11.8 Volatilidade na demanda *versus* volatilidade na capacidade.

11.4 Como é feita a gestão no lado da demanda?

Anteriormente no capítulo, discutimos o valor da previsão melhorada para ajudar os gerentes de produção a saber qual demanda por serviços e produtos deve ser esperada. Os padrões de demanda certamente têm uma grande influência na maneira como as operações funcionam e, portanto, muitas organizações procurarão influenciá-los de alguma forma. Referido como gerenciamento de demanda, isso envolve mudar o padrão de demanda para aproximá-lo da capacidade disponível. A Figura 11.9 ilustra como isso foi alcançado — seja estimulando a demanda fora do período de pico, seja restringindo a demanda de pico. Há diversos métodos para gerenciar a demanda:

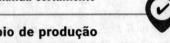

Princípio de produção
Gestão da demanda envolve seja estimular a demanda fora do período de pico ou restringir a demanda de pico.

- *Diferenciais de preço:* ajustar o preço de modo a refletir a procura (ver o exemplo de "Operações na prática" sobre a **precificação dinâmica**). Por exemplo, viagens para estações de esqui e locais de *camping* são mais baratas no início e no final de temporada e são particularmente caras durante as férias escolares.
- *Agendar promoção:* variar o grau de estímulo do mercado através da promoção e da publicidade, a fim de incentivar a procura durante os períodos normalmente baixos. Por exemplo, os produtores de peru no Reino Unido e nos Estados Unidos tentam ao máximo promover seus produtos em momentos diferentes do Natal e do Dia de Ação de Graças.
- *Restringir o acesso do cliente:* os clientes só poderão ter acesso aos produtos ou serviços da operação em determinados momentos. Por exemplo, sistemas de reserva e marcação de horários em diversos ambientes.
- *Diferenciais de serviço:* permitir que os níveis de serviço reflitam a demanda (implícita ou explícita), permitindo que o serviço seja inferior em períodos de alta demanda e melhor em períodos de baixa demanda.
- *Criar produtos ou serviços alternativos:* desenvolver serviços ou produtos visando preencher a capacidade nos períodos mais tranquilos. Por exemplo, a maioria das universidades preenche suas salas de acomodação e leitura com conferências e reuniões de empresas durante as férias. As estâncias de esqui podem oferecer férias organizadas para atividades de montanha no verão, e as empresas de tratores de jardim podem fabricar máquinas de neve no outono e inverno.

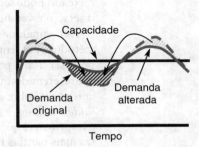

Figura 11.9 Plano de gestão da demanda.

OPERAÇÕES NA PRÁTICA

A precificação dinâmica ajuda a gerenciar a demanda por táxis e galerias de arte[5]

A precificação dinâmica é uma técnica de gestão da demanda que se baseia em ajustes frequentes no preço para influenciar a oferta e (especialmente) a demanda. Por exemplo, alguns fornecedores de eletricidade cobram taxas diferentes de energia dependendo de quando ela é consumida. Da mesma forma, em países com cobrança de pedágios, estes são fixados em níveis mais altos durante os horários de pico, em um esforço para manter o tráfego fluindo. Mas talvez o exemplo mais conhecido de preços de pico seja o algoritmo usado pelo serviço por aplicativo Uber. Em momentos de demanda excessiva ou pouca oferta de serviço, quando o número de pessoas que solicitam uma corrida excede o número de motoristas disponíveis, a Uber aplica um multiplicador para aumentar suas tarifas normais com base na escassez de motoristas disponíveis. A empresa diz que faz isso para garantir que aqueles que precisam de uma corrida possam conseguir uma. Além disso, os preços dinâmicos ajudam a garantir que as coletas estejam disponíveis de forma rápida e confiável. Para seus motoristas, os preços de pico significam tarifas mais altas e um fluxo constante de solicitações de viagens.

Mesmo os principais locais de arte, como a Royal Academy of Arts, o Barbican e a National Portrait Gallery em Londres, introduziram preços de pico, cobrando preços mais altos em horários mais populares. A justificativa usada pelas galerias de arte geralmente é que a renda extra os ajuda a subsidiar ingressos para exposições menos populares, bem como a distribuir melhor o número de visitantes ao longo da semana. No entanto, alguns críticos não gostam da intrusão de tais métodos de gestão da demanda comercial no mundo da arte. Mesmo no mundo comercial inequívoco dos serviços de transporte por aplicativo, os preços dinâmicos podem ser profundamente impopulares entre os clientes. Na imprensa e nas redes sociais, os clientes reclamam que a Uber está se aproveitando deles. Mas alguns especialistas em marketing dizem que isso é, pelo menos em parte, uma questão de percepção, e, além de limitar seu multiplicador, a Uber deveria tornar a forma de cálculo mais transparente, limitar a frequência com que os preços são ajustados, comunicar os benefícios da técnica e alterar seu nome (foi sugerido *preço de segurança* e *preço de prioridade*).

Gestão de receitas

Em operações com capacidades relativamente inflexíveis, como nas companhias aéreas e nos hotéis, é importante utilizar a capacidade da operação para gerar receita em todo o seu potencial. Uma abordagem usada por essas operações é chamada de gestão de receitas. Na realidade, essa é uma coleção de métodos, alguns dos quais já discutimos, que pode ser usada para garantir que uma operação maximize seu potencial de geração de lucro. A gestão de receitas é especialmente útil quando a capacidade é relativamente fixa; o mercado pode ser segmentado com bastante clareza; o serviço não pode ser armazenado de forma alguma; o serviço é vendido antecipadamente; e o custo marginal de fazer uma venda é relativamente baixo.

As companhias aéreas, por exemplo, se enquadram em todos esses critérios. Elas adotam um conjunto de métodos para tentar maximizar as receitas (ou seja, o lucro) de sua capacidade. A capacidade de *overbooking* pode ser usada para compensar passageiros que não compareçam ao voo. No entanto, se mais passageiros aparecerem do que o esperado, a companhia aérea terá vários passageiros aborrecidos. Ao estudar dados anteriores sobre a demanda de voos, as companhias aéreas tentam equilibrar os riscos de *overbooking* e *underbooking*. As operações também podem usar descontos de preço em épocas menos solicitadas, quando é improvável que a demanda preencha a capacidade. Por exemplo, os hotéis normalmente oferecem tarifas mais baratas fora dos períodos de alta temporada, para tentar aumentar a demanda naturalmente mais baixa. Além disso, muitas redes maiores venderão quartos com grandes descontos para terceiros, que, por sua vez, assumem o risco (e a recompensa) de encontrar clientes para esses quartos.

11.5 Como é feita a gestão no lado do suprimento?

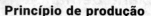

Princípio de produção

A gestão no lado do suprimento envolve definir a capacidade básica e usar os planos de *capacidade constante* ou de *acompanhamento da demanda* para administrar o suprimento de serviços ou produtos.

Agora, vamos passar da gestão no lado da demanda do quadro de referência do gerenciamento de capacidade para o lado do suprimento. Aqui, as decisões incluem definir o nível de capacidade básico e, em seguida, usar dois métodos principais de gestão do suprimento — **planos de capacidade constante**, em que a capacidade nominal é mantida constante; e planos de capacidade que acompanham a demanda, em que a capacidade é ajustada para *seguir* as flutuações na demanda ao longo do tempo.

Definição da capacidade básica da produção

A maneira mais comum de gerenciar a capacidade é decidir o *nível básico* da capacidade e depois ajustá-lo periodicamente para cima ou para baixo para refletir flutuações na demanda. Três fatores importantes devem ser considerados na definição desse nível básico:

- Os objetivos de desempenho da operação.
- A perecibilidade dos resultados da operação.
- O grau de variabilidade na demanda ou no suprimento.

O efeito dos objetivos de desempenho no nível básico

Os níveis básicos de capacidade devem ser definidos principalmente para refletir os objetivos de desempenho de uma operação (ver Figura 11.10). Definir um nível alto de capacidade básica resultará em níveis relativamente baixos de utilização de capacidade. Quando os custos fixos de uma operação são altos, a subutilização tem efeitos prejudiciais significativos. Por outro lado, altos níveis de capacidade básica resultam em um "colchão de absorção" durante a maior parte do tempo, de modo que será melhorada a capacidade de

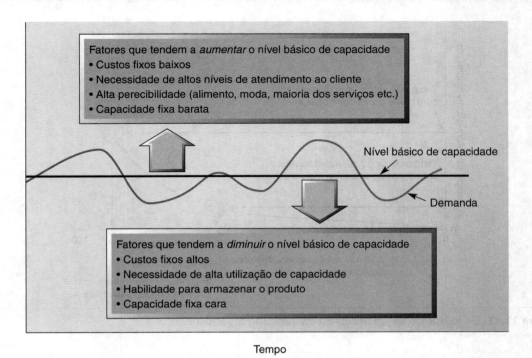

Figura 11.10 O nível básico de capacidade deve refletir a importância relativa dos objetivos de desempenho da operação.

flexibilizar a saída para dar atendimento responsivo ao cliente. Quando o *output* da operação é capaz de ser armazenado, também pode haver uma compensação entre capital fixo e capital de giro, com a definição do nível-base de capacidade. Um alto nível de capacidade básica pode exigir um investimento considerável, enquanto um nível-base mais baixo reduziria a necessidade de investimento de capital, mas pode exigir o acúmulo de estoques para satisfazer a demanda futura, aumentando assim o capital de giro. Para algumas operações, o acúmulo de estoque é arriscado, seja porque os produtos têm uma vida útil curta (por exemplo, alimentos perecíveis, computadores de alto desempenho ou itens de moda), seja porque a produção não pode ser armazenada (por exemplo, a maioria dos serviços).

O efeito da perecibilidade no nível básico

Quando o suprimento ou a demanda são perecíveis, a capacidade básica precisará ser definida em um nível relativamente alto porque os *inputs* para a operação ou os *ouputs* da operação não podem ser armazenados por longos períodos. Por exemplo, uma fábrica que produz frutas congeladas precisará de capacidade suficiente de congelamento, embalagem e armazenamento para fazer frente à taxa em que os frutos estão sendo colhidos durante a época de colheita. Da mesma forma, um hotel não pode armazenar seus serviços de acomodação. Se um quarto de hotel individual permanece desocupado, a capacidade de vender acomodação para aquela noite *pereceu*. Na verdade, a menos que um hotel esteja totalmente ocupado todas as noites, sua capacidade sempre será maior do que a demanda média por seus serviços.

O efeito da variabilidade na demanda ou no suprimento no nível básico

A variabilidade, tanto na demanda quanto na capacidade, reduzirá a capacidade de uma operação para processar seus *inputs*. As consequências da variabilidade nos processos individuais foram discutidas no Capítulo 6. Recordando, quanto maior a variabilidade no tempo de chegada (demanda) ou tempo de atividade (abastecimento) em um processo, mais o processo sofrerá *tanto* com grandes tempos de atravessamento *quanto* uma utilização reduzida. Esse princípio é válido para a produção inteira, e, como tempos de atravessamento longos significam que as filas serão acumuladas na operação, a alta variabilidade também afeta os níveis de estoque. A implicação disso é que, quanto maior a variabilidade, mais capacidade extra terá que ser fornecida para compensar a utilização reduzida da capacidade disponível. Isso está ilustrado na Figura 11.11.

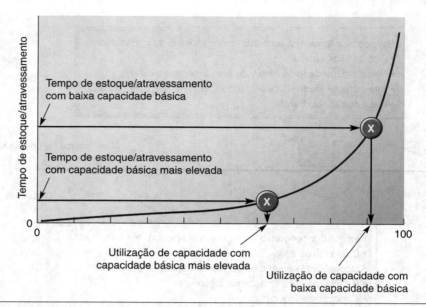

Figura 11.11 Efeitos da variabilidade sobre a utilização de capacidade.

Plano de capacidade constante

Uma vez definida a capacidade básica, a primeira abordagem alternativa no lado do suprimento é um *plano de capacidade constante*, em que a capacidade permanece fixa durante todo o período de planejamento, independentemente das flutuações na demanda prevista (ver a Figura 11.12(a)). Os planos de capacidade constante oferecem padrões de emprego estáveis, alta utilização do processo e muitas vezes alta produtividade com baixos custos unitários. Infelizmente, eles também podem criar estoques consideráveis de materiais, clientes ou informações. Além disso, os planos de capacidade constante não são adequados para produtos *perecíveis*, como alimentos e alguns produtos farmacêuticos, para produtos em que a moda muda de forma rápida e imprevisível (por exemplo, roupas de moda) ou para produtos personalizados.

Em muitas configurações de serviços, os efeitos da baixa utilização podem tornar os planos de capacidade constante proibitivamente caros, mas podem ser considerados apropriados quando os custos de oportunidade de vendas individuais perdidas são muito altos; por exemplo, no varejo de joias de alta margem e em agentes imobiliários. Também é possível definir a capacidade um pouco abaixo do nível de demanda de pico previsto para reduzir o grau de subutilização. No entanto, nos períodos em que se espera que a demanda exceda a capacidade planejada, o atendimento ao cliente pode complicar. Os clientes podem ter que ficar na fila por longos períodos ou podem ser *processados* mais rapidamente e com menos sensibilidade.

Princípio de produção

Quanto maior o nível básico da capacidade, menos flutuação de capacidade é necessária para satisfazer a demanda.

Plano de capacidade por acompanhamento da demanda

Em contraste com os planos de capacidade constante, os planos de capacidade de acompanhamento da demanda tentam corresponder de perto os padrões de demanda variando os níveis de capacidade (ver a Figura 11.12(b)). As estratégias de capacidade por acompanhamento da demanda são muito mais desafiadoras do que os planos de capacidade constante, pois diferentes números de funcionários, diferentes horários de trabalho e até mesmo quantidades diferentes de equipamentos podem ser necessários em cada período. Por esse motivo, é improvável que os planos de capacidade puramente por acompanhamento da demanda atraiam as operações que fabricam produtos-padrão e não perecíveis. Além disso, quando as operações de fabricação fazem uso particularmente intenso de capital, essa abordagem exigiria um alto nível de capacidade produtiva, grande parte da qual seria usada apenas ocasionalmente. Um plano puro de acompanhamento da demanda é normalmente mais adotado por operações que não podem estocar sua produção, como as operações de processamento de clientes ou fabricantes de produtos perecíveis, evitando a provisão desnecessária de funcionários em excesso que ocorre com um plano de capacidade constante e ainda deve satisfazer à demanda dos clientes ao longo do período planejado. Nos casos em que a produção pode ser estocada, o plano de **acompanhamento da demanda** ainda poderá ser adotado

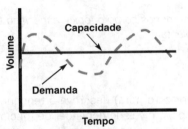
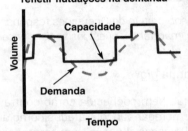

Figura 11.12 (a) Plano de capacidade *constante versus* (b) plano de capacidade de *acompanhamento da demanda*.

para minimizar ou eliminar estoques de produtos acabados, especialmente se a natureza da demanda futura (em termos de volume ou *mix*) for relativamente imprevisível. Existem muitos métodos diferentes para ajustar a capacidade (ver a Tabela 11.5), embora nem todos possam ser viáveis para todos os tipos de operação.

Princípio de produção

A abordagem *de acompanhamento da demanda* é mais útil quando o *output* não pode ser armazenado ou quando a demanda é volátil e imprevisível.

Tabela 11.5 Métodos de execução de um plano de acompanhamento da demanda.

Método de ajuste da capacidade	Vantagens	Desvantagens
Hora extra — funcionários trabalhando mais do que seu horário de trabalho normal	Mais rápido e mais conveniente	Normalmente é necessário pagamento extra e acordo com os funcionários. Pode reduzir a produtividade por períodos longos
Bancos de horas anuais — funcionários contratados para trabalhar determinado número de horas por ano, em vez de um determinado número de horas por semana	Sem muitos dos custos associados às horas extras, a quantidade de tempo de pessoal disponível a uma organização pode ser variada no decorrer do ano para refletir a demanda	Quando são possíveis flutuações muito grandes e inesperadas na demanda, toda a flexibilidade de tempo de trabalho anual negociada pode ser usada antes do fim do ano
Programação de pessoal — ajustar as jornadas de trabalho (horários de início e fim) para variar o número agregado de funcionários disponíveis para trabalhar em qualquer momento	Os níveis de pessoal podem ser ajustados para atender a demanda sem mudar as responsabilidades das tarefas ou contratar novos funcionários	Pode ser difícil oferecer horários de início e fim (turno) que satisfaçam a necessidade dos funcionários por tempos de trabalho e padrões de turno razoáveis, além de fornecer capacidade apropriada
Variação no tamanho da força de trabalho — contratar funcionários extras durante os períodos de alta demanda e dispensá-los quando a ela cair, ou contratar e demitir	Reduz rapidamente os custos básicos de mão de obra	Custos de contratação e possível baixa produtividade enquanto os novos contratados percorrem a curva de aprendizado; dispensas podem resultar em pagamentos de rescisão e possível perda de moral na operação e de interesse do mercado de trabalho local
Uso de pessoal temporário — recrutar pessoal que trabalha por menos tempo do que o dia de trabalho normal (nos períodos mais cheios)	Bom método de ajuste da capacidade para atender às flutuações de demanda previsíveis em curto prazo	Dispendioso se os custos fixos de recrutamento de novo funcionário (independentemente do tempo em que ele trabalhará) forem altos
Flexibilidade de habilidades — projetar a flexibilidade no projeto do trabalho e na demarcação de trabalho de modo que o pessoal possa ser transferido de partes menos ocupadas da operação	Método rápido de reagir a flutuações de demanda de curto prazo	Precisa de investimento em treinamento de capacitação e pode causar alguma interrupção do trabalho interno
Subcontratação/terceirização — compra, aluguel ou compartilhamento de capacidade ou *output* de outras operações	Não interrompe a operação	Pode ser muito caro devido à margem da contratada e a contratada pode não estar tão motivada a oferecer o mesmo serviço, ou qualidade; também há o risco de vazamento de conhecimento
Mudança da taxa de saída — esperar que o pessoal (e equipamento) trabalhe mais rápido do que o normal	Não necessita de recursos extras	Só pode ser usada como uma medida temporária, e mesmo assim pode causar insatisfação dos funcionários, redução na qualidade do trabalho ou ambas

Operações responsáveis

Em cada capítulo, sob o título de Operações responsáveis, resumimos como o tópico específico tratado no capítulo aborda importantes questões sociais, éticas e ambientais.

A ética da economia gig[6]

A economia gig (também conhecida como contratação por zero hora) descreve a tendência das organizações de empregar subcontratados como autônomos, em vez de depender de funcionários em tempo integral. Nessas situações, um empregador não oferece nenhuma garantia de um número específico de horas de trabalho para um indivíduo, nem qualquer pessoa que trabalhe sob um contrato de zero hora (ou gig) é obrigada a aceitar essas horas quando elas são oferecidas. Do ponto de vista da gestão da capacidade, esses desenvolvimentos têm ajudado a manter elevados níveis de atendimento ao cliente, mesmo enfrentando uma procura variável, ao mesmo tempo que alcançam elevados níveis de utilização. As operações evitam os custos fixos de funcionários ou de instalações quando a demanda cai, mas podem aumentar rapidamente a capacidade quando a demanda aumenta. Essas abordagens são empregadas em uma grande gama de setores, incluindo artes e design, transporte, construção, hospedagem, mídia, educação e serviços profissionais.

A Uber é indiscutivelmente a mais famosa de todas as empresas da economia gig em todo o mundo. Sua plataforma de tecnologia conecta quem busca corridas, entrega de alimentos e transporte de pequenas embalagens com pessoas que desejam prestar esse serviço. Dá aos motoristas subcontratados uma flexibilidade considerável sobre quando e onde trabalhar, gerando o que é descrito como um mercado de suprimento perfeitamente competitivo. A Uber também desenvolveu outras operações em mais de 600 cidades em todo o mundo, com extensões ao seu principal serviço de transporte de pessoas por aplicativo, incluindo UberBOAT (um serviço de táxi aquático), UberMOTO (transporte por motocicleta), UberEats (um serviço de entrega de refeições) e Uber Flash (um serviço de entrega de pacotes).

Aqueles a favor da contratação gig destacam que ela oferece às organizações flexibilidade significativa para atender a padrões variados de demanda e dá aos fornecedores a liberdade de assumir o trabalho como e quando quiserem. Por outro lado, a ideia de oscilar a força de trabalho para atender à demanda — usando funcionários de meio período, contratos de zero hora ou contratando e demitindo — é considerada antiética por alguns. É responsabilidade das empresas, segundo argumentam, se envolver em um conjunto de atividades que são capazes de sustentar o emprego em um nível estável. Além disso, a contratação de pessoas com contrato de curta duração, na prática, leva a oferecer-lhes condições de serviço mais precárias e a um estado de permanente ansiedade quanto à manutenção do emprego. De uma forma mais prática, em um mundo de negócios cada vez mais global, onde as empresas geralmente têm instalações em locais diferentes, os países que permitem a contratação e demissão estão mais expostos ao downsizing do que aqueles onde a legislação dificulta isso. Além disso, para organizações orientadas ao conhecimento, há riscos significativos ao usar contratos que não vinculam os trabalhadores de maneira significativa. Em outras palavras, o talento sai no fim do dia e uma empresa não pode ter certeza de que ele retornará na manhã seguinte!

Tais preocupações deram origem a diversos status e condições legais para o trabalho gig em todo o mundo. Por exemplo, no momento que este livro era escrito, eles são permitidos em Hong Kong, Malásia, Noruega, Singapura e Estados Unidos (embora normalmente não sejam chamados de contratos de zero hora), permitidos, mas cada vez mais regulamentados na Holanda, Reino Unido e Suécia, e geralmente não permitidos na Áustria, Bélgica, China, República Tcheca, França, Alemanha, Itália e Espanha. Além disso, os movimentos em direção a maiores direitos legais para trabalhadores temporários (como auxílio-doença, licença-maternidade e férias remuneradas) reduziram algumas de suas vantagens operacionais para os empregadores. Por exemplo, em um processo judicial histórico trazido por James Farrar e Yaseen Aslam, a Suprema Corte do Reino Unido decidiu que os motoristas de Uber deveriam ser tratados como trabalhadores e não como contratados independentes. A decisão teve grandes implicações para a Uber, com seus 70.000 motoristas no Reino Unido agora com direito a buscar um salário mínimo, férias e pensões, e está enfrentando desafios legais contínuos em vários outros países. O caso legal também repercutiu na economia gig de forma mais ampla, já que as empresas anteciparam um endurecimento nas regras em torno do uso de trabalhadores temporários em alguns locais.

11.6 Como as operações podem entender as consequências de suas decisões de gestão da capacidade?

Ao tomar decisões de gestão da capacidade, os gerentes estão tentando equilibrar a necessidade de fornecer um serviço responsivo e orientado ao cliente com a necessidade de reduzir os custos. Por esse motivo, a maioria das organizações opta por seguir uma mistura das abordagens descritas neste capítulo. Por exemplo, uma empresa de contabilidade pode tentar antecipar parte de seu pico de demanda oferecendo descontos a clientes selecionados (plano de gerenciamento de demanda). A capacidade também pode ser aumentada com o uso de fornecedores terceirizados durante os meses mais movimentados do ano (plano de capacidade por acompanhamento da demanda). No entanto, alguma capacidade pode ser limitada (por exemplo, serviços de consultoria especializada oferecidos pela empresa) e, portanto, os clientes ainda podem sofrer atrasos durante períodos de alta demanda (plano de capacidade constante).

Princípio de produção
A maior parte das organizações mistura estratégias de capacidade no lado da demanda (gestão da demanda e gestão de resultados) e no lado do suprimento (planos de capacidade constante e de acompanhamento da demanda) para maximizar o desempenho.

Antes que uma operação adote um dos três planos de gestão da capacidade *puros* (gestão da demanda, capacidade constante ou capacidade por acompanhamento da demanda), ela deve examinar as prováveis consequências de suas decisões. Quatro métodos são particularmente úteis nessa avaliação:

- Considerar a variação da demanda previsível e imprevisível.
- Utilizar as representações acumuladas de demanda e capacidade.
- Utilizar os princípios de fila para tomar decisões de gestão da capacidade.
- Tomar uma perspectiva longitudinal que considera os panoramas de curto e longo prazo.

Como considerar a variação da demanda previsível e imprevisível

Quando a demanda é estável e previsível, a vida de um gerente de operações é relativamente fácil! Se a demanda for variável, mas essa mudança for previsível, podem ser necessários ajustes de capacidade, mas pelo menos eles podem ser planejados com antecedência. Com uma variação imprevisível na demanda, se uma operação tiver que reagir a ela, ela deve fazê-lo rapidamente; caso contrário, a mudança na capacidade terá pouco efeito na capacidade da operação de fornecer produtos e serviços conforme a necessidade de seus clientes. A Figura 11.13 ilustra como o objetivo e as tarefas do gerenciamento de capacidade variam, dependendo do equilíbrio entre variação previsível e imprevisível.

		Variação imprevisível	
		Baixa	**Alta**
Variação previsível	**Baixa**	*Objetivo*: ajustar a capacidade planejada da forma mais eficiente possível *Tarefas de gestão da capacidade* • Avaliar o *mix* ideal de métodos para flutuação da capacidade • Trabalhar sobre como reduzir o custo de colocar o plano em vigor	*Objetivo*: ajustar a capacidade planejada da forma mais eficiente possível e melhorar a capacidade para promover ajustes rápidos *Tarefas de gestão da capacidade* • Combinação daquelas para variação previsível e imprevisível
	Alta	*Objetivo*: garantir que a capacidade básica seja apropriada *Tarefas de gestão da capacidade* • Buscar formas de oferecer capacidade constante de modo eficaz	*Objetivo*: ajustar a capacidade o mais rápido possível *Tarefas de gestão da capacidade* • Identificar fontes de capacidade extra e/ou usos para capacidade excedente • Trabalhar rapidamente com formas de ajustar a capacidade e/ou os usos da capacidade

Figura 11.13 A natureza da gestão da capacidade depende da mistura de demanda previsível e imprevisível e da variação da capacidade.

Como utilizar as representações acumuladas de demanda e capacidade

A Figura 11.14 mostra uma representação acumulada da demanda e da capacidade para uma fábrica de chocolates usando um plano de capacidade constante que produz uma taxa de 14,03 toneladas por dia produtivo.

A figura mostra que, embora a demanda total tenha seu pico em setembro, devido ao número restrito de dias produtivos disponíveis, o pico de demanda por dia produtivo ocorre um mês antes, em agosto. Segundo, mostra que a flutuação da demanda durante o ano é significativa. A proporção do pico de demanda mensal para a menor demanda mensal é 6,5:1, mas a razão de pico para a menor demanda por dia produtivo é 10:1. A demanda por dia produtivo é mais relevante para os gerentes de produção porque os dias produtivos representam o elemento de tempo da capacidade.

A consequência mais útil do gráfico da demanda e capacidade de forma acumulada é que a viabilidade e as consequências de um plano de capacidade podem ser avaliadas. A Figura 11.14 indica que o plano de *ouput* atual atende à demanda acumulada no fim do ano. Até por volta do dia 168, a linha que representa a produção acumulada está acima daquela que representa a demanda acumulada. Contudo, por

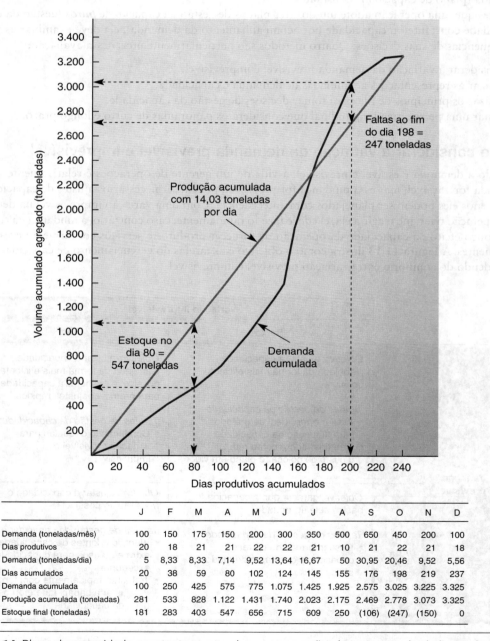

Figura 11.14 Plano de capacidade constante que produz escassez não obstante atender à demanda no fim do ano.

volta do dia 198, cerca de 3.025 toneladas foram demandadas, mas apenas 2.778 toneladas foram produzidas. Assim, a escassez é de 247 toneladas. Para qualquer plano de capacidade atender à demanda à medida que ela ocorre, sua linha de produção acumulada deve estar sempre *acima* da linha de demanda acumulada. Isso torna fácil a tarefa de avaliar a adequabilidade de um plano simplesmente olhando para sua representação acumulada. As consequências para o estoque também podem ser observadas com a representação acumulada, analisando as áreas entre as curvas de produção e de demanda acumuladas. A Figura 11.15 ilustra um plano de capacidade constante adequado para o fabricante de chocolate, junto aos custos de manter estoque. Assume-se que os custos de manter estoque são de £ 2 por tonelada por dia. O estoque médio mensal é obtido pela média dos níveis de estoque do início e do fim do mês, e o custo mensal de manter o estoque é o produto do estoque médio, do custo do estoque diário por tonelada e do número de dias do mês.

Princípio de produção
Para qualquer plano de capacidade atender à demanda à medida que ela ocorre, sua linha de produção acumulada deve estar sempre acima da linha de demanda acumulada.

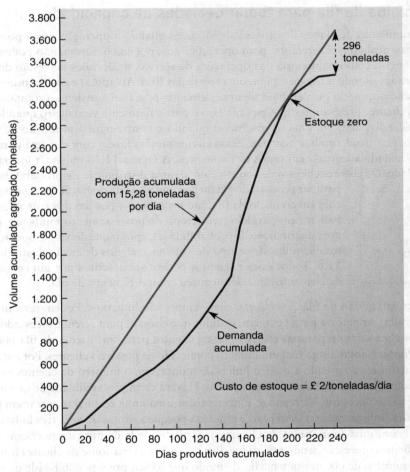

	J	F	M	A	M	J	J	A	S	O	N	D
Demanda (toneladas/mês)	100	150	175	150	200	300	350	500	650	450	200	100
Dias produtivos	20	18	21	21	22	22	21	10	21	22	21	18
Demanda (toneladas/dia)	5	8,33	8,33	7,14	9,52	13,64	16,67	50	30,95	20,46	9,52	5,56
Dias acumulados	20	38	59	80	102	124	145	155	176	198	219	237
Demanda acumulada	100	250	425	575	775	1.075	1.425	1.925	2.575	3.025	3.225	3.325
Produção acumulada (toneladas)	306	581	902	1.222	1.559	1.895	2.216	2.368	2.689	3.025	3.346	3.621
Estoque final (toneladas)	206	331	477	647	784	820	791	443	114	0	121	296
Estoque médio (toneladas)	103	270	404	562	716	802	806	617	279	57	61	209
Custo de estoques por mês (£)	4.120	9.720	16.968	23.604	31.504	35.288	33.852	12.340	11.718	2.508	2.562	7.524

Custo total de estoque por ano = £ 191.608

Figura 11.15 Plano de capacidade constante que atende à demanda em todos os momentos durante o ano.

Os planos de acompanhamento da demanda podem ser ilustrados em uma representação acumulada. Em vez de a linha de produção acumulada ter um gradiente (inclinação) constante, ela tem um gradiente variável que representa a taxa de produção em qualquer momento. Se fosse adotado um plano de acompanhamento da demanda puro, a linha de produção acumulada se juntaria à linha de demanda acumulada. O espaço entre as duas linhas seria zero e, portanto, o estoque (ou a fila, se estivéssemos usando um exemplo de serviço) também seria zero. Embora isso elimine custos de manutenção de estoques, como discutimos anteriormente, haverá custos associados à mudança de níveis de capacidade. Normalmente, o custo marginal de uma alteração de capacidade aumenta com o tamanho da mudança. Por exemplo, se o fabricante de chocolates quiser aumentar a capacidade em 5%, isso poderá ser obtido solicitando que o pessoal faça horas extras — uma opção simples, rápida e relativamente barata. Se a mudança for de 15%, as horas extras não fornecerão capacidade extra suficiente e será necessário empregar pessoal temporário — uma solução mais cara e que também levaria mais tempo para ser implementada. Aumentos da capacidade acima de 15% somente serão conseguidos pela **subcontratação** de algum trabalho externo, o que seria ainda mais dispendioso.

Uso dos princípios de fila para tomar decisões de capacidade

Representações acumuladas de planos de capacidade são úteis quando a operação tem a possibilidade de estocar seus produtos acabados. Entretanto, para operações que, por sua natureza, não podem armazenar seus produtos e serviços, como na maioria das operações de serviço, as decisões de gestão de capacidade podem ser consideradas usando a fila de espera, ou a **teoria das filas**. Ao adotar essa perspectiva, os gerentes de produção estão aceitando que, embora alguma demanda possa ser satisfeita instantaneamente, em outros períodos os clientes precisam ter que esperar. Isso é particularmente verdadeiro quando é difícil de prever as demandas individuais em uma operação, ou quando o tempo para a produção de um produto ou serviço é incerto, ou quando ambos ocorrem. Essas circunstâncias fazem com que seja particularmente difícil prover a capacidade adequada em todos os momentos. A Figura 11.16 mostra a forma geral dessa questão de capacidade. Os clientes chegam de acordo com alguma distribuição de probabilidade, esperam para ser processados (a menos que parte da operação esteja ociosa); quando chegam ao início da fila, são *processados* por um dos *n atendentes* que trabalham em paralelo (seu tempo de processamento também é descrito por uma distribuição de probabilidade), após o que deixam a operação. Há muitos exemplos desse tipo de sistema, e alguns deles são ilustrados na Tabela 11.6. Todos esses exemplos podem ser descritos por um conjunto comum de elementos que definem seu comportamento de fila.

Princípio de produção

O uso de princípios de enfileiramento para tomar decisões de gestão da capacidade é útil para operações que não podem armazenar sua produção.

▶ *Fonte de clientes:* em gestão de filas, os *clientes* nem sempre são humanos. Podem ser caminhões chegando a uma parada obrigatória para pesagem, pedidos que chegam para serem processados ou máquinas que esperam para serem reparadas etc. A fonte de clientes para um sistema de fila pode ser tanto *finita* quanto *infinita*. A fonte finita tem um número conhecido de possíveis clientes. Por exemplo, se um funcionário de manutenção atende a quatro linhas de montagem, o número de clientes para esse funcionário de manutenção é conhecido; no caso, quatro. Haverá certa probabilidade de que uma linha de montagem sofra pane e necessite de reparos. Entretanto, se uma linha realmente entrar em pane, a probabilidade de outra linha necessitar de reparo é reduzida porque agora só haverá três linhas para entrar em pane. Assim, com uma fonte finita de clientes, a probabilidade de um cliente chegar depende da quantidade de clientes que estão sendo atendidos. Por outro lado, uma fonte de clientes infinita assume que haja grande número de clientes potenciais, de modo que há sempre a possibilidade de outro cliente chegar, independentemente de quantos estejam sendo atendidos. Muitos sistemas de fila que lidam com mercados externos têm fontes infinitas de clientes, ou *próximas ao infinito*.

▶ *Atendentes:* o atendente é quem processa os clientes na fila. Em qualquer sistema de fila, pode haver um número qualquer de atendentes dispostos de diferentes formas. Na Figura 11.16, os atendentes estão dispostos em paralelo, mas alguns sistemas podem ter seus atendentes dispostos em série. Por exemplo, ao entrar em um restaurante *self-service*, você formará uma fila para retirar a bandeja e os talheres, irá deslocar-se à área de comida, onde formará outra fila para pegar a refeição, e para a área de bebidas, onde formará também uma fila para pegar a bebida, e, finalmente, formará uma última fila para pagar pelo serviço. Nesse caso, você terá passado por quatro atendentes (mesmo que o primeiro não estivesse equipado) em um arranjo em série. Evidentemente, muitos sistemas de fila são arranjos complexos de conexões em série e paralelo. É provável que haja variação do tempo necessário para processar cada cliente. Mesmo que os clientes não tenham necessidades diferentes, os atendentes

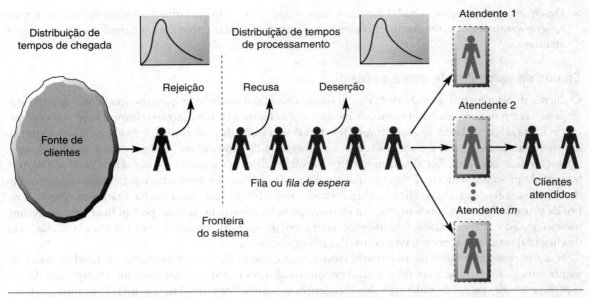

Figura 11.16 Gestão da capacidade como um problema de sistemas de filas.

humanos irão diferir no tempo que levam para desempenhar tarefas de atendimento repetitivas. Dessa forma, o tempo de processamento, assim como o tempo de chegada, é geralmente descrito como distribuição de probabilidade.

- *Taxa de chegada:* é a taxa em que os clientes que necessitam ser servidos chegam aos atendentes. Raramente os clientes chegam a uma taxa constante e previsível. Geralmente, há uma variabilidade em sua taxa de chegada. Por isso, é necessário descrever as taxas de chegada em termos de distribuições de probabilidade. A questão importante aqui é que, em sistemas de filas, é normal que em algumas horas não apareça nenhum cliente e em outras horas muitos cheguem relativamente próximo uns dos outros.
- *A fila:* clientes que esperam para ser servidos formam filas. Se houver relativamente pouco limite de quantos clientes podem formar fila em dado momento, assumimos que, por razões práticas, uma fila infinita seja possível. Essas filas nem sempre são físicas por natureza, é claro — considere, por exemplo, os clientes esperando por um produto customizado a ser entregue ou um paciente esperando em uma lista de espera por seis meses antes de uma cirurgia.
- *Disciplina da fila:* esse é o conjunto de regras que determina a ordem na qual os clientes que esperam na fila serão atendidos. Nas filas mais simples, como as de loja, usa-se a regra da ordem de chegada, com o *primeiro a chegar, primeiro a ser atendido*. As diversas regras de sequenciamento descritas no Capítulo 10 são exemplos de diferentes disciplinas de fila.
- *Rejeição:* se o número de clientes em uma fila já atingiu o número máximo permitido, os clientes excedentes podem ser rejeitados pelo sistema. Por exemplo, durante períodos de alta demanda, alguns *sites* não permitirão o acesso de clientes até que caia a demanda por seus serviços.
- *Recusa:* quando o cliente é um ser humano e com livre-arbítrio (e capacidade de ficar aborrecido), ele pode se recusar a ficar na fila e esperar pelo serviço se julgar que ela é muito longa. Em termos de fila, chamamos isso de recusa.

Tabela 11.6 Exemplos de operações que têm processadores paralelos.

Operação	Chegadas	Capacidade de processamento
Supermercado	Compradores	Caixas de supermercado
Clínica hospitalar	Pacientes	Médicos
Artista gráfico	Encomendas	Artistas
Confeiteiros de bolo por encomenda	Pedidos	Confeiteiros de bolo
Serviço de ambulância	Emergências	Ambulâncias com equipes
Setor de manutenção	Panes	Pessoal de manutenção

▶ *Deserção:* essa situação é similar à recusa, mas, nesse caso, o cliente enfrentou a fila por algum tempo e, depois (talvez por estar insatisfeito com o andamento da fila), a abandonou e perdeu a chance de ser atendido.

Efeitos da variabilidade sobre as filas

O dilema de administrar a capacidade de um sistema de filas é estabelecer quantos atendentes devem estar disponíveis em determinado momento, de modo a evitar tempos de fila inaceitavelmente longos ou utilização inaceitavelmente baixa de atendentes. Devido à distribuição de probabilidade da chegada e dos tempos de processamento, apenas em raras situações as chegadas dos clientes coincidirão com a habilidade de a operação lidar com eles. Em alguns momentos, se vários clientes chegarem em rápida sucessão e exigirem tempos de processamento mais longos que a média, filas podem ser formadas em frente à operação. Em outros momentos, quando os clientes chegam com menos frequência que a média e também exigem tempos de processamento menos longos que a média, alguns atendentes no sistema podem ficar ociosos. Assim, mesmo quando a capacidade *média* (de processamento) da operação coincidir com a demanda *média* (taxa de chegada) no sistema, pode haver tanto filas quanto ociosidade.

Se a operação tiver poucos atendentes (isto é, se a capacidade for estabelecida em nível demasiadamente baixo), formam-se filas até um nível em que os clientes ficam insatisfeitos com o tempo que devem esperar, embora o nível de utilização dos atendentes seja alto. Por outro lado, se houver muitos atendentes trabalhando (isto é, a capacidade for estabelecida em um nível muito alto), o tempo que os clientes devem esperar não será longo, mas a utilização dos atendentes será baixa. Por essa razão, o problema de planejamento e controle da capacidade para esse tipo de operação é frequentemente apresentado como uma escolha entre o tempo de espera dos clientes e a utilização do sistema. O que é certamente importante ao tomar decisões de capacidade é conseguir prever esses dois fatores para determinado sistema de filas. O suplemento deste capítulo detalha algumas das abordagens matemáticas para compreender o comportamento das filas.

Percepções do cliente quanto às filas

As filas geralmente não são algo que desejamos, mas elas podem ser gerenciadas para que se tornem mais satisfatórias aos clientes. Afinal, um aspecto importante de como os clientes avaliam o serviço que recebem de um sistema de fila é como percebem o tempo gasto nela. Em razão disso, a administração do sistema de fila geralmente envolve tentar administrar as percepções e expectativas dos clientes de algum modo. A seguir, veja um conjunto de *princípios* que pode ajudar na avaliação e melhoria das filas (naturalmente, em casos em que a própria fila não pode ser removida com a melhoria do processo).

Princípio de produção
A reação dos clientes a ter que entrar em fila será influenciada por outros fatores além do tempo de espera.

1. O tempo gasto de forma ociosa é percebido como mais longo do que o tempo ocupado.
2. A espera antes do início de um serviço é percebida como mais tediosa do que o tempo gasto durante o atendimento.
3. A ansiedade faz com que o tempo gasto em espera pareça ser mais longo.
4. A espera de duração desconhecida é percebida como mais tediosa do que a espera de duração conhecida, finita.
5. A espera sem explicação é percebida como mais longa do que a espera com explicação.
6. A espera injusta é percebida como mais longa do que as esperas justas.
7. Quanto mais alto o valor de um serviço para um cliente, mais tolerante ele será com o tempo de espera.
8. A espera solitária é mais tediosa do que a espera em grupo.
9. A espera desconfortável é percebida como mais longa do que a espera confortável.
10. Usuários novos ou pouco frequentes consideram a espera maior do que os usuários frequentes.

Esses princípios levaram várias organizações a experimentar uma série de intervenções destinadas a fornecer uma experiência de espera mais confortável para os clientes e, assim, mitigar os efeitos negativos das filas. Estes incluem o uso de música, iluminação, perfume, arte, mobiliário e cor; e elementos sociais, como visibilidade do funcionário, interação com o cliente e videogames para crianças. Também é importante notar que, em algumas circunstâncias, existem importantes efeitos *positivos* das filas. Isso inclui a maneira como algumas podem aumentar o valor percebido do produto ou serviço, gerar aumento de demanda por meio de percepções de escassez, dar tempo para a tomada de decisão ou preparação mental do cliente ou aumentar os níveis de antecipação positiva.

Perspectiva longitudinal considerando panoramas de curto e longo prazos

Nossa ênfase até agora esteve nos aspectos de planejamento da gestão da capacidade. Na prática, a gestão da capacidade é um processo muito mais dinâmico, que envolve controle e reação à demanda *real* e à capacidade *real* à medida que ocorrem. O processo de controle da capacidade pode ser visto como uma sequência de processos de decisão de capacidade parcialmente reativos. No início de cada período, a administração da produção considera suas previsões da demanda, sua compreensão da capacidade atual e, se for o caso, o volume de estoque que foi criado no período anterior. Com base em todas essas informações, faz planos para a capacidade do período seguinte. Durante o próximo período, a demanda pode ou não se revelar como prevista e a capacidade real da operação pode vir a atender ou não à demanda, como planejado. No entanto, quaisquer que sejam as condições reais durante esse período, no início do período seguinte os mesmos tipos de decisões devem ser tomados à luz de novas circunstâncias.

Princípio de produção
A aprendizagem decorrente da gestão da capacidade na prática deve ser absorvida e usada para aperfeiçoar a previsão da demanda e o planejamento da capacidade.

O sucesso da gestão da capacidade produtiva é geralmente medido por alguma combinação de custos, receita, capital de giro e satisfação do cliente (que influencia o faturamento). Isso é influenciado pelo produto ou serviço real e pela capacidade real disponível para a operação em qualquer período. Entretanto, a gestão da capacidade é basicamente uma atividade de olhar para a frente. Desconsiderando outros aspectos de qual estratégia de capacidade adotar, ela geralmente é a diferença entre a perspectiva de longo e curto prazos para o volume da demanda. A Figura 11.17 ilustra algumas estratégias apropriadas de gestão da capacidade, dependendo da comparação das perspectivas de longo e curto prazos. Se a perspectiva de longo prazo for que a demanda será *boa* (no sentido em que é mais alta do que a capacidade atual pode atender), é improvável que mesmo a demanda *fraca* de curto prazo (demanda menor do que a capacidade) levaria uma operação a fazer grande redução de capacidade, difícil de reverter. Inversamente, se a perspectiva de longo prazo para a demanda for *fraca* (no sentido em que é inferior à capacidade corrente), é improvável que mesmo a *boa* demanda (demanda maior que a capacidade) de curto prazo levaria uma operação a assumir grande capacidade extra, difícil de reverter.

Perspectiva de volume de curto prazo

Perspectiva de volume de longo prazo	Diminuindo abaixo da capacidade corrente	Nivelado com a capacidade corrente	Crescendo acima da capacidade corrente
Diminuindo abaixo da capacidade corrente	Reduzir a capacidade (semi) permanentemente. Por exemplo, reduzir os níveis de funcionários; reduzir os acordos de suprimento.	Planejar para reduzir a capacidade (semi) permanentemente. Por exemplo, congelar o recrutamento; modificar os acordos de suprimento.	Aumentar temporariamente a capacidade. Por exemplo, aumentar as horas trabalhadas e/ou contratar pessoal temporário; modificar os acordos de suprimento.
Nivelado com a capacidade corrente	Reduzir temporariamente a capacidade. Por exemplo, reduzir as horas trabalhadas pelos funcionários; modificar os acordos de suprimento.	Manter a capacidade no nível corrente.	Aumentar temporariamente a capacidade. Por exemplo, aumentar o número de horas trabalhadas e/ou contratar pessoal temporário; modificar os acordos de suprimento.
Crescendo acima da capacidade corrente	Reduzir temporariamente a capacidade. Por exemplo, reduzir as horas trabalhadas pelos funcionários, mas planejar recrutamento; modificar os acordos de suprimento.	Planejar para aumentar a capacidade acima do nível corrente; planejar aumentar os acordos de suprimento.	Aumentar (semi) permanentemente a capacidade. Por exemplo, contratar funcionários; aumentar os acordos de suprimento.

Figura 11.17 As estratégias de gestão da capacidade dependem parcialmente das perspectivas de longo e curto prazos para os volumes.

Respostas resumidas às questões-chave

11.1 O que é gestão da capacidade produtiva?

▶ A gestão da capacidade produtiva é a atividade de compreender a natureza da demanda por produtos ou serviços e efetivamente planejar e controlar a capacidade.

▶ As decisões de capacidade são tomadas em vários horizontes de tempo e cada nível de decisão de capacidade é feito dentro das restrições de um nível superior. Na outra direção, as decisões de curto prazo fornecem *feedback* importante para o planejamento de longo prazo.

▶ A **gestão (ou estratégia) da capacidade a longo prazo** está focada na introdução ou remoção dos principais incrementos de capacidade (ver Capítulo 5). As decisões de capacidade de curto prazo se concentram na alocação, sequenciamento e recursos de tarefas (ver Capítulo 10). Neste capítulo, focamos mais os aspectos de médio prazo do gerenciamento de capacidade, em que as decisões estão sendo tomadas em grande parte dentro das restrições da capacidade produtiva definidas pela estratégia de capacidade de longo prazo da operação.

▶ O processo de gestão da capacidade produtiva envolve (1) medir e compreender as mudanças na demanda agregada; (2) medir a capacidade (habilidade para fornecer produtos e serviços); (3) gerenciar o lado da demanda; (4) gerenciar o lado do suprimento; e (5) compreender as consequências de diferentes decisões de gestão da capacidade produtiva.

11.2 Como a demanda é medida?

▶ As organizações podem tentar prever a demanda usando uma combinação de métodos qualitativos (painel, Delphi e planejamento de cenário) e métodos quantitativos (séries temporais e modelos causais).

▶ As boas previsões de demanda devem: (1) ser tão precisas quanto possível; (2) oferecer uma indicação clara de incerteza relativa; e (3) ser expressas em termos úteis para o gerenciamento de capacidade (por exemplo, unidades por hora, operários por mês etc.).

▶ As operações devem encontrar algum equilíbrio entre ter melhores previsões e ser capazes de lidar sem previsões perfeitas. Os recursos investidos na previsão devem refletir a sensibilidade variável ao erro de previsão.

11.3 Como a capacidade produtiva é medida?

▶ A capacidade de uma operação é o *nível máximo de atividade de valor agregado durante um período de tempo* que o processo pode atingir em condições normais de operação.

▶ A capacidade pode ser medida ou pela disponibilidade de seus recursos de *input* ou pelos *outputs* que são produzidos.

▶ O uso da capacidade é medido pelos fatores *utilização* e *eficiência*. Uma medida útil de vazamento de capacidade é a eficácia geral de equipamento (EGE).

▶ Algumas operações podem aumentar seu *output* alterando a especificação do produto ou serviço (embora, mais provavelmente, isso se aplique a um serviço).

11.4 Como é feita a gestão no lado da demanda?

▶ A *gestão da demanda* envolve a mudança do padrão de demanda para que fique mais próxima da capacidade disponível. Isso é alcançado estimulando a demanda fora do pico ou restringindo a demanda de pico.

▶ Diversos métodos são utilizados para gerenciar a demanda, incluindo diferenciais de preço, escalonamento de promoções, restrição de acesso ao cliente, diferenciais de serviço e criação de produtos ou serviços alternativos.

▶ A gestão de receitas é um método comum de lidar com as divergências quando os *outputs* não podem ser armazenados.

CAPÍTULO 11 GESTÃO DA CAPACIDADE PRODUTIVA **387**

11.5 Como é feita a gestão no lado do suprimento?

▶ O planejamento de capacidade geralmente envolve a definição de um nível básico de capacidade, para então planejar as flutuações de capacidade em torno dele. O nível ao qual a capacidade básica é estabelecida depende de três fatores principais: a importância relativa dos objetivos de desempenho da operação, a perecibilidade dos resultados da operação e o grau de variabilidade no suprimento ou na demanda.

▶ Planos de *capacidade constante* não envolvem mudança na capacidade e exigem que a operação absorva as divergências de demanda e capacidade, normalmente por meio de sub ou sobreutilização de seus recursos, ou pelo uso de estoque.

▶ Planos de *acompanhamento da demanda* envolvem a variação da capacidade de rastrear a demanda o mais de perto possível. Os métodos incluem horas extras, total anual de horas, programação de pessoal, variação do volume da força de trabalho, uso de equipe de meio expediente, aumento da flexibilidade de habilidades, subcontratação, contratação de zero hora e alteração da taxa de produção.

11.6 Como as operações podem entender as consequências de suas decisões de gestão da capacidade?

▶ A maioria das organizações decide seguir uma mistura de abordagens de gestão da capacidade porque abordagens *puras* únicas não correspondem à combinação necessária de objetivos competitivos e operacionais.

▶ A compreensão do equilíbrio entre a variação previsível e imprevisível da demanda é fundamental para decidir sobre o *mix* mais adequado de estratégias de gestão da capacidade.

▶ A representação da demanda e do suprimento na forma de representações cumulativas permite avaliar a viabilidade de planos de capacidade alternativos.

▶ Em muitas operações, particularmente operações de serviço, uma abordagem de filas pode ser usada para explorar as consequências das estratégias de capacidade.

▶ Adotar uma perspectiva longitudinal, considerando as perspectivas de longo e curto prazos para a demanda, permite uma avaliação mais aprofundada de decisões alternativas de gestão da capacidade.

ESTUDO DE CASO: FreshLunch

(Este caso foi escrito em coautoria com Vaggelis Giannikas na School of Management, University of Bath)

"*Então, Carlos, você está pronto para sair?*" Antônia perguntou do outro lado do escritório. "*Certamente! Depois da manhã que tive, eu poderia aproveitar o intervalo!*". Carlos riu, enquanto pegava sua carteira e óculos de sol. Enquanto os dois se dirigiam para o elevador, eles começaram uma conversa profunda. "*Então, do que você gosta, Antônia?*". Depois de uma pequena pausa para pensar, Antônia respondeu: "*Bem, podemos ir até o Byōōdē — o curry vermelho deles é definitivamente um dos melhores da região e o Pad Thai também é muito bom. Ou o Pollo Picante? Comi o frango com molho chimichurri outro dia e estava muito bom*". Enquanto o elevador descia do 32º andar do prédio, a conversa continuou. "*Se estamos procurando algo apimentado, Antônia, que tal experimentarmos o novo thali indiano? Rebecca foi lá na semana passada e disse que estava excelente, embora ela tenha dito que era um serviço bastante lento. Mas, como está um dia tão bom, talvez pudéssemos tomar algo mais frio? Tem o sushi no Kazoku — é bem fresco e tem muitas opções*". Antônia pensou por um momento: "*Bem, por mim está muito bem não comer nada muito quente, mas, para ser sincera, não estou com vontade de comer sushi hoje*". Havia tantas opções que ela refletiu: "*Que tal um FreshLunch?*". Carlos sorriu enquanto caminhavam pelo sol brilhante de maio: "*Por mim, parece ótimo!*".

A poucos quarteirões de distância, Sofia já estava atendendo aos clientes na FreshLunch há uma hora e, como de costume, as coisas estavam acelerando rapidamente em direção à correria da hora do almoço. Ela era química por formação e passou os primeiros seis anos após sua formatura trabalhando para uma grande multinacional em um laboratório de pesquisa, com sede na Noruega. Mas sua paixão era comida e produtos frescos. Tendo concluído um MBA executivo em meio período, Sofia mudou drasticamente a direção de sua carreira e se estabeleceu como dona de um restaurante. Sabendo como os clientes apressados eram exigentes, Sofia havia lançado a FreshLunch utilizando as técnicas que aprendeu em seus estudos, na tentativa de gerenciar sua produção de forma eficaz. A FreshLunch adotou a abordagem tradicional de cafeteria, muitas vezes encontrada em universidades e grandes hotéis, e desenvolveu um processo que oferecia qualidade, variedade e velocidade. O processo era simples, envolvendo cinco etapas sequenciais, desde quando o pedido era feito até a entrega (ver a Figura 11.18). Depois de recolher todos os artigos da geladeira (bebidas e guloseimas), o cliente tinha primeiro que escolher a base da sua refeição, uma seleção entre arroz e cuscuz. Em seguida, eles escolheriam sua proteína principal, incluindo frango, cordeiro, bife, salmão e legumes grelhados. Em seguida, eram selecionados dois acompanhamentos para a refeição principal, com uma escolha de cerca de dez pratos diferentes, repletos de legumes e saladas. Por fim, os temperos e molhos estavam disponíveis antes que o cliente passasse para o pagamento, ao fim do processo. A cada passo, o cliente se movia com sua bandeja, que era passada de uma *montadora* para outra até ser colocada em uma sacola e entregue ao cliente pelo caixa.

Desde a sua abertura, a FreshLunch sempre esteve muito cheio na hora do almoço, com longas filas formadas no balcão, algumas das quais se estendiam para fora do próprio restaurante. Sofia estava feliz que seu trabalho duro nos últimos três anos estava valendo a pena. No entanto, ela estava começando a perceber que essas longas filas não estavam se traduzindo nos lucros necessários para criar um negócio sustentável. Sofia tentou pensar novamente em como algumas das coisas que aprendera durante seu programa de MBA poderiam ajudá-la a lidar com a situação. No entanto, embora tivesse se dedicado tanto ao negócio e feito tantas melhorias, ela sentia cada vez mais que estava muito perto dos problemas para vê-los com clareza suficiente. "*O que eu preciso*", ela refletiu, "*é de um novo par de olhos*". Naquela noite, percorrendo suas redes sociais, Sofia notou que sua amiga Zuri havia acabado de postar um artigo interessante sobre os desafios da previsão de demanda durante os eventos do X-factor. "*Mas por que não pensei nela antes?*", raciocinou. Depois de seu tempo juntas no programa de MBA, a pequena empresa de consultoria de Zuri, que ajudava seus clientes a analisar e melhorar suas operações, cresceu substancialmente, então ela certamente estava fazendo algo certo. Sofia ligou para ela e, depois de alguns toques, Zuri atendeu: "*Sofia! Quanto tempo que não nos falamos! Como você está, e como estão as coisas no ramo de restaurantes?*".

Quinze minutos depois, a conversa deles passou de assuntos gerais para a FreshLunch. "*Acho muito difícil prever o que meus clientes vão escolher todos os dias, e muitas vezes acabo tendo que jogar fora muita comida. Tentei cozinhar menos porções, mas depois tive muitos clientes irritados e não posso correr o risco de ter críticas ruins!*". Zuri já tinha algumas ideias em mente, mas decidiu fazer mais algumas perguntas para entender melhor o negócio. "*E os clientes? Você sabe se eles estão felizes com o que recebem?*", disse ela. "*Gosto muito de estar sempre com o restaurante cheio*", respondeu Sofia, "*mas*

Figura 11.18 Processo da FreshLunch.

CAPÍTULO 11 GESTÃO DA CAPACIDADE PRODUTIVA

alguns clientes já começaram a postar críticas negativas devido às longas esperas. Para ser justa, normalmente são apenas 20 minutos, mas, como a maioria das pessoas tem apenas uma hora para almoçar, entendo perfeitamente o que se passa com elas". Zuri rapidamente fez uma busca por FreshLunch e começou a percorrer algumas das avaliações mais recentes dos clientes (ver a Figura 11.19).

Enquanto Zuri lia, Sofia continuou: *"Infelizmente, o aluguel enorme está me matando, para ser honesta. Você pode imaginar como é caro alugar até mesmo um lugar pequeno no centro de Londres. Também é difícil encontrar bons cozinheiros e garçons, pois a FreshLunch só pode oferecer contratos de 50 a 80% do tempo deles".* Zuri recostou-se na cadeira, *"Tudo bem, Sofia, deixe-me pensar sobre isso no fim de semana e eu te retorno com alguma sugestão. Foi ótimo voltarmos a conversar".* Enquanto tomava um gole de sua bebida, ela pensou em como isso poderia ser um bom exercício para os novos associados em sua empresa.

Na segunda-feira de manhã, foi a vez de Zuri pegar o telefone e ligar para a amiga. *"Sofia, gostaria muito de ajudá-la com isso. Acabamos de contratar um pequeno grupo de jovens associados e ficaria feliz em designá-los para trabalhar com você. Do meu ponto de vista, isso me daria a chance de ver esses caras em ação e ter uma ideia de como eles trabalham em equipe, antes de colocá-los em trabalhos remunerados. E, para você, seria uma consultoria gratuita — parece bom, não? Eu posso supervisioná-los um pouco, mas não muito, pois 'é basicamente pro bono [sem pagamento]".* Sofia ficou encantada, *"Uau, Zuri, isso seria fantástico! E eu posso passar para eles quaisquer problemas de interação com o cliente que surgirem enquanto isso".* Zuri sabia que isso poderia ser extremamente útil. Sofia sempre foi excelente em dar *feedback* construtivo. *"Boa ideia — isso seria ótimo. Para começar, você pode me enviar algumas informações sobre a FreshLunch? Vou pedir à minha equipe que prepare um formulário com perguntas amanhã cedo".*

Ao longo da semana, Sofia recolheu as informações que a equipe de Zuri havia solicitado para o projeto. Ela começou com algumas informações básicas, como horários de funcionamento (das 11 h às 15h30) e o menu diário (ver a Figura 11.20).

Ela também passou algum tempo reunindo informações que poderiam ser usadas para analisar os padrões de demanda da FreshLunch. Felizmente, ela instalou recentemente um pacote de *software* que lhe permitiu coletar e analisar dados de ponto de venda (PDV). Agora Sofia sentia que ele estava realmente tendo utilidade. Ela se lembrou de uma de suas

---

★★★★★ 4 horas atrás

As saladas são ótimas e o pessoal é muito agradável. Realmente gostamos de nosso almoço e seria bom se tivessem um *mix* que incluísse carnívoros e vegetarianos. Voltaremos!

★★★ 6 horas atrás

A comida é realmente gostosa, desde que você não se importe em esperar. Se estiver com pressa, procure outro lugar. FreshLunch precisa organizar suas filas.

★★★★ 1 dia atrás

Eu amo a atmosfera descontraída e você nunca se sente pressionado para fazer suas escolhas. A comida está sempre realmente fresca (por isso o nome do local combina bem!) e gostamos da simplicidade do processo.

★★★★★ 4 dias atrás

Eu amo esse lugar. A comida é perfeita e simples, e o pessoal é ótimo. Eu tento ir por volta das 11h45 para não ficar presa em filas longas.

★★★ 1 semana atrás

Boa comida e preço razoável. Gostaria que tivessem uma seleção maior de pratos principais e acompanhamentos, pois vou com frequência e sempre como as mesmas coisas.

★★★★ 1 semana atrás

A comida é ótima e eu amo a salada de couve-flor assada. Um pouco inconsistente nas carnes de boi e cordeiro — parece que são cozidas de forma diferente toda vez que eu as peço.

★ 2 semanas atrás

Nunca mais! Esperamos um tempo enorme e, quando finalmente fomos servidos, eles não tinham frango e metade das opções de acompanhamento também não havia mais. Muitas outras opções melhores por perto!

★★★★ 3 semanas atrás

Que grande achado. Eu escolhi o salmão com espinafre bebê e uma salada de beterraba e queijo feta. Meu colega comeu frango com algumas lentilhas e uma salada grega. Nós dois gostamos muito de tudo. Logo se tornou um dos nossos lugares preferidos. É uma pena que eles não sirvam café da manhã, pois geralmente trabalhamos às 6 h.

★★★★ 1 mês atrás

Melhor local para saladas frescas na região. O serviço lento não é ideal, mas a comida compensa a espera.

Figura 11.19 Análises recentes dos clientes da FreshLunch.

FreshLunch
◆ OPEN EVERY WEEKDAY 11.00 – 15.30 ◆

STEP 1:
Choose a base

COUSCOUS
RICE

STEP 2:
Choose a main

CHINESE CHICKEN	£7.95
FLANK STEAK	£8.95
MEDITERRANEAN CHICKEN	£7.95
ORGANIC GRILLED VEGETABLES	£7.45
PERSIAN LAMB	£8.95
THAI SALAMON	£8.95

STEP 3:
Choose two sides

BABY SPINACH
BEETROOT AND FETA SALAD
CHEESE CROQUETTES
CHICKPEAS WITH SPICY DRESSING
GNOCCHI NAPOLITANA
GREEK SALAD
LENTILS, HALLOUMI AND HERBS
OVEN BAKED SWEET POTATO FRIES
PEA AND MINT SALAD
ROASTED CAULIFLOWER AND BROCCOLI SALAD

STEP 4:
Dressings and sauces

GREEK VINAIGRETTE
HONEY MUSTARD
LEMON DRESSING
NONNA'S PESTO
PEPPERCORN SAUCE
WILD GARLIC MAYO
YOGHURT AND MINT

◆ **Sweet desserts** ◆

CARROT CAKE	£3.45
GIANT MACARON (ALL FLAVOURS)	£3.45
HAZELNUT CHOCOLATE MOUSSE	£3.45
SUMER FRUIT SALAD	£3.45

Dishes may contain allergens. If you have any dietary requirements, please speak to a member of staff.

◆ **Beverages** ◆

ELDERFLOWER PRESSÉ	£2.95
FRESH APPLE JUICE	£3.95
FRESH ORANGE JUICE	£3.95
GINGER BLITZ SMOOTHIE	£5.45
ICELANDIC STILL WATER	£1.85
MANGO AND CARROT SMOOTHIE	£5.45
RHUBARB PRESSÉ	£2.95
SUMMER FRUIT SMOOTHIE	£5.45

Figura 11.20 Cardápio diário da FreshLunch.
Observação: alguns acompanhamentos mudaram periodicamente com base na sazonalidade e na popularidade.

professoras falando sobre organizações *se afogando em dados* e estava começando a entender o que ela queria dizer! Para simplificar, ela começou com o que parecia ser um dia típico e o dividiu em intervalos de 30 minutos (ver a Tabela 11.7). Ela incluiu informações sobre quantos clientes normalmente visitavam, mas também o número de refeições preparadas, já que alguns clientes pediam mais de uma refeição. Além disso, a equipe pediu a Sofia que desse algumas informações sobre as vendas diárias de refeições nas últimas semanas (ver Tabela 11.8).

Tabela 11.7 Demanda da FreshLunch em um dia *típico*.

Período de tempo	Refeições	Clientes (medidos pelo número de notas emitidas)
11:00–11:30	10	10
11:30–12:00	20	19
12:00–12:30	38	30
12:30–13:00	89	68
13:00–13:30	154	121
13:30–14:00	92	66
14:00–14:30	24	22
14:30–15:00	12	11
15:00–15:30	4	4

Na firma de Zuri, a Bankole Consulting, a equipe estava ansiosa para trabalhar no projeto. Para o grupo, essa foi uma chance de entrar no mundo da consultoria e provar que estava pronto para obter clientes pagantes para a empresa. Foi também uma oportunidade de retribuir um pouco da fé que Zuri havia demonstrado neles ao fazer suas contratações. Após uma reunião inicial com Zuri, eles começaram a analisar as informações que Sofia havia enviado. Eles também decidiram fazer uma visita à FreshLunch para ter uma experiência em primeira mão da operação. Com a aprovação de Sofia, comportaram-se como clientes normais, fazendo fila para comer, pedindo e depois comendo no banco junto à janela. Durante a visita, eles desenharam o *layout* do piso principal do restaurante (ver a Figura 11.21), pois isso poderia ser útil para suas discussões com Zuri. Eles também olharam para a área do porão — usada para armazenar ingredientes, louças e utensílios — e uma área no andar superior, que funcionava como sala de descanso e escritório do gerente de turno.

Durante a visita, a equipe coletou dados sobre o tamanho das filas — algo não capturado atualmente por Sofia. Havia duas partes da fila: a *fila de montagem* era formada entre o ponto em que o cliente começava a fazer o pedido e o ponto de pagamento no caixa. Isso sempre acontecia com relativa rapidez, pois os funcionários estavam acostumados a receber pedidos e atender aos clientes com eficiência. A segunda parte da fila, e a mais preocupante, era aquela formada por pessoas que *esperavam* para fazer seu pedido. A equipe observou o tamanho da fila em intervalos de 15 minutos durante um período de 3 horas (ver a Tabela 11.9). A maioria

Tabela 11.8 Lanches da FreshLunch por um período de três semanas.

Dia	Frango comum	Frango chinês	Fraldinha	Cordeiro persa	Salmão *thai*	Vegetais grelhados	TOTAL
Segunda	139	44	28	83	105	155	554
Terça	83	33	34	66	57	57	330
Quarta	102	53	44	89	75	80	443
Quinta	80	30	33	64	60	63	330
Sexta	133	55	83	139	100	46	556
Segunda	134	62	29	84	95	157	561
Terça	84	40	30	67	48	63	332
Quarta	121	36	44	89	76	81	447
Quinta	85	34	34	68	57	60	338
Sexta	129	62	84	138	101	45	559
Segunda	141	56	30	85	96	158	566
Terça	88	39	34	68	51	61	341
Quarta	104	55	44	90	77	81	451
Quinta	78	36	34	70	61	61	340
Sexta	136	56	87	136	102	47	564
							6.712

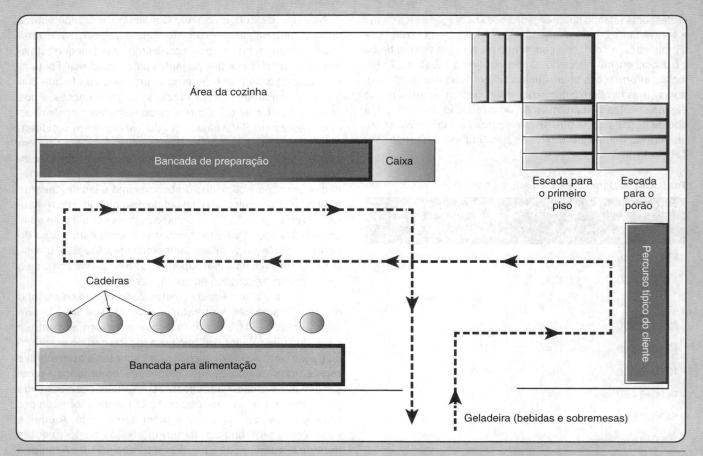

Figura 11.21 Arranjo físico do restaurante FreshLunch.

Tabela 11.9 Tamanho da fila durante a visita da equipe à FreshLunch.

Hora	11:30	11:45	12:00	12:15	12:30	12:45	13:00	13:15	13:30	13:45	14:00	14:15	14:30
Fila	0	0	1	3	6	11	15	21	18	8	3	2	0

das pessoas na fila passava o tempo conversando umas com as outras, checando seus telefones ou olhando os cardápios impressos para decidir o que pedir. A equipe de colaboradores de Zuri também notou que algumas pessoas saíram da fila (nove no total durante os três períodos mais movimentados) e outras decidiram não entrar na fila (cerca de 4 a 5 nos intervalos de 15 minutos em que a fila ultrapassou 10 clientes). Por fim, a equipe conversou com Sofia e seus funcionários para obter mais informações sobre a FreshLunch.

Citações selecionadas da equipe da FreshLunch

"Esses 90 minutos durante o almoço são um inferno. Está sempre cheio e não há nada pior do que pessoas famintas."

"O espaço no andar de cima é muito bom, mas quase nunca temos tempo para usá-lo. Quando as coisas se acalmam, nosso turno já terminou."

"É bom ter uma refeição grátis no fim do dia, mas, novamente, muitas vezes temos tantas sobras que elas precisam ir para a lixeira. Especialmente os acompanhamentos; às vezes acabamos tendo bandejas inteiras de comida não vendida e você não pode realmente saber o que vai ser mais vendido em determinado dia."

"O emprego paga bem as horas que tenho que trabalhar, mas preciso ter um segundo emprego à noite para sobreviver."

"É muito monótono de manhã e depois das 14h30."

QUESTÕES

1. Na sua opinião, quais são os principais problemas enfrentados pela FreshLunch e quais são os motivos que causam esses problemas?
2. Que conselho você daria a Sofia e como você priorizaria as possíveis melhorias?

CAPÍTULO 11   GESTÃO DA CAPACIDADE PRODUTIVA   **393**

Problemas e aplicações

Todos os capítulos dispõem de questões do tipo *Problemas e aplicações*, que ajudarão o leitor a praticar a análise das operações. Elas podem ser respondidas com a leitura do capítulo.

1. Em março, um escritório de advocacia previu a demanda de abril para 360 consultas de clientes. A demanda real de abril foi de 410. Usando uma constante de suavizamento escolhida pela administração de $\alpha = 0,20$, qual é a previsão para a demanda de maio usando o modo de suavizamento exponencial?

2. O grau de esforço (e custo) que deve ser dedicado à previsão é muitas vezes uma fonte de acirrado debate dentro das organizações. Isso muitas vezes se resume a dois argumentos opostos. Um é mais ou menos assim: *"É importante que as previsões sejam o mais precisas possível. Não podemos planejar a capacidade da produção de outra maneira"*. O contra-argumento é muito diferente: *"A demanda sempre será incerta, pois essa é a natureza da demanda. Acostumem-se com isso"*. Discuta os méritos relativos desses dois pontos de vista.

3. Um fabricante de automóveis alemão define *utilização* como a razão entre a produção real de um processo e sua capacidade de projeto, em que a capacidade de projeto é a capacidade de um processo conforme projetado para operar. No entanto, sabe-se que raramente é possível atingir esse nível teórico de capacidade, razão pela qual a empresa utiliza uma medida que chama de *capacidade efetiva*. Essa é a capacidade real de um processo, depois que se consideram a manutenção, as trocas de produtos, outras paradas e carregamentos. A razão entre a saída real de um processo e sua capacidade efetiva é definida como sua *eficiência*.

    A empresa tem uma linha de pintura com capacidade projetada de 100 metros quadrados por minuto e a linha opera 24 horas por dia, 7 dias por semana (168 horas). Os registros de uma semana mostram o seguinte tempo perdido na produção:

1	Trocas de produtos (preparação)	18 horas
2	Manutenção regular	12 horas
3	Nenhum trabalho agendado	6 horas
4	Verificações de amostras de qualidade	8 horas
5	Tempos de mudança de turno	8 horas
6	Parada de manutenção	16 horas
7	Investigação de falha de qualidade	12 horas
8	Falta de tinta	6 horas
9	Falta de mão de obra	6 horas
10	Espera para pintura	5 horas
	Total	100 horas

    Durante essa semana, a produção foi de apenas $100 \times 60 \times (168 - 100) = 408.000$ metros quadrados por semana. Qual é a *utilização* e a *eficiência* da linha de pintura de acordo com as definições da empresa?

4. Em um período típico de 7 dias, o departamento de planejamento da pizzaria programa sua máquina *Pizzamatic* para 148 horas. Sabe-se que as trocas e preparações levam 8 horas e as manutenções ocupam média 4 horas por semana. A espera pela entrega dos ingredientes geralmente é de 6 horas, durante as quais a máquina não pode funcionar. Quando a máquina está funcionando, ela atinge em média 87% de sua velocidade de projeto. Uma inspeção revelou que 2% das pizzas processadas pela máquina não atendem ao padrão de qualidade da empresa. Calcule a EGE da máquina *Pizzamatic*.

5. A demanda sazonal é particularmente importante para a indústria de cartões de felicitações. Dia das Mães, Dia dos Pais, Dia dos Namorados, Natal e outras ocasiões foram promovidas como momentos para enviar (e comprar) cartões com desenho adequado. Agora, alguns fabricantes de cartões passaram para cartões *não ocasionais*, que podem ser enviados a qualquer momento. Os cartões incluem aqueles destinados a serem enviados de um pai para um filho com mensagens como "Um abraço ajudaria?", "Desculpe, fiz você se sentir mal" e "Você é perfeitamente maravilhoso — é o seu quarto que está uma bagunça". Outros cartões tratam de temas adultos mais sérios, como amizade ("Você é mais que um amigo, você é como uma família") ou até alcoolismo ("Isso é difícil de dizer, mas acho que você é uma pessoa muito mais legal quando não está bebendo"). Algumas empresas de cartões fundaram *grupos de marketing de fidelidade*, que "ajudam as empresas a se comunicarem com seus clientes em um nível emocional". Elas promovem o uso de cartões de felicitações para uso corporativo, para mostrar que clientes e funcionários são valorizados.

(a) Quais parecem ser as vantagens e desvantagens dessas estratégias?

(b) O que mais as empresas de cartão poderiam fazer para lidar com as flutuações na demanda?

6. Uma empresa de pizzas tem uma previsão de demanda para os próximos 12 meses mostrada na tabela a seguir. A força de trabalho atual de 100 funcionários pode produzir 1.500 caixas de pizzas por mês.

(a) Prepare um plano de produção que mantenha o nível de produção constante. De quanto espaço de armazém a empresa precisaria para esse plano?

(b) Prepare um plano de acompanhamento da demanda. Que implicações isso teria para os níveis de pessoal, supondo que a quantidade máxima de horas extras resultaria em níveis de produção apenas 10% maiores do que as horas normais de trabalho?

Previsão de demanda de pizza

Mês	Demanda (caixas por mês)
Janeiro	600
Fevereiro	800
Março	1.000
Abril	1.500
Maio	2.000
Junho	1.700
Julho	1.200
Agosto	1.100
Setembro	900
Outubro	2.500
Novembro	3.200
Dezembro	900

7. Reveja o exemplo de *Capacidade de resposta ante a dinâmica para a COVID-19 da 3M* em *Operações na prática*. Com referência a essa e outras operações com as quais você está familiarizado:

(a) Quais são os principais desafios na previsão de demanda de longo prazo e como eles podem ser tratados?

(b) Como os investimentos em capacidade de longo prazo podem manter flexibilidade suficiente se as previsões se mostrarem imprecisas?

8. Por que as companhias aéreas costumam fazer *overbooking* (vendem mais passagens do que assentos disponíveis) e quais são os riscos de fazê-lo?

CAPÍTULO 11 GESTÃO DA CAPACIDADE PRODUTIVA **395**

9. Reexamine a demanda do fabricante de chocolates, mostrada na Figura 11.14. Use esses dados para explorar dois planos alternativos:

   Plano 1: produzir 8,7 toneladas por dia nos primeiros 124 dias do ano, depois aumentar a capacidade para 29 toneladas por dia com uso intenso de horas extras, contratação de pessoal temporário e alguma subcontratação. Em seguida, produzir 29 toneladas por dia até o dia 194, para depois reduzir a capacidade de volta para 8,7 toneladas por dia pelo restante do ano. Os custos de mudança da capacidade em uma quantidade tão grande (a relação entre a capacidade de pico e a capacidade normal é de 3,33:1) são calculados pela empresa da seguinte forma: custo de mudança de 8,7 toneladas/dia para 29 toneladas/dia = £ 110.000. Custo de mudança de 29 toneladas/dia para 8,7 toneladas/dia = £ 60.000.

   Plano 2: produzir 12,4 toneladas por dia nos primeiros 150 dias do ano, depois aumentar a capacidade para 29 toneladas por dia com o uso de horas extras e contratação de pessoal temporário. Depois disso, produzir 29 toneladas por dia até o dia 190 e reduzir a capacidade de volta para 12,4 toneladas por dia pelo restante do ano. Os custos de mudança da capacidade nesse plano são menores porque o grau de mudança é menor (uma relação entre capacidade de pico e capacidade normal de 2,34:1), e são calculados pela empresa da seguinte forma: custo de mudança de 12,4 toneladas/dia para 29 toneladas/dia = £ 35.000. Custo de mudança de 29 toneladas/dia para 12,4 toneladas/dia = £ 15.000.

10. Se você estivesse administrando um pequeno parque agrícola que atraia visitantes para observar exposições agrícolas, contemplar vacas sendo ordenhadas, visitar uma loja da fazenda e uma lanchonete etc., como você determinaria a capacidade adequada para o estacionamento dos visitantes?

Leitura complementar selecionada

Gilliland, M., Tashman, L. e Sglavo, U. (2015) *Business Forecasting: Practical Problems and Solutions*, John Wiley & Sons, Hoboken, NJ.
Uma coleção de artigos voltados para profissionais na área de previsão.

Gunther, N.J. (2007) *Guerrilla Capacity Planning*, Springer, Nova York, NY.
Este livro oferece uma abordagem tática para o planejamento de capacidade nos contextos de produtos e serviços. É particularmente interessante para os que estão iniciando nas ideias do planejamento de capacidade, pois aborda técnicas de previsão de demanda básicas e mais avançadas, além de respostas clássicas sobre capacidade.

Kolassa, S. e Siemsen, E. (2016) *Demand Forecasting for Managers*, Business Expert Press, Nova York, NY.
Este livro tem por finalidade simplificar a previsão de demanda, evitando as fórmulas complexas e concentrando-se mais em princípios e heurísticas de previsão. Um guia muito útil para aqueles que querem um pouco mais de previsão, mas desconfiam da matemática!

Manas, J. (2014) *The Resource Management and Capacity Planning Handbook: A Guide to Maximizing the Value of Your Limited People Resources*, McGraw-Hill Education, Nova York, NY.
Um guia para profissionais, focado particularmente na capacidade de gestão de recursos humanos para oferecer melhor desempenho.

Ord, K., Fildes, R. e Kourentzes, N. (2017) *Principles of Business Forecasting*, 2. ed., Wessex Press, Inc., Nova York, NY.
Um livro-texto bastante detalhado, abordando a demanda com a real profundidade.

Notas do capítulo

1. As informações nas quais este exemplo é baseado foram retiradas de: Gruley, B. e Clough, R. (2020) How 3M plans to make more than a billion masks by the end of the year, *Bloomburg Businessweek*, 25 mar.; Technavio (2020) Coronavirus outbreaks boosts the sales of the world's top 10 N95 mask manufacturers, blogue, 8 abr.

2. As informações nas quais este exemplo é baseado foram retiradas de: Heaven, W. (2020) Our weird behaviour during the pandemic is messing with AI models, *MIT Technology Review*, 11 maio; S&P Global (2020) Industries most and least impacted by COVID-19 from a probability of default perspective, blogue, 22 mar.; McKinsey & Company (2020) COVID-19: Briefing materials: Global health and crisis response, 6 jul., https://www.mckinsey.com/~/media/mckinsey/business%20functions/risk/our%20insights/covid%2019%20implications%20for%20business/covid%2019%20july%209/covid-19-facts-and-insightsjuly-6.pdf (Acesso em: set. 2021).

3. As informações nas quais este exemplo é baseado foram retiradas de: Das, A.K. (2019) Six bidders vie for Indian Railways ETCS Level 2 pilot project, *International Railway Journal*, 7 nov.; Rail Technology Magazine (2017) Network Rail awards landmark £150m ETCS signalling contract, 20 dez.; Railway Pro (2018) India to install ETCS Level 2 on its entire broad-gauge network, 8 mar.; Jha, S. (2018) Modi blocks Indian Railways ETCS plan, *International Railway Journal*, 11 abr.

4. As informações nas quais este exemplo é baseado foram retiradas de: Chong, A. (2019) What will it take for LTA's latest anticongestion plan to work? *Channel News Asia*, edição internacional, 13 maio; Economist (2015) Squeezing in: what the London Underground reveals about work in the capital, *Economist*, edição impressa, 23 maio.

5. As informações nas quais este exemplo é baseado foram retiradas de: Gadher, D. (2019) Art-lovers see red at surge pricing, *The Sunday Times*, 18 ago.; The Economist (2016) A fare shake: jacking up prices may not be the only way to balance supply and demand for taxis, *Economist*, 14 maio; Dholakia, U.M. (2015) everyone hates Uber's surge pricing — here's how to fix it, *Harvard Business Review*, 21 dez.

6. As informações nas quais este exemplo é baseado foram retiradas de: Cornelissen, J. e Cholakova, M. (2019) Profits Uber everything? The gig economy and the morality of category work, *Strategic Organisation*, 23 dez.; Russon, M. (2021) Uber drivers are workers not self-employed, Supreme Court rules, *BBC News*, 19 fev.; O'Brien, S. (2021) Uber's UK drivers to get paid vacation, pensions following Supreme Court ruling, *CNN Business*, 17 mar.; The New York Times (2018) What will New York do about its Uber problem?, 7 maio.

Suplemento do Capítulo 11
Modelos Analíticos de Filas

INTRODUÇÃO

Na parte principal do Capítulo 11, descrevemos como a abordagem de filas (nos Estados Unidos, ela seria chamada *abordagem de fila de espera*) pode ser útil quando se pensa em capacidade, especialmente em operações de serviço. É útil porque lida com a questão da variabilidade, tanto em relação à chegada de clientes (ou itens) em um processo como em relação à duração do processamento de cada cliente (ou item). Quando há variabilidade em um processo (como é o caso da maioria dos processos, especialmente dos processos de serviço), a capacidade exigida por uma operação não pode ser simplesmente baseada em médias, mas deve incluir os efeitos da variação. Infelizmente, muitas das fórmulas que podem ser usadas para entendimento da fila são extremamente complicadas, especialmente para sistemas complexos, e estão além do escopo deste livro. De fato, programas de computador são quase sempre usados para prever o comportamento dos sistemas de filas. Entretanto, estudar as fórmulas pode ilustrar algumas características úteis da forma como os sistemas de filas se comportam.

Notação

Infelizmente, há muitas convenções diferentes para a notação usada em diferentes aspectos do comportamento do sistema de filas. É sempre recomendável verificar a notação usada por diferentes autores antes de usar suas fórmulas. Usaremos a seguinte notação:

c_a = coeficiente de variação dos tempos de chegada

c_e = coeficiente de variação de tempo de processamento

m = número de atendentes em paralelo de uma estação

r_a = taxa de chegada (itens por unidade de tempo) = $1/t_a$

r_e = taxa de processamento (itens por unidade de tempo) = m/t_e

t_a = tempo médio entre chegadas

t_e = tempo de processamento médio

u = utilização da estação = r_a/r_e = $(r_a t_e)/m$

W = tempo estimado de espera no sistema (tempo de fila + tempo de processamento)

W_q = tempo estimado de espera na fila

WIP = trabalho médio em andamento (número de itens) na fila

WIP_q = trabalho esperado em andamento (número de itens) na fila

Alguns desses fatores serão explicados mais adiante.

Variabilidade

O conceito de variabilidade é fundamental para o entendimento do comportamento de filas. Se não houvesse variabilidade, não haveria a ocorrência de filas porque a capacidade de um processo poderia ser relativamente fácil de ajustar à demanda. Por exemplo, suponhamos que um membro de uma equipe (de atendentes) atenda a clientes em um caixa de banco que cheguem exatamente a cada cinco minutos (isto é, 12 clientes por hora). Suponhamos também que cada cliente demore exatamente cinco minutos para ser atendido porque:

(a) a taxa de chegada é menor ou igual à taxa de processamento; e
(b) não há variação,

nenhum cliente precisará esperar porque o próximo cliente chegará quando o último cliente sair. Isto é, $WIP_q = 0$.

Além disso, nesse caso, o atendente está trabalhando todo o tempo porque, exatamente, quando um cliente estiver saindo, outro estará chegando. Isto é, $u = 1$.

Mesmo com mais de um atendente, a mesma situação poderia ser aplicar. Por exemplo, se o tempo de chegada ao caixa é de exatos cinco minutos (12 por hora) e o tempo de processamento por cliente é agora exatamente de dez minutos, o caixa necessita de dois atendentes, e como:

(a) a taxa de chegada é menor ou igual à taxa de processamento; e
(b) não há variação,

novamente, $WIP_q = 0$, e $u = 1$.

Sem dúvida, é conveniente (mas raro) que o tempo de chegada dividido pela taxa de processamento seja um número inteiro. Quando isso não acontece (para esse exemplo simples sem variação),

$$\text{Utilização} = \text{taxa de processamento}/(\text{taxa de chegada} \times m)$$

Por exemplo, se:

$$\text{taxa de chegada } r_a = 5 \text{ minutos}$$

$$\text{taxa de processamento } r_e = 8 \text{ minutos}$$

$$\text{número de atendentes } m = 2$$

$$\text{então, a utilização } u = 8/(5 \times 2) = 0,8 \text{ ou } 80\%$$

Incorporando a variabilidade

Os exemplos anteriores não foram realistas porque a suposição de não variação nos tempos de chegada ou nos tempos de processamento raramente ocorre (a não ser que a demanda seja cuidadosamente programada). Podemos calcular os tempos médios de chegada e os tempos médios de processamento, mas também precisamos levar em consideração a variação em torno dessas médias. Para fazer isso, precisamos usar a distribuição de probabilidades. A Figura 11.22 compara dois processos com diferentes distribuições de

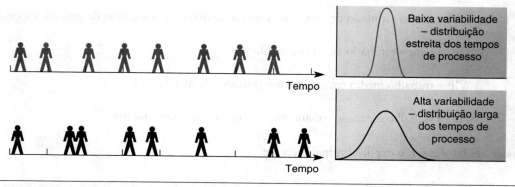

Figura 11.22 Variações de chegada baixa e alta.

CAPÍTULO 11 GESTÃO DA CAPACIDADE PRODUTIVA **399**

chegada. As unidades que chegam são ilustradas como pessoas, mas poderiam ser trabalhos que chegam como uma máquina, caminhões que necessitam de reparo ou qualquer outro evento incerto. O exemplo de cima na figura mostra pouca variação nos tempos de chegada, em que clientes chegam de maneira relativamente previsível. O exemplo de baixo tem o mesmo número médio de clientes que chegam, mas, desta vez, eles chegam de forma imprevisível, algumas vezes com longos intervalos entre as chegadas, outras vezes acumulando a chegada de dois ou três clientes muito próximos um do outro. Sem dúvida, poderíamos fazer uma análise similar para descrever os tempos de processamento. Novamente, alguns teriam variação baixa, outros mais alta e outros ainda ficariam em alguma posição intermediária.

Na Figura 11.22, a alta variação de chegada tem distribuição com dispersão maior (chamada *dispersão*) que a distribuição que descreve a variabilidade mais baixa. Estatisticamente, a medida usual para indicar a dispersão de uma distribuição é seu desvio-padrão, σ. Mas a variação não depende apenas do desvio-padrão. Por exemplo, uma distribuição de tempos de chegada pode ter um desvio-padrão de dois minutos. Isso pode indicar muito pouca variação quando o tempo médio de chegada é de 60 minutos. Mas significaria um grau de variação muito alto quando o tempo médio de chegar for de 3 minutos. Dessa forma, para normalizar o desvio-padrão, ele é dividido pela média de sua distribuição. Essa medida é denominada coeficiente de variação de distribuição. Assim, temos:

$$c_a = \text{coeficiente de variação de tempos de cegada} = \sigma_a/t_a$$

$$c_e = \text{coeficiente de variação de tempos de processamento} = \sigma_e/t_e$$

Incorporação da Lei de Little

No Capítulo 6, discutimos uma das leis fundamentais dos processos que descrevem a relação entre o tempo de ciclo de um processo (a frequência com que algo emerge do processo), o trabalho em andamento no processo e o tempo de atravessamento de um processo (o tempo total que um item leva para passar por todo o processo, inclusive o tempo de espera). Essa foi chamada Lei de Little e é indicada pela seguinte relação simples:

$$\text{Tempo de atravessamento} = \text{Trabalho em andamento} \times \text{Tempo do ciclo}$$

Portanto,

$$\text{Trabalho em andamento} = \text{Tempo de atravessamento/Tempo de ciclo}$$

ou

$$\text{WIP} = T/C$$

Podemos usar a Lei de Little para ajudar a entender o comportamento de filas. Consideremos a fila na frente de uma estação.

$$\text{Trabalho em andamento na fila} = \text{taxa de chegada na fila (equivalente a 1/tempo de ciclo)} \times \text{tempo de espera na fila (equivalente ao tempo de atravessamento)}$$

$$\text{WIP}_q = r_a \times W_q$$

e

$$\text{Tempo de espera de todo o sistema} = \text{tempo de espera na fila} + \text{tempo médio de processamento na estação}$$

$$W = W_q + t_e$$

Usaremos essa relação mais adiante para investigar o comportamento das filas.

Tipos de sistemas de filas

Por convenção, os sistemas de filas são caracterizados por quatro parâmetros, apresentados como *A/B/m/b*:

A — distribuição dos tempos de chegada (ou, mais precisamente, o tempo decorrido entre chegadas)

B — distribuição dos tempos de processo

400 PARTE 3 ENTREGA

m — número de atendentes em cada estação

b — número máximo de itens permitidos no sistema.

As distribuições mais comuns usadas para descrever *A* ou *B* são:

(a) a distribuição exponencial (ou markoviana), indicada por *M*; ou
(b) a distribuição geral (por exemplo, normal), indicada por *G*.

Assim, por exemplo, um sistema de filas M/G/1/5 indicaria um sistema com chegadas distribuídas exponencialmente, tempos de processo descritos por uma distribuição geral, como a distribuição normal, com um atendente e um número máximo de cinco itens (pessoas) permitidos no sistema. Esse tipo de notação é denominada notação de Kendall.

A teoria das filas pode nos ajudar a investigar qualquer tipo de sistema com filas, mas, para simplificar a matemática, lidaremos aqui apenas com as duas situações mais comuns, a saber:

M/M/*m* — tempos de chegada e processamento exponenciais com *m* atendentes e nenhum limite máximo para a fila;

G/G/*m* — distribuições de chegada e processamentos gerais com *m* atendentes e nenhum limite para a fila.

Começaremos com o caso simples em que *m* (número de atendentes) = 1.

Sistemas de filas para M/M/1

As fórmulas para esse tipo de sistema são as seguintes:

$$WIP = \frac{u}{1 - u}$$

Usando a Lei de Little,

$$WIP = \text{Tempo de ciclo} \times \text{Tempo de atravessamento}$$

$$\text{Tempo de atravessamento} = WIP/\text{Tempo de ciclo}$$

Então,

$$\text{Tempo de atravessamento} = \frac{u}{1 - u} \times \frac{1}{r_a} = \frac{t_e}{1 - u}$$

e, considerando que tempo de permanência na fila = tempo de atravessamento total – tempo médio de processamento, então:

$$W_q = W - t_e$$

$$= \frac{t_e}{1 - u} - t_e$$

$$= \frac{t_e - t_e(1 - u)}{1 - u} = \frac{t_e - t_e - ut_e}{1 - u}$$

$$= \frac{u}{(1 - u)} = t_e$$

novamente, usando a Lei de Little:

$$WIP_q = r_a - W_q = \frac{u}{(1 - u)} - t_e r_a$$

e, visto que,

$$u = \frac{r_a}{r_e} = r_a t_e$$

$$r_a = \frac{u}{t_e}$$

então,

$$WIP_q = \frac{u}{(1-u)} \times t_e \times \frac{u}{t_e}$$

$$= \frac{u^2}{(1-u)}$$

Para sistemas M/M/m

Quando há m atendentes em cada estação, a fórmula para o tempo de espera em fila (e, consequentemente, todas as outras fórmulas) precisa ser modificada. Novamente, não iremos deduzir essas fórmulas, apenas identificá-las:

$$W_q = \frac{u^{\sqrt{2(m+1)}-1}}{m(1-u)} t_e$$

Da qual as outras fórmulas podem ser derivadas como antes.

Exemplo resolvido

Um banco deseja decidir quantos funcionários deve alocar para o período movimentado do horário de almoço. Durante esse período, os clientes chegam a uma taxa de 9 por hora e os pedidos que fazem durante esse período (como abertura de novas contas, solicitação de empréstimo etc.) demoram, em média, 15 minutos. O gerente do banco acredita que 4 pessoas deveriam trabalhar durante esse período, mas quer assegurar-se de que os clientes não esperem mais do que 3 minutos em média antes de serem atendidos. O gerente foi avisado de que as distribuições que descrevem tanto a chegada como os tempos de processamento são, provavelmente, exponenciais. Assim,

$$r_a = 9 \text{ por hora, portanto}$$

$$t_a = 6{,}67 \text{ minutos}$$

$$r_e = 4 \text{ por hora, portanto}$$

$$t_e = 15 \text{ minutos}$$

O número proposto de atendentes

$$W_q = \frac{u^{\sqrt{2(m+1)}-1}}{m(1-u)} t_e$$

$$m = 4$$

Assim, a utilização do sistema é $u = 9/(4 \times 4) = 0{,}5625$
Da fórmula de tempo de espera para um sistema M/M/m,

$$W_q = \frac{0{,}5625^{\sqrt{10}-1}}{4(1-0{,}5625)} \times 0{,}25$$

$$= \frac{0{,}5625^{2{,}162}}{1{,}75} \times 0{,}25$$

$$= 0{,}042 \text{ horas}$$

$$= 2{,}52 \text{ minutos}$$

Portanto, o tempo médio de espera com 4 funcionários seria de 2,52 minutos, isto é, bem dentro dos limites de tolerância estabelecidos como aceitáveis pelo gerente.

Para sistemas G/G/1

A suposição de tempos exponenciais de chegada e de processamento em sistemas M/M/*m* é conveniente à medida que diz respeito à derivação matemática. Entretanto, na prática, os tempos de processamento em particular são raras vezes verdadeiramente exponenciais. É por isso que é importante ter alguma ideia de como as filas G/G/1 e G/G/M se comportam, em que se assume que as chegadas e o processamento seguem uma distribuição normal. Entretanto, as relações matemáticas exatas não são possíveis com tais distribuições. Por conseguinte, algum tipo de aproximação faz-se necessária. A que apresentaremos aqui é usada comumente e, embora não seja sempre exata, é usada por razões práticas. Para sistemas G/G/1, a fórmula para tempos de espera em fila é a seguinte:

$$W_q = \left(\frac{c_a^2 + c_e^2}{2} \right) \left(\frac{u}{(1-u)} \right) t_e$$

Há duas questões a ressaltar sobre essa equação. A primeira é que ela é exatamente a mesma que a equação equivalente para um sistema M/M/1, com um fator que leva em consideração a variabilidade dos tempos de chegada e de processamento. A segunda é que a fórmula é algumas vezes conhecida como fórmula VUT, porque descreve o tempo de espera em uma fila como função de:

V — variabilidade no sistema de fila;

U — utilização do sistema de fila (isto é, demanda *versus* capacidade); e

T — tempos de processamento na estação.

Em outras palavras, podemos chegar à conclusão intuitiva de que o tempo de fila aumentará à medida que também aumentarem a variabilidade, a utilização e o tempo de processamento.

Para sistemas G/G/m

A mesma modificação aplica-se aos sistemas de filas que usam equações gerais e *m* atendentes. A fórmula para o tempo de espera em fila agora será a seguinte:

$$W_q = \left(\frac{c_a^2 + c_e^2}{2} \right) \left(\frac{u^{\sqrt{2(m+1)}-1}}{m(1-u)} \right) t_e$$

Exemplo resolvido

"Não consigo entender. Trabalhamos nossos números de capacidade e tenho certeza de que um participante da equipe deveria ser capaz de lidar com a demanda. Sabemos que os clientes chegam a uma taxa de seis por hora e também sabemos que qualquer funcionário treinado da equipe pode processar oito clientes por hora. Portanto, por que a fila é tão grande e a espera tão longa? Por favor, dê uma olhada no que está ocorrendo."

Sarah sabia que o problema era, provavelmente, a variação, tanto de clientes como do tempo que levavam para ser processados. Durante dois dias em que a demanda foi considerada mais ou menos normal, ela cronometrou o tempo exato de chegada dos clientes e o tempo de processamento de cada cliente. Os resultados foram os seguintes:

Coeficiente de variação dos tempos de chegada dos clientes, c_a, = 1

Coeficiente de variação do tempo de processamento, c_e = 3,5

Taxa média de chegada de clientes, r_a = 6 por hora, portanto

tempo médio entre as chegadas = 10 minutos

Taxa média de processamento, r_e = 8 por hora, portanto

tempo médio de processamento = 7,5 minutos

Logo, utilização de um único atendente, u = 6/8 = 0,75

Utilizando a fórmula do tempo de espera para um sistema com fila G/G/1:

$$W_q = \left(\frac{1+12,25}{2}\right)\left(\frac{0,75}{1-0,75}\right)7,5$$

$$= 6,625 \times 3 \times 7,5 = 149,06 \text{ minutos}$$

$$= 2,48 \text{ horas}$$

Também porque

$$WIP_q = \text{taxa de chegada } (r_a) \times \text{tempo de espera na fila } (W_q)$$

$$WIP_q = 6 \times 2,48 = 14,68$$

Assim, Sarah descobriu que a espera média que os clientes deveriam enfrentar era 2,48 horas e que haveria, em média, 14,68 clientes na fila.

"Ok, então vejo que é a alta variação do tempo de processamento que está causando a formação de filas. Que tal investir em novo sistema de computação que padronize em maior grau o tempo de processamento? Conversei com nossa equipe técnica e eles acreditam que, se investíssemos em um novo sistema, poderíamos diminuir o coeficiente de variação do tempo de processamento para 1,5. Que diferença isso faria?".

Sob essas condições, com $c_e = 1,5$

$$W_q = \left(\frac{1+2,25}{2}\right)\left(\frac{0,75}{1-0,75}\right)7,5$$

$$= 1,625 \times 3 \times 7,5 = 36,56 \text{ minutos}$$

$$= 0,61 \text{ horas}$$

Portanto,

$$WIP_q = 6 \times 0,61 = 3,66$$

Em outras palavras, a redução da variação do tempo de processo reduziu o tempo médio em fila de 2,48 horas para 0,61 hora e reduziu o número esperado de pessoas na fila de 14,68 para 3,66.

12 Gestão da Cadeia de Suprimento

QUESTÕES-CHAVE

- 12.1 O que é gestão da cadeia de suprimento?
- 12.2 Como é feita a concorrência entre as cadeias de suprimento?
- 12.3 Como podem ser gerenciados os relacionamentos nas cadeias de suprimento?
- 12.4 Como é feita a gestão do lado do suprimento?
- 12.5 Como é feita a gestão do lado da demanda?
- 12.6 O que são as dinâmicas das cadeias de suprimento?

INTRODUÇÃO

Como é que empresas como IKEA, JD.com, Amazon, Zara, Spotify, Singapore Airlines, Google, Apple, 7-Eleven Japan e Maersk atingem resultados notáveis em mercados competitivos? Em parte, devido a seus produtos e serviços, mas também à forma que organizam suas redes de suprimento. Dada a proporção normalmente grande (e crescente) de atividades que são terceirizadas pela produção, a gestão das redes de suprimento é uma atividade particularmente vital. No Capítulo 5, tratamos dos assuntos estruturais e de escopo da produção; ao contrário, este capítulo se preocupa mais com a forma como as cadeias e redes de suprimento são subsequentemente gerenciadas. Isso envolve determinar os principais objetivos de desempenho para a rede de suprimento, decidir sobre as relações com o fornecedor (transacional *versus* parceria), desenvolver estratégias de aquisição para diferentes produtos e serviços, selecionar fornecedores adequados, negociar os termos de seu engajamento, gerenciar o suprimento no dia a dia, melhorar as capacitações dos fornecedores com o passar do tempo e tentar mitigar a dinâmica da cadeia de suprimento. A Figura 12.1 mostra onde a gestão da cadeia de suprimento se encaixa no modelo geral da administração da produção.

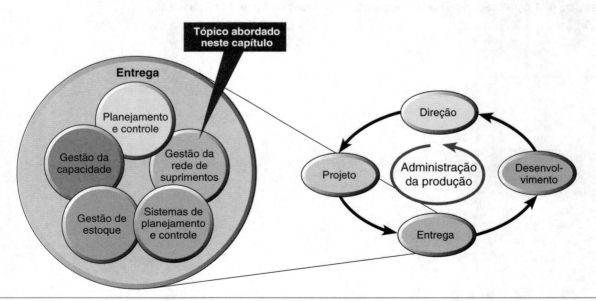

Figura 12.1 Este capítulo examina a gestão da cadeia de suprimento.

12.1 O que é gestão da cadeia de suprimento?

A gestão da cadeia de suprimento (SCM, do inglês *supply chain management*) é a gestão dos relacionamentos e fluxos entre a *sequência* (ou cadeia) de operações e processos que produzem valor na forma de produtos e serviços ao consumidor final. Como mostram as Figuras 12.2 e 12.3, as *cadeias* de suprimento são tecnicamente diferentes de *redes* de suprimento. Em uma rede de suprimento, pode haver várias centenas de cadeias de suprimento de operações vinculadas passando por uma única operação. Por mais confuso que pareça, os termos gestão da rede de suprimento e gestão da cadeia de suprimento são frequentemente (e equivocadamente) usados para o mesmo propósito. Também vale a pena observar que os *fluxos* nas cadeias de suprimento não estão restritos ao fluxo a jusante (*downstream*) de produtos e serviços, dos fornecedores até os clientes. Embora a falha mais óbvia na gestão da cadeia de suprimento ocorra quando o fluxo de produtos e serviços a jusante deixa de atender aos requisitos do cliente, a principal causa pode ser uma falha no fluxo de *informações* a montante (*upstream*). Dessa forma, a gestão da cadeia de suprimento se preocupa tanto com a gestão dos fluxos de informação (a montante e a jusante) quanto com a gestão do fluxo de produtos e serviços.

A gestão da cadeia de suprimento aplica-se ao fluxo não físico

Quase todos os livros, blogues e artigos sobre gestão de cadeias de suprimento continuam a focar nas operações de *transformação de materiais* — isto é, operações que envolvem criação, movimentação, estocagem ou venda de produtos físicos. No entanto, a gestão da cadeia de suprimento aplica-se da mesma forma às operações com *inputs* e *outputs* larga ou exclusivamente intangíveis, como serviços financeiros, shopping centers, seguradoras, instituições de saúde, consultorias, universidades e assim por diante. Todas essas

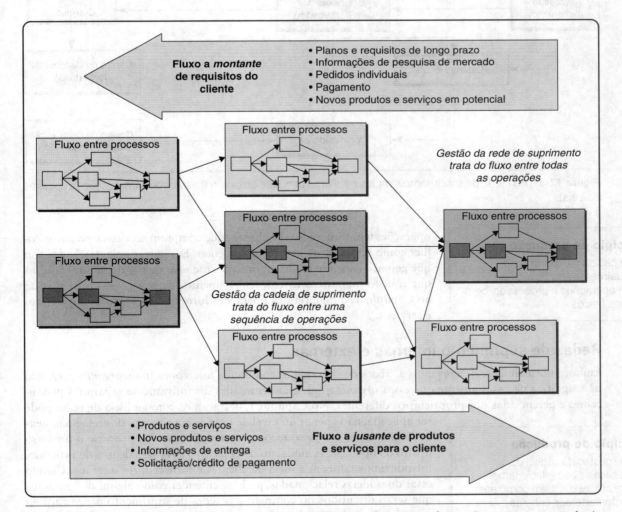

Figura 12.2 A gestão da cadeia de suprimento gerencia o fluxo de materiais e informações entre uma sequência de operações que formam as sequências ou *cadeias* de uma rede de suprimento.

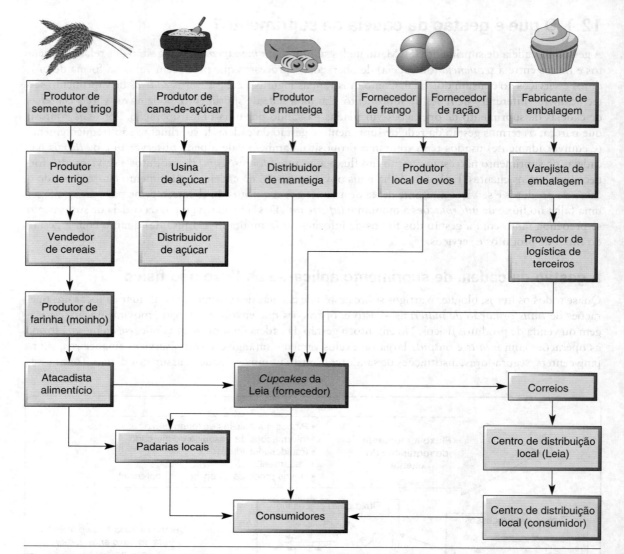

Figura 12.3 Uma rede de suprimento simples para uma pequena empresa do setor de alimentação (Cupcakes da Leia).

Princípio de produção
A gestão da cadeia de suprimento aplica-se igualmente aos fluxos não físicos entre operações e processos, bem como a fluxos físicos.

operações têm fornecedores e clientes que compram serviços e podem escolher como prestar seus serviços aos clientes. Em outras palavras, todas têm que gerenciar suas redes de suprimento, todas as quais, até mesmo aquelas que transformam itens físicos, têm elementos de serviço — em referência ao Capítulo 1, a maioria das operações fornece uma mistura de produtos *e* serviços.

Redes de suprimento internas e externas

Embora normalmente descrevamos as redes de suprimento como uma interconexão de *organizações*, isso não significa necessariamente que essas *organizações* sejam entidades distintivamente separadas pertencentes e gerenciadas por proprietários diferentes. No Capítulo 1, destacamos como a ideia de redes pode ser aplicada, não apenas no nível de rede de suprimento dos relacionamentos *organização a organização*, mas também no nível *processo a processo* dentro da operação e, ainda, no nível *recurso a recurso* dentro do processo. Introduzimos também a ideia de clientes e fornecedores internos. Unindo essas duas ideias relacionadas, pode-se entender como alguns dos assuntos que serão discutidos no contexto das redes de suprimento *organização a organização* podem também fornecer sugestões para as redes de suprimento *processo a processo*.

Princípio de produção
O conceito de gestão da cadeia de suprimento aplica-se aos relacionamentos internos entre processos, bem como aos relacionamentos externos entre as operações.

| OPERAÇÕES NA PRÁTICA | A rede de suprimento habilitada pelos drones da Zipline[1] |

Quando os drones começaram a ser implantados na gestão da cadeia de suprimento, um de seus usuários mais bem-sucedidos não era um grande provedor de logística, mas a Zipline, que construiu as maiores redes autônomas de logística do mundo, operando em escala nacional em diversos territórios, entregando sangue e suprimentos médicos em partes do Sul Global. Em Ruanda, a Zipline ajudou a estabelecer uma alternativa valiosa ao transporte rodoviário para itens de alto valor e baixo peso. Embora o país estivesse investindo em suas vias de transporte, mais de 80% de sua rede rodoviária permanecia sem pavimentação, tornando as viagens rodoviárias desafiadoras na melhor das hipóteses e quase impossíveis durante a estação chuvosa do país. Para suprimentos médicos críticos, em que atrasos na entrega significavam resultados bastante negativos para os pacientes, o problema era agudo. Além disso, suprimentos médicos eram difíceis de prever ou tinham vida útil curta, ideal para entrega por drones, assim como pedidos que se encontravam em estoques de segurança de medicamentos. Com uma pequena frota de drones autônomos, cada um com capacidade de carga de 1,5 kg (equivalente a 3 × 500 mL de sangue) e capazes de entregar em qualquer lugar dentro de uma área de serviço de 22.500 quilômetros quadrados, a Zipline conseguiu estabelecer uma rede de entrega altamente eficaz para suprimentos médicos, capaz de atingir mais da metade da população de 12 milhões de habitantes em Ruanda.

Dada a urgência de muitos de seus pedidos, a empresa se concentrou em reduzir o tempo para colocar os drones no ar. Uma inovação foi mover o circuito de GPS do drone para sua bateria, permitindo uma conexão contínua com o GPS, economizando minutos preciosos ao estabelecer um sinal estável antes do lançamento. A construção modular permitiu que os pedidos fossem colocados dentro da fuselagem, que era colocada no lançador, após o que sua seção de asa e módulo de bateria foram anexados. Isso tornou o drone mais fácil de manusear e garantiu que os problemas detectados nas verificações anteriores ao voo pudessem ser resolvidos rapidamente com a troca de um módulo defeituoso. A verificação anterior ao voo, muitas vezes demorada, foi reduzida usando um aplicativo móvel de inspeção e algoritmos de visão por computador. O efeito geral foi reduzir o tempo entre o recebimento do pedido e o lançamento do drone para apenas cinco minutos. Depois disso, um lançador motorizado acelerou os drones até sua velocidade máxima de 100 km por hora em apenas 0,3 segundo. Não só a velocidade era importante, como também a *confiabilidade* do serviço. Ter um *backup* para cada um dos componentes críticos do drone, caso o principal falhe, ajudou a reduzir as entregas com falha. Em seu destino, o drone simplesmente largaria sua caixa de suprimentos médicos usando um paraquedas feito de papel encerado e fita biodegradável, eliminando a necessidade de infraestrutura no local de entrega.

Para alguns clientes, a Zipline operava uma solução de *cross-docking*. Aqui, um cliente preparava suas embalagens, que seriam então consolidadas e enviadas para os centros de distribuição da Zipline. A empresa então agendaria a entrega com os destinatários finais em um horário que fosse conveniente para eles. Outros clientes preferiam usar a Zipline como provedor de logística terceirizada (3PL). Isso envolvia a empresa recebendo o estoque de seus clientes e mantendo-o em seus centros de distribuição, pronto para embalar e enviar rapidamente assim que os pedidos fossem recebidos. Em última análise, o objetivo da Zipline era criar uma rede de suprimentos que fosse eficiente (enxuta) quando possível, mas responsiva (ágil) quando necessário. Custos mais altos de entrega usando drones eram inevitáveis, mas foram parcialmente compensados pela economia de estoque reduzido na rede de suprimento e menor obsolescência do produto. Além disso, os benefícios em termos de velocidade, confiabilidade e, mais importante, saúde do paciente foram substanciais.

12.2 Como é feita a concorrência entre as cadeias de suprimento?

A gestão de cadeia de suprimento compartilha um mesmo objetivo central — satisfazer o cliente final. Todos os estágios nas diversas cadeias que formam a rede de suprimento devem, por fim, incluir considerações sobre o cliente final, não importando quão distante a operação esteja de um cliente final. Quando um cliente decide fazer uma compra, ele dispara ação ao longo de uma série de cadeias de suprimento na rede. Assim, cada operação em cada cadeia deve satisfazer seu próprio cliente, mas também assegurar que, por fim, o cliente final também esteja.

| OPERAÇÕES NA PRÁTICA | Excelência na rede de suprimentos da JD.com — a ascensão de um titã do comércio eletrônico[2] |

Ao lado da Amazon, Alibaba e Suning.com, a JD.com está agora estabelecida como uma das maiores e mais bem-sucedidas empresas de comércio eletrônico do mundo. Com receitas superiores a 745 bilhões de yuans (mais de US$ 114 bilhões), a empresa oferece uma gama de cerca de 6 milhões de produtos para mais de 500 milhões de clientes ativos, principalmente na China (acima dos 362 milhões em 2019).

A base do rápido crescimento da JD.com na última década é uma rede de suprimento orientada por dados e altamente sofisticada, com reputação global de velocidade e confiabilidade. Com mais de 1.000 armazéns abrangendo aproximadamente 21 milhões de metros quadrados, a JD.com oferece armazenamento, entrega de cadeia a frio, distribuição internacional e análise de estoque para marcas de todo o mundo, permitindo que alcancem clientes da JD.com mesmo quando não têm presença física na China. No entanto, não é apenas a escala das operações da JD.com que impressiona, mas também a ênfase significativa que ela coloca em tecnologia e inovação dentro de sua rede de suprimento. Por exemplo, dentro de seu depósito, a empresa investiu pesadamente em robótica e automação para organizar, embalar e distribuir até 100 milhões de pacotes por dia. A empresa concluiu a construção de um dos primeiros armazéns totalmente automatizados do mundo em Xangai. Também liderou o desenvolvimento de várias formas de entrega robótica, incluindo caminhões sem motorista, e o investimento na maior infraestrutura de distribuição de drones do mundo, com 150 centros de distribuição destinados a entregar produtos em áreas mais rurais.

É importante ressaltar que a digitalização da rede de suprimentos da JD.com gerou enormes quantidades de dados — impressionantes 30 petabytes todos os dias! A empresa conseguiu alavancar esses dados no desenvolvimento de seus recursos de aprendizado de máquina e inteligência artificial (IA) ao fornecer *insights* significativos sobre o comportamento do consumidor e a movimentação de produtos em sua rede. Para apoiar o desenvolvimento contínuo de sua *cadeia de suprimentos inteligente*, a JD.com montou um laboratório de pesquisa focado em logística e automação — JD-X. Seu papel era se concentrar no desenvolvimento contínuo de atendimento automatizado, tecnologia *blockchain*, Internet das Coisas (IoT), reconhecimento de imagem e visão e tecnologias de aprendizado profundo. Além disso, foram feitos investimentos significativos no desenvolvimento de algoritmos que predizem com mais precisão as tendências da demanda do consumidor (por exemplo, usando tecnologia de reconhecimento de voz e impressão digital da voz). Na verdade, a experiência da empresa na execução da cadeia de suprimentos tornou-se tão forte que levou à criação da JD Logistics, um grupo de negócios dentro da empresa-mãe, que oferece serviços inteligentes de cadeia de suprimento para empresas em uma ampla gama de setores. Em reconhecimento à sua excelência, a JD.com foi selecionada como finalista (ao lado do Programa Alimentar Mundial da ONU, Alibaba, Lenovo, OCP e Memorial Sloan Kettering) para um dos mais prestigiados prêmios em análise avançada e pesquisa operacional, o INFORMS Franz Edelman Award.

Objetivos de desempenho das redes de suprimento

Os objetivos da gestão da cadeia de suprimento são como aqueles para as operações individuais — fornecer produtos e serviços apropriados aos clientes finais, que atendam às suas expectativas em termos de qualidade, velocidade, confiabilidade, flexibilidade, custo e sustentabilidade.

Qualidade

A qualidade de um produto ou serviço quando chega ao cliente é uma função do desempenho em qualidade de todas as operações da cadeia que o forneceu. A implicação disso é que os erros em cada estágio da cadeia podem se multiplicar no seu efeito sobre o serviço ao cliente final. Por exemplo, se cada um dos sete estágios de uma cadeia de suprimento tem a taxa de 1% de erro, apenas 93,2% dos produtos ou serviços serão de boa qualidade ao chegar ao cliente final ($0,99^7$). Essa é a razão pela qual apenas se todos os estágios de uma operação forem responsáveis por seu próprio desempenho *e o de seus fornecedores*, a cadeia de suprimento poderá oferecer alta qualidade ao cliente final.

Velocidade

A velocidade tem dois significados no contexto de uma cadeia de suprimento. O primeiro é quão rápido os clientes podem ser atendidos (o tempo decorrido entre a solicitação de um produto ou serviço pelo cliente e o seu completo recebimento). Entretanto, resposta rápida ao cliente pode ser alcançada simplesmente por meio de superdimensionamento de recursos ou de estoque ao longo da cadeia de suprimento. Por exemplo, estoques muito elevados em um varejista podem reduzir as chances de redução do estoque a zero, reduzindo também as chances de espera do cliente a praticamente zero. De forma similar, uma empresa de contabilidade pode ser capaz de responder rapidamente às demandas dos clientes por ter um número elevado de contadores aguardando o pico da demanda. Um ponto de vista alternativo sobre velocidade é o tempo que leva para bens e serviços se *movimentarem ao longo da cadeia*. Assim, por exemplo, produtos que se movem mais rapidamente ao longo da cadeia desde os fornecedores de matérias-primas até os varejistas ficarão pouco tempo no estoque porque, para alcançar um tempo de atravessamento rápido, os materiais não podem ficar por períodos significativos em estoque. Isso, por sua vez, reduz os requisitos de capital de giro e outros custos relacionados com estoque na cadeia de suprimento, reduzindo assim o custo geral da entrega ao cliente final. A obtenção de um equilíbrio entre velocidade como responsividade às demandas dos clientes e velocidade como atravessamento rápido (embora não sendo incompatíveis) dependerá de como a rede de suprimento está escolhendo competir.

Confiabilidade

A confiabilidade em um contexto da cadeia de suprimento é semelhante à velocidade, no sentido de que se pode quase garantir uma entrega *pontual* mantendo excesso de recursos dentro da cadeia. Entretanto, confiabilidade do tempo de atravessamento é um propósito muito mais desejável porque reduz a incerteza na rede. Se as operações individuais não entregarem pontualmente como prometido, haverá a tendência de os clientes fazerem pedidos a mais ou antecipados para garantir alguma segurança contra entregas tardias. O mesmo argumento pode ser aplicado se houver incerteza com relação à *quantidade* de produtos ou serviços. É por isso que confiabilidade de entrega é frequentemente medida como entrega *pontual e completa* nas cadeias de suprimento.

Flexibilidade

No contexto de uma cadeia de suprimento, flexibilidade significa geralmente a habilidade de a cadeia lidar com mudanças e distúrbios. Muitas vezes, isso também é chamado de agilidade da cadeia de suprimento. O conceito de agilidade inclui questões discutidas anteriormente, como foco no cliente final, garantia de tempo rápido de atravessamento e responsividade às necessidades do cliente. Além disso, cadeias de suprimento ágeis são suficientemente flexíveis para lidar com mudanças, tanto na natureza da demanda do cliente como nas capacidades de suprimento das operações dentro da cadeia.

Custo

Adicionalmente aos custos incorridos em cada operação para transformar seus recursos de *input* em recursos de *output*, a cadeia de suprimento como um todo também incorre em custos adicionais que se originam de negócios feitos entre cada operação dentro da cadeia. Esses custos de *transação* podem incluir muitas coisas, como os custos de encontrar fornecedores adequados, estabelecer contratos (por exemplo, licitação, negociação e contratação), realizar suprimento contínuo (por exemplo, pedido, expedição, monitoramento do desempenho de suprimento, faturamento e pagamento), lidar com falhas, treinamento do fornecedor e potencialmente os custos de saída de um relacionamento insatisfatório. É importante considerar os custos de transporte da negociação com um fornecedor, em vez de simplesmente o preço do serviço ou produto. (Para obter mais detalhes sobre essa questão, veja o comentário crítico mais adiante neste capítulo sobre as técnicas de seleção de fornecedor.) Muitos dos desenvolvimentos recentes em gestão da cadeia de suprimento, como acordos de parceria ou redução do número de fornecedores, são tentativas de minimizar custos de transação.

Sustentabilidade

Qualquer organização que se comprometa com os objetivos de sustentabilidade vai querer certificar-se de que compra seus produtos e serviços de *input* de fornecedores que são igualmente responsáveis. Isso pode envolver, por exemplo, comprar de fornecedores locais sempre que possível, adquirir suprimentos de fornecedores com práticas éticas, escolher produtos e serviços ecologicamente corretos, melhorar as condições de trabalho nas cadeias de suprimento ou afastar-se dos métodos de transporte aéreo de carga (ambientalmente hostis).

OPERAÇÕES NA PRÁTICA
Duas voltas ao mundo para as bolas de tênis de Wimbledon

(Nossos agradecimentos ao Professor Mark Johnson, da Warwick Business School, por este exemplo)

O torneio de tênis *Grand Slam* de Wimbledon é o mais antigo e sem dúvida o mais prestigiado do mundo. A Slazenger, fabricante de equipamentos esportivos, é o fornecedor oficial de bolas de tênis em Wimbledon desde 1902. No entanto, as bolas usadas em Wimbledon e os materiais de que são feitas terão viajado 81.385 quilômetros entre 11 países e em quatro continentes antes de chegarem à quadra central. O professor Mark Johnson, da Warwick Business School, disse: *"É uma das jornadas mais longas que já vi para um produto. À primeira vista, viajar mais de 80.000 quilômetros para fazer uma bola de tênis parece bastante ridículo, mas apenas mostra a natureza global da produção e, no fim, essa será a maneira mais econômica de fazer bolas de tênis. A Slazenger está localizando sua produção perto da fonte primária de seus materiais em Bataan, nas Filipinas, onde a mão de obra também tem um custo relativamente baixo"*.

A complexa cadeia de suprimentos é ilustrada na Figura 12.4. Ela contempla argila enviada da Carolina do Sul, nos Estados Unidos, sílica da Grécia, carbonato de magnésio do Japão, óxido de zinco da Tailândia, enxofre da Coreia do Sul e borracha da Malásia para Bataan, onde a borracha é vulcanizada — um processo químico para tornar a borracha mais durável. A lã é então enviada da Nova Zelândia para o Reino Unido, onde é prensada em feltro e depois transportada de volta para Bataan, nas Filipinas. Enquanto isso, naftalina (de petróleo) de Zibo, na China, e cola de Basilan, nas Filipinas, são trazidas para Bataan, onde a Slazenger fabrica a bola. Finalmente, as latas, que contêm as bolas, são enviadas da Indonésia e, uma vez embaladas, as bolas são enviadas para Wimbledon. *"A Slazenger fechou a fábrica no Reino Unido anos atrás e transferiu o equipamento para Bataan, nas Filipinas"*, diz o professor Johnson. *"Eles ainda recebem o feltro de Stroud (Reino Unido), pois requer um pouco mais de conhecimento técnico. Despachar lã da Nova Zelândia para Stroud e depois enviar o feltro de volta para as Filipinas adiciona muitos quilômetros, mas eles obviamente desejam usar a melhor lã para as bolas de Wimbledon."*

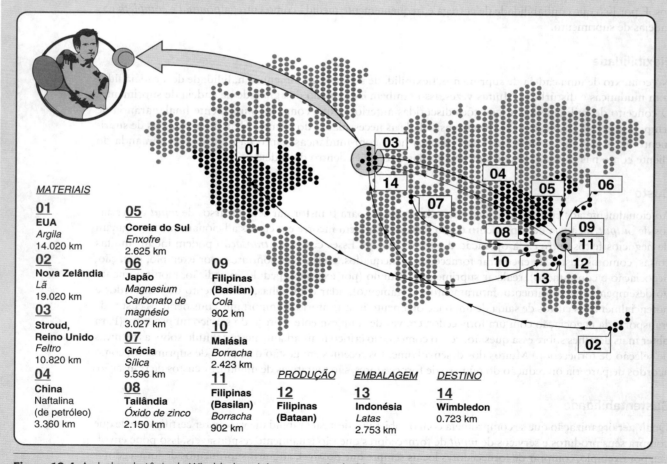

Figura 12.4 As bolas de tênis de Wimbledon viajam por mais de 80 mil quilômetros em sua rede de suprimento.

Redes de suprimento enxutas *versus* ágeis

Conforme discutido nos Capítulos 1 e 2, diferentes serviços ou produtos costumam apresentar claras diferenças na forma como competem nos mercados. Uma abordagem popular, usada na gestão da cadeia de suprimento, é distinguir entre serviços ou produtos que são *funcionais* e aqueles que são *inovadores*. Serviços ou produtos funcionais têm demanda relativamente estável e previsível, enquanto a demanda por serviços ou produtos inovadores será muito mais incerta. Além disso, as margens de lucro são geralmente muito mais altas para ofertas inovadoras, em oposição a ofertas funcionais. Mesmo dentro de uma mesma empresa, pode haver categorias funcionais *e* inovadoras em evidência. Por exemplo, alguns dos trabalhos realizados pelos consultores são bastante padronizados, com apenas pequenas variações de um cliente para outro, enquanto outros são altamente adaptados para cada projeto específico.[3] Hospitais tem procedimentos cirúrgicos *padronizados* de rotina, como na remoção de catarata, mas também precisam fornecer cirurgia de emergência pós-trauma. Fabricantes de calçados podem vender clássicos, que mudam muito pouco com o tempo, com sapatos de moda, que duram apenas por uma estação.

Dependendo da natureza do produto ou serviço, diferentes redes de suprimento provavelmente serão mais adequadas (uma ideia proposta originalmente pelo Professor Marshall Fisher).[4] Para ofertas funcionais, políticas de cadeia de suprimento eficientes (ou enxutas) normalmente são mais adequadas. Isso inclui manter a capacidade de serviço ou os estoques baixos, especialmente nas partes a jusante (*downstream*) da rede, para reduzir o tempo de atravessamento. Há também um foco significativo na maximização da utilização de todos os recursos na rede de suprimento para minimizar os custos. As informações devem fluir rapidamente para cima e para baixo na cadeia, a fim de maximizar a quantidade de tempo para ajustar os cronogramas com eficiência.

Por outro lado, ofertas inovadoras são mais adequadas a políticas responsivas (ou ágeis) na cadeia de suprimento. Aqui, a ênfase está nos altos níveis de atendimento e suprimento responsivo ao cliente final. O estoque (ou a capacidade de atendimento) na rede será disposto tão próximo quanto possível do cliente. Dessa forma, a rede pode ainda suprir mesmo quando mudanças intensas acontecem na demanda do cliente. O tempo de atravessamento rápido das partes a montante (*upstream*) da rede ainda será necessário para reabastecer os estoques mais adiante, em direção ao cliente. A Figura 12.5 mostra algumas das principais características

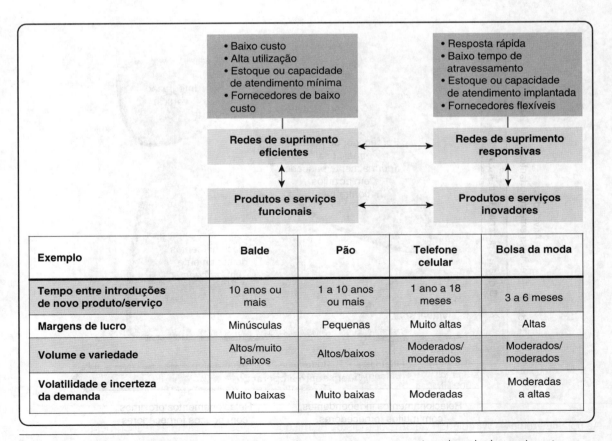

Figura 12.5 Alinhamento das características de produto e serviço com o projeto da rede de suprimento.

Princípio de produção
Produtos e serviços *funcionais* requerem gestão eficiente (enxuta) na cadeia de suprimento; produtos e serviços *inovadores*, gestão responsiva (ágil) na cadeia de suprimento.

dos produtos funcionais e inovadores. Ela também ilustra o alinhamento natural entre essas características e o tipo de rede de suprimento mais apropriado. Na prática, algumas empresas utilizam uma abordagem mais híbrida na operação de suas redes de suprimento. Por exemplo, a Inditex, uma das maiores e mais bem-sucedidas varejistas de moda do mundo, opera uma rede de suprimento predominantemente ágil, mas ainda tem aspectos de redes enxutas em algumas de suas atividades. Outros detalhes sobre a questão de redes enxutas podem ser vistos no Capítulo 16.

12.3 Como podem ser gerenciados os relacionamentos nas cadeias de suprimento?

O *relacionamento* entre as operações em uma rede de suprimento é a base na qual é realizada a troca de produtos, serviços, informações e dinheiro. Dessa forma, a gestão das cadeias de suprimento trata do gerenciamento de relacionamento, pois os relacionamentos influenciam o fluxo suave entre operações e processos. Diferentes formas de relacionamento serão apropriadas em circunstâncias distintas. Duas dimensões são particularmente importantes — *o que* a empresa opta em terceirizar e *quem* escolhe para fazer isso. Em termos *do que* é terceirizado, as questões-chave são: "quantas atividades devem ser terceirizadas?" (desde fabricar tudo internamente, em um extremo, a terceirizar tudo, no outro); e "quão importantes são as atividades terceirizadas?" (desde terceirizar apenas atividades triviais, em um extremo, a terceirizar atividades essenciais, em outro). Discutimos isso com detalhes no Capítulo 5, quando exploramos o escopo das redes de suprimento.

Em termos de *quem* é escolhido para fornecer produtos e serviços, novamente duas questões são importantes: "quantos fornecedores serão utilizados pela operação?" (desde utilizar muitos fornecedores para desempenhar o mesmo conjunto de atividades, em um extremo, até a utilização de apenas um fornecedor para cada atividade, no outro); e "quão próximos são os relacionamentos?" (desde relacionamentos independentes em situações de igualdade, em um extremo, aos relacionamentos próximos, no outro). A Figura 12.6 ilustra essa forma de caracterizar os relacionamentos.

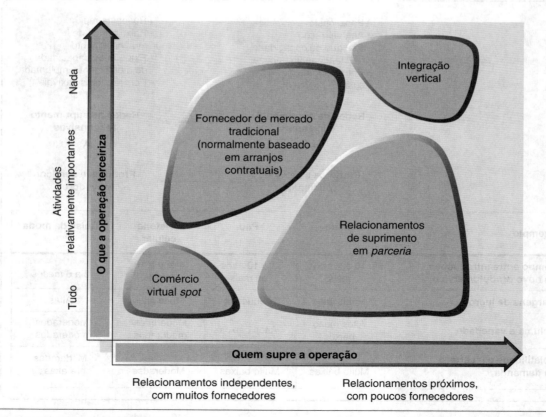

Figura 12.6 Tipos de organização da rede de suprimento.

Relacionamentos *contratuais* e de *parceria*

Os **relacionamentos contratuais (ou transacionais)** envolvem a compra de serviços e produtos de forma *pura* de mercado, muitas vezes buscando o *melhor* fornecedor toda vez que é necessário fazer uma compra. Os relacionamentos contratuais podem ser de longo ou curto prazo, mas não há garantia de nada além do contrato imediato. Eles são apropriados quando os benefícios de curto prazo são importantes. Por outro lado, os **relacionamentos de parceria (ou colaborativos)** são de longo prazo e envolvem um compromisso de trabalhar juntos ao longo do tempo para obter vantagens mútuas. Esses relacionamentos enfatizam a cooperação, a interação frequente, o compartilhamento de informações, a solução conjunta de problemas e, às vezes, até a participação nos lucros. As verdadeiras parcerias implicam benefícios e, muitas vezes, sacrifícios mútuos. Se não está na cultura de uma empresa abrir mão de alguma liberdade de ação, é muito improvável que as parcerias tenham sucesso. A Tabela 12.1 descreve alguns dos principais benefícios dos dois extremos.

É muito improvável que qualquer empresa considere sensato se envolver exclusivamente em um tipo de relacionamento ou outro. A maioria das empresas terá um portfólio de relacionamentos, possivelmente, muito diferentes. Além disso, existem graus nos quais qualquer relacionamento particular pode ser gerenciado de forma contratual ou de parceria. A verdadeira questão é: "Onde, no espectro entre contratual e parceria, cada relacionamento deve ser posicionado?", Embora não exista uma fórmula simples para escolher a forma de relacionamento *ideal* em cada caso, existem alguns fatores importantes que podem influenciar a decisão. A questão mais óbvia se referirá à forma como uma empresa pretende competir em seu mercado. Se o preço for o principal fator competitivo, então o relacionamento pode ser determinado por qual abordagem oferece as maiores economias em potencial. Por um lado, as relações contratuais baseadas em mercado poderiam minimizar o preço real pago pelos produtos e serviços comprados, enquanto as parcerias poderiam minimizar os custos de transação dos negócios. Se uma empresa está competindo principalmente na inovação de produtos ou serviços, o tipo de relacionamento pode depender de onde a inovação provavelmente acontecerá. Se a inovação depende de uma estreita colaboração entre fornecedores e clientes, são necessárias relações de parceria. Por outro lado, se os fornecedores estão dispostos a competir para se superar em termos de suas inovações, e especialmente se o mercado é turbulento e de rápido crescimento (como acontece com muitos *softwares* e setores baseados na Internet), pode ser preferível reter a liberdade para mudar de fornecedor rapidamente usando mecanismos de mercado.

> **✔ Princípio de produção**
> Todos os relacionamentos da rede de suprimento podem ser descritos pelo equilíbrio entre seus elementos *contratuais* e de *parceria*.

12.4 Como é feita a gestão do lado do suprimento?

Quando for decidido comprar produtos ou serviços (ao contrário de fabricá-los internamente), os gerentes precisam decidir sobre as estratégias de aquisição para diferentes produtos e serviços, selecionar fornecedores apropriados, gerenciar o suprimento contínuo e melhorar as capacitações dos fornecedores com o

Tabela 12.1 Benefícios dos relacionamentos contratuais e de parceria na cadeia de suprimento.

Benefícios do relacionamento contratual	Benefícios do relacionamento de parceria
▶ Retém a concorrência entre fornecedores alternativos.	▶ Maiores níveis de lealdade para os clientes do que nos relacionamentos contratuais.
▶ Se a demanda mudar, o cliente pode mudar a quantidade e o tipo de fornecedores; uma alternativa mais rápida e mais barata para redirecionar as atividades internas.	▶ Menor tempo e esforço com recontratações frequentes.
▶ Mais ampla variedade de fontes de inovação (embora o acesso possa ser mais difícil do que nos relacionamentos de parceria).	▶ Menores custos de transação (embora dependa da natureza do fornecimento).
▶ Útil na avaliação de um fornecedor antes de uma possível passagem para o modelo de parceria.	▶ Custo reduzido para monitoramento de conformidade.
▶ Bom para compras de única vez ou irregulares.	▶ Menos falhas de qualidade e falhas não antecipadas.
	▶ Identificação de falhas mais cedo.
	▶ Ênfase na solução conjunta dos problemas durante episódios de falha, em vez de atribuir culpa.
	▶ Maior agregação de valor, aproveitando as competências compartilhadas.

tempo. Dentro da empresa, essas atividades geralmente são de responsabilidade do departamento de **compras** ou aquisição. O departamento de compras deverá oferecer um elo vital entre a própria operação e os seus fornecedores.

Estratégia de fornecimento

No Capítulo 5, esboçamos uma série de questões referente à configuração de uma rede de suprimento. A mudança da forma da rede de suprimento pode envolver a redução do número de fornecedores da operação de modo a desenvolver relacionamentos mais próximos, contornando ou desintermediando operações na rede. Aqui, vamos nos aprofundar um pouco mais, examinando quatro técnicas fundamentais para o fornecimento: *fornecimento múltiplo*, *fornecimento único*, *fornecimento delegado* e *fornecimento paralelo*.

Fornecimento múltiplo envolve a obtenção de um componente de produto ou serviço de mais de um fornecedor. Ele é comumente visto em mercados competitivos onde os custos de mudança são baixos e os objetivos de desempenho são principalmente focados no preço e na confiabilidade. O fornecimento múltiplo pode ajudar a manter a concorrência no mercado de suprimentos, reduzir o risco de suprimento e aumentar a flexibilidade diante da falha do fornecedor ou mudanças na demanda do cliente. Além disso, algumas empresas gostam de usar múltiplas fontes para evitar a dependência de fornecedores, permitindo assim mudanças nos volumes de compras sem o risco de falência de fornecedores. No entanto, a desvantagem do fornecimento múltiplo é que se torna difícil incentivar o comprometimento dos fornecedores e, como tal, limita a oportunidade de desenvolver uma abordagem de parceria para a gestão de suprimentos.

Fornecimento único envolve a compra de um componente de produto ou serviço de um único fornecedor. Muitas vezes, esses componentes representam uma alta proporção de gastos totais ou são de importância estratégica. Em outros casos, no entanto, as empresas simplesmente preferem a simplicidade (e custos de transação reduzidos) do fornecimento único. Muitos arranjos de única fonte têm um foco de mais longo prazo do que os arranjos de múltiplas fontes e se concentram em uma gama mais ampla de objetivos de desempenho. No entanto, os arranjos de única fonte podem representar um risco aumentado de dependência e uma redução no poder de barganha da empresa.

Fornecimento delegado envolve uma abordagem em camadas para gerenciar as relações com os fornecedores. Isso significa que um fornecedor é responsável pela entrega de um pacote de serviços, ao invés de um serviço individual, ou de um subconjunto inteiro, ao contrário de uma única peça. Isso tem a vantagem de reduzir significativamente o número de fornecedores de primeira camada, ao mesmo tempo que permite um foco em parceiros estratégicos. No entanto, o fornecimento delegado pode alterar a dinâmica do mercado de suprimentos e arriscar a criação de *megafornecedores*, com poder significativo na rede.

Fornecimento paralelo tem como objetivo fornecer simultaneamente as vantagens do fornecimento múltiplo e único. Envolve ter relacionamentos de fonte única para serviços de diferentes pacotes de serviços. Se um fornecedor é considerado insatisfatório, é possível mudar para o fornecedor alternativo que atualmente fornece o *mesmo* serviço, mas para um pacote de serviço *diferente*. A vantagem dessa abordagem de fornecimento é que ela mantém a concorrência e permite a mudança. No entanto, a gestão de arranjos de fornecimento paralelo é relativamente complexa.

Redução da base de fornecedores

Nos últimos 30 anos, houve uma tendência das organizações de reduzir sua base de fornecedores. Essa tendência, baseada na ideia de relacionamentos de parceria, é em parte um reconhecimento de que as organizações têm recursos limitados e, portanto, algumas decidem desenvolver menos relacionamentos de maior qualidade com os principais fornecedores. A redução da base de fornecimento geralmente resulta em reduções significativas nos custos diários de operação, como os custos de pedidos, expedição, visitas a fornecedores e várias intervenções em falhas. No entanto, também existem desvantagens potenciais, principalmente em torno do aumento do risco de fornecimento com alguns fornecedores mais capazes de agir de forma oportunista. Além disso, a dinâmica do poder normalmente muda a favor dos fornecedores à medida que o comprador se torna cada vez mais dependente de seus fornecedores restantes.

Tomada de decisão na estratégia de fornecimento

Dado que cada estratégia de fornecimento tem suas vantagens e desvantagens, um desafio fundamental é decidir qual é a mais adequada. Aqui, podemos explorar duas questões-chave: *qual é o risco no mercado de suprimentos* e *qual é a criticidade do produto ou serviço para o negócio?* Considerando o risco, podemos pensar no número de fornecedores alternativos, na facilidade de mudar de um fornecedor para outro, nas barreiras de saída e no custo de trazer as operações de volta para a empresa. Para a criticidade, os gerentes podem considerar a importância de um componente de produto ou serviço em termos de volume comprado, porcentagem do custo total de compra ou o impacto no crescimento do negócio. Ao analisar essas duas dimensões, é possível posicionar componentes de produtos ou serviços de modo geral em um dos quatro principais quadrantes — não crítico, gargalo, alavancagem ou estratégico[5] — e selecionar estratégias apropriadas de fornecimento. A Figura 12.7 mostra isso para um fabricante de *smartphones*:

Princípio de produção
A estratégia de fornecimento é controlada em parte pelo risco no mercado de suprimentos e pela criticidade do produto ou serviço para o negócio.

▶ *Não crítico:* a embalagem para transporte e exibição e os parafusos que prendem os componentes do celular são responsáveis por uma proporção relativamente baixa do custo total do produto. Além disso, com o grande número de fornecedores alternativos, o risco de fornecimento é baixo. Para a categoria não crítica, as estratégias de fornecimento múltiplo costumam ser mais comuns, embora as iniciativas de redução da base de fornecedores visem aos arranjos de único fornecedor, mas com prazos contratuais curtos.
▶ *Gargalo:* a bateria de um *smartphone* tem um custo relativamente baixo em relação a outros componentes que compõem o produto. Contudo, as alternativas de fornecimento limitadas e os custos de troca relativamente altos aumentam o risco do suprimento. Para produtos e serviços na categoria de gargalo, o fornecimento único é comum, devido a uma falta de escolha no mercado de suprimentos. Além disso, as empresas às vezes procuram reduzir a especificidade de seus requisitos e, ao fazer isso, aumentam o número de opções de fornecimento disponíveis a elas.
▶ *Alavancagem:* a tela sensível ao toque e a exibição, de modo menos significativo, a(s) câmera(s) e o alto-falante, são responsáveis por uma grande proporção do custo do smartphone. Entretanto, esses componentes são relativamente fáceis de adquirir, pois há um número relativamente grande de fornecedores disponíveis (e confiáveis). Fornecedores no quadrante da alavancagem geralmente precisam ter competitividade nos preços, dada a forte posição de barganha que a oferta abundante oferece ao comprador. Para produtos e serviços de alavancagem, em muitos casos, o agrupamento de requisitos permite uma mudança para o fornecimento delegado.

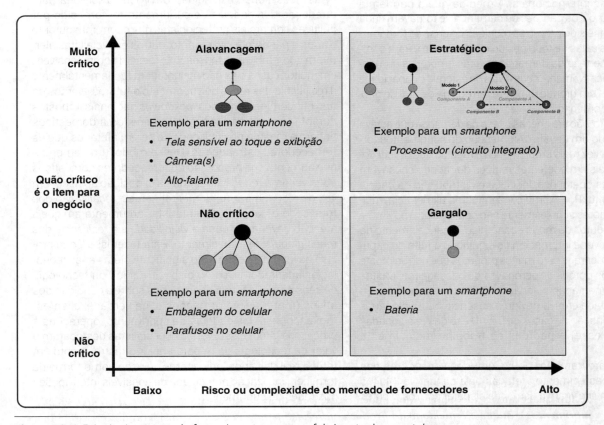

Figura 12.7 Principais grupos de fornecimento para um fabricante de *smartphones*.

▶ *Estratégico:* os produtos ou serviços estratégicos são complexos de se adquirir e críticos para a empresa, sendo responsáveis por uma grande proporção do gasto total. Nesse exemplo, o processador (o *cérebro* do *smartphone*) se situa no quadrante estratégico. Existem relativamente poucas empresas capazes de fornecer componentes com a qualidade suficiente e, portanto, o custo de uma troca é muito alto. Para produtos e serviços estratégicos, as técnicas de fornecimento único continuam sendo populares. No entanto, dados os riscos associados ao fornecimento único citados anteriormente, algumas empresas passaram a usar técnicas de fornecimento delegado ou paralelo.

OPERAÇÕES NA PRÁTICA

Os efeitos de longo prazo da COVID-19 na gestão de redes de suprimento[6]

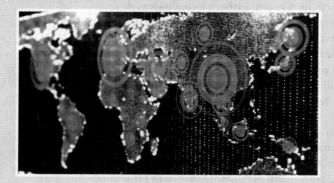

Mais do que nunca, a economia mundial está agora dependente das cadeias de suprimento globais. Dessa forma, a pandemia de COVID-19 apresentou uma infinidade de desafios para as operações que buscam trabalhar ultrapassando as fronteiras internacionais. À medida que a pandemia ganhava ritmo e os padrões de demanda se tornavam cada vez mais difíceis de prever, as reuniões de crise se tornaram comuns nas salas de reuniões do mundo inteiro. Para compensar a incerteza da demanda, muitas empresas aumentaram significativamente seus níveis de estoque e capacidade de serviço — um grande ônus em termos de capital de giro, espaço e coordenação.

No entanto, não era apenas o lado da demanda que estava apresentando um desafio. A obtenção de suprimentos tornou-se cada vez mais problemática à medida que os *lockdowns* nacionais em diferentes regiões do mundo causavam estragos nas operações, logística e distribuição da cadeia de suprimento. Por exemplo, na indústria alimentícia, muitos fornecedores simplesmente não conseguiam movimentar seus produtos de modo econômico. O cancelamento da maioria dos voos internacionais significou a falta de capacidade de embarque para muitos produtos que normalmente viajavam nos porões de aeronaves de passageiros. Muitas empresas orientadas a serviços enfrentaram redução em sua capacidade efetiva devido à ausência de funcionários (uma combinação de casos de COVID e folgas relacionadas com o estresse) e padrões de trabalho radicalmente alterados.

No entanto, também houve grandes vencedores nas redes de abastecimento afetadas pela pandemia. Muitos varejistas *on-line* viram a demanda disparar com os clientes muitas vezes forçados a ficar em casa ou restringir seriamente suas viagens. Embora alguns tenham retornado aos hábitos de compra anteriores à medida que as restrições diminuíram, uma grande proporção mudou fundamentalmente seu comportamento de compra para canais *on-line*. Como resultado, foram observados investimentos significativos em armazenagem e distribuição mais próximos ao cliente, principalmente devido às crescentes expectativas dos clientes em relação à velocidade de entrega. A pandemia também viu uma redução geral de muitas cadeias de suprimento, evidenciada pela crescente popularidade de aplicativos e outras plataformas que conectam fornecedores diretamente aos compradores.

Ao olhar para o futuro, vários comentaristas anteciparam que a tendência de redução da cadeia de suprimento continuaria, dada a reavaliação dos riscos representados pelas redes globais estendidas. Um impulso adicional para a redução das cadeias de suprimento foi fornecido por políticas comerciais protecionistas que ocorreram durante e após a pandemia. No entanto, outros especialistas alertaram que, embora essas reações fossem compreensíveis, em muitos casos elas não melhorariam fundamentalmente a resiliência das redes de suprimento a futuros eventos do tipo pandemia. Diante dos *lockdowns* nacionais impostos durante uma grande crise, os fornecedores domésticos tinham a mesma possibilidade de serem afetados que os fornecedores estrangeiros. Desse modo, uma empresa que aumenta sua proporção de fornecedores domésticos pode ver uma redução limitada na exposição ao risco. Em vez de reconfigurar fundamentalmente a *localização* dos fornecedores, alguns comentaristas argumentaram que a atenção deveria ser dada à *visibilidade* e à *resiliência* das redes globais de fornecimento. Para fazer isso, seria preciso haver um investimento significativo em várias tecnologias integradoras, como dispositivos IoT ou tecnologia de sensores, que forneceriam dados sobre a condição dos ativos (materiais, informações e, na verdade, clientes) movendo-se pelas cadeias de suprimento, operações e processos. Além disso, vários especialistas destacaram o valor da tecnologia de IA para apoiar o rastreamento em tempo real de vários indicadores de risco como forma de fornecer sinalização antecipada de possíveis interrupções nas redes de suprimento.

Seleção de fornecedores

Em conjunto com a decisão sobre estratégias de fornecimento para diferentes produtos e serviços, as organizações precisam selecionar fornecedores apropriados. Dadas as tendências de terceirização, racionalização da base de suprimento, envolvimento do fornecedor no desenvolvimento de novo produto/serviço e relacionamentos de fornecimento de mais longo prazo, o processo de seleção é o mais importante para o sucesso das organizações. A Figura 12.8 esboça as quatro principais etapas para a seleção de fornecedor:

▶ *Qualificação inicial:* isso visa reduzir os possíveis fornecedores a um conjunto menor para futura avaliação. Os critérios de pré-qualificação variam, mas quase sempre são voltados para o estabelecimento de um patamar mínimo contra a capacidade técnica (o fornecedor tem conhecimento para fornecer conforme a especificação exigida?); capacitação de produção (o fornecedor tem conhecimento do processo para garantir um suprimento consistente, responsivo, confiável e a custo razoável?); e viabilidade financeira (o fornecedor tem condições financeiras de manter o negócio em curto e longo prazos?)
▶ *Combinar critérios de medição:* esse estágio focaliza determinar a importância relativa dos principais objetivos de desempenho (qualidade, velocidade, confiabilidade, flexibilidade, custo, sustentabilidade e outros). Para determinar esses objetivos, são necessários critérios mensuráveis. Por exemplo, para o custo, uma empresa pode considerar o preço unitário, os termos de pagamento (por exemplo, descontos por volume), efeitos da taxa de câmbio e assim por diante
▶ *Obter informações relevantes:* essa etapa envolve a coleta de mais informações sobre a lista de fornecedores em potencial. Isso pode incluir níveis adicionais de detalhes nas opções de entrega e estrutura de custos, visitas ao local e testes (por exemplo, pedidos de teste em pequenas quantidades) para avaliar a competência antes do potencial aumento do suprimento. A quantidade de tempo e esforço investida na busca de informações é influenciada em parte pela importância estratégica da compra e pela capacidade percebida da base de suprimento. Por exemplo, quando o mercado fornecedor é geralmente considerado capaz e a importância estratégica da compra é baixa, a busca limitada de informações é apropriada. Por outro lado, se a empresa estiver comprando um serviço de importância estratégica e o mercado fornecedor for mais incerto, será necessário mais investimento na busca de informações. O tipo de compra também influencia o processo. Baixos níveis de busca de informações são necessários para *recompras repetidas ou rotineiras* (por exemplo, fazer um pedido de um serviço bem estabelecido com um fornecedor existente). *Recompras modificadas* (por exemplo, quando novos serviços são adquiridos de fornecedores conhecidos ou quando serviços existentes são adquiridos de novos fornecedores) justificam a busca moderada de informações. Por fim, *novas compras* (por exemplo, adquirir serviços inteiramente novos de fornecedores desconhecidos) têm altos níveis de incerteza e exigem uma extensa pesquisa de informações
▶ *Fazer a seleção:* tendo chegado a um grupo de alternativas viáveis, a seleção poderá ser apoiada pelo uso de diversos modelos multicritérios para a tomada de decisão. Esses modelos têm por finalidade oferecer informações quantificáveis para os principais critérios de seleção e uma ponderação da importância relativa, a fim de permitir uma avaliação objetiva de diferentes fornecedores (ver exemplo resolvido e comentário crítico, logo adiante).

Princípio de produção
Os critérios de medição para a seleção de fornecedor devem ser alinhados aos objetivos gerais de desempenho da rede de suprimento.

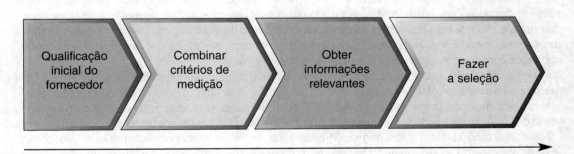

Figura 12.8 O processo de seleção de fornecedor.

418 **PARTE 3** ENTREGA

Exemplo resolvido

Seleção de fornecedor para um provedor de serviços jurídicos

Um banco comercial na Bélgica decidiu trocar seu prestador de serviços jurídicos. Os três escritórios de advocacia foram avaliados usando uma escala de 1 a 10 em relação a um conjunto de critérios-chave. Cada um desses critérios tem um peso, novamente de 1 a 10, significando sua importância relativa para o banco em sua decisão de compra. A Tabela 12.2 ilustra que, com base no *método de pontuação ponderada*, a Juris Civilis é o fornecedor preferencial. Se as negociações subsequentes chegarem a uma conclusão satisfatória, a firma será selecionada pelo banco para prestar serviços jurídicos.

Tabela 12.2 Critérios ponderados de seleção de fornecedor para provedor de serviços jurídicos.

Critérios de seleção	Peso	Sullivan & Anderson	Juris Civilis	Altium Legal
Qualidade do serviço	10	7 (10 × 7 = 70)	8 (10 × 8 = 80)	6 (10 × 6 = 60)
Flexibilidade do serviço	8	5 (8 × 5 = 40)	7 (8 × 7 = 56)	6 (8 × 6 = 48)
Flexibilidade do volume	4	8 (4 × 8 = 32)	3 (4 × 3 = 12)	7 (4 × 7 = 28)
Velocidade média do serviço	7	5 (7 × 5 = 35)	8 (7 × 8 = 56)	9 (7 × 9 = 63)
Histórico de confiabilidade	9	4 (9 × 4 = 36)	8 (9 × 8 = 72)	7 (9 × 7 = 63)
Sustentabilidade	4	5 (4 × 5 = 20)	6 (4 × 6 = 24)	7 (4 × 7 = 28)
Potencial de inovação	3	5 (3 × 5 = 15)	7 (3 × 7 = 21)	7 (3 × 7 = 21)
Preço do serviço	6	9 (6 × 9 = 54)	6 (6 × 6 = 36)	5 (6 × 5 = 30)
Pontuação ponderada total		**302**	**357**	**341**

Comentário crítico[7]

A abordagem fundamental adotada para a seleção de fornecedores exige uma consideração cuidadosa, sendo uma questão que tem sido objeto de importantes debates acadêmicos e profissionais ao longo dos anos. Algumas organizações continuam a favorecer uma abordagem de *preço por peça*, em que o menor preço unitário de um serviço ou produto normalmente determina o fornecedor vencedor. Essa abordagem tem as vantagens de simplicidade, dados mínimos e uma estrutura de incentivos clara para os compradores. No entanto, ignora outros elementos de custo, riscos e aspectos de geração de receita não relacionados com preço. A abordagem do *custo total de entrega* (*TLC*, do inglês *total landed cost*) aborda algumas dessas limitações ao considerar os custos de logística, manuseio, impostos, tarifas e conformidade comercial. No entanto, sem dúvida, o tratamento do TLC de elementos de custo não relacionados com o preço continua sendo relativamente estreito.

Uma abordagem que reconhece as complexidades do custo nas decisões de fornecimento é a abordagem do *custo total de propriedade* (*TCO*, do inglês *total cost of ownership*), que tenta quantificar o preço de longo prazo de um serviço ou produto (ou seja, seu custo total ou custo ao longo do ciclo de vida) em oposição ao seu preço de curto prazo (ou seja, seu preço unitário). Além dos custos considerados no TLC, essa abordagem considera vários *custos irrecuperáveis* (por exemplo, projeto e desenvolvimento, avaliação de fornecedores, certificação de fornecedores e custos de negociação), *custos indiretos* (por exemplo, inspeção de entrada, monitoramento de fornecedores, armazenamento e distribuição e desenvolvimento de fornecedores) e *custos do ciclo de vida* (por exemplo, peças de reposição, diferenças nas garantias de serviço, descarte de produtos e custos de troca em caso de término do relacionamento). Embora o TCO represente indiscutivelmente uma abordagem mais rica para a seleção de fornecedores em relação às abordagens de *preço unitário* ou TLC, ele tem sido criticado por continuar a ancorar os tomadores de decisão ao custo, em oposição a outras variáveis de desempenho.

Uma abordagem alternativa, proposta por John Gray, Susan Helper e Beverly Osborn, é a *contribuição de valor total* (*TVC*, do inglês *total value contribution*). O ponto de vista da TVC argumenta que as decisões de aquisição não devem se concentrar na minimização de custos, mas sim na maximização do *valor de longo prazo* de uma organização. Portanto, além dos fatores exigidos por uma análise de TCO, essa abordagem considera três elementos-chave nas decisões de fornecimento — *risco* (por exemplo, perda de propriedade intelectual, danos à marca, escassez, interrupções e tempo de inatividade), *receita* (por exemplo, qualidade do serviço, impacto na demanda do consumidor e aspectos de desempenho do resultado triplo) e o *valor das opções* (por exemplo, aprendizado potencial com fornecedores, perspectivas de crescimento futuro e capacidades inovadoras de um fornecedor). A principal vantagem de adotar uma abordagem de TVC, argumentam os autores, é que ela ancora a tomada de decisão ao valor ao cliente, ao contrário do custo. Ao fazer isso, pode reduzir o risco de selecionar um fornecedor com base no que é facilmente medido, ao contrário do que realmente importa. Além disso, a TVC considera explicitamente e tenta neutralizar vários vieses cognitivos e incentivos de compras tradicionais, que tendem a reforçar o foco excessivo no custo na seleção de fornecedores. No entanto, a TVC é limitada pela dificuldade de quantificar diferentes dimensões de valor, bem como o tempo significativo necessário para coletar dados sobre a ampla gama de critérios de seleção (observe que o processo TVC sugere quantificação apenas em fatores para os quais há uma diferença significativa entre fontes potenciais, possivelmente economizando um pouco desse tempo).

Decidir qual abordagem usar na seleção de fornecedores, desde o *preço unitário* em um extremo e a abordagem de TVC no outro, provavelmente dependerá da importância de fatores não relacionados com o preço do serviço ou produto adquirido na condução do valor em longo prazo da organização.

Negociação com fornecedores durante a seleção do fornecedor

Uma parte fundamental do processo de seleção é a negociação. A abordagem de negociação é naturalmente afetada por decisões iniciais sobre prioridades de desempenho, tipo de fornecedor (isto é, tradicional *versus* em parceria) e configuração de fornecimento (por exemplo, único, múltiplo, delegado ou paralelo). No entanto, independentemente da abordagem geral, os gerentes bem informados sobre as diferentes técnicas de negociação provavelmente verão melhores resultados. Durante as negociações entre compradores e fornecedores, várias táticas estão frequentemente em evidência, incluindo *emoção*, *lógica*, *ameaça*, *barganha* e *compromisso*. A Tabela 12.3 descreve algumas considerações importantes ao usar cada tática.

Embora seja essencial que os negociadores sejam habilidosos nas táticas descritas na Tabela 12.3, essa *abordagem de defesa*, pela qual um negociador defende que uma parte obtenha seu resultado mais favorável, traz diversos riscos. Isso inclui uma ênfase em soluções de curto prazo à custa de ganhos potenciais de longo prazo, conflitos personalizados, danos ao relacionamento comprador-fornecedor e maior probabilidade de um resultado *perde-perde*. Uma abordagem alternativa é a *negociação colaborativa*, também chamada de negociação baseada em princípios ou negociação de ganhos mútuos. Isso exige que os negociadores adotem uma mentalidade que enfatize o atendimento das necessidades de ambas as partes e envolva um processo transparente, investimento no desenvolvimento de relacionamentos pessoais, uso de técnicas criativas de *brainstorming* (fazer o bolo crescer em vez de dividir um bolo fixo) e favorecer acordos ganha-ganha de mais longo prazo.

Gestão do suprimento contínuo

A gestão dos relacionamentos de suprimento não é apenas uma questão de escolher os fornecedores certos e, em seguida, deixá-los simplesmente continuar com o fornecimento do dia a dia. É também garantir que haja mecanismos para dar aos fornecedores as informações e incentivos adequados (e consistentes) para manter um suprimento suave. Os clientes podem considerar os fornecedores como responsáveis pela garantia de fornecimento adequado *em qualquer circunstância*. Todavia, se um cliente e um fornecedor se consideram *parceiros*, o fluxo livre de informações e uma tolerância mútua de problemas ocasionais são as melhores maneiras de garantir um fornecimento tranquilo.

Tabela 12.3 Táticas comuns usadas nas negociações entre comprador e fornecedor.

	Considerações para uso da tática de negociação
EMOÇÃO	▶ Emoções positivas e negativas são extremamente influentes no *enquadramento* da negociação. ▶ Raiva é a emoção mais comum na negociação, mas também a mais prejudicial para uma decisão em potencial. ▶ Emoções positivas dão suporte a abordagens colaborativas de negociação. ▶ Use emoções desde cedo na negociação para maximizar a influência. ▶ Seja sincero e não permita que as emoções o controlem. ▶ Use para aumentar o *valor percebido* ao negociar.
LÓGICA	▶ Garanta que sua lógica seja confiável e use um argumento poderoso em vez de vários mais fracos. ▶ Tente colocar sua lógica antes da outra parte negociadora. ▶ Use a lógica para combater táticas baseadas em emoções.
AMEAÇA	▶ Evite ameaças sempre que possível e seja convincente com qualquer uma. ▶ Se você usar ameaça, ameace a empresa em vez da pessoa. ▶ Ameaças discretas ou veladas são menos arriscadas do que ameaças explícitas. ▶ Use *se* em qualquer ameaça para dar espaço de manobra ao oponente.
BARGANHA	▶ Evite expor sua posição muito cedo nas negociações. ▶ Mova-se em passos pequenos e decrescentes e extraia o retorno para qualquer movimento, sempre que possível. ▶ Não se mova muito rápido e evite parecer muito ansioso ao se mover.
COMPROMISSO	▶ Use o compromisso após outras táticas. ▶ Use uma posição extrema (mas convincente) para maximizar o valor ao usar o compromisso. ▶ Evite sugerir um compromisso muito cedo em uma negociação, pois isso impede soluções mais criativas e favorece a outra parte negociadora.

Operações responsáveis[8]

Em cada capítulo, sob o título de Operações responsáveis, resumimos como o tópico específico tratado no capítulo aborda importantes questões sociais, éticas e ambientais.

Incorporando práticas ambientais e éticas nas redes de suprimento

As redes globais de fornecimento continuam a estar sujeitas a grandes críticas e controvérsias quando o tema da responsabilidade é considerado. Muitos comentaristas argumentam que as organizações normalmente não fazem o suficiente para lidar com a grande desconexão entre seus padrões de responsabilidade social corporativa e as práticas de negócios dos fornecedores que operam em suas cadeias de suprimentos.

Em relação ao meio ambiente, as redes globais de suprimento são acusadas de causar danos significativos ao planeta. As preocupações incluem o uso de combustíveis fósseis, desperdício desnecessário de materiais, uso de energia, resíduos tóxicos, desmatamento, poluição da água, danos à qualidade do ar, perda de biodiversidade e danos de longo prazo aos ecossistemas. Em resposta, muitas organizações procuraram reduzir os danos ambientais e tentaram tornar suas cadeias de suprimento mais transparentes. Por exemplo, o IPE Green Supply Chain Map é uma ferramenta em tempo real que compartilha informações sobre as instalações de fornecedores chineses para uma grande gama de marcas internacionais líderes, como Gap Inc., Samsung, Tesco, Carrefour, Levi's, Puma, Esprit, Adidas, C&A, Inditex, Primark e Nike.

Quando se trata de comportamento ético, uma grande fonte de preocupação nos últimos anos tem sido as práticas comumente associadas ao *trabalho indecente*, trabalho forçado ou escravidão moderna. Em algumas economias, isso resultou em esforços para estabelecer (ou reforçar) a liberdade de associação e negociação coletiva. Estes são vistos como um alicerce essencial sobre o qual são construídos os direitos dos trabalhadores e a melhoria das condições. No entanto, os esforços para melhorar as condições de trabalho das redes de suprimento estão longe de ser simples e muitas marcas globais têm se esforçado para impor valores em suas redes de suprimento. Por exemplo, quando a H&M anunciou que iria banir o algodão proveniente da região de Xinjiang, na China (uma área responsável por cerca de 20% da oferta mundial de algodão), em virtude de questões de direitos humanos e trabalho forçado, muitos aplaudiram a medida. Clientes nos mercados do Norte Global, instituições beneficentes de direitos humanos e muitos de seus próprios funcionários ficaram satisfeitos ao ver a empresa adotando algo que viam como uma forte postura ética. No entanto, na China, o clamor pela decisão do varejista de moda rápida levou a H&M a ser removida de várias plataformas de comércio eletrônico, incluindo JD.com, Tmall e Taobao. Além disso, o aplicativo da empresa foi banido da maior empresa de telecomunicações da China, a Huawei. Outras empresas, como Adidas, Nike, Burberry e Calvin Klein, também foram afetadas quando expressaram preocupação com as condições de trabalho na China. A Gigabyte Technology Co, fabricante de placas gráficas, laptops para jogos e placas-mãe, perdeu mais de 20% do preço de suas ações em questão de dias depois de afirmar que suas marcas eram superiores às produzidas na China com "baixo custo e baixa qualidade". Seus comentários levaram a uma tempestade nas mídias sociais e à remoção de listagens de produtos por várias plataformas de comércio eletrônico baseadas na China, incluindo Suning.com e JD.com.

Esses incidentes, e outros semelhantes, destacaram uma tensão importante para muitas marcas globais. Por um lado, a crescente pressão das partes interessadas para fazer mais quando se trata de responsabilidade ambiental ou social; por outro, o temor de que o aumento da transparência da rede de suprimento exponha práticas difíceis de ignorar, mas que, ao serem abordadas, podem gerar impactos muito prejudiciais para o próprio negócio. De fato, alguns especialistas argumentam que a dominante "abordagem centrada no comprador" para a responsabilidade nas redes de suprimento — em que o comprador decide os padrões e depois tenta forçar a adesão a eles — é fundamentalmente falha. Em vez disso, eles afirmam que é necessária uma abordagem mais holística que envolva uma ampla gama de *stakeholders* na busca de estabelecer normas e controlar comportamentos. Além disso, para garantir que as intervenções ambientais ou éticas sejam eficazes, é essencial uma adaptação significativa aos contextos locais, argumentam eles. Em outras palavras, parece que um tamanho único não cabe para todos quando se trata de abordar a responsabilidade na gestão da cadeia de suprimento.

Diferenças de percepção nos relacionamentos da cadeia de suprimento

Um dos maiores problemas para a SCM bem-sucedida é a divergência entre o modo como clientes e fornecedores percebem o que é necessário e a forma como o relacionamento está atuando. A Figura 12.9 ilustra as quatro principais lacunas que às vezes surgem nos relacionamentos da cadeia de suprimento. Tomando primeiro uma *perspectiva do cliente* (Cenário A da Figura 12.9), você (o cliente) tem uma ideia sobre o que realmente deseja de um fornecedor. Embora isso possa não estar formalizado por meio de um **acordo de nível de serviço (SLA, do inglês *service-level agreement*)**, sempre é difícil capturar tudo a respeito do que é necessário. Pode haver uma lacuna entre o modo como um cliente descreve o que precisa e o modo como o fornecedor o interpreta. Essa é a *lacuna de percepção de requisitos*. Da mesma forma, como cliente, você terá uma visão sobre como o seu fornecedor está atuando. O desalinhamento entre a sua visão e o modo como seu fornecedor acredita que está atuando é a evidência de uma *lacuna de percepção de realização*. Terceiro, a *lacuna de melhoria do fornecedor* é aquela entre o que o cliente deseja do seu fornecedor e o modo como ele percebe seu desempenho. Isso influenciará o tipo das metas de desenvolvimento do fornecedor estabelecidas pelo cliente. Por fim, a *lacuna de execução do fornecedor* é aquela entre suas percepções das necessidades de seu fornecedor e sua própria avaliação de desempenho. Isso indicará como um fornecedor se vê inicialmente na melhoria do seu próprio desempenho.

Por uma *perspectiva do fornecedor* (Cenário B da Figura 12.9), a mesma abordagem pode ser usada para compreender as percepções do *cliente*, tanto de seus requisitos quanto de sua visão da atuação. O que é menos comum, mas que pode ser igualmente valioso, é usar esse modelo para examinar a questão de se as necessidades e percepções do cliente quanto ao desempenho são precisas ou razoáveis.

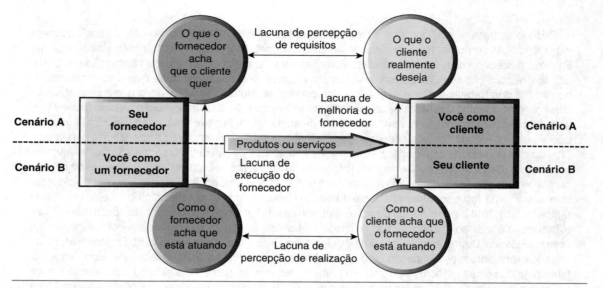

Figura 12.9 Desajustes de percepção em potencial nos relacionamentos da cadeia de suprimento.

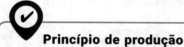

Princípio de produção

Relacionamentos insatisfatórios na cadeia de suprimento podem ser causados por lacunas de percepção de requisitos, de realização, melhoria do fornecedor e execução do fornecedor.

Por exemplo, os clientes podem estar colocando demandas sobre os fornecedores sem considerar totalmente suas consequências. Pode ser que pequenas modificações no serviço não incomodem os clientes e ainda ofereçam benefícios significativos ao fornecedor, que poderiam então ser repassados para o cliente. Da mesma forma, um cliente pode não ter condições de medir o desempenho do fornecedor, e com isso um bom serviço atual pode não ser reconhecido.

Relacionamentos da cadeia de suprimento são configurações em múltiplas camadas

Até este ponto, quase sempre tratamos os relacionamentos da cadeia de suprimento como se simplesmente existissem entre duas organizações inteiras. Contudo, os relacionamentos da cadeia de suprimento são configurações em múltiplas camadas, conforme ilustrado na Figura 12.10. Dessa forma, um contrato formal entre duas organizações em uma rede de suprimento precisa ser interpretado pelos gerentes nessas organizações.

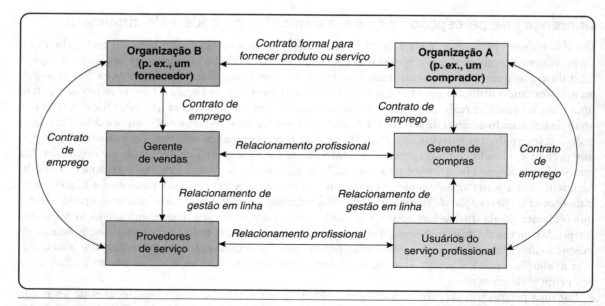

Figura 12.10 Relacionamentos da cadeia de suprimento são configurações em múltiplas camadas.

Fonte: desenvolvida em colaboração com Juri Matinheikki e Katri Kauppi, da Aalto University, Finlândia, e Erik van Raaij, da Erasmus University Rotterdam, Países Baixos.

CAPÍTULO 12 GESTÃO DA CADEIA DE SUPRIMENTO

Por sua vez, o próprio serviço é então entregue pelo pessoal de serviço e recebido pelos usuários do serviço. Em cada um desses níveis, existe basicamente um relacionamento. De forma ideal, esses relacionamentos serão consistentes em termos de atitudes, ações e percepções. Contudo, normalmente existem diferenças significativas entre esses níveis de um relacionamento da cadeia de suprimento. Além do mais, também vemos uma dinâmica de relacionamento complexa entre a organização e seus funcionários. Mais uma vez, desalinhamentos entre o que a organização deseja que seus gerentes e funcionários ofereçam e o modo como o serviço é realmente entregue no final podem criar problemas significativos nos relacionamentos da cadeia de suprimento em múltiplas camadas.

Desenvolvimento de fornecedores

A não ser que um relacionamento seja puramente baseado no mercado e contratual, é do interesse de longo prazo do cliente assumir alguma responsabilidade pelo desenvolvimento das capacitações do fornecedor. Ajudar um fornecedor a melhorar não apenas aprimora seu serviço, como também pode levar a uma maior fidelidade e compromisso de longo prazo. É por isso que algumas empresas particularmente bem-sucedidas investem em equipes de desenvolvimento de fornecedores, cuja responsabilidade é ajudá-los a melhorar seus próprios processos operacionais. O processo de desenvolvimento de fornecedores pode ser dividido em quatro etapas principais:

1. *Selecionar produto ou serviço e fornecedor para desenvolvimento:* nem todos os fornecedores podem ser desenvolvidos para todas as ofertas, mas aqueles que fornecem produtos ou serviços estratégicos (no quadrante *estratégico* da Figura 12.7) são os prováveis candidatos. A partir desse quadrante, aqueles com desempenho atual relativamente fraco, mas com potencial de melhoria, provavelmente serão atraentes, assim como fornecedores para os quais os custos de troca seriam altos.
2. *Formar uma equipe de projeto e obter adesão para o desenvolvimento de fornecedores:* a equipe de projeto deve reunir as principais partes interessadas (*stakeholders*) do comprador, fornecedor e outras partes relevantes. Discutimos essa questão em detalhes no capítulo sobre gestão de projetos, mas vale a pena notar a importância da cooperação das principais partes interessadas. Ganhar *adesão* pode exigir tempo, sensibilidade e esforço significativos nas etapas iniciais do processo de desenvolvimento do fornecedor, especialmente se sua administração for relativamente defensiva das necessidades de desenvolvimento.
3. *Acordar metas e medidas para o desenvolvimento de fornecedores:* como todos os projetos, o desenvolvimento de fornecedores requer um escopo claro em termos de prazos, custos e dos principais resultados para garantir que comprador e fornecedor concordem sobre o que constitui o sucesso. Essa etapa também deve envolver a avaliação de risco. Por exemplo, se a falta de comprometimento do fornecedor for identificada como um risco, a mitigação pode incluir mais investimento no marketing interno de benefícios potenciais ou melhores incentivos financeiros (como participação nos lucros).
4. *Implementar, monitorar e aprender:* é importante monitorar o progresso e intervir se o projeto estiver se desviando de suas metas de desempenho. Da mesma forma, é importante comemorar o sucesso, pois isso ajuda a reforçar o valor do desenvolvimento de fornecedores para todas as partes interessadas. Além disso, aprender com as iniciativas de desenvolvimento de fornecedores pode ser extremamente poderoso para informar projetos subsequentes com outros fornecedores.

Comentário crítico

Ao considerar o desenvolvimento de fornecedores, focamos a abordagem mais comum, em que um cliente *impõe* iniciativas e requisitos de desempenho a seus fornecedores e subfornecedores. Indiscutivelmente, essa perspectiva tem duas limitações importantes. Primeiro, a maioria dos fornecedores tem diversos clientes importantes, que podem impor demandas de desenvolvimento conflitantes sobre eles. Isso pode incentivar os fornecedores a enganar os clientes sobre até que ponto estão adotando as mudanças solicitadas, o que, por sua vez, pode levar ao desgaste da confiança nas relações comerciais. Segundo, os críticos observam que as abordagens tradicionais de *cascata* e *intervenção* necessariamente pressupõem que as ideias que fluem do cliente são superiores às de outras partes na rede de suprimento. No entanto, na prática, muitos fornecedores têm o mesmo conhecimento (se não mais) que seus clientes. Essas críticas levaram a algumas iniciativas de desenvolvimento *mútuo*, em que clientes e fornecedores contribuem com conhecimento e experiência na determinação de prioridades de desenvolvimento. Outros foram ainda mais longe, argumentando que o *desenvolvimento da rede* é mais apropriado do que o desenvolvimento do fornecedor. Aqui, o objetivo é melhorar a rede geral, em vez de uma única organização. As atividades de desenvolvimento de rede incluem iniciativas de tecnologia por toda a rede (ver o exemplo de TradeLens em *Operações na prática*), programas de sugestões de partes interessadas e reuniões de conselho da rede de suprimento.

12.5 Como é feita a gestão do lado da demanda?

A gestão da cadeia de suprimento não se refere apenas às atividades no lado do suprimento. Os gerentes também precisam tomar decisões importantes relacionadas com a parte que está no lado da demanda da rede. Nesta seção, examinamos duas questões importantes — os serviços de logística e a gestão do relacionamento com o cliente.

Serviços de logística

Logística (ou distribuição) é a atividade de mover produtos de fornecedores para seus clientes. Para muitas empresas, a logística não é algo que elas consideram, pois têm o único foco nos resultados não físicos, ou então os produtos que oferecem são uma proporção tão pequena de suas atividades que simplesmente utilizam serviços de distribuição de modo ocasional. Contudo, para as outras empresas mais orientadas a produto, a gestão da logística normalmente é um aspecto crítico. Isso acontece especialmente quando os custos de distribuição são responsáveis por uma grande proporção de seus custos totais.

Algumas organizações operam a *logística de primeira camada* (1PL), em que a atividade logística é um processo totalmente interno. Por exemplo, um supermercado pode coletar produtos de um fornecedor ou ter sua própria frota de vans para entregar aos clientes. Algumas empresas decidem terceirizar serviços logísticos em um segmento específico de uma cadeia de suprimento. Isso é conhecido como *logística de segunda camada* (2PL). Por exemplo, o supermercado pode contratar uma empresa de transporte marítimo para transportar e, se necessário, armazenar produtos de um ponto de coleta específico para um destino específico. A *logística de terceira camada* (3PL) é quando uma empresa contrata uma empresa de logística para trabalhar com outras empresas de transporte, a fim de gerenciar as operações logísticas da empresa de forma mais completa. É um conceito mais amplo do que a 2PL, e pode envolver transporte, armazenagem, gestão de estoque e até mesmo empacotamento ou reempacotamento de produtos. A *logística de quarta camada* (4PL) é uma ideia ainda mais ampla. A Accenture, o grupo de consultoria, usava originalmente o termo 4PL como "um integrador que monta os recursos, capacitações e tecnologia de sua própria organização e de outras organizações para projetar, montar e executar soluções abrangentes da cadeia de suprimentos". Por fim (quase inevitavelmente), algumas empresas estão se vendendo como *provedores de logística de quinta camada* (5PL), principalmente alegando que ampliam o escopo ainda mais para lidar com o **e-business**.

Volume, tamanho e valor

Ao selecionar métodos de transporte para logística, as organizações normalmente consideram as características de volume, tamanho e valor de seus produtos. Por exemplo, uma empresa que distribui pequenos volumes de produtos pequenos e de alto valor em todo o mundo tem muito mais probabilidade de adotar o frete aéreo, enquanto uma empresa que distribui grandes volumes de produtos volumosos e de baixo valor em sua rede de fornecimento tem mais probabilidade de usar o transporte marítimo. Normalmente, o custo de mover um determinado produto de um local para outro é mais alto por via aérea, depois rodoviária, ferroviária, marítima e, finalmente, por tubulação. Ao selecionar os métodos de transporte mais adequados, os custos das diferentes opções são os que mais contam. No entanto, a escolha também pode ser influenciada por *compensações verticais*, benefícios que podem mudar ao longo do tempo devido a melhorias em um método de transporte em relação a outro (por exemplo, o desenvolvimento de uma nova ligação ferroviária de alta velocidade ou maior economia de combustível no envio). Além disso, *compensações laterais* consideram o equilíbrio entre os custos de um método de transporte específico e possíveis benefícios em outros lugares. Por exemplo, a Zara adota predominantemente o frete aéreo (de alto custo) para sua logística mundial, mas ganha significativamente com prazos de entrega mais rápidos e capacidade de manter estoques muito menores em sua rede de suprimento.

OPERAÇÕES NA PRÁTICA
Burros — os heróis desconhecidos das redes de suprimento[9]

Os últimos 150 anos testemunharam grandes mudanças na forma como os produtos são transportados pelas redes de suprimento. No transporte marítimo, a *conteinerização* permitiu níveis de eficiência em operações marítimas impensáveis em outras épocas, abrindo caminho para a globalização. No mesmo período, os irmãos Wright fizeram o primeiro voo motorizado bem-sucedido em 1903, levando à criação do setor de aviação e frete aéreo como um novo modo de transporte. Da mesma forma, a patente *motorwagen* de Karl Benz em 1886 acabou levando a um novo modo dominante de transporte terrestre. Todavia, em meio a toda essa turbulência, permanece um herói desconhecido das redes de suprimento em todo o mundo — o humilde burro.

Por milhares de anos, as pessoas usaram animais de todas as formas e tamanhos para mover seus pertences e suprimentos de um local para outro, incluindo camelos, cães, elefantes, cabras, lhamas, bois, renas e ovelhas, para citar apenas alguns. Mas, de longe, os animais mais usados nas cadeias de suprimento modernas são os burros (ao lado de pôneis, mulas ou cavalos, eles são conhecidos coletivamente como *cavalos de carga*). Em todo o mundo, os burros cumprem diversas funções, atuando como caminhões, ambulâncias, tratores e ônibus escolares. Carregam cana-de-açúcar no Peru, transportam colheitas na Argentina, flores na Jamaica e milho no Malawi, puxam trenós de neve nos Estados Unidos, recolhem lixo no México, servem em bares ambulantes em praias no Brasil, transportam peixes na Mauritânia, recolhem água no Senegal, movem famílias na Namíbia, puxam bibliotecas móveis na Etiópia, transportam materiais de construção no Quênia, conduzem o gado no Iêmen, são ambulâncias para mulheres em trabalho de parto no Afeganistão, trabalham em olarias da Índia e aram terras na China. Em muitos destinos turísticos ao redor do mundo, burros, mulas, pôneis e cavalos são usados para puxar carruagens turísticas ou para passear com crianças nas praias.

A decisão de usar um burro para transporte segue o mesmo processo fundamental de qualquer outro meio de transporte. Primeiro, as opções de transporte devem ser identificadas. Essas escolhas são naturalmente limitadas pelo terreno sobre o qual os produtos precisam ser movidos e pela infraestrutura da cadeia de suprimento existente. Segundo, devem ser feitas avaliações em relação aos benefícios relativos de desempenho (em termos de qualidade, velocidade, confiabilidade, flexibilidade, custo e sustentabilidade) dos métodos disponíveis. Sendo assim, mesmo quando uma alternativa pode ser *tecnicamente* possível, o burro ainda pode representar o melhor equilíbrio de desempenho da cadeia de suprimento. Isso ajuda a explicar por que, em um mundo de soluções tecnológicas cada vez mais avançadas, ainda existe um lugar importante para o burro e seus primos cavalos de carga. Contudo, apesar de seu papel em ajudar a construir a civilização como a conhecemos, os burros de carga são, infelizmente, alguns dos animais mais maltratados do planeta. A crueldade vem na forma de desnutrição, espancamentos, sobrecarga, cargas mal ajustadas e longas horas em climas extremos. Várias instituições de caridade para animais em todo o mundo fizeram *lobby* para estabelecer códigos de conduta para animais envolvidos no transporte. Além disso, algumas delas fornecem acesso a tratamento veterinário barato ou gratuito, além de conselhos aos proprietários sobre como cuidar de seus animais.

Logística e a Internet das Coisas (IoT)

A comunicação baseada na Internet teve um impacto significativo na logística e distribuição, em particular com a adoção da *Internet das Coisas* (IoT, do inglês *Internet of Things*). Na sua forma mais simples, IoT é uma rede de objetos físicos (como produtos, equipamentos, dispositivos de manuseio de materiais, caminhões) que têm dispositivos eletrônicos, *softwares* e sensores neles implantados que podem coletar e trocar dados. Combinada com sistemas de posicionamento global (GPS), a IoT permite o rastreamento instantâneo de caminhões, materiais e pessoas, permitindo que empresas de logística, armazéns, fornecedores e clientes compartilhem o conhecimento de onde os produtos estão na rede e para onde vão a seguir. Isso permite uma coordenação mais eficaz e cria o potencial de economia de custos. Por exemplo, uma questão importante para as empresas de transporte é o *back-loading* (frete de retorno). Quando a empresa é contratada para transportar mercadorias de A para B, seus veículos podem ter que retornar de B para A vazios. *Back-loading* significa encontrar um cliente em potencial que deseja que suas mercadorias sejam transportadas de B para A no tempo certo. A IoT aumenta a probabilidade de uma empresa poder abastecer seus veículos nas viagens de ida e volta. Da mesma forma, a IoT habilita as tecnologias de *rastreamento* (ou *track-and--trace*) para que as empresas de distribuição de pacotes possam informar e garantir aos clientes que seu serviço está sendo entregue como prometido.

Comentário crítico

O uso da tecnologia na gestão da cadeia de suprimento não é universalmente bem recebido e pode ser visto como um impedimento para relações de parceria mais estreitas. Além disso, muitas empresas continuam a subestimar o desafio de assimilar com sucesso essas novas tecnologias em suas redes de suprimento. Como resultado, os retornos esperados de algumas iniciativas de melhoria da cadeia de suprimento geralmente não se materializam. Além disso, há preocupações de que algumas tecnologias da cadeia de suprimento tenham o potencial de ameaçar o emprego, a privacidade individual e a segurança da cadeia. Por exemplo, a IoT pode aumentar o potencial de ser hackeada. No entanto, qualquer conectividade baseada na web sempre criará novas vulnerabilidades. Em uma visão, não temos mais objetos com computadores embutidos neles, mas sim computadores com objetos ligados a eles. A segurança da cadeia de suprimentos recebe, sem dúvida, pouca ênfase no uso da IoT.

Gestão de relacionamento com o cliente

Há uma história frequentemente citada para demonstrar a importância de usar tecnologia de informação na análise de informação ao cliente. É a seguinte: o Walmart, grande rede de supermercados com sede nos Estados Unidos, realizou uma análise sobre os hábitos de consumo de seus clientes e descobriu uma correlação estatisticamente significativa entre compra de bebidas e de fraldas, especificamente às sextas-feiras, à noite. A razão? Os pais iam ao supermercado comprar fraldas para seus bebês e, dado que a condição de pai restringe a possibilidade de sair para encontrar amigos com frequência, eles também compravam cerveja para beber em casa. Supostamente, essa conclusão levou o supermercado a posicionar as fraldas perto de cervejas nas lojas, aumentando as vendas de ambas!

Seja essa história verdadeira, seja falsa, ela ilustra o potencial de análise de dados para compreender os clientes. Essa é a base da **gestão de relacionamento com o cliente (CRM, do inglês *customer relationship management*)**. Esse método é usado para aprender mais sobre as necessidades e os comportamentos dos clientes, a fim de desenvolver relacionamentos mais fortes com eles. Embora a CRM geralmente dependa de tecnologia da informação, é errado vê-la simplesmente como *tecnologia*. A CRM reúne todas as informações isoladas sobre clientes de modo a obter *insights* sobre seu comportamento e valor para a empresa. Ajuda a vender produtos e serviços de forma mais eficaz e aumenta o faturamento ao:

▶ Fornecer produtos e serviços que sejam exatamente o que os clientes precisam.
▶ Reter os clientes existentes e descobrir novos clientes.
▶ Oferecer melhor atendimento ao cliente.
▶ Fazer venda cruzada de produtos de forma mais eficaz.

A CRM tenta ajudar as organizações a entender quem são seus clientes e qual é seu valor ao longo da vida. Consegue fazer isso ao construir várias etapas em seus processos de interface com os clientes. Primeiro, a empresa deve determinar as necessidades de seus clientes e como melhor atender a elas. Por exemplo, os bancos podem registrar a idade e o estilo de vida de seus clientes para oferecer produtos apropriados como financiamentos e planos de previdência privada quando necessários. Segundo, a empresa deve examinar todas as diferentes formas e partes da organização onde as informações sobre os clientes são coletadas, armazenadas e utilizadas. As empresas podem interagir com os clientes de diferentes formas e por meio de diferentes pessoas. Por exemplo, o pessoal de vendas, os centros de atendimento, os funcionários técnicos, os gerentes de produção e distribuição podem, todos eles e em diferentes momentos, ter contato com os clientes. Os sistemas CRM deverão integrar esses dados. Terceiro, todos os dados relacionados com os clientes devem ser analisados para se obter uma visão holística de cada um deles e identificar em que parte o serviço pode ser melhorado.

> **Comentário crítico**
>
> Apesar de seu nome, alguns críticos da CRM argumentam que sua maior fraqueza é não se ocupar suficientemente de ajudar diretamente o cliente. Os sistemas CRM são vendidos a executivos como uma forma de aumentar a eficiência, forçar processos padronizados e obter melhores insights sobre o estado do negócio. No entanto, raramente resolvem a necessidade de ajudar as organizações a solucionar problemas com clientes, responder às suas perguntas com maior rapidez ou ajudá-los a resolver seus próprios problemas. Isso pode explicar a tendência de mudança do foco para a automatização das funções de linha de frente e, assim, aprimorar processos, como o apoio *on-line* ao cliente.

12.6 O que são as dinâmicas das cadeias de suprimento?

Há dinâmicas entre as firmas nas cadeias de suprimento que causam erros, imprecisões e volatilidade, e estes se acumulam à medida que seguem em direção a montante (*upstream*) da cadeia de suprimento. Esse efeito é conhecido como **efeito chicote** *(bullwhip effect)*, que recebe esse nome porque um pequeno distúrbio em uma ponta da cadeia causa distúrbios crescentes à medida que segue em direção à outra ponta. Sua principal causa é um desejo racional e perfeitamente compreensível de cada um dos diferentes elos da cadeia de gerenciar sensatamente seus níveis de atividade e estoque. Para demonstrar isso, examinemos a taxa de produção e os níveis de estoque para a rede de suprimento mostrada na Tabela 12.4. Essa é uma cadeia de suprimento em quatro estágios em que um fabricante de equipamento original (OEM, do inglês *original equipment manufacturer*) é servido por três camadas de fornecedores. A demanda de mercado do OEM ocorre a uma taxa de 100 itens por período, mas no período 2 a demanda reduz para 95 itens. Todos os estágios da cadeia de suprimento trabalham no princípio de que devem manter estoque equivalente à demanda de um período. Essa é uma simplificação, embora não muito grosseira, pois muitas operações controlam seus níveis de estoque de acordo com sua taxa de demanda. A coluna denominada *estoque* mostra o estoque inicial, no começo do período, e o estoque final, no encerramento dele. No início do período 2, o OEM tem 100 unidades em estoque (sendo essa a taxa de demanda para o período 2). A demanda no período 2 é 95 e o OEM sabe que precisa produzir itens suficientes para encerrar o período com 95 itens em estoque (sendo essa a nova taxa de demanda). Para conseguir isso, ela precisa produzir apenas 90 itens, que, somados com cinco itens do estoque inicial, irão suprir a demanda e deixar o estoque final em 95 itens. O início do período 3 encontra o OEM com 95 itens em estoque. A demanda também é de 95 itens e, portanto, a taxa de produção para manter o nível de estoque de 95 será de 95 itens por período. O OEM agora opera com uma taxa estável de 95 itens por período. Entretanto, observe que uma mudança na demanda de apenas 5 itens produz uma flutuação de 10 itens na taxa de produção do OEM.

Agora, leve essa mesma lógica para o fornecedor de primeira camada. No início do período 2, o fornecedor de segunda camada tem 100 itens em estoque. A demanda que ele deve atender no período 2 é derivada da taxa de produção do OEM. Esta foi reduzida a 90 itens no período 2. Assim, o fornecedor de primeira camada deve produzir o suficiente para atender à demanda de 90 itens (ou equivalente) e deixar um mês de demanda (agora, 90 itens) como seu estoque final. Uma taxa de produção de 80 itens por período será suficiente. Portanto, começará o período 3 com um estoque inicial de 90 itens, mas a demanda do OEM agora subiu para 95 itens. Portanto, ele precisa produzir o suficiente para atender a essa demanda de 95 itens e deixar 95 itens em estoque. Para fazer isso, ele precisa produzir 100 itens no período 3. Após o período 3, o fornecedor de primeira camada retorna a um estado constante, produzindo 95 itens por mês. No entanto, observe novamente que a flutuação foi ainda maior do que na taxa de produção do OEM, diminuindo para 80 itens em um período, aumentado para 100 itens por período e depois alcançando uma taxa constante de 95 itens por período. Estendendo essa lógica até o fornecedor de terceira camada, observará que, quanto mais a montante na cadeia de suprimento estiver a operação, mais drásticas serão as flutuações.

Princípio de produção

As flutuações na demanda tornam-se progressivamente amplificadas à medida que seus efeitos acontecem a montante da cadeia de suprimento, uma dinâmica conhecida como *efeito chicote*.

Tabela 12.4 Flutuações dos níveis de produção ao longo da cadeia de suprimento em resposta à pequena mudança na demanda do cliente final: estoque inicial (a) + produção (b) = estoque final (c) + demanda, que é a produção na camada anterior (d); ver a explicação no texto. Note que todos os estágios na cadeia de suprimento mantêm o estoque de um período, c = d.

Período	Fornecedor de terceira camada		Fornecedor de segunda camada		Fornecedor de primeira camada		Fabricante de equipamento original		Demanda
	Produção	Estoque	Produção	Estoque	Produção	Estoque	Produção	Estoque	
1	100	100	100	100	100	100	100	100	100
		100		100		100		100	
2	20	100	60	100	80	100	90	100	95
		60		80		90		95	
3	180	60	120	80	100	90	95	95	95
		120		100		95		95	
4	60	120	90	100	95	95	95	95	95
		90		95		95		95	
5	100	90	95	95	95	95	95	95	95
		95		95		95		95	
6	95	95	95	95	95	95	95	95	95
		95		95		95		95	

Essa demonstração relativamente simples ignora diversos outros fatores que tornam as flutuações ainda mais marcantes. Entre eles, estão a falta de previsão, erros na previsão, descontos por quantidade (que encoraja os pedidos menos frequentes, porém maiores), flutuações de preço, lacunas de tempo entre os fluxos de informações (pedidos) e o fluxo de materiais ou serviços (entregas), tempos variáveis de entrega e pedidos emergenciais, em antecipação a períodos de escassez ou em reação a eles. A Figura 12.11 mostra o resultado líquido de todos esses efeitos nas cadeias de suprimento. À medida que nos afastamos do cliente final, a amplitude e a variância nos padrões de pedido aumentam significativamente.

A **dinâmica da cadeia de suprimento** tem vários impactos prejudiciais sobre aqueles que operam em uma rede de suprimento. Isso inclui os custos de instalações superdimensionadas e estoques em excesso para lidar com picos de demanda que muitas vezes são subutilizados. Para os recursos humanos, a capacidade de serviço normalmente oscila entre subutilização e superutilização, e muitas empresas são forçadas a contratar, demitir e recontratar funcionários à medida que experimentam os padrões de demanda voláteis causados pelo efeito chicote. Além disso, padrões irregulares de trabalho causam ineficiências, atrasos (com os custos extras de agilizar pedidos) e insatisfação tanto de clientes como de funcionários. Além disso, assumimos até este ponto que a demanda do cliente final é fundamentalmente *estável* (Figura 12.11(a)). É claro que as vendas de produtos ou serviços podem ser *instáveis*, quais sejam: devido à natureza fundamental da demanda, atividades de promoção ou compra emergenciais (como visto durante a pandemia de COVID-19 para alguns produtos e serviços). Em tais contextos, o efeito chicote é ainda mais extremo (Figura 12.11(b)).

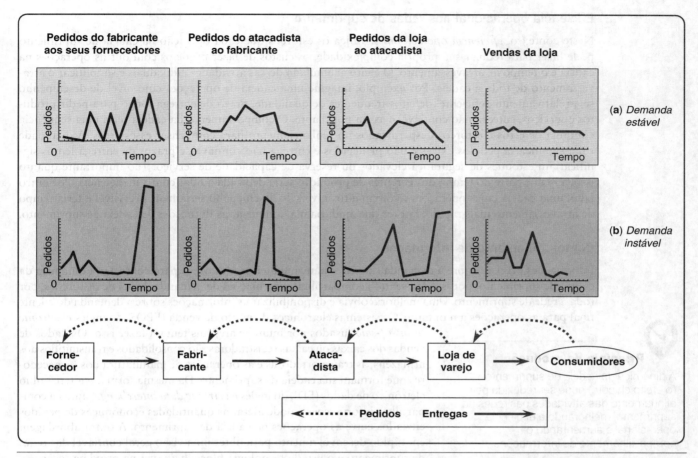

Figura 12.11 Dinâmica típica da cadeia de suprimento para (a) demanda estável do cliente final e (b) demanda instável do cliente final.

Por fim, existem algumas evidências emergentes de que o efeito chicote pode ser ainda mais pronunciado nas redes de suprimento de serviços em comparação com contextos mais orientados ao produto. Os fatores que podem piorar os chicotes de serviço incluem a falta de dados precisos sobre os volumes atuais de retrabalho dentro de uma cadeia de suprimento que, de outra forma, ajudariam a sinalizar a provável formação de novos efeitos chicote; a interrupção causada pelo retrabalho manual em muitos ambientes de serviço automatizados; e os níveis mais baixos de coordenação da rede de suprimento em muitos cenários de serviço que limitam a velocidade de reação a problemas emergentes do tipo chicote.

Controle da dinâmica da cadeia de suprimento

O primeiro passo na melhoria do desempenho da cadeia de suprimento envolve a tentativa de reduzir o efeito chicote. Isso normalmente significa coordenar as atividades da produção na cadeia de várias maneiras.[10]

Alinhamento de canal nas redes de suprimento

Alinhamento de canal significa o ajuste da programação, a movimentação dos materiais, os níveis de estoque, o preço e outras estratégias de vendas de modo a alinhar todas as operações da cadeia. Isso vai além da provisão de informação. Significa que os sistemas e métodos da tomada de decisão de planejamento e controle estejam harmonizados ao longo da cadeia. Por exemplo, até ao usar a mesma informação, as diferenças dos métodos de previsão ou das práticas de compra podem levar a flutuações nos pedidos entre as operações na cadeia. Um meio de evitar isso é permitir que um fornecedor a montante (*upstream*) gerencie os estoques de seu cliente a jusante (*downstream*). Isso é conhecido como estoque gerenciado pelo vendedor (VMI, do inglês *vendor-managed inventory*). Assim, por exemplo, um fornecedor de embalagem pode ser responsável pelo estoque dos materiais de embalagem mantidos pelo cliente, uma empresa de fabricação de alimentos. Da mesma forma, o fabricante de alimentos pode ser responsável pelo estoque de seus produtos que são armazenados em seus clientes, nos armazéns dos supermercados.

Eficiência operacional nas redes de suprimento

Neste contexto, *eficiência operacional* significa os esforços que cada operação na cadeia de suprimento pode fazer para reduzir sua própria complexidade, os custos de fazer negócios com outras operações na cadeia e o tempo de atravessamento. O efeito acumulado dessas atividades individuais é simplificar o atravessamento de toda a cadeia. Por exemplo, imagine uma cadeia de operações cujo nível de desempenho seja relativamente deficiente: defeitos frequentes de qualidade, prazo de entrega longo para pedir produtos e serviços, entrega não confiável e assim por diante. O comportamento da cadeia seria uma sequência contínua de erros e esforços desperdiçados no replanejamento para compensar esses erros. A qualidade ruim significaria pedidos extras e não planejados e entrega não confiável, e prazos de entrega lentos significariam estoques de segurança elevados ou reserva de capacidade de serviço. Tão importante quanto isso, a maior parte do tempo dos gerentes de produção seria dedicada a lidar com a ineficiência. Por outro lado, uma cadeia cujas operações tivessem altos níveis de desempenho seria mais previsível e teria tempo de atravessamento mais rápido, fatores que ajudariam a minimizar as flutuações da cadeia de suprimento.

Compartilhamento de informações

Informações precisas sobre a demanda são extremamente úteis nos esforços para controlar a dinâmica da cadeia de suprimento, por isso faz sentido compartilhar informações de demanda, livres de distorções, por toda a rede de suprimento. Uma melhoria óbvia é disponibilizar as informações sobre a demanda do cliente final para as operações a montante. Os sistemas eletrônicos de ponto de venda (EPOS, do inglês *electronic point-of-sale*) usados por muitos varejistas tentam fazer isso. Os dados de vendas dos caixas ou caixas registradoras são consolidados e transmitidos aos armazéns, às transportadoras e às operações de manufatura dos fornecedores que formam sua cadeia de suprimento. Da mesma forma, o intercâmbio eletrônico de dados (EDI, do inglês *electronic data interchange*) ajuda a compartilhar informações e pode afetar as quantidades econômicas de pedidos enviados entre as operações na cadeia de suprimento. A outra abordagem em rápido desenvolvimento para obter uma visão geral confiável das redes de suprimento é o uso da tecnologia *blockchain* (ver na próxima seção).

Princípio de produção
A dinâmica da cadeia de suprimento (o efeito chicote) pode ser reduzida pelo alinhamento das atividades nas redes de suprimento, melhorando a eficiência operacional e aumentando o compartilhamento de informações.

Tecnologia *blockchain* nas redes de suprimento

Muitas tecnologias inovadoras encontram aplicações para as quais parecem ter sido projetadas — robôs no processo de fabricação, reconhecimento facial em operações de varejo e segurança e assim por diante. A tecnologia *blockchain* (tecnicamente, um *livro contábil distribuído*) é um pouco diferente, tendo evoluído a partir de sua primeira e mais conhecida aplicação, como método de contabilidade para a moeda virtual Bitcoin, para depois ser usada em diversos domínios de negócios, incluindo a gestão da cadeia de suprimento.

Uma *blockchain* é um livro contábil (lista) descentralizado, digitalizado e público de transações (movimentos, autorizações, pagamentos etc.). Um *bloco* é um registro de novas transações. Quando cada bloco é concluído (verificado), ele é adicionado à cadeia, criando assim uma cadeia de blocos, ou *blockchain*. Existem cinco princípios básicos que dão suporte à tecnologia:[11]

- *Ela usa um banco de dados distribuído:* todos os participantes de uma *blockchain* têm acesso a todo o banco de dados e seu histórico completo. Nenhum participante individual controla os dados ou as informações. Cada participante pode verificar os registros de seus parceiros de transação diretamente, sem intermediário.
- *Ela usa transmissão ponto a ponto (P2P):* toda a comunicação ocorre diretamente entre os pares (ou melhor, seus computadores, conhecidos como nós) em vez de um nó central. Cada nó na rede armazena e encaminha informações para todos os outros nós.
- *Ela é transparente e pode ser usada anonimamente:* cada transação é visível para qualquer pessoa com acesso ao sistema. Cada nó (usuário) em uma *blockchain* tem um endereço alfanumérico exclusivo de mais de 30 caracteres, que o identifica. Os usuários podem optar por permanecer anônimos ou, como alternativa, fornecer prova de sua identidade a outras pessoas. As transações ocorrem entre endereços de *blockchain*.
- *Seus registros são irreversíveis:* uma vez que uma transação é inserida no banco de dados (e as contas atualizadas), os registros não podem ser alterados, pois estão vinculados a todos os registros de transações anteriores (por isso é chamado de *cadeia*). Algoritmos e abordagens computacionais são usados para garantir que o registro no banco de dados seja permanente, ordenado cronologicamente e disponível para todos os outros na rede.

▶ *Ela usa lógica computacional:* como os livros distribuídos são digitais, todas as transações de *blockchain* podem ser vinculadas a uma lógica computacional conhecida. Isso significa que os participantes podem configurar algoritmos e regras que acionam automaticamente as transações entre os nós.

O papel da tecnologia *blockchain* na gestão da cadeia de suprimento

Então, por que a *blockchain* ganhou força na gestão da cadeia de suprimento? Em primeiro lugar, as redes de suprimento são muitas vezes complexas e envolvem muitas operações. No entanto, para uma rede contábil distribuída, quanto maior o número de nós, mais segura ela é, de modo que a complexidade inata das redes de suprimento realmente fortalece a tecnologia. Em segundo lugar, há um número muito grande de transações necessárias para o bom funcionamento da maioria das redes de suprimento. Dessa forma, as soluções *blockchain* são especialmente úteis se a rede de fornecimento cruzar as fronteiras nacionais; alfândega, certificação e outros documentos são exigidos por muitas autoridades reguladoras (ver o exemplo *TradeLens* — blockchain *revoluciona a expedição* em *Operações na prática*). Em terceiro lugar, a tecnologia *blockchain* é segura, com suas técnicas criptográficas tornando praticamente impossível qualquer alteração de informações pelos *hackers*. As regras de validação de *blockchains* significam que um *hacker* em potencial precisaria ter acesso a mais da metade dos nós no *blockchain* (e é por isso que é mais seguro ter mais nós no *blockchain*). Em quarto lugar, a segurança das *blockchains* significa que todas as partes podem confiar na proveniência (histórico) dos suprimentos. Isso é particularmente importante quando se trata de suprimentos de alimentos, bens de luxo (que são frequentemente falsificados) ou bens éticos (evitando os *diamantes de sangue*, por exemplo). Finalmente, as cadeias de suprimento são "sequências de operações através das redes de suprimento" — a palavra-chave é *redes*. A tecnologia *blockchain* é *distribuída* — todo o conceito é baseado em como as cadeias de suprimento operam como partes de redes. A Figura 12.12 ilustra como as *blockchains* podem ser usadas em um contexto de cadeia de suprimento.

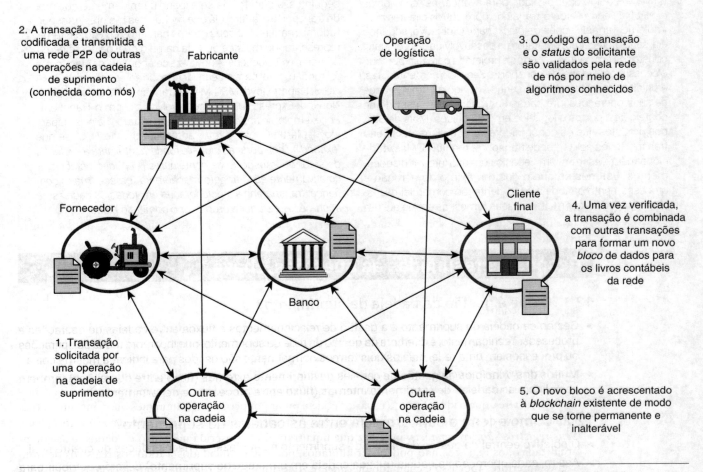

Figura 12.12 Como a tecnologia *blockchain* funciona para registrar e verificar transações nas cadeias de suprimento.

OPERAÇÕES NA PRÁTICA

TradeLens — *blockchain* revoluciona a expedição[12]

Embora a tecnologia ainda estivesse em sua infância, a gigante do transporte marítimo Maersk anunciou em janeiro de 2018 que, sujeito ao recebimento de aprovações regulatórias, estava se unindo à IBM para formar uma *joint venture* para fornecer métodos mais eficientes e seguros para conduzir o comércio global usando a tecnologia *blockchain*. A IBM já era reconhecida como fornecedora líder de tecnologia *blockchain*. Um dos primeiros membros do Hyperledger, um esforço colaborativo de código aberto criado para avançar as tecnologias *blockchain* entre setores, trabalhou com outros clientes para implementar aplicações de *blockchain*. O objetivo, segundo ela, seria oferecer uma plataforma desenvolvida em conjunto, construída em padrões abertos e projetada para uso por todo o ecossistema global de transporte. Segundo comentaristas, a união com a Maersk fazia sentido devido à complexidade de suas operações integradas de transporte, transporte de contêineres, portos e logística em 130 países. Mais de 80% dos produtos que os consumidores usam diariamente são transportados pelo setor de transporte marítimo. Mas, tradicionalmente, esse era um negócio com uso intenso de documentos. Estimou-se que o custo máximo de geração e processamento de toda a documentação comercial necessária para organizar muitas dessas remessas era de até um quinto dos custos reais do transporte físico. A tecnologia *blockchain* foi vista como ideal para grandes redes de parceiros diferentes em cadeias de suprimento complexas. Os executivos da Maersk disseram que, com acesso a um registro compartilhado e confiável de transações, as companhias de navegação do mundo economizariam dinheiro e poderiam competir melhor em serviços aprimorados.

O CEO da *joint venture*, Michael J. White, disse: *"Hoje, uma grande quantidade de recursos é desperdiçada devido a processos manuais ineficientes e propensos a erros. Os testes-piloto confirmaram nossas expectativas de que, em todo o setor, há uma demanda considerável por ganhos de eficiência e oportunidades provenientes da racionalização e padronização dos fluxos de informações pelo uso de soluções digitais. Nossa ambição é aplicar esses aprendizados para estabelecer uma plataforma totalmente aberta, na qual todos os participantes da cadeia de suprimento global possam participar e extrair valor significativo. Estamos ansiosos para expandir ainda mais nosso ecossistema de parceiros à medida que avançamos em direção a uma solução global"*.

No fim de 2018, a Maersk e a IBM anunciaram o nome de seu empreendimento de plataforma — *TradeLens*. Nos anos seguintes, a plataforma se expandiu rapidamente no setor de transporte marítimo, já que muitas das maiores transportadoras marítimas e seus muitos parceiros do ecossistema, representando mais de 50% da carga global de contêineres, adotaram o TradeLens. A natureza colaborativa da plataforma foi fundamental para incentivar concorrentes, incluindo CMA CGM, Hapag-Lloyd, MSC Mediterranean, Namsung e Ocean Network Express (ONE), a se envolverem com o TradeLens. Por exemplo, ao anunciar a adoção da plataforma pela Hapag-Lloyd, Martin Gnass, diretor administrativo de TI, disse que *"expandir a colaboração digital é fundamental para a evolução do setor de transporte de contêineres [...] podemos acelerar coletivamente essa transformação para fornecer maior confiança, transparência e colaboração em todas as cadeias de suprimento e ajudar a promover o comércio global"*.

Respostas resumidas às questões-chave

12.1 O que é gestão da cadeia de suprimento?

▶ Gestão da cadeia de suprimento é a gestão de relacionamentos e fluxos entre cadeias de operações e processos. Tecnicamente, é diferente da gestão da rede de suprimento, que incorpora todas as operações ou processos em uma rede, mas os dois termos normalmente são usados para indicar a mesma coisa.

▶ Muitos dos princípios da gestão de cadeias de suprimento externas (fluxo entre operações) também se aplicam às cadeias de suprimento internas (fluxo entre processos e departamentos).

12.2 Como é feita a concorrência entre as cadeias de suprimento?

▶ O objetivo central da gestão da cadeia de suprimento é satisfazer as necessidades do cliente final.

▶ Assim, cada operação na cadeia (e cada cadeia em uma rede de suprimento) deverá contribuir para qualquer que seja a combinação de qualidade, velocidade, confiabilidade, flexibilidade, custo e sustentabilidade de que o usuário final necessite.

CAPÍTULO 12 GESTÃO DA CADEIA DE SUPRIMENTO **433**

▶ Falhas individuais nas operações, em qualquer um desses objetivos, podem ser multiplicadas pela cadeia. Assim, embora o desempenho de cada operação possa ser adequado, o desempenho da cadeia inteira pode ser fraco.

▶ Uma distinção importante é entre o desempenho da cadeia de suprimento enxuta e ágil. Em termos gerais, redes de suprimento enxutas (ou eficientes) são apropriadas a produtos e serviços *funcionais*, estáveis, enquanto as cadeias de suprimento ágeis (ou responsivas) são mais apropriadas para produtos e serviços inovadores, menos previsíveis.

12.3 Como podem ser gerenciados os relacionamentos nas cadeias de suprimento?

▶ Os relacionamentos da cadeia de suprimento podem ser descritos em um espectro desde relacionamentos baseados no mercado, contratuais, até relacionamentos de parceria próxima e de longo prazo.

▶ Os tipos de relacionamentos adotados podem ser ditados pela estrutura do próprio mercado.

12.4 Como é feita a gestão do lado do suprimento?

▶ A gestão dos relacionamentos no lado do suprimento envolve determinar a estratégia de suprimento, selecionar fornecedores apropriados, gerenciar a atividade de suprimento contínuo e o desenvolvimento do fornecedor.

▶ As estratégicas de fornecimento incluem o fornecimento múltiplo, único, delegado e paralelo. A seleção delas é influenciada pela complexidade e pelo risco do mercado fornecedor e pela criticidade de um produto ou serviço ao negócio.

▶ A seleção do fornecedor envolve a opção entre diferentes atributos de fornecedor, normalmente usando métodos de avaliação por escore.

▶ O gerenciamento de relacionamentos contínuos da cadeia de suprimento envolve esclarecer as expectativas de fornecimento, quase sempre usando acordos de nível de serviço (SLAs).

▶ O desenvolvimento do fornecedor pode beneficiar fornecedores e clientes, especialmente em relacionamentos de parceria. Frequentemente, as barreiras são os desalinhamentos na percepção entre clientes e fornecedores.

12.5 Como é feita a gestão do lado da demanda?

▶ A logística é uma parte crítica da gestão da cadeia de suprimento. As organizações precisam decidir se adotam *logística de primeira camada* (1PL), *logística de segunda camada* (2PL), *logística de terceira camada* (3PL), *logística de quarta camada* (4PL) ou *logística de quinta camada* (5PL).

▶ A decisão sobre qual método de transporte usar é um processo em duas etapas. Em primeiro lugar, devem ser identificadas opções viáveis de transporte. Em segundo lugar, a seleção é feita com base nos benefícios relativos de desempenho (em termos de qualidade, velocidade, confiabilidade, flexibilidade, custo e sustentabilidade) dos métodos disponíveis.

▶ A gestão de relacionamento com o cliente (CRM) é um método de aprender mais sobre as necessidades e comportamentos dos clientes para desenvolver relacionamentos mais fortes com eles. Ela ajuda a aumentar as receitas, fornecendo serviços que se alinham mais de perto com as necessidades do cliente.

12.6 O que são as dinâmicas das cadeias de suprimento?

▶ As cadeias de suprimento têm uma dinâmica própria, que geralmente é conhecida como *efeito chicote*. Isso significa que mudanças relativamente pequenas na ponta da demanda da cadeia são cada vez mais amplificadas e tornam-se grandes distúrbios à medida que se movem para o outro extremo, a montante.

▶ Os métodos para a redução do efeito chicote incluem o *alinhamento do canal* por meio de métodos padronizados de planejamento e controle, que permite a coordenação mais fácil da cadeia inteira; a *melhoria da eficiência operacional* de cada parte da cadeia, que impede que erros locais se multipliquem; e o *aumento do compartilhamento de informações* pela rede.

▶ A tecnologia *blockchain* é cada vez mais utilizada para oferecer uma visão geral confiável das transações na cadeia de suprimento.

ESTUDO DE CASO
Grande ou pequeno? O dilema de fornecimento da EDF

(Este caso foi escrito em coautoria com Jas Kalra, na Bartlett School of Construction and Project Management, University College London, e Jen Roehrich e Brian Squire, na School of Management, University of Bath)

Era uma tarde quente enquanto Stefano Moretto, Diretor Comercial da Hinkley Point C (HPC), e Eva Glines, Gerente Sênior de Engajamento da Cadeia de Suprimentos, olhavam para fora de seu escritório. Stefano, que entrou recentemente na EDF, foi encarregado de estabelecer uma rede de suprimento para o projeto da HPC, recentemente aprovado — a primeira de uma série de novas usinas nucleares destinadas a apoiar a ambição pretendida do governo do Reino Unido de criar um futuro energético "limpo, seguro e acessível".

EDF e o projeto da Hinkley Point C (HPC)

Como em muitos outros projetos em que os dois trabalharam, a HPC seria complexa e a EDF estaria bem no centro das coisas. A empresa teria conhecimento detalhado do projeto da usina, manteria códigos e padrões, contribuiria para o processo de projeto em nível estratégico e garantiria a execução do projeto detalhado em nível operacional. Nos próximos anos, a EDF e seus parceiros precisariam construir, testar e comissionar dois grandes reatores, salas de turbinas e uma subestação de eletricidade no local, localizado no sudoeste do Reino Unido. A administração da construção envolveria pessoas de muitas empresas e disciplinas diferentes trabalhando lado a lado. Seria responsabilidade da EDF garantir que todas as relações fossem sustentadas por um conjunto consistente de valores e comportamentos. No entanto, naquele momento, Stefano e Eva estavam preocupados com outra peça do quebra-cabeça — os serviços de operações do local.

Serviços de operações do local

Os serviços de operações do local envolveram todos os serviços não necessários para a construção real da HPC. Os serviços de *pessoas e organizações* estavam lá para tornar a vida dos trabalhadores mais conveniente e agradável. Alguns exemplos são refeições, alojamento, limpeza, segurança e transporte. Os serviços de *espaço e infraestrutura* estavam preocupados com a infraestrutura física do local. Alguns dos exemplos são a operação segura e confiável da rede de estradas permanentes e temporárias do local, bem como manutenção predial, aquecimento, iluminação, hidráulica, segurança contra incêndio etc. Na época, a EDF esperava gastar mais de £ 500 milhões em seus serviços de operações do local pelo período de construção da HPC (na verdade, esse número subiu para mais de £ 1 bilhão à medida que o projeto se desenvolveu). Dado o grande número de pessoas que provavelmente estariam no local a qualquer momento, as operações seriam vitais para o sucesso do projeto. "Será como uma pequena cidade", disse Stefano. "Vamos ter muita gente para movimentar, acomodar e alimentar." "Eu sei", disse Eva, "e o tempo está passando! Em breve, precisaremos tomar algumas decisões sobre o caminho que iremos seguir". Os dois então se sentaram e começaram a discutir alguns dos principais serviços necessários no local da HPC e seus locais de desenvolvimento associados em cidades próximas.

Refeições

O contrato da HPC para refeições cobria todos os aspectos da alimentação no local da HPC e os desenvolvimentos associados (DA). O escopo de fornecimento incluiu: produção e preparação de alimentos; venda de alimentos e bebidas em todo o canteiro; operações de bar; gestão dos resíduos alimentares; distribuição de alimentos refrigerados e em temperatura ambiente; limpeza e manutenção de áreas de serviço de cozinha e refeição; serviços de hospedagem; e gestão de todo o pessoal relacionado com a alimentação.

Transporte

Um provedor de serviços de transporte seria responsável por operar e gerenciar um serviço de ônibus para transportar trabalhadores da construção e do escritório entre o local principal da HPC, locais de desenvolvimento associados, estacionamentos e cidades locais selecionadas na região. Os serviços de ônibus seriam operados das seguintes maneiras:

- *Estacionamento e embarque:* os trabalhadores embarcariam em um único ponto de partida, viajariam diretamente para o local principal da HPC, desembarcariam no perímetro do local, passariam pela segurança e embarcariam em um ônibus interno para serem deixados no complexo dos contratados.
- *Serviço direto:* os ônibus deixariam/recolheriam em vários pontos diferentes para entregar os trabalhadores no local principal da HPC. Eles então seguiriam o mesmo processo anterior.
- *Segurança direta:* operados a partir de locais específicos, os trabalhadores passariam pela segurança antes de embarcar nos ônibus que os levariam diretamente ao local de trabalho no canteiro. Esses ônibus passariam por um *portão rápido* no perímetro do local, evitando a necessidade de transferência interna de ônibus.

▶ *Ônibus internos:* o provedor de transporte forneceria ônibus no circuito interno do local da HPC para uso em conjunto com as ofertas de serviço *direto* e *estacione e embarque*.

Gestão de alojamento

A EDF construiria novos prédios de alojamento no *campus* da HPC e em Bridgwater, uma cidade próxima ao local. Após a construção, a empresa contratada precisaria administrar essas instalações. Isso inclui: gerenciamento dos serviços de hotel para as instalações do *campus*; gestão cotidiana do empreiteiro de refeições (ver anteriormente); gestão dos prédios do *campus*, terrenos do *campus* e instalações desportivas; criação de vendas adicionais de serviços hoteleiros; gestão da segurança dos hóspedes no alojamento; serviços de recepção 24 horas por dia, 7 dias por semana; e gestão de todo o pessoal de alojamento do *campus*.

Gestão de instalações

O contrato de gestão das instalações forneceria serviços ao local da HPC e alguns dos desenvolvimentos associados. O escopo dos serviços necessários incluiria: gestão operacional diária de todas as instalações temporárias do prédio; serviços gerais de escritório, incluindo recepção, porteiros e motoristas, serviços postais e reserva de quartos; limpeza diária do escritório, limpeza de janelas e limpeza especializada (salas de servidores etc.); remoção de lixo doméstico, incluindo reciclagem confidencial e segregada; manutenção mecânica, elétrica e da malha predial, canalização e drenagem interna e controle de pragas; e gerenciamento, manutenção e suporte de equipamentos audiovisuais (AV).

Operações de infraestrutura e manutenção

A EDF construiria a rede rodoviária permanente e temporária necessária, além de outras infraestruturas para o projeto da HPC, tanto no local de construção principal como nos locais de desenvolvimento associados. Uma vez construídas, elas precisariam ser operadas e mantidas para garantir que os locais fossem gerenciados de maneira segura, protegida e eficiente. O contrato de operação e manutenção (O&M) da infraestrutura cobriria essa atividade.

Grande ou pequeno?

"OK, então estamos de acordo sobre o que precisamos, Eva. A próxima grande pergunta é: grande ou pequeno?". Eva sabia a que Stefano estava se referindo — duas visões concorrentes sobre a melhor estratégia para terceirizar os serviços de operações do *site* da EDF. De um lado estava o argumento de que a EDF deveria usar um grande fornecedor *generalista* para cada uma das cinco principais categorias identificadas. Esses fornecedores eram tipicamente empresas multinacionais (EMNs) capazes de fornecer um balcão único para a solução de serviço completa exigida em qualquer contrato. Essa foi uma solução testada e comprovada para aquisição em projetos desse porte. Por outro lado, estava a opinião de que a empresa deveria, em vez disso, procurar conceder contratos a pequenas e médias empresas (PMPs) especializadas locais, sempre que possível. Para fazer isso, seria necessário dividir algumas das categorias em contratos *pequenos* ou possivelmente encorajar consórcios de

fornecedores locais que, em conjunto, poderiam fornecer os requisitos de serviço do local (ver a Tabela 12.5).

"Eva, você sabe que eu trabalho com algumas EMNs há anos. Elas têm experiência e conhecimento comprovados. Já que você, eu e a equipe temos que estabelecer mais de 150 contratos de fornecimento de primeira camada nos próximos meses, talvez seja melhor seguirmos com o que sabemos?". Eva pensou por um momento e respondeu: *"Entendo o argumento, mas às vezes eu realmente não avalio essas empresas [multinacionais]. Minha experiência é que muitas vezes elas fazem jogo duro nas negociações e não melhoram muito quando começam a fornecer os serviços. Além disso, elas têm muitos outros clientes para que se preocupem em nos dar a melhor qualidade de serviço. É provável que fornecedores menores pelo menos realmente se esforcem. Além disso, acho que concordamos que pelo menos vale a pena pensar se realmente seria possível fazer algo diferente dessa vez"*.

"Todos esses são bons argumentos, Eva", disse Stefano. Ele também estava muito interessado em convidar PMPs locais para aproveitar as oportunidades oferecidas pelo projeto da HPC. *"Seria realmente bom fazer a diferença para a região, por meio de nossa cadeia de suprimento"*, pensou. Ainda assim, no início do dia, uma teleconferência com outro gerente, discutindo sobre um fornecedor líder global de refeições, que pretendia concorrer ao contrato de refeição, deixou Stefano inseguro. Seu colega argumentou que fazia mais sentido deixar um empreiteiro experiente, com presença global, ajudar a EDF a gerenciar as incertezas associadas a esses contratos. Então ele pensou em algumas das conversas que teve nas últimas duas semanas. *"Outra questão que estou pensando aqui"*, continuou Stefano, *"é o que alguns dos gerentes de serviço, que por fim serão responsáveis pela qualidade dos serviços, têm me falado. Eles parecem pensar que os fornecedores locais podem não ter a capacidade de fornecimento nessa escala. Em última análise, se esses serviços não forem executados corretamente, este projeto não decolará"*.

Eva suspirou. Stefano estava certo ao dizer que a maioria dos fornecedores da região eram de fato pequenas empresas, sem experiência de entrega na escala que seria exigida pela EDF. Na sua cabeça, porém, estava a sensação de que não desenvolver uma base de suprimento local seria uma oportunidade perdida. *"Eu realmente não concordo com eles sobre isso, Stefano. Para ser honesta, grande parte disso é apenas o medo de fazer as coisas de forma diferente. Sim, as EMNs são a opção segura e mais familiar, mas não estamos falando de ciência aeroespacial aqui! Todos esses serviços devem ser possíveis para fornecedores locais, certo?"*.

Stefano pensou por um momento. *"É verdade Eva. Ainda assim, as PMPs locais precisarão de muita qualificação para se alinharem às nossas necessidades. Desenvolver uma base de fornecimento local sob medida, com recursos até o padrão de qualidade de que precisamos, será um grande esforço. Lembre-se de que esse projeto já é um quebra-cabeça muito GRANDE — acredito que algumas das partes interessadas podem não achar uma boa ideia acrescentar mais peças! E outra coisa, não é apenas atender a três ou quatro mil pessoas iniciais no local que me preocupa, mas também a capacidade de escalar para sete, oito ou nove mil que provavelmente teremos no auge da construção"*.

436 PARTE 3 ENTREGA

Tabela 12.5 Manifestações iniciais de interesse para contratos de serviço de operações da instalação.

Refeições	Transporte	Gestão de alojamento	Gestão de instalações	Operações de infraestrutura e manutenção
EMN1 Refeições globais, experiente	**EMN2** Provedor de serviço internacional de transporte	**EMN3** Construção e operações globais de hotel	**EMN4** Empresa global de gestão de instalações e serviços públicos	**EMN5** Empreiteiro global de engenharia civil, rodovia, construção de estradas, manutenção de instalações
PMP1 Ingredientes e condimentos por atacado	**EN1** Empresa de ônibus nacional	**PMP8** Proprietário de cama e café da manhã	**PMP11** Engenheiros mecânicos e elétricos	**PMP13** Terraplanagem, engenharia civil, projetos
PMP2 Produtor de laticínios e ovos	**PMP7** Companhia e ônibus local	**PMP9** Empresa de lavanderia independente	**PMP12** Engenheiro civil e empreiteiro	**PMP14** Serviço de gerenciamento de tráfego temporário
PMP3 Verdureiro		**PMP10** Alvenaria, carpintaria, decoração, reboco e cobertura		
PMP4 Fornecedor de chá e café				
PMP5 Padaria				
PMP6 Açougue				

Eva balançou a cabeça. *"Os serviços podem ser complexos de gerenciar, mas não exigem tanto capital ou tecnologia. Acho que o desenvolvimento de capacidades nessa área seria muito mais fácil de alcançar do que as operações de fabricação. Pelas minhas conversas com a câmara de comércio local, fica claro que as empresas locais estão muito interessadas em trabalhar conosco. Só precisamos desenvolver um processo de maior envolvimento com as empresas locais, pois acho que poucos deles nem pensariam em concorrer a esse trabalho no momento. Também me pergunto se devemos incentivá-los a se juntarem a alguns desses trabalhos. Isso ajudaria não apenas agora, mas ainda mais à medida que procurarmos a expansão mais adiante."*

"Talvez, Eva, talvez." Stefano refletiu calmamente que estava feliz por trabalhar com alguém tão apaixonada e que compartilhava seu desejo de fazer algo que agregasse valor para a comunidade. As contribuições de Eva certamente ajudaram, mas ele permaneceu indeciso quanto ao melhor caminho a seguir. Além das questões que acabavam de discutir, havia uma pressão política e pública mais ampla para gerar valor econômico e social para a região. A construção da HPC foi controversa e uma pesquisa recente revelou que uma grande proporção de moradores locais se opunha ao projeto, enquanto a aceitação de outros era *potencialmente frágil*. Assim, qualquer boa notícia provavelmente seria apreciada pela liderança da empresa. Stefano se levantou novamente. *"Vamos, Eva, acho que precisamos reunir a equipe e tentar tomar uma decisão. Vamos tomar um café primeiro — acho que teremos um dia longo!".*

QUESTÕES

1. Como as características dos diferentes serviços de operações do *site* influenciam a decisão de fornecimento (EMNs *versus* PMPs locais)?
2. Que outros fatores estão afetando a decisão?
3. Se a HPC tivesse que adotar uma estratégia de terceirização com uma preferência por PMPs locais:
   (a) Como ela pode se envolver efetivamente com empresas locais para incentivar as licitações?
   (b) Como ela poderia efetivamente configurar esses acordos de fornecimento?
   (c) Que abordagens podem ser adotadas para o desenvolvimento da capacidade do fornecedor?

Nota: todos os nomes e quantidades mencionados neste estudo de caso são fictícios.

CAPÍTULO 12 GESTÃO DA CADEIA DE SUPRIMENTO **437**

Problemas e aplicações

Todos os capítulos dispõem de questões do tipo *Problemas e aplicações*, que ajudarão o leitor a praticar a análise das operações. Elas podem ser respondidas com a leitura do capítulo.

1. O COO da Super Cycles estava considerando sua estratégia de abastecimento. *"Tenho duas perguntas principais para cada uma de nossos parceiros terceirizados: qual é o risco no mercado de fornecimento e qual é a criticidade do produto ou serviço para o nosso negócio?"*. Quatro principais componentes terceirizados são mostrados na tabela a seguir. Quais abordagens para obter esses componentes você recomendaria?

Quatro componentes terceirizados para a Super Cycles.

Componente	Custo (como proporção do custo total de material)	Fornecedores	Facilidade de mudar de fornecedor
Os tubos internos	3%	Muitos fornecedores alternativos.	Muito fácil. Isso pode ser feito em questão de dias.
Tubulação do quadro	15%	Somente um fornecedor capacitado atualmente. Pode levar muito tempo para desenvolver um novo fornecedor.	Difícil no curto prazo, possível em um prazo mais longo.
Haste e barras de fibra de carbono	32%	Número relativamente grande de fornecedores disponíveis.	Relativamente fácil. Provavelmente levaria algumas semanas para o novo contrato.
Sistema de engrenagens	35%	Poucos fornecedores capazes de fabricar esses componentes com quantidade suficiente.	Aquisição complexa. Poderia mudar o fornecedor em longo prazo, mas poderia ocasionar riscos à qualidade.

2. Uma cadeia de varejo de roupas femininas tinha todos os seus produtos fabricados pelas Indústrias Lopez, um fabricante de roupas pequeno, mas de alta qualidade. Eles trabalhavam com base em duas estações: primavera/verão e outono/inverno. *"Às vezes ficávamos com itens excedentes porque nossos estilistas simplesmente erravam"*, disse o estilista-chefe da empresa. *"É importante que possamos flexibilizar nossas quantidades de pedidos da Lopez durante a temporada. Embora sejam ótimos fornecedores em vários aspectos, eles não podem alterar seus planos de produção em curto prazo"*. As Indústrias Lopez estavam cientes disso. *"Sei que eles estão felizes com nossa capacidade de fazer até os projetos mais complexos com um alto nível de qualidade. Também sei que eles gostariam que fôssemos mais flexíveis na mudança de nossos volumes e cronogramas de entrega. Admito que poderíamos ser mais flexíveis dentro da temporada. Em parte, não podemos fazer isso porque precisamos comprar tecidos no início da temporada com base nos volumes previstos de nossos clientes. Mesmo que pudéssemos mudar nossos cronogramas de produção, não poderíamos conseguir entregas extras de tecido. Lidamos apenas com fabricantes de tecidos inovadores e de alta qualidade, que são muito grandes em comparação a nós, então não representamos muitos negócios para eles"*. Um típico fornecedor de tecidos disse: *"Competimos principalmente em qualidade e inovação. Projetar tecidos é tanto um negócio de moda quanto desenhar as roupas que são feitas com eles. Nossos tecidos vão para dezenas de milhares de clientes em todo o mundo. Estes variam consideravelmente em seus requisitos, mas presumimos que todos eles valorizam nossa qualidade e inovação"*. Use o modelo de comportamento da rede de suprimento e suas lacunas para analisar as relações entre os atores dessa cadeia.

3. O exemplo de efeito chicote mostrado na Tabela 12.4 mostra como uma simples redução de 5% na demanda ao fim da cadeia de suprimento causa flutuações que são amplificadas quanto mais longe a operação está posicionada dentro da cadeia.

   (a) Usando a mesma lógica e as mesmas regras (isto é, todas as operações mantêm o estoque de um período), qual seria o efeito sobre o estoque se a demanda flutuasse a cada período entre 100 e 95? Isto é, o período 1 tem uma demanda de 100, o período 2, uma demanda de 95, o período 3, uma demanda de 100, o período 4, uma demanda de 95, e assim por diante?

438 **PARTE 3** ENTREGA

(b) O que acontece se todas as operações na cadeia de suprimento decidissem manter no estoque apenas metade da demanda do período?

(c) Encontre exemplos de como as cadeias de suprimento tentam reduzir esse efeito chicote.

4. Se você fosse o proprietário de uma pequena loja de varejo, que critérios utilizaria para selecionar os fornecedores dos produtos que gostaria de vender? Visite três lojas das proximidades e pergunte aos proprietários como eles selecionam seus fornecedores. Em que medida as respostas desses fornecedores foram diferentes das que você imaginava?

5. Muitas empresas elaboram uma política ética de abastecimento, abrangendo aspectos como padrões e práticas comerciais no local de trabalho, condições de saúde e segurança, direitos humanos, sistemas jurídicos, trabalho infantil, práticas disciplinares, salários e benefícios etc.

(a) O que você acha que motiva uma empresa a elaborar uma política desse tipo?

(b) Que outros aspectos você incluiria em uma política de seleção de fornecedor desse tipo?

6. O serviço de refeição da companhia aérea é um negócio difícil. As refeições devem ser de qualidade adequada à classe e ao tipo de voo, mas as companhias aéreas que são seus clientes estão sempre procurando manter os custos o mais baixo possível, os menus devem mudar com frequência e devem responder prontamente ao *feedback* dos clientes. A previsão do número de passageiros também é difícil. Os fornecedores são informados sobre os números prováveis para cada voo com vários dias de antecedência, mas o número mínimo real de passageiros é fixado apenas seis horas antes da decolagem. Além disso, as chegadas de voos podem ser atrasadas, atrapalhando os horários de trabalho — mesmo quando no horário, não são permitidos mais de 40 minutos antes que o voo decole novamente. Os fornecedores de refeições para o setor aéreo geralmente produzem alimentos nos aeroportos ou perto deles usando sua própria equipe. Os fornecedores das empresas de refeições também são geralmente especialistas em companhias aéreas também localizados perto dos seus clientes. Um consórcio com a Northern Foods, um dos principais produtores de alimentos (que normalmente abastece os varejistas), e a DHL ganhou um grande contrato no Aeroporto de Heathrow contra os fornecedores tradicionais. A DHL já era um grande fornecedor de refeições para o setor, com instalações próprias no aeroporto. A Northern Foods produzia os alimentos em suas fábricas existentes e os entregava à DHL, que os montava em bandejas de bufê das companhias aéreas e os transferia para a aeronave.

(a) Por que uma companhia aérea usaria uma empresa de serviços de refeição em vez de organizar seus próprios serviços de bordo?

(b) Quais são os principais objetivos operacionais que uma empresa de serviços de refeição deve alcançar para satisfazer seus clientes?

(c) Por que é importante que as companhias aéreas reduzam o tempo de permanência em solo quando uma aeronave pousa?

(d) Por que o consórcio Northern Foods-DHL foi uma ameaça para as empresas de refeição mais tradicionais?

Leitura complementar selecionada

Chopra, S. e Meindl, P. (2015) *Supply Chain Management: Strategy, Planning, and Operation*, 5. ed., Pearson, Harlow.
Um dos melhores livros especializados.

Christopher, M. (2016) *Logistics and Supply Chain Management*, 5. ed., Pearson, Harlow.
Versão atualizada de um clássico que fornece tratamento abrangente sobre a gestão da cadeia de suprimento, por um dos gurus sobre o assunto.

Voss, C. e Raz, T. (2016) *Never Split the Difference: Negotiating as if Your Life Depended On It*, Random House.
Um livro realmente interessante, que examina diversos cenários de negociação e desenvolve algumas das ideias de negociação de ganhos mútuos e técnicas de negociação do tipo ganha-ganha.

Vyas, N. (2019) *Blockchain and the Supply Chain: Concepts, Strategies and Practical Applications*, Kogan Page, Londres.
Um livro prático, que examina o efeito potencialmente transformador da tecnologia blockchain nas redes de suprimentos, além de alguns insights muito interessantes sobre as origens da gestão da cadeia de suprimentos, começando com o Egito em 2500 a.C.!

CAPÍTULO 12 · GESTÃO DA CADEIA DE SUPRIMENTO

Notas do capítulo

1. As informações nas quais este exemplo é baseado foram retiradas de: Banker, S. (2017) Drones deliver life saving supplies in Africa, *Forbes*, 13 out.; Stewart, J. (2017) Blood-carrying, life-saving drones take off for Tanzania, *Wired*, 24 ago.; https://flyzipline.com/how-it-works/ (Acesso em: set. 2021).

2. As informações nas quais este exemplo é baseado foram retiradas de: van Marle, G. (2021) E-commerce giant JD.com applies to spin-off supply chain arm, *The Loadstar*, 19 fev.; CIW Team (2021) JD.com annual customers grew 30% to 472 million in 2020, *China Internet Watch*, 12 mar.; JD.com "About us", https://corporate.jd.com/aboutus (Acesso em: set. 2021); JD.com announces first quarter 2021 results (2021), JD.com, comunicado à imprensa, https://ir.jd.com/news-releases/news-release-details/jdcom-announcesfirst-quarter-2021-results (Acesso em: set. 2021).

3. Para obter mais informações sobre aspectos operacionais de consultorias, ver Brandon-Jones, A., Lewis, M., Verma, R. e Walsman, M. (2016) Examining the characteristics and managerial challenges of professional services: an empirical study of management consultancy in the travel, tourism, and hospitality sector, *Journal of Operations Management* (42-43), mar., 9-24.

4. Fisher, M.L. (1997) What is the right supply chain for your product?, *Harvard Business Review*, 75 (2).

5. Adaptado de Kraljic, P. (1983) Purchasing Must Become Supply Management, *Harvard Business Review*, set.

6. As informações nas quais este exemplo é baseado foram retiradas de: Evans, J. (2020) Covid-19 crises highlights supply chain vulnerability, *Financial Times*, 28 maio; Mac-Dowall, A. (2021) Managing warehousing in a changed world, *Financial Management*, 5 jan.; Bonadio, B., Huo, Z., Levchenko, A. e Pandalai-Nayar, N. (2020) The role of global supply chains in the COVID-19 pandemic and beyond, Vox Eu/CEPR, 25 maio; Harapko, S. (2021) How COVID-19 impacted supply chains and what comes next, *EY*, 18 fev.

7. Nossos agradecimentos a John Gray e Beverly Osborn, da Ohio State University, e Susan Helper, da Case Western Reserve University, por seus pontos de vista na escrita deste comentário crítico. Outros detalhes da abordagem *TVC* podem ser obtidos em Gray, John V., Helper, S. e Osborn, B. (2020) Value first, cost later: total value contribution as a new approach to sourcing decisions, *Journal of Operations Management*, 66 (6) 735-50.

8. As informações nas quais este exemplo é baseado foram retiradas de: Williams, G.A. (2021) China Cancels H&M, *Jing Daily*, 24 mar.; Indvik, L. (2021) Fashion, Xinjiang and the perils of supply chain transparency, *Financial Times*, 9 abr.; Danigelis, A. (2018) Supply chain transparency map reduces time, expense for big brands, *Eco-Business*, 1º fev.; Kuruvilla, S. and Li, C. (2021) Freedom of association and collective bargaining in global supply chains: a research agenda, *Journal of Supply Chain Management*, 57 (2) 43-57; Bloomburg (2021) Gaming gear maker Gigabyte dives after mocking "Made in China", *Bloomberg News*, 12 maio.

9. As informações nas quais este exemplo é baseado foram retiradas de: visita do autor ao The Donkey Sanctuary, Sidmouth, UK, 2020, https://www.thedonkeysanctuary.org.uk/ (Acesso em: set. 2021); Hameed, A., Tariq, M. e Yasin, M.A. (2016) Assessment of welfare of working donkeys and mules using health and behavior parameters, *Journal of Agricultural Science and Food Technology*, 2 (5) 69-74.

10. Nossos agradecimentos a Stephen Disney, da University of Exeter, por sua ajuda nesta seção.

11. Iansiti, M. e lakhani, K.R. (2017) The truth about blockchain, *Harvard Business Review*, jan.-fev.

12. As informações nas quais este exemplo é baseado foram retiradas de: del Castillo, M. (2018) Shipping blockchain: Maersk spin-off aims to commercialize trade platform, *Coindesk.com*, 16 jan.; Slocum, H. (2018) Maersk and IBM to form joint venture applying blockchain to improve global trade and digitize supply chains, *Maersk*, comunicado à imprensa, 18 jan.; Maersk (2019) TradeLens blockchain-enabled digital shipping platform continues expansion with addition of major ocean carriers Hapag-Lloyd and Ocean Network Express, *Maersk*, comunicado à imprensa, 2 jul.

13 Gestão de Estoque

QUESTÕES-CHAVE

13.1	O que é estoque?
13.2	Por que precisaria haver estoque?
13.3	Quanto deve ser pedido? Decisão de volume
13.4	Quando fazer um pedido? Decisão de *timing*
13.5	Como o estoque pode ser controlado?

INTRODUÇÃO

Frequentemente, os gerentes de produção têm atitude ambivalente em relação a estoques. Por um lado, são custosos e, às vezes, empatam considerável montante do capital de giro. Mantê-los também representa risco porque itens em estoque podem deteriorar-se, tornar-se obsoletos ou simplesmente perder-se; além disso, ocupam espaço valioso na operação. Por outro lado, proporcionam certo nível de segurança em ambientes incertos, uma vez que a empresa pode entregar prontamente os itens em estoque conforme a demanda dos clientes. Esse é o dilema da gestão de estoque: apesar dos custos e de outras desvantagens associadas à sua manutenção, eles facilitam a conciliação entre suprimento e demanda. De fato, eles apenas existem porque o suprimento e a demanda não estão exatamente em harmonia entre si (Figura 13.1).

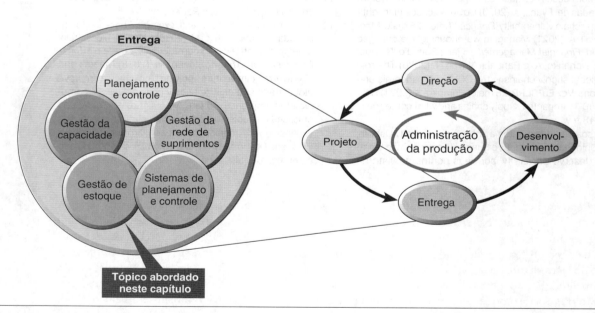

Figura 13.1 Este capítulo examina a gestão de estoque.

13.1 O que é estoque?

Estoque é o termo que usamos para descrever a acumulação de materiais, clientes ou informações à medida que fluem por processos ou redes. Ocasionalmente, o termo é também usado para descrever recursos transformadores, como quartos de hotéis ou automóveis em uma locadora de veículos, mas aqui usamos o termo para o acúmulo dos recursos transformados que fluem por processos, operações ou redes de suprimento. O estoque físico (às vezes denominado apenas como *estoque*) é a acumulação de materiais físicos, como componentes, peças, produtos acabados ou registros físicos de informação (em papel). Filas são acumulações de clientes, físicas, como as pessoas à espera de seu voo em um aeroporto, ou virtuais, esperando por um serviço fornecido por telefone. Bancos de dados são *depósitos* para acúmulo de informações digitais, como registros médicos ou detalhes de seguros. O gerenciamento dessas acumulações é o que denominamos *gestão de estoque*. E isso é importante. Os estoques de materiais de uma fábrica podem representar parte substancial do dinheiro vinculado ao capital de giro. Minimizá-los pode liberar grande volume de dinheiro. Entretanto, reduzi-los muito pode levar ao não atendimento dos pedidos dos clientes. Os clientes permanecem em filas por muito tempo e podem ficar irritados, enfurecidos e possivelmente desistirão do pedido; assim, reduzirão o faturamento da empresa. Os bancos de dados são críticos para armazenar informações digitais e, embora o armazenamento possa ser barato, manter bancos de dados pode não ser.

> **Princípio de produção**
> Estoques são acúmulos de recursos transformados, sejam itens físicos (estoque), pessoas (filas), sejam informações (bancos de dados).

Todos os processos, operações e redes de suprimento têm estoques

A maioria das coisas que fluem faz isso de modo desigual. Os rios fluem mais rápido quando atravessam partes mais íngremes ou são espremidos em um barranco. Em solos relativamente nivelados, eles fluem lentamente e formam poças ou mesmo grandes lagos onde há barreiras naturais ou construídas pelo homem, bloqueando seu caminho. O mesmo ocorre na produção. Os passageiros de um aeroporto fluem de transporte público ou de seus veículos, entram em várias filas, incluindo *ckeck-in*, triagem de segurança e imigração. Depois, precisam esperar (em fila, mesmo se estiverem sentados) na sala de embarque até formarem um grupo de centenas de pessoas que estarão prontas para embarcar. Depois, são espremidos em uma ponte de embarque à medida que entra um por vez no avião. Do mesmo modo, em uma linha de montagem de tratores, os estoques de componentes são trazidos à fábrica a granel e, depois, estocados próximos à linha de montagem, prontos para uso. Os tratores finalizados também serão estocados até o transportador vir retirá-los um a um ou em lotes de unidades ou dezenas para entregar nos revendedores ou diretamente aos clientes finais. De modo semelhante, o departamento de receita federal coleta informações sobre nós e nossas finanças de várias fontes, incluindo empregadores, formulários de impostos e informações dos bancos e de outras empresas de investimento, e as armazenam em bancos de dados até serem conferidas, às vezes por pessoas ou automaticamente, para criar nossos códigos e/ou formulários para o pagamento de impostos. De fato, em razão de a maioria das operações envolver fluxos de materiais, clientes e/ou informações, em alguns pontos, provavelmente haverá estoques de materiais e informações e filas de clientes esperando por bens ou serviços (ver a Tabela 13.1).

Frequentemente, os estoques são resultado de fluxos irregulares. Se houver uma diferença entre o *timing* ou a taxa de suprimento e demanda em qualquer ponto em um processo ou rede, haverá acúmulos. Uma analogia comum é o tanque d'água mostrado na Figura 13.2. Se, no decorrer do tempo, a taxa de suprimento de água ao tanque diferir da taxa em que a água é demandada, um tanque d'água (estoque) será necessário para manter o suprimento. Quando a taxa de suprimento excede a taxa de demanda, o estoque aumenta; quando a taxa de demanda excede a taxa de suprimento, o estoque diminui. Assim, se uma operação ou processo pode igualar as taxas de suprimento e de demanda, ela também será bem-sucedida em reduzir seus níveis de estoque. No entanto, a maioria das organizações enfrenta suprimento e demanda desiguais, pelo menos em alguns pontos de sua cadeia de suprimento.

A informação estocada pode ser diferente

Há uma complicação ao se usar essa analogia do *fluxo d'água* para representar os fluxos e os acúmulos (estoques) de informações. Os estoques de informações podem ser armazenados em razão do fluxo desnivelado, do mesmo modo que ocorre com materiais e pessoas, ou das necessidades de a operação usar as informações para processar algo no futuro. Por exemplo, uma operação de varejo *on-line* processará cada pedido que receber, e os estoques de informações podem acumular-se em razão dos fluxos irregulares. Mas,

Tabela 13.1 Exemplos de estoque mantido em processos, operações ou redes de suprimento.

Processo, operação ou rede de suprimento	Estoques físicos	Filas de clientes	Informações em bancos de dados
Hotel	Itens de alimentação, bebidas, itens de higiene pessoal	No *check-in* e no *check-out*	Detalhes dos clientes, portadores de cartões de fidelidade, fornecedores de alimentos
Hospital	Curativos, instrumentos descartáveis, sangue	Pacientes em uma lista de espera, pacientes acamados esperando por cirurgia, pacientes em enfermarias de recuperação	Prontuários de pacientes
Processo de solicitação de cartão de crédito	Cartões em branco, formulários para preenchimento	Clientes esperando ao telefone	Informações pessoais e de crédito dos clientes
Fabricante de computadores	Componentes para montagem, materiais de embalagem, computadores montados e prontos para a venda	Clientes esperando pela entrega de seus computadores	Detalhes dos clientes, informações de fornecedores

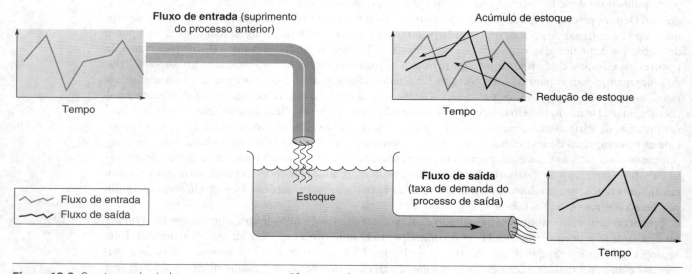

Figura 13.2 O estoque é criado para compensar as diferenças de *timing* entre suprimento e demanda.

além disso, os detalhes do cliente podem ficar permanentemente armazenados em um banco de dados. Essas informações serão então usadas, não apenas para pedidos futuros do mesmo cliente, mas também para outros processos, como em atividades promocionais focadas. Nesse caso, o estoque de informações passou de um recurso transformado para um recurso de transformação porque está sendo usado para transformar outras informações, em vez de ser apropriadamente transformado. Assim, enquanto a gestão do material físico ocupa-se em encomendar e manter os volumes corretos de bens ou materiais para lidar com as variações de fluxo, e o gerenciamento de filas ocupa-se com o nível de recursos para lidar com a demanda, um banco de dados representa a acumulação de informações, mas não pode causar uma interrupção no fluxo. O gerenciamento de banco de dados diz respeito à organização dos dados, seu armazenamento, segurança e recuperação (acesso e busca).

OPERAÇÕES NA PRÁTICA
Um estoque de energia[1]

Existe estoque para suavizar as diferenças ao longo do tempo entre o suprimento e a demanda. E, quanto maior a lacuna entre suprimento e demanda, mais útil é o estoque. Mas, para alguns setores, há um grande problema — eles lidam com coisas que não podem ser armazenadas com muita facilidade. E provavelmente a melhor ilustração disso é o negócio de geração e fornecimento de energia. Primeiro, a demanda pode flutuar bastante, especialmente em países que usam grandes quantidades de energia para refrigeração ou aquecimento. Nem a capacidade de geração pode ser planejada simplesmente com base na demanda média. Na geração de eletricidade, a demanda agregada e o uso médio não contam muito quando a demanda pode aumentar sem aviso prévio. Segundo, o fornecimento, especialmente das formas de energia mais convenientes ou mais limpas, nem sempre está disponível no momento certo. Por exemplo, o vento não sopra o tempo todo. Pior do que isso, tende a estar mais acentuado à noite, quando a demanda é baixa. Terceiro, na maioria dos países, os órgãos reguladores exigem que as empresas de energia preservem uma margem de segurança em relação à demanda total estimada para proteger um suprimento confiável para os cidadãos. Finalmente, a energia não é fácil de armazenar. O ideal seria se as empresas de energia pudessem armazenar com facilidade o excesso de energia, como a produzida por turbinas eólicas durante a noite, para uso posterior nos horários de pico. Esse chamado *deslocamento de tempo* compensaria o abastecimento irregular de fontes *verdes*, como vento e energia solar, o que os tornaria mais simples de integrar à grade. Se a energia pudesse ser armazenada, também permitiria o que as empresas de energia chamam de *achatamento do pico*, que é usar a energia armazenada em vez de ter que comprar energia mais cara no mercado à vista (curto prazo). Então, como a energia pode ser armazenada? As baterias podem fornecer energia por períodos curtos, mas não podem armazenar (ou descarregar) energia nas altas taxas (centenas de megawatts) ou as enormes quantidades (milhares de megawatts-hora) necessárias para suprir a rede. Entretanto, isso está mudando. *"Os preços estão caindo bastante"*, disse Claire Curry, analista sênior da Bloomberg New Energy Finance. *"As baterias já foram muito caras"*, disse ela. *"Contudo, como os preços estão caindo bastante, agora estamos vendo alguns casos em que a companhia ou os operadores da rede estão vendo o valor de uma bateria."*

O método mais prático de armazenamento de energia, e o mais utilizado, é a hidrelétrica de armazenamento de bombeamento (PSH, do inglês *pumped-storage hydropower*). Esse método aproveita a água e a gravidade para *armazenar* a energia potencial fora do período de pico e liberá-la durante períodos de alta demanda, usando a eletricidade fora do pico para bombear água de um reservatório até outro maior. A água é então liberada de volta para o reservatório inferior, quando a energia é mais necessária, por meio de uma turbina que produz eletricidade. O inconveniente da PSH tradicional é que requer dois reservatórios em diferentes alturas. É por isso que, se a energia mais verde for armazenada, novos métodos precisam ser desenvolvidos. As ideias incluem o uso de turbinas eólicas para bombear água de um reservatório central profundo para o mar, que pode retornar para o reservatório por meio de turbinas que produzem eletricidade. Outra ideia é bombear água para levantar um pistão que afunda de volta por meio de um gerador. Outra é usar vagões ferroviários modificados em uma faixa especialmente construída, que utiliza a energia fora do pico para chegar ao topo de uma colina e liberar os carros para correr de volta pela pista para que o movimento deles possa movimentar um gerador. Outras ideias incluem o uso de ar comprimido para armazenar a energia de gás argônio para transferir calor entre dois grandes tanques cheios de cascalho e o armazenamento de energia em sal derretido. Mas, para qualquer método que seja o mais eficaz na criação de estoques de energia, haverá recompensas, tanto em termos do mercado em potencial quanto para permitir uma melhor utilização da energia sustentável.

13.2 Por que precisaria haver estoque?

Há muitas razões para se evitar o acúmulo de estoque sempre que possível. A Tabela 13.2 identifica algumas delas, particularmente as que envolvem custo, espaço, qualidade e questões operacionais/organizacionais.

Então, por que ter estoque?

Em face disso, pode parecer sensato ter um fluxo de materiais nivelado e uniforme, clientes e informações no decorrer de processos e redes operacionais e, assim, não haver quaisquer acúmulos. De fato, os estoques

Tabela 13.2 Algumas razões para evitar estoques.

	Estoques		
	Estoques físicos	Filas de clientes	Informações em bancos de dados
Custo	Comprometem o capital de giro e podem ter custos administrativos e de seguro elevados	Principalmente o custo do tempo dos clientes, isto é, os desperdícios de tempo dos clientes	Custo de inicialização, de acesso, de atualização e de manutenção
Espaço	Requerem espaço para estocagem	Requerem áreas de espera ou linhas telefônicas para reter as ligações	Requerem capacidade de memória. Podem exigir ambiente protegido e/ou especial
Qualidade	Podem deteriorar-se no decorrer do tempo, danificar-se ou tornar-se obsoletos	Podem irritar os clientes se tiverem que esperar muito tempo. Podem levar à perda de clientes	Os dados podem estar corrompidos, perdidos ou tornarem-se obsoletos
Operacional/ organizacional	Podem ocultar problemas (ver sobre a produção enxuta no Capítulo 16)	Podem colocar pressão indevida sobre os funcionários e, assim, a qualidade fica comprometida no atravessamento	Os bancos de dados precisam de gerenciamento constante, controle de acesso, atualização e segurança

fornecem muitas vantagens tanto para as operações quanto para os clientes. Se um cliente precisar recorrer a um concorrente porque uma peça não está em estoque no seu fornecedor, porque precisa esperar muito tempo ou porque a empresa insiste em obter todos os seus dados cada vez que faz um pedido, o valor dos estoques parece incontestável. A tarefa da administração da produção é permitir que o estoque se acumule apenas quando seus benefícios superarem as desvantagens. A seguir, veja alguns dos benefícios da manutenção de estoque.

▶ *O estoque físico é uma garantia contra a incerteza:* o estoque pode atuar como um *amortecedor* contra flutuações inesperadas no suprimento e na demanda. Por exemplo, uma operação de varejo jamais pode prever perfeitamente a demanda durante os intervalos de entrega. Encomendará os bens de seus fornecedores de modo que haja sempre um nível mínimo de estoque para cobrir a possibilidade de que a demanda será maior do que o esperado durante o intervalo de tempo de entrega dos bens. Esse é o **estoque colchão**, ou **estoque de segurança**. Pode também compensar as incertezas no processo do suprimento de bens na loja. O mesmo se aplica às saídas de estoque, situação em que os hospitais sempre têm estoque de sangue, suturas e bandagens para resposta imediata aos pacientes atendidos no pronto-socorro. De modo semelhante, os autosserviços, fábricas e companhias aéreas podem manter estoques cruciais de peças sobressalentes de modo que os funcionários de manutenção possam reparar as falhas mais comuns sem atraso. Veja o exemplo *Estoques de segurança para café e a COVID* em *Operações na prática*.

> **Princípio de produção**
> O estoque deve acumular-se APENAS quando suas vantagens superarem as desvantagens.

OPERAÇÕES NA PRÁTICA
Estoques de segurança para café e a COVID[2]

As interrupções drásticas e inerentemente imprevisíveis no suprimento sempre foram reconhecidas como justificativa para os estoques de segurança — pelo menos, na teoria. Terremotos no Japão ou quebras de máquinas na fábrica de um fornecedor polonês são os tipos de ocorrências raras, mas inconvenientes, para as quais se destinam os estoques de segurança, e algumas operações provavelmente manterão estoques para se proteger. O problema é que o que parece óbvio quando ocorre um desastre pode parecer um desperdício de recursos em tempos normais. Por exemplo, em parte em razão de sua neutralidade política e autossuficiência, a Suíça tradicionalmente mantém estoques relativamente grandes de alimentos, remédios e ração animal. É uma política

▶

mantida desde a década de 1920. As empresas do comércio de café suíço, como a Nestlé, são obrigadas por lei a armazenar grandes quantidades de café cru. Juntos, esses estoques de segurança são suficientes para manter o suíço com café por três meses. Mas isso é caro, e é o governo que paga. Assim, a Agência Federal Suíça para Abastecimento Econômico Nacional decidiu que não deveria mais pagar por grandes estoques de segurança do café, dizendo que a bebida não era *vital para a vida*. O que ela subestimou foi a reação do público suíço, que consome cerca de 9 kg de café por pessoa anualmente (o dobro dos norte-americanos). Uma pesquisa de opinião patrocinada pela Migros (uma rede de supermercados, que também tem uma marca de café) descobriu que dois terços dos entrevistados "mal conseguiam imaginar uma vida sem café". Diante da reação, a Agência Federal rapidamente suspendeu sua decisão.

Mais difíceis são as decisões de manter estoques de segurança quando os itens em questão não são como o café, consumido todos os dias por todos. Veja o caso das operações de saúde no início da pandemia de COVID-19. Os países variaram na quantidade e no tipo de estoques de segurança que tinham no início do surto. A maioria dos sistemas de saúde havia reconhecido a possibilidade de uma pandemia, embora fosse vista como um *evento inesperado* — que tem um impacto muito alto, mas uma probabilidade muito baixa de acontecer. E a maioria mantinha algum tipo de estoque de segurança. Muitas vezes, porém, os estoques de segurança foram projetados para cobrir flutuações *normais* ou picos de demanda, não o aumento maciço provocado pela pandemia de COVID-19. No Reino Unido, por exemplo, os estoques de equipamentos de proteção individual (EPI) eram de, no máximo, cinco ou seis semanas de estoque, no local ou *em trânsito*. Além disso, o que constitui o tipo de emergência que pode liberar estoque de segurança? No Reino Unido, tecnicamente, o estoque só poderia ser acionado quando a Organização Mundial da Saúde declarasse uma *gripe pandêmica*, mas a COVID-19 não era uma gripe. O órgão governamental responsável teve que intervir (com relativa rapidez) para ordenar a liberação do estoque. Mas os itens do estoque de segurança foram projetados para uma pandemia de gripe, e a COVID-19 era uma doença diferente, com uma taxa de hospitalização mais alta. Portanto, continha as máscaras cirúrgicas, máscaras respiratórias FFP3, luvas e aventais necessários para combater um surto de gripe, mas não aventais e viseiras repelentes de fluidos suficientes, que seriam essenciais para o tratamento de um novo vírus como a COVID-19, que poderia sobreviver muito mais tempo fora do corpo. E os itens de estoque de segurança geralmente também não podem ser substituídos rapidamente — é por isso que eles são mantidos como estoque. O pânico para comprar EPI no início da pandemia fez com que governos e organizações privadas de saúde lutassem para reabastecer seus estoques. Estados e empresas estavam envolvidos em uma guerra de licitações. Remessas de EPI foram levadas dos aeroportos antes que pudessem ser vendidas a concorrentes. Algumas remessas foram até desviadas quando o fornecedor recebia um lance maior.

▶ *O estoque físico pode neutralizar a falta de flexibilidade:* quando ampla variedade de opções é oferecida aos clientes, a menos que a operação seja perfeitamente flexível, o estoque será necessário para assegurar o suprimento quando ela estiver engajada em outras atividades. Às vezes, isso é denominado **estoque cíclico**. Por exemplo, a Figura 13.3 mostra o perfil de estoque de uma padaria que fabrica três tipos de pão. Em razão da natureza dos processos de misturar e assar, apenas um tipo de pão pode ser produzido por vez. O padeiro teria que produzir cada tipo de pão em grandes lotes (ou fornadas) suficientes para satisfazer a demanda de cada tipo de pão entre os tempos em que cada fornada esteja pronta para a venda. Assim, mesmo quando a demanda é estável e previsível, haverá sempre algum estoque para compensar o suprimento intermitente de cada tipo de pão.

▶ *O estoque físico permite às operações ter vantagem nas oportunidades em curto prazo:* às vezes, surgem oportunidades que necessitam de estoque acumulado, mesmo quando não houver demanda imediata por ele. Por exemplo, um fornecedor pode estar oferecendo um negócio particularmente bom de itens selecionados por um período de tempo limitado, talvez porque deseja reduzir seus próprios estoques

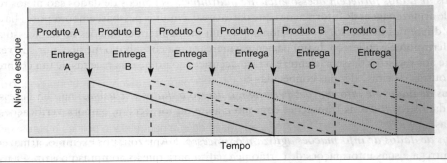

Figura 13.3 Estoque cíclico em uma padaria.

de bens acabados. Sob essas circunstâncias, um departamento de compras pode, de maneira oportuna, aproveitar a vantagem de preço em curto prazo.

▶ *O estoque físico pode ser usado para antecipar demandas futuras:* a gestão da capacidade produtiva de médio prazo (apresentada no Capítulo 11) pode usar o estoque para lidar com a demanda. Em vez de tentar fabricar um produto (como chocolate) apenas quando for necessário, ele é produzido ao longo do ano à frente da demanda e estocado até que seja necessário. Esse tipo de estoque é denominado **estoque de antecipação** e é mais comumente usado quando as flutuações da demanda são grandes, embora relativamente previsíveis.

▶ *O estoque físico pode reduzir os custos globais:* manter estoques relativamente grandes pode proporcionar economias maiores do que o custo de sua manutenção. Isso pode ocorrer quando a compra em grandes quantidades proporciona o menor custo possível dos insumos ou quando grandes quantidades pedidas reduzem o número de pedidos feitos e os custos associados à administração e ao manuseio dos materiais. Essa é a base da abordagem do *lote econômico de compra (LEC),* que será tratada mais adiante neste capítulo.

▶ *O estoque físico pode aumentar em valor:* às vezes, os itens mantidos em estoque podem aumentar em valor e, assim, tornarem-se um investimento. Por exemplo, os revendedores de vinhos finos são menos relutantes em manter estoque do que os revendedores de vinhos que não ficam melhores com o envelhecimento. (Entretanto, pode-se argumentar que manter vinhos finos até eles envelhecerem conforme a safra é, realmente, parte do processo global em vez de estoque.) Um exemplo mais óbvio são os estoques de dinheiro. Os muitos processos financeiros dentro da maioria das organizações tentarão maximizar o estoque de dinheiro que mantêm em razão dos juros que o dinheiro pode oferecer.

▶ *O estoque físico preenche o canal de processamento:* o **estoque de canal** existe porque os recursos transformados não podem ser movidos instantaneamente entre o ponto de suprimento e o ponto de demanda. Quando uma loja de varejo faz um pedido, seu fornecedor *alocará* o estoque para essa loja, irá embalá-lo, carregá-lo em seus caminhões, transportá-lo a seu destino e descarregá-lo no estoque do varejista. A partir do momento em que o estoque é alocado (e, assim, fica indisponível para qualquer outro cliente) até o momento em que se torna disponível à loja de varejo, ele é considerado estoque de canal de processamento. Especialmente em redes de suprimento geograficamente dispersas, o estoque de canal de processamento pode ser substancial.

▶ *As filas de clientes ajudam a equilibrar a capacidade e a demanda:* isso é especialmente útil se o principal recurso do serviço custar caro, por exemplo, médicos, consultores, advogados ou equipamentos caros, como tomógrafos computadorizados. Ao esperar um curto tempo após sua chegada e criar uma fila de clientes, o serviço sempre tem clientes em processo. Isso é também útil quando os tempos de chegada são menos previsíveis, por exemplo, quando um sistema de marcação de consulta não é usado ou não é possível.

▶ *As filas de clientes possibilitam a priorização:* em casos em que os recursos são fixos e os clientes estão entrando no sistema com diferentes níveis de prioridade, a formação de uma fila permite à organização atender aos clientes que exigem urgência, enquanto mantém outros menos urgentes em espera. Em algumas circunstâncias, é usual precisar esperar de 3 a 4 horas por tratamento em um pronto-socorro, com os casos mais urgentes assumindo a prioridade.

▶ *A fila proporciona aos clientes tempo para escolher:* o tempo gasto em uma fila dá aos clientes tempo para decidir de quais produtos/serviços necessitam; por exemplo, os clientes que esperam em um restaurante *fast-food* têm tempo para olhar o cardápio de modo que, quando chegam ao balcão de atendimento, já estão preparados para fazer seus pedidos sem que o funcionário precise esperar.

▶ *As filas possibilitam o uso eficiente dos recursos:* permitir a formação de filas de clientes pode possibilitar o uso eficiente dos recursos operacionais. Por exemplo, a fila de um elevador faz melhor uso de sua capacidade; em um aeroporto, ao convocarem os passageiros para o embarque, os funcionários podem encher a aeronave com maior eficiência e rapidez.

▶ *Os bancos de dados fornecem acesso eficiente multinível:* os bancos de dados são meios relativamente baratos de armazenagem de informações que dão acesso a muitas pessoas, embora possa haver restrições ou níveis diferentes de acesso. A recepcionista de um médico terá condições de ter acesso aos registros para conferir nome e endereço de um paciente e marcar uma consulta; o médico, por sua vez, à consulta marcada e aos registros desse paciente; e o farmacêutico, ao nome e às receitas de um cliente, bem como verificar outras receitas, alergias conhecidas etc.

▶ *Os bancos de dados de informações permitem o acesso a dados exclusivos:* não há necessidade de ter acesso a dados em todas as transações com um cliente ou fornecedor, embora verificações possam ser necessárias

▶ *Os bancos de dados de informações agilizam o processo:* a Amazon, por exemplo, armazena seu endereço de entrega e suas informações de cartão de crédito para que as compras possam ser feitas com um único clique, agilizando e facilitando o trabalho do cliente.

Tabela 13.3 Algumas maneiras de reduzir o estoque físico.

Razão para a manutenção de estoque	Exemplo	Como o estoque pode ser reduzido
Como segurança contra a incerteza	Estoques de segurança para quando a demanda ou o suprimento não forem perfeitamente previsíveis	▶ Melhorar a previsão da demanda ▶ Garantir o suprimento, por exemplo, mediante penalidades para o nível de serviço
Neutralizar uma falta de flexibilidade	Estoque cíclico para manter o suprimento quando outros produtos estão sendo fabricados	▶ Aumentar a flexibilidade dos processos, por exemplo, ao reduzir os tempos de troca (ver Capítulo 16) ▶ Usar processos paralelos para produção simultânea (ver Capítulo 6)
Aproveitar oportunidades relativamente de curto prazo	Os fornecedores oferecem ofertas especiais de baixo custo e por *tempo limitado*	▶ Persuadir fornecedores para adotarem *preços baixos todos os dias* (ver Capítulo 2)
Antecipar demandas futuras	Manter estoques em períodos de baixa demanda para usá-los em períodos de alta demanda	▶ Aumentar a flexibilidade de volume ao mudar para um plano de *acompanhamento da demanda* (ver Capítulo 11)
Reduzir os custos globais	Comprar um lote de produtos para economizar custos de entrega e administração	▶ Reduzir custos de administração mediante ganhos de eficiência no processo de compra ▶ Investigar canais de entrega alternativos que reduzem os custos de transporte
Estocar o canal de processamento	Itens sendo entregues aos clientes	▶ Reduzir o tempo de processo entre a solicitação do cliente e a entrega dos itens ▶ Reduzir o tempo de atravessamento a jusante (*downstream*) da cadeia de suprimento (ver Capítulo 12)

Redução do estoque físico

Para o restante deste capítulo, vamos nos concentrar principalmente no estoque físico, pois é o que a maioria dos gerentes de produção consideram quando usamos o termo *estoque*. Além do mais, consideramos que o objetivo daqueles que gerenciam estoques físicos é reduzir o nível global (e/ou o custo) do estoque, enquanto mantêm um nível aceitável de atendimento ao cliente. A Tabela 13.3 identifica algumas das formas como o estoque pode ser reduzido.

Efeito do estoque no retorno sobre o ativo

Podem-se resumir os efeitos do desempenho financeiro de uma operação examinando-se alguns dos fatores da gestão de estoque que afetam o *retorno sobre o ativo*, um índice-chave de desempenho financeiro. A Figura 13.4 mostra alguns desses fatores.

▶ O estoque controla a habilidade de a operação suprir seus clientes. A ausência de estoque significa que os clientes não ficarão satisfeitos, havendo a possibilidade de redução de faturamento.

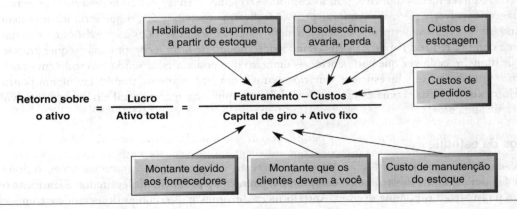

Figura 13.4 A gestão de estoque tem efeito significativo no retorno sobre o ativo.

448 **PARTE 3** ENTREGA

▶ O estoque pode tornar-se obsoleto à medida que alternativas estejam disponíveis ou pode ser destruído, deteriorar-se ou simplesmente se perder. Isso aumenta os custos (porque recursos foram desperdiçados) e reduz o faturamento (em razão de itens obsoletos, destruídos ou perdidos que não podem ser vendidos).

▶ Estoque incorre em custos de armazenagem (aluguel de espaço, manutenção de condições apropriadas etc.). Esses custos podem ser elevados se a estocagem dos itens oferecer perigo (por exemplo, solventes inflamáveis, explosivos, produtos químicos) ou se forem difíceis de armazenar, exigindo instalações especiais de estocagem (por exemplo, alimentos congelados).

▶ Estoque envolve custos administrativos e de seguro. Cada vez que uma entrega é solicitada, isso demanda tempo e custo.

▶ Estoque vincula-se a dinheiro, na forma de capital de giro, que fica indisponível para outros usos, como redução de empréstimos ou investimento em ativos fixos produtivos (explicaremos a ideia de capital de giro mais adiante).

> **✓ Princípio de produção**
>
> A gestão de estoque pode ter efeito significativo no retorno sobre o ativo.

▶ Os contratos de estoque com fornecedores podem ditar o *timing* de quando os fornecedores precisam ser pagos. Se exigirem pagamento antes de a operação receber o pagamento de *seus* clientes (como é normal), a diferença entre o montante que a operação deve aos fornecedores e o montante que os fornecedores devem à operação aumenta a necessidade de capital de giro.

Decisões de estoque do dia a dia

Sempre que houver acúmulo de estoque, os gerentes de produção precisam administrar as tarefas do dia a dia relacionadas com a gestão de estoque. Os pedidos serão recebidos de clientes internos e externos; estes serão despachados e a demanda, gradualmente, esvaziará o estoque. Novos pedidos serão emitidos para repor o estoque; as entregas chegarão e exigirão estocagem. No gerenciamento do sistema, os gerentes de produção estão envolvidos em três tipos de decisão importantes:

▶ *Quanto pedir:* cada vez que um pedido de reposição for emitido, qual será sua quantidade (às vezes, denominada *decisão de volume*)?

▶ *Quando pedir:* em que momento do tempo ou em que nível de estoque um pedido de reposição deve ser emitido (às vezes, denominada *decisão de timing*)?

▶ *Como controlar o sistema:* que procedimentos e rotinas devem ser instalados para ajudar a tomar essas decisões? Prioridades diferentes devem ser alocadas a itens de estoque diferentes? Como as informações de estoque devem ser armazenadas?

13.3 Quanto deve ser pedido? Decisão de volume

Para ilustrar essa decisão, consideremos o exemplo de suprimento de comida e bebidas em nossa casa. No gerenciamento desse estoque, tomamos implicitamente decisões de *quantidade a pedir,* isto é, quanto comprar de cada vez. Ao tomar essa decisão, estamos equilibrando dois conjuntos de custos: o custo associado a sair para comprar os itens de comida e os custos associados à manutenção de estoque. A opção de manter muito pouco ou nenhum estoque de comida e comprar cada item apenas quando necessário tem a vantagem de requerer menos dinheiro, pois as compras são feitas apenas quando necessário. Entretanto, essa abordagem envolveria sair para comprar provisões diversas vezes por dia, o que seria inconveniente. No extremo oposto, ir ao supermercado local em alguns meses e adquirir todas as provisões necessárias até a próxima compra reduz o tempo e os custos incorridos no ato de fazer a compra, mas requer grande montante de dinheiro cada vez que isso ocorrer — dinheiro que poderia estar sendo investido em outro lugar. Podemos também ter que investir em armários extras e um *freezer* muito grande. Em algum ponto entre esses dois extremos estará uma estratégia de pedido que minimize o custo total e o esforço envolvidos na compra de alimentos.

Custos de estoque

Os mesmos princípios aplicam-se às decisões comerciais de quanto pedir, como na situação doméstica. Ao tomar uma decisão sobre quanto comprar, os gerentes de produção devem tentar identificar os custos que serão afetados por sua decisão. Anteriormente, examinamos como as decisões de estoque afetam alguns dos componentes importantes do retorno sobre o ativo. Aqui, assumimos uma perspectiva de custo e reexaminamos esses componentes para determinar quais custos aumentam e quais diminuem à medida que a quantidade pedida aumenta. Na lista seguinte, os três primeiros custos diminuirão à medida que o tamanho do pedido aumenta, enquanto os quatro seguintes, geralmente, aumentam à medida que o tamanho do pedido aumenta:

1. *Custo de emitir o pedido:* cada vez que um pedido é emitido para repor estoque, várias transações são necessárias e incorrem custos para a empresa. Estes incluem preparação do pedido, comunicação com fornecedores, organização para entrega, procedimentos de pagamento e manutenção de registros internos da transação. Mesmo se estivermos emitindo um *pedido interno* em parte de nossa própria operação, provavelmente ainda haverá os mesmos tipos de transação referentes à administração interna.
2. *Custos do desconto no preço:* frequentemente, os fornecedores oferecem descontos para grandes quantidades e penalidades de custo para pequenos pedidos.
3. *Custos de falta de estoque:* se errarmos a decisão de quantidade pedida e ficarmos sem estoque, haverá perda de faturamento (custos de oportunidade) de deixar de suprir os clientes. Os clientes externos podem trocar de fornecedor e os clientes internos sofrerão ineficiências no processo.
4. *Custos de capital de giro:* após receber um pedido de reposição, o fornecedor exigirá o pagamento. Sem dúvida, após suprirmos nossos clientes, também receberemos pagamento. Entretanto, haverá provavelmente um lapso de tempo entre pagar nossos fornecedores e receber de nossos clientes. Durante esse prazo, deveremos ter o dinheiro necessário para pagar os custos de manutenção do estoque. Isso é denominado *capital de giro* do estoque. Os custos associados são os juros que pagamos ao banco pelo empréstimo ou os custos de oportunidade de não investir o dinheiro de outra forma.
5. *Custos de estocagem:* esses são os custos associados à armazenagem física dos bens. Aluguel, climatização e iluminação do armazém, assim como o seguro do estoque, podem ser caros, especialmente quando são exigidas condições especiais, como baixas temperaturas ou muita segurança.
6. *Custos de obsolescência:* quando encomendamos grandes quantidades, isso geralmente resulta em itens estocados durante muito tempo. Isso aumenta o risco de os itens tornarem-se obsoletos (por exemplo, no caso de uma mudança de moda) ou deteriorarem-se com o tempo (por exemplo, no caso da maioria dos alimentos).
7. *Custos de ineficiência operacional:* conforme as filosofias da operação enxuta, níveis de estoque elevados nos previnem de perceber a extensão total do problema na operação. Esse argumento é explorado no Capítulo 16.

Vale a pena observar que pode não ser a mesma organização que incorre nos custos. Por exemplo, às vezes os fornecedores concordam em manter o estoque em consignação. Isso significa que entregam grande volume de estoque a seus clientes, mas cobrarão apenas pelos bens à medida que forem vendidos ou usados. Entretanto, o estoque permanecerá de propriedade do fornecedor e não precisa ser financiado pelo cliente, que, por sua vez, fornece as instalações de armazenamento.

Perfis de estoque

Perfil de estoque é uma representação visual do nível de estoque ao longo do tempo. A Figura 13.5 mostra um perfil de estoque simplificado para um item particular de estoque em uma operação de varejo. Sempre que um pedido é emitido, Q itens são encomendados. O pedido de reposição chega instantaneamente em um lote. A demanda do lote é, então, fixa e perfeitamente previsível à taxa de D unidades por mês. Quando a demanda esgota totalmente o estoque de itens, outro pedido de Q itens chega instantaneamente e assim por diante. Sob essas circunstâncias:

$$\text{Estoque médio} = \frac{Q}{2} \quad \text{(porque as duas áreas destacadas da Figura 13.5 são iguais)}$$

$$\text{Intervalo de tempo entre as entregas} = \frac{Q}{D}$$

$$\text{Frequência das entregas} = \text{recíproco do intervalo de tempo} = \frac{D}{Q}$$

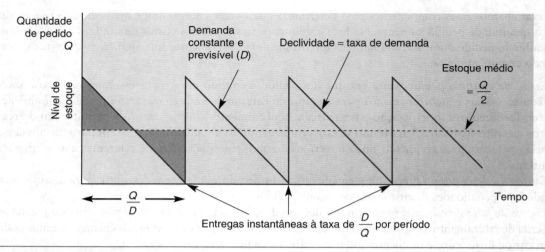

Figura 13.5 Perfis de estoque representam graficamente a variação no nível de estoque.

Fórmula do lote econômico de compra

O método mais comum para decidir quanto de um item particular pedir, quando o estoque precisa ser reabastecido, é a técnica do lote econômico de compra (LEC). Essa abordagem tenta encontrar o melhor equilíbrio entre as vantagens e as desvantagens de se manter estoque. Por exemplo, a Figura 13.6 mostra duas políticas alternativas de LEC para um item. O Plano A, representado pela linha contínua, envolve comprar em quantidades de 400 por vez. A demanda, nesse caso, está em torno de 1.000 unidades por ano. O Plano B, representado pela linha tracejada, usa pedidos de reposição menores e mais frequentes. Dessa vez, apenas 100 são encomendados por vez, com pedidos emitidos com frequência quatro vezes maior. Entretanto, o estoque médio para o Plano B é um quarto daquele para o Plano A.

Para descobrir se algum desses planos (ou algum outro plano) minimiza o custo total de estocagem do item, precisamos de mais informações, a saber, o custo total de manter uma unidade em estoque por um período de tempo (C_h) e o custo total de emitir um pedido (C_o). Geralmente, os custos de manutenção são levados em consideração ao incluir:

▶ Custos de capital de giro.
▶ Custos de estocagem.
▶ Custos do risco de obsolescência.

Os custos de pedido são calculados levando em consideração:

▶ Custo de emissão de pedido (incluindo transporte de itens de fornecedores, se relevante).
▶ Custos de desconto no preço.

Nesse caso, o custo de manter estoques é calculado a £ 1 por item a cada ano, e o custo de emissão de um pedido é de £ 20 por pedido.

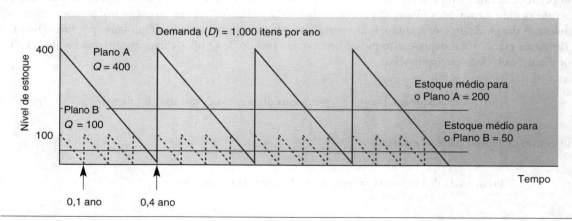

Figura 13.6 Dois planos de estoque alternativos, com diferentes quantidades de pedido (Q).

Podemos agora calcular o custo total de manutenção e os custos de pedido para qualquer plano de pedido particular, como segue:

$$\text{Custos de manutenção} = \text{Custo de manutenção/unidade} \times \text{Estoque médio}$$

$$= C_h \times \frac{Q}{2}$$

$$\text{Custos de pedido} = \text{Custo de pedido} \times \text{Número de pedidos por período}$$

$$= C_o \times \frac{D}{Q}$$

Assim, o custo total é:

$$C_t = \frac{C_h Q}{2} + \frac{C_o D}{Q}$$

Podemos agora calcular os custos de adotar planos com diferentes quantidades de pedido. Estes são ilustrados na Tabela 13.4. Como esperaríamos, com baixos valores de Q, os custos de manutenção de estoque são baixos, mas os custos de emissão de pedidos são altos porque os pedidos precisam ser emitidos com maior frequência. À medida que Q aumenta, os custos de manutenção de estoque crescem, mas o custo de emissão de pedido diminui. Inicialmente, a diminuição nos custos de pedido é maior do que o aumento nos custos de manutenção, e o custo total cai. Entretanto, após determinado ponto, a diminuição no custo de emissão de pedido é mais lenta, enquanto o aumento dos custos de manutenção permanece constante e o custo total começa a crescer. Nesse caso, a quantidade de pedido Q, que minimiza a soma dos custos de manutenção e de pedido, é 200. Essa quantidade *ideal* de pedido é denominada *LEC*. Isso é ilustrado graficamente na Figura 13.7.

Um método mais elegante de encontrar o LEC é derivar sua expressão geral. Isso pode ser feito usando cálculo diferencial simples, como a seguir. De antes:

$$\text{Custo total} = \text{Custo de manutenção} + \text{Custo de pedido}$$

$$C_t = \frac{C_h Q}{2} + \frac{C_o D}{Q}$$

A taxa de mudança do custo total é dada pela primeira derivada de C_t com relação a Q:

$$\frac{dC_t}{dQ} = \frac{C_h}{2} + \frac{C_o D}{Q^2}$$

Tabela 13.4 Custos da adoção de planos com quantidades de pedido diferentes.

Demanda (D) = 1.000 unidades por ano Custos do pedido (C_o) = £20 por pedido			Custo de manutenção (C_h) = £1 por item ao ano		
Quantidade do pedido (Q)	*Custo de manutenção ($0,5Q \times Ch$)*	+	*Custos do pedido [(D/Q) × C_o)]*	=	*Custo total*
50	25		20 × 20 = 400		425
100	50		10 × 20 = 200		250
150	75		6,7 × 20 = 134		209
200	100		5 × 20 = 100		200*
250	125		4 × 20 = 80		205
300	150		3,3 × 20 = 66		216
350	175		2,9 × 20 = 58		233
400	200		2,5 × 20 = 50		250

*Custo mínimo total.

O ponto de custo mais baixo ocorrerá quando $\frac{dC_t}{dQ} = 0$, ou seja:

$$0 = \frac{C_h}{2} + \frac{C_o D}{Q_o^2}$$

em que Q_o é o LEC. Rearranjando essa expressão, temos:

$$Q_o = EOQ = \sqrt{\frac{2C_o D}{C_h}}$$

Quando usamos o LEC:

$$\text{Tempo entre os pedidos} = \frac{EOQ}{D}$$

$$\text{Frequência dos pedidos} = \frac{D}{EOQ} \text{ por período}$$

Sensibilidade do LEC

O exame da representação gráfica da curva do custo total na Figura 13.7 mostra que, apesar de haver um valor único de Q que minimiza o custo total, qualquer desvio relativamente pequeno do LEC não aumentará significativamente o custo total. Em outras palavras, o custo estará próximo do ideal, desde que o valor escolhido para Q esteja razoavelmente próximo do LEC. Em outras palavras, pequenos erros na estimativa dos custos de manutenção de estoque ou dos custos de pedido não resultarão em desvio significativo do LEC. Esse é um fenômeno particularmente conveniente porque, na prática, tanto os custos de manutenção como os de pedido não são fáceis de estimar com precisão.

> **Princípio de produção**
> Para qualquer atividade de reposição de estoque, há uma quantidade de pedido teoricamente *ideal* que minimiza o total de custos relacionados com o estoque.

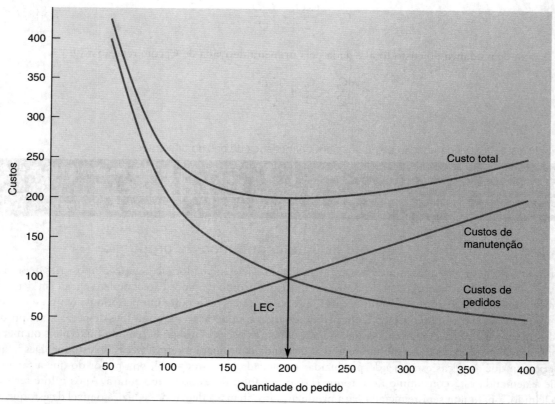

Figura 13.7 Representação gráfica do lote econômico de compra (LEC).

CAPÍTULO 13 GESTÃO DE ESTOQUE

Exemplo resolvido

Materiais de construção da CVM

O fornecedor de materiais de construção CVM compra cimento apenas de um fornecedor. A demanda de cimento é razoavelmente constante ao longo do ano, e no último ano a empresa vendeu 2.000 toneladas desse produto. Seus custos estimados são de £ 25 por pedido emitido, e o custo anual de manutenção de estoque é de 20% do custo de aquisição. A empresa compra cimento por £ 60 a tonelada. Quanto cimento a empresa deve pedir por vez?

$$\text{LEQ para o cimento } = \sqrt{\frac{2C_oD}{C_h}}$$

$$= \sqrt{\frac{2 \times 25 \times 2.000}{0,2 \times 60}}$$

$$= \sqrt{\frac{100.000}{12}}$$

$$= 91,287 \text{ toneladas}$$

Após calcular o LEC da operação, o gerente de produção acha que emitir um pedido para *exatamente* 91,287 toneladas parece preciso demais. Por que não pedir 100 toneladas, que é mais conveniente?

Custo total para o plano de pedido para $Q = 91,287$:

$$= \frac{C_hQ}{2} + \frac{C_oD}{Q}$$

$$= \frac{(0,2 \times 60) \times 91,287}{2} + \frac{25 \times 2.000}{91,287}$$

$$= £1.095,454$$

Custo total para o plano de pedido para $Q = 100$:

$$= \frac{(0,2 \times 60) \times 100}{2} + \frac{25 \times 2.000}{100}$$

$$= £1.100$$

O custo extra de pedir 100 toneladas por vez é de £ 1.100,00 − £ 1.095,45 = £ 4,55. Portanto, o gerente de produção deve sentir-se confiante ao definir a quantidade de pedido mais conveniente.

Reposição gradual – modelo do lote econômico de produção

Embora o perfil de estoque simples mostrado na Figura 13.5 tenha adotado algumas suposições de simplificação, é aplicável à maioria das situações em que cada pedido de reposição completo chega em determinado momento. Entretanto, em muitos casos, a reposição ocorre durante um período de tempo e não em um único lote. Um exemplo típico é um pedido emitido na operação para um lote de peças a ser produzido em uma máquina. A máquina começará a produzir as peças e entregá-las em um fluxo mais ou menos contínuo no estoque, mas, ao mesmo tempo, a demanda continuará a retirar peças do estoque. Desde que a taxa em que as peças estão sendo produzidas e colocadas no estoque (P) seja maior do que a taxa em que a demanda está consumindo o estoque (D), o tamanho do estoque aumentará. Após o lote ter sido concluído, a máquina será reiniciada para produzir outro item e a demanda reduzirá o nível de estoque até que recomece a produção do novo lote. O perfil resultante é mostrado na Figura 13.8. Tal perfil é típico

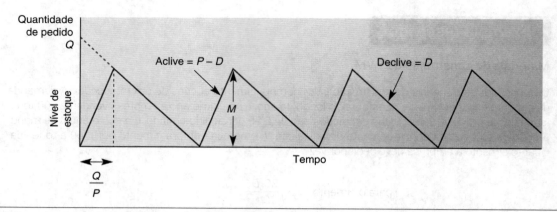

Figura 13.8 Perfil para reposição gradual de estoque.

para estoques cíclicos fornecidos por processos de lote, em que os itens são produzidos interna e intermitentemente. Por essa razão, a quantidade do lote de custo mínimo para esse perfil é denominada lote econômico de produção (LEP) ou a quantidade de pedido de produção (QPP). Ela é derivada como a seguir:

$$\text{Nível máximo de estoque} = M$$
$$\text{Aclive de acúmulo de estoque} = P - D$$

Também, como está evidente na Figura 13.8:

$$\text{Aclive de acúmulo de estoque} = M \div \frac{Q}{P}$$
$$= \frac{MP}{Q}$$

Assim,

$$\frac{MP}{Q} = P - D$$
$$M = \frac{Q(P - D)}{P}$$
$$\text{Nível médio de estoque} = \frac{M}{2}$$
$$= \frac{Q(P - D)}{2P}$$

Como antes:

$$\text{Custo total} = \text{Custo de manutenção de estoque} + \text{Custo de pedido}$$

$$C_t = \frac{C_h Q(P - D)}{2P} + \frac{C_o D}{Q}$$

$$\frac{dC_t}{dQ} = \frac{C_h(P - D)}{2P} - \frac{C_o D}{Q^2}$$

Novamente, igualando a zero e resolvendo Q, temos a quantidade de pedido de custo mínimo (LEP):

$$\text{LEP} = \sqrt{\frac{2C_o D}{C_h(1 - (D > P))}}$$

CAPÍTULO 13 GESTÃO DE ESTOQUE **455**

Exemplo resolvido

Clonacola

O gerente de uma engarrafadora de refrigerantes Clonacola precisa decidir qual o tamanho do lote de cada tipo de bebida a processar. A demanda de cada tipo é razoavelmente constante em 80.000 unidades por mês (um mês tem 160 horas de produção). As linhas de engarrafamento enchem a uma taxa de 3.000 unidades por hora, mas precisam de uma hora para serem limpas e reprogramadas entre os diferentes refrigerantes. O custo de cada troca (de trabalho e de capacidade de produção perdida) foi calculado em £ 100 por hora. Os custos de manutenção de estoque são contados a £ 0,10 por garrafa/mês.

$$D = 80.000 \text{ por mês}$$

$$= 500 \text{ por hora}$$

$$LEP = \sqrt{\frac{2C_o D}{C_h(1 - (D/P))}}$$

$$= \sqrt{\frac{2 \times 100 \times 80.000}{0,10(1 - (500/3.000)}}$$

$$LEP = 13.856$$

Os funcionários que operam as linhas encontraram um método de reduzir o tempo de troca de uma hora para 30 minutos. Como isso mudaria o LEP?

$$\text{Novo } C_o = £ 50$$

$$\text{Novo LEP} = \sqrt{\frac{2 \times 50 \times 80.000}{0,10(1 - (500/3.000))}}$$

$$= 9.798$$

Comentário crítico

A abordagem para determinar a quantidade de pedido que envolve a otimização dos custos de manutenção de estoque contra custos de pedido de estoque, representada pelos modelos LEC e LEP, está sempre sujeita a críticas. Originalmente, elas tratavam da validade de algumas das pressuposições do modelo; mais recentemente, têm envolvido a razão subjacente da abordagem em si. As críticas classificam-se em quatro categorias amplas que examinaremos posteriormente.

▸ As suposições incluídas nos modelos LEC são simplistas.
▸ Os custos reais de estoque em operações não são como considerados nos modelos LEC.
▸ Na realidade, os modelos são descritivos e não deveriam ser usados como instrumentos prescritivos.
▸ A minimização do custo não é um objetivo apropriado para a gestão de estoque.

Respondendo às críticas ao modelo LEC

Para manter os modelos do tipo LEC relativamente simples, foi necessário fazer algumas suposições relativas a assuntos como estabilidade da demanda, existência de um custo de pedido fixo e identificável, que o custo da manutenção do estoque pode ser expresso por uma função linear, custos de falta de estoque identificáveis e assim por diante. Embora nenhum desses pressupostos seja estritamente verdadeiro, a maioria deles pode aproximar-se da realidade. Além disso, a forma da curva de custo total tem o ponto ideal em uma região relativamente horizontal, o que significa que pequenos erros não afetarão significativamente

456 **PARTE 3** ENTREGA

o custo total de uma quantidade de pedido próxima à ideal. Todavia, às vezes, os pressupostos impõem limitações sérias aos modelos. Por exemplo, o pressuposto de demanda constante (ou mesmo de demanda conforme algumas distribuições de probabilidade conhecidas) não é verdadeiro para grande gama de problemas de estoque da operação. Por exemplo, um livreiro pode estar muito feliz por adotar uma política de pedido do tipo LEC para alguns de seus produtos mais regulares e estáveis, como dicionários e livros de referência populares. Entretanto, os padrões de demanda para muitos outros livros podem ser bem mais erráticos, dependendo dos comentários dos críticos e das recomendações boca a boca. Em tais circunstâncias, é simplesmente inadequado utilizar modelos LEC.

Custo de estoque

Outras questões cercam alguns dos pressupostos feitos em relação à natureza dos custos de estoque. Por exemplo, fazer um pedido a um fornecedor como parte de um suprimento regular e de múltiplos itens pode ser relativamente barato, enquanto fazer um pedido especial de um item pode custar muito caro. De modo semelhante, com custos de manutenção de estoque, apesar de muitas empresas cobrarem uma porcentagem-padrão do preço de aquisição de itens em estoque, isso pode não ser adequado em uma grande gama de níveis de manutenção de estoque. Os custos marginais de aumentar os níveis de manutenção de estoque podem ser meramente o custo de capital de giro envolvido. Por outro lado, pode ser necessária a construção ou o aluguel de um novo local de armazenamento, como um novo armazém. Os gerentes de produção que usam uma abordagem do tipo LEC devem verificar que as decisões tomadas com base no uso da fórmula não excedam os limites dentro dos quais se aplicam os pressupostos de custos. No Capítulo 16, exploramos a abordagem *enxuta*, que considera o estoque como sendo largamente negativo. Entretanto, é útil nesse estágio examinar o efeito de uma abordagem LEC em relação ao estoque custando mais do que anteriormente se acreditava. Aumentar a inclinação da linha de custo de manutenção de estoque tanto aumenta o nível do custo total de *qualquer* quantidade de pedido como, mais significativamente, leva o ponto de custo mínimo substancialmente para a esquerda, em favor de um lote econômico de compra mais baixo. Em outras palavras, quanto menos uma operação dispõe-se a manter o estoque com base no custo, mais sua curva move-se no sentido de pedidos menores e mais frequentes.

Usando modelos LEC como prescrições

Talvez, a crítica mais fundamental da abordagem LEC venha novamente das filosofias consideradas *enxutas*. O modelo LEC tenta otimizar as decisões de pedido. Implicitamente, os custos são assumidos como fixos, no sentido em que a tarefa dos gerentes de produção é descobrir quais são os verdadeiros custos, em vez de tentar mudá-los de alguma maneira. O LEC é basicamente uma abordagem reativa. Alguns críticos argumentariam que ela falha por não fazer a pergunta certa. Em vez de formular a questão do LEC — "Qual a quantidade de pedido ideal?" —, os gerentes de produção deveriam realmente perguntar: "Como posso mudar a operação de modo a reduzir o nível total de estoque que é necessário manter?". A abordagem LEC pode ser uma descrição razoável dos custos de manutenção de estoque, mas não deve necessariamente ser tomada como uma prescrição estrita de qual decisões tomar. Por exemplo, muitas organizações fazem esforços consideráveis para reduzir os custos de pedido. Frequentemente, fazem isso trabalhando para reduzir os tempos de troca (preparação) das máquinas. Isso significa que menos tempo é gasto mudando de um produto para outro e, portanto, menos capacidade operacional é perdida, o que, por sua vez, reduz os custos de mudança. Sob essas circunstâncias, a curva de custo de pedido na fórmula LEC reduz-se e, por sua vez, reduz a quantidade econômica de pedido. A Figura 13.9 mostra a fórmula LEC representada graficamente com custos de manutenção de estoque aumentados (ver a discussão anterior) e redução do custo de pedido. O efeito líquido disso é a redução significativa do valor do LEC.

O custo de estoque deve ser minimizado?

Muitas organizações (como supermercados e atacadistas) obtêm a maior parte do faturamento e do lucro simplesmente da manutenção e do suprimento de estoque. Devido ao fato de que seu maior investimento se concentra em estoque, é crítico que obtenham um bom retorno nesse capital ao assegurar que tenham o mais alto *giro de estoque* (definido posteriormente neste capítulo) e/ou margem de lucro bruto possível. Como alternativa, também podem estar preocupados em maximizar o uso do espaço ao procurar maximizar o lucro obtido por metro quadrado. O modelo LEC não atende a esses objetivos. De modo semelhante ao que ocorre com produtos que se deterioram ou saem de moda, o modelo LEC pode resultar em excesso de estoque de itens de movimentação mais lenta. De fato, o modelo LEC raramente é usado em tais organizações e é mais provável que haja um sistema de revisão periódica (descrito mais adiante) para pedidos

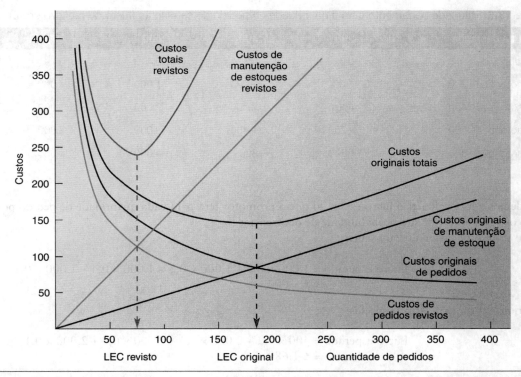

Figura 13.9 Se os custos verdadeiros de manutenção de estoque forem considerados e o custo de pedido (ou troca) for reduzido, a quantidade econômica de pedido (LEC) será muito menor.

regulares de reposição de estoque. Por exemplo, um comerciante típico de materiais de construção pode ter 50 mil itens diferentes em estoque (unidades de manutenção de estoque ou *stock-keeping units* — SKUs). Entretanto, muitos desses itens agrupam-se em famílias maiores de itens, como tintas, louças e metais. Pedidos individuais são emitidos a intervalos regulares para todas as reposições necessárias na gama oferecida pelo fornecedor e são entregues juntos, de uma só vez. Por exemplo, se tais entregas forem feitas semanalmente, então, em média, as quantidades pedidas de itens individuais serão apenas para o uso em uma semana. Itens menos populares, ou aqueles com padrões erráticos de demanda, podem ser pedidos individualmente ao mesmo tempo ou (quando urgentes) podem ser entregues no dia seguinte por serviço expresso.

Se os clientes não esperam — o problema do estoque para um período limitado

Um caso especial da decisão de quantidade de pedido de estoque é quando uma quantidade de pedido é comprada para um evento ou período de tempo específico, após o qual é improvável que os itens sejam vendidos. Um exemplo simples disso é a decisão tomada por um vendedor de jornais de quantos jornais estocar para o dia. Se o fornecedor ficar sem jornais, os clientes irão para outro lugar ou decidirão não comprar um jornal naquele dia. Jornais que sobraram no fim do dia são inúteis, e a demanda pelos jornais varia dia a dia. Ao decidir quantos jornais levar, o vendedor de jornais está, na verdade, equilibrando o risco e a consequência de ficar sem jornais com o de ter jornais sobrando no fim do dia. Varejistas e fabricantes de produtos de lazer de alto nível, como alguns livros e CDs de música popular, enfrentam o mesmo problema. Por exemplo, um promotor de *shows* precisa decidir quantas camisetas com o logotipo do *show* principal devem ser encomendadas. O lucro de cada camiseta vendida no *show* é de £ 5 e quaisquer camisetas não vendidas são devolvidas à empresa que as fornece, mas com prejuízo para o promotor de £ 3 por camiseta. A demanda é incerta, mas estima-se que esteja entre 200 e 1.000. As probabilidades das diferentes demandas são as seguintes:

Nível de demanda	200	400	600	800
Probabilidade	0,2	0,3	0,4	0,1

Quantas camisetas o promotor deve pedir? A Tabela 13.5 mostra o lucro que o promotor teria para diferentes quantidades de pedidos e diferentes níveis de demanda.

Tabela 13.5 Matriz de pagamento para a quantidade do pedido de camisetas (lucro ou prejuízo em £).

Nível de demanda	200	400	600	800
Probabilidade	0,2	0,3	0,4	0,1
Promotor pede 200	1.000	1.000	1.000	1.000
Promotor pede 400	400	2.000	2.000	2.000
Promotor pede 600	−200	1.400	3.000	3.000
Promotor pede 800	−800	800	4.000	4.000

Podemos agora calcular o lucro esperado que o promotor terá para cada quantidade de pedido ponderando os resultados por sua probabilidade de ocorrência:

Se o promotor pede 200 camisetas:

$$\text{Lucro esperado} = 1.000 \times 0,2 + 1.000 \times 0,3 + 1.000 \times 0,4 + 1.000 \times 0,1$$
$$= £\ 1.000$$

Se o promotor pede 400 camisetas:

$$\text{Lucro esperado} = 400 \times 0,2 + 2.000 \times 0,3 + 2.000 \times 0,4 + 2.000 \times 0,1$$
$$= £\ 1.680$$

Se o promotor pede 600 camisetas:

$$\text{Lucro esperado} = -200 \times 0,2 + 1.400 \times 0,3 + 3.000 \times 0,4 + 3.000 \times 0,1$$
$$= £\ 1.880$$

Se o promotor pede 800 camisetas:

$$\text{Lucro esperado} = -800 \times 0,2 + 800 \times 0,3 + 2.400 \times 0,4 + 4.000 \times 0,1$$
$$= £\ 1.440$$

A quantidade do pedido que oferece o máximo de lucro é 600 camisetas, que resulta em um lucro de £ 1.880.

A importância dessa técnica está no modo como ela tem uma visão probabilística de parte do cálculo de estoque (demanda), algo que usaremos novamente neste capítulo.

OPERAÇÕES NA PRÁTICA

A padaria do Sr. Rubin[3]

Tenha cuidado ao tratar do problema do estoque para um período limitado produto por produto. Essa é uma ideia poderosa, mas precisa ser vista no contexto. Pegue a famosa (em Nova York) City Bakery, em Manhattan. Ela é dirigida por Maury Rubin, um mestre padeiro que conhece a economia de assar produtos frescos. Ingredientes e aluguel são caros. Custa ao Sr. Rubin $ 2,60 para fazer um *croissant* de $ 3,50. Se ele faz 100 e vende 70, ele ganha $ 245, mas seus custos são de $ 260, e, como todas as mercadorias são vendidas em um dia (seus padrões de qualidade significam que ele não venderá sobras), ele perde dinheiro. Ele também não pode aumentar seus preços. Em seu mercado competitivo, diz ele, os compradores se irritam quando o custo dos produtos de panificação ultrapassa um certo limite. No entanto, o Sr. Rubin tem duas *soluções*. Primeiro, ele pode subsidiar seus *croissants* vendendo itens com margens mais altas, como saladas e sanduíches sofisticados. Segundo, ele pode usar dados para reduzir o desperdício, estudando as vendas para detectar tendências de demanda, para que possa ajustar a oferta. Ele monitora cuidadosamente o clima (a demanda diminui quando chove) e inspeciona cuidadosamente os calendários escolares para que possa reduzir as quantidades que faz durante as férias escolares. Todos os dias pela manhã, ele certifica-se de que os doces estejam preparados, mas depois verifica as vendas a cada 60 a 90 minutos antes de tomar a decisão de ajustar ou não a oferta. Só quando os números estão favoráveis é que as massas vão para o forno. Não ter *croissants* sobrando no fim do dia é um sinal de sucesso.

13.4 Quando fazer um pedido? Decisão de *timing*

Quando assumimos que os pedidos chegam instantaneamente e a demanda é constante e previsível, a decisão de quando emitir um pedido de reposição é evidente. Um pedido seria emitido logo que o nível de estoque atingisse zero. Ele chegaria instantaneamente e evitaria qualquer ocorrência de falta de estoque. Se os pedidos de reposição não chegarem instantaneamente, mas houver um lapso entre o pedido e sua chegada ao estoque, podemos calcular o *timing* do pedido de reposição, como mostrado na Figura 13.10. O prazo de entrega (também denominado *lead time*) para um pedido chegar, nesse caso, é de duas semanas; assim, o **ponto de ressuprimento (ROP, do inglês *re-order point*)** é o ponto em que o estoque vai cair para zero menos o *lead time* do pedido. Como alternativa, podemos definir o ponto em termos do nível que o estoque terá atingido quando um pedido de reposição tiver que ser emitido. Nesse caso, isso ocorre no **nível de ressuprimento (ROL, do inglês *re-order level*)** de 200 itens.

Entretanto, isso presume que tanto a demanda como o *lead time* do pedido são perfeitamente previsíveis. Na maioria dos casos, está evidente que não é bem assim. Tanto a demanda como o *lead time* do pedido são passíveis de variar para produzir um perfil que se parece com o da Figura 13.11. Nessas circunstâncias, é necessário fazer pedidos de reposição antes do que seria o caso em uma situação puramente determinística. Isso vai resultar, em média, em algum estoque ainda presente quando os pedidos de reposição chegam. Trata-se de estoque colchão ou estoque de segurança. Quanto mais cedo o pedido de reposição for emitido, mais alto será o nível esperado de estoque de segurança (s) quando o pedido de reposição chegar. Todavia, devido à variabilidade tanto do *lead time* de pedido (t) como da taxa de demanda (d), às vezes haverá um estoque de segurança mais alto que a média e, outras, um mais baixo. A principal consideração no estabelecimento do estoque de segurança não é tanto o nível médio de estoque quando um pedido de reposição chega, mas a probabilidade de o estoque não faltar antes da entrega do pedido de reposição.

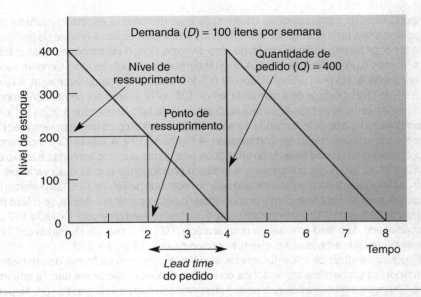

Figura 13.10 Nível de ressuprimento (ROL) e o ponto de ressuprimento (ROP) são derivados do *lead time* do pedido e da taxa de demanda.

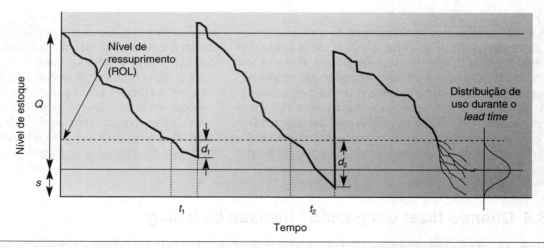

Figura 13.11 O estoque de segurança (s) ajuda a evitar faltas de estoque quando a demanda e/ou o *lead time* de pedido são incertos.

A estatística-chave no cálculo de quanto estoque de segurança permitir é a distribuição de probabilidade, que mostra o **uso durante o *lead time***. A distribuição do uso durante o *lead time* é uma combinação de distribuições que descreve a variação do *lead time* e a taxa de demanda durante ele. Se o estoque de segurança for estabelecido abaixo do menor limite dessa distribuição, haverá falta a cada ciclo de reposição. Se o estoque de segurança for estabelecido acima do maior limite da distribuição, não há risco de ocorrer falta de estoque. Geralmente, o estoque de segurança é estabelecido para dar probabilidade predeterminada de que a falta de estoque não ocorrerá. A Figura 13.11 mostra que, nesse caso, o primeiro pedido de reposição chegou após t_1, resultando em um uso do *lead time* de d_1. O segundo pedido de reposição levou mais tempo, t_2, e a taxa de demanda também foi mais alta, resultando em um uso do *lead time* d_2. O terceiro ciclo de pedido mostra diversos perfis de estoque possíveis para diferentes condições de uso do *lead time* e da taxa de demanda.

> **✓ Princípio de produção**
> Para qualquer atividade de reposição de estoque, o *timing* da reposição deve refletir os efeitos da incerteza do *lead-time* e a incerteza da demanda durante ele.

Exemplo resolvido

Tênis de corrida da Knacko

A Knacko importa tênis de corrida para venda em suas lojas de material esportivo e jamais consegue ter certeza de quanto tempo uma entrega vai demorar após emitir um pedido. A análise de pedidos anteriores revela que, de um total de dez pedidos, um levou uma semana, dois, duas semanas, quatro, três semanas, dois, quatro semanas e um, cinco semanas. A taxa de demanda para esses tênis também varia entre 110 e 140 pares por semana. Há uma probabilidade de 0,2 de a taxa de demanda estar entre 110 e 140 pares por semana e 0,3 de probabilidade de a demanda ser de 120 ou 130 pares por semana. A empresa precisa decidir quando emitir pedidos de reposição se a probabilidade de falta de estoque precisa ser inferior a 10%.

Tanto o *lead time* como a taxa de demanda durante ele vão contribuir para seu uso. Assim, as distribuições que descrevem cada um precisarão ser combinadas. A Figura 13.12 e a Tabela 13.6 mostram como isso pode ser feito. Considerando o *lead time* como uma, duas, três, quatro ou cinco semanas, e a taxa de demanda como 110, 120, 130 ou 140 pares por semana, e também pressupondo que as duas variáveis sejam independentes, as distribuições podem ser combinadas como mostrado na Tabela 13.6. Cada elemento da matriz mostra um uso possível do *lead time* com a probabilidade de sua ocorrência. Assim, se o *lead time* for uma semana, e a taxa de demanda, 110 pares por semana, o uso real do *lead time* será 1 × 110 = 110 pares. Como há 0,1 de probabilidade de o *lead time* ser de uma semana e 0,2 de a taxa de demanda ser 110 pares por semana, a probabilidade de ambos esses eventos ocorrerem será 0,1 × 0,2 = 0,02.

Podemos agora classificar os usos durante os *lead times* possíveis na forma de um histograma. Por exemplo, somando as probabilidades de todos os usos durante os *lead times* que se situam dentro da faixa de 100 a 199 (toda a primeira coluna), temos uma probabilidade combinada de 0,1. Repetir isso para os intervalos subsequentes resulta na Tabela 13.7.

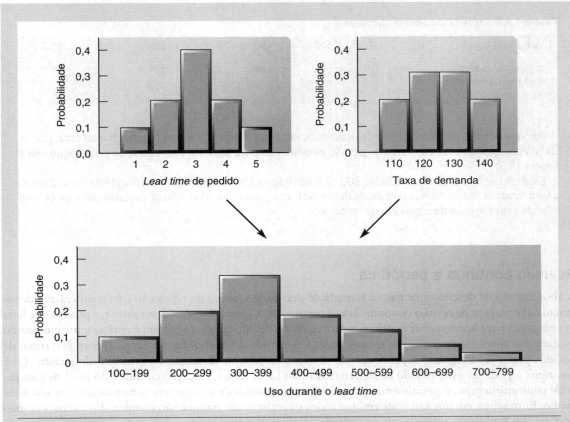

Figura 13.12 As distribuições de probabilidade para o *lead time* do pedido e a taxa de demanda combinados para fornecer a distribuição do uso de *lead time*.

Tabela 13.6 Matriz de probabilidade das taxas da demanda e do *lead time*.

		Probabilidades de *lead time*				
		1	2	3	4	5
		0,1	0,2	0,4	0,2	0,1
Probabilidades da taxa de demanda	110 0,2	110	220	330	440	550
		(0,02)	(0,04)	(0,08)	(0,04)	(0,02)
	120 0,3	120	240	360	480	600
		(0,03)	(0,06)	(0,12)	(0,06)	(0,03)
	130 0,3	130	260	390	520	650
		(0,03)	(0,06)	(0,12)	(0,06)	(0,03)
	140 0,2	140	280	420	560	700
		(0,02)	(0,04)	(0,08)	(0,04)	(0,02)

Tabela 13.7 Probabilidades combinadas.

Uso do *lead-time*	100–199	200–299	300–399	400–499	500–599	600–699	700–799
Probabilidade	0,1	0,2	0,32	0,18	0,12	0,06	0,02

Tabela 13.8 Probabilidades combinadas.

Uso do *lead-time* X	100	200	300	400	500	600	700	800
Probabilidade de o uso do *lead time* ser maior que X	1,0	0,9	0,7	0,38	0,2	0,08	0,02	0

Isso demonstra a probabilidade de ocorrer cada possível arranjo no uso durante o *lead time*, porém são as probabilidades acumuladas que são necessárias para prever a provável falta de estoque (ver a Tabela 13.8).

Estabelecer o nível de reposição em 600 significa que há apenas 0,08 de probabilidade de o uso durante o *lead time* ser maior do que o estoque disponível; isto é, há menos de 10% de probabilidade de ocorrer falta de estoque durante o período de reposição.

Revisão contínua e periódica

A abordagem que descrevemos para a tomada de decisão do *timing* da reposição é frequentemente denominada abordagem de **revisão contínua**. Isso é porque, para tomar decisões dessa forma, é preciso que haja um processo para acompanhar continuamente os níveis de estoque de cada item e então emitir um pedido quando esse nível atinge o nível de ressuprimento. A virtude dessa abordagem é que, apesar de o ritmo de pedidos poder ser irregular (dependendo da variação da taxa de demanda), o tamanho do pedido (Q) é constante e pode ser estabelecido na determinação do LEC. Essa verificação contínua do nível de estoque pode consumir tempo, especialmente quando há muitas saídas de estoque em comparação com seu nível médio. Entretanto, em um ambiente em que todos os registros de estoque são computadorizados, isso não deve ser um problema, a menos que os registros sejam imprecisos.

Uma abordagem alternativa e muito mais simples, mas que sacrifica o uso de uma quantidade fixa de pedidos é chamada abordagem de **revisão periódica**. Aqui, em vez de fazer um pedido quando é atingido o nível predeterminado de ressuprimento, a abordagem periódica sugere pedidos a intervalos de tempo regulares e fixos. Assim, o nível de estoque de um item pode ser verificado, por exemplo, no fim de cada mês, e um pedido de reposição é feito para elevar o nível de estoque até um nível predeterminado. Esse nível é calculado para cobrir a demanda entre a emissão do pedido de reposição e a chegada do pedido seguinte de reposição. A Figura 13.13 ilustra os parâmetros para a abordagem de revisão periódica.

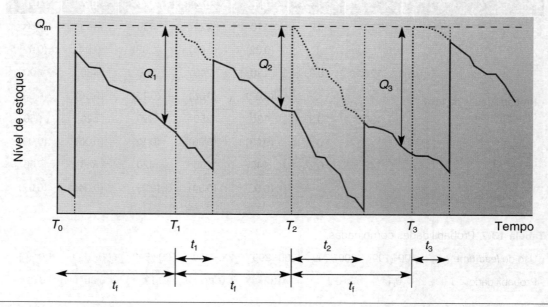

Figura 13.13 Uma abordagem de revisão periódica do *timing* do pedido com demanda e *lead time* probabilísticos.

No momento T_1 da Figura 13.13, o gerente de estoque examina o nível de estoque e pede o suficiente para elevar esse nível até o máximo, Q_m. Entretanto, o pedido de Q_1 itens não chegará até que um tempo posterior t_1 tenha passado, durante o qual a demanda continua a consumir os estoques. Novamente, tanto a demanda como o *lead time* são incertos. Os itens Q_1 vão chegar e elevar o nível de estoque até algum nível menor do que Q_m (a menos que não tenha havido demanda em t_1). A demanda então continua até T_2, quando novamente um pedido Q_2 é emitido, que é a diferença entre o estoque atual em T_2 e Q_m. Esse pedido chega após t_2, tempo em que a demanda consumiu mais os estoques. Assim, o pedido de reposição emitido em T_1 precisa ser capaz de cobrir a demanda que ocorre até T_2 e t_2. Estoques de segurança precisam ser calculados de modo similar ao anterior, baseados na distribuição de uso do *lead time* durante esse período.

Intervalo de tempo

O intervalo entre as emissões de pedidos, t_1, é normalmente calculado de modo determinístico e derivado do LEC. Assim, por exemplo, se a demanda por um item for de 2.000 por ano, o custo de emissão de um pedido é £ 25, e o custo anual de manutenção de estoque é de £ 0,5 por item/ano:

$$\text{LEC} = \sqrt{\frac{2C_oD}{C_h}} = \sqrt{\frac{2 \times 2.000 \times 25}{0,50}} = 447$$

Assim, o intervalo de tempo ideal entre pedidos, t_f, é:

$$t_f = \frac{\text{LEC}}{D} = \frac{447}{2.000} \text{ anos}$$

$$= 2,68 \text{ meses}$$

Pode parecer um paradoxo calcular o intervalo de tempo pressupondo a demanda constante quando ela é, de fato, incerta. Todavia, incertezas tanto de demanda como de *lead time* podem ser permitidas estabelecendo Q_m para permitir que a probabilidade desejada de falta de estoque seja baseada no uso durante o período t_f + *lead time*.

Sistemas de duas e três gavetas

Manter controle dos níveis de estoque é especialmente importante na abordagem de revisão contínua para ressuprimento. É necessário que haja um método simples e evidente de indicação do *timing* de ressuprimento, especialmente se houver grande número de itens a serem monitorados. Os sistemas de duas e três gavetas, ilustrados na Figura 13.14, são métodos desse tipo. O sistema simples de duas gavetas envolve

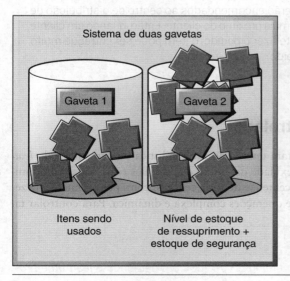
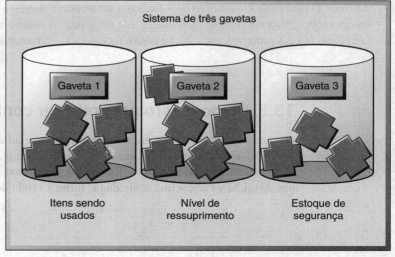

Figura 13.14 Sistemas de ressuprimento de estoque de duas e três gavetas.

estocar a quantidade do ponto de ressuprimento mais a quantidade do estoque de segurança na segunda gaveta e usar itens da primeira gaveta. Quando a primeira gaveta esvaziar, é o sinal para pedir a próxima quantidade de ressuprimento. Às vezes, o estoque de segurança é armazenado em uma terceira gaveta (sistema de três gavetas), de modo que fica claro quando a demanda está além do esperado. *Gavetas* diferentes nem sempre são necessárias para operar esse tipo de sistema. Por exemplo, uma prática comum nas operações de varejo é estocar a quantidade da segunda *gaveta* de cabeça para baixo atrás ou embaixo da quantidade da primeira *gaveta*. Os pedidos são então feitos quando os itens de cabeça para baixo passam a ser movimentados.

OPERAÇÕES NA PRÁTICA

O *estoque antecipado* da Amazon[4]

Um item poderia estar a caminho de um ponto de estoque até você antes mesmo de você pensar em encomendá-lo? É possível para uma empresa prever com precisão o seu pedido e enviá-lo para você antes de você identificá-lo? Naturalmente, a precisão da previsão e o tempo de entrega estão relacionados. Previsões fracas significam que os itens errados serão armazenados, o que, por sua vez, significa que a entrega será adiada até que os itens certos sejam recebidos. Mas e se um fornecedor pudesse saber o que seus clientes iriam encomendar, mesmo antes de eles o fazerem? Essa é a ambição da operação de varejo *on-line* da Amazon. Ela arquivou uma patente para proteger seu sistema para a tecnologia que espera prever o que seus clientes irão comprar, mesmo antes de ter clicado no botão *pedir*. A empresa, que é o maior revendedor *on-line* do mundo, chama seu novo sistema de *entrega antecipada* e o percebe como uma forma de acelerar seus prazos de entrega. O pedido de patente da Amazon revela o pensamento por trás do sistema. Ela diz que uma desvantagem substancial para o modelo virtual da loja é que, em muitos casos, os clientes não podem receber suas mercadorias imediatamente após a compra, mas devem esperar que o produto seja despachado para eles. A disponibilidade de métodos de entrega acelerada de várias operadoras comuns pode, até certo ponto, mitigar o atraso na entrega, mas muitas vezes com custos adicionais substanciais, que podem competir com o preço pago pela própria mercadoria. Tais atrasos podem dissuadir os clientes de comprar itens de comerciantes *on-line*, particularmente se esses itens estiverem mais facilmente disponíveis no comércio local. A abordagem é relatada como usando vários elementos para prever quais compras uma pessoa poderá fazer. Os fatores a serem considerados podem incluir idade, renda, itens adquiridos anteriormente, pesquisa de itens, "listas de desejos" e talvez até mesmo o tempo que o cursor de um usuário permanece sobre um produto. Munida dessa informação, a Amazon pode enviar itens que provavelmente serão encomendados ao centro de distribuição de estoque mais próximo do cliente. Então, quando um cliente realmente fizer o pedido, o item pode ser entregue muito mais rápido.

13.5 Como o estoque pode ser controlado?

Os modelos que descrevemos, mesmo aqueles que adotam uma visão probabilística da demanda e do *lead time*, são ainda simplificados em comparação à complexidade da gestão de estoques reais. Lidar com muitos milhares de itens estocados, fornecidos por muitas centenas de fornecedores, com, possivelmente, dezenas de milhares de clientes individuais, torna a tarefa de operações complexa e dinâmica. Para controlar tal complexidade, os gerentes de produção têm que fazer duas coisas. Primeiro, têm que discriminar os diferentes itens estocados, de modo que possam aplicar um grau de controle a cada item que seja adequado a sua importância. Segundo, precisam investir em um sistema de processamento de informação que possa lidar com seus conjuntos particulares de circunstâncias de controle de estoque.

Prioridades de estoque – o sistema ABC

Em qualquer estoque que contenha mais de um item armazenado, alguns itens serão mais importantes para a organização do que outros. Por exemplo, alguns itens podem ter uma taxa de utilização muito alta, de modo que, se faltassem, muitos clientes ficariam desapontados. Outros itens podem ter valores particularmente altos, de modo que níveis de estoque excessivos seriam particularmente caros. Uma forma comum de discriminar diferentes itens de estoque é listá-los de acordo com o **valor de utilização** (sua taxa de utilização multiplicada por seu valor individual). Os itens com valor de utilização particularmente alto demandam controle mais cuidadoso, enquanto os de baixo valor de utilização não precisam ser controlados com tanto rigor. Geralmente, uma proporção relativamente pequena dos itens estocados representará grande proporção do valor de utilização total. Esse fenômeno é conhecido como **lei de Pareto** (nome da pessoa que a descreveu), às vezes chamada de regra 80/20. É assim chamada porque, tipicamente, 80% das vendas de uma operação respondem por apenas 20% de todos os tipos de itens estocados. A lei de Pareto é também usada em outras situações de administração da produção (ver, por exemplo, o Capítulo 15). Aqui o relacionamento pode ser usado para classificar os diferentes tipos de itens mantidos em estoque por seu valor de utilização. O **controle de estoque ABC** permite aos gerentes de estoque concentrarem seus esforços no controle dos itens mais significativos do estoque:

- *Itens classe A* são aqueles 20% de itens de alto valor que representam cerca de 80% do valor total do estoque.
- *Itens classe B* são aqueles de valor médio, normalmente os 30% de itens seguintes que representam cerca de 10% do valor total.
- *Itens classe C* são aqueles de baixo valor que, não obstante compreender cerca de 50% do total de tipos de itens estocados, provavelmente representam apenas 10% do valor total dos itens estocados.

> **Princípio de produção**
> Diferentes classes de estoque demandam diferentes regras para decisão da gestão de estoque.

Exemplo resolvido

Atacadista de materiais elétricos Selectro

A Tabela 13.9 mostra todas as peças armazenadas pela Selectro, um atacadista de materiais elétricos. Os 20 diferentes itens armazenados variam tanto em termos de seu uso anual como do custo por item, como mostrado. Todavia, o atacadista classificou os itens em estoque pelo seu valor anual movimentado. O valor anual total movimentado é de £ 5.569.000. Com base nisso, é possível calcular o valor anual de uso de cada item como porcentagem do valor total de uso e, a partir daí, o valor de uso acumulado como mostrado. O atacadista pode então colocar em um gráfico a porcentagem acumulada de todos os itens estocados contra a porcentagem acumulada de seu valor. Assim, por exemplo, a peça estocada com o número A/703 é a de maior valor e representa 25,14% do valor de estoque total. Todavia, essa peça representa apenas 1/20 ou 5% do número total de itens estocados. Esse item e o próximo item de maior valor (D/012) representam apenas 10% do número total de itens estocados, embora respondam por 47,37% do valor do estoque e assim por diante.

Isso é mostrado graficamente na Figura 13.15. Aqui, o atacadista classificou os números das primeiras quatro peças (20% do total) como itens Classe A e irá monitorar o uso e os pedidos desses itens com maior rigor e frequência. Algumas melhorias no número de pedidos ou estoques de segurança para esses itens podem trazer economias significativas. As seis próximas peças, números C/375 até A/138 (30% do total), devem ser tratadas como itens Classe B, com um pouco menos de esforço dedicado a seu controle. Todos os outros itens são classificados como itens Classe C, cuja política de estoque é revista apenas ocasionalmente.

Tabela 13.9 Itens armazenados, ranqueados por valor de uso.

Item de estoque	Uso (itens/ano)	Custo (£/item)	Valor de uso (£ 000/ano)	% do valor total	% acumulada do valor total
A/703	700	20,00	1.400	25,14	25,14
D/012	450	2,75	1.238	22,23	47,37
A/135	1.000	0,90	900	16,16	64,53
C/732	95	8,50	808	14,51	78,04
C/375	520	0,54	281	5,05	83,09
A/500	73	2,30	168	3,02	86,11
D/111	520	0,22	114	2,05	88,16
D/231	170	0,65	111	1,99	90,15
E/781	250	0,34	85	1,53	91,68
A/138	250	0,30	75	1,34	93,02
D/175	400	0,14	56	1,01	94,03
E/001	80	0,63	50	0,89	94,92
C/150	230	0,21	48	0,86	95,78
F/030	400	0,12	48	0,86	96,64
D/703	500	0,09	45	0,81	97,45
D/535	50	0,88	44	0,79	98,24
C/541	70	0,57	40	0,71	98,95
A/260	50	0,64	32	0,57	99,52
B/141	50	0,32	16	0,28	99,80
D/021	20	0,50	10	0,20	100,00
Total			5.569	100,00	

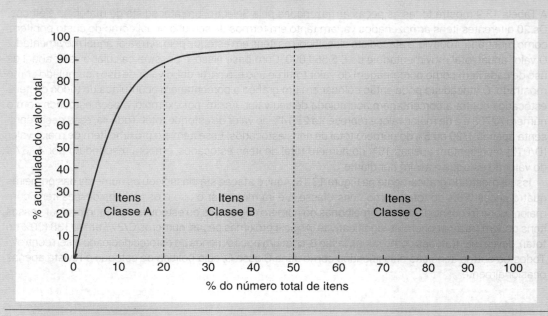

Figura 13.15 Curva de Pareto para itens em um armazém.

CAPÍTULO 13 GESTÃO DE ESTOQUE

Embora o uso e o valor anual sejam os dois critérios mais comumente usados para determinar um sistema de classificação de estoque, outros critérios podem também contribuir para a classificação (mais alta) de um item:

▶ *Consequência da falta de estoque:* alta prioridade deve ser dada aos itens que atrasariam mais seriamente ou interromperiam outras operações ou a relação com o cliente se faltassem no estoque.
▶ *Incerteza de fornecimento:* alguns itens, mesmo de baixo valor, podem demandar mais atenção se seu fornecimento for incerto.
▶ *Alta obsolescência ou risco de deterioração:* os itens que poderiam perder seu valor por obsolescência ou deterioração podem merecer atenção e monitoramento extras.

Alguns sistemas de classificação de estoque mais complexos podem incluir esses critérios para classificar itens em A, B ou C. Por exemplo, uma peça pode ser classificada como A/B/A, o que significa que é um item de categoria A pelo valor, classe B por consequência de falta de estoque e classe A por risco de obsolescência.

Comentário crítico

Às vezes, essa abordagem de classificação de estoque pode ser enganosa. Muitos gerentes profissionais de estoque alertam que a lei de Pareto normalmente é mal interpretada. Ela não afirma que 80% das SKU (unidades de manutenção de estoque) são responsáveis por apenas 20% do valor de estoque, mas responsáveis por 80% do valor de *utilização* ou de atravessamento do estoque; em outras palavras, valor de venda. De fato, são os itens de movimentação lenta (itens de categoria C) que geralmente impõem os maiores desafios para a gestão de estoque. Geralmente, esses itens de movimentação lenta, embora sejam responsáveis por apenas 20% das vendas, exigem grande parte (geralmente, entre metade e dois terços) do total de investimento em estoque. É por isso que esses itens são um problema real. Além disso, se erros de previsão ou de pedidos resultam em estoque excedente de itens de movimentação rápida, de *classe A*, isso é relativamente pouco importante, no sentido de que o estoque excedente pode ser vendido rapidamente. Entretanto, estoque excedente de itens de movimentação lenta, classe C, ficará assim por muito tempo. De acordo com alguns gerentes de estoque, os itens classe A podem ser deixados de lado, enquanto os itens de classe B e, mais ainda, os de classe C precisam ser controlados.

Medição de estoque

Em nosso exemplo das classificações ABC, usamos o valor monetário do uso anual de cada item como uma medida de utilização do estoque. O valor monetário também pode ser usado para medir o nível absoluto de estoque a qualquer momento. Isso envolveria considerar a quantidade de cada item em estoque, multiplicá-la por seu valor (geralmente, o custo de aquisição do item) e, depois, somar o valor de todos os itens individuais armazenados. Essa é uma medida de investimento útil que uma operação faz em estoques, mas não dá nenhuma indicação de quão grande é esse investimento em relação ao fluxo total da operação. Para fazer isso, precisamos comparar o número total de itens em estoque com sua taxa de uso. Há duas formas de fazer isso. A primeira é calcular o tempo que o estoque duraria, sujeito à demanda normal, se não fosse reabastecido. Às vezes, esse método é denominado *cobertura* (em semanas, dias, meses, anos etc.) do estoque. O segundo método é calcular a frequência com que o estoque é totalmente usado em um período, geralmente um ano. Isso é chamado giro de estoque ou *turnover* e é o inverso do período de cobertura de estoque anteriormente mencionado.

Exemplo resolvido

Boncorko

O importador especializado em vinho Boncorko mantém estoque de três tipos de produto: Chateau A, Chateau B e Chateau C. Os níveis de estoque atuais são 500 caixas do Chateau A, 300 caixas do Chateau B e 200 caixas do Chateau C. A Tabela 13.10 mostra o número de cada item mantido em estoque, seu custo unitário e a demanda anual por item.

Tabela 13.10 Estoque, custo e demanda para os três itens estocados.

Item	Número médio em estoque	Custo por item (£)	Demanda anual
Chateau A	500	3,00	2.000
Chateau B	300	4,00	1.500
Chateau C	200	5,00	1.000

$$\text{Valor total do estoque} = \sum (\text{nível médio de estoque} \times \text{custo por item})$$
$$= (500 \times 3) + (300 \times 4) + (200 \times 5)$$
$$= 3.700$$

A *cobertura de estoque* por item estocado é a seguinte (considerando 50 semanas de venda por ano):

$$\text{Cobertura de estoque, Chateau A} = \frac{\text{Estoque}}{\text{Demanda}} = \frac{500}{2.000} \times 50 = 12,5 \text{ semanas}$$

$$\text{Cobertura de estoque, Chateau B} = \frac{\text{Estoque}}{\text{Demanda}} = \frac{300}{1.500} \times 50 = 10 \text{ semanas}$$

$$\text{Cobertura de estoque, Chateau C} = \frac{\text{Estoque}}{\text{Demanda}} = \frac{200}{1.000} \times 50 = 10 \text{ semanas}$$

O *giro de estoque* por item é calculado a seguir:

$$\text{Giro de estoque, Chateau A} = \frac{\text{Demanda}}{\text{Estoque}} = \frac{2.000}{500} = 4 \text{ vezes/ano}$$

$$\text{Giro de estoque, Chateau B} = \frac{\text{Demanda}}{\text{Estoque}} = \frac{1.500}{300} = 5 \text{ vezes/ano}$$

$$\text{Giro de estoque, Chateau C} = \frac{\text{Demanda}}{\text{Estoque}} = \frac{1.000}{200} = 5 \text{ vezes/ano}$$

Para encontrar a cobertura média de estoque ou o giro médio de estoque para o total de itens em estoque, as medidas de item individual podem ser ponderadas por seus níveis de demanda como proporção da demanda total (4.500). Assim:

$$\text{Cobertura média de estoque} = \left(12,5 \times \frac{2.000}{4.500}\right) + \left(10 \times \frac{1.500}{4.500}\right) + \left(10 \times \frac{1.000}{4.000}\right)$$
$$= 11,11$$

$$\text{Giro médio de estoque} = \left(4 \times \frac{2.000}{4.500}\right) + \left(5 \times \frac{1.500}{4.500}\right) + \left(5 \times \frac{1.000}{4.500}\right)$$
$$= 4,56$$

Sistemas de informação de estoque

A maioria dos estoques, de qualquer tamanho significativo, é gerenciada por sistemas computadorizados. O grande número de cálculos relativamente rotineiros envolvidos no controle de estoque presta-se bem a apoio computadorizado. Isso é especialmente verdadeiro desde que a coleta de dados passou a ser feita de forma mais conveniente pelo uso de leitores de código de barras e registro de transações em pontos de venda. Muitos sistemas comerciais de controle de estoque estão disponíveis, embora tendam a compartilhar certas funções comuns.

Atualização de registros de estoque

Cada vez que uma transação ocorre (como a venda de um item, a movimentação de um item do depósito para um caminhão ou a entrega de um item no depósito), a posição, o *status* e, possivelmente, o valor de estoque terão sido modificados. Essa informação precisa de registro para que os gerentes de produção possam determinar o *status* (posição) do estoque em qualquer momento.

Geração de pedidos

As duas principais decisões que descrevemos anteriormente, ou seja, quanto e quando pedir, podem ser feitas por um sistema computadorizado de controle de estoque. A primeira decisão, estabelecer quanto pedir (Q), é passível de ser tomada apenas em intervalos muito pouco frequentes. Originalmente, quase todos os sistemas computadorizados calculavam automaticamente as quantidades de pedido por meio do uso das fórmulas LEC discutidas anteriormente. Atualmente, algoritmos mais sofisticados são usados, geralmente utilizando dados probabilísticos baseados no exame do retorno marginal sobre o investimento em estoque. O sistema manterá todas as informações do pedido que compõem o algoritmo, mas pode verificar periodicamente os parâmetros para conferir se a demanda ou o *lead time* do pedido, ou qualquer outro parâmetro, mudou significativamente e recalcular Q de forma adequada. Por outro lado, a decisão de quando pedir é uma situação muito mais rotineira dos sistemas de computação, calculada de acordo com as normas de decisão escolhidas pelos gerentes de produção: seja revisão contínua, seja revisão periódica. Além disso, os sistemas podem gerar automaticamente qualquer documentação que seja necessária ou mesmo transmitir as informações de reposição de estoque eletronicamente por meio de um sistema de **intercâmbio eletrônico de dados (EDI,** do inglês *electronic data interchange*).

Geração de relatórios de estoque

Os sistemas de controle de estoque podem gerar relatórios regulares de valor de estoque para os diferentes itens armazenados, relatórios esses que podem ajudar a administração a monitorar o desempenho do controle de estoque. De modo semelhante, o desempenho do serviço ao cliente, como o número de itens em falta no estoque ou o número de pedidos incompletos, pode ser regularmente monitorado. Alguns relatórios podem ser gerados excepcionalmente. Isto é, o relatório apenas é gerado se alguma medida de desempenho se desviar dos limites aceitáveis.

Previsão

Todas as decisões de reposição de estoque devem ser idealmente tomadas com claro entendimento da demanda futura. O sistema de controle de estoque pode comparar a demanda real com a prevista e ajustar a previsão à luz dos níveis atuais de demanda. Sistemas de controle desse tipo são tratados com mais detalhes no Capítulo 14.

OPERAÇÕES NA PRÁTICA — França proíbe descarte de estoque não vendido[5]

O governo francês se tornou o primeiro país a proibir os varejistas de destruir o estoque não vendido quando anunciou que a prática seria proibida para todos os produtos até 2023. Brune Poirson, o ministro da Ecologia, disse que estoques no valor de € 800 milhões não conseguiam ser vendidos na França todos os anos, dos quais apenas € 140 milhões foram doados para instituições de caridade e o restante foi destruído. Essa tornou-se uma prática generalizada porque, ocasionalmente, as empresas acabam com muito pouco ou muito estoque para atender seus mercados. Pouco estoque resultará em um mau atendimento ao cliente. Mas muito estoque pode ser ainda mais problemático, principalmente para algumas empresas que comercializam produtos de alto valor e *integridade da marca*. O que uma empresa faz quando a demanda diminui e não consegue vender nenhum estoque excedente sem afetar sua marca? Quatro anos antes do anúncio do governo francês, a Burberry, a marca de moda de luxo, teve que defender sua decisão de destruir seus produtos no valor de £ 19 milhões que não conseguiam vender em suas lojas *outlet*. Em sua reunião anual em Londres, a empresa disse que estava procurando reduzir a quantidade de estoque desperdiçado *a cada estação*, mas também disse que destruir o estoque excedente era uma prática comum entre as empresas de bens de luxo. O executivo-chefe das empresa disse: "Temos um processo em que temos uma venda, depois os pacotes vão para o outlet [com desconto]... Existem algumas matérias-primas no fim *desse processo que temos que destruir devido à propriedade intelectual. É uma prática comum, mas é algo a que estamos muito atentos. A cada estação, analisamos como podemos reduzir e reduzimos ao longo dos anos".*

A Burberry não está sozinha. Quando as vendas de produtos Cartier e Montblanc caíram acentuadamente, em parte devido à repressão à corrupção na China, ao excesso de estoque dos revendedores e a uma perspectiva incerta de crescimento, o grupo de luxo suíço Richemont, dono das marcas, comprou de volta os estoques de alguns de seus revendedores de Hong Kong. Os relógios que foram comprados de volta foram realocados para outras regiões ou, no caso de modelos mais antigos, que não estavam mais à venda, foram desmontados e reciclados. Com alguns bens de luxo, as regras fiscais em alguns países incentivam ativamente a eliminação do estoque excedente. Por exemplo, se uma empresa fabrica um frasco de perfume, seu custo é relativamente pequeno (o valor vem da propaganda e do efeito que tem na percepção do público). Mas o prejuízo fiscal que a empresa pode reivindicar por ter vindo da destruição do produto é baseado em seu preço de varejo, não no custo de produção. É claro que existem razões perfeitamente legítimas para destruir o estoque excedente. Qualquer empresa é responsável por proteger sua propriedade intelectual e sua marca. No entanto, a destruição de estoque como meio de manter a *integridade da marca* pode sair pela culatra. Depois que sacolas de roupas cortadas e riscadas foram encontradas do lado de fora de uma de suas lojas em Nova York, a varejista de roupas H&M teve que prometer que pararia de destruir roupas novas e não usadas que não pudesse vender e, em vez disso, as doaria para instituições de caridade.

Problemas comuns com os sistemas de estoque

Nossa descrição de sistemas de estoque está baseada na suposição de que as operações têm (a) uma ideia razoavelmente precisa dos custos de manutenção de estoque ou do custo de pedido e (b) informação precisa que realmente indique o nível real de estoque e vendas. No entanto, dados imprecisos geralmente apresentam um dos problemas mais significativos para os gerentes de produção. Isso ocorre devido ao fato de que a maior parte dos sistemas computadorizados de gestão de estoque está baseada no que se denomina **princípio de estoque perpétuo**. Essa é a ideia simples de que os registros de estoque são (ou deveriam ser) automaticamente atualizados toda vez que a entrada ou saída de um item for registrada. Assim:

Nível de estoque inicial + Recebimento de itens – Saída de itens = Novo nível de estoque

Princípio de produção
A manutenção da precisão dos dados é vital para a eficácia diária dos sistemas de gestão de estoque.

Quaisquer erros no registro dessas transações e/ou no manuseio do estoque físico podem levar a discrepâncias entre o estoque registrado e o estoque real, os quais são perpetuados até que sejam feitas verificações do estoque físico (em geral, pouco frequentes). Na prática, há muitas oportunidades para erros, no mínimo porque são muitas as transações com estoque. Isso significa que é surpreendentemente comum que a maioria dos registros de estoque seja imprecisa. As causas básicas de erros incluem:

▶ Erros de digitação: entrada errada do código do produto.
▶ Erros nas quantidades: erros de contagem de produtos que entram e saem do estoque.
▶ Estoque danificado ou deteriorado não computado como tal ou não corretamente eliminado do registro quando destruído.
▶ Itens errados retirados do estoque, mas sem a devida correção dos registros quando a ele retornam.
▶ Atrasos entre as transações feitas e a atualização de registros.
▶ Itens roubados do estoque (o que é comum em ambientes de varejo, mas também não totalmente atípico em estoques industriais e comerciais).

Operações responsáveis

Em cada capítulo, sob o título de Operações responsáveis, *resumimos como o tópico específico tratado no capítulo aborda importantes questões sociais, éticas e ambientais.*

A natureza do estoque é que ele fica parado e, enquanto fica assim, pode perder valor, até o ponto em que só pode ser jogado fora. Mas descartar itens nos quais energia, materiais e trabalho foram gastos é, na melhor das hipóteses, um desperdício e, na pior das hipóteses, altamente questionável em termos éticos. Quando o estoque é de produtos de moda de luxo, pode ser prejudicial à reputação (ver o exemplo

CAPÍTULO 13 GESTÃO DE ESTOQUE **471**

França proíbe descarte de estoque não vendido em *Operações na prática*, anteriormente). Quando é comida que está sendo desperdiçada, é de alguma forma muito mais desagradável. Descartar comida quando algumas pessoas não têm o suficiente para comer é visto por muitos como eticamente indefensável. Para os varejistas de alimentos, uma grande redução no desperdício de alimentos pode vir de uma melhor previsão, o que pode reduzir o desperdício e cortar custos. No Japão, que se desfaz de mais de 6 milhões de toneladas de resíduos alimentares todos os anos (o maior desperdício de alimentos *per capita* da Ásia), os varejistas estão usando inteligência artificial (IA) sofisticada e tecnologias avançadas para prever a demanda com mais precisão. Para uma cadeia de lojas de conveniência japonesa, a Lawson Inc., como o descarte de resíduos alimentares é seu maior custo, atrás dos de mão de obra, ela começou a usar a IA na tentativa de reduzir pela metade o desperdício de alimentos em todas as suas lojas. Um fator complicador é que os consumidores do Japão podem ser extremamente rigorosos, exigindo alimentos perfeitamente apresentados e com bastante *prazo de validade*. No entanto, em mais uma tentativa de evitar o desperdício, a empresa japonesa de comércio eletrônico Kuradashi começou a oferecer alimentos não vendidos com um desconto. O fundador da Kuradashi, Tatsuya Sekito, explicou: *"Os compradores japoneses costumam ser exigentes, mas atraímos clientes oferecendo não apenas uma venda, mas também a chance de doar uma parte das compras para uma instituição de caridade, aumentando a conscientização sobre questões sociais"*.[6]

Mas o desperdício de alimentos não é um problema apenas para os varejistas. Mais atrás na cadeia de suprimento, os alimentos também podem ser desperdiçados nas fazendas onde são cultivados. Às vezes, o desperdício acontece quando são cometidos erros na embalagem de alimentos, às vezes quando um varejista desiste de uma compra e, às vezes, devido ao clima excepcionalmente bom, que produz cultivo em excesso. Quando isso acontece, os agricultores do Reino Unido têm a opção de doar alimentos excedentes para caridade. Uma das instituições de caridade mais ativas é a Fareshare, uma rede nacional beneficente de redistribuidores de alimentos.[7] Eles pegam alimentos excedentes de boa qualidade de toda a indústria de alimentos e os levam para instituições de caridade e grupos comunitários da linha de frente. Às vezes, um agricultor, produtor ou fabricante tem alimentos que podem doar, mas não têm a capacidade de entregá-los. A Fareshare pode atuar como um orquestrador, garantindo que a doação não seja desperdiçada. Por exemplo, grandes quantidades de frutas podem ser enviadas para congelamento ou suco. Mais problemático é o papel da embalagem na prevenção do desperdício de alimentos. Certamente, o *design* e o uso de embalagens podem ter impacto no desperdício de alimentos ao longo da cadeia de suprimento. No entanto, a embalagem é considerada por alguns como ambientalmente *insalubre*, em parte devido à crescente conscientização sobre os danos causados pela poluição decorrente do plástico. No entanto, as embalagens plásticas podem ser vistas como um *mal necessário* que pode reduzir o desperdício de alimentos, tanto durante o processamento quanto em casa. Um exemplo muito citado é que o uso de apenas 1,5 g de filme plástico para embrulhar um pepino pode estender sua vida útil de 3 para 14 dias.[8]

Mas, se tudo mais falhar, e os alimentos não puderem ser usados para fornecer nutrição, eles ainda poderão desempenhar um papel ambiental útil. Podem fornecer energia. Por exemplo, o Sainsbury's, o supermercado do Reino Unido, envia resíduos de alimentos para uma usina de reciclagem de alimentos, onde são convertidos em gás e fertilizante. O gás é então exportado para a rede nacional de gás. A empresa compra de volta energia neutra em carbono certificada das mesmas usinas para uso em suas lojas, obtendo energia e aquecimento. Uma superloja da Sainsbury's em Staffordshire funciona inteiramente com eletricidade gerada a partir do desperdício de alimentos. Os alimentos da empresa, além de outros fornecedores de resíduos, são enviados para uma fábrica próxima à loja, onde são convertidos em gás e usados para gerar eletricidade no local, que é então fornecida diretamente ao supermercado por meio de um cabo.[9]

Respostas resumidas às questões-chave

13.1 O que é estoque?

▶ Estoque é a acumulação dos recursos transformados de uma operação. Às vezes, a palavra *estoque* (ou *inventário*) é também usada para descrever recursos em transformação, mas os termos *controle de estoque* e *controle de inventário* são quase sempre utilizados em conexão com os recursos transformados

▶ Quase todas as operações mantêm algum tipo de estoque, a maioria geralmente de materiais, mas também de informação ou clientes (estoques de clientes são normalmente denominados filas).

13.2 Por que precisaria haver estoque?

▶ O estoque ocorre em operações porque o *timing* do suprimento nem sempre coincide com o *timing* da demanda. Assim, os estoques são necessários para conciliar as diferenças entre suprimento e demanda.

▶ Há cinco razões principais para a manutenção de estoque:
  - Lidar com interrupções ocasionais e não esperadas no suprimento ou na demanda (estoque de proteção, colchão ou de segurança).
  - Lidar com a incapacidade de fabricar todos os produtos simultaneamente (estoque cíclico).
  - Permitir que diferentes estágios do processamento operem em velocidades e programações diferentes.
  - Lidar com flutuações planejadas no suprimento ou na demanda (estoque de antecipação).
  - Lidar com os atrasos de transporte na rede de suprimento (estoque no canal de distribuição).

▶ O estoque é frequentemente parte importante do capital de giro, empatando dinheiro que poderia ser usado de modo mais produtivo em outro lugar.

▶ Se o estoque não for utilizado rapidamente, há risco crescente de danos, perda, deterioração ou obsolescência.

▶ Invariavelmente, o estoque ocupa espaço (por exemplo, em armazém) e precisa ser administrado, guardado em condições apropriadas, protegido e fisicamente manuseado quando ocorrem transações. Assim, contribui para os custos gerais e administrativos.

13.3 Quanto deve ser pedido? Decisão de volume

▶ Isso depende do equilíbrio entre os custos associados à manutenção do estoque e os custos associados à emissão de pedidos. Os principais custos de manutenção de estoque estão geralmente associados ao capital de giro, enquanto os principais custos de pedido estão relacionados com as transações necessárias à geração de informação para a emissão de um pedido.

▶ A abordagem mais conhecida para determinar a quantidade de estoque a pedir é a fórmula do lote econômico de compra (LEC). Essa fórmula pode ser adaptada para diferentes tipos de perfil de estoque, usando diferentes suposições de comportamento de estoque.

▶ Entretanto, a abordagem do LEC está sujeita a várias críticas com relação ao custo real de manutenção de estoque, ao custo real de emissão de um pedido e ao uso de modelos LEC como instrumentos prescritivos.

▶ Uma abordagem para esse problema, o problema do estoque para um período limitado, inclui os efeitos da demanda probabilística na determinação da quantidade de pedido.

13.4 Quando fazer um pedido? Decisão de *timing*

▶ Isso depende parcialmente da incerteza da demanda. Os pedidos são geralmente programados para deixar certo nível de estoque de segurança até que o pedido seja entregue. O nível de estoque de segurança é influenciado pela variabilidade da demanda e do *lead time* do suprimento. Essas duas variáveis são geralmente combinadas na distribuição do uso durante o *lead time*.

▶ O uso do nível de reposição de estoque como um gatilho para a emissão de um pedido de reposição necessita de revisão contínua dos níveis de estoque. Isso pode consumir tempo e sair caro. Uma abordagem alternativa é emitir pedidos de reposição de tamanhos variáveis, mas em períodos de tempo fixos.

13.5 Como o estoque pode ser controlado?

▶ A questão central aqui é como os gerentes devem discriminar entre diferentes níveis de controle que se aplicam a diferentes itens em estoque. A forma mais comum de fazer isso é conhecida como classificação ABC de estoque. Ela utiliza a curva de Pareto para distinguir entre diferentes valores ou importâncias relacionadas com o tipo de estoque.

▶ O estoque normalmente é gerenciado por meio de sofisticados sistemas de informações computadorizados, que têm diversas funções: atualização dos registros de estoque, geração de pedidos, geração de relatórios de posição de estoque e previsão da demanda. Esses sistemas dependem crucialmente da manutenção de registros rigorosos de estoque.

ESTUDO DE CASO: Supplies4medics.com

Fundada há quase 20 anos, a supplies4medics.com tornou-se uma das fornecedoras europeias de venda direta mais bem-sucedidas no setor de suprimentos médicos e materiais para consumo a hospitais, médicos-cirurgiões e dentistas, clínicas, lares de idosos e outras organizações médicas relacionadas. Seus catálogos físico e *on-line* listam mais de 4 mil itens, categorizados por aplicações gerais como *itens de higiene consumíveis* e *instrumentos cirúrgicos*. Citando seu *site*:

"Somos distribuidores pan-europeus de suprimentos médicos e de segurança... Visamos oferecer tudo o que possa ser necessário: de uniformes de enfermeiros a kits médicos, itens consumíveis para cirurgias, kits de primeiros socorros, produtos de segurança, produtos químicos, equipamento de combate a incêndio, suprimentos para enfermeiros e médicos etc. Tudo a preços acessíveis — e apoiados por nosso atendimento e suporte ao cliente muito superiores — a supplies4medics é sua fonte ideal de todos os suprimentos médicos. Normalmente, os pedidos são despachados no mesmo dia, por meio do nosso parceiro de distribuição europeu, o Centro de Distribuição da DHL em Bruxelas. Assim, você deve receber seu pedido completo dentro de uma semana, mas pode solicitar entrega para o dia seguinte por uma pequena taxa extra. Você pode pedir nosso catálogo impresso no *link* situado na parte inferior da página ou comprar em nossa loja *on-line* de fácil utilização."

No último ano, o faturamento cresceu cerca de 25%, passando a € 120 milhões, situação de considerável satisfação da empresa. Entretanto, o crescimento do lucro foi menos espetacular, e a pesquisa de mercado sugeriu que a satisfação do cliente, embora geralmente boa, estava caindo lentamente. O mais preocupante era que os níveis de estoque haviam crescido mais rápido do que o faturamento, em termos percentuais. Isso estava colocando uma pressão no fluxo de caixa, exigindo que a empresa tomasse mais dinheiro emprestado para financiar o rápido crescimento planejado para o ano seguinte. A manutenção de estoque estava estimada em custar em torno de 15% ao ano, levando em consideração os custos de empréstimo, seguro e todas as despesas indiretas de armazenagem.

Pierre Lamouche, diretor de produção, resumiu a situação enfrentada por seu departamento: "*Por questão de urgência, estamos revisando nossos sistemas de gestão de compras e de estoque! A maioria dos níveis de ressuprimento (ROL) existentes e as quantidades de ressuprimento (ROQ) foi estabelecida há vários anos e nunca foi recalculada. Nosso foco tem sido o rápido crescimento mediante a introdução de novas linhas de produto. Para os itens mais recentemente introduzidos, as ROQs foram baseadas apenas em previsão de vendas, que, realmente, pode ser bastante enganosa. Estimamos que custa para nós, em média, € 50 para emitir e administrar cada pedido de compra, visto que a maioria dos fornecedores não está ainda preparada para receber pedidos pela Internet ou por intercâmbio eletrônico de dados (EDI). Nesse meio tempo, as vendas de alguns produtos têm crescido com rapidez, enquanto as de outros vêm caindo. Nosso estoque médio é de cerca de 10 semanas, mas — surpreendentemente — ainda deixamos faltar itens críticos! De fato, em média, temos atualmente em falta cerca de 500 SKUs (unidades de manutenção de estoque) em qualquer momento. Como você pode imaginar, nosso nível de serviço nem sempre é satisfatório com essa situação. Realmente precisamos de ajuda para fazer uma revisão de nosso sistema, de modo que contratamos um estagiário de uma escola de administração local para revisar nosso sistema. Ele inicialmente pediu à minha equipe para fornecer informação sobre uma amostra representativa e aleatória de 20 itens de nosso catálogo, que está reproduzida a seguir.*" (ver a Tabela 13.11.)

474 **PARTE 3** ENTREGA

Tabela 13.11 Amostra representativa de 20 itens do catálogo.

Número da amostra	Número de referência no catálogo*	Descrição das unidades à venda**	Custo unitário de venda (€)	Vendas dos 12 últimos meses (unidades)	Estoque no fim do último ano (unidades)	Quantidade de ressuprimento (unidades)
1	11036	Aventais descartáveis (pacotes de 10 unidades)	2,40	100	0	10
2	11456	Máscaras ajustáveis nas orelhas (caixa)	3,60	6.000	120	1.000
3	11563	Broca tipo 164	1,10	220	420	250
4	12054	Fralda geriátrica grande	3,50	35.400	8.500	10.000
5	12372	Seringa de 150 mL	11,30	430	120	100
6	12774	Espéculo retal de 3 bifurcações	17,40	65	20	20
7	12979	Organizador de bolso azul	7,00	120	160	500
8	13063	Kit de oxigênio para trauma	187,00	40	2	10
9	13236	Fita de óxido de zinco	1,50	1.260	0	50
10	13454	Estetoscópio de cabeça dupla	6,25	10	16	25
11	13597	Cateter de látex descartável	0,60	3.560	12	20
12	13999	Rampa de enrolar para cadeiras de roda	152,50	12	44	50
13	14068	Tubo WashClean	1,40	22.500	10.500	8.000
14	14242	Colar cervical	12,00	140	24	20
15	14310	Cunha de cabeça	89,00	44	2	10
16	14405	Triciclo motorizado	755,00	14	5	5
17	14456	Tubo para traqueostomia neonatal	80,40	268	6	100
18	14675	Massa moldável em tiras	10,20	1.250	172	100
19	14854	Bomba de compressão sequencial	430,00	430	40	50
20	24943	Quadro de segurança de sanitário	25,60	560	18	20

*Os números de referência são alocados sequencialmente à medida que novos itens são acrescentados ao catálogo.

**Todas as quantidades estão em unidades de vendas (por exemplo, item, caixa, estojo, pacote).

QUESTÕES

1. Prepare uma análise ABC em planilha eletrônica do valor de utilização. Classifique como a seguir:

   Itens A: 20% do valor de utilização

   Itens B: 30% do valor de utilização

   Itens C: 50% restantes do valor de utilização

2. Calcule as semanas de estoque para cada item, por classificação e para todos os itens no total. Isso sugere que a estimativa de estoque das semanas do diretor de produção esteja correta?

3. Caso afirmativo, qual a sua estimativa do estoque global no fim do ano-base e quanto ele pode ter aumentado durante o ano?

4. Com base na amostra, analise as causas subjacentes do problema de disponibilidade descrito no texto.

5. Calcule o LEC para os itens A.

6. Que recomendações você daria à empresa?

CAPÍTULO 13 GESTÃO DE ESTOQUE

Problemas e aplicações

Todos os capítulos dispõem de questões do tipo *Problemas e aplicações*, que ajudarão o leitor a praticar a análise das operações. Elas podem ser respondidas com a leitura do capítulo.

1. Um fornecedor faz remessas mensais para a "House & Garden Stores", em lotes médios de 200 mesas de centro. A demanda média desses itens é de 50 mesas por semana e o *lead time* do fornecedor é de 3 semanas. A "House & Garden Stores" deve pagar o estoque a partir do momento em que o fornecedor envia os produtos. Se estiver disposta a aumentar o tamanho do lote para 300 unidades, o fornecedor oferecerá um prazo de entrega de 1 semana. Qual será o efeito sobre os estoques cíclicos e de canal de processamento?

2. Uma loja tem uma demanda relativamente estável por latas de milho ao longo do ano, com um total anual de 1.400 latas. O custo de fazer um pedido é estimado em £ 15 e o custo anual de manter estoque é estimado em 25% do valor do produto. A empresa compra latas por 20 centavos de libra. Quanto a loja deve pedir de cada vez e qual é o custo total do plano?

3. Uma fábrica de frutas em conserva tem uma única linha para três tipos diferentes de frutas. A demanda por cada tipo de lata é razoavelmente constante em 50.000 por mês (um mês tem 160 horas de produção). A taxa do processo de enlatamento é de 1.200 por hora, mas leva 2 horas para a limpeza e a preparação entre diferentes rodadas de produção. O custo dessas trocas (C_o) é calculado em £ 250 por hora. O custo de estoque é calculado em £ 0,10 por lata por mês. Qual deve ser o tamanho do lote?

4. *"Nossos fornecedores costumam oferecer preços melhores se estivermos dispostos a comprar em maiores quantidades. Isso cria uma pressão sobre nós para manter níveis mais altos de estoque. Portanto, para encontrar a melhor quantidade de pedido, devemos comparar as vantagens de preços mais baixos para as compras e menos pedidos com as desvantagens do aumento dos custos de manutenção. Isso significa que o cálculo dos custos totais anuais relacionados com o estoque deve incluir não apenas os custos de manutenção e os custos de pedidos, mas também o custo dos próprios itens comprados"* (gerente da Tufton Bufton Port Importers Inc.). Um fornecedor da Tufton Bufton Port Importers Inc. (TBPI) introduziu descontos por quantidade para incentivar os pedidos com maiores quantidades. Os descontos são mostrados a seguir:

Quantidade do pedido	Preço por garrafa
0-100	€ 15,00
101-250	€ 13,50
≥ 251	€ 11,00

   A TBPI estima que sua demanda anual para esse vinho em particular seja de 1.500 garrafas, seus custos de pedido sejam de € 30 por pedido e seus custos anuais de manutenção sejam de 20% do preço da garrafa.

   (a) Como a TBPI deve decidir sobre a quantidade do pedido?

   (b) Quantas garrafas ela deve pedir?

5. A maioria dos países tem serviços de coleta e distribuição de sangue que coletam de doadores, processam o sangue dividindo-o em suas partes constituintes ou mantendo-o inteiro e transportam o sangue dos centros de coleta para os hospitais em resposta a solicitações de rotina e de emergência.

   (a) Quais são os fatores que constituem os custos de manutenção de estoque, custos de pedidos e custos de falta de estoque em tal serviço de sangue?

   (b) O que torna esse exemplo específico de planejamento e controle de estoque tão complexo?

   (c) Como a eficiência com que um serviço de banco de sangue controla seu estoque pode afetar sua capacidade de coletar sangue?

6. Releia o exemplo *Um estoque de energia* em *Operações na prática*. Ele menciona o potencial de armazenamento de energia com baterias, mas salienta o custo desse método. Quais você acha que seriam as implicações para a distribuição de energia se as baterias se tornarem mais baratas e mais eficientes?

476   PARTE 3   ENTREGA

7. Releia o exemplo *Estoques de segurança para café e a COVID* em *Operações na prática*. Liste e comente as diferenças entre os dois exemplos (café e COVID) descritos.

8. Os sistemas de gestão de estoque não devem apenas obter as quantidades e os prazos corretos para os pedidos, mas também precisam garantir que os estoques estejam no lugar certo. Uma companhia aérea descobriu isso quando a falta de papel higiênico e "o tipo errado de fones de ouvido" atrasou um voo de Londres para Barbados por cinco horas. Quais poderiam ter sido as possíveis consequências da má gestão dos estoques nesse caso?

9. Nas partes mais frias do mundo (como o norte da Europa e da América do Norte), onde a neve e o gelo do inverno podem causar grandes perturbações na vida cotidiana, os governos locais efetuam o cascalhamento das estradas (na verdade, utilizam sal-gema, uma mistura de sal e cascalho) quando eles acreditam que as condições climáticas justificam tal procedimento. Se você fosse o responsável por essa operação, quais seriam as principais decisões que precisaria tomar e quais fatores você levaria em consideração para tal?

10. Duas gerentes de varejo que estudaram juntas na universidade, Rosanne e Abeke, estavam jantando juntas. "*É uma coincidência que nós dois tenhamos entrado no ramo de varejo de roupas*", disse Rosanne, "*mas no momento estou tendo problemas reais para conseguir estoques de reposição do nosso armazém central. A margem que fazemos é tão pequena que não podemos ficar sem estoque por muito tempo, ou nossos lucros serão prejudicados*". Abeke tinha um problema diferente: "*Isso não é um grande problema para mim. Você vende roupas casuais com uma marca forte, mas com margens baixas. Seus clientes retornarão mais tarde se não houver algo no estoque. Eu vendo roupas de moda com margens muito maiores, mas roupas que são basicamente uma compra por impulso. Se eu não conseguir vender algo porque não está em estoque, muito lucro potencial sai porta afora*". Qual você acha que deve ser a diferença na prática de estoque nas operações em que as duas amigas trabalham?

Leitura complementar selecionada

Axsäter, S. (2015) *Inventory Control*, 3. ed., Springer, Heidelberg.
Um livro-texto tradicional, porém abrangente, que assume uma abordagem quantitativa de pesquisa operacional.

Bragg, S.M. (2021) *Inventory Management*, 4. ed., Accounting Tools, Centennial, CO.
Uma abordagem do assunto dos pontos de vista da gestão de suprimento e financeiro.

Emmett, S. e Granville, D. (2007) *Excellence in Inventory Management: How to Minimise Costs and Maximise Service*, Cambridge Academic, Shelford.
Um guia prático.

Muller, M. (2011) *Essentials of Inventory Management*, 2. ed., Amacom.
Tratamento direto ao ponto.

Relph, G. e Milner, C. (2015) *Inventory Management: Advanced Methods for Managing Inventory within Business Systems*, Kogan Page, Londres.
Um livro avançado que aborda a maioria dos tópicos no assunto, incluindo a curva-k, que não está incluída neste capítulo.

Silver, E.A., Pyke, D.F. e Thomas, D.J. (2021) *Inventory and Production Management in Supply Chains*, 4. ed., CRC Press, Boca Raton, FL.
Atual e prático. Forte na gestão de estoque em múltiplos locais.

Vandeput, N. (2020) *Inventory Optimization: Models and Simulations*, De Gruyter, Berlim.
Para os que desejam um tratamento bastante quantitativo do assunto.

Wild, T. (2017) *Best Practice in Inventory Management*, 3. ed., Routledge, Abingdon.
Uma abordagem direta e de fácil leitura sobre o assunto, baseada na prática.

Notas do capítulo

1. As informações nas quais este exemplo é baseado foram retiradas de: Koen, A. e Antunez, P.F. (2020) How heat can be used to store renewable energy, The Conversation, 25 fev.; Gosden, E. (2017) Power shift brings energy market closer to holy grail, *The Times*, 17 abr.; The Economist (2012) Energy storage: packing some power, *Economist Technology Quarterly*, 3 mar.

2. As informações nas quais este exemplo é baseado foram retiradas de: The Economist (2019) A nation of have-beans, Defending Switzerland's coffee stockpile, *Economist*, edição impressa, 21 nov.; Foster, P. e Neville, S. (2020) How poor planning left the UK without enough PPE, *Financial Times*, 1º maio; Britt, H. (2020) What is safety stock and how can businesses use it to ensure continuity?, *Thomasnet.com*, 8 abr., https://www.thomasnet.com/insights/whatis-safety-stock/ (Acesso em: set. 2021); Anderson, H. (2020) COVID-19: preparing your supply chain in times of crisis, *publicissapient.com*, 8 abr., https://www.publicissapient.com/insights/coronavirus_and_managing_the_supply_chain_amid_a_crisis (Acesso em: set. 2021).

3. As informações nas quais este exemplo é baseado foram retiradas de: The Economist (2015) Croissantonomics: lessons in managing supply and demand for perishable products, *Economist*, edição impressa, 29 ago. No entanto, infelizmente, os esforços do Sr. Rubin nã conseguiram salvar a padaria, que encerrou suas atividades em 2019.

4. As informações nas quais este exemplo é baseado foram retiradas de: Ulanoff, L. (2014) Amazon knows what you want before you buy it, *Mashable*, 21 jan., https://mashable.com/2014/01/21/amazon-anticipatory-shippingpatent/#ryy4twKmriqb (Acesso em: set. 2021); Duke, S. (2014) He knows what you want — before you even want it, *The Sunday Times*, 2 fev.; Ahmed, M. (2014) Amazon will know what you want before you do, *The Times*, 27 jan.; Bernard, Z. (2018) Amazon is spending more and more on shipping out your orders, *Business Insider*, 13 fev., https://www.businessinsider.com/amazons-logistics-costs-are-growing-really-fast-charts-2018-2 (Acesso em: set. 2021).

5. As informações nas quais este exemplo é baseado foram retiradas de: Sage, A. (2019) France to ban luxury brands from dumping unsold stock, *The Times*, 24 set.; Leroux, M. (2016) Burberry boss defends stock destruction, *The Times*, 15 jul.; Atkins, R. (2016) Richemont buys back and destroys stock as sales fall, *Financial Times*, 20 maio; Dwyer, J. (2010) A clothing clearance where more than just the prices have been slashed, *New York Times*, 5 jan.

6. Baseado em Kajimoto, T. (2021) Japanese companies go high-tech in the battle against food waste, *Reuters*, 28 fev.

7. *Site* da Fareshare, https://fareshare.org.uk (Acesso em: set. 2021).

8. Dora, M. e Iacovidou, E. (2019) Why some plastic packaging is necessary to prevent food waste and protect the environment, *The Conversation*, 7 jun.

9. *Site* da Sainsbury's, https://www.about.sainsburys.co.uk/sustainability/plan-for-better/our-stories/2017/we-got-the-power (Acesso em: sert. 2021).

14 Sistemas de Planejamento e Controle

QUESTÕES-CHAVE

14.1 O que são sistemas de planejamento e controle?

14.2 O que é ERP e como ele se transformou no sistema de planejamento e controle mais comum?

14.3 Como devem ser implementados os sistemas de planejamento e controle?

INTRODUÇÃO

Entre as questões mais importantes no planejamento e controle da produção, está a gestão das (às vezes) enormes quantidades de informações geradas pela atividade. Não é apenas a função produção que é o originador e o destinatário dessa informação; quase todas as outras funções de uma empresa estarão envolvidas. Por isso, é importante que todas as informações relevantes espalhadas por toda a organização sejam reunidas e que, com base nelas, sejam tomadas decisões apropriadas. Essa é a função dos sistemas de planejamento e controle. Eles reúnem informações, ajudam na tomada de decisões e, em seguida, informam às partes relevantes da operação sobre decisões, como quando as atividades devem ocorrer, onde devem acontecer, quem deverá realizá-las, a quantidade de capacidade que será necessária e assim por diante. Neste capítulo, analisaremos em particular o que se tornou a forma dominante de sistema de planejamento e controle — o **planejamento de recursos empresariais**, ou *enterprise resource planning* (**ERP**). Ele surgiu de um conjunto de cálculos conhecidos como **planejamento de necessidades de materiais**, ou *materials requirements planning* (**MRP**), que é descrito no suplemento deste capítulo. A Figura 14.1 mostra onde esse tópico se encaixa no nosso modelo geral de atividades de produção.

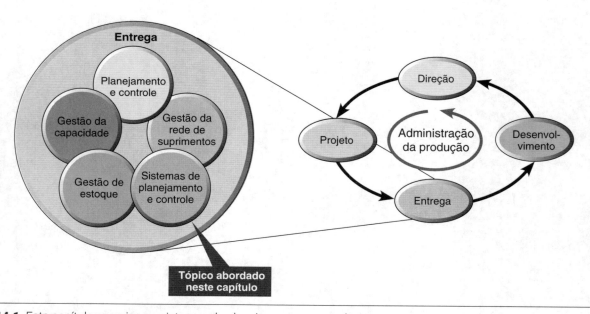

Figura 14.1 Este capítulo examina os sistemas de planejamento e controle.

14.1 O que são sistemas de planejamento e controle?

No Capítulo 10, descrevemos a atividade de planejamento e controle como tratando da gestão da alocação contínua de recursos e atividades para garantir que os processos da operação sejam eficientes e reflitam a demanda do cliente. As atividades de planejamento e controle são distintas, mas muitas vezes se sobrepõem. Formalmente, o planejamento determina o que se *pretende* que aconteça em algum momento no futuro, enquanto o controle é o processo de *tratar* das coisas quando elas não ocorrem conforme o planejado. O controle faz os ajustes que ajudam a operação a atingir os objetivos que o plano estabeleceu, mesmo quando os pressupostos em que o plano foi baseado não são verdadeiros.

Sistemas de planejamento e controle

Os sistemas de planejamento e controle são os mecanismos de processamento de informações, suporte de decisão e execução que suportam a atividade de planejamento e controle da produção. Embora os sistemas de planejamento e controle possam diferir, eles costumam ter uma série de elementos comuns. São eles: uma interface de cliente que forma um elo de informação bidirecional entre as atividades da operação e seus clientes; uma interface de suprimento que faz o mesmo para os fornecedores da operação; um conjunto de mecanismos *básicos* sobrepostos que executam tarefas básicas, como carregamento, sequenciamento, programação e monitoramento e controle; um mecanismo de decisão envolvendo pessoal de produção e sistemas de informação, que toma ou confirma decisões de planejamento e controle. É importante que todos esses elementos sejam eficazes por direito próprio e trabalhem juntos, os quais são ilustrados na Figura 14.2. Em sistemas sofisticados, eles podem até ser estendidos para incluir a integração dessa tarefa de planejamento e controle de recursos das principais operações com outras áreas funcionais da empresa.

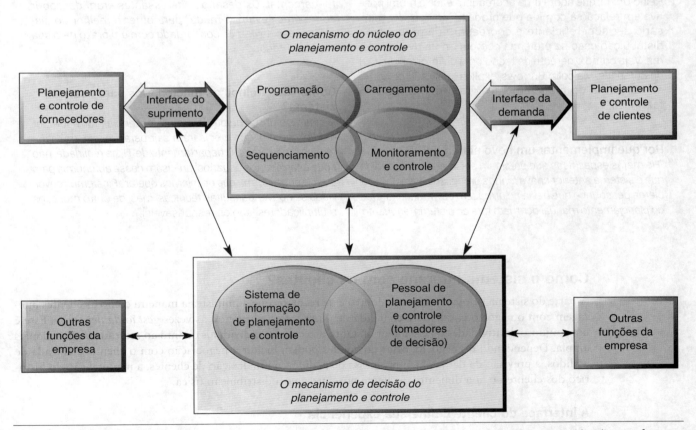

Figura 14.2 Sistemas de planejamento e controle integram mecanismos internos de planejamento e controle, clientes, fornecedores e outras funções da empresa.

OPERAÇÕES NA PRÁTICA
A Butcher's Pet Care coordena seu ERP[1]

Pode não ser um negócio glamuroso, mas comida para animais de estimação é, certamente, um grande negócio. É também competitivo, com fornecedores menores lutando contra gigantes como a Nestlé. Um dos mais bem-sucedidos entre os menores fabricantes europeus de comida para cães é a Butcher's Pet Care, localizada no centro do Reino Unido, que adota uma abordagem ética e moral positiva em relação à comida que produz. Também é necessário ser supereficiente e coordenar sua produção e distribuição caso se pretenda competir com rivais maiores. Veja como o gerente de tecnologia da informação (TI) da Butcher's, Malcolm Burrows, explica sua visão de como seu sistema de planejamento e controle o ajuda a fazer isso.

Por que implementar um novo sistema ERP?
"Há metas específicas que precisam ser atingidas, à medida que o sistema anterior criava longos processos e era um problema descobrir o que havia no armazém etc. Muitas tarefas do planejamento manual ocorriam fora do sistema, enquanto, agora, o ERP e a programação de materiais que entram funcionam bem melhor."

Quais foram os benefícios do novo sistema ERP?
"Estamos definitivamente obtendo uma melhor visão do estoque que estamos mantendo e uma resposta muito mais rápida está dando condições de mudar o modo como o produto é comprado. Como você provavelmente deve saber, em um ambiente em que estamos fornecendo a supermercados e cadeias de suprimento, há promoções regulares que afetam a demanda pela produção, com giros muito rápidos. Assim, desse ponto de vista, o sistema tem um valor essencial, já que podemos responder e atender às exigências de modo muito mais rápido e fácil."

Quais foram os desafios na implementação do sistema ERP?
"Foi uma grande mudança cultural para os funcionários... Como em qualquer sistema ERP [planejamento e controle, ver a seguir], o mapeamento de processos de negócio é fundamental. Os desafios interessantes eram descobrir como precisávamos mudar para obter o melhor do sistema, e que havíamos concordado com um prazo para sua implementação."

Como você treinou os funcionários para usar o sistema?
"Tínhamos uma equipe de projeto essencial, formada por multiplicadores que precisaram sair para, depois, trabalharem em suas áreas. O departamento de TI, na realidade, não pode ditar isso; [os usuários] precisam dessa autonomia para dizer 'é dessa forma que desejamos operar'. Ficaremos envolvidos se houver consultas técnicas, mas, de outro modo, os multiplicadores [são os responsáveis]."

Como o sistema interage com os clientes?

A parte do sistema de planejamento e controle de recursos que administra a maneira como os clientes interagem com o negócio cotidiano é chamada de *interface do cliente* ou às vezes *gestão da demanda*. Esse é um conjunto de atividades que se integram tanto aos clientes individuais quanto ao mercado de forma mais ampla. Dependendo do negócio, essas atividades podem incluir a negociação com o cliente, a entrada de pedidos, a previsão da demanda, a promessa de pedidos, a atualização de clientes, a manutenção do histórico dos clientes, o atendimento ao cliente pós-entrega e a distribuição física.

A interface do cliente define sua experiência

A interface do cliente é importante porque define a natureza da experiência do cliente. É a face pública da operação (a *linha de visibilidade*, como foi chamada no Capítulo 6). Portanto, ela precisa ser gerenciada como qualquer outro processo de *processamento de clientes*, em que a qualidade do serviço é definida pela lacuna entre as expectativas dos clientes e suas percepções sobre o serviço que eles recebem. A Figura

14.3 ilustra uma experiência típica do cliente de interagir com uma interface do cliente de planejamento e controle. A experiência em si começará antes que seja iniciado qualquer contato com o cliente. As expectativas dos clientes terão sido influenciadas pela forma como a empresa se apresenta por intermédio de atividades promocionais, a facilidade com que os canais de comunicação podem ser usados (por exemplo, *design* do *website*) e assim por diante. A questão é: "O canal de comunicação dá alguma indicação do tipo de resposta do serviço (por exemplo, quanto tempo teremos que esperar) que o cliente pode esperar?". No primeiro ponto de contato, quando um cliente individual solicita serviços ou produtos, esse pedido deve ser compreendido, a entrega, possivelmente negociada e uma promessa de entrega, feita. Os clientes podem valorizar o *feedback* sobre o progresso de seu pedido. No momento da entrega, não só os produtos e serviços são entregues ao cliente, mas também pode haver uma oportunidade para explicar a natureza da entrega e avaliar as reações dos clientes. Após a conclusão da entrega, também pode haver algum tipo de ação pós-entrega, como um telefonema para confirmar que tudo está bem.

Princípio de produção

A percepção do cliente quanto a uma operação será formada em parte pela interface do cliente com seu sistema de planejamento e controle.

A interface do cliente atua como uma função de gatilho

A aceitação de um pedido deve induzir a interface do cliente a desencadear os processos da operação. Exatamente o que é desencadeado dependerá da natureza do negócio, conforme explicamos no Capítulo 10. Por exemplo, algumas construtoras, por estarem dispostas a construir quase qualquer tipo de prédio, manterão relativamente poucos dos seus próprios recursos dentro do negócio, mas os contratará quando for necessário. Essa é uma **operação de *recurso sob demanda***, em que a interface do cliente desencadeia a tarefa de contratação do equipamento relevante e a compra dos materiais apropriados. Se construtora se limitasse a uma gama mais restrita de tarefas de construção, tornando a natureza da demanda um pouco mais previsível, provavelmente teria seu próprio equipamento e mão de obra permanentes dentro da operação. Aqui, aceitar um trabalho só precisa desencadear a compra dos materiais a serem usados na

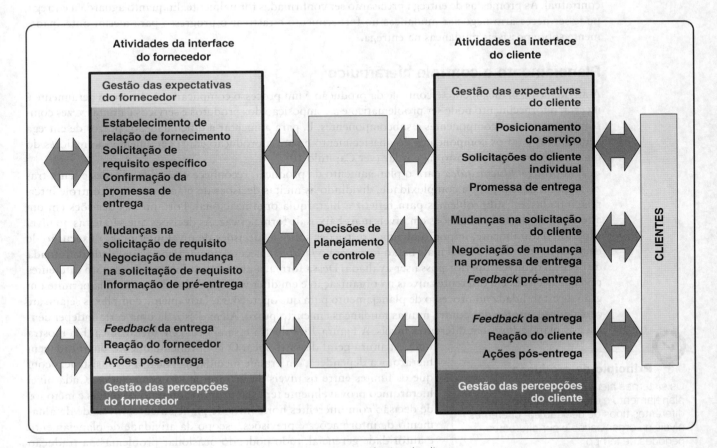

Figura 14.3 As interfaces do cliente e do fornecedor como *experiências do cliente*.

construção, e o negócio é uma operação *produzir sob demanda*. Algumas construtoras construirão casas-padrão, previamente projetadas, antes de qualquer demanda certa por elas. As operações desse tipo são operações *produzir antes do pedido*.

Como o sistema interage com os fornecedores?

A interface do fornecedor fornece o elo entre as atividades da própria operação e as de seus fornecedores. O *timing* e o nível de atividades dentro da operação ou processo terão implicações para o fornecimento de produtos e serviços para a operação. Os fornecedores precisam ser informados para que possam disponibilizar produtos e serviços quando necessário. Com efeito, essa é a imagem espelhada da interface do cliente. A interface do fornecedor preocupa-se com a gestão da experiência do fornecedor para garantir o fornecimento adequado. Ela não é menos importante. Em última análise, a satisfação do cliente será influenciada pela eficácia do suprimento porque, por sua vez, influencia a entrega aos clientes.

> **Princípio de produção**
> O sistema de planejamento e controle de uma operação pode melhorar ou piorar a eficácia da entrega pelos fornecedores.

A interface do fornecedor tem uma função de longo e curto prazo. Deve ser capaz não só de lidar com diferentes tipos de relações de fornecedores em longo prazo, como também com transações individuais com os fornecedores. Para fazer o primeiro, ela deve entender os requisitos de todos os processos dentro da operação e também as capacidades dos fornecedores. O lado esquerdo da Figura 14.3 mostra uma sequência simplificada de eventos na gestão de uma interação típica entre fornecedor e operação que a interface do fornecedor deve facilitar. Quando a atividade de planejamento e controle solicita suprimento, a interface do fornecedor precisa ter identificado potenciais fornecedores e também pode ser capaz de sugerir materiais ou serviços alternativos, se necessário. Os pedidos formais de cotações podem ser enviados a potenciais fornecedores se não houver acordo de fornecimento. Essa questão foi discutida no Capítulo 12 como desenvolvimento de fornecedores. Para lidar com transações individuais, a interface do fornecedor precisará emitir ordens de compra formais. Estas podem ser documentos em papel ou, mais provavelmente, pedidos eletrônicos. Seja qual for o mecanismo, é uma atividade importante porque muitas vezes constitui a base jurídica da relação contratual. As promessas de entrega precisarão ser confirmadas formalmente. Enquanto aguarda a entrega, pode ser necessário negociar mudanças no fornecimento e rastrear o progresso para alertar antecipadamente sobre possíveis mudanças na entrega.

Planejamento e controle hierárquico[2]

A atividade de planejamento e controle da produção é um processo complicado. A demanda geralmente é incerta, o fornecimento pode ser problemático e a composição dos produtos e serviços é muitas vezes complexa, com muitos componentes e subcomponentes. E, para aumentar a dificuldade, os prazos de entrega acumulados para os componentes do abastecimento e para a produção em si geralmente são maiores do que os clientes estão dispostos aguardar (ver Capítulo 10).

A *abordagem hierárquica* para o planejamento da produção reconhece essas dificuldades e tenta trazer alguma ordem para a complexidade, dividindo as muitas decisões de planejamento e controle inter-relacionadas em subproblemas para refletir a hierarquia organizacional. Portanto, as decisões em um alto nível são ligadas a decisões em níveis mais baixos de forma eficaz. As decisões que são feitas no nível superior, naturalmente, imporão algumas restrições sobre as decisões de nível inferior. E a execução de decisões detalhadas no nível mais baixo fornecerá o *feedback* necessário para que a qualidade da tomada de decisão de nível superior possa ser avaliada. Dessa forma, a abordagem hierárquica separa diferentes tipos de decisões em diferentes níveis na organização e em diferentes períodos de tempo. Ela permite um grau de estabilidade no processo de planejamento para que operações relativamente complexas sejam, até certo ponto, protegidas contra muitas mudanças em curto prazo. Além disso, dá uma certa independência aos planejadores em diferentes níveis. A Figura 14.4 ilustra essa abordagem hierárquica. Ela mostra uma estrutura geral dessa técnica. O bom funcionamento da abordagem hierárquica dependerá, em grande medida, da eficácia e consistência com que os limites entre os níveis da hierarquia são gerenciados. Cada nível hierárquico provavelmente terá seu próprio conjunto de regras e métodos de decisão com diferentes horizontes de planejamento, níveis de detalhamento de informações e previsões, escopo da atividade de planejamento e autoridade gerencial, tudo podendo ocasionar problemas na tradução das decisões de um nível para outro.

> **Princípio de produção**
> Os sistemas hierárquicos de planejamento e controle separam diferentes tipos de decisão em diferentes níveis na organização e por diferentes períodos de tempo.

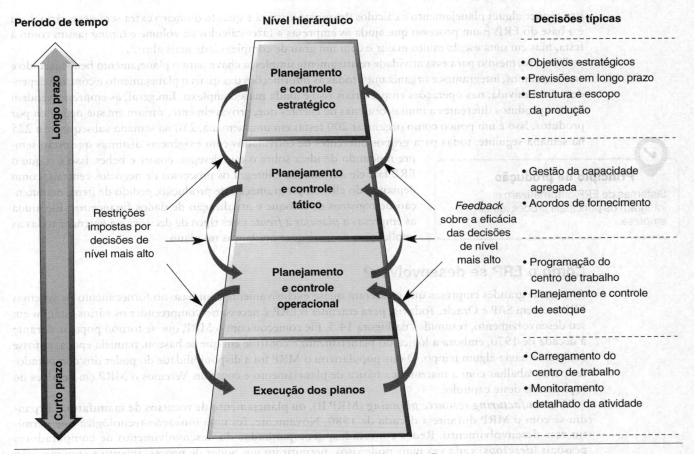

Figura 14.4 A estrutura geral do planejamento e controle hierárquico da produção.

> **Comentário crítico**
>
> O planejamento e o controle hierárquicos parecem ser racionais e diretos; no entanto, fazê-los funcionar na prática pode ser problemático. Várias questões precisam ser abordadas. Quantos níveis são necessários? O que deve restringir o que e com que rigidez? O que se deve planejar com antecedência? Uma abordagem hierárquica reduz a velocidade da tomada de decisão ao exigir um encaminhamento contínuo para cima? Quanta autonomia e controle local devem ser transferidos para os níveis mais baixos ou para instalações de produção distribuídas? A estabilidade é alcançada pela rigidez e à custa da velocidade e responsividade? Além disso, os dados devem ser precisos, oportunos e em um formato comum. A transição efetiva entre os níveis também requer um grau significativo de disciplina gerencial.

14.2 O que é ERP e como ele se transformou no sistema de planejamento e controle mais comum?

Uma forma fácil de pensar sobre ERP é imaginar que você decidiu dar uma festa em duas semanas e espera receber cerca de 40 pessoas. Assim como as bebidas, você decide fornecer sanduíches e salgadinhos. Provavelmente, você fará alguns cálculos simples para estimar de quanto vai precisar. Você pode ter alguma comida e bebida em casa, que poderá usar, de modo que levará isso em consideração ao preparar sua lista de compras. Além disso, talvez queira considerar a possibilidade de preparar os salgadinhos com antecedência e congelá-los. Na verdade, o planejamento de uma festa requer uma série de decisões inter-relacionadas sore a quantidade e o *timing* em que os *materiais* serão necessários. A festa também tem implicações financeiras. Você pode ter que concordar com um aumento temporário do limite de seu cartão de crédito. Novamente, isso requer algum planejamento e cálculos de quanto custará e quanto dinheiro extra será necessário. Essa é a base do ERP. É um processo que ajuda as empresas a fazer cálculos de volume e *timing* (assim como a festa, mas em uma escala muito maior e com um grau de complexidade mais alto).

Portanto, mesmo para essa atividade relativamente simples, a chave para o planejamento bem-sucedido é como geramos, integramos e organizamos todas as informações das quais o planejamento e controle dependem. Sem dúvida, nas operações empresariais isso é ainda mais complexo. Em geral, as empresas vendem muitos produtos diferentes a muitas centenas de clientes que, provavelmente, variam em sua demanda por produtos. Isso é um pouco como organizar 200 festas em uma semana, 250 na semana subsequente e 225 na semana seguinte, todas para grupos diferentes de convidados com exigências distintas que estão sempre mudando de ideia sobre o que desejam comer e beber. Isso é o que o ERP faz: ele automatiza e integra os processos de negócios centrais, como demanda do cliente, programação de produção, pedido de itens, manutenção de registros de estoque e atualização de dados financeiros. Ele ajuda as empresas a *planejar à frente* esses tipos de decisões e a entender todas as implicações de quaisquer mudanças no plano.

Princípio de produção
Sistemas de ERP automatizam e integram os principais processos da empresa.

Como o ERP se desenvolveu?

As (agora) grandes empresas que cresceram quase exclusivamente com base no fornecimento de sistemas ERP incluem SAP e Oracle. Todavia, para entender o ERP, é necessário compreender os vários estágios em seu desenvolvimento, resumidos na Figura 14.5. Ele começou com o MRP, que se tornou popular durante a década de 1970, embora a lógica do planejamento e controle em que se baseou, naquela época, já fosse conhecida havia algum tempo. O que popularizou o MRP foi a disponibilidade do poder dos computadores para trabalhar com a matemática básica de planejamento e controle. Veremos o MRP em detalhes no suplemento deste capítulo.

O *manufacturing resource planning* (MRP II), ou planejamento de recursos de manufatura, expandiu-se com o MRP durante a década de 1980. Novamente, foi uma inovação tecnológica que permitiu esse desenvolvimento. Redes conectadas, acompanhadas do desenvolvimento de computadores pessoais (*desktops*) cada vez mais poderosos, permitiram um poder de processamento e comunicação muito maior entre partes da empresa. Além disso, a maior sofisticação do MRP II permitiu colocar em prática a modelagem de cenários hipotéticos (ou *what-if*). A força do MRP e do MRP II baseia-se no fato de que podem explorar as *consequências* de quaisquer mudanças naquilo que uma operação precisasse realizar. Assim, se a demanda mudasse, o sistema MRP calcularia os efeitos não previstos e emitiria as devidas instruções. Esse mesmo princípio também se aplica ao ERP, mas em base muito mais ampla, que é definido como:

> *uma solução empresarial ampla e completa. O sistema ERP consiste em módulos com apoio de software como: marketing e vendas, serviço de campo, projeto e desenvolvimento de produtos, controle de produção e estoque, compras, distribuição, gestão de instalações industriais, projeto e desenvolvimento de processos, fabricação, qualidade, recursos humanos, finanças e contabilidade e serviços de informação. A integração entre os módulos é enfatizada, mas sem a duplicação de informação.*[3]

Assim, os sistemas ERP permitem que as decisões e as bases de dados de todas as partes da organização sejam integradas, de modo que as consequências das decisões de parte da organização estejam refletidas nos sistemas de planejamento e controle do restante da organização (ver a Figura 14.6). ERP é o equivalente ao sistema nervoso central da organização, detectando as informações sobre as condições de diferentes partes da empresa e as repassando a outras partes da empresa que necessitam delas. As informações são atualizadas em tempo real por aqueles que as utilizam e ainda ficam sempre disponíveis a todos que estão conectados ao sistema ERP.

Além disso, o potencial da comunicação baseada na Internet fornece grande impulso para o desenvolvimento do ERP. Muitas empresas têm fornecedores, clientes e outras empresas com os quais colaboram, que também fazem uso de sistemas ERP. Um desenvolvimento óbvio é permitir que esses sistemas se comuniquem. Entretanto, as consequências técnicas disso, bem como as organizacionais e estratégicas, podem ser enormes. Todavia, muitas autoridades acreditam que o verdadeiro valor dos sistemas ERP só pode ser plenamente explorado quando tal ERP integrado com a *web* (conhecido por algumas pessoas como *comércio colaborativo* ou *c-commerce*) torna-se amplamente implementado.

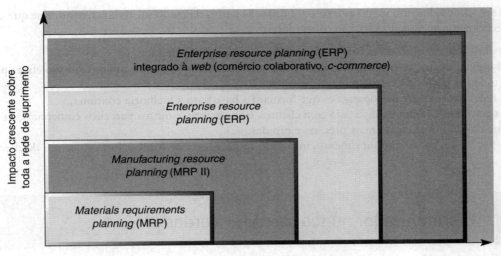

Figura 14.5 Desenvolvimento do ERP.

Benefícios do ERP

Geralmente, o ERP é visto como tendo o potencial de melhorar muito significativamente o desempenho de muitas empresas de muitos setores diferentes. Isso ocorre, em parte, pela maior visibilidade que a integração de informação proporciona, mas é também uma função da disciplina que o ERP requer. Todavia, essa disciplina é uma *faca de dois gumes*. Por um lado, *apura* a administração de todos os processos da organização, permitindo que a melhor prática seja uniformemente implementada por toda a empresa. Não mais o comportamento idiossincrático individual por uma parte das operações de uma empresa causará interrupção de todos os outros processos. Por outro lado, a rigidez dessa disciplina é difícil de ser atingida

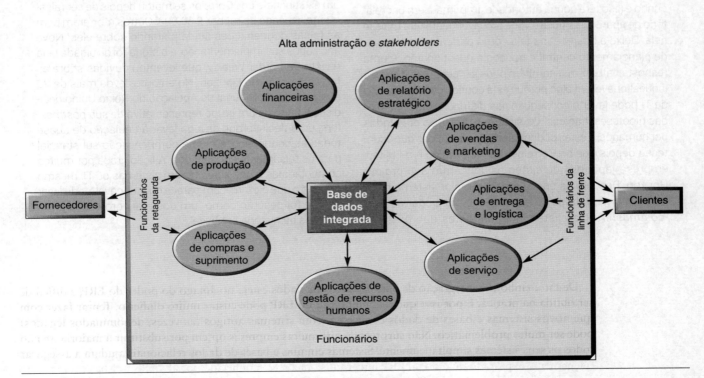

Figura 14.6 O ERP integra as informações de todas as partes da organização.

e pode ser (possivelmente) inapropriada para todas as partes da empresa. Todavia, assume-se que os benefícios geralmente aceitos do ERP são os seguintes:

▶ A visibilidade do que está ocorrendo em todas as partes da empresa.
▶ A disciplina de forçar as mudanças baseadas nos processos do negócio é um mecanismo eficaz para tornar todas as partes da empresa mais eficientes.
▶ Um *senso de controle* das operações que formará a base para a melhoria contínua.
▶ Uma comunicação mais sofisticada com clientes, fornecedores e outros parceiros comerciais, frequentemente dando informações mais precisas e rápidas.
▶ Integração das cadeias de suprimento, incluindo fornecedores de fornecedores e clientes de clientes.

OPERAÇÕES NA PRÁTICA

O computador nunca mente — verdade?[4]

Escreva uma informação em um pedaço de papel de rascunho e isso terá pouca autoridade. Imprima-a em um relatório de aparência oficial e você provavelmente terá mais fé nela. Deixe-a aparecer na tela como parte de um sistema de planejamento central e poucos a questionarão. É uma resposta natural, mas também pode ser perigosa. A crença inquestionável em algo porque está contido em um sistema de TI pode levar a consequências disfuncionais e, na pior das hipóteses, trágicas. Os sistemas de TI são projetados por humanos, e estes podem cometer erros. Foi o que aconteceu depois que os Correios do Reino Unido e a Fujitsu, empresa japonesa de sistemas, lançaram seu projeto Horizon. Descrito na época como "o maior sistema de TI não militar da Europa", o seu objetivo era ajudar os *sub-postmasters* (varejistas independentes que prestam serviços de correios ao público) a acompanhar as tarefas rotineiras das operações de varejo, como as transações de vendas e controle de estoque. Desde o momento de sua implementação, houve reclamações de *sub-postmasters* de que o sistema tinha falhas. As reclamações foram descartadas pelos Correios como dificuldades iniciais. Mas, quando o sistema Horizon (falsamente) indicou que alguns *sub-postmasters* cometeram uma série de roubos, atividades fraudulentas e contabilidade falsa, a administração dos Correios optou por acreditar no sistema de TI e processou de maneira agressiva mais de 700 *sub-postmasters*. Ao longo de um período de 14 anos, muitos foram, além de condenados por falsa contabilidade e roubo, parar na prisão. Outros ficaram arruinados financeiramente e se sentiram envergonhados em suas comunidades. Tragicamente, um ex-subchefe dos Correios se matou depois de ser falsamente acusado de roubar £ 60.000. Outros morreram com as falsas condenações ainda pairando sobre eles. Nove anos após sua implementação, a história foi divulgada pela revista *Computer Weekly*, que levantou dúvidas sobre as falhas do sistema Horizon. No entanto, levou mais de 20 anos até que o Tribunal de Apelação do Reino Unido decidisse a favor de um grupo representativo de *sub-postmasters*, uma decisão que deveria levar à anulação de quase todas as condenações e uma compensação substancial para os falsamente condenados. A lição tirada por muitos comentaristas é que acreditar em sistemas de TI, mesmo quando o que eles indicam parece questionável, pode levar ao que foi descrito como "um dos mais grotescos erros judiciais da história britânica".[5]

De fato, embora a integração de vários bancos de dados esteja no âmago do poder do ERP, é difícil de ser obtida na prática. É por isso que a implantação do ERP pode custar muito dinheiro. Tentar fazer com que novos sistemas e bases de dados conversem com sistemas antigos (às vezes, denominados legados) pode ser muito problemático. Não surpreende que muitas empresas optem por substituir a maioria, se não todos os seus sistemas simultaneamente. Sistemas comuns e bases de dados relacionais ajudam a assegurar a transferência de dados tranquila entre as diferentes partes da organização. Além da integração dos sistemas, o ERP normalmente inclui outras características que o tornam uma poderosa ferramenta de planejamento e controle.

ERP muda a maneira como as empresas fazem negócios

Indiscutivelmente, a questão mais significativa na decisão de muitas empresas de comprar um sistema de ERP pronto para uso é sua compatibilidade com os processos e práticas de negócios atuais da empresa. O conselho que vem das empresas que adotaram o ERP é que é extremamente importante garantir que sua maneira atual de fazer negócios se encaixe (ou possa ser alterada para se adequar) a um pacote ERP padrão. De fato, uma das razões mais comuns para as empresas decidirem não instalar o ERP é que elas não conseguem conciliar as premissas no *software* do sistema ERP com seus principais processos de negócios. Se, como a maioria das empresas descobre, seus processos atuais não se adaptam, elas poderiam fazer uma de duas coisas. Elas poderiam alterar seus processos para se adequar ao pacote ERP. Como alternativa, elas poderiam modificar o *software* dentro do pacote ERP para se adequar aos seus processos. Ambas as opções envolvem custos e riscos. Mudar as práticas de negócios que estão funcionando bem envolverá custos de reorganização, bem como o potencial para que sejam infiltrados erros nos processos. A adaptação do *software* retardará o projeto e introduzirá "bugs" de *software* potencialmente perigosos no sistema. Isso também dificultaria a atualização do *software* mais tarde.

Princípio de produção

Os sistemas de ERP só são totalmente eficazes se o modo como uma empresa organiza seus processos for alinhado com os pressupostos subjacentes a seu sistema de ERP.

OPERAÇÕES NA PRÁTICA — **O ERP para um sanduíche de salada de frango**

Os sanduíches pré-embalados geralmente são produzidos nas fábricas durante a tarde e a noite para que sejam entregues à noite do mesmo dia e pela manhã do dia seguinte. Mas isso é apenas metade da história. A outra metade ocupa-se do modo como a empresa gerencia a *quantidade* de ingredientes a pedir, a quantidade de sanduíches a fabricar e toda a cadeia de implicações que envolve toda a empresa. Quase todas as empresas de sanduíche utilizam um sistema ERP, que tem em sua essência o pacote MRP II. Esse sistema tem dois direcionadores básicos: primeiro, previsão de vendas continuamente atualizada; segundo, uma base de dados da estrutura do produto. Nesse caso, a **estrutura do produto** e/ou a **lista de materiais** é a *receita* do sanduíche; na empresa, essa base de dados é denominada *Sistema de Gestão de Receitas*. A receita para o sanduíche de frango (sua lista de materiais) está ilustrada na Tabela 14.1.

A Figura 14.7 mostra o sistema ERP usado pela empresa de sanduíche. Os pedidos são recebidos dos clientes eletronicamente pelo sistema EDI e então conferidos no que a empresa denomina *sistema de validação*, que confere o pedido conforme seus códigos de produto e as quantidades solicitadas para assegurar que os clientes não cometeram quaisquer erros, como esquecer de pedir alguns produtos. Após a validação, os pedidos são transferidos pela base de dados central ao sistema MRP II, que realiza o desmembramento dos principais requisitos. Com base nesses requisitos e nas previsões para os próximos dias, os pedidos são emitidos aos fornecedores de matérias-primas e embalagens. Simultaneamente, a confirmação é enviada aos clientes, os dados contábeis são atualizados, as programações de pessoal são finalizadas para as duas semanas seguintes (em um sistema rotativo), os clientes recebem as faturas e todas as informações são disponibilizadas aos próprios sistemas ERP dos clientes e ao sistema de planejamento da empresa transportadora.

▶

Tabela 14.1 Lista de materiais para o sanduíche de salada de frango.

Função: MBIL		Pesquisa de lista de múltiplos níveis					
ITEM PAI: BTE80058 RV: PLNR: LOU		UM:EA		DESC: RUNLT: PLN POL: N		SALADA FRANGO 0 LT FIXO: 0 DRWG: WA1882	LA
NÍVEL 1...5...10	PT Uso	SEQ.	Componente	CT	Descrição parcial	Quant.	UM
1	PACK	010	FTE80045	P	FRANGO	9	EA
2	ASSY	010	MBR-0032	P	PÃO HARVESTE	2	SL
3	HRPR	010	RBR-0023	N	PÃO HARVESTE	0,4545455	EA
2	ASSY	020	RDY-0001	N	MANTEIGA	0,006	KG
2	ASSY	030	RMA-0028	N	MAIONESE	0,01	KG
2	ASSY	040	MFP-0016	P	FRANGO FRESCO	0,045	KG
3	HRPR	010	RFP-0008	N	FRANGO FRESCO	1	KG
	ASSY	050	MVF-0063	P	4 FATIAS TOMATE	3	SL
3	ALTI	010	RVF-0026	P	TOMATES PRÉ-CORTADOS	0,007	KG
4	HRPR	010	RVF-0018	N	TOMATES	1	KG
2	ASSY	060	MVF-0059	P	FATIA DE PEPINO	2	SL
3	ALTI	010	RVF-0027	P	FATIA DE PEPINO	0,004	KG
4	TRAN	010	RVF-0017	N	PEPINO	1	KG
2	ASSY	070	MVF-0073	P	ALFACE COS SL	0,02	KG
3	HRPR	010	RVF-0015	N	ALFACE COS	1	KG
2	ASSY	080	RPA-0070	N	BASE CINZA WEBB	0,00744	KG
2	ASSY	090	RPA-0071	N	TOPO BRANCO WEBB	0,0116	KG
2	ASSY	100	RLA-0194	N	ETIQUETA SW H	1	EA
2	ASSY	110	RLA-0110	N	ADESIVO NE	1	EA
1	PACK	010	RPA-0259	N	ETIQUETA SOT	1	EA
1	PACK	030	RPA-0170	N	BANDEJA VERDE	1	EA

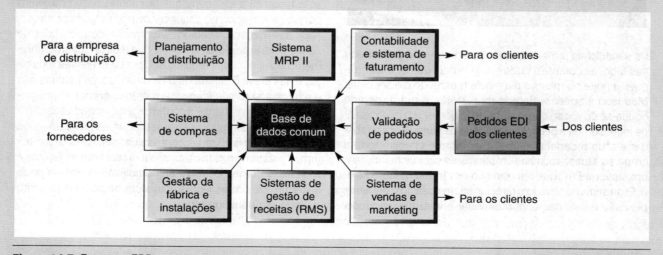

Figura 14.7 Estrutura ERP para uma empresa de sanduíches.

ERP integrado à *web*

Talvez, a justificativa mais importante para se adotar o sistema ERP seja o potencial que ele oferece para a organização ficar integrada ao mundo externo. Por exemplo, é muito mais fácil para uma operação passar a fazer transações pela Internet se puder integrar seu sistema de Internet externo aos seus sistemas ERP internos. Entretanto, como vem sendo apontado por alguns críticos das empresas fornecedoras de *softwares* ERP, elas não estavam preparadas para o impacto do comércio eletrônico e não tinham feito concessão suficiente em seus produtos para a necessidade de interface com os canais de comunicação baseados na Internet. O resultado disso é que, embora a complexidade interna dos sistemas ERP tenha sido projetada para ser inteligível apenas a especialistas de informática, a Internet fez com que clientes e fornecedores (que não são especialistas) estejam demandando acesso à mesma informação. Assim, partes importantes da informação, como o status dos pedidos, se os eles estão ou não em estoque, o andamento da fatura etc., precisam estar disponíveis no sistema ERP, no *site* da empresa.

Um problema é que os tipos diferentes de empresas externas geralmente necessitam de tipos diferentes de informação. Os clientes precisam conferir o andamento de seus pedidos e do faturamento, enquanto os fornecedores e outros parceiros desejam ter acesso aos detalhes de planejamento e controle das operações. Não apenas isso, desejam também ter acesso a qualquer momento. A Internet está sempre lá, mas os sistemas ERP integrados à *web* geralmente são complexos e necessitam de manutenção periódica. Isso significa que, cada vez que o sistema ERP ficar *off-line* para manutenção rotineira ou outras mudanças, o *site* também ficará. Para evitar isso, algumas empresas configuram seu ERP e *links* de comércio eletrônico de tal forma que podem ser desacoplados, de modo que o ERP possa ser desativado sem afetar a presença da empresa na *web*.

ERP da cadeia de suprimento

Após a integração dos sistemas ERP internos com clientes e fornecedores imediatos, a próxima etapa é integrar todos os sistemas ERP e similares ao longo de uma cadeia de suprimento. Sem dúvida, isso nunca poderia ser simples e direto, e costuma ser excepcionalmente complicado. Além de sistemas ERP diferentes terem que se comunicar, precisarão estar integrados com outros tipos de sistemas. Por exemplo, as funções vendas e marketing utilizam, com frequência, sistemas como gestão de relacionamento com o cliente (CRM), que tratam das complexidades das exigências, compromissos e transações com clientes. Fazer os sistemas ERP e CRM trabalharem juntos, por si só, já é bem difícil. Às vezes, as informações dos sistemas ERP precisam ser traduzidas em uma forma que CRM e outras aplicações de *e-commerce* possam entender. Apesar disso, com o ERP integrado à web ou *c-commerce* (comércio colaborativo), aplicações estão emergindo e começando a impactar a forma como as empresas fazem negócios. Embora a implementação do ERP na cadeia de suprimento seja uma tarefa bem trabalhosa, os benefícios potenciais são grandes. Os custos de comunicação entre os parceiros da cadeia de suprimento podem ser bastante reduzidos, e o potencial para evitar erros à medida que informações e produtos se movimentam entre os parceiros da cadeia de suprimento é significativo. Todavia, como advertência final, é bom lembrar que, embora a integração possa trazer benefícios de maior transparência na cadeia de suprimento, também pode transmitir falhas no sistema. Se o sistema ERP de uma operação na cadeia de suprimento falhar por alguma razão, ele pode bloquear a operação efetiva de todo o sistema de informação integrado ao longo da cadeia.

Princípio de produção
A eficácia dos sistemas ERP depende parcialmente dos sistemas ERP de fornecedores e clientes.

14.3 Como devem ser implementados os sistemas de planejamento e controle?

Por sua natureza, os sistemas de planejamento e controle são projetados para resolver os problemas decorrentes da fragmentação de informações na empresa. Assim, qualquer sistema de planejamento e controle será complexo e difícil de ser concluído. Implementar esse tipo de sistema envolverá necessariamente atravessar fronteiras organizacionais e integrar processos internos que cobrem muitas, se não todas as áreas funcionais de uma empresa. Construir um sistema único que satisfaça, simultaneamente, as exigências de gerentes de operações, gerentes de marketing e vendas, gerentes financeiros e todas as demais pessoas da organização jamais será fácil. É provável que cada função terá seu próprio conjunto de processos e sistemas amplamente conhecidos que precisam ser projetados conforme suas necessidades específicas. Passar tudo para um sistema integrado que funciona com uma base de dados única está se tornando potencialmente muito impopular. A mudança nem sempre é popular, e o ERP exige que quase todos mudem o modo de fazer suas tarefas.

Os desafios particulares da implementação de TI

Surpreendentemente, dada a onipresença dos sistemas de TI, como os sistemas de planejamento e controle, a relação custo-benefício do investimento em TI não é totalmente direta. Geralmente, a pesquisa reconhece uma conexão simples e positiva entre o investimento em TI e o aumento da eficácia da produção, mesmo que os benefícios possam variar bastante. Como afirmou uma autoridade, "não existe um banco onde as empresas possam depositar investimento em TI e retirar um retorno 'médio'... Uma estratégia de investir cegamente em TI e esperar que a produtividade aumente automaticamente certamente fracassará".[6] Além disso, há uma alta taxa de falha para projetos de TI (muitas vezes chegando entre 35 e 75%, embora a definição de "falha" seja debatida). No entanto, existe grande aceitação de que os motivos mais comuns para o fracasso estão relacionados, de alguma forma, com fatores gerenciais, de implementação ou organizacionais. E, desses fatores gerenciais, de implementação ou organizacionais, uma das principais questões foi o grau de alinhamento e integração entre a estratégia geral de TI de uma empresa e a estratégia geral da empresa.

É claro que diferentes tipos de TI representam distintos tipos de desafios. O impacto de alguns sistemas de TI é limitado a uma parte definida (e relativamente limitada) da operação. Esse tipo de TI às vezes é chamado de *função de TI*, porque facilita uma única função ou tarefa.[7] Exemplos incluem projeto assistido por computador (CAD), planilhas e simples **sistemas de apoio à decisão**. Os desafios organizacionais para esse tipo de tecnologia geralmente podem ser tratados separadamente da própria tecnologia. Dito de outra forma, a função de TI pode ser adotada com ou sem alterações em outras estruturas organizacionais. No entanto, isso não significa que não serão enfrentados desafios organizacionais, culturais ou de desenvolvimento. Muitas vezes, a eficácia da tecnologia pode ser aprimorada por mudanças apropriadas em outros aspectos da operação. Em contrapartida, a *TI corporativa* se estende por grande parte ou por toda a organização, por isso precisará de mudanças potencialmente extensas para a organização. E os sistemas da TI corporativa mais comuns (e problemáticos) são os sistemas ERP. A terceira categoria de TI é *TI em rede*, que facilita o intercâmbio entre pessoas e grupos dentro e/ou fora da organização. No entanto, ela não necessariamente predefine como essas trocas devem funcionar. Por exemplo, o *e-mail* simples é um sistema de TI em rede. Ele trouxe mudanças significativas para o funcionamento da função produção e das redes de suprimento, mas as mudanças não são impostas pela própria tecnologia; em vez disso, elas surgem ao longo do tempo enquanto as pessoas ganham experiência em usar a tecnologia. O desafio com esse tipo de tecnologia é aprender a explorar o seu potencial emergente. Esse é o desafio para muitas operações à medida que elas estendem seus sistemas de ERP para abranger toda, ou mesmo uma parte, de sua cadeia de suprimento.

OPERAÇÕES NA PRÁTICA

Não é tão fácil[8]

Os sistemas ERP têm sido chamados de centro nervoso de qualquer operação e, como os sistemas nervosos reais, são difíceis de lidar e podem causar muita dor quando dão errado. E a implementação do ERP pode dar errado, mesmo quando realizada por profissionais experientes. Veja estes exemplos.

Lidl

Como muitas grandes empresas, a rede de supermercados alemã Lidl aguentou seu sistema interno de gestão de estoque, que, depois de muitos anos de funcionamento, começava a falhar. Encarregou a SAP, empresa especializada em *software* empresarial, de instalar um sistema totalmente novo. No entanto, durante o processo de implementação, ficou claro que havia um conflito entre como a Lidl preferia contabilizar o estoque (pelo preço de compra) e como a maioria dos varejistas o faz (pelo preço de varejo, com que vende as mercadorias). O sistema da SAP foi configurado para esse último. Como a Lidl não queria mudar a sua prática contábil, a SAP teve de tentar personalizar seu sistema. Isso resultou em uma série de problemas de implementação. O que teria sido um projeto complexo não foi ajudado pela rotatividade de pessoal no departamento de TI da Lidl. Em 2018, sete anos após o início e depois de gastar quase 500 milhões de euros, o projeto foi descartado.

Woolworths (Austrália)

Outro varejista, desta vez na Austrália, também teve problemas significativos de implementação de ERP. A Woolworths é a maior cadeia de supermercados da Austrália (não confundir com a já extinta operação do Reino Unido). Operando quase 1.000 lojas em toda a Austrália, ela emprega 115.000 funcionários em suas lojas e redes de suprimento. Seu novo sistema ERP pretendia modernizar os esforços de planejamento e controle da empresa, mas, quando, após seis anos de planejamento, entrou em operação com o novo sistema, os problemas apareceram quase imediatamente. O sintoma mais óbvio de que algo estava errado eram as prateleiras vazias em muitas das lojas da empresa. Aparentemente, um mau funcionamento no novo sistema impediu a empresa de fazer pedidos com seus (muitos) fornecedores. A investigação sobre o que deu errado mostrou que um dos principais problemas foi que, durante o processo de implementação do ERP, não foi dada atenção suficiente para entender e documentar os processos que eram realmente utilizados pelos funcionários no dia a dia do negócio. Muitos dos detalhes desses processos estavam com os chefes de equipe, em vez de registrados formalmente. Assim, quando os indivíduos saíam da empresa, levavam consigo informações importantes. Com efeito, a implementação do ERP falhou devido à perda de memória corporativa.

Oriola Finland

Oriola Finland é uma empresa finlandesa de saúde e bem-estar, com uma posição firme nos mercados de saúde sueco e finlandês. Na Suécia, a Oriola é dona da Kronans Apotek, a terceira maior rede de farmácias do país. É uma grande distribuidora de produtos de saúde e bem-estar, que emprega pouco menos de 3.000 pessoas. Mas sua capacidade de fornecer seus produtos farmacêuticos foi seriamente comprometida quando uma grande atualização do sistema ERP falhou. A Oriola Finland entrega milhares de medicamentos a farmacêuticos em todo o país, incluindo

insulina, medicamentos contra o câncer e antipsicóticos, de modo que qualquer problema na cadeia de suprimento não causa apenas perda de vendas, mas também pode prejudicar a saúde das pessoas. Essa foi uma interrupção particularmente séria, uma vez que 46% de todos os medicamentos vendidos na Finlândia eram fornecidos pela Oriola, e a mudança para um distribuidor alternativo teria sido difícil de fazer rapidamente. O problema foi, em parte, uma falha em antecipar suficientemente a interrupção que qualquer mudança no sistema de TI pode causar. Acredita-se que a Oriola não previu nenhuma grande interrupção no fornecimento quando a mudança aconteceu, mas seu sistema de pedidos ficou inoperante por dias. A lição é que, ao fazer a transição para um novo ERP, geralmente é melhor se planejar sempre para o pior. Por fim, a Oriola conseguiu resolver os problemas com seu novo ERP e também contratou pessoal extra para processar a carteira de pedidos. Mas o incidente custou milhões de euros à empresa e prejudicou sua reputação de confiabilidade no fornecimento.

Waste Management

As falhas na implementação de ERP às vezes podem terminar nos tribunais. A Waste Management Inc. é a principal provedora de serviços ambientais e de tratamento de dejetos na América do Norte. Quando ela anunciou que estava processando a SAP, sua principal fornecedora de ERP, sobre o fracasso de uma implementação de ERP, informou que estava procurando recuperar mais de $ 100 milhões das despesas do projeto, bem como as economias e os benefícios que o *software* SAP havia prometido oferecer à empresa. Disse que a SAP lhe prometeu que o *software*, além de poder ser amplamente implementado em toda a empresa dentro de 18 meses, era uma solução pronta, que atenderia às necessidades da empresa sem que fosse necessária qualquer customização ou melhorias. No entanto, de acordo com a Waste Management, os membros da equipe de implementação da SAP haviam descoberto *lacunas* significativas entre a funcionalidade do *software* e os requisitos de negócios da Waste Management. Esta descobriu que essas lacunas já eram conhecidas da equipe de desenvolvimento de produto na Alemanha mesmo antes que o SLA (acordo de nível de serviço) fosse assinado. Mas os membros da equipe de implementação da SAP supostamente culparam a Waste Management pelas lacunas funcionais e enviaram pedidos de mudança exigindo que a Waste Management pagasse para corrigi-las. Cinco anos após a reclamação, a disputa foi resolvida quando a SAP fez um pagamento único em dinheiro à Waste Management.

Fatores críticos do sucesso da implementação

Uma das questões-chave na implementação do ERP é que fatores críticos do sucesso (FCS) devem ser gerenciados para aumentar as chances de uma implementação bem-sucedida. Nesse caso, os FCS são aquelas coisas que a organização deve *fazer certo* para que o sistema ERP funcione de modo eficaz. Muitas das pesquisas nessa área foram analisadas e resumidas por Finney e Corbett,[9] que distinguiram entre os fatores amplos de toda a organização, ou fatores estratégicos, e os fatores mais específicos de projeto, ou táticos. Estes são mostrados na Tabela 14.2.

Sem dúvida, alguns desses FCS podem ser apropriados a qualquer tipo de implementação complexa, seja de um sistema ERP, seja de alguma outra mudança importante em uma operação. Contudo, esse é o principal ponto. Certamente, a implementação de ERP tem algumas exigências técnicas específicas, mas a boa prática de implementação de ERP é muito semelhante a outra implementação complicada e sensível. Novamente, o que é diferente no ERP é que envolve toda a empresa, de modo que a implementação deve sempre ser considerada em um âmbito totalmente corporativo. Assim, haverá sempre muitas partes interessadas (ou *stakeholders*) diferentes a considerar, cada uma com suas próprias preocupações. É por isso que a implementação do sistema ERP será sempre um exercício de gestão da mudança. A perspectiva de atingir desempenho superior do sistema será alta apenas se as inquietações de todos os grupos relevantes forem efetivamente resolvidas.

Tabela 14.2 FCS estratégicos e táticos relacionados com a implementação bem-sucedida do ERP.

FCS estratégicos	FCS táticos
► Compromisso e apoio da alta administração — liderança forte e comprometida da alta administração é essencial para o sucesso de uma implementação do ERP.	► Equipe balanceada — a necessidade de uma equipe de implementação espalhada pela organização, bem como uma equipe que represente o equilíbrio entre as habilidades da empresa e de TI.
► Visão e planejamento — articular uma visão de negócio à organização, identificar metas e objetivos claros e fornecer um vínculo evidente entre as metas e os sistemas estratégicos da empresa.	► Equipe de projeto — há uma necessidade crítica de colocar em ação uma equipe de implementação sólida e essencial, constituída pelos indivíduos "melhores e mais brilhantes" da organização. Esses indivíduos devem ter reputação ilibada e deve haver um compromisso em destiná-los ao projeto em tempo integral.
► Multiplicador do projeto — o indivíduo deve ter fortes habilidades de liderança, bem como as competências gerenciais pessoais e técnicas.	
► Estratégia de implementação e adaptação ao tempo — implementar ERP sob uma abordagem de planejamento cíclico.	► Plano de comunicação — a comunicação planejada entre as várias funções e níveis organizacionais (especificamente entre a empresa e o pessoal de TI) é importante para assegurar que há comunicação aberta em toda a organização, bem como com fornecedores e clientes.
► Gestão de projeto — gestão contínua do plano de implementação.	
► Gestão da mudança — esse conceito refere-se à necessidade de a equipe de implementação preparar formalmente um programa de gestão da mudança e de estar consciente da necessidade de considerar as implicações de tal projeto. Uma tarefa-chave é desenvolver a aceitação do projeto pelo usuário e uma atitude positiva dos funcionários. Isso pode ser realizado mediante educação sobre os benefícios e a necessidade de um sistema ERP. Parte desse desenvolvimento da aceitação do usuário deve também envolver o apoio de líderes de opinião de toda a organização. Há também necessidade de o líder da equipe negociar efetivamente entre várias instâncias políticas. Algumas autoridades também reforçam que, no planejamento do projeto ERP, este deve ser considerado uma iniciativa de gestão da mudança, não uma iniciativa de TI.	► Planejamento e gestão de custo do projeto — é importante saber com antecedência e, exatamente, quais serão os custos de implementação para destinar-lhes o orçamento necessário.
	► Infraestrutura de TI — é crucial avaliar a disponibilidade de TI da organização, incluindo a arquitetura e as habilidades. Se necessário, a infraestrutura pode precisar ser ampliada ou renovada.
	► Seleção de ERP — a seleção de um pacote ERP apropriado que atenda aos processos da empresa.
	► Seleção e relacionamento de consultor — algumas autoridades defendem a necessidade de incluir um consultor de ERP como parte da equipe de implementação.
	► Treinamento e reprojeto do trabalho — treinamento é um aspecto crítico de uma implementação. É também necessário considerar o impacto da mudança sobre a natureza do trabalho e as descrições de cargo específicas.
	► Gestão de solução de problemas e de crises — é importante ser flexível nas implementações de ERP para aprendizagem decorrente de circunstâncias imprevistas, bem como estar preparado para lidar com situações de crise inesperada. A necessidade de habilidades para solução de problemas será uma exigência contínua do processo de implementação.

Fonte: Baseada em Finney S. e Corbett M. (2007). ERP implementation: a compilation and analysis of critical success factors, *Business Process Management Journal*, 13 (3) 329-47.

CAPÍTULO 14 SISTEMAS DE PLANEJAMENTO E CONTROLE · **493**

Em um nível inteiramente técnico, muitos consultores que têm vivenciado as dificuldades da implementação de ERP resumiram suas experiências. A lista seguinte de problemas prováveis com uma implementação de ERP é típica (e, realmente, reflete a realidade):[10]

▶ É provável que o custo total seja subestimado.
▶ É provável que o tempo e o esforço para implementar sejam subestimados.
▶ Provavelmente os recursos da empresa e da função TI serão mais altos do que o previsto.
▶ O nível de expertise externa exigido será maior do que o previsto.
▶ As mudanças requeridas para os processos de negócio serão maiores do que o esperado.
▶ O controle do escopo do projeto será mais difícil do que o esperado.
▶ Nunca haverá treinamento suficiente.
▶ É improvável que a necessidade de gestão da mudança seja reconhecida até que seja tarde demais, e, provavelmente, as mudanças exigidas pela cultura corporativa serão grosseiramente subestimadas. (Este é o maior ponto de falha isolado nas implementações de ERP.)

Operações responsáveis

Em cada capítulo, sob o título de Operações responsáveis, *resumimos como o tópico específico tratado no capítulo aborda importantes questões sociais, éticas e ambientais.*

O próprio propósito dos sistemas ERP é origem das questões éticas enfrentadas pelos gerentes de produção que implementam esses sistemas — eles integram as necessidades de informação e os interesses de diversas partes interessadas. Isso leva a dois conjuntos de questões em particular. O primeiro diz respeito a como uma operação equilibra os interesses (às vezes conflitantes) dos grupos de partes interessadas durante o projeto e a implementação de sistemas ERP. O segundo conjunto de questões diz respeito à natureza do acesso das partes interessadas às enormes quantidades de informações contidas nos sistemas ERP.

O ERP une os departamentos dentro das operações e, quando estendido à rede de suprimento de uma empresa, as diferentes operações (como fornecedores, parceiros de negócios e clientes). Agiliza o fluxo de informações, permitindo maior cooperação entre recursos e operações. No entanto, é provável que diferentes partes interessadas tenham interesses e prioridades diferentes. Os fluxos de informação não são neutros. Eles podem conferir poder a quem detém a informação. Dentro de uma operação, como equilibrar os fluxos de informações para, por exemplo, representantes de funcionários, quando essas informações podem implicar perda de empregos, com o imperativo ético de abertura e transparência? Isso ocorre da mesma forma com entidades externas, como fornecedores. Como os fluxos de informações para fornecedores devem ser projetados quando essas informações podem ser interpretadas como algo que pode levar a desvantagens comerciais?

Em relação ao acesso à informação quando um sistema ERP está em operação, os protocolos de acessibilidade devem garantir que as informações armazenadas no sistema ERP sobre funcionários, clientes e parceiros de negócios sejam acessíveis apenas para aqueles que têm o direito de vê-las e usá-las. Deve-se incorporar segurança apropriada ao sistema a fim de impedir o acesso não autorizado. Especialmente com o uso crescente de dispositivos móveis, uma preocupação cada vez maior são os *hackers*, a espionagem e outros tipos de acesso não autorizado a dados. De fato, em muitas regiões a privacidade e a precisão das informações estão garantidas por lei. Certamente, há uma responsabilidade ética de proteger as informações. Os clientes, especialmente, fornecem suas informações a uma operação com a condição de que sejam adequadamente protegidas.

Respostas resumidas às questões-chave

14.1 O que são sistemas de planejamento e controle?

▶ Os sistemas de planejamento e controle são os mecanismos de processamento de informação, apoio à decisão e execução, que dão suporte à atividade de planejamento e controle da produção.

▶ Sistemas de planejamento e controle podem tomar várias formas, mas geralmente têm alguns elementos comuns, como interfaces de cliente e fornecedor, um sistema de informação, um conjunto de regras de decisão e funções para programar, sequenciar, carregar e monitorar as atividades da produção.

▶ Os sistemas hierárquicos de planejamento e controle separam diferentes tipos de decisões em diferentes níveis na organização e abrangem períodos de tempo diferentes.

14.2 O que é ERP e como ele se transformou no sistema de planejamento e controle mais comum?

▶ O ERP é um sistema de informação de âmbito corporativo que integra todas as informações de diferentes funções necessárias para planejar e controlar as atividades da produção. Essa integração em torno de um banco de dados comum permite maior transparência.

▶ Frequentemente, requer investimento considerável no próprio *software*, bem como em sua implementação. Mais significativamente, requer que os processos da empresa sejam alterados para alinhá-los às suposições embutidas no *software* ERP.

▶ O ERP pode ser visto como o desenvolvimento mais recente da abordagem original de planejamento e controle, conhecida como MRP.

▶ Embora o ERP esteja se tornando cada vez mais competente na integração de sistemas e bases de dados internas, existe o potencial ainda mais significativo de integração com sistemas ERP (e equivalentes) de outras organizações.

▶ Em particular, o uso de comunicação baseada em Internet entre clientes, fornecedores e outros parceiros da rede de suprimento abriu a possibilidade da integração mais ampla.

14.3 Como devem ser implementados os sistemas de planejamento e controle?

▶ Em razão de os sistemas de planejamento e controle serem projetados para solucionar problemas de fragmentação da informação, a implementação será complexa, atravessando as fronteiras organizacionais.

▶ Há vários FCS que a organização deve *fazer certo* para o sistema ERP funcionar de modo eficaz. Alguns desses fatores são amplos, ou estratégicos, destinados a toda a organização. Outros são fatores mais específicos de projeto, ou táticos.

CAPÍTULO 14 SISTEMAS DE PLANEJAMENTO E CONTROLE 495

ESTUDO DE CASO — Psycho Sports Ltd

Peter Townsend sabia que teria de tomar algumas decisões em breve. Sua empresa fabricante de artigos esportivos, a Psycho Sports, havia crescido tão rápido nos últimos dois anos que ele teria de implementar alguns procedimentos e rotinas sistemáticas para administrar seu negócio. Seu maior problema estava no controle da fabricação. Havia começado com a fabricação de raquetes de tênis de mesa, especializadas e de alta qualidade, mas agora fabricava uma grande variedade de produtos esportivos, incluindo bolas de tênis, dardos e artigos de proteção para vários jogos. Além disso, seus clientes, antes limitados a lojas especializadas em artigos esportivos, incluem agora as principais redes varejistas.

"*Realmente precisamos ter controle do processo de fabricação. Todos dizem que precisamos de algo denominado sistema MRP. Não tinha certeza do que isso significava; assim, comprei um livro especializado em controle de produção em uma livraria próxima e li tudo sobre os princípios de MRP. Tenho de admitir que esses acadêmicos parecem se encantar em complicar as coisas que são simples. Há tantos jargões associados à técnica que estou mais confuso hoje do que estava antes.*"

"*Talvez, a melhor coisa a fazer seja tomar um exemplo simples de um de meus novos produtos e ver se consigo tratar isso manualmente. Se eu puder seguir o processo no papel, então estarei mais capacitado para decidir que tipo de sistema computadorizado devo escolher, se é que necessito de algum!*".

Peter decidiu usar como exemplo um de seus novos produtos: uma raquete de tênis de mesa comercializada sob o nome "raquete de alta resolução", mais conhecida na produção pela denominação Item 5654. A Figura 14.8 mostra a estrutura de produto para a raquete de tênis de mesa, mostrando que a raquete é fabricada com dois conjuntos principais: o conjunto do cabo e o conjunto do corpo. Para montar os dois conjuntos, são necessários vários componentes, como pregos, conectores etc.

As necessidades brutas para essa raquete específica são mostradas a seguir. A raquete não deverá ser lançada até a Semana 13 (estamos agora na Semana 1), e as previsões de vendas foram feitas para as primeiras 23 semanas de vendas:

Semanas de 13 a 21, inclusive: 100 por semana.
Semanas de 22 a 29, inclusive: 150 por semana.
Semanas de 30 a 35, inclusive: 200 por semana.

Peter também obteve informações sobre os níveis de estoque atuais de cada um dos componentes da raquete acabada, além de dados de custo e *lead times*. Entretanto, ficou surpreso com o tempo necessário para obter essas informações. "*Levei quase dois dias para juntar todas as informações de que*

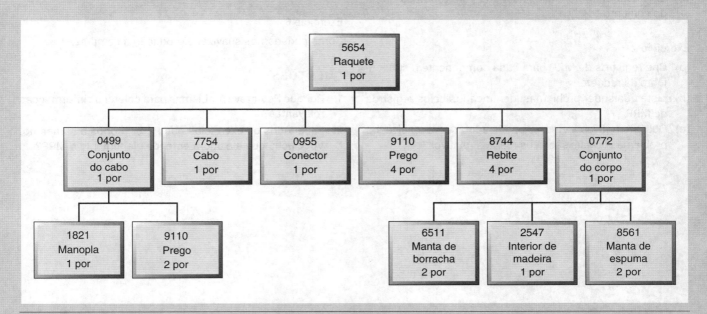

Figura 14.8 Estrutura de produto para a raquete 5654.

496   PARTE 3 ENTREGA

Tabela 14.3 Informações sobre estoque, custo e *lead times* das peças.

Item	Descrição	Estoque	LE	LT (semanas)	Custo-padrão (£)
5654	Raquete	0	500	2	12,00
0499	Conjunto do cabo	0	400	3	4,00
7754	Cabo	15	1.000	5	1,00
0955	Conector	350	5.000	4	0,02
9110	Prego	120	5.000	4	0,01
8744	Rebite	3.540	5.000	4	0,01
0772	Conjunto do corpo	0	250	4	5,00
1821	Manopla	0	500	4	2,00
6511	Manta de borracha	0	2.000	10	0,50
2547	Interior de madeira	10	300	7	1,50
8561	Manta de espuma	0	1.000	8	0,50

precisava. Pessoas diferentes mantinham partes das informações que não podiam ser convenientemente reunidas, além de que muitas não estavam sequer escritas. Para obter os dados de estoque, precisei ir ao almoxarifado e contar o número de itens que estavam dentro das caixas." Os dados coletados por Peter são mostrados na Tabela 14.3.

Peter propôs a si mesmo seis exercícios, os quais ele sabia que deveria dominar se quisesse compreender os aspectos básicos do MRP.

Exercício 1

Desenhe:

(a) a lista de materiais de nível único para cada nível do conjunto.

(b) uma lista de materiais escalonada para todos os níveis do conjunto.

Exercício 2

(a) Crie registros de MRP para cada componente e subconjunto da raquete.

(b) Liste quaisquer problemas identificados pelos registros de MRP.

(c) Que alternativas a empresa pode adotar para resolver os problemas? Quais são seus méritos relativos?

Exercício 3

Com base nos dois primeiros exercícios, crie outro conjunto de registros MRP, desta vez garantindo um *lead time* de segurança de uma semana para cada item: isto é, garantindo que os itens estarão em estoque uma semana antes da respectiva necessidade.

Exercício 4

No horizonte de tempo do exercício, que efeito a imposição de um *lead time* de segurança teria sobre o valor de estoque médio?

Exercício 5

Se decidíssemos que nossa primeira tarefa seria reduzir os custos de estoque em 15%, que ação seria recomendada? Quais seriam as implicações dessa ação?

Exercício 6

Como poderíamos suavizar a produção da empresa?

QUESTÕES

1. **Por que Peter teve problemas para coletar as informações relevantes?**

2. **Faça todos os exercícios que Peter propôs a si mesmo. Você acha que ele agora entende plenamente o MRP?**

CAPÍTULO 14 SISTEMAS DE PLANEJAMENTO E CONTROLE **497**

Problemas e aplicações

Todos os capítulos dispõem de questões do tipo *Problemas e aplicações*, que ajudarão o leitor a praticar a análise das operações. Elas podem ser respondidas com a leitura do capítulo.

1. A Rolls-Royce é um das maiores fabricantes mundiais de turbinas a gás. Seus produtos complexos normalmente têm cerca de 25.000 itens e centenas de subconjuntos, e sua produção é igualmente complexa, com mais de 600 fornecedores externos. Isso torna o planejamento uma tarefa complexa, razão pela qual a Rolls-Royce foi uma das primeiras usuárias do ERP para ajudar na tarefa. Até então, a empresa havia desenvolvido um *software* próprio, cada vez mais caro. Também era arriscado porque *softwares* personalizados e complexos podiam ser difíceis de atualizar e muitas vezes não podiam trocar ou compartilhar dados. Assim, a empresa decidiu implementar um sistema de ERP-padrão da SAP. Por ser um sistema *comercial* e pronto para uso, forçaria a empresa a adotar uma abordagem padronizada. Além disso, integraria totalmente todos os sistemas da empresa, e as atualizações seriam disponibilizadas pela SAP. Finalmente, seria capaz de usar uma única base de dados, cujos módulos incluíam informações de produtos, informações de recursos, estoque, fornecedores externos, informações de processamento de pedidos e vendas externas. Todavia, a empresa sabia que muitas implementações de ERP tinham sido desastres caros e estava determinada a garantir que isso não acontecesse na Rolls-Royce. O projeto era muito importante. Era o maior elemento individual dentro de seu plano estratégico. Então, ela tinha uma equipe técnica central que liderou o projeto dos sistemas e uma grande equipe de implementação que estava distribuída pela empresa. O resultado foi uma redução significativa no estoque, melhor atendimento ao cliente e informações e controles de negócios substancialmente aprimorados.[11] Que decisões a Rolls-Royce tomou ao adotar seu sistema de ERP?

2. A SAP é uma grande empresa de *software* europeia que vende sistemas de ERP. É conhecida por desenvolver uma rede de *parceiros de negócios* para desenvolver novos produtos, vender suas *soluções*, implementá-las nas operações dos clientes, prestar serviços, treinar os usuários finais e várias outras atividades. Se você estivesse gerenciando o relacionamento da SAP com seus parceiros, como garantiria sua colaboração de longo prazo?

3. Releia o exemplo *O ERP para um sanduíche de salada de frango* em *Operações na prática*.
   A empresa na qual este exemplo se baseia encontrou dificuldades para implementar seu sistema de ERP. "*Foi um trabalho muito maior do que pensávamos*", segundo o diretor de operações da empresa. "*Tivemos que mudar a forma como organizamos nossos processos para que eles se encaixassem no sistema ERP que compramos. Mas isso foi relativamente fácil em comparação com garantir que o sistema se integrasse aos sistemas de nossos clientes, fornecedores e distribuidores. Como algumas dessas empresas também estavam implementando novos sistemas na época, era como tentar atingir um alvo em movimento.*" Na sua opinião, por que é tão difícil integrar um sistema de ERP com os de fornecedores e clientes?

4. Releia o exemplo *Não é tão fácil* em *Operações na prática*. Por que as coisas deram errado, especificamente com o relacionamento entre SAP e a Waste Management?

5. (É aconselhável que você leia o suplemento deste capítulo antes de responder a este problema.) Sua empresa desenvolveu um descascador de manga simples, mas incrivelmente eficaz. É construído a partir de uma lâmina e uma alça de fixação que tem uma peça superior e uma peça inferior. O descascador de manga montado é embalado em um simples pacote de papelão reciclado. Todas as peças simplesmente se encaixam e são compradas de fornecedores, que podem entregá-las dentro de uma semana após o pedido ser feito. Com peças suficientes, sua empresa pode produzir produtos dentro de um dia de pedidos das firmas. As previsões iniciais indicam que a demanda será de cerca de 500 itens por semana. Você e seus fornecedores trabalham 5 dias por semana.

   (a) Desenhe a estrutura de componentes para o produto.

   (b) Elabore uma tabela MRP (semelhante à Figura 14.12 no suplemento deste capítulo), supondo que a quantidade econômica de pedido (EOQ) para todas as peças seja 500.

   (c) Desenvolva um cronograma indicando quando e quantos de cada componente devem ser pedidos (seu planejador lhe diz que, na verdade, o EOQ para todas as peças é 1.500).

6. Um quiosque serve diariamente duas refeições: bolinhos de legumes e estrogonofe de cogumelos, cujas receitas são as seguintes:

Bolinhos de legumes (para 10 pessoas): prepare a "mistura de legumes" ralando 500 g de cenouras, 500 g de abobrinhas e picando 300 g de cogumelos, 100 g de cebola e 50 g de salsa. Prepare a massa batendo 4 ovos, 500 g de farinha de trigo e 500 mL de creme de leite. Junte a mistura de legumes à massa e frite em pequenos discos de aproximadamente 10 cm em 100 mL de óleo. Mantenha quente e sirva.

Estrogonofe de cogumelos (para 10 pessoas): frite delicadamente 400 g de cebola picadinha e 10 g de alho amassado em 20 mL de óleo. Quando esfriar, misture com 1.000 mL de creme de leite e aqueça suavemente até reduzir um pouco para fazer a "base de creme". Frite 2 kg de cogumelos em 100 mL de óleo até ficarem macios. Misture os cogumelos com a base de creme de leite e cubra com 50 g de salsa picada.

(a) Desenhe as estruturas de componentes para esses dois produtos.

(b) Se o quiosque vende 50 porções de bolinhos de legumes e 30 porções de estrogonofe de cogumelos todos os dias, quanto de cada ingrediente ele deve pedir todos os dias?

7. A natureza da estrutura do produto está relacionada de perto com o projeto do produto, que se reflete na forma de sua estrutura. A forma é parcialmente determinada pelo número de componentes e peças usados em cada nível — quanto mais usados, mais larga a forma. Existem algumas formas típicas reconhecidas de estrutura de produto — "A", "T", "V" e "X". Nas estruturas em forma de "A", um produto tem apenas uma gama limitada de produtos para oferecer ao cliente. No entanto, por haver pouca variedade, os volumes de produção padronizados podem proporcionar algumas economias de escala. Uma estrutura de produto em forma de "T" é típica de operações que têm um pequeno número de matérias-primas e um processo relativamente padrão, mas que produzem uma gama muito ampla de produtos finais altamente personalizados. A estrutura do produto em forma de "V" é onde um pequeno número de matérias-primas é usado para criar uma ampla gama de produtos e subprodutos. Uma estrutura "X" é quando uma operação padronizou projetos de um pequeno número de módulos-padrão, aos quais uma ampla gama de recursos e opções pode ser adicionada, fornecendo uma ampla gama de produtos acabados. Que estruturas você usaria para descrever o seguinte?

(a) O jogo descrito no suplemento deste capítulo.

(b) Um fabricante que produza etiquetas de nome e endereço pessoal.

(c) Um fornecedor petroquímico, misturando algumas matérias-primas em um número maior de produtos.

(d) Um fabricante de móveis de cozinha que produza armários padronizados, aos quais pode ser acrescentada uma grande gama de portas e acessórios.

8. Usando uma pesquisa na *web*, encontre informações sobre produtos de três fornecedores de ERP diferentes. Compare e diferencie, de preferência usando uma apresentação em forma de tabela:

(a) os principais módulos oferecidos;

(b) a extensão em que a personalização é reivindicada como possível;

(c) as aparentes vantagens e desvantagens dos sistemas.

9. Com base em pesquisas na *web*, identifique dois exemplos de implementação de ERP "bem-sucedida", um de manufatura e outro de um serviço ou órgão do governo. Resuma os benefícios declarados que, supostamente, foram alcançados em cada caso. Se disponível, destaque as condições subjacentes e/ou as razões para o sucesso.

10. Usando um livro de culinária, escolha três itens de receita semelhantes e bastante complexos, como bolos em camadas e decorados ou sobremesas. Para cada um, construa a lista de materiais escalonada e identifique todos os diferentes materiais, subconjuntos e produtos finais com um conjunto de números de peça (ou seja, sem duplicação). Usando os tempos indicados nas receitas (ou suas próprias estimativas), construa uma tabela de prazos de entrega (por exemplo, em minutos ou horas) para cada etapa de produção e para a aquisição dos ingredientes. Usando esses exemplos (e um pouco de sua própria imaginação!), mostre como essas informações podem ser usadas com um sistema de MRP para planejar e controlar os processos de produção em lote dentro de uma pequena fábrica de bolos ou sobremesas que produz milhares de cada produto todas as semanas. Mostre parte dos registros e cálculos do MRP que estariam envolvidos.

Leitura complementar selecionada

Akhtar, J. (2016) *Production Planning and Control with SAP ERP*, 2. ed., SAP Press/Rheinwerk, Boston, MA.
Uma boa abordagem prática.

Atkinson, R. (2013) *Enterprise Resource Planning (ERP) The Great Gamble: An Executive's Guide to Understanding an ERP Project*, Xlibris, Bloomington, IN.
Um livro básico. Não encontrará muita profundidade, mas é uma boa introdução.

Bradford, M. (2020) *Modern ERP: Select, Implement, And Use Today's Advanced Business Systems*, 4. ed., Dra. Marianne Bradford, Raleigh, NC.
Um bom texto de sala de aula.

Davenport, T.H. (1998) Putting the enterprise into the enterprise system, *Harvard Business Review*, jul.-ago.
Aborda alguns dos aspectos mais gerenciais e estratégicos do ERP.

Jacobs, F.R., Berry, W.L., Whybark, D.C. e Vollmann, T.W. (2010) *Manufacturing Planning & Control Systems for Supply Chain Management*, 6. ed., McGraw Hill Higher Education, Nova York, NY.
A versão mais recente da bíblia do planejamento e controle de fabricação. Explica o funcionamento do MRP e do ERP com detalhes.

Koch, C. e Wailgum, T. (2007) ERP definition and solutions, www.cio.com.
O site Cio.com tem alguns artigos úteis; é um dos que mais instiga as ideias.

MacCarthy, B.L. (2006) Organizational, systems and human issues in production planning, scheduling and control, in Hermann, J. (ed.) *Handbook of Production Scheduling*, International Series in Operations Research and Management Science, Springer, Nova York, NY.
Este é um artigo acadêmico, mas não fique desencorajado. É uma visão geral boa e sensível sobre o assunto, por uma das melhores autoridades nessa área.

Srivastava, D. e Batra, A. (2010) *ERP Systems*, I K International Publishing House, Nova Delhi.
Um estudo profundo dos sistemas ERP e de seus benefícios, incluindo a implementação.

Turbit, N. (2005) ERP Implementation — The Traps, The Project Perfect White Paper Collection, www. project-perfect.com.au
Prático (e verdadeiro).

Notas do capítulo

1. As informações nas quais este exemplo é baseado foram retiradas de: Allan, K. (2009) Butcher's Pet Care relies on IT that can co-ordinate its ERP, *Engineering & Technology Magazine*, 21 jul.
2. Para obter uma boa explicação desta e de outras questões semelhantes, ver: MacCarthy, B.L. (2006) Organizational, systems and human issues in production planning, scheduling and control, *in* Hermann, J. (ed.) *Handbook of Production Scheduling*, International Series in Operations Research and Management Science, Springer, Nova York, NY.
3. Wight, O. (1984) *Manufacturing Resource Planning: MRP II*, Oliver Wight Ltd.
4. As informações nas quais este exemplo é baseado foram retiradas de: Ellson, A. (2021) Post Office scandal: hundreds could claim compensation after convictions quashed, *The Times*, 24 abr.; Dixon, H. (2021) Call to prosecute Post Office bosses over "biggest miscarriage in British legal history", *The Telegraph*, 23 abr.
5. Thornhill, J. (2021) Post Office scandal exposes the dangers of automated injustice, *Financial Times*, 29 abr.
6. Brynjolfsson, E. (1994) Technology's true payoff, *Information Week*, out.
7. Esta categorização é descrita em McAfee, A. (2007) Managing in the Information Age, *Harvard Business School*, nota de ensino 5-608-011.

8. As informações nas quais este exemplo é baseado foram retiradas de: Fruhlinger, J., Wailgum, T. e Sayer, P. (2020) 16 famous ERP disasters, dustups and disappointments, *CIO.com*, 20 mar., https://www.cio.com/article/2429865/enterprise-resource-planning-10-famous-erp-disasters-dustups-and-disappointments.html (Acesso em: set. 2021); Novacura (2019) 4 ERP implementation failures with valuable lessons, *The Novacura Flow blog*, 19 fev., https://www2.novacura.com/blog/why-do-erp-implementations-fail (Acesso em: set. 2021); Kanaracus, C. (2008) Waste Management sues SAP over ERP implementation, *InfoWorld*, 27 mar.

9. Com base em uma análise da pesquisa nesta área por Finney, S. e Corbett, M. (2007) ERP implementation: a compilation and analysis of critical success factors, *Business Process Management Journal*, 13 (3) 329-47.

10. Turbit, N. (2005) ERP Implementation — The Traps, The Project Perfect White Paper Collection, www.projectperfect.com.au (Acesso em: set. 2021).

11. Comunicação com Julian Goulder, Diretor de Processos de Logística e TI da Rolls-Royce.

Suplemento do Capítulo 14
Planejamento de Necessidades de Materiais

INTRODUÇÃO

Planejamento de necessidades de materiais, ou *materials requirements planning* (MRP), é uma abordagem para calcular quantas peças ou materiais de tipos específicos são necessários e em que momentos são exigidos. Isso requer arquivos de dados que, quando o programa MRP está rodando, podem ser consultados e atualizados. A Figura 14.9 mostra como esses arquivos se relacionam. As primeiras entradas para o MRP são os pedidos dos clientes e a demanda prevista. O MRP faz seus cálculos com base na combinação dessas duas partes da demanda futura. Todas as outras necessidades derivam e dependem dessas informações da demanda.

Programa-mestre de produção

O **programa-mestre de produção** (PMP) forma o principal *input* ao MRP e contém uma declaração do volume e do *timing* dos produtos finais a serem fabricados. Movimenta todas as atividades de produção e suprimento que, por fim, se reunirão para formar os produtos finais. É a base para o planejamento e a utilização de mão de obra e equipamento, e determina o aprovisionamento de materiais e o dinheiro em caixa. O PMP deve incluir todas as fontes de demanda, como peças sobressalentes, compromisso de produção interna etc. Por exemplo, se um fabricante de escavadoras de terra planeja fazer uma exibição de seus produtos e permite que uma equipe de projeto retire peças do estoque para que possa construir dois exemplos fiéis a serem exibidos, provavelmente, essa ação deixará a fábrica com poucas peças. O PMP pode também ser usado em organizações de serviço. Por exemplo, no centro cirúrgico de um hospital há um programa-mestre que contém a programação das cirurgias planejadas, com suas datas e horários. Isso pode ser usado para provisionar os materiais para as cirurgias, como instrumentos esterilizados, sangue e vestuários apropriados. Pode também gerenciar a programação dos funcionários que trabalharão nos procedimentos cirúrgicos.

Registros do programa-mestre de produção

Programas-mestre de produção são registros escalonados no tempo de cada produto final, que contêm a posição da demanda e do estoque atualmente disponível de cada item acabado. Usando essas informações, o estoque disponível é projetado antecipadamente. Quando houver estoque insuficiente para satisfazer a demanda futura, as quantidades pedidas são inseridas na linha do programa-mestre. A Tabela 14.4 é um

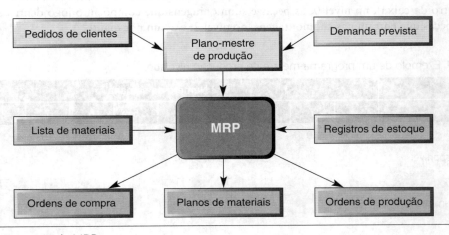

Figura 14.9 Esquema do MRP.

Tabela 14.4 Exemplo de um programa-mestre de produção.

		Número da semana								
		1	2	3	4	5	6	7	8	9
Demanda		10	10	10	10	15	15	15	20	20
Estoque disponível		20	10	0	0	0	0	0	0	0
PMP		0	0	10	10	15	15	15	20	20
Disponível em mãos	30									

exemplo simplificado de parte de um programa-mestre de produção para um item. Na primeira linha, os pedidos de venda conhecidos e qualquer previsão são combinados para formar a "Demanda". A segunda linha, "Estoque disponível", mostra a quantidade esperada desse item no estoque ao fim de cada período semanal. O balanço do estoque inicial, "Disponível em mãos", é mostrado separadamente ao fim do registro. A terceira linha representa o programa-mestre de produção, ou PMP; mostra quantos itens precisam ser concluídos e disponibilizados em cada semana para satisfazer a demanda.

Programas-mestre de produção nivelados ou que acompanham a demanda

No exemplo da Tabela 14.4, o PMP aumenta à medida que a demanda cresce e visa manter o estoque disponível em 0. O programa-mestre de produção está *acompanhando* a demanda (ver Capítulo 11) e, assim, ajustando a provisão dos recursos. Um PMP alternativo *nivelado* para essa situação é mostrado na Tabela 14.5. A programação nivelada envolve calcular a quantidade média necessária a ser completada para aplainar os altos e baixos; ela gera mais estoque do que o PMP anterior.

Disponível para promessa

O programa-mestre de produção fornece informações à função vendas sobre o que pode ser prometido aos clientes e quando a entrega pode ser feita. A função vendas pode carregar os pedidos de vendas conhecidos em relação ao programa-mestre de produção e rastrear o que está disponível para promessa (DPP) (ver a Tabela 14.6). A linha DPP do programa-mestre de produção mostra a quantidade máxima que está ainda disponível em qualquer semana contra a qual os pedidos de vendas podem ser aceitos.

Lista de materiais

A partir do programa-mestre, o MRP calcula o volume requerido e o *timing* das montagens, submontagens e materiais. Para fazer isso, é preciso que haja informações sobre quais peças são necessárias por produto. Isso é denominado *lista de materiais*. Inicialmente, é mais simples pensar sobre essa lista como uma estrutura de produto. A da Figura 14.10 é uma estrutura simplificada que mostra as peças necessárias para fabricar um jogo de tabuleiro simples. "Níveis de montagem" diferentes são mostrados com o produto acabado (o jogo dentro da caixa), no nível 0; as peças e submontagens que compõem o jogo dentro de caixa, no nível 1; as peças que entram nas submontagens, no nível 2; e assim por diante.

Tabela 14.5 Exemplo de um programa-mestre de produção *nivelado*.

		Número da semana								
		1	2	3	4	5	6	7	8	9
Demanda		10	10	10	10	15	15	15	20	20
Estoque disponível		31	32	33	34	30	26	22	13	4
PMP		11	11	11	11	11	11	11	11	11
Disponível em mãos	30									

Tabela 14.6 Exemplo de um programa-mestre de produção nivelado, incluindo o estoque DPP.

		\multicolumn{9}{c}{Número da semana}
		1	2	3	4	5	6	7	8	9
Demanda		10	10	10	10	15	15	15	20	20
Pedidos de vendas		10	10	10	8	4				
Estoque disponível		31	32	33	34	30	26	22	13	4
PMP		31	1	1	3	7	11	11	11	11
DPP		11	11	11	11	11	11	11	11	11
Disponível em mãos	30									

Uma forma mais conveniente de estrutura de produto é a "lista de materiais indentada". A Tabela 14.7 mostra a lista indentada completa de materiais para o jogo de tabuleiro. O termo "indentada" refere-se ao recuo do nível de montagem, mostrado na coluna da esquerda com pontos. Múltiplos de algumas peças são necessários; isso significa que o MRP precisa saber o número de cada peça para ter condições de multiplicar os requisitos. Além disso, a mesma peça (por exemplo, o rótulo de TV, peça número 10062) pode ser usada em posições diferentes da estrutura de produto. Isso significa que o MRP precisa lidar com essa uniformização das peças e, em algum estágio, agregar as exigências para chegar ao total de rótulos que será necessário.

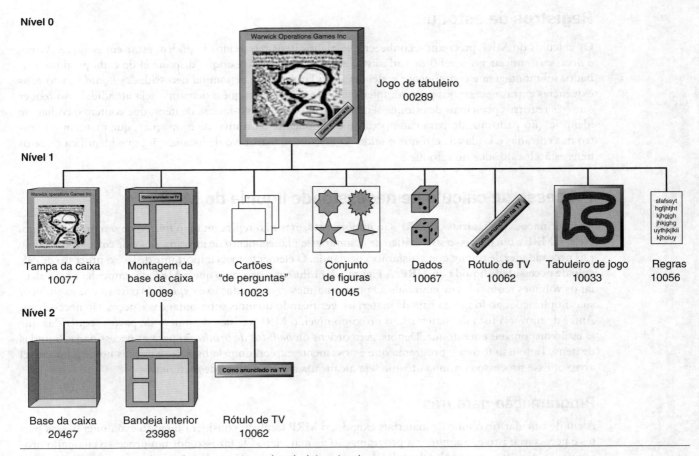

Figura 14.10 Estrutura de produto para o jogo de tabuleiro simples.

Tabela 14.7 Lista de materiais indentada para o jogo de tabuleiro.

Nº da peça: 00289 Descrição: Jogo de tabuleiro Nível: 0			
Nível	**Número da peça**	**Descrição**	**Quantidade**
0	00289	Jogo de tabuleiro	1
.1	10077	Tampa da caixa	1
.1	10089	Base da caixa montada	1
..2	20467	Base da caixa	1
..2	10062	Rótulo de TV	1
..2	23988	Bandeja interior	1
.1	10023	Conjunto de cartões de perguntas	1
.1	10045	Conjunto de figuras	1
.1	10067	Dado	2
.1	10062	Rótulo de TV	1
.1	10033	Tabuleiro do jogo	1
.1	10056	Folheto de regras	1

Registros de estoque

Os cálculos do MRP precisam reconhecer que alguns itens requeridos já podem estar em estoque. Assim, é necessário iniciar no nível 0 de cada lista, verificar o nível de estoque disponível de cada produto acabado, submontagem e componente e, depois, calcular o que se denomina necessidades *líquidas*; isto é, as exigências extras necessárias para complementar o estoque para que a demanda seja atendida. Isso requer que três registros principais de estoque sejam mantidos: o arquivo-mestre de itens, que contém o código de identificação padronizado para cada peça ou componente; o arquivo de transações, que mantém o registro das entradas e saídas de estoque e saldo do estoque; e o arquivo de localização, que identifica onde os itens estão localizados no estoque.

Processo de cálculo de necessidade líquida do MRP

As informações necessárias do MRP são importantes, mas não representam o *núcleo* de seu procedimento. Nele, o MRP é um processo sistemático de assumir esse planejamento de informações e de calcular o volume e as necessidades de *timing* que satisfarão a demanda. O elemento mais importante disso é o **processo de cálculo de necessidade líquida do MRP**. A Figura 14.11 ilustra o processo que o MRP desempenha para calcular os volumes requeridos de materiais. O programa-mestre de produção é *explodido* para que se examinem suas implicações ao longo da lista de materiais, verificando quantas submontagens e peças são necessárias. Antes de mover a lista de materiais ao próximo nível, o MRP verifica o número de partes requeridas que já estão disponíveis em estoque. Depois, gera ordens ou *pedidos de produção* para as necessidades líquidas de itens. Tudo isso forma o programa que é novamente explodido pela lista de materiais no próximo nível abaixo. Esse processo continua até que seja alcançada a base da lista de materiais.

Programação para trás

Além de calcular o volume de materiais exigido, o MRP também considera quando cada uma dessas partes é necessária; isto é, o *timing* e a programação de materiais. Ele faz isso por um processo chamado programação para trás (ou *back-scheduling*), que leva em consideração o *lead time* (o tempo necessário para a conclusão de cada estágio do processo) em cada nível da montagem. Usando novamente o exemplo do jogo de tabuleiro, suponha que 10 jogos de tabuleiro precisam ser concluídos em um dia de planejamento,

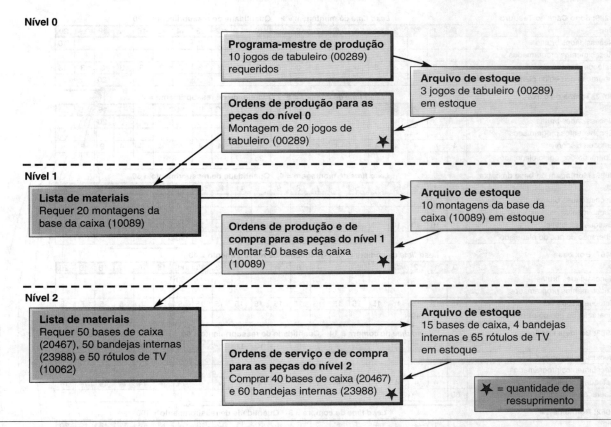

Figura 14.11 Exemplo do processo que calcula as necessidades líquidas do MRP para o jogo de tabuleiro.

que denominaremos dia 20. Para determinar quando precisaremos iniciar o trabalho com todas as peças que compõem o jogo, é necessário conhecer todos os *lead times* que estão gravados nos arquivos do MRP para cada peça (ver a Tabela 14.8). Usando as informações dos *lead times*, o programa é trabalhado para trás para determinar as tarefas que precisam ser desempenhadas e os pedidos de compra a serem emitidos. Dados os *lead times* e os níveis de estoque mostrados na Tabela 14.8, podem-se derivar os registros do MRP mostrados na Figura 14.12.

Tabela 14.8 Programação para trás das necessidades do MRP.

Peça nº	Descrição	Estoque disponível no dia 0	Lead time (dias)	Quantidade a reabastecer
00289	Jogo de tabuleiro	3	2	20
10077	Tampa da caixa	4	8	25
10089	Base da caixa montada	10	4	50
20467	Base da caixa	15	12	40
23988	Bandeja interna	4	14	60
10062	Rótulo de TV	65	8	100
10023	Conjunto de cartões com perguntas	4	3	50
10045	Conjunto de figuras	46	3	50
10067	Dado	22	5	80
10033	Tabuleiro do jogo	8	15	50
10056	Folheto de regras	0	3	80

00289: Jogo Caça ao Tesouro — Lead time de montagem = 2 Quantidade de ressuprimento = 20

Dia	0	1	2	3	4	5	6	7	8	9	10	11	12	13	14	15	16	17	18	19	20
Necessidades brutas																					10
Recebimentos programados																					
Estoque disponível	3	3	3	3	3	3	3	3	3	3	3	3	3	3	3	3	3	3	3	3	13
Liberação do pedido planejado																			20		

10077: Tampa da caixa — Lead time de compra = 8 Quantidade de ressuprimento = 25

Dia	0	1	2	3	4	5	6	7	8	9	10	11	12	13	14	15	16	17	18	19	20
Necessidades brutas																			20		
Recebimentos programados																					
Estoque disponível	4	4	4	4	4	4	4	4	4	4	4	4	4	4	4	4	4	4	9	9	9
Liberação do pedido planejado											25										

10089: Montagem da base da caixa — Lead time de montagem = 4 Quantidade de ressuprimento = 50

Dia	0	1	2	3	4	5	6	7	8	9	10	11	12	13	14	15	16	17	18	19	20
Necessidades brutas																			20		
Recebimentos programados																					
Estoque disponível	10	10	10	10	10	10	10	10	10	10	10	10	10	10	10	10	10	10	40	40	40
Liberação do pedido planejado															50						

20467: Box base — Lead time de compra = 12 Quantidade de ressuprimento = 40

Dia	0	1	2	3	4	5	6	7	8	9	10	11	12	13	14	15	16	17	18	19	20
Necessidades brutas															50						
Recebimentos programados																					
Estoque disponível	15	15	15	15	15	15	15	15	15	15	15	15	15	15	5	5	5	5	5	5	5
Liberação do pedido planejado			40																		

23988: Bandeja interior — Lead time de compra = 14 Quantidade de ressuprimento = 60

Dia	0	1	2	3	4	5	6	7	8	9	10	11	12	13	14	15	16	17	18	19	20
Necessidades brutas															50						
Recebimentos programados																					
Estoque disponível	4	4	4	4	4	4	4	4	4	4	4	4	4	4	14	14	14	14	14	14	14
Liberação do pedido planejado	60																				

10062: Rótulo de TV — Lead time de compra = 8 Quantidade de ressuprimento = 100

Dia	0	1	2	3	4	5	6	7	8	9	10	11	12	13	14	15	16	17	18	19	20
Necessidades brutas															50				20		
Recebimentos programados																					
Estoque disponível	65	65	65	65	65	65	65	65	65	65	65	65	65	65	15	15	14	15	95	95	95
Liberação do pedido planejado											100										

10023: Conjunto de cartões com perguntas — Lead time de compra = 3 Quantidade de ressuprimento = 50

Dia	0	1	2	3	4	5	6	7	8	9	10	11	12	13	14	15	16	17	18	19	20
Necessidades brutas																			20		
Recebimentos programados																					
Estoque disponível	4	4	4	4	4	4	4	4	4	4	4	4	4	4	4	4	4	4	34	34	34
Liberação do pedido planejado															50						

10045: Conjunto de figuras — Lead time de compra = 3 Quantidade de ressuprimento = 50

Dia	0	1	2	3	4	5	6	7	8	9	10	11	12	13	14	15	16	17	18	19	20
Necessidades brutas																			20		
Recebimentos programados																					
Estoque disponível	46	46	46	46	46	46	46	46	46	46	46	46	46	46	46	46	46	46	26	26	26
Liberação do pedido planejado																					

10067: Dado — Lead time de compra = 5 Quantidade de ressuprimento = 80

Dia	0	1	2	3	4	5	6	7	8	9	10	11	12	13	14	15	16	17	18	19	20
Necessidades brutas																			40		
Recebimentos programados																					
Estoque disponível	3	3	3	3	3	3	3	3	3	3	3	3	3	3	3	3	3	3	3	3	13
Liberação do pedido planejado														80							

10033: Tabuleiro do jogo — Lead time de compra = 15 Quantidade de ressuprimento = 50

Dia	0	1	2	3	4	5	6	7	8	9	10	11	12	13	14	15	16	17	18	19	20
Necessidades brutas																			20		
Recebimentos programados																					
Estoque disponível	8	8	8	8	8	8	8	8	8	8	8	8	8	8	8	8	8	8	38	38	38
Liberação do pedido planejado				50																	

10056: Folheto de regras — Lead time de compra = 3 Quantidade de ressuprimento = 80

Dia	0	1	2	3	4	5	6	7	8	9	10	11	12	13	14	15	16	17	18	19	20
Necessidades brutas																			20		
Recebimentos programados																					
Estoque disponível	0	0	0	0	0	0	0	0	0	0	0	0	0	0	0	0	0	0	60	60	60
Liberação do pedido planejado																80					

Figura 14.12 Extrato dos registros do MRP para o jogo de tabuleiro (*lead times* indicados por setas).

CAPÍTULO 14 SISTEMAS DE PLANEJAMENTO E CONTROLE **507**

Verificações de capacidade de MRP

O processo de MRP necessita de um ciclo de retroalimentação para verificar se um programa era atingível e se realmente o foi. Fechar esse ciclo de planejamento em sistemas MRP envolve verificar os programas de produção em relação à capacidade disponível e, se os programas propostos não forem atingíveis em qualquer nível, revisá-los. Quase todos os sistemas MRP, fora os mais simples, são agora sistemas de ciclo fechado. Eles usam três rotinas de planejamento para verificar os programas de produção em relação aos recursos da operação em três níveis:

▶ Os planos de necessidades de recursos (RRPs, do inglês *resource requirements plans*) envolvem antecipar em longo prazo as necessidades de grandes partes estruturais da operação, como quantidades, locais e tamanhos de novas fábricas.

▶ O planos de capacidade preliminares (RCCPs, do inglês *rough-cut capacity plans*) são usados em médio e curto prazos para verificar os PMPs em relação aos gargalos de capacidade conhecidos, caso as restrições de capacidade sejam violadas. O ciclo de retroalimentação nesse nível verifica apenas os PMPs e os recursos-chave.

▶ Os planos de necessidades de capacidade (CRPs, do inglês *capacity requirements plans*) examinam o efeito diário das ordens de produção emitidas pelo MRP sobre o carregamento dos estágios individuais do processo.

Resumo do suplemento

▶ MRP significa planejamento de necessidades de materiais, ou *materials requirements planning*, que é um sistema de demanda dependente que calcula as necessidades de materiais e os programas de produção para satisfazer pedidos de vendas conhecidos e previstos. Ajuda a fazer cálculos de volume e de *timing*, baseados na ideia do que será necessário para suprir a demanda no futuro.

▶ O MRP funciona a partir de um programa-mestre de produção (PMP), que resume o volume e o *timing* de produtos ou serviços finais. Usando a lógica da lista de materiais e registros de estoque, a programação de produção é *explodida* (processo do MRP para calcular as necessidades líquidas) para determinar quantas e quando as submontagens e peças são necessárias.

▶ Os sistemas MRP de ciclo fechado contêm ciclos de retroalimentação que asseguram que as verificações sejam feitas em relação à capacidade, a fim de saber se os planos são viáveis.

▶ Os sistemas MRP II são um desenvolvimento do MRP. Integram muitos processos que estão relacionados com MRP, mas localizados fora da função produção.

PARTE 4

Desenvolvimento

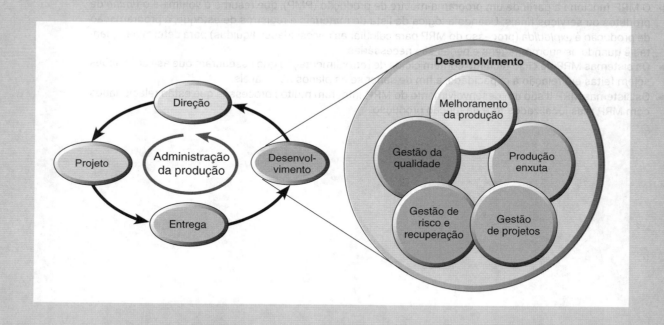

Mesmo quando a direção de uma operação é definida, seu projeto finalizado e seus resultados planejados e controlados, a tarefa do gerente de produção não está acabada. A melhor operação ainda precisará melhorar e se desenvolver, em parte porque as expectativas dos clientes provavelmente estarão aumentando, e, na outra, porque seus concorrentes também estarão melhorando. Esta parte do livro examina quatro fatores-chave para o desenvolvimento da produção. Os capítulos são:

▶ **Capítulo 15: Melhoramento da Produção**

Examina como os gerentes podem fazer com que sua operação melhore por meio dos muitos elementos das novas (e não tão novas) técnicas de melhoramento.

▶ **Capítulo 16: Produção Enxuta**

Examina uma abordagem de administração da produção que começou como um conceito de planejamento e controle (denominado *just-in-time* — na hora certa), mas agora é vista principalmente como uma abordagem de melhoramento.

▶ **Capítulo 17: Gestão da Qualidade**

Identifica algumas das ideias da gestão da qualidade e como elas podem ser usadas para facilitar o melhoramento.

▶ **Capítulo 18: Gestão de Risco e Recuperação**

Examina como os gerentes de produção podem reduzir o risco de as coisas saírem erradas e como eles podem se recuperar quando isso acontece.

▶ **Capítulo 19: Gestão de Projetos**

Examina como os gerentes podem gerenciar o projeto (entre outras coisas) das atividades de melhoramento para organizar as mudanças que o melhoramento inevitavelmente requer.

15 Melhoramento da Produção

QUESTÕES-CHAVE

15.1 Por que o melhoramento é tão importante para a administração da produção?

15.2 Quais são os elementos-chave do melhoramento da produção?

15.3 Quais são as abordagens amplas para o melhoramento?

15.4 Quais técnicas podem ser usadas para o melhoramento?

15.5 Como gerenciar o processo de melhoramento?

INTRODUÇÃO

Melhoramento significa fazer algo melhor. Todas as operações, não importa quão bem gerenciadas sejam, podem ser melhoradas. Naturalmente, de certa forma, toda a administração da produção preocupa-se em melhorar, mas existem alguns aspectos que se relacionam especificamente com a atividade do próprio melhoramento. Essas são as questões com que lidamos nos próximos cinco capítulos. Todavia, houve uma época em que o melhoramento não era essencial para os gerentes de produção, de quem se esperava simplesmente *rodar a operação*, *continuar com o show* e *manter o desempenho atual*. As coisas mudaram. Agora a ênfase mudou muito no sentido de fazer do melhoramento uma das principais responsabilidades do gerente de produção. Além do mais, o estudo do melhoramento como uma atividade específica atraiu atenção significativa, parte da qual está focada nas técnicas e prescrições específicas, enquanto outra examina a filosofia básica do melhoramento. Os dois aspectos são abordados neste capítulo. A Figura 15.1 mostra onde esse tópico se encaixa no modelo geral da administração da produção.

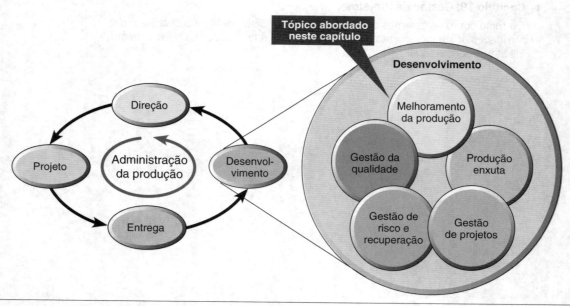

Figura 15.1 Este capítulo examina o melhoramento da produção.

15.1 Por que o melhoramento é tão importante para a administração da produção?

Por que o melhoramento do desempenho é tão importante? Bem, quem não deseja melhorar? As empresas são (ou deveriam ser) o mesmo que pessoas — elas geralmente desejam melhorar. Não apenas por sua própria excelência, embora esse possa ser um fator, mas principalmente porque melhorar o desempenho da produção tem impacto sobre o que qualquer organização deve fazer. Os serviços de emergência desejam deixar as pessoas desestressadas com maior rapidez e tratá-las melhor, porque, ao fazer isso, estão cumprindo seu papel de modo mais eficaz. As empresas de entrega de encomendas desejam entregar com maior confiabilidade, a custo mais baixo e reduzindo emissões de carbono, porque isso significa clientes mais satisfeitos, lucros maiores e menos poluição. As instituições de caridade desejam usar a ajuda de seus contribuintes para melhorar as condições humanas da forma mais inteligente e eficiente possível, porque mais dinheiro chegará aos beneficiários, em vez de ser desperdiçado ou consumido na administração. Não surpreende que toda a ênfase da administração da produção tem mudado para enfatizar o melhoramento. Os gerentes de produção são avaliados não apenas sobre como assumem suas responsabilidades contínuas de fabricar produtos e prestar serviços em níveis de qualidade, velocidade, confiabilidade, flexibilidade e custo aceitáveis, mas também sobre como melhoram o desempenho da função produção de forma global.

Princípio de produção
O melhoramento do desempenho é o objetivo final da administração da produção.

Por que foco no melhoramento?

Várias razões são sugeridas para explicar a mudança das atividades dos gerentes de produção para um foco no melhoramento:

- Há um aumento percebido na intensidade das pressões competitivas (ou no *valor pelo dinheiro* nas operações do setor público ou sem fins lucrativos). De fato, os economistas questionam se esses mercados estão mesmo se tornando mais competitivos. No que diz respeito ao melhoramento, não importa; há uma *percepção* da maior pressão competitiva e, certamente, os proprietários das operações (acionistas ou o governo) estão menos propensos a tolerar baixos retornos ou menos valor pelo dinheiro investido.
- A natureza do comércio mundial está mudando. Economias emergentes estão se tornando importantes como produtores e consumidores de produtos e serviços. Isso introduziu pressões de custo nos países com custos relativamente altos de mão de obra e de infraestrutura, além de novos desafios para as empresas globalizadas, como gestão de cadeias de suprimento complexas; e acelerou a demanda por recursos (materiais, comida, energia), aumentando (ou desestabilizando) os preços dessas *commodities*.
- A nova tecnologia tem introduzido oportunidades para melhorar a prática das operações e desestabilizar os mercados existentes.
- O interesse na melhoria das operações tem resultado no desenvolvimento de muitas novas ideias e abordagens para melhorar as operações. Quanto mais formas houver para melhorar as operações, mais as operações serão aprimoradas.
- O escopo da administração da produção tem ampliado de um assunto largamente associado à fabricação a outro que abarca todos os tipos de empreendimentos e processos em todas as funções da empresa. Em razão desse escopo ampliado, os gerentes de produção têm visto como podem aprender uns com os outros.

Efeito Rainha Vermelha

O cientista Leigh Van Valen estava procurando descrever uma descoberta que fez enquanto estudava fósseis marítimos. Havia estabelecido que, não importava o tempo em que uma família de animais havia existido, a probabilidade de que ela se extinguisse não era afetada. Em outras palavras, a luta pela sobrevivência nunca fica mais fácil. Entretanto, após uma espécie ajustar-se a seu ambiente, ela jamais pode relaxar. A analogia em que Van Valen se baseou foi extraída do livro de Lewis Carroll, *Alice através do espelho*. No livro, Alice encontrou peças de xadrez vivas e, em particular, a **Rainha Vermelha:** *"Bem, em nosso país"*, disse Alice, ainda um pouco ofegante, *"geralmente você consegue chegar a algum outro lugar — se correr rápido durante muito tempo, como estamos fazendo"*. *"Trata-se de um país lento"*, disse a Rainha. *"Você* *sabe, aqui e agora, é preciso correr para ficar no mesmo lugar. Se você deseja chegar a algum outro lugar, precisa correr pelo menos duas vezes mais rápido!".*[1]

Em muitos aspectos, isso ocorre com uma empresa. Melhoramentos e inovações podem ser imitados ou acompanhados pelos concorrentes. Por exemplo, no setor automotivo, a qualidade dos produtos da maioria das empresas é significativamente melhor do que há duas décadas. Isso reflete o melhoramento dos processos operacionais das empresas. Todavia, sua posição competitiva relativa, em muitos casos, não mudou. As empresas que melhoraram sua posição competitiva aperfeiçoaram o desempenho de sua produção *mais do que* as concorrentes. Quando o melhoramento simplesmente igualou os concorrentes, a sobrevivência foi o principal benefício. As implicações para o melhoramento das operações são claras. Isso é ainda mais importante, especialmente quando as empresas concorrentes estão melhorando ativamente suas operações.

Uma distinção importante na abordagem tomada pelas operações individuais é entre o **melhoramento radical ou de *ruptura***, por um lado, e o **melhoramento contínuo ou *incremental***, por outro.

Mudança radical ou de ruptura

O melhoramento de ruptura radical (ou o melhoramento baseado na *inovação*, como às vezes é chamado) é uma filosofia que assume que o principal veículo de melhoramento é uma mudança grande e drástica no modo como a operação funciona. A introdução de uma máquina nova e mais eficiente em uma fábrica, o reprojeto total de um sistema de reserva hoteleira baseado em computador e a introdução de um melhor programa de graduação em uma universidade são todos exemplos de melhoramento de ruptura. O impacto desses melhoramentos é relativamente repentino e representa uma mudança substancial na prática (e, espera-se, no desempenho). Tais melhoramentos raramente são baratos, geralmente exigindo alto investimento de capital, e quase sempre interrompendo os trabalhos em andamento da operação e envolvendo mudanças no produto/serviço ou na tecnologia do processo. A linha em negrito da Figura 15.2(a) ilustra o padrão de desempenho com vários melhoramentos de ruptura. O padrão de melhoramento ilustrado pela linha tracejada na mesma figura é considerado por alguns como mais representativo do que realmente ocorre quando as operações confiam em melhoramento de ruptura puro. O melhoramento de ruptura atribui alto valor às soluções criativas. Estimula o livre pensamento e o individualismo. É uma filosofia radical, tanto que promove uma abordagem para melhoramento que não aceita muitas restrições sobre o que é possível. "Começar com uma folha de papel em branco", "retornar aos princípios originais" e "repensar totalmente o sistema" são princípios típicos do melhoramento de ruptura.

Princípio de produção
Às vezes, o melhoramento do desempenho requer mudança radical, ou *ruptura*.

Melhoramento contínuo ou incremental (*kaizen*)

O melhoramento contínuo, como o nome implica, adota uma abordagem para melhoramento do desempenho que assume muitas pequenas etapas de melhoramentos incrementais. Por exemplo, modificar o modo com que um produto é fixado em uma máquina para reduzir o tempo de troca, simplificar a sequência das rotinas ao fazer uma reserva de hotel e reprogramar as datas de encerramento das tarefas de um curso universitário, suavizando, assim, a carga de trabalho dos alunos, são todos exemplos de melhoramentos incrementais. Embora não haja garantia de que tais pequenas etapas para o melhor desempenho serão acompanhadas de outras, a filosofia completa do melhoramento contínuo tenta assegurar que isso ocorrerá. O melhoramento contínuo não está preocupado em promover pequenos melhoramentos por si só. Entretanto, os vê como tendo vantagem significativa sobre os grandes melhoramentos — podem ser acompanhados relativamente sem problemas por outros pequenos melhoramentos (ver a Figura 15.2(b)). O melhoramento contínuo também é conhecido como *kaizen*, uma palavra japonesa cuja definição é atribuída por Masaaki Imai[2] (que é um dos principais proponentes do melhoramento contínuo), como segue: "*Kaizen* significa melhoramento. Além disso, significa melhoramento na vida pessoal, na vida doméstica, na vida social e na vida de trabalho. Quando aplicado ao local de trabalho, *kaizen* significa melhoramento contínuo que envolve todos — gerentes e também trabalhadores".

Princípio de produção
A melhoria do desempenho quase sempre se beneficia do melhoramento contínuo.

No melhoramento contínuo, não é a *taxa* de melhoramento que é importante: é o *impulso* do melhoramento. Não importa se os melhoramentos sucessivos são pequenos; o importante é que, a cada mês (semana, trimestre ou qualquer outro período que seja apropriado), algum tipo de melhoramento realmente ocorra.

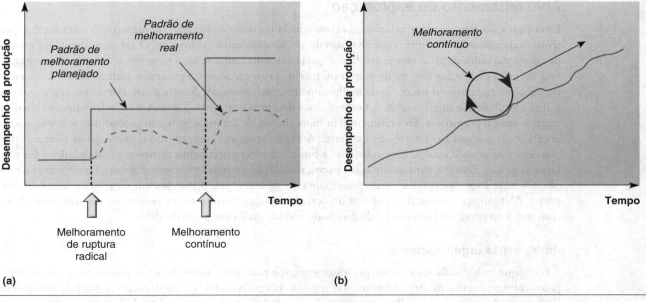

Figura 15.2 (a) Ruptura *radical* (planejada e real) e (b) melhoramento contínuo.

OPERAÇÕES NA PRÁTICA

Kaizen na Amazon[3]

Em um ponto no desenvolvimento dos centros de atendimento da Amazon, ela acreditava que a maioria dos problemas poderia ser resolvida com tecnologia. Ela aprendeu que envolver sua equipe de linha de frente no melhoramento contínuo poderia ser pelo menos igualmente eficaz. Por exemplo, a empresa estava tentando automatizar grande parte de seus centros de atendimento. No entanto, a automação foi pensada para livros, mas não funcionou bem nos outros produtos que a Amazon estava lançando, como sapatos. Assim, quando a caixa de sapatos atingia o mecanismo do sistema automatizado que deveria levar os sapatos para a linha de embalagem, eles eram arremessados para fora da caixa. Dada a sua experiência, a Amazon adotou uma abordagem de *autonomação*, usando pessoas para tarefas complexas e máquinas para apoiá-las. Em outra melhoria *kaizen*, o tempo para escanear os produtos colocados nas prateleiras em um dos centros de atendimento, chamado de *linha de armazenamento*, estava demorando mais do que o previsto. Cada pessoa na linha tinha um carrinho cheio de produtos para guardar nas prateleiras e um escâner. Os produtos e o número de prateleira correspondente tinham que ser escaneados para que o computador soubesse onde cada produto estava localizado. A meta de tempo-padrão para essa tarefa foi de 20 minutos por carrinho. Mas, quando um dos gerentes seniores da empresa tentou realizar essa tarefa, levou 45 minutos. Uma das razões foi que ele teve que escanear algumas coisas quatro vezes antes que o escâner as reconhecesse. Era óbvio que, pelo menos em parte, em vez de simplesmente ser incompetente, seu desempenho foi afetado por uma anormalidade — o mau desempenho do escâner. Depois de analisar todos os desvios do desempenho esperado relatados pela equipe e procurar suas causas principais, descobriu-se que os gerentes não tinham certeza de como a duração da bateria afetava o desempenho do escâner. Na verdade, houve várias horas de baixa produtividade devido à baixa carga da bateria no fim do tempo de operação de cada escâner e não havia um processo satisfatório para verificar e recarregar as baterias do escâner. A análise da causa raiz ajudou a empresa a implementar um novo processo para monitorar e carregar os escâneres para evitar períodos de baixa carga.

Aproveitamento ou exploração

Uma distinção estreitamente relacionada com aquela entre melhoramento contínuo e de ruptura é a que os teóricos da gestão fazem entre o que chamam de *aproveitamento* e *exploração*. O aproveitamento é a atividade de aprimoramento de processos (e produtos) que já existem dentro de uma empresa. O foco do aproveitamento está em criar eficiências em vez de mudar ou modificar os recursos ou processos radicalmente. A ênfase está no controle rigoroso do processo de melhoramento, padronização de processos, estruturas organizacionais claras e estabilidade organizacional. Os benefícios do aproveitamento costumam ser relativamente imediatos, incrementais e previsíveis. Eles também têm mais chance de ser mais bem compreendidos pela empresa e se encaixar no seu quadro estratégico existente. A exploração, em contrapartida, preocupa-se com a exploração de novas possibilidades. Está associada à busca e ao reconhecimento de novas mentalidades e formas de fazer as coisas. Envolve experimentação, riscos, simulação de possíveis consequências, flexibilidade e inovação. Os benefícios da exploração são principalmente de longo prazo, mas podem ser relativamente difíceis de prever. Além disso, quaisquer benefícios ou descobertas que possam surgir podem ser tão diferentes daquilo com que a empresa está familiarizada que pode não ser fácil tirar proveito deles.

Ambidestria organizacional

É claro que as habilidades e capacitações organizacionais, para serem bem-sucedidas no aproveitamento, provavelmente serão muito diferentes das que são necessárias para a exploração radical de novas ideias. De fato, as duas visões do melhoramento podem estar ativamente em conflito. O foco em explorar em profundidade opções totalmente novas pode consumir tempo, esforço gerencial e os recursos financeiros que, de outra forma, seriam usados para refinar as formas de fazer as coisas existentes, reduzindo a eficácia da melhoria dos processos vigentes. Por outro lado, se os processos existentes forem melhorados ao longo do tempo, pode haver menos motivação para experimentar novas ideias. Assim, embora tanto o aproveitamento como a exploração possam trazer benefícios, podem competir tanto por recursos como por atenção da gerência. É aqui que o conceito de ***ambidestria organizacional*** se torna importante. A ambidestria organizacional significa a capacidade de uma empresa tanto para aproveitar como explorar enquanto busca o melhoramento; significa poder competir em mercados maduros, nos quais a eficiência é importante, melhorando os recursos e processos existentes, ao mesmo tempo que competem em novas tecnologias e/ou mercados onde é necessário haver novidade, inovação e experimentação.

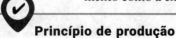

Princípio de produção
Ambidestria organizacional é a capacidade de aproveitar as capacitações existentes e explorar novas capacitações na busca por melhoramento.

Estrutura das ideias de melhoramento

Houve centenas de ideias relacionadas com a melhoria das operações que foram propostas nas últimas décadas. Para entender como essas ideias se relacionam entre si, é importante distinguir entre quatro aspectos da melhoria:

▶ Os **elementos contidos nas abordagens de melhoria** — essas são as ideias fundamentais do que melhora as operações. Eles são os *blocos construtivos* do melhoramento.
▶ As amplas **abordagens de melhoramento** — esses são os conjuntos subjacentes de crenças que formam uma filosofia coerente e moldam a forma como a melhoria deve ser realizada. Algumas abordagens/metodologias de melhoramento têm sido utilizadas há mais de um século (por exemplo, algumas abordagens de estudo de trabalho; ver Capítulo 9), outras são relativamente recentes (por exemplo, Seis Sigma, explicado mais adiante). Mas não pense que as abordagens para o melhoramento são diferentes em todos os aspectos; existem muitos elementos que são comuns a várias abordagens.
▶ As *técnicas* de melhoramento — há muitas técnicas, métodos e ferramentas *passo a passo* que podem ser usados para ajudar a encontrar melhores maneiras de fazer as coisas, alguns dos quais usam modelagem quantitativa e outros são mais qualitativos.
▶ A *gestão* do melhoramento — como o processo de melhoramento é gerenciado é tão importante, se não mais importante, do que compreender os elementos e as abordagens de melhoramento. Recursos devem ser adquiridos, a atividade de melhoramento deve ser organizada e, geralmente, controlada para que ela seja eficaz em realmente conquistar melhorias demonstráveis.

O restante deste capítulo tratará cada um desses aspectos do melhoramento. A melhor maneira de entender o melhoramento é lidar primeiro com os elementos contidos nas abordagens de melhoramento, depois ver como eles se juntam para formar amplas abordagens de melhoramento e, em seguida, examinar algumas técnicas típicas de melhoramento, antes de analisar brevemente como o melhoramento das operações pode ser administrado. A Figura 15.3 ilustra a estrutura dos quatro aspectos da melhoria.

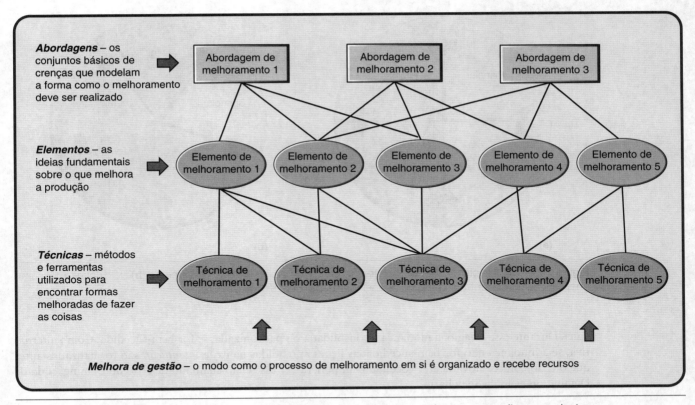

Figura 15.3 Como os quatro aspectos da melhoria — abordagens, elementos, técnicas e gestão — se relacionam.

15.2 Quais são os elementos-chave do melhoramento da produção?

Os elementos do melhoramento são as ideias fundamentais individuais do próprio melhoramento. Pense nesses elementos de melhoramento como os blocos construtivos das várias abordagens de melhoramento que examinaremos a seguir. Aqui explicamos alguns, mas não todos (há muitos) os elementos mais comuns atualmente em uso.

> **Princípio de produção**
> As várias abordagens para o melhoramento decorrem de um grupo comum de elementos.

Ciclos de melhoramento

Um elemento importante em algumas abordagens de melhoramento é o uso de um processo literalmente interminável de questionamento e requestionamento do trabalho detalhado de um processo ou atividade. Esse questionamento repetido e cíclico é normalmente resumido na ideia de **ciclo de melhoramento**, do qual há muitos, mas dois são os modelos amplamente usados — o ciclo PDCA (ou PDSA, às vezes denominado Ciclo de Deming, nome do famoso "guru" da qualidade, W. E. Deming) e o **ciclo DMAIC**, que se tornou popular pela abordagem Seis Sigma (ver mais adiante).

O ciclo PDCA (ou PDSA)

O **modelo do ciclo PDCA** é mostrado na Figura 15.4(a). Começa com o estágio P (de planejar), que envolve um exame do método atual ou do problema que está sendo estudado. Isso consiste em coletar e analisar dados, de modo a formular um plano de ação destinado a melhorar o desempenho. Uma vez acordado um plano para melhoramento, o próximo passo é o estágio D (de fazer, *do*). Esse é um estágio de implementação durante o qual o plano é testado na operação. Esse estágio pode envolver-se em um pequeno ciclo PDCA à medida que os problemas de implementação são resolvidos. A seguir, vem o estágio C (de checar), em que a nova solução implementada é avaliada para verificar se resultou no melhoramento de desempenho esperado. Algumas versões dessa ideia utilizam o termo *estudar* em vez de *checar*, e a chamam de ciclo *PDSA*, mas a ideia é basicamente a mesma. Por fim, pelo menos para esse ciclo, vem o estágio A (de

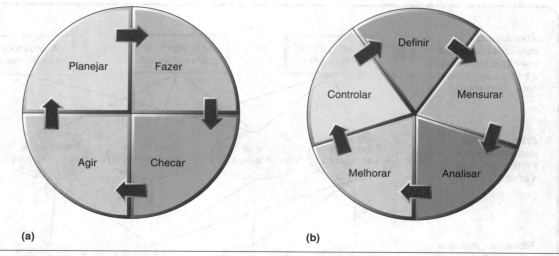

Figura 15.4 (a) Ciclo planejar-fazer-checar-agir ou ciclo de melhoramento de *Deming* e (b) ciclo definir-mensurar-analisar-melhorar-controlar, ou ciclo de melhoramento Seis Sigma DMAIC.

agir). Durante esse estágio, a mudança é consolidada ou padronizada, se for bem-sucedida. Como alternativa, se a mudança não for bem-sucedida, as lições aprendidas na *experimentação* são formalizadas antes que o ciclo comece novamente. Você também poderá ver esse ciclo chamado de ciclo de Deming, roda de Deming ou ciclo de Shewhart.

OPERAÇÕES NA PRÁTICA

Globos de discoteca e arroz levaram ao melhoramento inovador[4]

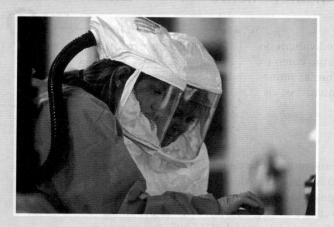

A melhoria das operações significa resolver problemas, cuja resolução se beneficia muito da criatividade de uma equipe (de preferência multidisciplinar). Isso foi demonstrado pela Surrey and Sussex Healthcare Trust, no Reino Unido, quando depararam com uma necessidade crescente de descontaminar os capuzes de *proteção individual* usados para proteger a equipe médica (e pacientes) durante procedimentos médicos delicados. Os capuzes respiratórios permitem que a equipe médica exposta a uma alta *carga viral* respire ar purificado. (Completo com protetor facial e capa de pescoço, os capuzes dos respiradores têm a forma de capacetes de motocicleta.) No entanto, depois de usados, os capuzes precisam ser descontaminados, às vezes expondo-os à luz ultravioleta (UV). Conceber um processo para fazer isso de maneira rápida e eficaz era o problema enfrentado pela equipe de melhoramentos do hospital. Um membro da equipe explica. *"Reunimos uma equipe diversificada de várias especialidades médicas e baseamos nossas discussões em torno do ciclo de melhoramento PDCA/PDSA. Tivemos que garantir que todos os capuzes fossem expostos uniformemente à luz UV suficiente para descontaminá-los. Primeiro, experimentamos colocar os capuzes em dispositivos como gôndolas de loja, pendurados em cabos de vassoura. De certa forma funcionou, mas tínhamos que continuar entrando na sala de UV para interromper o processo e virar os capuzes, o que obviamente não era o uso mais eficiente do tempo. Realizamos observações diretas do processo, cronometrando diferentes cenários e variações. Trouxemos colegas de controle de infecção, engenharia elétrica médica e gestão de propriedades e instalações para debater ideias que melhorariam o processo. Finalmente, tivemos a nova ideia de usar mecanismos de globo de discoteca (geralmente usados em boates) presos ao teto com correntes. Os capuzes ficavam pendurados pelos mecanismos do globo e giravam automaticamente. Também pegamos tapetes emprestados do departamento de fisioterapia para o caso de os capuzes caírem. Eles são muito caros para corrermos o risco de sofrer danos."*

No entanto, quando a equipe monitorou o processo ao longo do tempo, descobriu que a luz UV nem sempre alcançava o interior do capuz. Ela decidiu que seria necessário inclinar o capuz em um ângulo de 45 graus para garantir a penetração da luz. Os membros da equipe experimentaram pendurar vários apetrechos na parte da frente do capuz antes de finalmente decidirem inserir um gancho em forma de S através de um buraco nela e pendurar sacos cheios de arroz para incliná-la até o ângulo necessário. As verificações da equipe usando sensores confirmaram que o novo processo de descontaminação atingiu 100% de taxa de detecção. Além disso, o processo PDCA havia estimulado outros melhoramentos fora do escopo original do problema. *"Criamos um sistema simples para numerar os capuzes e atribuir-lhes um cartão de localização. Quando os capuzes são entregues, o cartão de localização é preenchido com o nome do usuário e onde no departamento eles estão localizados. De relance, sei, por exemplo, que o capuz 29 está com o Dr. T da Unidade de Terapia Intensiva e que o número 27 está no centro cirúrgico, e assim por diante. É simples e rápido. Não temos que consultar planilhas complicadas."*

O ciclo DMAIC

O ciclo DMAIC é de vários modos mais intuitivamente óbvio do que o ciclo PDCA, uma vez que segue uma abordagem mais *experimental* (Figura 15.4(b)). O ciclo DMAIC inicia-se com (D), a definição do problema ou dos problemas, em parte para entender o escopo do que precisa ser feito e, na outra, para definir exatamente as necessidades de melhoramento do processo. Frequentemente, nesse estágio é estabelecida uma meta ou um alvo formal para o melhoramento. Após a definição, vem o estágio de mensuração (M), que envolve validar o problema para se assegurar de que ele realmente vale a pena ser resolvido, usando dados para aperfeiçoá-lo e mensurar exatamente o que está ocorrendo. Uma vez estabelecidas essas medições, elas podem ser analisadas. O estágio de análise (A) é, às vezes, visto como uma oportunidade para desenvolver hipóteses quanto às raízes reais do problema, as quais são validadas (ou não) pela análise, e as principais causas do problema são identificadas. Uma vez identificadas as causas do problema, inicia-se o trabalho de melhoramento (I, ou *improving*) do processo. Desenvolvem-se ideias para remover as causas dos problemas, testando-se soluções, e as que parecem funcionar são implementadas, formalizadas e os resultados, medidos. O processo aprimorado precisa, então, ser continuamente monitorado e controlado (C) para checar se o nível de melhoramento é sustentável. Após esse ponto, o ciclo inicia-se novamente e define os problemas que impedem melhoramentos adicionais. Lembre-se, porém, de que o último ponto de ambos os ciclos é o mais importante — quando o ciclo começa de novo. Apenas ao aceitar que a filosofia do melhoramento contínuo desses ciclos literalmente jamais termina é que o melhoramento torna-se parte do trabalho de todos.

Uma perspectiva de processo

Mesmo que algumas abordagens de melhoramento não incluam explícita ou formalmente a ideia de que adotar uma perspectiva de processo deve ser central para o melhoramento das operações, quase todas fazem isso implicitamente. Isso oferece duas grandes vantagens. Primeiro, significa que o melhoramento pode ser focado no que realmente acontece em vez de na parte da organização que tem responsabilidade pelo que acontece. Em outras palavras, se o melhoramento não estiver refletido no processo de criação de produtos e serviços, realmente não se trata de um melhoramento. Segundo, como mencionamos anteriormente, todas as partes da empresa gerenciam processos. Isso é o que denominamos produção como uma atividade em vez de produção como uma função. Portanto, se o melhoramento for descrito em termos de como os processos podem se tornar mais efetivos, essas mensagens terão relevância para todas as outras funções da empresa, além da função produção.

Processos ponta a ponta

Algumas abordagens de melhoramento adotam ainda uma perspectiva de processo e prescrevem exatamente como o processo deve ser organizado. Por exemplo, uma das prescrições mais radicais de reengenharia de processos de negócio (BPR, do inglês *business process reengineering*, veja mais adiante) é a ideia de que a produção deve ser organizada em torno do processo total que agrega valor aos clientes, em vez de nas funções ou atividades que desempenham os vários estágios da atividade de agregação de valor. Já indicamos a diferença entre processos convencionais dentro de uma função especialista e um **processo de negócio ponta a ponta** no Capítulo 1. As necessidades identificadas dos clientes são totalmente atendidas por um processo de negócio *ponta a ponta*, que rompe as fronteiras organizacionais convencionais. A Figura 15.5 ilustra essa ideia.

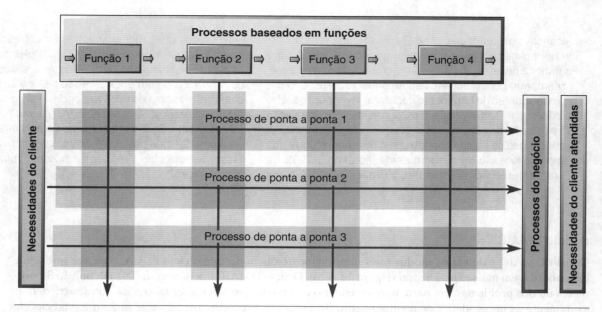

Figura 15.5 Os processos ponta a ponta enfatizam diretamente as necessidades do cliente e geralmente rompem as fronteiras organizacionais convencionais.

Solução de problemas baseada em evidência

Tem havido um ressurgimento do uso de técnicas quantitativas nas abordagens de melhoramento. **Seis Sigma** (veja mais adiante), em particular, promove o uso sistemático de evidência (preferencialmente quantitativa). Todavia, Seis Sigma não é a primeira das abordagens de melhoramento a usar métodos quantitativos (por exemplo, alguns dos gurus de gestão da qualidade total (TQM, do inglês *total quality management*) promoveram controle estatístico do processo), embora tenha dado muita ênfase ao uso de evidência quantitativa. De fato, grande parte do treinamento considerável exigido por consultores de Seis Sigma é dedicado ao domínio de técnicas analíticas quantitativas. Entretanto, os métodos estatísticos usados nas atividades de melhoramento nem sempre refletem o conhecimento estatístico acadêmico convencional propriamente dito. Eles enfatizam métodos observacionais de coleta de dados e uso de experimentação para examinar hipóteses. As técnicas incluem métodos gráficos, análise de variância e projeto de experimento fatorial de dois níveis. Por trás do uso dessas técnicas, há uma ênfase ao método científico, respondendo apenas à evidência consistente e usando *software* de estatística para facilitar a análise.

OPERAÇÕES NA PRÁTICA

Manifesto do *checklist*[5]

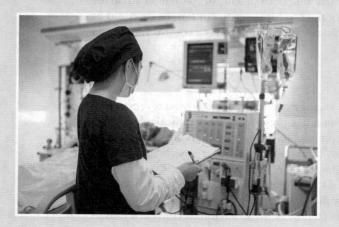

As metodologias de melhoramento estão frequentemente associadas a operações repetitivas. Desempenhar a mesma tarefa repetidamente significa que há muitas oportunidades para *fazer melhor*. A ideia completa por trás do melhoramento contínuo deriva dessa ideia simples. Ao contrário, operações que precisam desempenhar as atividades mais difíceis, especialmente aquelas que exigem avaliação especializada e habilidade de diagnóstico, devem exigir igualmente abordagens de melhoramento complexas, certo? Não é bem assim, conforme Atul Gawande, médico do prestigiado hospital Johns Hopkins. O Dr. Gawande acha que o oposto é verdadeiro. Embora a medicina esteja avançando a uma taxa impressionante e os periódicos médicos produzam artigos resultantes de pesquisa avançada para um *pool*

de conhecimento em expansão, a profissão médica não é tão boa em seus fundamentos. Os cirurgiões realizam mais de 200 cirurgias importantes por ano, infelizmente nem todas bem-sucedidas, mas a profissão médica em geral nem sempre tem um método confiável para aprender com seus erros. A ideia de Atul Gawande é de que as profissões *baseadas no conhecimento* estão em perigo de submergir sob o peso dos fatos. Os cientistas estão acumulando mais e mais informações e as profissões estão se fragmentando em especializações cada vez mais restritas. O Dr. Gawande conta a história de Peter Pronovost, especialista em casos críticos no hospital Johns Hopkins, que tentou reduzir o número de pacientes que se contaminavam por conta do uso de cateter venoso central. Há cinco etapas que as equipes médicas podem adotar para reduzir o risco de contrair tais infecções. Inicialmente, Pronovost simplesmente pediu à equipe de enfermagem para observar se os médicos as adotavam. O que eles constataram foi que, em pelo menos um terço do tempo, os médicos não cumpriam uma ou mais das etapas. Assim, os enfermeiros foram autorizados a alertar os médicos que não cumpriam qualquer uma das etapas e, naturalmente, perguntavam se o cateter intravenoso central deveria ser avaliado. Como resultado da aplicação dessas simples regras estilo *checklist*, em dez dias a taxa de infecção caiu de 11% para zero. Em um hospital, foi calculado que, em um ano, esse método simples havia evitado 43 infecções, 8 mortes e economizado cerca de $ 2 milhões. Usando a mesma abordagem de *checklist*, o hospital identificou e aplicou o método a outras atividades. Por exemplo, uma verificação em que os enfermeiros perguntavam aos pacientes sobre seus níveis de dor levou a uma grande redução de dores não tratadas, de 41 para 3%. De modo semelhante, o método simples de *checklist* ajudou a reduzir pela metade o tempo médio de internação dos pacientes em tratamento intensivo (UTI). Quando a técnica de Pronovost foi adotada por outros hospitais, em 18 meses, 1.500 vidas e $ 175 milhões foram poupados.

O Dr. Gawande descreve os *checklists* usados dessa forma como *rede cognitiva* — mecanismo que pode ajudar a evitar que pessoas experientes cometam erros devido à falha da memória ou de atenção e a assegurar que as equipes trabalhem em conjunto. *Checklists* simples são comuns em outras profissões. Os engenheiros civis os usam para ter certeza de que estruturas complicadas sejam montadas no prazo. Os *chefs* os utilizam para assegurar que a comida seja preparada exatamente de acordo com o gosto dos clientes. Companhias aéreas os utilizam para assegurar que os pilotos decolem com segurança e também para aprender com os acidentes, agora relativamente raros. De fato, o Dr. Gawande reconhece que os *checklists* não são uma ideia nova. Ele conta a história do protótipo do Boeing B17 Flying Fortress que caiu após decolar em seu voo experimental em 1935. A maioria dos especialistas disse que o avião de bombardeiro era "bastante complexo para voar". Ante a falência, a Boeing investigou e descobriu que, confrontado com quatro motores em vez de dois, o piloto se esqueceu de liberar uma alavanca vital do mecanismo de bloqueio. Assim, a Boeing criou um *checklist* do piloto, no qual as ações fundamentais para os estágios do voo se tornaram parte obrigatória do trabalho do piloto. Nos anos seguintes, o B17 voou quase 2 milhões de milhas (3,2 milhões de quilômetros) sem um único acidente. Mesmo para os pilotos, muitos dos quais individualistas radicais, diz o Dr. Gawande, geralmente é a aplicação de procedimentos de rotina que salva os aviões quando as coisas dão errado, em vez do "piloto-herói" tão saudado pela mídia. É disciplina, e não genialidade, que preserva a vida. De fato, é a disciplina que dá lugar para a genialidade florescer.

Centralidade no cliente

Há pouco valor no melhoramento, a menos que atenda às exigências dos clientes. Entretanto, na maioria das abordagens de melhoramento, atender às expectativas dos clientes significa mais do que isso. Envolve toda a organização no entendimento da importância central dos clientes para seu sucesso e mesmo para sua sobrevivência. Os clientes não são vistos como externos à organização, mas como sua parte mais importante. Entretanto, a ideia de estar centrado nos clientes não significa que eles devem ser atendidos com tudo que desejam. Embora *O que é bom para o cliente* possa, frequentemente, ser o mesmo que *O que é bom para a empresa*, nem sempre funciona assim. Os gerentes de produção estão sempre tendo que encontrar um equilíbrio entre o que os clientes gostariam e o que a operação pode (ou deseja) oferecer.

Voz do cliente

A *voz do cliente* (VOC) é uma ideia que está diretamente relacionada com a centralidade no cliente. O termo significa identificar as exigências, expectativas e percepções do cliente em alguma profundidade. Às vezes, o exercício da VOC é feito como parte do desenvolvimento do novo produto ou serviço, como parte do desdobramento da função qualidade (QFD, do inglês *quality function deployment*), que foi explicado no Capítulo 4. Às vezes, é parte de uma atividade mais geral de melhoramento. Há vários modos de fazer isso, mas, geralmente, envolve usar pesquisa de mercado para derivar um conjunto abrangente de exigências do cliente, ordenado em uma estrutura hierárquica, frequentemente priorizada para indicar a importância relativa dos diferentes aspectos do desempenho das operações.

Sistemas e procedimentos

Melhoramento não é algo que acontece simplesmente ao se fazer com que todos *pensem em melhoramento*. Algum tipo de sistema que apoia o esforço de melhoramento pode ser necessário. Um sistema de melhoramento (às vezes, denominado *sistema de qualidade*) é definido como os processos e os recursos para implementação do melhoramento. Ele especifica as responsabilidades organizacionais para o melhoramento, além dos procedimentos e processos que dão suporte às atividades de melhoramento.

Reduza a variação do processo

Os processos mudam ao longo do tempo, e o mesmo ocorre com seu desempenho. Algum aspecto do desempenho do processo (normalmente importante) é medido periodicamente (como uma medição simples ou como uma pequena amostra das medições). Esses processos são depois plotados em uma escala de tempo simples. Isso oferece diversas vantagens. A primeira é verificar se o desempenho do processo é, por si só, aceitável (capaz). Eles podem também ser usados para verificar se o desempenho do processo está mudando ao longo do tempo e também a extensão da variação do desempenho do processo. No Capítulo 17, ilustramos como a variação aleatória do desempenho de qualquer processo pode ocultar o que realmente estava ocorrendo nele. Assim, um método potencialmente útil de identificar oportunidades de melhoramento é tentar identificar as fontes de variação aleatória no desempenho do processo.

Fluxo sincronizado

Fluxo sincronizado significa que os itens de um processo, operação ou rede de suprimento fluem suavemente e com a mesma velocidade do início ao fim. Isso está relacionado com o modo como o estoque se acumula dentro da operação. Se o estoque for acumulado para suavizar as diferenças entre demanda e suprimento, ou como uma contingência contra atrasos inesperados, ou simplesmente para agrupar com propósitos de processamento ou melhoramento, tudo isso significa que o fluxo torna-se assíncrono. Ele fica estocado em vez de prosseguir suavemente. Uma vez atingido esse estado de sincronização perfeita do fluxo, torna-se mais fácil expor quaisquer irregularidades do fluxo, o que pode ser o sintoma de mais problemas subjacentes de origem profunda.

Enfatize educação e treinamento

Diversas abordagens de melhoramento importantes reforçam a ideia de que o treinamento estruturado e a organização do melhoramento devem ser centrais ao melhoramento. Não apenas as técnicas de melhoramento devem ser plenamente compreendidas por todos os engajados no processo de melhoramento, mas o contexto empresarial e organizacional do melhoramento também deve ser compreendido. Afinal, como alguém pode melhorar sem saber que tipo de melhoramento beneficiaria mais a organização e seus clientes? Além disso, a educação e o treinamento têm um papel importante a exercer na motivação de todos os funcionários para ver o melhoramento como uma atividade que vale a pena. Algumas abordagens de melhoramento em particular colocam grande ênfase na educação formal. Por exemplo, Seis Sigma (veja mais adiante) e seus proponentes costumam exigir um nível mínimo de treinamento (medido em horas) que julgam ser necessário antes de os projetos de melhoramento serem empreendidos.

Perfeição é a meta

Quase todos os programas de melhoramento amplo das organizações terão algum tipo de meta ou alvo que o esforço de melhoramento deve alcançar. Embora os alvos possam ser estabelecidos de formas muito diferentes, algumas autoridades de melhoramento assumem que medir o desempenho do processo contra algum tipo de alvo absoluto encoraja o melhoramento. Literalmente, *alvo absoluto* significa o nível teórico de perfeição, por exemplo, zero erro, entrega instantânea, entregar exatamente quando prometido, flexibilidade infinita, desperdício zero etc. Sem dúvida, na realidade, tal perfeição pode nunca ser atingível. Esse não é o ponto. O importante é que o desempenho atual seja calibrado contra esse alvo de perfeição para indicar quanto melhoramento a mais será possível. Por exemplo, melhorar a precisão de entrega em 5% pode parecer bom até se perceber que apenas um melhoramento de 30% eliminaria todos os atrasos de entrega.

Identificação de desperdício

Quaisquer abordagens de melhoramento aspiram eliminar o desperdício. De fato, qualquer melhoramento implica que algum desperdício foi eliminado, sendo desperdício qualquer atividade que não agrega valor. Entretanto, a identificação e a eliminação do desperdício são, às vezes, uma característica central. Por exemplo, como veremos no Capítulo 16, comprovadamente esta é a parte mais significativa da filosofia enxuta.

Inclua todos

Aproveitar as habilidades e o entusiasmo de todas as pessoas e de todas as partes da organização parece um princípio óbvio de melhoramento. Às vezes, a frase *qualidade na origem* é usada para reforçar o impacto que cada indivíduo tem sobre o melhoramento. A contribuição de todos os indivíduos na organização pode ir além de entender sua contribuição a *não cometer erros*. Espera-se que os indivíduos tragam algo positivo para melhorar o modo como eles desempenham suas tarefas. Os princípios de *empowerment* (empoderamento) são frequentemente citados como apoio a esse aspecto do melhoramento. Quando as práticas japonesas de melhoramento passaram a migrar no final dos anos 1970, essa ideia parecia ainda mais radical. Todavia, agora é geralmente aceito que a criatividade e o esforço individual de todos os funcionários representam uma valiosa fonte de desenvolvimento. Entretanto, nem todas as abordagens de melhoramento adotam essa ideia. Algumas autoridades acreditam que pequeno número de consultores ou especialistas de melhoramento interno oferece um melhor método de organizar o melhoramento. Contudo, essas duas ideias não são incompatíveis. Mesmo com especialistas em melhoramento contratados para liderar esforços de melhoramento, os funcionários que realmente operam o processo podem ainda ser usados como fonte valiosa de informação e de ideias de melhoramento.

Desenvolva relacionamentos internos entre cliente e fornecedor

Uma das melhores formas de assegurar que os clientes externos estejam satisfeitos é estabelecer a ideia de que cada parte da organização contribui para a satisfação desses clientes ao satisfazer seus próprios clientes internos. Essa ideia é mais detalhada no Capítulo 17, assim como o conceito relacionado de acordos de nível de serviço (SLAs, do inglês *service-level agreements*). Significa reforçar que cada processo em uma operação tem responsabilidade em gerenciar esses relacionamentos internos entre cliente e fornecedor. Isso é feito, principalmente, ao definir com maior clareza possível quais são suas *necessidades* e as de seus clientes. De fato, isso significa definir o que constitui o serviço *isento de erro* — a qualidade, a velocidade, a confiabilidade e a flexibilidade exigidas pelos clientes internos.

15.3 Quais são as abordagens amplas para o melhoramento?

Com abordagens amplas para o melhoramento, queremos dizer os conjuntos subjacentes de crenças que formam uma filosofia coerente e modelam o modo como o melhoramento deve ser realizado. Mas não pense que as abordagens de melhoramento são diferentes em todos os aspectos; existem muitos elementos que são comuns a todas elas. Algumas dessas abordagens foram ou serão descritas em outros capítulos. Por exemplo, a abordagem enxuta (Capítulo 16) e a TQM (Capítulo 17) são discutidas em algum detalhe. Assim, nesta seção, examinaremos brevemente TQM e a abordagem enxuta, especificamente de uma perspectiva de melhoramento, e, para que possamos demonstrar como essas abordagens se sobrepõem, também acrescentaremos outras duas — BPR e Seis Sigma. Pode-se pensar nessas abordagens de melhoramento como lentes alternativas através das quais vemos o melhoramento da produção (ver a Figura 15.6).

Princípio de produção
Não há nenhuma abordagem universal para o melhoramento. Em vez disso, existem muitas abordagens alternativas.

Gestão da qualidade total como abordagem de melhoramento

A **TQM** foi um dos primeiros *modismos* da administração. Seu pico de popularidade foi no fim da década de 1980 e início dos anos 1990. Todavia, os preceitos e princípios gerais que constituem a TQM são ainda muito influentes. Poucos gerentes, quase nenhum, não ouviram falar de TQM e seu impacto no melhoramento. De fato, a TQM chegou para ser vista como uma abordagem para a forma como as operações e os processos deveriam, de modo geral, ser gerenciados e melhorados. Mesmo que a TQM não seja o rótulo dado a uma iniciativa de melhoramento, muitos de seus elementos quase certamente se tornarão rotina. É considerada mais como uma filosofia de como abordar o melhoramento. Essa filosofia, antes de tudo,

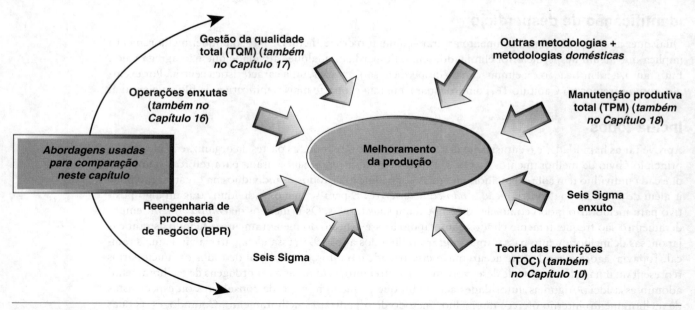

Figura 15.6 Existem diversas *abordagens/metodologias* que podem ser usadas para formar a base do melhoramento da produção, quatro delas comparadas neste capítulo para ilustrar como a maioria das abordagens compartilha alguns elementos.

reforça o componente *total* da TQM. É uma abordagem que posiciona a qualidade (e, de fato, o melhoramento) no âmago de tudo que é feito por uma operação. Como um lembrete, essa totalidade pode ser resumida pelo modo com que a TQM enfatiza particularmente os seguintes elementos (ver Capítulo 17):

▶ Atender às necessidades e às expectativas dos clientes.
▶ O melhoramento abrange todas as partes da organização (e deve ser baseado no grupo).
▶ O melhoramento inclui todas as pessoas da organização (e o sucesso é reconhecido).
▶ Incluir todos os custos de qualidade.
▶ Contribuir para que as coisas sejam feitas *corretamente na primeira vez*, isto é, o projeto está centrado na qualidade, e não na inspeção.
▶ Desenvolver sistemas e procedimentos que apoiem o melhoramento.

Filosofia enxuta como abordagem de melhoramento

A ideia de filosofia *enxuta* difundiu-se além de suas origens japonesas e tornou-se moda no Ocidente ao mesmo tempo que a TQM. Embora sua popularidade não tenha diminuído na mesma extensão que a da TQM, várias décadas de experiência diminuíram a motivação uma vez associada a essa abordagem. Ao contrário da TQM, porém, a filosofia enxuta era inicialmente vista como uma abordagem a ser usada exclusivamente em manufatura e principalmente para planejamento e controle. Agora, a filosofia enxuta é bastante aplicada como uma abordagem de melhoramento em todos os tipos de operações. A abordagem enxuta visa atender instantaneamente à demanda, com qualidade perfeita e sem desperdício (ver Capítulo 16). Os elementos-chave da filosofia enxuta, quando usados como abordagem de melhoramento, são os seguintes:

▶ Eliminação do desperdício.
▶ Centralização no cliente.
▶ Relacionamentos entre fornecedor e cliente interno.
▶ Perfeição é a meta.
▶ Fluxo sincronizado.
▶ Variabilidade reduzida.
▶ Inclusão de todas as pessoas.

Algumas organizações, especialmente agora que a filosofia enxuta está sendo aplicada de forma mais ampla nas operações de serviço, visualizam a eliminação de desperdício como o mais importante de todos os elementos da abordagem enxuta. De fato, às vezes, elas veem a abordagem enxuta consistindo quase exclusivamente em eliminação do desperdício. O que elas não percebem é que a eliminação efetiva do desperdício é mais bem atingida mediante mudanças no comportamento. É a mudança comportamental, que foi realizada mediante o fluxo sincronizado e o acionamento do cliente, que fornece a janela para expor e eliminar o desperdício.

Reengenharia de processos de negócio

A ideia de BPR originou-se no início dos anos 1990, quando Michael Hammer propôs que, em vez de usar a tecnologia para automatizar o trabalho, ela seria mais bem aplicada para eliminar a necessidade de fazer o trabalho em primeiro lugar (*não automatize, elimine*). Ao fazer isso, estava advertindo contra o estabelecimento do trabalho que não agrega valor em um sistema de tecnologia da informação, em que seria ainda mais difícil identificá-lo e eliminá-lo. Qualquer trabalho, afirmou ele, deveria ser examinado para conferir se agrega valor ao cliente e, caso negativo, os processos deveriam ser reprojetados para eliminá-lo. Ao fazer isso, a BPR estava difundindo objetivos semelhantes aos da administração científica e, mais recentemente, das abordagens enxutas. Mas a BPR, diferentemente das duas abordagens anteriores, defendia mudanças radicais em vez de mudanças incrementais nos processos. Logo após o artigo de Hammer, outros autores desenvolveram as mesmas ideias, a maioria delas reforçando novamente a importância de uma abordagem radical para eliminar o trabalho que não agrega valor.[6]

A BPR é definida como:[7] "...mudança de pensamento fundamental e mudança de projeto radical dos processos de negócio para atingir melhoramentos significativos em medidas de desempenho críticas e contemporâneas, como custo, qualidade, serviço e velocidade". No entanto, há bem mais do que isso. De fato, a BPR foi um misto de várias ideias que fizeram parte da administração da produção por algum tempo. Conceitos enxutos, gráfico de fluxo de processo, exame crítico no estudo do método, gestão de rede de operações e operações focadas no cliente contribuíram para o conceito de BPR. Entretanto, foi o potencial das tecnologias da informação que possibilitou o reprojeto fundamental dos processos e agiu como catalisador para reunir essas ideias. Foi a tecnologia da informação que permitiu o reprojeto radical do processo, mesmo se muitos dos métodos usados para atingir o reprojeto já houvessem sido explorados. Os princípios mais relevantes da BPR podem ser resumidos nos seguintes pontos:

▶ Repense os processos de negócio de modo interfuncional, que organiza o trabalho em torno do fluxo natural da informação (ou de materiais ou de clientes).

▶ Empenhe-se por melhoramentos significativos no desempenho, radicalmente repensando e reprojetando o processo.

▶ Faça com que os que usam o *output* de um processo o desempenhem. Procure conferir se todos os clientes internos podem ser seus próprios fornecedores, em vez de dependerem de outra função da empresa para supri-los (que ficam mais afastados e separados dos estágios do processo).

▶ Coloque pontos de decisão onde o trabalho é desempenhado. Não separe os que trabalham dos que controlam e gerenciam o trabalho.

Exemplo resolvido

Torvill's Total Trading

A Torvill's Total Trading decidiu reorganizar (ou fazer reengenharia) em torno dos processos de negócio. A Figura 15.7(a) A mostra a organização original. A empresa compra bens de consumo de diversos fornecedores, os estoca e os vende para lojas de varejo. No centro da operação está o armazém, que recebe os bens, estoca-os, embala e os despacha quando solicitados pelos clientes. Pedidos de reposição de estoque são feitos pelo departamento de compras, que também se encarrega do planejamento de materiais e controle de estoque. O departamento de compras adquire os bens com base em uma previsão que é preparada pelo departamento de marketing, que pede informações ao departamento de vendas, responsável pelo processamento de pedidos dos clientes. Quando um cliente faz um pedido, é trabalho do departamento de vendas instruir o armazém a embalar, despachar o pedido e avisar o departamento de finanças para encaminhar a fatura ao cliente. Portanto, tradicionalmente, cinco departamentos têm que organizar entre si o fluxo de informações e materiais dentro da operação total. Mas, a cada interface entre os departamentos, há a possibilidade de ocorrer erros e falhas de comunicação. Além disso, *quem é responsável por identificar as necessidades do cliente?* Atualmente, três departamentos separados têm algum tipo de tratamento com ele. De modo semelhante, *quem é responsável pela relação com os fornecedores?* Nesse momento, dois departamentos têm contato com eles.

▶

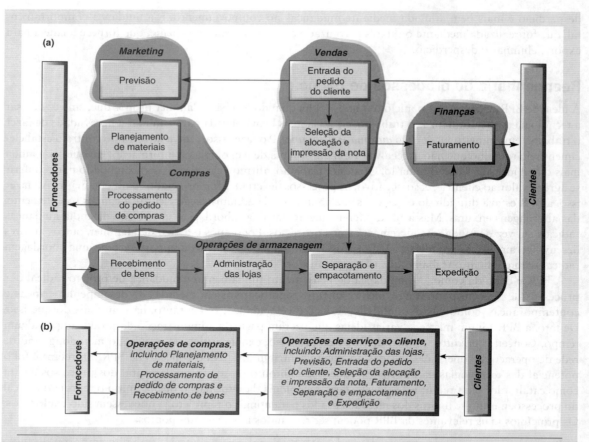

Figura 15.7 (a) Antes e (b) depois da reengenharia de uma empresa de comércio de bens de consumo.

Por fim, a empresa reorganizou-se em torno de dois processos de negócio essenciais. O primeiro processo (denominado operações de compras) lidava com tudo que dizia respeito ao relacionamento com os fornecedores. Era responsabilidade focada e não ambígua desse processo desenvolver boas relações de trabalho com os fornecedores. O outro processo de negócio (denominado operações de serviço aos clientes) tinha total responsabilidade em satisfazer às necessidades dos clientes. Isso incluía falar *a uma só voz* com o cliente.

Comentário crítico

A BPR tem levantado considerável controvérsia, principalmente porque, às vezes, examina apenas as atividades de trabalho, em vez das pessoas que desempenham o trabalho. Como consequência, as pessoas tornam-se *engrenagens em uma máquina*. Muitas dessas críticas igualam a BPR com os princípios muito mais antigos da administração científica, pejorativamente conhecidos como *taylorismo*. Geralmente, essas críticas significam que a BPR é bastante cruel no modo que vê os recursos humanos. Certamente, há evidência de que a BPR está frequentemente acompanhada por uma redução significativa de funcionários. Estudos existentes quando a BPR estava no auge da popularidade revelaram que a maioria dos projetos BPR poderia reduzir o número de funcionários em cerca de 20%. Frequentemente, a BPR era vista como mera desculpa para reduzir o número de funcionários. As empresas que desejavam fazer *downsizing* estavam usando a BPR como pretexto, colocando o interesse a curto prazo dos acionistas da empresa acima de seus interesses mais a longo prazo ou dos interesses dos funcionários da empresa. Além disso, uma combinação de reprojeto radical acompanhado de *downsizing* poderia significar que o núcleo essencial da experiência era perdido na operação. Isso deixava a empresa vulnerável a qualquer turbulência do mercado, uma vez que não teria o conhecimento e a experiência sobre como enfrentar mudanças inesperadas.

Seis sigma

A abordagem Seis Sigma foi primeiramente popularizada pela Motorola, empresa de produtos eletrônicos e sistemas de comunicações. Quando estabeleceu seu objetivo de qualidade como *satisfação total do cliente* nos anos 1980, passou a explorar o que o *slogan* significaria a seus processos de produção. A empresa decidiu que a verdadeira satisfação do cliente apenas seria atingida quando seus produtos fossem entregues quando prometidos, sem defeitos, sem nenhuma falha de funcionamento inicial e quando o produto não falhasse excessivamente em serviço. Para atingir isso, a Motorola inicialmente focou na remoção dos defeitos de fabricação. Entretanto, logo passou a observar que muitos problemas eram causados por defeitos latentes, ocultos dentro do projeto de seus produtos. Estes podem não aparecer inicialmente, mas, por fim, podem causar falha quando estão em campo. O único modo de eliminar esses defeitos era assegurar que as especificações do projeto fossem rígidas (isto é, tolerâncias reduzidas) e seus processos, muito capazes.

O conceito de qualidade Seis Sigma da Motorola foi assim nomeado porque exigia que a variação natural dos processos (± 3 desvios-padrão) deveria ser metade de sua faixa de especificação. Em outras palavras, a faixa de especificação de qualquer parte de um produto ou serviço deveria ser de ± 6 desvios-padrão do processo (ver no Capítulo 17). A letra grega sigma (σ) é frequentemente usada para indicar o desvio-padrão de um processo, daí a denominação Seis Sigma. A Figura 15.8 ilustra o efeito de a variação do processo estreitar progressivamente no número de defeitos produzidos pelo processo, em termos de defeitos por milhão. A medida de defeitos por milhão é usada na abordagem Seis Sigma para enfatizar a força em direção a um objetivo de praticamente zero defeito.[8] Agora, a definição de Seis Sigma foi ampliada para bem além de sua perspectiva estatística estreita. A General Electric (GE), que foi, provavelmente, a mais conhecida das primeiras empresas a adotar o Seis Sigma, definiu-o como uma metodologia disciplinada de definir, medir, analisar, melhorar e controlar a qualidade de qualquer um dos produtos, processos e transações da empresa; o objetivo final era eliminar praticamente todos os defeitos. Assim, agora o Seis Sigma passou a ser visto como um conceito de melhoramento amplo em vez de um simples exame de variação do processo, muito embora isso ainda seja parte importante do controle, da aprendizagem e do melhoramento do processo.

Medição do desempenho

A abordagem Seis Sigma utiliza várias medidas relacionadas para avaliar o desempenho dos processos de produção:

▶ *Defeito:* é uma falha para atender ao desempenho requerido pelo cliente (definir as medidas de desempenho de uma perspectiva do cliente é parte importante da abordagem Seis Sigma).
▶ *Unidade ou item de defeito:* é qualquer unidade de produção que contém um defeito (isto é, apenas as unidades de produção sem defeitos não são defeituosas; as unidades defeituosas terão um ou mais defeitos).
▶ *Oportunidade de defeito:* é o número de modos diferentes que uma unidade de produção pode falhar para atender às exigências do cliente (produtos ou serviços simples terão poucas oportunidades de defeito, mas produtos ou serviços muito complexos podem ter centenas de modos diferentes de serem defeituosos).

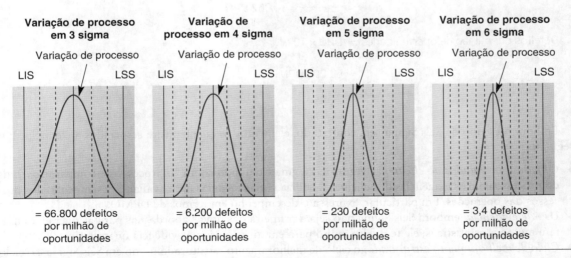

Figura 15.8 Variação do processo e seu impacto sobre defeitos no processo por milhão.

PARTE 4 DESENVOLVIMENTO

▶ *Proporção de itens defeituosos:* é a porcentagem ou fração de unidades que têm um ou mais defeitos.
▶ *Rendimento do processo:* é a porcentagem ou fração do total de unidades produzidas por um processo que estão isentas de defeito (isto é, 1 − proporção de unidades defeituosas).
▶ *Defeito por unidade (DPU):* é o número médio de defeitos de uma unidade de produção (número de defeitos dividido pelo número de itens produzidos).
▶ *Defeito por oportunidade (DPO):* é o número médio de defeitos dividido pelo número total de oportunidades de defeito (número de defeitos dividido pelo número de itens produzidos × número de oportunidades por item).
▶ *Defeitos por milhão de oportunidades (DPMO):* é exatamente o que diz, número de defeitos que o processo produzirá se houver um milhão de oportunidades de isso ocorrer.
▶ *Medição Sigma:* é derivada do DPMO e é o número de desvios-padrão da **variabilidade do processo** que caberá dentro dos limites da especificação feita pelo cliente.

Exemplo resolvido

Transient Insurance

A Transient Insurance confere os detalhes das apólices para o pagamento de indenização aos clientes. Faz uma amostra aleatória de 300 apólices no fim do processo. Constata que 51 apólices tinham um ou mais erros e havia 74 erros no total. Quatro tipos de erros foram observados: erros de codificação, das condições das apólices, de responsabilização e de notificação.

$$\text{Proporção de erros} = \frac{\text{Número de defeitos}}{\text{Número de unidades processadas}}$$

$$= \frac{51}{300} = 0,17 \text{ (17\% de defeitos)}$$

$$\text{Rendimento} = 1 - \text{proporção de defeitos}$$

$$= 1 - 0,17 = 0,83 \text{ ou (83\% de rendimento)}$$

$$\text{Defeitos por unidade} = \frac{\text{Número de defeitos}}{\text{Número de unidades processadas}}$$

$$= \frac{74}{300} = 0,247 \text{ (ou 24,7) DPU}$$

$$\text{Defeitos por oportunidade} = \frac{\text{Número de defeitos}}{\text{Número de unidades processadas} \times \text{Número de oportunidades}}$$

$$= \frac{74}{300 \times 4} = 0,062 \text{ DPO}$$

$$\text{Defeitos por milhão de oportunidades} = \text{DPO} \times 10^6$$

$$= 62.000 \text{ DPMO}$$

Embora o escopo de Seis Sigma seja contestado, elementos frequentemente associados a ele incluem o seguinte:

▶ *Objetivos orientados ao cliente:* às vezes, Seis Sigma é definido como "o processo de comparar *outputs* do processo com as exigências dos clientes". Utiliza várias medidas para avaliar o desempenho dos processos das operações. Em particular, expressa o desempenho em termos de DPMO.
▶ *Uso de evidência:* embora Seis Sigma não seja a primeira das novas abordagens para as operações usarem métodos estatísticos, ele tem feito muito para enfatizar o uso de evidência quantitativa.
▶ *Ciclo de melhoramento estruturado:* o ciclo de melhoramento estruturado usado em Seis Sigma é o ciclo DMAIC.

▶ *Capacidade e controle do processo:* não surpreende que, dadas suas origens, a capacidade e o controle do processo são importantes dentro da abordagem Seis Sigma.
▶ *Projeto do processo:* ultimamente, os proponentes de Seis Sigma também têm incluído o projeto do processo na coleta de elementos que definem a abordagem Seis Sigma.
▶ *Treinamento estruturado e organização de melhoramento:* a abordagem Seis Sigma assume que as iniciativas de melhoramento só podem ser bem-sucedidas se recursos significativos e treinamento forem dedicados a sua gestão.

Analogia das *artes marciais*

Os termos que se tornaram associados a especialistas em Seis Sigma (e denotam seu nível de expertise) são mestre faixa preta, faixa preta e faixa verde. Os mestres faixa preta são especialistas no uso de ferramentas e técnicas de Seis Sigma, além de como tais técnicas são usadas e implementadas. Esses mestres são vistos principalmente como professores, que, além de orientar os projetos de melhoramento, são também técnicos e mentores dos faixas pretas e dos faixas verdes, que estão mais próximos das atividades de melhoramento do dia a dia. Espera-se que tenham habilidades analíticas quantitativas para ajudar com as técnicas de Seis Sigma, e também as habilidades organizacionais e interpessoais para ensinar e trabalhar como mentores. Dadas suas responsabilidades, espera-se que os mestres faixa preta sejam empregados em tempo integral em suas atividades de melhoramento. Os faixas pretas podem ser responsáveis em organizar equipes de melhoramento. Assim como os mestres faixa preta, espera-se que os faixas pretas desenvolvam suas habilidades analíticas quantitativas e também atuem como técnicos para os faixas verdes. Os faixas pretas são dedicados ao melhoramento em tempo integral e, embora as opiniões sejam variadas sobre quantos faixas pretas devem ser empregados em uma operação, algumas organizações recomendam um faixa preta para cada cem empregados. Os faixas verdes trabalham dentro das equipes de melhoramento, possivelmente como líderes de equipe. Eles têm quantidade significativa de treinamento, embora menos que os faixas pretas. Os faixas verdes não são cargos de tempo integral; eles têm responsabilidades de processo cotidianas, mas espera-se que gastem pelo menos 20% de seu tempo nos projetos de melhoramento.

OPERAÇÕES NA PRÁTICA — Seis Sigma na Wipro[9]

Existem muitas empresas que se beneficiaram do melhoramento baseado em Seis Sigma, mas poucas puderam vender para outras empresas a expertise que obtiveram ao aplicá-la a si mesmas. Wipro é uma dessas empresas globais de tecnologia da informação, consultoria e terceirização com mais de 200 mil funcionários e que atende mais de 1.100 clientes em seis continentes. Ela fornece uma gama de serviços empresariais de *terceirização de processos de negócios* (fazendo processamento para outras empresas) a *desenvolvimento de software*, e de *consultoria em tecnologia da informação a computação em nuvem*. (Surpreendentemente para um gigante global de serviços de TI, a Wipro foi na realidade fundada em 1945, na Índia, como empresa de óleo vegetal). A Wipro também tem um dos programas Seis Sigma mais desenvolvidos nos setores de TI e consultoria, especialmente em suas atividades de desenvolvimento de *software*, cujos desafios-chave envolvidos incluem reduzir o tempo de transferência de dados dentro do processo, reduzir o risco de falhas e erros e evitar interrupção devido ao tempo de inatividade da rede. Para a Wipro, Seis Sigma significa simplesmente uma forma de medir a qualidade, que busca quase a perfeição. Isso significa:

▶ Ter produtos e serviços que atendam aos padrões globais.
▶ Garantir processos robustos dentro da organização.

► Consistentemente atender e exceder as expectativas dos clientes.

► Estabelecer uma cultura de qualidade em todo o negócio.

Os projetos Seis Sigma individuais foram selecionados com base em sua probabilidade de sucesso e foram concluídos com relativa rapidez. Isso deu à Wipro a oportunidade de avaliar o sucesso e aprender com todos os problemas que ocorreram. Os projetos foram identificados com base nas áreas problemáticas em cada um dos processos de negócios críticos que poderiam afetar negativamente o desempenho do negócio. Como a Wipro tomou uma definição de qualidade focada no cliente, a implementação Seis Sigma foi medida em termos de progresso em relação ao que o cliente considera importante (e aquilo pelo qual o cliente paga). Isso envolveu melhorar o desempenho por meio de uma compreensão quantitativa precisa dos requisitos do cliente. A Wipro diz que a adoção do Seis Sigma tem sido um sucesso inquestionável, seja em termos de satisfação do cliente, seja em termos de melhoria no desempenho interno ou na melhoria do valor para o acionista.

No entanto, como pioneiros do Seis Sigma na Índia, a implementação do processo da Wipro também teve dificuldades e, segundo esta, oportunidades para aprender com elas. Para começar, levou tempo para construir o apoio necessário da alta gerência e para reestruturar a organização para fornecer a infraestrutura e treinamento para estabelecer confiança no processo. Em particular, o primeiro ano de implantação foi extremamente difícil. A mobilização de recursos para o fluxo de projetos Seis Sigma foi problemática, em parte porque cada projeto exigia diferentes níveis e tipos de recursos. Além disso, a empresa aprendeu a não subestimar a quantidade de treinamento que seria necessário. Montar uma equipe de profissionais e treiná-los para várias etapas do Seis Sigma foi um trabalho difícil. (Na verdade, isso motivou a Wipro a iniciar sua própria consultoria, que poderia treinar seus próprios funcionários.) Apesar disso, as avaliações regulares e oportunas de cada projeto se revelaram particularmente importantes para garantir o sucesso de um projeto, e a Wipro teve que desenvolver uma equipe de especialistas para essa finalidade.

Comentário crítico

Uma crítica comum ao Seis Sigma é que não oferece algo que não estivesse disponível antes. Sua ênfase sobre os ciclos de melhoramento vem da TQM; sua ênfase na redução da variabilidade vem do controle estatístico do processo; seu uso da experimentação e da análise de dados é simplesmente uma boa análise quantitativa. A única contribuição que o Seis Sigma tem dado, argumentam seus críticos, é usar a analogia das artes marciais de faixa preta etc. para indicar um nível de expertise nos métodos Seis Sigma. Tudo ele tem feito é embalar elementos preexistentes para os consultores estarem habilitados a vendê-los a executivos-chefes ingênuos. De fato, é difícil negar alguns desses pontos. Talvez a questão real seja se essa é realmente uma crítica. Se reunir esses elementos realmente forma uma abordagem eficaz para a solução de problemas, então por que isso seria um problema? Seis Sigma é também acusado de ser muito hierarquizado no modo que estrutura seus diversos níveis de envolvimento na atividade de melhoramento. É também oneroso. Dedicar muito treinamento e tempo para melhoramento é um investimento significativo, especialmente para pequenas empresas. Todavia, os proponentes de Seis Sigma argumentam que a atividade de melhoramento é igualmente negligenciada na maioria das operações e, se for levada a sério, merece o investimento significativo implícito em sua abordagem. Além disso, argumentam que, se bem operados, os projetos de melhoramento via Seis Sigma, conduzidos por técnicos experientes, podem economizar bem mais do que seus custos. Há também críticas técnicas ao Seis Sigma. A principal delas é que, em termos puramente estatísticos, a distribuição normal que é usada extensivamente na análise Seis Sigma não representa realmente a maior parte do comportamento do processo. Outras críticas técnicas (que não são realmente assunto deste livro) implicam que visar níveis muito baixos de defeitos por milhão de oportunidades, como recomendado pelos proponentes de Seis Sigma, é bastante oneroso.

Diferenças e semelhanças

Neste capítulo, escolhemos explicar brevemente quatro abordagens de melhoramento. Poderia ter sido mais. Planejamento dos recursos empresariais (*enterprise resources planning* — ERP, Capítulo 14), manutenção preventiva total (MPT, Capítulo 18), Sigma Enxuta (uma combinação das abordagens enxuta e Seis Sigma) e outras abordagens poderiam ter sido acrescentadas. Entretanto, essas quatro constituem uma amostra representativa da maioria das abordagens comumente utilizadas. Nem mesmo temos espaço para descrevê-las totalmente. Mas há claramente alguns elementos comuns entre algumas dessas abordagens que descrevemos. Todavia, há também diferenças entre elas em que cada abordagem inclui um conjunto diferente de elementos e, assim, uma ênfase diferente, e essas diferenças precisam ser compreendidas. Por exemplo, uma diferença importante relaciona-se com se as abordagens enfatizam um método gradual, contínuo à mudança, ou se recomendam uma mudança *inovadora*, mais radical. Outra diferença diz respeito ao propósito da abordagem. Qual é o balanço entre se a abordagem enfatiza *que* mudanças devem ser feitas ou *como* elas devem se dar? Algumas abordagens têm uma visão firme sobre qual é a melhor forma de organizar os processos e os recursos da operação. Outras abordagens não assumem visão particular sobre o que uma operação deve fazer; mas, ao contrário, concentram-se em como a administração de uma operação deve decidir o que fazer. De fato, podemos posicionar cada um dos elementos e as abordagens que os incluem.

Isso está ilustrado na Figura 15.9. As abordagens diferem na extensão com que prescrevem a prática apropriada das operações. Por exemplo, a BPR é muito clara no que está recomendando. A saber, todos os processos devem ser organizados em uma base de ponta a ponta. Seu foco está no *que*, em vez de *como* deve acontecer. Em uma extensão levemente menor, ocorre o mesmo com a filosofia enxuta. Há uma lista definitiva de coisas que os processos devem ou não ser — o desperdício deve ser eliminado, o estoque deve ser reduzido, a tecnologia deve ser flexível e assim por diante. Compare isso com Seis Sigma e TQM, que focam em extensão bem maior em *como* as operações devem ser melhoradas. Seis Sigma, em particular, tem relativamente pouco a dizer sobre o que é bom ou mau no modo como os recursos da produção são organizados (com a possível exceção de sua ênfase nos efeitos negativos da variação do processo). Preocupa-se largamente com o modo como os melhoramentos devem ser feitos: usando evidência, análise quantitativa, o ciclo DMAIC e assim por diante. As abordagens também diferem quanto à ênfase na mudança gradual ou rápida. BPR é explícita em sua natureza radical. Em contraste, TQM e a filosofia enxuta incorporam ideias de melhoramento contínuo. Seis Sigma é relativamente neutro nesse assunto e pode ser usado para mudanças pequenas ou muito grandes.

> **Princípio de produção**
> Há sobreposição significativa entre as várias abordagens para melhoramento em termos dos elementos de melhoramento que elas contêm.

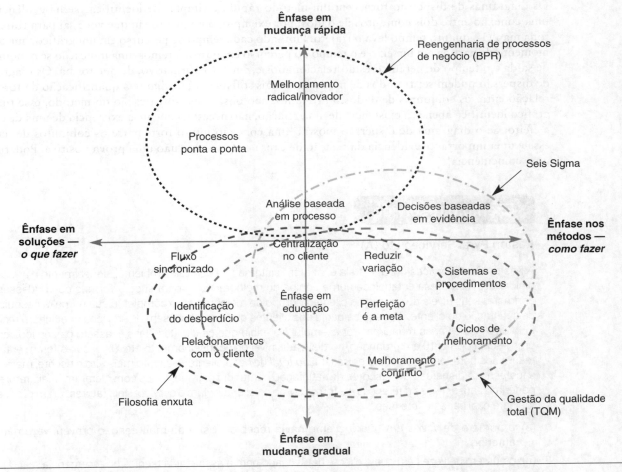

Figura 15.9 As quatro abordagens sobre as duas dimensões do melhoramento.

530 PARTE 4 DESENVOLVIMENTO

Sigma enxuta[10]

A fim de enfatizar os elementos compartilhados das várias abordagens para melhoramento das operações, algumas organizações estão mesclando duas ou mais abordagens para formar híbridos que tentem combinar suas melhores características. A mais conhecida dessas combinações é **Sigma enxuta** (também denominada Seis Sigma enxuta). Como seu nome sugere, Seis Sigma enxuta é a combinação dos métodos enxutos e dos conceitos Seis Sigma. Tenta construir sobre a experiência métodos e ferramentas que emergiram de várias décadas do melhoramento e da implementação operacional usando separadamente as abordagens enxuta e Seis Sigma. Sigma enxuta inclui a redução de desperdício, tempo rápido de atravessamento e impacto da filosofia enxuta com o rigor decorrente dos dados e o controle da variação de Seis Sigma. Algumas organizações também incluem outros elementos de outras abordagens. Por exemplo, a orientação para melhoramento contínuo e qualidade isenta de erro da TQM é frequentemente incluída no conceito.

15.4 Quais técnicas podem ser usadas para o melhoramento?

Técnicas de melhoramento são os métodos *passo a passo* e ferramentas que podem ser usadas para ajudar a localizar a melhor forma de realizar as coisas. Algumas delas usam a modelagem quantitativa e outras são mais qualitativas. Todas as técnicas descritas neste livro e seus suplementos podem ser considerados técnicas de *melhoramento*. Entretanto, algumas técnicas são particularmente úteis para, em geral, melhorar operações e processos. Aqui, selecionamos algumas que ou não foram descritas em alguma outra parte do livro ou precisam ser reintroduzidas em seu papel de ajudar particularmente no melhoramento da produção.

> **✔ Princípio de produção**
>
> O melhoramento é facilitado por técnicas analíticas relativamente simples.

Diagramas de dispersão

Os diagramas de dispersão fornecem um método rápido e simples de identificar se há evidência de uma conexão entre dois conjuntos de dados: por exemplo, o momento em que você sai para trabalhar toda manhã e quanto tempo leva o trajeto. Plotando cada tempo de percurso em um gráfico, que tem o momento de partida em um eixo e o tempo do percurso em outro, teremos uma indicação se o momento de saída e o tempo de percurso estão relacionados e, em caso afirmativo, de que forma. Os diagramas de dispersão podem ser tratados de modo bem mais sofisticado, mediante a quantificação da força da relação entre os conjuntos de dados. Entretanto, não obstante a sofisticação do método, esse tipo de gráfico identifica apenas a existência de uma relação, não necessariamente a existência de uma de causa e efeito. Se o diagrama de dispersão mostra uma conexão muito forte entre os conjuntos de dados, essa é uma importante evidência da relação de causa e efeito, mas não uma prova positiva. Poderia ser uma coincidência!

Exemplo resolvido

Kaston Pyral Services Ltd (A)

A Kaston Pyral Services (KPS) instala e mantém sistemas de controle ambiental, aquecimento e ar-condicionado. A empresa estabeleceu uma equipe de melhoramento para sugerir formas que pudessem aprimorar seus níveis de serviço ao cliente. O grupo de melhoramento completou sua primeira pesquisa de satisfação do cliente. A pesquisa pediu aos clientes que classificassem os serviços que tinham recebido da KPS de várias maneiras. Por exemplo, ela pediu que os clientes classificassem os serviços em uma escala de 1 a 10 em prontidão, cordialidade, nível de aconselhamento etc. Os escores foram então resumidos para formar o *escore de satisfação total* de cada cliente — quanto mais alto o escore, maior a satisfação. A dispersão dos escores de satisfação confundiu o grupo, e eles consideraram quais fatores poderiam causar essas diferenças e a forma como os clientes viam o serviço. Dois fatores foram propostos para explicar as diferenças:

(a) o número de vezes em que o cliente havia recebido visita de manutenção preventiva no ano anterior;

(b) o número de vezes em que o cliente havia ligado para a assistência técnica de emergência.

▶

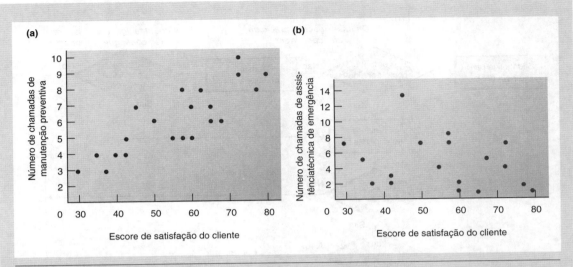

Figura 15.10 Diagramas de dispersão para a satisfação do cliente *versus* (**a**) número de chamadas de manutenção preventiva e (**b**) número de chamadas de assistência técnica de emergência.

Todos esses dados foram coletados e plotados em diagramas de dispersão, como mostrado na Figura 15.10. A figura mostra que parece haver uma relação clara entre o escore de satisfação de um cliente e o número de vezes que ele recebeu uma visita regular da assistência técnica. O diagrama de dispersão da Figura 15.10(b) é menos claro. Embora todos os clientes que obtiveram escores de satisfação muito altos tenham feito muito poucas chamadas de emergência, também havia clientes com escores de satisfação baixos. Como resultado dessa análise, o grupo decidiu pesquisar a visão do cliente sobre sua assistência técnica de emergência.

Mapas de processo (fluxogramas)

Os mapas de processo (às vezes denominados fluxogramas, neste contexto) podem ser usados para que se tenha uma compreensão detalhada antes do processo de melhoramento. Foram anteriormente descritos no Capítulo 6 e são amplamente usados em atividades de melhoramento. O ato de registrar rapidamente cada estágio do processo mostra fluxos mal organizados. Os mapas de processo podem também demonstrar oportunidades de melhoramento e esclarecer mais a respeito dos mecanismos ou funcionamentos internos de uma operação. Finalmente, e provavelmente mais importante, identificam áreas de problemas em que não há procedimento para lidar com um conjunto específico de circunstâncias.

Exemplo resolvido

Kaston Pyral Services Ltd (B)

Como parte de seu programa de melhoramento, a equipe da KPS está preocupada porque os clientes não estão sendo bem atendidos quando telefonam para fazer perguntas sobre a operação de seus sistemas de aquecimento. Essas perguntas não envolvem problemas sérios, mas, frequentemente, tratam de pequenas irritações, que podem igualmente destruir a percepção dos clientes sobre o serviço da KPS. A Figura 15.11 mostra o mapa de processos para esse tipo de pergunta dos clientes. A equipe constatou que o mapa era esclarecedor. O procedimento jamais havia sido formalmente apresentado e mostrava diversas áreas nas quais a informação não estava sendo registrada ou alguma outra oportunidade para melhoramento.

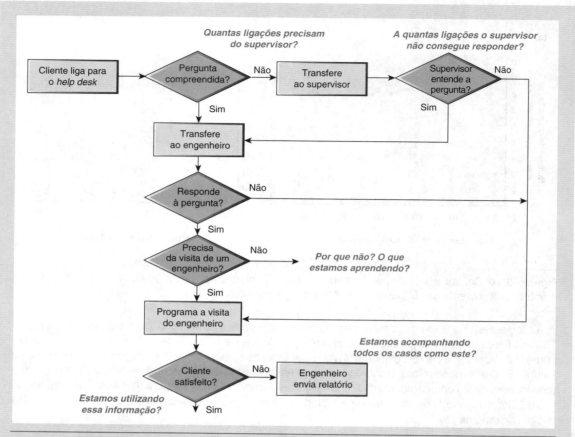

Figura 15.11 Mapa de processos para a pergunta do cliente.

Diagramas de causa-efeito

Os **diagramas de causa-efeito** são um método particularmente eficaz de ajudar a procurar a causa raiz dos problemas, ao fazer isso com as perguntas o que, quando, onde, como e por que, mas também acrescentam algumas *respostas* possíveis de forma explícita. Eles também podem ser usados para identificar áreas em que mais dados são necessários. Os diagramas de causa-efeito (também denominados *diagramas de Ishikawa*) foram bastante usados em programas de melhoramento. Isso ocorre porque fornecem uma forma de estruturar sessões de explosão de ideias (*brainstorming*) em grupo. Frequentemente, a estrutura envolve identificar as causas possíveis sob os (um pouco antiquados) títulos de: maquinário, mão de obra, materiais, métodos e dinheiro. Todavia, na prática, qualquer categorização que cubra todas as causas relevantes possíveis, de forma abrangente, pode ser usada.

Exemplo resolvido

Kaston Pyral Services Ltd (C)

A equipe de melhoramento da KPS estava trabalhando em uma área particular que enfrentava um problema. Sempre que os engenheiros de serviço eram designados para resolver externamente um problema para determinado cliente, levavam consigo peças sobressalentes e equipamentos que consideravam necessários para reparar o sistema. Embora os engenheiros jamais pudessem saber exatamente que materiais e equipamentos seriam necessários para um trabalho, podiam avaliar quais provavelmente seriam utilizados e levavam várias peças sobressalentes e equipamentos para cobrir a maioria das eventualidades. Entretanto, era comum constatarem a necessidade de uma peça ou equipamento que não haviam levado consigo. O diagrama de causa-efeito para esse problema particular, como desenhado pela equipe, é mostrado na Figura 15.12.

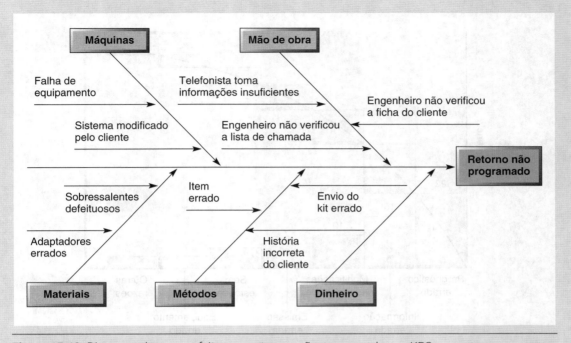

Figura 15.12 Diagrama de causa-efeito para retornos não programados na KPS.

Curvas de Pareto

Em qualquer processo de melhoramento, vale a pena distinguir o que é importante do que é menos importante. O propósito da curva de Pareto (introduzida inicialmente no Capítulo 13) é distinguir as *poucas questões vitais* das *muitas questões triviais*. É uma técnica relativamente direta, que consiste em classificar os itens de informação nos tipos ou causas de problemas por ordem de importância (geralmente medidas por *frequência de ocorrência*). Isso pode ser usado para destacar áreas em que a tomada de decisão adicional poderá ser útil. A análise de Pareto é baseada no fenômeno de que relativamente poucas causas explicam a maioria dos efeitos. Por exemplo, é provável que a maior parte do faturamento de uma empresa venha de relativamente poucos clientes. De modo semelhante, é provável que poucos pacientes de um médico ocupem a maior parte de seu tempo.

Exemplo resolvido

Kaston Pyral Services Ltd (D)

A equipe de melhoramento da KPS que estava investigando os retornos não programados da assistência técnica de emergência (assunto descrito no diagrama de causa-efeito na Figura 15.12) examinou todas as ocasiões, nos 12 meses anteriores, nas quais um retorno não programado havia ocorrido. Eles categorizaram as razões para os retornos não programados como a seguir:

1. A peça errada foi levada porque, embora a informação de que a que o engenheiro havia recebido parecesse correta, ele prognosticou mal a natureza da falha.

2. A peça errada foi levada a campo porque havia informação insuficiente quando a chamada de visita foi anotada.

3. A peça errada foi levada a campo porque o sistema havia sido modificado de alguma forma, e isso não foi anotado nos registros da KPS.

4. A peça errada foi levada a campo porque havia sido incorretamente enviada ao engenheiro pelo depósito.

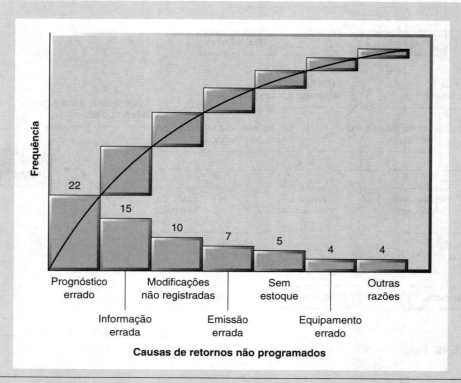

Figura 15.13 Curva de Pareto para causas de retornos não programados.

5. A peça não foi levada porque não havia em estoque.
6. O equipamento errado foi levado por uma razão qualquer.
7. Qualquer outra razão.

A frequência relativa de ocorrência dessas causas é mostrada na Figura 15.13. Cerca de um terço de todos os retornos não programados ocorreria em virtude da primeira categoria, e mais da metade dos retornos era imputada às duas primeiras categorias juntas. Foi decidido que o problema poderia ser mais bem enfrentado pela concentração em como obter mais informações para os engenheiros, a fim de que seja capaz de prognosticar as causas das falhas com maior precisão.

Análise dos porquês

A análise dos porquês começa com a definição do problema e a pergunta *por que* o problema ocorreu. Uma vez que as causas de ocorrência do problema tenham sido identificadas, cada uma delas é tomada por sua vez e, novamente, é feita a pergunta *por que* essas razões ocorreram e assim por diante. Esse procedimento continua até que uma causa pareça suficientemente autocontida para ser atribuída a ela mesma ou até que não haja mais respostas à pergunta *por quê?*.

Exemplo resolvido

Kaston Pyral Services Ltd (E)

A principal causa dos retornos não programados na KPS foi o prognóstico incorreto das razões da falha do sistema do cliente. Isso é estabelecido como o **problema** na análise dos porquês da Figura 15.14. Então, é feita a pergunta: Por que as falhas foram erroneamente prognosticadas?. Três respostas são propostas: primeiro, porque os engenheiros não foram treinados de maneira adequada; segundo, porque eles

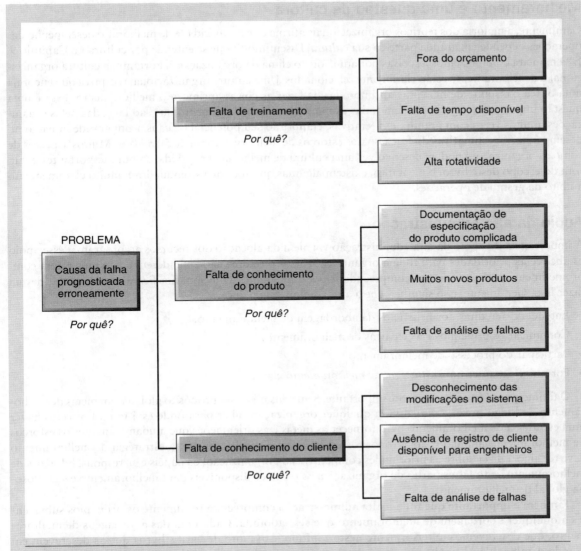

Figura 15.14 Análise dos porquês para *falha prognosticada erroneamente*.

não tinham conhecimento suficiente do produto específico instalado no cliente; e terceiro, porque eles não tinham conhecimento suficiente do sistema específico do cliente com suas modificações. Cada uma dessas três razões é tomada por sua vez e são feitas as perguntas: Por que há falta de treinamento? Por que há falta de conhecimento do produto? Por que há falta de conhecimento das modificações no cliente? E assim por diante.

15.5 Como gerenciar o processo de melhoramento?

O melhoramento não acontece simplesmente. Ele precisa de organização e de implementação. Ele também precisa de um propósito que seja bem concebido e claramente articulado. Na parte final deste capítulo, examinamos algumas das questões gerenciais associadas ao modo como o melhoramento pode ser organizado. Nem todos os problemas relacionados com a gestão do processo de melhoramento são facilmente definidos, e muitos estão fora do escopo tradicional de um texto de administração da produção, mas são importantes. Muitas das questões podem ser descritas como o lado *soft* (suave) do melhoramento. Mas não descarte isso por considerar menos importante de forma alguma. Na prática, muitas vezes são as coisas *suaves* que determinam o sucesso ou o fracasso dos esforços de melhoramento. Além disso, as coisas *suaves* podem ser mais difíceis de acertar do que os aspectos *hard* (difíceis) do melhoramento, mais baseados em técnicas. O material *difícil* é difícil, mas o material *suave* é mais difícil!

Melhoramento é uma questão de cultura

Geralmente, a maioria dos teóricos organizacionais afirma que a capacidade de melhorar o desempenho das operações depende em grande parte da sua *cultura*. Discutimos o que se entende por cultura no Capítulo 9. É "a maneira como fazemos as coisas por aqui" ou "o clima da organização". Portanto, a cultura organizacional e o melhoramento estão claramente relacionados. Uma cultura organizacional receptiva que encoraja uma busca constante de maneiras aprimoradas de fazer as coisas aprimora o melhoramento. Essa é uma questão importante, até porque nem todas as iniciativas de melhoramento que são lançadas pelas organizações, muitas vezes com grandes expectativas, cumprirão seu potencial de causar um grande impacto no desempenho. As estimativas do fracasso nos esforços de melhoria variam de 50 a 80%. Muitos aspectos de como as organizações podem desenvolver uma cultura de melhoria apropriada, embora importantes, estão fora do escopo deste livro. No entanto, existem algumas questões que se enquadram muito claramente no âmbito da gestão de operações.

Apoio da alta administração

A importância do apoio da alta administração vai além da alocação dos recursos ao programa; esse apoio estabelece as prioridades para toda a organização. Se os diretores não entenderem e não mostrarem comprometimento com o programa, compreende-se por que gerentes e funcionários ficarão em dúvida se devem fazer isso. Geralmente, isso significa que a alta administração deve:

▶ Entender e acreditar nos benefícios da abordagem de melhoramento.

▶ Comunicar os princípios e as técnicas de melhoramento.

▶ Participar do processo de melhoramento.

▶ Formular e manter uma *estratégia de melhoramento* clara.

O último ponto é particularmente importante. Sem pensar em um propósito global e em metas de melhoramento de longo prazo, é difícil para qualquer organização saber para onde está indo. É preciso haver uma estratégia de melhoramento para fornecer as metas e as orientações que ajudam a manter os esforços de melhoramento alinhados aos propósitos estratégicos. Especificamente, a estratégia de melhoramento deve ter algo a dizer sobre as prioridades competitivas da organização, os papéis e as responsabilidades de melhoramento de todas as partes da organização, os recursos disponíveis para melhoramento e sua filosofia global de melhoramento.

Também é importante que toda a alta administração compreenda totalmente os princípios subjacentes a qualquer abordagem de melhoramento que seja adotada. Cada uma das abordagens de melhoramento, que descrevemos anteriormente neste capítulo, é assunto de vários livros que as descrevem em grande detalhe. Não há falta de aconselhamento de consultores e acadêmicos sobre como elas devem ser usadas. Todavia, não é difícil encontrar exemplos de onde a alta administração tem usado uma ou mais dessas abordagens sem entendê-las plenamente. Por exemplo, os detalhes da abordagem Seis Sigma ou da filosofia enxuta não são assuntos simplesmente técnicos. São fundamentais para a adequação da abordagem em contextos diferentes. Nem toda abordagem ajusta-se a cada conjunto de circunstâncias. Assim, a primeira etapa para decidir se a abordagem é apropriada é entender em detalhes o que cada uma significa.

Outra responsabilidade da alta administração é evitar a propaganda excessiva. Até certo ponto, o melhoramento das operações tem se tornado uma indústria da moda, com novas ideias e conceitos continuamente introduzidos como oferecendo um modo novo de melhorar o desempenho da empresa. Não há nada intrinsecamente errado nisso. A moda estimula e se atualiza mediante a introdução de novas ideias. Sem isso, as coisas ficariam estagnadas. O problema não está com as novas ideias de melhoramento, mas com alguns gerentes que se tornam vítimas do processo, em que alguma nova ideia substituirá totalmente o que existia antes. A maioria das novas ideias tem algo a acrescentar, mas saltar de uma moda passageira para outra não apenas gerará um retrocesso contra qualquer nova ideia, mas também destruirá a habilidade de acumular a experiência decorrente da experimentação de cada uma delas. Evitar que alguém se torne uma vítima da moda de melhoramento não é fácil.

Aquisição de ideias para o melhoramento

Quando examinamos anteriormente os elementos e os métodos de melhoramento, eles se concentravam na geração de ideias de melhoramento originadas dentro da organização. Todavia, ignorar os melhoramentos que outras empresas estão implementando é ignorar uma fonte de inovação potencialmente gigante. Sejam elas concorrentes, fornecedores, clientes ou apenas outras firmas com desafios semelhantes, as firmas externas podem oferecer soluções para os problemas internos. No entanto, alguns comentaristas argumentam que *copiar* (legalmente) de outras empresas pode ser um método eficaz, se subutilizado, para o melhoramento. Oded Shenkar afirma que, embora "a imitação estratégica pareça quase uma blasfêmia em círculos acadêmicos", ela pode "ser estratégica e deve fazer parte do repertório estratégico de qualquer empresa ágil".[11] De fato, "a imitação pode ser um fator diferencial e tem o potencial de oferecer valor exclusivo". Ele identifica três "tipos estratégicos" de imitadores:

- O importador pioneiro: um imitador que é o pioneiro em outro lugar (outro país, setor ou mercado de produtos). Foi o que a Ryanair fez na Europa quando importou o modelo da Southwest.
- O segundo mais rápido: é quem age rapidamente e chega logo após um inovador ou pioneiro, mas antes de terem tido a oportunidade de estabelecer uma liderança inatacável e antes que outros imitadores potencialmente rivais ocupem uma grande fatia do mercado.
- O que chega depois: é um participante ou adotante tardio, que adiou deliberadamente a adoção de uma nova ideia. A Samsung fez isso com seu negócio de fabricação de *chips* ao usar sua capacidade de fabricação e conhecimento para reduzir pela metade o tempo gasto para construir uma fábrica de semicondutores. Em seguida, ela estabeleceu uma vantagem sobre os concorrentes ao explorar sua força nas principais habilidades técnicas, de produção e de qualidade.

Princípio de produção
Muitas ideias de melhoramento podem originar-se de fora de uma organização.

Benchmarking

Benchmarking está nitidamente relacionado com a ideia de encontrar inspiração de fora da organização. É "o processo de aprendizagem a partir de outros" que envolve comparar o desempenho ou métodos de alguma empresa em relação a outras operações comparáveis. É um assunto mais amplo do que estabelecer metas de desempenho, e inclui investigar a prática das operações de outras organizações para obter ideias que possam contribuir para a melhoria do desempenho. Seu raciocínio está baseado na ideia de que (a) os problemas na gestão dos processos são quase sempre compartilhados por processos em outros lugares e (b) que há, provavelmente, outra operação em algum lugar que desenvolveu uma melhor forma de fazer as coisas. Por exemplo, um banco pode aprender algumas coisas de um supermercado sobre como lidar com as flutuações da demanda durante o dia. *Benchmarking* trata basicamente de estimular a criatividade na prática do melhoramento.

Princípio de produção
O melhoramento é auxiliado pela contextualização do desempenho de processos e operações por meio de algum tipo de *benchmarking*.

Tipos de *benchmarking*

Há muitos tipos diferentes de *benchmarking* (que não são necessariamente mutuamente exclusivos), alguns dos quais estão listados a seguir:

- *Benchmarking interno* é uma comparação entre operações ou partes de operações que estão na mesma organização.
- *Benchmarking externo* é uma comparação entre uma operação e outras operações que fazem parte de uma organização diferente.
- *Benchmarking não competitivo* é o *benchmarking* contra organizações externas que não competem diretamente nos mesmos mercados.
- *Benchmarking competitivo* é uma comparação direta entre concorrentes dos mesmos mercados ou similares.
- *Benchmarking de desempenho* é uma comparação entre os níveis de desempenho atingidos por operações diferentes.
- *Benchmarking de práticas* é uma comparação entre as práticas operacionais de uma organização, ou o modo de fazer as coisas, e aquelas adotadas por outra operação.

OPERAÇÕES NA PRÁTICA

Motocicletas Triumph ressuscitadas por meio do *benchmarking*[12]

As motos Triumph já foram as mais bacanas do mundo. No clássico filme de prisioneiro de guerra, *Fugindo do Inferno*, Steve McQueen apareceu memoravelmente sobre uma motocicleta Triumph. Na década de 1960, suas motocicletas maiores vendiam bem, tanto no Reino Unido quanto na América. Mas a concorrência estava alcançando a empresa e, assim como a indústria automobilística do Reino Unido, a Triumph declinou a partir da década de 1970, quando produtos mais bem projetados e produzidos (principalmente por japoneses) começaram a dominar o mercado. Em poucos anos, a empresa entrou em concordata, e um promotor imobiliário, John Bloor, comprou os direitos do nome Triumph por um preço relativamente baixo. Ele acreditava que havia um futuro para a empresa, mas não reiniciou a produção imediatamente. Em vez disso, ele passou anos repensando como as operações da empresa poderiam ser projetadas e executadas para competir no moderno mercado de motocicletas. Com sua nova equipe de gerentes, ele fez um profundo estudo de *benchmarking* no Japão para analisar os métodos de produção dos concorrentes que levaram a Triumph original à insolvência. "*Aprendemos muito*", diz Nick Bloor, filho de John, que agora administra a empresa. Logo ficou claro para a equipe da administração que a antiga fábrica original no centro-oeste do Reino Unido não estava à altura da tarefa de produzir produtos de classe mundial. Foi demolida e construída uma nova fábrica, que utilizou os modernos equipamentos e métodos de produção aprendidos nas visitas aos japoneses. Agora, as fábricas da empresa no Reino Unido e na Tailândia produzem um número recorde de motos com estilo que reflete a herança da moto original, mas com padrões de engenharia e confiabilidade que correspondem às operações com as quais aprendeu.

Benchmarking como ferramenta de melhoramento

Embora *benchmarking* tenha se tornado popular, algumas empresas falham em obter o máximo de seus benefícios. Em parte, isso pode ser porque há alguns mal-entendidos sobre o que *benchmarking* realmente envolve. Primeiro, não é um projeto *único*. É mais bem praticado como processo contínuo de comparação. Segundo, não fornece *soluções*. Ao contrário, fornece ideias e informações que podem levar a soluções. Terceiro, não consiste simplesmente em copiar ou imitar outras operações. É um processo de aprendizagem e adaptação de maneira pragmática. Quarto, significa dedicar recursos à atividade. *Benchmarking* não pode ser feito sem algum investimento, mas isso não necessariamente significa alocar responsabilidade exclusiva a um conjunto de gerentes altamente remunerados. De fato, pode haver vantagens em organizar funcionários de todos os níveis para investigar e coletar informações dos alvos de *benchmarking*.

Comentário crítico

Pode-se argumentar que há uma falha fundamental no conceito amplo de *benchmarking*. As operações que confiam em outras para estimular sua criatividade, especialmente aquelas que estão em busca da *melhor prática*, estão sempre limitadas aos métodos atualmente aceitos de operar ou aos limites de desempenho atualmente aceitos. Em outras palavras, o *benchmarking* leva as empresas até onde outras chegaram. A *melhor prática* não é *melhor* no sentido de que não pode ser superada, é apenas *melhor* no sentido de que é a *melhor* que alguém pode atualmente encontrar. De fato, aceitar o que está atualmente definido como *melhor* pode evitar que as operações façam descobertas ou melhoramentos radicais que assumam o conceito de *melhor* em um novo nível fundamentalmente melhorado. Esse argumento está diretamente relacionado com o conceito de melhoramento inovador discutido no fim deste capítulo. Além disso, os métodos ou níveis de desempenho que são apropriados em uma operação podem não ser em outra. O fato de uma operação ter um conjunto de práticas bem-sucedidas no modo como gerencia seu processo não significa que adotar essas mesmas práticas em outro contexto a levará igualmente ao

▶

sucesso. É possível que diferenças sutis nos recursos de um processo (como habilidades ou competências técnicas dos funcionários) ou o contexto estratégico de uma operação (por exemplo, as prioridades relativas dos objetivos de desempenho) serão suficientemente diferentes para tornar inapropriada a adoção de práticas aparentemente bem-sucedidas.

Melhoramento como aprendizagem

Muitas das habilidades e comportamentos normalmente associados à gestão bem-sucedida do melhoramento estão direta ou indiretamente relacionados, de alguma maneira, à aprendizagem. Isso não surpreende, dado que o melhoramento nas operações implica algum tipo de intervenção ou mudança, e esta será avaliada em termos de qualquer melhoramento que ocorra. Essa avaliação acrescenta a nosso conhecimento como a operação realmente funciona, que, por sua vez, aumenta as chances de que intervenções futuras também resultarão em melhoramento. Essa ideia de ciclo de melhoramento foi discutida anteriormente. O que é importante é perceber que é um processo de aprendizagem, e é fundamental que o melhoramento seja organizado de modo que encoraje, facilite e explore a aprendizagem que ocorre durante o melhoramento. Isso requer que reconheçamos que há uma distinção entre aprendizagem de ciclo simples e de ciclo duplo.

Princípio de produção
Não pode haver melhoramento intencional sem aprendizagem.

Aprendizagem de ciclo simples e de ciclo duplo

A aprendizagem de ciclo simples ocorre quando há um vínculo repetitivo e previsível entre causa e efeito. Isso é semelhante à ideia de *controle de rotina* que discutimos no Capítulo 10. Algum tipo de característica de *output* de um processo é medido e associado às condições de *input* que o ocasionaram. Cada vez que um erro operacional ou problema é detectado, ele é corrigido ou solucionado e, ao fazer isso, mais é aprendido sobre o processo. Entretanto, isso ocorre sem questionar ou alterar os valores e os objetivos subjacentes do processo, que podem, ao longo do tempo, criar uma inércia incondicional que evita sua adaptação a um ambiente em mudança. Em contraste, a aprendizagem de ciclo duplo questiona os objetivos fundamentais, o serviço ou até a cultura subjacente da operação. Esse tipo de aprendizagem implica uma habilidade para desafiar fundamentadamente as suposições existentes sobre a operação. Procura remodelar as suposições competitivas e permanecer aberto a quaisquer mudanças no ambiente competitivo. No entanto, ser receptivo a novas oportunidades às vezes requer abandonar as rotinas existentes da operação, o que pode ser difícil de alcançar na prática, especialmente porque muitas operações recompensam a experiência e a realização passada (em vez de potencial) em nível individual e em grupo. A Figura 15.15 ilustra a aprendizagem de ciclo simples e de ciclo duplo.

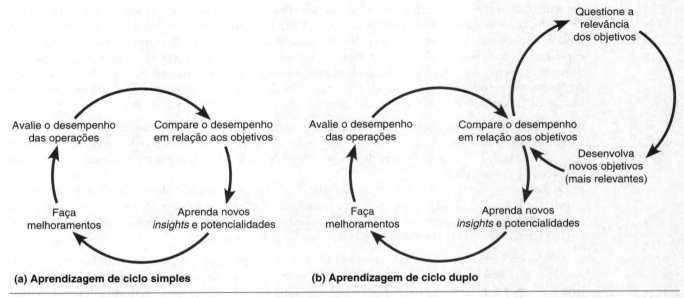

Figura 15.15 Aprendizagem de ciclo simples e de ciclo duplo.

OPERAÇÕES NA PRÁTICA
Aprendendo com a Fórmula 1[13]

Em relação ao trabalho de conduzir veículos, não pode haver diferença maior entre os pilotos de corrida de Fórmula 1 que traçam seus caminhos entre alguns dos concorrentes mais rápidos do mundo e um motorista de caminhão de supermercado que entrega silenciosamente feijão, cerveja e bacon às lojas e aos centros de distribuição. No entanto, eles têm mais em comum do que se pode suspeitar. Os motoristas de Fórmula 1 e dos caminhões desejam economizar combustível, reduzir os *pit-stops* (Fórmula 1) ou manter os custos de entrega baixos (veículos pesados que transportam bens). Embora as entregas de produtos de mercado nos subúrbios não pareçam tão emocionantes como correr na pista de Monza, os programas de simulação assistidos por computador, desenvolvidos pela equipe de Fórmula 1 da Williams, estão sendo aplicados para ajudar os motoristas da Sainsbury (rede britânica de supermercados) a desenvolver habilidades de direção que podem potencialmente reduzir a conta de combustível da rede em 30%. A tecnologia de simulação, que permite treinamento avançado e realista, por ser conduzido em um ambiente controlado, foi desenvolvida originalmente para treinamento dos pilotos de Fórmula 1 e desenvolvida e estendida no Centro de Tecnologia da Williams no Qatar. Agora é possível treinar motoristas em habilidades de direção profissional de alto nível e em aplicações de segurança rodoviária.

O executivo-chefe da F1 da Williams, Alex Burns, comentou: *"A Fórmula 1 é reconhecida como uma excelente incubadora de tecnologia. Faz sentido abraçar algumas das tecnologias novas e emergentes que o Centro de Tecnologia da Williams no Qatar está desenvolvendo para ajudar a missão da Sainsbury em reduzir seu consumo de energia e melhorar as habilidades e segurança daqueles que dão suporte a sua operação crucial de logística"*. Os programas de melhoramento relacionados com a energia da Sainsbury abordam o suprimento de energia (por exemplo, energia eólica, solar e geotérmica), bem como o consumo de energia (por exemplo, mudança para iluminação a LED, refrigeração por CO_2 etc.). A aprendizagem vinda da Fórmula 1 ajudará a Sainsbury a avançar no campo da eficiência de energia. Roger Burnley, diretor de logística e varejo da Sainsbury, disse: *"Estamos comprometidos em reduzir nosso impacto ambiental e, como resultado, estamos frequentemente na vanguarda da inovação tecnológica. Ao fazer parceria com a equipe de Fórmula 1 da Williams, podemos tirar proveito de uma das tecnologias automotivas mais avançadas do mundo, tornando nossas operações ainda mais eficientes e dando mais um passo para atingir nossos alvos de redução de CO_2"*.

Gestão do conhecimento

Fundamental para a ideia de aprender a fazer as coisas melhor é a ideia de *conhecimento*. Em um contexto de produção, *conhecimento* é entendido como qualquer fato, informação ou habilidade que é obtida por meio de experiência direta ou educação. Observe como distinguimos entre duas fontes de conhecimento — experiência (fazer coisas) e educação (explicar ou descrever o que a experiência lhe ensinou para o benefício de outras pessoas). Ao fazer algo, você pode aprender mais, mas ter que articulá-lo ou explicá-lo torna seu conhecimento mais valioso porque pode ser compartilhado com outras pessoas. É esse processo de formalização da experiência que distingue conhecimento *tácito* de conhecimento *explícito*:

▶ Conhecimento tácito é o conhecimento que está na cabeça das pessoas em vez de escrito ou formalmente articulado ou descrito. Um exemplo de conhecimento tácito que é muito utilizado é o conhecimento de como andar de bicicleta. Se você pode fazê-lo, é fácil de entender, mas explicar como fazê-lo em termos precisos é muito difícil.

▶ Conhecimento explícito é aquele que é estabelecido de forma definida. Pode ser transmitido em linguagem formal e organizada. Foi *codificado*, organizado em linguagem sistemática. Provavelmente está incluído em manuais, registros ou mapas de processos. O conhecimento explícito pode ser comunicado com relativa facilidade entre indivíduos de modo formal e sistemático.

A melhoria (pelo menos no que diz respeito aos gerentes de produção) depende da transformação contínua da experiência (conhecimento tácito) em uma *melhor maneira de fazer as coisas* formal e reconhecida (conhecimento explícito). A atividade de gerenciar como o conhecimento é formalizado dessa maneira é chamada de *gestão do conhecimento* (muitas vezes abreviada para GC).

OPERAÇÕES NA PRÁTICA
Tecnologia InTouch da Schlumberger para gestão do conhecimento[14]

A Schlumberger é uma empresa global que trabalha no setor de serviços de campos petrolíferos, fornecendo a tecnologia mais recente para: "otimizar o desempenho do reservatório para clientes que trabalham no setor de petróleo e gás". A empresa geralmente opera em ambientes difíceis e desafiadores, portanto implantar tecnologia para gerenciar sua base de conhecimento é vital para o sucesso contínuo da Schlumberger. Ela descreve a GC como o "desenvolvimento e implantação de processos e tecnologia para melhorar o desempenho organizacional e reduzir custos para a Schlumberger e seus clientes, permitindo que os indivíduos capturem, compartilhem e apliquem seu conhecimento geral — em tempo real". Ou, como a empresa às vezes coloca de forma mais simples, "aplicar em todos os lugares o que você aprende em qualquer lugar". De acordo com Susan Rosenbaum, diretora de gestão do conhecimento da Schlumberger, *"o conhecimento é respeitado como um ativo importante na Schlumberger. Temos soluções tecnológicas internamente para capturar conhecimento desde antes de o termo 'gestão do conhecimento' entrar no léxico popular de negócios. Mas, embora esses sistemas sejam essenciais, a chave está em como usamos essas ferramentas. É a interação sustentada entre nosso pessoal que faz a diferença".*

Como é normal em GC, a tecnologia é importante. O sistema InTouch proprietário da Schlumberger é central para a captura e compartilhamento de conhecimento na Schlumberger, o que tem um impacto direto na experiência de seus clientes. O banco de dados InTouch, que contém mais de 1 milhão de itens de conhecimento e recebe 8 milhões de visualizações por ano, normalmente é o primeiro recurso para engenheiros de campo que enfrentam um problema técnico persistente. Ele também compreende uma equipe de 125 engenheiros dedicados ao InTouch, disponíveis para ajudar a resolver os problemas de campo individualmente. Esses especialistas, que "dormem com *beepers* e celulares", têm pelo menos cinco anos de experiência de campo e são oriundos de todos os segmentos de produtos e domínios da empresa. Sua localização dentro dos centros de pesquisa e tecnologia da empresa lhes dá acesso imediato aos cientistas e engenheiros envolvidos no desenvolvimento dos produtos e serviços em primeiro lugar. A Schlumberger também oferece suporte a quadros de avisos técnicos Eureka internos, muitos dos quais registram 20 ou mais tópicos de discussão por semana. *"Você tem engenheiros de campo e o InTouch interagindo pelo sistema InTouch"*, diz Rosenbaum. *"Mas também há engenheiros de campo ajudando outros engenheiros de campo nos quadros de avisos. Os engenheiros do InTouch verificam rotineiramente esses tópicos de discussão para coletar informações e identificar contatos experientes."* Cada vez mais, o fluxo de conhecimento é cíclico, tornando-o mais robusto do que nunca. *"Os engenheiros de campo podem sinalizar o conteúdo do banco de dados InTouch que eles consideram desatualizado, para garantir que seja verificado"*, diz Rosenbaum. *"Estamos usando o poder das pessoas para manter nossas informações atualizadas."*

A GC é uma forma de não ter que *reinventar a roda* e de construir sobre a experiência anterior. É também uma forma de apoiar as atividades de melhoria devido ao seu potencial de combinar ideias de todas as partes de uma organização e seus contatos externos. A GC tem duas funções distintas, mas conectadas:

▶ Ela *coleta* o conhecimento, muitas vezes codificando conhecimento tácito em conhecimento explícito, permitindo que qualquer pessoa com acesso à base de conhecimento procure e use o conhecimento quando e onde for necessário. Isso requer a construção de grandes repositórios de informações, como bancos de dados.

▶ Ela *conecta* os funcionários individuais (que são eles próprios detentores de conhecimento tácito) com o conhecimento codificado formal que foi coletado e entre si. Conectar indivíduos é particularmente importante porque nem sempre é possível codificar completamente o conhecimento tácito em conhecimento explícito. As pessoas precisam interagir com o conhecimento tácito que está incorporado naqueles que têm o entendimento derivado da experiência direta para obter os *insights* que podem não ser óbvios em sua forma codificada, formal.

542 PARTE 4 DESENVOLVIMENTO

Operações responsáveis

Em cada capítulo, sob o título de Operações responsáveis, resumimos como o tópico específico tratado no capítulo aborda importantes questões sociais, éticas e ambientais.

Houve uma época em que tudo o que se esperava de um funcionário era que ele chegasse na hora, realizasse suas tarefas "de acordo com as especificações" e não prejudicasse ou incomodasse seus colegas de trabalho. Trabalhar apenas por recompensa financeira era bom para algumas pessoas. Eles simplesmente "faziam seu trabalho", nem mais, nem menos. É claro que ainda existem empregos como esses, dos quais não se espera nada mais do que isso. Há até funcionários que preferem esse engajamento mínimo. No entanto, essa atitude, tanto em empregados quanto em empregadores, é muito menos comum. Cada vez mais, ambos agora aceitam que os funcionários têm alguma responsabilidade de contribuir para a melhoria de suas atividades (e a de seus colegas). A questão é: "o quanto as empresas devem esperar de seus funcionários acima daquilo que foram tecnicamente contratados para realizar?". Seria possível esperar razoavelmente que todos em uma operação estejam entusiasmados a respeito de gerar e implementar ideias de melhoramento? Ou, para ser mais direto, "você deveria esperar (ou mesmo forçar) que as pessoas participem do melhoramento?". Essa é realmente uma questão ética para os gerentes de produção, porque muitas abordagens de melhoramento pressupõem que, se for oferecida a liderança adequada, todos estarão dispostos a contribuir e participar das atividades de melhoramento.

Pode-se argumentar que esperar que todos em uma organização contribuam para uma melhoria do trabalho é perfeitamente razoável em um local de trabalho moderno (embora alguns discordem disso). Mas até que ponto? Por exemplo, é razoável alguém dizer: "Estou perfeitamente contente por contribuir com ideias de melhoramento e trabalhar duro para que, tanto as minhas como as de meus colegas, funcionem. No entanto, isso não significa que meu empregador pode me forçar a participar de atividades específicas de melhoramento se eu não achar que elas são eficazes para mim?". Em outras palavras, encorajar ou pedir que as pessoas participem de atividades de melhoramento não é o mesmo que tornar isso obrigatório — e, assim, forçar as pessoas a participar. Mas há uma série de posições defensáveis sobre essa questão, e as empresas têm visões éticas diferentes. Algumas delas rejeitam a ideia de qualquer participação obrigatória. Em vez disso, veem os gerentes de produção como responsáveis por criar um ambiente no qual as pessoas se sintam seguras e capacitadas para contribuir e participar das melhorias. Argumentariam que ninguém gosta de ser "supergerenciado" ou forçado a adotar uma metodologia específica de melhoramento. Quando as pessoas se sentem forçadas, isso pode até mesmo interromper todos os esforços de melhoramento. Por que não, eles dizem, apenas deixar as pessoas trabalharem com seus próprios métodos? Algumas empresas procuram evitar o problema, no curto prazo, selecionando voluntários entre os funcionários existentes ou, no longo prazo, recrutando apenas pessoas que estejam dispostas a participar da forma que a organização considera aceitável. No outro extremo do espectro, algumas empresas veem a participação em qualquer metodologia de melhoramento que elas favoreçam como uma condição de emprego. Por exemplo, a Toyota, uma das promotoras mais bem-sucedidas do melhoramento da produção, espera que todos os funcionários participem de sua metodologia de melhoramento.

Respostas resumidas às questões-chave

15.1 Por que o melhoramento é tão importante para a administração da produção?

▶ O melhoramento é agora visto como a principal responsabilidade da administração da produção. Além disso, todas as atividades de administração da produção realmente são concernentes ao melhoramento de longo prazo. As empresas em muitos setores também estão tendo que melhorar simplesmente para manter sua posição em relação aos concorrentes. Às vezes, isso é denominado efeito *Rainha Vermelha*.

▶ Uma distinção comum está entre o melhoramento radical ou de ruptura, de um lado, e o melhoramento contínuo ou incremental, de outro.

▶ Essa distinção está bastante associada à distinção entre o aproveitamento das capacitações existentes *versus* a exploração de novas capacitações. A habilidade para fazer ambas é chamada de *ambidestria organizacional*.

CAPÍTULO 15 MELHORAMENTO DA PRODUÇÃO **543**

15.2 Quais são os elementos-chave do melhoramento da produção?

▶ Há muitos *elementos* que formam os blocos construtivos das abordagens de melhoramento. Os descritos neste capítulo são os seguintes:

- Ciclos de melhoramento
- Uma perspectiva de processo
- Processos de ponta a ponta
- Mudança radical
- Solução de problema baseada em evidência
- Foco no cliente
- Sistemas e procedimentos
- Redução de variação do processo
- Fluxo sincronizado
- Ênfase em educação e treinamento
- Perfeição é a meta
- Identificação do desperdício
- Inclusão de todos
- Desenvolvimento de relacionamentos entre cliente interno e fornecedor

15.3 Quais são as abordagens amplas para o melhoramento?

▶ O que denominamos *abordagens amplas para o melhoramento* são conjuntos relativamente coerentes de alguns dos *elementos* do melhoramento. Os quatro mais comuns são gestão da qualidade total (TQM), filosofia enxuta, reengenharia de processos de negócio (BPR) e Seis Sigma.

▶ Há diferenças entre essas abordagens de melhoramento. Cada uma inclui um conjunto diferente de elementos e, assim, uma ênfase diferente. Podem ser posicionadas em duas dimensões. A primeira é se as abordagens enfatizam uma forma gradual e contínua para mudar ou uma mudança *inovadora*, mais radical. A segunda é se a abordagem enfatiza *que* mudanças devem ser feitas ou *como* elas devem se dar.

15.4 Quais técnicas podem ser usadas para o melhoramento?

▶ Muitas das técnicas descritas ao longo deste livro podem ser consideradas técnicas de melhoramento, por exemplo, o controle estatístico do processo (CEP).

▶ As técnicas frequentemente vistas como *técnicas de melhoramento* incluem diagramas de dispersão, fluxogramas, diagramas de causa-efeito, curvas de Pareto e análise dos porquês.

15.5 Como gerenciar o processo de melhoramento?

▶ O melhoramento não ocorre simplesmente por acaso. Ele precisa de organização, as informações devem ser reunidas para que o melhoramento esteja tratando das questões mais apropriadas, a responsabilidade por buscar o esforço de melhoramento deve ser garantida e os recursos devem ser alocados. Ele também deve estar ligado à estratégia geral da organização.

▶ O processo de *benchmarking* também é usado com frequência como um meio de obter padrões de desempenho da concorrência.

▶ A habilidade que uma organização tem de melhorar o desempenho de sua produção depende em grande parte de sua *cultura*, ou seja, "o padrão de suposições básicas compartilhadas... que têm funcionado bem o bastante para que sejam consideradas válidas". Uma cultura organizacional receptiva, que encoraja uma busca constante por maneiras aprimoradas de fazer as coisas, pode encorajar o melhoramento.

▶ Muitas das capacitações e comportamentos relacionados com uma cultura de melhoramento relacionam-se à aprendizagem de alguma maneira. Isso envolve dois tipos de aprendizagem: de ciclo simples e de ciclo duplo.

ESTUDO DE CASO: Queda de vendas na Splendid Soup Co.

Meghana tinha apenas três meses em seu novo cargo como vice-presidente de vendas, mas já estava começando a se sentir frustrada. "Quando fui nomeada, ficou claro que minha principal tarefa seria aumentar a participação de mercado. No entanto, era óbvio que ele estava mudando e mudaria ainda mais. Agora existem tantos concorrentes no mercado de sopas resfriadas que é muito mais difícil manter os clientes existentes ou conquistar novos. Precisamos decidir como vamos posicionar nossos produtos diante dessa mudança de mercado".

Vendas crescentes

Como vice-presidente de vendas da Splendid Soup Co., Meghana começou a questionar a abordagem da empresa para aumentar as vendas. Embora ainda sendo a marca líder de sopas resfriadas, suas marcas de sopas vinham apresentando queda nas vendas e receitas durante os 12 meses anteriores à nomeação de Meghana e continuaram em declínio. Meghana acredita que parte do problema foi o uso pela empresa da estratégia de "promoções de ofertas especiais", em que foi fechado um acordo entre o distribuidor e a rede de supermercados para promover a sopa a preço reduzido apenas por um período limitado. Isso pode ter muito sucesso no curto prazo, com alguns supermercados vendendo a sopa mais rápido do que poderia ser produzida. Normalmente, a Splendid Soup Co. responderia a esse aumento da demanda aumentando a produção, trazendo suprimentos extras de ingredientes frescos e criando capacidade de força de trabalho adicional. Infelizmente, uma vez terminada a promoção, os pedidos diminuiriam drasticamente. Tanto os consumidores quanto os supermercados (com razão) previram que, em breve, a sopa entraria em oferta novamente, então por que pagar o preço total? Quando isso acontecesse, a fábrica da Spendid Soup Co. ficaria com materiais excedentes (e muitas vezes vencidos). Em pelo menos uma ocasião no ano anterior, uma quantidade significativa de sopa no canal de suprimento teve que ser jogada fora ou vendida a um preço reduzido.

Meghana viu seu desafio como tendo dois aspectos. "Estrategicamente, o verdadeiro desafio está em convencer a equipe sênior de que o ciclo regular de atividade de promoção realmente diminui a participação de mercado. Não podemos mais confiar em táticas antigas. Ao longo dos anos, temos procurado estimular as vendas por meio de promoções regulares com uma oferta dinâmica de produtos, trazendo todos os meses novos sabores ao mercado. A entrega de valor por meio de nossa variedade interessante de sabores tem sido o alicerce de nossa marca, mas permitimos que a variedade de produtos aumentasse demais. Atualmente, produzimos mais de 100 variedades diferentes de sopa em nossa fábrica. Eu não saberia dizer quais são todas elas, ou mesmo se nossos clientes gostam delas. Essa é uma maneira cara e ineficiente de administrar um negócio e não podemos produzir esse nível de variedade sem aumentar nossos preços. A outra questão que temos é com nossos processos de vendas; eles estão à beira do caos. Nossos processos de previsão, informações de vendas, relacionamento com o cliente e estoque de produtos precisam ser examinados criteriosamente. Na minha empresa anterior, o pessoal da produção usava uma abordagem chamada Seis Sigma para melhorar seus processos. Parecia fazer muito sucesso. Certamente, eles melhoraram sua capacidade de resposta e reduziram os custos."

Flexibilidade da fábrica

Benit, gerente de produção da empresa, expressou forte apoio às opiniões de Meghana. "Tenho reclamado nos últimos anos sobre a proliferação de nossos produtos e as frequentes introduções de novos sabores. É claro que a inovação é importante para a empresa, e temos que acompanhar as tendências alimentares, mas a complexidade de alternar constantemente entre diferentes linhas de produtos é ainda mais complicada pela necessidade de atender aos padrões das variedades sem glúten, halal, vegetarianas e veganas que a empresa promete entregar. Evitar a contaminação é um desafio persistente para a fábrica. Recentemente, um pequeno osso de galinha foi encontrado por um consumidor dentro de uma caixa de sopa de cenoura e coentro. Eles (compreensivelmente) reclamaram com o supermercado onde compraram. Eu estava envolvido na troca de farpas com o supermercado, que se referiu ao incidente como um 'evento inédito'. Foi embaraçoso para mim pessoalmente e prejudicial à nossa reputação. Outra coisa com a qual concordo é a crítica de Meghana sobre o caos causado pelas promoções. Certamente, isso não contribui para um ambiente de planejamento estável."

Benit também apoiou a visão de Meghana de que era necessária uma iniciativa de melhoramento, mas estava menos entusiasmado com a adoção dos princípios do Seis Sigma. "Sou cético em relação a todas essas modas. Eu já ouvi falar do Seis Sigma, é claro, e não tenho nada contra, mas não é uma varinha mágica. Não vai resolver todos os nossos problemas da noite para o dia. Primeiro, temos que resolver alguns problemas estruturais. A variedade com a qual temos que lidar e a turbulência nas vendas são complicadas por nossa estranha estrutura de comunicação." Benit estava se referindo aqui à função de qualidade da empresa, que se reporta diretamente ao CEO, e não ao próprio Benit. Essa estrutura havia sido prescrita alguns anos antes, quando o então CEO da empresa havia introduzido uma iniciativa de TQM. Reportar-se diretamente ao CEO deveria indicar a importância da qualidade para a empresa. No entanto, Benit acreditava que agora era hora de uma mudança. "Nenhum dos executivos envolvidos na decisão da estrutura

CAPÍTULO 15 MELHORAMENTO DA PRODUÇÃO **545**

De: Escritório do CEO

Para: Equipe de Administração Sênior

Assunto: Negócio da Soup

Olá a todos,

Como vocês devem ter visto em nossos resultados do 2º trimestre, dizer que os negócios da empresa Soup precisam ser revistos é um eufemismo.

Parece óbvio que temos que apresentar rapidamente algumas ideias sobre como podemos recuperar tanto a participação de mercado quanto a lucratividade.

Estou firmemente convicta de que temos de pensar de forma diferente, pensar de forma mais inteligente e, acima de tudo, pensar radicalmente se quisermos cumprir os compromissos orçamentários deste ano. Não podemos confiar apenas nas outras categorias de produtos para apoiar o negócio de sopas, como fizemos no ano passado. É claro que, sem alguma ação drástica, estaremos novamente em uma situação de PREJUÍZO NO RAMO em que esta empresa foi iniciada. Do jeito que as coisas estão, não podemos continuar apoiando a Soup com todas as suas despesas gerais e o nível de suporte comercial e de marketing de que ela precisa.

Gostaria que todos pensassem no que podemos fazer para mudar as coisas nas próximas semanas, para que possamos analisar as ideias na próxima reunião mensal. Pode até haver ações que vocês podem tomar antes da reunião.

Sei que todos vocês são apaixonados pela marca, da qual o negócio da Soup é parte integrante.

Em tempo: como vocês sabem, estou de férias anuais pelas próximas duas semanas. Sugiro que convoquem uma reunião de emergência na minha ausência para iniciar a discussão.

Sabine

Figura 15.16 *E-mail* de Sabine Roche para sua equipe de administração sênior.

---

ainda está na empresa. Certamente, a função de qualidade perdeu o interesse na TQM como um amplo conjunto de princípios de melhoria. Eles se veem como inspetores que simplesmente verificam as matérias-primas recebidas e o produto acabado que sai. Basicamente, eles são 'rotuladores de caixa' em vez de inovadores. E eles não são particularmente bons nisso. Após o incidente do 'osso de galinha', perdemos o negócio daquele supermercado. Acho que poderíamos ter recuperado, mas a equipe de controle de qualidade mostrou uma falta de atenção às reclamações do cliente. Eles simplesmente ignoraram os comentários do cliente, considerando-os 'exagerados', pois foi apenas um erro humano que produziu o pequeno erro."

Visão de cima

Sabine Roche havia sido nomeada CEO da Splendid Soup Co. um ano antes, após uma carreira de sucesso no marketing de confeitaria. Ela tinha plena ciência da necessidade de conciliar a necessidade de crescimento das vendas com os problemas que isso estava causando nas operações da fábrica. Tanto Meghana quanto Benit se encontraram com ela para explicar seus pontos de vista. *"Eu entendo a frustração dentro da equipe de administração sênior, mas definitivamente não quero impor minhas opiniões sobre como melhorar a situação. Tampouco estou interessada em importar alguma ideia de fora para encontrar uma solução. Para que a melhoria aconteça, devemos gerar nossas próprias soluções e devemos fazê-lo juntos. Não posso estar na próxima reunião mensal da equipe sênior, o que provavelmente é uma coisa boa [veja o e-mail de Sabine para a equipe sênior na Figura 15.16]. Isso permitirá que a equipe tenha ideias próprias com base em sua experiência."*

Apesar das esperanças de Sabine, a próxima reunião não chegou a nenhum grau de consenso. Meghana ficou particularmente desapontada. *"Lembro-me de a reunião ter sido muito*

frustrante. Eu tinha a equipe de marketing lá, a equipe de vendas e o chefe de estratégia. Eu queria que eles entendessem minha visão de que as promoções canibalizam as vendas. Eu montei uma apresentação convincente em PowerPoint abrangendo vendas reais e dados de custo de vendas. Apresentei os dados em tabelas e gráficos 'num relance' para demonstrar de forma clara e visual meu ponto de vista de que essas promoções custam muito dinheiro e fazem mais mal do que bem! Todos gostaram, cabeças balançavam em concordância ao redor da mesa. Cinco minutos depois, o chefe de estratégia anunciou sua grande ideia: abandonar fornecedores locais e importar frango do Brasil, cortando custos de produção da nossa canja de galinha mais popular. Como o frango barato do Brasil nos ajuda a aumentar a participação de mercado? Eles tinham perdido completamente o ponto. Ainda sinto que realmente deve haver uma maneira melhor de aumentar a participação de mercado, interromper a queda nas vendas e melhorar nosso desempenho em geral."

QUESTÕES

1. Resuma o que você considera ser os problemas enfrentados pela Splendid Soup Co. Quais destes você consideraria que são questões estratégicas e quais seriam questões operacionais?

2. Como os princípios, métodos e ferramentas associados ao Seis Sigma, filosofia enxuta, BPR e/ou TQM podem ajudar essa empresa a pensar de forma diferente sobre como manter as vendas dinâmicas e aumentar a participação de mercado?

3. Benit está correto ao ver o Seis Sigma simplesmente como uma moda de gestão?

4. Se você fosse Sabine, como tentaria promover a melhoria e o retorno da lucratividade das marcas de sopa da empresa?

546 **PARTE 4** DESENVOLVIMENTO

Problemas e aplicações

Todos os capítulos dispõem de questões do tipo *Problemas e aplicações*, que ajudarão o leitor a praticar a análise das operações. Elas podem ser respondidas com a leitura do capítulo.

1. Sophie estava cansada de seu deslocamento diário. *"Por que"*, pensou, *"tenho que gastar tanto tempo pela manhã presa no trânsito, ouvindo algum comediante sem graça no rádio? Afinal, podemos trabalhar com horário flexível. Será que eu devo sair de casa em algum outro horário?"*. Assim decidida, Sophie resolveu variar, de propósito, seu horário habitual de saída de casa (às 8h30). Sendo também bastante organizada, resolveu registrar seu horário de saída diário e o respectivo tempo de deslocamento. Seus registros estão anotados na Tabela 15.1.

Tabela 15.1 Tempos de deslocamento de Sophie (em minutos).

Dia	Horário de saída	Tempo de deslocamento	Dia	Horário de saída	Tempo de deslocamento	Dia	Horário de saída	Tempo de deslocamento
1	7h15	19	6	8h45	40	11	8h35	46
2	8h15	40	7	8h55	32	12	8h40	45
3	7h30	25	8	7h55	31	13	8h20	47
4	7h20	19	9	7h40	22	14	8h00	34
5	8h40	46	10	8h30	49	15	7h45	27

(a) Desenhe um diagrama de dispersão que ajudará Sophie a decidir qual o melhor horário para deixar seu apartamento.

(b) Quanto tempo por semana (período de cinco dias) ela evitaria ter que ouvir a emissora de rádio sem graça?

2. *"Tudo o que fazemos pode ser traduzido em um processo"*, disse Lucile, COO de uma empresa de terceirização para as funções de *back-office* de várias empresas. *"Talvez seja mais direto em um negócio de manufatura, mas o conceito de melhoramento do processo também é muito poderoso em operações de serviço. Usando essa abordagem, nossa equipe da Black Belts (faixas pretas) alcançou melhorias de produtividade de 30% em seis meses. Acho que o Seis Sigma é poderoso porque é o processo de comparar os resultados do processo com os requisitos do cliente. Fazer com que os processos funcionem com menos de 3,4 defeitos por milhão de oportunidades significa que você deve se esforçar para se aproximar da perfeição e é o cliente que define a meta. Medir defeitos por oportunidade significa que você pode realmente comparar o processo de, digamos, um processo de recursos humanos com um processo de faturamento e cobrança."*

(a) Quais são os benefícios de poder comparar o número de defeitos em um processo de recursos humanos com os de cobrança ou faturamento?

(b) Por que a obtenção de menos de 3,4 defeitos por milhão de oportunidades é vista como importante por Lucile?

(c) Quais você acha que são os benefícios e problemas de treinar a Black Belts e tirá-los de seu trabalho atual para executar os projetos de melhoramento, em vez de o projeto ser executado por um membro da equipe que tem a responsabilidade de realmente operar o processo?

3. Desenvolva diagramas de causa-efeito para os seguintes tipos de problemas:

▶ Funcionários esperando muito tempo para que suas chamadas sejam atendidas pelo *help desk* de TI.

▶ Comida ruim no restaurante da empresa.

▶ Ensino fraco pelo corpo docente de uma universidade.

▶ Reclamações de clientes que o brinquedo de plástico gratuito em seu pacote de cereal matinal está faltando.

▶ Funcionários que têm de esperar muito tempo para ter acesso à máquina de café.

CAPÍTULO 15 MELHORAMENTO DA PRODUÇÃO **547**

4. Há mais de 10 anos, um grupo hoteleiro desenvolve grupos de melhoramento autogerenciados em seus hotéis. Na recepção de um hotel, os funcionários estavam preocupados com a quantidade de tempo que a recepção passava sem que houvesse alguém para atender. Para investigar isso, a equipe começou a acompanhar os motivos pelos quais eles passavam tempo longe da mesa e por quanto tempo cada ausência os mantinha afastados. Todos sabiam que os funcionários da recepção muitas vezes tinham que deixar seu posto para ajudar ou atender a um hóspede. No entanto, ninguém conseguiu concordar a respeito da principal causa da ausência. A coleta de informações em si não era fácil porque a equipe precisava manter registros sem afetar o atendimento ao cliente. Após três meses, os dados mostrados na Tabela 15.2 foram apresentados na forma de uma curva de Pareto. Foi uma surpresa para os funcionários da recepção e para a gerência do hotel que fazer fotocópias para os hóspedes era o principal motivo de ausência. Felizmente, isso foi facilmente remediado movendo a fotocopiadora para uma sala adjacente à área de recepção, permitindo que os funcionários verificassem a recepção enquanto faziam cópias.

Tabela 15.2 Razões para a ausência dos funcionários da recepção.

Razão para estar ausente da recepção	Número total de minutos de ausência
Verificar arquivos no *back office*	150
Fornecer copos para bebidas à noite	120
Fornecer cartões de chave extras	90
Fornecer medicamentos	20
Fornecer panfletos extras	70
Fornecer itens diversos aos quartos	65
Fornecer bebidas à noite	40
Efetuar fotocópias	300
Levar mensagens às salas de reunião	125
Trancar e abrir salas de reunião	80
Fornecer lençóis extras	100

(a) Você acha que foi sábio gastar tanto tempo examinando essa questão em particular? Essa não é uma questão trivial?

(b) Essa informação deve ser usada para refletir as prioridades de melhoramento? Em outras palavras, o grupo estava correto ao priorizar evitar ausências para efetuar fotocópias, e sua próxima prioridade deveria ser olhar o tempo de verificação de arquivos no *back office*?

5. Uma empresa de serviços de transporte prestou diversos serviços aos operadores ferroviários. Sua reputação de qualidade era um ativo valioso em seu mercado, cada vez mais competitivo. *"Estamos continuamente em busca de inovação na forma como prestamos os nossos serviços, porque a melhoria contínua dos nossos processos é a única forma de tornar a nossa empresa mais eficiente"*, disse o CEO da empresa. *"Usamos um conjunto definido de critérios para identificar processos críticos, cada um dos quais é atribuído a um proprietário do processo por nosso comitê de direção de qualidade. Isso é auxiliado pelo índice de excelência do processo (PEI, process excellence index) da empresa, que é um indicador da forma como um processo funciona, particularmente como ele é projetado, controlado e aprimorado. A pontuação do PEI, expressa em uma escala de 1 a 100, é calculada pelo dono do processo e registrada no departamento de qualidade. Com esse número, podemos medir o custo, a confiabilidade e a qualidade de cada processo para podermos comparar o desempenho. Se você não mede, não pode melhorar. E, se você não mede da maneira correta, como pode saber onde está? O reconhecimento dos funcionários também é importante. Nosso esquema de sugestões foi desenvolvido para incentivar a equipe a enviar ideias que são avaliadas e classificadas. Nenhuma sugestão individual é finalmente avaliada até que seja totalmente implementada. Quando uma equipe de funcionários apresenta ideias, a pontuação é dividida entre eles, igualmente ou de acordo com os desejos da própria equipe. Essas políticas de funcionários são apoiadas pelos esquemas de treinamento da empresa, muitos dos quais são projetados para garantir que todos os funcionários estejam focados no cliente"*.

(a) Quais parecem ser os elementos-chave na abordagem de melhoramento dessa empresa?

(b) Você acha que essa abordagem é apropriada para todas as operações?

6. Etapa 1: em grupo, identifique uma operação de *alta visibilidade* com a qual todos estejam familiarizados. Pode ser um tipo de restaurante de serviço rápido, lojas de discos, sistemas de transporte público, bibliotecas etc.

Etapa 2: depois de identificar a classe de operação geral, visite várias delas e use sua experiência como clientes para identificar:

(a) os principais fatores de desempenho que são importantes para você como cliente; e

(b) como cada loja se classifica em relação às outras em termos de desempenho nesses mesmos fatores.

Etapa 3: desenhe uma matriz de importância-desempenho (ver no Capítulo 3) para uma das operações que indique a prioridade que elas devem dar para melhorar seu desempenho.

Etapa 4: discuta as maneiras com que essa operação pode melhorar seu desempenho e tente discutir suas descobertas com a equipe da operação.

7. Há um velho ditado que diz: "Como você aprende a encantar uma cobra? Resposta: comece com uma cobra lenta e não venenosa. Em seguida, uma cobra lenta e venenosa. Em seguida, tente uma cobra rápida e não venenosa. Depois, uma cobra rápida e venenosa". Como isso poderia ser aplicado ao melhoramento das operações?

8. A ideia de *ambidestria organizacional* descrita anteriormente parece atraente. Em sua opinião, quais são as barreiras para alcançá-la e o que poderia ser feito para superá-las?

9. *"Esse café está terrível"*, disse Anita, a gerente do bufê. *"Temos que investigar antes de recebermos ainda mais reclamações"*. Como um diagrama de causa-efeito pode ser usado para investigar as causas do café ser tão ruim? Desenhe um diagrama que ajude Anita.

10. O *benchmarking* pode ser usado para aprender com outros tipos de operação. O que um supermercado, por exemplo, poderia aprender estudando um aeroporto?

Leitura complementar selecionada

Ahlstrom, J. (2015) *How to Succeed with Continuous Improvement: A Primer for Becoming the Best in the World*, McGraw-Hill Professional, Nova York, NY.
Este é um guia prático muito bom. Promove ligeiramente boas novas, mas consegue passar a mensagem.

Cunningham, P. (2020) *BASICS: Be Always Sure Inputs Create Success: 12 Lean Six Sigma Tools and Techniques to Reduce the Cost of Quality from the Coal Face Out*, Routledge, Abdingdon.
Muito mais um livro de como fazer para profissionais. Explicações simples das ideias-chave, ainda que um pouco tendenciosas para a manufatura.

Goldratt, E.M. e Cox, J. (2014), *The Goal: A Process of Ongoing Improvement*, North River Press, Great Barrington, MA.
Versão atualizada de um clássico. Uma nova versão gráfica também está disponível.

Hindo, B. (2007) At 3M, a struggle between efficiency and creativity: how CEO George Buckley is managing the yin and yang of discipline and imagination, *Businessweek*, 11 jun.
Artigo acessível publicado em uma revista popular de negócios.

Zu, X., Fredendall, L.D. e Douglas, T.J. (2008) The evolving theory of quality management: the role of Six Sigma, *Journal of Operations Management*, 26 (5) 630-650.
Conforme diz o título...

Notas do capítulo

1. Carroll, L. (1871) *Alice através do espelho*, Penguin Classics, 2008.
2. Imai, M. (1986) *Kaizen: The Key to Japan's Competitive Success*, McGraw-Hill, Nova York, NY.
3. As informações nas quais este exemplo é baseado foram retiradas de: Onetto, M. (2014) When Toyota met e-commerce: lean at amazon, *McKinsey Quarterly*, No 2, 1º fev.
4. Somos gratos a Sue Jenkins, Diretora de *Kaizen* da Sussex Healthcare NHS Trust, por este exemplo.
5. Para ver uma explicação completa, ver: Gawande, A. (2010) *The Checklist Manifesto: How to Get Things Right*, Profile Books, Londres; Aaronovitch, D. (2010) The Checklist manifesto: review, *The Times* 23 jan.
6. Hammer, M. (1990) Reengineering work: don't automate, obliterate, *Harvard Business Review*, jul.-ago., https://hbr.org/1990/07/reengineering-work-dont-automate-obliterate (Acesso em: set. 2021).
7. Davenport, T. (1995) The fad that forgot people, *Fast Company*, 31 nov.
8. Nota: Estes valores de defeito por milhão (DPM) consideram que a média e/ou desvio-padrão variam ao longo do período, de modo que o DPM 3 sigma é, na realidade, baseado no 1,5 sigma e o 6 sigma, no 4,5 sigma. Essas distribuições são consideradas de *cauda simples*, pois o deslocamento normalmente é feito em uma direção.
9. Para obter mais informações sobre o trabalho Seis Sigma da Wipro, ver: Harvin, H. (2020) Six Sigma Training & Implementation at Wipro, Henry Harvin.com, blogue, 2 mar., https://www.henryharvin.com/blog/six-sigma-training-implementation-at-wipro/ (Acesso em: set. 2021); Sharma, M., Pandla, K. e Gupta, P. (2014) A case study on Six Sigma at Wipro Technologies: thrust on quality, Working Paper, The Jaipuria Institute of Management; site da Wipro, https://www.wipro.com (Acesso em: set. 2021).
10. Há muitos livros e publicações que explicam os benefícios de combinar a abordagem enxuta e o Seis Sigma. Por exemplo, ver Byrne, G., Lubowe, D. e Blitz, A. (2007) *Driving Operational Innovation using Lean Six Sigma*, IBM Institute for Business Value; Brue, G. (2005) *Six Sigma for Managers: 24 Lessons to Understand and Apply Six Sigma Principles in Any Organization*, McGraw-Hill Professional Education Series, Nova York, NY.
11. Shenkar, O. (2010) *Copycats: How Smart Companies Use Imitation to Gain a Strategic Edge*, Harvard Business Press, Boston, MA.
12. As informações nas quais este exemplo é baseado foram retiradas de: The Economist (2016) The great escape: what other makers can learn from the revival of Triumph motorcycles, *Economist*, edição impressa, 23 jan.
13. As informações nas quais este exemplo é baseado foram retiradas de: Sample, I. (2020) F1 team helps build new UK breathing aid for Covid-19 patients, *Guardian*, 30 mar.; West, K. (2011) Formula One trains van drivers, *The Sunday Times*, 1º maio; Williams F1 Team (2010) Williams in collaboration with Sainsbury's, f1network.net, 12 nov., http://www.f1network.net/main/s107/st164086.htm (Acesso em: set. 2021).
14. As informações nas quais este exemplo é baseado foram retiradas de: Schlumberger Press Release (2010) Schlumberger Cited for Knowledge Management, Schlumberger Press Office, 3 dez.; Deltour, F., Plé, L. e Sargis-Roussel, C. (2013) Eureka! Developing online communities of practice to facilitate knowledge sharing at Schlumberger, IESEG School of Management, LEM, estudo de caso 313-122-1.

16 Produção Enxuta

QUESTÕES-CHAVE

- 16.1 O que é produção enxuta?
- 16.2 Como a produção enxuta considera o fluxo?
- 16.3 Como a produção enxuta considera (e reduz) o desperdício?
- 16.4 Como a produção enxuta considera o melhoramento?
- 16.5 Como a produção enxuta considera o papel das pessoas?
- 16.6 Como a produção enxuta se aplica ao longo da rede de suprimento?

INTRODUÇÃO

O foco da produção enxuta é alcançar um fluxo suave de materiais, informações ou clientes que entregue exatamente o que os clientes valorizam (qualidade perfeita), em quantidades exatas (nem muito nem muito pouco), exatamente quando necessário (nem cedo nem tarde), exatamente onde necessário (no local certo) e com o menor custo possível. Originalmente desenvolvida em operações de manufatura, a ideia da produção enxuta (com seus antecedentes e derivados, como *just-in-time* e produção sem estoque) inicialmente se concentrava no planejamento e controle da produção para que pudesse entregar produtos e/ou serviços sem *desperdício*. Seus objetivos eram agregar valor para o cliente, entregando produtos e serviços sem defeitos no menor tempo possível e com o menor custo para a organização. Ao longo dos anos, o conceito da abordagem enxuta (ou *lean*) foi cada vez mais aplicado nas organizações de serviços. Tão importante quanto isso, sua ênfase mudou mais para uma visão holística da metodologia enxuta, como uma abordagem para produção e melhoria de processos. Embora seu papel na atividade de planejamento e controle permaneça essencial para alcançar um fluxo suave e sincronizado (sem desperdício), isso também ocorre em sua busca pela qualidade perfeita, na quantidade certa, no lugar certo e na hora certa. Por esse motivo, na prática, a filosofia enxuta tem sido vista predominantemente como uma abordagem de melhoramento. A Figura 16.1 posiciona a produção enxuta no modelo geral de administração da produção.

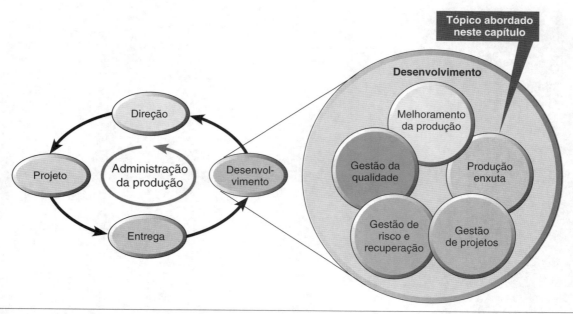

Figura 16.1 Este capítulo examina a produção enxuta.

16.1 O que é produção enxuta?

Há muitas maneiras de se definir a produção *enxuta*. A mais comum, e a abordagem que usamos ao descrever a filosofia enxuta na introdução deste capítulo, é defini-la descrevendo o que ela está tentando alcançar. A produção enxuta tenta oferecer exatamente o que os clientes desejam (qualidade perfeita), em quantidades exatas (nem muito nem pouco), exatamente quando for necessário (não antes nem depois), exatamente onde for necessário (no local certo) e com o menor custo possível. Mas tenha cuidado com as definições de "enxuto". Existem muitas e elas são variadas, mas poucas são capazes de capturar sua essência de modo sucinto ou total. Algumas definições são muito limitadas, pois enfatizam as ferramentas e as técnicas usadas na produção enxuta, ou os elementos individuais que a constituem. Outras podem ser muito amplas ou ambíguas, pois não conseguem oferecer orientação específica sobre como alcançar os objetivos listados em nossa definição. A abordagem alternativa é identificar o papel que a abordagem enxuta desempenha dentro de toda a gama de atividades de administração da produção.

A abordagem enxuta é uma filosofia, uma técnica de planejamento e controle e um conjunto de ideias de melhoramento

A abordagem enxuta pode ser vista como tendo três papéis relacionados, porém distintos, cada um com uma perspectiva diferente:

▶ Enxuto é uma filosofia que coloca a valorização do cliente no centro da produção.
▶ Enxuto é uma abordagem para planejar e controlar o fluxo na produção.
▶ Enxuto é um conjunto de ideias para melhorar o desempenho da produção.

A Figura 16.2 ilustra essa ideia.

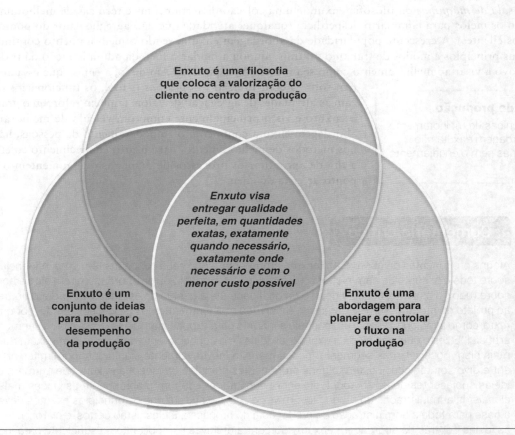

Figura 16.2 A abordagem enxuta pode ser vista como tendo três papéis sobrepostos — como uma filosofia que coloca o cliente no centro da produção, como uma abordagem para planejar e controlar o fluxo na produção e como um conjunto de ideias sobre como melhorar o desempenho da produção.

Enxuto é uma filosofia

Neste capítulo, explicaremos a maioria dos muitos elementos que são reunidos para constituir a abordagem enxuta, todos os quais são importantes, mas um em particular une os outros elementos. Ou seja, enxuto é uma filosofia que coloca o valor do cliente no centro das operações. Ao nos referirmos a isso como uma *filosofia*, queremos dizer um conjunto de ideias coerentes que formam uma lógica abrangente de como a produção deve ser administrada. À medida que descrevemos os vários elementos da abordagem enxuta, observe como eles se apoiam. Eles são muito mais do que um conjunto diversificado de prescrições. Eles formam uma abordagem lógica e consistente para administrar a produção em geral. De fato, muitos desses elementos são amplamente considerados como *melhor prática* para administração da produção. O objetivo central da filosofia enxuta é orientar todas as atividades para agregar valor para o cliente. Isso leva ao tema recorrente da abordagem enxuta tentando eliminar todas as atividades não essenciais e que não agregam valor.

Princípio de produção
A abordagem enxuta é um conjunto de ideias coerentes que enfatizam a entrega de valor do ponto de vista dos clientes, que formam uma lógica abrangente de como a produção deve ser administrada.

Enxuto é uma abordagem de fluxo de planejamento e controle

Com raízes na manufatura, o enxuto foi visto inicialmente como um método para controlar o movimento de recursos transformados dentro de uma operação para obter economias de "fluxo". Na verdade, essa foi uma abordagem para sincronizar o fluxo por meio do planejamento e controle das atividades dentro da operação. Então, geralmente chamado de "*just-in-time*", sua ênfase estava no fluxo suave e, por meio disso, na redução dos estoques entre os processos. Explicaremos esse aspecto mais adiante, quando examinarmos como o enxuto considera o fluxo.

Enxuto é um conjunto de ideias de melhoramento

A *sala de máquinas* da filosofia enxuta é uma coleção de ferramentas e técnicas de melhoramento que são os meios para eliminar o desperdício (qualquer atividade que não agregue valor do ponto de vista dos clientes). A crescente popularidade da abordagem enxuta, sendo o melhoramento contínuo um de seus princípios e modos de trabalho centrais, ajudou a mudar o foco da administração da produção de movo a visar ao melhoramento como seu principal propósito. Além disso, a ênfase que essa abordagem tem sobre a contribuição das *pessoas* (isto é, os funcionários que realizam as atividades de agregação de valor) também reforçou o grau em que o enxuto é visto principalmente como um veículo de melhoramento. A abordagem enxuta conta com o empoderamento de pessoas, habilitadas nos métodos de melhoramento, para usar o conhecimento coletivo delas a fim de aprimorar os processos de maneiras que aumentem o valor do ponto de vista do cliente.

Princípio de produção
Ferramentas e técnicas de melhoramento associadas à abordagem enxuta não oferecerão melhorias sem o engajamento das pessoas.

Comentário crítico

Alguns proponentes da abordagem enxuta argumentam que seus conceitos têm uma influência única sobre todo o assunto da administração da produção. Os princípios da abordagem têm algo a nos dizer sobre tudo no assunto, desde a gestão da qualidade até a gestão de estoques, do projeto do trabalho ao projeto do produto, sem se esquecer, é claro, do melhoramento dos processos. Então, por que este texto, como a maioria, reserva um capítulo separado para expor essas ideias? Essa é uma segmentação artificial. É certo que isso ajuda a explicar as ideias e o conhecimento da abordagem enxuta da forma mais clara possível, mas segmentar dessa maneira inevitavelmente significa impor limites artificiais entre diversos tópicos. Existem alguns proponentes crédulos da filosofia enxuta que afirmam que as ideias subjacentes dessa metodologia agora substituíram de forma abrangente as visões mais *tradicionais* da administração da produção. Em vez disso, eles dizem que os princípios enxutos devem ser a base para toda a administração da produção e do processo. E eles estão certos, é claro. No entanto, as ideias por trás da abordagem enxuta são contraintuitivas e importantes o suficiente para justificar um tratamento separado.

A evolução da abordagem enxuta

Embora os princípios do *just-in-time* tenham sido usados em muitas operações de fabricação por anos, o termo *enxuto* foi popularizado pela primeira vez por John Krafcik para significar *"menos de tudo"*. Krafcik foi pesquisador do programa do Instituto de Tecnologia de Massachusetts (MIT) que levou à publicação em 1990 do livro *A máquina que mudou o mundo*.[1] O livro examinou as práticas de trabalho da Toyota Motor Company para entender como a empresa melhorou radicalmente sua (então) má reputação com a qualidade. Evitando por pouco a falência na década de 1950, tornou-se um dos fabricantes de automóveis mais bem-sucedidos do mundo (ver o exemplo de *Operações na prática*). A experiência do *just-in-time* da Toyota permitiu que ela produzisse produtos apenas quando um cliente fazia um pedido, produzindo assim apenas o que era necessário, quando era necessário e na quantidade necessária; uma abordagem que era radicalmente diferente da abordagem de produção em massa de outros fabricantes de automóveis na época. O livro fez muito para popularizar a ideia da produção enxuta e atraiu até mesmo aqueles que não eram entusiastas de carros. Como resultado, as organizações em quase todos os setores têm buscado aprender com os métodos da Toyota, em uma tentativa de entregar produtos e serviços de maior qualidade, que usam menos recursos e, ao mesmo tempo, agregam mais valor ao cliente.

OPERAÇÕES NA PRÁTICA
Toyota: a pioneira da produção enxuta[2]

Vista como a principal praticante e a principal criadora da abordagem enxuta, a Toyota Motor Company sincronizou progressivamente todos os seus processos de maneira simultânea para fornecer alta qualidade, rendimento rápido e produtividade excepcional. Ela fez isso desenvolvendo um conjunto de práticas que moldaram em grande parte o que agora chamamos de *produção enxuta*, mas que a Toyota chama de Sistema Toyota de Produção (TPS, do inglês *Toyota Production System*). Progressivamente, a Toyota expandiu a aplicação dos princípios enxutos de sua fabricação para compras, finanças, logística e sua rede de concessionárias.

Indiscutivelmente, a força da Toyota está em entender as diferenças entre as ferramentas usadas em suas operações e a filosofia geral de seu sistema de produção: o melhoramento contínuo. Atividades e processos são constantemente desafiados e levados a um nível mais alto de desempenho, permitindo que a empresa inove e melhore de maneira contínua. As ideias de melhoramento são preferivelmente simples e de baixo custo, permitindo um alto grau de tentativa e erro. Embora alguns dos que adotaram os princípios enxutos possam pensar que *fizeram a abordagem enxuta*, a Toyota simplesmente muda a meta para desafiar constantemente a melhoria. Como tal, vemos uma distinção fundamental entre aqueles que veem o enxuto como um ponto final específico a ser alcançado por meio da aplicação de uma série de ferramentas de melhoria e os, como a Toyota, que tratam a abordagem como uma filosofia que define uma forma de conduzir seus negócios. Essa perspectiva também pode explicar o forte investimento da Toyota em seu programa de orientação para apoiar aqueles dentro de sua rede de fornecedores na incorporação bem-sucedida dos princípios da abordagem enxuta. Taiichi Ohno,[3] engenheiro-chefe da Toyota Motor Company e creditado pelo desenvolvimento do TPS, aparentemente tinha um ditado: "Nenhum problema é um problema". Isso resume a filosofia da abordagem enxuta, de que devemos sempre procurar maneiras de melhorar. O melhor nunca tem fim.

16.2 Como a produção enxuta considera o fluxo?

Para a filosofia enxuta, o fundamental é a busca do fluxo. Aqui, *fluxo* significa a maneira como os recursos transformados se movem entre atividades de agregação de valor sem desperdício. Para conseguir isso, a produção enxuta administra o fluxo de uma maneira muito diferente das abordagens tradicionais de produção.

Melhoramento do fluxo por meio do controle puxado

A melhor forma de entender como o controle puxado, usado na abordagem enxuta, difere de uma abordagem tradicional para gerenciar o fluxo é comparar os dois processos simples da Figura 16.3. A abordagem tradicional assume que cada estágio do processo colocará sua produção em um estoque que *isola* esse estágio do adiante (a jusante, ou *downstream*) no processo. O estágio seguinte irá (por fim) suprir-se dos componentes desse estoque, processá-los e enviá-los ao próximo estoque *colchão*. Isso é conhecido como abordagem de produção *empurrada*, na qual os itens são processados independentemente de existir demanda. Esses colchões de estoque *isolam* cada estágio daqueles vizinhos, tornando cada um deles relativamente independente, de modo que, por exemplo, se o estágio A interrompe sua produção por algum motivo, o estágio B pode continuar trabalhando, ao menos por algum tempo. Quanto maior o estoque colchão, maior o grau de desacoplamento entre os estágios. Esse desacoplamento é obtido ao custo da estocagem (na operação de produção) ou das filas (na operação de serviço), alentecendo assim o tempo de atravessamento porque os produtos, clientes ou informações ficarão algum tempo esperando entre os estágios no processo.

O principal argumento contra essa abordagem tradicional recai sobre a própria condição que ela visa promover, ou seja, o isolamento de um estágio em relação ao outro. Quando um problema ocorre em um estágio, ele não ficará imediatamente aparente em qualquer outro ponto do sistema. A responsabilidade pela solução do problema estará largamente centrada nas pessoas desse estágio, e as consequências do problema estarão impedidas de propagar por todo o sistema. Entretanto, compare isso com o processo enxuto puro ilustrado na Figura 16.3(b). Aqui, os produtos, clientes ou informações são processados e depois transferidos diretamente para o próximo estágio de modo sincronizado *just-in-time* para serem novamente processados. O objetivo é corresponder perfeitamente à demanda — nem muito nem pouco, somente quando for necessário. Os problemas em qualquer estágio têm efeito muito diferente em tal sistema. Agora, se o estágio A parar de processar, o estágio B perceberá imediatamente e o estágio C logo após. O problema do estágio A está agora rapidamente exposto ao processo global, que é imediatamente afetado pelo problema. Isso significa que a responsabilidade pela solução do problema não está mais confinada aos funcionários do estágio A, mas está agora compartilhada por

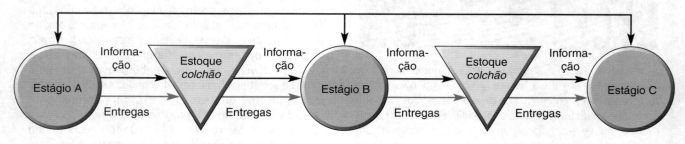

(a) Abordagem tradicional — estoques *colchão* separam estágios

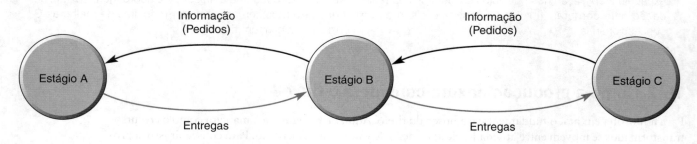

(b) Abordagem enxuta — as entregas são feitas sob encomenda

Figura 16.3 (a) Fluxo tradicional *versus* (b) abordagem enxuta entre os estágios.

todos, porque agora ele é muito importante para ser ignorado. Em outras palavras, ao evitar a acumulação de itens entre os estágios, a operação aumentou as chances de a eficiência intrínseca da fábrica ser melhorada. As abordagens tradicionais procuram encorajar a eficiência usando estoque para proteger cada parte do processo da interrupção. A abordagem enxuta assume a visão oposta. A exposição do sistema aos problemas pode torná-los mais evidentes e mudar a *estrutura de motivação* de todo o sistema em direção à solução dos problemas o mais cedo possível.

> **Princípio de produção**
> A eliminação ou redução dos estoques *colchão* expõe os problemas operacionais a todo o sistema, criando um senso de urgência (motivação) para resolver os problemas assim que eles ocorrem.

Uso de *kanbans* para dar suporte ao controle puxado

O arranjo mostrado na Figura 16.3(b) é o que descrevemos no Capítulo 10 como *controle puxado*. Comparamos o controle puxado com a abordagem mais tradicional usada na produção em massa, em que os produtos são *empurrados* para um estoque para proteger contra flutuações na demanda. Por outro lado, o controle puxado concilia a oferta à demanda sempre que possível, sem a necessidade de estoque. Considere, por exemplo, como alguns restaurantes de *fast-food* cozinham e montam alimentos e os colocam na área aquecida somente quando o funcionário que atende ao cliente vende um item. A produção está sendo acionada apenas pela demanda real do cliente.

O método mais comum para apoiar o controle puxado em operações enxutas é o uso de *kanbans*, que são dispositivos simples de sinalização, que impedem o acúmulo de estoques de materiais, clientes e informações. *Kanban* é a palavra japonesa para cartão ou sinal. Às vezes, é o denominado *transportador invisível* que controla a transferência de itens entre os estágios de uma operação. Em sua forma mais simples, é um cartão usado no estágio cliente para instruir seu estágio fornecedor a enviar mais itens. Em algumas empresas, são marcadores físicos — marcadores de plástico sólido ou até bolas de pinguepongue coloridas; em outras, os sistemas eletrônicos de ponto de venda (EPOS, do inglês *electronic point-of-sales*) geram *kanbans* digitais para posterior *produção* (entrega de estoque). Qualquer que seja o tipo de *kanban* utilizado, o princípio é sempre o mesmo: o recebimento de um *kanban* aciona a movimentação, produção ou fornecimento de uma unidade de produto ou uma quantidade-padrão de atividade de serviço. Se dois *kanbans* forem recebidos, duas unidades de trabalho serão *produzidas* e assim por diante. Algumas empresas usam *quadrados kanban*, que são espaços marcados no chão da fábrica ou na bancada, desenhados para ajustar uma ou mais peças ou recipientes com trabalho. Apenas a existência de um quadrado vazio aciona a produção no estágio que preencherá um quadrado. Teoricamente, os *kanbans* existem devido a informações imperfeitas sobre a demanda. Idealmente, o número de *kanbans* deve ser reduzido ao longo do tempo, pois os melhoramentos do processo reduzem o desperdício e aumentam o fluxo.

OPERAÇÕES NA PRÁTICA — **Um *kanban* muito simples**

Nas regiões onde o leite é entregue em casa, colocar uma garrafa de leite vazia na porta de uma residência sinaliza ao entregador que é necessário mais leite. A fotografia aqui ilustra o uso de um *kanban* muito simples para sinalizar a reposição de suprimentos essenciais em uma operação de serviço. Mostra o interior de um armário de armazenamento no departamento de ciências do sangue de um hospital. O armário armazena (entre outras coisas) tampas para frascos de sangue (mostradas na foto). O que não é mostrado é que não há portas em nenhum dos armários desse departamento. Durante um exercício de melhoramento, a equipe decidiu removê-las para melhorar a visibilidade do estado dos suprimentos essenciais *de relance*. A remoção das portas dos armários também reduziu o *desperdício* decorrente da atividade de ter que abrir as portas dos armários para monitorar os suprimentos. (Embora abrir as portas do armário seja um esforço tedioso, você pode não querer fazer isso em casa.)

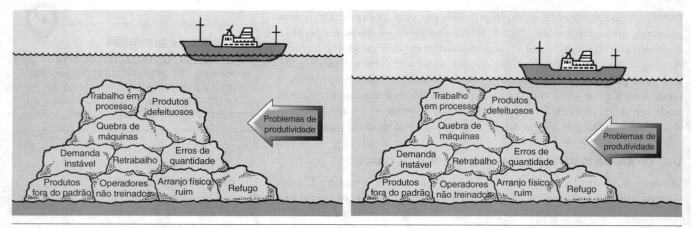

Figura 16.4 A redução do nível de estoque de materiais, clientes ou informações (a água) permite que a administração da produção (o navio) veja os problemas da operação (rochas) e trabalhe para reduzi-los.

Melhoria do fluxo com a redução do estoque

A abordagem enxuta vê as acumulações de estoque (tanto de produtos acabados quanto do estoque em processo) como um *manto negro* estendido sobre o sistema de produção, evitando que os problemas sejam descobertos. A ideia de obscurecer os efeitos do estoque, seja ele de produtos, seja ele clientes ou informações, é frequentemente ilustrada em forma de desenho, como na Figura 16.4. Os muitos problemas da operação são mostrados como rochas no leito de um rio, que não podem ser vistas em razão da profundidade da água. Nessa analogia, a água representa o estoque (de materiais, clientes ou informações) na produção. Todavia, muito embora as rochas não possam ser vistas, retardam o progresso do fluxo do rio e causam turbulência. A redução gradual da profundidade da água (estoque) expõe o pior dos problemas que podem ser resolvidos, após o qual a água baixa ainda mais, expondo mais problemas, e assim por diante. O mesmo argumento também se aplicará ao fluxo entre os processos ou as operações completas. Por exemplo, os estágios A, B e C da Figura 16.3 podem ser uma operação do fornecedor, uma operação do fabricante e uma operação do cliente, respectivamente.

Princípio de produção
Altos níveis de estoque escondem fontes de desperdício e reduzem o fluxo geral da operação.

OPERAÇÕES NA PRÁTICA
O surgimento do *kanban* pessoal

Os princípios *kanban* de redução do estoque em processo (ou trabalho em andamento) se aplicam tanto ao trabalho de *conhecimento* quanto às operações que transformam itens físicos. Seu objetivo é reduzir o trabalho em andamento para criar o *espaço mental* para se concentrar nas tarefas importantes e trabalhar de forma rápida e flexível em direção ao resultado desejado. O excesso de trabalho em andamento geralmente resulta em uma rodada diária de solução reativa de problemas, respondendo a *e-mails* e reuniões intermináveis, obscurecendo problemas que afetam nossa capacidade de concluir um trabalho de maior valor agregado. O uso de um quadro *kanban* está se tornando uma ferramenta cada vez mais popular, que esclarece as informações sobre as atividades de "parar de começar e começar a terminar". Por exemplo, um quadro branco simples (ou similar) pode ser dividido em três seções simples (ver a Figura 16.5):

1. A fazer (atividades ainda não iniciadas, mas que precisarão ser iniciadas).
2. Fazendo (atividades que estão sendo trabalhadas no momento).
3. Concluído (atividades que foram concluídas).

Ao usar blocos adesivos (ou um marcador de quadro branco), pode-se mover tarefas de uma coluna para a seguinte. Esse processo pode aumentar a produtividade pessoal, pois a visualização do trabalho ajuda o usuário a agendar tarefas de acordo com a prioridade, concentrar-se em menos tarefas

▶

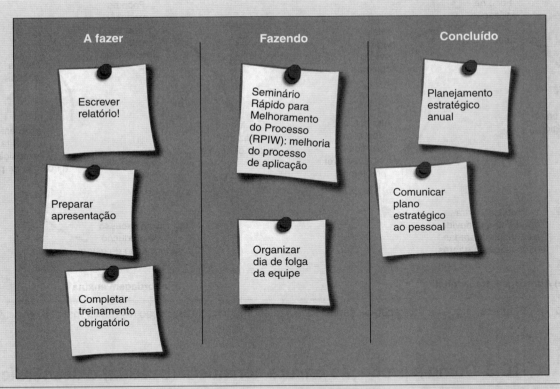

Figura 16.5 Um quadro *kanban* pessoal pode melhorar a produtividade individual simplesmente classificando as tarefas como "a fazer", "fazendo" e "concluído".

e evitar iniciar novos itens da coluna "a fazer" até que outros sejam concluídos. Dado que as operações enxutas enfatizam o atravessamento suave, alcançado em parte por uma redução no estoque em processo, geralmente é considerado sensato manter o menor número possível de itens em "fazendo" (inventário em processo).

Melhoria do fluxo pela diminuição da utilização de capacidade

Retorne ao processo mostrado na Figura 16.3. Quando ocorrem paradas no sistema tradicional, os *colchões* permitem que cada estágio continue funcionando e, assim, obtenha uma utilização alta da capacidade. A utilização alta da capacidade é fundamental para as abordagens de produção em massa, em que os baixos custos unitários são alcançados por meio da produção em larga escala, conhecida como *economias de escala*. Muitas vezes, a *produção* extra vai para estoques *colchão* ou filas de clientes. Por outro lado, com pouco ou nenhum estoque para compensar as paradas, um problema de produção torna-se imediatamente aparente, afetando todo o processo. Isso levará necessariamente a uma menor utilização da capacidade, pelo menos no curto prazo. Em organizações que valorizam muito a utilização da capacidade, isso pode ser particularmente difícil de ser aceito. Contudo, não há sentido em produzir apenas por si só. Na verdade, produzir apenas para manter a utilização alta não é apenas inútil como também contraproducente, porque o estoque extra produzido serve apenas para tornar as melhorias menos prováveis. Além disso, a abordagem enxuta também enfatiza uma redução em todos os tipos de variabilidade do processo, por meio de esforços de melhoramento contínuo. À medida que os ganhos dos esforços de melhoramento contínuo do processo começam a surgir, o caminho da melhoria se move para o ponto em que o tempo de processamento é curto e a utilização da capacidade, alta. Ele consegue fazer isso graças à redução na variabilidade do processo. Veja na Figura 16.6 a lógica de como a abordagem enxuta considera a utilização da capacidade.

Princípio de produção

O foco no enxuto pode reduzir a utilização da capacidade no curto prazo. Os esforços de melhoria contínua devem reduzir a quantidade de defeitos e diminuir a variabilidade do processo ao longo do tempo, o que deve, em última análise, retornar a operação a altos níveis de utilização da capacidade, aumentando o valor para o cliente a um custo de produção menor.

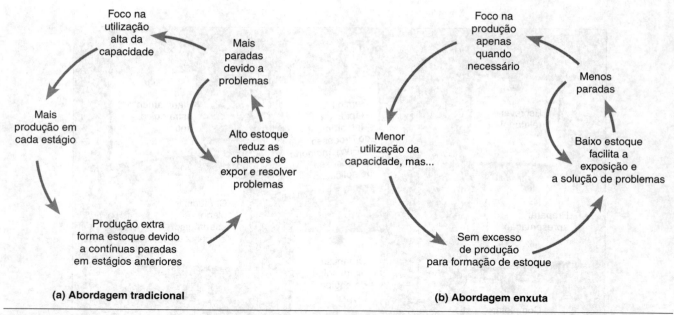

Figura 16.6 As diferentes visões da utilização de capacidade nas abordagens de produção (**a**) tradicional e (**b**) enxuta.

16.3 Como a produção enxuta considera (e reduz) o desperdício?

Comprovadamente, a parte mais significativa da produção enxuta é seu foco na eliminação de todas as formas de desperdício, que pode ser definido como qualquer atividade que não agrega valor do ponto de vista do cliente e, portanto, não é uma atividade que ele pagaria ou se beneficiaria com ela. Logo, o que constitui o desperdício depende da percepção de valor pelo cliente. Dentro de muitos processos, não mais do que 5% do tempo total de atravessamento é realmente gasto diretamente agregando valor. Isso significa que, durante 95% de seu tempo, uma operação está agregando custo ao serviço ou produto, mas não oferecendo valor diretamente do ponto de vista do cliente. Tais cálculos podem alertar, mesmo as operações relativamente eficientes, para o enorme desperdício que está escondido em todas as operações. Solicitações relativamente simples, como tirar uma carteira de habilitação, podem demorar apenas alguns minutos para processar, embora levem dias (ou semanas) para se chegar ao seu resultado final.

Causas de desperdício — *muda, mura, muri*

Os termos *muda*, *mura* e *muri* são palavras japonesas que transmitem a ideia de três causas dos desperdícios que devem ser reduzidas ou eliminadas.

Muda

Muda refere-se às atividades em um processo que são desperdícios porque não agregam valor à operação ou ao cliente (ver *Tipos de desperdício*, mais adiante). As principais causas dessas atividades que não agregam valor são, provavelmente, os objetivos mal comunicados (incluindo o não entendimento das necessidades do cliente) ou o uso ineficiente dos recursos, e deixar de adotar uma abordagem sistemática para a redução contínua do desperdício. A implicação disso é que, para qualquer atividade ser efetiva, deve ser adequadamente registrada e comunicada a quem quer que a esteja desempenhando. O trabalho-padrão e a administração visual são instrumentos eficazes para a comunicação de objetivos e garantia de um uso eficiente dos recursos.

Mura

Mura significa *falta de consistência* ou irregularidades que frequentemente resultam de variações na demanda do cliente ou na forma como um processo é executado. *Mura* normalmente leva à exaustão de alguns recursos, enquanto outros permanecem ociosos ou à espera. As necessidades do cliente podem

CAPÍTULO 16 PRODUÇÃO ENXUTA **559**

variar em termos do que eles querem, quanto eles querem e quando eles o querem. No entanto, os processos geralmente acham mais conveniente mudar o que fazem com pouca frequência, porque cada mudança implica algum tipo de custo. É por isso que os hospitais agendam clínicos especializadas apenas em horários específicos e por que as máquinas geralmente fabricam um lote de produtos semelhantes juntos. Todavia, responder às demandas do cliente de forma exata e instantânea requer um alto grau de flexibilidade de processo. Mais uma vez, o trabalho-padrão é fundamental para reduzir as variações na forma como um processo é executado, enquanto a **redução da preparação** e o nivelamento da programação podem suavizar o processo de produção e permitir uma correspondência mais de perto entre capacidade e demanda.

Os sintomas de flexibilidade de processo inadequada incluem os seguintes:

▶ *Grandes lotes:* o envio de lotes de materiais, clientes ou informações por meio de um processo inevitavelmente aumenta o estoque à medida que o lote percorre todo o processo.

▶ *Atrasos entre as atividades:* quanto maior o tempo (e o custo) da mudança de uma atividade para outra, mais difícil é sincronizar o fluxo para atender instantaneamente à demanda do cliente.

▶ *Mais variação no* mix *de atividades do que na demanda do cliente:* se o *mix* de atividades em diferentes períodos de tempo variar mais do que a demanda do cliente, então deve estar ocorrendo algum processo de criação de *lotes* nas atividades.

Muri

Muri significa o absurdo ou a irracionalidade. Está baseado na ideia de que as exigências desnecessárias ou irracionais colocadas em um processo e em seus recursos resultarão em maus resultados. A redução do *muri* requer suavização da demanda (*mura*). Em outras palavras, o desperdício pode ser causado por falhas na condução de tarefas básicas de planejamento das operações, como priorizar atividades (sequenciamento), entender o tempo necessário (programação) e recursos (carregamento) para desempenhar atividades. Evitar o *muri* exige conhecimento da natureza da demanda (estável ou imprevisível) a fim de calcular o tempo de ciclo, que se refere à taxa de produção diária necessária para satisfazer a demanda do cliente. Conhecer o tempo de ciclo significa que a operação pode garantir que a capacidade esteja alinhada com a demanda.

Essas três causas de desperdício estão obviamente relacionadas. Quando um processo é inconsistente (*mura*), pode levar à exaustão de equipamentos e pessoas (*muri*), que, por sua vez, causarão todos os tipos de atividades que não agregam valor (*muda*).

Tipos de desperdício

Muda, mura e *muri* são três causas de desperdício inter-relacionadas. Agora, vejamos os tipos de desperdício (com foco nos tipos de *muda*), que se aplicam a todos os tipos de operação e que formam a essência da filosofia enxuta. **Sete tipos de desperdício** são identificados:

1. *Superprodução:* é quando uma operação produz mais do que é necessário ao cliente. Fabricar muito, muito cedo ou *just-in-case* pode levar a obsolescência do produto ou grandes quantidades de estoque, que encobrem os problemas, conforme discutido em seções anteriores. Um sistema puxado só deverá produzir *output* em linha com a demanda real do cliente. (A superprodução é considerada o tipo mais sério de desperdício, de acordo com a Toyota.)

2. *Espera:* qualquer tipo de *espera* impede o fluxo de produto ou serviço para o cliente final. A maior parte das pessoas tem coisas melhores a fazer com seu tempo do que esperar até que um recurso (uma máquina ou um profissional de serviço, por exemplo) esteja disponível. Sempre que produtos, clientes ou informações esperam na forma de estoque ou filas, esse é um tempo em que nenhum valor está sendo agregado.

3. *Transporte:* diz respeito à movimentação de produtos, clientes ou informações de um lugar para outro que não agrega valor ao cliente. Movimentar itens ou clientes em torno da operação com a manipulação dupla e tripla de componentes não agrega valor. Mudanças do arranjo físico que aproximam os processos e melhoram os métodos de transporte e a organização do local de trabalho podem reduzir o desperdício. Mudanças do arranjo físico também podem reduzir drasticamente o movimento físico de pessoal, deixando-o menos cansados ao fim de um dia de trabalho.

4. *Processamento demasiado:* é quando mais trabalho é feito para produzir/processar do que o necessário pelo cliente. O excesso de processo significa gastar mais tempo e dinheiro em tarefas que não são

valorizadas pelo cliente. Um exemplo comum de processamento demasiado é quando um cliente precisa fornecer a mesma informação para múltiplos documentos semelhantes, porém diferentes.

5. *Estoque:* apresenta um gasto de capital que ainda não produziu nenhuma receita; independentemente do tipo (produto, cliente, informação), qualquer estoque deve tornar-se alvo de eliminação. Entretanto, é apenas combatendo as causas do estoque ou filas, como fluxo irregular (*mura*), que ele pode ser reduzido. A capacidade dos estoques de mascarar problemas de produção e impedir o fluxo já foi discutida neste capítulo.

6. *Movimentação:* refere-se ao movimento dos trabalhadores e equipamento; a movimentação em excesso desperdiça tempo e pode causar prejuízo/danos. A movimentação em excesso inclui ter que procurar materiais, ferramentas ou equipamentos devido a uma má organização.

7. *Defeito/retrabalho:* quando ocorrem defeitos, há custos extras e atrasos. A abordagem enxuta implica níveis exatos de qualidade. Se houver variabilidade nos níveis de qualidade, os clientes não se considerarão adequadamente supridos. Os sintomas de baixa variabilidade, e, portanto, alta propensão a defeitos, incluem baixa confiabilidade do equipamento ou da equipe. Equipamentos ou funcionários não confiáveis geralmente indicam falta de conformidade nos níveis de qualidade. Significa também que haverá irregularidade no fornecimento aos clientes. De qualquer forma, isso impede o fluxo. Da mesma forma, produtos ou serviços defeituosos (desperdícios causados pela má qualidade) são significativos na maioria das operações. Erros no serviço ou produto fazem com que clientes e processos percam tempo até que sejam corrigidos.

Um oitavo tipo de desperdício?

Muitos praticantes da abordagem enxuta argumentariam que há um *oitavo* tipo de desperdício — o mau uso de pessoas. Desalinhar talentos individuais, habilidades, criatividade e conhecimento em relação à tarefa gera um desperdício de conhecimento e habilidades disponíveis. Exemplos incluem ter trabalhadores qualificados concluindo tarefas não qualificadas ou limitar a autoridade de tomada de decisão a um alto nível dentro de uma empresa.

Como a melhoria do projeto do arranjo físico reduz o desperdício

O fluxo regular de materiais, informações e pessoas na operação é uma ideia central da abordagem enxuta. Os longos roteiros de processo fornecem oportunidades para atraso e formação de estoque, não agregam valor e retardam o tempo de atravessamento. Portanto, a primeira contribuição que qualquer operação pode dar para agilizar o fluxo é reconsiderar o arranjo físico básico de seus processos. Primeiramente, reconfigurar o arranjo físico de um processo para ajudar a abordagem enxuta envolve deslocar para baixo a *diagonal natural* do projeto do processo, algo que foi discutido no Capítulo 6. Em termos gerais, isso significa passar de arranjos físicos funcionais para arranjos físicos baseados em células ou de arranjos físicos baseados em células para arranjos físicos em linha. De uma forma ou de outra, é necessário passar para um arranjo físico que proporcione maior sistematização e controle ao fluxo do processo. Em nível mais detalhado, as técnicas de arranjos físicos típicos incluem colocar as estações de trabalho próximas, de modo que o estoque de materiais ou clientes não possa ser formado porque não há espaço para isso, e arranjar as estações de trabalho de tal forma que todos que contribuem para uma atividade comum possam visualizar uns aos outros e fornecer auxílio mútuo. Por exemplo, no Virginia Mason Medical Center, em Seattle, EUA, um importante proponente da metodologia enxuta nos serviços de saúde, muitas das salas de espera foram bastante reduzidas em sua capacidade ou totalmente removidas. Isso força um foco no fluxo do processo inteiro, pois os pacientes literalmente não têm um local para serem *armazenados*. Por outro lado, alguns hospitais dispõem de várias zonas de espera ou *subesperas*, nas quais os pacientes chegam para atendimento clínico em lotes e prosseguem de uma sala para outra, produzindo a própria antítese do fluxo regular.

Como a flexibilidade do processo de melhoramento reduz o desperdício

Responder exata e instantaneamente à demanda do cliente implica que os recursos de operações precisam ser suficientemente flexíveis para alterar tanto o que fazem como o quanto fazem sem incorrer em altos custos ou longos atrasos. Na verdade, processos flexíveis podem melhorar significativamente o fluxo regular.

OPERAÇÕES NA PRÁTICA
Redução de desperdício na manutenção de aeronaves[4]

A manutenção de aeronaves é algo muito importante, uma vez que elas têm uma tendência angustiante a cair, a menos que sejam verificadas, reparadas e, geralmente, submetidas à manutenção regular. Assim, o objetivo dominante das operações que mantêm aeronaves deve ser a qualidade das atividades de manutenção. No entanto, esse não é o único objetivo. Melhorar o prazo de conclusão da manutenção pode reduzir o número de aeronaves que uma companhia aérea precisa ter, porque elas não ficam fora de ação durante muito tempo. Além disso, quanto mais eficiente o processo de manutenção, mais rentável será a atividade e mais provável que uma grande companhia aérea, com operações de manutenção bem definidas, possa criar faturamento adicional fazendo manutenção para outras linhas aéreas. A Figura 16.7 mostra o percurso seguido pelo pessoal de manutenção antes e depois da análise enxuta, cujos objetivos eram preservar, ou mesmo aprimorar, os níveis de qualidade e, ao mesmo tempo, melhorar o custo de manutenção dos aviões e aumentar a disponibilidade das aeronaves ao reduzir o tempo de parada.

A análise enxuta focava a identificação do desperdício no processo de manutenção. Duas constatações surgiram dessa prática. Primeiro, a sequência das atividades na própria aeronave estava sendo estabelecida pelas tarefas identificadas nos manuais técnicos fornecidos pelos fabricantes das turbinas, fuselagem e sistemas de controle e outros fornecedores. Ninguém havia considerado todas as atividades individuais juntas para definir uma sequência que economizaria tempo e esforço do pessoal de manutenção. A sequência geral das atividades foi definida e alocada com o *trabalho-padrão* para a preparação do trabalho estruturado das ferramentas, materiais e equipamentos. Segundo, os funcionários de manutenção estariam frequentemente esperando até a fuselagem ficar disponível. Todavia, algum trabalho preparatório não precisava ser feito enquanto a aeronave estivesse presente. Assim, por que não direcionar os funcionários a fazer essas tarefas no momento que estariam esperando a aeronave estar disponível? O resultado dessas mudanças foi uma substancial melhoria em custo e disponibilidade. Além disso, a preparação do trabalho foi conduzida de maneira rotineira e mais rigorosa, e os funcionários da manutenção estavam mais motivados porque foram removidas muitas pequenas frustrações e barreiras ao trabalho eficiente.

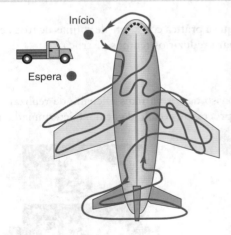
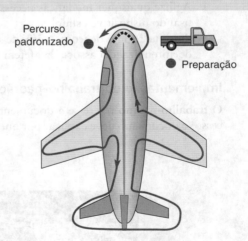

Antes:
- O pessoal de manutenção segue as etapas detalhadas na documentação técnica
- A sequência geral das tarefas não é otimizada
- Trabalho de preparação incluído como parte da tarefa

Depois:
- A sequência geral das tarefas é definida e alocada para minimizar as que não agregam valor
- O trabalho de preparação pode ser feito com antecedência para minimizar o tempo decontado com o avião
- Maior produtividade e menor tempo de espera do avião

Figura 16.7 Procedimentos de manutenção de avião sujeitos à análise de redução do desperdício.

Uso de tecnologia de processo simples e de pequena escala

Frequentemente, a abordagem enxuta envolve mudar a tecnologia de processo para uma de menor escala para reduzir flutuações no volume de fluxo. Por exemplo, na Figura 16.8, uma grande máquina produz o lote A, seguido pelo lote B e, depois, o lote C. Entretanto, se três máquinas menores forem usadas, cada uma pode produzir simultaneamente os lotes A, B ou C. O sistema também é mais robusto. Se uma grande máquina quebrar, todo o sistema para de operar. Se uma das três pequenas máquinas quebrar, o sistema ainda pode continuar operando com dois terços de eficácia. Máquinas pequenas são também facilmente movidas, de modo que a flexibilidade do arranjo físico é aumentada e os riscos de cometer erros nas decisões de investimento são reduzidos. Entretanto, o investimento na capacidade pode aumentar no total porque instalações paralelas são necessárias, de modo que a utilização pode ser menor (ver os argumentos anteriores).

Redução dos tempos de troca (redução da preparação)

Responder à demanda somente quando é necessário normalmente requer um grau de flexibilidade nos processos, tanto para lidar com a demanda inesperada quanto para permitir a troca rápida entre uma atividade e outra. Em geral, esse tempo pode ser reduzido de maneira significativa — compare, por exemplo, o tempo gasto em uma troca de pneu de seu carro com o tempo de uma equipe de Fórmula 1, abaixo de 3 segundos. A redução do tempo de preparação pode ser alcançada por diversos métodos, como os seguintes:

▶ *Meça e analise as atividades de troca:* às vezes, medir simplesmente os tempos de troca atuais, gravando-os e analisando exatamente quais atividades desempenhadas podem ajudar a melhorar esses tempos.
▶ *Separe as atividades internas das externas:* atividades *externas* são simplesmente as atividades que podem ser conduzidas enquanto o processo está em andamento. Por exemplo, os processos podem ficar prontos para o próximo cliente ou tarefa enquanto estiver esperando pela tarefa seguinte (ver o exemplo, descrito anteriormente, da manutenção de aeronave). Atividades *internas* são aquelas que não podem ser realizadas enquanto o processo estiver em andamento (como entrevistar o cliente enquanto estiver concluindo um serviço solicitado pelo cliente anterior). Ao identificar e separar as atividades internas e externas, a intenção é fazer o máximo possível enquanto o processo/etapa estiver em andamento.
▶ *Converta atividades internas em externas:* a outra abordagem comum para a redução do tempo de troca é converter o trabalho que foi previamente executado durante a troca pelo trabalho que é desempenhado externamente durante o mesmo período. Há três métodos importantes para se obter a transferência do trabalho de troca interno para o trabalho externo:
  ▶ Prepare antecipadamente as atividades ou o equipamento em vez de ter que fazê-lo durante os períodos de troca.
  ▶ Agilize quaisquer mudanças necessárias de equipamento, informação ou funcionário, por exemplo, usando dispositivos simples.
  ▶ Pratique rotinas de troca. Não é de se surpreender que a prática constante de rotinas de troca e a curva de aprendizagem associada afetem as tendências para reduzir os tempos de troca.

Implementação do trabalho-padrão

O **trabalho-padrão** refere-se à documentação passo a passo da forma mais eficiente de realizar um processo; o documento deve explicar por que uma etapa do processo é concluída de uma determinada maneira.

Figura 16.8 O uso de várias máquinas pequenas em vez de uma máquina grande permite processamento simultâneo, além de ser mais robusto e mais flexível.

Longe de tornar um processo rígido, o trabalho-padrão serve como base para esforços adicionais de melhoria. Quando a eficiência (e qualidade) do processo é aprimorada, o trabalho-padrão é atualizado para que sempre apresente a maneira mais conhecida de concluir um processo. Sem trabalho-padrão, os ganhos com a melhoria do processo não serão sustentados. O trabalho-padrão é um acompanhamento importante para a redução da preparação, pois ajuda a garantir que o processo seja executado da mesma maneira, todas as vezes. O trabalho-padrão também é eficaz para facilitar o trabalho flexível entre os membros da equipe, permitindo que eles assimilem rapidamente o conhecimento necessário para executar tarefas em áreas onde normalmente não atuam.

> **Princípio de produção**
> O trabalho-padrão garante que os processos sejam executados de forma consistente todas as vezes, sem variação. Além disso, deve representar a maneira mais conhecida de concluir um processo e também deve servir como base para o melhoramento contínuo.

Eliminação do desperdício mediante minimização de variabilidade

Uma das maiores causas da variabilidade é a variação da qualidade dos itens. É por isso que uma discussão da produção enxuta deve sempre incluir uma avaliação de como a conformidade de qualidade é assegurada dentro dos processos, algo que foi referido anteriormente como *mura*. Em particular, os princípios de **controle estatístico do processo (CEP)** podem ser usados para se entender a variabilidade da qualidade. O Capítulo 17 e seu suplemento sobre CEP examinam esse assunto, de modo que nesta seção focaremos outras causas da variabilidade. A primeira dessas causas é a variabilidade do *mix* de produtos e serviços que se move ao longo dos processos, operações ou redes de suprimento.

OPERAÇÕES NA PRÁTICA — Trocas rápidas na Boeing e Airbus[5]

As trocas rápidas de equipamentos são particularmente importantes para as companhias aéreas porque elas não podem ganhar dinheiro com avião ocioso no solo. No setor aéreo, isso é denominado *alta utilização do avião*. Para muitas companhias, a maior barreira à alta utilização é que seus mercados não são grandes o suficiente para justificar voos de passageiros durante o dia e a noite. Assim, para evitar que os aviões fiquem ociosos à noite, eles precisam ser utilizados de outra forma. Essa foi a razão por trás da ideia do avião Boeing 737 QC (*Quick Change* – troca rápida). Com ele, as linhas aéreas têm a flexibilidade de usá-lo de dia para voos de passageiros e, com o tempo de troca (*set-up*) menor do que 1 hora, podem usá-lo como avião de carga durante a noite. Os engenheiros da Boeing projetaram suportes que fixam fileiras inteiras de assentos que podem deslizar suavemente para dentro e para fora do avião, permitindo que 12 assentos sejam deslocados de uma só vez. Quando usado como avião de carga, os assentos são simplesmente deslizados para fora e substituídos por contêineres de carga projetados para se encaixarem na curvatura da fuselagem e evitar danos ao interior. Antes de reinstalar os assentos, as paredes laterais da aeronave são completamente lavadas, de modo que, uma vez recolocados, os passageiros não conseguem notar a diferença entre um avião QC e um 737 normal.

O conceito de troca rápida também foi desenvolvido pela Airbus. Ela anunciou que, no futuro, pretende introduzir novas opções de *área de sala de estar* em sua família de aeronaves A330, posicionadas no porão de carga. Haverá uma variedade de diferentes compartimentos, incluindo áreas de dormir para a família, salas de reuniões, área de recreação infantil e espaço de ginástica. Cada compartimento foi projetado para ser levado e retirado dos porões de carga rapidamente (como acontece com a *Quick Change* da Boeing), para permitir uma mudança rápida no uso da capacidade, dependendo das necessidades do mercado e da rota a qualquer momento.

Nivelamento das programações de produto ou serviço (*heijunka*)

A **programação nivelada** (ou *heijunka*) significa manter o *mix* e o volume do fluxo entre os estágios, em uma taxa uniforme sobre o tempo para reduzir o *mura* (desigualdade) e o *muri* (exaustão). O movimento da programação convencional para a programação nivelada é ilustrado na Figura 16.9. Convencionalmente, se um *mix* de produtos for requerido em determinado período de tempo (geralmente, um mês), o tamanho do lote seria calculado por produto, e os lotes produzidos, em alguma sequência. A Figura 16.9(a) mostra três produtos que são fabricados no período de 20 dias em uma operação.

Quantidade requerida do Sapato tipo A = 3.000
Quantidade requerida do Sapato tipo B = 1.000
Quantidade requerida do Sapato tipo C = 1.000

Tamanho do lote do Sapato tipo A = 600
Tamanho do lote do Sapato tipo B = 200
Tamanho do lote do Sapato tipo C = 200

A partir do 1º dia, a unidade começa a produzir o Sapato A. Durante o 3º dia, o lote de 600 itens A é finalizado e despachado ao estágio seguinte. O lote do Sapato tipo B é iniciado, mas não finalizado até o 4º dia. O restante do 4º dia é gasto fabricando o lote do Sapato tipo C e ambos os lotes são despachados no fim desse dia. Assim, o ciclo se repete. A consequência de usar lotes maiores é, primeiro, que volumes relativamente grandes de estoque são acumulados dentro e entre as unidades e, segundo, a maioria dos dias é diferente um do outro em termos do que é esperado produzir (em circunstâncias mais complexas, dois dias nunca seriam iguais).

Agora, suponhamos que a flexibilidade da unidade pudesse ser aumentada (com o uso de máquinas menores e redução do tempo de preparação, por exemplo) ao ponto em que os tamanhos dos lotes para os itens fossem reduzidos a um quarto de seus níveis anteriores, sem perda da capacidade (ver a Figura 16.9(b)):

Tamanho do lote do Sapato tipo A = 150
Tamanho do lote do Sapato tipo B = 50
Tamanho do lote do Sapato tipo C = 50

Um lote de cada item pode agora ser concluído em um único dia, no fim do qual os três lotes são encaminhados ao estágio seguinte. Os lotes de estoque menores estão movendo-se entre cada estágio, o que

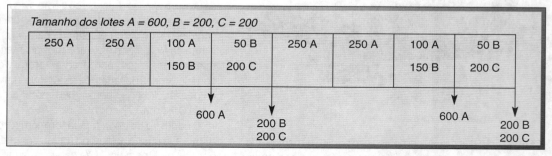

(a) Programação de grandes lotes

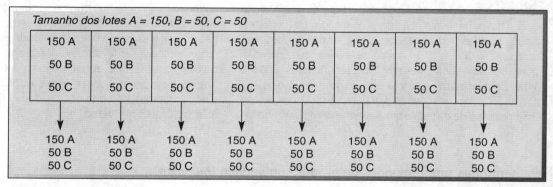

(b) Programação nivelada

Figura 16.9 A programação nivelada equaliza o *mix* de produtos/serviços entregues a cada dia.

reduzirá o nível geral do trabalho em processo de operação. Entretanto, igualmente significativo é o efeito sobre a regularidade e o ritmo de produção na unidade. Agora, qualquer dia do mês é o mesmo em termos de que necessidades são processadas. Isso torna o planejamento e o controle de cada estágio da operação muito mais fáceis. Por exemplo, se no 1º dia do mês o lote diário do Sapato tipo A foi concluído às 11 h e todos os lotes forem concluídos com sucesso no mesmo dia, no dia seguinte a unidade saberá que, se concluir novamente todos os lotes de A às 11 h, cumprirá a programação. Quando todos os dias forem diferentes, a simples pergunta: "Estamos dentro da programação para concluir nosso processamento hoje?" requer alguma investigação antes que possa ser respondida.

Comentário crítico

Das críticas ao *heijunka*, duas são particularmente relevantes. A primeira é que é difícil implementar o *heijunka* quando a demanda é direta e altamente incerta. Isto é especialmente verdadeiro para serviços de emergência, como bombeiros, polícia e serviços de saúde. No entanto, mesmo os serviços de emergência enfrentam uma demanda que, até certo ponto, é previsível (considere o aumento da presença policial exigida nas noites de sexta-feira em um centro movimentado da cidade). Mas, quando a imprevisibilidade persistir, a capacidade de *reserva* deve estar disponível para responder rapidamente quando a *emergência* de um cliente se apresentar. A segunda crítica é que, embora o objetivo do *heijunka* seja reduzir ou eliminar a variação, há boas razões para agrupar as atividades em lotes. Argumenta-se que isso minimiza as ineficiências que sempre ocorrem na passagem de uma atividade para outra. Esperar que os processos sejam suficientemente flexíveis para mudar com a frequência exigida pelo *heijunka* não é algo realista. É improvável que as operações que implementem a filosofia e as práticas enxutas atinjam o *heijunka* nos estágios iniciais de implementação, uma vez que dependem da incorporação de todas as outras práticas projetadas para melhorar o fluxo (por exemplo, eliminar o desperdício e reduzir a variação). Além disso, o *heijunka* depende da compreensão e do nivelamento da demanda sempre que possível. Portanto, deve ser considerado uma meta aspiracional para um sistema de produção e uma meta da qual as organizações podem se aproximar ao longo do tempo.

Nivelamento das programações de entrega

Um conceito semelhante à programação nivelada pode ser aplicado a muitos processos de transporte (ilustrado na Figura 16.10). Por exemplo, uma rede de lojas de conveniência pode precisar fazer entregas de todos os tipos diferentes de produtos que vende semanalmente. Tradicionalmente, pode ter que despachar um caminhão carregado com um produto específico para suprir todas as lojas, de modo que cada uma delas receba o volume apropriado do produto necessário por uma semana. Isso é equivalente aos grandes lotes discutidos no exemplo anterior. Uma alternativa seria despachar quantidades menores de todos os produtos em um único caminhão com maior frequência. Assim, cada loja receberia entregas menores com mais frequência, os níveis de estoque seriam menores e o sistema poderia responder às tendências da demanda mais prontamente porque mais entregas significa maior oportunidade de alterar as quantidades entregues em uma loja.

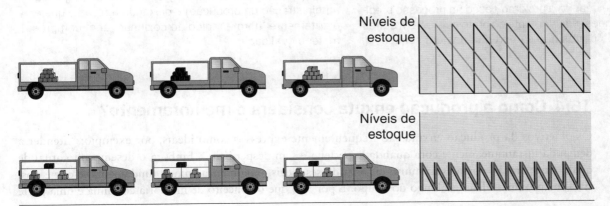

Figura 16.10 Entregar quantidades menores mais frequentemente pode reduzir os níveis de estoque.

OPERAÇÕES NA PRÁTICA

Culinária *enxuta* do Jamie[6]

A maioria das pessoas não tem tempo para dedicar muito tempo cozinhando. Deve ser por isso que o chef celebridade Jamie Oliver escreveu o livro *Jamie — 30 minutos e pronto*, cuja filosofia é que cozinhar um delicioso jantar deve ser tão rápido e mais barato do que comprar e aquecer uma comida pronta. O livro apresenta 50 menus prontos, com três a quatro pratos por menu, projetados para não demorar mais de 30 minutos no preparo. Para alcançar esse desempenho, Jamie, talvez inadvertidamente, aplicou os princípios e métodos de produção enxuta à atividade cotidiana de cozinhar.

Imagine que sua família está chegando para jantar e você quer surpreender com uma nova refeição indiana de múltiplos pratos com frango, arroz, salada de acompanhamento e, claro, uma sobremesa. Tradicionalmente, você procuraria quatro receitas diferentes, uma para cada prato. Como todas as receitas vêm de lugares diferentes, você precisa descobrir a quantidade de alimentos para comprar, fazer a matemática no caso de ingredientes compartilhados em todos os pratos, como alocar as vasilhas, panelas e outros equipamentos para os diferentes ingredientes e, o mais importante, você precisa descobrir em que ordem preparar as coisas, especialmente se quiser todos os seus pratos prontos ao mesmo tempo. A técnica de Jamie reduz significativamente toda essa complexidade, garantindo que os pratos sejam preparados exatamente quando o próximo passo no processo precisar deles, independentemente do prato que for. Em outras palavras, os pratos não são preparados em sequência, um após o outro, mas são elaborados e concluídos simultaneamente.

Se identificarmos todas as tarefas relacionadas com a preparação da salada (por exemplo, cortar os vegetais) com a letra A, cozinhar o arroz (por exemplo, a fervura) com a letra B, cozinhar o frango com a letra C e finalmente fazer a sobremesa com a letra D, então, pela forma tradicional de cozinhar, nossa programação de tarefas se pareceria com algo assim: AAAA BBBBBBB CCCCCCC DDDD. Isso resulta em lotes, tempo de espera e pratos prontos antes que o jantar pudesse ser servido. Por outro lado, a culinária de 30 minutos de Jamie Oliver envolve tarefas de programação em uma sequência como ABACDACBADCBABDC, em que tarefas únicas relacionadas com pratos diferentes seguem suavemente de uma para a seguinte: o chef corta um ingrediente de salada (A), depois coloca o arroz para cozinhar (B), em seguida, corta mais ingredientes de salada (A) enquanto o frango (C) está sendo assado no forno e uma parte da sobremesa (D) está sendo preparada. Desse modo, todos os pratos ficam prontos ao mesmo tempo, na hora certa, e nada é preparado antes de ser necessário, evitando qualquer tipo de desperdício. Uma técnica de programação tão nivelada assim é chamada *heijunka*.

Além disso, a culinária enxuta do Jamie se baseia em tempos de preparação reduzidos. No início de cada receita, o equipamento necessário para preparar o menu é apresentado sob o título "Para começar". Outras preparações necessárias, como o aquecimento do forno, também são especificadas. Ter todo o equipamento pronto desde o início economiza tempo no processo, e é, de acordo com Jamie, um pré-requisito para a preparação em 30 minutos. O uso de equipamentos simples, que são adequados para vários propósitos diferentes, também torna o processo mais rápido à medida que as trocas são reduzidas. Por fim, a receita é um exemplo de *trabalho-padrão*, detalhando cada etapa do processo, normalmente incluindo uma explicação simples do motivo para realizarmos o trabalho dessa forma. O objetivo é tirar o máximo proveito do tempo disponível, eliminando a "chatice" na culinária (atividade sem valor agregado, no linguajar da administração da produção) e deixando apenas o que é estritamente "bom e rápido ao cozinhar", sem comprometer a qualidade.

16.4 Como a produção enxuta considera o melhoramento?

Os objetivos da produção enxuta são frequentemente expressos como ideais, por exemplo: "atender a demanda instantaneamente com qualidade perfeita e sem desperdício". Embora o desempenho atual de qualquer operação possa estar muito distante desses ideais, uma crença enxuta fundamental é que é possível se aproximar deles ao longo do tempo. É por isso que o conceito de melhoria contínua é uma parte

CAPÍTULO 16 PRODUÇÃO ENXUTA

tão importante da filosofia enxuta. Se seus objetivos são definidos em termos de ideais que as organizações individuais podem nunca alcançar plenamente, então a ênfase deve estar na maneira pela qual uma organização se aproxima do estado ideal. Como explicamos no Capítulo 15, a palavra japonesa para melhoramento contínuo é *kaizen*, que é uma parte fundamental da filosofia enxuta.

O Seminário Rápido para Melhoramento do Processo

O Seminário Rápido para Melhoramento do Processo (RPIW, do inglês *Rapid Process Improvement Workshop*) é um veículo comum para alavancar o melhoramento em um nível de processo que frequentemente está associado à abordagem enxuta para o melhoramento. RPIWs (às vezes chamados de eventos *kaizen*) costumam ser seminários de três a cinco dias, que reúnem uma equipe diversificada de funcionários para examinar um processo coletivamente, com o propósito de pensar a respeito de como ele poderia ser melhorado segundo os princípios enxutos. A equipe do RPIW normalmente é composta de uma mistura de funcionários cujo trabalho cotidiano pode "tocar" no processo focal (aquele que está sendo examinado), mas eles podem não saber como seu trabalho contribui para o processo global ou como suas atividades afetam a atividade de outros. Logo, quando um processo é mapeado coletivamente por participantes do RPIW, não é incomum ouvir os membros dizendo que eles nunca notaram o que estava acontecendo em outras partes do processo, porque sempre entenderam apenas a parte deles.

Muitas vezes (mas nem sempre) um RPIW é facilitado por um ou mais indivíduos que fazem parte de uma equipe de melhoria centralizada, hábil no uso de métodos de melhoria de processos. Se o recurso permitir, a equipe de melhoria realiza uma análise detalhada dos dados de desempenho antes do RPIW, os quais são compartilhados com a equipe do RPIW na primeira manhã. O uso de dados na forma de um gráfico de execução que ilustra os defeitos do produto, os tempos de atravessamento e as pontuações de satisfação do cliente, por exemplo, pode ser um mecanismo eficaz para gerar um reconhecimento coletivo de que o processo está tendo um desempenho insatisfatório. Os teóricos clássicos da mudança, como John Kotter e Kurt Lewin, por exemplo, há muito mantêm a importância de reconhecer a existência de um problema como um primeiro passo vital para qualquer intervenção de melhoramento do processo.[7]

Ao longo dos três a cinco dias do RPIW, os membros da equipe passam do reconhecimento de um problema e um desejo coletivo de mudança para a compreensão do problema usando técnicas como "vá e veja", mapas de processos e mapeamento de fluxo de valor (ver mais adiante) para pensar sobre o estado "almejado", desejado de um processo, em que a atividade que não agrega valor é eliminada para melhorar o fluxo. Nessa hipótese, geralmente no segundo dia do seminário, ferramentas e técnicas como diagramas de causa-efeito (ver Capítulo 15) são usadas para entender a *causa raiz* de um problema e priorizar melhorias antes que a equipe conduza pequenos experimentos rápidos usando ciclos repetitivos do PDCA (novamente, ver no Capítulo 15) para testar ideias para mudanças de processo. A seleção de pessoas para o RPIW também é importante. Uma equipe eficaz pode incluir alguém que tenha autoridade para liderar a mudança, alguém que tenha *capital social* (ou seja, esteja conectado a outras pessoas que possam apoiar uma mudança do processo) para reforçar a aceitabilidade das mudanças, bem como pessoas com conhecimento *técnico* apropriado. Uma equipe do RPIW também deve incorporar um *proprietário do processo* que concorde em levar adiante as ações do evento e monitorar o progresso das mudanças.

Como encorajar o melhoramento *interrompendo a linha*

Com o nome em japonês para lanterna, a *corda de Andon* é usada para interromper as atividades quando um defeito de algum tipo é detectado. Puxar a corda *interrompe a linha*. Isso representa uma dica visual (e às vezes audível) que sinaliza claramente a presença e a localização de um problema. Nas operações que adotam essa abordagem, os funcionários têm *autoridade de parar a linha*, ou seja, têm a obrigação de alertar os outros se ocorrer um problema. Puxar a corda de Andon interrompe a linha de produção, forçando a atenção imediata na resolução de um problema. Embora isso possa parecer reduzir a eficiência da linha de produção (interrompendo o fluxo), a ideia é que essa perda de eficiência no curto prazo seja menor do que as perdas acumuladas de permitir que os defeitos continuem no processo. Em alguns casos, a menos que os problemas sejam resolvidos imediatamente, eles podem nunca ser corrigidos. A varejista *on-line* Amazon adotou o conceito da corda de Andon em resposta às reclamações dos clientes (ver o exemplo *Autonomia na Amazon* em *Operações na prática*).

OPERAÇÕES NA PRÁTICA
Autonomia na Amazon[8]

A Amazon acredita firmemente na delegação de responsabilidade aos que estão na linha de frente de seus centros de serviço. Todos os dias, os agentes de serviços da Amazon recebem chamadas de clientes que não estão satisfeitos com algum aspecto do produto que lhes foi entregue. Os agentes do cliente que lidam com essas queixas agora estão autorizados a avaliar a medida em que tais queixas podem ser sistêmicas. Nos casos em que suspeitam que seja um defeito repetitivo, os agentes de serviço podem *interromper a linha de produção* para um produto específico (puxando a *corda de Andon*). Isso envolve tirar o produto do *site* enquanto o problema está sendo totalmente investigado. De acordo com a Amazon, a visibilidade aprimorada do sistema eliminou dezenas de milhares de defeitos por ano e também deu aos agentes de serviços uma forte sensação de poder lidar de modo eficaz com as reclamações dos clientes. Agora, um agente pode não apenas reembolsar o cliente individual, mas também informar ao cliente que outros não receberão produtos até que o problema tenha sido devidamente investigado. A empresa também afirma que cerca de 98% das vezes em que a corda de Andon é puxada dessa forma realmente há um problema sistêmico, destacando o valor de confiar nos agentes de serviço para tomar decisões sensatas sobre quando interromper ou não a linha de produção.

Gemba walk — o princípio do vá e veja

Ir para o *gemba* (às vezes, também denominado *guenba*) significa ir até o local onde o problema realmente ocorre; somente assim é que a verdadeira apreciação do processo pode ser obtida. As organizações que implementam a filosofia enxuta utilizam a ideia de *gemba walk*, em que os gerentes visitam regularmente o local onde o trabalho é realizado para compreendê-lo do ponto de vista daqueles que o realizam. O *gemba walk* melhora a visibilidade da produção, promovendo maior conhecimento de como o trabalho é realizado e uma maior *conectividade* entre a gerência e o *chão de fábrica*. O axioma de orientação para o *gemba walk* é que "aqueles que realizam o trabalho sabem melhor como melhorá-lo".

Princípio de produção
Não há substituto para ver o modo como os processos operam realmente na prática.

Comentário crítico

Grande parte de nossa explicação das ideias da abordagem enxuta pode ser vista como *técnica*, no sentido de que lida com questões de como gerenciar recursos de operações em um nível tangível e específico. No entanto, muitos defensores da abordagem enxuta argumentam que a lição importante da implementação enxuta bem-sucedida é que ela deve ser incorporada à cultura organizacional. Em outras palavras, a abordagem enxuta deve se tornar "o modo como fazemos as coisas por aqui". No entanto, mudar a cultura o suficiente para impactar no sucesso da filosofia enxuta não é simples, levando (sem dúvida) anos, e poucas organizações a integraram totalmente no "modo como fazemos as coisas por aqui". Por que isso acontece? Primeiro, muitas organizações veem o enxuto principalmente como uma forma de cortar custos (fazer mais com menos). E, embora a abordagem deva oferecer um uso mais eficiente dos recursos, ela o faz buscando pequenos melhoramentos incrementais. As economias de eficiência se acumularão, mas, pelo menos no curto prazo, as economias provavelmente serão pequenas. As empresas podem perder o interesse e buscar outras maneiras de reduzir os custos com mais rapidez. Segundo, algumas organizações que utilizam RPIW podem não dar ênfase suficiente à sua natureza contínua. Embora o RPIW possa oferecer melhoramentos substanciais, os ganhos precisam ser seguidos por outros, possivelmente melhorando outros processos conectados. Esses dois pontos levam ao terceiro ponto crítico — a abordagem enxuta é uma jornada, e não um destino. É certo que isso é uma espécie de clichê de gestão; no entanto, as organizações que desejam desenvolver operações enxutas devem vê-lo como um compromisso de longo prazo. Alguns proponentes da abordagem enxuta afirmam que os primeiros cinco anos de sua implementação envolvem o desenvolvimento da capacidade de melhoramento dos funcionários, o desenvolvimento de uma compreensão da abordagem enxuta e o alinhamento da estratégia organizacional com as metas de melhoramento.

Mapeamento do fluxo de valor para compreensão do fluxo e identificação de fontes de desperdício

Para melhorar o fluxo, é preciso entender como materiais, informações e pessoas fluem ao longo de um processo. O **mapeamento do fluxo de valor** é uma abordagem simples, porém eficaz, que registra não apenas as atividades diretas de criação de produtos e serviços, mas também os sistemas de informação *indiretos* que dão suporte ao processo direto. É chamado de mapeamento de *fluxo de valor* porque se concentra na distinção entre atividades que agregam valor e atividades que não agregam valor. Isso é semelhante ao mapeamento de processos (ver Capítulo 6), mas diferente de três maneiras:

▶ Usa uma gama mais ampla de informações do que a maioria dos mapas de processo, incorporando cálculos de tempos de ciclo, tempos de espera e eficiência do processo.
▶ Geralmente está em um nível mais alto (5 a 10 atividades) do que a maioria dos mapas de processo.
▶ Muitas vezes tem um escopo mais amplo e é capaz de adotar uma perspectiva de rede de suprimento.

Um fluxo de valor refere-se a todo o conjunto de atividades que englobam a transformação de materiais, informações e clientes do início ao fim. O mapeamento do fluxo de valor é visto por muitos profissionais como um ponto de partida para ajudar a reconhecer o desperdício e identificar suas causas. É uma técnica de quatro etapas que identifica o desperdício e sugere maneiras pelas quais as atividades podem ser simplificadas. Primeiro, envolve a identificação do fluxo de valor (o processo, a operação ou a cadeia de suprimento) a ser mapeado. Segundo, envolve o mapeamento físico de um processo e, acima dele, o mapeamento do fluxo de informações que permite que o processo ocorra, o chamado mapa do *estado atual*. Terceiro, os problemas são diagnosticados e as mudanças sugeridas, criando um mapa do estado futuro que representa a melhoria do processo, operação ou cadeia de suprimento. Por fim, as mudanças são implementadas. A Figura 16.11 mostra um mapa de fluxo de valor para um serviço de instalação de ar-condicionado industrial. O próprio processo de serviço é dividido em cinco estágios relativamente grandes e vários itens de dados para cada estágio são marcados no gráfico. O tipo dos dados coletados aqui varia, mas todos os tipos de mapa de fluxo de valor comparam o tempo total de atravessamento com a quantidade de tempo de valor agregado dentro do processo maior. Nesse caso, apenas 8 das 258 horas do processo agregam valor.

Como simplificar as coisas — a técnica dos 5S

A terminologia dos 5S veio originalmente do Japão, e, embora a tradução seja aproximada, ela é geralmente adotada para representar o seguinte:

▶ **Senso de utilização** (*seiri*). Elimine o que não é necessário e mantenha o necessário.
▶ **Senso de organização** (*seiton*). Posicione as coisas de tal forma que sejam facilmente alcançadas sempre que necessário.
▶ **Senso de limpeza** (*seiso*). Mantenha tudo limpo e arrumado; nenhum lixo ou sujeira na área de trabalho.
▶ **Senso de padronização** (*seiketsu*). Mantenha sempre a ordem e a limpeza — arrumação permanente.
▶ **Senso de disciplina** (*shitsuke*). Desenvolva comprometimento e orgulho em manter padrões.

Os 5S podem ser pensados como um simples método de arrumação da casa para organizar áreas de trabalho que enfatizem ordem visual, organização, limpeza e padronização. Isso ajuda a eliminar todos os tipos de desperdício relacionados com incerteza, espera, busca de informações relevantes, criação de variação e assim por diante. Ao eliminar o que for desnecessário e ao deixar tudo limpo e previsível, a desordem é reduzida, os itens necessários estão sempre nos mesmos lugares e o trabalho fica mais fácil e mais rápido.

Adoção da gestão visual

A **gestão visual** é uma das técnicas enxutas projetadas para tornar o estado atual e planejado da operação ou processo transparente a todos, de modo que as pessoas (que trabalham ou não no processo) possam perceber muito rapidamente o que está ocorrendo. Geralmente emprega algum tipo de sinal visual, como um quadro

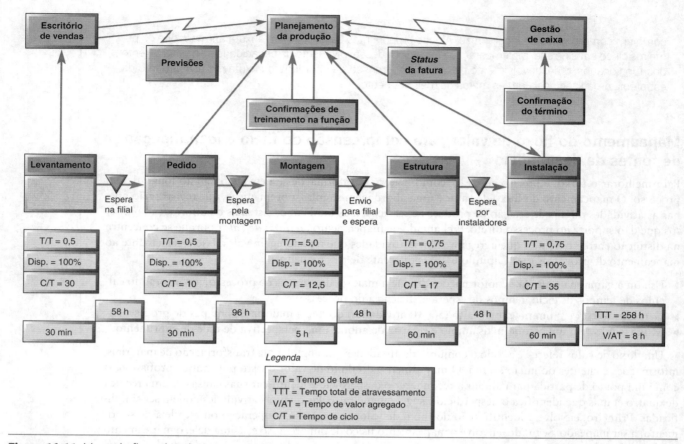

Figura 16.11 Mapa do fluxo de valor para um serviço de instalação de ar-condicional industrial.

de aviso, uma tela de computador ou simplesmente luzes ou outros sinais que mostram o que está ocorrendo. Embora um dispositivo aparentemente trivial e simples, a gestão visual oferece vários benefícios, como ajudar a:

- Atuar como um foco comum para reuniões de equipe.
- Demonstrar métodos para práticas de trabalho seguras e efetivas.
- Comunicar a todos como o desempenho está sendo avaliado.
- Avaliar em relance o status atual da operação.
- Entender as prioridades das tarefas e do trabalho.
- Avaliar seu desempenho e de outras pessoas.
- Identificar o fluxo do trabalho — o que ocorreu e o que está sendo feito.
- Identificar quando algo não ocorre conforme o planejado.
- Mostrar quais devem ser os padrões combinados.
- Fornecer *feedback* em tempo real sobre o desempenho a todos os envolvidos.
- Reduzir a dependência das reuniões formais.

OPERAÇÕES NA PRÁTICA — Gestão visual na KONKEPT

O departamento financeiro da KONKEPT, uma empresa varejista de brinquedos *on-line* com sede em Singapura, estava tendo problemas. Os níveis de serviço estavam baixos, e as reclamações, altas, enquanto o departamento tentava lidar com os pagamentos de clientes, as faturas de fornecedores e os pedidos de informação de seu centro de distribuição; tudo isso enquanto a demanda estava aumentando. Concordou-se que os processos do departamento eram caóticos e mal gerenciados, com pouco entendimento das prioridades ou como cada funcionário estava contribuindo. Para remediar essa situação, primeiro o gerente responsável pelo departamento tentou esclarecer o processo, ao definir os papéis dos indivíduos e das equipes, e passou a praticar a gestão visual. Coletivamente, os

funcionários mapearam os processos e estabeleceram objetivos de desempenho. Esses objetivos foram mostrados em um grande quadro que todos os funcionários do escritório podiam ver. No fim de cada dia, os supervisores dos processos atualizavam o quadro com o desempenho diário de cada processo. No quadro, também estavam indicadas as representações visuais de vários projetos de melhoria que estavam sendo executados pelas equipes. Todas as manhãs, os funcionários encontravam-se no que era chamada "reunião da manhã" para discutir o desempenho do dia anterior, identificar como podia ser melhorado, revisar o progresso dos projetos de melhoria em andamento e planejar o trabalho do dia seguinte. Para o pessoal da KONKEPT, a experiência ilustrou as três principais funções da gestão visual:

- Atuar como um mecanismo de comunicação.
- Encorajar o comprometimento às metas combinadas.
- Facilitar a cooperação entre os membros da equipe.

Adoção da manutenção produtiva total

A **manutenção produtiva total (MPT)** visa eliminar a variabilidade dos processos de produção causada pelo efeito das quebras. Isso é alcançado envolvendo todos na busca de melhorias na manutenção. Os funcionários são incentivados a assumir a posse de seus equipamentos e realizar tarefas de manutenção de rotina e reparos simples. Esses princípios se aplicam igualmente às operações de serviço. Por exemplo, em um lava a jato os funcionários do serviço mantêm regularmente as mangueiras, a fim de evitar tempo de inatividade desnecessário, enquanto os funcionários da universidade podem ser incentivados a "limpar" regularmente as caixas de entrada de *e-mail*, excluir arquivos antigos em seus computadores e atualizar o *software* com o objetivo de manter a disponibilidade do sistema, a velocidade e a proteção contra vírus. Ao fazer isso, os especialistas em manutenção podem ser liberados para desenvolver habilidades de mais alta ordem, a fim de aprimorar os sistemas de manutenção. A MPT será tratada em mais detalhe no Capítulo 18 sobre a gestão de risco e recuperação.

16.5 Como a produção enxuta considera o papel das pessoas?

Conforme sugerimos em discussões anteriores, para que a abordagem enxuta seja eficaz em toda a organização, é preciso prestar muita atenção às questões relacionadas com as pessoas. Isso se aplica a todos os níveis da organização. No nível da operação como um todo, isso implica mudança cultural (em que o enxuto se torna "o modo como fazemos as coisas por aqui"). Em um nível de processo ou grupo, significa aceitar a necessidade de eventos de melhoria baseados em equipe, visitando fisicamente os processos à medida que eles acontecem, como nas *gemba walks*, usando técnicas como o mapeamento do fluxo de valor e a aplicação da gestão visual. Em nível individual, isso significa treinar a equipe em princípios e técnicas enxutas e incentivar um alto grau de responsabilidade pessoal, engajamento e "posse" da tarefa. Todos são indicativos da importância do papel das pessoas nas operações enxutas.

Práticas básicas de trabalho

De modo semelhante, as denominadas *práticas básicas de trabalho* são, às vezes, usadas para implementar o princípio do *envolvimento de todos* e *respeito pelas pessoas*. Essas práticas incluem o seguinte:

- *Disciplina:* padrões de trabalho que são críticos para a segurança dos funcionários, para o meio ambiente e para a qualidade devem ser seguidos por todos e a todo o tempo.
- *Flexibilidade:* deverá ser possível expandir as responsabilidades de acordo com a capacitação das pessoas. Isso se aplica tanto a gerentes quanto ao pessoal do chão de fábrica. Devem ser removidas as barreiras para a flexibilidade, como estruturas de avaliação e práticas restritivas.
- *Igualdade:* políticas de pessoal injustas e divergentes devem ser descartadas. Muitas empresas implementam a mensagem de tratamento igualitário por meio de uniformes da empresa, estruturas de pagamento consistentes, que não diferenciam entre o pessoal de tempo integral e os que recebem por hora trabalhada, além de escritórios abertos.

- *Autonomia:* delegar responsabilidade a pessoas envolvidas nas atividades diretas, de modo que a tarefa da gerência se torna apoiar processos. A delegação inclui dar ao pessoal a responsabilidade por interromper processo no caso de problemas, programar o trabalho, colher dados de monitoramento de desempenho e solução de problemas gerais.
- *Desenvolvimento de pessoal:* com o tempo, o objetivo é criar mais membros da força de trabalho da empresa que possam dar suporte às disciplinas que os tornem mais competitivos.
- *Qualidade de vida no trabalho:* pode incluir, por exemplo, o envolvimento dos funcionários na tomada de decisão, na segurança do trabalho e no prazer de trabalhar nas instalações da empresa.
- *Criatividade:* esse é um dos elementos indispensáveis da motivação. A criatividade neste contexto significa não apenas realizar um trabalho, mas também melhorar o modo como ele é feito e adaptar a melhoria ao processo.
- *Envolvimento total das pessoas:* os funcionários assumem mais responsabilidade ao usar suas capacitações para beneficiar a empresa como um todo. Eles deverão participar de atividades, como seleção de novos contratados, envolvimento direto com fornecedores e clientes sobre as programações, problemas de qualidade e informação sobre entregas, gastos do orçamento com melhorias e planejamento e revisão do trabalho diário mediante reuniões de comunicação.

OPERAÇÕES NA PRÁTICA — Respeito![9]

Existe um estilo de programa de TV popular (*Gordon Ramsay's Kitchen Nightmares* é um exemplo do Reino Unido) que mostra como o calor da cozinha, combinado com o olhar crítico do cliente, pode inflamar o temperamento de um chef irritado, que abusa dos funcionários até a submissão. Por outro lado, o dono de restaurante de Nova York e executivo-chefe do Union Square Hospitality Group, Danny Meyer, é citado como tendo dito que *"os negócios, assim como a vida, são como você faz as pessoas se sentirem"*. Embora o conceito de ser gentil com os clientes seja amplamente entendido no setor de hospedagem, Meyer vai mais longe ao sugerir que os clientes podem provar os comportamentos incivilizados dos funcionários na comida que é servida. E o que se aplica às cozinhas comerciais também é um aspecto elementar, mas muitas vezes esquecido, da produção enxuta — "respeito pelas pessoas". Longe de ser um lembrete superficial sobre a importância de ser gentil, muitas empresas de sucesso afirmam que comportamentos respeitosos (entre funcionários de uma empresa e entre funcionários e seus clientes) estão intrinsecamente relacionados com o desempenho. Isso ocorre porque os efeitos da "incivilidade" são de longo alcance e quase sempre negativos: a produtividade sofre, a qualidade sofre, a inovação sofre e os indivíduos talentosos saem das empresas. A promoção da civilidade pode evitar que os clientes reprovem as refeições, mas, para alguns ambientes complexos, como companhias aéreas e hospitais, a incivilidade pode levar a erros bem mais catastróficos no processo. Nesses contextos de alta confiabilidade, a promoção de comportamentos respeitosos pode literalmente salvar vidas.

Ao vincular comportamentos respeitosos à segurança do paciente, o Virginia Mason Medical Center, um hospital com sede em Seattle, procurou desenvolver uma cultura de comportamentos respeitosos entre seus 5.500 funcionários. Mas ensinar as pessoas a serem gentis não é algo que pode ser realizado rapidamente. Primeiro, o hospital precisava definir e entender o que "comportamentos respeitosos" realmente significam no contexto do ambiente de produção e, então, como implementá-los, mesmo sob pressão. Como parte da exploração da civilidade, o hospital envolveu centenas de funcionários (e pacientes) em uma iniciativa para compartilhar suas experiências sobre o que eles consideravam comportamentos civilizados e não civilizados. Em seguida, usou-os como base para definir seus dez principais *comportamentos fundamentais* (ver a Figura 16.12). Para ajudar a estabelecer esses comportamentos, diversos seminários de treinamento obrigatórios foram projetados, envolvendo uma trupe de teatro encenando interações desrespeitosas com base nas experiências relatadas pelos funcionários em uma ampla gama de categorias de trabalho, cargos e experiências. Em seguida, discussões exploravam como diminuir as emoções para que comportamentos mais respeitosos pudessem se estabelecer. Um conjunto de ferramentas também foi desenvolvido para ajudar os funcionários a praticar comportamentos respeitosos com sucesso em caso de conflito, todos os quais foram solicitados a escolher dois dos dez comportamentos básicos para o autodesenvolvimento a cada ano. Desde o início da iniciativa, a gerência sênior da Virginia Mason relatou melhorias significativas no número de funcionários que se sentem mais capazes de falar se virem algo que possa afetar negativamente o atendimento ao paciente, aumentando assim a segurança deste.

Respeito para Pessoas
A EXPERIÊNCIA DO VIRGINIA MASON: PACIENTES & FAMILIARES, MEMBROS DA EQUIPE, COMUNIDADE

Comportamentos fundamentais
Todos nós temos uma função na sustentação de uma comunidade onde todos se sintam valorizados, incluídos e respeitados.

1 | Seja um jogador do time
Trabalhar em conjunto de forma colaborativa cria um ambiente onde todos se sentem engajados. Pergunte aos outros como você pode ser útil. Se surgirem problemas, confie que as pessoas têm boas intenções e compartilhe um *feedback* oportuno, específico e atencioso entre si.

2 | Ouça para entender
Ouvir bem mostra às pessoas que você está dando a elas toda a sua atenção. Faça perguntas se você não entender o que os outros estão dizendo ou pergunte como eles se sentem. Seja aberto e curioso sobre ideias diferentes das suas. A paciência ajuda — interromper pode fazer com que os outros não se sintam ouvidos.

3 | Compartilhe informações
Compartilhar as informações de que as pessoas precisam as ajuda a se sentirem preparadas e incluídas. Ao fazer isso, abra espaço na conversa para os outros falarem. Observe se você tem uma forte preferência a favor ou contra algo e esteja aberto a outras maneiras de ver a situação.

4 | Cumpra suas promessas
Cumprir os compromissos o mais rápido possível cria confiança e permite que os outros saibam que você se importa. Se você não conseguir cumprir sua palavra, avise os outros imediatamente.

5 | Fale
Falar cria um ambiente seguro para pacientes e membros da equipe. Aumente a segurança física e emocional compartilhando observações e preocupações, ouvindo e agindo quando necessário. Use "eu" ou "nós" ao compartilhar o *feedback*; dizer "você" pode fazer com que os outros se sintam na defensiva.

6 | Conecte-se com os outros
Sorrir e fazer uma conexão pessoal ajuda as pessoas a se sentirem confortáveis para interagir. Honrar as diferenças e ser gentil cria confiança e uma sensação de segurança. Envolver-se com os outros os ajuda a se sentirem incluídos.

7 | Coloque-se no lugar dos outros
Buscar compreender vários pontos de vista e experiências pode ajudar os pacientes, seus familiares e membros da equipe a se sentirem valorizados. As pessoas podem pensar ou agir de maneiras que você não conhece, e essas são oportunidades para aprender com elas. Considere como suas ações afetam os outros.

8 | Seja encorajador(a)
Encorajar mostra que você se importa com o bem-estar dos outros. Observe e celebre o crescimento, o esforço e as contribuições das pessoas sempre que puder para inspirar não só a elas, como também aquelas ao seu redor. Varie sua abordagem com cada pessoa, de acordo com a maneira como ela gosta de ser tratada.

9 | Expresse gratidão
Compartilhar um "obrigado(a)" sincero e oportuno pode fazer com que os outros se sintam apreciados. Certifique-se de incluir todos os envolvidos. Pergunte aos outros como eles gostam de receber agradecimentos — em público, em pessoa ou em particular, com uma nota ou por meio do sistema de reconhecimento do membro da equipe.

10 | Cresça e se desenvolva
Comprometer-se com o desenvolvimento pessoal pode ajudar você a adquirir novas habilidades, conhecimento e confiança. Compartilhar sua experiência também pode ajudar outras pessoas a crescer. Busque e receba *feedback* abertamente para aprimorar sua autoconsciência e suas habilidades.

Figura 16.12 Comportamentos respeitosos no Virginia Mason.

16.6 Como a produção enxuta se aplica ao longo da rede de suprimento?

Embora a maioria dos conceitos e técnicas discutidos neste capítulo seja dedicada a gerenciar os estágios dentro dos processos e os processos dentro de uma operação, os mesmos princípios podem se aplicar a toda a rede de suprimento. Nesse contexto, os estágios em um processo estão em todas as empresas, operações ou processos entre os quais os produtos fluem. Quando qualquer empresa passa a utilizar a abordagem enxuta, eventualmente irá contra as restrições impostas pela falta de sincronização das outras operações de sua cadeia de suprimento. Assim, a obtenção de ganhos maiores deve envolver a tentativa de propagar a prática enxuta entre seus parceiros na cadeia. Garantir que as redes de suprimento inteiras adotem a filosofia enxuta certamente é uma tarefa muito mais complexa do que entre os estágios individuais dentro de um processo. Provavelmente um *mix* bem mais complexo de produtos e serviços está sendo fornecido e toda a rede está sujeita a um conjunto menos previsível de eventos potencialmente destrutivos. Tornar uma cadeia de suprimento enxuta significa mais do que tornar enxuta cada operação na rede. Ao contrário, é necessário aplicar a filosofia enxuta à cadeia de suprimento como um todo, algo que é extremamente desafiador na prática.

Basicamente, os princípios da abordagem enxuta são os mesmos para uma rede de suprimento, como também são para um processo. O atravessamento rápido de uma rede de suprimento inteira é ainda mais valioso e reduzirá custos por toda a rede. Níveis menores de estoque tornarão mais fácil atingir a sincronização enxuta. O desperdício é mais evidente (e ainda maior) no nível da rede de suprimento, e reduzi-lo é ainda uma tarefa que vale a pena. O fluxo alinhado, a correspondência exata entre suprimento e demanda, o aumento da flexibilidade e a redução da variabilidade ainda são tarefas que beneficiarão a totalidade da rede. Os princípios do controle puxado podem funcionar entre operações completas, da mesma forma que podem funcionar entre os estágios de um único processo. De fato, os princípios e as técnicas da abordagem enxuta são basicamente os mesmos, não importa que nível de análise esteja sendo usado. E, como a abordagem enxuta está sendo implementada em maior escala, os benefícios também serão proporcionalmente maiores.

Princípio de produção
As vantagens da produção enxuta aplicam-se no nível de processo, operação e rede de suprimento.

Um dos pontos fracos da abordagem enxuta é a dificuldade de ser atingida quando as condições estão sujeitas a problemas inesperados. Isso é um problema especialmente com a aplicação dos princípios da sincronização enxuta no contexto de toda a rede de suprimento. Embora possam ocorrer flutuações inesperadas e problemas na produção, a administração local tem um grau razoável de controle que pode exercer para reduzi-los. Fora da operação, dentro da rede de suprimento, isso é bem mais difícil. Todavia, assume-se geralmente que, embora a tarefa seja mais difícil e mais demorada para ser alcançada, o propósito da abordagem enxuta é tão valioso para a rede de suprimento como um todo quanto o é para uma operação individual.

Comentário crítico

Pode-se argumentar que os princípios da abordagem enxuta às vezes são levados ao extremo. Quando suas ideias começaram a ter impacto na prática da produção, algumas autoridades defenderam a redução dos estoques entre processos a zero. Embora, em longo prazo, isso forneça o máximo em motivação para os gerentes de produção garantirem a eficiência e a confiabilidade de cada etapa do processo, não admite a possibilidade de alguns processos serem sempre intrinsecamente menos que totalmente confiáveis. Uma visão alternativa é que se permitam estoques (ainda que pequenos) em torno dos estágios do processo com incerteza acima da média. Pelo menos, isso permitirá alguma proteção para o restante do sistema. As mesmas ideias se aplicam à entrega enxuta entre as fábricas. Graves interrupções nas cadeias de suprimentos, como os efeitos do *tsunami* japonês em 2011 e da COVID-19 em 2020, fizeram com que muitas fábricas no exterior fechassem por um tempo devido à escassez das principais peças.

CAPÍTULO 16 PRODUÇÃO ENXUTA **575**

Operações responsáveis

Em cada capítulo, sob o título de Operações responsáveis, *resumimos como o tópico específico tratado no capítulo aborda importantes questões sociais, éticas e ambientais.*

Existem dois elementos da produção enxuta que unem o conceito e sobre os quais os gerentes de produção responsáveis precisam pensar cuidadosamente em termos de tratamento. O primeiro é o foco às vezes implacável na eliminação de desperdícios, e o outro é como o conceito de *respeito pelas pessoas* é praticado.

A eliminação de desperdícios é claramente central para a produção enxuta, mas pode ser levada ao extremo. Pode haver elementos importantes e necessários em qualquer trabalho que não sejam imediatamente óbvios para aqueles que não o realizam. Uma abordagem ingênua ou excessivamente entusiasmada para identificar e eliminar o desperdício pode eliminar elementos que desempenham um papel não óbvio, porém importante. Tão importante quanto isso, uma obsessão com a eliminação de desperdícios pode deixar a equipe operacional se sentindo pressionada e estressada. Por exemplo, os períodos passados sem trabalhar (tempo de inatividade) geralmente seriam considerados "desperdício". Contudo, mesmo em trabalhos relativamente rotineiros, esses períodos podem ser necessários para descanso e reflexão. Removê-los poderia simplesmente aumentar a sensação de pressão. Um foco excessivo na redução de desperdício pode colidir com outro aspecto importante da filosofia enxuta — o respeito pelas pessoas.

Enquanto os defensores da filosofia enxuta destacam a importância do pilar *respeito pelas pessoas*, poucos procuram explicar o que é ou por que ele é importante. Talvez seja porque o conceito é fundamentalmente estranho, dada a resposta antecipada: *"é claro que você deve ser gentil com as pessoas"*. O que talvez seja menos óbvio é o custo da falta de civilidade nas medidas de produtividade e qualidade do resultado do trabalho. O *bullying* e a grosseria geral com os outros são surpreendentemente comuns. De acordo com os professores Porath e Pearson,[10] que escreveram para a *Harvard Business Review*, 98% dos trabalhadores relataram ter experimentado comportamento não civilizado e mais da metade afirmou ter sido tratada com grosseria pelo menos uma vez por semana. A pesquisa identificou as seguintes consequências da falta de civilidade:

▶ 48% diminuíram intencionalmente seu esforço de trabalho.
▶ 38% diminuíram intencionalmente a qualidade de seu trabalho.
▶ 66% disseram que seu desempenho diminuiu.
▶ 78% disseram que seu compromisso com a organização diminuiu.
▶ 12% disseram que deixaram o emprego em virtude do tratamento não civilizado.
▶ 25% admitiram descontar sua frustração nos clientes.

Além disso, os efeitos da falta de civilidade não se limitam àqueles que recebem a grosseria, mas também afetam negativamente a produtividade daqueles que observam o mau comportamento. E, se alguém ainda não está convencido da importância do *respeito pelas pessoas*, em julho de 2018 um médico da emergência fez uma apresentação em uma conferência internacional de saúde com abordagem enxuta, com o título sensato: "Idiotas matam pessoas".

Respostas resumidas às questões-chave

16.1 O que é produção enxuta?

▶ Abordagens enxutas entregam exatamente o que os clientes valorizam (qualidade perfeita), em quantidades exatas (nem muito nem pouco), exatamente quando elas são necessárias (nem cedo nem tarde), exatamente onde é necessário (no local certo) e com o menor custo possível.

▶ A abordagem enxuta pode ser vista como tendo três papéis distintos, cada um com uma perspectiva diferente.

— Enxuto é uma filosofia que coloca o valor do cliente no centro da produção.

— Enxuto é uma abordagem para fluxo de planejamento e controle da produção.

— Enxuto é um conjunto de ideias para melhorar o desempenho da produção.

16.2 Como a produção enxuta considera o fluxo?

▶ A produção enxuta utiliza o *controle puxado* para gerenciar o fluxo de produtos e serviços, diferentemente do *controle empurrado*, mais tradicional. O método mais comum para dar suporte ao controle puxado é o uso de *kanbans*, dispositivos de sinalização simples que impedem o acúmulo de estoques de materiais, clientes e informações.

▶ A abordagem enxuta aconselha a retirada de estoque para expor problemas operacionais. Dá menos ênfase à maximização da utilização da capacidade, uma vez que há pouco valor em produzir produtos ou processar clientes se o próximo estágio do processo não estiver pronto para recebê-los.

16.3 Como a produção enxuta considera (e reduz) o desperdício?

▶ A produção enxuta identifica três causas de desperdício — *muda* (presença de atividades que não agregam valor ao cliente), *mura* (processos que não têm consistência) e *muri* (solicitações desnecessárias ou irracionais colocadas no processo).

▶ A abordagem enxuta identifica sete tipos de desperdício, que, juntos, formam impedimentos ao fluxo. São eles: desperdício por superprodução, espera, transporte, processamento demasiado, estoque, movimentação e defeito/retrabalho. Um oitavo desperdício também é citado com frequência: deixar de ter acesso ao talento e ao conhecimento das pessoas de uma organização e estimulá-los.

▶ Outros métodos de remoção do desperdício incluem a análise do arranjo físico da operação, a melhoria da flexibilidade do processo e a minimização da variabilidade.

16.4 Como a produção enxuta considera o melhoramento?

▶ O melhoramento contínuo forma o núcleo da produção enxuta, mas os objetivos quase sempre são expressos como ideais.

▶ O Seminário Rápido para Melhoramento do Processo (RPIW, do inglês *Rapid Process Improvement Workshop*) é um veículo comum para alavancar o melhoramento em nível de processo.

▶ Os métodos para efetuar o melhoramento incluem interromper o processo quando um defeito é descoberto, usar mapas de fluxo de valor, usar a técnica dos 5S e usar a gestão visual.

16.5 Como a produção enxuta considera o papel das pessoas?

▶ A produção enxuta trata tanto de pessoas quanto de métodos e ferramentas. A mudança cultural é um objetivo importante da implementação da abordagem enxuta, com ênfase particular no envolvimento de todos os funcionários na condução de melhoramentos contínuos (*kaizen*), de modo que a filosofia enxuta se torne "o modo como fazemos as coisas por aqui".

▶ A abordagem enxuta exige que as operações prestem atenção aos comportamentos *respeitosos*. O papel das pessoas e os comportamentos respeitosos representam um aspecto central, mas frequentemente negligenciado, da produção enxuta.

16.6 Como a produção enxuta se aplica ao longo da rede de suprimento?

▶ A maioria dos conceitos e técnicas da abordagem enxuta, embora geralmente descritos como aplicados aos processos e às operações individuais, também se aplica às redes de suprimento inteiras.

| ESTUDO DE CASO | St Bridget's Hospital: sete anos de métodos enxutos[11] |

Quando se decidiu introduzir a metodologia enxuta no Saint Bridget's Hospital há sete anos, a intenção citada foi melhorar a produtividade e, ao mesmo tempo, a qualidade do atendimento ao paciente. O St Bridget's é um dos principais hospitais da área de Gotemburgo, na Suécia. Administrado por uma empresa privada, o St Bridget's é um pouco diferente de qualquer outro hospital sueco: para seus pacientes, o tratamento é gratuito após o pagamento de uma taxa mínima que é universal na Suécia. Nos últimos anos, o St Bridget's desenvolveu a reputação de estar na vanguarda da implementação da abordagem enxuta em um hospital. Embora inicialmente céticos sobre a aplicabilidade dessa filosofia em uma organização de serviços tão complexa, os executivos do hospital (incluindo o executivo-chefe) agora falam regularmente em conferências de saúde sobre as experiências de implementação da abordagem enxuta no St Bridget's.

"Nunca pensei que a implementação enxuta traria os tipos de benefícios que ela oferece", disse Denize Ahlgren, que se tornou CEO há cinco anos. "No início, adotamos métodos enxutos na esperança de poder reduzir nossos custos e, para ser sincera, esperávamos fazer 'mais com menos'. No entanto, apesar de vários RPIWs acontecerem, e nossa equipe ser quase totalmente crédula sobre a diferença que os RPIWs fizeram em seu trabalho, era difícil evidenciar economias tangíveis nos custos. Depois de um tempo, percebemos que os ganhos financeiros por meio de métodos de melhoramento contínuo, como a abordagem enxuta, dependem de um acúmulo de muitos pequenos ganhos ao longo de vários anos, antes de se tornarem visíveis em um nível organizacional, principalmente em uma organização complexa como um hospital. Além disso, encontrar maneiras de quantificar esses ganhos e atribuí-los diretamente à implementação de métodos enxutos foi algo realmente desafiador. Como organização, demos um voto de confiança: que melhorar o valor para nossos pacientes, por meio da eliminação contínua de desperdícios, proporcionaria um atendimento melhor e mais seguro, que, em última análise, custaria menos."

Após sete anos de implementação de métodos enxutos, o St Bridget's desenvolveu uma compreensão mais madura do enxuto como filosofia. O diretor de produção, Lars Andersson, reflete sobre o que chama de jornada enxuta do St Bridget's: "Quando começamos, vimos o método enxuto como um conjunto de ferramentas para identificar e eliminar desperdícios. Dadas nossas pressões em torno das finanças e a necessidade de ver mais pacientes com o mesmo (ou menos) recurso, a equipe estava cada vez mais vendo o método enxuto como um exercício de corte de custos. Posteriormente, os médicos resistiram a se envolver com o método, expressando seu desprezo pelos esforços para padronizar seu trabalho e reduzir os recursos médicos para economizar dinheiro". Denize relembrou um incidente em que um cirurgião cardíaco começou a xingar uma jovem enfermeira porque eles tinham apenas um conjunto de instrumentos cirúrgicos, em vez dos três que ele costumava ter (apenas no caso de algum deles quebrar). "Nem foi culpa da enfermeira", disse Denize, "a configuração da bandeja cirúrgica foi alterada em decorrência de um RPIW, quando foi tomada

a decisão de reduzir o tempo necessário para preparar a sala e ajudar os centros cirúrgicos a iniciar as cirurgias dos pacientes a tempo. A mudança também reduziu os custos de funcionamento dos centros cirúrgicos, pois todos os instrumentos precisavam ser esterilizados após a cirurgia, quer fossem usados, quer não. Em última análise, a redução dos tempos de preparação nos permitiu aumentar o número de cirurgias que conseguimos realizar em um dia — o que significa que mais pacientes recebem tratamento em pouco tempo." Refletindo sobre o incidente, Denize destaca a importância de engajar as pessoas na melhoria. "Ninguém gosta de ter melhorias 'feitas' para eles. Os cirurgiões são particularmente sensíveis a mudanças, especialmente se sentem que os gerentes estão tomando decisões sem consultar seus conhecimentos ou entender por que um processo é preparado dessa maneira", disse ela. "Esse incidente certamente exemplificou os problemas culturais que estávamos tendo como organização na época." Embora o cirurgião tivesse boas razões para rejeitar a mudança (os instrumentos cirúrgicos podem quebrar e, portanto, era essencial que houvesse um conjunto adicional caso fosse necessário), o comportamento direcionado à jovem enfermeira não era aceitável. O cirurgião foi obrigado a concluir um curso sobre comportamento respeitoso, mas, infelizmente, a jovem enfermeira ausentou-se por um tempo antes de deixar o St Bridget's e a enfermagem para sempre.

Anders Karlsson é o chefe de uma equipe de facilitadores de melhoria no St Bridget's. Ele descreve os últimos sete anos como um processo de aprendizado, por meio do qual eles desenvolveram uma compreensão mais madura das operações enxutas. "Agora reconhecemos que o método enxuto tem que ser mais do que um conjunto de ferramentas para otimizar processos, que devemos nos engajar, capacitar e conectar nossa equipe para trabalhar em conjunto e coletivamente fazer do St Bridget's o melhor lugar para a equipe trabalhar e oferecer o melhor atendimento aos nossos pacientes. Agora temos um número significativo de funcionários treinados em métodos enxutos ou que participaram de RPIWs. Quando começamos, fizemos pequenos RPIWs muitas vezes muito bem-sucedidos, mas, ao refletir, as áreas onde a melhoria ocorria estavam desconectadas de outras partes da organização e nunca ofereceriam o impacto organizacional a que a equipe de liderança aspirava. Hoje, porém, todos nesta organização entendem a importância do melhoramento contínuo. Nem todo mundo completou o treinamento sobre a abordagem enxuta, mas eu gostaria de pensar que todo mundo conhece alguém que foi treinado em métodos enxutos e eles podem trabalhar em conjunto para melhorar juntos. Médicos, enfermeiros, anestesistas e até nossa equipe de suporte colaboram regularmente e compartilham ideias de melhoria. A melhoria não é mais considerada um 'complemento' ou algo que é bom fazer se tivermos tempo, mas agora é parte integrante do nosso trabalho diário."

Um estilo diferente de liderança

Denize faz questão de salientar que, embora a liderança estável seja importante para a implementação bem-sucedida da abordagem enxuta em qualquer organização, o St Bridget's descobriu que adotar um *estilo* de liderança diferente também era importante. *"Talvez um dos aspectos mais difíceis da implementação enxuta seja a necessidade de um tipo diferente de liderança. A maioria de nós se torna líder porque demonstramos que somos bons em resolver problemas e combater incêndios. Em minha carreira, vi muitos líderes batendo com os punhos na mesa, exigindo que os funcionários resolvam os problemas hoje! Também vi profissionais que recebiam esse tratamento e se derramavam em lágrimas, escondendo-se de seu gerente nos banheiros! O método enxuto nos ensina que as pessoas que realizam o trabalho, que conhecem seu trabalho, estão em melhor posição para melhorá-lo. Uma das lições mais importantes que compartilho quando estou falando em conferências é que os líderes — o executivo-chefe, um cirurgião cardíaco mundialmente reconhecido, um gerente de ala ou o chefe da cantina do hospital — devem capacitar a equipe para liderar a mudança na linha de frente. Devemos nos tornar 'localizadores de problemas' em vez de solucionadores de problemas. Ao localizar problemas, damos permissão às pessoas que conhecem o trabalho para melhorá-lo."*

Um conjunto claro de valores: a maneira do St Bridget's

Nos anos anteriores à nomeação de Denize como CEO, o St Bridget's passou por várias mudanças de liderança. Com cada novo líder vinha uma nova solução para melhorar o desempenho. Os funcionários ficavam frustrados e relatavam que estavam cansados de gerentes alegando fidelidade à última *moda de gestão*. A pesquisa anual da equipe do St Bridget's mostrou que a equipe não estava feliz trabalhando no hospital, e o *bullying* era muito comum; além disso, os dados da pesquisa com os pacientes revelaram que muitos deles não recomendariam o hospital a familiares e amigos. *"Quando me tornei CEO, sabia que havia muito trabalho a fazer para mudar a organização. Torná-la um lugar melhor para nossa equipe trabalhar e oferecer cuidados da mais alta qualidade e segurança aos pacientes era minha prioridade número um."* Imediatamente após a nomeação, Denize começou a ouvir e consultar todos os 4.500 funcionários de toda a organização. Ela explica: *"Usamos uma plataforma de crowdsourcing para 'reunir a sabedoria das multidões'. Pedimos a todos os funcionários que nos dissessem como é trabalhar aqui e como eles acham que deveriam ser os comportamentos e valores esperados do St Bridget's Hospital. O exercício foi muito bem-sucedido, e quase todos os funcionários expressaram suas opiniões diretamente à liderança por meio da plataforma. A partir desse exercício, a liderança foi capaz de articular claramente um conjunto de valores organizacionais ao qual todos os funcionários poderiam aderir".* Denize explica sua crença de que organizações complexas exigem valores e objetivos declarados de forma simples. *"Desse modo, você pode orientar tudo isso para alcançar os mesmos objetivos compartilhados."*

No St Bridget's, esses três valores organizacionais podem ser encontrados orgulhosamente nas paredes do hospital:

1. Fornecer o melhor atendimento possível (sem danos evitáveis e sem desperdício).

2. Alegria e orgulho no trabalho (moral elevado da equipe, comportamentos respeitosos e empoderados para conduzir as melhorias).

3. O paciente está no centro de tudo o que fazemos.

"Espero que todos os membros da nossa organização saibam quais são esses valores", disse Denize. *"Eles representam nosso Verdadeiro Norte. Tudo o que fazemos nesta organização, incluindo todas as atividades de melhoria, deve estar alinhado aos nossos valores. Chamamos isso de 'A maneira do St Bridget's', a base de tudo o que fazemos."*

Envolvendo todos

Conseguir que os médicos seniores aderissem à metodologia enxuta como o *modo como fazemos as coisas por aqui* foi muito bem-sucedido no St Bridget's, explica a diretora de operações, Ingrid Karlsson. *"Levou sete anos, mas todos fizeram o treinamento da abordagem enxuta, todos passaram pelo processo, todos se converteram, você sabe. Veja Par Gustafson, por exemplo. Ele é um radiologista muito maduro, ele veio para cá há uns três anos, vindo de outro hospital. Muito, muito experiente, mas estava desconfortável com alguns dos métodos enxutos e com a linguagem associada (gemba e kaizen, por exemplo). Ele me procurou e disse 'sabe, essa linguagem, é tudo um pouco engraçado'. Nós o colocamos no curso de treinamento em metodologia enxuta e agora ele é um crédulo! Ele está completamente convertido. Sabe, ele caiu dentro."*

Destacando o importante papel dos princípios e métodos enxutos no St Bridget's, Ingrid relembra um RPIW recente para encurtar o tempo de diagnóstico para pacientes com suspeita de câncer. Ingrid explica: *"Temos quatro máquinas de escaneamento da cabeça de última geração e dois escâneres corporais muito caros e poderosos. Então, examinamos muitas pessoas, como na maioria dos hospitais. Na semana passada, reunimos 25 pessoas em uma sala, radiologistas, técnicos, cirurgiões, todos trabalhando juntos nisso, e porteiros, porque é muito importante termos maior abrangência de funcionários, pois muitas vezes temos perspectivas muito diferentes. De qualquer forma, estávamos procurando simplificar o caminho do câncer, mas, como um aparte, as pessoas começaram a dizer: 'Uau, examinamos um grande número de pacientes todos os dias, sete dias por semana, e fazemos um exame de sangue completo em cada paciente que é examinado. Por que estamos fazendo isso?'. Ninguém realmente sabia — nós apenas fizemos isso porque é o que sempre fizemos! Agora, 75% dos pacientes que são examinados não fazem exame de sangue. Isso é incrível. Significa que 75% dos pacientes têm uma experiência melhor porque não estão recebendo uma agulha no braço nem esperando. Isso diminuiu a pressão da equipe de radiologia, além da equipe de patologia, e o paciente passa por uma experiência muito melhor".*

Funciona, melhora as coisas para os pacientes

À medida que mais partes do hospital se convenceram da eficácia da abordagem enxuta, as melhorias no fluxo de pacientes e na qualidade começaram a se acumular. Algumas das primeiras melhorias foram relativamente simples, como uma mudança de sinalização (para evitar que os pacientes se perdessem). Como parte de seu treinamento enxuto, os funcionários são obrigados a implementar métodos enxutos, como os 5S e a gestão visual. Os benefícios dessas ferramentas simples podem ser muito surpreendentes. Na farmácia, por exemplo, descobriu-se que 30% dos medicamentos estavam vencidos. A retirada desses medicamentos não apenas melhorou a segurança do paciente, mas também levou a equipe a pensar em maneiras melhores (mais visuais) de gerenciar o estoque para evitar a falta de alguns e o excesso de outros. Essa tarefa simples também levou a uma revisão dos suprimentos farmacêuticos, em colaboração com a equipe de compras. *"Tivemos sorte de alguns dos caras que trabalham em compras terem treinamento em metodologias enxutas, e eles realmente entenderam como isso poderia melhorar o desempenho de seu departamento"*, disse Ingrid. *"Estimamos uma economia de mais de 1 milhão de coroas suecas como resultado de uma colaboração ocasional entre Ranjiv, da farmácia do hospital, e o pessoal de compras — e nem precisamos realizar um RPIW!"*

O melhor nunca termina!

Denize Ahlgren sente que o hospital percorreu um longo caminho em sua jornada pela filosofia enxuta, mas ela diz que ainda há um longo caminho a ser percorrido. *"Tivemos alguns ganhos impressionantes como organização, no entanto devemos continuar melhorando. Nossa situação financeira está melhorando lentamente, mas não podemos ser complacentes. Desde que assumi o cargo de CEO, tomei muito cuidado para não vincular nosso trabalho de melhoria à economia de dinheiro. Recentemente, introduzimos um programa de redução de desperdício (WRP, do inglês waste reduction programme) no qual solicitamos aos funcionários que documentem os desperdícios que eliminaram por meio do trabalho de melhoria. Isso nos permite capturar economias financeiras de forma alinhada aos objetivos da organização. O WRP tem sido incrivelmente bem-sucedido, e as pessoas estão realmente interessadas em eliminar o desperdício. A ironia aqui é que a equipe quer dar um passo adiante e quantificar esse desperdício em termos de economia de custos! Eles têm orgulho de nos contar como e o quanto de dinheiro economizaram!"*

"Mas sempre podemos fazer mais", diz Denize. *"Lembro-me de alguns anos atrás como um de nossos médicos, Fredrik Olsen, médico-chefe da clínica de dores lombares do St Bridget's, pensou que sua clínica poderia se beneficiar de uma abordagem mais radical. 'Precisamos ir para o próximo nível', disse ele. 'Toda a filosofia da Toyota está preocupada com o fluxo síncrono constante, mas ainda não entendemos isso aqui. Eu sei que estamos relutantes em falar sobre estoques de pacientes, mas é exatamente isso que são as salas de espera. Eles são estoques de pessoas, e nós os usamos exatamente da mesma maneira que os fabricantes pré-enxutos — para proteger contra as incompatibilidades de curto prazo entre oferta e demanda. O que devemos fazer é atacar as causas da incompatibilidade. As salas de espera estão nos impedindo de avançar para um fluxo suave e de valor agregado para nossos pacientes.'"*

Fredrik havia proposto desmantelar a atual sala de espera da clínica de dores lombares e substituí-la por dois consultórios extras, para adicionar aos dois consultórios existentes. As consultas dos pacientes seriam em horários específicos, em vez de eles serem solicitados a chegar "no horário" (efetivamente em lotes), como acontece atualmente. Uma enfermeira obtinha os dados dos pacientes e fazia alguns exames preliminares, depois chamava o médico especialista. Os níveis de pessoal durante os horários da clínica seriam controlados por uma enfermeira, que também monitoraria a chegada dos pacientes, os direcionaria para os consultórios e organizaria quaisquer consultas de acompanhamento (para exames de ressonância magnética, por exemplo).

"Ainda não tenho certeza da proposta de Fredrik", admite Denize. *"Parece que é ir longe demais. Médicos são recursos caros, não podemos oferecer horários individuais aos pacientes porque, se eles chegarem atrasados, aí o médico tem que esperar. Os pacientes estão acostumados a esperar até que um médico possa vê-los e estão felizes em fazê-lo, então não tenho certeza de quais benefícios resultariam da proposta. Agora adicionamos uma tela de TV em todas as salas de espera para que os pacientes possam se distrair enquanto esperam. Não podemos nos dar ao luxo de equipar dois novos consultórios se eles não forem totalmente utilizados."*

QUESTÕES

1. Denize admite que o hospital inicialmente implementou o método enxuto porque precisava economizar dinheiro, mas agora sente que foi um erro. Você concorda que não é sensato vincular a produção enxuta com economia de dinheiro? Descreva os argumentos a favor e contra a implementação da abordagem enxuta para economizar dinheiro.

2. Usando exemplos do estudo de caso, explique quais fatores permitiram a implementação bem-sucedida da filosofia enxuta no St Bridget's pelos últimos sete anos.

3. Denize ainda não consegue enxergar os benefícios da proposta de Fredrik. Qual o motivo disso, na sua opinião? Considere o seguinte:

   ▶ Os benefícios de desmantelar a sala de espera da clínica compensam a subutilização dos quatro consultórios?
   ▶ Como Fredrik poderia convencer Denize de que ter capacidade extra é uma boa ideia?

4. No capítulo, discutimos o papel central das pessoas nas operações enxutas. O que isso significa na prática e quais exemplos você pode ver no estudo de caso que destacam a importância de entender os aspectos sociais e técnicos do método enxuto? (Dica: veja o exemplo do cirurgião que ficou chateado porque o número de instrumentos em suas bandejas foi reduzido.)

580 **PARTE 4** DESENVOLVIMENTO

Problemas e aplicações

Todos os capítulos dispõem de questões do tipo *Problemas e aplicações*, que ajudarão o leitor a praticar a análise das operações. Elas podem ser respondidas com a leitura do capítulo.

1. Defina o conceito de enxuto conforme se aplicaria a um hospital.

2. A empresa de roupas por venda postal Zucchero, em Milão, recebe formulários de pedido, digita os dados do cliente, verifica as informações fornecidas por estes e, se os produtos estiverem em estoque, confirma o pagamento e processa o pedido. Durante um dia médio de 8 horas, 150 pedidos são processados. Geralmente, 225 pedidos estão esperando para serem processados ou "em andamento". Leva 20 minutos para todas as atividades necessárias para processar um pedido. Qual é a eficiência de atravessamento do processo?

3. Considere este registro de um voo comum. "*O café da manhã foi um pouco corrido, mas saímos de casa às 6h15. Tive que voltar alguns minutos depois, porque esqueci meu passaporte. Consegui encontrá-lo e sair (de novo) às 6h30. Chegamos ao aeroporto às 7 h, deixei Ângela com as malas no terminal e fui para o estacionamento. Por fim, encontrei uma vaga no estacionamento depois de 10 minutos. Esperei 8 minutos pelo ônibus de cortesia. Viagem de 6 minutos de volta ao terminal, começamos a fazer fila nos balcões de check-in às 7h24. Vinte minutos de espera. Por fim, fizemos o check-in e descobrimos que nos deram assentos em diferentes extremidades do avião. A equipe foi prestativa, mas levou 8 minutos para resolver o problema. Aguardamos na fila pelas triagens de segurança por 10 minutos. A segurança decidiu que eu pareço suspeito e revistou as malas por 3 minutos. Chegamos perto do portão de embarque às 8h05. Passamos 1 hora e 5 minutos no local, lendo revistas de informática e olhando pequenas lembranças de plástico. Finalmente, o voo é anunciado às 9h10, e levamos 2 minutos para correr até o portão e ficar na fila por mais 5 minutos. Atravessamos o portão e seguimos para a ponte de embarque, onde há uma fila contínua para entrar no avião, mais 4 minutos, mas finalmente nos sentamos às 9h21. Aguardamos o avião receber os outros passageiros por 14 minutos. O avião começa a taxiar para a pista às 9h35. Filas de avião para decolar por 10 minutos. O avião decola às 9h45. Voo tranquilo para Amsterdã, durante 55 minutos. Aguardamos na fila de aviões esperando para pousar por 10 minutos. Aterrissamos no Aeroporto Schiphol às 10h50. Taxiamos para o terminal e esperamos 15 minutos para desembarcar. Desembarque às 11h05 e caminhamos até a esteira de bagagens (passamos no banheiro a caminho), chegamos à esteira de bagagens às 11h15. Aguardamos a bagagem por 8 minutos. Passamos pela alfândega (não fui revistado pela segurança holandesa, que decidiu que pareço confiável) e nos dirigimos ao ponto de táxi às 11h26. Aguardamos o táxi por 4 minutos. No táxi às 11h30, 30 minutos de viagem para Amsterdã. Chegamos ao hotel às 12h.*"

   (a) Analise a viagem em termos de tempo de valor agregado (realmente indo a algum lugar) e tempo sem valor agregado (o tempo gasto em filas etc.).

   (b) Visite os *sites* de duas ou três companhias aéreas e examine seus serviços de classe executiva e de primeira classe para procurar ideias que reduzam o tempo sem valor agregado para clientes dispostos a pagar o preço.

   (c) Na próxima vez que você for viajar, cronometre cada parte da viagem e faça uma análise semelhante.

4. Um processo de abertura de seguro consiste nas etapas separadas a seguir.

Etapa	Tempo de processamento por pedido (minutos)	Média de trabalhos em andamento antes da etapa
Entrada de dados	30	50
Busca de detalhes do cliente	5	1.500
Avaliação de risco	18	100
Inspeção	15	50
Avaliação da apólice	20	100
Despacho da proposta	10	100

Qual é o percentual de valor agregado para o processo? (Dica: use a Lei de Little para calcular o tempo que os pedidos precisam esperar em cada etapa antes que eles sejam processados. A Lei de Little é explicada no Capítulo 6.)

5. Examine o processo de marcação de uma tarefa na qual você está trabalhando no momento. Tipicamente, qual é o tempo gasto entre a entrega da tarefa e o recebimento de volta com comentários? Quanto desse tempo você acredita que seja tempo de valor agregado?

6. Um processo de produção precisa produzir 980 unidades do produto X, 560 do produto Y e 280 do produto Z em um período de quatro semanas. Se o processo funciona sete horas por dia e cinco dias por semana, elabore um programa de produção por hora que satisfaça a essa demanda. (Dica: ver a seção Nivelamento das programações de produto ou serviço [*heijunka*].)

7. Examine os tempos de valor agregado *versus* sem valor agregado para alguns outros serviços. Por exemplo, enviar uma carta (o tempo decorrido é entre colocar a carta no correio e ela ser entregue ao destinatário). Quanto desse tempo decorrido você acha que é tempo de valor agregado? Como você pode reduzir o tempo que não agrega valor (NVA) do ponto de vista do cliente?

8. Um médico, em uma tentativa de enfatizar a necessidade de civilidade, usou o *slogan* "Idiotas matam pessoas". O que ele quis dizer com isso?

9. Reexamine o exemplo *O surgimento do* kanban *pessoal* em *Operações na prática*. Crie a sua própria "lista de *kanban*", conforme descrita no exemplo.

10. Como uma empresa criativa, como uma agência de propaganda ou estúdio de cinema, poderia adotar os princípios enxutos?

Leitura complementar selecionada

Bicheno, J. e Holweg, M. (2016) *The Lean Toolbox: The Essential Guide to Lean Transformation*, 5. ed., **PICSIE Books, Buckingham.**
Um guia prático preparado por duas autoridades europeias em questão de práticas enxutas.

Mann, D. (2017) *Creating a Lean Culture: Tools to Sustain Lean Conversions*, 3. ed., **Productivity Press, Nova York.**
Trata do lado comportamental da filosofia enxuta.

Modig, N. e Ahlstrom, P. (2012) *This is Lean: Resolving the Efficiency Paradox*, **Rheologica Publishing, Estocolmo.**
Este livro fornece um guia muito prático sobre o que é a abordagem enxuta e sua aplicação em diversos setores. O livro não apenas demonstra uma compreensão clara de como os diversos aspectos da abordagem se unem, mas também o faz de uma forma bastante clara.

Womack, J.P., Jones, D.T. e Roos, D. (2007) *The Machine that Changed the World*, **Simon & Schuster, Londres.**
Um dos livros mais influentes sobre a prática de administração da produção dos últimos cinquenta anos. Firmemente enraizado no setor automotivo, mas fez muito para estabelecer a metodologia enxuta/JIT.

Womack, J.P. e Jones, D.T. (2003) *Lean Thinking: Banish Waste and Create Wealth in Your Corporation*, **Free Press, Nova York, NY.**
Algumas das lições de The Machine that Changed the World, mas aplicadas em um contexto mais amplo.

Notas do capítulo

1. A edição mais recente (quando este livro foi escrito) é Womack, J.P., Jones, D.T. e Roos, D. (2007) *The Machine that Changed the World*, Simon and Schuster, Londres.

2. As informações nas quais este exemplo é baseado foram retiradas de: *site* da Toyota, https://global.toyota/en/company/ (Acesso em: set. 2021).

3. Ohno, T. e Bodek, N. (2019) *Toyota Production System: Beyond Large-scale Production*, Productivity Press, Nova York, NY.

4. As informações nas quais este exemplo é baseado foram retiradas de: Corbett, S. (2004) Applying lean in offices, hospitals, planes, and trains, apresentação em The Lean Service Summit, Amsterdã, 24 jun.

5. As informações nas quais este exemplo é baseado foram retiradas de: Burgess, M. (2018) Airbus is going to start putting beds in airplane cargo holds, *Wired*, 11 abr., http://www.wired.co.uk/article/airbus-sleeping-pods-naps-cargo-hold-zodiac-330 (Acesso em: set. 2021).

6. Exemplo escrito e fornecido por Janina Aarts e Mattia Bianchi, Department of Management and Organization, Stockholm School of Economics.

7. Para obter uma discussão sobre essas ideias, ver, por exemplo, Burnes, B. (2004) Kurt Lewin and the planned approach to change: a re-appraisal, *Journal of Management Studies*, 41 (6) 977-1002.

8. As informações nas quais este exemplo é baseado foram retiradas de: Onetto, M. (2014) When Toyota met e-commerce: lean at Amazon, *McKinsey Quarterly*, No. 2; Liker, J. (2021) *The Toyota Way: 14 Management Principles from the World's Greatest Manufacturer*, 2. ed., McGraw Hill, Nova York, NY.

9. As informações nas quais este exemplo é baseado foram retiradas de: Porath, C. e Pearson, C. (2013) The price of incivility, *Harvard Business Review*, 91 (1-2) 115-121; Chafetz, L.A., Forsythe, A.M., Kirby, N., Blackmore, C.C. e Kaplan, G.S. (2020) Building a culture of respect for people, *NEJM Catalyst Innovations in Care Delivery*, 1 (6).

10. Porath, C. e Pearson, C. (2013) The price of incivility, *Harvard Business Review*, 91 (1-2) 115-21.

11. Este caso é baseado no trabalho de vários hospitais reais, na Escandinávia e em outras partes do mundo, que usaram os conceitos de produção enxuta para melhorar seu desempenho. No entanto, todos os nomes e lugares são fictícios e nenhuma conexão com nenhum hospital específico é pretendida.

17 Gestão da Qualidade

QUESTÕES-CHAVE

17.1 O que é qualidade e por que é tão importante?

17.2 Que etapas levam à conformidade de acordo com as especificações?

17.3 O que é gestão da qualidade total?

INTRODUÇÃO

A gestão da qualidade sempre foi uma parte importante da administração da produção, mas sua posição e seu papel no assunto mudaram. Houve um tempo em que foi vista em grande parte como uma atividade essencial, mas de *rotina*, que impedia que os erros tivessem um impacto sobre os clientes (e que teria sido localizada inequivocamente na seção *Entrega* deste livro). E essa função ainda existe. Cada vez mais, porém, a gestão de qualidade é vista como também tendo uma parte a desempenhar no melhoramento da produção. A gestão da qualidade pode contribuir para o melhoramento ao fazer as mudanças nos processos operacionais que levam a melhores resultados para os clientes. De fato, na maioria das organizações, a gestão da qualidade é um dos principais fatores de melhoramento. É também o único dos cinco *objetivos de desempenho de produção* a ter capítulo próprio neste livro. Em parte, isso é devido ao papel central da *qualidade* no melhoramento. Mas é também porque, em muitas organizações, uma função separada é dedicada exclusivamente à gestão da qualidade. A Figura 17.1 mostra onde a gestão da qualidade se encaixa no modelo de atividades da produção.

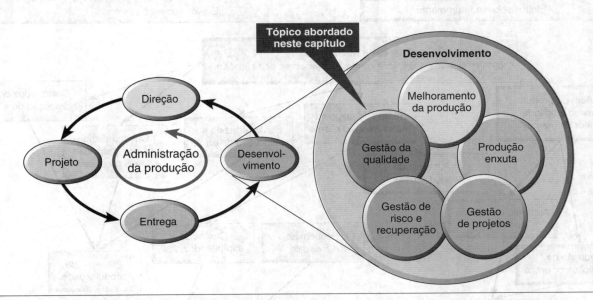

Figura 17.1 Este capítulo examina a gestão da qualidade.

17.1 O que é qualidade e por que é tão importante?

Vale a pena revisar alguns dos argumentos que apresentamos no Capítulo 2 em relação aos benefícios dos altos níveis de qualidade. Isso ajudará a explicar por que a qualidade é vista como tão importante pela maioria das operações. A Figura 17.2 ilustra as várias formas pelas quais os melhoramentos de qualidade podem afetar outros aspectos do desempenho da produção. O faturamento pode aumentar por melhores vendas e melhores preços no mercado. Ao mesmo tempo, os custos podem ser reduzidos por mais eficiência, maior produtividade e melhor uso do capital. Assim, uma tarefa-chave da função produção deve ser assegurar que está fornecendo bens e serviços de qualidade a seus clientes internos e externos.

Visão da qualidade pela operação

Há muitas definições de qualidade: aqui a definimos como *conformidade consistente com as expectativas dos clientes*. O uso da palavra *conformidade* implica que há necessidade de atender a uma especificação clara. Quanto à palavra *consistente*, que a conformidade às especificações não é um evento ocasional, mas que o produto ou serviço atende à especificação porque as exigências de qualidade são usadas para projetar e conduzir os processos que produzem serviços ou produtos. O uso das *expectativas dos clientes* reconhece que o serviço ou produto deve levar as visões dos clientes em consideração, e elas podem ser influenciadas pelo preço. Observe também o uso da palavra *expectativas* nesta definição, em vez de necessidades ou desejos.

> **Princípio de produção**
> A qualidade é a conformidade consistente com as expectativas dos clientes.

Visão de qualidade pelos clientes

Experiências anteriores, conhecimento e história individual moldarão as expectativas dos clientes. Ademais, os clientes podem *perceber* um serviço ou produto de modos diferentes. Uma pessoa pode perceber um voo de longo trajeto como parte interessante de um feriado; a pessoa do assento ao lado pode vê-lo como uma tarefa necessária para chegar a uma reunião de negócios. Assim, a qualidade precisa ser entendida do ponto de vista do cliente porque, para ele, a qualidade de um serviço ou produto específico é o que ele

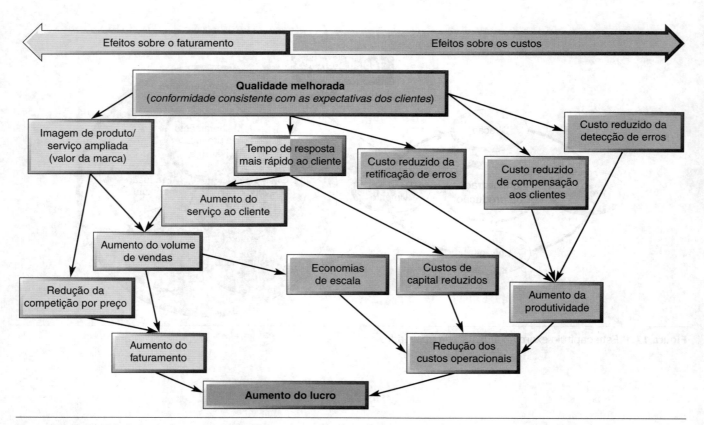

Figura 17.2 Qualidade maior tem efeito benéfico sobre o faturamento e os custos.

percebe. Os clientes também podem não ter condições de avaliar a especificação *técnica* do serviço ou produto; então, usarão outras medidas como base para sua percepção de qualidade. Por exemplo, um cliente pode ter dificuldade para julgar a qualidade técnica de um tratamento dentário, exceto se, com isso, o dente não apresentar quaisquer problemas. Assim, o cliente pode perceber a qualidade em termos da conduta dos técnicos e do dentista e de como ele foi tratado.

Princípio de produção
A qualidade é multifacetada; seus elementos individuais diferem para operações diferentes.

OPERAÇÕES NA PRÁTICA
Qualidade em duas operações: Victorinox e Four Seasons

Victorinox e o canivete suíço[1]
O famoso canivete suíço é fabricado pela Victorinox Company em sua fábrica na cidade suíça de Ibach. A empresa recebe inúmeras cartas de seus clientes testemunhando a qualidade e a durabilidade de seus produtos. Por exemplo: *"Eu estava instalando um novo equipamento em uma estação de tratamento de esgoto... O canivete escapou de minha mão e caiu no tanque de aeração... que é extremamente corrosivo para metais. Quatro anos após, recebi um pequeno pacote com uma observação do supervisor da estação. Eles haviam esvaziado o tanque de aeração e encontraram meu canivete... que estava em surpreendentes boas condições... Posso assegurar que poucos produtos poderiam ter sobrevivido a um tratamento como esse; os componentes teriam se dissolvido ou, simplesmente, desaparecido"*.

Hoje, a fábrica da Victorinox monta 27 mil canivetes por dia. Mais de 450 etapas são exigidas em sua fabricação. Mas uma grande ameaça às vendas tem sido o crescimento do mercado de canivetes suíços falsos, fabricados principalmente na China. Então, sua defesa contra essas falsificações está na qualidade, diz o CEO Carl Elsener. *"Exaurimos todos os meios legais para proteger a marca de nossos produtos populares. Nosso melhor meio de proteção é a qualidade, que permanece insuperável e que fala mais alto do que palavras."* É o "sistema de controle de qualidade da Victorinox" que está no centro dessa defensiva.

A inspeção de recebimento garante que os materiais que entram estão em conformidade com as especificações de qualidade. O laboratório da Victorinox garante que somente o aço e o plástico que cumprem seus rigorosos padrões de qualidade são utilizados na fabricação dos produtos. A inspeção metalúrgica também é feita por polimento de amostras, moldando-as em plástico e gravando com um ácido. Isso permite que as falhas nos materiais sejam facilmente detectadas. O laboratório também tem um "teste de retenção de fio" que usa equipamentos especiais para testar a capacidade do material para manter seu fio de corte durante uma série de testes. Durante a produção dos canivetes, o controle do processo é empregado em todas as etapas do processo de produção, e isso é responsabilidade dos funcionários da empresa, que o utilizam para manter, implementar e melhorar a qualidade dos produtos. Eles também são responsáveis por seguir os procedimentos de qualidade da empresa e pela melhoria contínua e mensurável. Ao fim do processo de produção, o "Departamento de Inspeção Final" é responsável por assegurar que todos os produtos estão em conformidade com as especificações. Quaisquer produtos que não atendem a essas especificações são isolados e identificados. As partes fora da conformidade são consertadas ou substituídas no departamento de reparos.

Four Seasons Canary Wharf[2]
Os hotéis Four Seasons são famosos por sua qualidade de serviço, tendo recebido inúmeros prêmios. Desde sua fundação, o grupo mantém a mesma orientação: "fazer da qualidade do serviço nossa vantagem competitiva". A empresa tem o que denomina sua Regra de Ouro: "Faça aos outros (hóspedes e funcionários) o que gostaria que fizessem a você". Essa regra orienta o enfoque de qualidade para toda a organização. *"Qualidade é nossa vantagem distinta, e a empresa continua a evoluir nessa direção. Estamos sempre procurando formas melhores, mais criativas e inovadoras de servir nossos hóspedes"*, afirma Michael Purtill, gerente-geral do Four Seasons Hotel Canary Wharf de Londres. *"Recentemente, aperfeiçoamos todos os nossos padrões*

operacionais, possibilitando-nos melhorar ainda mais o serviço personalizado e intuitivo que todos nossos hóspedes recebem. Todos os funcionários estão autorizados a usar sua criatividade e julgamento na prestação de serviço excepcional e a tomar decisões próprias para enriquecer a estada dos hóspedes. Por exemplo, em uma manhã, um funcionário percebeu que o pneu do carro de um hóspede estava furado e tomou a decisão de trocá-lo, ação que foi muito valorizada pelo hóspede.

A Regra de Ouro significa que tratamos nossos funcionários com dignidade, respeito e reconhecimento. Essa abordagem encoraja-os a ser igualmente sensíveis às necessidades de nossos hóspedes e a oferecer um serviço sincero e genuíno que exceda suas expectativas. Bem recentemente, um de nossos funcionários acompanhou um hóspede ao hospital e ficou com ele toda a tarde. Ele desejava assegurar que o hóspede não ficasse sozinho até receber a atenção médica necessária. No dia seguinte, esse mesmo funcionário tomou a iniciativa de retornar ao hospital (mesmo sendo seu dia de folga) para visitar e assegurar que a família do hóspede nos EUA fosse informada sobre suas condições de saúde.

No Four Seasons, acreditamos que nosso maior ativo e força são nossos funcionários. Dedicamos muita atenção ao selecionar as pessoas certas que sentem orgulho em prestar serviço excepcional. Sabemos que funcionários motivados e alegres são essenciais para nossa cultura de serviço e estamos comprometidos em levá-los a seu potencial mais elevado. Nossos programas de treinamento e planos de desenvolvimento de carreira são preparados com cuidado e atenção para apoiar as necessidades individuais de nossos funcionários, bem como as demandas operacionais e empresariais. Em conjunto com a aprendizagem tradicional em sala de aula, oferecemos cursos de qualidade excepcional, sob medida, pela web, a funcionários de todos os níveis. Profissionalmente, o céu é o limite, e nossa meta é desenvolver carreiras internacionais e duradouras no Four Seasons.

Nosso objetivo é exceder as expectativas dos hóspedes, e receber o feedback deles e de nossos funcionários é um instrumento inestimável para medir nosso desempenho. Criamos um banco de dados interno que é usado para registrar o feedback de todos os hóspedes (seja positivo, seja negativo). Também usamos um formulário on-line para os hóspedes e uma ficha de comentários, que são pessoalmente respondidos e analisados para identificar quaisquer falhas potenciais no serviço.

Continuamos a focar na entrega de experiências individuais personalizadas, e o banco de dados com o histórico dos hóspedes permanece vital para ajudar-nos a atingir isso. Todas as preferências e comentários específicos sobre a experiência de serviço estão registrados no banco de dados. Todos os comentários e preferências são discutidos e planejados para cada hóspede e para cada visita. É nossa cultura que diferencia o Four Seasons; é o impulso para prestar o melhor serviço do setor que mantém o retorno de nossos hóspedes repetidas vezes."

Conciliação das visões de qualidade pela operação e pelo cliente

A visão de qualidade pela operação preocupa-se em como tentar atingir as expectativas do cliente. A visão de qualidade pelo cliente é o que ele *percebe* ser o produto ou serviço. Para criar uma visão unificada, a qualidade pode ser definida como o grau de adequação entre as expectativas e as percepções dos clientes sobre o serviço ou produto.[3] Usar essa ideia permite-nos observar a visão dos clientes sobre a qualidade (e, portanto, sobre a satisfação) do produto ou serviço como resultado de eles compararem suas expectativas do serviço ou produto com suas percepções do desempenho desse produto ou serviço. Se a experiência com o produto ou serviço for melhor do que o esperado, o cliente fica satisfeito e a qualidade é percebida como alta. Se o serviço ou produto for inferior a suas expectativas, a qualidade é baixa e o cliente pode ficar insatisfeito. Se o serviço ou produto atende às expectativas, a qualidade percebida do serviço ou produto é vista como aceitável. Esses relacionamentos estão resumidos na Figura 17.3.

Tanto as expectativas como as percepções dos clientes são influenciadas por diversos fatores, alguns dos quais não podem ser controlados pela operação e outros podem ser gerenciados. A Figura 17.4 mostra alguns dos fatores que influenciarão a lacuna entre expectativas e percepções. Esse modelo de qualidade percebida pelos clientes pode ajudar no modo como a administração da produção pode gerenciar a qualidade e identificar alguns dos problemas de fazer isso. A parte inferior do diagrama representa o *domínio* de qualidade da operação, e a parte superior, o *domínio* do cliente. Esses dois domínios se juntam no produto ou serviço real, que é proporcionado pela organização e experimentado pelo cliente. Dentro do domínio da operação, a administração é responsável por projetar o produto ou serviço e proporcionar as especificações de qualidade com que o produto ou serviço precisa ser criado. Dentro do domínio do cliente, suas expectativas são moldadas por fatores como experiências prévias com o produto ou serviço, a imagem de marketing fornecida pela organização e a informação boca a boca de outros usuários. Essas expectativas são internalizadas como um conjunto de **características da qualidade**.

Princípio de produção
A qualidade percebida é controlada pela magnitude e direção da lacuna entre as expectativas dos clientes e suas percepções em relação a um produto ou serviço.

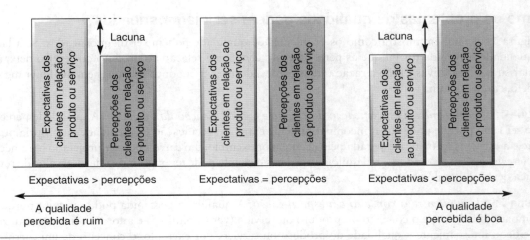

Figura 17.3 A qualidade percebida é controlada pela magnitude e direção da lacuna entre as expectativas dos clientes e suas percepções em relação ao serviço ou produto.

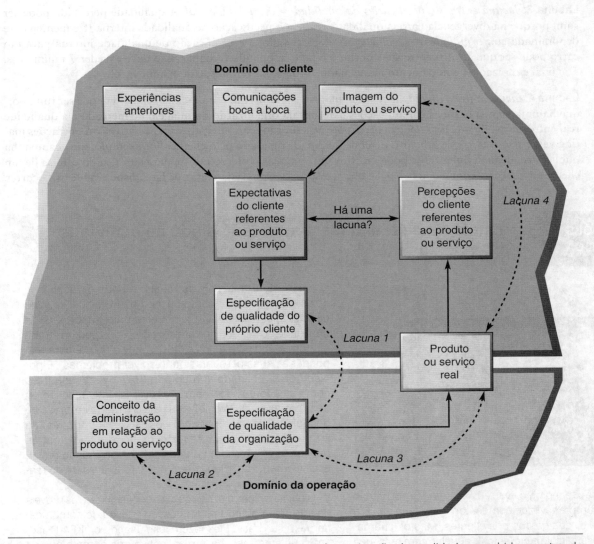

Figura 17.4 Domínio do cliente e domínio da operação na determinação da qualidade percebida, mostrando como a lacuna entre as expectativas dos clientes e suas percepções de um produto ou serviço pode ser explicada por uma ou mais lacunas em outras partes do modelo.

Fonte: Adaptada de Parasuraman, A. et al. (1985) A conceptual model of service quality and implications for future research, *Journal of Marketing*, 49, outono.

Como os problemas de qualidade podem ser diagnosticados?

A Figura 17.4 também mostra como os problemas de qualidade podem ser diagnosticados. Se a lacuna da qualidade percebida for tal que as percepções do cliente em relação ao produto ou serviço deixam de igualar suas expectativas, então a razão (ou as razões) deve estar em outras lacunas em qualquer lugar do modelo, como a seguir.

Lacuna 1: *a lacuna entre a especificação do cliente e a especificação da operação.* A qualidade percebida pode ser ruim porque pode haver incompatibilidade entre a especificação de qualidade da própria organização e a especificação que é esperada pelo cliente. Por exemplo, um carro pode ser projetado para necessitar de revisão técnica a cada 10 mil quilômetros, mas o cliente pode ter expectativa de intervalos de revisão técnica de 15 mil quilômetros.

Lacuna 2: *a lacuna entre o conceito e a especificação.* A qualidade percebida pode ser ruim porque há incompatibilidade entre o conceito do produto ou serviço (ver Capítulo 5) e a forma como a organização especificou internamente a qualidade do produto ou serviço. Por exemplo, o conceito de um carro pode ter sido definido como um meio de transporte barato e eficiente em consumo de combustível, mas a inclusão de um sistema de ar-condicionado pode ter aumentado seu custo e o tornado menos eficiente no consumo de combustível.

Lacuna 3: *lacuna entre a especificação da qualidade e a qualidade real.* A qualidade percebida pode ser ruim porque há divergência entre a qualidade real e a especificação de qualidade interna (frequentemente denominada *conformidade à especificação*). Por exemplo, a especificação de qualidade interna para um carro pode ser que a folga entre suas portas e a lataria, quando fechadas, não deve exceder 7 milímetros. Todavia, em razão de equipamento inadequado, a folga, na verdade, é de 9 milímetros.

Lacuna 4: *lacuna entre a qualidade real e a imagem comunicada.* A qualidade percebida pode ser ruim porque há uma lacuna entre as comunicações externas da organização ou imagem de mercado e a qualidade real entregue ao cliente. Isso pode ocorrer porque a função marketing criou expectativas ou operações inatingíveis e não é capaz de atingir o nível de qualidade esperado pelo cliente. Por exemplo, uma campanha publicitária de uma linha aérea pode mostrar um comissário oferecendo-se para substituir a camisa de um cliente na qual caiu comida ou bebida, embora esse serviço possa não estar, de fato, disponível se isso ocorrer.

OPERAÇÕES NA PRÁTICA — Tecnologia de realidade aumentada ajuda na qualidade de serviço da IKEA[4]

Uma revolução tecnológica varreu as operações de varejo quando as compras *on-line* começaram a ter uma parcela cada vez maior dos gastos dos clientes. Mas os chamados varejistas de "tijolo e cimento" — aqueles com presença física nas ruas ou em locais fora da cidade — estão usando a tecnologia para fornecer a qualidade de serviço que seus concorrentes *on-line* acham difícil de igualar. Essa é uma questão importante para os varejistas porque a qualidade do serviço é um fator-chave na promoção da fidelidade do cliente. E, para os clientes, um elemento importante da qualidade do serviço no varejo é como eles podem interagir com a equipe e os produtos, principalmente para responder às suas perguntas ou "resolver problemas". É por isso que a realidade aumentada (RA) é vista pela IKEA como uma forma ideal para seus clientes interagirem com seus produtos. A RA é definida pela Gartner, a empresa de pesquisa e consultoria, como o "uso em tempo real de informações na forma de texto, gráficos, áudio e outras melhorias virtuais integradas a objetos do mundo real. É esse elemento do 'mundo real' que diferencia a RA da realidade virtual".

O objetivo é permitir que os clientes visualizem os móveis da IKEA para obter uma impressão realista de como ficariam em sua casa. Eles fazem isso usando o "IKEA Place" em seus *smartphones*, um aplicativo que permite que os clientes visualizem representações 3D (de diversos ângulos) de produtos antes de decidir qual deles desejam. O aplicativo os direciona para o *site* da IKEA para finalizar a compra.

O uso do aplicativo permite que os clientes tomem uma decisão de "compra confiável", diz Michael Valdsgaard, responsável pela transformação digital da Inter IKEA, a empresa *holding* da IKEA. *"A maioria das pessoas adia a compra de um sofá novo porque não se sente à vontade para tomar a decisão se não tiver certeza de que a cor vai combinar [com o restante da sala] ou se encaixa com o estilo", disse ele. "Agora, podemos dar a eles [essas respostas] em suas mãos, enquanto os deixamos se divertir com móveis domésticos gratuitamente e sem esforço. O mais importante para nós é que não somos uma empresa de tecnologia, [mas], para vender móveis, temos que entendê-la e tentar seguir na direção em que ela está se movendo. A primeira experiência [de realidade aumentada] que tivemos foi mais como uma imagem. Você podia colocar um objeto 3D, mas não podia realmente movê-lo ou confiar no tamanho dele".* Mas as versões posteriores alcançaram 98% de precisão, com representações realistas da textura, tecido, iluminação e sombras.

Qualidade, qualidade de serviço e qualidade de experiência

A definição de qualidade que usamos aqui (a *conformidade consistente com as expectativas dos clientes*) é útil porque pode ser usada para descrever *qualidade* para produtos físicos ou serviços intangíveis, ou qualquer oferta que combine elementos tangíveis e intangíveis. Contudo, nem todas as autoridades ou operações individuais veem a *qualidade* dessa forma, o que pode gerar alguma confusão. Por exemplo, o termo *qualidade de serviço* (QoS, do inglês *Quality of Service*) é usado com frequência para descrever como uma operação atende aos seus clientes, ao combinar o que chamamos de *qualidade* com parte ou toda a *velocidade, confiabilidade e flexibilidade*. Assim, no Capítulo 2, descrevemos a *qualidade* de um supermercado incluindo fatores como a qualidade dos produtos estocados, a limpeza das instalações e a cortesia de sua equipe de funcionários. Contudo, ao avaliar sua QoS, o supermercado provavelmente gostaria de incluir outros fatores, como a velocidade do serviço, a previsibilidade do horário de funcionamento, a falta de estoque, a variedade de mercadorias disponíveis e assim por diante.

A limitação da QoS é que ela pode não capturar a satisfação geral com o serviço conforme percebida pelos usuários. Mais útil, afirmam alguns provedores de serviço, é tentar avaliar a *qualidade da experiência* (QoE, do inglês *Quality of Experience*), que é a aceitabilidade geral do serviço, *percebida pelo usuário final de modo subjetivo*. Mais formalmente, ela foi definida como "o grau de prazer ou aborrecimento do usuário de uma aplicação ou serviço". Resulta do atendimento das suas expectativas quanto à utilidade e/ou à satisfação com a aplicação ou serviço à luz da personalidade e estado atual do usuário". A QoE está claramente relacionada, mas difere da QoS na medida em que expressa e se concentra na satisfação do usuário *tanto objetiva quanto subjetivamente*.[5] QoS geralmente inclui os aspectos de um serviço que estão sob o controle da operação que cria o serviço, enquanto QoE envolve tanto os aspectos controlados pela operação quanto aqueles que são função do cliente individual e do contexto em que o serviço é consumido. A Figura 17.5 ilustra a relação entre essas ideias, e a Tabela 17.1 mostra alguns fatores típicos que podem ser incluídos na avaliação da *qualidade*, *qualidade do serviço* e *qualidade da experiência* de uma operação de supermercado e um serviço de educação *on-line*.

O conceito de QoE originou-se e encontrou sua aplicação mais ampla em operações de telecomunicações, tecnologia da informação (TI) e produtos eletrônicos de consumo. No entanto, seus princípios subjacentes têm uma aplicação muito mais ampla. A ideia de QoE pode ser aplicada a qualquer negócio ou serviço relacionado com o consumidor em que o usuário final de um serviço ou produto possa avaliar sua qualidade subjetivamente e depende parcialmente do contexto em que é consumido. Mas a dependência desse julgamento da subjetividade individual do usuário e do contexto de seu consumo (que está além da influência da operação) é tanto um ponto forte quanto um ponto fraco do conceito de QoE. Um ponto forte óbvio é que isso concentra as operações na riqueza de como suas ofertas são experimentadas pelos usuários. Uma fraqueza na prática é que essa é uma ideia difícil de operacionalizar. Métricas subjetivas de QoE são difíceis de projetar, são caras e demoradas.

Garantias de serviço

Um método de formalização de padrões de qualidade do ponto de vista do cliente é chamado de *garantia de serviço*, que é uma promessa de recompensar o cliente pelo serviço que não atende a um nível de qualidade definido. É uma forma de garantir padrões de qualidade e de superar potenciais dúvidas dos clientes em relação a um serviço. Ele oferece uma forma de incentivar e recompensar os clientes que relatam problemas, para que a operação fique ciente deles e possa tentar corrigi-los. Uma boa garantia deverá ser significativa, no sentido de que se baseia nas expectativas dos clientes. Deve ser fácil entender e explicar

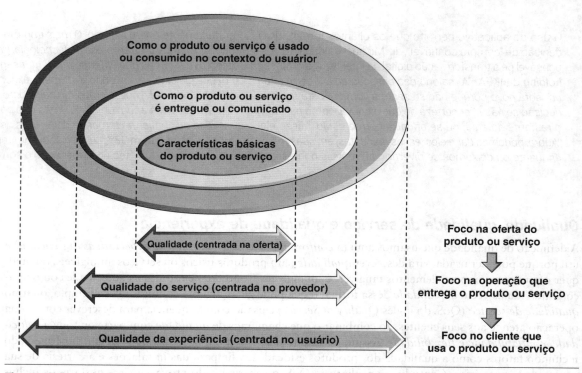

Figura 17.5 A relação entre *qualidade*, *qualidade do serviço* e *qualidade da experiência*.

Tabela 17.1 Exemplos de fatores típicos que podem ser incluídos na avaliação da *qualidade*, *qualidade do serviço* e *qualidade da experiência* de uma operação de supermercado e um serviço de educação *on-line*.

Operação	Qualidade	Qualidade do Serviço (QoS): *Qualidade* mais o seguinte...	Qualidade da Experiência (QoE): *Qualidade* mais QoS mais o seguinte...
Supermercado	Qualidade dos produtos Limpeza Cortesia dos funcionários	Velocidade do serviço Falta de produtos Previsibilidade do serviço (horário de atendimento) Gama de produtos estocados	Aberto quando eu preciso usar o serviço? Percepção de velocidade do serviço O que eu desejo está disponível? Natureza de outros usuários do serviço
Serviço de educação *on-line*	Qualidade/precisão do conteúdo da lição Qualidade do conteúdo produzido	Diversas medidas técnicas de desempenho da rede (como velocidade, perda de pacotes, atraso e trepidação)	Relevância do conteúdo para mim Como o conteúdo funciona no dispositivo que estou usando (fidelidade da tela, qualidade da comunicação/paradas etc.) Qual é a facilidade, para mim, de navegação pelo conteúdo?

exatamente qual nível e tipo de qualidade estão sendo prometidos e o que a operação fará se não for atendida (incluindo o que o cliente deve esperar receber em compensação). Deve incluir um mecanismo claro e *fácil de invocar* para os clientes acionarem a garantia, além de treinamento e capacitação adequados, para que os funcionários possam lidar quando uma garantia é invocada por um cliente.

Teoria do cone de areia

Um endosso para a importância da qualidade como impulsionador do melhoramento geralmente vem daquela que é conhecida como *teoria do cone de areia*.[6] Ela vem da ideia de que existe uma "melhor" sequência de melhoria genérica. Ela tem esse nome porque a areia é semelhante ao esforço e aos recursos da administração. Para construir um cone de areia estável, é necessária uma base estável de qualidade, sobre a qual

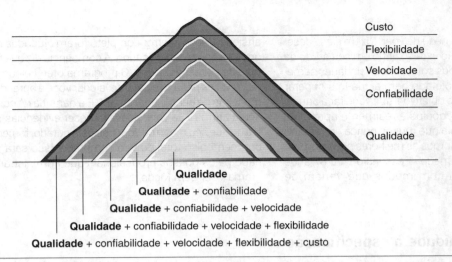

Figura 17.6 Modelo de melhoramento do cone de areia; a redução de custo fundamenta-se na base acumulada de melhoramento dos outros objetivos de desempenho.

se podem construir camadas de confiabilidade, velocidade, flexibilidade e custo (ver a Figura 17.6). Assim, construir melhoramento seria um processo cumulativo, não sequencial. Mover para a segunda prioridade de melhoramento não significa eliminar a primeira, e assim por diante. Conforme a teoria do cone de areia, a primeira prioridade deve ser *qualidade,* porque esta é precondição para o melhoramento duradouro. Apenas quando a operação tiver atingido um nível mínimo aceitável de qualidade ela deve passar para a questão seguinte, que é a *confiabilidade* interna. É importante refletir que passar a incluir a confiabilidade no processo de melhoramento exigirá mais melhoramento da qualidade. Uma vez que um nível crítico de confiabilidade tenha sido atingido, o suficiente para dar alguma estabilidade à operação, o próximo estágio é melhorar a *velocidade* do tempo de atravessamento interno, mas, novamente, apenas enquanto continua a melhorar ainda mais a qualidade e a confiabilidade. Em breve se tornará evidente que a forma mais efetiva de melhorar a velocidade é mediante melhoramentos na *flexibilidade* da resposta, isto é, mudando as coisas mais rápido dentro da operação. Novamente, incluir a flexibilidade no processo de melhoramento não deve desviar a atenção de continuar trabalhando em qualidade, confiabilidade e velocidade. Apenas agora, conforme a teoria do cone de areia, o *custo* deve ser combatido.

OPERAÇÕES NA PRÁTICA

Virgin Atlantic oferece uma garantia de serviço para aviofóbicos[7]

De acordo com a empresa de pesquisa de mercado YouGov, quase uma em cada seis pessoas tem medo de voar. Esse é certamente um problema para as companhias aéreas, que não querem um sexto de seu mercado em potencial relutante em usar seus serviços. É por isso que a companhia aérea Virgin Atlantic fez uma oferta aos seus clientes que, se eles reservassem um voo em um determinado dia, receberiam uma vaga gratuita em seu curso "Voando Sem Medo". Melhor ainda, se não fossem curados a tempo da viagem, o dinheiro que gastaram na passagem aérea seria devolvido. Shai Weiss, diretor comercial da Virgin Atlantic, disse: *"Queremos que todos possam dizer 'dane-se, vamos fazer isso' e tentar algo diferente, voar para algum lugar novo. Espero que, ao garantir a cura das pessoas de uma das principais coisas que as impedem, possamos inspirar os britânicos a escolher algo mais positivo. Nada deve impedir alguém de aproveitar o dia".* O programa "Voando Sem Medo" da Virgin Atlantic tornou-se, segundo a companhia aérea, o principal curso do setor, tendo ajudado de 2 a 3 mil pessoas todos os anos a superar o medo de voar. Dizem eles: "desejamos garantir que você não está sozinho em seu medo de voar, que milhões de pessoas sofrem de ansiedades semelhantes. Esse curso foi projetado para ajudá-lo a superar seus medos de voar. Nosso objetivo é que você faça aquela viagem de férias ou de negócios e realmente aproveite. O medo de voar é uma fobia que muitos nunca enfrentam. Agora que você está aqui, somos as melhores pessoas para ajudá-lo a se livrar do seu medo". Pessoas de 4 a 87 anos (mais velhas até agora) com medos que variam de ansiedade leve a terror completo foram ajudadas pelo programa e agora estão voando. A companhia diz que tem uma taxa de sucesso de 98%. O programa oferece cursos mais de 20 vezes por ano e garante "ajudar você a aprender novas maneiras de pensar sobre voar". E a garantia? A companhia aérea afirma: "Se você puder fornecer evidências suficientes de que seu medo de voar não está curado, forneceremos um reembolso total do voo comprado. Isso será determinado pelos nossos profissionais que administram o programa Voar Sem Medo".

Conformidade à especificação

Conformidade à especificação significa proporcionar um serviço ou produzir um produto de acordo com as especificações do projeto. Geralmente, é vista como a contribuição mais importante que a administração da produção pode dar à percepção de qualidade do cliente. Examinaremos como ela pode ser percebida no restante deste capítulo, descrevendo a gestão da qualidade em seis etapas sequenciais.

17.2 Que etapas levam à conformidade de acordo com as especificações?

Atingir a conformidade à especificação requer as seguintes etapas:

Etapa 1. Defina as características da qualidade do produto ou serviço.

Etapa 2. Decida como medir cada característica da qualidade.

Etapa 3. Estabeleça padrões de qualidade para cada característica de qualidade.

Etapa 4. Controle a qualidade em relação a esses padrões.

Etapa 5. Encontre e corrija as causas da má qualidade.

Etapa 6. Continue a fazer melhorias.

Etapa 1 – Defina as características da qualidade

Muito do que define a *qualidade* de um produto ou serviço terá sido especificado em seu projeto e pode ser resumido por um conjunto de características da qualidade. A Tabela 17.2 mostra uma lista de características da qualidade que são geralmente úteis. Além disso, muitos serviços têm vários elementos, cada um com suas próprias características da qualidade, e para entender as características da qualidade do serviço completo é necessário entender as características individuais dentro e entre cada elemento do serviço completo.

Etapa 2 – Decida como medir cada característica

Essas características devem ser definidas de tal forma que possam ser mensuradas e, então, controladas. Isso envolve tomar uma característica de qualidade geral como a *aparência* de um carro e desdobrá-la o máximo possível em seus elementos constituintes. *Aparência* é de difícil mensuração, mas *correspondência de cor*, *acabamento de superfície* e *número de arranhões visíveis* são todos capazes de ser descritos de maneira mais objetiva. Elas podem até ser qualificadas. Outras características de qualidade são mais difíceis de ser mensuradas. *Cortesia* da tripulação da companhia aérea, por exemplo, não tem nenhuma medida objetiva de quantificação. Todavia, operações de alto contato com clientes, como as companhias aéreas, dão grande importância à necessidade de assegurar a cortesia de seus funcionários. Em casos como esse, a operação terá que tentar medir as *percepções* de cortesia dos clientes.

Tabela 17.2 Características da qualidade para um carro, um empréstimo bancário e uma viagem aérea.

Característica da qualidade	Carro (processo de transformação de materiais)	Empréstimo bancário (processo de transformação de informações)	Viagem aérea (processo de transformação de cliente)
Funcionalidade – quão bem o serviço ou produto efetua sua função	Velocidade, aceleração, consumo de combustível, dirigibilidade, aderência etc.	Taxa de juros, termos e condições	Segurança e duração da viagem, refeições e bebidas a bordo, serviços de reservas de carros e hotéis
Aparência – características sensoriais do produto ou serviço: seu apelo estético, aparência, sensação etc.	Estética, forma, acabamento, folgas nas portas etc.	Estética das informações, *website* etc.	Decoração e limpeza dos aviões, das salas de espera e da tripulação
Confiabilidade – consistência do desempenho do produto ou serviço ao longo do tempo	Tempo médio entre as falhas	Cumprimento de promessas (implícitas e explícitas)	Manutenção dos horários de voo anunciados
Durabilidade – vida útil total do serviço ou produto	Vida útil (com reparo)	Estabilidade de termos e condições	Adaptar-se às tendências da indústria
Recuperação – facilidade com que os problemas com o produto ou serviço podem ser resolvidos	Facilidade de reparo	Solução de falhas de serviço	Solução de falhas de serviço
Contato – natureza do contato pessoa a pessoa que pode ocorrer	Conhecimento e cortesia do pessoal de vendas	Conhecimento e cortesia dos funcionários da agência e do *call center*	Conhecimento, cortesia e sensibilidade dos funcionários da companhia aérea

Variáveis e atributos

As medidas usadas pelas operações para descrever características de qualidade são de dois tipos: **variáveis** e **atributos**. As variáveis são aquelas que podem ser mensuradas em uma escala continuamente variável (por exemplo, extensão, diâmetro, peso ou tempo). Atributos são aquelas medidas avaliadas por julgamento e que são dicotômicas, isto é, têm duas condições (certo ou errado, funciona ou não funciona, parece OK ou não OK). A Tabela 17.3 categoriza algumas das medidas que podem ser usadas para as características de qualidade do carro e da viagem aérea.

Tabela 17.3 Variáveis e atributos usados como medidas de características da qualidade.

Características da qualidade	Carro		Companhia aérea	
	Variável	Atributo	Variável	Atributo
Funcionalidade	Características de aceleração e frenagem na plataforma de testes	A qualidade de dirigibilidade é satisfatória?	Número de viagens que realmente chegou ao destino (isto é, aviões não caíram)	A comida foi aceitável?
Aparência	Número de defeitos visíveis no carro	A cor corresponde à especificação?	Número de assentos não limpos de modo satisfatório	A tripulação estava bem vestida?
Confiabilidade	Tempo médio entre falhas	A confiabilidade é satisfatória?	Proporção das viagens que chegaram pontualmente	Houve alguma reclamação?
Durabilidade	Vida útil do carro	A vida útil está de acordo com o previsto?	Número de vezes em que a inovação de serviços deixou os concorrentes para trás	Geralmente, a companhia aérea atualiza seus serviços de forma satisfatória?
Recuperação	Tempo entre a descoberta da falha e seu reparo	A facilidade de manutenção é aceitável?	Proporção de falhas nos serviços solucionada de modo satisfatório	Os clientes sentem que o pessoal lida de maneira satisfatória com as reclamações?
Contato	Nível de ajuda proporcionado pelo pessoal de vendas (escala de 1 a 5)	Os clientes sentiram-se bem servidos (sim ou não)?	Os clientes sentiram-se bem atendidos pelos funcionários (escala de 1 a 5)?	Os clientes sentiram que o pessoal foi útil (sim ou não)?

Etapa 3 – Estabeleça padrões de qualidade

Quando os gerentes de produção identificam como as características da qualidade podem ser medidas, precisam de um padrão de qualidade contra o qual elas possam ser verificadas; de outro modo, não saberiam se elas indicam bom ou mau desempenho. O padrão de qualidade é aquele nível de qualidade que define o limite entre o aceitável e o inaceitável. Tais padrões podem muito bem ser limitados por fatores operacionais, como o estado da tecnologia na fábrica e os limites de custo de fabricar o produto. Entretanto, ao mesmo tempo, eles precisam ser adequados às expectativas dos clientes. Todavia, os julgamentos da qualidade podem ser difíceis. Se 1 passageiro entre 10 mil reclamar sobre a qualidade da comida, a empresa aérea veria isso como positivo porque 9.999 passageiros entre 10 mil estão satisfeitos? Ou deveria ver isso como negativo porque, se um passageiro reclama, deve haver outros que, embora insatisfeitos, não manifestaram sua opinião? Se esse nível de reclamação for semelhante ao de outras empresas aéreas, deve-se olhar isso como qualidade apenas satisfatória?

Etapa 4 – Controle a qualidade em relação a esses padrões

Após estabelecer padrões adequados, a operação precisará verificar se os produtos ou serviços estão em conformidade a esses padrões: fazer certo na primeira vez, todas as vezes. Isso envolve três decisões:

1. Onde, na operação, deve ser checado se tudo está conforme os padrões?
2. Deve-se verificar cada produto ou serviço ou usar uma amostra?
3. Como as verificações devem ser feitas?

Onde as verificações devem ocorrer?

No início do processo, os recursos que entram podem ser inspecionados para se assegurar que atendem à especificação correta. Por exemplo, uma montadora de carros constatará que os componentes seguem as especificações corretas. Uma universidade filtrará os candidatos para tentar garantir que têm uma grande chance de acompanhar o programa. Durante o processo, as verificações podem ocorrer antes de um processo particularmente caro, antes de pontos de *difícil verificação*, imediatamente após um processo com alta taxa de defeitos, antes que possa ocorrer algum dano ou problema em potencial, e assim por diante. As verificações podem também ocorrer após o próprio processo para assegurar que os clientes não experimentem a não conformidade.

Verificar cada produto e serviço ou usar uma amostra?

Embora possa ser visto como ideal verificar cada produto ou serviço, uma amostra pode ser mais prática por várias razões:

▶ Pode ser perigoso inspecionar tudo. Por exemplo, um médico analisa apenas uma pequena amostra de sangue em vez de retirar todo ele do paciente! Assume-se que as características dessa amostra representam todo o sangue do paciente.

▶ Verificar tudo pode destruir o produto ou interferir no serviço. Nem todas as lâmpadas incandescentes são testadas para saber sua durabilidade — isso destruiria as lâmpadas. Os garçons não verificam se os clientes estão gostando da comida a cada 30 segundos.

▶ Verificar tudo pode consumir muito tempo e ser oneroso. Pode não ser viável verificar diariamente toda a produção de uma máquina de alto volume ou os sentimentos de todos os passageiros de um ônibus.

Além disso, a verificação de 100% pode não garantir que todos os defeitos serão identificados. Às vezes, isso é intrinsecamente difícil. Por exemplo, embora um médico possa adotar o procedimento de teste correto, não necessariamente poderá diagnosticar uma doença (real). Também não é fácil perceber tudo. Por exemplo, tente contar o número de letras "e" desta página. Conte-as novamente e veja se obteve o mesmo resultado.

Erros tipos I e II

Embora reduza o tempo de verificação, o uso de uma amostra na tomada de decisão sobre qualidade tem seus próprios problemas inerentes. Como qualquer atividade de decisão, podemos tomar a decisão errada. Tomemos o exemplo de um pedestre aguardando para atravessar uma rua. Ele se defronta com duas decisões importantes: se aguarda ou se atravessa a rua. Desde que haja uma lacuna suficiente do tráfego e ele atravesse a rua, terá tomado uma decisão correta. Da mesma forma, se continuar esperando porque o tráfego está muito carregado, também terá tomado uma decisão correta. Entretanto, há dois tipos de decisões

Tabela 17.4 Erros tipos I e II para um pedestre que atravessa uma rua.

	Condições da rua	
Decisão	**Insegura**	**Segura**
Atravessar	Erro tipo I	Decisão correta
Esperar	Decisão correta	Erro tipo II

incorretas ou erros. Uma decisão incorreta seria se ele decidisse atravessar quando não houvesse uma lacuna suficiente do tráfego, resultando em um acidente — o chamado erro tipo I. Outra decisão incorreta ocorreria se ele decidisse não atravessar, apesar de haver uma lacuna suficiente do tráfego — o chamado erro tipo II. Assim, ao atravessar a rua, há quatro resultados que estão resumidos na Tabela 17.4.

OPERAÇÕES NA PRÁTICA

Testando carros até a (quase) destruição[8]

Longe dos olhos do público, no Millbrook Proving Ground, um dos principais centros de tecnologia independentes da Europa para o projeto, engenharia, teste e desenvolvimento de sistemas automotivos e de propulsão, eles tratam dos carros realmente muito mal. Mas tudo por uma boa causa. É para onde os fabricantes de automóveis enviam seus novos veículos para serem testados, de modo que quaisquer falhas, desde barulhos irritantes até problemas de segurança mais sérios, possam ser expostos e corrigidos antes que o produto chegue ao mercado. A instalação, em Bedfordshire, no Reino Unido, está escondida atrás de cercas de segurança e aterros altos para desencorajar os *paparazzis* de automóveis que tiram fotos de novos modelos à medida que são colocados em suas pistas. Os fabricantes de automóveis também testam seus novos modelos em estradas públicas, geralmente com painéis aderentes para disfarçá-los, mas, para condições repetitivas e cuidadosamente calculadas, é necessária uma instalação como o Millbrook Proving Ground. O local foi chamado de *máquina do tempo automotiva*, onde um novo modelo reluzente entra e cerca de 20 semanas depois ele sai (se conseguir), tendo sido exposto ao equivalente a 10 anos de clima intenso e desgastes e comparável com o desempenho de cerca de 257 mil quilômetros. Durante esse tempo, ele será conduzido em estradas retas e tortuosas, subidas e descidas de montanha, lentamente e muito rápido, com banhos de água salgada (para acelerar a oxidação) e ao longo de estradas de cascalho que danificam sua pintura. Mas isso não é tudo. Ele será submetido a altas temperaturas, congelado até condições árticas e encharcado com água para expor quaisquer vazamentos. Além disso, será submetido ao infame "Pavê belga", uma trilha de 1,6 km feita de blocos de pavimentação com irregularidades e depressões aleatórias. A suspensão leva tanto choque que, depois de cinco voltas na pista, os veículos precisam ser mergulhados em uma calha de água para resfriar seus amortecedores. E, durante tudo isso, engenheiros especializados examinam de maneira periódica os veículos para verificar sinais de desgaste ou danos. Isso permite que os fabricantes de automóveis refinem seus projetos ou processos de fabricação para evitar falhas que seriam caras e prejudiciais para a reputação, caso ocorressem após o lançamento do produto.

Os erros tipo I são os que ocorrem quando uma decisão foi tomada para fazer algo e a situação não garantia que aquilo pudesse ser feito. Erros tipo II são aqueles que ocorrem quando nada foi feito, embora uma decisão para fazer algo deveria ter sido tomada, à medida que a situação, de fato, a garantia. Por exemplo, se um inspetor escolar confere o trabalho de uma amostra de 20 em 1.000 alunos e todos os 20 alunos da amostra são reprovados, o inspetor pode chegar à conclusão de que todos os alunos foram reprovados. De fato, a amostra ao acaso continha 20 de um total de 50 alunos que não passaram no curso. O inspetor, assumindo uma alta taxa de falha, estaria cometendo um erro tipo I. Por outro lado, se ele verificasse 20 trabalhos, todos de alto padrão, poderia concluir que todos os trabalhos dos alunos eram bons, apesar de terem sido escolhidos apenas os trabalhos bons de toda a escola. Esse teria sido um erro tipo II. Apesar de essas situações não serem prováveis, elas são possíveis. Assim, qualquer procedimento de **amostragem** tem que estar ciente desses riscos.

Como as verificações devem ser realizadas?

Na prática, a maioria das operações usará alguma forma de amostragem para verificar a qualidade de seus serviços ou produtos. O método mais comum para verificar a qualidade de um serviço ou produto por amostragem, de modo a fazer inferências sobre todo o resultado de uma operação, é chamada de controle estatístico do processo (CEP), que se preocupa com a amostragem do processo durante a produção dos bens ou a entrega do serviço. Com base nessa amostra, são tomadas decisões sobre se o processo está *sob controle*, isto é, operando como deveria. Um aspecto básico do CEP é que ele analisa a variabilidade no desempenho de processos para verificar se o processo está funcionando como deveria (conhecido como o processo estando *sob controle*). De fato, a variabilidade (ou, mais especificamente, a redução da variabilidade) é um dos objetivos mais importantes da melhoria da qualidade. O CEP é explicado detalhadamente no suplemento deste capítulo.

Etapas 5 e 6 — Encontre e corrija as causas da má qualidade e continue a fazer melhorias

As duas etapas finais de nossa lista de atividades de gestão da qualidade são, de algum modo, as mais importantes, embora mais difíceis. Para chegar às causas raiz dos problemas de qualidade, é preciso compreender as técnicas de melhoramento, algumas delas descritas no Capítulo 15, mas também exige um conhecimento da gama de possíveis causas raiz. Algumas delas serão erros em qualquer tecnologia usada na operação (ver o exemplo *Cálculos de contagem de moedas* em *Operações na prática*), mas também incluirão falhas humanas.

OPERAÇÕES NA PRÁTICA
Cálculos de contagem de moedas[9]

O aumento do uso de cartões de pagamento por aproximação sempre prejudicaria a utilidade do dinheiro físico, uma tendência que a pandemia de COVID-19 acelerou. Mesmo antes disso, o Tesouro britânico, pela primeira vez em quase meio século, ordenou que a Casa da Moeda Real (que fabrica as moedas) parasse de produzir moedas de baixo valor nominal. Mas o que as pessoas fizeram com todas as suas moedas não totalmente indesejadas? A maioria dos bancos do varejo relutam em aceitar uma grande quantidade de moedas, a menos que sejam contadas e ensacadas em embalagens padronizadas. No entanto, o Metro Bank, ao contrário de qualquer outro banco no Reino Unido, tem contadores de moedas gratuitos, chamados de "Magic Money Machines". No entanto, como toda tecnologia, as máquinas de contagem de moedas apresentam certa variação, que, conforme mostrado por uma investigação, pode significar que o valor declarado das moedas colocadas na máquina pode deixar de ter precisão total até o último centavo, com até 19% de imprecisão. Um jornalista arduamente classificou e contou à mão 600 libras em moedas — 14.500 moedas no total — e as dividiu em sacos de moedas que valiam exatamente 100 libras. Ele então visitou as agências do Metro Bank no centro e oeste de Londres para ver se as máquinas contariam as moedas com a mesma precisão que ele. Na verdade, as Magic Money Machines saíram-se razoavelmente bem no teste. A maioria era precisa, com uma margem de erro inferior a 1%, o que é muito bom. Até mesmo a máquina que estava 19% a mais errou a favor do jornalista. No total, ele acabou com um lucro líquido de cerca de £ 30 (o dinheiro foi doado ao parceiro de caridade do Metro Bank). No entanto, mesmo pequenos erros nessas máquinas podem se acumular em termos absolutos quando se considera que £ 22,5 milhões foram processados pelas máquinas de moedas do Metro Bank no ano anterior à investigação. Mas nem todos os contadores de moedas provaram ser tão precisos quanto os do Metro Bank. Nos EUA, o TD Bank teve que abandonar suas máquinas de contagem de moedas "Penny Arcade" após reclamações generalizadas de que os dispositivos estavam prejudicando os clientes. Uma investigação concluiu que as Penny Arcade em cinco locais contavam incorretamente pacotes de moedas de US$ 300. E em nenhum local o erro de contagem favorecia o cliente.[10]

As causas raiz da falha humana relacionada com a qualidade

A Figura 17.7 ilustra como podem ser classificadas as falhas humanas relacionadas com a qualidade. A primeira distinção é entre *erros* (erros de julgamento, em que uma pessoa deveria ter feito algo diferente) e *violações* (atos que são claramente contrários ao procedimento operacional definido), ambos os quais podem ser subdivididos conforme mostrado na figura. A prevenção de cada uma dessas três categorias de erro humano requer medidas diferentes:

▶ *Erros de ação:* podem ser reduzidos por meio de um projeto cuidadoso do trabalho, consistência das informações fornecidas, interfaces intuitivas com tecnologia, listas de verificação e lembretes.
▶ *Erros de pensamento:* podem ser reduzidos por meio de planejamento e treinamento apropriados para todas as situações prováveis, fornecimento de informações e técnicas de diagnóstico e promoção de oportunidades regulares para aprender com o compartilhamento de experiências.
▶ *Violações:* podem ser reduzidas trabalhando-se em questões culturais no caso de violações rotineiras, com a promoção de uma cultura organizacional que não tolera o descumprimento, a proteção dos "denunciantes" e possivelmente uma supervisão mais próxima. As violações situacionais são mais bem combatidas com a mudança das condições de trabalho e a eliminação de elementos do trabalho que podem levar à não conformidade. Violações excepcionais podem ser reduzidas por meio de uma melhor conscientização e compreensão dos riscos e consequências das escolhas.

No entanto, há um aspecto da gestão da qualidade que tem sido particularmente importante para moldar como a qualidade é melhorada e a atividade de melhoramento torna-se autossustentável. Essa é a gestão da qualidade total (TQM, do inglês *total quality management*), à qual o restante do núcleo deste capítulo é dedicado.

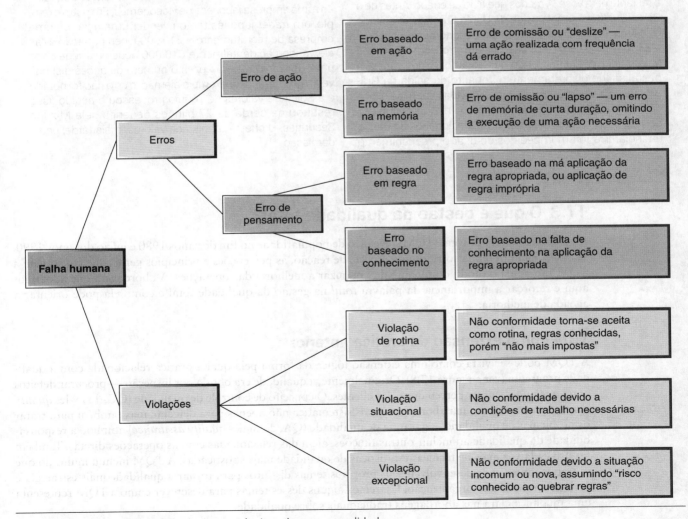

Figura 17.7 Categorias de falha humana relacionada com a qualidade.

OPERAÇÕES NA PRÁTICA

Erros de teclado — autopreenchimento e a "síndrome do dedo gordo"[11]

Pessoas cometem erros, especialmente nos teclados, dos quais dois tipos provaram ser embaraçosos e caros. O embaraçoso (que também pode ser caro) é o uso da função de preenchimento automático em aplicativos de *e-mail* e pesquisa. Preencha as primeiras letras e o aplicativo completa o restante para você. A menos que algo dê errado. Antes de o Reino Unido votar pela saída da União Europeia, e quando o assunto era uma questão política e economicamente sensível, o porta-voz do Banco da Inglaterra erroneamente enviou um *e-mail* à mídia revelando que as autoridades estavam pesquisando discretamente o impacto da saída da Grã-Bretanha da União Europeia. Havia dúvidas sobre se o incidente lhe custaria o emprego. Após o erro, com a rigidez dos regulamentos de segurança, os funcionários do Banco da Inglaterra foram impedidos de usar o preenchimento automático e, em vez disso, eram solicitados a escrever o nome completo do destinatário de seus *e-mails*. Isso não ajudava na produtividade, mas reduzia a possibilidade de um *e-mail* chegar ao destinatário errado.

Mais caro (que também pode ser embaraçoso) é o que se conhece como "síndrome do dedo gordo". Por exemplo, sentindo-se sonolento um dia, um funcionário de um banco alemão adormeceu sobre o teclado ao processar um débito de € 64 (retirada) de uma conta de aposentadoria, pressionando repetidamente o número 2. O resultado foi que a conta do pensionista tinha retirado € 222 milhões dos € 64 pretendidos. Felizmente, o banco detectou o erro antes de ter causado muitos danos (e antes que o titular da conta tivesse notado). Mais seriamente, o supervisor que deveria ter verificado o trabalho de seu subordinado foi demitido por não ter notado o erro (injustamente, conforme um tribunal trabalhista alemão decidiu mais tarde). Os erros decorrentes do dedo gordo não são incomuns. Por exemplo, o banco suíço UBS realizou por engano uma ordem de 3 trilhões de ienes (em vez de 30 milhões de ienes) de títulos em uma empresa japonesa de videogames. Em outro exemplo, um *trader* japonês tentou vender uma ação de uma empresa de recrutamento a 610.000 ienes por ação. Mas ele vendeu acidentalmente 610.000 ações a 1 iene cada uma, apesar de ser 41 vezes o número de ações disponíveis. Ao contrário do exemplo alemão, o erro não foi notado e a Bolsa de Valores de Tóquio processou o pedido. Isso resultou na perda de 27 bilhões de ienes pela Mizuho Securities. O chefe da bolsa de valores, mais tarde, pediu demissão.

17.3 O que é gestão da qualidade total?

A gestão da qualidade total (TQM) teve pico de popularidade no fim dos anos 1980 e início dos anos 1990. Todavia, embora tenha sofrido uma espécie de reação, as percepções e princípios gerais que constituem a TQM são ainda o modo dominante de organizar a melhoria das operações. A abordagem que adotamos aqui é reforçar a importância da palavra *total* na gestão da qualidade total e como ela pode orientar a agenda de melhoria.

TQM como extensão de prática anterior

A TQM pode ser vista como uma extensão lógica da forma pela qual a prática relacionada com a qualidade progrediu (ver a Figura 17.8). Originalmente, a qualidade era obtida por inspeção — procurar defeitos antes que pudessem ser percebidos pelos clientes. O conceito de controle de qualidade (QC, do inglês *quality control*) desenvolveu uma abordagem mais sistemática não apenas para detectar, mas também para tratar os problemas de qualidade. A garantia de qualidade (QA, do inglês *quality assurance*) ampliou a responsabilidade da qualidade ao incluir outras funções, além das relacionadas com as operações diretas. Também fez uso cada vez mais de técnicas estatísticas de qualidade mais sofisticadas. A TQM incluiu muito do que se tratava antes, mas desenvolveu seus próprios temas distintos para tornar a qualidade mais estratégia e mais generalizada na organização. Usaremos alguns desses temas para descrever como a TQM representa uma mudança clara nas abordagens tradicionais sobre qualidade.

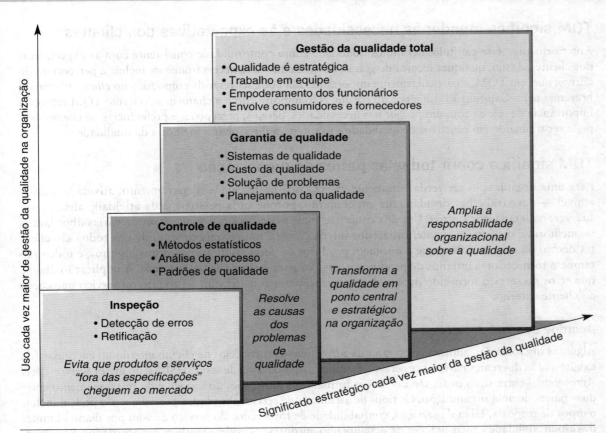

Figura 17.8 TQM como uma extensão das visões anteriores de qualidade.

O que é TQM?

A TQM é "um sistema eficaz para integrar o desenvolvimento, a manutenção e os esforços de melhoria da qualidade de vários grupos em uma organização, de modo a possibilitar a produção e o serviço em níveis mais econômicos que venham a permitir a satisfação plena do cliente".[12] Entretanto, foram os japoneses os primeiros a adotar o conceito em ampla escala e que, posteriormente, popularizaram a abordagem e o termo *TQM*. Depois, foi desenvolvido por vários e assim denominados "gurus da qualidade". Cada "guru" reforçou um conjunto diferente de temas, dos quais surgiu a abordagem TQM. Ela é mais bem entendida como uma filosofia de como abordar a melhoria da qualidade, a qual, acima de tudo, reforça o *total* da TQM. É uma abordagem que coloca a qualidade no centro de tudo que é feito por uma operação e inclui todas as atividades dentro de uma operação. Essa totalidade pode ser resumida pela forma que a TQM enfatiza os seguintes assuntos:

▶ Atendimento das necessidades e expectativas dos clientes.
▶ Inclusão de todas as partes da organização.
▶ Inclusão de todas as pessoas da organização.
▶ Exame de todos os custos relacionados com a qualidade, especialmente custos de falhas e fazer as coisas certas "na primeira vez".
▶ Desenvolvimento de sistemas e procedimentos que apoiem qualidade e melhoria.
▶ Desenvolvimento de um processo contínuo de melhoria (isso foi tratado no Capítulo 16).

Não surpreende que vários pesquisadores tentem estabelecer o nível de envolvimento que há entre adotar a gestão da qualidade total e o desempenho da organização. Um dos estudos mais conhecidos[13] constatou que havia um relacionamento positivo entre a extensão em que as empresas implementam a TQM e seu desempenho global. Mas descobriu que os gerentes devem implementá-la como um conjunto de ideias, em vez de simplesmente selecionarem algumas técnicas para tal. O mesmo estudo também sugere que, onde a TQM não se mostra bem-sucedida na melhoria do desempenho, os problemas podem ser resultado da má implementação, em vez das próprias práticas de TQM, e que o comprometimento sério por parte da alta administração em relação à TQM é um prerrequisito para o sucesso.

TQM significa atender às necessidades e às expectativas dos clientes

Anteriormente neste capítulo, definimos qualidade como conformidade consistente com as expectativas dos clientes. Assim, qualquer técnica de gestão da qualidade deve necessariamente incluir a perspectiva do cliente, que, em TQM, é particularmente importante. Ela pode ser referida como *foco no cliente* (discutida brevemente no Capítulo 15) ou a *voz do cliente*. Não importa como a chamemos, o termo TQM reforça a importância de iniciar com um *insight* nas necessidades, desejos, percepções e preferências do cliente. Isso pode ser traduzido em objetivos de qualidade e usado para direcionar a melhoria da qualidade.

TQM significa cobrir todas as partes da organização

Para uma organização ser verdadeiramente eficaz, cada parte dela — departamento, atividade, pessoa e nível — deve trabalhar devidamente em conjunto, porque cada pessoa e cada atividade afeta e, por sua vez, é afetada por outros. Um dos conceitos mais poderosos que emergiram de várias abordagens de melhoria é o conceito cliente/fornecedor interno. Esse é um reconhecimento de que todos são clientes dentro da organização e que consomem produtos ou serviços de fornecedores internos, e todos são também fornecedores internos de produtos e serviços para outros clientes internos. A implicação disso é que erros no serviço fornecido dentro da organização por fim afetarão o produto ou serviço que chega ao cliente externo.

Acordos de nível de serviço

Algumas organizações adotam certo grau de formalidade ao conceito de cliente interno ao encorajar (ou exigir) que as diferentes partes da operação façam acordos de nível de serviço (SLAs, do inglês *Service-Level Agreements*) entre si, os quais são definições formais das dimensões do serviço e do relacionamento entre duas partes de uma organização. Os tipos de assuntos que seriam abordados por tal acordo podem incluir tempos de resposta, faixa de serviços, confiabilidade de fornecedor do serviço e assim por diante. Limites de responsabilidade e mensurações de desempenho apropriadas podem também ser acordados. Por exemplo, em um SLA entre uma unidade de apoio de sistemas de informação e uma unidade de pesquisa dos laboratórios de uma grande empresa podem-se definir medidas de desempenho como:

▶ Tipos de serviços da rede de informação que podem ser fornecidos como "padrões".
▶ Variedade de serviços especiais de informação que podem estar disponíveis em diferentes períodos do dia.
▶ Tempo mínimo "disponível para uso", isto é, proporção mínima de tempo, durante a qual o sistema estará disponível em diferentes períodos do dia.
▶ Tempo máximo de resposta do sistema em operação e tempo médio para o sistema voltar a operar caso ocorra uma falha.
▶ Tempo máximo de resposta para o fornecimento de serviços "especiais", e assim por diante.

Princípio de produção
Uma apreciação do envolvimento e do comprometimento com a qualidade deve permear toda a organização.

Comentário crítico

Embora alguns vejam os pontos fortes dos SLAs como o grau de formalidade que trazem aos relacionamentos cliente-fornecedor, há também algumas desvantagens claras. A primeira é que a natureza "pseudocontratual" do relacionamento formal pode trabalhar contra a construção de parcerias (ver Capítulo 12). Isso é especialmente verdadeiro se o SLA incluir penalidades pelo desvio dos padrões de serviço. De fato, o efeito pode, às vezes, inibir em vez de encorajar a melhoria conjunta. O segundo problema, também relacionado, é que os SLAs, em razão de sua natureza formal documentada, costumam enfatizar os aspectos *físicos* e mensuráveis do desempenho em vez dos aspectos *mais sutis*, mas frequentemente os mais importantes. Assim, uma chamada telefônica pode ser atendida em até quatro toques, mas a forma que o autor da chamada é tratado, em termos de *cordialidade*, pode ser bem mais importante.

TQM significa incluir todas as pessoas da organização

Qualquer pessoa na organização tem potencial para contribuir com a qualidade, e a TQM estava entre as primeiras abordagens a reforçar a centralidade de valorizar sua contribuição potencial para a qualidade. Há escopo para a criatividade e a inovação, mesmo em atividades relativamente rotineiras, afirmam os proponentes da TQM. A mudança de atitude que é necessária para ver os funcionários como o recurso intelectual e criativo mais valioso que a organização tem ainda pode ser difícil para algumas organizações. Todavia, a maioria das organizações avançadas reconhece que os problemas de qualidade quase sempre são resultado de erros humanos.

TQM significa que todos os custos de qualidade são considerados

Os custos para controlar a qualidade podem não ser pequenos se a responsabilidade estiver com cada indivíduo ou com um departamento dedicado ao controle da qualidade. Assim, é necessário examinar todos os custos e benefícios associados à qualidade (de fato, os *custos da qualidade* geralmente referem-se aos custos e aos benefícios da qualidade). Esses custos da qualidade são categorizados como **custos de prevenção, custos de avaliação, custos de falhas internas** e **custos de falhas externas**.

▶ *Custos de prevenção* são aqueles incorridos na prevenção de problemas, falhas e erros. Incluem atividades como as seguintes:
Identificação de problemas potenciais e correção do processo antes da ocorrência de má qualidade.
Projeto e melhoria do *design* de produtos, serviços e processos para reduzir os problemas de qualidade.
Treinamento e desenvolvimento para o pessoal fazer o trabalho da melhor maneira.
Controle do processo por meio de CEP.

▶ *Custos de avaliação* são aqueles associados ao controle da qualidade que visam verificar se ocorreram problemas ou erros durante e após a criação do produto ou serviço. Podem incluir coisas como:
— Adoção de planos de **amostragem estatística da aceitação**.
— Tempo e esforço exigidos para inspecionar *inputs,* processos e *outputs*.
— Obtenção dos dados de inspeção e teste do processamento.
— Investigação de problemas de qualidade e elaboração de relatórios de qualidade.
— Condução de pesquisas com clientes e auditorias da qualidade.

▶ *Custos de falhas internas* estão associados aos erros tratados dentro da operação. Podem incluir coisas como:
— Custo de peças e materiais desprezados.
— Custos de peças e materiais retrabalhados.
— Tempo de produção perdido em razão do tratamento de erros.
— Falta de concentração decorrente de tempo gasto no diagnóstico, e não no melhoramento.

▶ *Custos de falhas externas* são aqueles associados a um erro detectado pelo cliente fora da operação. Esses custos incluem coisas como:
— Perda de confiança do cliente, o que afetará futuros negócios.
— Clientes aborrecidos que podem consumir tempo.
— Litígio (ou pagamento de indenização para evitá-lo).
— Custos de garantia.
— Custos para a empresa ao fornecer capacidade em excesso (café a mais em um pacote ou informação a mais para o cliente).

Relacionamento entre os custos de qualidade

Na gestão da qualidade tradicional, assumiu-se não só que os custos das falhas se reduzem à medida que o dinheiro gasto na avaliação e na prevenção aumenta, como também que há um valor *ideal* de esforço de qualidade a ser aplicado em qualquer situação, que minimiza o custo total da qualidade. O argumento é que deve haver um ponto a partir do qual o retorno diminui; isto é, o custo de melhoria da qualidade torna-se maior que os benefícios obtidos. A Figura 17.9(a) resume essa ideia. À medida que o esforço de qualidade aumenta, os custos de fornecer o esforço — por meio de controladores de qualidade extra, procedimentos de inspeção etc. — se elevam na mesma proporção. Entretanto, ao mesmo tempo, os custos de erros, produtos defeituosos etc. diminuem porque passam a ocorrer em menor número. Entretanto, os proponentes da TQM acreditam que essa lógica é falsa. Primeiro, implica que as falhas e a má qualidade são aceitáveis.

Por que, perguntam os proponentes da TQM, qualquer operação deve aceitar a *inevitabilidade* dos erros? Algumas ocupações parecem exigir um padrão de defeito zero. Ninguém aceita que os pilotos tenham permissão de colidir determinada proporção de aviões ou que os enfermeiros deixem cair determinada proporção de bebês que estiverem sob seus cuidados. Segundo, assume-se que os custos são conhecidos e mensuráveis. De fato, atribuir dados realistas para os custos de qualidade não é assunto simples. Terceiro, argumenta-se que os custos de falha no modelo tradicional são bastante subestimados. Em particular, todo o tempo da administração desperdiçado pelas falhas e perda de concentração que isso causa é raramente levado em consideração. Quarto, implica que os custos de prevenção são inevitavelmente altos porque envolvem inspeção onerosa. Entretanto, por que a qualidade não deve ser parte integral do trabalho de todos, em vez de a organização empregar pessoas extras para inspecioná-la? Finalmente, a abordagem do *nível de qualidade ideal*, ao aceitar o compromisso, pouco faz para desafiar gerentes e funcionários de produção a encontrar meios de melhorar a qualidade. Coloque essas correções em um cálculo de esforço de qualidade ideal e o quadro parecerá muito diferente (ver a Figura 17.9(b)). Se houver um *ideal*, fica um pouco mais à direita, na direção de aumentar o esforço (mas não necessariamente o custo) na qualidade.

Princípio de produção
O investimento efetivo na prevenção de erros de qualidade pode reduzir significativamente os custos de avaliação e de falhas.

Modelo do custo de qualidade da TQM

A TQM rejeita o conceito de nível ideal de qualidade e procura reduzir todos os custos conhecidos e desconhecidos de falhas, adotando a previsão da ocorrência de erros. Em vez de examinar os níveis *ideais* de esforço de qualidade, a TQM destaca o equilíbrio relativo entre diferentes tipos de custos de qualidade. Das quatro categorias de custos, duas (custos de prevenção e custos de avaliação) recebem influência gerencial, enquanto as outras duas (custos internos e externos de falhas) mostram as consequências de mudanças nas duas primeiras. Portanto, em vez de enfatizar mais a avaliação (de modo que os "maus produtos e serviços não cheguem ao cliente"), a TQM enfatiza a prevenção (interromper a ocorrência de erros em primeiro lugar). Isso ocorre porque, quanto maior o esforço colocado na prevenção de erro, mais os custos de falhas internas e externas são reduzidos. Então, uma vez firmemente estabelecida a confiança, os custos de avaliação podem ser reduzidos. Por fim, mesmo os custos de prevenção podem ser reduzidos em termos

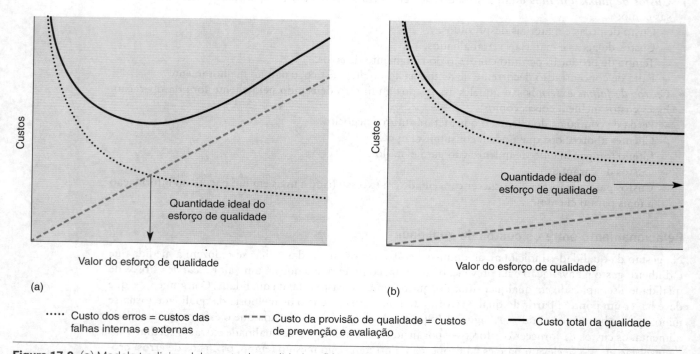

Figura 17.9 (a) Modelo tradicional do custo de qualidade e (b) modelo tradicional do custo de qualidade com ajustes para refletir as críticas da TQM.

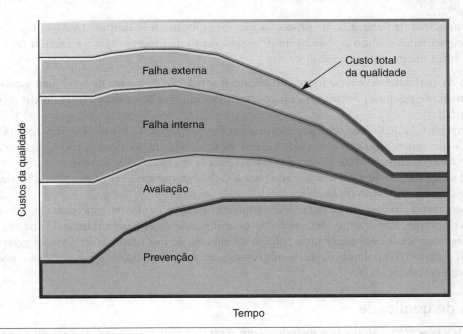

Figura 17.10 Aumentar o esforço despendido para impedir que erros sejam cometidos em primeiro lugar proporciona uma redução mais do que equivalente em outras categorias de custo.

absolutos, embora a prevenção permaneça um custo significativo em termos relativos. A Figura 17.10 ilustra essa ideia. Inicialmente, os custos da qualidade total podem subir à medida que o investimento em alguns aspectos da prevenção — principalmente treinamento — é aumentado. Entretanto, uma redução do custo total pode ocorrer rapidamente.

Fazendo as coisas *certas na primeira vez*

Aceitar os relacionamentos entre as categorias dos custos da qualidade, como ilustrado na Figura 17.10, tem uma implicação particularmente importante sobre como a qualidade é gerenciada. Muda a ênfase de *reativo* (esperar por algo acontecer) para *proativo* (fazer algo antes de qualquer coisa acontecer). Essa mudança na visão dos custos da qualidade tem a ver com a passagem de uma abordagem de inspeção (orientada para a avaliação) a uma abordagem de projeto (faça a coisa certa na primeira vez).

TQM significa desenvolver sistemas e procedimentos que apoiem a qualidade e a melhoria

A ênfase em sistemas e procedimentos altamente formalizados para apoiar a TQM vem declinando, embora um aspecto ainda esteja ativo para muitas empresas. Trata-se da adoção da norma ISO 9000, que, embora possa ser considerada um assunto isolado, está muito associada à TQM.

Abordagem ISO 9000

A série **ISO 9000** é um conjunto de padrões mundiais compilado pela International Organization for Standardization (ISO). Os padrões simbolizam um consenso sobre práticas, sistemas e padrões de suporte relacionados com a boa gestão da qualidade. Os padrões se aplicam a qualquer organização, independentemente de tamanho ou setor. As organizações que usam os padrões podem ser certificadas, cujo propósito inicial era fornecer uma segurança para os compradores de produtos ou serviços de que foram produzidos de forma a atender a suas exigências. A melhor maneira de fazer isso, argumentava-se, era definir os procedimentos, padrões e características do sistema de controle gerencial que controla a operação, de modo a assegurar que a qualidade era construída dentro dos processos da operação. Essa orientação para processo requer que as operações definam e registrem os processos essenciais e os subprocessos (de modo muito

604   PARTE 4 DESENVOLVIMENTO

similar ao princípio da *hierarquia de processos* que foi esboçado no Capítulo 1). Além disso, os processos são documentados usando a abordagem de mapeamento de processo que foi descrita no Capítulo 6. Também reforça quatro outros princípios:

▶ A gestão da qualidade deve estar focada no cliente. A satisfação do cliente deve ser mensurada mediante levantamentos e pesquisas de grupos de foco, e a melhoria em relação aos padrões do cliente deverá ser documentada.

▶ O desempenho da qualidade deve ser mensurado. Em particular, as medidas devem se relacionar aos processos que criam produtos e serviços e à satisfação do cliente com esses produtos e serviços. Além disso, os dados mensurados devem ser analisados para se entender os processos.

▶ A gestão da qualidade deve estar orientada para a melhoria, que deve ser demonstrada no desempenho do processo e na satisfação do cliente.

▶ A alta administração deve demonstrar seu comprometimento em manter e melhorar continuamente os sistemas de gestão. Esse comprometimento deve incluir comunicar a importância de atender ao cliente e a outras exigências, estabelecer uma política e objetivos de qualidade, fazer revisões gerenciais para assegurar a adesão das políticas de qualidade e assegurar a disponibilidade dos recursos necessários para manter sistemas de qualidade.

Prêmios de qualidade

Vários órgãos buscaram estimular a melhoria com o estabelecimento de prêmios de *qualidade*. Os três prêmios mais conhecidos são o Deming Prize, o Malcolm Baldrige National Quality Award e o **European Quality Award**.

O Deming Prize

O Deming Prize foi instituído pela União de Cientistas e Engenheiros Japoneses em 1951 e é concedido às empresas, inicialmente no Japão, mas mais recentemente aberto a empresas estrangeiras, que aplicaram com sucesso o "controle de qualidade em toda a empresa" com base no controle estatístico de qualidade. Existem 10 categorias principais de avaliação: política e objetivos, organização e sua operação, educação e sua extensão, criação e disseminação de informações, análise, padronização, controle, garantia de qualidade, efeitos e planos futuros. Os candidatos são obrigados a apresentar uma descrição detalhada das práticas de qualidade, que, por si só, é uma atividade significativa, e algumas empresas informam um grande benefício por ter feito isso.

Comentário crítico

Não obstante sua ampla adoção (e sua revisão para levar em consideração algumas de suas falhas percebidas), a ISO 9000 não parece tão benéfica para todas as autoridades e ainda está sujeita a algumas críticas específicas. Estas incluem as seguintes:

▶ O uso continuado de padrões e procedimentos encoraja a "gestão via manual" e a tomada de decisão super-sistematizada.

▶ O processo total de documentar os processos, os procedimentos por escrito, o treinamento de funcionários e a condução de auditorias internas são onerosos e demorados.

▶ De modo semelhante, o tempo e o custo de obter e de manter o registro da ISO 9000 são excessivos.

▶ Há padronização em excesso. Isso encoraja as operações a substituir uma abordagem mais customizada e criativa de gerenciar a melhoria das operações por uma "receita".

OPERAÇÕES NA PRÁTICA
Sistemas de qualidade só funcionam se você os cumprir[14]

Quando os passageiros do expresso de Hakata para Tóquio, um dos famosos trens-bala japoneses, notaram um cheiro de queimado e um ruído estranho, eles tiveram que abandonar o trem. Descobriu-se que a causa foram rachaduras no chassi, e isso marcou o último episódio de uma longa linha de escândalos de qualidade que abalaram o país, colocando em risco a imagem da "qualidade japonesa". Os meses que se antecederam viram admissões públicas de alguns dos nomes mais prestigiados do Japão — incluindo Kobe Steel, Mitsubishi Materials, Nissan Motor e Subaru — de que seus testes de qualidade foram falsificados ou os resultados foram fabricados, tudo para vender produtos de qualidade inferior à declarada oficialmente. Os sistemas de qualidade estavam em vigor, mas muitas vezes eram ignorados. Registros de qualidade foram adulterados em materiais que foram despachados para fazer uma ampla gama de produtos, incluindo o Boeing 787 Dreamliner, usinas nucleares e foguetes espaciais. Foi o anúncio chocante da Kobe Steel que chamou a atenção do mundo para o problema. A empresa confessou que "conduta imprópria" levou à falsificação de dados relativos a 19.300 toneladas de chapas e tarugos de alumínio, 19.400 componentes de alumínio, 2.200 toneladas de produtos de cobre e uma quantidade não especificada de limalha de ferro que havia sido fornecida a mais de 200 clientes. Todos esses itens foram falsamente certificados em conformidade com as especificações relativas a certas propriedades, como resistência à tração. A Kobe admitiu que por até 10 anos seus funcionários falsificaram verificações de qualidade em dezenas de milhares de toneladas de produtos metálicos, incluindo o alumínio usado pela Boeing para fabricar as peças que montavam o 787. No entanto, a Boeing deixou claro que estava realizando inspeções e análises abrangentes das remessas afetadas desde que foi informada sobre a falsificação de dados da Kobe Steel. Apesar da falsificação, nenhuma morte ou acidente parece ter resultado dos produtos subespecificados.

No entanto, a Kobe Steel rebaixou três executivos das divisões de alumínio e cobre, que estavam cientes da adulteração de dados. Dois executivos aparentemente sabiam dos problemas de falsificação há oito anos. A empresa disse que eles foram dispensados de suas funções e transferidos para funções de baixo escalão. Além disso, a certificação industrial do Japão, apoiada pelo governo, foi revogada em uma de suas fábricas devido à "gestão inadequada da qualidade". Mas foi o inquérito nacional sobre por que tantos problemas ocorreram em tantas empresas japonesas que foi seguido de perto por profissionais de qualidade. Alguns comentaristas alegaram que foi devido ao aumento da pressão para produzir lucros. Quando a Toray Industries, a empresa química, divulgou a falsificação de dados sobre o material de pneus, Akihiro Nikkaku, seu presidente, executivo-chefe e diretor de produção, culpou a *"pressão para atingir as metas de produtividade"*. Outros observadores apontaram para a cultura corporativa japonesa e a relutância dos gerentes de nível médio em chamar a atenção de seus superiores para os erros de qualidade. Ainda outros dizem que a razão pela qual tantos escândalos surgiram relativamente há pouco tempo é que, entre os funcionários mais jovens, denunciar más práticas tornou-se mais aceitável. Além disso, as mídias sociais fornecem um fórum e um ambiente para denunciar e expor tais queixas, que antes não existiam.

O Malcolm Baldrige National Quality Award

No início da década de 1980, o Centro Americano de Produtividade e Qualidade recomendou que um prêmio anual, semelhante ao Prêmio Deming, fosse concedido nos EUA. O objetivo dos prêmios foi estimular as empresas dos EUA a melhorar a qualidade e a produtividade, reconhecer as conquistas, estabelecer critérios para um maior esforço de qualidade e fornecer orientação sobre a melhoria da qualidade. As principais categorias examinadas são: liderança, informação e análise, planejamento de qualidade estratégica, utilização de recursos humanos, garantia de qualidade de produtos e serviços, resultados de qualidade e satisfação do cliente. O processo, assim como o Deming Prize, inclui um pedido de inscrição detalhado e visitas ao local.

O modelo de excelência EFQM

Originalmente, a Fundação Europeia para a Gestão da Qualidade (EFQM, do inglês European Foundation for Quality Management) lançou o Prêmio Europeu de Qualidade (EQA, do inglês European Quality Award), desde quando a importância da excelência na qualidade tornou-se muito mais aceita. De acordo com a EFQM:

Embora existam inúmeras ferramentas e técnicas de gestão comumente utilizadas, o Modelo de Excelência EFQM fornece uma visão holística da organização e pode ser usado para determinar como esses diferentes métodos se encaixam e se complementam. O Modelo... [é] ... uma estrutura abrangente para o desenvolvimento de excelência sustentável. Organizações excelentes alcançam e sustentam níveis excepcionais de desempenho que atendem ou superam as expectativas de todos os seus *stakeholders*. O Modelo de Excelência EFQM permite que as pessoas compreendam as relações de causa e efeito entre o que sua organização faz e os resultados que alcança.[15]

O modelo é baseado na ideia de que é importante entender as relações de causa e efeito entre o que uma organização faz (o que chama de "os Facilitadores") e seus resultados. O Modelo de Excelência EFQM é mostrado na Figura 17.11. Existem cinco facilitadores:

- *Liderança:* que olha para o futuro, atua como modelo de valores e ética, inspira confiança, é flexível, permite antecipação e, portanto, pode reagir em tempo hábil.
- *Estratégia:* que implementa a missão e a visão da organização, desenvolvendo e implantando uma estratégia focada nas partes interessadas.
- *Pessoas*: as organizações devem valorizar os seus, criando uma cultura que permita a realização mutuamente benéfica dos objetivos organizacionais e pessoais, desenvolva as capacidades das pessoas, promova a justiça e a igualdade, cuide, comunique, recompense e reconheça as pessoas, de forma a motivar e criar comprometimento.
- *Parceria e recursos:* as organizações devem planejar e gerenciar parcerias externas, fornecedores e recursos internos para apoiar a estratégia e as políticas e a operação efetiva dos processos.
- *Processos, produtos e serviços:* as organizações devem projetar, gerenciar e melhorar os processos para garantir valor para os clientes e outras partes interessadas.

Os resultados são avaliados usando quatro critérios:

- *Resultados para clientes:* atender ou superar as necessidades e expectativas dos clientes.
- *Resultados para pessoas:* atender ou superar as necessidades e expectativas dos funcionários.
- *Resultados para a sociedade:* alcançar e sustentar resultados que atendam ou superem as necessidades e expectativas das partes interessadas relevantes na sociedade.
- *Resultados para a empresa:* alcançar e sustentar resultados que atendam ou superem as necessidades e expectativas das partes interessadas do negócio.

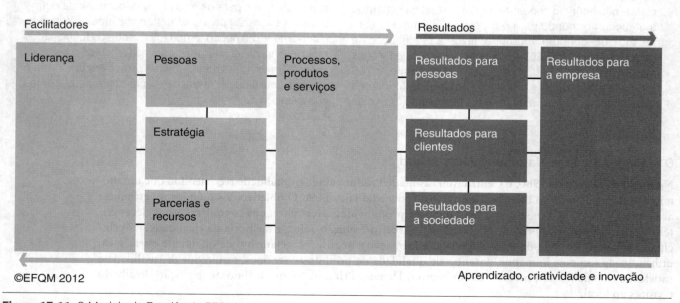

Figura 17.11 O Modelo de Excelência EFQM.

Fonte: Reproduzida com permissão da EFQM.

Comentário crítico

A semelhança da **ISO 14000** com os procedimentos de qualidade da ISO 9000 não é uma coincidência. A ISO 14000 pode conter todos os problemas da ISO 9000 (gerenciamento manual, obsessão com procedimentos em vez de resultados, um grande custo para implementá-lo e, no pior dos casos, a formalização do que foi má prática em primeiro lugar). No entanto, a ISO 14000 também tem alguns problemas adicionais. O principal é que ele pode se tornar um "prêmio para o presunçoso". Pode ser visto como "tudo o que há para fazer para ser uma boa empresa ambientalmente sensível". Pelo menos com padrões de qualidade como a ISO 9000, clientes reais estão lembrando continuamente à empresa que a qualidade é importante. As pressões para melhorar os padrões ambientais são muito mais difusas. Os clientes não são suscetíveis de serem tão enérgicos ao forçar padrões ambientais adequados aos fornecedores, pois estão forçando os padrões de boa qualidade, dos quais eles se beneficiam diretamente. Em vez desse tipo de sistema baseado em procedimentos, certamente a única maneira de influenciar uma prática que tem efeito em um nível social é por meio do mecanismo normal da sociedade — regulação legal. Se a qualidade sofre, o mesmo acontece com os indivíduos, que não compram bens e serviços novamente da empresa que causou problema como boicote. No entanto, com uma má gestão ambiental, todos nós sofremos. Por isso, a única maneira viável de garantir políticas de negócios ambientalmente sensíveis é insistir para que nossos governos nos protejam. A legislação, portanto, é o único caminho seguro a seguir.

Relatório verde e ISO 14000

Até há pouco tempo, relativamente poucas empresas em todo o mundo forneciam informações sobre suas práticas e desempenho ambiental. Agora, os relatórios ambientais são cada vez mais comuns. Outra questão emergente tem sido a introdução da norma ISO 14000, que tem um sistema de gestão ambiental de três seções que abrange o planejamento inicial, a implementação e a avaliação objetiva. Embora tenha tido algum impacto, é amplamente limitado à Europa.

A ISO 14000 faz uma série de requisitos específicos, incluindo os seguintes:

- ▶ Um comprometimento com a gestão ambiental pela alta administração.
- ▶ O desenvolvimento e a comunicação de uma política ambiental.
- ▶ O estabelecimento de requisitos relevantes, legais e regulatórios.
- ▶ O estabelecimento de objetivos e metas ambientais.
- ▶ O estabelecimento e a atualização de um programa, ou programas, ambiental específico voltado para alcançar os objetivos e as metas.
- ▶ A implementação de sistemas de suporte como treinamento, controle operacional e planejamento de emergência.
- ▶ Monitoramento e medição regular de todas as atividades operacionais.
- ▶ Um procedimento de auditoria completo para rever o trabalho e a adequação do sistema.

Operações responsáveis

Em cada capítulo, sob o título de Operações responsáveis, resumimos como o tópico específico tratado no capítulo aborda importantes questões sociais, éticas e ambientais.

Alguns aspectos da gestão da qualidade, ou pelo menos os resultados da gestão da qualidade, podem ser considerados como contribuindo diretamente para operações responsáveis. Produtos e serviços que estão em conformidade com suas especificações claramente comunicadas certamente beneficiam os clientes que os recebem. Da mesma forma, o objetivo de compreender (e geralmente minimizar) a variação nas características de um produto beneficia tanto os clientes quanto a operação. Por exemplo, dê uma volta em qualquer supermercado e veja todos os produtos que são embalados, engarrafados ou de outra forma "enchidos" em recipientes. Bebidas engarrafadas, detergentes, sacos de legumes, latas de tinta; todos eles são colocados em seus recipientes nas operações de fabricação que os produzem. E esse processo de enchimento ou embalagem é, na maioria dos países, regido por regulamentos governamentais estritos. Quando um pacote afirma ter uma certa quantidade de produto, os clientes têm o direito de esperar que realmente inclua essa quantidade; caso contrário, eles estão pagando por algo que não estão recebendo. Em muitos locais, a lei exige que o peso médio seja maior do que o peso declarado no recipiente, sendo o peso médio determinado por amostragem. Mas a tecnologia usada para encher as embalagens nem sempre é totalmente consistente. Há sempre algum grau de variação na quantidade "dispensada". Assim, se os empacotadores ou enchedores quiserem estar em conformidade com os pesos e medidas legais estipulados nos níveis mínimos de enchimento, eles devem desenvolver uma margem de segurança nos níveis de enchimento para superar a variação da tecnologia de enchimento. O foco da gestão da qualidade em reduzir essa variação permite que os clientes recebam o que pagam e as empresas evitem o que é conhecido como "brinde" ou "enchimento em excesso".

Como às vezes é observado, o foco da gestão da qualidade (e particularmente da TQM) é fornecer valor *para o cliente*, que é um de seus grandes pontos fortes. Em todos os modelos de qualidade abordados neste capítulo, como a ISO 9000 e o modelo EFQM, há um foco em uma série de *stakeholders* externos. No entanto, são os interesses dos clientes que muitas vezes são considerados primordiais, mesmo com a exclusão prática de outras partes interessadas. Em parte, isso reflete a ideia de qualidade como *adequação ao uso* (pelos clientes). Em outra, reflete considerações comerciais de curto prazo. Ainda assim, como em muitos aspectos da gestão da produção, embora não transfira o importante papel da satisfação do cliente em todas as decisões relacionadas com a qualidade, vale reiterar o papel de outros *stakeholders*. Todas as organizações precisam ser explícitas no modo como a gestão da qualidade tem impacto na sociedade em geral, funcionários e outras partes interessadas, bem como na satisfação dos clientes.

Respostas resumidas às questões-chave

17.1 O que é qualidade e por que é tão importante?

▶ A definição de qualidade usada neste livro a explica como *conformidade consistente com as expectativas dos clientes*. É importante porque tem impacto significativo na lucratividade.

▶ Em nível mais amplo, qualidade é mais bem modelada como a lacuna entre as expectativas dos clientes referentes ao produto ou serviço e suas percepções em relação ao produto ou serviço.

▶ Modelar a qualidade dessa maneira permitirá o desenvolvimento de uma ferramenta de diagnóstico baseada na lacuna entre percepção-expectativa. Tal lacuna pode ser explicada por quatro outras:

  − A lacuna entre a especificação de um cliente e a especificação da operação.

  − A lacuna entre o conceito do produto ou serviço e o modo como a organização o especificou.

  − A lacuna entre o modo como a qualidade foi especificada e a qualidade realmente entregue.

  − A lacuna entre a qualidade realmente entregue e o modo como o produto ou serviço foi descrito ao cliente.

▶ Algumas operações que produzem principalmente serviços intangíveis costumam usar o termo *qualidade de serviço* para incluir elementos de velocidade, confiabilidade e flexibilidade. Além disso, cada vez mais o termo *qualidade da experiência* é usado para indicar uma visão de qualidade mais centrada no usuário

▶ A teoria do *cone de areia* para o melhoramento afirma que, em geral, é melhor começar melhorando a qualidade, e não outros objetivos de desempenho, mas depois dar continuidade, mesmo quando se buscam outros objetivos de desempenho.

17.2 Que etapas levam à conformidade de acordo com as especificações?

▶ Há seis etapas:

— Definir as características da qualidade.

— Decidir como medir cada característica da qualidade.

— Estabelecer padrões de qualidade para cada característica.

— Controlar a qualidade em relação a esses padrões.

— Encontrar e corrigir as causas da má qualidade.

— Continuar a fazer melhorias.

▶ A maior parte do planejamento e controle da qualidade envolve amostragem do desempenho das operações de alguma maneira. A amostragem pode originar julgamentos errôneos que são classificados em erros tipos I e II. Os erros tipo I envolvem fazer correções quando não são necessárias. Os erros tipo II envolvem não fazer correções quando, de fato, são necessárias.

17.3 O que é gestão da qualidade total?

▶ A TQM é "um sistema eficaz para integrar o desenvolvimento, a manutenção e os esforços de melhoria da qualidade de vários grupos em uma organização, de modo a possibilitar a produção e o serviço em níveis mais econômicos que venham a permitir a satisfação plena do cliente".

▶ É mais bem pensada como uma filosofia que reforça o *total* da TQM e coloca a qualidade no centro de tudo que é feito por uma operação.

▶ Total em TQM significa o seguinte:

— Atender às necessidades e às expectativas dos clientes.

— Abranger todas as partes da organização.

— Incluir todas as pessoas da organização.

— Examinar todos os custos que estão relacionados com a qualidade e fazer as coisas "certas na primeira vez".

— Desenvolver os sistemas e procedimentos que apoiem a qualidade e a melhoria, potencialmente incluindo "prêmios de qualidade".

ESTUDO DE CASO: Rapposcience Labs

"Não há dúvida de que foi um desastre para o laboratório. Foi a primeira vez que um cliente desistiu de um contrato tão cedo, e a culpa foi totalmente nossa. Também foi um desastre para Vincent [De Smet]. Sinto muito por ele. Eu o conhecia há anos. Ele era um cara legal, com energia aparentemente ilimitada e uma série de boas ideias. Mas no fim ele teve que sair" (Petra Reemer, cientista-chefe, Rapposcience Labs).

Petra Reemer estava falando sobre seu antecessor, Vincent De Smet, que estava encarregado dos Laboratórios (conhecidos internamente apenas como "Lab") quando um de seus maiores clientes, a MGQ Services, uma empresa de serviços de extração (mineração), exerceu seu direito de encerrar um contrato comercial com a Rapposcience por "falha persistente e significativa no cumprimento de testes e desempenho analítico". Isso foi um choque para o Lab porque, embora estivesse ciente de que seu desempenho não havia sido totalmente satisfatório, a MGQ não havia reclamado formalmente sobre o desempenho do Lab. A saída da MGQ não apenas criou um rombo nas projeções de receita do laboratório, mas também atraiu publicidade negativa suficiente no setor para os proprietários do laboratório, a Brighthorpe Holdings, substituir Vincent De Smet por Petra Reemer. Com experiência em testes forenses analíticos e industriais, Petra iniciou o trabalho de resgatar a reputação do Lab.

Rapposcience Labs

A Rapposcience Labs estava localizada em Beveren, perto da Antuérpia, na Bélgica. No passado, foi um dos mais conceituados laboratórios de análise de depósitos minerais, solos e amostras inertes e biológicas mistas para diversos clientes, principalmente de extração (mineração), petróleo e gás e órgãos públicos ambientais. Empregava 47 funcionários, quase todos com formação científica ou técnica, a maioria em funções de teste e análise, com alguns em funções administrativas e de vendas, até o "desastre" da MGQ. A Brighthorpe havia adotado uma política de *não interferência* em relação à forma como o laboratório era administrado. Isso mudou após a substituição de De Smet, e Petra Reemer recebeu a mensagem clara de que ela deveria mudar a Rapposcience ou seu futuro seria sombrio. "Perdemos o contrato da MGQ em fevereiro. Ironicamente, os 12 meses anteriores trouxeram níveis recordes de negócios para o Lab. No entanto, o negócio foi conquistado por ganhar dos concorrentes pelo preço. De fato, se pensarmos bem, é óbvio que estávamos trabalhando com uma perda marginal durante todo aquele ano. Cheguei em março e passei o último mês fazendo o meu melhor para garantir aos nossos clientes restantes que eles ainda poderiam confiar em nós para fornecer um serviço confiável e pontual. Infelizmente, alguns contratos estavam para ser renovados naquela época e, lamentavelmente, nós os perdemos. Agora estamos correndo com o que parece ser uma perda sustentada pela primeira vez em nossa história" (Petra Reemer).

O processo do laboratório Rapposcience

O laboratório dividiu suas atividades em quatro fases do que chamou de *ciclo de testes*. Foram elas: pré-contrato, operações de campo, análise e pós-análise. A Tabela 17.5 resume essas fases.

O pré-contrato ocorreu no início do contrato e envolveu o acordo com o cliente sobre a especificação exata do serviço a ser prestado. Isso geralmente incluía a faixa de especificações das amostras, como elas seriam entregues ao laboratório, a natureza do relatório que seria preparado e o desempenho contratado em termos de exatidão analítica (que indica a veracidade da análise), precisão (que indica a reprodutibilidade da análise) e a pontualidade do relatório. Erros de laboratório tiveram uma frequência relatada entre 0,012 e 0,6%. Embora não sejam grandes em si, os erros podem ter um grande impacto na tomada de decisões dos clientes, pois 60 a 70% de suas decisões operacionais e de investimento foram feitas com base em testes de laboratório.

Tabela 17.5 O ciclo de testes.

Fase do ciclo de testes			
Pré-contrato	Operações de campo	Análise	Pós-análise
▶ Especificação da amostra ▶ Entrega ao laboratório acordada ▶ Esboço do relatório	▶ Protocolos de amostragem (incluindo pacote de treinamento) ▶ Coleta e registro ▶ Transporte	▶ Preparação da amostra ▶ Tratamento de pré-análise ▶ Análise	▶ Relatório gerado ▶ Registro dos dados

As operações de campo eram de responsabilidade do cliente, mas o Lab frequentemente fornecia os recipientes usados para as amostras e instruções para coletá-las e embalá-las. Alguns clientes também insistiram em protocolos de amostragem mais detalhados para seus técnicos de campo, incluindo os pacotes de treinamento.

A fase de análise incluía todos os testes dentro do próprio Lab. Isso varia de acordo com a natureza dos testes e os procedimentos especificados no contrato. Em geral, porém, todos os testes seguiam três etapas; preparação da amostra, tratamento pré-análise e análise (ver a Figura 17.12).

Uma das primeiras modificações no processo ocorreu quando Vincent decidiu dividir a amostra em duas partes antes de ser testada. Quase sempre havia material suficiente para fazer isso, e a vantagem era que, se os testes fossem inconclusivos, ou alguns indicadores de desempenho estivessem fora da faixa permitida, eles poderiam ser repetidos. Os indicadores de desempenho demonstravam se o processo analítico estava se comportando conforme o planejado, se havia revelado uma anomalia estatística que exigia investigação ou quando um teste havia falhado. A maioria dos contratos especificava um determinado nível de confiança para os resultados (geralmente 99,5%), mas qualquer pequeno erro ou contaminação no procedimento de teste poderia reduzir o nível de confiança. Se isso acontecesse, a amostra de reserva poderia ser testada. No entanto, isso quase certamente significava que o Lab não seria capaz de cumprir o prazo prometido de entrega do relatório.

A fase pós-análise consistia na preparação dos resultados da análise para o cliente. Esta geralmente era composta de um relatório simples, com a descrição da composição da amostra, mas alguns clientes também exigiam um relatório comparativo mais detalhado em que os dados da amostra eram comparados com as leituras anteriores da amostra. Mesmo que tal relatório comparativo não fosse necessário, o Lab registrava todos os dados da amostra.

Iniciativas durante o período de De Smet

Petra Reemer não era contrária ao que Vincent De Smet vinha tentando fazer na Rapposcience. Não só Vincent tentou introduzir algumas reformas valiosas nos procedimentos operacionais do Lab, como também estava trabalhando sob pressão para aumentar a lucratividade da operação. *"Acho que Vincent estava tentando aumentar o volume de negócios, mantendo os mesmos níveis de pessoal. Presumivelmente, ele imaginou que o aumento da receita com custos reduzidos equivaleria a uma lucratividade saudável. Ele também complicou as coisas ao introduzir uma série de iniciativas; tudo mais ou menos ao mesmo tempo."*

Uma das iniciativas de Vincent foi sua decisão de dividir a amostra em duas partes antes de ser testada. Ele fez isso como uma medida de segurança caso houvesse problemas durante a fase de análise e os testes tivessem que ser repetidos. A resposta dos técnicos do Lab a essa mudança foi mista. Alguns acharam que era uma jogada sensata, que reduzia o risco de registrar um resultado de "falha por material insuficiente". Embora isso não acontecesse com frequência, era na melhor das hipóteses embaraçoso para o Lab e, na pior, extremamente irritante para o cliente. Outros achavam que, por haver a possibilidade de reteste de uma amostra, havia uma tendência a tomar menos cuidado e "adotar atalhos de teste", já que as consequências dos erros no teste seriam menos graves.

Outra das inovações de Vincent foi a introdução do CEP limitado. Embora o Lab sempre tenha registrado medidas de seu desempenho analítico, ele não havia examinado formalmente o desempenho de seu processo analítico de maneira sistemática. Foi o contrato da MGQ que Vincent ganhou (e perdeu) que levou o Lab a levar a sério o potencial do CEP. Durante a fase de pré-contratação, o Lab havia insistido em seu uso durante todos os testes em suas amostras, além da apresentação de resumos periódicos do CEP. Vincent havia investido em um sistema de TI de "laboratório inteligente", que havia sido anunciado como capaz de automatizar a gestão de dados e os processos estatísticos no Lab. No entanto, quase um ano após sua introdução parcial, o consenso no Lab era de que ele não havia sido um sucesso. *"Era muito sofisticado para nós"*, disse Petra Reemer, *"estávamos tentando correr antes que pudéssemos andar."*

A iniciativa final instituída durante o tempo de Vincent como cientista-chefe foi um conjunto aprimorado de protocolos de relatório. *"Na verdade, não foi uma má ideia"*, admitiu Petra Reemer, *"já preparamos relatórios mais extensos para alguns clientes, por isso tínhamos a experiência necessária para interpretar os resultados de seus testes e aconselhá-los sobre seus processos de amostragem e como eles poderiam interpretar os resultados. Em outras palavras, temos expertise que pode agregar valor real para nossos clientes, então por que não usá-la para melhorar nossa qualidade de serviço? O problema quando Vincent apresentou a ideia foi que ele tentou empurrá-la como uma ferramenta de promoção de vendas. Os clientes estavam inclinados a descartar o potencial de relatórios aprimorados porque achavam que estávamos simplesmente tentando tirar mais dinheiro deles."*

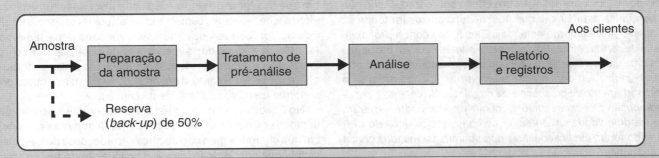

Figura 17.12 As fases de teste do processo de laboratório da Rapposcience Labs.

Voltando ao básico

Petra havia substituído Vincent em março. Depois de três ou quatro semanas conversando com todos os funcionários do Lab, ela sentiu que estava pronta para moldar seus planos para o futuro do Lab. Ela estava convencida de que o Lab tinha que entender o que realmente importava para os clientes e então fazer tudo para melhorar seu desempenho de uma forma que impactasse na qualidade do serviço que eles estavam prestando. Infelizmente, ela também estava enfrentando pressão da Brighthorpe, os donos do Lab, para cortar custos. *"Eu os convenci a me dar tempo para restaurar nossa reputação. Seria difícil fazer isso se estivéssemos demitindo funcionários ao mesmo tempo. Isso não apenas enviaria a mensagem errada ao mercado, como dificultaria o melhoramento da maneira como fazemos as coisas. Dito isso, decidimos não substituir nenhum funcionário que deixou o Lab por vontade própria. Também atrasamos qualquer despesa não essencial. O principal objetivo era sobreviver por tempo suficiente para voltar ao básico de como poderíamos atender melhor aos clientes."*

Sua primeira ação foi observar como o CEP havia sido usado no Lab desde que havia sido introduzido. Ela conversou com o engenheiro-chefe de campo da MGQ, que havia aprovado o contrato inicial que o laboratório havia perdido e que também insistiu em que eles usassem o CEP. O que ele disse deu a Petra muito em que pensar. *"Eu meio que sabia que, quando insistimos que a Rapposcience usasse o CEP, eles realmente não entendiam do que se tratava. Eles estavam simplesmente fazendo isso porque era o que o cliente queria."*

"A cultura deles dizia: 'Se as amostras são retornadas conforme a especificação, então está tudo bem; se não, então desde que não aconteça com muita frequência, tudo bem também'. Eles simplesmente não entenderam que, ao ver seus gráficos de processo, isso nos permitiu ver mais ou menos exatamente o que estava acontecendo dentro de seus processos. Eu mesmo assumo parte da culpa. Eu deveria ter certeza de que eles entenderam completamente por que estávamos tão ansiosos para que eles usassem o CEP. Era para eles ajudarem a si mesmos, melhorando o desempenho de seus processos. Não foi apenas um capricho da nossa parte" (engenheiro-chefe de campo, MGQ).

A primeira coisa que Petra fez foi realizar uma série de reuniões, primeiro com os supervisores de cada departamento, depois com todos em cada departamento. Ela estava ouvindo principalmente suas experiências de uso do sistema CEP que Vincent havia imposto, mas seu motivo secundário era tentar julgar o quanto eles entendiam sobre os fundamentos do CEP. A resposta parecia ser "não muito". Todos eles estavam acostumados a usar estatísticas bastante sofisticadas em seus procedimentos de teste, mas não para controlar o desempenho dos processos em si. Petra refletiu sobre isso. *"Acho que é porque as estatísticas que nossos técnicos usam todos os dias são praticamente estáticas. Eles lidam com a probabilidade de certos elementos ou contaminantes estarem presentes em uma única amostra. O CEP lida com probabilidades dinâmicas — séries temporais em andamento — que mostram se o comportamento do processo está mudando. No entanto, o resultado positivo dessas reuniões foi que os funcionários tiveram pouca dificuldade em entender os conceitos básicos do CEP, quando foram explicados. Eles não ficaram assustados com a matemática."*

Petra percebeu que, na verdade, o maior problema era de atitude. *"Estávamos trabalhando há um ano com a atitude de a produtividade da testagem ser primordial. Não perca tempo. Faça o máximo de testes possível todos os dias. Levou tempo para mudar para uma atitude que enfatizava testes sem erros. Qual era o sentido de continuar com os testes quando os próprios processos estavam 'fora de controle'? Eles teriam que ser repetidos, desperdiçando o tempo de todos. Pode ser contraintuitivo, mas ser lento, mas metódico, e verificar o processo regularmente pode realmente aumentar a produtividade efetiva."* Com o acordo de sua equipe, Petra elaborou um conjunto de *regras de verificação*, que eram valores de referência para todos os principais procedimentos nas etapas de preparação da amostra, pré-análise e análise, o que indicou que os resultados dos testes em qualquer etapa, embora dentro dos limites que indicavam um resultado confiável, estavam próximos desses limites. Se os resultados violassem essas *regras de verificação*, o teste seria suspenso e a amostra investigada antes de poder prosseguir. Petra teve três razões para instituir as *regras de verificação*. Primeiro, isso evitou que o esforço fosse desperdiçado em amostras que poderiam ser comprometidas. Segundo, enfatizou a importância de tentar investigar as causas raiz de quaisquer problemas com o processo. Terceiro, realçou a importância dos processos do Lab na determinação da qualidade do serviço aos clientes e, portanto, na sua lucratividade e sobrevivência.

O programa de causa raiz

Em setembro, o desempenho do processo do Lab havia melhorado a ponto de o número de amostras que falhavam no teste de confiabilidade ter caído quase pela metade e o número de relatórios atrasados ter caído em mais de um terço. Mas Petra acreditava que outras melhorias seriam possíveis. *"A mudança mais significativa está na cultura do Lab. Antes, a equipe estava simplesmente sendo levada pela correnteza. Eles não estavam sendo deliberadamente descuidados, mas não estavam realmente investigando o que estavam fazendo, não estavam construindo seu conhecimento do processo. Se perguntados, eles lhe diriam o que estavam fazendo e não por que estavam fazendo. Agora há uma curiosidade genuína sobre como os procedimentos de teste podem ser melhorados."*

Petra queria usar o interesse recém-descoberto da equipe no processo para fazer melhorias adicionais por meio do que ela chamou de iniciativa de *causa raiz*. Como o nome indica, esse foi um empurrão para descobrir o que estava causando problemas nos testes. Os dados coletados naquelas ocasiões em que as regras de verificação eram invocadas forneceram informações valiosas, complementadas por investigações individuais por "equipes de causa raiz" em cada departamento. Petra, com o apoio dos supervisores de cada departamento, incentivou a formação dessas equipes, mas não as tornou obrigatórias. No entanto, a maioria dos funcionários optou por se tornar membros da "equipe de causa raiz".

No fim de outubro, Petra estava em condições de consolidar todos os dados sobre as causas raiz de todas as ocasiões em que ocorreu algum tipo de erro nos processos do Lab. Isso incluía qualquer defeito, desde a solicitação de testes até o

CAPÍTULO 17 GESTÃO DA QUALIDADE **613**

Tabela 17.6 Causa raiz por fase do processo de teste.

Fase de teste	Preparação de amostra (62% do total de erros)	Pré-análise (19% do total de erros)	Análise (15% do total de erros)	Relatório e registro (4% do total de erros)
Tipos de causa raiz	Amostra mal rotulada (C) (24%)	Erro de reagente (6%)	Erro de calibração (6%)	Erro de leitura (2%)
	Mal embalada (C) (18%)	Contaminação (5%)	Violação do processo (4%)	Erro de interpretação (1%)
	Erro de preparação (8%)	Derramamento (5%)	Cálculo no teste (3%)	Falta de dados (1%)
	Erro de solicitação (C) (6%)	Violação do processo (3%)	Contaminação (2%)	
	Material insuficiente (C) (3%)			
	Amostra danificada (C) (3%)			

(C) = Causa raiz no campo (responsabilidade do cliente)

relatório e a interpretação dos resultados. A Tabela 17.6 mostra as causas raiz.

O interessante para Petra foi a predominância de erros com causa raiz fora do Lab. Os dados indicaram que mais da metade de todos os erros estavam fora do escopo de responsabilidade do Lab. *"Isso não deve nos levar a nenhuma forma de complacência. Ainda podemos fazer muito para combater os erros nas fases do processo pelas quais somos claramente responsáveis. Procedimentos laboratoriais básicos, como escolher o reagente incorreto, violar as regras do processo ou permitir a contaminação, não devem ocorrer. Além disso, suspeito que na verdade estamos cometendo mais 'erros' na fase de relatar e registrar do que parece. Erros nos testes são mais óbvios, mas os relatórios nem sempre estão certos ou errados. Provavelmente existem oportunidades para melhorar nosso serviço aos clientes que estamos perdendo. Você poderia classificá-los como um 'erro' tanto quanto uma amostra contaminada."*

QUESTÕES

1. Fazendo um retrospecto, quais foram os erros de Vincent ao administrar o laboratório?
2. Como a abordagem de Petra foi diferente e por que foi mais bem-sucedida?
3. Uma "oportunidade perdida" no estágio de relatório e registro é um erro tanto quanto uma amostra contaminada, como sugere Petra?
4. O que você sugere que Petra faça para melhorar ainda mais a qualidade do processo?

Problemas e aplicações

Todos os capítulos dispõem de questões do tipo *Problemas e aplicações*, que ajudarão o leitor a praticar a análise das operações. Elas podem ser respondidas com a leitura do capítulo.

(Releia o suplemento sobre controle estatístico do processo, antes de responder aos problemas 7 e 8.)

1. O erro humano é uma fonte significativa de problemas na qualidade. Pense nas ocasiões em que você (em retrospecto) cometeu um erro e responda às seguintes perguntas:

    (a) Como você acredita que o erro humano causa problemas de qualidade?

    (b) O que se pode fazer para diminuir o erro humano?

2. O dono de uma pequena empresa de fotografia de casamento percebe que o mercado está mudando. *"Eu costumava tirar algumas fotos durante a cerimônia de casamento e depois fotos formais do grupo, do lado de fora. Raramente levava mais de duas horas. Cerca de 30 fotos iriam para um álbum de casamento padrão. Você tinha que acertar nas fotos, e essa era realmente a única coisa pela qual eu era avaliada. Agora é diferente. Passo o dia todo em um casamento, e às vezes até tarde da noite. Você é quase como outro convidado. Todos os convidados do casamento agora são importantes. Você tem que tirar as melhores fotos da forma mais discreta possível. Os clientes o avaliam pelas fotos e pela maneira como você interage com todos no dia. O produto também mudou. Os clientes recebem um pen-drive com cerca de 500 fotos e uma escolha de 10 álbuns. Também ofereço álbuns de fotos com maior personalização. Posso oferecer álbuns com itens como convites, confetes e cardápios, além de pinturas individuais, criadas com base em*

fotografias. Obviamente, eu teria que terceirizar as pinturas. Os convidados do casamento podem enco-mendar fotos e produtos relacionados pela Internet. Minha ansiedade é que anunciar esse serviço no casa-mento seja visto como muito comercial. Temos um alto nível de demanda no verão, com fins de semana reservados com dois anos de antecedência. Posso contratar fotógrafos adicionais durante os períodos de maior movimento, mas os melhores também estão ocupados. Além disso, o negócio é sobre relacionamento com o cliente e isso é difícil de replicar. Costumo oferecer aos clientes conselhos sobre coisas como locais, bandas, fornecedores e floristas. O planejamento do casamento é claramente uma área que pode ser lucra-tiva para o negócio. Outra opção é ir além dos casamentos para outras áreas, como fotos da escola, aniver-sários, comemorações ou trabalhos de estúdio."

(a) Como o negócio mudou ao longo do tempo?

(b) Quais você acha que são os principais desafios de qualidade enfrentados pelo negócio?

(c) O que você acha que deve ser feito para garantir que a empresa mantenha os níveis de qualidade no futuro?

3. A Ryanair é a companhia aérea de baixo custo mais conhecida na Europa, concentrando-se em rotas popu-lares e custos operacionais muito baixos. Durante anos, a política de atendimento ao cliente da compa-nhia aérea era clara. Visava oferecer a tarifa aérea mais baixa disponível e um voo seguro e pontual. Não prometia nada mais do que isso. Também não se desculpava por sua falta de atendimento ao cliente. Se um voo fosse cancelado, eles não ofereciam hospedagem nem um *voucher* para um restaurante. No entanto, a má publicidade acabou levando a empresa a repensar de forma limitada. Após uma queda no crescimento de seus lucros, até então rápido, preocupação dos acionistas e uma perda da reputação que tinha pelo serviço, a empresa disse que reformaria sua cultura para reformar coisas que incomodavam desnecessariamente os clientes, como multas por transgressões do tamanho da bagagem e uma taxa para emitir cartões de embarque no aeroporto em vez de imprimi-los em casa. No entanto, a Ryanair insis-tia que essas cobranças não eram esquemas para ganhar mais dinheiro. Elas foram planejadas para incentivar a eficiência operacional que mantinha as tarifas baixas; na verdade, menos de dez passageiros por dia tinham que pagar por cartões de embarque esquecidos. O que este exemplo nos diz sobre o dilema entre qualidade de serviço e custo?

4. Compreender os erros dos tipos I e II é essencial para o planejamento de qualidade dos cirurgiões. Por exemplo, no caso de apendicite, a remoção do apêndice é necessária devido ao risco de sua ruptura, cau-sando envenenamento potencialmente fatal do sangue. O procedimento cirúrgico é relativamente sim-ples, mas há sempre um pequeno risco com qualquer cirurgia invasiva. Também é um procedimento caro; nos EUA, custa cerca de US$ 4.500 por operação. Infelizmente, a apendicite é difícil de diagnosticar: o diagnóstico é apenas 10% preciso. No entanto, uma nova técnica afirma ser capaz de identificar 100% dos casos verdadeiros de apendicite antes da cirurgia. A nova técnica custa menos de US$ 250, o que significa que uma única cirurgia evitada paga cerca de 20 testes.

(a) Como esse novo teste altera a probabilidade de erros dos tipos I e II?

(b) Por que isso é importante?

5. "Tea and Sympathy" (não é um nome inventado) era um restaurante e café britânico no coração de West Village, em Nova York. Tornou-se moda não apenas entre os britânicos expatriados, mas também com os nova-iorquinos nativos, que estavam dispostos a fazer fila para entrar. Um motivo pelo qual se tornou famoso foi a natureza incomum de seu serviço. *"Todo mundo é tratado da mesma maneira"*, disse Nicky Perry, um dos dois ex-londrinos que o dirigiam. *"Temos uma política firme de não aceitarmos desacato algum"*. Essa postura robusta no tratamento dos clientes é reforçada pelas "Regras do Nicky", que estão impressas no cardápio:

▶ Seja gentil com as garçonetes — lembre-se de que as garotas do Tea and Sympathy estão sempre certas.

▶ Você terá que esperar do lado de fora do restaurante até que todo o seu grupo esteja presente: sem exceções.

▶ Ocasionalmente, você pode ser solicitado a mudar de mesa para que possamos acomodar todos vocês.

▶ Se não precisarmos da mesa, você pode ficar o dia todo, mas, se as pessoas estiverem esperando, é hora de dar lugar.

▶ Essas regras são rigorosamente aplicadas. Qualquer argumento incorrerá na ira de Nicky. Você foi avisado.

As Regras do Nicky eram rigorosamente aplicadas. Se os clientes discordassem, eles eram expulsos. Nicky disse que teve que treinar "suas meninas" para agir de forma dura. *"Ensinei a elas que, quando as pessoas ultrapassam seus limites, podem espernear à vontade. O que descobrimos ao longo dos anos é que, se você é realmente doce, as pessoas veem isso como uma fraqueza"*. As pessoas eram expulsas cerca de duas vezes por semana e, no entanto, os clientes ainda faziam fila pela comida (e, é claro, pelo serviço).

(a) Por que você acha que as "Regras do Nicky" ajudam a tornar a operação da Tea and Sympathy mais eficiente?

(b) A abordagem do restaurante à qualidade do serviço parece muito diferente da maioria dos restaurantes. Na sua opinião, por que isso parece funcionar aqui?

6. Veja novamente o exemplo de *Operações na prática* que inclui uma descrição do Four Seasons Canary Wharf (*Qualidade em duas operações: Victorinox e Four Seasons*).

(a) A empresa tem o que chama de Regra de Ouro: "Faça aos outros (hóspedes e funcionários) o que gostaria que fizessem a você". Por que isso é importante para garantir um serviço de alta qualidade?

(b) O que você acha que os hóspedes do hotel esperam de sua estada?

(c) Como os funcionários, por iniciativa própria, contribuem para a qualidade?

7. Um parque de animais em Amsterdã decidiu amostrar 50 visitantes por dia (*n*) para ver quantos deles são do exterior. Os dados a seguir são para os últimos sete dias. Se decidissem continuar registrando esses dados e representá-los em um gráfico de controle para atributos, quais deveriam ser os limites superior e inferior de controle?

Dia	Número de visitantes estrangeiros
1	7
2	8
3	12
4	5
5	5
6	4
7	8

8. A gerente de uma loja de doces decide amostrar lotes de doces para verificar se o peso é razoavelmente consistente. Ela pega nove amostras, cada uma com 10 sacos. Os dados a seguir mostram o peso médio para cada amostra e a variação do peso. Quais limites de controle seriam usados para um gráfico de controle para variáveis?

Amostra	Peso médio em gramas	Variação (*V*)
1	10	1,50
2	8	2,00
3	9	3,00
4	9	2,50
5	8	1,50
6	9	1,00
7	11	2,00
8	14	2,50
9	12	2,00

9. Os tribunais em alguns países impõem restrições de toque de recolher a criminosos condenados, aplicadas por meio de "tornozeleiras" em suas pernas para que seus movimentos possam ser detectados. Uma empresa de segurança privada demitiu dois funcionários que colocaram uma tornozeleira na perna postiça de um homem, permitindo que ele a removesse e quebrasse o toque de recolher imposto pelo tribunal. Foi certo demitir esses funcionários? O que a empresa poderia ter feito para evitar esse erro?

10. A variação no *output* é sempre uma coisa ruim? Em que circunstâncias a variação realmente agregaria valor?

Leitura complementar selecionada

ASQ Quality Press (2010) *Seven Basic Quality Tools*, **ASQ Quality Press, Milwaukee, WI.**
Um verdadeiro manual de "como fazer".

Dale, B.G. (2016) *Managing Quality*, **6. ed., Wiley-Blackwell, Oxford.**
Esta é a última versão de um texto de longa reputação, abrangente e importante.

Kiran, D.R. (2016) *Total Quality Management: Key Concepts and Case Studies*, **Butterworth-Heinemann, Oxford.**
Uma boa mistura de princípios básicos e exemplos.

Oakland, J.S., Oakland, R.J. e Turner, M.A. (2020) *Total Quality Management and Operational Excellence: Text with Cases*, **5. ed., Routledge, Abingdon.**
Última versão de um texto clássico de um dos fundadores da TQM na Europa.

Sartor, M. e Orzes, G. (2019) *Quality Management: Tools, Methods and Standards*, **Emerald Publishing, Bingley.**
Um amplo conjunto de resumos dos principais tópicos em gestão da qualidade.

Tricker, R. (2019) *Quality Management Systems: A Practical Guide to Standards Implementation*, **Routledge, Abingdon.**
Como o próprio nome indica, muito mais uma abordagem de sistemas de qualidade, incluindo os padrões ISO.

Notas do capítulo

1. Para obter mais informações, ver: Vitaliev, V. (2009) The much-loved knife, *Engineering and Technology*, 4 (13) 58-61.
2. Entrevista com Michael Purtill, gerente-geral da Four Seasons Hotel Canary Wharf em Londres. Agradecemos pela cooperação de Michael (e pela excelente qualidade do serviço em seu hotel!).
3. Berry, L.L. e Parasuraman, A. (1991) *Marketing Services: Competing Through Quality*, Free Press, Nova York, NY.
4. As informações nas quais este exemplo é baseado foram retiradas de: Pardes, A. (2017) Ikea's new app flaunts what you'll love most about AR, *Wired*, 20 set.; Joseph, S. (2017) How Ikea is using augmented reality, *Digiday UK*, 4 out.; Sha, D.Y. e Lai, G.-L. (2012) Exploring the intention of customers to use innovative digital content information technology, *IEEE international Conference on Industrial Engineering and Engineering Management (IEEM)*, dez,, p. 1065-9; Augmented Reality (AR), Gartner Glossary, https://www.gartner.com/

en/information-technology/glossary/augmented-reality-ar (Acesso em: set. 2021).
5. Brunnström, K. et al. (2013). Qualinet White Paper on Definitions of Quality of Experience, Qualinet.
6. Ferdows, K. e de Meyer, A. (1990) Lasting improvement in manufacturing performance: in search of a new theory, *Journal of Operations Management*, 9 (2) 169-84.
7. As informações nas quais este exemplo é baseado foram retiradas de: Millington, A. (2018) Virgin Atlantic is offering a full refund on flights booked today if it can't cure a passenger's fear of flying, *businessinsider.com*, 9 jan.; Edwards, J. (2018) Why you should book a flight today if you've got a fear of flying, *Cosmopolitan*, 9 jan.
8. As informações nas quais este exemplo é baseado foram retiradas de: Markillie, P. (2011) They trash cars, don't they?, *Intelligent Life Magazine*, verão.
9. As informações nas quais este exemplo é baseado foram retiradas de: Walne, T. (2019) Want to exchange a jar of coins for notes?, *This is Money*, 24 ago.,

CAPÍTULO 17 GESTÃO DA QUALIDADE

https://www.thisismoney.co.uk/money/betterbanking/article-7390729/Want-notes-not-coins-Banks-dont-care-cash-investigation-finds.html (Acesso em: set. 2021); Schubber, K. (2016) The Metro Bank coin caper, *Financial Times*, 2 jun.

10. Conforme relatado em Morgan, R. (2016) TD Bank dumps its faulty coin-counting machines, *New York Post*, 19 maio.

11. As informações nas quais este exemplo é baseado foram retiradas de: Giugliano, F. (2015) Bank of England moves to stamp out fat finger errors, *Financial Times*, 14 jun.; The Economist (2013) Overtired, and overdrawn, *Economist*, edição impressa, 15 jun.; Wilson, H. (2014) Fat fingered trader sets Tokyo alarms ringing, *The Times*, 2 out.

12. Feigenbaum, A.V. (1986) *Total Quality Control*, Mcgraw Hill, Nova York, NY.

13. Kaynak, H. (2003) The relationship between total quality management practices and their effects on firm performance, *Journal of Operations Management*, 21 (4) 405-35.

14. Para obter mais informações, ver, por exemplo: Wells, P. e Lewis, L. (2018) Japan Inc: a corporate culture on trial after scandals, *Financial Times*, 3 jan.; Parry, R.L. (2017) Japan's failed corporate culture at root of Kobe Steel scandal, *The Times*, 16 out.; Economist (2017) Kobe Steel admits falsifying data on 20,000 tonnes of metal, *Economist*, edição impressa, 12 out.; Wells, P. (2017) Kobe Steel demotes three executives over cheating scandal, *Financial Times*, 21 dez.; Wells, P. e Terazono, E. (2017) Five questions on Kobe Steel and quality controls, *Financial Times*, 11 out.

15. Ver o *site* da EFQM, http://www.knowledge-base.efqm.org/the-efqm-excellence-model (Acesso em: set. 2021).

Suplemento do Capítulo 17
Controle Estatístico do Processo

INTRODUÇÃO

O controle estatístico do processo (CEP) preocupa-se em verificar um produto ou serviço durante sua criação. Se houver razão para acreditar que há algum problema no processo, ele pode ser interrompido e os problemas podem ser identificados e corrigidos. Por exemplo, um aeroporto internacional pode perguntar regularmente a uma amostra de clientes se a limpeza de seus restaurantes está satisfatória. Se um número inaceitável de clientes em uma amostra encontra-se infeliz, a administração do aeroporto pode ter que considerar melhorar seus procedimentos. De modo similar, uma montadora de automóveis irá verificar periodicamente se uma amostra dos painéis das portas está conforme os padrões para saber se o equipamento que os produz está funcionando de maneira adequada.

Gráficos de controle

O valor do CEP não é apenas fazer verificações de uma amostra, mas também monitorar os resultados de muitas amostras ao longo de um período de tempo. O CEP faz isso usando **gráficos de controle** para ver se o processo está desempenhando como deveria ou, alternativamente, se está *fora de controle*. Se o processo, de fato, parecer estar saindo do controle, providências precisam ser tomadas *antes* que haja um problema. Realmente, a maioria das operações faz gráficos de desempenho de qualidade de alguma forma. A Figura 17.13 (ou algo parecido) pode ser encontrada em quase todas as operações. Por exemplo, o gráfico pode representar a porcentagem de clientes de uma amostra de 1.000, em cada mês, insatisfeitos com a limpeza do restaurante. Enquanto o grau de insatisfação for aceitavelmente pequeno, a administração deve ficar preocupada se ele estiver aumentando continuamente ao longo do tempo e pode desejar investigar por que isso ocorre. Nesse caso, o gráfico de controle está mostrando a medida de um atributo de qualidade (satisfeito ou insatisfeito). Procurar as tendências é um uso importante dos gráficos de controle. Se a tendência sugere que o processo está ficando consistentemente pior, valerá a pena investigá-lo. Se a tendência sugere que o processo está melhorando de maneira consistente, pode ainda valer a pena a investigação para tentar identificar o que está ocorrendo para melhorar o processo. Essa informação pode ser compartilhada com outras partes da organização, ou, por outro lado, o processo pode ser interrompido à medida que a causa estiver acrescentando despesa desnecessária à operação.

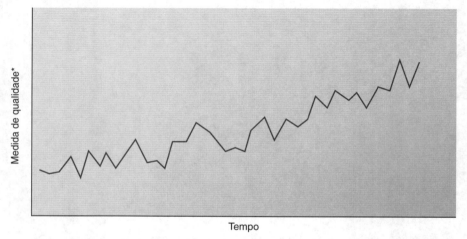

*Por exemplo, uma variável, como a resistência média ao impacto das amostras de painéis de portas, ou um atributo, como a porcentagem na amostra de clientes que estão insatisfeitos com a limpeza.

Figura 17.13 Gráfico das tendências de medidas de qualidade.

Variação na qualidade do processo

Causas comuns

Os processos do gráfico da Figura 17.13 mostraram uma tendência crescente, mas a tendência não era nem fixa nem uniforme, ela variava, às vezes para cima e, outras, para baixo. Todos os processos variam de certa forma. Nenhuma máquina dará, precisamente, o mesmo resultado cada vez que for usada. As pessoas desempenham tarefas de forma levemente diferente em cada oportunidade. Dado isso, não é surpresa que a medida de qualidade também variará. As variações que derivam dessas *causas comuns* jamais podem ser totalmente eliminadas (embora possam ser reduzidas). Por exemplo, se uma máquina estiver enchendo pacotes de arroz, ela não colocará *exatamente* o mesmo peso desse grão em cada pacote. Quando a máquina está em condição estável (isto é, nenhum fator excepcional está influenciando seu comportamento), cada pacote pode ser pesado e um histograma com os pesos obtidos, preparado. A Figura 17.14 mostra como o histograma pode se desenvolver. Os primeiros pacotes pesados podem ficar em alguma posição dentro da variação natural do processo, e mais provavelmente estarão em torno do peso médio (ver a Figura 17.14(a)). À medida que mais pacotes são pesados, eles mostram claramente a tendência de ficar próximos da média do processo (ver as Figuras 17.14(b) e (c)). Após muitos pacotes serem pesados, eles formam uma distribuição mais uniforme (Figura 17.14(d)), que pode ser desenhada como um histograma (Figura 17.14(e)), o qual se aproximará da distribuição da variação do processo (Figura 17.14(f)).

Geralmente, esse tipo de variação pode ser descrito por uma distribuição normal com 99,7% de variação dentro de ± 3 desvios-padrão. Nesse caso, o peso do arroz dos pacotes é descrito por uma distribuição com média de 206 gramas e um desvio-padrão de 2 gramas. A questão óbvia para qualquer gerente de produção seria: "Essa variação no desempenho do processo é aceitável?". A resposta dependerá da faixa aceitável de pesos que pode ser tolerada pela operação. Essa faixa é denominada faixa de especificação. Se o peso do arroz no pacote for muito pequeno, a organização pode infringir regras/leis de etiquetagem; se for muito grande, a organização está *oferecendo gratuitamente* parte de seu produto.

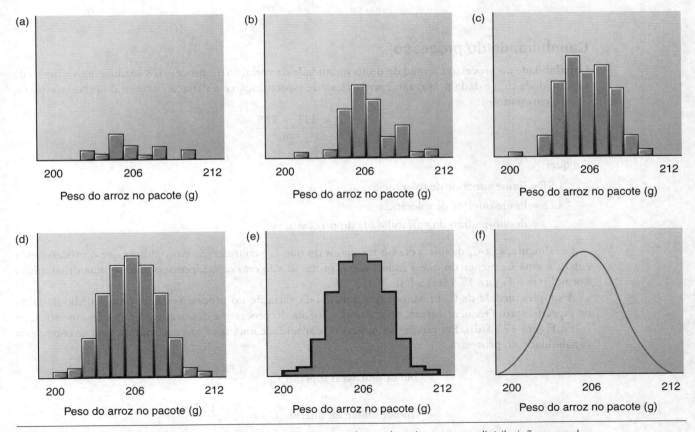

Figura 17.14 A variação natural do processo de enchimento pode ser descrita por uma distribuição normal.

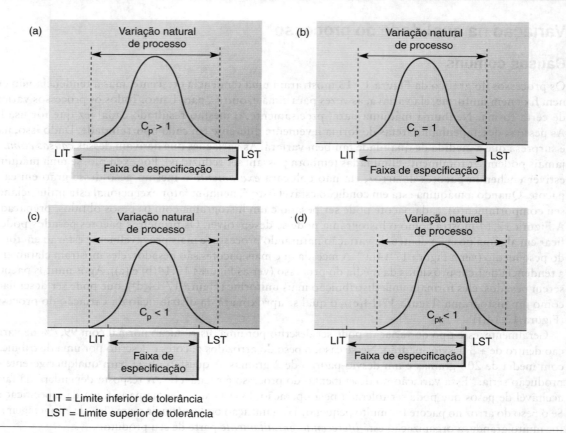

Figura 17.15 A capabilidade do processo compara a variação natural do processo com a faixa de especificação que é requerida.

Capabilidade do processo

Capabilidade do processo é a medida de aceitabilidade da variação do processo. A medida mais simples de capabilidade (C_p) é dada pela razão entre a faixa de especificação e a variação *natural* do processo (isto é, ± 3 desvios-padrão):

$$C_p = \frac{\text{LIT} - \text{LST}}{6s}$$

em que:

LST = limite superior de tolerância
LIT = limite inferior de tolerância
s = desvio-padrão da variabilidade do processo.

Geralmente, se a C_p de um processo for maior do que 1, é considerada para indicar que o processo está *capaz*, e uma C_p menor do que 1 indica que o processo *não está capaz*, pressupondo-se uma distribuição normal (ver a Figura 17.15(a) a (c)).

A simples medida de C_p pressupõe que a média da variação do processo está no ponto médio da faixa de especificação. Frequentemente, no entanto, a média do processo é deslocada da faixa de especificação (ver a Figura 17.15(d)). Em tais casos, índices de capacidade *unilateral* são necessários para se entender a capabilidade do processo:

$$\text{Índice unilateral superior } C_{pu} = \frac{\text{LIT} - X}{3s}$$

$$\text{Índice unilateral inferior } C_{pl} = \frac{X - \text{LST}}{3s}$$

em que X = média do processo.

CAPÍTULO 17 GESTÃO DA QUALIDADE **621**

Às vezes, apenas o mais baixo dos dois índices unilaterais para um processo é usado para indicar a sua capabilidade (C_{pk}):

$$C_{pk} = \min(C_{pu}, C_{pl})$$

Exemplo resolvido

Pacotes de arroz

No caso do processo de enchimento de pacotes de arroz anteriormente descrito, a capacidade do processo pode ser calculada da seguinte forma:

$$\text{Faixa de especificação} = 214 - 198 = 16\ g$$

$$\text{variação natural do processo} = 6 \times \text{desvio-padrão}$$

$$= 6 \times 2 = 12\ g$$

$$C_p = \text{capabilidade do processo}$$

$$= \frac{LST - LIT}{6s}$$

$$= \frac{214 - 198}{6 \times 2} = \frac{16}{12}$$

$$= 1,333$$

Se a variação natural do processo de enchimento mudasse para ter uma média de processo de 210 gramas, mas o desvio-padrão permanecesse em 2 gramas:

$$C_{pu} = \frac{214 - 210}{3 \times 2} = \frac{4}{6} = 0,666$$

$$C_{pl} = \frac{210 - 198}{3 \times 2} = \frac{12}{6} = 2,0$$

$$C_{pk} = \min(0,666,\ 2,0)$$

$$= 0,666$$

Causas atribuíveis (às vezes também chamadas "assinaláveis") da variação

Nem todas as variações dos processos resultam de causas comuns. Pode haver algo errado no processo que é atribuível a uma causa particular e que pode ser evitado. O maquinário pode estar gasto ou ter sido mal preparado. Um membro da equipe mal treinado pode não estar seguindo os procedimentos prescritos para o processo. As causas dessas variações são denominadas *causas atribuíveis*. A questão é se os resultados de qualquer amostra específica, quando colocados no gráfico de controle, simplesmente representam a variação devido a causas comuns ou a alguma causa *atribuível* específica e corrigível. Por exemplo, a Figura 17.16 mostra o gráfico de controle para a resistência média ao impacto de amostras de painéis de portas tomadas ao longo do tempo. Como em qualquer processo, os resultados variam, mas os últimos três pontos parecem estar abaixo do normal. A questão é se essa é uma variação natural (causa comum) ou o sintoma de alguma causa mais séria (atribuível).

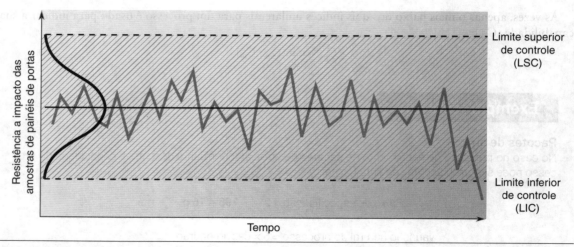

Figura 17.16 Gráfico de controle para a resistência ao impacto dos painéis de portas, com limites de controle adicionados.

Para ajudar a tomar essa decisão, limites de controle podem ser adicionados ao gráfico de controle (as linhas tracejadas), indicando a extensão esperada da variação de *causas comuns*. Se alguns pontos caírem fora desses limites de controle (a zona sombreada), o processo pode ser considerado fora de controle, no sentido em que a variação é provavelmente devida a causas atribuíveis. Esses limites de controle podem ser estabelecidos intuitivamente, por meio do exame da variação anterior, durante um período em que o processo foi considerado livre de qualquer variação que pudesse ser devido a causas atribuíveis. Contudo, os limites de controle podem também ser estabelecidos de maneira mais estatisticamente reveladora. Por exemplo, se o processo que testa os painéis da porta precisou ser mensurado para determinar a distribuição normal que representa sua variação de causa comum, os limites de controle podem ser baseados nessa distribuição. A Figura 17.16 também mostra como os limites de controle podem ser adicionados; aqui atribui-se desvios-padrão de ± 3 (da população de médias amostrais), distantes da média das médias amostrais. Ela mostra que a probabilidade de o ponto final do gráfico ser influenciado por uma causa assinalável é, de fato, muito alta. Quando o processo está exibindo um comportamento fora de sua faixa de *causa comum* normal, diz-se estar *fora de controle*. Todavia, há uma chance pequena, embora finita, de que o ponto (aparentemente fora dos limites) é apenas um dos resultados raros, embora naturais, na cauda da distribuição que descreve perfeitamente o comportamento normal. Interromper o processo sob essas circunstâncias representaria um erro tipo I porque o processo está realmente sob controle. Como alternativa, ignorar um resultado que, na realidade, deve-se a uma causa atribuível é um erro tipo II (ver a Tabela 17.7).

Os limites de controle são geralmente estabelecidos em três desvios-padrão de cada um dos dois lados da média da população. Isso significa que há apenas 0,3% de probabilidade de qualquer amostra se situar fora desses limites por causas comuns ou aleatórias (isto é, uma probabilidade de erro do tipo I de 0,3%). Os limites de controle podem ser estabelecidos a qualquer distância da média da população, mas, quanto mais próximos os limites estiverem da população média, maior a probabilidade de investigar e tentar consertar um processo que está, realmente, livre de problema. Se os limites de controle forem estabelecidos em dois desvios-padrão, a probabilidade de um erro tipo I aumenta cerca de 5%. Se os limites forem estabelecidos em um desvio-padrão, a probabilidade de um erro tipo I aumenta para 32%. Quando os limites de controle são estabelecidos em ± 3 desvios-padrão distantes da média da distribuição que descreve a variação *normal* do processo, eles são denominados limite superior de controle (LSC) e limite inferior de controle (LIC).

Tabela 17.7 Erros tipos I e II no CEP.

	Estado real do processo	
Decisão	Sob controle	Fora de controle
Parar o processo	Erro tipo I	Decisão correta
Prosseguir	Decisão correta	Erro tipo II

> **Comentário crítico**
>
> Quando seus criadores descreveram o CEP há mais de meio século, a questão-chave era apenas decidir se um processo estava *sob controle* ou não. Agora, esperamos que o CEP reflita o senso comum, bem como a elegância estatística, e promova o melhoramento contínuo das operações. É por isso que duas críticas (relacionadas) foram feitas em relação à abordagem tradicional ao CEP. A primeira é que o CEP parece assumir que quaisquer valores de desempenho do processo situados dentro dos limites de controle são igualmente aceitáveis, enquanto quaisquer valores fora dos limites não são. Entretanto, um valor próximo à média do processo ou ao valor *alvo* será certamente mais aceitável do que outro apenas dentro dos limites de controle. Por exemplo, um engenheiro de manutenção que chega apenas 1 minuto atrasado apresenta um *desempenho* muito melhor do que o de outro que chega 59 minutos atrasado, mesmo se os limites de controle estiverem "dentro de ± uma hora". Além do mais, chegar 59 minutos atrasado é praticamente tão ruim quanto chegar 61 minutos atrasado! Segundo, um processo sempre dentro de seus limites de controle pode não estar se deteriorando, mas estaria melhorando? Assim, em vez de ver os limites de controle como fixos, seria melhor vê-los como reflexo de como o projeto tem sido melhorado. Devemos esperar que qualquer processo de melhoria possa estreitar progressivamente os limites de controle.

Por que a variabilidade é algo ruim?

A variação atribuível é sinal de que algo mudou no processo e, assim, deve ser investigado. Mas a variação normal é, em si, também um problema porque mascara qualquer mudança no comportamento do processo. A Figura 17.17 mostra o desempenho de dois processos, ambos sujeitos a mudanças no comportamento de seus processos ao mesmo tempo. O processo à esquerda apresenta variação natural tão ampla que não é imediatamente aparente que tenha ocorrido alguma mudança. Por fim, a mudança se tornará aparente em decorrência do aumento na probabilidade de o desempenho do processo violar (nesse caso) o limite de controle inferior, mas isso pode levar algum tempo. Em contraste, o processo da direita apresenta uma banda mais estreita de variação natural. Por isso, a mesma mudança no desempenho médio é mais facilmente notada (tanto visual como estatisticamente). Assim, quanto mais estreita a variação natural de um processo, mais óbvias são as mudanças no seu comportamento. E, quanto mais óbvias as mudanças no processo, mais fácil é entender como e por que o processo se comporta de um modo particular. Aceitar qualquer variação em um processo é, de certa forma, admitir a ignorância de como o processo funciona.

Princípio de produção
Altos níveis de variação reduzem a habilidade de detectar mudanças no desempenho do processo.

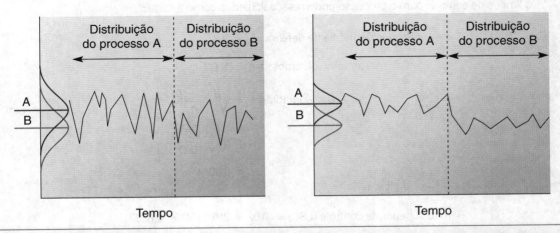

Figura 17.17 A baixa variação do processo permite que mudanças no desempenho do processo sejam prontamente detectadas.

Gráficos de controle para atributos

Os atributos têm apenas dois estados — *certo* ou *errado*, por exemplo —, de modo que a estatística calculada é a proporção de *errados* (p) em uma amostra. (Essa estatística segue uma distribuição binomial.) Gráficos de controle usando p são denominados "gráficos-p". Ao calcular os limites, a média da população ($\bar{p}$) — proporção real, normal ou esperada de *defeitos* ou de erros em relação aos acertos — pode não ser conhecida. Por exemplo, quem sabe o número real de pessoas que estão insatisfeitas com o tempo de percurso de casa para o trabalho? Nesses casos, a população média pode ser estimada com base na média da proporção de *defeitos* ($\bar{p}$) de m amostras, cada uma com n elementos, em que m deveria ser pelo menos 30 e n deveria ser pelo menos 100:

$$\bar{p} = \frac{p^1 + p^2 + p^3 \dots p^n}{m}$$

Um desvio-padrão pode então ser estimado de:

$$\sqrt{\frac{\bar{p}(1 - \bar{p})}{n}}$$

Os limites de controle superior e inferior podem então ser estabelecidos como:

$$\text{LSC} = \bar{p} + 3 \text{ desvios-padrão}$$

$$\text{LIC} = \bar{p} - 3 \text{ desvios-padrão}$$

Sem dúvida, o LIC não pode ser negativo e, quando o cálculo resulta assim, deve ser arredondado para zero.

Exemplo resolvido

Aphex Credit

A Aphex Credit lida com muitas centenas de milhares de transações todas as semanas. Uma de suas medidas de qualidade dos serviços que fornece a seus clientes é a confiabilidade com que envia mensalmente o extrato. O padrão de qualidade que ela estabelece para si é que os extratos devem ser enviados dois dias antes da data especificada no documento. A cada semana, a empresa faz uma amostragem de 1.000 contas de clientes e registra a porcentagem que não foi encaminhada dentro do tempo estipulado. Quando o processo está funcionando normalmente, apenas 2% das contas são enviadas fora do período especificado, isto é, são 2% de **defeitos**.

Os limites de controle para o processo podem ser calculados como a seguir:

$$\text{Proporção média de defeitos, } \bar{p} = 0,02$$

$$\text{Tamanho da amostra } n = 1000$$

$$\text{Desvio-padrão } s = \sqrt{\frac{\bar{p}(1 - \bar{p})}{n}}$$

$$= \sqrt{\frac{0,02(0,98)}{1000}}$$

$$= 0,0044$$

Com os limites de controle em $\bar{p} \pm 3s$:

$$\text{Limite superior de controle (LSC)} = 0,02 + 3(0,0044) = 0,0332$$

$$= 3,32\%$$

$$\text{Limite inferior de controle (LIC)} = 0,02 - 3(0,0044) = 0,0068$$

$$= 0.68\%$$

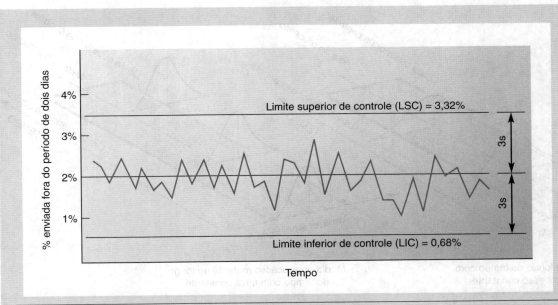

Figura 17.18 Gráfico de controle para a porcentagem de extratos de clientes entregues fora do período de dois dias.

A Figura 17.18 mostra o gráfico de controle da empresa para essa medida de qualidade nas últimas semanas, junto aos limites de controle calculados. Ela mostra também que o processo está sob controle. Às vezes, é mais conveniente plotar o número real de defeitos (*c*) em vez da proporção (ou porcentagem) de defeitos, no que é conhecido como gráfico-*c*. Isso é muito semelhante ao gráfico-*p*, mas o tamanho da amostra deve ser constante, e a média do processo e os limites de controle são calculados usando-se as seguintes fórmulas:

$$\text{Média do processo } \bar{c} = \frac{c_1 + c_2 + c_3 \ldots c_m}{m}$$

$$\text{Limites de controle} = \bar{c} \pm 32\sqrt{\bar{c}}$$

em que:

$$c = \text{número de defeitos}$$
$$m = \text{número de amostras}$$

Gráficos de controle para variáveis

O tipo mais comum de gráfico de controle usado para controlar variáveis é o *gráfico* $\bar{\bar{X}}$–*R*. Na verdade, são realmente dois gráficos em um. Um gráfico é usado para controlar a média da amostra ($\bar{\bar{X}}$). O outro é usado para controlar a variação dentro da amostra pela medida da faixa (*R*) de variação. A faixa é usada porque é a mais simples de ser calculada do que o desvio-padrão da amostra.

O gráfico da média ($\bar{X}$) pode captar mudanças na saída média do processo que está sendo representado. As mudanças no gráfico de médias sugerem que o processo está se deslocando genericamente para fora do que deveria ser a média do processo, não obstante a variabilidade inerente ao processo não haver mudado (ver a Figura 17.19).

O gráfico da faixa (*R*) plota a faixa de cada amostra, isto é, a diferença entre a maior e a menor medida nas amostras. O monitoramento da faixa da amostra dá uma indicação se a variabilidade do processo está mudando, mesmo quando a média do processo permanece constante (ver a Figura 17.19).

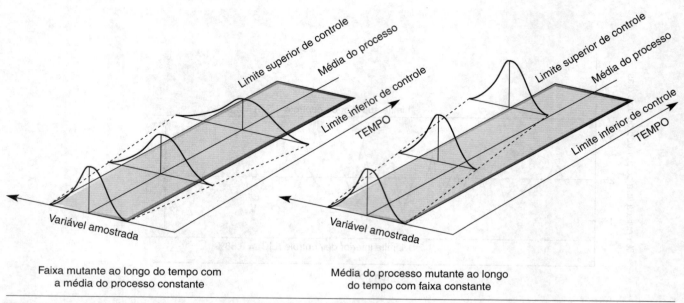

Faixa mutante ao longo do tempo com a média do processo constante

Média do processo mutante ao longo do tempo com faixa constante

Figura 17.19 A média do processo ou a faixa do processo (ou ambos) pode mudar ao longo do tempo.

Limites de controle do gráfico de controle para variáveis

Assim como os gráficos de controle, uma descrição estatística de como o processo opera sob condições normais (quando não existem causa atribuíveis) pode ser usada para calcular **limites de controle**. A primeira tarefa no cálculo dos limites de controle é estimar a média geral ou a média da população ($\overline{\overline{X}}$) e a faixa média ($\overline{R}$) usando m amostras cada do tamanho de amostra n.

A média da população é estimada com base na média de um grande número (m) de médias das amostras:

$$\overline{\overline{X}} = \frac{\overline{X}_1 + \overline{X}_2 + \ldots \overline{X}_m}{m}$$

A faixa média é estimada com base nas faixas de um grande número de amostras:

$$\overline{R} = \frac{R_1 + R_2 + \ldots R_m}{m}$$

Os limites de controle para o gráfico das médias das amostras são:

$$\text{Limite superior de controle (LSC)} = \overline{\overline{X}} + A_2\overline{R}$$
$$\text{Limite inferior de controle (LIC)} = \overline{\overline{X}} - A_2\overline{R}$$

Os limites de controle para os gráficos de faixa são:

$$\text{Limite superior de controle (LSC)} = D_4\overline{R}$$
$$\text{Limite inferior de controle (LIC)} = D_3\overline{R}$$

Os fatores A_2, D_3 e D_4 variam com o tamanho da amostra e são mostrados na Tabela 17.8.

O LIC para o gráfico de médias pode ser negativo (por exemplo, temperatura ou lucro pode ser menor do que zero), mas não pode ser negativo para um gráfico de faixa (ou a menor medida na amostra seria maior do que a maior). Se o cálculo indica um LIC negativo para um gráfico de faixa, então o LIC deve ser estabelecido como zero.

Tabela 17.8 Fatores para o cálculo dos limites de controle.

Tamanho da amostra n	A_2	D_3	D_4
2	1,880	0	3,267
3	1,023	0	2,575
4	0,729	0	2,282
5	0,577	0	2,115
6	0,483	0	2,004
7	0,419	0,076	1,924
8	0,373	0,136	1,864
9	0,337	0,184	1,816
10	0,308	0,223	1,777
12	0,266	0,284	1,716
14	0,235	0,329	1,671
16	0,212	0,364	1,636
18	0,194	0,392	1,608
20	0,180	0,414	1,586
22	0,167	0,434	1,566
24	0,157	0,452	1,548

Exemplo resolvido

GAM

A GAM (Groupe As Maquillage) é uma empresa de cosméticos sob encomenda sediada na França, mas com instalações em toda a Europa, que fabrica e embala cosméticos e perfumes para outras empresas. Uma de suas fábricas na Irlanda opera uma linha de enchimento de envoltórios plásticos com cremes para pele e sela os recipientes com uma tampa de rosca. A força com que cada tampa é fixada é parte importante da qualidade do processo da linha de enchimento. Se a tampa for rosqueada apertada demais, há o perigo de quebra; se é rosqueada muito fracamente, pode abrir quando embalada. Qualquer resultado pode causar vazamento do produto em seu caminho entre a fábrica e o consumidor. A fábrica da Irlanda recebeu algumas reclamações de vazamento do produto, que, suspeita-se, foi causado pela fixação da tampa de modo inconsistente em sua linha de enchimento. O "aperto" poderia ser medido por um simples artefato de teste que registrasse a força de torque requerido para desapertar as tampas. A empresa decidiu pegar amostras dos recipientes saídos do processo da linha de enchimento, testá-las quanto ao seu torque de desaperto e colocar os resultados em um gráfico de controle. Várias amostras de quatro recipientes foram colhidas durante um período no qual o processo foi considerado sob controle. Os seguintes dados foram calculados com base nesse exercício:

A média geral de todas as amostras $\overline{\overline{X}} = 812\ g/cm^3$

A média da faixa da amostra $\overline{R} = 6\ g/cm^3$

Os limites de controle para o gráfico da média ($\overline{\overline{X}}$) foram calculados como segue:

$$LSC = \overline{\overline{X}} + A_2\overline{R}$$

$$= 812 + (A_2 \times 6)$$

▶

Pela Tabela 17.6, sabemos que, para uma amostra de tamanho quatro, $A_2 = 0{,}729$. Thus:

$$LSC = 812 + (0{,}729 \times 6)$$
$$= 816{,}37$$
$$LIC = \overline{\overline{X}} - (A_2\overline{R})$$
$$= 812 - (0{,}729 \times 6)$$
$$= 807{,}63$$

Os limites de controle para o gráfico de faixa (R) foram calculados como a seguir:

$$LSC = D_4 \times \overline{R}$$
$$= 2{,}282 \times 6$$
$$= 13{,}69$$
$$LIC = D_3 \overline{R}$$
$$= 0 \times 6$$
$$= 0$$

Após calcular essas médias e limites para o gráfico de controle, a empresa colheu regularmente amostras de quatro recipientes durante a produção, registrou as medidas e as colocou em um gráfico, como mostrado na Figura 17.20. O gráfico de controle revelou que apenas com dificuldade a média do processo poderia ser mantida sob controle. Foram necessárias intervenções ocasionais do operador. Além disso, a faixa do processo estava movendo-se para o limite superior de controle (tendo ultrapassado uma vez). O processo parecia estar se tornando mais variável. Após a investigação, foi descoberto que, devido à manutenção falha da linha, os cremes para pele estavam ocasionalmente contaminando a cabeça de torque (a parte da linha que se adapta à tampa). O resultado era um aperto errático das tampas.

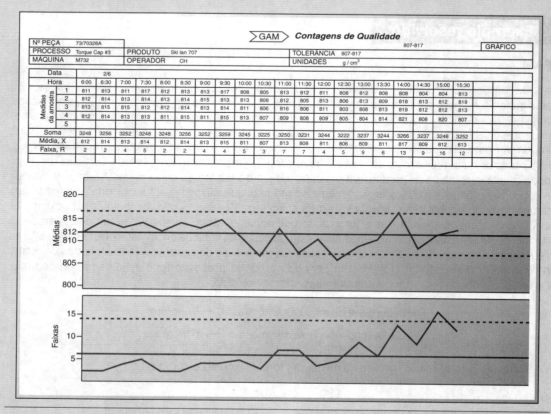

Figura 17.20 Formulário de controle completo da máquina de torque da GAM que mostra os gráficos da média ($\overline{X}$) e da faixa (R).

Interpretação dos gráficos de controle

Pontos em um gráfico de controle situados fora dos limites de controle são razão óbvia para se acreditar que o processo pode estar fora de controle e, portanto, para investigar o processo. Entretanto, essa não é a única evidência que pode ser revelada por um gráfico de controle. A Figura 17.21 mostra alguns outros padrões que podem ser interpretados como comportamento suficientemente não usual para merecer investigação.

Controle do processo, aprendizagem e conhecimento

O papel do controle do processo e do CEP, em particular, mudou. Cada vez mais, o controle do processo é visto não apenas como um método conveniente para manter o processo sob controle, mas também como uma atividade fundamental para se obter vantagem competitiva. Essa é uma mudança importante no *status* do CEP, que, tradicionalmente, era visto como uma das técnicas de administração da produção mais práticas, imediatas e *operacionais*. Todavia, agora está sendo associada às capacidades *estratégicas* da produção. A lógica do argumento é a seguinte:

> **Princípio de produção**
> O controle baseado em estatística dá o potencial para enriquecer o conhecimento do processo.

1. O CEP é baseado na ideia de que a variabilidade do processo indica se um processo está ou não controlado.
2. Os processos são colocados sob *controle* e melhorados pela redução gradual da variabilidade do processo. Isso envolve a eliminação das causas de variação.
3. Não se podem eliminar as causas da variação sem entender melhor o funcionamento do processo. Isso envolve um *aprendizado* do processo no qual a sua natureza é revelada de forma cada vez mais detalhada.
4. Esse aprendizado significa que o conhecimento do processo é enriquecido, o que, por sua vez, significa que os gerentes de produção serão capazes de prever como o processo irá se comportar sob diferentes circunstâncias. Significa também que o processo tem maior capacidade de executar suas tarefas a um nível de desempenho mais elevado.

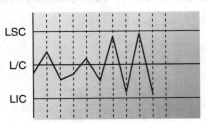
(a) Comportamento alternante – investigar

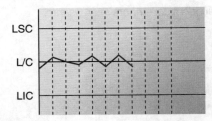
(d) Comportamento suspeito na média – investigar

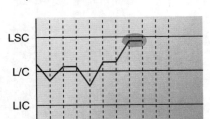
(b) Dois pontos perto de um limite de controle – investigar

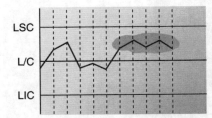
(e) Cinco pontos de um lado da linha central – investigar

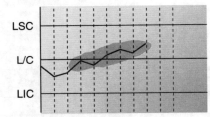
(c) Tendência aparente em um sentido – investigar

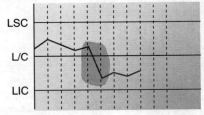
(f) Súbita mudança do nível – investigar

Figura 17.21 Além dos pontos que caem fora dos limites de controle, outras sequências improváveis de pontos deveriam ser investigadas.

630 **PARTE 4** DESENVOLVIMENTO

5. Essa *capacidade do processo* aumentada é particularmente difícil para os concorrentes copiar. Ela não pode ser *comprada pronta*. Apenas ocorre quando tempo e esforço estão sendo investidos no controle dos processos de produção. Assim, a capacidade do processo leva à vantagem estratégica.

Desse modo, o controle do processo leva à aprendizagem, que enriquece o conhecimento do processo e constrói competência de processo, o que é difícil de imitar.

Resumo do suplemento

▶ O controle estatístico do processo (CEP) envolve usar gráficos de controle para traçar o desempenho de uma ou mais características de qualidade da operação. O poder do gráfico de controle está em sua habilidade de estabelecer limites de controle derivados da estatística da variação natural dos processos. Esses limites de controle são frequentemente estabelecidos em ± 3 desvios-padrão da variação natural de amostras do processo.

▶ Os gráficos de controle podem ser usados para atributos ou variáveis. Um atributo é uma característica da qualidade que apresenta dois estados (por exemplo, certo ou errado). Uma variável é aquela que pode ser mensurada em uma escala continuamente variável.

▶ Os gráficos de controle do processo permitem aos gerentes de produção distinguir entre a variação *normal*, inerente a qualquer processo, e as variações que podem ser causadas por um processo fora de controle.

Leitura complementar selecionada

Woodall, W.H. (2000) Controversies and contradictions in statistical process control. Artigo apresentado na 44ª sessão do *Journal of Quality Technology*, Annual Fall Technical Conference da Chemical and Process Industries Section e Statistics Division da American Society for Quality e a Section on Physical & Engineering Sciences da American Statistical Association, em Minneapolis, Minnesota, 12-13 de outubro de 2000.

Material acadêmico, embora interessante.

18 Gestão de Risco e Recuperação

QUESTÕES-CHAVE

18.1 O que é gestão de risco?

18.2 Como a administração da produção pode avaliar as causas potenciais e as consequências da falha?

18.3 Como as falhas podem ser evitadas?

18.4 Como a administração da produção pode atenuar (mitigar) os efeitos da falha?

18.5 Como a administração da produção pode recuperar-se dos efeitos da falha?

INTRODUÇÃO

Não importa quanto esforço for colocado no melhoramento, toda a produção enfrentará risco. Alguns riscos às vezes surgem por práticas incorretas na gestão da produção, como uma manutenção insuficiente da tecnologia. Alguns riscos vêm da rede de suprimento da operação, por exemplo, contar com fornecedores não confiáveis, e outros de forças ambientais mais generalizadas, como instabilidade política e desastres ambientais. Uma fonte de risco cada vez mais importante vem de falhas na segurança cibernética. Em face de tais riscos, uma operação *resiliente* é aquela que pode identificar prováveis fontes de risco, impedir que falhas ocorram, minimizar seus efeitos e aprender a recuperar-se delas. Em um mundo onde as fontes e as consequências do risco estão se tornando mais difíceis de lidar, a gestão do risco é uma tarefa vital. Frequentemente, o problema é que o constante corte dos custos, a redução dos estoques e o aumento da utilização da capacidade podem resultar em maior exposição (ver a seção de *Operações responsáveis*, ao fim deste capítulo). Neste capítulo, examinamos os riscos radicais e os mais rotineiros que podem impedir que as operações funcionem como deveriam. A Figura 18.1 mostra como este capítulo se ajusta às atividades de gestão de risco e recuperação.

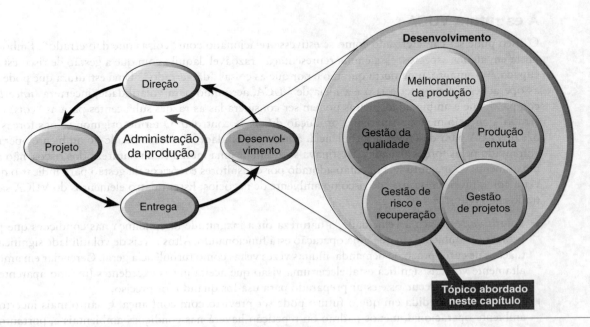

Figura 18.1 Este capítulo examina a gestão de risco e recuperação.

18.1 O que é gestão de risco?

Gestão de risco diz respeito a identificar as coisas que podem dar errado, não deixá-las dar errado, reduzir as consequências quando isso ocorre e recuperar-se após as coisas darem errado. Às vezes, as coisas sempre darão errado, mas aceitar que isso não é a mesma coisa que tolerar ou ignorar essa situação. Embora os gerentes de produção geralmente tentem minimizar a probabilidade e o efeito de as coisas darem errado, o método de lidar com isso dependerá da seriedade de suas consequências e da chance de ela ocorrer. Na parte inferior da escala, a área de gestão da qualidade está preocupada em identificar e reduzir cada pequeno erro na criação e na entrega de produtos e serviços. Na outra ponta da escala, falhas no servidor podem afetar seriamente os clientes, motivo pelo qual a confiabilidade do sistema é uma medida de desempenho tão importante para os provedores de serviços de TI. Alguns eventos, embora muito menos prováveis (geralmente conhecidos como *cisne negro*), são tão sérios em termos das consequências negativas que os classificamos como **desastres**.

Princípio de produção
A falha sempre ocorrerá na produção; reconhecer isso não implica aceitá-la ou ignorá-la.

Neste capítulo, estamos preocupados com todos os tipos de risco que não sejam aqueles de consequências relativamente menores, conforme ilustrado na Figura 18.2. Algumas dessas coisas *que dão errado* são irritantes, mas relativamente sem importância, especialmente aquelas próximas à base do lado esquerdo da matriz, na Figura 18.2. Outros riscos, especialmente aqueles próximos ao topo do lado direito da matriz, são normalmente evitados como parte da estratégia da operação, porque abraçá-los seria claramente insensato. Entre esses dois extremos, está a maioria dos riscos de falha relacionados com a produção.

Identificar, prevenir, mitigar, recuperar-se

A gestão de risco e recuperação é relevante para todas as organizações e comumente envolve quatro grupos de atividades. A primeira preocupa-se em entender que falhas podem potencialmente ocorrer na operação e, assim, avaliar sua potencial seriedade. A segunda examina as formas de evitar que as falhas ocorram. A terceira cuida de minimizar as consequências negativas da falha — também denominado *mitigação* da falha ou do risco. A última tarefa envolve a elaboração de planos e procedimentos que ajudarão a operação a recuperar-se das falhas quando elas ocorrerem. O restante deste capítulo lida com esses quatro grupos de tarefas (ver a Figura 18.3).

Princípio de produção
A resiliência é controlada pela eficácia da prevenção, mitigação e recuperação da falha.

A estrutura VUCA

O risco pode ser caracterizado como se estivesse relacionado com "coisas que dão errado". Embora simplista em alguns aspectos, essa é uma representação razoável daquilo com que a gestão de risco está preocupada. No entanto, uma outra questão é por que as coisas "dão errado"? Uma estrutura que pode ajudar as operações a responder a isso é a ideia de *VUCA*, acrônimo para volatilidade, incerteza (*uncertainty*), complexidade e ambiguidade. Essas podem ser consideradas as razões subjacentes para as "coisas darem errado", ou pelo menos tornarem a produção difícil de controlar. O termo originou-se nas forças armadas dos EUA para descrever a turbulência, a imprevisibilidade e a instabilidade do ambiente operacional enfrentado pelas forças armadas. Destinava-se a refletir uma mudança na natureza dos riscos, não apenas um aumento na magnitude. Foi então adotado por consultores e teóricos da gestão para indicar o que eles viam como níveis crescentes de risco no ambiente de negócios. Esses quatro elementos do VUCA são ilustrados na Figura 18.4:

- *Volatilidade:* indica a velocidade, a natureza ou a magnitude da mudança nas condições que podem ocorrer no ambiente em que uma operação está funcionando. Altos níveis de volatilidade significam flutuações de curto prazo na demanda, muitas vezes vistas como turbulência geral. Gerenciar em ambientes altamente voláteis significa estabelecer uma visão que aceita níveis excedentes (mesmo aparentemente redundantes) de recursos e estar preparado para usá-los quando for preciso.
- *Incerteza:* é a medida em que o futuro pode ser previsto com confiança. Quanto mais incerto for o ambiente operacional, menos padrão ou repetição haverá nas condições ambientais e, portanto, mais difícil será a previsão. Gerenciar em ambientes altamente incertos significa aumentar a compreensão das condições por meio da coleta, da modelagem e do compartilhamento de informações.
- *Complexidade:* indica o número de diferentes fatores que devem ser considerados e nosso conhecimento das relações entre eles. Quanto mais coisas estão envolvidas em uma situação, mais elas diferem umas das outras, e, quanto mais estão interconectadas, mais complexo é o ambiente. Gerenciar em ambientes

CAPÍTULO 18 GESTÃO DE RISCO E RECUPERAÇÃO 633

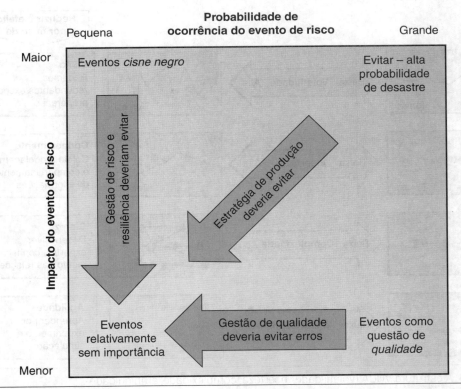

Figura 18.2 Como a falha é gerenciada depende de sua probabilidade de ocorrência e de sua consequência negativa.

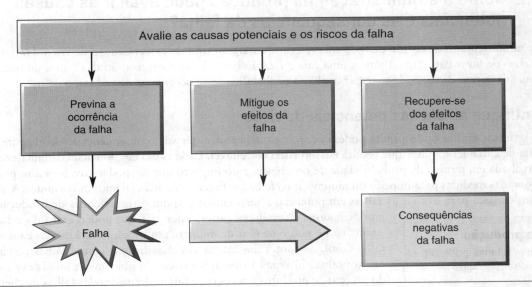

Figura 18.3 A gestão de risco envolve a prevenção, a mitigação das consequências negativas e a recuperação da falha.

de alta complexidade significa desenvolver expertise para estabelecer mais clareza sobre a relação entre os fatores do ambiente.
▶ *Ambiguidade:* indica uma falta de clareza sobre exatamente o que algo significa. Muitas interpretações diferentes dos dados disponíveis são consideradas igualmente válidas. A ambiguidade pode ser o resultado de informações enganosas, imprecisas ou conflitantes. Ela inibe a interpretação das informações, de modo que é difícil chegar a conclusões. Gerenciar em ambientes altamente ambíguos significa desenvolver a agilidade para superar a imprecisão nas ideias e na terminologia por meio do aprendizado experimental.

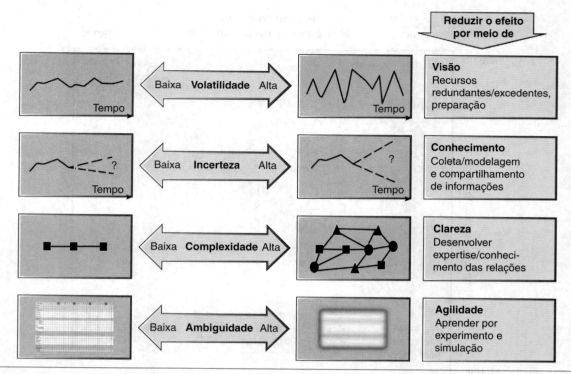

Figura 18.4 A estrutura VUCA (volatilidade, incerteza, complexidade, ambiguidade).

18.2 Como a administração da produção pode avaliar as causas potenciais e as consequências da falha?

Essa tarefa é muito auxiliada quando nos referimos a algum tipo de categorização de risco. Há muitas maneiras de fazer isso. Aqui, usamos uma categorização baseada na compreensão das fontes de risco em potencial. Depois disso, pode-se tentar avaliar a probabilidade de ocorrência de cada tipo de risco.

Identifique as causas potenciais do risco

Isso significa avaliar onde a falha poderá ocorrer e quais podem ser suas consequências. Geralmente, é a "falha de entender a falha" que resulta em um risco inaceitável. Cada causa em potencial de falha precisa ser avaliada em termos da probabilidade de ocorrência e do impacto que ela poderá ter. Só assim podem ser tomadas medidas para impedir ou minimizar o efeito das falhas em potencial mais importantes. A abordagem clássica para avaliar as falhas em potencial é inspecionar e auditar as atividades de produção. A grande maioria das falhas é causada por algo que poderia ter sido evitado. Assim, como ponto de partida mínimo, um simples checklist das causas da falha é útil. As fontes das falhas são classificadas como: falhas de suprimento; falhas internas à operação; riscos "ambientais"; falhas derivadas do projeto de produtos e serviços; e falhas derivadas das falhas de clientes.

> **Princípio de produção**
> Uma "falha de entender a falha" pode ser a causa raiz da falta de resiliência.

Falhas de suprimento

Falha de suprimento significa qualquer falha no *timing* ou na qualidade dos bens e serviços entregues em uma operação. Por exemplo, fornecedores que entregam componentes errados ou defeituosos, *call centers* terceirizados que sofrem falhas nas telecomunicações, interrupção dos fornecedores de energia elétrica e assim por diante. Quanto mais uma operação conta com fornecedores de materiais ou serviços, mais ela corre o risco de falhas devido a *inputs* faltando ou abaixo do padrão. Isso pode ser uma fonte importante de falha em razão da crescente dependência de atividades terceirizadas na maioria dos setores e a ênfase em manter as cadeias de suprimento *enxutas*, a fim de reduzir os custos. O aumento do fornecimento global normalmente significa que as peças são enviadas do mundo inteiro, expondo-as ao risco. Microchips fabricados em Taiwan podem ser montados em placas de circuito impresso em Xangai, que depois são montadas em computadores na Irlanda, que finalmente são vendidos nos EUA. Talvez, mais significantemente, há tendências de haver menos estoque nas cadeias de suprimento, que poderiam servir de colchão nas interrupções do suprimento.

Falhas humanas

A discussão no capítulo anterior sobre gestão da qualidade é relevante aqui. Distinguimos entre dois tipos gerais de falha humana — erros e violações. *Erros* são enganos de julgamento, em que uma pessoa deveria ter feito algo diferente. Por exemplo, se o gerente de um estádio esportivo falha ao prever que haverá uma multidão perigosa durante um campeonato. *Violações* são atos claramente contrários ao procedimento operacional definido. Por exemplo, se um técnico de manutenção deixa de limpar um filtro conforme a prescrição, isso provavelmente causará uma falha. As falhas catastróficas são frequentemente causadas por uma combinação de erros e violações.

OPERAÇÕES NA PRÁTICA — Tempo desde o último acidente fatal: 12 anos[1]

Melhorar o desempenho das operações é muitas vezes fundamental para a sobrevivência de uma organização. Às vezes, isso pode ser fundamental para a sobrevivência de seus clientes. Veja o caso do setor aéreo. Três incidentes durante 1994 e 1996 nos EUA levaram à morte de mais de 500 passageiros, cada um ganhando as manchetes em todo o mundo. Se esse aumento de acidentes fatais tivesse continuado, até 2015 haveria um grande acidente fatal toda semana, custando milhares de vidas. Isso, é claro, supondo que as pessoas ainda estivessem dispostas a voar. No entanto, a ideia de poder erradicar todos os possíveis erros de processo ligados à operação de manutenção e pilotagem de uma aeronave parecia, francamente, impossível. No entanto, graças a um esforço rigoroso e contínuo para aprender com os erros de processo documentados de pilotos, mecânicos e controladores de tráfego aéreo, até 2021 a indústria aérea doméstica dos EUA comemorou 12 anos sem um acidente fatal.

"Os dados o libertarão"

Os avanços na tecnologia certamente contribuíram para aumentar a confiabilidade, incluindo melhorias na automação da cabine de comando, que forneceram proteções mais confiáveis contra erros do piloto. Mas o maior progresso veio de uma busca incansável para persuadir a equipe a divulgar seus erros. As companhias aéreas instruíram seu pessoal a relatar erros a um sistema de notificação de incidentes. Aqueles que relataram foram reconhecidos por fazê-lo. (Por outro lado, qualquer um que não relatar um incidente pode perder o emprego.) O relatório do incidente revelou erros comuns do piloto, como desviar de altitudes atribuídas devido a distrações ou não posicionar adequadamente os flapes das asas e outras superfícies de controle de voo para decolagens. As soluções podem ser simples e sem custo. Por exemplo, a prática de "chamar e apontar" foi introduzida, na qual a tripulação de voo apontava fisicamente para os computadores da cabine (que controlam as mudanças de altitude) enquanto ambos os pilotos realizavam uma dupla verificação verbal para ver se as informações corretas haviam sido inseridas.

Disseminando a mensagem em todo o setor, o oficial de segurança Nick Sabatini era conhecido por tranquilizar o público em conferências: *"os dados o libertarão"*. Esse foi um apelo à indústria para que o download rotineiro e o questionamento dos dados de incidentes permitirão que as companhias aéreas evitem erros que poderiam levar a acidentes fatais. No entanto, isso depende de as pessoas se sentirem seguras para divulgar erros. Nas partes do mundo onde a comunicação de incidentes continuou sendo voluntária, as melhorias não acompanharam o ritmo das operadoras norte-americanas.

Falhas organizacionais

Geralmente, falhas organizacionais significam falhas de procedimentos e processos e falhas que derivam da estrutura e da cultura organizacional de uma empresa. Essa é uma imensa fonte potencial de falha e inclui quase toda a administração da produção e dos processos. Em particular, a falha no projeto de processos (como os gargalos que causam sobrecarga do sistema) e as falhas de suprimento de recursos nos processos (como capacidade insuficiente de fornecimento nos momentos de pico) precisam ser investigadas.

Falhas de tecnologia/instalações

Por "tecnologia e instalações" incluímos todos os sistemas de TI, máquinas, equipamentos e prédios de uma operação. Todos estão sujeitos a falhas ou quebras. A falha pode ser apenas parcial; por exemplo, uma máquina que tem um defeito intermitente. Como alternativa, pode ser o que normalmente consideramos uma "quebra" — interrupção total e repentina da operação. De qualquer forma, seus efeitos poderiam interromper uma grande parte da operação. Por exemplo, uma falha de computador em uma rede de supermercados poderia paralisar várias lojas grandes até que seja consertada.

Segurança cibernética

Qualquer avanço nos processos ou na tecnologia gera riscos. Nenhum avanço real vem sem algum tipo de risco, ameaças e até perigo. Um tipo específico de falha de tecnologia é aquela de uma operação que leva à exposição ao risco cibernético. Com a crescente dependência da comunicação baseada na Internet em todos os tipos de negócios, esse se tornou um importante fator de risco. Como o propósito original da Internet não era comercial, ela não foi projetada para lidar com transações seguras. Portanto, há um dilema entre fornecer acesso mais amplo pela Internet e as preocupações de segurança que isso ocasiona. Três desenvolvimentos ampliaram as preocupações de **segurança cibernética**. Primeiro, o aumento da conectividade significa que todos têm o potencial de "ver" todos os outros. As organizações desejam tornar os sistemas e as informações empresariais mais disponíveis para funcionários internos, parceiros de negócios e clientes. Segundo, há redução da segurança do "perímetro" à medida que mais pessoas trabalham em casa ou por meio de comunicações e dispositivos móveis. Os *hackers* podem explorar níveis mais baixos de segurança em computadores domésticos, a fim de obter acesso e invadir redes corporativas. Terceiro, leva tempo para descobrir todas as possíveis fontes de risco, especialmente à medida que novas tecnologias são introduzidas.

A maioria das autoridades em segurança cibernética enfatiza que, despojado de sua terminologia tecnológica, o risco cibernético é apenas outro tipo de risco, que deve ser tratado usando a mesma estrutura de identificar, prevenir, mitigar e recuperar que estamos utilizando aqui neste capítulo.

OPERAÇÕES NA PRÁTICA — Volkswagen e o escândalo do "dieselgate"[2]

Algumas falhas organizacionais podem beirar a criminalidade. O que ficou conhecido como "Dieselgate" começou como um escândalo que afetou apenas a Volkswagen, a maior montadora de automóveis alemã. Mas acabou crescendo até se tornar uma questão global, envolvendo muitos participantes do setor automobilístico. Começou (ou tornou-se evidente) quando a Agência de Proteção Ambiental dos EUA (EPA) descobriu que a Volkswagen (VW) estava instalando um software nos computadores de seus carros que falsificava dados de emissões em seus veículos com motores a diesel. O *software* (um chamado "dispositivo enganador") poderia reconhecer quando um carro estava sendo testado para que pudesse reajustar o desempenho do motor para limitar as emissões de óxido de nitrogênio. Após qualquer teste, quando o carro voltava às condições normais da estrada, o nível de tais emissões aumentava acentuadamente. Cerca de 11 milhões de carros em todo o mundo foram equipados com o dispositivo. O chefe norte-americano da VW admitiu que eles tinham "estragado tudo", e o então presidente-executivo do grupo disse que a VW "quebrou a confiança de nossos clientes e do público" (mais tarde ele pediu demissão devido ao escândalo). Mais de um ano após a notícia, o Departamento de Justiça dos EUA anunciou que a VW deveria pagar US$ 4,3 bilhões em um acordo judicial com as autoridades dos EUA. Isso foi além de um acordo civil de US$ 15 bilhões com proprietários de carros e autoridades ambientais nos EUA, onde a VW concordou em comprar de volta alguns dos veículos afetados. Cinco anos depois que o escândalo estourou, o Tribunal Federal de Justiça da Alemanha decidiu que os proprietários de carros da VW tinham direito a indenização em virtude do escândalo de emissões. Eles disseram que os proprietários poderiam devolver seus carros e receber o preço pago menos uma fração pelo uso do carro desde o momento da compra.

Falhas no projeto de produtos/serviços

Em seu estágio de projeto, um produto ou serviço pode parecer muito bom no papel; somente quando precisa lidar com circunstâncias reais é que as inadequações podem se tornar evidentes. Basta apenas verificar o número de *recalls* de produtos (de carros) ou falhas de serviço (de bancos) para entender que as falhas de projeto não são tão incomuns.

Falhas dos clientes

Nem todas as falhas são (diretamente) causadas pela operação ou por seus fornecedores. Os clientes podem causar falhas ao fazer mau uso de produtos e serviços. Por exemplo, um sistema de TI pode ter sido bem projetado, embora o usuário possa tratá-lo de modo a levá-lo à falha. Os clientes nem "sempre têm a razão"; podem ser desatentos e incompetentes. Entretanto, reclamar meramente dos clientes é improvável que venha a reduzir o risco de ocorrência desse tipo de falha. A maioria das organizações aceitará que tem responsabilidade por educar e treinar os clientes, projetando seus produtos e serviços de modo a minimizar o risco de falha.

Perturbação ambiental

A perturbação ambiental inclui todas as causas de falha que estão fora da influência direta da operação. Entre elas, estão instabilidades políticas, batalhas comerciais, problemas relacionados com o clima, incêndio, crime corporativo, roubo, fraude, sabotagem, terrorismo e a contaminação de produtos ou processos. Essa fonte de falha potencial tem estado próximo ao topo da agenda de muitas empresas devido a uma série de eventos importantes desde a década de 1990.

Análise pós-falha

Embora as fontes de falha muitas vezes possam ser identificadas antes de sua ocorrência, também é importante usar as falhas anteriores para compreender as potenciais fontes de risco. Essa atividade, denominada **análise pós-falha**, é usada para identificar a causa raiz das falhas. Isso inclui as seguintes atividades:

▶ *Investigação de acidentes:* em que desastres nacionais de larga escala, como vazamentos de navios petroleiros e acidentes aéreos, são investigados com o uso de funcionários especificamente treinados.
▶ *Rastreabilidade da falha:* em que algumas empresas adotam procedimentos de rastreabilidade, assegurando que as falhas (como produtos alimentícios contaminados) podem ser rastreadas até suas origens. Quaisquer falhas podem ser rastreadas ao processo que as produziu, aos componentes dos quais elas foram produzidas ou aos fornecedores que as supriram.
▶ *Análise de reclamações:* em que as reclamações (e os elogios) são usadas como fonte valiosa para detectar as causas da origem das falhas no serviço ao cliente. A função principal da análise de reclamações envolve analisar a quantidade e o *conteúdo* das reclamações com o tempo, a fim de entender melhor a natureza da falha, conforme percebida pelo cliente (ver mais adiante).
▶ *Análise de árvore de falhas:* em que um procedimento lógico começa com uma falha ou uma falha potencial e funciona em retrocesso para identificar todas as causas possíveis e, assim, as origens dessa falha. A análise de árvore de falhas é constituída de ramos conectados por dois tipos de nós: os nós E (AND) e os nós OU (OR). Os ramos abaixo de um nó E precisam todos ocorrer para o evento acima do nó também ocorrer. Por outro lado, apenas um dos ramos abaixo de um nó OU precisa ocorrer para o evento acima do nó ocorrer. A Figura 18.5 mostra uma árvore simples identificando as razões possíveis para um filtro de um sistema de aquecimento não ser substituído quando deveria ter sido.

> **Princípio de produção**
> A análise pós-falha é uma parte importante do aprendizado com as falhas.

Probabilidade de falha

A dificuldade de estimar a probabilidade de ocorrência de uma falha varia bastante. Algumas falhas são bem entendidas mediante uma combinação da análise causal racional e o desempenho histórico. Por exemplo, um componente mecânico pode falhar entre 10 e 17 meses a partir de sua instalação em 99% dos casos. Outros tipos de falha são bem mais difíceis de prever. A probabilidade de incêndio na fábrica de um fornecedor é (espera-se) baixa, mas em que nível? Haverá dados referentes aos perigos de incêndio nesse tipo de fábrica, mas a probabilidade estimada da falha será subjetiva.

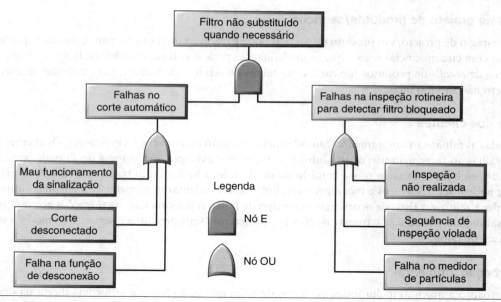

Figura 18.5 Análise de árvore de falhas para a não substituição do filtro quando requerido.

Estimativas *objetivas*

As estimativas da falha baseadas em desempenho histórico podem ser mensuradas de três principais maneiras:

- *Taxa de falha:* a frequência com que uma falha ocorre.
- *Confiabilidade:* a probabilidade de uma falha ocorrer.
- *Disponibilidade:* a quantidade de tempo operacional útil disponível.

Taxa de falha

A **taxa de falha** (**TF**) é calculada como o número de falhas em determinado período de tempo. Por exemplo, a segurança de um aeroporto pode ser mensurada pelo número de violações de segurança por ano, já a taxa de falha de um motor pode sê-lo em termos do número de falhas dividido por seu tempo de operação. Ela pode ser calculada como uma porcentagem do número total de produtos testados ou como o número de falhas no período:

$$TF = \frac{\text{Número de falhas}}{\text{Número total de produtos testados}} \times 100$$

ou

$$TF = \frac{\text{Número de falhas}}{\text{Tempo da operação}}$$

Exemplo resolvido

Componentes Ltda.

Um lote de 50 componentes eletrônicos é testado por 2.000 horas, 4 dos quais falham durante o teste, como a seguir:

Falha 1 ocorreu em 1.200 horas

Falha 2 ocorreu em 1.450 horas

Falha 3 ocorreu em 1.720 horas

Falha 4 ocorreu em 1.905 horas

$$\text{Taxa de falha (em porcentagem)} = \frac{\text{Número de falhas}}{\text{Número de peças testadas}} \times 100 = \frac{4}{50} \times 10 = 8\%$$

Tempo total do teste = 50 × 2.000 = 100.000 horas/componente
Mas:

um componente não estava operando 2.000 − 1.200 = 800 horas
um componente não estava operando 2.000 − 1.450 = 550 horas
um componente não estava operando 2.000 − 1.720 = 280 horas
um componente não estava operando 2.000 − 1.905 = 95 horas

Assim:

Total de tempo não operacional = 1.725 horas

Tempo operacional = Tempo total − Tempo não operacional

= 100.000 − 1.725 = 98.275 horas

$$\text{Taxa de falha (em tempo)} = \frac{\text{Número de falhas}}{\text{Tempo operacional}} = \frac{4}{98.275}$$

= 0,000041

Curvas da banheira Às vezes, a falha é uma função do tempo. Por exemplo, a probabilidade de uma lâmpada elétrica falhar é relativamente alta em seu primeiro uso, mas, se sobreviver nesse estágio inicial, pode ainda falhar em qualquer ponto e, quanto mais tempo sobreviver, a falha se torna mais provável. A curva que descreve a probabilidade de falha desse tipo é denominada **curva da banheira**. Ela compreende três estágios distintos: o estágio da *mortalidade precoce* ou do *início da vida*, em que falhas iniciais ocorrem, causadas por partes defeituosas ou pelo uso inadequado; o estágio de vida normal, quando a taxa de falha é geralmente baixa e razoavelmente constante, causada por fatores aleatórios normais; o estágio de *desgaste*, quando a taxa de falha aumenta à medida que a peça se aproxima do fim de sua vida útil e a falha é causada pelo envelhecimento e deterioração das peças. A Figura 18.6 ilustra três curvas da banheira com características um pouco diferentes. A curva A mostra uma parte da operação que tem alta falha inicial de mortalidade precoce, mas, depois, uma vida normal longa e com baixa incidência de falha, acompanhada por crescente probabilidade de falha à medida que se aproxima do desgaste. A curva B é bem menos previsível.

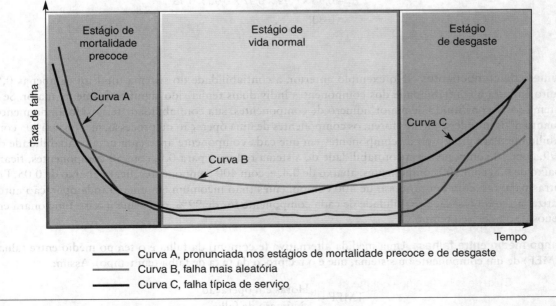

Figura 18.6 Curvas da banheira para três tipos de processos.

A distinção entre os três estágios é menos clara, com a falha de mortalidade precoce caindo apenas lentamente e uma probabilidade gradualmente crescente de falha por desgaste. A falha do tipo mostrado na curva B é bem mais difícil de gerenciar de modo planejado. A falha da produção de operações que confiam mais em recursos humanos do que em tecnologia, como em alguns serviços, pode estar mais próxima da curva C. Essas operações podem estar menos suscetíveis ao desgaste de componentes, porém mais à complacência dos funcionários à medida que o serviço se torna tedioso e repetitivo.

Confiabilidade   A confiabilidade mede a habilidade de desempenho conforme o esperado no decorrer do tempo. Geralmente, a importância de qualquer falha em particular é determinada parcialmente pela interdependência entre ela e as outras partes do sistema. Havendo interdependência, uma falha em um componente levará todo o sistema a falhar. Assim, se um sistema interdependente tem n componentes, cada um com sua própria confiabilidade, R_1, R_2, ... R_n, a confiabilidade total do sistema, R_s, é dada por:

$$R_s = R_1 \times R_2 \times R_2 \times ... R_n$$

em que:
R_1 = confiabilidade do componente 1
R_2 = confiabilidade do componente 2
etc.

Exemplo resolvido

Máquina automática de fazer pizza

Uma máquina automática de fazer pizza de uma fábrica de alimentos apresenta cinco grandes componentes, com confiabilidades individuais (probabilidade de o componente não falhar), como a seguir:

Misturador de massa	Confiabilidade = 0,95
Enrolador e cortador de massa	Confiabilidade = 0,99
Aplicador de molho de tomate	Confiabilidade = 0,97
Aplicador de queijo	Confiabilidade = 0,90
Forno	Confiabilidade = 0,98

Se uma dessas partes do sistema de produção falhar, o sistema inteiro deixará de funcionar. Assim, a confiabilidade do sistema total é a seguinte:

$$R_s = 0,95 \times 0,99 \times 0,97 \times 0,90 \times 0,98$$
$$= 0,805$$

Número de componentes   No exemplo anterior, a confiabilidade do sistema total foi de apenas 0,8, muito embora a confiabilidade dos componentes individuais tenha sido significativamente maior. Se o sistema fosse constituído de maior número de componentes, sua confiabilidade teria sido ainda menor. Quanto mais interdependentes forem os componentes de uma operação ou processo, menor será sua confiabilidade. Para um grupo de componentes em que cada componente apresenta uma confiabilidade de 0,99, com 10 componentes a confiabilidade do sistema reduzirá para 0,9, com 50 componentes, ficará abaixo de 0,8, com 100 componentes, abaixo de 0,4, e, com 400 componentes, ficará abaixo de 0,05. Em outras palavras, com um processo de 400 componentes (não incomum em uma grande operação automatizada), mesmo se a confiabilidade de cada componente for de 99%, o sistema inteiro funcionará em menos de 5% de seu tempo.

Tempo médio entre falhas   Uma medida alternativa (e comum) da falha é o **tempo médio entre falhas** (**TMEF**) de um componente ou sistema, que é o recíproco da taxa de falha (em tempo). Assim:

$$TMEF = \frac{\text{Horas em operação}}{\text{Número de falhas}}$$

Exemplo resolvido

Máquina automática de fazer pizza (*continuação*)

No exemplo resolvido anterior, que tratou de componentes eletrônicos, a taxa de falha (em tempo) dos componentes eletrônicos foi de 0,000041. Para esse componente:

$$TMEF = \frac{1}{0,000041} = 24.390,24 \text{ horas}$$

Isto é, uma falha pode ser esperada uma vez em cada 24.390,24 horas, em média.

Disponibilidade   Disponibilidade é o grau pelo qual a operação está preparada para funcionar. Uma operação não está disponível se falhou ou se está sendo reparada após uma falha. Há várias formas diferentes de mensurar isso, dependendo do número de razões para não operar que estejam incluídas. Por exemplo, a falta de disponibilidade em razão de manutenção planejada ou de trocas de equipamento pode estar incluída. Entretanto, quando a *disponibilidade* está sendo usada para indicar o tempo da operação, excluindo a consequência de falha, ela é calculada da seguinte forma:

$$\text{Disponibilidade } (D) = \frac{TMEF}{TMEF + TMDR}$$

em que:

TMEF = tempo médio entre as falhas da operação.

TMDR = tempo médio de reparo, que é o tempo médio para reparar a operação, desde o momento de sua falha até o momento que se torna novamente operacional.

Exemplo resolvido

Empresa de pôsteres

Uma empresa que projeta e produz pôsteres para feiras e eventos compete principalmente com base na sua velocidade de entrega. Um tipo específico de equipamento que a empresa usa está causando alguns problemas. Trata-se de sua grande plataforma de impressão colorida a laser. Atualmente, o tempo médio entre as falhas da impressora é de 70 horas e seu tempo médio de reparo é de 6 horas. Assim:

$$\text{Disponibilidade} = \frac{70}{70 + 6} = 0,92$$

A empresa discutiu seu problema com o fornecedor da impressora, que lhe ofereceu duas opções de serviço. Uma opção seria contratar uma manutenção preventiva, que seria feita todos os fins de semana (veja, mais adiante, uma descrição completa sobre manutenção preventiva). Isso aumentaria o TMEF da impressora para 90 horas. A outra opção seria contratar um serviço de reparo mais rápido, que reduziria o TMDR para 4 horas. Ambas as opções teriam o mesmo custo. Qual delas proporcionaria a maior disponibilidade para a empresa?

Com o TMEF aumentado para 90 horas:

$$\text{Disponibilidade} = \frac{90}{90 + 6} = 0,938$$

Com o TMDR reduzido para 4 horas:

$$\text{Disponibilidade} = \frac{70}{70 + 4} = 0,946$$

A disponibilidade seria maior se a empresa aceitasse a opção que oferece o menor tempo de reparo.

Estimativas subjetivas A avaliação da falha, mesmo para riscos subjetivos, é cada vez mais um exercício formal conduzido usando-se modelos padronizados, quase sempre disponibilizados por regulamentação de saúde e segurança, meio ambiente ou outro. Esses modelos são semelhantes aos métodos de inspeção de qualidade formal associados aos padrões de qualidade como ISO 9000 (ver Capítulo 17), que costumam assumir implicitamente objetividade imparcial. Entretanto, as atitudes dos indivíduos ao risco são complexas e sujeitas a uma grande variedade de influências. De fato, muitos estudos demonstram que as pessoas são geralmente muito limitadas ao fazer julgamentos relacionados com o risco (pense na loteria federal). Contudo, embora nem sempre as pessoas tomem decisões racionais, isso não significa abandonar a tentativa.

Princípio de produção
As estimativas subjetivas da probabilidade de falha são melhores do que nenhuma estimativa.

Comentário crítico

A ideia de que a falha pode ser detectada mediante um processo de inspeção é vista cada vez mais como apenas parcialmente verdadeira. Embora inspecionar as falhas seja uma primeira etapa óbvia para detectá-las, nem assim está próxima de ser 100% confiável. A evidência acumulada da pesquisa e dos exemplos práticos indicam consistentemente que as pessoas, mesmo quando auxiliadas pela tecnologia, não são boas na detecção de falhas e erros. Isso se aplica mesmo quando está sendo dedicada atenção especial à inspeção. Por exemplo, a segurança dos aeroportos foi significativamente reforçada após os ataques terroristas de 11 de Setembro, embora não haja 100% de segurança; em um teste, uma em dez armas letais que passaram pelos sistemas de segurança dos aeroportos não foi detectada. Ninguém está defendendo o abandono da inspeção como mecanismo de detecção de falha. Ao contrário, ela é vista como um dos vários métodos de preveni-la.

Saúde e segurança

Um dos paradoxos da administração da produção é que a gestão de **saúde e segurança ocupacional (SSO)** é uma parte muito grande do trabalho de muitos profissionais, mas atraiu relativamente pouca atenção acadêmica no campo de administração de produção. Esse não apenas é um assunto de interesse significativo do profissional, mas também é claramente importante, não apenas pela potencial melhoria no desempenho das operações que as excelentes práticas de SSO podem trazer, como também por seus claros benefícios éticos. Os acidentes e as doenças ocupacionais apresentam consequências adversas muito significativas. Os funcionários se ferem, se ausentam do trabalho e possivelmente se aposentam precocemente, as instalações são danificadas, a quantidade e a qualidade da produção diminuem, e tudo isso tem um impacto negativo no desempenho e na reputação de uma operação. Estima-se que, de modo global, esse tipo de incidente resulte em quase 2,3 milhões de mortes todos os anos e incorra em mais de $ 2,8 trilhões em custos.[3]

Em muitos países, tem havido uma crescente aceitação de que a adoção de sistemas de gestão de SSO é necessária para garantir ambientes de trabalho seguros e produtivos. Esses sistemas muitas vezes enfatizam a importância de adotar a identificação sistemática de perigos em potencial, avaliação e controle de riscos, avaliação e revisão periódica de medidas de risco, ou seja, muitas das questões abordadas neste capítulo. No entanto, os gerentes de produção costumam reclamar da quantidade de tempo e da burocracia envolvidas na SSO. No entanto, a gestão de saúde e segurança não precisa ser complicada, cara ou demorada. Na verdade, muito do que é normalmente exigido pela legislação é uma boa prática de gestão de risco.

Princípio de produção
Garantir a saúde e a segurança de todos os envolvidos nas atividades de sua operação é uma responsabilidade fundamental dos gerentes de produção.

Análise do modo e do efeito da falha

Tendo identificado as fontes potenciais de falha (seja antes da ocorrência de um evento, seja por meio da análise pós-falha) e depois examinado a probabilidade de ocorrência dessas falhas por meio de alguma combinação de análise objetiva e subjetiva, os gerentes podem passar a atribuir prioridades relativas ao risco. A abordagem mais conhecida para fazer isso é a **análise do modo e do efeito da falha (AMEF** [do inglês FMEA, *failure mode and effect analysis*). Seu objetivo é identificar os fatores que são críticos

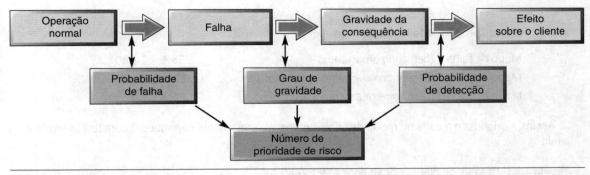

Figura 18.7 Procedimento de análise do modo e do efeito da falha (AMEF).

para vários tipos de falha como um meio de identificar as falhas antes que ocorram. A análise faz isso ao fornecer um procedimento de *checklist* construído em torno de três questões-chave para cada causa possível de falha:

▶ Qual a probabilidade de que a falha ocorrerá?
▶ Qual seria a consequência da falha?
▶ Qual a probabilidade de uma falha ser detectada antes que afete o cliente?

Com base em uma avaliação quantitativa dessas três questões, um número de prioridade de risco (NPR) é calculado para cada causa potencial de falha. Ações corretivas, destinadas a prevenir a falha, são depois aplicadas às causas cujo NPR indica que merecem ter prioridade (ver a Figura 18.7).

Exemplo resolvido

Empresa transportadora

Parte de um exercício de AMEF em uma empresa transportadora identificou três modos de falha associados à falha de "bens chegarem avariados" ao ponto de entrega:

▶ Bens não amarrados (falha modo 1).
▶ Bens incorretamente amarrados (falha modo 2).
▶ Bens incorretamente carregados (falha modo 3).

O grupo de melhoramento que está investigando as falhas aloca pontuações para a probabilidade de o modo de falha ocorrer, a gravidade de cada modo de falha e a probabilidade de que elas serão detectadas usando as escalas de classificação mostradas na Tabela 18.1, como a seguir:

Probabilidade de ocorrência

Modo de falha 1	5
Modo de falha 2	8
Modo de falha 3	7

Gravidade da falha

Modo de falha 1	6
Modo de falha 2	4
Modo de falha 3	4

Probabilidade de detecção

Modo de falha 1	2
Modo de falha 2	6
Modo de falha 3	7

O NPR de cada modo de falha é calculado:

Modo de falha 1 (bens não amarrados)	$5 \times 6 \times 2 = 60$
Modo de falha 2 (bens incorretamente amarrados)	$8 \times 4 \times 5 = 160$
Modo de falha 3 (bens incorretamente carregados)	$7 \times 4 \times 7 = 196$

Assim, a prioridade é dada ao modo de falha 3 (bens incorretamente carregados) para tentar eliminar a falha.

Tabela 18.1 Escalas de classificação para AMEF (FMEA).

A. Ocorrência da falha		
Descrição	Classificação	Possível ocorrência de falha
Probabilidade remota de ocorrência Não seria razoável esperar que a falha ocorra	1	0
Baixa probabilidade de ocorrência	2	1:20.000
Geralmente associada às atividades similares anteriores, com número relativamente baixo de falhas	3	1:10.000
Probabilidade moderada de ocorrência	4	1:2.000
Geralmente associada às atividades similares anteriores que resultaram em falhas ocasionais	5	1:1.000
	6	1:200
Alta probabilidade de ocorrência	7	1:100
Geralmente associada às atividades similares anteriores que tradicionalmente já causaram problemas	8	1:20
Probabilidade muito alta de ocorrência	9	1:10
É quase certo que grandes falhas ocorrerão	10	1:2

B. Gravidade da falha	
Descrição	*Classificação*
Menor gravidade Uma falha muito menor que não teria efeito perceptível no desempenho do sistema	1
Baixa gravidade	2
Uma falha menor que causa apenas leve incômodo do cliente	3
Gravidade moderada	4
Uma falha que causaria alguma insatisfação, desconforto ou aborrecimento do cliente, ou que	5
causaria alguma deterioração observável no desempenho	6
Gravidade alta	7
Uma falha que geraria alto grau de insatisfação do cliente	8
Gravidade muito alta Uma falha que afetaria a segurança	9
Catastrófica Uma falha que pode causar danos à propriedade, ferimento sério ou morte	10

C. Detecção da falha		
Descrição	Classificação	Probabilidade de detecção
Probabilidade remota de que o defeito atingirá o cliente (É improvável que tal defeito passaria pela inspeção, teste ou montagem)	1	0 a 5%
Baixa probabilidade de que o defeito atingirá o cliente	2	6 a 15%
	3	16 a 25%
Probabilidade moderada de que o defeito atingirá o cliente	4	26 a 35%
	5	36 a 45%
	6	46 a 55%
Probabilidade alta de que o defeito atingirá o cliente	7	56 a 65%
	8	66 a 75%
Probabilidade muito alta de que o defeito atingirá o cliente	9	76 a 85%
	10	86 a 100%

18.3 Como as falhas podem ser evitadas?

Prevenção de falhas é uma responsabilidade importante para os gerentes de produção. O jeito óbvio de fazer isso é examinar sistematicamente quaisquer processos envolvidos e evitar quaisquer pontos de falha. Muitas das abordagens usadas no Capítulo 4 sobre inovação de produto/serviço, no Capítulo 6 sobre projeto de processo e no Capítulo 17 sobre gestão da qualidade podem ser adotadas para fazer isso. Nesta seção, examinaremos as três abordagens para reduzir risco ao tentar evitar a falha: construir redundância em um processo no caso de falha; *proteger* algumas das atividades do processo; e realizar a manutenção das instalações físicas do processo.

Redundância

Construir **redundância** para uma operação significa ter sistemas ou componentes de reserva no caso de falha. Ela pode custar caro e é geralmente usada quando a quebra pode ter um impacto crítico. Redundância significa duplicar ou mesmo triplicar algumas partes de um processo ou sistema no caso de um componente falhar. As usinas nucleares, ônibus espaciais e hospitais têm sistemas secundários no caso de uma emergência. Algumas organizações também têm funcionários "de reserva" no caso de alguém não comparecer ao trabalho. Ônibus espaciais têm diversos computadores de reserva a bordo, que não apenas monitorarão o computador principal, mas também atuarão como reserva em caso de falha.

Uma resposta à ameaça de grandes falhas, como atividades terroristas, foi um aumento no número de empresas (conhecidas como provedores de *continuidade de negócios*) oferecendo operações de *escritório substituto*, totalmente equipadas com links de comunicação por Internet e telefone, e geralmente com acesso à informação de gestão atual da empresa. Se a operação principal de um cliente for afetada por um desastre, a empresa poderá continuar na instalação substituta dentro de alguns dias ou mesmo horas.

Princípio de produção
A redundância é um método importante de prevenção de falhas, especialmente quando as consequências da falha podem ser sérias.

O efeito da redundância pode ser calculado pela soma da confiabilidade do componente original e a probabilidade de que o componente de reserva será necessário e estará funcionando:

$$R_{a+b} = R_a + (R_b \times P(\text{falha}))$$

em que:

R_{a+b} = confiabilidade do componente *a* com seu componente de reserva *b*

R_a = confiabilidade de *a* isolado

R_b = confiabilidade do componente de reserva *b*

P (falha) = probabilidade de que o componente *a* falhará e, assim, o componente *b* será necessário

A redundância é frequentemente usada para os servidores, nos quais a disponibilidade do sistema é particularmente importante. Nesse contexto, o setor usa três tipos principais de redundância:

▶ *Hot standby:* em que os sistemas de reserva primário e secundário rodam simultaneamente. Os dados são copiados no servidor secundário em tempo real, de modo que ambos os sistemas contenham informações idênticas.
▶ *Warm standby:* em que o sistema secundário roda por trás do sistema primário. Os dados são copiados para o servidor secundário em intervalos regulares, de modo que há momentos em que ambos os servidores não contêm exatamente os mesmos dados.
▶ *Cold standby:* em que o sistema secundário é apenas exigido quando o sistema primário falha. O sistema secundário recebe *backups* dos dados programados, mas com menor frequência do que um *warm standby*, de modo que o *cold standby* é usado principalmente para aplicações não críticas.

À prova de falha

O conceito de **à prova de falha** surgiu desde a introdução dos métodos japoneses de melhoramento da produção. Denominado *poka-yoke* no Japão (de *yokeru*, evitar, e *poka*, erros involuntários), a ideia é baseada no princípio de que os erros humanos, em alguma extensão, são inevitáveis. O que é importante é evitar que se tornem defeitos. Os *poka-yokes* são dispositivos ou sistemas simples (preferivelmente baratos) que são incorporados em um processo para evitar erros inadvertidos por aqueles que oferecem um serviço, bem como clientes que recebem um serviço. Alguns exemplos de *poka-yokes* são:

▶ Bandejas usadas em hospitais com sulcos na forma de cada item necessário para um procedimento cirúrgico — qualquer item que não esteja de volta ao lugar ao fim do procedimento pode ter sido deixado no paciente.
▶ Listas de verificação que precisam ser preenchidas, em preparo ou no término de uma atividade, como um *checklist* de manutenção para uma aeronave durante a troca de turno.
▶ Medidores colocados nas máquinas através dos quais uma peça precisa passar para ser posicionada ou retirada — um tamanho ou uma orientação incorreta interrompe o processo.
▶ As travas nas portas de lavatórios de aviões, que precisam ser acionadas para que a luz se acenda.
▶ Dispositivos de som nas máquinas de caixa eletrônico, para garantir que os clientes removam seus cartões, ou em carros, para lembrar os motoristas de levar a chave com eles.
▶ Interruptores de limite em máquinas, para que estas operem somente se a peça estiver posicionada corretamente.
▶ Barras de altura em parques de diversão, para garantir que os clientes não ultrapassem os limites de tamanho.

Princípio de produção
Os métodos simples à prova de falha podem frequentemente ser os mais econômicos.

| OPERAÇÕES NA PRÁTICA | **Darktrace usa a IA para se proteger de ataques cibernéticos**[4] |

À medida que os criminosos cibernéticos implantam formas de ataque cada vez mais sofisticadas, o setor que vende serviços de proteção (espera-se) igualmente sofisticados cresceu. Uma das empresas que mais se destacam é a Darktrace, com sede em Cambridge, no Reino Unido. Fundada por matemáticos da Universidade de Cambridge e especialistas em inteligência cibernética do governo do Reino Unido e dos EUA, a empresa está bem estabelecida na aplicação de inteligência artificial (IA) para defesa cibernética. Uma grande vantagem da IA é que ela oferece a possibilidade de acompanhar a natureza em constante evolução das ameaças cibernéticas. Alimentada pelo que se descreve como aprendizado de máquina não supervisionado, a IA da empresa é inspirada no sistema imunológico humano, aprendendo "em campo", com base nos dados e nas atividades que observa.

A IA e o aprendizado de máquina podem ter diversas vantagens sobre a vigilância puramente humana. Um humano habilidoso poderia procurar padrões suspeitos, analisá-los, conceber maneiras de mitigar a ameaça e informar ao restante da empresa, mas isso leva tempo. Um analista pode precisar gastar entre meia hora e meio dia investigando um único incidente de segurança suspeito. A Darktrace diz que sua solução de segurança cibernética com IA acelera esse processo, realizando investigações contínuas em segundo plano para operar normalmente em um ritmo e escala muito além das capacidades de um analista humano. Não apenas isso, mas a segurança cibernética orientada por IA pode lidar simultaneamente com investigações especializadas em um grande número de processos paralelos e comunicar instantaneamente suas descobertas. No entanto, alguns comentaristas de segurança cibernética acreditam que, embora a IA ofereça a possibilidade de sistemas de segurança bastante aprimorados, como qualquer desenvolvimento de software inovador, sua eficácia às vezes pode ser exagerada. Um problema com esses sistemas é a tendência de mostrar *falsos-positivos*, ou seja, relatar uma possível violação de segurança cibernética quando na verdade não há ameaça. No entanto, até mesmo os especialistas que sugerem exagero admitem que certamente há um papel para a IA na segurança cibernética, mesmo porque ela é particularmente boa em lidar com grandes quantidades de informações e tentar entender o que é normal e o que é anômalo.

Manutenção

Manutenção é como as organizações tentam evitar a falha ao cuidar de suas instalações físicas. É parte importante da maioria das atividades de produção, particularmente nas operações dominadas por suas instalações físicas, como centrais elétricas, hotéis, companhias aéreas e refinarias petroquímicas. Os benefícios da manutenção eficaz incluem maior segurança, maior confiabilidade, melhor qualidade (equipamento malconservado é mais provável de causar erros), custos operacionais menores (porque a tecnologia de processo regularmente mantida é mais eficiente), maior vida útil da tecnologia de processo e *valor final* maior (porque instalações bem conservadas são, geralmente, mais fáceis de ser vendidas no mercado de segunda mão).

Princípio de produção
Manutenção é como as organizações tentam evitar a falha ao cuidar de suas instalações físicas.

Três abordagens básicas para a manutenção

Na prática, as atividades de manutenção de uma organização consistirão em alguma combinação de três abordagens básicas para cuidar de suas instalações físicas. São elas: a manutenção apenas se houver falha nas instalações (corretiva), a manutenção preventiva e a manutenção baseada nas condições das instalações (preditiva).

▶ **Manutenção apenas se houver falha nas instalações (corretiva):** como seu nome implica, isso envolve permitir que as instalações continuem operando até ocorrer alguma falha. O trabalho de manutenção é feito apenas após isso acontecer. Por exemplo, aparelhos de TV, equipamentos de banheiro e telefones dos quartos de hotéis, provavelmente, serão reparados apenas quando falharem. O hotel manterá algumas peças sobressalentes e funcionários disponíveis para fazer quaisquer reparos quando necessários. Nessas circunstâncias, a falha não é catastrófica (embora, talvez, irritante para o hóspede) ou tão frequente para necessitar de verificação regular das instalações apropriadas.

▶ **Manutenção preventiva:** essa abordagem tenta eliminar ou reduzir o risco de falha pela manutenção (limpeza, lubrificação, substituição e verificação) das instalações em intervalos previamente planejados. Por exemplo, os motores dos aviões de passageiros são verificados, limpos e calibrados conforme uma programação regular após determinado número de horas de voo. Tirar um avião de seus voos regulares para fazer manutenção preventiva é claramente uma opção onerosa para qualquer companhia aérea. Entretanto, as consequências da falha quando em serviço são consideravelmente mais sérias. O princípio é também aplicado às instalações com menos consequências catastróficas de falha. A limpeza e a lubrificação regular de máquinas, até a pintura periódica de um prédio, podem ser consideradas manutenção preventiva.

▶ **Manutenção baseada nas condições das instalações (preditiva):** essa abordagem tenta desempenhar a manutenção apenas quando as instalações a exigirem. Por exemplo, o equipamento de processo contínuo, como o usado no revestimento de papel fotográfico, funciona por longos períodos de tempo para atingir a alta utilização necessária na produção de custo-benefício. Parar a máquina para trocar, por exemplo, um rolamento, quando não é estritamente necessário, a deixaria fora de ação por longos períodos e reduziria sua utilização. Aqui, a manutenção baseada nas condições das instalações ou dos equipamentos pode envolver monitoramento contínuo das vibrações, por exemplo, ou de alguma outra característica da linha de produção.

Quanta manutenção?

Um equilíbrio entre a manutenção preventiva e a manutenção corretiva é geralmente estabelecido para minimizar o custo total da interrupção por falha. A manutenção preventiva infrequente custará pouco, mas resultará em alta probabilidade (e assim, custo) de manutenção corretiva. Inversamente, a manutenção preventiva muito frequente custará caro, mas reduzirá o custo de ter que fornecer manutenção corretiva (ver a Figura 18.8(a)). O custo total de manutenção parece diminuir em um nível *ideal* de manutenção preventiva. O custo de fornecer manutenção preventiva, porém, pode não aumentar de forma íngreme, como indicado na Figura 18.8(a). A curva assume que a manutenção está sendo feita por um conjunto de pessoas (funcionários de manutenção especializados) separado dos *operadores* das instalações. Além disso, cada vez que a manutenção preventiva ocorrer, as instalações não podem ser usadas produtivamente. É por isso que a inclinação da curva aumenta, uma vez que o trabalho de manutenção começa a interferir no trabalho normal da operação. No entanto, em muitas operações, alguma manutenção preventiva pode ser feita pelos próprios operadores (o que reduz seu custo) e nos momentos que são convenientes para a operação (o que minimiza a interrupção da operação). O custo da manutenção corretiva pode também ser mais alto do que o indicado na Figura 18.8(a). As interrupções não planejadas podem ir além da necessidade de um reparo e interrupção da operação; elas podem tirar a estabilidade da operação, que passa a não ter condições de melhorar por si só. Reúna essas duas ideias e a minimização da curva total e da curva do custo de manutenção parecerá mais como na Figura 18.8(b). A ênfase é alterada em direção ao uso da manutenção preventiva, e não da manutenção corretiva nas instalações.

Manutenção produtiva total

A manutenção produtiva total (MPT) é "a manutenção produtiva feita por todos os funcionários mediante atividades em pequenos grupos", em que a manutenção produtiva é a "gestão de manutenção que reconhece a importância da confiabilidade, manutenção e eficiência econômica do projeto da fábrica".[5] No Japão, onde a MPT se originou, ela é vista como uma extensão natural da evolução da manutenção corretiva para a manutenção preventiva. A MPT adota alguns dos princípios do trabalho em equipe e do empoderamento (*empowerment*) anteriormente discutidos no Capítulo 9, bem como uma abordagem de melhoramento contínuo para a prevenção das falhas (como discutido no Capítulo 16). Também vê a manutenção como uma questão ampla da organização para a qual os funcionários podem contribuir de alguma forma. É semelhante à abordagem de gestão da qualidade total (discutida no Capítulo 17).

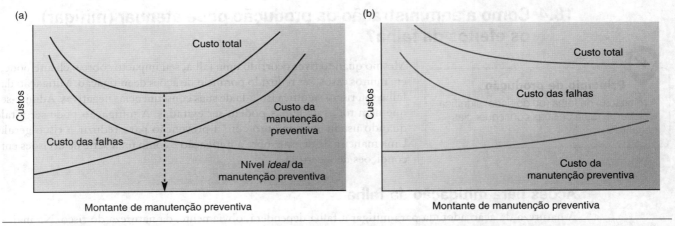

Figura 18.8 Duas visões dos custos de manutenção. (**a**) Um modelo de custos associados à manutenção preventiva mostra um nível ideal de esforço de manutenção. (**b**) Se as tarefas de manutenção preventiva rotineira foram feitas por operadores e se o custo real da falha for considerado, o nível *ideal* da manutenção preventiva passa para os níveis mais elevados.

As cinco metas da MPT

A MPT visa estabelecer a boa prática de manutenção das operações, mediante a busca das *cinco metas da MPT*:

1. Melhorar a eficácia do equipamento ao examinar todas as perdas que ocorrem.
2. Atingir manutenção autônoma ao permitir que os funcionários assumam responsabilidade por algumas tarefas de manutenção e pelo melhoramento de seu desempenho.
3. Planejar a manutenção com uma abordagem conjuntamente elaborada para todas as atividades de manutenção.
4. Treinar todos os funcionários em habilidades de manutenção relevantes de modo que todos eles (de manutenção e de operações) tenham todas as habilidades para exercer seus papéis.
5. Antecipar a gestão de equipamento pela "prevenção de manutenção" (PM), que envolve considerar as causas das falhas e a capacidade/facilidade de manutenção do equipamento durante seu projeto, fabricação, instalação e comissionamento.

Comentário crítico

Sendo humanos, os gerentes frequentemente respondem à percepção do risco em vez de sua realidade. Por exemplo, a Tabela 18.2 mostra o custo de cada vida salva pelo investimento em várias iniciativas de segurança nas rodovias e no transporte ferroviário (em outras palavras, na prevenção de falha). A tabela mostra que investir no melhoramento da segurança rodoviária é muito mais eficaz do que investir na segurança ferroviária. Embora ninguém esteja argumentando em favor de abandonar os esforços na segurança ferroviária, é observado por algumas autoridades de transporte que o investimento real reflete mais a percepção pública das mortes em ferrovias (baixa) em comparação às mortes em rodovias (muito alta).

Tabela 18.2 O custo de cada vida salva por diversos investimentos em segurança (prevenção de falhas).

Investimento em segurança	Custo por vida (€ mil)
Sistema avançado de proteção de trem	30
Sistemas de advertência de proteção de trem	7,5
Implementação de orientações sobre segurança ferroviária	4,7
Implementação de orientações sobre segurança rodoviária	1,6
Gasto da autoridade local em segurança rodoviária	0,15

18.4 Como a administração da produção pode atenuar (mitigar) os efeitos da falha?

Princípio de produção
A mitigação da falha (ou do risco) significa isolar uma falha de suas consequências negativas.

Mesmo quando tiver ocorrido uma falha, seu impacto sobre o cliente pode, em muitos casos, ser reduzido por meio de ações de **mitigação**. Mitigação da falha (ou risco) significa isolá-la de suas consequências negativas. Admite-se que nem todas as falhas podem ser evitadas. A mitigação pode ser vital quando usada em conjunto com a prevenção para reduzir o risco geral. Uma maneira de pensar sobre a mitigação é como uma série de decisões em condições de incerteza.

Ações para mitigação da falha

A natureza da ação adotada para mitigar a falha dependerá, obviamente, da natureza do risco. Na maioria dos setores, técnicos especializados estabeleceram uma classificação das ações para mitigação da falha que são apropriadas para os tipos de falha que provavelmente ocorrerão. Por exemplo, na agricultura, os órgãos governamentais e as associações da indústria publicam estratégias de mitigação para riscos como o surto de doenças nas colheitas, infecções contagiosas nos animais e assim por diante. Embora essas classificações tendam a ser específicas por setor, as categorias genéricas a seguir dão uma ideia dos tipos de ações de mitigação que podem ser geralmente aplicáveis.

- *Planejamento da mitigação:* é a atividade de assegurar que todas as circunstâncias de falha possíveis são apontadas, com a identificação das ações de mitigação apropriadas. É a atividade abrangente que envolve todas as ações de mitigação subsequentes e pode ser descrita na forma de uma árvore de decisão ou de normas orientadoras. Vale ressaltar que o planejamento de mitigação, bem como uma ação abrangente, também fornece ação de mitigação por si só. Por exemplo, se o planejamento de mitigação identificou treinamento apropriado, projeto de trabalho, procedimentos de emergência e assim por diante, a responsabilidade financeira de uma empresa por quaisquer perdas, caso ocorra uma falha, será reduzida. Certamente, as empresas que não planejaram adequadamente as falhas serão mais responsabilizadas judicialmente por todo o prejuízo subsequente.
- *Mitigação econômica:* inclui ações como seguro contra prejuízo decorrente da falha, diluição das consequências financeiras da falha e "cobertura" contra a falha. O seguro, a mais conhecida dessas ações, é amplamente adotado, embora contratar o seguro apropriado e a gestão efetiva de reivindicações seja, por si só, uma habilidade especializada. Frequentemente, a proteção toma a forma de instrumentos financeiros; por exemplo, uma empresa pode comprar uma cobertura (*hedge*) financeira contra o risco de o preço de uma matéria-prima vital se desviar significativamente de um preço estabelecido.
- *Contenção (espacial):* significa interromper a difusão física da falha para evitar que afete outras partes de uma rede de suprimento interna ou externa. Por exemplo, evitar que um alimento contaminado se difunda em uma cadeia de suprimento dependerá de sistemas de informação em tempo real que forneçam dados de rastreabilidade.
- *Contenção (temporal):* significa interromper a difusão de uma falha ao longo do tempo. Particularmente, aplica-se quando a informação sobre uma falha ou falha potencial precisa ser transmitida sem demora. Por exemplo, sistemas que antecipam avisos de perigo de condições meteorológicas perigosas, como tempestades de neve, devem transmitir tais informações aos órgãos públicos locais, como a polícia e os departamentos de conservação de rodovias, em tempo para evitar que o problema cause transtorno excessivo.
- *Redução de perdas:* cobre qualquer ação que reduz as consequências catastróficas da falha ao remover os recursos que, provavelmente, sofrerão essas consequências. Por exemplo, a sinalização rodoviária que indica rotas de evacuação no evento de condições meteorológicas severas ou os exercícios de simulação de incêndio que treinam os funcionários em como escapar no evento de uma emergência podem não reduzir todas as consequências da falha, mas podem ajudar a reduzir a perda de vidas ou do número de feridos.
- *Substituição:* significa compensar a falha ao fornecer outros recursos que podem substituir aqueles considerados menos efetivos para a falha. É parecido com o conceito de redundância anteriormente descrito, mas nem sempre implica recursos em excesso se uma falha não tivesse ocorrido. Por exemplo, em um projeto de construção, o risco de encontrar problemas geológicos inesperados pode ser atenuado pela existência de um plano de trabalho separado, que é utilizado apenas se tais problemas forem encontrados.

18.5 Como a administração da produção pode recuperar-se dos efeitos da falha?

Recuperação da falha é o conjunto de ações tomadas para reduzir o impacto da falha uma vez que o cliente tenha experimentado seus efeitos negativos. A recuperação precisa ser planejada e os procedimentos estabelecidos para descobrir quando as falhas ocorreram, orientar a ação apropriada para que todos sejam informados, capturar as lições aprendidas com a falha e planejar para absorver as lições em qualquer recuperação futura. Todos os tipos de operações podem beneficiar-se da recuperação bem planejada. Por exemplo, uma construtora cujas escavadoras mecânicas quebram pode ter estabelecido planos para substituir os equipamentos pela contratação de uma empresa especializada. A quebra pode ser perturbadora, mas não tanto quanto poderia ter sido se o gerente de produção não houvesse procurado uma solução sobre o que fazer. Os procedimentos de recuperação também moldarão as percepções da falha pelos clientes.

Mesmo quando o cliente vê uma falha, isso pode não necessariamente levar à insatisfação. De fato, em muitas situações, os clientes podem aceitar bem que as coisas darão errado. Se houver um metro de neve nas linhas dos trens ou se o restaurante for particularmente popular, podemos aceitar que o produto ou serviço não funcione de acordo com o previsto. Não necessariamente a falha leva à insatisfação, mas, frequentemente, a resposta da organização à falha, sim. Enquanto erros podem ser inevitáveis, clientes insatisfeitos não são. Uma falha pode ainda ser transformada em experiência positiva. Uma boa recuperação pode transformar clientes irritados e frustrados em clientes leais.

Princípio de produção
A recuperação bem-sucedida da falha pode produzir mais benefícios do que se a falha não houvesse ocorrido.

OPERAÇÕES NA PRÁTICA

Apertando o botão de pânico do passageiro[6]

Esse é o pesadelo de todo viajante aéreo apreensivo — e se o piloto (ou ambos os pilotos, se houver dois) ficar incapacitado de pilotar? Tal medo não é injustificado. É um perigo real, embora felizmente raro, com aeronaves leves. Um relatório australiano identificou 15 casos em um período de cinco anos de pilotos de pequenas aeronaves incapacitados de pilotar. Se houver um instrutor em terra para dar uma aula instantânea de voo a alguém a bordo de um avião, o avião e seu piloto temporário podem ser levados a pousar com sucesso. Mas essa é uma tarefa muito difícil e pode facilmente resultar no que é conhecido eufemisticamente nos círculos da aviação como uma "colisão com o solo". Manter uma aeronave voando em linha reta e nivelada enquanto encontra um rumo apropriado para chegar a uma pista adequada e, em seguida, pousar com segurança é um milagre. É por isso que a Garmin, empresa multinacional americana de tecnologia, mais conhecida por seus sistemas de navegação por satélite, desenvolveu, de fato, um "botão de pânico" para passageiros que se encontram em uma posição tão perigosa. A empresa, que também fabrica sistemas de controle eletrônico para aeronaves, desenvolveu o Autoland, um botão de pânico que transfere o controle do avião para seus computadores de voo, de forma semelhante ao acionamento dos pilotos automáticos usados em aeronaves comerciais. Mas, além disso, o sistema da Garmin também transmite um alerta de código de rádio de emergência para o controle de tráfego aéreo e outros aviões na área. Ele também analisará outros fatores, como as condições climáticas e a quantidade de combustível disponível antes de selecionar um local apropriado para pousar. Quando o avião chega a esse local, o sistema controla a descida e pousa exatamente como um piloto humano faria. Uma vez no solo, ele aciona automaticamente os freios, parando o avião e desligando o motor. Durante o que deve ser uma experiência aterrorizante, os passageiros são informados sobre o que está acontecendo por meio de mensagens na tela e anúncios de voz. Eles também são avisados para não tocar nos controles, mas para sentar e apertar os cintos de segurança.

A cadeia de valor da reclamação

A **cadeia de valor da reclamação**, mostrada na Figura 18.9, nos ajuda a visualizar o valor potencial de uma boa recuperação em diferentes estágios. Na Figura 18.9(a), uma operação presta serviço para 5.000 clientes, mas 20% deles experimentam alguma forma de falha. Desses 1.000 clientes, 40% decidem não reclamar, talvez porque não valesse a pena ou os processos de reclamação fossem muito complicados. A evidência sugere que cerca de 80% desses não reclamantes mudarão para um provedor de serviços alternativo. (Naturalmente, a porcentagem exata de troca dependerá do número de alternativas no mercado e da facilidade de troca.) Outro grupo dos 1.000 clientes que sofreram uma falha decide reclamar, neste caso, 60%. Alguns ficarão satisfeitos (neste caso, 75%) e outros não ficarão (neste caso, 25%). Os reclamantes insatisfeitos geralmente abandonam a companhia (neste caso, 80%), enquanto os reclamantes satisfeitos tendem a permanecer leais (neste caso, 80%). Portanto, assumindo que essas porcentagens estão corretas, para cada 5.000 clientes processados por essa operação de serviço em particular, 530 mudarão.

Agora, suponha que o gerente de produção decida investir em pequenas melhorias em todas as etapas da cadeia de valor da reclamação. Na Figura 18.9(b), a empresa reduziu suas falhas de 20 para 18% (ainda é muito ruim, é claro!) e incentivou mais clientes que experimentaram uma falha para que reclamem. Assim, a percentagem de reclamação aumentou de 60 para 70%. Também se assegurou de que uma maior proporção (neste caso, de 75 para 83%) daqueles que se esforçam para reclamar fique satisfeita. O resultado final é que o número de clientes perdidos cai de 530 para 406. Supondo que os 124 clientes extras conservados tenham um valor igual ou superior aos custos das melhorias, a organização está fazendo um bom investimento em seus esforços de recuperação e prevenção. O que é importante entender aqui é como uma melhoria relativamente pequena em relação ao processo de falha e reclamação pode ter um impacto tão significativo na fidelização de clientes e troca de prestador de serviço.

> **Princípio de produção**
> A cadeia de valor da reclamação ajuda a visualizar o valor potencial de uma boa recuperação em diferentes estágios.

Planejamento da falha

As organizações precisam projetar respostas adequadas à falha, que estejam devidamente alinhadas com o custo e a inconveniência causados pela falha aos seus clientes. Esses processos de recuperação precisam ser executados pelo empoderamento do pessoal da linha de frente como cliente ou por pessoal treinado, que esteja disponível para lidar com a recuperação de um modo que não interfira nas atividades do serviço cotidiano. A Figura 18.10 ilustra uma sequência típica de recuperação. Isso costuma ser representado por modelos de estágio, e um deles está representado na Figura 18.10. Vamos acompanhá-la a partir do ponto onde a falha é reconhecida.

▶ *Descobrir:* a primeira coisa que qualquer gerente precisa fazer ao enfrentar uma falha é descobrir sua natureza exata. Três tipos importantes de informação são necessários: primeiro, o que exatamente

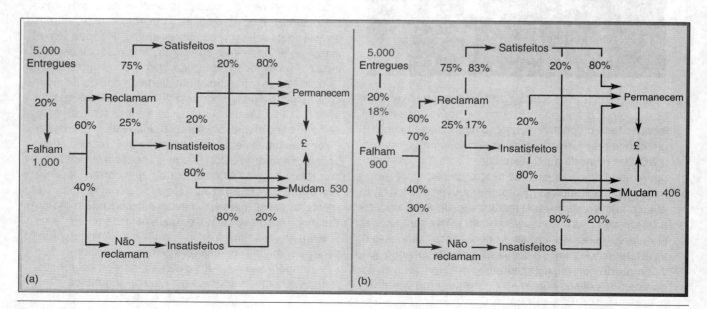

Figura 18.9 Cadeia de valor da reclamação: (a) cadeia de valor inicial e (b) com pequenas melhorias em cada etapa.

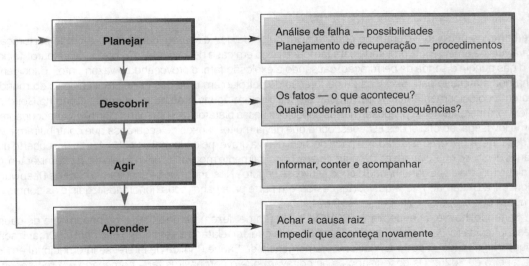

Figura 18.10 Sequência de recuperação para atenuar o impacto da falha.

ocorreu; segundo, quem será afetado pela falha; e, terceiro, por que a falha ocorreu. Esse último ponto não tem por finalidade ser um inquérito detalhado sobre as causas da falha (isso virá depois), mas é frequentemente necessário para saber algo sobre elas no caso de ser necessário determinar qual ação adotar.

- *Agir:* o estágio de descoberta pode levar apenas minutos ou mesmo segundos, dependendo da gravidade da falha. Se a falha for séria, com consequências importantes, precisamos seguir em frente para fazer algo rapidamente. Isso significa conduzir três ações, podendo as duas primeiras ser conduzidas em ordem inversa, dependendo da urgência da situação. Primeiro, diga às principais pessoas envolvidas o que está propondo fazer sobre a falha. Nas operações de serviço, isso é especialmente importante quando os clientes precisam ser mantidos informados tanto para sua tranquilidade quanto para demonstrar que algo está sendo feito. Segundo, os efeitos da falha precisam ser contidos para interromper as consequências de sua difusão e de causar mais falhas. As ações de contenção exatas dependerão da natureza da falha. Terceiro, é necessário algum tipo de acompanhamento para assegurar que as ações de contenção realmente isolaram a falha.
- *Aprender:* como anteriormente discutido neste capítulo, os benefícios da falha ao fornecer oportunidades de aprendizagem não devem ser subestimados. No planejamento da falha, a aprendizagem envolve revisitar a falha para descobrir sua origem e, depois, trabalhar com as causas da falha de modo que não venha a ocorrer novamente. Esse é o estágio-chave para grande parte do planejamento da falha.
- *Planejar:* aprender as lições de uma falha não é o fim do procedimento. Os gerentes de produção precisam, formalmente, incorporar as lições em suas reações futuras às falhas. Isso é feito frequentemente ao trabalhar "em teoria" como eles reagiriam às falhas no futuro. Especificamente, isso envolve, primeiro, identificar todas as falhas possíveis que podem ocorrer (de modo similar à abordagem AMEF, ou FMEA). Segundo, significa definir formalmente os procedimentos que a organização deve seguir no caso de cada tipo de falha identificada.

Operações responsáveis

Em cada capítulo, sob o título de Operações responsáveis, resumimos como o tópico específico tratado no capítulo aborda importantes questões sociais, éticas e ambientais.

Mesmo uma rápida olhada neste capítulo deve indicar que há muitas coisas diferentes que podem dar errado com a produção. Contudo, por trás de muitos dos exemplos está uma questão fundamental: há um dilema entre eficiência e resiliência. Em outras palavras, lutar por um trabalho eficiente em circunstâncias normais (estado estacionário) pode reduzir a capacidade de uma operação de responder efetivamente a interrupções. Aqui estão dois desastres — com 10 anos de diferença, mas ambos devastadores.

Primeiro, o desastre da Deepwater Horizon. Uma explosão e um incêndio atingiram a plataforma de perfuração Deepwater Horizon da Transocean, trabalhando sob contrato para o poço Macondo da empresa petrolífera BP, no Golfo do México. Onze homens perderam a vida, 17 ficaram feridos e mais de 3 milhões

654 PARTE 4 DESENVOLVIMENTO

de barris de petróleo vazaram no oceano.[7] Um pulso de gás disparou, dobrando o tubo de perfuração. A válvula de emergência projetada para tampar o poço em caso de acidente, o "protetor de estouro", falhou e o gás atingiu a sonda de perfuração, causando a explosão fatal e provocando o vazamento.[8] O incidente chamou a atenção para os riscos da perfuração de petróleo em uma das partes mais difíceis do mundo, porém ecologicamente rica. A perfuração de petróleo em águas profundas na costa, como no Golfo do México, é inerentemente perigosa, mas as condições nessa plataforma eram particularmente preocupantes. Uma investigação oficial dos EUA descobriu que havia muitos lapsos de segurança que contribuíram para o desastre. A BP foi considerada culpada de "negligência grave" pelo tribunal dos EUA, tendo descoberto que várias decisões que levaram ao desastre foram "principalmente motivadas pelo desejo de economizar tempo e dinheiro, em vez de garantir que o poço estivesse seguro". Nos anos que se seguiram à crise da Deepwater Horizon, a BP também teve que cortar custos, em parte para pagar seus honorários legais e as contas de limpeza que acabaram ultrapassando $ 60 bilhões.

Segundo, houve a pandemia de COVID-19. No fim de dezembro de 2019, uma pneumonia de causa desconhecida foi detectada em Wuhan, na China, a qual foi relatada ao escritório nacional da Organização Mundial da Saúde. O surto foi declarado Emergência de Saúde Pública de interesse internacional em 30 de janeiro de 2020.[9] Os pesquisadores acreditavam que o coronavírus teria começado em morcegos e depois passado para uma espécie intermediária que a transmitiu às pessoas.[10] O vírus pode se espalhar entre humanos por meio de gotículas respiratórias dentro de 2 metros ou mais. Seus sintomas semelhantes à pneumonia incluem febre e tosse, causando a morte em alguns casos. Seus sintomas econômicos eram igualmente graves. A atividade econômica caiu drasticamente em todo o mundo. Seu impacto foi descrito como o pior desde a Segunda Guerra Mundial, a Grande Depressão das décadas de 1920 e 1930 ou a Peste Negra de 1346-1353 (faça sua escolha). No entanto, a pandemia foi inegavelmente séria para a maioria das empresas e dos governos. Além de centenas de milhares de pessoas morrendo, cadeias de suprimentos complexas, mas frágeis, foram interrompidas, governos fecharam indústrias inteiras para impedir a propagação do vírus, organizações individuais fizeram o mesmo em seus locais para preservar a segurança da equipe, milhões tiveram que trabalhar em casa e a demanda pela maioria dos serviços e produtos encolheu. Foi esse impacto simultâneo na oferta, nos processos operacionais e na demanda que causou um impacto econômico tão devastador, marcando as economias por anos depois.

Por que esses dois desastres foram tão graves? Primeiro, as diferenças. O desastre da Deepwater Horizon foi em grande parte uma função das ações internas (e erros) da empresa e seus contratados. A devastação econômica espalhada com o vírus COVID-19 foi um evento externo que atingiu a maioria das organizações com pouco ou nenhum aviso. Ainda assim, os resultados negativos de ambos os eventos foram em parte resultado do dilema entre eficiência e resiliência — embora de maneiras diferentes. Claramente, as pressões de custo no poço da Deepwater Horizon eram excessivas. Nenhuma operação deve permitir que sua busca pela eficiência anule as preocupações de segurança razoáveis. Ainda assim, nenhuma atividade de produção é totalmente isenta de riscos. O impacto da COVID-19 poderia ter sido atenuado, mas apenas para alguns negócios e apenas até certo ponto. Arranjos de fornecimento mais robustos, altos estoques de produtos acabados e em processo e experiência com arranjos de trabalho flexíveis poderiam ter ajudado algumas operações, mas não todas. No entanto, essas estratégias, que compensam mesmo no pior caso, em geral são proibitivamente caras em tempos normais.

Respostas resumidas às questões-chave

18.1 O que é gestão de risco?

▶ A gestão de risco diz respeito às coisas que dão errado e o que as operações podem fazer para evitar que as coisas deem errado. Ou, mais formalmente, "o processo que visa ajudar as organizações a entender, avaliar e agir sobre todos seus riscos com uma visão de aumentar a probabilidade de seu sucesso e de reduzir a probabilidade de falha".

▶ Consiste em quatro atividades amplas:
- Entender que falhas podem ocorrer.
- Prevenir a ocorrência de falhas.
- Minimizar as consequências negativas da falha (denominada "mitigação do risco").
- Recuperar-se das falhas quando elas ocorrem.

18.2 Como a administração da produção pode avaliar as causas potenciais e as consequências da falha?

▶ Há várias causas da falha das operações, incluindo falhas de projeto, falha de instalações, falha de funcionários, falha de fornecedores, falha de clientes e perturbação ambiental.

▶ Há três modos de mensurar a falha. As *taxas de falha* indicam a frequência com que ocorre uma falha. A *confiabilidade* mede a probabilidade de ocorrência de uma falha. *Disponibilidade* é o tempo operacional disponível e útil deixado após levar em consideração as falhas.

▶ A falha ao longo do tempo é frequentemente representada como uma curva da falha. A forma mais comum disso é a denominada *curva da banheira*, que mostra a probabilidade de a falha ser maior no início e no fim da vida de um sistema ou de parte dele.

▶ Os mecanismos de análise da falha incluem investigação do acidente, confiabilidade no produto, análise das reclamações, análise crítica do incidente e análise do efeito e modo da falha (AMEF, ou FMEA).

18.3 Como as falhas podem ser evitadas?

▶ Há quatro métodos importantes para melhorar a confiabilidade: evitar, via projeto, os pontos de falha da operação; construir redundância na operação; manter algumas das atividades da operação *à prova de falha*; e realizar a manutenção das instalações físicas da operação.

▶ Manutenção é o modo mais comum adotado pela produção para tentar melhorar sua confiabilidade, com três abordagens amplas. A primeira é não fazer nada e aguardar até que haja falha para fazer o reparo (manutenção corretiva), a segunda é manter regularmente as instalações, mesmo se não houver falha (manutenção preventiva), e a terceira é monitorar atentamente as operações para tentar prever quando a falha poderá ocorrer (manutenção preditiva).

▶ A manutenção preventiva total, na qual todos os funcionários executam manutenção em pequenos grupos, é uma técnica particularmente útil para administrar a manutenção.

18.4 Como a administração da produção pode atenuar (mitigar) os efeitos da falha?

▶ A mitigação do risco ou da falha significa isolar uma falha de suas consequências negativas

▶ As ações de mitigação do risco incluem:

– Planejamento da mitigação.

– Mitigação econômica.

– Contenção (espacial e temporal).

– Redução de perda.

– Substituição.

18.5 Como a administração da produção pode recuperar-se dos efeitos da falha?

▶ A recuperação pode ser melhorada por uma abordagem sistemática para descobrir o que levou à ocorrência da falha, agir para informar, conter e acompanhar as consequências da falha, aprender a encontrar a causa na origem da falha e evitar que ocorra novamente, bem como planejar para evitar que a falha ocorra no futuro.

ESTUDO DE CASO
Slagelse Industrial Services (SIS)

A Slagelse Industrial Services (SIS) tornou-se uma das mais respeitadas empresas de fundição de peças de zinco, alumínio e magnésio da Europa e fornecedora para centenas de empresas em muitos setores industriais, especialmente o automotivo e o de defesa. A empresa funde e fabrica componentes de precisão pela combinação das tecnologias de produção mais modernas com fundição de precisão e destreza. A SIS iniciou-se como um negócio familiar clássico, fundado por Erik Paulsen, que abriu uma pequena empresa de fabricação e fundição em sua cidade natal de Slagelse, na parte leste da Dinamarca, distante cerca de 100 km a sudoeste de Copenhague. Foi bem-sucedido em alavancar suas habilidades e paixão artesanal ao longo de muitos anos, enquanto atendia a uma variedade de clientes industriais e agricultores. Seu filho, Anders, passou aproximadamente 10 anos trabalhando como engenheiro de produção para um grande fornecedor de peças automotivas no Reino Unido, mas, por fim, retornou a Slagelse para assumir o controle da empresa da família. Explorando sua experiência de fabricação em massa, Anders levou anos para transformar a empresa em fabricante de componentes industriais em maior escala, mas manteve o compromisso de seu pai com qualidade e serviço aos clientes. Após 20 anos, vendeu a empresa a um conglomerado industrial do Reino Unido e, em 10 anos, a empresa havia duplicado novamente de tamanho e passou a empregar 600 pessoas da região, com faturamento em torno de £ 200 milhões. No decorrer desse período, a empresa continuou a direcionar seus produtos a mercados industriais de nicho, onde sua ênfase em qualidade e confiabilidade significava que estava menos vulnerável às pressões de preço e de custo. Entretanto, em 2009, ante as dificuldades econômicas e a ampla reestruturação industrial, a empresa foi encorajada a ampliar o volume de produção com margens menores. Esse processo não foi muito bem-sucedido, mas culminou com uma proposta para o projeto e a produção de um elemento metálico essencial de um brinquedo de criança (um robô *transformer*).

O interessante é que a empresa-cliente, a Alden Toys, era também grande cliente de outras empresas que faziam parte do grupo industrial que adquiriu a SIS. Estava adotando uma política de fornecedores preferenciais e pretendia ter apenas um ou dois pontos de aquisição de elementos específicos de seu negócio global de brinquedos. Tinham alto grau de confiança no grupo industrial e, ao visitar a fábrica da SIS, seus diretores ficaram impressionados com a profundidade da experiência e do compromisso da empresa com a qualidade. Em 2010, selecionaram a SIS para concluir o projeto e iniciar a produção experimental.

"Alguns de nós estavam realmente motivados pela possibilidade... mas você precisa ficar um pouco preocupado quando os volumes são muito maiores do que algo que já tenha feito. Acho que o risco parecia sob controle porque as etapas do processo básico, do tipo de produto que você gosta, era da fabricação de algo que parecia muito similar ao que fabricávamos há muitos anos." (gerente de produção da SIS)

"Bem, obviamente não conhecíamos nada sobre o mercado de brinquedos, mas, novamente, não sabíamos realmente tudo sobre a indústria automotiva ou o setor de defesa ou qualquer um de nossos clientes tradicionais antes de começarmos a atendê-los. Nossa principal vantagem competitiva, nossas competências, como queira chamar, dizem respeito a manter o cliente feliz sobre o atendimento e, às vezes, excedendo a especificação." (diretor de marketing da SIS)

Os projetistas haviam recebido um esboço da especificação do produto da Alden Toys durante o processo de licitação e mais algum detalhe técnico posteriormente. Ao receber as instruções finais, uma equipe de engenheiros e gerentes confirmou que o produto poderia e seria fabricado usando uma versão em escala maior dos processos de produção atuais. O principal desafio operacional parecia ser obter capacidade de produção suficiente (mas não exagerada). Felizmente, por diversos motivos, a empresa-mãe da SIS estava apoiando muito o projeto e prometeu atender a quaisquer planos de investimento de capital. Embora essa opinião sobre a natureza do desafio de produção fosse amplamente aceita em toda a empresa (e compartilhada pela Alden Toys e pela empresa-mãe da SIS), foi deixada para um engenheiro sênior experiente a assinatura da proposta final e da documentação técnica. No início de 2011, a empresa havia iniciado um período experimental de produção em plena capacidade. Infelizmente, como se tornaria mais claro posteriormente, durante esse processo de validação do projeto a SIS havia sancionado efetivamente um método de produção que mostraria ser totalmente inadequado para o mercado de brinquedos; mas até 12 meses, não houve nenhuma indicação dos problemas que começariam a surgir.

Em toda a América do Norte e Europa, os clientes passaram a reclamar que seus filhos haviam sido "envenenados" enquanto brincavam com o robô. A ameaça de ação judicial foi rapidamente sentida na Alden Toys e o problema tornou-se rapidamente uma verdadeira ameaça para a saúde

CAPÍTULO 18 GESTÃO DE RISCO E RECUPERAÇÃO **657**

infantil. Diversos grupos de pressão e especialistas em danos legais apoiaram e atuaram para agregar as reivindicações individuais. Embora acusações semelhantes houvessem sido feitas antes, os litigantes e seus apoiadores focavam as mudanças recentes feitas pelo processo de produção da SIS e, em particular, o papel da Alden Toys no gerenciamento de seus fornecedores. *"É certo que você confia em seus fornecedores, mas não pode, simplesmente, ter o mesmo nível de controle sobre outra empresa fora do país. Temo que isso tudo se reduza a um simples problema econômico, o de que a Alden Toys colocou seus lucros na frente da saúde das crianças. Falemos sobre confiança... os pais confiaram nessa empresa para cuidar de seus filhos e de suas famílias e têm o direito de ficar irritados com o fato de que a ganância de seus diretores foi mais importante!"* (porta-voz do tribunal de justiça dos litigantes norte-americanos quando foi entrevistado no programa sobre direitos do consumidor em uma emissora de TV do Reino Unido).

Sob intensa pressão da mídia, a Alden Toys rapidamente convocou uma investigação rigorosa na fonte de contaminação, que revelou rapidamente que um produto químico "não autorizado" havia sido empregado na limpeza rotineira do metal e do elemento de preparação do processo de produção da SIS. No entanto, ao ser entrevistado pela mídia norte-americana, o diretor jurídico da empresa-mãe enfatizou que não houve *"um vínculo causal comprovado ou qualquer admissão de responsabilidade por nenhuma das partes"*. Imediatamente, a Alden Toys cancelou seus pedidos e ameaçou processar juridicamente a SIS e a empresa-mãe. Essa ação provocou uma interrupção imediata da produção nessa parte da operação, e a inspeção (e as visitas oficiais e legais subsequentes) teve um impacto terrível na produtividade de toda a fábrica. O impacto competitivo da falha foi extremamente significativo. Após um ano de produção, o novo produto representava mais de um terço (39%) da produção da fábrica. Além das principais implicações no fluxo de caixa, as várias investigações ocuparam grande parte do tempo dos gerentes, e a reputação da empresa ficou seriamente afetada. Como o gerente de produção da fábrica explicou, até os clientes tradicionais expressaram suas preocupações. *"É surpreendente, mas as pessoas às quais estávamos fornecendo há 30 ou 40 anos me pediam explicações e perguntavam: '[Nome do gerente], o que está acontecendo?'. Estavam preocupadas com o que tudo isso podia representar para elas... embora fossem mercados totalmente diferentes!"*

QUESTÕES

1. Que riscos operacionais a SIS enfrentou ao decidir se tornar fornecedora estratégica da Alden Toys?
2. Que problemas de controle encontrou para implementar essa estratégia (antes e depois da investigação)?

Problemas e aplicações

Todos os capítulos dispõem de questões do tipo *Problemas e aplicações*, que ajudarão o leitor a praticar a análise das operações. Elas podem ser respondidas com a leitura do capítulo.

1. Embora raros, acidentes aéreos acontecem. Predominantemente, a razão para isso é falha humana, como fadiga do piloto. Um tipo de acidente, conhecido como "voo controlado para o solo", em que a aeronave parece estar sob controle e ainda assim voa para o solo, tem probabilidade de acontecer menos de uma vez em 2 milhões de voos. Para acontecer, deve ocorrer toda uma cadeia de pequenas falhas. O piloto nos controles deve estar voando na altitude errada (uma chance em mil). O copiloto teria que falhar na verificação cruzada da altitude (uma chance em cem). Os controladores de tráfego aéreo teriam que perder o fato de que o avião estava na altitude errada (uma chance em dez). Finalmente, o piloto teria que ignorar o alarme de aviso de proximidade do solo na aeronave (que pode ser propenso a dar alarmes falsos, uma chance em duas).

   (a) Quais são suas opiniões sobre as probabilidades citadas de ocorrer cada falha descrita?

   (b) Como você tentaria evitar que essas falhas ocorressem?

   (c) Se a probabilidade de ocorrência de cada falha pudesse ser reduzida pela metade, qual seria o efeito sobre a probabilidade de ocorrência desse tipo de acidente?

2. Wyco é uma varejista internacional líder na venda de roupas e acessórios, com lojas em todo o mundo. Os países de onde obtém seus produtos incluem Sri Lanka, Bangladesh, Índia e Vietnã. Ela ficou abalada quando um jornal britânico noticiou que um subcontratado não autorizado havia usado trabalhadores infantis para fazer alguns de seus produtos em uma fábrica em Delhi. Em resposta, a Wyco imediatamente emitiu uma declaração.

   "No início desta semana, a empresa foi informada sobre uma alegação de trabalho infantil em uma instalação na Índia que estava trabalhando em um produto para a Wyco. Uma investigação foi imediatamente iniciada. A empresa observou que uma parte muito pequena de um pedido específico feito com um de seus

fornecedores foi aparentemente subcontratada a um subcontratado não autorizado sem o conhecimento ou aprovação da empresa. Isso é uma violação direta do acordo da empresa com o fornecedor, sob seu Código de Conduta do Fornecedor."

O CEO da Wyco disse: *"Proibimos estritamente o uso de trabalho infantil. Isso não é negociável para nós. A Wyco tem um histórico de enfrentar desafios como esse. A Wyco encerrou os negócios com 20 fábricas devido a violações do código. Temos 90 pessoas localizadas em todo o mundo cujo trabalho é garantir a conformidade com nosso Código de Conduta do Fornecedor. Assim que fomos alertados, interrompemos a ordem de serviço e impedimos que o produto fosse vendido nas lojas. Embora tais violações sejam extremamente raras, convocamos uma reunião urgente com nossos fornecedores para reforçar nossas políticas. A Wyco tem um dos programas mais abrangentes do setor para lutar pelos direitos dos trabalhadores. Continuaremos a trabalhar com as organizações interessadas em um esforço para acabar com o uso do trabalho infantil".*

(a) "Ser uma empresa ética não é mais suficiente. Hoje em dia, as marcas líderes são julgadas pelas parceiras que mantêm". O que isso significa para a Wyco?

(b) Quando a Wyco deparou com esse problema da cadeia de suprimento, ela respondeu da maneira certa?

3. Um Airbus A320 não virava à esquerda, não importa o que o piloto tentasse. Por fim, eles fizeram um pouso de emergência. Felizmente, ninguém ficou ferido. A causa do quase desastre foi que os engenheiros se esqueceram de reativar quatro dos cinco *spoilers* da asa direita que ajudam o avião a virar. A investigação atribui "uma cadeia de erros humanos" aos engenheiros e pilotos, que não perceberam o problema antes da decolagem. O A320 é uma aeronave *fly-by-wire*, em que impulsos elétricos controlados por computador ativam os *spoilers* e as superfícies hidraulicamente, que controlam o movimento do avião. Quando a aeronave foi para o reparo de um flape danificado, os engenheiros colocaram os *spoilers* no "modo de manutenção" para bloqueá-los dos controles. Depois, eles se esqueceram de reativá-los. De acordo com o relatório oficial, os engenheiros não eram culpados de *"simples atos de negligência ou ignorância. Sua abordagem implicava que eles acreditavam que haveria benefícios para a organização se eles pudessem entregar a aeronave com sucesso no prazo. Com aeronaves mais complexas, não é mais possível para a equipe de manutenção entender todas as consequências de qualquer desvio. A prevenção de futuros acidentes com aeronaves de alta tecnologia depende da total conformidade. Se uma verificação foi realizada várias vezes sem que nenhuma falha estivesse presente, é da natureza humana não antecipar nenhuma falha na próxima vez que a verificação for realizada".*

(a) Por que as aeronaves *fly-by-wire* representam um problema de manutenção mais complexo do que as aeronaves convencionais, que têm uma ligação física entre o controle e os flapes?

(b) Se você fosse o investigador do acidente, que perguntas você gostaria de fazer para entender por que essa falha ocorreu?

4. Uma lâmpada nos banheiros masculinos de uma empresa finalmente queimou quando ela tinha mais de 70 anos. Sobrevivera a bombas lançadas na Segunda Guerra Mundial que devastaram prédios nas ruas vizinhas, sacudindo prédios em toda a área, mas deixando a lâmpada intacta e funcionando. Nem foi afetada pelas bandas de *punk rock* que tocavam em um local ao lado e causavam reclamações dos moradores. Quando a lâmpada acabou queimando, a empresa a montou em um suporte e deu a ela um lugar de honra. Este exemplo invalida o uso de dados de falha na estimativa da vida útil do componente?

5. Uma máquina automática de fabricação de sanduíches em uma fábrica de alimentos apresenta seis componentes principais, com confiabilidades individuais conforme mostrado na Tabela 18.3.

(a) Qual é a confiabilidade de todo o sistema?

(b) Se for decidido que a embalagem na máquina automática de fabricação de sanduíches não é muito confiável e uma segunda embalagem é necessária, que entrará em ação se a primeira falhar, o que acontecerá com a confiabilidade da máquina?

6. Toda vez que entramos em um elevador, estamos confiando nossas vidas às pessoas que o projetaram, fabricaram e o mantêm. Sem uma manutenção eficaz, os elevadores seriam literalmente armadilhas mortais. A Otis, uma empresa de elevadores, tem o seu "Otis Maintenance Management System" (OMMS), um programa que leva em consideração as necessidades de manutenção dos elevadores de seus clientes. Os procedimentos de manutenção são determinados pelo padrão individual de uso de

CAPÍTULO 18 GESTÃO DE RISCO E RECUPERAÇÃO **659**

Tabela 18.3 Confiabilidades individuais dos componentes principais.

Componente	Confiabilidade
Cortador de pão	0,97
Aplicador de manteiga	0,96
Colocador de salada	0,94
Colocador de carne	0,92
Aplicador da metade superior do pão	0,96
Embalador	0,91

cada elevador, como frequência de viagens, cargas transportadas e condições de uso. A Otis também monitora as características do ciclo de vida de todos os componentes de seus elevadores. Essas informações sobre desgastes e falhas são disponibilizadas aos seus clientes e são utilizadas para atualizar os cronogramas de manutenção. Quando um elevador tem um problema, um técnico pode estar a caminho de um cliente em minutos, 24 horas por dia, 7 dias por semana. O serviço pode colocar os elevadores de volta ao serviço dentro de duas horas e meia, em média. A Otis monitora, coleta, registra, analisa e comunica centenas de diferentes funções do sistema. Se detectar um problema, ela chama um técnico. "*Resposta 24 horas por dia é importante*", diz a Otis, "*porque problemas não têm horário de expediente. O sistema de monitoramento remoto identifica a maioria dos problemas potenciais antes que eles ocorram*".

(a) Quais poderiam ser os efeitos da falha em sistemas de elevadores? Como isso explica o serviço de manutenção que a Otis oferece aos seus clientes?

(b) Que abordagem(ns) à manutenção está(ão) implícita(s) nos serviços que a Otis oferece?

(c) Como você convenceria os clientes em potencial desses serviços de que eles valem a pena?

7. Carlsberg, a cervejaria, soube de sua crise no fim da tarde de uma sexta-feira. Em uma de suas latas de cerveja, algo parecia ter dado errado com um dispositivo que dá a uma cerveja enlatada sua característica cremosa. Um cliente encontrou um pedaço de plástico em sua boca. Ele reclamou com um oficial de saúde ambiental, que entrou em contato com a Carlsberg. O procedimento de gerenciamento de crises pré-planejado da empresa imediatamente entrou em ação. Um grupo de controle de crises de 12 membros, com especialistas em seguros, assuntos jurídicos, controle de qualidade e relações públicas, assumiu o controle. Esse grupo tinha o número de telefone de todos, para que qualquer pessoa relevante na empresa pudesse ser contatada. Também tinha uma sala de controle em uma das instalações da empresa. Na terça-feira, eles emitiram um comunicado à imprensa, criaram uma linha direta e divulgaram publicidade nacional para anunciar a decisão do *recall*. Ainda que o problema tivesse se originado em apenas uma de suas seis marcas, a empresa decidiu recolher todas elas (um total de 1 milhão de latas) e toda a produção usando o dispositivo suspeito foi interrompida.

(a) Quais parecem ser os elementos essenciais dessa recuperação bem-sucedida do fracasso?

(b) Como as vantagens e desvantagens de decidir se deve ou não recolher produtos em um caso como esse dependem da probabilidade de outra falha potencial estar no mercado?

(c) Relacione essa questão com o conceito de erros tipos I e II tratados no Capítulo 17.

8. Que riscos uma tecnologia como a "Internet das Coisas" (IoT) representa para todos os elementos de uma rede de suprimento?

9. Como as mudanças climáticas podem afetar a forma como os gerentes de produção veem o gerenciamento de riscos?

10. "*Seu feedback é muito importante para nós*" é algo que as empresas costumam dizer aos seus clientes.

(a) Isso é sempre verdade?

(b) Por que elas fazem isso?

Leitura complementar selecionada

Hillson, D. (ed.) (2020) *The Risk Management Handbook: A Practical Guide to Managing the Multiple Dimensions of Risk*, **Kogan Page, Londres.**
Um guia bastante prático, com algumas ideias interessantes sobre riscos emergentes.

Hodson, C.J. (2019) *Cyber Risk Management: Prioritize Threats, Identify Vulnerabilities and Apply Controls*, **Kogan Page, Londres.**
Uma visão obviamente especializada, mas importante, de como os riscos cibernéticos podem causar danos financeiros, operacionais e de reputação.

Hopkin, P. (2018) *Fundamentals of Risk Management: Understanding, Evaluating and Implementing Effective Risk Management*, **5. ed., Kogan Page, Londres.**
Uma introdução abrangente ao risco com boa cobertura de muitas estruturas principais.

Hubbard, D.W. (2020) *The Failure of Risk Management: Why It's Broken and How to Fix It*, **2. ed., Wiley, Hoboken, NJ.**
Provocante e desafiador.

Waters, D. (2012) *Supply Chain Risk Management: Vulnerability and Resilience in Logistics*, **2. ed., Kogan Page, Londres.**
Fornece um guia bastante detalhado e prático para considerar os riscos na produção e nas cadeias de suprimento.

Notas do capítulo

1. As informações nas quais este exemplo é baseado foram retiradas de: Miller, J. (2021) Lessons from twelve years in pursuit of zero, *Gemba Academy*, 10 maio, https://blog.gembaacademy.com/2021/05/10/lessons-from-twelve-years-in-pursuit-of-zero/ (Acesso em: set. 2021).

2. As informações nas quais este exemplo é baseado foram retiradas de: Amelang, S. e Wehrmann, B. (2020) "Dieselgate" – a timeline of the car emissions fraud scandal in Germany, Factsheet, *Clean Energy Wire*, 25 maio, https://www.cleanenergywire.org/factsheets/dieselgate-timeline-car-emissions-fraud-scandal-germany (Acesso em: set.2021); Tovey, A. (2017) VW attacked by MPs over failure to release findings of "dieselgate" investigation, *The Telegraph*, 22 mar.

3. Takala, J., Hämäläinen, P., Saarela, K.L., Loke, Y.Y., Manickam, K., Tan, W.J., Heng, P., Tjong, C., Guan, K.L., Lim, S.Y.E. e Gan, S.L. (2014) Global estimates of the burden of injury and illness at work in 2012, *Journal of Occupational and Environmental Hygiene*, 11 (5) 326-37.

4. As informações nas quais este exemplo é baseado foram retiradas de: *site* da Darktrace, https://www.darktrace.com/en/ (Acesso em: set. 2021); Walker, M. (2020) Darktrace: an AI cybersecurity platform that serves as the immune system for enterprise business data by fighting off threats, *Credit Card News*, 3 fev., https://www.cardrates.com/news/darktrace-is-an-ai-based-enterprise-immune-system/ (Acesso em: set. 2021); Ismail, N. (2019) Darktrace unveils the Cyber AI analyst: a faster response to threats, *Information Age*, 4 set.; Ross, A. (2019) ML and AI in cyber security: real opportunities overshadowed by hype, *Information Age*, 7 mar.

5. Nahajima, S. (1988) *Total Productive Maintenance*, Productivity Press, Nova York, NY.

6. As informações nas quais este exemplo é baseado foram retiradas de: The Economist (2019) An emergency landing system that passengers can activate, *Economist*, edição impressa, 28 nov.

7. Smithsonian Ocean Portal Team (s.d.) Gulf oil spill, https:// ocean.si.edu/conservation/pollution/gulf-oil-spill (Acesso em: set. 2021).

8. Borunda, A. (2020) We still don't know the full impacts of the BP oil spill, 10 years later, *National Geographic*, 20 abr.

9. World Health Organization Europe (2020) 2019-nCoV outbreak is an emergency of international concern, https://www.euro.who.int/en/health-topics/health-emergencies/international-health-regulations/news/news/2020/2/2019-ncov-outbreak-is-an-emergency-of-international-concern (Acesso em: set.2021).

10. Hill, A. (2020) Covid-19 lays bare managers' efficiency obsession, *Financial Times*, 20 abr.

19 Gestão de Projetos

QUESTÕES-CHAVE

- 19.1 O que são projetos?
- 19.2 O que é gestão de projetos?
- 19.3 Como o ambiente do projeto é entendido?
- 19.4 Como os projetos são definidos?
- 19.5 Como os projetos são planejados?
- 19.6 Como os projetos são controlados e aumentam o aprendizado?

INTRODUÇÃO

Nos últimos anos, houve um aumento significativo na proporção do tempo que os gerentes de produção gastam trabalhando em projetos discretos, ao contrário das atividades de "estado em regime" — uma tendência às vezes chamada de **projetificação**. No entanto, apesar do aumento da atividade baseada em projetos para a produção e suas redes de suprimento, muitos projetos são apenas parcialmente bem-sucedidos. Neste capítulo, examinamos como projetos de todas as formas e tamanhos podem ser executados com mais sucesso. Para fazer isso, os gerentes devem primeiro entender as características fundamentais do projeto, bem como as implicações das diferenças entre os projetos. Segundo, eles devem apreciar o papel vital da gestão de projetos eficaz em influenciar o sucesso (ou fracasso!) dos projetos e reconhecer as principais responsabilidades e competências daqueles encarregados de executá-los. Terceiro, eles devem entender o ambiente no qual seu projeto está sendo realizado e determinar a melhor forma de gerenciar os *stakeholders* (partes interessadas) do projeto. Quarto, eles devem definir os projetos de forma eficaz enquanto equilibram os objetivos de desempenho concorrentes de qualidade, tempo e custo. Quinto, eles devem planejar projetos para ajudar a determinar o custo e a duração do projeto e o nível de recursos que serão necessários. Por fim, eles devem controlar efetivamente os projetos ao longo de seu ciclo de vida e garantir que o aprendizado entre projetos seja maximizado. A Figura 19.1 mostra onde a gestão de projetos se encaixa no modelo geral de administração da produção.

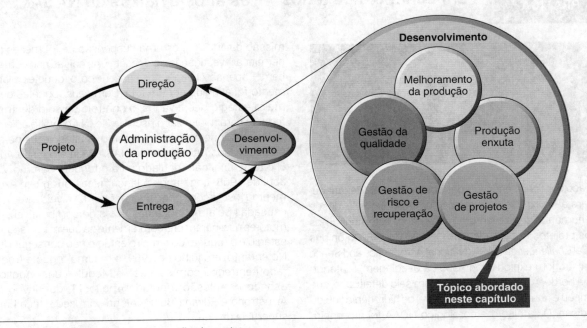

Figura 19.1 Este capítulo examina a gestão de projetos.

19.1 O que são projetos?

Um **projeto** é um conjunto de atividades que devem ser concluídas para fornecer um objetivo específico dentro de um período de tempo estabelecido, usando um conjunto definido de recursos. Tecnicamente, muitas iniciativas de administração da produção de pequena escala, que demoram minutos ou horas, pertencem a essa definição de um projeto. Entretanto, neste capítulo examinaremos a gestão de projetos de larga escala que demoram meses, anos ou mesmo várias décadas. Assim, o melhoramento da maioria das operações (mesmo o melhoramento contínuo) pode ser visto como uma série de "miniprojetos" sobrepostos que contribuem de forma cumulativa para um esforço de desenvolvimento sem fim. Do mesmo modo, os projetos de pesquisa e desenvolvimento (P&D) às vezes terão uma aplicação específica em mente, mas muitas vezes, se a pesquisa for mais fundamental, não.

Vale destacar também a distinção entre *projetos*, **programas** e *portfólios*. Um programa pode ser visto como um amplo esforço que engloba vários projetos ligados a um propósito comum. Um exemplo é o programa de projetos da NASA, com várias missões destinadas a trazer de volta amostras de rochas para procurar sinais de vida prévia em Marte. Como tal, a *gestão do programa* irá sobrepor e integrar os projetos individuais dentro de um programa. Portfólios são pacotes de projetos agrupados para a conveniência da gestão. Ao contrário dos programas, os projetos em um portfólio são menos conectados em termos de objetivos compartilhados, mas normalmente têm *recursos* comuns. Um exemplo seria o portfólio de projetos de desenvolvimento de novos produtos e serviços (DNPS) de uma empresa.

Características comuns dos projetos

Os projetos compartilham diversos elementos comuns. São eles:

▶ Temporário: embora alguns projetos durem horas enquanto outros se estendam por muitos anos, todos eles têm um ponto inicial e final definido.
▶ Dedicado a concluir um objetivo específico dentro dos requisitos principais de tempo, custo e qualidade.
▶ Resultados que normalmente são exclusivos ou, pelo menos, altamente customizados.
▶ Baseado em muitas tarefas não rotineiras e complexas.

São essas características que geram altos níveis de risco e incerteza na gestão de projetos, e talvez expliquem o motivo para ser tão comum haver especificações não atendidas (qualidade), grandes atrasos (*timing*), escalada de custos (custo) e grandes disputas entre os principais *stakeholders* (partes interessadas).

OPERAÇÕES NA PRÁTICA

"Em benefício de todos" — os altos e baixos da NASA[1]

O espaço continua sendo um dos contextos mais desafiadores para a realização de projetos bem-sucedidos, e, desde que a humanidade se aventurou no espaço, testemunhamos muitos projetos fracassados. Em janeiro de 1986, o ônibus espacial *Challenger* da NASA (National Aeronautics and Space Administration) explodiu logo após a decolagem, matando todos a bordo. A falha foi atribuída a um selo defeituoso, que se rompeu e fez com que o combustível de hidrogênio líquido explodisse. O satélite meteorológico NOAA foi a primeira missão da NASA após uma suspensão de 32 meses para permitir a investigação do desastre. As coisas não correram bem — apenas 71 segundos em seu voo, o foguete de lançamento foi atingido por um raio. Com seus foguetes de primeiro estágio desativados, o controle de solo destruiu o foguete para minimizar o risco de ele cair de volta à Terra.

As falhas de projeto, no entanto, muitas vezes permitiram sucessos futuros para a NASA. Veja a missão Apollo 6, o teste final não tripulado para o foguete Saturno V, em abril de 1968. Logo após o lançamento, o foguete experimentou "oscilações pogo" (variações nos níveis de empuxo causadas pela mudança das taxas de combustível), dois motores desligaram prematuramente na queima do segundo estágio e o foguete do terceiro estágio não conseguiu ligar. No entanto, em julho de 1969, o mesmo foguete (melhorado!) entregou com sucesso o Módulo Lunar Apollo ao espaço na missão tripulada Apollo 11, que levou Neil Armstrong e Edwin ("Buzz") Aldrin com segurança para a superfície da Lua.

Em outras ocasiões, ocorreram problemas, mas uma combinação de capacidades técnicas e inventividade dos *stakeholders* impediu o fracasso do projeto. Por exemplo, a missão *Apollo 13*, em 1970, pretendia ser a terceira a pousar na Lua. No entanto, após uma falha no tanque de oxigênio do módulo de serviço dois dias após o início da missão, o novo objetivo do projeto tornou-se o retorno seguro da tripulação de volta à Terra. Isso envolveu uma mudança do módulo de serviço para o módulo lunar como uma forma de "bote salva-vidas", seguido de várias improvisações para converter uma nave que foi originalmente projetada para suportar dois homens na superfície lunar por dois dias para uma capaz de suportar três homens no espaço por quatro dias. Felizmente, o plano revisado funcionou e, embora a missão tenha falhado em seus objetivos principais, foi muito bem-sucedida em seu escopo revisado. Em outro exemplo, o Telescópio Espacial Hubble teve muitos problemas após o lançamento, incluindo problemas de foco do telescópio devido a erros cometidos por cientistas europeus e norte-americanos na tradução das unidades de medida! No entanto, a equipe do projeto encontrou maneiras de superar as várias falhas e o telescópio agora fornece algumas das imagens mais detalhadas do espaço profundo — bem como uma compreensão significativamente expandida de nosso (minúsculo) lugar no Universo.

Alguns projetos espaciais foram muito melhores do que o esperado, ocasionando mudanças no escopo devido ao seu sucesso. Por exemplo, a missão Cassini (uma colaboração envolvendo a NASA, a Agência Espacial Europeia e a Agência Espacial Italiana) começou com o objetivo de chegar a Saturno, a cerca de 1.200 milhões de quilômetros de distância. No caminho, a Cassini tirou fotos do nosso sistema solar, incluindo passagens pela Terra, Vênus e Júpiter — as fotos de Júpiter são as mais detalhadas do planeta. Cassini também confirmou a Teoria Geral da Relatividade de Einstein ao viajar para Saturno. Na chegada, a Cassini implantou com sucesso a sonda Huygens, que começou a retornar dados à Terra da maior lua de Saturno, Titã. Enquanto isso, a Cassini continuou a coletar dados e imagens detalhadas do planeta e de suas outras luas. A missão, originalmente prevista para durar quatro anos, foi primeiro estendida por dois anos (Missão Cassini Equinox) e depois novamente por mais sete anos (Missão Cassini Solstice), enquanto a espaçonave continuava a funcionar efetivamente. Somente em 2017, nove anos após o término planejado do projeto, que a Cassini foi finalmente "desorbitada" para queimar na atmosfera de Saturno, embora não antes de completar uma série de passagens de alto risco dentro dos anéis internos de Saturno para maximizar sua contribuição científica total.

Não são apenas a NASA e seus colaboradores que procuram aproveitar experiências anteriores para melhorar seus projetos. A recente geração de empresas de exploração e viagens espaciais comerciais, como SpaceX, Sierra Nevada Corp, Boeing, Northrop Grumman Innovation Systems, Blue Origin e Virgin Galactic, buscaram obter ideias de agências espaciais estabelecidas. Isso não apenas oferece o benefício de (espera-se) evitar erros que foram cometidos no passado, mas também permitiu reduções significativas nos custos de desenvolvimento, teste e operações. Por exemplo, a SpaceX fez grandes avanços em combustível, motores e, mais valioso, no aumento da proporção de seus foguetes e veículos de lançamento que podem ser recuperados e reutilizados. O resultado é que o custo de lançar um quilo de material no espaço caiu para (apenas!) $ 2.720 para o SpaceX Falcon 9, o foguete usado para levar com sucesso os astronautas da NASA à Estação Espacial Internacional em 2020. Isso se compara a estonteantes $ 54.500 por quilograma quando o programa de ônibus espaciais da NASA operava entre 1981 e 2011. Além das empresas espaciais comerciais, vários países demonstraram aspirações cada vez maiores na exploração extraterrestre. Por exemplo, em 2021, os Emirados Árabes Unidos se tornaram apenas o quinto país a enviar com sucesso uma sonda em órbita ao redor de Marte. Mais tarde naquele ano, a China pousou com sucesso um robô de seis rodas, Zhurong, na superfície do planeta, apenas o segundo país a completar tal missão com sucesso.

Diferenciação entre projetos

Até aqui, descrevemos as *semelhanças* dos projetos — atividades temporárias, com objetivos específicos e altamente customizados, dentro dos requisitos de tempo, custo e qualidade, geralmente envolvendo muitas tarefas não rotineiras e complexas. Entretanto, também é fundamental entender as *diferenças* entre os projetos, as quais desempenham um papel crítico nos desafios subsequentes de gestão de projetos. Aqui, focamos nas diferenças no nível de *inovação*, *pressão de tempo* e *complexidade* do projeto que está sendo gerenciado. A Figura 19.2 ilustra os perfis de quatro projetos diferentes usando essa forma de diferenciação e as implicações dessas diferenças.

Princípio de produção
O desafio de gerenciar um projeto depende de seu nível de inovação, pressão de tempo e complexidade.

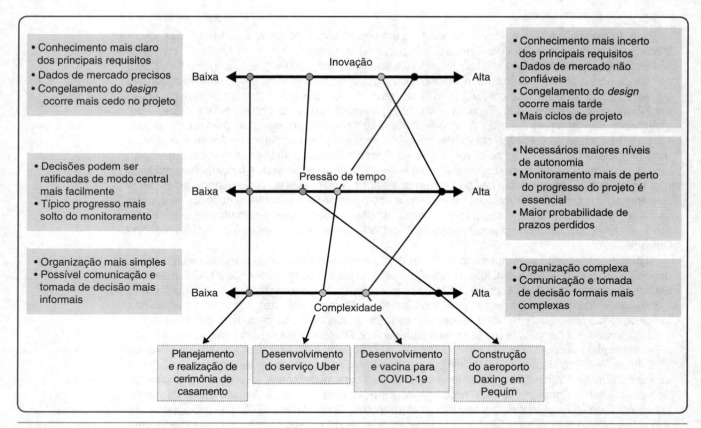

Figura 19.2 Diferenciando projetos com base no nível de inovação, pressão de tempo e complexidade, com as implicações dessas diferenças.

Nível de inovação do projeto

A primeira forma de diferenciar projetos é considerar seu nível relativo de inovação. Para os projetos, a inovação pode envolver a entrega de novos serviços ou produtos, a incorporação de novas tecnologias, o desenvolvimento de novas rotas para o mercado e a transformação de processos organizacionais, por exemplo. Projetos incrementais normalmente envolvem níveis relativamente modestos de inovação, baseados no conhecimento e/ou recursos existentes, cujas rotinas existentes não são fundamentalmente alteradas. Por outro lado, projetos radicais exibem altos níveis de novidade, que exigem conhecimento e/ou recursos completamente novos e muitas vezes tornam obsoletas as rotinas existentes. Alguns exemplos desses projetos mais inovadores incluem o desenvolvimento e o lançamento do Uber (o serviço multinacional de corridas) e do Airbnb; o rápido surgimento da tecnologia de sensores em muitos aspectos da agricultura; o primeiro iPhone, que abriu caminho para o mercado moderno de *smartphones*; e o desenvolvimento da Netflix, com seu enorme impacto no setor de entretenimento doméstico.

Nível de pressão de tempo do projeto

A segunda forma de diferenciar os projetos é considerar o nível relativo de pressão de tempo que eles enfrentam. É importante lembrar que a pressão de tempo não tem a ver com velocidade — alguns projetos têm urgência, mas duram muitos anos, outros não são urgentes, mas duram algumas semanas. Alguns projetos enfrentam baixos níveis de pressão de tempo, em que o prazo específico não é considerado crítico pelos *stakeholders* do projeto. Muitas obras públicas e projetos internos se enquadram nessa categoria. Alguns projetos enfrentam níveis moderados de pressão de tempo, em que a conclusão no prazo é importante para se obter vantagem competitiva e a liderança. Muitos projetos relacionados com negócios, como novos serviços ou desenvolvimento de produtos, se enquadram nessa categoria. Por fim, alguns projetos enfrentam altos níveis de pressão de tempo, em que há uma janela de oportunidade específica e qualquer atraso pode significar o fracasso do projeto. Por exemplo, em maio de 1961, o presidente John F. Kennedy fez um discurso no Congresso dos EUA no qual declarou: "*Acredito que esta nação deve se comprometer a atingir a meta, antes que esta década termine, de pousar um homem na Lua e devolvê-lo em segurança à Terra".* Ao fazer isso, ele estabeleceu um prazo que seria crítico para as ambições do projeto de pouso na Lua. Outros exemplos de projetos que enfrentam altos níveis de pressão de tempo são aqueles criados em resposta a crises específicas, como as pandemias de Ebola ou COVID-19, guerras ou desastres naturais.

OPERAÇÕES NA PRÁTICA — Quando cada minuto conta em um projeto — desbloqueando o Canal de Suez[2]

O canal de Suez é uma hidrovia artificial de 193 km no Egito, unindo o Mar Vermelho ao Mar Mediterrâneo. Originalmente inaugurado em 1869, o canal oferece uma rota mais direta entre a Ásia e a Europa do que a viagem mais longa em torno da África. O canal de Suez é uma das rotas comerciais mais movimentadas do mundo, percorrida por mais de 19.000 navios todos os anos e respondendo por cerca de 12% do comércio global. Navios petroleiros, graneleiros e navios porta-contêineres, juntos, transportam mais de 1 bilhão de toneladas de carga todos os anos.

Às 7h40, hora local, de 23 de março de 2021, o *Ever Given*, carregado com 20.000 contêineres que viajavam da Malásia para a Holanda, encalhou no canal de Suez. O acidente aconteceu em um dos trechos de pista única e, como a embarcação era maior que a largura do canal, ela ficou presa, bloqueando todo o tráfego norte e sul.

Sob o olhar do mundo, o projeto para libertar o *Ever Given* começou com cuidado. No mesmo dia, sete rebocadores foram enviados para tentar soltar o navio, mas sem sucesso. No dia seguinte, um rebocador maior foi até o navio atingido e duas dragas começaram a limpar areia e lama ao redor de sua proa. Em dois dias, 156 navios estavam esperando em ambos os lados do *Ever Given*. Em 26 de março, isso havia crescido para 237 navios, e várias transportadoras, incluindo CMA-CGM, Maersk e MSC, tomaram a decisão de redirecionar os navios ao redor da ponta sul da África (um aumento no tempo de viagem entre 7 e 15 dias). Em 27 de março, havia 14 rebocadores trabalhando para soltar o *Ever Given* e, em 28 de março, um rebocador especializado da Holanda e uma draga de Chipre foram enviados para apoiar o projeto de tempo crítico. Finalmente, em 29 de março, seis dias depois de encalhado e com 367 navios parados, o *Ever Given* foi finalmente liberado, para grande alívio de todos os *stakeholders*.

As consequências do incidente do *Ever Given* foram significativas. A *Lloyds List* estimou que os custos para a economia mundial foram de cerca de £ 9,6 bilhões por dia durante o bloqueio do canal de Suez — ou seja, $ 6,7 milhões por minuto! Os proprietários do *Ever Given* enfrentaram uma indenização de quase $ 1 bilhão em danos e o navio ficou apreendido nas águas de Suez até que um acordo fosse alcançado. Enquanto isso, muitas cadeias de suprimento internacionais foram afetadas devido ao atraso no envio e no redirecionamento, com muitos varejistas relatando interrupções significativas em suas operações. O acúmulo de navios esperando para atravessar o canal após sua reabertura durou vários dias, estendendo ainda mais a interrupção. De fato, muitos especialistas argumentaram que era quase impossível avaliar com precisão os custos totais do bloqueio do canal de Suez para as empresas no mundo inteiro.

O evento também destacou a dependência significativa das principais rotas comerciais, como o canal de Suez, no fornecimento internacional de mercadorias, além de algumas de suas vulnerabilidades em potencial. No debate que se seguiu, o mau tempo (ventos de 48 km/h e uma tempestade de areia) e o erro da tripulação foram os culpados pelo incidente. No entanto, outros críticos sugeriram que a Autoridade do Canal de Suez precisava reavaliar seus regulamentos sobre as dimensões máximas dos navios autorizados a usar o canal (como um navio porta-contêineres ultra grande, o *Ever Given* recentemente se qualificou como "Suezmax") para reduzir os riscos de interrupções semelhantes no futuro.

Nível de complexidade do projeto

A terceira forma de diferenciar projetos é considerar seus níveis relativos de complexidade. Alguns projetos apresentam baixos níveis de complexidade, muitas vezes autocontidos e com um número relativamente pequeno dos principais *stakeholders*. Os exemplos podem incluir planejar um casamento, criar uma plataforma de vendas *on-line*, desenvolver um novo curso de MBA de gestão de produção e processos ou escrever um novo livro (!). Outros projetos enfrentam níveis maiores de complexidade, muitas vezes combinando um conjunto de subelementos e envolvendo muito mais *stakeholders*. Os exemplos incluem a construção de uma nova instalação de pesquisa e desenvolvimento, o desenvolvimento de um novo portfólio de educação de pós-graduação em uma universidade ou a organização de um festival de música em grande escala. Embora os subelementos do projeto tenham um objetivo comum, a complexidade adicional cria desafios de coordenação e integração muito maiores. Por fim, alguns projetos devem lidar com níveis extremamente altos de complexidade, coordenando vários projetos importantes para oferecer um objetivo comum. Um bom exemplo desse tipo de projeto é o projeto de desvio de água do Sul para o Norte da China, um megaprojeto de infraestrutura de várias décadas, que deverá ser concluído em 2050 a um custo de mais de $ 70 bilhões.

19.2 O que é gestão de projetos?

A gestão de projetos é a **atividade** de definir, planejar, controlar e aprender com os projetos. Os principais estágios nesse processo são:

Estágio 1: entendimento do ambiente do projeto — fatores internos e externos que podem influenciá-lo.

Estágio 2: definição do projeto — estabelecimento dos objetivos, do escopo e da estratégia para o projeto.

Estágio 3: planejamento do projeto — decisão de como o projeto será executado.

Estágio 4: execução técnica — desempenho dos aspectos técnicos do projeto.

Estágio 5: controle do projeto — garantia de que o projeto está sendo executado de acordo com os planos.

Estágio 6: aprendizado — revisão do desempenho do projeto para melhorar projetos futuros.

Nas seções seguintes deste capítulo, tratamos de cada um desses estágios, com exceção do Estágio 4. A execução técnica do projeto é determinada pelas especificações técnicas dos projetos individuais, estando, portanto, fora do escopo do capítulo. Embora essa perspectiva de *ciclo de vida* seja útil e nos permita considerar os projetos de maneira sequencial, é importante entender que o gerenciamento de projetos é basicamente um processo *iterativo*. Por exemplo, problemas ou mudanças que se tornam evidentes no controle do projeto podem exigir replanejamento e até mesmo causar modificações na definição original do projeto. Indo além dessa *perspectiva do ciclo de vida* supradescrita, a gestão de projetos também está preocupada com o equilíbrio efetivo dos objetivos de qualidade/entregáveis, tempo e custo dentro do chamado *triângulo de ferro* (qualidade, tempo e custo). Por fim, de um ponto de vista organizacional, a gestão de projetos envolve a administração desses ciclos de vida e objetivos de desempenho em múltiplas funções dentro de uma organização.

Princípio de produção
A gestão de projetos é a atividade de definição, planejamento, controle e aprendizado com os projetos.

OPERAÇÕES NA PRÁTICA

Projeto Spice de IA da McCormick[3]

A inteligência artificial (IA) está desempenhando cada vez mais um papel transformador em muitos aspectos das operações de negócios. Agora estamos testemunhando seu uso em projetos de desenvolvimento de novos produtos no setor de alimentos. A McCormick, maior empresa de temperos do mundo, uniu-se à pesquisa da IBM em fevereiro de 2019 para desenvolver um sistema de IA destinado à elaboração de novas combinações de sabores. A colaboração aproveita a experiência da IBM em aprendizado de máquina e sua IA de pesquisa para composição de produtos para filtrar dados sobre milhares de ingredientes, vendas (próprias e dentro do setor), tendências de gosto e informações de teste do consumidor e centenas de milhares de misturas de temperos existentes para sugerir novas fórmulas em potencial. O sistema também pode aconselhar sobre possíveis substitutos para ingredientes crus, nível relativo de novidade (com base na "distância" entre uma combinação de sabor e seu vizinho mais próximo) e a provável resposta humana.

A empresa já lançou seus primeiros produtos alavancando seu novo sistema de IA — "McCormick One" é uma variedade de temperos para receitas simples de um prato, incluindo frango toscano, salsicha de Nova Orleans e lombo de porco Bourbon. O novo sistema de IA está em nítido contraste com a abordagem tradicional da McCormick para projetos de DNPS, envolvendo uma grande equipe de chefs, nutricionistas, cientistas de alimentos, químicos e engenheiros químicos, com base em *fórmulas originais* para desenvolver novas combinações de sabores. A empresa acredita que o sistema de IA pode ajudar em suas tentativas de desenvolver misturas de especiarias mais inovadoras, em parte evitando preconceitos culturais, que podem ser inerentes à sua equipe de desenvolvimento humana. Por exemplo, o sistema sugeriu que adicionar cominho a um tempero de pizza melhoraria o sabor. Tal movimento nunca havia sido considerado pelos cientistas de alimentos da McCormick, mas seus testes posteriores com consumidores apoiaram a ideia.

A McCormick não apenas acredita que seu sistema de IA pode ajudar a gerar mais sabores inovadores, com menor probabilidade de rejeição do mercado, mas também economiza custos no desenvolvimento de produtos e reduz os prazos do projeto em até dois terços. Parte do tempo é economizado na criação rápida de muitas fórmulas possíveis diferentes, seguidas de filtragem automatizada para criar uma lista restrita de produtos em potencial para posterior avaliação humana. Outras economias de tempo ocorrem na fase de teste do consumidor dos projetos, com o *feedback* alimentado diretamente no sistema, analisado e então integrado às revisões de sabor. No mundo altamente competitivo de especiarias e aromatizantes, essa economia de tempo e custo oferece benefícios comerciais substanciais.

Gerentes de projeto e suas competências

Para coordenar os esforços de muitas pessoas em diferentes partes da organização (e muitas vezes também fora dela), todos os projetos precisam de um **gerente de projeto**, que é a pessoa responsável pela entrega do projeto e tem várias responsabilidades principais (ver a Figura 19.3). O gerente de projeto organiza a equipe do projeto, com a responsabilidade, e quase sempre a autoridade, de executar o projeto no dia a dia.

A gestão de projetos é uma função bastante desafiadora, exigindo um conjunto diversificado de habilidades, incluindo conhecimento técnico de gestão de projetos, habilidades interpessoais e capacidade de liderança. Muitas vezes, os gerentes de projeto devem motivar uma equipe que não apenas se reporta a outros gerentes, mas também divide seu tempo entre vários projetos diferentes. Além disso, eles devem prestar atenção aos detalhes sem perder de vista o quadro geral, estabelecer um ambiente aberto e comunicativo enquanto permanecem comprometidos com os objetivos do projeto e ter a capacidade de permanecer otimistas enquanto planejam considerando o pior. Tais desafios levaram à crescente profissionalização da gestão de projetos nos últimos 20 anos, com muitos que lideram projetos agora obtendo qualificações profissionais.

Princípio de produção
A atividade de gestão de projetos requer competências interpessoais e técnicas.

Formar equipes de projeto e atribuir responsabilidades

Um papel fundamental do gerente de projeto é formar uma equipe de projeto e atribuir responsabilidades para as principais tarefas. Ao formar uma equipe, é importante considerar a diversidade dos membros, a fim de garantir que os pontos fortes e as deficiências em potencial dos membros da equipe sejam equilibrados. Por exemplo, as equipes de projeto precisam de indivíduos naturalmente organizados, com capacidade de pegar ideias e fazê-las funcionar na prática. No entanto, o excesso desse tipo de membro na equipe pode limitar a flexibilidade e a criatividade dentro de um projeto — uma grande limitação, principalmente quando se trabalha em projetos com altos níveis de inovação. Por outro lado, projetos com muitos indivíduos que são predominantemente pensadores livres e criativos costumam apresentar problemas, já que esses indivíduos geralmente estão menos interessados nos "detalhes chatos" do projeto.

Uma vez que a equipe do projeto é formada, o gerente do projeto precisa atribuir a responsabilidade por todas as atividades do projeto (tanto para as da equipe do projeto quanto para terceiros). Uma maneira estruturada de fazer isso é na forma de uma matriz de responsabilidades. Em sua forma mais simples, isso simplesmente identificará quem é responsável por cada atividade-chave no cronograma do projeto. Em alguns casos, as matrizes de responsabilidades mostrarão não apenas o responsável, mas também outros que devem fornecer suporte para a atividade. A matriz RACI surgiu como um método popular de visualização de responsabilidades, identificando aqueles que são *responsáveis*, *responsabilizáveis*, a serem *consultados* e *informados*. A Tabela 19.1 fornece um exemplo de matriz RACI para um projeto de consultoria focado em novos testes de mercado em Chennai, Índia.

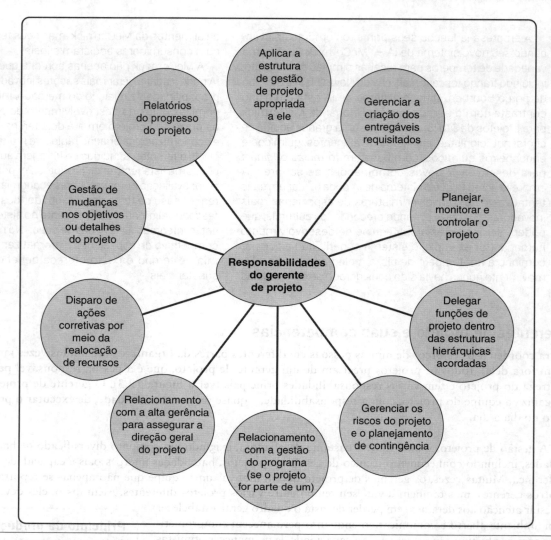

Figura 19.3 Responsabilidades típicas de um gerente de projeto.

Tabela 19.1 Matriz RACI para projeto de consultoria focado em novos testes de mercado em Chennai, Índia.

Entregável ou tarefa	Ekta (Patrocinador do projeto)	Jayesh (Gerente de projeto)	Ritika (Líder técnico)	Punya (Analista)	Shorya (Analista)	Ashwin (Analista)	Shivani (Cliente)
Fase 1 (escopo)							
Reunião de lançamento com cliente	A	R					C
Análise de requisitos	I	A	R				C
Contratação de analista	I	A	R				
Reunião de revisão com o cliente	A	R	C				C
Fase 2 (coleta de dados)							
Pesquisa de mercado (grupo de foco)		I	A	R			C
Pesquisa de mercado (levantamento)		I	A		R		C
Pesquisa de mercado (dados secundários)		I	A			R	C

continua

Tabela 19.1 Matriz RACI para projeto de consultoria focado em novos testes de mercado em Chennai, Índia. (*Continuação*)

Entregável ou tarefa	Ekta (Patrocinador do projeto)	Jayesh (Gerente de projeto)	Ritika (Líder técnico)	Punya (Analista)	Shorya (Analista)	Ashwin (Analista)	Shivani (Cliente)
Fase 3 (análise e relatório)							
Análise de dados (grupo de foco)	I	A	C	R			
Análise de dados (levantamento)	I	A	C		R		
Análise de dados (dados secundários)	I	A	C			R	
Relatório (primeiro esboço)	I	A	R	C	C	C	
Apresentação ao cliente	A	R	C				I
Relatório (final)	A	R	C				C
Fechamento do projeto	R	C	I				A

R = Responsável; A = Responsabilizável; C = Consultar; I = Informar.

19.3 Como o ambiente do projeto é entendido?

Projetos não existem no vácuo. Sendo assim, é vital que a equipe do projeto entenda as principais características do ambiente no qual seu projeto está sendo executado e identifique os indivíduos, grupos ou entidades que tenham interesse no processo ou em seu resultado. Eles devem então decidir como se envolver com diferentes *stakeholders* e a melhor forma de gerenciar suas necessidades concorrentes. O ambiente do projeto compreende todos os fatores que podem afetar o projeto durante sua vida. A Figura 19.4 ilustra quatro aspectos-chave do ambiente do projeto.

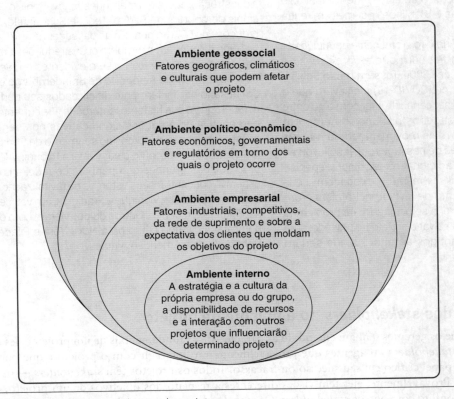

Figura 19.4 Compreendendo o ambiente de projeto.

OPERAÇÕES NA PRÁTICA
Aeroporto de Berlim-Brandemburgo finalmente é inaugurado[4]

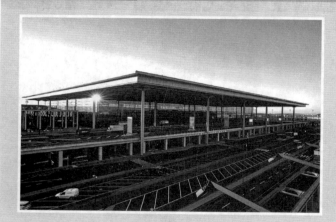

Originalmente destinado a substituir os três aeroportos antigos da capital alemã, o Aeroporto de Berlim-Brandemburgo é uma grande fonte de constrangimento para um país conhecido por entregar as coisas dentro do prazo e no orçamento. O projeto de infraestrutura, um dos maiores do país em décadas, deveria ser inaugurado em 2011, com expectativa de 27 milhões de passageiros por ano. No entanto, após vários atrasos e falhas importantes, o aeroporto finalmente, embora tenha recebido sua licença para operar em maio de 2020, não começou até o fim de 2020. Não foi apenas o *timing* do projeto que deu errado — o orçamento inicial de € 2,83 bilhões mais que dobrou, passando dos € 7 bilhões. Na verdade, estima-se que custou cerca de € 20 milhões por mês apenas para operar o edifício do terminal vazio antes de sua abertura, mais € 13 milhões por mês em renda perdida com aluguel.

O que saiu tão errado? Primeiro, a crescente popularidade de Berlim como destino fez com que as previsões de demanda originais, feitas em 2006, fossem muito baixas. As estimativas revisadas (pré-COVID-19) indicavam que o aeroporto agora precisava ser capaz de lidar com algo entre 30 e 35 milhões de passageiros por ano (o Aeroporto Internacional de Dubai, o mais movimentado do mundo, recebe cerca de 90 milhões de passageiros). Isso levou ao investimento em espaço adicional no terminal (especialmente em segurança, *check-in* e retirada de bagagem), pedidos para o desenvolvimento de uma terceira pista e um pedido de Hatmut Mehdorn, o solucionador de problemas industriais contratado para salvar o projeto fracassado, para manter aberto um dos antigos aeroportos que seriam fechados, a fim de fazer face ao excesso de procura. Outros problemas incluíam os sistemas de segurança contra incêndio do aeroporto — uma solução inovadora que, em caso de incêndio, lança fumaça sob o prédio do terminal e não pelo telhado, mas que não obteve aprovação regulatória por vários anos. Mais de 1.000 portas automáticas no edifício do terminal tiveram que ser reprojetadas para garantir que fechassem corretamente em caso de emergência. Outros custos adicionais incluíram estacionamento adicional, balcões de *check-in* e portões de aeronaves, reconstrução do saguão de entrada do aeroporto, ampliação das instalações de bagagem e outros custos excedentes, causados por rachaduras de concreto em estacionamentos, reinstalação de tubos e cabos, falta de esteiras transportadoras e problemas com os muros de segurança contra incêndio entre a estação ferroviária e o edifício do terminal. Para aumentar esses problemas, a decisão dos chefes dos aeroportos de cancelar os contratos do consórcio original de arquitetos e empresas de engenharia levou a um retrabalho significativo no planejamento, pois muitos dos documentos e conhecimentos de construção se tornaram inacessíveis.

Então, quando parecia que os problemas do projeto finalmente haviam acabado, a pandemia de coronavírus (COVID-19) causou uma queda repentina e extrema nas viagens aéreas. O Aeroporto de Brandemburgo enfrentou uma nova batalha para recuperar antigos negócios e captar novos clientes em um setor que estava em crise. A necessidade de aumentar sua capacidade, uma questão crítica durante a construção, agora era mais questionável, pois os dois principais aeroportos de Berlim, Tegel e Schönefeld, sofreram reduções de 65% no número de passageiros e 17% na carga no auge da pandemia. Embora essas reduções dramáticas nas estatísticas de voos fossem evidentes em aeroportos de todo o mundo, o Aeroporto de Brandemburgo enfrentou um desafio particularmente difícil, dados seu perfil menos estabelecido e sua história conturbada. Ele enfrentou a forte perspectiva de reduções significativas nos negócios de clientes críticos pretendidos no segmento de transportadoras de baixo custo, como a easyJet e a Ryanair. Além disso, uma de suas grandes companhias de rede, a Lufthansa, esperava concentrar seus esforços de revitalização em seus principais *hubs* em Munique e Frankfurt, em vez de seu *hub* secundário em Berlim. Outros golpes vieram com o término das rotas de longo curso para Nova York e Filadélfia pela Delta Airlines e American Airlines.

O papel dos *stakeholders* no ambiente de projeto

Uma vez que os gerentes tenham entendido as características fundamentais de um projeto, eles devem considerar os *stakeholders* ou agentes que provavelmente irão interagir com o projeto e que podem desempenhar um papel crítico em seu sucesso ou fracasso. Todos os projetos têm *stakeholders* — os complexos têm vários. Provavelmente, eles têm visões diferentes a respeito dos objetivos de um projeto, que podem entrar em conflito com outros *stakeholders*. Os *stakeholders* internos incluem o cliente, o patrocinador do projeto, a equipe do projeto, gerentes funcionais, contratados e apoio ao projeto. Os *stakeholders* externos (ou seja, aqueles fora do projeto, mas não da organização) incluem usuários finais, fornecedores, concorrentes, grupos de *lobby*, acionistas, agências do governo e funcionários. O gerenciamento de *stakeholders* pode ser uma tarefa sutil e delicada, requerendo habilidades sociais e, às vezes, políticas significativas. Mas ele está baseado em três atividades básicas: identificar *stakeholders*, compreender suas diferentes perspectivas e gerenciar o grupo de *stakeholders*.

Princípio de produção
Todos os projetos têm *stakeholders* com interesses e prioridades diferentes.

Identificação dos *stakeholders* do projeto

Pense em todas as pessoas, grupos ou entidades que são afetadas por seu trabalho, que exercem influência ou poder sobre ele ou têm algum interesse em um resultado bem-sucedido ou não. A Figura 19.5 ilustra um mapa de *stakeholders* para um projeto de plataforma de tecnologia no terceiro setor (também conhecido como setor sem fins lucrativos ou de caridade), visando corresponder as caridades com as oportunidades de doação. Mesmo que se decida não tentar gerenciar cada *stakeholder* identificado, o processo de mapeamento ainda é útil, pois faz com que aqueles que trabalham em um projeto vejam a variedade de forças competitivas que atuam em muitos projetos.

Como entender os *stakeholders* do projeto

Uma vez identificados todos os *stakeholders*, é importante entender seus diferentes pontos de vista sobre o projeto. Algumas questões-chave que podem ajudar a entender os *stakeholders* do projeto incluem as seguintes:

- Que interesse financeiro ou emocional eles têm no resultado do projeto? É positivo ou negativo?
- O que os motiva acima de tudo?
- De que informações necessitam?
- Qual a melhor forma de comunicar-se com eles?

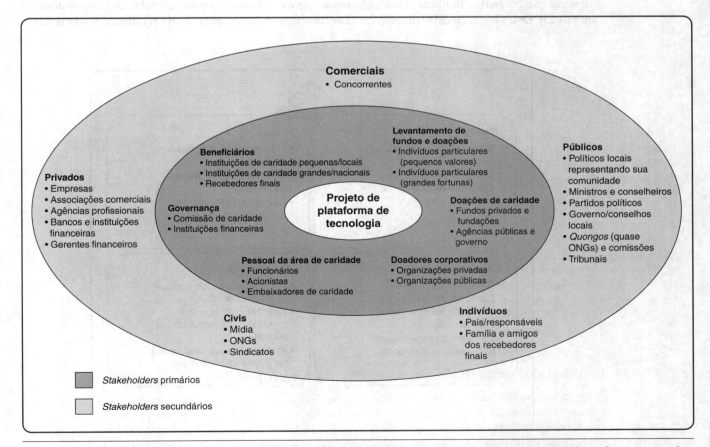

Figura 19.5 Mapeamento de *stakeholders* para um projeto de plataforma de tecnologia do terceiro setor (sem fins lucrativos).

- Qual a opinião atual deles sobre o projeto?
- Quem influencia suas opiniões? Esses influenciadores podem também se tornar *stakeholders* importantes, por si só?
- Se não forem possivelmente positivos, o que poderá atraí-los a apoiar o projeto?
- Se não for possível atraí-los para o projeto, como será possível administrar sua oposição?

Ao buscar entender essas questões, a consulta aos *stakeholders* torna-se uma atividade crítica. Além disso, pode fornecer informações e experiências valiosas, melhorar a legitimidade e a adesão às decisões, ajudar a apoiar os relacionamentos com os principais *stakeholders* e ser fundamental para reduzir a oposição em potencial ao projeto. A Figura 19.6 ilustra várias considerações importantes para uma consulta eficaz com os *stakeholders* do projeto, considerando o *timing*, o projeto, o envolvimento e a pós-consulta.

Como gerenciar *stakeholders*

Uma vez identificados os *stakeholders* e compreendidas suas diferentes perspectivas quanto ao projeto, o próximo passo é decidir a melhor forma de gerenciar os diferentes *stakeholders*. Uma abordagem popular é diferenciar com base no poder e na influência do *stakeholder*. Os *stakeholders* que têm o poder de exercer influência sobre o projeto jamais devem ser ignorados. No mínimo, a natureza de seu interesse e de sua motivação deve ser bem entendida. Mas nem todos os *stakeholders* que têm o poder de exercer influência sobre um projeto estarão interessados em usar essa influência, e nem todos os interessados em influenciar o projeto têm poder para isso. A matriz poder-interesse ilustrada na Figura 19.7 classifica os *stakeholders* simplesmente em termos dessas duas dimensões. Embora haja graduações entre elas, elas são úteis para dar uma indicação de como os *stakeholders* podem ser gerenciados.

Grupos de alto interesse e alto poder precisam estar totalmente engajados, com os maiores esforços despendidos para satisfazê-los. Grupos de alto poder e menor interesse exigem algum esforço suficiente para mantê-los satisfeitos, mas não muito, caso contrário podem ficar entediados ou irritados com a mensagem. Grupos de baixo poder e alto interesse precisam ser mantidos adequadamente informados, com verificações para assegurar que nenhuma questão maior esteja sendo levantada; esses grupos podem ser muito úteis no detalhamento do projeto. Grupos de baixo poder e baixo interesse necessitam de monitoramento, sem comunicação excessiva. Também vale a pena notar que os *stakeholders* podem *mudar* de posição durante um projeto. Dessa forma, o envolvimento contínuo desempenha um papel crítico em influenciar as maneiras

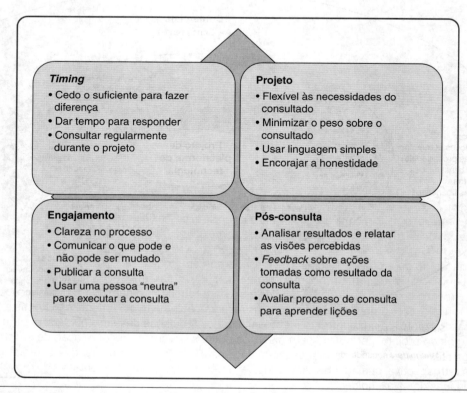

Figura 19.6 Garantindo uma consulta eficaz com os *stakeholders* do projeto.

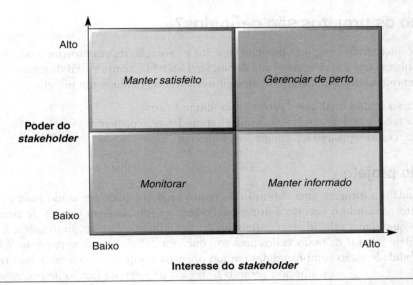

Figura 19.7 Gerenciamento dos *stakeholders* do projeto com base no poder e no interesse.

pelas quais os *stakeholders* do projeto se movem *em direção* à sua posição ou *se afastam* dela. Portanto, *verificações de adequação* regulares com os principais *stakeholders* são aconselháveis nos projetos (especialmente para aqueles concluídos em prazos mais longos).

Operações responsáveis

Em cada capítulo, sob o título de Operações responsáveis, *resumimos como o tópico específico tratado no capítulo aborda importantes questões sociais, éticas e ambientais.*

Embora a importância de entender e gerenciar os *stakeholders* seja cada vez mais reconhecida na gestão de projetos, continua havendo perspectivas diferentes sobre seu papel fundamental e seu gerenciamento. Alguns argumentam que a satisfação dos *stakeholders* não deve ser vista como um objetivo em si, mas eles devem ser gerenciados apenas quando tiverem um impacto direto nos resultados do projeto. Com esse ponto de vista, a gestão dos *stakeholders* é predominantemente uma consideração *prática*. Assim, para minimizar objeções e problemas em um projeto, faz sentido identificar e consultar uma ampla gama de *stakeholders*. Comunicar com os *stakeholders* cedo e com frequência pode garantir que eles compreendam completamente o projeto e seus potenciais benefícios. Além disso, os gerentes de projeto podem usar as opiniões de *stakeholders* com poder para moldar o escopo do projeto e, ao fazê-lo, melhorar simultaneamente sua qualidade percebida e obter mais recursos.

Por outro lado, outros têm uma visão muito mais ampla do papel central dos *stakeholders* em um contexto de projeto. Aqueles que adotam esse ponto de vista argumentam que há uma responsabilidade ética dos líderes de projetos de olhar além de simplesmente satisfazer as necessidades dos acionistas. Em vez disso, todos os *stakeholders* têm *propriedade* do projeto e, portanto, maximizar seu bem-estar e o dos acionistas é um objetivo em si. Adotar esse "ponto de vista dos *stakeholders*" significa colocar aqueles que afetam ou são afetados por um projeto no centro da tomada de decisões. Indiscutivelmente, isso gera um valor significativo na condução não apenas do sucesso financeiro dos projetos, mas também na oferta de benefícios a todas as partes dentro do contexto mais amplo do projeto e à sociedade como um todo.

Os críticos do ponto de vista dos *stakeholders* argumentam que ele corre o risco de complicar a prática gerencial e desafia fundamentalmente a ideia da função do objetivo corporativo. Inevitavelmente, os requisitos dos *stakeholders* são heterogêneos, dinâmicos, transitórios, contraditórios e muitas vezes ambíguos. No entanto, os recursos do projeto geralmente são finitos e difíceis de mudar. Portanto, há um confronto inevitável entre os requisitos dos *stakeholders*, por um lado, e os recursos do projeto, por outro. Além disso, os críticos observam que a adoção de um ponto de vista dos *stakeholders* fornece uma desculpa fácil para más decisões de gestão de projetos, visto que, em retrospectiva, qualquer decisão pode ser apresentada como uma tentativa de responder às necessidades dos *stakeholders*.

19.4 Como os projetos são definidos?

Antes de iniciar uma tarefa complexa de planejamento e execução de um projeto, é necessário ser o mais claro possível sobre o que é o projeto — sua definição. Isso não é sempre fácil de entender, especialmente em projetos com muitos *stakeholders*. Três elementos diferentes definem um projeto:

▶ Seus objetivos: o estado final que o projeto está tentando atingir.
▶ Seu escopo: a faixa exata de responsabilidades assumidas pelo projeto.
▶ Sua estratégia: como o projeto irá atingir seus objetivos.

Objetivos do projeto

Os objetivos ajudam a fornecer uma definição do ponto final que pode ser usado para monitorar o progresso e identificar quando o sucesso é atingido. Podem ser julgados em termos de cinco objetivos de desempenho — qualidade, velocidade, confiabilidade, flexibilidade e custo. Entretanto, a flexibilidade é vista como um item "dado" na maioria dos projetos, que, por definição, até certo ponto, é isolado, e velocidade e confiabilidade estão compreendidas em um objetivo composto — o *tempo*. Isso resulta no que é conhecido como o *triângulo de ferro da gestão de projetos* — qualidade, tempo e custo. Embora um objeto possa ser particularmente importante, os outros jamais podem ser totalmente esquecidos. Conforme ilustra a Figura 19.8, quando os projetos buscam melhorar o desempenho em uma dimensão, provavelmente haverá um desempenho reduzido em uma ou ambas as dimensões de desempenho restantes.

Princípio de produção
Diferentes projetos colocarão diferentes níveis de ênfase sobre os objetivos de custo, tempo e qualidade.

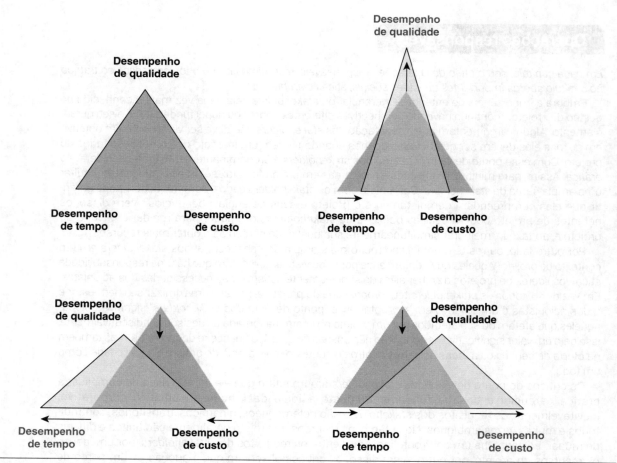

Figura 19.8 Compensações (*trade-offs*) do projeto por um ponto de vista do *triângulo de ferro* — como a ênfase em uma dimensão de desempenho afeta as outras dimensões.

CAPÍTULO 19 GESTÃO DE PROJETOS

Comentário crítico

Ao explorar a definição do projeto, notamos as compensações entre qualidade, tempo e custo — o chamado triângulo de ferro. Assim, por exemplo, para acelerar um projeto, podemos esperar aumento de custos (ou seja, piora no desempenho de custos) e possíveis reduções nas entregas (ou seja, piora no desempenho de qualidade). Embora muitos considerem a perspectiva do triângulo de ferro útil para explicitar as compensações durante a definição do escopo dos projetos, outros argumentam que ela cria uma mentalidade restrita. Quando os problemas se apresentam, eles não são abordados de forma criativa, mas simplesmente levam a solicitações de acréscimo no orçamento ou no tempo. Além disso, alguns escopos de projeto são simplesmente inviáveis, independentemente da expansão das janelas de tempo e orçamento. Em outros casos, adicionar orçamento e recursos às vezes pode realmente retardar as atividades, devido aos efeitos de maior complexidade de coordenação e comunicação.

Bons objetivos são claros, mensuráveis e, de preferência, quantificáveis. Esclarecer objetivos envolve desmembrar os objetivos do projeto em três categorias — o propósito, os resultados finais e os critérios de sucesso. Por exemplo, um projeto que é expresso em termos gerais, como "melhorar o processo orçamentário", poderia ser desmembrado em:

▶ Propósito: permitir que os orçamentos sejam aprovados e confirmados antes da reunião financeira anual.
▶ Resultado final: um relatório que identifique as causas de atrasos em orçamento e que recomende novos processos e sistemas orçamentários.
▶ Critérios de sucesso: o relatório a ser concluído em 30 de junho deve atender a todas as exigências do departamento e possibilitar a entrega confiável e integrada de extratos dos orçamentos aprovados. O custo das recomendações não deve exceder $ 200.000.

Escopo do projeto

O escopo de um projeto é um exercício de demarcação de fronteiras que tenta definir a linha divisória entre o que cada parte do projeto fará e o que não fará. Definir o escopo do projeto é crítico; deixar de defini-lo de forma adequada ou mudar de escopo constantemente são razões-chave para o fracasso dos projetos. Definir o escopo é particularmente importante quando parte de um projeto está sendo terceirizada. O escopo de um fornecedor de suprimento identificará os limites legais dentro dos quais o seu trabalho será realizado. Às vezes, o escopo do projeto está articulado em uma "especificação de projeto" formal. Essa é a informação escrita, ilustrada e gráfica usada para definir o *output*, os termos e as condições que o acompanham. O escopo do projeto também esboçará os limites ou exclusões do projeto. Isso é muito importante, pois as percepções de sucesso ou fracasso do projeto muitas vezes se devem à extensão à qual os entregáveis, limites e exclusões foram claramente indicados e compreendidos por todas as partes durante a fase de escopo.

OPERAÇÕES NA PRÁTICA
O risco de mudar o escopo do projeto — o afundamento do *Vasa*

Este exemplo foi escrito e gentilmente cedido pelo Professor Mattia Bianchi, da Stocklolm School of Economics.

As mudanças nas especificações do projeto, aliadas à má comunicação e ao puro azar, sempre tiveram a capacidade de derrubar até os projetos mais importantes. Em 1628, o *Vasa*, o navio de guerra mais magnífico já construído para a Marinha Real Sueca, foi lançado na frente de uma multidão animada. Ele havia navegado menos de alguns milhares de metros durante sua viagem inaugural nas águas do porto de Estocolmo quando, de repente, após uma salva de tiros em comemoração, o *Vasa* tombou. À medida que a água jorrava pelas aberturas laterais por onde passa o cano das peças de artilharia, o navio desapareceu sob a superfície da água, matando 53 dos 150 passageiros. Funcionários chocados se questionaram como tal desastre poderia ter acontecido.

▶

No entanto, como projeto, a história do *Vasa* exibiu muitos dos sinais de fracasso em potencial. Quando sua construção começou em 1625, o *Vasa* foi projetado como um pequeno navio de guerra tradicional, como muitos outros construídos anteriormente pelo experiente construtor naval Henrik Hybertsson. Pouco depois, o rei sueco, Gustav II Adolphus, na época lutando contra a marinha polonesa no mar Báltico, começou a ordenar uma série de mudanças na forma e no tamanho do navio de guerra, tornando seu projeto muito mais longo e maior do que o inicialmente previsto. Além disso, os espiões do rei o informaram que os dinamarqueses haviam começado a construir navios de guerra com dois porões de armas, em vez do habitual. Isso lhes daria uma grande vantagem em termos de poder de fogo superior a uma distância maior. Da frente de batalha, o rei ordenou a inclusão de um segundo porão de armas ao *Vasa*. A mensagem causou consternação quando chegou ao construtor de navios vários meses depois, mas eles tentaram cumprir a mudança, apesar de causar um desperdício de retrabalho e mudanças complexas. Ainda mais pressão foi colocada no projeto quando uma grande tempestade destruiu dez dos navios do rei, tornando o comissionamento do *Vasa* ainda mais urgente. Então, como um último azar (especialmente para ele), o construtor de navios, Hybertsson, morreu. No entanto, pouco antes da conclusão do navio, um representante da Marinha, o Almirante Fleming, realizou um teste de estabilidade para avaliar a navegabilidade do navio. Apesar dos fortes sinais de instabilidade, o *Vasa* foi lançado em sua viagem inaugural — com resultados desastrosos para o rei, para a Marinha Sueca e para o projeto. O exemplo destaca os principais riscos de intervenções em projetos para mudar (radicalmente) seu escopo. Nesse caso, não só a especificação do *Vasa* foi alterada, como também o cronograma foi comprimido, criando um alto risco de fracasso do projeto.

Estratégia do projeto

A terceira parte da definição de um projeto é sua estratégia, que estabelece de modo geral, e não específico, como o projeto irá atender a seus objetivos. Isso é feito de duas maneiras: definindo as fases do projeto e estabelecendo **marcos** e/ou "pontos de controle". Marcos são eventos importantes durante a vida do projeto. Pontos de controle são momentos de decisão que permitem que o projeto siga para a próxima fase. Um ponto de controle geralmente dispara atividades futuras e por isso compromete o projeto em custos adicionais etc. Marco é um termo mais passivo, que pode sinalizar a revisão de uma parte do projeto ou marcar a finalização de um estágio, mas não tem necessariamente significância maior do que a simples medição do cumprimento ou finalização de algo. Nesse estágio, as datas reais de cada marco são necessariamente determinadas.

Entretanto, identificar ao menos os marcos e os pontos de controle significativos do projeto é muito útil no apoio de discussões com os principais *stakeholders* e no esclarecimento dos limites entre as fases do projeto.

19.5 Como os projetos são planejados?

Todos os projetos, até mesmo os menores, precisam de algum grau de planejamento. O processo de planejamento atende a quatro propósitos distintos:

- Determina o custo e a duração do projeto. Possibilita a tomada de grandes decisões, incluindo a decisão de seguir em frente com o projeto.
- Determina o nível de recursos que será necessário.
- Ajuda a alocar trabalho e a monitorar o progresso. O planejamento deve incluir a identificação de quem é responsável pelo que.
- Ajuda a avaliar o impacto de quaisquer mudanças no projeto.

Figura 19.9 Estágios do processo de planejamento.

O planejamento não é um processo único. Pode ser repetido várias vezes durante a vida do projeto à medida que as circunstâncias mudam. Replanejar não é um sinal de falha do projeto ou de mau gerenciamento. Como já dissemos, os projetos podem e devem ser diferenciados com base em suas características — em nosso caso, examinamos o nível de inovação, ritmo e complexidade. Portanto, ao gerenciar projetos particularmente difíceis, é normal revisar os planos no decorrer do projeto. A Figura 19.9 mostra as cinco etapas envolvidas no processo de planejamento do projeto.

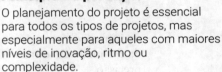

Princípio de produção
O planejamento do projeto é essencial para todos os tipos de projetos, mas especialmente para aqueles com maiores níveis de inovação, ritmo ou complexidade.

Identificação das atividades — estrutura analítica do trabalho

Alguns projetos são muito complexos para serem planejados e controlados de maneira efetiva, a menos que sejam, primeiramente, desmembrados em partes gerenciáveis. Isso é obtido pela estruturação do projeto em uma espécie de "árvore genealógica", que especifica as tarefas e os subprojetos principais. Estes, por sua vez, são subdivididos em tarefas menores até se identificar uma série de tarefas definidas e gerenciáveis, denominadas *pacotes de trabalho*. A cada pacote de trabalho são alocados seus próprios objetivos em termos de tempo, custo e qualidade. Normalmente, os pacotes de trabalho não ultrapassam 10 dias, devem ser independentes um do outro, pertencer a um subentregável e ser constantemente monitorados. O resultado disso é denominado *estrutura analítica do trabalho* (WBS, do inglês *work breakdown structure*). A WBS traz clareza e definição ao processo de planejamento do projeto e fornece uma estrutura para construir as informações para fins de relatório.

Exemplo de projeto

Como um exemplo simples para ilustrar a aplicação de cada estágio do processo de planejamento, vamos examinar o seguinte projeto doméstico. A definição do projeto é:

- *Propósito*: servir o café da manhã na cama.
- *Resultado final*: café da manhã na cama com ovos quentes, torradas e suco de laranja.
- *Critério de sucesso*: o plano usa o mínimo de recursos de pessoal e tempo e produz alta qualidade (ovos recentemente fervidos, torradas quentes etc.).
- *Escopo*: o projeto começa na cozinha às 6 h e termina no quarto; precisa de um operador e utensílios normais de cozinha.

A estrutura analítica do trabalho é baseada nessa definição e pode ser construída como mostrado na Figura 19.10.

Estimativa dos requisitos de tempo e recurso para as atividades

O segundo estágio do planejamento é identificar os requisitos de tempo e recursos dos pacotes de trabalho. Sem uma ideia de quanto durará cada parte de um projeto e do número de recursos que serão necessários, é impossível definir o que deve ocorrer em qualquer momento durante a execução do projeto. Entretanto,

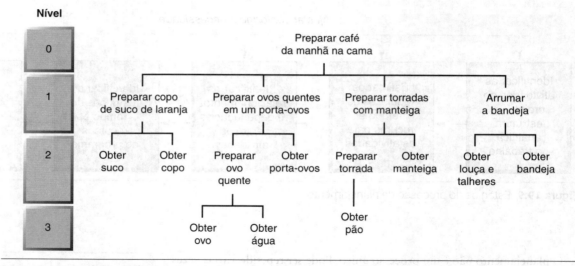

Figura 19.10 Estrutura analítica do trabalho para um projeto doméstico simples.

as estimativas são apenas isso — a melhor avaliação feita de forma sistemática, não uma previsão perfeita da realidade. As estimativas raramente são perfeitas, mas elas devem ser feitas tendo alguma ideia de sua precisão.

Exemplo de projeto

Retornando a nosso exemplo muito simples do projeto "café da manhã na cama", as atividades foram identificadas e os tempos, estimados, como ilustrado na Tabela 19.2. Embora algumas estimativas possam parecer generosas, elas levam em consideração o momento do dia e o estado do operador.

Existem duas abordagens normalmente adotadas para estimar as necessidades de tempo ou recursos para um projeto. As estimativas de cima para baixo (*top-down*) analisam o projeto como um todo e normalmente usam uma *abordagem de analogia* (por exemplo, estimar o tempo de um projeto de DNPS, com base em projetos semelhantes anteriores), uma *abordagem de proporção* (por exemplo, estimar o custo de construção de uma casa nova usando um cálculo de custo por metro quadrado) ou uma *abordagem de consenso* (em que um grupo de especialistas discute o projeto para formar uma melhor estimativa). Os métodos de cima para baixo são mais comumente adotados quando estimativas muito precisas não são necessárias ou não são possíveis (por exemplo, para projetos altamente incertos). As abordagens de baixo para cima (*bottom-up*) para a estimativa concentram-se em dividir o projeto em partes menores e, em seguida, estimar os requisitos de tempo ou recursos para cada uma dessas partes. Com a estimativa de baixo para cima, os gerentes de projeto normalmente confiam naqueles que realmente farão o trabalho para chegar a uma estimativa geral mais exata.

Tabela 19.2 Estimativas de tempo e recursos para o projeto "café da manhã na cama".

Atividade	Esforço (pessoa/min)	Duração (min)
Passar manteiga na torrada	1	1
Encher copo com suco de laranja	1	1
Ferver o ovo	0	4
Fatiar o pão	1	1
Encher a panela com água	1	1
Ferver a água	0	3
Tostar o pão	0	2
Levar a bandeja abastecida ao quarto	1	1
Buscar bandeja, pratos e talheres	1	1

CAPÍTULO 19 GESTÃO DE PROJETOS **679**

Comentário crítico

Quando gerentes de projeto comentam sobre "estimativas de tempo", estão realmente falando de suposições. O planejamento de um projeto ocorre anteriormente ao próprio projeto. Dessa forma, ninguém realmente sabe quanto tempo cada atividade levará ou quanto custará. Sem dúvida, algum tipo de conjectura é necessário para fins de planejamento. Entretanto, alguns gerentes de projeto acreditam que muita fé é depositada sobre as estimativas de tempo. Argumentam que as questões realmente importantes são quanto tempo algo *poderia* demorar sem atrasar o projeto inteiro e quanto algo *poderia* custar sem prejudicar a viabilidade do projeto. Além disso, se uma única estimativa mais provável não for confiável, então o uso de três, como se costuma fazer para estimativas probabilísticas (ver PERT, mais adiante), isso é simplesmente superanalisar dados que são, em primeiro lugar, altamente duvidosos. Também é importante que os gerentes de projeto estejam cientes dos prováveis vieses que podem a afetar a eles e a sua equipe quando do desenvolvimento de estimativas para tempo e custos. Por exemplo, os planejadores de projeto podem ser afetados por:

▶ *Viés de ancoragem:* confiança excessiva em uma informação inicial que "ancora" julgamentos subsequentes (por exemplo, o efeito de ancoragem de uma estimativa de custo inicial para um projeto).

▶ *Efeitos manada:* uma forma de pensamento de grupo em que os indivíduos acreditam em algo porque outros acreditam (por exemplo, fazer uma estimativa de tempo semelhante à de outros membros da equipe do projeto).

▶ *Viés de caráter recente:* confiança excessiva em formas de informação mais recentes em relação a formas de informação mais antigas (por exemplo, estimativas de risco do fornecedor do projeto dominadas por experiências do último projeto concluído).

▶ *Viés de confirmação:* a tendência de procurar e selecionar informações que confirmem, em vez de refutar, uma determinada posição (por exemplo, selecionar propositalmente exemplos de conclusão de atividades de projetos anteriores que apoiam uma estimativa de tempo feita para um novo projeto).

Identificação de relacionamentos e dependências entre as atividades

O terceiro estágio do planejamento é compreender as interações entre diferentes pacotes de trabalho do projeto. Algumas atividades precisarão, por necessidade, ser executadas em uma ordem particular. Por exemplo, na construção de uma casa, as fundações precisam estar preparadas antes que as paredes sejam construídas, as quais, por sua vez, precisam estar concluídas antes de o telhado ser colocado. Essas atividades têm um relacionamento dependente ou em série. Outras atividades não têm esse tipo de dependência das demais. O jardim localizado no quintal da casa provavelmente poderia ser preparado, independentemente de a garagem estar pronta. Essas duas atividades têm relacionamento independente ou paralelo.

Gráficos de Gantt

O planejamento do projeto é grandemente auxiliado pelo uso de técnicas que ajudam a lidar com a complexidade de tempo, recurso e relacionamento. A mais simples dessas técnicas é o *gráfico de Gantt* (ou gráfico de barras), que introduzimos no Capítulo 10. A Figura 19.11 mostra um gráfico de Gantt para as atividades que formam o projeto de interface do sistema de vendas. As barras indicam o o início, a duração e o momento do término de cada atividade. Os gráficos de Gantt têm um excelente impacto visual, são fáceis de entender e são úteis para comunicar planos de projetos e status para os *stakeholders*.

Análise da rede

À medida que a complexidade do projeto aumenta, torna-se necessário identificar claramente o relacionamento entre as atividades e mostrar a sequência lógica na qual as atividades devem acontecer. Isso normalmente é feito por meio do **método do caminho crítico** (CPM, do inglês *critical path method*), para esclarecer o relacionamento entre as atividades em forma de diagrama. Embora haja métodos alternativos para executar a análise do caminho crítico, de longe o mais comum, e também aquele usado na maioria dos pacotes de *software* de gestão de projetos, é o método da *atividade no nó* (AoN, do inglês *activity on node*). Por exemplo, a Tabela 19.3 mostra as atividades, estimativas de tempo, relações de precedência e recursos

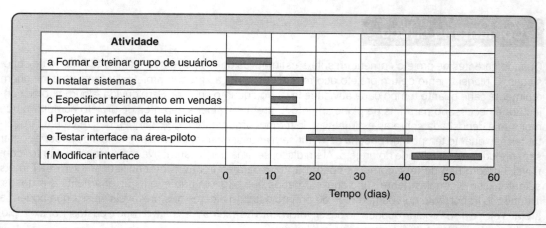

Figura 19.11 Gráfico de Gantt para o projeto de uma interface de informação para um novo sistema de gestão de conhecimento de vendas em uma companhia de seguros.

necessários (em termos do número de desenvolvedores de TI) para uma fase de um novo sistema de gestão de conhecimento de vendas, que está sendo instalado em uma companhia de seguros.

A Figura 19.12 mostra a análise do caminho crítico para esse projeto. As atividades são desenhadas como caixas, e as setas são usadas para definir as relações entre elas. No centro de cada caixa está a descrição da atividade (neste caso, "Atividade a", "Atividade b" e assim por diante). Acima da descrição está a duração (D) da atividade (ou pacote de trabalho), o tempo de início mais cedo (TIC) e o tempo de término mais cedo (TTC). Abaixo da descrição está o tempo de início mais tarde (TIT), o tempo de término mais tarde (TTT) e a "folga" (F) (o número de dias extras que a atividade pode levar sem atrasar o projeto). O diagrama mostra que existem várias cadeias de eventos que devem ser concluídas antes que o projeto possa ser considerado concluído. Nesse caso, as cadeias de atividades a–c–f, a–d–e–f e b–e–f devem ser concluídas antes que o projeto possa ser considerado concluído. A mais longa (em duração) dessas cadeias de atividades é chamada de *caminho crítico* porque representa o menor tempo em que o projeto pode ser concluído e, portanto, determina o *timing* do projeto. Neste caso, b–e–f é o caminho mais longo, e o momento mais cedo em que o projeto pode terminar é após 57 dias.

As atividades que se encontram no caminho crítico terão os mesmos tempos de início e término mais cedo e mais tarde e os mesmos tempos de término mais cedo e mais tarde. É por isso que essas atividades são críticas. As atividades não críticas, no entanto, têm alguma flexibilidade quanto ao momento em que começam e terminam. Essa flexibilidade é quantificada em uma figura que é conhecida como *folga* ou *float*. Assim, a atividade c, por exemplo, tem apenas 5 dias de duração e pode começar a qualquer momento após o dia 10 (quando a atividade a é concluída) e deve terminar a qualquer momento antes do dia 42 (quando as atividades a, b, c e d são concluídas). Sua *folga* é, portanto, (42 − 10) − 5 = 27 dias (ou seja, o tempo de término mais tarde menos o tempo de início mais cedo menos a duração da atividade). Obviamente, as atividades no caminho crítico não têm folga; qualquer mudança ou atraso nessas atividades afetaria imediatamente o projeto inteiro.

Tabela 19.3 Tempo, recurso e relacionamentos para o projeto da interface do sistema de vendas.

Código	Atividade	Predecessor(es) imediato(s)	Duração (dias)	Recursos (desenvolvedores)
a	Formar e treinar grupo de usuários	nenhum	10	3
b	Instalar sistemas	nenhum	17	5
c	Especificar treinamento em vendas	a	5	2
d	Projetar interface da tela inicial	a	5	3
e	Testar interface na área-piloto	b, d	25	2
f	Modificar interface	c, e	15	3

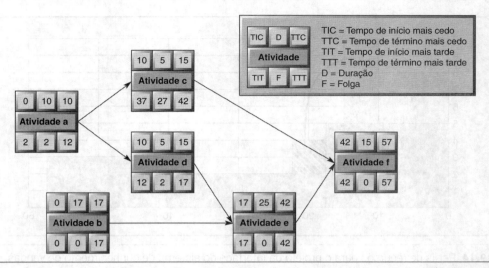

Figura 19.12 Análise do caminho crítico para o projeto de uma interface de informações para um novo sistema de gestão de conhecimento de vendas em uma companhia de seguros.

Além de um diagrama de caminho crítico (ou rede), a ideia da folga (ou *float*) pode ser mostrada na forma de um gráfico de Gantt, como na Figura 19.13. Aqui, o gráfico de Gantt para o projeto foi revisto, mas desta vez o tempo disponível para realizar cada atividade (a duração entre o tempo de início mais cedo e o tempo de término mais tarde da atividade) foi mostrado.

Identificação das restrições de programação de tempo e recurso

Uma vez as estimativas de tempo e esforço envolvidos em cada atividade tenham sido feitas e suas dependências, identificadas, é possível comparar os requisitos do projeto com os recursos disponíveis. A natureza finita dos recursos críticos — como habilidades especiais — significa que eles devem ser levados em consideração no processo de planejamento. Isso quase sempre tem o efeito de destacar a necessidade de replanejamento mais detalhado.

A lógica que controla os relacionamentos do projeto, conforme mostrada na análise do caminho crítico (ou diagrama de rede), é derivada principalmente dos detalhes técnicos, mas a disponibilidade de recursos também pode impor suas próprias restrições, que podem afetar materialmente os relacionamentos entre

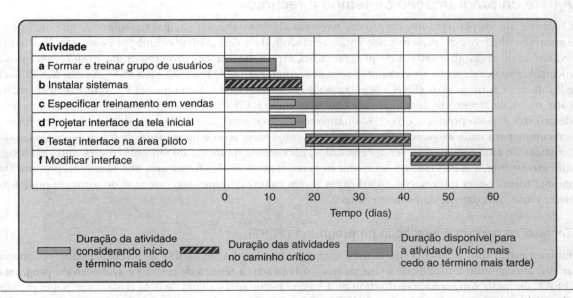

Figura 19.13 Gráfico de Gantt para o projeto de uma interface de informação para um novo sistema de gestão de conhecimento de vendas em uma companhia de seguros, com os tempos mais cedo e mais tarde de início e de término indicados.

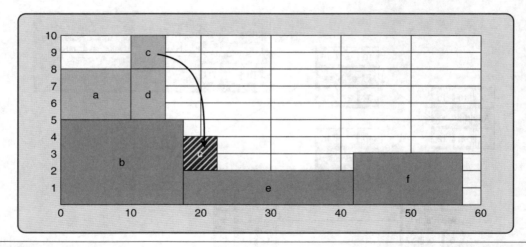

Figura 19.14 Perfis de recursos para o projeto da interface do sistema de conhecimento de vendas, supondo que todas as atividades sejam iniciadas o mais cedo possível e que a folga na atividade c seja usada para ajustar o perfil de recursos.

as atividades. Por exemplo, os especialistas podem não ter o tempo disponível para executar duas tarefas simultaneamente, mesmo que a análise crítica tenha identificado que duas atividades *tecnicamente* podem ser executadas em paralelo.

Voltando ao projeto da interface do sistema de vendas, a Figura 19.14 mostra o perfil dos recursos sob duas suposições diferentes. As atividades do caminho crítico (b–e–f) formam a base inicial do perfil dos recursos do projeto. Essas atividades não têm folga e só podem ocorrer conforme mostrado. No entanto, as atividades a, c e d não estão no caminho crítico, portanto os gerentes de projeto têm alguma flexibilidade em relação a quando essas atividades ocorrem e, portanto, quando os recursos associados a essas atividades serão necessários. Na Figura 19.14, se todas as atividades forem programadas para iniciar o mais cedo possível, o perfil de recursos atinge o pico entre os dias 10 e 15, quando são necessários 10 funcionários de desenvolvimento de TI. No entanto, se os gerentes de projeto explorarem a folga para a atividade c e atrasarem seu início até que a atividade b tenha sido concluída (dia 17), o número de desenvolvedores de TI exigidos pelo projeto não passará de 8. Dessa forma, a folga pode ser usada para suavizar os requisitos de recursos ou fazer com que o projeto se ajuste às restrições de recursos.

Ajuste da programação de tempo e recursos

O ideal é que os planejadores de projeto tivessem algumas alternativas para escolher. A que melhor se ajusta aos objetivos do projeto pode então ser escolhida e desenvolvida. Embora possa ser desafiador examinar diversas alternativas de programação, especialmente em projetos muito grandes ou muito incertos, pacotes de *software* computadorizados, como Bitrix24, Trello, 2-Plan PMS, Asana, MS Project e Producteev, tornam mais viável a otimização do caminho crítico. A computação bastante tediosa necessária no planejamento da rede pode ser realizada com relativa facilidade por modelos de planejamento de projeto. Eles só precisam dos relacionamentos básicos entre as atividades e dos requisitos de tempo e recursos para cada atividade. Os tempos de eventos mais cedo e mais tarde, as folgas e outras características de uma rede podem ser apresentados, geralmente na forma de um gráfico de Gantt. Mais significativamente, a velocidade da computação permite atualizações frequentes nos planos do projeto. Da mesma forma, se as informações atualizadas forem exatas e frequentes, esse tipo de *software* pode fornecer dados de controle de projeto eficazes.

Técnica de revisão e avaliação do programa (PERT)

Embora esteja fora do escopo deste livro entrar em muitos detalhes sobre as diversas maneiras como a análise do caminho crítico pode se tornar mais sofisticada, a **técnica de revisão e avaliação do programa** (**PERT**, do inglês *programme evaluation and review technique*) é digna de nota dada a sua popularidade entre os gerentes de projeto praticantes. A PERT, como é universalmente conhecida, teve origem no planejamento e controle dos principais projetos de defesa na Marinha dos EUA, com seus ganhos mais espetaculares no ambiente altamente incerto dos projetos espaciais e de defesa. A técnica reconhece que a duração das atividades e os custos em gestão de projetos não são determinísticos (fixos), mas em vez disso podemos usar uma distribuição de probabilidade para descrever a estimativa. A tendência natural de algumas pessoas é produzir estimativas otimistas, mas estas terão uma probabilidade relativamente baixa de estarem corretas, pois representam o tempo ou o custo se tudo correr muito bem. As estimativas mais prováveis têm a maior probabilidade de se provarem corretas. Por fim, as estimativas pessimistas supõem que quase tudo que poderia dar errado realmente dará errado. Conforme ilustrado na Figura 19.15, presume-se que esses tempos estimados estão consistentes com a distribuição de probabilidade beta, em que a média e a variância da distribuição podem ser estimadas como segue:

Princípio de produção
Estimativas probabilísticas de tempos de atividade facilitam a avaliação da chance de um projeto ser concluído a tempo.

$$t_e = \frac{t_o + 4t_l + t_p}{6}$$

em que:

t_e = tempo esperado para a atividade

t_o = tempo otimista para a atividade

t_l = tempo mais provável para a atividade

t_p = tempo pessimista para a atividade

A variância da distribuição (V) pode ser calculada como segue:

$$V = \frac{(t_p - t_o)^2}{6^2} = \frac{(t_p - t_o)^2}{36}$$

A distribuição do tempo de qualquer caminho ao longo da rede terá uma média, que é a soma das médias das atividades que compõem o caminho, e uma variância, que é a soma de suas variâncias. Na Figura 19.15:

$$\text{Média da primeira atividade (a)} = \frac{2 + (4 \times 3) + 5}{6} = 3{,}17$$

$$\text{Variância da primeira atividade (a)} = \frac{(5-2)^2}{36} = 0{,}25$$

$$\text{Média da segunda atividade (b)} = (b)\frac{3 + (4 \times 4) + 7}{6} = 4{,}33$$

$$\text{Variância da segunda atividade (b)} = \frac{(7-3)^2}{36} = 0{,}44$$

$$\text{Média da distribuição da rede} = 3{,}17 + 4{,}33 = 7{,}5$$

$$\text{Variância da distribuição da rede} = 0{,}25 + 0{,}44 = 0{.}69$$

A vantagem dessa informação extra é que podemos examinar o "grau de risco" de cada caminho ao longo de uma rede, bem como sua duração. Dada a maior atenção ao gerenciamento de riscos dentro do projeto desde a virada do século, isso é essencial. Por exemplo, a Figura 19.16 mostra uma rede simples de dois caminhos. O caminho superior é o caminho crítico; a distribuição de sua duração tem uma média de 14,5, com uma variância de 0,22. A distribuição do caminho não crítico tem uma média inferior de 12,66, mas uma variância muito mais alta de 2,11. A implicação disso é que há a probabilidade de que o caminho não crítico poderia, realmente, ser o crítico. Embora não discutiremos aqui os cálculos de probabilidade, é possível determinar a probabilidade de qualquer caminho subcrítico tornar-se crítico quando o projeto realmente for executado. Entretanto, em um nível prático, mesmo que não se considere valer a pena realizar cálculos de probabilidade devido ao esforço envolvido, é útil possibilitar uma avaliação aproximada do grau de risco de cada parte de uma rede.

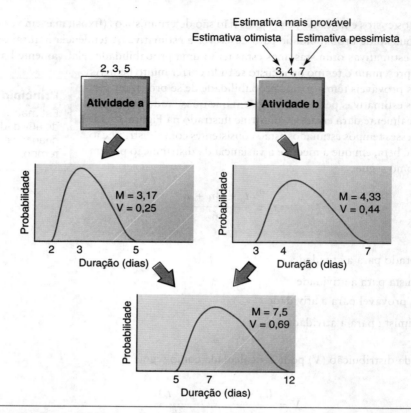

Figura 19.15 Estimativas probabilísticas de tempo podem ser somadas para se obter uma estimativa probabilística para todo o projeto.

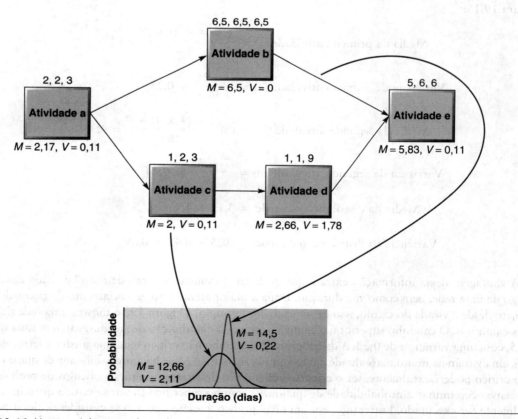

Figura 19.16 Um caminho na rede pode ter a duração esperada mais longa, enquanto outro caminho tem a maior variância.

19.6 Como os projetos são controlados e aumentam o aprendizado?

Os estágios de entendimento do ambiente, definição e planejamento do projeto aconteceram em grande parte antes que o projeto real começasse. O controle e o aprendizado do projeto, por outro lado, lidam com as atividades de gestão que ocorrem durante a execução do projeto e após o seu término e envolvem cinco desafios principais:

▶ Como *monitorar* o projeto para verificar seu progresso.
▶ Como *avaliar o desempenho* do projeto por meio da comparação das observações monitoradas do projeto com seu plano.
▶ Como *intervir* no projeto para fazer as mudanças que o trarão de volta ao plano.
▶ Como *gerenciar tensões na matriz* do projeto a fim de conciliar os interesses tanto do projeto quanto das diferentes funções e departamentos da organização.
▶ Como *aprender* com o projeto para melhorar o desempenho em projetos subsequentes.

OPERAÇÕES NA PRÁTICA — Projetos de robótica da Ocado[5]

A Ocado, supermercado varejista *on-line*, permanece na vanguarda da tecnologia para apoiar suas operações em crescimento. Embora o uso de sistemas de armazém automatizados não seja um fenômeno novo, o ritmo de adoção de tecnologia aumentou acentuadamente nos últimos anos, devido ao aumento dos custos de mão de obra e à disponibilidade de tecnologias melhores e mais econômicas. A Ocado apresenta diversos projetos que buscam alavancar novas oportunidades tecnológicas. Uma delas é o desenvolvimento de robôs de embalagem avançados, capazes de manusear produtos pesados ou perigosos (para evitar ferimentos nos trabalhadores), bem como objetos delicados, como frutas, legumes, saladas e ovos. Outro projeto tecnológico recente para a Ocado é o desenvolvimento de um assistente humanoide (pense no C-3PO dos filmes *Guerra nas Estrelas*, mas com rodas em vez de pernas!) destinado a apoiar os engenheiros na manutenção de seus sistemas de manuseio de produtos. Em parceria com o Karlsruhe Institute of Technology na Alemanha, a Ecole Polytechnique Fédérale de Lausanne, na Suíça, o University College London, no Reino Unido, e a Sapienza University, na Itália, esses robôs oferecem um "segundo par de mãos" para engenheiros, movendo ferramentas e materiais, e entregando-os aos seus parceiros humanos conforme a necessidade. Eles também são capazes de interromper as ações humanas para oferecer conselhos sobre soluções alternativas para problemas comuns. Segundo a Ocado, o objetivo é criar uma interação fluida e natural entre robô e técnico dentro de suas operações. Esses dois exemplos apontam para a natureza em constante mudança do local de trabalho, à medida que a tecnologia se torna cada vez mais integrada a muitas tarefas. Também destaca o valor (e os desafios) de trazer diferentes áreas de especialização, de parceiros geograficamente dispersos, para obter sucesso no projeto.

Monitoramento do projeto

Os gerentes de projeto precisam primeiro decidir o que devem verificar à medida que o projeto progride. As medidas comuns incluem gastos correntes até o presente, mudanças de preço de fornecedor, quantidade de horas extras autorizadas, mudanças técnicas no projeto, falhas de inspeção, número e duração de atrasos, atividades que não foram iniciadas em tempo, marcos perdidos etc. Algumas dessas medidas monitoradas afetam principalmente custos, algumas afetam principalmente o tempo. Entretanto, quando algo afeta a qualidade do projeto, também há implicações de tempo e custo. Isso ocorre porque os problemas de qualidade em planejamento e controle do projeto geralmente precisam ser resolvidos em tempo limitado.

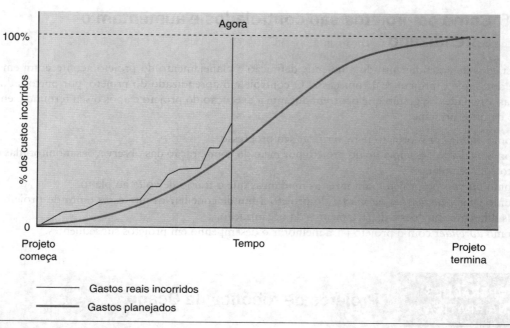

Figura 19.17 Comparando gastos planejados e reais.

Avaliação de desempenho do projeto

As medidas monitoradas de desempenho de projeto precisam ser avaliadas de modo que a gestão do projeto possa, a qualquer momento, julgar o desempenho global. Um perfil típico de custos planejados de um projeto ao longo de sua vida é mostrado na Figura 19.17. No início de um projeto, algumas atividades podem começar, mas a maioria das atividades será dependente do término de outras. No fim, apenas algumas atividades permanecem por ser concluídas. Esse padrão de início lento, seguido por um ritmo rápido com eventual diminuição de atividades, é verdadeiro para quase todos os projetos, sendo a razão de a taxa de gastos totais seguir o padrão em forma de curva S, mesmo quando as curvas de custos para atividades individuais são lineares. É com essa curva que os custos reais podem ser comparados para verificar se os custos do projeto estão sendo incorridos como planejado. A Figura 19.17 mostra números de custos planejados e reais, comparados dessa forma. A figura também mostra que o projeto está incorrendo em custos, cumulativamente, além do que foi planejado.

Análise de valor agregado

A **análise de valor agregado (AVA)** é uma técnica que permite várias comparações entre custos e cronogramas esperados e o desempenho real de um projeto. A Tabela 19.4 ilustra uma AVA para um projeto simples. Essa técnica não é útil somente para determinar o progresso de um projeto em termos de tarefas concluídas e custos incorridos, mas também ajuda a reavaliar orçamentos e cronogramas originais. Nesse caso (a partir da semana 6, quando a AVA foi realizada), o projeto está 11,4% acima do orçamento e 19,5% atrasado. Se as coisas continuarem assim para o restante do projeto, é provável que custe cerca de € 117.381 (em vez do orçamento original de € 104.000) e seja entregue em 12,4 semanas (em vez das 10 semanas planejadas).

Intervenção nos projetos

Se o projeto estiver obviamente fora de controle, no sentido em que seus custos, níveis de qualidade ou tempos são significativamente diferentes dos planejados, algum tipo de intervenção certamente pode ser necessário. Dada a natureza interconectada dos projetos, as intervenções normalmente exigem uma ampla consulta. Às vezes, a intervenção é necessária mesmo se o projeto parecer estar procedendo conforme o plano. Por exemplo, a programação e o custo de um projeto parecem estar "dentro do planejado", mas, quando os gerentes do projeto olham para a frente e projetam atividades e custo no futuro, podem ver que os problemas são prováveis de ocorrer. Nesse caso, é a *tendência* do desempenho que está sendo usada para acionar a intervenção.

Tabela 19.4 Análise de valor agregado (AVA).

Atividade	Tempo planejado	Orçamento planejado
1	1 semana	€ 5.500
2	1 semana	€ 8.750
3	1 semana	€ 6.250
4	1 semana	€ 11.000
5	1 semana	€ 15.000
6	1 semana	€ 11.250
7	1 semana	€ 13.750
8	1 semana	€ 9.000
9	1 semana	€ 14.000
10	1 semana	€ 9.500
TOTAL	10 semanas	€ 104.000

REVISÃO DO PROJETO – FIM DA SEMANA 6:

- Trabalho concluído: atividades 1-5
- Custo real (CR) no momento da revisão = € 52.500
- Valor planejado (VP) = soma das semanas 1-6 = € 57.750
- Valor agregado (VA) = soma das atividades concluídas = € 46.500

Revisão do CUSTO:

- Variância do custo (VC) = VA − CR = € 46.500 − € 52.500 = (€ 6.000) (VC negativa, gasto em excesso)
- Índice de desempenho de custo (IDC) = VA / CR = € 46.500 / € 52.500 = 0,886 (IDC < 1 gasto em excesso)
- Estimativa no término (ENT) = orçamento no término (ONT)/IDC = € 104.000 / 0,886 = € 117.381

Revisão do TEMPO:

- Variância do tempo (VT) = VA − VP = € 46.500 − € 57.750 = (€ 11.250) (VT negativa, atrasada)
- Índice de desempenho do tempo (IDT) = VA / VP = € 46.500 / € 57.750 = 0,805 (IDT < 1, atrasado)
- Tempo estimado para conclusão (TEC) = estimativa de tempo original / IDT = 10 / 0,805 = 12,4 semanas

Crashing ou aceleração de atividades

Uma forma comum de intervenção é *acelerar* as atividades. O *crashing* (aceleração) é o processo de reduzir os períodos de tempo em atividades do caminho crítico, de modo que o projeto seja concluído em menos tempo. Normalmente, as atividades de *crashing* incorrem em custos extras, em termos de trabalho em horas extras, aquisição de recursos adicionais ou uso de subcontratados. A Figura 19.18 mostra um exemplo de *crashing* de uma rede simples. Para cada atividade, a duração e o custo normal são especificados com a duração (reduzida) e o custo (aumentado) de acelerá-los. Nem todas as atividades podem ser aceleradas; aqui, a atividade e não pode ser acelerada. O caminho crítico é a sequência das atividades a, b, c, e. Se o tempo total do projeto for reduzido, uma das atividades *no caminho crítico* deve ser acelerada. Para decidir qual atividade acelerar, a *inclinação de custo* de cada uma é calculada, e a atividade no caminho crítico com a menor inclinação de custo normalmente é selecionada. Essa é a atividade a, cuja aceleração custará mais € 2.000 e encurtará o projeto em uma semana. Depois disso, a atividade c pode ser acelerada, economizando mais duas semanas e custando mais € 5.000. Nesse ponto, todas as atividades tornaram-se críticas e outras economias de tempo só podem ser alcançadas acelerando duas atividades em paralelo. O formato da curva de tempo-custo é totalmente típico. As economias iniciais são relativamente pouco dispendiosas, mas outras economias normalmente têm um custo mais elevado.

Princípio de produção
Somente com a aceleração das atividades no(s) caminho(s) crítico(s) é que o projeto inteiro será acelerado.

Gerenciamento de tensões na matriz

Em todo o projeto, exceto os mais simples, os gerentes de projeto geralmente precisam conciliar os interesses do próprio projeto e dos departamentos que contribuem com recursos para o projeto. Ao convocar uma série de recursos de vários departamentos, os projetos estão operando em um ambiente de "gerenciamento da matriz", onde os projetos atravessam limites organizacionais e envolvem pessoal que é obrigado a reportar-se ao próprio gerente departamental, bem como ao gerente de projeto. A Figura 19.19 ilustra o tipo de relação de comunicação que geralmente ocorre em estruturas de gerenciamento da matriz executando vários projetos. Uma pessoa no Departamento 1, atribuída em tempo parcial aos projetos A e B, se reportará a três gerentes diferentes, todos os quais terão algum grau de autoridade sobre suas atividades. É por isso que o gerenciamento da matriz requer um alto grau de cooperação e comunicação entre todos os indivíduos e departamentos. Embora a autoridade de tomada de decisão recaia

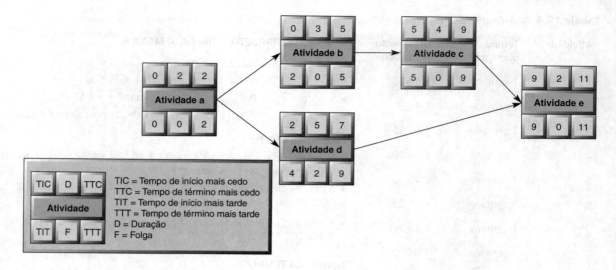

Atividade	Normal		Crashing		Inclinação de custo
	Custo (€ 000)	Tempo (semanas)	Custo (€ 000)	Tempo (semanas)	(€ 000/semana)
a	6	2	8	1	2
b	5	3	8	2	3
c	10	4	15	2	2,5
d	5	5	9	4	4
e	7	2	Não é possível		–

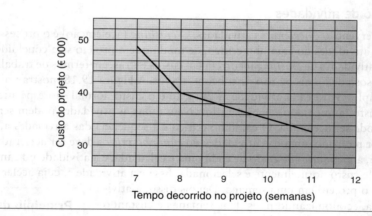

Figura 19.18 O *crashing* das atividades para encurtar o tempo de projeto torna-se cada vez mais dispendioso.

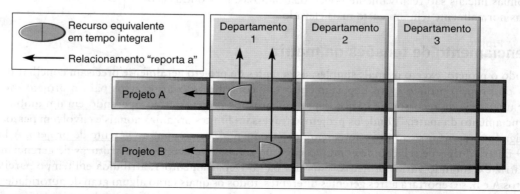

Figura 19.19 Estruturas de gerenciamento da matriz quase sempre resultam no pessoal se reportando a mais de um gerente de projeto, além do gerente do seu próprio departamento.

formalmente sobre o gerente de projeto ou departamental, a maioria das principais decisões precisará de algum grau de consenso. Para funcionar de modo eficaz, as estruturas de gerenciamento de matriz devem ter as seguintes características:

▶ Deve haver canais de comunicação eficazes entre todos os gerentes envolvidos, com os gerentes departamentais relevantes contribuindo nas decisões de planejamento e aquisição de recursos para o projeto.
▶ Deve haver procedimentos formais para resolver os conflitos de gerenciamento que surgirem.
▶ A equipe do projeto deverá ser encorajada a se sentir comprometida com seus projetos, além do seu próprio departamento.
▶ Deve haver tempo suficiente dedicado ao planejamento do projeto, garantindo a concordância dos gerentes departamentais em oferecer tempo e orçamento.

Gestão do aprendizado com o projeto

A atividade de gerenciamento de projetos não para quando um projeto chega ao fim — gerenciar o processo de aprendizado do projeto é a chave para o sucesso de projetos futuros. No entanto, na maioria dos projetos, resta muito pouco aprendizado formalizado. Isso pode ser parcialmente explicado pelos principais objetivos de desempenho para os indivíduos envolvidos nos projetos — normalmente focados no sucesso de um projeto individual (em termos de qualidade, tempo, custo) em oposição aos efeitos de aprendizado de longo prazo e do desenvolvimento de competências organizacionais. Como resultado, quando o projeto termina, pode haver pouco incentivo para os *stakeholders* gastarem tempo revisando aspectos da execução do projeto que poderiam ter sido melhorados. Além disso, quando as coisas dão errado, os envolvidos geralmente preferem seguir em frente em vez de voltar e examinar as falhas. Onde organizações têm mecanismos limitados de aprendizado formal limitados como parte de seus processos de projeto, haverá pouca mudança no desempenho subjacente *médio* de seus projetos ao longo do tempo (ver a parte superior da Figura 19.20). No entanto, onde as organizações dão maior ênfase ao aprendizado formal de um projeto para outro, normalmente há uma *tendência ascendente* no desempenho do projeto, apesar da variância no desempenho dos projetos restantes (ver a parte inferior da Figura 19.20).

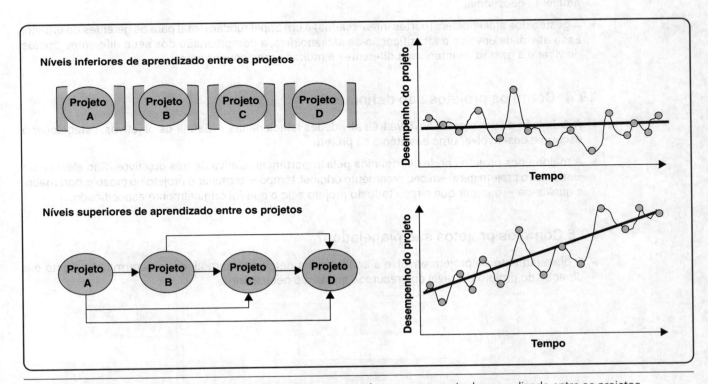

Figura 19.20 Melhoria de desempenho no projeto com o passar do tempo por meio do aprendizado entre os projetos.

Respostas resumidas às questões-chave

19.1 O que são projetos?

▶ Um projeto é uma atividade temporária destinada a atingir um objetivo específico e altamente perso-nalizado, dentro de um prazo definido, usando um grupo definido de recursos.

▶ Os projetos envolvem muitas tarefas não rotineiras e complexas, o que significa que os projetos geralmente são bastante incertos.

▶ O processo de gestão de um projeto envolve não apenas entender suas características comuns, mas também as principais diferenças de um projeto para outro. Neste capítulo, focamos nas diferenças no nível de *inovação*, *pressão de tempo* e *complexidade* do projeto que está sendo gerenciado.

19.2 O que é gestão de projetos?

▶ A gestão de projetos é a atividade de entender o ambiente do projeto, definir, planejar, controlar e aprender com os projetos.

▶ Além do ponto de vista do *ciclo de vida*, o gerente de projeto também se preocupa com o equilíbrio eficaz entre os objetivos de qualidade (entregáveis), tempo e custo dentro do chamado *triângulo de ferro*.

▶ Por um ponto de vista organizacional, a gestão de projetos envolve a administração desses ciclos de vida e objetivos de desempenho por diversas funções dentro de uma organização.

19.3 Como o ambiente do projeto é entendido?

▶ O ambiente do projeto compreende todos os fatores que podem afetar o projeto durante seu tempo de vida, os quais incluem o ambiente interno, ambiente empresarial, ambiente político-econômico e ambiente geossocial.

▶ A gestão dos *stakeholders* (partes interessadas) é um papel fundamental para os gerentes de projeto. Essa atividade envolve a identificação de *stakeholders*, a compreensão dos seus diferentes pontos de vista e a gestão de interesses diferentes e muitas vezes concorrentes.

19.4 Como os projetos são definidos?

▶ A definição de um projeto envolve três atividades relacionadas — definir os objetivos, estabelecer o escopo e desenvolver uma estratégia de projeto.

▶ A maioria dos projetos pode ser definida pela importância relativa de três objetivos. São eles: custo — manter o projeto geral em seu orçamento original; tempo — terminar o projeto no prazo programado; e qualidade — garantir que o resultado do projeto seja o que foi originalmente especificado.

19.5 Como os projetos são planejados?

▶ O planejamento de projeto envolve a análise mais detalhada para ajudar a determinar o custo e a duração do projeto e o nível dos recursos que serão necessários.

CAPÍTULO 19 GESTÃO DE PROJETOS **691**

▶ O planejamento de projeto envolve cinco estágios:

— Identificar as atividades dentro de um projeto.

— Estimar tempos e recursos para as atividades.

— Identificar os relacionamentos e as dependências entre as atividades do projeto.

— Identificar as restrições de programação de recursos.

— Determinar a programação de tempo e recursos.

19.6 Como os projetos são controlados e aumentam o aprendizado?

▶ O controle e o aprendizado do projeto tratam das atividades de gerenciamento que ocorrem durante a execução do projeto e após o seu término e envolvem cinco desafios principais:

— Como *monitorar* o projeto para verificar seu progresso.

— Como *avaliar o desempenho* do projeto por meio da comparação das observações monitoradas do projeto com seu plano.

— Como *intervir* no projeto para fazer as mudanças que o trarão de volta ao plano, incluindo atividades de *crashing* (aceleração).

— Como *gerenciar tensões na matriz* do projeto a fim de conciliar os interesses tanto do projeto quanto das diferentes funções e departamentos da organização.

— Como *aprender* com o projeto para melhorar o desempenho em projetos subsequentes.

ESTUDO DE CASO: Kloud BV e Sakura Bank K.K.

(Este caso teve a coautoria de Nigel Spinks, Henley Business School, University of Reading)

"Bem, essa é a má notícia!", disse Tao, diretor administrativo da Kloud BV, uma empresa de consultoria e desenvolvimento executivo com sede em Amsterdã, especializada em operações e melhoria da cadeia de suprimento. "A boa notícia é que Chao deve sair do hospital em algumas semanas. Pode levar alguns meses até que ele esteja totalmente em forma, mas tudo parece muito promissor". Maria ficou satisfeita ao saber que as coisas pareciam mais positivas para Chao após o acidente. Ela estava na empresa há apenas seis semanas, tendo assumido o cargo de gerente de projeto júnior, mas já havia aprendido a respeitar e gostar de Chao.

"Mas", continuou Tao, "isso nos deixa em uma situação complicada. Como você sabe, Chao supervisionou o grande projeto com o Sakura Bank em Tóquio, do qual vou cuidar até que ele volte ao trabalho. Ele também estava montando um projeto menor para eles, treinando gerentes seniores, que atuarão fora de suas instalações em Osaka. Eu sei que você é muito nova aqui, mas eu gostaria que você assumisse a gestão deste projeto. Chao recomendou você, então parece que causou uma ótima impressão!". Maria ficou satisfeita ao saber que Chao, seu chefe imediato, teve uma boa impressão dela. "Bem, eu fico muito feliz em assumir isso, Tao", disse ela, enquanto examinava rapidamente o rascunho da proposta do projeto que Chao estava desenvolvendo para o Sakura Bank, pouco antes de seu acidente (Figura 19.21).

Ao ler a proposta, Maria teve uma ideia mais clara do que era necessário, mas ainda tinha várias dúvidas. "Tem muita informação para mim aqui, Tao. Ainda assim, quais restrições eu preciso conhecer?". Tao pegou um caderno no canto de sua mesa. "Boa pergunta! Eu estava conversando com Chao hoje cedo e ele mencionou algumas coisas. A reunião inicial do cliente acontece on-line na próxima segunda-feira — então essa é a semana 1 deste projeto. Sakura já disse que, idealmente, eles gostariam que o programa residencial começasse na semana 6. Você acha que esse é um prazo realista? Eles também estão muito interessados em que as atividades do pré-programa e os elementos do programa residencial comecem às segundas-feiras e que os sábados e domingos sejam dias não úteis". A conversa de Maria e Tao então mudou para a melhor forma de fornecer recursos para o projeto. Em cerca de 10 minutos, eles identificaram a maioria dos principais atores que estariam envolvidos:

- **Patrocinador do projeto:** Tao (participar da reunião de abertura com o cliente *on-line* e da revisão final com o cliente; revisará o relatório final).
- **Gerente de projeto:** Maria, substituindo Chao (executar reuniões com clientes e de abertura, assinar a contratação de instrutores, projetar o programa, fazer o relatório final e gerenciamento de clientes).
- **Líder de treinamento:** Kavita, no escritório de Tóquio (análise de necessidades de treinamento, identificação de instrutores e projeto detalhado do programa; líder no local para treinamento residencial).
- **Web design:** Li Wei, no escritório de Xangai (contato com Kavita e Una).
- **Apoio/administração do projeto:** Krister (distribuir contratos, confirmar reservas de viagens/acomodação/refeições etc. para as reuniões/programa residencial).
- **Treinamento:** três instrutores externos (finalizar os nomes assim que a agenda de formação estiver concluída); preparar materiais, apoiar a formação *on-line* pré-programa; um instrutor por semana para treinamento residencial, apoiado por Kavita como líder de treinamento. Provavelmente, três treinadores: dois dias cada para desenvolver materiais (dois dias extras de tempo interno para revisar o conteúdo, verificar sobreposições etc.); três a quatro dias cada em suporte *on-line* para atividades de pré-programa e cinco dias cada na entrega residencial.
- **Pesquisa:** Una, no escritório de Xangai (desenho, distribuição e análise da pesquisa final; discutir com Kavita).
- **Faturamento e apoio ao orçamento:** Ruben (acompanhar o faturamento e fechar o orçamento para o projeto).

Maria então voltou sua atenção para uma nota adicional que Chao havia feito sobre as principais atividades do projeto, incluindo suas estimativas de tempo, predecessores e custos médios diários (Tabela 19.5).

Maria pensou por um momento. Ela supôs que Chao havia desenvolvido suas estimativas de tempo para cada atividade com base no custo normal, mas não tinha certeza de quais

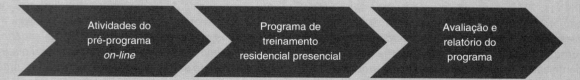

Figura 19.21 Resumo do rascunho da proposta para o desenvolvimento executivo de melhorias nas operações do Satura Bank K.K.

CAPÍTULO 19 GESTÃO DE PROJETOS **693**

Tabela 19.5 Notas de Chao sobre as atividades e custos do projeto do Sakura Bank K.K.

Componente do programa	Atividade	Estimativa otimista	Estimativa provável	Estimativa pessimista	Predecessores imediatos	Custo diário (€)
Projeto do programa	1. Reunião de abertura com cliente (*on-line*)	1	1	1	n/a	500
	2. Análise de necessidades de treinamento	3	3	6	1	500
	3. Contratação de treinamento	2	3	4	2	150
	4. Projeto do programa	4	5	8	2	500
	5. Reunião de revisão do cliente	1	1	1	3, 4	500
	6. Reunião de abertura interna	1	1	1	5	450
	7. Criação de material de treinamento	6	8	14	6	350
Atividades do pré-programa	8. Preparação do *site*	5	5	7	6	250
	9. *Site* funcionando	1	1	2	7, 8	250
	10. Atividades do pré-programa	9	10	14	9	350
Treinamento residencial	11. Arranjos administrativos do programa	8	10	12	6	150
	12. Programa de treinamento residencial	15	15	15	10, 11	1500
Avaliação e relatório	13. Levantamento pós-curso	3	4	5	12	150
	14. Relatório final	2	2	4	13	500
	15. Fechamento do projeto	2	2	3	14	250

opções poderia haver para reduzir o tempo de algumas dessas atividades. "*Tao, suponho que Chao não tenha feito nenhuma anotação sobre a possível 'aceleração' de alguma atividade, ele fez?*". Depois de vasculhar sua mesa pelo que pareceu uma eternidade, Tao encontrou uma nota adesiva rosa brilhante escondida sob uma coleção de arquivos, "*Ufa, eu estava começando a pensar que tinha perdido isso! Portanto, parece que a análise das necessidades de treinamento pode ser reduzida para dois dias, mas aumentará o*

custo diário para € 850; a atividade de projeto do programa pode ser reduzida de cinco para quatro dias, mas os custos diários aumentarão para € 750; por uma taxa fixa de € 4.000, poderíamos obter um único treinador mais experiente para fazer a criação do material de treinamento em quatro dias; e a preparação do site pode ser feita em três dias, mas os custos diários aumentarão para € 500 por dia". Maria ergueu os olhos para suas anotações: "*OK, é bom saber. Mais alguma coisa?*". Tao tomou um gole de água, "*Bem, acho que é*

694 PARTE 4 DESENVOLVIMENTO

importante dizer que Sakura é um novo cliente importante. Há muito potencial de crescimento se pudermos entregar esse projeto e o que estarei liderando de forma eficaz! Ouvimos de algumas outras empresas que trabalharam com eles que podem ser um cliente bastante desafiador — aparentemente, eles geralmente mudam de ideia sobre as especificações! Ah, e quase ia me esquecendo, para garantir que qualquer projeto seja viável para a Kloud, normalmente trabalhamos com base em uma margem de 20% entre nossos custos e o preço que cobramos do cliente. Eu acho que a margem vai ficar bem apertada neste projeto".

Maria deixou o escritório do diretor administrativo e foi para sua mesa. As palavras finais de Tao soavam em seus ouvidos: *"Encontre-me amanhã para nos prepararmos para a reunião de abertura na próxima segunda-feira".* Ao se sentar, ela olhou para as anotações que havia feito. Por onde começar?

QUESTÕES

Com base nas informações que você tem, desenvolva um plano de projeto para o programa de treinamento em melhoria das operações Sakura Bank K.K. para compartilhar com Tao, o diretor administrativo da Kloud BV. Isso deverá incluir:

▶ **Tempo do projeto:** complete uma análise de caminho crítico, crie um gráfico de Gantt e considere quaisquer incertezas nas estimativas de tempo.

▶ **Custeio do projeto:** crie um orçamento do projeto e considere as opções para o *crashing* de atividades.

▶ **Recursos do projeto:** crie uma matriz RACI para determinar as principais responsabilidades dos envolvidos no projeto.

▶ **Risco do projeto:** anote quaisquer riscos com os quais você esteja preocupado e possíveis estratégias de atenuação.

Problemas e aplicações

Todos os capítulos dispõem de questões do tipo *Problemas e aplicações*, que ajudarão o leitor a praticar a análise das operações. Elas podem ser respondidas com a leitura do capítulo.

1. Retorne ao exemplo *O risco de mudar o escopo do projeto — o afundamento do* Vasa em *Operações na prática*, neste capítulo.

   (a) Quem deveria ser responsabilizado por esse desastre?

   (b) O que podemos aprender com a história do *Vasa* para a administração de diferentes tipos de projetos atuais?

2. *"O financiamento vem de diversas fontes; para restaurar os prédios literalmente insubstituíveis em que trabalhamos. Tentamos conciliar integridade histórica com viabilidade comercial e contamos com o apoio de voluntários. Portanto, precisamos envolver todos os* stakeholders *durante todo o projeto"* (Janine Walker, gerente-chefe de projeto, Happy Heritage, uma empresa de restauração sem fins lucrativos). Seu último projeto foi a restauração de uma casa de repouso de 200 anos, uma atração turística, originalmente construída para abrigar os pobres do local. A equipe de Janine elaborou uma lista de *stakeholders* e partiu para conquistá-los com seu entusiasmo pelo projeto. Eles convidaram a população local para participar das reuniões, explicaram a visão e a levaram para conhecer o local. Além disso, antes do início do trabalho, Janine levou todos os funcionários do prédio no mesmo passeio pelo local, já que haviam levado outros grupos e os VIPs que financiaram o projeto. *"Envolver os construtores no projeto despertou um interesse real nele e na história arqueológica do local. Muitas vezes, eles deparavam com algo interessante, falavam com o guia, que poderia consistir em um arqueólogo, e assim se preservava um artefato que, de outra forma, poderia ter sido destruído. Eles se interessaram muito pelo seu trabalho, sentindo-se envolvidos".*

   (a) Quem você acha que seriam os principais *stakeholders* para esse projeto?

   (b) Como não envolvê-los poderia prejudicar o projeto, e como envolvê-los beneficiaria o projeto?

3. A Tabela 19.6 mostra as atividades, a duração e a precedência para projetar, escrever e instalar um banco de dados computadorizado sob medida para um banco comercial com sede em Singapura. Desenhe um diagrama de rede (método da atividade no nó) para o projeto e calcule o menor tempo em que a operação pode ser concluída.

CAPÍTULO 19 GESTÃO DE PROJETOS **695**

Tabela 19.6 Atividades de projeto do banco de dados computadorizado sob medida.

Atividade	Duração (semanas)	Atividades que devem ser concluídas antes que ela possa iniciar
1 Negociação do contrato	1	–
2 Discussões com principais usuários	2	1
3 Revisão da documentação atual	5	1
4 Revisão dos sistemas atuais	6	2
5 Análise de sistemas (A)	4	3, 4
6 Análise de sistemas (B)	7	5
7 Programação	12	5
8 Testes preliminares	2	7
9 Relatório de revisão dos sistemas existentes	1	3, 4
10 Relatório de proposta do sistema	2	5, 9
11 Preparação da documentação	19	5, 8
12 Implementação	7	7, 11
13 Teste do sistema	3	12
14 Depuração	4	12
15 Preparação do manual	5	11

4. A tabela a seguir mostra o tempo e o orçamento planejado para um projeto de consultoria jurídica sendo desenvolvido para um cliente em Copenhague, Dinamarca. Complete a análise de valor agregado (AVA) para o projeto, com base no fim do mês 4, dado que somente as atividades A, B e C foram concluídas e gastando até o momento € 38.250.

Atividade	Tempo planejado	Orçamento planejado
A	1 mês	€ 26.000
B	1 mês	€ 10.500
C	1 mês	€ 6.750
D	1 mês	€ 13.000
E	1 mês	€ 9.650
F	1 mês	€ 12.750
G	1 mês	€ 8.750
TOTAL	**7 meses**	**€ 87.400**

5. No setor de petróleo, as equipes de projeto estão cada vez mais usando realidade virtual e modelos de visualização de estruturas *offshore* que permitem verificar não apenas o projeto original, mas também as modificações que precisam ser feitas durante a construção.

   (a) Em sua opinião, por que uma imagem realista de um projeto concluído ajuda o processo de gestão de projetos?

   (b) Por que tais visualizações estão se tornando mais importantes?

6. A ideia do *caminho crítico* é importante no planejamento do projeto. Quais os diferentes significados que a palavra "crítico" poderia ter?

7. Releia o exemplo *"Em benefício de todos" — os altos e baixos da NASA* em *Operações na prática*. Como uma organização como a NASA pode ver as compensações (*trade-offs*) implícitas no ponto de vista do *triângulo de ferro*?

696 PARTE 4 DESENVOLVIMENTO

8. Identifique seu time de futebol favorito (Manchester United, The Toulon Rugby Team, se não torcer por algum time, escolha algum com que tenha alguma afinidade ou simpatia). Que tipos de projeto você acha que esse time precisa gerenciar? Por exemplo, *merchandising*, patrocínio etc. Quais, em sua opinião, são as questões-chave para o time ser bem-sucedido na gestão de cada um desses diferentes tipos de projetos?

9. Identifique um projeto do qual você tenha participado (por exemplo, mudança de casa, um feriado, produção teatral, revisão para um exame etc.).

   (a) Quem foram os *stakeholders* nesse projeto?
   (b) Qual foi o objetivo geral do projeto (especialmente em termos da importância relativa de custo, qualidade e tempo)?
   (c) Houve alguma restrição para os recursos?
   (d) Ao olhar para trás, como você poderia ter gerenciado o projeto melhor?

Leitura complementar selecionada

Há centenas de livros sobre gestão de projetos. Eles abrangem desde abordagens introdutórias a análises bem detalhadas, desde perspectivas gerenciais até altamente matemáticas. Aqui estão cinco sugestões de livros de gestão geral de projetos que valem a pena ser lidos e dois artigos que examinam aspectos mais específicos dos projetos:

Cole, R. e Scotcher, E. (2015) *Brilliant Agile Project Management: A Practical Guide to Using Agile, Scrum and Kanban*, **Pearson, Harlow.**
Uma visão prática e moderna sobre a gestão de projetos.

Davies, A. (2017) *Projects: A Very Short Introduction*, **Oxford University Press, Oxford.**
Um livro muito bem escrito sobre gestão de projetos, abordando as principais ideias de uma forma muito concisa.

Davies, A., Dodgson, M., Gann, D.M. e MacAulay, S.C. (2017) Five rules for managing large, complex projects, *MIT Sloan Management Review*, **outono.**
Um artigo interessante com foco em pesquisas recentes sobre megaprojetos, mas que fornece ideias de gestão úteis para todos os projetos de grande escala.

Kogon, K., Blakemore, S. e Wood, J. (2015) *Project Management for the Unofficial Project Manager*, **BenBella Books, Dallas, TX.**
Um livro curto e fácil de ler, que ajuda a estabelecer uma base sólida na gestão de projetos e faz um bom trabalho trazendo o aspecto pessoal dos projetos.

Maylor, H. (2022) *Project Management*, **5. ed., Pearson, Harlow.**
Um texto introdutório muito bom a respeito do assunto, que conduz o leitor pelas principais etapas dos projetos.

Pinto, J.K. (2019) *Project Management: Achieving Competitive Advantage*, **edição global, Pearson, Harlow.**
Texto longo, com cobertura abrangente sobre a gestão de projetos.

Whyte, J. (2019) How digital information transforms project delivery models, *Project Management Journal*, **50 (2) 177-94.**
Um artigo interessante explorando as implicações da conversão digital na gestão de projetos.

CAPÍTULO 19 GESTÃO DE PROJETOS

Notas do capítulo

1. As informações nas quais este exemplo é baseado foram retiradas de: Howell, E. e Hickock, K. (2020) Apollo 13: the moon-mission that dodged disaster, *Space.com*, 31 mar.; Whiting, M. (2018) The legacy of Apollo 6, *NASA*, 4 abr.; Taylor Redd, N. (2019) Apollo 11: first men on the Moon, *Space.com*, 9 maio; Overbye, D. (2017) Cassini flies towards a fiery death on Saturn, *New York Times*, 8 set.; Rincon, P. (2017) Our Saturn years – Cassini-Huygens' epic journey to the ringed planet, told by the people who made it happen, *BBC*, 14 set.; Cobb, W. (2019) How SpaceX lowered cost and reduced barriers to space, *The Conversation*, 1º mar.; Howells, R. (2021) China becomes only the second country to make historic touchdown on Mars, *EuroWeekly News*, 15 maio.

2. As informações nas quais este exemplo é baseado foram retiradas de: George, R. (2021) Wind ...or worse: was pilot error to blame for the Suez blockage?, *Guardian*, 3 abr.; Magdy, S. (2021) Suez canal chief: vessel impounded amid financial dispute, *AP News*, 12 maio, https://apnews.com/article/egypt-coronavirus-pandemic-suez-canal-189a9115b7c31cb1dbad5febfb778fa6 (Acesso em: set. 2021); Leonard, M. (2021) Timeline: how the Suez Canal blockage unfolded across supply chains, *Supply Chain Dive*, 6 jul., https://www.supplychaindive.com/news/timeline-ever-given-ever-green-blocked-suez-canal-supply-chain/597660/ (Acesso em: set. 2021).

3. As informações nas quais este exemplo é baseado foram retiradas de: Metz, R. (2019) The world's biggest spice company is using AI to find new flavors, *CNN Business*, 5 fev.; Wiggers, K. (2019) IBM and McCormick blend new seasonings with AI, *Venture Beat*, 4 fev.; Lougee, R (2019) Using AI to develop new flavor experiences, *IBM Research Blog*, 5 fev.

4. As informações nas quais este exemplo é baseado foram retiradas de: Schuetze, C. (2020) Berlin's newest airport prepares for grand opening. Again, *New York Times*, 29 abr.; CAPA Centre for Aviation (2020) Berlin Brandenburg Airport's terminal certified for opening – at last, *centreforaviation.com*, 8 maio; L.R.S. (2017) Why Berlin's new airport keeps missing its opening date, *Economist*, 25 jan.

5. As informações nas quais este exemplo é baseado foram retiradas de: Burgess, M. (2018) Ocado's collaborative robot is getting closer to factory work, *Wired*, 11 jan.; Butler, S. (2018) Ocado to wheel out C3PO-style robot to lend a hand at warehouses, *Guardian*, 11 jan.

Glossário

4Vs: acrônimo para as características de *volume, variedade, variação e visibilidade.*

5Ss: metodologia simples de *housekeeping* para organizar as áreas de trabalho. Originalmente traduzida do japonês, geralmente significam avalie, organize, limpe, padronize e mantenha a disciplina. O propósito é reduzir a desordem no local de trabalho.

À prova de falha: construção de dispositivos, frequentemente simples, para dificultar os erros que podem levar à falha; também conhecida como o termo japonês *poka-yoke.*

Abordagem de painel: um método qualitativo de previsão que usa um painel de especialistas para discutir e concordar com a provável demanda futura (ou outros eventos futuros).

Abordagens de melhoramento: os conjuntos subjacentes de crenças que formam uma filosofia coerente e moldam como o melhoramento deve ser alcançado.

Aceitabilidade do projeto: atratividade para uma operação de um processo, produto ou serviço.

Aceleração (*crashing*): termo usado em gestão de projetos que significa redução do tempo gasto nas atividades do caminho crítico, visando encurtar a duração do projeto inteiro.

Acordos de nível de serviço (SLAs): definições formais das dimensões de desempenho e níveis de serviço que devem ser fornecidos por um processo ou operação para outros processos ou operações.

Administração científica: escola de administração do início do século XX; mais analítica e sistemática do que "científica", às vezes referida (pejorativamente) como taylorismo, dado que Frederick Taylor foi influente na fundamentação de seus princípios.

Administração da produção: atividades, decisões e responsabilidades de gestão da produção e entrega de produtos e serviços.

Agilidade: habilidade de uma operação de responder rapidamente e a custo baixo a mudanças exigidas pelo mercado.

Alargamento do trabalho: termo usado em projeto de trabalho para indicar o volume crescente de trabalho alocado aos indivíduos de modo a tornar o trabalho menos monótono.

Ambidestria organizacional: a capacidade que uma operação tem de explorar e investigar em busca de melhorias.

Amostragem de qualidade: prática de inspecionar apenas uma amostra dos produtos ou serviços produzidos, em vez da inspeção de todos eles.

Análise de árvore de falhas: procedimento lógico que começa com uma falha ou falha potencial e funciona para trás para identificar suas origens.

Análise de *cluster*: técnica usada no projeto de arranjo físico celular para constatar que grupos de processo se ajustam naturalmente.

Análise de falha: uso de técnicas para descobrir a origem das causas raiz de falhas; as técnicas podem incluir investigação de acidentes, análise de reclamações etc.

Análise de rede: termo global para o uso de técnicas baseadas em rede para análise e gestão de projetos; por exemplo, inclui o método do caminho crítico (CPM) e a técnica de revisão e avaliação do programa (PERT).

Análise de série temporal: uma abordagem quantitativa de previsão que examina o padrão de comportamento passado de um único fenômeno ao longo do tempo, considerando as razões para a variação da tendência, a fim de usar a análise para prever o comportamento futuro do fenômeno.

Análise do ciclo de vida: técnica que analisa todos os *inputs* de produção, ciclo de vida de uso de um produto e seu descarte final em termos da energia total usada e os desperdícios emitidos.

Análise do fluxo de produção: técnica que examina simultaneamente as exigências de produto e o agrupamento de processos ao alocar tarefas e máquinas às células em arranjo físico celular.

Análise do modo e efeito da falha (AMEF): técnica usada para identificar as características de produto, serviço ou processo que são cruciais para determinar os efeitos das possíveis falhas.

Análise do ponto de equilíbrio: técnica de comparar receitas e custos para aumentar os níveis de produção e estabelecer o ponto em que a receita excede o custo, ou seja, o ponto em que há equilíbrio de contas.

Análise SIPOC: um método de formalizar um processo em um nível relativamente genérico, em vez de detalhado, significando fornecedores, insumos, processo, produtos e clientes.

Andon: luz acima de uma estação de trabalho que indica seu estado — se está funcionando, esperando trabalho, quebrada etc. Luzes Andon podem ser usadas para interromper toda a linha quando uma estação é interrompida.

Antecipação da capacidade: estratégia de planejamento dos níveis de capacidade em que a capacidade é sempre maior ou igual à demanda prevista.

Arranjo físico celular: localizar os recursos de transformação com um propósito comum, como processar os mesmos tipos de produtos, atender a tipos similares de clientes etc., agrupados, bem próximos (uma célula).

Arranjo físico de linha: termo mais descritivo para o que é tecnicamente o arranjo físico por produto.

Arranjo físico de posição fixa: localizar a posição de um produto ou serviço de forma que ele permaneça em grande parte estacionário, enquanto os recursos transformadores são movidos para ele e a partir dele.

Arranjo físico funcional: arranjo físico em que recursos ou processos similares são localizados juntos (às vezes denominado arranjo físico por processo).

Arranjo físico por produto: localiza os recursos de transformação em uma sequência definida pelas necessidades de processamento de um produto ou serviço.

Atendimento de pedido: todas as atividades envolvidas no atendimento do pedido de um cliente, frequentemente usado em *e-retailing* e também em outros tipos de operações.

Atividade: em gestão de projetos, é uma tarefa identificável e definida; com eventos, forma diagramas de planejamento de rede.

Atraso da capacidade: estratégia de planejamento dos níveis de capacidade em que a capacidade é sempre menor ou igual à demanda prevista.

Atributos de qualidade: medidas de qualidade que podem assumir dois estados, por exemplo, certo e errado, tarefas que funcionam e não funcionam etc.

Automação de processo robótico (RPA): termo usado para ferramentas que funcionam na interface humana de outros sistemas de computação utilizando algoritmos de decisão "baseados em regras".

Avaliação/classificação/*rating*: técnica de estudo do trabalho que tenta avaliar a taxa de trabalho de um operador em relação ao conceito de desempenho padronizado do observador — controvertida e agora aceita como um processo ambíguo.

B Corps: abreviação do termo em inglês para Certified B, uma certificação de terceiros administrada pela organização sem fins lucrativos B Lab, baseada em parte no impacto positivo do desempenho de uma empresa sobre os *stakeholders* e o lucro.

B2B: abreviação de operação *business-to-business*, indicando aquelas empresas que oferecem seus produtos ou serviços para outras empresas.

B2C: abreviação de operação *business-to-consumer*, indicando aquelas empresas que oferecem seus produtos ou serviços diretamente aos consumidores, que (geralmente) são os usuários finais dos *outputs* da operação.

Back-office: parte menos visível de uma operação.

Balanced scorecard (BSC): além do desempenho financeiro, o BSC também inclui avaliação da satisfação do cliente, processos internos, inovação e aprendizagem.

Banco anual de horas: tipo de trabalho flexível que controla o tempo trabalhado por indivíduos em base anual, e não em períodos mais curtos.

Benchmarking: atividade que compara métodos e/ou desempenho com outros processos para aprender sobre eles e/ou avaliar o desempenho.

Big data: um grande volume de dados estruturados e não estruturados, cuja análise pode revelar padrões ocultos, correlações e outras percepções.

Blockchain: um registro contábil (lista) público, descentralizado e digitalizado, de transações (movimentos, autorizações, pagamentos etc.), em que um *bloco* é um registro de novas transações. Quando cada bloco é concluído (verificado), ele é acrescentado à cadeia, criando assim uma cadeia de blocos, ou *blockchain*.

Blueprinting: termo frequentemente usado em projeto de serviço, que significa mapeamento do processo.

Bottom-up: influência da experiência operacional em decisões de produção.

Brainstorming: técnica de melhoramento em que pequenos grupos de pessoas expõem ideias de maneira livre e criativa.

Cadeia de suprimento: uma linhagem ou sequência de operações que fornece bens e serviços a clientes finais; dentro de uma rede de suprimento, várias cadeias de suprimento atravessarão uma operação individual.

Cadeia de valor da reclamação: um modelo que ajuda a visualizar o valor potencial da boa recuperação de um serviço.

Caminho crítico: sequência mais longa das atividades de uma rede de projeto, denominada caminho crítico porque qualquer atraso em alguma de suas atividades retardará todo o projeto.

Capabilidade do processo: medida aritmética de aceitabilidade da variação de um processo.

Capacidade de pico: a capacidade que uma operação pode implantar somente por um tempo relativamente curto, quase sempre durante níveis inesperadamente altos de demanda.

Capacidade de projeto: capacidade de um processo ou instalação, frequentemente maior do que a capacidade efetiva.

Capacidade efetiva: capacidade útil de um processo ou operação depois de descontados a manutenção, o carregamento, as trocas e outras paradas.

Capacidade: nível máximo de atividade de valor agregado que uma operação, processo ou instalação é capaz de atingir durante um período de tempo.

Capacitação dos recursos de produção: habilidade inerente a processos e recursos de produção; também uma perspectiva da estratégia de produção.

Características da qualidade: os vários elementos dentro do conceito de qualidade, como funcionalidade, aparência, confiabilidade, durabilidade, recuperação etc.

Carregamento: volume de trabalho que é alocado a um centro de trabalho.

Carregamento finito: abordagem para planejamento e controle que apenas aloca o trabalho a um centro de trabalho até seu limite (geralmente sua capacidade útil).

Carregamento infinito: abordagem para planejamento e controle que aloca trabalho aos centros de trabalho independentemente de qualquer limite de capacidade ou outros recursos.

Casa da qualidade: *ver* "Desdobramento da função qualidade".

Célula remanescente: célula que precisa lidar com todos os produtos que não se ajustam convenientemente a outras células.

Ciclo de melhoramento: prática de conceituação de resolução de problemas, como usada em melhoria do desempenho, em termos de um modelo cíclico infinito, por exemplo, o ciclo PDCA ou o ciclo DMAIC.

Ciclo de vida de produto/serviço: modelo generalizado do comportamento de clientes e concorrentes durante a vida de um produto ou serviço; geralmente considera-se que tem quatro estágios: introdução, crescimento, maturidade e declínio.

Ciclo DMAIC: modelo de ciclo de melhoramento crescentemente usado, popularizado como abordagem Seis Sigma para melhoramento das operações. DMAIC significa Definir o problema, Mensurar dados para refinar o problema, Analisar para detectar as causas raiz do problema, Melhorar (*Improving*) o processo e Controlar para verificar se o nível de desempenho aprimorado é sustentado.

700 GLOSSÁRIO

Ciclo PDCA (ou PDSA): sigla em inglês para Planejar (P), Fazer (D), Checar (C) e Agir (A) — *Plan, Do, Check, Act*; talvez o mais conhecido de todos os modelos do ciclo de melhoramento.

Clientes internos: processos ou indivíduos de uma operação que são clientes de outros processos internos ou de *outputs* de indivíduos.

Clusters: quando empresas similares, com necessidades comparáveis, localizam-se relativamente próximas umas das outras na mesma área geográfica.

Cocriação: situação em que o cliente ou clientes exercem parte importante na natureza da oferta do produto ou serviço.

Código de barras: código único de produtos que possibilita que uma peça ou tipo de produto seja identificado quando lido com um leitor de código de barras.

Complexidade combinatória: ideia de que muitas formas diferentes de processar produtos e serviços em muitos locais ou pontos diferentes podem resultar em número excepcionalmente amplo de opções viáveis; o termo é frequentemente usado no arranjo físico de instalações e programação de produção para justificar soluções não otimizadas (porque existem muitas opções a explorar).

Comprar ou fazer: termo aplicado à decisão de ter um processo que contribui para um produto ou serviço ou, alternativamente, terceirizar a atividade desempenhada pelo processo a outra operação.

Compras: função organizacional, frequentemente parte da função produção, que firma contratos com fornecedores para a compra de materiais e serviços.

Comunalidade: grau em que uma variedade de produtos ou serviços incorpora componentes idênticos (também chamada de *comunalidade de partes*).

Comunalidade de partes: *ver* "Comunalidade".

Concessões: termo usado em estudo do trabalho para indicar o tempo extra permitido para descanso, relaxamento e necessidades pessoais.

Confiabilidade: entregar ou tornar disponíveis produtos ou serviços quando eles foram prometidos ao cliente.

Confiabilidade: quando aplicada ao desempenho das operações, pode ser usada como sinônimo de "confiança"; quando usada como medida de falha, significa a habilidade de um sistema, produto ou serviço desempenhar conforme o esperado ao longo do tempo; geralmente é medida em termos da probabilidade de as operações desempenharem conforme o esperado com o passar do tempo.

Conteúdo da estratégia: conjunto de decisões e ações específicas que moldam a estratégia.

Conteúdo de trabalho: volume total de trabalho exigido para produzir uma unidade de *output*, geralmente medida em tempos padronizados.

Continuidade dos negócios: procedimentos adotados pelas empresas para atenuar e se recuperar dos efeitos de grandes falhas.

Controle: processo de monitoramento das atividades de produção que lida com quaisquer desvios do plano; envolve geralmente elementos de replanejamento.

Controle de estoque ABC: abordagem para o controle de estoque que o classifica por seu valor de uso e varia a abordagem para gerenciá-lo de acordo.

Controle do valor agregado: método de avaliar o desempenho na gestão de projetos que combina os custos e os tempos atingidos no projeto com o plano original.

Controle empurrado: termo usado em planejamento e controle para indicar que o trabalho está sendo enviado pelas estações de trabalho assim que é concluído na estação de trabalho anterior.

Controle estatístico do processo (CEP): técnica que monitora processos à medida que produzem produtos ou serviços e tenta distinguir entre a variação normal ou natural de desempenho do processo e as causas de variação não usuais ou "atribuíveis".

Controle puxado: termo usado em planejamento e controle para indicar que uma estação de trabalho requer trabalho da estação anterior apenas quando for necessário; um dos princípios fundamentais do planejamento e controle JIT.

Coopetição: abordagem para as redes de suprimento que define empresas cercadas de fornecedores, clientes, concorrentes e fornecedores complementares.

Corda de Andon: *ver* "Andon".

Criação sob encomenda: *ver* "Fabricar conforme pedido".

Crowdsourcing: ato de assumir uma atividade tradicionalmente desempenhada por um agente designado e de terceirizá-la a um grande grupo de pessoas na forma de um convite público.

Curva da banheira: curva que descreve a probabilidade de falha de um produto, serviço ou processo e que indica probabilidade relativamente alta de falha no início e no fim de seu ciclo de vida.

Curva de Allen: uma relação que mostra uma poderosa correlação negativa entre a distância física entre colegas e a sua frequência de comunicação.

Curva-S da inovação: curva que descreve o impacto de uma inovação ao longo do tempo.

Customização em massa: habilidade de fabricar produtos e fornecer serviços em alto volume e, ainda assim, variar suas especificações para atender às necessidades de clientes individuais ou tipos de clientes.

Customização: variação de um projeto de produto ou serviço para ajustá-lo às necessidades específicas de clientes individuais ou grupos de clientes.

Custos de avaliação: custos associados a verificação, monitoramento e controle de qualidade para verificar se ocorreram problemas ou erros; compõem um elemento dos custos relacionados com a qualidade.

Custos de falha externa: custos associados a um erro ou falha que atinge um cliente; fazem parte dos custos relacionados com a qualidade.

Custos de falha interna: custos associados a erros e falhas que são tratados dentro de uma operação, mas que, ainda assim, causam interrupção; elemento que compõe os custos relacionados com a qualidade.

Custos de prevenção: custos que são incorridos ao tentar prevenir a ocorrência de problemas e erros de qualidade; fazem parte dos custos relacionados com a qualidade.

Custos relacionados com a qualidade: tentativa de capturar as categorias amplas de custo que são afetadas ou que afetam a qualidade, geralmente classificadas como custos de prevenção, custos de avaliação, custos de falha interna e custos de falha externa.

Dados antropométricos: dados que relacionam o tamanho das pessoas, a forma e outras habilidades físicas usadas nos projetos do trabalho e instalações físicas.

Decisões de infraestrutura: decisões que dizem respeito aos sistemas, métodos e procedimentos da operação que moldam sua cultura global.

Decisões estratégicas: decisões que são amplas em seu efeito e que definem a posição da organização em relação a seu ambiente e a aproxima de suas metas em longo prazo.

Decisões estruturais: decisões estratégicas que determinam a forma física e a configuração da operação, como as que envolvem edifícios, capacidade física, tecnologia etc.

Definição ampla de operações: todas as atividades necessárias para atender aos requisitos do cliente.

Demanda dependente: demanda que é relativamente previsível porque é derivada de algum outro fator conhecido.

Demanda independente: aquela que não depende, óbvia ou diretamente, da demanda por outro produto ou serviço.

Desdobramento da função qualidade (QFD): técnica usada para assegurar que o projeto eventual de um produto ou serviço realmente atende às necessidades de seus clientes (às vezes denominado "casa da qualidade").

Deseconomias de escala: termo usado para descrever os custos extras que são incorridos por uma operação à medida que ela cresce.

Desempenho padronizado: termo usado na medição do trabalho para indicar a taxa de *output* que trabalhadores qualificados alcançarão em um dia de trabalho sem esforço extra, garantida sua motivação para as tarefas, geralmente considerado agora um conceito muito vago.

Desenvolvimento: conjunto de atividades de produção que melhoram produtos, serviços e processos.

Desenvolvimento simultâneo: superposição de estágios no processo de projeto, de modo que um estágio na atividade de projeto possa começar antes que o estágio anterior termine: a intenção é encurtar o tempo e economizar custo de projeto (também denominado "desenvolvimento simultâneo" ou "engenharia concorrente").

Diagrama polar: diagrama que usa eixos, todos originados de um ponto central, para representar aspectos diferentes do desempenho das operações.

Diagramas de causa-efeito: também conhecidos como diagramas de Ishikawa, é uma técnica para procurar a causa de origem dos problemas, uma prática de questionamento sistemático.

Dinâmica da cadeia de suprimento: estudo do comportamento de cadeias de suprimento, especialmente o nível de atividade e de estoque em pontos diferentes da cadeia; sua descoberta mais conhecida é o efeito chicote.

Direção: atividades que criam entendimento geral do propósito e do desempenho estratégico de uma operação.

Distância do processo: grau de novidade exigido por um processo na implementação de uma nova tecnologia.

Distância do recurso: grau de novidade requerido dos recursos de uma operação durante a implementação de uma nova tecnologia ou processo.

Divisão do trabalho: abordagem para o projeto do trabalho que envolve dividir uma tarefa em partes relativamente pequenas, cada uma realizada por uma pessoa.

E-business: uso de tecnologias baseadas na Internet para apoio aos processos de negócios existentes ou criação de oportunidades de negócio totalmente novas.

E-commerce: uso da Internet para facilitar as atividades de compra e venda.

Economia circular: uma alternativa à economia linear tradicional (ou fazer-usar-descartar, como também é chamada). A ideia é manter os produtos em uso o maior tempo possível, extrair deles o máximo valor durante o uso e, em seguida, recuperar e regenerar produtos e materiais no fim de sua vida útil.

Economia de ciclo fechado: *ver* "Economia circular".

Economia de escala: maneira pela qual os custos de funcionamento de uma operação diminuem à medida que ela fica maior.

Economia gig: descreve a tendência das organizações de empregar subcontratados e autônomos para fazer uma proporção maior de suas atividades, em vez de depender de funcionários em tempo integral. Essa flexibilidade de capacidade agora é empregada em uma ampla gama de indústrias, incluindo artes e design, transporte, construção, acomodação, mídia, tecnologia da informação e comunicação (TIC), educação e serviços profissionais.

Economia *take-back*: *ver* "Economia circular".

Ecossistema de negócios: uma ideia que está intimamente relacionada com a de coopetição. Assim como as redes de suprimento, os ecossistemas de negócios incluem fornecedores e clientes. No entanto, eles também incluem *stakeholders*, que podem ter pouco ou nenhum relacionamento direto com a rede principal de fornecedores, mas interagem com ela complementando ou contribuindo com componentes significativos da proposta de valor para os clientes.

Efeito chicote: tendência de as cadeias de suprimento amplificarem mudanças relativamente pequenas no lado da demanda da cadeia, de tal forma que a perturbação no lado do suprimento da cadeia torne-se muito maior.

Efeito Rainha Vermelha: ideia de que o melhoramento é relativo; certo nível de melhoramento é necessário simplesmente para manter a posição de alguém em relação a seus concorrentes.

Eficácia global de equipamento (EGE): método de avaliar a eficácia do equipamento de uma operação.

Eficiência de atravessamento: conteúdo de trabalho necessário para produzir um item em um processo expresso como porcentagem do tempo total de atravessamento.

Eficiência de valor agregado no atravessamento: tempo que os itens gastam em um processo de valor agregado expresso como porcentagem do tempo total de atravessamento.

Elementos do melhoramento: as ideias fundamentais sobre o que melhora a produção.

Empowerment: termo usado em projeto do trabalho para indicar o aumento de autoridade concedido às pessoas para a tomada de decisões que alteram o próprio trabalho.

Engenharia concorrente: *ver* "Desenvolvimento simultâneo".

Engenharia de fatores humanos: termo alternativo para "ergonomia".

Engenharia reversa: desmembramento ou desconstrução de um produto ou serviço para compreender como foi produzido (frequentemente por uma organização concorrente).

Enriquecimento do trabalho: termo usado em projeto de trabalho para indicar o aumento da variedade e o número de tarefas que constitui o trabalho do indivíduo; isso pode incluir maior poder e liberdade para tomada de decisão e autonomia.

Entrega: atividades que planejam e controlam a transferência de produtos e serviços aos clientes.

Equilíbrio trabalho-vida: imperativo para alcançar uma divisão apropriada entre trabalho e vida pessoal, de modo que o trabalho não interfira de modo negativo nas obrigações de família e nos interesses pessoais.

Ergonomia: ramo do projeto do trabalho que se ocupa, principalmente, com os aspectos fisiológicos do projeto de trabalho, em como o corpo humano se ajusta às instalações do processo e ao ambiente; pode também se referir aos fatores humanos ou à engenharia de fatores humanos.

ERP integrado à *web*: planejamento de recursos empresariais estendido para incluir sistemas tipo ERP de outras organizações, como clientes e fornecedores.

Escalonamento (*rostering*): termo usado em planejamento e controle geralmente para indicar a programação de funcionários e a alocação dos tempos de trabalho aos indivíduos, de modo que se ajustem à capacidade de uma operação.

ESG: acrônimo para ambiental (*environmental*), social e governança, uma ideia semelhante à responsabilidade social corporativa, porém mais com uma perspectiva do investidor.

Estoque: também conhecido como inventário, é a acumulação dos recursos transformados em um processo; geralmente aplica-se a recursos materiais, mas também pode ser usado para estoque de informação, estoque de clientes ou de clientes de clientes (geralmente chamados de filas).

Estoque colchão: estoque que compensa flutuações inesperadas do suprimento e da demanda; também pode ser chamado estoque de segurança.

Estoque de antecipação: estoque acumulado para lidar com a demanda futura esperada ou interrupções no fornecimento.

Estoque de ciclo: estoque que ocorre quando um estágio de um processo não pode suprir todos os itens que produz simultaneamente e, para isso, precisa fazer estoque de um item enquanto processa os outros.

Estoque no canal de distribuição: estoque que existe porque o material não pode ser transportado instantaneamente.

Estratégia corporativa: posicionamento estratégico de uma corporação e as empresas que a compõem.

Estratégia de negócios: o posicionamento estratégico de uma empresa em relação a seus clientes, mercados e concorrentes, um subconjunto da estratégia corporativa.

Estratégia de produção: direção global e contribuição da função produção à empresa; modo pelo qual as exigências do mercado e a capacitação dos recursos de produção são conciliadas na operação.

Estratégia de recursos humanos: abordagem global em longo prazo para assegurar que os recursos humanos de uma organização proporcionam uma vantagem estratégica.

Estratégia emergente: estratégia que é gradualmente moldada ao longo do tempo, baseada em experiência e não em posicionamento teórico.

Estratégia funcional: direção global e papel de uma função dentro da empresa; subconjunto da estratégia de negócio.

Estrutura analítica do trabalho: definição e relação entre pacotes de trabalho individuais em gestão de projeto; a cada pacote de trabalho podem ser alocados seus próprios objetivos que se ajustam na estrutura analítica do trabalho total.

Estrutura de componentes: *ver* "Estrutura de produto".

Estrutura de produto: diagrama que mostra as partes componentes de um pacote de produto ou serviço e a ordem em que as partes componentes são combinadas em conjuntos (frequentemente denominada estrutura de componentes).

Estudo de tempos: termo usado na medição do trabalho para indicar o processo de medir o tempo (normalmente, com um cronômetro) e avaliar ritmos de trabalho; envolve observação de tempos, ajuste ou normalização de cada tempo observado (pontuação) e cálculo da média dos tempos ajustados.

Estudo do método: estudo analítico dos métodos para executar tarefas com o objetivo de descobrir o "melhor" método ou o método aprimorado de executar a tarefa.

Estudo do trabalho: termo geralmente usado para envolver o estudo do método e a medição do trabalho, derivado da escola de administração científica.

Eventos: pontos no tempo dentro de um plano de projeto; com as atividades, formam os diagramas de planejamento de redes.

Exigências do mercado: objetivos de desempenho que refletem a posição de mercado dos produtos ou serviços de uma operação, além de uma perspectiva da estratégia de produção.

Fabricar conforme pedido: operações que fabricam produtos apenas quando são demandados por clientes específicos.

Fabricar para estoque: operações que fabricam produtos antes de serem demandados por clientes específicos.

Fatores competitivos: fatores como tempo de entrega, especificação de produto ou serviço, preço etc. que definem as exigências dos clientes.

Fatores comunitários: fatores que são influentes na decisão de localização que relatam o ambiente social, político e econômico da posição geográfica.

Fatores menos importantes: fatores competitivos que nem são ganhadores nem qualificadores de pedidos; seu desempenho não afeta significativamente a posição competitiva de uma operação.

Filosofia enxuta: (também conhecida como sincronização enxuta) é uma abordagem de administração da produção que enfatiza a eliminação contínua de desperdício de todos os tipos, frequentemente usada em substituição ao JIT; é uma filosofia mais global, ao passo que JIT é usado para indicar uma abordagem de planejamento e controle que adota os princípios enxutos.

Flexibilidade: grau em que o processo de uma operação pode mudar o que faz, como está fazendo ou quando está fazendo.

Flexibilidade de entrega: habilidade da operação de mudar o *timing* da entrega de seus serviços ou produtos.

Flexibilidade de *mix*: habilidade de a operação produzir ampla variedade de produtos e serviços.

Flexibilidade de produto/serviço: habilidade de a operação introduzir produtos ou serviços novos ou modificados.

Flexibilidade de volume: habilidade de a operação alterar seu nível de *output* ou de atividade para produzir quantidades ou volumes diferentes de produtos e serviços ao longo do tempo.

Fluxo de trabalho (*workflow*): processo de projeto dos processos baseado em informações.

Formas organizacionais matriciais: híbridos de organizações de forma M e de U.

Fornecedores internos: processos ou indivíduos de uma operação que fornecem produtos ou serviços a outros processos ou indivíduos que compõem uma operação.

Fornecimento delegado: envolve uma abordagem em camadas para gerenciar relacionamentos com fornecedores, em que um fornecedor é responsável por entregar um subconjunto inteiro, em oposição à uma única peça, ou um pacote de serviços, em oposição a um serviço individual.

Fornecimento paralelo: ter relacionamentos de fonte única para componentes ou serviços para diferentes modelos de produtos ou pacotes de serviços, a fim de oferecer as vantagens de fornecimento múltiplo e fornecimento único simultaneamente.

Fronteira eficiente: linha convexa que descreve os dilemas (*trade-offs*) do desempenho atual entre as medidas de desempenho das operações (geralmente duas).

Função produção: arranjo dos recursos que são dedicados à produção e à entrega de produtos e serviços.

Funções de apoio: funções que facilitam o funcionamento de funções essenciais, por exemplo, contabilidade e finanças, recursos humanos etc.

Funções essenciais (*core functions*): funções que gerenciam os três processos essenciais de qualquer empresa: marketing, desenvolvimento de produto/serviço e produção.

Funil de projeto: modelo que descreve o processo de um projeto como a redução progressiva das opções de *design* de muitas opções alternativas que são reduzidas progressivamente até o projeto final.

Ganhadores de pedido: fatores competitivos que contribuem direta e significativamente para conquistar negócios.

Garantia de serviço: uma promessa de recompensar um cliente pelo serviço que não consegue cumprir um nível de qualidade definido.

Gargalo: estágio que representa a restrição de capacidade em um processo; controla o *output* de todo o processo.

Gartner Hype Cycle: ideia criada pela Gartner, empresa de pesquisa e consultoria em tecnologia da informação que tenta ilustrar como as percepções da utilidade de uma tecnologia se desenvolvem ao longo do tempo.

Gemba: às vezes também denominado *guenba*, é um termo usado para representar a ideia de analisar onde as coisas realmente ocorrem, como base de melhoramento.

Gêmeos digitais: poderosas "réplicas" digitais que podem ser usadas em vez da realidade física de um produto. Por exemplo, gêmeos digitais podem monitorar e simular possíveis cenários futuros e prever a necessidade de reparos e outros problemas antes que eles ocorram.

Geração de conceito: estágio no processo do projeto de um produto ou serviço que formaliza a ideia subjacente que lhes dá fundamentação.

Gerente de projeto: a pessoa responsável pela entrega do projeto, com várias responsabilidades principais. Eles organizam a equipe do projeto, com a responsabilidade, se nem sempre a autoridade, de executar o projeto no dia a dia. Gerentes de projeto competentes são vitais para o sucesso do projeto.

Gerentes de produção: funcionários da organização que têm responsabilidade particular pela gestão de alguns ou de todos os recursos que compõem a função produção.

Gestão da capacidade de longo prazo: conjunto de decisões que determinam o nível da capacidade física de uma operação em longo prazo; isso variará entre os diversos setores, mas geralmente a prazo superior a um ano.

Gestão da demanda: abordagem para a gestão da capacidade em médio prazo que tenta mudar ou influenciar a demanda para se ajustar à capacidade disponível.

Gestão da qualidade total (TQM): abordagem holística para a gestão de qualidade que enfatiza o papel de todas as partes e pessoas de uma organização para influenciar e melhorar a qualidade; fortemente influenciada por vários "gurus" da qualidade, atingiu seu pico de popularidade nas décadas de 1980 e 1990.

Gestão de ideias: o processo de coletar ideias de inovação dos funcionários, avaliando-as e, se for apropriado, implementando-as.

Gestão de receitas: conjunto de métodos que pode ser usado para assegurar que uma operação (geralmente com uma capacidade fixa) maximize seu potencial de gerar lucro.

Gestão de relacionamento com o cliente (CRM): método de aprender mais sobre as necessidades e comportamentos dos clientes por análise das informações de vendas.

Gestão do conhecimento: a gestão de fatos, informações e competências adquiridas por meio de experiência e educação; o conhecimento teórico ou prático de um assunto.

Gestão do desempenho: similar, porém mais ampla que a mensuração do desempenho, tenta influenciar o comportamento das decisões e o desenvolvimento das habilidades para que indivíduos e processos estejam mais bem equipados para atender aos objetivos.

Gestão visual: abordagem para tornar o estado atual e planejado de uma operação ou processo transparente para todos.

Globalização: extensão da rede de suprimento das operações para cobrir todo o mundo.

Gráfico de Gantt: dispositivo de programação que representa o tempo como uma barra ou canal em que as atividades são marcadas.

Gráficos de controle: gráficos usados em controle estatístico de processo para registrar o desempenho do processo.

Grupo de foco: grupo de usuários potenciais de um produto ou serviço, escolhido por ser típico de seu mercado-alvo, formado para testar sua reação a designs alternativos.

Heijunka: ver "Programação nivelada".

Heurística: regras práticas ou simples atalhos racionais que são desenvolvidos para fornecer soluções boas, não ótimas, geralmente para decisões que envolvem complexidade combinatória.

Hierarquia de operações: ideia de que todos os processos de produção são constituídos de processos de operações menores.

Hierarquia de processos: ideia de uma rede de recursos que forma processos, redes de processos que formam operações e redes de operações que formam redes de suprimento.

Horário de trabalho flexível: aumentar a possibilidade de o indivíduo variar seu horário de trabalho.

IHIP: sigla para as características de intangibilidade, heterogeneidade, inseparabilidade e perecibilidade dos serviços.

Impressão tridimensional (ou 3D): também conhecida como manufatura aditiva, é uma tecnologia que produz objetos tridimensionais pelo depósito de camadas 2D sucessivas de material até que a forma final seja obtida.

Indústria 4.0: sistemas ciberfísicos que compreendem máquinas inteligentes, sistemas de armazenamento e instalações de produção capazes de trocar informações de forma autônoma, desencadear ações e controlar uns aos outros de forma independente.

Inovação: ação de introduzir novas ideias a produtos, serviços ou processos.

Integração vertical: extensão em que uma operação opta em ter a rede de processos que produz um produto ou serviço; o termo está frequentemente associado à decisão de "fazer ou comprar".

Inteligência artificial (IA): uma área da ciência da computação que enfatiza a criação de máquinas inteligentes, que atuam e reagem como se fossem seres humanos.

Internet das Coisas (IoT): integração de objetos físicos em uma rede de informação em que objetos físicos tornam-se participantes ativos dos processos empresariais.

Inventário: termo alternativo para estoque.

ISO 14000: padrão internacional que orienta os sistemas de gestão ambiental e cobre o planejamento inicial, a implementação e a avaliação de objetivos.

ISO 9000: conjunto de padrões mundiais que estabelecem os requisitos para sistemas de gestão da qualidade das empresas; revisado pela última vez em 2000, existem vários conjuntos de padrões.

Jusante (*downstream*): as outras operações de uma cadeia de suprimento situadas entre a operação que está sendo considerada e o cliente final.

Just-in-time (JIT): método de planejamento e controle e filosofia de produção que visa atender à demanda instantaneamente com qualidade perfeita e sem desperdício.

Kaizen: termo japonês para melhoramento contínuo.

Kanban: termo japonês para cartão ou sinal; é um dispositivo de controle simples usado para autorizar a produção e transporte de materiais em sistemas de controle empurrado, como os usados em JIT.

Lado da demanda: cadeias de clientes, clientes de clientes etc. que recebem os produtos e serviços produzidos por uma operação.

Lado do suprimento: as cadeias de fornecedores, fornecedores de fornecedores etc. que fornecem peças, informações ou serviços a uma operação.

Lei de Little: relação matemática entre o tempo de atravessamento, o trabalho em progresso e o tempo de ciclo (tempo de atravessamento = trabalho em progresso × o tempo de ciclo).

Lei de Pareto: lei geral que opera em muitas situações e que indica que 20% de algo causa 80% de algo mais, geralmente usada em gestão de estoque (20% dos itens são responsáveis por 80% do faturamento) e atividades de melhoramento (20% dos tipos de problemas produzem 80% das interrupções de produção).

Lesão por esforço repetitivo (LER): lesão no corpo decorrente da repetição de atividades.

Limites de controle: linhas de um gráfico de controle usadas em controle estatístico do processo, que indicam a extensão das variações de causas naturais ou comuns; quaisquer pontos fora desses limites de controles indicam que o processo, provavelmente, está fora de controle.

Linha de ajustamento: nome alternativo para a diagonal "natural" da matriz de processo do produto.

Linha de frente (*front-office*): parte de alta visibilidade de uma operação.

Linha de visibilidade: o limite entre as partes do processo que são visíveis ao cliente e aquelas que não o são.

Lista de materiais: lista de partes componentes requeridas para compor o pacote total para um produto ou serviço, com informações referentes a seus níveis na estrutura do produto ou componente e as quantidades necessárias de cada componente.

Localização: posição geográfica de uma operação ou processo.

Logística: termo da gestão da cadeia de suprimento muito semelhante à gestão de distribuição física.

Loja dentro da loja: arranjo físico de operações que agrupam instalações que têm o mesmo propósito; o termo foi originalmente usado em operações de varejo, mas é agora também o é em outros setores, muito similar à ideia de arranjo físico celular.

Lojas de serviço: processos de serviço que estão posicionados entre os serviços profissionais e os serviços em massa, geralmente com níveis médios de volume e customização.

Lote econômico de compra (LEC): quantidade de itens a serem pedidos que, supostamente, minimiza o custo total de gestão de estoque, derivado de diversas fórmulas de LEC.

Lote econômico de produção: quantidade de itens a serem produzidos por uma máquina ou processo que, supostamente, minimiza os custos associados à produção e à formação de estoque.

Manufatura integrada por computador (CIM): termo usado para descrever a integração do monitoramento e do controle baseados em computador de todos os aspectos de um processo de fabricação, usando frequentemente um banco de dados comum e comunicando via alguma forma de rede de computadores.

Manutenção baseada em condição: abordagem para a gestão de manutenção que monitora a condição do equipamento no processo e realiza um trabalho no equipamento apenas quando necessário. Manutenção preditiva.

Manutenção corretiva: abordagem para gestão de manutenção que apenas conserta uma máquina ou instalação quando ocorre uma avaria.

Manutenção preventiva: abordagem para gestão de manutenção que desempenha trabalho em máquinas ou instalações em intervalos regulares na tentativa de prevenir quebras.

Manutenção produtiva total (TPM): abordagem para a gestão de manutenção que adota uma abordagem holística semelhante à gestão da qualidade total (TQM).

Manutenção: atividade de cuidar das instalações físicas para evitar ou minimizar o risco de essas instalações falharem.

Mapa de fluxo de valor: processo de mapeamento que visa entender o fluxo de material e informação no decorrer de um processo ou série de processos, que faz distinção entre os tempos de valor agregado e de não valor agregado no processo.

Mapa do esboço de um processo: *ver* "Mapeamento de processo de alto nível".

Mapeamento de processo de alto nível: mapa de processo agregado que ilustra atividades gerais em vez de atividades detalhadas (também chamado de "mapa de processo de esboço").

Mapeamento de processos: descrição de processos em termos de como as atividades de um processo se relacionam (pode também ser denominado "esboço de processo" ou "análise de processo").

Mapeamento emocional: mapear como as emoções dos clientes podem ser engajadas (positiva e negativamente) em cada estágio de um processo.

Marco: termo usado em gestão de projetos para identificar eventos importantes em que possam ser feitas revisões específicas de tempo, custo e qualidade.

Matriz importância-desempenho: técnica que reúne escores que indicam a importância e o desempenho relativos de fatores competitivos diferentes para priorizá-los como candidatos ao melhoramento.

Matriz produto-processo: modelo derivado por Hayes e Wheelwright que demonstra o ajustamento natural entre volume e variedade de produtos e serviços produzidos por uma operação, de um lado, e os tipos de processos usados para produzi-los, de outro.

Medição de trabalho: ramo do estudo do trabalho que envolve a medição do tempo que deve ser destinado ao desempenho das tarefas.

Medição do desempenho: atividade de medir e avaliar os vários aspectos de um processo ou o desempenho da operação inteira.

Melhoramento contínuo: abordagem para a melhoria das operações que assume muitos melhoramentos incrementais de desempenho, reforçando o impulso do melhoramento no lugar da taxa de melhoramento; também conhecido como *kaizen*, frequentemente contrastado ao melhoramento por inovação.

Melhoramento por inovação: abordagem de melhoria do desempenho da produção que implica mudanças drásticas e importantes na forma como a operação funciona. Por exemplo, a reengenharia de processos de negócios (BPR) está geralmente associada a esse tipo de melhoramento, também conhecido como melhoramento com base em inovação, em contraste com o melhoramento contínuo.

Melhoramento radical: *ver* "Melhoramento por inovação".

Metáfora do *iceberg*: uma metáfora de cultura organizacional, comparando-a com um *iceberg*, com a maior parte de sua massa sob a superfície.

Método de localização por escore ponderado: técnica para comparar a atratividade de localizações alternativas que aloca um escore aos fatores que são significativos na decisão e pondera cada um deles pela significância do fator.

Método Delphi: a técnica mais conhecida para gerar previsões usando especialistas é o método Delphi. Ele emprega uma pesquisa de especialistas em que as respostas são analisadas e resumos anônimos são enviados de volta a todos os especialistas. Estes são então convidados a reconsiderar a sua resposta original à luz das respostas e argumentos apresentados em conjunto pelos outros peritos. Esse processo é repetido várias vezes para se chegar a um consenso ou, pelo menos, a uma gama mais restrita de opiniões.

Método do caminho crítico (CPM): uma técnica de análise de rede.

Mitigação: termo usado em gestão de risco que significa isolar uma falha de suas consequências negativas.

Modelagem causal: uma abordagem quantitativa para previsão de demanda, que descreve e avalia as complexas relações de causa e efeito entre as variáveis-chave.

Modelo de canal único: um conjunto de conexões, geralmente em redes de varejo, que tenta fornecer uma experiência completa e integrada ao cliente, integrando todos os canais possíveis para que os clientes possam usar o que for mais conveniente para eles em qualquer estágio da transação.

Modelo de excelência EFQM: modelo que identifica as categorias das atividades que, supostamente, asseguram altos níveis de qualidade; é usado por muitas empresas para examinar seus procedimentos relacionados com a qualidade.

Modelo de negócios: o plano que é implementado por uma empresa para gerar receita e obter lucro (ou cumprir seus objetivos sociais, se for uma empresa sem fins lucrativos).

Modelo de quatro estágios de contribuição para as operações: modelo desenvolvido por Hayes e Wheelwright que categoriza o grau em que a gestão de produção influencia positivamente a estratégia geral da empresa.

Modelo do processo de transformação: modelo que descreve as operações em termos de seus recursos de *input*, seus processos de transformação e seus *outputs* de bens e serviços.

Modelo operacional: um projeto de alto nível da organização que define a estrutura e o estilo que lhe permite cumprir seus objetivos de negócios.

Montante (*upstream*): as outras operações em uma cadeia de suprimento que estão voltadas para o lado do suprimento da operação.

Muda: todas as atividades de um processo que representam desperdício porque não agregam valor à operação ou ao cliente.

Multi-habilidade: aumento da variedade de habilidades dos indivíduos para aumentar a motivação e/ou melhorar a flexibilidade.

Multissuprimento: prática de obter o mesmo tipo de produto, componente ou serviço de mais de um fornecedor para manter o poder de barganha de mercado ou a continuidade do suprimento.

Mura: termo que significa falta de consistência ou desnivelamento que resulta em sobrecarga periódica de funcionários ou equipamentos.

Muri: termo que significa desperdício em razão de exigências despropositais colocadas em um processo que resultará em maus resultados.

Neutralidade externa: o segundo estágio do modelo de quatro estágios de contribuição da produção de Hayes e Wheelwright, em que a função produção começa a se comparar com empresas ou organizações similares no mercado externo.

Neutralidade interna: o primeiro estágio do modelo de quatro estágios de contribuição da produção de Hayes e Wheelwright, em que o desempenho da função produção tenta não prejudicar a capacidade da organização de competir com eficiência.

Nível de ressuprimento: nível de estoque em que mais itens são encomendados, geralmente calculado para assegurar que o estoque não termine antes da chegada do lote seguinte.

Nível estratégico de desempenho da produção: os cinco aspectos do desempenho que contribuem para o aspecto "econômico" do resultado triplo: custo, faturamento, investimento, risco e competências.

Objetivos de desempenho: conjunto genérico de indicadores de desempenho que pode ser usado para estabelecer os objetivos ou avaliar o desempenho de qualquer tipo de operação; embora haja listas alternativas propostas por diferentes autoridades, os cinco objetivos de desempenho, como usados neste livro, são qualidade, velocidade, confiabilidade, flexibilidade e custo.

Offshoring: suprimento de produtos e serviços a partir de operações baseadas fora do próprio país ou região.

Operação de hub: uma instalação comum em uma rede logística por meio da qual itens ou informações são roteados.

Operações funcionais: ideia de que qualquer função em uma organização usa recursos para produzir serviços e produtos para clientes (internos); assim, todas as funções são, em alguma extensão, operações.

Organização de forma M: estrutura organizacional que agrupa os recursos necessários para produzir um produto ou serviço ou os recursos necessários para atender a uma área geográfica específica em divisões separadas.

Organização de forma N: estruturas organizacionais em rede, em que conglomerados de recursos delegam responsabilidade para a gestão estratégica desses recursos.

Organização de forma U: estrutura organizacional que agrupa seus recursos, principalmente pelo seu propósito funcional.

Padrões de desempenho: níveis definidos de desempenho contra os quais uma operação real é comparada; os padrões de desempenho podem ser baseados em desempenho histórico, metas de desempenho arbitrárias, desempenho de concorrentes etc.

Padronização: grau em que os processos, produtos ou serviços são impedidos de variar ao longo do tempo.

Panorama de serviço: termo usado para descrever a perspectiva e a sensação do ambiente de uma operação.

Paradoxo de Moravec: termo que descreve o enigma que até mesmo tecnologias altamente sofisticadas podem achar algumas tarefas difíceis, mas que a maioria dos seres humanos considera fáceis.

Parceria: tipo de relacionamento nas redes de suprimento que encoraja acordos cooperativos relativamente duradouros para a realização conjunta de metas empresariais.

Partes interessadas. Ver "Stakeholders".

Pesquisa e desenvolvimento (P&D): função da organização que desenvolve conhecimento e ideias novas e os operacionaliza para formar uma base de conhecimento subjacente sobre a qual os projetos de produto, serviço e processo estão fundamentados.

Planejamento de cenário: um método de planejamento em que são discutidos diversos cenários futuros possíveis e suas consequências.

Planejamento de necessidades de materiais (MRP): conjunto de cálculos embutidos em um sistema que ajuda as operações a fazer cálculos de volume e de timing de componentes para os propósitos de planejamento e controle.

Planejamento de recursos de manufatura (MRP II): expansão do planejamento das necessidades de materiais ao incluir maior integração com informações de outras partes da organização e, frequentemente, maior sofisticação nos cálculos da programação.

Planejamento de recursos empresariais (ERP): integração de todos os sistemas de planejamento de recursos significativos em uma organização que, no contexto das operações, integra o planejamento e controle com outras funções da empresa.

Planejamento e controle agregados: termo usado para indicar o planejamento da capacidade em médio prazo que agrega produtos e serviços diferentes para obter ampla visão da demanda e da capacidade.

Planejamento: formalização do que se pretende que aconteça em algum momento do futuro.

Plano de capacidade nivelada: abordagem para a gestão da capacidade de médio prazo que tenta manter a produção de uma operação ou sua capacidade constante, independentemente da demanda.

Poka-yoke: termo japonês para sistema à prova de falha.

Ponto de ressuprimento: ponto no tempo em que mais itens são encomendados, geralmente calculado para assegurar que o estoque não termine antes da chegada do novo lote.

Pontuação líquida do promotor (NPS): uma fórmula de pontuação simples que subtrai a porcentagem de clientes que não recomendariam um serviço da porcentagem daqueles que o recomendariam.

Práticas básicas de trabalho: princípios utilizados para encorajar o envolvimento e o respeito na filosofia enxuta.

Preços de pico (ou dinâmicos): técnica de gestão de demanda que conta com ajustes frequentes no preço para influenciar o suprimento e (especialmente) a demanda, de modo que sejam igualados. Por exemplo, algumas companhias de eletricidade cobram taxas diferentes para a energia, dependendo do horário em que ela é consumida.

Preços dinâmicos: ver "Preços de pico".

Prêmio Europeu de Qualidade: prêmio de qualidade organizado pela Fundação Europeia para Gestão da Qualidade; está baseado no modelo de excelência EFQM.

Primeira camada: descrição aplicada a fornecedores e clientes que estão em relacionamento imediato com uma operação, sem operações intermediárias.

Princípio de estoque perpétuo: princípio usado em controle de estoque pelo qual o registro de estoque deve ser automaticamente atualizado toda vez que itens forem recebidos ou retirados.

Princípios de economia de movimentos: *checklist* usado para desenvolver novos métodos de estudo do trabalho que pretende eliminar elementos do trabalho, combinar esses elementos, simplificar as atividades ou alterar a sequência de eventos para melhorar a eficiência.

Processo da estratégia de produção: como as estratégias de produção são desenvolvidas e gerenciadas, frequentemente dividido em formulação, implementação, monitoramento e controle.

Processo de MRP líquido: processo de calcular necessidades líquidas usando o PMP, a posição de estoques e a lista de materiais.

Processos contínuos: processos de alto volume e baixa variedade; geralmente, produtos fabricados em processo contínuo são produzidos em fluxo contínuo, como itens petroquímicos ou eletricidade.

Processos curtos e grossos: processos projetados com relativamente poucos estágios sequenciais, cada um desempenhando parte relativamente grande da tarefa total; o oposto de "processos longos e finos".

Processos de negócio de ponta a ponta: processos que atendem totalmente à necessidade de um cliente externo definido.

Processos de produção em massa: processos que produzem bens em alto volume e relativamente pouca variedade.

Processos de projeto: processos que lidam com produtos distintos, em geral, altamente customizados.

Processos em lote: processos que tratam lotes de produtos em conjunto, tendo cada um dos quais seu próprio roteiro de processo.

Processos empresariais: processos que frequentemente atravessam as fronteiras funcionais e que dão alguma contribuição para o atendimento das necessidades dos clientes.

Processos *jobbing*: processos que lidam com alta variedade e baixos volumes, embora possa haver alguma repetição de fluxo e atividades.

Processos longos e finos: processos projetados para que tenham muitos estágios sequenciais, cada um desempenhando uma parte relativamente pequena da tarefa total; o oposto de "processos curtos e grossos".

Processos: organização de recursos que produz algum *mix* de produtos e serviços.

Produtividade: índice do que é produzido por uma operação ou processo em relação ao que é necessário para produzir, a saber, o *output* de uma operação dividido por seu *input*.

Produtos facilitadores: produtos que são produzidos por uma operação para apoiar seus serviços.

Programa: usado em gestão de projetos, geralmente significa um processo contínuo de mudança que compreende projetos individuais.

Programação: termo usado em planejamento e controle para indicar o cronograma detalhado do trabalho que deve ser feito, quando e onde.

Programação nivelada: ideia de que o *mix* e o volume da atividade devem ser iguais ao longo do tempo, de modo a tornar a saída rotineira e regular; às vezes conhecida pelo termo japonês *heijunka*.

Programação para a frente: carregamento de trabalho em centros de trabalho tão logo seja possível, em contraposição à programação para trás.

Programação para trás (*backward scheduling*): começar a programar trabalhos a partir do momento em que deveriam terminar, em oposição à programação para a frente.

Programação-mestre de produção (PMP): programação importante que forma o principal *input* para o planejamento de necessidades de materiais; contém uma declaração do volume e do momento em que os produtos finais devem ser fabricados.

Projetificação: termo que descreve o aumento da proporção do tempo do indivíduo gasto trabalhando nos projetos, ao contrário das atividades no "curso estável".

Projeto: conjunto de atividades com ponto de partida e de finalização definidos, que persegue uma meta usando um conjunto definido de recursos.

Projeto assistido por computador (CAD): o uso de *software* de computador para ajudar a criar e modificar projetos de produto, serviço ou processo.

Projeto de trabalho comportamental: abordagem para o projeto de trabalho que leva em consideração o desejo dos indivíduos de atenderem a suas necessidades de autoestima e desenvolvimento pessoal.

Projeto de trabalho: forma pela qual estruturamos o conteúdo e o ambiente de trabalho dos indivíduos e a interface com a tecnologia ou instalações que usam.

Projeto do processo: configuração geral de um processo que determina a sequência das atividades e o fluxo de recursos transformados entre elas.

Projeto generativo: uma abordagem para explorar projetos alternativos, envolvendo a especificação de objetivos de projeto, parâmetros e requisitos de desempenho, e usando *software* para gerar alternativas de projeto.

Projeto interativo: ideia de que o projeto de produtos e serviços, por um lado, e os processos que os criam, por outro, devem ser integrados.

Projeto modular: uso de subcomponentes padronizados de um produto ou serviço que podem ser agrupados de diferentes formas para criar alto grau de variedade.

Projeto preliminar: projeto inicial de um produto ou serviço que define seus principais componentes e funções, embora não inclua muitos detalhes específicos.

Prototipagem: projeto inicial de um produto ou serviço elaborado com o propósito de avaliação posterior de uma opção de projeto.

Qualidade: há muitas abordagens diferentes para definir qualidade. Pode ser definida como conformidade consistente às expectativas do cliente.

Qualidade da experiência: a aceitabilidade geral do serviço, conforme percebida subjetivamente pelo usuário final.

Qualificadores: fatores competitivos que têm um nível mínimo de desempenho (nível de qualificação) abaixo do qual é improvável que os clientes considerem satisfatório o desempenho de uma operação.

Quatro perspectivas sobre a estratégia de produção: categorização que distingue entre perspectivas de cima para baixo, de baixo para cima, de fora para dentro e de dentro para fora.

Quebra do custo fixo: volumes de produção nos quais é necessário investir em instalações de produção que demandarão custo fixo.

Razão P:D: uma razão que diferencia a extensão total de tempo que os clientes precisam esperar entre pedir um produto ou serviço e recebê-lo (*D*) e o tempo de atravessamento total para produzir esse produto ou serviço (*P*).

Realidade aumentada: tecnologias que mostram uma versão avançada da realidade, em que visões ao vivo dos ambientes físicos do mundo real são acrescentadas de imagens sobrepostas, geradas por computador.

Realidade virtual: utiliza simulações totalmente geradas por computador, com as quais os seres humanos podem interagir de maneira aparentemente real usando capacetes/óculos especiais e luvas equipadas com sensores.

Recuperação de desastre: termo usado de modo similar à continuidade da empresa, mas está largamente preocupado com os planos e procedimentos de ação para a recuperação da tecnologia e sistemas de informações críticas após um desastre natural ou induzido por ser humano.

Recuperação: atividade (geralmente um processo predeterminado) de minimizar os efeitos da falha de uma operação.

Recurso sob encomenda: operações que compram recursos para produção apenas quando são demandados por clientes específicos.

Recursos de input: recursos de transformação e transformados que formam o *input* para as operações.

Recursos de transformação: os recursos que atuam sobre os recursos transformados, geralmente classificados como instalações (prédios, equipamentos e planta de uma operação) e funcionários (pessoas que operam, mantêm e administram a operação).

Recursos intangíveis: recursos em uma operação que não são imediatamente evidentes ou tangíveis, como relacionamentos com fornecedores e clientes, conhecimento do processo, desenvolvimento de novos produtos e serviços.

Recursos transformados: os recursos que são tratados, transformados ou convertidos em um processo; geralmente um *mix* de materiais, informações e clientes.

Rede de suprimento: a rede de operações de fornecedor e cliente que têm relacionamentos com uma operação.

Rede de suprimento imediata: fornecedores e clientes que têm contato direto com uma operação.

Rede total de suprimento: todos os fornecedores e clientes que estão envolvidos nas redes de suprimento ao longo de uma operação.

Redução do tempo de set-up: processo de reduzir o tempo de mudança de um processo de uma atividade para o seguinte; também denominada "troca rápida de moldes" (SMED), devido às suas origens na indústria de prensagem de metais.

Redundância: extensão em que um processo, produto ou serviço tem sistemas ou componentes que são usados apenas quando outros sistemas ou componentes falham.

Reengenharia de processos de negócio (BPR): a filosofia que recomenda o reprojeto dos processos para atender às necessidades definidas pelos clientes externos.

Relações transacionais: adquirir bens e serviços em um padrão de mercado "puro", normalmente buscando o "melhor" fornecedor toda vez que for preciso fazer uma compra.

Repetitividade: extensão em que uma atividade não varia.

Representação polar do desempenho: um método de representar a importância relativa dos objetivos de desempenho para um produto ou serviço.

Reshoring: a prática de transferir as atividades da empresa, que foram levadas para o exterior, de volta ao país de origem (também conhecido como *back-shoring*, *home-shoring* e *on-shoring*).

Respeito pelas pessoas: termo usado na filosofia enxuta para promover comportamentos respeitosos, com base na ideia de que os efeitos da falta de civilidade são de longo alcance e quase sempre negativos.

Responsabilidade social: incorporação do impacto da operação sobre seus *stakeholders* nas decisões de administração da produção.

Responsabilidade social corporativa (RSC): como a empresa considera seus impactos econômicos, sociais e ambientais.

Resultado ambiental: elemento do resultado triplo que avalia o desempenho de uma organização em termos de como ela afeta o ambiente natural.

Resultado econômico: parte do resultado triplo que avalia o desempenho econômico de uma organização, geralmente em termos financeiros.

Resultado social: elemento do resultado triplo que avalia o desempenho de uma empresa em relação às pessoas e à sociedade com as quais ela tem contato; e/ou missão ambiental e responsabilidade legal a respeito dos interesses dos funcionários, da comunidade, do ambiente, bem como dos acionistas.

Resultado triplo (triple bottom line): (também conhecido como pessoas, plantas e lucro) ideia de que as organizações devem ser medidas em critérios sociais e ambientais, bem como em critérios financeiros.

Revisão contínua: abordagem para gerenciar a tomada de decisões relacionadas com estoque quando este atinge um nível específico, ao contrário da revisão periódica.

Revisão periódica: abordagem para a tomada de decisões de estoque que define pontos no tempo para examinar os níveis de estoque e tomar as decisões adequadas, ao contrário da revisão contínua.

RFID (identificação por radiofrequência): tecnologias que usam ondas de rádio para identificar objetos automaticamente e, quase sempre, coletar dados sobre eles.

Robôs: manipuladores automáticos de recursos transformados cuja movimentação pode ser programada e reprogramada.

Rotação de trabalho: prática de encorajar a movimentação de indivíduos entre diferentes aspectos de um trabalho, de modo a aumentar a motivação.

Saídas (outputs) de processos: compostas de bens e serviços produzidos por processos.

Sales and Operations Planning (S&OP): um processo formal de negócios que contempla um período de 18 a 24 meses à frente, na tentativa de integrar o planejamento de curto e longo prazo, bem como as atividades de planejamento das principais funções.

SAP: empresa alemã líder de mercado em *software,* sistemas e treinamento em ERP.

Saúde e segurança ocupacional (SSO): práticas que impedem acidentes ocupacionais e doenças ou outros eventos que poderiam ter consequências adversas para os funcionários.

Seguimento de demanda: abordagem para gestão da capacidade de médio prazo que tenta ajustar a produção e/ou a capacidade para refletir as flutuações da demanda.

Segunda camada: descrição aplicada a fornecedores e clientes que estão separados da operação apenas por fornecedores e clientes da primeira camada.

Segurança cibernética: atividade que tenta proteger uma operação da falha de tecnologia de uma operação, que pode levar à exposição de perda financeira, interrupção ou dano à reputação de uma organização por algum tipo de falha de seus sistemas de tecnologia da informação (TI).

Seis Sigma: abordagem para melhoramento e gestão da qualidade originada na Motorola Company, mas que foi amplamente popularizada por sua adoção na GE Company nos EUA. Embora baseada no controle estatístico do processo tradicional, é agora uma "filosofia de melhoramento" bem mais ampla, que recomenda, geralmente, uma abordagem específica para medir, melhorar e gerenciar a qualidade e o desempenho das operações.

Sequenciamento: atividade de planejamento e controle que decide a ordem em que o trabalho deve ser desempenhado.

Serviços em massa: processos de serviço que têm alto número de transações, frequentemente envolvendo customização limitada, por exemplo, os serviços de transporte em massa, *call centers* etc.

Serviços profissionais: processos de serviço que são destinados a produzir serviços baseados no conhecimento ou em consultoria, geralmente envolvendo alto contato com o cliente e alta customização; são exemplos as consultorias de gestão, advogados, arquitetos etc.

Servitização: envolve empresas (quase sempre de manufatura) que desenvolvem as competências necessárias para fornecer serviços e soluções que suplementam suas ofertas tradicionais de produtos.

Sete tipos de desperdício: tipos de desperdício identificados pela Toyota, que são superprodução, espera, transporte, processamento demasiado, estoque, movimentação e defeito/retrabalho.

Sigma enxuto: combinação de elementos de melhoramento da filosofia enxuta e de Seis Sigma.

Símbolos de mapeamento de processo: símbolos usados para classificar tipos diferentes de atividade: geralmente derivam-se da administração científica ou do fluxograma dos sistemas de informação.

Simulação: uso de um modelo de processo, produto ou serviço para explorar suas características antes de o processo, produto ou serviço ser criado.

Síntese de dados elementares: técnica de medição do trabalho para se chegar a um tempo total a partir de elementos de tempo marcados anteriormente.

Sistema de apoio à decisão: sistema de informação gerencial que ajuda ou apoia a tomada de decisão gerencial; pode incluir bancos de dados e modelos analíticos sofisticados.

Sistemas de tempos e movimentos predeterminados (PMTS): técnica de medida do trabalho em que tempos-padrão elementares obtidos de tabelas publicadas são usados para construir uma estimativa de tempo para todo o trabalho.

Sistemas especialistas (SE): sistemas de solução de problemas baseados em computador que, em algum grau, imitam a lógica humana na solução de problemas.

Sistemas flexíveis de manufatura (FMS): sistemas de produção que reúnem várias tecnologias em um sistema coerente, como corte de metal e tecnologias de manuseio de materiais, geralmente controlando suas atividades por um único computador.

Sistemas sociotécnicos: um modo de pensar a respeito das organizações complexas, como as de produção, que reforça a interação entre pessoas e tecnologia.

Sistematização: extensão em que procedimentos padronizados se tornam explícitos.

Stakeholders: pessoas e grupos de pessoas que têm interesse na operação e que podem ser influenciados ou influenciar as atividades da operação. Também chamados de "partes interessadas".

Subcontratação: quando usada na gestão da capacidade de médio prazo, indica o uso temporário de outras operações para desempenhar algumas tarefas, ou mesmo produzir todos os produtos ou serviços, durante o período de alta demanda.

Suporte externo: o estágio final do modelo de quatro estágios de contribuição das operações de Hayes e Wheelwright, em que a função produção é a base para o sucesso competitivo de uma organização.

Suporte interno: o terceiro estágio do modelo de quatro estágios de contribuição da produção de Hayes e Wheelwright, em que a função produção tipicamente alcança a "primeira divisão" de seus mercados.

Suprimento aberto: produtos e serviços desenvolvidos por uma comunidade aberta, incluindo usuários.

Suprimento único: prática de obter todo um tipo de produto, componente ou serviço de *input* de um único fornecedor, ao contrário do suprimento múltiplo.

Sustentabilidade: habilidade de uma empresa de gerar lucro aceitável a seus proprietários, bem como minimizar o dano ao meio ambiente e melhorar a vida das pessoas com as quais tem contato.

***Takt time* (tempo de batida):** (semelhante ao tempo de ciclo) tempo entre os itens que emergem de um processo, geralmente aplicado a processos "cadenciados".

Tambor, pulmão e corda: abordagem para o controle das operações que vem da teoria das restrições (TOC) e usa o estágio gargalo em um processo para controlar a movimentação dos materiais.

Tangibilidade: principal característica que distingue produtos (geralmente tangíveis) de serviços (geralmente intangíveis).

Taxa de falha: medida de falha que é definida como o número de falhas em determinado período de tempo.

Técnica de avaliação e revisão do programa (PERT): método de planejamento de rede que usa estimativas probabilísticas de tempo.

Tecnologia da informação (TI): qualquer dispositivo ou conjunto de dispositivos que coleta, manipula, estoca e distribui informação; termo quase sempre usado para significar dispositivos baseados em computador.

Tecnologia de processo: máquinas e dispositivos que criam e/ou entregam bens e serviços.

Tecnologia de produção otimizada (OPT): *software* e conceito criados por Eliyahu Goldratt para explorar sua teoria das restrições (TOC).

Tecnologia de produto: tecnologia embutida em um produto ou serviço, distinta de tecnologia de processo.

Tecnologia indireta de processo: tecnologia que auxilia a gestão de processos, em vez de contribuir diretamente para a criação de produtos ou serviços; por exemplo, tecnologia de informação que programa atividades.

Telemedicina: habilidade de fornecer serviços de saúde interativos utilizando tecnologia de telecomunicações moderna.

Teletrabalho (*home office*): habilidade de trabalhar de casa usando tecnologia de telecomunicações e/ou de computador.

Tempo até o lançamento (TTM): tempo envolvido por toda a atividade de projeto, desde o conceito até o lançamento do produto ou serviço no mercado.

Tempo básico: tempo de duração para a execução de um trabalho sem quaisquer concessões para recuperação.

Tempo de atravessamento: tempo para uma unidade mover-se ao longo de um processo.

Tempo de ciclo: tempo médio entre unidades de produção que emergem de um processo.

Tempo médio entre falhas (TMEF): tempo da operação dividido pelo número de falhas; o recíproco da taxa de falhas.

Tempo operacional valioso: tempo de um equipamento ou centro de trabalho que está disponível para trabalho produtivo após interrupções e ineficiências terem sido consideradas.

Tempo padronizado: termo usado em mensuração do trabalho para indicar o tempo despendido na execução de um trabalho; inclui os tempos de tolerância para descanso e relaxamento.

Teoria da fila de espera: um termo alternativo para a "teoria das filas".

Teoria das filas: abordagem matemática que modela as atividades de processamento e de chegada aleatórias para prever o comportamento dos sistemas de fila (também chamada de "teoria da fila de espera").

Teoria das restrições (TOC): filosofia de administração da produção que foca a atenção nas restrições de capacidade ou nas partes de uma operação que representam gargalo; usa *software* conhecido como "tecnologia de produção otimizada" (OPT).

Teoria dos *trade-offs*: ideia de que o melhoramento de um aspecto do desempenho das operações decorre à custa da deterioração de outro aspecto do desempenho, agora substancialmente modificada ao incluir a possibilidade de que, em longo prazo, aspectos diferentes do desempenho das operações possam ser melhorados simultaneamente.

Terceirização (*outsourcing*): prática de contratação de um fornecedor para trabalho anteriormente feito dentro da operação.

Terceirização de processo de negócio (BPO): termo aplicado à terceirização de processos inteiros da empresa; como não precisa significar uma mudança na localização do processo, às vezes envolve uma empresa externa assumindo o controle da gestão dos processos que permanecem na mesma localização.

Teste alfa: basicamente um processo *interno* em que os desenvolvedores ou fabricantes (ou, às vezes, uma agência externa que eles contrataram) examinam o produto em busca de erros. Geralmente, também é um processo privado, não aberto ao mercado ou a clientes em potencial.

Teste beta: quando o produto ou serviço é liberado para testes por clientes selecionados. É um "teste-piloto" *externo*, que ocorre no "mundo real" (ou quase no mundo real, porque ainda é um teste relativamente curto com uma amostra pequena) antes da produção comercial.

Tipos de processo: termo usado para descrever uma abordagem geral particular para gerenciamento de processos; em manufatura, são geralmente processos por projeto, *jobbing*, por lotes, produção em massa e processos contínuos; em serviços, são os serviços profissionais, lojas de serviços e serviços em massa.

Tomada de decisão algorítmica: onde as decisões são feitas automaticamente, por meio de uma sequência predefinida de instruções ou regras.

Top-down: influência da estratégia corporativa ou empresarial sobre as decisões de produção.

Touchpoints: os pontos em um processo de alta visibilidade que são os pontos de contato entre um processo e os clientes.

Trabalhador qualificado: termo usado em estudo do trabalho para indicar uma pessoa que é aceita como tendo atributos físicos, inteligência, competência, educação e conhecimento para desempenhar a tarefa.

Trabalho em progresso (WIP): número de unidades de um processo esperando para ser processado ainda mais (também chamado de *work-in-progress*).

Trabalho híbrido: a prática de passar pelo menos parte da semana de trabalho trabalhando de casa.

Trabalho padronizado: a documentação passo a passo da forma mais eficiente de realizar um processo.

Tríade: os elementos básicos de uma rede de suprimento, envolvendo três operações.

Triagem de projetos: avaliação de projetos alternativos com o propósito de reduzir o número de opções de projetos consideradas.

Triagem: método de sequenciamento que prioriza as funções mais urgentes.

Uso durante o *lead-time*: volume de estoque que será usado entre a emissão de um pedido e a chegada de reposição, geralmente descrito por uma distribuição de probabilidade para representar a incerteza da demanda e o *lead time*.

Usuário inicial: usuários que estão à frente da maioria do mercado em uma grande tendência de mercado e que também têm um alto incentivo para inovar. Como esses usuários iniciais estarão familiarizados com os aspectos positivos e negativos das primeiras versões de produtos e serviços, eles são uma fonte particularmente valiosa de ideias inovadoras em potencial.

Utilização: índice de *output* real de um processo ou instalação dividido por sua capacidade de projeto.

Valor de uso: termo usado em controle de estoque para indicar a quantidade de itens usados ou vendidos, multiplicada por seu valor ou preço.

Variação: grau em que a taxa ou o nível de *output* varia em um processo ao longo do tempo, uma característica-chave que determina seu comportamento.

Variabilidade de processo: grau em que as atividades variam em tempo ou natureza de um processo.

Variáveis da qualidade: medidas da qualidade que podem ser mensuradas continuamente em uma escala variável, por exemplo, tamanho, peso etc.

Variedade recebida: variedade que ocorre porque o processo não foi projetado para evitá-la.

Variedade: faixa de diferentes produtos e serviços produzidos por um processo, uma característica-chave que determina seu comportamento.

Veículo autoguiado (AGV): um sistema de manuseio de materiais que usa veículos automatizados, programados para se moverem entre diferentes estações sem um operador.

Velocidade: tempo envolvido entre a solicitação de produtos ou serviços pelos clientes e seu recebimento.

Viabilidade de projeto: habilidade de uma operação produzir um processo, produto ou serviço.

Visão baseada em recurso: perspectiva sobre a estratégia que reforça a importância das capacitações (também chamadas de competências) para determinar uma vantagem competitiva sustentável.

Visibilidade: o montante de atividade de valor agregado que ocorre na presença (real ou virtual) do cliente, também denominada "contato com o cliente".

Volume: nível ou taxa de *output* de um processo, uma característica-chave que determina seu comportamento.

Voz do cliente (VOC): captar as exigências, expectativas e percepções de um cliente e usá-las como alvos de melhoramento dentro de uma operação.

VUCA: acrônimo de volatilidade, incerteza (*uncertainty*), complexidade e ambiguidade.

Zero defeito: ideia de que a gestão da qualidade deve melhorar até a perfeição como objetivo final, muito embora, na prática, isso jamais seja atingido.

Créditos

Texto

Capítulo 1

5 The LEGO Group: Baseado nos *websites corporativos da LEGOLAND www.legoland.com;* **5 Merlin Entertainment:** Merlin Entertainment https://www.merlinentertainments.biz/ (acesso em: agosto de 2021); **5 Gizmodo:** Diaz, J. (2008) Visão exclusiva dentro da Lego Factory, Gizmodo, 21 de julho, http://lego.gizmodo.com/exclusive-look-inside-the-lego-factory-5022769 (acesso em: agosto de 2021); **10 Médecins Sans Frontières:** As informações nas quais este exemplo se baseia foram retiradas de www.msf.org e https://blogs.msf.org/ about-us (acesso em: agosto de 2021); **14 Marina Bay Sands:** As informações nas quais este exemplo se baseia foram retiradas de: *website* do hotel, https://www.marinabaysands.com/ (acesso em: agosto de 2021); **18 Ellen MacArthur Foundation:** The Ellen MacArthur Foundation: Let's build a circular economy, https://ellenmacarthurfoundation.org (acesso em: agosto de 2021); **18 GreenBiz Group Inc:** Phipps, L. (2018) How Philips became a pioneer of circularity-as-a-service, GreenBiz, 22 de agosto; **18 Koninklijke Philips:** *Website* da Philips, The circular imperative, https://www.philips.com/a-w/about/environmental-social-governance/environmental/circular-economy.html (acesso em: agosto de 2021); **24 Tom Avery:** Baseado em uma comunicação pessoal com Tom Avery, CEO da Verbier Sky Exclusive; **27 FJÄLLRÄVEN:** W*ebsite* da empresa, https://www.fjallraven.com/; **27 SGB Media:** Silven, R. (2020) Fjällräven votada como marca mais sustentável em seu setor, de acordo com o Sustainable Brand Index da Suécia, sgbonline.com, 29 de abril, https://sgbonline.com/pressrelease/fjallraven-voted-most-sustainable-brand-in-its-industry-according-to-swedens-sustainable-brand-index/ (acesso em: agosto de 2021); **27 FJÄLLRÄVEN:** Sustainability — Fjällräven SEA. Apanhado de https://fjallravensea.com/pages/sustainability; **27 TYF:** Fjällräven — TYF. Retirado de: https://www.tyf.com/pages/fjallraven; **30 BBC:** BBC News (2002) Politicians 'trample over' patient privacy, 1º de julho, http://news.bbc.co.uk/1/hi/in_depth/health/2002/bma_conference/2077391.stm (acesso em: agosto de 2021).

Capítulo 2

42 B Corp: *Website* da B Corp, https://bcorporation.net/about-bcorps (acesso em: agosto de 2021); **42 Economist:** Economist (2018) Choosing plan B — Danone rethinks the idea of the firm, seção de negócios do Economist, edição impressa, 9 de agosto; **47 Times Newspapers Limited:** Willan, P. (2018) Spread the word: dream job if you're nuts about chocolate,

The Times, 28 de julho; **47 Reuters:** Reuters Staff (2018) Ferrero stops production at biggest Nutella plant to assess quality issue, Reuters, 21 de fevereiro, https://www.reuters.com/article/ferrero-nutella-stop-idUSL-5N20G5NY (acesso em: agosto de 2021); **47 France24:** france 24 (2019) World's largest Nutella factory reopens after 'quality defect' france24, 25 de fevereiro, https://www.france24.com/en/20190225-worlds-largest-nutella-factory-reopensafter-quality-defect (acesso em: agosto de 2021); **47 Times Newspapers Limited:** Sage, A. (2018) Nutella fistfights spread at Intermarché stores across France, *The Times*, 26 de janeiro; **49 THE FINANCIAL TIMES LTD:** Palmer, M, (2020) Smart ambulances and wearables offer route to speedier treatments, *Financial Times*, 24 de novembro; **49 London's Air Ambulance Charity:** London's Air Ambulance Service can be found at https://www.londonsairambulance.org.uk (acesso em: agosto de 2021); **51 Guardian News & Media Limited:** McCurry, J, (2017) Japanese rail company apologises after train leaves 20 seconds early, *Guardian*, 17 de novembro; **51 The Local Europe AB:** The Local (2017) SBB remains most punctual train company in Europe, news@thelocal.ch, 21 de março; **61 John Wiley & Sons, Inc:** Skinner, W. (1985) *Manufacturing: The Formidable Competitive Weapon*, John Wiley & Sons, Nova York, NY; **66 Patrick O'Brien:** Citado por Patrick O'Brien; **67 Gillian Drakeford:** Gillian Drakeford, IKEA's UK boss; **67, 68 Times Newspapers Limited:** Hipwell, D. (2017) This is no time to sit back and relax — we must deliver, says IKEA's UK boss, *The Times*, 10 February; **67 Ray Gaul:** Citado por Ray Gaul; **67 Torbjörn Lööf:** Citado por Torbjörn Lööf; **67 Jesper Brodin:** Citado por Jesper Brodin; **68 IKEA:** *Website* da IKEA, https://www.inter.ikea.com/ (acesso em: setembro de 2021); **68 Bloomberg:** Matlack, C. (2018) The tiny Ikea of the future, without meatballs or showroom mazes, *Bloomberg Businessweek*, 10 de janeiro; **68 THE FINANCIAL TIMES LTD:** Milne, R. (2018) What will Ikea build next? *Financial Times*, 1º de fevereiro; **68 Economist:** Economist (2017) Frictionless furnishing: IKEA undertakes some home improvements, *Economist*, edição impressa, 2 de novembro; **68 Sustainable Life Media, Inc.:** Gerschel-Clarke, A. (2016) 'Peak Stuff': why IKEA is shifting towards new business models, Sustainablebrands.com, 17 de fevereiro; **68 THE FINANCIAL TIMES LTD:** Milne, R. (2017) Ikea turns to ecommerce sites in online sales push, *Financial Times*, 9 de outubro; **68 BBC:** Hope, K. (2017) Ikea: why we have a love-hate relationship with the Swedish retailer, BBC News, 17 de outubro; **68 The Telegraph:** Armstrong, A. (2017) Revealed: how after 30 years, Ikea is undergoing a radical overhaul, *The Telegraph*, 15 de outubro; **68 Marc-André Kamel:** Marc-André Kamel, da consultoria Bain & Company.

Capítulo 3

74 THE FINANCIAL TIMES LTD: Braithwaite, T. (2020) How a UK supermarket nourished Silicon Valley's critics, *Financial Times*, 6 de novembro; **74 The Sunday Times:** Chambers, S. (2019) Ocado the disruptor is being disrupted, *The Sunday Times*, 1º de dezembro; **75, 190 John Wiley & Sons, Inc:** Hayes, R.H. e Wheelwright, S.C. (1984) *Restoring our Competitive Edge: Competing Through Manufacturing*, John Wiley & Sons, Inc., Nova York, NY; **82 Kogan Page:** Baseado em um exemplo de Slack, N. (2017) *The Operations Advantage*, Kogan Page, Londres; **85 Times Newspapers Limited:** Clark, A. e Ralph, A. (2014) Tesco boss defiantamid 4% plunge in sales, *The Times*, 5 de junho; **85 THE FINANCIAL TIMES LTD:** Vandevelde, M. (2016) Tesco ditches global ambitions with retreat to UK, *Financial Times*, 21 de junho; **98 Elsevier:** Baseado em um trabalho de Carroll, A.B. (1991) The pyramid of social responsibility: towards the moral management of organizational stakeholders, *Business Horizons*, 34 (4) julho/agosto, 39-48; **103 Ray Kroc:** Citado por Ray Kroc; **104 Berkley Publishing Corp:** Kroc, R. A. (1977) *Grinding it Out: The Making of McDonald's*, St. Martin's Press, Nova York; **105 THE FINANCIAL TIMES LTD:** Whipp, L. (2015) McDonald's to slim down in home market, *Financial Times*, 18 de junho; **105 THE FINANCIAL TIMES LTD:** Smith, T. (2015) Where's the beef, *Financial Times*, 22 de maio; **105 THE FINANCIAL TIMES LTD:** Whipp, L. (2015) McDonald's may struggle to replicate British success, *Financial Times*, 5 de maio; **105 McDonald's:** McDonald's Annual Report, 2017; **105 Macmillan Publisher:** Kroc, R.A. (1977) Grinding it Out: The Making of McDonald's, St. Martin's Press, Nova York; **105 Times Newspapers Limited:** Cooper, L. (2015) At McDonald's the burgers have been left on the griddle too long, *The Times*, 24 de agosto.

Capítulo 4

113 The Economist Newspaper Limited: As informações nas quais este exemplo se baseia foram retiradas de: Economist (2018) The invention, slow adoption and near perfection of the zip, *Economist*, edição impressa, 18 de dezembro; **123 The Economist Newspaper Limited:** As informações nas quais este exemplo se baseia foram retiradas de: Economist (2017) One of the world's oldest products faces the digital future, *Economist*, edição impressa, 12 de outubro; **128 BT Group plc :** *Website* da BT, *How BT innovates, https://www.bt.com/about/innovation/how-bt-inn*ovates (acesso em: agosto de 2021); **128 BT Group plc:** BT News (2018) BT launches Better World Innovation Challenge for start-ups & SMEs, comunicado de imprensa da BT, 8 de maio; **128 BT Group plc:** BT Group plc Annual Report, Strategic Report, 2019; **128 BT Group plc:** Fransman, M. (2014) *Models of Innovation in Global ICT Firms: The Emerging Global Innovation Ecosystems* (ed. M. Bogdanowicz), JRC Scientific and Policy Reports — EUR 26774 EN. Seville: JRC-IPTS; **132 Productivity Press:** Morgan, J. e Liker, J.K. (2006) *The Toyota Product Development System: Integrating People, Process, and Technology*, Productivity Press, Nova York, NY; **132 Harvard Business Press:** Sobek II, D.K., Liker, J. e Ward,

A.C. (1998) Another look at how Toyota integrates product development, *Harvard Business Review* (julho-agosto); **133 THE FINANCIAL TIMES LTD:** Clegg A (2015) Sustainable innovation: shaped for the circular economy, *Financial Times*, 26 de agosto.

Capítulo 5

148 Scott Fitzgerald: Citado por Scott Fitzgerald; **151 The New York Times Company:** Schuetze, C.F. (2014) Dutch flower auction, long industry's heart, is facing competition, *New York Times*, 16 de dezembro; **151 Royal FloraHolland:** *Website* da empresa https://www.royalfloraholland.com/en/about-floraholland (acesso em: agosto de 2021); **154 Industry Dive:** Hernández, A. (2020) Learning from Adidas' Speedfactory blunder, Suppychaindive, 4 de fevereiro, https://www.supplychaindive.com/news/adidas-speedfactory-blunderdistributed-operations/571678/; **154 Quartz Media, Inc:** Bain, M. (2019) Change of plan, Quartz, 11 de novembro, https://qz.com/1746152/adidas-is-shutting-down-its-speedfactories-in-germany-and-the-us/ (acesso em: agosto de 2021); **167 THE FINANCIAL TIMES LTD:** Fildes, N. (2017) Vodafone to bring 2,100 call-centre jobs back to UK, *Financial Times*, 13 de março; **167 TechTarget:** Flinders, K. (2017) Vodafone brings offshore contact centre work to UK, *Computer Weekly*, 13 de março; **169 Fashion United:** Hendriksz, V. (2018) 5 years on: what effect has Rana Plaza had on garment workers lives?, Fashion United, 16 de abril, https://fashionunited.uk/news/fashion/5-yearson-what-effect-has-rana-plaza-had-on-garmentworkerslives/2018041629133; **169 International Labour Organization:** International Labour Organization (sem data) The Rana Plaza accident and its aftermath, https://www.ilo.org/global/topics/geip/WCMS_614394/ lang--en/index.htm (acesso em: agosto de 2021);

Capítulo 6

180 Condé Nast: Zhang, S. (2016) 'How to fit the world's biggest indoor waterfall in an airport', *Wired*, 9 de julho; **180 Verdict Media Limited:** Airport Technology (2014) Terminal 4, Aeroporto Internacional de Changi, https://www.airport-technology.com/projects/terminal4-changi-international-airport-singapore/ (acesso em: setembro de 2021); **180 Associated Newspapers Ltd:** Driver, C. (2014) And the winners are ... Singapore crowned the best airport in the world (and Heathrow scoops top terminal), Mailonline, 28 de março, https://www.dailymail.co.uk/travel/article-2591405/Singapore-crowned-best-airportworld-Heathrow-scoops-terminal.html (acesso em: setembro de 2021); **183 JOURNALISTIC, INC:** Oches, S. (2013) The drive-thru performance study, *QSR magazine*, setembro; **183 Gannett Satellite Information Network LLC:** Horovitz, A. (2002) Fast Food World says drive-through is the way to go, *USA Today*, 3 de abril; **183 The New York Times Company:** Richtel, M. (2006) The long-distance journey of a fast-food order, *The New York Times*, 11 de abril, https://www.nytimes.com/2006/04/11/technology/the-longdistancejourney-of-a-fastfood-order.html (acesso em: setembro de 2021); **184 Ellen MacArthur Foundation:** The built environment: Achieving a resilient recovery with the circular economy, relatório da Ellen MacArthur Foundation, https://www.ellen-macarthurfoundation.org/our-work/activities/covid-19/policy-and-investment-opportunities/the-built-environment (acesso em: agosto de 2021); **184 Inside Housing:** Wilmore, J, (2019) We take a look around L&G's housing factory, *Inside Housing*, 14 de fevereiro; **184 Legal & General Group plc:** *website* da Legal and General Modular Homes, https://www.legaland-general.com/modular/a-modern-method/; **185 Packaging News:** Qureshi, W. (2020) Ecover relaunches biodegradable detergents in PCR plastic, *Packaging News*, 21 de janeiro; **185 Media One Communications Ltd:** Cornwall, S. (2013) Ecover announces world-first in plastic packaging, *Packaging Gazette*, 7 de março; **185 Ecover:** *website* da Ecover, http://www.ecover.com (acesso em: agosto de 2021); **191 Lihua Zhu:** Citado no *website* do Dishang Group, www.dishang-group.com (acesso em: agosto de 2021); **191 Sands Films:** Sutherland, E. (2017) Weihai and mighty, Drapersonline, 16 de junho; **191 EMAP PUBLISHING LIMITED:** Adaptado de www.sandsfilms.co.uk (acesso em: agosto de 2021); **196 Harvard Business Press:** Shostack, G.L. (1984) Designing services that deliver, *Harvard Business Review*, 62 (1), 133-139; **202 Reach Plc:** Matthews, T. e Trim, L. (2019) London Underground: why it would be better if we stood on both sides of the escalators, MyLondon Local News, 13 de agosto; **202 Evening Standard:** Sleigh, S. (2017) TfL scraps standing only escalators — despite trial being deemed a 'success', *London Evening Standard*, 8 de março.

Capítulo 7

219 Mansueto Ventures LLC: Segran, E. (2015) Designing a happier office on the super cheap, Fast Company, 30 de março; **219 Bauer Media Group:** Urry, J. (2017) Inside Ducati: MCN walk around the Bologna factory, *Motorcycle News*, 21 de setembro; **219 Guardian News & Media Limited:** Hickey, S. (2014) Death of the desk: the architects shaping offices of the future, *Guardian*, 14 de setembro; **222 Guardian News & Media Limited:** Booth, R. (2017) Francis Crick Institute's £700m building too noisy to concentrate, *Guardian*, 21 de novembro; **232 The Economist Newspaper Limited:** Economist (2019) Future of the workplace: redesigning the corporate office, *Economist*, edição impressa, 28 de setembro; **232 The Economist Newspaper Limited:** Economist (2019) Why open-plan offices get a bad rap, *Economist*, edição impressa, 24 de outubro; **232 Harvard Business Publishing:** Waber, B., Magnolfi, J. e Lindsay, G. (2014) Workspaces that move people, *Harvard Business Review*, outubro; **234 Urbanist Architecture Ltd:** Urbanist Architecture (2020) Virtual reality in architecture: visit your home before it's been built with VR, 12 de abril, https://urbanistarchitecture.co.uk/urbanist-4d-reality-virtual-reality-technology-in-architectural-design/ (acesso em: setembro de 2021); **234 Vizerra SA:** Adaptado de Revizto.com; **238 Rolls-Royce Motor cars:** Rolls-Royce (2020) Birds, bees, roses and trees all thriving at the home of Rolls-Royce, Rolls-Royce Media Information, Goodwood, 2 de julho; **238 Robb Report Media, LLC:** Burstein, L. (2015) An inside look at the Rolls-Royce assembly plant in Goodwood, Robb Report, 23 de outubro,

https://robbreport.com/motors/cars/inside-look-rolls-royce-assembly-plant-goodwood-229474/ (acesso em: setembro de 2021); **238 Rolls-Royce Motor cars:** Rolls-Royce (2017) Home of Rolls-Royce motor cars, comunicado de imprensa, Rolls-Royce Media Information, Goodwood, 7 de abril.

Capítulo 8

252 The Economist Newspaper Limited: Economist (2020) Businesses are finding AI hard to adopt, *Economist Technology Quarterly*, 11 de junho; Economist (2016) Artificial intelligence and Go: Showdown, *Economist*, 12 de março; **252 Scientific American:** Koch, C. (2016) How the computer beat the Go master, *Scientific American*, 19 de março; **254 Gartner:** Usado com permissão da Gartner; **257 QB Net co, Ltd:** As informações nas quais este exemplo se baseia foram retiradas de: *website* da QB, http://www.qbhouse.com (acesso em: setembro de 2021); **259 SAP Insights:** SAP IOT Definition: SAP Research, https://insights.sap.com/what-is-iot-internet-of-things/ (acesso em: setembro de 2021); **261 Times Newspapers Limited:** West, K (2011) Turn up the heat with Marmite, *The Sunday Times*, 2 de outubro, https://www.thetimes.co.uk/article/turn-up-the-heat-with-marmite-vz8d87qx253 (acesso em: setembro de 2021); **267 THE FINANCIAL TIMES LTD:** Harford, T. (2020) Why tech isn't always the answer — the perils of bionic duckweed, *Financial Times*, 30 de outubro; **269 Times Newspapers Limited:** Baseado em Walsh, D. (2015) Irregular parcels put UK Mail out of shape, *The Times*, 8 agosto; **269 UK Mail Limited:** *website* do UK Mail https://www.ukmail.com; **271 Times Newspapers Limited:** Deng, B. (2016) Security robot runs over toddler at shopping centre, *The Times*, 15 de julho; **271 Times Newspapers Limited:** Times Leader (2016) They, robots, *The Times*, 1º de janeiro; **271 Times Newspapers Limited:** Hall, A. (2015) Factory robot grabs worker and kills him, *The Times*, 3 de julho; **275 Thalia:** Citado por Thalia, diretora de tecnologia da Logaltel; **276 Jamal:** Citado por Jamal, gerente sênior de operações da Logaltel; **276 Martha:** Citado por Martha, gerente de desenvolvimento de negócios da Logaltel; **277, 394 Vaggelis Giannikas:** Este caso foi escrito em coautoria com Vaggelis Giannikas, da Faculdade de Administração da University of Bath; **277 BBC:** Sherman, N. (2018) Wanted: robot wrangler, no experience required, BBC News, 21 de março, https://www.bbc.co.uk/news/business-43259903 (acesso em: setembro de 2021).

Capítulo 9

282 John Wiley & Sons, Inc: Schein, E.H. (1999) *The Corporate Culture Survival Guide: Sense and Nonsense About Culture Change*, Jossey-Bass, São Francisco, CA; **284 Torchbox:** Baseado em uma entrevista com Tom Dyson e no *website* da Torchbox, www.torchbox.com (acesso em: setembro de 2021); **292 Times Newspapers Limited:** Byers, D. (2017) Bionic suits to make tools feel weightless, *The Times*, 24 de julho; **292 New Atlas:** Coxworth, B. (2017) Exoskeleton helps Ford workers reach up, New Atlas, 13 de novembro, https://newatlas.com/ford-eksovest/52166/ (acesso em: setembro de 2021); **292 Vox Media LLC:** Goode, L. (2017) Are exoskeletons the future of physical labor? The Verge, 5 de dezembro, https://www.the-verge.com/2017/12/5/16726004/verge-next-level-season-two-industrial-exoskeletons-ford-ekso-suitx (acesso em: setembro de 2021); **293 University of California Press:** Hackman, J.R., Oldham, G., Janson, R. e Purdy, K. (1975) A new strategy for job enrichment, *California Management Review*, (17) 4, 57-71; **294 THE FINANCIAL TIMES LTD:** Hill, A. (2017) Power to the workers: Michelin's great experiment, *Financial Times*, 11 de maio; **294 THE FINANCIAL TIMES LTD:** Hill, A. (2017) Michelin chief JeanDominique Senard devolves power to workers, *Financial Times*, 14 de maio; **294 Michelin:** Michelin (2017) 2016 Annual Report; **296 The Economist Newspaper Limited:** Nixey, C. (2020) Death of the office, *Economist 1843 Magazine*, 29 de abril; **296 The Economist Newspaper Limited:** Economist (2020) Countering the tyranny of the clock, *Economist*, edição impressa, 17 de outubro; **296 Times Newspapers Limited:** Treanor, J. (2021) Has Goldman's DJ just pulled the plug on WFH? *The Sunday Times*, 28 de fevereiro; **296 THE FINANCIAL TIMES LTD:** Hill, A. (2020) Future of work: how managers are harnessing employees' hidden skills, *Financial Times*, 1º de setembro; **300 Times Newspapers Limited:** Bone, J., Robertson, D. e Pavia, W. (2010) Plane rumpus puts focus on crews' growing revolution in the air, The Times, 11 agosto; **301 THE FINANCIAL TIMES LTD:** Jones, A. (2015) The riff: dangers of music at work, *Financial Times*, 5 de agosto; **301 Mansueto Ventures LLC:** Ciotti, G. (2014) How music affects your productivity, *Fast Company*, 11 de julho; **301 BBC:** BBC (2013) Does music in the workplace help or hinder? *Magazine Monitor*, 9 de setembro; **304 BBC:** Derousseau, R. (2017) The tech that tracks your movements at work, BBC Worklife, 14 de junho, https://www.bbc.com/worklife/article/20170613-the-tech-that-tracksyourmovements-at-work (acesso em: setembro de 2021); **304 Guardian News & Media Limited:** Solon, O. (2017) Big Brother isn't just watching: workplace surveillance can track your every move, *Guardian*, 6 de novembro; **304 INFORMS:** Staats, B.R., Dai, H., Hofmann, D. e Milkman, K.L. (2016) Motivating process compliance through individual electronic monitoring: an empirical examination of hand hygiene in healthcare, *Management Science*, 63 (5), 1563-1585; **304 Times Newspapers Limited:** Webster, B. (2018) CCTV to monitor hygiene in meat factories, *The Times*, 3 de março; **306 Grace Whelan:** Grace Whelan, Managing Partner of McPherson Charles.

Capítulo 10

322 Business Traveller: Caswell, M. (2020) Air France to operate 50 per cent of schedules during November and December, *Business Traveller*, 28 de setembro; **322 Richard E Stone:** Farman, J. (1999) 'Les Coulisses du Vol', Air France, convesa apresentada por Richard E. Stone, NorthWest Airlines no IMA Industrial Problems Seminar, 1998; **333 Vox Media LLC:** Barro, J. (2019) Here's why airplane boarding got so ridiculous, *New York Magazine Intelligencer*, 9 de maio, https://nymag.com/intelligencer/2019/05/heres-why-airplane-boarding-got-so-ridiculous.html (acesso em: setembro de 2021); **333 The Economist Newspaper Limited:** The Economist (2011) Please be seated: A faster way of boarding planes could save time and money, *Economist*, edição impressa, 3 de setembro; **334 The Economist Newspaper Limited:** Economist (2020) Triage under trial: the tough ethical decisions doctors face with covid-19, *Economist*, edição impressa, 2 de abril; **334 THE FINANCIAL TIMES LTD:** Jones, C. (2020) What a career in intensive care nursing has taught me about triage, *Financial Times*, 6 de fevereiro; **337 Heathrow Airport Limited:** *website* de Heathrow, https://www.heathrow.com (acesso em: setembro de 2021); **337 Cambridge University Press:** Para obter uma explicação técnica do algoritmo de aterrissagem de aeronave, veja Cecen, R.K., Cetek, C. e Kaya, O. (2020) Aircraft sequencing and scheduling in TMAs under wind direction uncertainties, *The Aeronautical Journal*, 124 (1282), 1896-1912; **337 Taylor & Francis Group:** Beasley, J.E., Sonander, J. e Havelock, P. (2001) Scheduling aircraft landings at London Heathrow using a population heuristic, *Journal of the Operational Research Society*, 52, 483-493; **341 The Independent:** Calder, S. (2017) Ryanair cancellations: the truth behind why 2,000 flights are due to be scrapped, *Independent*, 19 de setembro; **350 Dan Audall:** Citado por Dan Audall.

Capítulo 11

358 Bloomburg L.P: Gruley, B. e Clough, R. (2020) How 3M plans to make more than a billion masks by the end of the year, *Bloomburg Businessweek*, 25 de março; **358 Infiniti Research Limited:** Technavio (2020) Coronavirus outbreaks boosts the sales of the world's top N95 mask manufacturers, 8 de abril; **365 MIT Technology Review:** Heaven, W. (2020) Our weird behaviour during the pandemic is messing with AI models, *MIT Technology Review*, 11 de maio; **365 S&P Global:** S&P Global (2020) Industries most and least impacted by COVID-19 from a probability of default perspective, 22 de março; **365 McKinsey & Company:** McKinsey & Company (2020) COVID-19: Global health and crisis response, 6 de julho; **368 Simmons-Boardman Publishing:** Das, A.K. (2019) Six bidder vie for Indian Railways ETCS Level 2 pilot project, *International Railway Journal*, 7 de novembro; **368 Cognitive Publishing:** Rail Technology Magazine (2017) Network Rail awards landmark £150m ETCS signalling contract, 20 de dezembro; **368 RailwayPRO Communication:** Railway Pro (2018) India to install ETCS Level 2 on its entire broad-gauge network, 8 de março; **368 Simmons-Boardman Publishing:** Jha, S. (2018) Modi blocks Indian Railways ETCS plan, *International Railway Journal*, 11 de abril; **372 Mediacorp Pte Ltd:** Chong, A. (2019) What will it take for LTA's latest anti-congestion plan to work? *Channel News Asia*, International Edition, 13 de maio; **372 The Economist:** Economist (2015) Squeezing in: what the London Underground reveals about work in the capital, *Economist*, edição impressa, 23 de maio; **374 Times Newspapers Limited:** Gadher, D. (2019) Art-lovers see red at surge pricing, *The Sunday Times*, 18 de agosto; **374 The Economist:** The Economist (2016) A fare shake: jacking up prices may not be the only way to balance supply and demand for taxis, *Economist*, 14 de maio; **374 Harvard Business Publishing:** Dholakia, U.M.

(2015) Everyone hates Uber's surge pricing — here's how to fix It, Harvard Business Review, 21 de dezembro; **378 SAGE Publications:** Cornelissen, J. e Cholakova, M. (2019) Profits Uber everything? The gig economy and the morality of category work, *Strategic Organisation*, 23 de dezembro; **378 BBC:** Russon, M. (2021) Uber drivers are workers not self-employed, Supreme Court rules, BBC News, 19 de fevereiro; **378 CNN Business:** O'Brien, S. (2021) Uber's UK drivers to get paid vacation, pensions following Supreme Court ruling, *CNN Business*, 17 de março; **378 The New York Times Company:** The Nova York Times (2018) What will New York do about its Uber problem?, 7 de maio.

Capítulo 12

407 Forbes Media LLC: Banker, S. (2017) Drones deliver life saving supplies in Africa, *Forbes*, 13 de outubro; **407 Condé Nast:** Stewart, J. (2017) Blood-carrying, lifesaving drones take off for Tanzania, *Wired*, 24 de agosto; **407 Zipline:** flyzipline.com/how-it-works/ [acesso em: setembro de 2021]; **408 The Loadstar:** van Marle, G. (2021) E-commerce giant JD.com applies to spin-ff supply chain arm, The Loadstar, 19 de fevereiro; **408 China Internet Watch:** CIW Team (2021) JD.com annual customers grew 30% to 472 million in 2020, China Internet Watch, 12 de março; **408 Jingdong JD.com:** JD.com 'About us' [acesso em: setembro de 2021], JD.com announces first quarter 2021 results (2021), comunicado de imprensa, JD.com [acesso em: setembro de 2021]; **416 Financial Times Limited:** Evans, J. (2020) Covid-19 crises highlights supply chain vulnerability, *Financial Times*, 28 de maio; **416 Association of International Certified Professional Accountants:** MacDowall, A. (2021) Managing warehousing in a changed era, *Financial Management*, 5 de janeiro; **416 Vox:** Bonadio, B., Huo, Z., Levchenko, A. e Pandalai-Nayar, N. (2020) The role of global supply chains in the COVID-19 pandemic and beyond, 25 de maio; **416 Ernst & Young Global Limited:** Harapko, S. (2021) How COVID-19 impacted supply chains and what comes next, EY, 18 de fevereiro; **421 Financial Times Limited:** Williams, G.A. (2021) China Cancels H&M, *Jing Daily*, 24 de março; Indvik, L. (2021) Fashion, Xinjiang and the perils of supply chain transparency, *Financial Times*, 9 de abril; **421 Eco-Business:** Danigelis, A. (2018) Supply chain transparency map reduces time, expense for big brands, Eco-Business, 1º de fevereiro; **421 John Wiley & Sons, Inc:** Kuruvilla, S. e Li, C. (2021) Freedom of association and collective bargaining in global supply chains: a research agenda, *Journal of Supply Chain Management*, 57 (2), 43-57; **425 The Donkey Sanctuary:** Visita do autor ao The Donkey Sanctuary, Sidmouth, UK, 2020, https://www.thedonkeysanctuary.org.uk/ (acesso em: setembro de 2021); **425 PEARL Research Journals:** Hameed, A., Tariq, M. e Yasin, M.A. (2016) Assessment of welfare of working donkeys and mules using health and behavior parameters, *Journal of Agricultural Science and Food Technology*, 2 (5), 69-74; **432 CoinDesk:** del Castillo, M. (2018) Shipping blockchain: Maersk spin-off aims to commercialize trade platform, Coindesk.com, 16 de janeiro; **432 Maersk:** Slocum, H. (2018) Maersk and IBM to form joint venture applying blockchain to improve global trade and digitize supply chains, comunicado de imprensa, Maersk, 18 de janeiro; **432 Maersk:** (2019) TradeLens blockchain-enabled digital shipping platform continues expansion with addition of major ocean carriers Hapag-Lloyd and Ocean Network Express, comunicado de imprensa, Maersk, 2 de julho; **436 Jas Kalra/Jens Roehrich/Brian Squire:** Este caso teve a coautoria de Jas Kalra, Bartlett School of Construction and Project Management, University College London, e Jens Roehrich e Brian Squire, Faculdade de Administração da Universidade de Bath.

Capítulo 13

443 The Conversation Media Group Ltd: Koen, A. e Antunez, P.F. (2020) How heat can be used to store renewable energy, The Conversation, 25 de fevereiro; **443 Times Newspapers Limited:** Gosden, E. (2017) Power shift brings energy market closer to holy grail, *The Times*, 17 de abril; **443 The Economist:** The Economist (2012) Energy storage: packing some power, *Economist Technology Quarterly*, 3 de março; **445 The Economist:** The Economist (2019) A nation of have-beans, Defending Switzerland's coffee stockpile, *Economist*, edição impressa, 21 de novembro; **445 Financial Times Limited:** Foster, P. e Neville, S. (2020) How poor planning left the UK without enough PPE, *Financial Times*, 1º de maio; **445 Thomas Publishing Company:** Britt, H. (2020) What is safety stock and how can businesses use it to ensure continuity?, Thomasnet.com, 8 de abril, https://www.thomasnet.com/insights/what-is-safety-stock/ (acesso em: setembro de 2021); **445 Publicis Sapient:** Anderson, H. (2020) COVID-19: preparing your supply chain in times of crisis, publicissapient.com, 8 de abril, https://www.publicissapient.com/insights/coronavirus_and_managing_the_supply_chain_amid_a_crisis (acesso em: setembro de 2021); **459 The Economist:** As informações nas quais este exemplo se baseia foram retiradas de: The Economist (2015) Croissantonomics — lessons in managing supply and demand for perishable products, *Economist*, edição impressa, 29 de agosto; **464 Mashable, Inc:** Ulanoff, L. (2014) Amazon knows what you want before you buy it. Mashable, 21 de janeiro. Disponível em: https://mashable.com/2014/01/21/amazonanticipatory-shipping-patent/#Ryy4twKmRiqb (acesso em: setembro de 2021); **464 Times Newspapers Limited:** Duke, S. (2014) He knows what you want — before you even want it, *The Sunday Times*, 2 de fevereiro; **464 Times Newspapers Limited:** Ahmed, M. (2014) Amazon will know what you want before you do, *The Times*, 27 de janeiro; **464 Business Insider:** Bernard, Z. (2018) Amazon is spending more and more on shipping out your orders. Business Insider [on-line], https://www.businessinsider.com/amazonslogistics-costs-are-growing-really-fast-charts-2018-2 (acesso em: setembro de 2021); **470 Times Newspapers Limited:** Sage, A. (2019) France to ban luxury brands from dumping unsold stock, *The Times*, 24 de setembro; **470 Financial Times Limited:** Leroux, M. (2016) Burberry boss defends stock destruction, *The Times*, 15 de julho; Atkins, R. (2016) Richemont buys back and destroys stock as sales fall, *Financial Times*, 20 de maio; **470 The New York Times Company:** Dwyer, J. (2010) A clothing clearance where more than just the prices have been slashed, *New York Times*, 5 de janeiro; **471 Thomson Reuters:** Citado em Kajimoto, T. (2021) Japanese companies go high-tech in the battle against food waste, Reuters, 28 de fevereiro.

Capítulo 14

480 Ms Keri Allan: Allan, K. (2009) Butcher's Pet Care relies on IT that can co-ordinate its ERP, *Engineering & Technology Magazine*, 21 de julho; **484 Oliver Wight Ltd:** Wight, O. (1984) *Manufacturing Resource Planning: MRP II*, Oliver Wight Ltd; **486 The Times:** As informações nas quais este exemplo se baseia foram retiradas de: Ellson, A. (2021) *The Times*, 24 de abril; **486 The Telegraph:** Dixon, H. (2021) Call to prosecute Post Office bosses over 'biggest miscarriage in British legal history', *The Telegraph*, 23 de abril; **490 Informa PLC:** Brynjolfsson, E. (1994) Technology's true payoff, *Information Week*, outubro; **491 IDG Communications, Inc:** Fruhlinger, J., Wailgum, T. e Sayer, P. (2020) 16 famous ERP disasters, dustups and disappointments, CIO.com, 20 de março, https://www.cio.com/article/2429865/enterprise-resource-planning-10-famous-erp-disastersdustups-and-disappointments.html; **491 Novacura AB:** Novacura (2019) 4 ERP implementation failures with valuable lessons, The Novacura Flow blog, 19 de fevereiro, https://www2.novacura.com/blog/why-doerp-implementations-fail; **491 IDG Communications, Inc:** Kanaracus, C. (2008) Waste Management sues SAP over ERP implementation, InfoWorld, 27 de março; **492 Emerald Group Publishing Limited:** Baseado em Finney, S. e Corbett, M. (2007) ERP implementation: a compilation and analysis of critical success factors, *Business Process Management Journal*, 13 (3), 329-347; **493 Project Perfect:** Turbit, N. (2005) ERP Implementation — The Traps, The Project Perfect White Paper Collection, www.projectperfect.com.au.

Capítulo 15

512 Macmillan Ltd: Carroll, L. (1871) *Through the Looking Glass*, Penquin Classics, 2008; **513 McKinsey & Company:** As informações nas quais este exemplo se baseia foram retiradas de: Onetto, M. (2014) When Toyota met e-commerce: lean at Amazon, *McKinsey Quarterly*, No 2, 1º de fevereiro; **517 Sue Jenkins:** Agradecemos a Sue Jenkins, diretora de kaizen, Sussex Healthcare NHS Trust, por este exemplo; **519 Metropolitan Books:** Gawande, A. (2010) *The Checklist Manifesto: How to Get Things Right*, Profile Books, Londres; **519 Times Newspapers Limited:** Aaronovitch, D. (2010) The Checklist Manifesto: review, *The Times*, 23 de janeiro; **537 Harvard Business Publishing:** Shenkar, O. (2010) *Copycats: How Smart Companies Use Imitation to Gain a Strategic Edge*, Harvard Business Review Press; **538 The Economist:** As informações nas quais este exemplo se baseia foram retiradas de: The Economist (2016) The great escape: what other makers can learn from the revival of Triumph motorcycles, *Economist*, edição impressa, 23 de janeiro; **540 Times Newspapers Limited:** West, K. (2011) Formula One trains van drivers, *The Sunday Times*, 1º de maio; **540 Durham Associates Group:** f1network.net, http://www.f1network.net/main/s107/st164086.htm; **541 Schlumberger Limited:** comunicado de imprensa da Schlumberger (2010) Schlumberger Cited for Knowledge Management, Schlumberger Press Office, 3 de dezembro; **541 IESEG School of Management:** Deltour, F., Plé, L. e Sargis-Roussel, C. (2013) Eureka! Developing online communities of practice to facilitate knowledge sharing at schlumberger, IESEG School of Management, LEM, estudo de caso 313-122-1.

Capítulo 16

561 McKinsey & Company: As informações nas quais este exemplo se baseia foram retiradas de: Corbett, S. (2004) Applying lean in offices, hospitals, planes, and trains, presentation at The Lean Service Summit, Amsterdam, 24 de junho; **563 Condé Nast:** Burgess, M. (2018) Airbus is going to start putting beds in airplane cargo holds, *Wired*, UK. Apanhado de https://www.wired.co.uk/article/airbus-sleeping-pods-naps-cargo-hold-zodiac-330; **566 Janina Aarts/Mattia Bianchi:** Exemplo escrito e fornecido por Janina Aarts e Mattia Bianchi, Departamento de Administração e Organização da Faculdade de Economia de Estocolmo. **568 McKinsey & Company:** As informações nas quais este exemplo se baseia foram retiradas de: Onetto, M. (2014) When Toyota met e-commerce: lean at Amazon, *McKinsey Quarterly*, No 2; Liker, J. (2021*) The Toyota Way: 14 Management Principles from the World's Greatest Manufacturer*, 2. ed., McGraw Hill, Nova York, NY.; **573 Harvard Business Publishing:** Algumas das informações nas quais este exemplo se baseia foram retiradas de: Porath, C. e Pearson, C. (2013) The price of incivility, *Harvard Business Review*, 91 (1-2), pp. 115-121; **573 Virginia Mason Medical Center:** Usado com permissão do Virginia Mason Institute.

Capítulo 17

586 The Institution of Engineering and Technology: Vitaliev, V. (2009) The much-loved knife, *Engineering and Technology Magazine*, 4 (13), 58-61.; **586 Michael Purtill:** Entrevista com Michael Purtill, gerente geral do Four Seasons Hotel Canary Wharf em Londres. Agradecemos a cooperação de Michael (e pela grande qualidade do serviço em seu hotel!); **587 SAGE Publications:** Adaptado de Parasuraman, A. et al. (1985) 'A Conceptual Model of Service Quality and Implications for Future Research', *Journal of Marketing*, v. 49, Fall; **589 Condé Nast:** Pardes, A. (2017) Ikea's new app flaunts what you'll love most about AR, *Wired*, 20 de setembro; **589 Digiday Media:** Joseph, S. (2017) How Ikea is using augmented reality, Digiday UK, 4 de outubro; **589 Industrial Engineering and Engineering Management:** Sha, D.Y. e Lai, G.-L. (2012) Exploring the intention of customers to use innovative digital content information technology", IEEE International Conference on Industrial Engineering and Engineering Management (IEEM), dezembro, p. 1065-1069; **592 Times Internet Limited:** Millington, A. (2018) Virgin Atlantic is offering a full refund on flights booked today if it can't cure a passenger's fear of flying, uk.businessinsider.com, 9 de janeiro; **592 Hearst UK:** Edwards, J. (2018) Why you should book a flight today if you've got a fear of flying, *Cosmopolitan*, 9 de janeiro; **595 The Economist:** As informações nas quais este exemplo se baseia foram retiradas de: Markillie, P. (2011) They trash cars, don't they?

Intelligent life magazine, Summer; **596 DMG Media:** Walne, T. (2019) Want to exchange a jar of coins for notes?, This is Money, 24 de agosto, https://www.thisismoney.co.uk/money/betterbanking/article-7390729/Want-notes-not-coins-Banks-dontcare-cash-investigation-finds.html; **596 Financial Times Limited:** Schubber, K. (2016) The Metro Bank coin caper, *Financial Times*, 2 de junho; **596 New York Post:** Conforme relatado em Morgan, R. (2016) TD Bank dumps its faulty coin-counting machines, *New York Post*, 19 de maio; **598 Financial Times Limited:** Giugliano, F. (2015) Bank of England moves to stamp out fat finger errors, *Financial Times*, 14 de junho; **598 The Economist:** The Economist (2013) Overtired, and overdrawn, *Economist*, edição impressa, 15 de junho; **598 Times Newspapers Limited:** Wilson, H. (2014) Fat fingered trader sets Tokyo alarms ringing, *The Times*, 2 de outubro; **599 McGraw Hill Education:** Feigenbaum, A.V. (1986) *Total Quality Control*, McGraw Hill, Nova York; **606 EFQM:** *website* da EFQM, www.efqm.org. Reproduzido com permissão da EFQM.

Capítulo 18

635 Gemba Academy LLC: As informações nas quais este exemplo se baseia foram retiradas de: Miller, J. (2021) Lessons from twelve years in pursuit of zero, Gemba Academy, 10 de maio, https://blog.gembaacademy.com/2021/05/10/lessons-from-twelve-years-in-pursuit-of-zero/; **636 Clean Energy Wire:** Amelang, S. e Wehrmann, B. (2020) 'Dieselgate' — a timeline of the car emissions fraud scandal in Germany, Factsheet, Clean Energy Wire, 25 de maio, https://www.cleanenergywire.org/factsheets/dieselgate-timeline-car-emissionsfraud-scandal-germany; **636 The Daily Telegraph:** Tovey, A. (2017) VW attacked by MPs over failure to release findings of 'dieselgate' investigation, *The Telegraph*, 22 de março; **647 Darktrace:** *website* da Darktrace, https://www.darktrace.com/en/; **647 Digital Brands Inc:** Walker, M. (2020) Darktrace: an AI cyber-security platform that serves as the immune system for enterprise business data by fighting off threats, Credit Card News, 3 de fevereiro, https://www.cardrates.com/news/darktrace-is-an-ai-based-enterprise-immune-system/; **647 Bonhill Group:** Ismail, N. (2019) Darktrace unveils the Cyber AI Analyst: a faster response to threats, *Information Age*, 4 de setembro; **647 Bonhill Group:** Ross, A. (2019) ML and AI in cyber security: real opportunities overshadowed by hype, *Information Age*, 7 de março; **648 Productivity Press:** Nahajima, S. (1988) *Total productive maintenance*, Productivity Press; Nova York, NY. **651 The Economist:** As informações nas quais este exemplo se baseia foram retiradas de: The Economist (2019) An emergency landing system that passengers can activate, *Economist*, edição impressa, 28 de novembro.

Capítulo 19

663 Future US, Inc: Howell, E. e Hickock, K. (2020) Apollo 13: The moon-mission that dodged disaster, Space.com, 31 de março; **663 NASA:** Whiting, M. (2018) The legacy of Apollo 6, NASA, 4 de abril; **663 Future US, Inc:** Taylor Redd, N. (2019) Apollo 11: first men on the Moon, Space.com, 9 de maio; **663 The New York Times Company:** Overbye, D. (2017) Cassini flies towards a fiery death on Saturn, *New York Times*, 8 de setembro; **663 BBC:** Rincon, P. (2017) Our Saturn years — Cassini-Huygens' epic journey to the ringed planet, told by the people who made it happen, BBC, 14 de setembro; **663 The Conversation Media Group Ltd:** Cobb, W. (2019) How SpaceX lowered cost and reduced barriers to space, The Conversation, 1º de março; **663 EuroWeekly News:** Howells, R. (2021) China becomes only the second country to make historic touchdown on Mars, *EuroWeekly News*, 15 de maio; **665 John F. Kennedy:** Citado por John F. Kennedy; **665 Guardian News & Media Limited:** George, R. (2021) Wind ... or worse: was pilot error to blame for the Suez blockage?, *Guardian*, 3 de abril; **665 The Associated Press:** Magdy, S. (2021) Suez Canal chief: vessel impounded amid financial dispute, AP News, 12 de maio; **665 Industry Dive:** Leonard, M. (2021) Timeline: how the Suez Canal blockage unfolded across supply chains, Supply Chain Dive, 6 de julho; **667 CNN Business:** Metz, R. (2019) The world's biggest spice company is using AI to find new flavors, CNN Business, 5 de fevereiro; **667 Venture Beat:** Wiggers, K. (2019) IBM and McCormick blend new seasonings with AI, Venture Beat, 4 de fevereiro; **667 IBM:** Lougee, R. (2019) Using AI to develop new flavor experiences, IBM Research Blog, 5 de fevereiro; **670 The New York Times Company:** Schuetze, C. (2020) Berlin's newest airport prepares for grand opening. Again, *New York Times*, 29 de abril; **670 Informa PLC:** CAPA Centre for Aviation (2020) Berlin Brandenburg Airport's terminal certified for opening — at last, centreforaviation.com, 8 de maio; **670 The Economist:** L.R.S Berlin (2017) Why Berlin's new airport keeps missing its opening date, *Economist*, 25 de janeiro; **676 Mattia Bianchi:** Este exemplo foi escrito e gentilmente cedido pelo Professor Mattia Bianchi, da Faculdade de Economia de Estocolmo; **685 Condé Nast:** Burgess, M. (2018) Ocado's collaborative robot is getting closer to factory work, *Wired*, 11 de janeiro; **685 Guardian News & Media Limited:** Butler, S. (2018) Ocado to wheel out C3PO-style robot to lend a hand at warehouses, *Guardian*, 11 de janeiro; **694 Nigel Spinks:** Este caso teve a coautoria de Nigel Spinks, Faculdade de Administração de Henley, University of Reading.

Fotos

Capítulo 1

5 Alamy Stock Photo: ICP/incamerastock/Alamy Stock Photo; **5 Alamy Stock Photo:** Niels Poulsen DK/Alamy Stock Photo; **9 iStock Photo:** stefanamer/iStock; **9 iStock Photo:** Traimak_Ivan/iStock; **9 iStock Photo:** jacoblund/iStock; **9 iStock Photo:** cwarham/iStock; **9 iStock Photo:** michaeljung/iStock; **10 Alamy Stock Photo:** Abaca Press/Alamy Stock Photo; **14 Shutterstock:** Vichy Deal/Shutterstock; **18 iStock Photo:** Sergey Khakimullin/iStock; ; **27 Shutterstock:** kovop58/Shutterstock; **34 Shutterstock:** VidEst/Shutterstock.

Capítulo 2

42 Alamy Stock Photo: Denis Michaliov/ Alamy Stock Photo; **47 Shutterstock:** kamarulzamanganu/Shutterstock; **49 Shutterstock:** Brian Minkoff/ Shutterstock; **50 Alamy Stock Photo:** Malcolm Fairman/Alamy Stock Photo; **53 Shutterstock:**

Lutsenko_ Oleksandr/Shutterstock; 55 Alamy Stock Photo: Paula Solloway/Alamy Stock Photo; 66 Alamy Stock Photo: Katharine Rose/Alamy Stock Photo.

Capítulo 3
73 Techwords: Ocado warehouse bots; ; 85 Shutterstock: jax10289/Shutterstock; 88 Shutterstock: Tero Vesalainen/Shutterstock; 100 iStock Photo: SpVVK/iStock; 103 Alamy Stock Photo: Alex Segre/Alamy Stock Photo.

Capítulo 4
112 123RF: booblgum/123RF; 122 Shutterstock: Wongtang/Shutterstock; 128 Shutterstock: metamorworks/Sutterstock; 132 Alamy Stock Photo: VDWI Automotive/Alamy Stock Photo; 134 Shutterstock: Jim Holden/Shutterstock; 137 Shutterstock: LightField Studios/Shutterstock.

Capítulo 5
148 Shutterstock: Gabriele Maltinti/Shutterstock; 151 Shutterstock: Mediagram/Shutterstock; 153 123RF: daniel timothy allison/123RF; 159 Shutterstock: Dmitry Dven/Shutterstock; 166 iStock Photo: hapabapa/iStock; 166 Shutterstock: 360b/Shutterstock; 168 Shutterstock: Sk Hasan Ali/Shutterstock; 171 Shutterstock: Gorodenkoff/Shutterstock.

Capítulo 6
180 iStock Photo: Wirestock/iStock; 183 Shutterstock: Aladdin Studio/Shutterstock; 184 Shutterstock: Shutterstock; 185 Alamy Stock Photo: Kristoffer Tripplaar/Alamy Stock Photo; 187 123RF: Dinis Tolipov/123RF; 187 123RF: Belchonock/123RF; 187 iStock Photo: Kondor83/iStock; 188 Shutterstock: Supergenijalac/Shutterstock; 188 Shutterstock: Liunian/Shutterstock; 188 Shutterstock: Jacob Lund/Shutterstock; 189 123RF: Lightfieldstudios/123RF; 189 123RF: Iakov Filimonov/123RF; 191 Shutterstock: BBC Films/Focus Features/Kobal/Shutterstock; 202 Shutterstock: I Wei Huang/Shutterstock; 211 123RF: Julief514/123RF.

Capítulo 7
219 Ducati-headquarters; 219 Alamy Stock Photo: Chris Gascoigne-VIEW/Alamy Stock Photo; 228 Alamy Stock Photo: Justin Kase z12z/Alamy Stock Photo; 231 Alamy Stock Photo: Hero Images Inc./Alamy Stock Photo; 234 Alamy Stock Photo: Cyberstock/Alamy Stock Photo; 237 Shutterstock: josefkubes/Shutterstock; 242 iStock Photo: GTNoffsinger/iStock.

Capítulo 8
254 Shutterstock: Dmitry Niko/Shutterstock; 267 iStock Photo: wichatsurin/iStock; 269 Alamy Stock Photo: MediaWorldImages/Alamy Stock Photo; 271 iStock Photo: yucelyilmaz/iStock; 275 iStock Photo: Vanit Janthra/iStock.

Capítulo 9
284 iStock Photo: Kateryna Onyshchuk/iStock; 292 iStock Photo: gorodenkoff/iStock; 294 Alamy Stock Photo: dpa picture alliance archive/Alamy Stock Photo; 295 iStock Photo: Vadym Pastukh/iStock; 299 Shutterstock: Lucky Business/Shutterstock; 301 iStock Photo: dima_sidelnikov/iStock; 303 Shutterstock: Africa Studio/Shutterstock; 306 iStock Photo: LightFieldStudios/iStock.

Capítulo 10
321 Shutterstock: EQRoy/Shutterstock; 332 Alamy Stock Photo: Imagedoc/Alamy Stock Photo; 334 Shutterstock: Shutterstock; 337 Shutterstock: Adning/Shutterstock; 340 Alamy Stock Photo: Mimadeo/Alamy Stock Photo; 349 Alamy Stock Photo: Dmitriy Shironosov/Alamy Stock Photo.

Capítulo 11
358 Getty images: dowell/Moment/Getty Images; 365 Alamy Stock Photo: Chombosan/Alamy Stock Photo; 368 Getty Images: Naufal MQ/Moment/Getty Images; 371 Getty Images: Godong/Stone/Getty Images; 373 Getty Images: Metamorworks/iStock/Getty Images Plus/Getty Images; 390 Shutterstock: Amritansh Sagar/Shutterstock.

Capítulo 12
407 Alamy Stock Photo: Joerg Boethling/Alamy Stock Photo; 408 Getty Images: Barcroft Media/Getty Images; 416 Getty Images: MR.Cole_Photographer/Moment/Getty Images; 425 Getty Images: RavindraJoisa/iStock/Getty Images Plus/Getty Images; 432 Alamy Stock Photo: MICHAEL KOOREN/Reuters/Alamy Stock Photo; 434 Alamy Stock Photo: Ben Birchall/PA Images/Alamy Stock Photo.

Capítulo 13
443 Getty Images: Yaorusheng/Moment/Getty Images; 444 Shutterstock: Marian Weyo/Shutterstock; 458 123RF: Mark Agnor/123RF; 464 Alamy Stock Photo: Uli Deck/dpa/Alamy Stock Photo; 469 Shutterstock: yougoigo/Shutterstock; 473 Alamy Stock Photo: Charlie Neuman/San Diego Union-Tribune/Zuma Press Inc/Alamy Stock Photo.

Capítulo 14
480 Getty Images: NickyLloyd/E+/Getty Images; 486 Alamy Stock Photo: Peter Barritt/Alamy Stock Photo; 487 Shutterstock: ProKasia/Shutterstock; 490 Shutterstock: Alex Bascuas/Shutterstock; 495 123RF: CHARAN RUTTANASUPPHASIRI/123RF.

Capítulo 15
513 Shutterstock: Frederic Legrand — COMEO/Shutterstock; 516 Alamy Stock Photo: BING GUAN/ REUTERS/Alamy Stock Photo; 518 Shutterstock: Hospital man/Shutterstock; 527 Getty Images: IndiaPictures/Universal Images Group/Getty Images; 538 Shutterstock: AlivePhoto/Shutterstock; 540 Shutterstock: Shahjehan/Shutterstock; 541 Alamy Stock Photo: Robert Evans/Alamy Stock Photo; 546 Shutterstock: Martin Rettenberger/Shutterstock.

Capítulo 16
553 Getty Images: Monty Rakusen/Image Source/Getty Images; 555 Nicola Burgess: Nicola Burgess; 561 Getty Images: EXTREME-PHOTOGRAPHER/E+/Getty Images; 563 Alamy Stock Photo: Aviation Visuals/Alamy Stock Photo;

566 **Shutterstock:** Mr Pics/Shutterstock; 568 **Alamy Stock Photo:** Rocky Grimes/Alamy Stock Photo; 571 **Alamy Stock Photo:** NicoElNino/Alamy Stock Photo; 572 **Shutterstock:** VDB Photos/Shutterstock.

Capítulo 17

585 **Getty Images:** Adrian Moser/Bloomberg/Getty Images; 588 **Shutterstock:** Zapp2Photo/Shutterstock; 591 **Shutterstock:** Song_about_summer/Shutterstock; 595 **Getty Images:** fStop Images – Caspar Benson/Brand X Pictures/Getty Images; 596 **Shutterstock:** Halawi/Shutterstock; 598 **Alamy Stock Photo:** Uwe Umstätter/Westend61 GmbH/Alamy Stock Photo; 605 **Getty Images:** RichLegg/E+/Getty Images; 610 **Alamy Stock Photo:** LightField Studios/Alamy Stock Photo.

Capítulo 18

635 **Getty images:** Michael Dunning/The Image Bank/Getty Images; 636 **Shutterstock:** ssuaphotos/Shutterstock; 647 **Getty Images:** Michael S. Williamson/The Washington Post/Getty Images; 651 **Alamy Stock Photo:** Ayman Alakhras/Alamy Stock Photo; 656 **Shutterstock:** saia/Shutterstock.

Capítulo 19

662 **NASA:** JPL-Caltech/NASA; 665 **Alamy Stock Photo:** Suez Canal Authority/dpa picture alliance/Alamy Live News/Alamy Stock Photo; 666 **Shutterstock:** monticello/Shutterstock; 670 **Shutterstock:** peter jesche/Shutterstock; 676 **Getty Images:** Anders Blomqvist/The Image Bank/Getty Images; 685 **Shutterstock:** Sorn340 Studio Images/Shutterstock.

Índice Alfabético

A

Aalsmeer Flower Auction, 151
Aarens Electronic, 171
Abismo da desilusão, 253
Abordagem(ns)
- amplas para o melhoramento, 521
- *balanced scorecard*, 60
- básicas para a manutenção, 647
- comportamentais do projeto do trabalho, 292
- de defesa, 419
- de fila de espera, 397
- de melhoramento, 514
- - filosofia enxuta como, 522
- - gestão da qualidade total como, 521
- de painel, 360
- de suavizamento exponencial, 361
- enxuta, 551
- - conjunto de ideias de melhoramento, 552
- - filosofia, 552
- - fluxo de planejamento e controle, 552
- hierárquica, 482
- ISO 9000, 603
- qualitativas para a previsão, 360
- quantitativas para a previsão, 360
- Seis Sigma, 525
Aceitabilidade, 122
- do cliente, 270
Aceleração de atividades, 687
Acionistas, 40
Ações para mitigação da falha, 650
Acompanhamento da demanda, 376
Acoplamento/conectividade da tecnologia, 262
Acordo de nível de serviço, 421, 521, 600
Action Response Applications Processing Unit (ARAPU), 211
Adidas, 153
Administração
- científica, 290
- da produção, 4
- - atenuação dos efeitos da falha, 650
- - avaliação das causas potenciais e as consequências da falha, 634
- - criação das capacitações, 45
- - custos, 43
- - definição, 5
- - em organizações
- - - menores, 8
- - - sem fins lucrativos, 10
- - importância
- - - das pessoas na, 282
- - - para todos os tipos de organização, 7
- - na organização, 7
- - nível de investimento exigido, 45
- - nova agenda da, 11
- - receita, 43

- - recuperação da falha, 651
- - relevância para todas as partes da empresa, 22
- - risco de falha operacional, 45
- - sustentabilidade socioambiental, 27
- da tecnologia de processo, 256
- sistemática, 290
Administrador de operações, 30
Adoção
- da gestão visual, 569
- da manutenção produtiva total, 571
Aeroporto(s), 180
- de Berlim-Brandemburgo, 670
- de Heathrow, 337
- Schiphol de Amsterdã, 18
Afastamento da inovação, 164
Agência de propaganda, 9
Agendar promoção, 373
Agilidade, 53
- das operações, 59
Agir, 653
Air France, 321
Airbnb, 88, 110
Airbus, 159
Ajuda humanitária internacional, 6
Ajuste
- com estoque, 156
- da programação de tempo e recursos, 682
Alargamento do trabalho, 293
Alavancagem, 415
Aldi, 55
Alibaba, 88
Alinhamento, 92
- de canal nas redes de suprimento, 429
- sustentável, 92
Alocação
- de tarefas, 289
- dos tempos de trabalho, 302
Alta
- tecnologia, 13
- variedade recebida, 23
Alteração dos custos fixos, 157
Amazon, 110, 121, 464, 513, 568
Ambidestria organizacional, 514
Ambiental, social e governança (ASG), 41
Ambiente
- de trabalho projetado, 300
- do projeto entendido, 669
- empresarial, 669
- geossocial, 669
- interno, 669
- político-econômico, 669
Ambiguidade, 633
Ameaça, 420
Amostragem
- da atividade, 304
- estatística da aceitação, 601
Análise(s)
- da rede, 679
- de árvore de falhas, 637

- de *big data*, 12
- de *clusters*, 238
- de custo, 229
- de reclamações, 637
- de série temporal, 360
- de valor agregado, 686
- do ciclo de vida, 185
- do ecossistema de negócios, 12
- do fluxo de produção, 238
- do modo e do efeito da falha, 642
- do ponto de equilíbrio da expansão de capacidade, 156
- dos porquês, 534
- pós-falha, 637
- SIPOC, 19
Analogia das artes marciais, 527
Antecipação, 156
- de problemas de implementação, 271
Aparência, 593
- das instalações, 232
- das instalações de uma operação afeta seu desempenho, 230
Apoio
- da alta administração, 536
- externo, 75
- interno, 75
Apple, 72, 110, 123, 133, 167
Aprender, 653
Aprendizagem, 289, 629
- de ciclo simples e de ciclo duplo, 539
Aproveitamento, 514
Aquisição de ideias para o melhoramento, 536
Área para produtos de lanches rápidos em um supermercado, 224
Arranjo(s)
- curto e grosso, 205
- de suprimento, 11, 12
- físico, 231
- - bom, 219
- - celular, 220, 224
- - das instalações, 217
- - - e desempenho, 218
- - em linha (ou por produto), 220, 225
- - escolha de operação, 227
- - funcional, 220, 222
- - mistos, 226
- - posicional, 220, 221
- - tipos básicos e desempenho, 220
- longo, 204
Árvore
- de decisão, 345
- de falhas, 637
Aspectos antropométricos, 291
Ataques cibernéticos, 647
Atendentes, 382
Atividade(s)
- de administração da produção, 26
- de inovação devem ser terceirizadas, 128
- de planejamento e controle, 329

- de troca, 562
- externas, 562
- internas, 562
- no nó, 679
- técnica, 13
Atribuição de frota, 321
Atributos, 593
Atualização de registros de
    estoque, 468
Audall, Dan, 349
Audall Auto Servicing, 349
Automação, 289
- de processos, 206
- robótica de processos, 206, 207
Autonomação, 513
Autonomia, 568, 572
- do trabalho, 295
Autoridade, 295
Avaliação
- das regras de sequenciamento, 335
- de desempenho do projeto, 686
- de mudanças de localização em
    potencial, 160
- e melhoria do projeto, 125
Avery, Tom, 24

B

B2B, 18
B2C, 18
Back-loading (frete de retorno), 425
Back-of-house, 14
Back-office, 14
Baixa
- flexibilidade, 290
- robustez, 290
- tecnologia, 13
Balanceamento, 201
- da alocação do tempo de trabalho, 203
Balanced scorecard, 60
Banco(s)
- de dados
- - de informações
- - - acesso a dados exclusivos, 446
- - - acesso eficiente multinível, 446
- - - agilizam o processo, 446
- - distribuído, 430
- de horas anuais, 377
Bangladesh, 168
Barganha, 420
Baseada em recursos, 89
Benchmarking, 537
- competitivo, 537
- de desempenho, 537
- de práticas, 537
- externo, 537
- ferramenta de melhoramento, 538
- interno, 537
- não competitivo, 537
Big box, 66
Big data, 12, 258
Blockchain, 255, 430
Blueprinting de processo, 193
Bruce Chew, 271
Buscadores de soluções
- comprovadas, 81
- econômicas, 81
- inovadoras, 81
Buswell, Guy, 269
Butcher's Pet Care, 480

C

C-commerce, 484

Cadeia(s)
- de *fast-food*, 6
- de processos, 180
- de suprimento, 11
- de valor da reclamação, 652
Caminho crítico, 680
Canal(is)
- de distribuição, 78
- de Suez, 665
Capabilidade do processo, 620
Capacidade, 295
- de pico, 358
- de produção, 155
- - básica, 374
- - medição, 367
- e controle do processo, 527
- efetiva, 370
- projetada, 370
Capacitação, 33
- da produção, 91
- de processamento, 367
Capital de giro, 358
Características IHIP (intangibilidade,
    heterogeneidade, inseparabilidade e
    perecibilidade), 15, 16, 119
Carregamento, 330
- finito, 330
- infinito, 330
Causas
- atribuíveis da variação, 621
- potenciais do risco, 634
Centralidade no cliente, 519
Centro de licenciamento de veículos, 200
Checklist, 518
Christensen, Clayton, 113
Ciclo(s)
- de Deming, 515
- de melhoramento, 515
- - estruturado, 526
- de vida, 185
- - do produto, 184
- - - /serviço sobre os requisitos do
      mercado, 82
- DMAIC, 515, 517, 529
- PDCA, 515
Cinco metas da MPT, 649
Cisco Systems, 98
Clareza das decisões estratégicas, 100
Clarke, Philip, 85
Classificação das tecnologias por suas
    principais capabilidades, 257
Cliente(s), 13, 17, 18, 40
- interno, 20
Clínica de *check-up* de saúde, 56
Clusters, 238
Cobrança, 306
Cocriação, 17
Códigos de barra, 55
Coerência, 78
Cold standby, 646
Comércio
- colaborativo, 484
- eletrônico, 68
Comitê de Mudanças Climáticas
    (CMC), 34
Compartilhamento de informações, 430
Compass, 166
Compensações
- laterais, 424
- verticais, 424
Competências, 45, 88
- baseadas nas operações, 89

Competitividade, 146
Complexidade, 632
- combinatória, 233
- da programação, 338
- estrutural nas redes de suprimento do
    varejo, 154
Componentes essenciais de todas as
    operações, 13
Compreensão do fluxo, 569
Comprometimento no trabalho, 292
Compromisso, 420
Computação em nuvem, 258
Comunalidade, 124
Comunidade de desenvolvimento, 121
Conceitos de implementação, 292
Conciliação de objetivos, 220
Concorrência
- baseada no tempo, 116
- entre as cadeias de suprimento, 407
Confiabilidade, 45, 181, 409, 591, 593,
    638, 640
- de entrega, 95
- do suprimento, 358
- economia de tempo, 49
- estabilidade, 51
- importância, 49
- na operação, 49
- para o processo de inovação, 116
- poupa dinheiro, 50
Conformidade
- à especificação, 592
- no processo de projeto, 115
Conhecimento, 629
- explícito, 540
- tácito, 540
Consultoria gerencial, 9
Contato, 593
Contenção
- espacial, 650
- temporal, 650
Conteúdo da estratégia de produção, 73
Continuidade de negócios, 645
Contratação por zero hora, 378
Controle(s)
- da dinâmica da cadeia de suprimento, 429
- de estoque ABC, 465
- de produção, 344
- de qualidade, 598
- do processo, 629
- empurrado, 342
- especialista, 345
- estatístico do processo, 563, 596, 618
- estratégico da produção, 101
- hierárquico, 482
- intuitivo, 346
- negociado, 346
- por tentativa e erro, 345
- puxado, 342
Coopetição, 149
Coprodução, 17
Corda de Andon, 567
Corning, 123
Correspondência, 78
COVID-19, 150, 358, 365, 416
Crashing, 687
Crescimento, 84
- futuro, curto a médio prazo, 33
Criação de um monopólio interno, 163
Criatividade, 111, 572
Critérios de medição, 417
Críticas ao modelo LEC, 455
Crowdsourcing, 121

Cultura
- da produção, 282
- organizacional, 282
Curva(s)
- da banheira, 639
- de Allen, 231
- de inovação na forma de S, 112
- de Pareto, 533
- S da inovação, 111
Custo(s), 46, 182, 229, 358, 409
- da qualidade, 601
- de avaliação, 601
- de capital de giro, 449, 450
- de desconto no preço, 450
- de emissão de pedido, 449, 450
- de estocagem, 449, 450
- de estoque, 448, 456
- - minimizado, 456
- de falhas
- - externas, 601
- - internas, 601
- de falta de estoque, 449
- de ineficiência operacional, 449
- de manutenção, 451
- de obsolescência, 449
- de pedido, 450, 451
- de prevenção, 601
- do desconto no preço, 449
- do risco de obsolescência, 450
- importância, 54
- para o processo de inovação, 116
- total, 451
Customer Fulfillment Center (CFC), 74
Customização em massa, 51, 52
Cyberdanss Software, 117

D

Dados antropométricos, 291
Danone, 42
Data prevista, 333
De Vere Graphics, 158
Decisão(ões)
- de estoque do dia a dia, 448
- de timing, 459
- de volume, 448
- do projeto do trabalho, 288
- estratégicas, 73
- estruturais, 89
- infraestruturais, 89
Declínio, 84
Defeito, 525
- por milhão de oportunidades, 526
- por oportunidade, 526
- por unidade, 526
- /retrabalho, 560
Definição de critérios para avaliação de local, 160
Delegação de poder, 295
Demanda, 324
- como responder à, 326
- da rede, 145
- dependente, 325
- é medida, 359
- independente, 325
Deming, W. E., 515
Deming Prize, 604
Departamentos, 20
Desastres, 632
Descarte de estoque não vendido, 469
Descobrir, 652
Desdobramento da função qualidade, 125, 519

Deseconomias de escala, 155
Desempenho
- da produção, 38, 39, 43
- - avaliado no nível
- - - operacional, 45
- - - societário, 40
- da qualidade, 604
- de resultado triplo, 12
- do processo de desenvolvimento, 27
- em três níveis, 39
- exigido do mercado, 92
- geral, 92
- padronizado, 303
- real da produção, 92
Desempenho-chave, 60
Desenvolvimento, 26
- da oferta Xiameter, 82
- de fornecedores, 423
- de pessoal, 572
- simultâneo, 131, 134
Deserção, 384
Desintermediação, 149
Despacho, 33
Desperdício
- causas de, 558
- tipos de, 559
Destruição criativa, 113
Desvantagens percebidas da integração vertical, 163
Desvio
- da linha de ajuste, 92
- das atividades centrais (perda de foco), 164
Diagonal natural, 189, 190
Diagrama(s)
- de causa-efeito, 532
- de dispersão, 530
- de Ishikawa, 532
- de precedência, 203
- de serviço, 123
- polar, 58
Diferença(s)
- de percepção nos relacionamentos da cadeia de suprimento, 421
- entre planejamento e controle, 322
Diferenciação
- de produto/serviço sobre os requisitos do mercado, 82
- entre projetos, 663
Diferenciais
- de preço, 373
- de serviço, 373
Dimensão
- variação, 23
- variedade, 23
- visibilidade, 23
- volume, 23
Dinâmicas das cadeias de suprimento, 427, 428
Direção, 26
- da integração, 162
Direito de família, 306
Disciplina, 571
- da fila, 383
Disponibilidade, 638, 641
Disponível para promessa, 502
Dispositivos de metrologia individual, 84
Distância
- do processo, 269
- do recurso, 269
Divisão de trabalho, 189, 289
Dow Silicones, 81
Downstream, 162

Drakeford, Gillian, 67
Drive-through, 183
Dropbox, 110
Durabilidade, 593

E

E-business, 424
Economia(s)
- circular, 133
- *closed-loop* ou *take-back*, 133
- de energia, 12
- de escala, 155
- do movimento, 313
- gig, 67, 378
- linear tradicional, 133
Ecossistema
- de negócios, 12
- empresariais, 149, 151, 152
Ecover, 185
Efeito(s)
- chicote (*bullwhip effect*), 427
- da variabilidade
- - do processo, 207
- - sobre as filas, 384
- de longo prazo da COVID-19 na gestão de redes de suprimento, 416
- de reforço da estratégia de produção nas perspectivas de cima para baixo e de baixo para cima, 86
- do estoque no retorno sobre o ativo, 447
- do *mix* de atividades sobre a medição da capacidade, 369
- do projeto do ambiente de trabalho
- - sobre os clientes, 232
- - sobre os funcionários, 230
- do tempo sobre a medição da capacidade, 370
- do volume-variedade no planejamento e controle, 323, 324
- manada, 679
- Rainha Vermelha, 511
Eficácia, 61
- de comunicação, 297
- global de equipamento, 370
Eficiência
- da produção, 60
- de atravessamento, 200
- de compra, 60
- em custo, 62
- operacional nas redes de suprimento, 430
Elementos-chave do melhoramento da produção, 515
Eliminação do desperdício mediante minimização de variabilidade, 563
Elos significativos na rede, 146
Embalagem plana, 114
Emergências, 49
Emoção, 420
Empoderamento, 295
- benefícios do, 295
Empregados, 40
Empresa de ônibus, 46, 48
Ênfase em questões sociais e ambientais, 11, 12
Engenharia
- dos fatores humanos, 290
- reversa, 120
Enriquecimento do trabalho, 206, 293
Enterprise resources planning (ERP), 320, 478, 483
- benefícios do, 485
- da cadeia de suprimento, 489

724 ÍNDICE ALFABÉTICO

- desenvolvimento, 484
- e a maneira como as empresas fazem negócios, 487
- integrado à *web*, 489
Entrega, 26, 29, 318
Envolvimento total das pessoas, 572
Equilíbrio trabalho/vida pessoal, 299
Equipe(s)
- de ajuda humanitária, 9
- de projeto, 130, 667
- tigre, 130
Ergonomia, 290
Erro(s)
- de ação, 597
- de pensamento, 597
- de previsão, 366
- de programação de pessoal, 340
- tipos I e II, 594
Escala
- da tecnologia, 262
- de pessoal, 339
Escopo, 147
- do projeto, 675
Esgotamento da equipe, 299
Espera, 559
Estabilidade, 347
Estacionamento e embarque, 434
Estados mentais, 292
Estágio(s)
- da inovação de produto e serviço, 118
- de crescimento, 84
- de declínio, 84
- de introdução, 84
- de maturidade, 84
- verticalmente integrados, 162
Estimativa(s)
- analítica, 304
- dos requisitos de tempo e recurso para as atividades, 677
- objetivas, 638
- subjetivas, 642
Estímulo frequente do mercado, 116
Estoque(s), 427, 441, 443, 448, 560
- cíclico, 445
- colchão, 444
- controle do, 464
- de antecipação, 446
- de canal, 446
- de segurança, 444
- em processo, 182
- físico, 444
- - antecipação de demandas futuras, 446
- - aumento de valor, 446
- - canal de processamento, 446
- - custos globais, 446
- - neutraliza a falta de flexibilidade, 445
- - vantagem nas oportunidades em curto prazo, 445
- gerenciado pelo vendedor, 429
- de seu cliente a jusante, 429
Estratégia(s), 73, 606
- corporativa, 76
- de ajuste com estoques, 157
- de antecipação da capacidade, 156, 157
- de fornecimento, 414
- de negócio, 76, 78
- - de cima para baixo (*top-down*), 76
- de produção, 72, 73
- - contribuição das operações, 74
- - da Dow Silicones, 81
- - estratégia de negócio de cima para baixo (*top-down*), 76

- - experiência operacional de baixo para cima (*bottom-up*), 85
- - recursos de produção de dentro para fora (*inside-out*), 87
- - requisitos do mercado de fora para dentro (*outside-in*), 79
- de seguimento da demanda, 157
- do projeto, 676
- emergentes, 86
- funcionais, 77
- militar e empresarial, 73
Estresse
- causas do 298
- dos trabalhos de alto contato com o cliente, 299
- relacionado com o trabalho, 298
Estrutura(s), 147
- analítica do trabalho, 677
- das ideias de melhoramento, 514
- de base funcional, 130
- e escopo da rede de suprimento, 144, 145
- matriciais, 130
- organizacional
- - formas de, 286
- - no processo de inovação, 130
- VUCA, 632
Estudo
- de tempos, 303, 314
- do método, 311
- do trabalho, 311
Ética da economia gig, 378
European Quality Award, 604
Evento(s), 323
- inesperado, 445
Evolução da abordagem enxuta, 553
Exigências do mercado, 75
Exoesqueletos, 291
Experiência
- do cliente, 195, 220
- dos funcionários, 220
Exploração, 514

F
Fabricação
- de alguns componentes do computador, 224
- integrados por computador, 254
- sob encomenda, 326
Fabricante
- de equipamento original, 427
- de móveis, 6
- de sorvete, 20
Facebook, 88
Fair Wear Foundation, 169
Falha(s)
- de suprimento, 634
- de tecnologia/instalações, 636
- dos clientes, 637
- humana(s), 635
- - relacionada com a qualidade, 597
- no projeto de produtos/serviços, 637
- organizacionais, 635
- podem ser evitadas, 645
Falta de socialização, 297
FAQs (perguntas frequentes), 16
Fatores
- como medidas de desempenho, 59
- competitivos, 93
- comunitários, 161
- críticos do sucesso (FCS), 491
- - estratégicos, 492
- - táticos, 492

- de custo, 161
- de mercado, 161
- de risco, 161
- ganhadores de pedidos, 80
- humanos, 290
- menos importantes, 80
- qualificadores para pedido, 80
Fierybryde, 137
FIFO, 334
Fila(s), 383
- de clientes
- - ajudam a equilibrar a capacidade e a demanda, 446
- - possibilitam a priorização, 446
- percepções do cliente quanto às, 384
- possibilitam o uso eficiente dos recursos, 446
- proporciona aos clientes tempo para escolher, 446
Filosofia enxuta como abordagem de melhoramento, 522
Final do ciclo de vida do produto, 184
Finanças e contabilidade, 22
Fjällräven, 16, 27
Flexibilidade, 46, 182, 347, 359, 409, 571, 591
- agiliza resposta, 53
- da especificação, 95
- de entrega, 51, 95
- de habilidades, 296, 377
- de localização, 297
- de *mix*, 51
- de serviço/produto, 51
- de tempo, 297
- de volume, 51
- do processo de melhoramento reduz o desperdício, 560
- e confiabilidade, 53
- economia de tempo, 53
- futura, 161
- importância, 51
- na operação, 53
- para o processo de inovação, 116
Fluxo(s)
- a jusante (*downstream*), 405
- controlado dos itens, 204
- de informações a montante (*upstream*), 405
- de produção, 238
- de receita, 78
- de recursos transformados, 220
- sincronizado, 520
Fluxogramas, 531
Foco no melhoramento, 511
Folga, 680
Fonte de clientes, 382
Formas matriciais, 288
Fórmula do lote econômico de compra, 450
Formulação da estratégia de produção, 97
Fornecedor(es), 40
- interno, 20
Fornecimento
- delegado, 414
- múltiplo, 414
- paralelo, 414
- único, 414
Fórum Econômico Mundial, 159
Four Seasons, 585
Frequência, 321
- de ocorrência, 533
Freshlunch, 388
Front-of-house, 14

ÍNDICE ALFABÉTICO   725

Front-office, 14
Fronteira
- eficiente, 61
- eficiente, 62
Função
- desenvolvimento de produto/serviço, 7
- marketing, 7
- produção, 5, 7
- - organização, 285
Funcionalidade, 593
Funcionários, 13
Fundação Europeia para a Gestão da
    Qualidade (EFQM), 606
Funil do projeto, 119

G

Ganhadores de pedidos, 80
Garantia(s)
- de qualidade, 598
- de serviço, 589
Gargalos, 116, 415
- no processo, 201
Gartner Hype Cycle, 253
Gatilho da tecnologia, 253
Gemba *walk*, 568
Gêmeos digitais, 129
Geopolítica, 167
Geração
- de pedidos, 469
- de relatórios de estoque, 469
- do conceito, 120
Gerência superior, 40
Gerenciamento
- de tensões na matriz, 687
- do processo de melhoramento, 535
Gerente(s)
- administrativo, 5
- de frota, 5
- de loja, 5
- de produção, 5, 26, 256, 268
- de projeto
- - e suas competências, 667
- - peso leve, 130
- - peso pesado, 130
Gestão
- da cadeia de suprimento, 404, 405
- - e fluxo não físico, 405
- - tecnologia *blockchain* na, 431
- da capacidade, 359, 367, 379
- - produtiva, 356, 357
- da demanda, 359, 480
- da qualidade, 583, 604
- - total (TQM), 518, 598
- - - partes da organização, 600
- - - custos de qualidade, 601
- - - sistemas e procedimentos que apoiem
        a qualidade e a melhoria, 603
- - - pessoas da organização, 601
- - - necessidades e às expectativas dos
        clientes, 600
- da qualidade total como abordagem
    de melhoramento, 521
- de alojamento, 435
- de desempenho, 282
- de estoque, 440, 441
- de ideias, 121
- de instalações, 435
- de processo, 22
- de projeto, 100, 661, 666
- de receitas, 374
- de recursos humanos, 22
- de relacionamento com o cliente, 426

- de risco, 632
- - de reputação, 12
- - e recuperação, 631
- de *workflow*, 200
- do aprendizado com o projeto, 689
- do conhecimento, 130, 540
- do lado
- - da demanda, 373, 424
- - do suprimento, 374, 413
- - do melhoramento, 514
- - do suprimento contínuo, 419
- visual, 569, 570
Gilbreth, Frank, 311
Globalização, 160, 167
Google, 100, 110, 121, 219
Gorilla Glass, 122
Governo, 40
Gráfico(s)
- de controle, 618
- - interpretação dos, 629
- - para atributos, 624
- - para variáveis, 625
- de Gantt, 338, 679
Grau
- de automação da tecnologia, 261
- de repetição das tarefas, 23
Grieves, Michael, 129
Grupo(s), 321
- de foco, 360
- de lobistas, 40
Grupo Educacional Roterdã, 235

H

Hammer, Michael, 523
Harrison, Keith, 133
Heijunka, 563, 566
Heterogeneidade, 15, 16
Hierarquia
- de estratégias, 77
- de operações, 20
- de processos, 20
- de produção, 180
- do processo, 19
Hollywood, 148
Home office, 295, 297
Hora extra, 377
Hospital, 46, 48, 223
Hospitalidade, 26
Hot standby, 646
Hotel Marina Bay Sands, 14
HotelF1, 24, 26
Hubs de rede versus conexão direta, 150

I

Ideias
- da equipe de pesquisa e
    desenvolvimento, 120
- das atividades dos concorrentes, 120
- de clientes, 120
- de fornecedores, 120
- de funcionários, 120
Identificação
- das atividades, 677
- das restrições de programação de tempo
    e recurso, 681
- de desperdício, 521
- de fontes de desperdício, 569
- de relacionamentos e dependências entre
    as atividades, 679
- dos *stakeholders* do projeto, 671
Identificar, prevenir, mitigar,
    recuperar-se, 632

Igualdade, 571
IKEA, 66, 588
Iluminação, 301
- como um serviço, 18
Implementação
- da estratégia de produção, 99
- de TI, 490
- do trabalho-padrão, 562
- dos sistemas de planejamento e
    controle, 489
Implementar, monitorar e aprender, 423
Impossibilidade de exploração das
    economias de escala, 163
Impressão 3D, 12, 129
Incerteza, 632
- no suprimento e na demanda, 324
- relativa, 367
Incorporação
- da Lei de Little, 399
- da variabilidade, 398
- dos fatores estratégicos na decisão de
    terceirização, 165
Indicadores-chave de desempenho, 79
Índice Higg, 27
Indústria 4.0, 259
Informação(ões), 13
- e análise de fluxo dos arranjos físicos, 233
- e análise para o projeto
- - da aparência das instalações, 239
- - de arranjo(s)
- - - físico celular, 236
- - - físico em linha, 239
- - - físicos funcionais, 234
- - - posicionais, 233
- estocada, 441
- relevantes, 417
Inovação, 60, 111
- de produto e serviço, 110, 111
- - papel estratégico da, 114
- - obtenção de recursos, 127
- de produtos para a economia circular, 133
- e estágios posteriores na cadeia de
    valor, 113
- futura, 45
- incremental, 113
- radical, 113
- simultânea, 131
Inputs, 11, 251
- de recursos transformados, 13
- para o processo, 12, 13
Inseparabilidade, 15, 16
Instalações, 13
Intangibilidade, 15, 16
Intangíveis, 88
Integração
- das tecnologias, 255
- entre o projeto da oferta e o projeto
    do processo, 132
- vertical, 161
- - vantagens percebidas da, 163
Inteligência artificial, 12, 129, 206, 365
Interação entre partes do processo, 220
Intercâmbio eletrônico de dados, 430, 469
Interface
- do cliente, 480
- - função de gatilho, 481
- humana, 290
Internet das Coisas, 12, 259, 425
Intervalo de tempo, 463
Intervenção nos projetos, 686
Introdução, 84
Investigação de acidentes, 637

726 ÍNDICE ALFABÉTICO

Iphone, 123
ISO 14000, 607
Item de defeito, 525

J

Jansen, Francine, 171
Jobs, Steve, 123

K

Kaizen, 513
Kamel, Marc-André, 68
Kamprad, Ingvar, 66
Kanban, 555
- pessoal, 556
Karlstad Kakes, 203
Kaston Pyral Services, 530, 531, 532, 533
Kaston-Trenton Service (KTS), 32
Koval, Lidiya, 117
KPIs, (*key performance indicators*), 33, 60, 79
Kramer, Mark, 98
Kroc, Ray, 103
Kuhn-Moos, Katharina, 112

L

Lacuna
- de execução do fornecedor, 421
- de melhoria do fornecedor, 421
- de percepção de realização, 421
- de percepção de requisitos, 421
Lançamento antecipado no mercado, 116
Larrey, Dominique-Jean, 334
Lead time, 460
Legal & General (L&G), 184
Lego®, 5, 6, 16
Legoland®, 5, 16
Lei
- de Little, 197, 399
- de Pareto, 465
Lentilha-d'água biônica, 267
Leque de processos da integração, 162
Lesão física, 289
Liderança, 606
- motivacional, 100
LIFO, 334
Lightingas-a-service (LAAS), 18
Limite(s)
- de controle do gráfico de controle para variáveis, 626
- de qualidade aceitável, 191
Linha
- aérea, 20
- de ajuste, 91, 189
- de armazenamento, 513
- de montagem de automóveis, 9, 225
- de visibilidade, 195, 480
Lista de materiais, 502
Livro contábil distribuído, 430
Logaltel Logistics, 275
Lógica, 420
- computacional, 431
- de domínio do serviço, 17
Logística, 424
- de primeira camada, 424
- de quarta camada, 424
- de segunda camada, 424
- de terceira camada, 424
- e a Internet das Coisas, 425
Loja(s)
- big box da IKEA, 66
- de departamentos, 20
- de serviços, 189

Loja-dentro-da-loja, 224
Lööf, Torbjörn, 68
Lote econômico de compra, 446, 450
Lucratividade, 42
Lucro, 42, 44

M

Maior
- flexibilidade
- - de volume, 205
- - do *mix*, 205
- robustez, 205
Malcolm Baldrige National Quality Award, 605
Manufacturing resource planning (MRP II), 484
Manuseio simplificado, 204
Manutenção, 647, 648
- corretiva, 647
- dos custos operacionais baixos, 55
- planejada, 322
- preditiva, 648
- preventiva, 648
- produtiva total, 571, 648
Mapa(s)
- de esboço do processo, 194
- de processo, 531
Mapeamento
- da visibilidade no projeto de processo, 195
- de processo, 193
- de processo de alto nível, 194
- do fluxo de valor, 569
- emocional, 195, 196
Marco, 676
Marina Bay Sands, 16
Marketing e vendas, 22
Marmite, 260
Materiais, 12
Materials requirements planning (MRP), 478
Maternidade em um hospital, 224
Matriz
- balanceada, 130
- de importância-desempenho, 93
- de probabilidade das taxas da demanda e do *lead time*, 461
- de projeto, 130
- funcional, 130
- produto-processo, 189
- QFD, 125
- RACI, 667
Maturidade, 84
McDonald's, 103, 123, 183
McNally, Izzy, 137
Mcpherson Charles, 306
Média móvel simples, 360
Medição
- de cada característica, 592
- de estoque, 467
- do desempenho, 525
- - da produção, 59
- do trabalho, 303
- no projeto do trabalho, 313
- Sigma, 526
Médico (clínico geral), 9
Médicos Sem Fronteira (MSF), 10
Medida(s)
- de capacidade
- - de entrada, 368, 369
- - de saída, 368, 369
- de desempenho
- - mais importantes, 60

- - nos três níveis, 59
- detalhadas a usar, 60
Medidas-chave de desempenho (KPIs), 33, 60, 79
Meio ambiente, 41
Melhor previsão, 33
Melhoramento
- como aprendizagem, 539
- contínuo ou incremental (*kaizen*), 512
- da produção, 510
- do fluxo por meio do controle puxado, 554
- e administração da produção, 511
- interrompendo a linha, 567
- questão de cultura, 536
- radical ou de ruptura, 512
Melhoria
- da eficiência do serviço, 33
- da produtividade, 56
- das operações, 516
- do fluxo
- - com a redução do estoque, 556
- - pela diminuição da utilização de capacidade, 557
Menores requisitos de capital, 204
Mensuração do desempenho, 59
Mercado(s), 10
- de fechos de zíper, 112
- de fora para dentro (*outside-in*), 79
Metáfora do *iceberg*, 282
Método(s)
- de execução de um plano de acompanhamento da demanda, 377
- de trabalho, 290
- Delphi, 360
- do caminho crítico, 679
- Steffen, 333
- Wilma, 333
Metodologias de melhoramento, 518
Metrologia, 84
Michelin, 294
Micraytech, 80, 84, 86, 90
Micro-objetivos do processo, 182
Microsoft, 89
Mikissimes Design System, 52
Minimização da distância percorrida, 234
Misenwings AS, 242
Mitigação econômica, 650
Modelagem causal, 360
Modelo(s)
- analíticos de filas, 397
- causais, 364
- de administração da produção, 29
- de excelência EFQM, 606
- de *input*-transformação-*output*, 114
- de negócios, 78, 79
- de quatro estágios de Hayes e Wheelwrigt da contribuição das operações, 75
- de regressão
- - múltipla, 365
- - simples, 364
- do ciclo PDCA, 515
- do custo de qualidade da TQM, 602
- do lote econômico de produção, 453
- geral
- - de administração da produção, 29
- - do processo de transformação, 11
- *input*-transformação-*output*, 20
- LEC como prescrições, 456
- multicanal, 154
- omnicanal, 155
- operacional, 78, 79
- *sazonal multiplicativo*, 363

Modo e do efeito da falha, 642
Modularização, 125
Monitoramento
- da estratégia de produção, 101
- do projeto, 685
- e controle, 342
Monotonia, 289
Montadora de automóveis, 46, 48
Motorola, 525
Movimentação, 560
Muda, 558
Mudança(s)
- da taxa de saída, 377
- de ruptura, 512
- na capacidade, 372
- na demanda, 159
- na oferta, 159
- radical, 512
Mura, 558
Muri, 559
Música durante o trabalho, 300

N

Não crítico, 415
NASA, 662
Navegadores, 223
Necessidades do mercado, 91
Negociação
- colaborativa, 419
- com fornecedores durante a seleção do fornecedor, 419
Negócios, 10
- parecerem ecológicos, 152
Netflix, 110
Neutralidade
- externa, 74
- interna, 74
Newlife Paints, 133
Nike, 110
Nível(is)
- básicos de capacidade, 374
- da própria operação, 20
- da rede de suprimentos, 20
- de análise, 20
- - da gestão de operações, 21
- de complexidade do projeto, 665
- de iluminação, 301
- de inovação do projeto, 664
- de mapeamento de processo, 194
- de pressão de tempo do projeto, 664
- do qualidade ideal, 602
- de ressuprimento, 459
- de ruído, 301
- dos processos individuais, 20
- estratégico, 39, 43
- global de serviços, 59
- operacional, 39
- ótimo de capacidade, 155
- societário, 39
Nivelamento, 111
- das programações
- - de entrega, 565
- - de produto ou serviço (heijunka), 563
Nobel, Akzo, 134
Nordin, Åke, 27
Notação, 397
Notificação, 347
Novas compras, 417
Novas tecnologias, 11, 12, 251, 253
- de processo, 261
- de processo desenvolvimento e implementação, 268

- e capacitações aumentadas, 252
- em tipos de operação, 253
Número de componentes, 640
Número-base, 62
Nutella, 47

O

O'Brien, Patrick, 66
Objetivos
- de desempenho, 45
- - da estratégia de produção, 80
- - da gestão da capacidade, 358
- - da produção, 39
- - - fazem trade-off, 61
- - das redes de suprimento, 408
- - no nível básico, 374
- - para o processo de inovação do produto ou serviço, 115
- do projeto, 674
- - de processos, 181
- em longo prazo da estratégia de produção, 89
- qualificadores, 80
Obsessão do Hóspede, 5
Ocado, 73
Ocado Smart Platform, 74
Offshoring, 164
Ônibus espacial Challenger, 662
Opções alternativas de localização, 160
Open-source, 121
Operação(ões)
- de compra, 152
- de criação
- - e entrega sob encomenda, 326
- - parcial e entrega sob encomenda, 326
- de fabricação, 254
- - sob encomenda, 326
- de hub, 150
- de infraestrutura e manutenção, 435
- de montagem sob encomenda, 326
- de produção, 73
- - antes do pedido, 482
- - sob demanda, 482
- de projeto, recurso, criação e entrega sob encomenda, 326
- de recurso sob demanda, 481
- focal
- - com cliente, 152
- - com fornecedor, 152
- mais eficiente, 204
Operacional, 73
Oportunidade de defeito, 525
Organização(ões)
- cérebros, 286
- culturas, 286
- dos estágios, 204
- funcional, 130
- M, 287
- máquinas, 286
- N, 288
- organismos vivos, 286
- sistemas políticos, 286
- U, 287
Órgãos reguladores, 40
Otimização conjunta, 285
Output, 11
- do processo, 15, 526
Overbooking, 374

P

Pacotes de trabalho, 677
Padrão(ões)

- de desempenho, 93
- de qualidade, 594
- de trabalho flexíveis, 12
- total de decisões, 73
Padronização, 124
- de processos, 183
Pandemia da COVID-19, 150, 358, 365
Panoramas de curto e longo prazos, 385
Paradoxo de Moravec, 253
Parceria e recursos, 606
Percepções do cliente quanto às filas, 384
Perdas
- de flexibilidade, 164
- de qualidade, 330
Perecibilidade, 15, 16, 17
- no nível básico, 375
Perfeição, 520
Perfis de estoque, 449
Perspectiva
- da estratégia de produção, 76
- da rede de suprimento, 145
- de baixo para cima (bottom-up), 76
- de cima para baixo, 76
- de dentro para fora, 76
- de fora para dentro, 76
- de mais longo prazo, 147
- de mercado, 79
- do fornecedor, 421
- longitudinal, 385
- sobre as organizações, 286
- triádica nas redes de suprimento, 151
Perturbação ambiental, 637
Pesquisa e desenvolvimento (P&D), 120
Pessoas, 281, 282, 606
Philips Lighting, 18
Pico das expectativas infladas, 253
Pirâmide de Carroll, 98
Planejamento
- da falha, 652
- da mitigação, 650
- da tecnologia em longo prazo, 268
- de cenário, 360
- de necessidades de materiais, 478, 501
- de portões, 322
- de recursos
- - de manufatura, 484
- - empresariais, 478
- de tripulação, 322
- de vendas e operações, 329
- dos recursos empresariais, 528
- e controle, 320, 321
- - em longo, médio e curto prazos, 322
- - hierárquico, 482
Planejar, 653
Plano de capacidade
- constante, 374, 376
- por acompanhamento da demanda, 376
Platô da produtividade, 253
Poka-yoke, 646
Polícia, 20
Ponto(s)
- de contato, 196
- de equilíbrio da expansão de capacidade, 156
- de ressuprimento, 459
Pontuação líquida do promotor, 44
Porter, Michael, 98
Portfólios, 662
Potência por hora, 17
Potencial da nova tecnologia de processo, 256

Práticas
- ambientais e éticas nas redes de suprimento, 420
- básicas de trabalho, 571
Pratt & Whitney, 159
Precificação dinâmica, 373
Preço, 95
Precursores do fracasso, 121
Prêmio(s)
- de qualidade, 604
- Europeu de Qualidade (EQA), 606
Presenteísmo, 295
Previsão, 469
- ajustada à tendência, 362
- pela média móvel simples, 360
- úteis para os gerentes de produção, 366
Primeiro a chegar, primeiro a sair, 334
Principal-agente, 153
Princípio(s)
- da economia do movimento, 313
- da hierarquia de processos, 604
- da OPT, 341
- de estoque perpétuo, 470
- de fila para tomar decisões de capacidade, 382
- de gestão da produção, 22
- de produção, 5, 7
- do vá e veja, 568
Prioridade(s)
- de estoque, 465
- do cliente, 333
- na melhoria da estratégia de produção, 93
Probabilidade(s)
- combinadas, 462
- de falha, 637
Problemas de qualidade, 588
Procedimentos heurísticos, 233
Processamento
- das solicitações, 212
- de clientes, 480
- demasiado, 559
- predominante de *inputs*
- - de clientes, 13
- - de informações, 13
- - de materiais, 13
Processo(s), 19
- contínuos, 188
- da estratégia de produção, 73
- de baixo volume e alta variedade, 206
- de cadeira giratória, 207
- de cálculo de necessidade líquida do MRP, 504
- de desenvolvimento, 138
- de estratégia de produção, 97
- de formulação, 99
- de função não produção, 22
- de inovação, 118
- de *input* (entrada)-transformação-*output* (saída), 11, 12
- de *jobbing*, 187
- de negócio, 201
- de produção, 22
- - em massa, 188
- do projeto, 114, 186
- em lotes, 187
- mais ágeis, 33
- ponta a ponta, 517
- projetados em detalhes, 193
- superpadronizados, 191
- tipos de, 186
Processos, produtos e serviços, 606

Produção, 22, 283
- avaliada por seu desempenho, 38
- como se comporta, 283
- composta de sistemas sociotécnicos, 285
- enxuta, 550, 551
- - desperdício, 558
- - fluxo, 553
- - melhoramento, 566
- - papel das pessoas, 571
- - rede de suprimento, 574
- localizada, 159
Produtividade, 55
- de fator total, 56
- dos funcionários, 60
Produto(s)
- puros, 16
- ou serviços, 15
- - alternativos, 373
Programa de imunização em massa, 225
Programa-mestre de produção, 501
Programação(ões), 337
- da produção, 329
- de padrões de trabalho, 339
- de pessoal, 377
- empurrada e puxada sobre o estoque, consequências das, 342
- nivelada, 563
- para a frente, 338
- para trás, 338, 504
Programas, 662
Programas-mestre de produção nivelados ou que acompanham a demanda, 502
Projetificação, 661
Projeto(s), 26, 111, 662
- ambientalmente sensível, 12
- assistido por computador (CAD), 129, 233, 490
- características comuns dos, 662
- circular, 18
- comportamental do trabalho, 293
- controle e aprendizado, 685
- da aparência das instalações, 239
- da experiência do cliente, 196
- da oferta, 132
- de arranjo(s)
- - físico
- - - celular, 236
- - - em linha, 239
- - - funcionais, 234
- - - posicionais, 233
- de escritório, 231
- de processos, 178, 179
- - ambientalmente sensível, 184
- de serviços/produtos, 179
- definição, 674
- do arranjo físico, 232
- - reduz o desperdício, 560
- do processo, 132, 527
- do trabalho, 288
- ergonômico do local de trabalho, 290
- final, 125
- generativo, 129
- modular, 125
- para distribuição, 114
- para manufatura, 113
- para produção, 113
- planejamento, 676
- preliminar, 123
Promotor líquido, 5
Proporção de itens defeituosos, 526
Proposições de valor, 17, 78
Propriedade, 307

Propst, Robert, 232
Prosperidade máxima, 290
Prototipagem, 125
Prova de falha, 646
Provedor(es)
- de logística de quinta camada, 424
- de serviços de internet, 6

Q

QB House, 256
Qualidade, 45, 181, 408, 585, 589
- aumenta a confiabilidade, 47
- características da, 592
- da especificação do projeto, 115
- de experiência, 589
- de serviço, 589
- de vida
- - das pessoas, 41
- - no trabalho, 572
- definição e importância, 584
- dos bens ou serviços, 358
- em relação a esses padrões, 594
- importância, 46
- na operação, 47, 586
- - e pelo cliente, 586
- para o processo de inovação, 115
- reduz custos, 47
Qualificação inicial, 417
Qualificadores, 80
Quatro
- perspectivas da estratégia de produção, 91
- "Vs" dos processos de produção, 22, 25, 26

R

Rampa da iluminação, 253
Rapidez da resposta, 358
Rastreabilidade da falha, 637
Rastreamento (ou *track-and-trace*), 426
Rau, Thomas, 18
Razão P:D, 328
Realidade
- aumentada, 255, 258
- virtual, 129, 233, 258
- - e arranjo físico, 233
Recalls de produtos, 115
Receitas, 358
Reclamações, 637
Recompras
- modificadas, 417
- repetidas ou rotineiras, 417
Reconhecimento facial, 258
Recuperação, 322, 593
- da falha, 651
Recursos
- de *input*, 11
- de transformação, 12, 13
- escassos, 89
- essenciais, 78
- estratégicos, 88
- humanos, 282
- intangíveis, 88
- operacionais, 88
- transformados, 12
Recusa, 383
Rede
- de operações globais, 12
- de processos, 180
- de projeto, 128
- de suprimento, 20, 144, 145, 407
- - configurada, 149
- - de uma operação integrada verticalmente, 161

- - enxutas *versus* ágeis, 411
- - imediata, 145
- - internas e externas, 406
- - total, 145
- de varejo omnicanal, 154
Redução
- da base de fornecedores, 414
- da preparação, 559, 562
- da variação do processo, 520
- de custos mediante eficácia interna, 56
- de desperdício, 561
- de perdas, 650
- do estoque físico, 447
- do trabalho não produtivo, 289
- dos tempos de troca, 562
Redundância, 645
Reengenharia de processos de negócio, 523
Refeições, 434
Registros
- de estoque, 504
- do programa-mestre de produção, 501
- irreversíveis, 430
Rejeição, 383
Relacionamentos
- contratuais (ou transacionais), 413
- da cadeia de suprimento em múltiplas
    camadas, 422
- de parceria, 12
- de parceria (ou colaborativos), 413
- entre os custos de qualidade, 601
- internos entre cliente e fornecedor, 521
- nas cadeias de suprimento, 412
Relatório verde, 607
Rendimento do processo, 526
Renovação da estação de trabalho, 198
Reposição gradual, 453
Representação
- acumuladas de demanda e capacidade, 380
- polar, 58
Representantes dos empregados, 40
Requisitos
- de capacidade para atividades de
    inovação, 127
- de capital, 160
- do cliente, 125
- do mercado, diferenciação de produto/
    serviço sobre os, 82
Reshoring, 167
Resolução de conflitos e incertezas cedo
    no processo, 134
Responsabilidade, 667
- ambiental, 41
- econômica, 42
- social, 27, 41
- - corporativa, 28, 40, 63
Responsabilização, 294
Restaurante *self-service*, 225
Restrições, 88
- de programação de tempo e recurso, 681
- do acesso do cliente, 373
- físicas, 331
Resultado(s)
- ambiental, 41, 42
- econômico, 42
- para a empresa, 606
- para a sociedade, 606
- para clientes, 606
- para pessoas, 606
- social, 41
- triplo (*triple bottom line*), 38, 39, 41, 181
Retificação do equipamento defeituoso, 194
Retorno sobre ativos, 42, 447

Revisão
- contínua, 462
- periódica, 462
Risco, causas potenciais do 634
Robótica, 12
Rocket Chemical Company, 120
Rolls-Royce, 159, 237
Rotação de tarefas, 293
Roteiro tecnológico, 268
Royce, Henry, 237
Ruído, 301

S

Sands Skypark, 15
Satisfação do cliente, 59
Saúde e segurança, 642
- ocupacional, 642
Sazonalidade na previsão, 363
Schlumberger, 541
Schumpeter, Joseph, 113
Segmentos de clientes-alvo, 78
Seguimento da demanda, 156
Segurança
- cibernética, 636
- direta, 434
Seis Sigma, 518, 525
- na Wipro, 527
Seleção de fornecedores, 417
Seminário Rápido para Melhoramento
    do Processo, 567
Sensibilidade do LEC, 452
Senso
- de disciplina (*shitsuke*), 569
- de limpeza (*seiso*), 569
- de organização (*seiton*), 569
- de padronização (*seiketsu*), 569
- de utilização (*seiri*), 569
Sequenciamento, 331
Série
- ISO 9000, 603
- temporal, 360
Servicescape, 196, 232
Serviço(s)
- bancários, 83
- - corporativos, 83
- - de varejo, 83
- de emergência, 49
- de logística, 424
- de operações do local, 434
- de *streaming*, 114
- direto, 434
- e produtos estão sendo mesclados, 17
- em massa, 189
- profissionais, 188
- puros, 16
Servitização, 17, 18
Setor aeroespacial em Singapura, 159
Sigma enxuta, 530
Símbolos do mapeamento de processo, 193
Simulações, 125
Singapore International Airlines (SIA), 159
Singapura, 159
Síntese de dados elementares, 304
Sistema(s)
- ABC, 465
- de apoio à decisão, 490
- de controle
- - empurrado, 342
- - puxado, 342
- de duas e três gavetas, 463
- de estoque, problemas comuns, 470
- de filas, 399

- - para M/M/1, 400
- de informação de estoque, 468
- de planejamento, 483
- - e controle, 478, 479
- de tempos e movimentos predeterminados
    (PMTS), 304
- e procedimentos melhoramento, 520
- eletrônicos de ponto de venda
    (EPOS), 430, 555
- ERP, 480, 484, 490, 493
- especialistas, 321
- G/G/1, 402
- G/G/m, 402
- interação com os
- - clientes, 480
- - fornecedores, 482
- M/M/m, 401
- sociotécnicos, 285
Sistematização do trabalho, 23
Ski Verbier Exclusive, 24, 26
Skinner, Wickham, 61
Slagelse Industrial Services (SIS), 656
Slap.com, 57
Sociedade, 40
Software
- livre, 121
- para gerenciamento de ideias, 121
Solução de problema, 298
- baseada em evidência, 518
St Bridget's Hospital, 577
Stakeholders, 40
- gerenciamento, 672
- no ambiente de projeto, 670
Steffen, Jason, 332
Suavizamento exponencial
- ajustado à tendência, 362
- simples, 361
Subcontratação/terceirização, 377, 382
Substituição, 650
Sundback, Gideon, 112
Supermercado, 46, 48, 223, 559
Suporte ao controle puxado, 555
Supplies4medics.com, 473
Suprimento, 324
- interno, 165
- terceirizado, 165
Sustainable Apparel Coalition, 27
Sustentabilidade, 27, 68, 118, 181, 182, 4
- ambiental, 41
- socioambiental, 27

T

Takt time (tempo de batida), 182
Tambor, pulmão e corda, 343
Taskrabbit, 67
Taxa
- de chegada, 383
- de falha, 638
- de mudança, 359
Taylor, Frederick, 290
Taylorismo, 290
Técnica(s)
- de medição do trabalho, 3
- de melhoramento, 514, 5
- de questionamento do es
    método, 312
- de revisão e avaliação
    (PERT), 682
- dos 5S, 569
Tecnologia, 167
- *blockchain*, 259
- - na gestão da cade

- - nas redes de suprimento, 430
- com mais de uma capabilidade primária, 259
- da informação, 22, 255
- - corporativa, 490
- - em rede, 490
- de aprendizado, 365
- de gestão do conhecimento, 130
- de processamento
- - de clientes, 255
- - de informações, 255
- - de materiais, 254
- de processo, 11, 250, 251
- - e recursos transformados, 253
- - indireto, 251
- - simples e de pequena escala, 562
- - otimizada, 341
- de produto, 251
- de realidade aumentada, 588
- de RFID, 259
- de sensores de condição, 258
- devem ser usadas no processo de inovação, 128
- e desempenho da operação, 263
- e vigilância no trabalho, 303
- emergentes, 256
- proporciona um retorno financeiro aceitável, 265
- que podem
- - comunicar ou conectar, 258
- - mover objetos físicos, 259
- - pensar ou raciocinar, 257
- - processar materiais, 259
- - ver ou sentir, 258
Telescópio Espacial Hubble, 663
Teletrabalho, 295, 297
Temperatura do ambiente de trabalho, 300
Tempo(s)
até o lançamento (TTM), 131
básicos, 303, 313
médios, 314
travessamento, 48, 182, 196
queio, 321
196

680
80

iro, 335

Timing da mudança de capacidade, 156
Tipologia de operações e processos, 25
Tolerâncias, 315
Tomada da decisão
- de terceirização, 164
- algorítmica, 12, 255
- na estratégia de fornecimento, 414
Toogood, Rosie, 184
Torvill's Total Trading, 523
Toyota, 125, 132, 553
Trabalhador qualificado, 303
Trabalho
- de tempo flexível, 297
- diário justo, 290
- em casa, 295, 297
- em equipe, 296, 297
- em progresso, 182, 196
- especificado, 303
- flexível, 295, 296, 297
- híbrido, 231, 295, 297
- menos monótono, 205
- móvel, 297
- remoto, 295
Trabalho-padrão, 562
Trade-off, 61
- e a fronteira eficiente, 61
Tráfego
- com um destino certo, 223
- ocasional, 223
Transformação
- de *front-office* e *back-office*, 14
- de materiais, 405
Transient Insurance, 526
Transmissão ponto a ponto (P2P), 430
Transportador invisível, 555
Transporte, 434, 559
Treinamento estruturado e organização de melhoramento, 527
Trenton, Christopher, 32
Tríades, 152
Triagem do conceito, 122

U

Uber, 88, 378
UK Mail, 269
Último a chegar, primeiro a sair, 334
Underbooking, 374
Unidade(s), 20
- de defeito, 525
- de instalação de medidores, 192
Upstream, 162
Usinagem de peças utilizadas em motores de aviões, 223
Uso
- de evidência, 526
- de pessoal temporário, 377
Usuários líderes, 121
Utilização dos recursos do processo, 182

V

Valor
- agregado, 686
- de utilização, 465
resente, 265
agem competitiva, 10
tável, 88
aseado na web, 67
ade, 398
rocesso, 526
na demanda ou no suprimento no nível básico, 375

Variação, 23
- da demanda previsível e imprevisível, 379
- na qualidade do processo, 619
- no tamanho da força de trabalho, 377
Variáveis, 593
Variedade de serviço, 23
Vazamento de capacidade, 370
Veículo autoguiado (AGV), 259
Velocidade, 45, 181, 409, 591
- de entrega, 95
- importância, 47
- na operação, 48
- para o processo de inovação, 116
- reduz estoques, 48
- reduz riscos, 48
Vendas de terceiros, 68
Verificações, 594, 596
- de capacidade de MRP, 507
Viabilidade, 122
Victorinox, 585
Viés
- de ancoragem, 679
- de caráter recente, 679
- de confirmação, 679
Vigilância no trabalho, 303
Violações, 597
Virgin Atlantic, 591
Visão
- baseada em recursos, 88
- da qualidade
- - pela operação, 584
- - pelos clientes, 584
Visibilidade, 23, 195
- antecipada, 325
Vodafone, 166
Volatilidade, 632
- na capacidade, 372
- na demanda, 372
Volume
- de produção, 23
- e a variedade afetam o projeto de processos, 185
Volume, tamanho e valor de seus produtos, 424
Volume-variedade da tarefa, 261
Voz do cliente, 519
VUCA (volatilidade, incerteza, complexidade e ambiguidade), 632
Vulnerabilidade, 122

W

Walmart, 426
Warm standby, 646
Whelan, Grace, 306
Widescale Studios, 137
Wikipedia, 121
Workflow, 200

Y

YIR Laboratories, 95
Yoshida, Tadao, 113

Z

Zara, 72, 167, 424
Zíper, 112
Zona
- adequada, 95
- de ação urgente, 95
- de excesso, 95
- de melhoria, 95